NOUVELLE COLLECTION

des

MÉMOIRES

pour servir

A L'HISTOIRE DE FRANCE.

—

TROISIÈME SÉRIE.

V.

NOUVELLE COLLECTION

DES

MÉMOIRES

POUR SERVIR

A L'HISTOIRE DE FRANCE,

DEPUIS LE XIIIe SIÈCLE JUSQU'A LA FIN DU XVIIIe;

précédés

DE NOTICES POUR CARACTÉRISER CHAQUE AUTEUR DES MÉMOIRES ET SON ÉPOQUE;

Suivis de l'analyse des documents historiques qui s'y rapportent;

PAR MM. **MICHAUD** DE L'ACADÉMIE FRANÇAISE ET **POUJOULAT**.

TOME CINQUIÈME.

MONTGLAT, LA ROCHEFOUCAULD, GOURVILLE.

A PARIS,

CHEZ L'ÉDITEUR DU COMMENTAIRE ANALYTIQUE DU CODE CIVIL,

RUE DES PETITS-AUGUSTINS, N° 24.

IMPRIMERIE D'ADOLPHE ÉVERAT ET COMPAGNIE, RUE DU CADRAN, 14 et 16.

1838.

MÉMOIRES

DE

FRANÇOIS DE PAULE

DE CLERMONT,

MARQUIS DE MONTGLAT,

MESTRE DE CAMP DU RÉGIMENT DE NAVARRE, GRAND-MAÎTRE DE LA GARDE-ROBE DU ROI,
ET CHEVALIER DE SES ORDRES;

contenant

L'histoire de la guerre entre la France et la maison d'Autriche durant l'administration du cardinal de Richelieu et du cardinal Mazarin, sous les règnes de Louis XIII et de Louis XIV, depuis la déclaration de la guerre en 1635, jusques à la paix des Pyrénées en 1660.

SUR MONTGLAT.

Quoique Monglat eût passé sa vie à la cour ou à l'armée, on ne connaît sur lui presque point de particularités. On ignore la date de sa naissance ; le père Bougeant, premier éditeur de ses Mémoires, dit que Montglat mourut le 7 avril 1675. Dans l'avertissement qui les précède, on trouve quelques détails que nous croyons inutiles de répéter.

Ce n'est pas pour se faire valoir que Monglat a pris la plume ; au contraire, il parle si peu de lui qu'on pourrait dire qu'il s'est complétement oublié. Spectateur désintéressé, il rapporte ce qu'il a vu, simplement, sans prétention, et ne déguise nullement la vérité. Aussi son témoignage est-il préférable à celui de quelques auteurs ses contemporains qui semblent n'avoir écrit des mémoires que pour se mettre en scène.

Les Mémoires de Montglat ont été publiés pour la première fois en 1727, 4 vol. in-12.

« Le manuscrit de cet ouvrage, dit le père Griffet
» (dans son traité *des différentes preuves qui servent
» à établir la vérité de l'histoire*), qui est sans con-
» tredit un des meilleurs que nous ayons sur l'his-
» toire de ce temps-là quant à la vérité des faits,
» avoit été confié au célèbre père de La Rue par le
» comte de Cheverny, petit-fils du marquis de Mont-
» glat. Ce père regardoit ce manuscrit comme un
» dépôt précieux. Il l'avoit fait lire à M. le duc de
» Bourgogne, père du roi, qui le tenoit toujours
» sous la clef, sans le laisser voir à personne, parce
» qu'il contenoit des faits qui pouvoient intéresser
» quelques familles de la cour. Le duc de Bourgogne
» le lui rendit après l'avoir lu. Le père de La Rue
» le prêta long-temps après au père Bougeant, au-
» teur de l'Histoire du Traité de Westphalie, qui le
» fit imprimer après la mort du père de La Rue chez
» la veuve Ribon, avec une permission tacite. C'est
» le père Bougeant qui a composé l'avertissement
» qu'on lit à la tête de ces Mémoires. Les événe-
» mens de la guerre y sont détaillés avec beaucoup
» d'ordre et de clarté : tout ce qu'il dit des intrigues
» de la cour paroit écrit sans passion et sans par-
» tialité ; et il y a telle circonstance où l'on peut fort
» bien opposer son témoignage à celui du cardinal
» de Retz. »

Ce jugement est confirmé par un autre écrivain qui a fait des documents qui nous restent sur cette époque une étude spéciale. Voici en quels termes s'exprime l'auteur de l'*Esprit de la Fronde* en parlant des Mémoires de Montglat. « Vous trouve-
» riez difficilement, dit-il, un recueil plus nourri,
» plus plein de choses, et en général plus exact et
» plus fidèle. Le style pourroit être mieux ; mais c'est
» celui d'un courtisan, d'un homme du monde qui
» s'attache plus aux faits qu'à la narration, et qui ce-
» pendant se fait lire parce qu'il n'est ni pesant ni
» guindé, parce qu'il laisse courir sa plume sur le
» papier comme la parole dans la conversation. On
» se défieroit plus de sa vivacité si l'on y trouvoit
» plus de correction, plus d'apprêt, si l'auteur s'y
» montroit davantage. Chose étonnante dans des
» Mémoires ! le marquis de Montglat à peine en
» écrivant songe-t-il qu'il existe ; à peine, en quatre
» volumes, parle-t-il quatre fois de lui-même ! Aussi
» soit qu'il décrive les intrigues de la cour, soit
» qu'il détaille les intrigues de la guerre, d'un côté
» rien de moins passionné, rien de moins partial ;
» de l'autre rien de plus clair, de plus net, de mieux
» ordonné. »

La bibliothèque royale possède la plus grande partie du manuscrit dont on s'est servi pour l'édition de 1727. En comparant l'imprimé à ce qui reste de ce manuscrit, on reconnaît que le père Bougeant l'a collationné avec tant de soin qu'il n'a rien laissé à faire à un nouvel éditeur.   A. B.

AVERTISSEMENT

DU PÈRE BOUGEANT.

Il est inutile d'informer le public à qui il a l'obligation du présent qu'on lui fait de ces Mémoires. Il lui suffit de pouvoir s'assurer qu'ils ne sont point supposés, et c'est ce que les lecteurs trouveront dans l'ouvrage même. Le style dont il est écrit, l'air de candeur et de sincérité qui y règne partout, ne laissent aucun lieu aux soupçons de supposition. C'est pour cela même qu'on n'a pas voulu toucher au style ni aux expressions de l'auteur, de peur d'altérer tant soit peu le caractère de vérité qui s'y fait remarquer.

L'auteur se nommoit François de Paule de Clermont, marquis de Monglat. Il étoit de l'illustre et ancienne maison de Clermont, originaire d'Anjou, d'où sont sorties les branches de Clermont de Galerande d'Amboise, de Saint-Georges et de Resnel. Il étoit chef de la branche de Saint-Georges, fils aîné de Hardouin de Clermont et de Jeanne de Harlay, dame de Montglat. Il fut chevalier des ordres du Roi, grand-maître de la garde-robe, et maréchal de camp. Il épousa Isabelle Hurault, fille du comte de Chiverny et héritière du chancelier de ce nom; et il eut pour fils Louis de Clermont, comte de Chiverny, envoyé extraordinaire en Allemagne, et ambassadeur en Danemarck, qui épousa mademoiselle de Saumery, fille de Jacques de Saumery, grand-maître des eaux et forêts de l'Ile de France, etc. Il mourut le 7 avril l'an 1675.

Il sut allier dans sa personne l'homme de cour à l'homme de guerre : assidu auprès de son maître dans la saison du repos, et à l'armée lorsque la guerre l'y rappeloit. Comme sa vie fut partagée entre la cour et l'armée, il a suivi le même partage dans la suite de ses Mémoires : car quoiqu'il les ait divisés par campagnes, il ne manqua point d'ajouter au détail de la guerre tout ce qui se passoit de plus considérable à la cour.

Nous avons tant de Mémoires du règne de Louis XIII et de la minorité de Louis XIV, qu'on peut s'imaginer qu'il ne reste plus rien à apprendre sur cette matière. Quand cela seroit, il seroit toujours utile et agréable de voir les mêmes faits confirmés par de nouveaux auteurs ; mais ces Mémoires feront voir qu'on n'avoit point encore tout dit, et qu'il étoit échappé aux auteurs de ces temps-là beaucoup d'anecdotes curieuses et de faits intéressants. Le discours préliminaire qui est à la tête de l'ouvrage est un morceau tout-à-fait curieux, par plusieurs traits singuliers qu'on y apprend, et qui ne se trouvent point dans les autres Mémoires. Il s'en présente beaucoup d'autres de cette espèce dans toute la suite de l'ouvrage, surtout un récit des campagnes beaucoup mieux détaillé qu'on ne le voit nulle part ailleurs; et on ose assurer que par ce seul endroit l'ouvrage mérite l'approbation du public, puisque par là il sera toujours d'un grand secours pour la perfection de l'histoire du dernier siècle.

L'auteur est exact dans les faits, judicieux dans les réflexions, critiquant avec impartialité les ministres et les généraux françois. Le caractère et la conduite des cardinaux premiers ministres y sont parfaitement développés ; et aucuns Mémoires ne donnent une idée plus nette et plus vraie de toute la cour de Louis XIII et de la minorité de Louis XIV. Il parle comme témoin oculaire dans la plupart des événements qu'il raconte, et dans les autres il a sans doute suivi les relations qu'il jugeoit les plus fidèles. Il avoit d'ailleurs la mémoire si belle et l'esprit si orné, qu'on l'appeloit communément à la cour Montglat *la bibliothèque*.

On s'apercevra aisément que son style n'est ni assez pur ni assez élégant, mais il faut s'en prendre aux temps où il a écrit. Il est même certain qu'il n'a jamais eu dessein de publier son ouvrage et c'est une espèce de larcin qu'on fait aujourd'hui à cet illustre mort. C'est là la source des négligences qu'on trouvera répandues dans sa narration; mais, à cela près, sa manière de narrer est nette et coulante, précise et naturelle ; et c'est tout ce qu'on doit désirer dans des Mémoires comme ceux-ci. Comines, Brantôme, et les autres auteurs du temps passé, plaisent encore aujourd'hui dans leur langue, et pour ainsi dire dans leur habit gaulois : il semble même qu'on leur ôte une partie de leurs grâces quand on les habille à la moderne. C'est en partie ce qui a fait croire qu'il falloit donner ces Mémoires au public tels qu'ils sont sortis des mains de l'auteur ; et qu'ils plairoient plus dans leur simplicité qu'avec tous les ornements qu'on auroit pu leur prêter.

MÉMOIRES
DU
MARQUIS DE MONTGLAT.

DISCOURS

SUR L'ÉTAT DE LA FRANCE DEPUIS LA PAIX DE VERVINS JUSQUES A LA DÉCLARATION DE LA GUERRE.

La France, après avoir souffert durant trente-neuf ans la guerre civile, causée pour la religion prétendue réformée, depuis la mort du roi Henri II, avenue en 1559, et durant les règnes de ses trois enfans les rois François II, Charles IX et Henri III, fut rétablie dans son premier lustre par la valeur et bonne conduite du roi Henri IV; lequel, après avoir reconquis son royaume qui lui étoit injustement disputé, donna la paix à ses sujets par le traité de Vervins, fait en 1598, avec Philippe II, roi d'Espagne. Quoique par cet accord leurs différends fussent terminés, ils se réservèrent les droits qu'ils avoient respectivement les uns sur les autres; le point du marquisat de Saluces, dont le duc de Savoie s'étoit emparé durant la Ligue, sous le feu roi Henri III, fut remis à la décision du Pape, lequel ne put obliger ce prince à se mettre à la raison; et le Roi le força par les armes de lui donner en échange la Bresse, et les pays de Bugey, Valromey et Gex. Après la paix de Vervins, le Roi fit déclarer par le Pape son mariage avec la reine Marguerite nul; et peu de temps après il épousa Marie de Médicis (1), fille de François et nièce de Ferdinand; grands ducs de Toscane.

Ce mariage donna lieu à la conspiration du maréchal de Biron, fomentée par les Espagnols et le duc de Savoie, sous prétexte que le Roi ayant donné une promesse de mariage à la marquise de Verneuil (2), de laquelle il avoit un fils (3), il n'avoit pu en épouser une autre: ce qui fut cause de la mort du maréchal, et de la prison du comte d'Auvergne, depuis nommé duc d'Angoulême, fils bâtard du roi Charles IX. Le reste du règne de Henri IV se passa en grande tranquillité excepté la brouillerie excitée par le maréchal de Bouillon, qui fut contraint de s'humilier, et de lui remettre Sedan entre les mains : mais sa clémence fut si grande, qu'il lui pardonna généreusement, lui rendit sa place, et le ramena avec lui à Paris. Se voyant en pleine paix, aimé de ses sujets et redouté de ses voisins, il ne songeoit qu'à goûter le repos qu'il s'étoit procuré par ses victoires, et à se délasser de ses fatigues passées en faisant de superbes bâtimens dans Paris et à la campagne, lorsque la mort du duc de Clèves et de Juliers arriva, pour la succession duquel toutes les puissances de la chrétienté prirent parti. Le Roi s'y intéressa des premiers; et pour cet effet il leva une puissante armée accompagnée de quantité d'artillerie et d'argent, pour empêcher que ces duchés ne tombassent entre les mains d'autres que des légitimes héritiers. Beaucoup de gens ont cru que ses desseins étoient bien plus grands, et chacun a expliqué cet armement à sa fantaisie; mais comme il communiquoit ses secrets à peu de personnes, on n'a jamais su la vérité de cette

---

(1) A Lyon, le 27 décembre 1600.
(2) Catherine-Henriette de Balzac d'Entragues, marquise de Verneuil, fille de Marie Touchet, maîtresse de Charles IX.
(3) Henri, duc de Verneuil, mort en 1682.

entreprise, dont l'exécution fut rompue par l'exécrable parricide commis contre sa personne sacrée, le 14 de mai 1610. Cette mort mit la France dans une étrange consternation : car depuis plusieurs siècles elle n'avoit point eu de roi si grand, si bon, et si aimé de ses peuples. Il laissa la couronne à monseigneur le Dauphin, son fils aîné, qui fut appelé Louis XIII, âgé de huit ans et huit mois : car il étoit né le 27 de septembre 1601.

Il avoit pour frères et sœurs Elisabeth, depuis reine d'Espagne, née en 1602; Chrétienne, duchesse de Savoie, en 1606; le petit duc d'Orléans en 1607, mort en bas âge en 1611; Gaston, duc d'Anjou et puis d'Orléans, en 1608; et Henriette-Marie, reine d'Angleterre, en 1609. Tous ces princes furent élevés à Saint-Germain par madame de Montglat (1), femme de grand mérite et vertu. Le feu Roi avoit aussi laissé des bâtards : à savoir, de Gabrielle d'Estrées, duchesse de Beaufort, César, duc de Vendôme; Alexandre (2), grand prieur de France; et la duchesse d'Elbœuf. De mademoiselle d'Entragues, dite marquise de Verneuil, il eut le duc de Verneuil et la marquise de La Valette. De la comtesse de Moret, de la maison de Bueuil, sortit le comte de Moret; et de la dame des Essarts vinrent les abbesses de Fontevrault et de Chelles.

Après la mort du Roi, la Reine sa veuve, mère du nouveau Roi, fut déclarée régente du royaume, en l'absence des princes du sang, qui arrivèrent après, et trouvant la chose faite, n'en osèrent murmurer. Elle avoit été couronnée à Saint-Denis le jeudi, et devoit faire son entrée le dimanche dans Paris : mais ce malheureux accident empêcha cette cérémonie. La première action de régence qu'elle fit fut de licencier l'armée du feu Roi, dont elle ne retint que dix mille hommes, qu'elle envoya sous le maréchal de La Châtre au siége de Juliers.

Comme les minorités des rois sont sujettes aux troubles causés par les mécontentemens des grands, le premier soin qu'elle eut fut de tâcher à les contenter par bienfaits : pour cela, elle fit grande profusion d'argent en peu de temps, et consomma tout celui que le feu Roi avoit amassé avec tant de peine à la Bastille par le bon ménage du duc de Sully, auquel on ôta les finances pour les donner au président Jeannin. Par ces moyens elle maintint la paix durant les quatre premières années de sa régence; et pour la rendre plus ferme au dehors, elle crut que l'alliance d'Espagne y contribueroit beaucoup, comme étant la seule puissance dans l'Europe capable de tenir tête à la France; et toutes deux liées ensemble d'intérêts, en état de donner la loi à tout le reste de la chrétienté. Pour cet effet, l'an 1612, le duc de Mayenne (3) fut envoyé en Espagne pour demander en mariage l'Infante, fille aînée du roi Philippe III; et le duc de Pastrane vint en même temps en France demander madame Elisabeth pour le prince d'Espagne, qui a régné depuis sous le nom de Philippe IV. Ces mariages furent accordés et pour les solenniser avec plus de magnificence, on fit à Paris ce célèbre carrousel à la place Royale, duquel on a tant parlé. Leurs noces furent remises pour quelque temps, à cause de la grande jeunesse des accordés. Cette union donna sujet de parler à bien des gens : car elle étoit si grande qu'il ne se résolvoit rien dans le conseil sans en faire part au duc de Montéléon, ambassadeur d'Espagne : ce qui étoit contre les maximes du feu Roi. Aussi cela fit grande impression dans l'esprit des plus grands; et le calme ayant duré jusqu'à cinq ou six mois avant la majorité du Roi, les princes qui vouloient tout manier à leur fantaisie, et quelques dames n'étant pas contentes du gouvernement présent, et jalouses de la faveur de la duchesse de Guise et de la princesse de Conti, qui étoient mieux traitées qu'elles par la Reine, embarquèrent par leurs intrigues leurs galans à brouiller : si bien qu'un matin le prince de Condé, les ducs de Vendôme, de Longueville, de Mayenne, de Nevers, et quantité d'autres grands seigneurs, sortirent de la cour sans congé, prenant pour prétexte le mauvais gouvernement de l'Etat qu'ils vouloient réformer, et le mariage du Roi qu'ils vouloient empêcher : disant que cette alliance causeroit la perte de tous les alliés de la couronne principalement des protestans, qui croiroient qu'elle ne se feroit que pour les détruire, et quitteroient par cette raison les intérêts de la France, qui demeureroit en proie à l'ambition de la maison d'Autriche; laquelle la voyant abandonnée de ses alliés, tâcheroit ensuite à l'opprimer, pour, en l'abattant, parvenir à ce dessein qu'elle a depuis long-temps prémédité d'usurper la monarchie universelle. Mais ils n'eurent pas plus tôt levé les armes, qu'ils les mirent bas par le traité de Sainte-Menehould, par lequel il fut accordé que le mariage du Roi seroit retardé jusqu'à ce que les Etats-généraux eussent été convoqués pour en donner leurs

---

(1) Jeanne de Harlay, baronne de Montglat, femme de Hardouin de Clermont, seigneur de Saint-Georges, et mère de l'auteur de ces Mémoires.

(2) Plus connu sous le titre de chevalier de Vendôme.

(3) Henri de Lorraine, duc de Mayenne et d'Aiguillon, fils du chef de la Ligue, Charles de Lorraine, duc de Mayenne.

avis, et pour travailler à la réformation de l'Etat.

Dès que cette paix fut signée, ils revinrent tous à la cour, où bientôt après le Roi fut déclaré majeur en 1614. Ensuite de quoi les Etats furent assignés à Paris : lesquels, après avoir dressé leurs cahiers, les présentèrent au Roi, qui leur promit d'y répondre au premier jour; et cependant les congédia, sans avoir produit le grand fruit qu'on espéroit de leurs assemblées. Bientôt après le voyage du Roi en Guienne fut résolu, qui fut le prétexte des seconds troubles, parce que les princes reprirent les armes de nouveau pour l'empêcher, et faire que les cahiers des Etats fussent répondus favorablement. Voilà donc tout en armes en 1615. Le Roi mit deux armées sur pied : l'une commandée par le duc de Guise pour l'accompagner; et l'autre par le maréchal de Bois-Dauphin, pour tenir tête en Champagne aux princes, qui se vantoient d'empêcher l'exécution du mariage : ce qu'ils ne purent faire néanmoins, car Sa Majesté arriva heureusement à Bordeaux. Madame Elisabeth sa sœur fut conduite par le duc de Guise à Saint-Jean-de-Luz, sur la rivière de la Bidassoa, qui sépare la France de l'Espagne; où l'ayant remise entre les mains des Espagnols, il reçut des leurs l'Infante, et la mena en sûreté à Bordeaux, où le Roi l'épousa, et bientôt après reprit le chemin de Paris. Durant ce retour on fit tant de négociations avec les princes, qu'enfin le traité de Loudun fut conclu, par lequel ils revinrent tous à la cour, et se remirent dans leur devoir : mais ce ne fut pas sans avoir eu chacun leur compte, et le tout aux dépens du Roi.

Quand Sa Majesté fut arrivée à Tours, au commencement de l'année 1616, il y eut grand changement dans le conseil : car les trois anciens ministres qu'on appeloit les *barbons*, le chancelier de Sillery, Villeroy et le président Jeannin, furent disgraciés ; et Puisieux, secrétaire d'Etat. Les sceaux furent donnés à Du Vair (1), premier président de Provence; les finances à Barbin, sous le titre de contrôleur général; et la charge de Puisieux à Mangot (2). Ces deux derniers étoient créatures du maréchal d'Ancre et de sa femme, qui étoient auteurs de tous ces changemens, et de la fortune desquels il faut traiter particulièrement.

La maréchale d'Ancre étoit une pauvre fille de Florence, nommée Leonora Galigaï, dont la mère étoit blanchisseuse de la princesse de Florence, qui amena sa fille avec elle en France, la prit en amitié, et la maria avec Concini, gentilhomme florentin, qui étoit aussi venu avec elle d'Italie. Or, durant la vie du feu Roi la Reine avoit eu peu d'autorité : ainsi ceux qui la gouvernoient n'avoient pas grand crédit; mais comme ces deux personnes avoient de l'esprit, elles s'insinuèrent si bien dans son esprit, qu'elle fit Leonora sa dame d'atour, honneur au-dessus d'une personne de sa naissance. Elle se maintint toujours dans les bonnes grâces de sa maîtresse durant la vie du Roi : mais après sa mort elle la gouverna entièrement, et par même moyen son mari, qui fut le maître de l'Etat sans entrer au conseil, car il ne fut jamais ministre; mais il tenoit le soir le sien particulier avec la Reine, où l'on décidoit de tout ce qui avoit été proposé dans l'autre à l'insu des ministres : et ainsi il étoit plus puissant qu'eux. Sa faveur augmentant, il voulut prendre un nom plus relevé que celui de Concini, et pour cette raison il acheta le marquisat d'Ancre, de la maison de Humières, pour en porter le titre; et depuis il fut fait maréchal de France. Il poussa son audace si avant, qu'il osa prétendre à mademoiselle de Soissons pour son fils; et le comte de Soissons son père consentoit de la lui donner, à condition qu'il fit épouser au duc d'Enghien son fils mademoiselle de Montpensier, la plus grande héritière de ce temps, destinée pour Monsieur, frère du Roi; et la chose eût pu réussir, sans la mort du comte de Soissons. Aussi son insolence devint odieuse à tous les grands : ce qui causa les troubles de ces temps-là.

Or, durant le règne du feu Roi la cour étoit souvent à Fontainebleau, à quatre lieues de Melun, dont Barbin étoit procureur du Roi; lequel ne pouvant avoir accès chez les ministres, s'attachoit à la Reine par le moyen de Leonora, qu'il tâchoit de gagner par mille petits soins : tantôt lui portant des fruits de son jardin, et quelquefois lui donnant la collation dans une petite maison qu'il avoit près de Melun : en sorte qu'il se rendit fort libre avec elle, étant réputé pour son domestique; et comme il étoit habile, il ne perdit pas le temps de s'avancer après la mort du Roi, et de profiter de la faveur de la maréchale d'Ancre, près de laquelle il pouvoit tout. Il réussit si bien dans son dessein, que dans le changement du conseil, qui arriva à Tours au commencement de 1616, il trouva sa place, et fut le maître absolu des finances sous le nom de contrôleur général. Or étant à Melun petit compagnon, il avoit un ami intime chez lequel il logeoit quand il alloit à Paris, nommé Bouthil-

---

(1) Guillaume Du Vair, évêque de Lisieux.
(2) Claude Mangot, avocat au parlement de Paris, maître des requêtes, premier président du parlement de Bordeaux.

lier, avocat au parlement, qui avoit été clerc de l'avocat La Porte, alors décédé. Ce La Porte étoit en son temps un des plus célèbres avocats de Paris, lequel servoit l'ordre de Malte avec tant d'utilité, que le grand-maitre et le conseil reçurent son second fils chevalier de grâce, qui depuis fut grand prieur de France (1). Il servoit aussi un gentilhomme de Poitou nommé Richelieu, dont le père avoit mangé tout son bien, et avoit laissé sa maison fort incommodée. Et comme il étoit son voisin, il prit affection pour lui; et ayant gagné beaucoup de biens dans son métier, il luy donna sa fille (2) en mariage avec une grande somme d'argent, dont il paya ses dettes, et parvint à la charge de grand prévôt de France, et à la dignité de chevalier du Saint-Esprit. Durant ce temps, l'avocat La Porte mourut, et laissa sa pratique à son clerc Bouthillier, qui avoit été reçu avocat avant sa mort; il luy recommanda les petits enfans de Richelieu, qui n'avoient plus ni père ni mère. Il ne manqua pas à la parole qu'il luy en donna: car il eut soin d'eux comme s'ils eussent été ses propres enfans; et les ayant fait étudier, le second nommé Alphonse, destiné à l'Eglise, obtint par résignation l'évêché de Luçon, qu'il ne garda guère pour se rendre chartreux; et le laissa à son cadet Armand, qui étoit trop jeune pour le posséder. Cette raison l'obligea d'aller à Rome pour avoir dispense d'âge, où il supposa un faux baptistaire pour paroitre plus âgé qu'il n'étoit, et par ce moyen obtint ses bulles; mais cette ruse fut découverte, et le pape Paul V en fut informé, qui en parut fort en colère; et l'évêque de Luçon fut contraint d'avoir recours à l'ambassadeur de France Alincourt, qui apaisa le courroux de Sa Sainteté, et le mena lui demander pardon. Le Pape lui fit une légère réprimande, puis appela l'ambassadeur, et lui dit que ce jeune homme seroit un jour un grand fourbe. Etant de retour en France, il étoit souvent chez l'avocat Bouthillier, où il fit habitude avec Barbin, qui goûta son esprit, et le trouva si excellent qu'il le fit connoître à Leonora, laquelle étant depuis parvenue à une grande fortune, se servit de lui dans de petites négociations dont il s'acquitta si bien qu'elle le fit connoitre à la Reine, et la persuada tellement de son grand mérite et capacité, que quelque temps après le changement du conseil, le garde des sceaux du Vair ayant déplu au maréchal d'Ancre, Mangot eut les sceaux, et l'évêque de Luçon fut fait secrétaire d'Etat en sa place. Et dans la fonction de cette charge il se mit si bien dans l'esprit de la Reine, que la confiance qu'elle eut depuis en lui commença dès ce temps-là, laquelle causera de grandes révolutions dans la suite.

De Tours, la cour revint à Paris, où l'excessive autorité du maréchal d'Ancre mécontenta tout le monde, et principalement les princes, qui, se voyant méprisés et sans crédit, commencèrent à tenir des conseils ensemble pour chercher un remède à ce mal: mais il s'aperçut bientôt de ces menées, tellement qu'il crut que le meilleur avis qu'il pourroit prendre pour sa sûreté étoit de s'assurer du chef de tous, qui étoit le prince de Condé. C'est pourquoi, par son conseil, il fut arrêté dans le Louvre par le marquis de Thémines, qui, pour ce service, fut fait maréchal de France. Sitôt que cette nouvelle fut sue, tous les princes se sauvèrent et se retirèrent en leurs gouvernemens, où ils prirent les armes, disant qu'on avoit violé la foi publique et le traité de Loudun, en arrêtant le prince; et qu'on eût fait la même chose d'eux s'ils n'y eussent pris garde. Tous leurs manifestes ne parloient que contre le maréchal d'Ancre, qu'ils accusoient d'être cause de tous les malheurs du royaume; mais il ne s'endormoit pas de son côté: car voyant tous les princes contre lui, il fit sortir de la Bastille le comte d'Auvergne qui y étoit prisonnier depuis treize ans; et pour le lier à ses intérêts il lui donna le commandement de l'armée du Roy, avec laquelle il mit le siège devant Soissons, où le duc de Mayenne étoit enfermé. Mais il arriva un changement à la cour qui finit bientôt cette guerre.

[1617] Le Roi, depuis son avénement à la couronne, avoit été tenu fort bas par la Reine sa mère; et le maréchal d'Ancre et sa femme vivoient si peu respectueusement avec lui qu'il en étoit chagrin, tout jeune qu'il étoit. Même depuis sa majorité ils ne firent pas plus d'état de lui qu'auparavant, parce qu'il laissa tout le soin des affaires entre les mains de la Reine et de ses ministres, sans songer à autre chose qu'à se divertir avec une compagnie de petits Suisses qu'il avoit levée, à un fort qu'il avoit fait faire dans les Tuileries, et à voler de petits oiseaux avec des pies-grièches. Dans tous ces divertissemens, Luynes et ses deux frères Cadenet (3) et Brantès (4) étoient ceux qui s'y intriguoient le plus. Ils étoient gentilshommes provençaux, et

---

(1) Amador de La Porte.
(2) Suzanne de La Porte, mariée à François Du Plessis-Richelieu, mère du cardinal.
(3) Honoré d'Albert, seigneur de Cadenet, duc de Chaulnes, pair et maréchal de France.
(4) Léon d'Albert, seigneur de Brantès, duc de Luxembourg.

Luynes avoit été au comte du Lude. Comme le Roi avoit été abandonné de tout le monde, il leur étoit fort aisé de se fourrer dans ses petits plaisirs, et d'acquérir en peu de temps de la familiarité avec lui. On étoit ravi de le voir s'amuser à ces bagatelles, et on le traitoit comme un enfant, et quelquefois trop : car il ne le trouvoit pas toujours bon, comme il le témoigna un jour à la maréchale, quand, jouant à de petits jeux au dessus de sa chambre, elle lui manda qu'elle avoit la migraine, et qu'il faisoit trop de bruit : il répondit que si sa chambre étoit exposée au bruit, Paris étoit bien grand pour en trouver une autre. Une autre fois étant dans la chambre de la Reine sa mère, qui aimoit fort les chiens, il marcha sur la patte de l'un, qui lui mordit la jambe jusqu'au sang ; au lieu de lui faire excuse, elle le gourmanda extrêmement, et il sortit en colère, disant qu'elle aimoit mieux un chien que lui. Toutes ces choses l'aigrissoient contre la Reine et contre ceux qui la gouvernoient, tellement que pour adoucir son esprit on résolut de lui faire quelque petite grâce : ce fut qu'à sa prière, quand le prince de Condé fut arrêté, Luynes eut le château d'Amboise. Mais ensuite voyant que ce favori empiétoit trop sur l'esprit du Roi, le maréchal d'Ancre en prit jalousie ; et pour rompre le grand attachement que Sa Majesté avoit pour lui, il persuada à la Reine de l'éloigner. Le Roi témoigna être fort affligé de de cette nouvelle ; et Luynes se voyant perdu, crut qu'il n'y avoit point de meilleur moyen pour se sauver que de prévenir ce coup par un autre : c'est pourquoi il dit au Roi qu'il ne se devoit point affliger pour cela, parce que le remède étoit en sa main, puisqu'il étoit le maître, et le seroit toujours quand il voudroit. Il lui fit si bien connoître que son autorité ne se pouvoit établir que par la perte du maréchal, que le Roi dit tout bas à Vitri, capitaine des gardes, de parler à Luynes, et de faire ce qu'il lui diroit de sa part. Il le fut trouver aussitôt, et fut fort aise du commandement qu'il reçut, parce qu'il n'aimoit pas le maréchal. Mais quoique l'intention du Roi fût de le faire arrêter, la peur qu'ils eurent que les larmes d'une mère n'attendrissent un fils, et que tout le faix de cette affaire ne tombât sur eux, fit qu'ils résolurent entre eux de s'en défaire. Si bien que Vitri l'ayant rencontré sur le pont du Louvre, qui entroit avec beaucoup de suite, il le tira par le manteau, et lui dit qu'il avoit ordre du Roi de se saisir de sa personne. Sur quoi le maréchal étonné recula d'un pas, et en même temps il tomba mort de deux coups de pistolet tirés par commandement de Vitri, disant qu'il s'étoit mis en défense. Le jour même, le Roi lui donna le bâton de maréchal de France qu'avoit le défunt. Aussitôt les gardes de la Reine mère furent mis hors du Louvre ; le pont qui étoit entre son appartement et son jardin fut rompu, elle dormant ; et à son réveil elle fut surprise de voir ses femmes pleurer, lesquelles lui apprirent ce qui s'étoit passé, et qu'elle étoit arrêtée. Le Roi fut trois jours sans la voir ; puis il lui manda qu'il désiroit qu'elle se retirât à Blois, et qu'il lui vouloit dire adieu, à condition qu'elle ne lui parlât en aucune sorte des choses passées : ce qu'elle promit. Le Roi étant descendu dans sa chambre lui parla fort froidement, et la Reine ne put s'empêcher de lui dire en pleurant que si elle eût su que le maréchal lui eût déplu, elle l'eût renvoyé en Italie. Elle lui recommanda en même temps Barbin : mais le Roi, sans lui répondre, la baisa et sortit, et la Reine partit aussitôt pour s'en aller à Blois. Tout ce changement arriva au mois d'avril 1617, et tout le conseil du Roi fut rétabli comme il étoit auparavant. Le chancelier de Sillery fut rappelé pour en être chef, et les sceaux furent rendus à Du Vair : Villeroy et Puisieux rentrèrent dans leurs charges de secrétaires d'Etat, et le président Jeannin revint sans avoir les finances, qui furent données à Schomberg. Barbin fut mis à la Bastille, Mangot exilé, et l'évêque de Luçon relégué à Avignon. Cependant la nouvelle de la mort du maréchal arriva à Soissons, où, sans pourparler ni négociation quelconque, les portes de la ville furent ouvertes, les deux camps se mêlèrent, criant *vive le Roy!* et les princes, sans traité, prirent la poste et vinrent trouver Sa Majesté, qui ne les voulut pas voir, par les conseils du chancelier et de Villeroy, jusqu'à ce que leur abolition fût passée : ce qui fut fait sans difficulté. La maréchale d'Ancre fut arrêtée et mise entre les mains du parlement qui la condamna à perdre la tête pour crime de magie, n'en trouvant point d'autre : ce qui fut exécuté au grand étonnement de tout le monde, qui trouvoit cet arrêt indigne d'une si auguste compagnie. La haine du peuple fut si grande contre le maréchal, que deux jours après sa mort il le déterra, le mit en pièces, traîna ses membres dans les rues par toute la ville, et puis les jeta à Montfaucon.

[1618] Tout le monde se réjouissoit, dans l'espérance que Roi gouverneroit son État de lui-même, qu'on s'adresseroit à lui pour recevoir des grâces et des bienfaits. Mais cette joie fut courte, parce qu'il se déchargea de tous les soins du royaume sur Luynes, duquel la puissance vint à un tel point de grandeur, qu'en quatre ans et demi que sa faveur dura, il fut lui et ses deux frères chevaliers du Saint-Esprit, ducs et pairs, Cadenet maréchal, et lui connétable de France. Aussi le murmure de tous les grands commença bientôt à éclater contre lui, disant qu'on n'étoit pas mieux que sous le maréchal d'Ancre, et qu'on n'avoit pas changé de taverne, mais seulement de bouchon. Ce que voyant le duc de Luynes, il fit sortir de prison le prince de Condé, pour l'attacher au maintien de sa fortune et l'opposer à la Reine mère, qui étoit leur commune ennemie : et pour s'appuyer de grandes alliances, il épousa la fille du duc de Montbazon de la maison de Rohan, et maria Cadenet à l'héritière de Péquigny, faisant ériger Chaulnes en duché-pairie; et Brantès à celle de Luxembourg, avec la même dignité. Mais plus ils augmentoient en biens et honneurs, plus la jalousie croissoit contre eux : si bien que la Reine mère attira le duc d'Épernon à son parti sur la fin de l'an 1618; et au commencement de 1619 elle sortit du château de Blois et gagna le Pont-de-Cé, où ce duc l'attendoit avec de la cavalerie, et la conduisit en sûreté à Loches, et de là dans son gouvernement d'Angoulême. L'action du duc fut trouvée fort mauvaise à la cour; et sur les nouvelles qu'en reçut le Roi, il fit marcher des troupes contre lui, et ne laissa pas en même temps d'envoyer le père de Berulle (1) pour persuader à la reine mère de se soumettre à ses volontés. Elle étoit alors gouvernée par l'abbé Ruccelai, italien; et elle se plaignoit dans ses manifestes qu'on lui ôtoit tous ses serviteurs, et entre autres l'évêque de Luçon. Ce que le duc de Luynes ayant appris, il crut qu'il falloit, sous prétexte de lui donner satisfaction, opposer à cet abbé quelqu'un qui mît division dans son conseil et partageât l'autorité avec lui : et pour ce sujet il envoya un ordre du Roi à l'évêque de Luçon de sortir de son exil d'Avignon, et de se rendre auprès de sa maîtresse, après avoir sous main tiré parole de lui qu'il seroit dans ses intérêts. Ce dessein réussit fort bien au gré de la cour : car l'évêque, reprenant le dessus dans l'esprit de la Reine, chassa Ruccelai et demeura maître du cabinet, où il ne manqua pas à ce qu'il avoit promis : car il porta la Reine à faire ce qu'il plairoit au Roi, et à signer un traité par lequel on lui donna pour place de sûreté le château d'Angers et le Pont-de-Cé. Aussitôt elle partit d'Angoulême et vint trouver le Roi à Tours, qui, sachant sa venue, alla au devant d'elle jusqu'à Cousières avec la Reine sa femme. La réconciliation de Leurs Majestés se fit en ce lieu-là, où, pour marque de l'oubli de tout le passé, la Reine mère fit beaucoup de caresses au duc de Luynes. Après de grandes marques d'amitié de part et d'autre, Leurs Majestés revinrent à Tours, d'où le prince de Piémont partit pour retourner en son pays, après avoir épousé madame Chrétienne, sœur du Roi, qu'il emmena avec lui. De là le Roi et la Reine reprirent le chemin de Paris, et la Reine mère celui d'Angers, où elle devoit faire sa demeure. Elle en donna le gouvernement à Richelieu, frère aîné de l'évêque de Luçon; dont le marquis de Thémines fut tellement offensé, prétendant devoir être préféré à lui, qu'il le fit appeler et le tua en duel : et par cette mort il l'empêcha de parvenir aux plus grandes dignités du royaume, où la faveur que l'évêque de Luçon eut depuis l'eût élevé.

Au commencement de l'an 1620, le Roi envoya le duc d'Angoulême, Béthune, chevalier du Saint-Esprit, et Châteauneuf, conseiller d'État, vers l'Empereur, tous les princes d'Allemagne, et Bethlen Gabor, prince de Transylvanie, pour tâcher, en qualité d'ambassadeurs extraordinaires, d'accommoder les différens qui étoient survenus pour le royaume de Bohême. Mais durant qu'il se mettoit en peine d'apaiser les troubles de ses voisins, il s'en élevoit chez lui qu'i lui donnèrent des affaires : la Reine mère, fâchée de se voir éloignée de la cour, fit une ligue avec les princes, qui ne pouvoient souffrir l'excessive fortune des trois Luynes : tellement qu'ils sortirent de la cour sans prendre congé, et armèrent pour son service. Ce désordre obligea le Roy de partir de Paris pour éteindre ce feu; et il s'en alla droit à Caen, où commandoit Prudent pour le grand prieur de Vendôme, frère naturel du Roi, lequel, surpris de la présence de Sa Majesté, rendit le château contre l'espérance de tous les deux partis. Ensuite le Roi s'avançant vers Angers, tout se soumit à lui jusqu'au Pont-de-Cé, où le duc de Retz, qui commandoit l'armée de la Reine, voulut faire résistance; mais il fut forcé et défait entièrement : tellement que la Reine mère, destituée de tout secours, fut contrainte de prendre la loi du plus puissant, qui fut que, moyennant l'abolition pour ceux qui l'avoient suivie, elle reviendroit à la cour, et y demeureroit dorénavant. Mais le duc de Luynes, ne la voulant plus avoir contraire, gagna l'évêque de Luçon, qui avoit une entière puissance sur son esprit; et pour se l'attacher encore davantage, il fit épouser à Combalet, son neveu, la nièce de l'évêque, fille de sa sœur et de Pont de Courlai, et le fit nommer par le Roi au cardinalat, pour la première

---

(1) Pierre de Berulle.

fois que le Pape en feroit pour les couronnes. Par ce moyen tous les esprits furent réunis.

Aussitôt que le Roi eut éteint ce trouble, il ne voulut pas revenir à Paris qu'il n'eût fait exécuter ses commandemens par ses sujets de Béarn. Pour faire entendre cette affaire, il faut savoir qu'une des conditions que le pape Clément VIII exigea pour l'absolution du feu roi Henri IV, fut qu'il feroit restituer tous les biens d'Église de Béarn qui avoient été confisqués par la reine de Navarre Jeanne d'Albret sa mere, et appliqués à l'entretien des ministres et des collèges destinés à l'instruction des huguenots. Or, pour contenter Sa Sainteté, par l'édit de Nantes accordé à ceux de la religion pour la liberté de conscience, il fut ordonné que tous les biens d'Église seroient rendus. Cet édit avoit été exécuté par tout le royaume, excepté en Béarn, sous prétexte que ce pays n'étoit pas compris dans l'édit de Nantes, à cause qu'il ne dépendoit pas de la couronne de France. Or le Roi, se voyant à moitié chemin de ce pays-là, fit donner un arrêt dans son conseil pour faire rendre tous les biens d'Église aux ecclésiastiques, et envoya un commissaire sur les lieux pour le faire enregistrer dans le conseil souverain de Navarre. Ce commissaire trouva de grandes difficultés dans cette affaire : car le marquis de La Force, gouverneur de la province, et tous les magistrats qui étoient huguenots, s'y opposèrent si fortement, que le Roi, qui s'étoit avancé jusqu'à Poitiers pour en apprendre plus tôt des nouvelles, se résolut d'aller jusqu'à Bordeaux pour se faire obéir de gré ou de force. En arrivant dans cette ville, il trouva des députés qui lui vouloient faire de très-humbles remontrances, qui furent mal reçues; et il les renvoya avec menaces que si dans huit jours il n'étoit obéi, il iroit en personne leur apprendre leur devoir. Cette réponse les étonna, et dans la semaine le marquis de La Force écrivit à Sa Majesté pour le détourner de ce voyage, représentant le défaut des vivres, qui ne pourroient suffire pour toute la cour, et promettant qu'avec un peu de patience il feroit obéir au Roi sans qu'il prît la peine d'y aller. Cette lettre l'arrêta encore quelques jours à Bordeaux; mais la seconde, qui portoit des excuses et les rejetoit sur la mutinerie des peuples, et demandoit encore du temps pour les mettre à la raison, fit voir que ce n'étoit que des amusemens pour gagner du temps, et obliger le Roi de partir promptement pour aller à Pau, où il arriva en si grande diligence, qu'il fut aux portes avant que personne se fût reconnu. Sa présence étonna tellement tout le monde, qu'il ne trouva aucune résistance, mais toute soumission; et chacun par son obéissance vouloit s'excuser du passé. Mais le Roi, qui ne voulut laisser dans le pays aucune suite de rébellion, cassa les conseils souverains de Navarre, et créa un parlement à Pau, réunissant ces provinces à la couronne de France. Il rétablit tous les ecclésiastiques dans leurs biens, ôta le gouvernement au marquis de La Force et le donna au comte de Gramont, et tira de Navarreins un huguenot pour y mettre Poyanne. Puis ayant achevé de régler à sa fantaisie toutes les affaires de ce pays, il reprit le chemin de Paris, où il revint passer l'hiver.

[1621] Ce coup de puissance souveraine étourdit tellement les huguenots, qu'ils s'assemblèrent promptement à La Rochelle pour mettre ordre à leur sûreté ; mais comme par l'édit de Nantes il ne leur étoit pas permis de le faire sans la permission du Roi, leur assemblée fut tenue pour criminelle, et fut défendue par un ordre exprès du Roi. Mais n'ayant pas laissé de passer outre, ils reçurent commandement de se séparer ; à quoi ils ne voulurent pas obéir : ce qui offensa tellement Sa Majesté, qu'au commencement de 1621 elle partit de Paris pour s'approcher du Poitou, afin de les mettre dans leur devoir. S'étant avancé jusqu'à Tours, le Roi envoya ses maréchaux des logis pour marquer son logement dans le château de Saumur, qui étoit une place de sûreté de ceux de la religion. Le Plessis-Mornay y avoit été mis gouverneur par le roi Henri IV, lors seulement roi de Navarre, quand cette ville lui fut donnée pour otage par le roi Henri III, au traité qu'il fit avec lui lorsqu'il le vint secourir contre la Ligue en 1589. Comme il avoit toujours servi le feu Roi avec beaucoup de fidélité, il se trouva bien empêché; mais enfin il obéit, et ne voulut pas ternir le mérite de ses longs services, en refusant au Roi l'entrée d'une ville où il avoit été mis par son père. Il fut fort bien reçu de Sa Majesté, qui lui fit donner récompense de son gouvernement, et y établit le comte de Sault en sa place. Ce changement donna de la frayeur à tous les gouverneurs des places de sûreté qu'avoient les huguenots : si bien que le Roi ayant envoyé de Poitiers ses maréchaux des logis à Saint-Jean-d'Angely, l'entrée de la ville leur fut refusée par Soubise : ce dont il fut tellement irrité, qu'il mit le siége devant ; et après y avoir perdu quantité de braves gens ; il s'en rendit maître par composition. Après la prise de Saint-Jean-d'Angely, il entra dans la Guienne, où les places de sûreté de ceux de la religion lui refusoient les portes et l'obligeoient de les assiéger ; mais toutes firent joug devant ses armes victorieuses, soit par capitulation, soit par force, comme Negrepelisse, qui fut mise à feu et à sang. Clairac fit une vigoureuse résistance : mais il fut pris, après qu'il en eût couté la vie à Termes (1), un des plus galans hommes de la cour. Ainsi le Roi se voyant obéi dans quasi toute la Guienne, résolut de mettre le siége devant Montauban, qui étoit la plus forte place des huguenots après La Rochelle. Pour cet effet, il joignit toutes ses forces; et l'ayant investie, il l'attaqua par trois endroits : mais il y trouva si grande résistance, qu'après avoir été trois mois devant et y avoir perdu le duc de Mayenne et beaucoup d'honnêtes gens, il fut contraint de lever le siége, et il alla décharger la colère qu'il eût de cette affront sur Monheur, petite ville sur la Garonne, qu'il prit. Ce siége fut mémorable par la mort du connétable de Luynes, arrivée au mois de décembre 1621 (2) à Longueville, château situé à une lieue de cette place. Il fut peu regretté du Roi, lequel commençoit à s'en lasser ; il fit mine de vouloir gouverner de lui-même, mais cette humeur ne lui dura pas long-temps.

[1622] Après la mort du connétable de Luynes, le Roi donna sa confiance au cardinal de Retz (3) et à Schomberg, surintendant des finances, mais non pas avec l'autorité qu'avoit eue le connétable : car le Roi voulut avoir connoissance de tout, et craignit durant quelque temps de retomber entre les mains d'un favori. La première action qu'il fit de lui-même fut de donner à de Vic les sceaux qui vaquoient par la mort de Du Vair, et il fut passer l'hiver à Paris, où la Reine sa mère, ravie de la mort du connétable, voulut reprendre l'autorité : mais il n'étoit pas encore temps ; et le Roi, qui avoit l'affaire des huguenots en tête, se remit aux champs au printemps de l'an 1622, pour tâcher à les faire rentrer dans leur devoir. Il commença par le Poitou, où il gagna le combat de Rié contre Soubise, et puis il assiégea et prit Royan, où le marquis de Senecé, Humières et Martha furent tués ; de là il traversa toute la Guienne, et entra dans le Languedoc ; après avoir reçu l'obéissance de quelques villes qui lui furent rendues par le marquis de La Force, qui fit son accommodement, et fut fait maréchal de France ; à son exemple Châtillon ayant remis entre les mains du Roi Aigues-Mortes, et quitté le parti des rebelles, reçut aussi la même dignité. Tellement que, par la réduction de ces deux chefs, le duc de Rohan se trouva seul à la tête du parti huguenot :

mais le Roi, qui le vouloit détruire, après avoir pris quelques petites villes mit le siége devant Montpellier, où le duc de Fronsac (4) fut tué, jeune prince de grande espérance : et on eût perdu encore de braves gens, devant cette ville, sans le traité général que firent les huguenots avec le Roi, par lequel cette place fut remise entre ses mains ; l'abolition leur fut accordée pour leur rebellion passée, la liberté de conscience leur fut confirmée, avec leurs places de sûreté qui leur restoient ; car celles que le Roi avoit prises ne leur furent pas rendues. Ainsi le Roi fit son entrée dans Montpellier, où il fit bâtir une citadelle, de laquelle il donna le gouvernement à Valencé. Durant ce siége le maréchal de Lesdiguières se fit catholique : dont le Roi reçut une si grande joie, qu'il lui envoya l'épée de connétable et le collier de l'ordre du Saint-Esprit. En même temps le pape Gregoire XV créa l'évêque de Luçon cardinal, lequel en reçut le bonnet de la main du Roi en Avignon ; et dorénavant il portera le nom de cardinal de Richelieu. De là le Roi vint à Lyon, où le prince et la princesse de Piémont lui vinrent faire la révérence ; et puis il prit le chemin de Paris, où il arriva au commencement de l'an 1623.

[1623] Peu de jours après, Schomberg demeuré seul en crédit depuis la mort du cardinal de Retz, avenue sur la fin du siége de Montpellier, fut disgracié, par les menées de Puisieux, secrétaire d'État, qui eut par son éloignement la première place dans la confiance du Roi. En même temps Caumartin, qui n'avoit gardé les sceaux que trois mois depuis la mort du garde des sceaux de Vic, mourut ; et Puisieux fit remettre les sceaux entre les mains du chancelier de Sillery son père, et fit donner la surintendance des finances à La Vieuville (5), qui demeura dans les commencemens fort dépendant de lui ; mais il s'insinua insensiblement dans les bonnes grâces du Roi : si bien que, ne pouvant souffrir personne au dessus de lui, il ruina dans l'esprit du Roi son bienfaiteur, et luy fit donner congé avec son père. Au commencement de 1624, d'Aligre (6), fut fait garde des sceaux, et Beauclerc (7) secrétaire d'État, en la place de Puisieux.

Or, depuis la mort du connétable de Luynes la Reine mère avoit regagné du crédit auprès du Roi, lequel la faisoit entrer au conseil ; et la plus grande passion qu'elle eût étoit d'établir dans le ministère le cardinal de Richelieu, en

---

(1) César-Auguste de Saint-Lary, baron de Termes.
(2) Le 14. (3) Henri de Gondy, oncle du coadjuteur.
(4) Léonor d'Orléans-Longueville, duc de Fronsac.

(5) Charles, duc de La Vieuville.
(6) Etienne d'Aligre.
(7) Charles Le Beauclerc.

qui elle avoit une entière confiance, et qui lui persuadoit que l'affermissement de son autorité dépendoit des créatures qu'elle mettroit dans le conseil : mais elle trouva de grandes difficultés dans son dessein, parce que le Roi avoit de l'aversion pour le cardinal, causée par les mauvaises impressions qu'il avoit reçues contre lui, durant la faveur du maréchal d'Ancre et les brouilleries de la Reine mère. Tellement qu'il étoit persuadé qu'il étoit d'une ambition démesurée, fort brouillon, et qu'il ne se fût pas soucié de mettre le feu aux quatre coins du monde pour faire réussir ses prétentions. Quoiqu'il eût consenti à son élévation au cardinalat par le traité qu'il fit au Pont-de-Cé avec la Reine sa mère, il avoit toujours depuis affecté de n'avoir aucun commerce avec lui, et de l'éloigner de ses affaires : mais lui, qui avoit un esprit vif et fort pénétrant, connoissant les obstacles qui se rencontroient à ses desseins, fit que la Reine gagna La Vieuville pour consentir qu'il entrât au conseil, seulement par honneur, pour la satisfaire : et d'un autre côté elle faisoit parler au Roi par Bautru, depuis nommé comte de Nogent, qui étoit fort bien dans son esprit. Et pour n'avoir personne contraire dans le petit coucher, elle fit donner à Thoiras le gouvernement du Fort-Louis, vacant par la mort d'Arnauld (1), et ensuite celui de l'île de Ré, sous ombre de lui faire du bien, mais en effet pour l'éloigner ; et elle attira si bien dans son parti tous ceux qui approchoient du Roi, qu'après deux années de résistance il lui accorda par complaisance que le cardinal entrât au conseil, dans le dessein de ne lui faire aucune part de son secret. Mais lui, qui voyoit la Reine maîtresse des volontés du Roi, fit son dessein de gouverner par elle, sans qu'il parût s'en mêlât : et de cette sorte il chassa La Vieuville, qui avoit aidé à l'établir. Il fit surintendans Marillac et Champigny (2); et ne pouvant souffrir personne pour compagnon, il fit connoître à la Reine qu'elle ne devoit endurer dans le conseil que des gens de sa main. Ce fut pour ce sujet que, sur une dispute arrivée pour la préséance entre le connétable de Lesdiguières et lui, la Reine le fit envoyer en Italie pour secourir le duc de Savoie contre les Génois; et il ne revint plus à la cour, parce qu'il mourut.

Ce fut donc en 1624, à Compiègne, que le cardinal de Richelieu commença d'entrer au conseil : et la première affaire qui se présenta depuis fut le mariage de madame Henriette-Marie, sœur du Roi, avec le prince de Galles ; pour la conclusion duquel les comtes de Carlisle et de Holland vinrent ambassadeurs extraordinaires. Durant leur négociation, le roi d'Angleterre Jacques mourut, et le nouveau roi Charles y envoya le duc de Buckingham son favori, quérir la Reine sa femme. Durant son séjour à Paris, il fit force galanteries aux dames, et même à la Reine régnante : le cardinal faisoit aussi beaucoup la cour à cette princesse ; mais le duc étant un des hommes les mieux faits de son temps et de meilleure mine, plaisoit plus, et étoit mieux reçu : ce qui causa de si grandes jalousies entre eux, qu'elles furent la source de beaucoup de maux. Dans ce même temps, le cardinal Barberin fut envoyé légat en France de la part du pape Urbain VIII son oncle, pour accommoder les affaires de la Valteline, où le marquis de Cœuvres (3) commandoit une armée pour le secours des Grisons, que les Espagnols vouloient chasser de ce pays. Tout fut terminé par le traité de Monçon.

[1625] Or, durant que le Roi songeoit aux affaires de ses voisins, Soubise lui tailloit de la besogne chez lui : car, en pleine paix, il surprit ses vaisseaux dans le port de Blavet ; ce qui fut la cause des seconds troubles, qui durèrent peu, parce qu'il fut désavoué de la plupart des villes de son parti. Si bien qu'il fut contraint de s'enfuir en Angleterre en 1625, pour y tramer des intrigues contre la tranquillité de la France ; à quoi il trouva grande disposition, à cause de l'aigreur qui étoit entre les deux favoris, qui se moquoient l'un de l'autre en toutes occasions : comme quand le cardinal fut pourvu de la charge d'amiral de France, le duc de Buckingham l'appeloit par raillerie *amiral d'eau douce*, parce qu'étant amiral d'Angleterre, il prétendoit être si fort sur mer, qu'il réduiroit l'autre à n'oser sortir des rivières de France. Il ne laissoit pas de chercher des prétextes d'y retourner pour voir la Reine ; et sur quelque division arrivée entre le Roi et la reine d'Angleterre, il demanda un passeport pour venir en France de la part de son maître : mais le cardinal le lui fit refuser, disant que tout autre seroit le bien venu. Ce refus l'offensa au dernier point ; et le premier éclat qui parut de sa vengeance fut de chasser les François domestiques, qui furent tous renvoyés en France fort rudement ; ensuite de quoi le maréchal de Bassompierre étant allé s'en plaindre de la part du Roi, n'en eut aucune satisfaction, et

---

(1) Pierre de La Mothe-Arnauld.
(2) Ils n'eurent pas le titre de surintendants, mais de directeurs généraux des finances.

(3) François-Annibal d'Estrées, marquis de Cœuvres, frère de Gabrielle d'Estrées. Il fut depuis créé duc d'Estrées et maréchal de France.

dès lors on vit que tout tendoit à une rupture.

[1626] La Reine mère en ce temps-là voulut marier Monsieur avec mademoiselle de Montpensier : mais on avoit mis dans la tête de ce prince de s'allier en pays étranger, pour être appuyé contre les favoris, qui, abusant de leur crédit, lui manqueroient de respect, et le voudroient tenir bas. Cette intrigue fut bientôt découverte par le cardinal, lequel irrita la Reine mère, et par conséquent le Roi, contre les conseillers du prince. Le principal d'entre eux, savoir le maréchal d'Ornano, gouverneur de Monsieur, fut arrêté à Fontainebleau au printemps de l'an 1626, et conduit au bois de Vincennes, où il mourut quelque temps après. Le chancelier d'Aligre, sur les reproches que lui fit Monsieur de ce procédé, s'étant voulu excuser, disant qu'il n'en avoit pas été d'avis, eut son congé : les sceaux furent donnés à Marillac, et les finances au marquis d'Effiat. De Fontainebleau, le roi partit pour aller en Bretagne ; et, passant à Blois, il commanda à Du Hallier et au marquis de Moni, capitaine des gardes, de s'assurer du duc de Vendôme et du grand prieur son frère, qu'il envoya aussi au château de Vincennes, où le grand prieur mourut trois ans après. De Blois, le Roi continua son voyage ; et après son arrivée à Nantes, Louvigny (1), second fils du comte de Gramont, sur quelque démêlé qu'il eut avec Chalais, maître de la garde-robe du Roi, découvrit au cardinal l'attachement qu'il avoit à Monsieur, et les intrigues qu'il faisoit pour empêcher le mariage ; et même l'accusa de conspiration contre la vie du Roi, pour faire parvenir Monsieur à la couronne. Il fut pris sur ce rapport, son procès lui fut fait, et il eut la tête tranchée sur un échafaud. Cette rigueur, exercée contre tous ceux qui contribuoient à la mésintelligence entre le Roi et Monsieur, ferma la bouche à tout le monde, et il ne se trouva plus personne qui osât donner aucun conseil contre les volontés du Roi : c'est pourquoi le mariage de Monsieur et de mademoiselle de Montpensier s'acheva. Elle devint bientôt grosse ; mais elle mourut l'année suivante en couche d'une fille (2). Or, le cardinal, étant maître du conseil par les changements qu'il avoit faits, crut qu'il n'auroit jamais une autorité entière s'il n'étoit aussi maître du cabinet, où il ne vouloit laisser que de ses créatures. Celui qui lui donnoit le plus d'ombrage étoit Barradas, jeune gentilhomme qui, en quittant l'habit de page de la petite écurie, avoit tellement gagné la faveur du Roi, qu'en

(1) Roger de Gramont, comte de Louvigny.
(2) De mademoiselle de Montpensier.

six mois de temps il étoit parvenu aux charges de premier écuyer, de premier gentilhomme de la chambre, de capitaine de Saint-Germain et de lieutenant de roi en Champagne. Sa Majesté avoit une telle passion pour lui, qu'il avoit toujours la main sur son épaule, et ne pouvoit être un moment sans le voir. Cet excès de faveur donna de grandes jalousies au cardinal, qui employa tous ses artifices, deux ans durant, pour le détruire : mais enfin au retour du voyage de Nantes, après l'arrivée de la cour à Paris, il fut chassé, et dépouillé de toutes ses charges, par le moyen du chevalier de Souvré et du comte de La Rocheguyon, desquels il se servit en cette occasion. Il se défit bientôt après de ce chevalier, pour la trop grande familiarité qu'il avoit avec le Roi, et le fit envoyer à Malte, sous prétexte de faire ses services. Toute la dépouille de Barradas fut donnée à Saint-Simon, qui entra aussi en faveur en sortant de page ; mais il prit des mesures avec le cardinal, contre lequel, durant qu'il s'assuroit du conseil et du cabinet, il se formoit des cabales dans le royaume, dont les étrangers se mêloient, qui se préparoient à lui donner bien de la peine.

[1627] Soubise, frère du duc de Rohan, étoit en Angleterre, qui persécutoit le duc de Buckingham d'armer contre la France, l'assurant que tous les huguenots prendroient aussitôt les armes pour lui. Le duc fut facile à persuader, par la jalousie qu'il avoit contre le cardinal ; et poussé par la duchesse de Chevreuse, avec laquelle il avoit grande correspondance, il mit une grande flotte sur mer, avec laquelle il fit une descente, l'été de l'an 1627, dans l'île de Ré, où il attaqua le fort Saint-Martin, le croyant emporter d'emblée. Mais il fut bien défendu par Thoiras, qui par sa résistance donna loisir au cardinal de s'avancer. Le Roi, étant demeuré à Villeroy fort malade, continua sa marche, bientôt après sa guérison, avec le reste de ses forces ; lesquelles s'étant toutes assemblées dans le pays d'Aunis, s'embarquèrent sous le commandement du maréchal de Schomberg, et passèrent dans l'île fort à propos, car Thoiras étoit à l'extrémité ; et pour faire savoir au Roi l'état où il étoit, il avoit fait passer à la nage, le trajet de mer d'une lieue qui est entre l'île et la terre ferme, un soldat qui arriva tout en sang de la morsure des poissons, et fit hâter le secours. Le maréchal étant débarqué dans l'île, vit que les Anglais levoient le siège et se retiroient ; aussitôt il chargea leur arrière-garde, la défit, et prit leurs canons. Le duc de Buckingham eut grande peine à se sauver dans ses vaisseaux avec les débris de ses troupes. Le Roi voulant alors châtier les huguenots, et principalement les Rochelois, qui avoient favorisé les Anglois de tout leur pouvoir, résolut de bloquer La Rochelle par mer et par terre : mais comme il étoit difficile de bien fermer l'entrée du port, il y entroit toujours quelques rafraîchissemens. Tellement qu'on se moquoit du dessein de prendre La Rochelle, comme d'une chose impossible; mais on s'avisa de faire une digue de maçonnerie dans la mer qui tenoit d'un bord du canal à l'autre, et si large qu'il y avoit du canon dessus. Ce travail ne paroissoit pas possible au commencement, à cause de la violence des flots de la mer; mais il réussit si bien que rien n'entra plus dans la place par mer; et la circonvallation étant bien fermée par terre, la disette se mit si extraordinairement dans la ville, que les matins on trouvoit dans les rues quantité de peuple mort de faim. Tellement qu'après avoir mangé leurs chevaux, les chats, les chiens, les rats, et jusques aux cuirs, et avoir enduré une famine extrême à la vue de l'armée navale d'Angleterre, qui étoit venue pour les secourir, cette place fut contrainte de se rendre à la miséricorde du Roi. Il y fit son entrée le jour de la Toussaint 1628, après dix-huit mois de siége. Ainsi cette orgueilleuse cité qui se croyoit imprenable, et qui avoit été le siége de la rébellion durant quatre rois, se vit humiliée, ses fortifications rasées, ses priviléges révoqués, et réduite en bourgade.

Ce coup de foudre tombé sur la tête des huguenots les étourdit au dernier point, et donna courage au Roi de les pousser à bout. Quoiqu'il se déchargeât fort de la conduite de son royaume sur autrui, il ne laissoit pas d'être glorieux d'honneur et d'aimer la grandeur de son État : si bien que voyant que ces coups de fortune avoient eu une si bonne issue par la conduite du cardinal, il conçut une grande estime de sa capacité : en sorte qu'il ne se gouvernoit plus que par lui, méprisant les avis de tous les autres, lesquels en entrèrent en jalousie, et firent remarquer à la Reine mère qu'il n'étoit plus dépendant d'elle comme auparavant, et qu'il tenoit par le Roi même, près duquel il avoit plus de crédit qu'elle. Ces discours la mirent en mauvaise humeur contre lui, et son aversion fut fomentée par le cardinal de Berulle, le garde des sceaux de Marillac, le maréchal de Bassompierre, Vautier son premier médecin, et surtout par la princesse de Conti [1]. Le cardinal, s'apercevant de cette froideur, fit ce qu'il put pour lui lever ces ombrages par ses soumissions, lui voulant persuader que la faveur qu'il avoit près du Roi tournoit à sa gloire, puisqu'il étoit sa créature, et qu'il vouloit toujours dépendre d'elle et ne subsister que par elle. Il sembloit qu'elle commençât à se radoucir par ces raisons, lorsque l'affaire de Mantoue arriva, qui l'irrita plus que devant.

Le duc de Mantoue étoit mort, au commencement du siége de La Rochelle, sans enfans : tellement que le duc de Nevers (2), cousin germain du défunt et son plus proche héritier, partit de Paris, traversa les États de Savoie et de Milan déguisé, et arriva à Mantoue, où il fut reconnu de tous les ordres du pays pour souverain. Il envoya en même temps en Allemagne trouver l'Empereur pour lui demander l'investiture, et lui rendre l'hommage qu'il lui devoit comme pour un fief de l'Empire; mais il fut refusé, et reçut ordre de remettre ses places et son pays entre les mains d'un commissaire impérial, sous prétexte que le dernier duc étant mort sans enfans mâles, le duché étoit dévolu à l'Empire, et que l'Empereur en pouvoit disposer en faveur de qui il lui plairoit. Le duc reçut avec grand respect les ordres de l'Empereur; mais, sans se dessaisir de rien, il lui fit par écrit de très-humbles remontrances pour lui faire connoître son droit. L'Empereur, offensé, voulut faire exécuter ses commandemens par force; et le roi d'Espagne, ne voulant point souffrir qu'un François eût de pied en Italie, où il pourroit seconder les prétentions du Roi sur le duché de Milan, s'y intéressa puissamment. Ces deux princes vouloient élever à cette souveraineté le duc de Guastalle (3), de la même maison de Mantoue, mais plus reculé de la succession que le duc de Nevers, auquel ils le vouloient cependant préférer, à cause qu'il étoit attaché au service de la maison d'Autriche. Le duc de Mantoue, étonné de l'armement que les Impériaux faisoient, envoya demander la protection du Roi, lequel ne lui put alors répondre favorablement, à cause qu'il étoit occupé au siége de La Rochelle; mais ayant réduit cette ville à son obéissance, il retourna sur la fin de l'automne à Paris, où, sur les nouvelles qui arrivèrent que don Gonzalès de Cordouan, gouverneur de Milan, avoit assiégé Casal, il assembla son conseil pour savoir ce qu'il y avoit à faire. La Reine s'opposa directement au secours du duc, disant qu'on n'étoit pas en état de le pouvoir entreprendre; que les troupes étoient fatiguées du siége de La Rochelle, et qu'il leur falloit donner du repos; que le parti huguenot n'étoit pas encore abattu, qu'il repren-

(1) Louise-Marguerite de Lorraine, veuve de François de Bourbon, premier prince de Conti.
(2) Charles de Gonzagues-Clèves, duc de Nevers et de Clèves, et de Mantoue.
(3) Ferrant de Gonzague, deuxième du nom, premier duc de Guastalle.

droit ses esprits durant cette guerre; que si on le poussoit chaudement, il seroit bientôt détruit après le coup qu'il venoit de recevoir. Elle soutenoit qu'il valoit mieux mettre ordre aux affaires du dedans de l'État qu'à celles du dehors, qui importoient peu à la France: outre que la maison d'Autriche, alliée de parenté avec le Roi, s'offenseroit sensiblement, et que l'aigreur qui se glisseroit dans les esprits pourroit causer une rupture entre les couronnes: qui seroit le plus grand malheur qui pût arriver à la France en l'état où elle étoit, et romproit une paix faite par le feu Roi, qu'elle avoit affermie dans sa régence avec tant de peine par de si heureuses alliances, laquelle seroit après difficile à recouvrer. Ses sentimens furent suivis par le cardinal de Berulle et le garde des sceaux de Marillac, qui n'avoient autre pensée que de lui plaire: mais le cardinal fut de contraire avis, disant que la principale gloire des rois étoit fondée sur leur réputation; que celle du Roi étoit au plus haut point qu'on la pût désirer: mais qu'il ne suffisoit pas de l'avoir acquise, qu'il la falloit maintenir; que l'oppression du duc de Mantoue n'étoit fondée que sur ce qu'il étoit Français; que le duché lui appartenoit légitimement, et qu'il ne falloit pas souffrir qu'un prince cadet de sa maison y fût élevé à son préjudice, parce qu'il étoit au service de la maison d'Autriche: en sorte que l'attachement qu'il avoit à la France lui servit d'exclusion. Il maintenoit que ce seroit au Roi une honte irréparable de l'endurer; que les Espagnols croiroient que c'étoit par crainte de leurs armes, et que cette pensée leur donneroit l'audace d'entreprendre toujours quelque chose de nouveau contre la France. Pour les huguenots, qu'ils étoient si bas, qu'ils n'étoient pas à craindre, et que le dessein du Roy n'étoit pas de rompre pour cela avec les Espagnols: mais que s'ils rompoient les premiers, le tort seroit de leur côté, et que Sa Majesté auroit juste sujet et moyen de se bien défendre, et leur feroit autant de peur qu'il en recevroit. Le Roi pencha de son côté: ainsi le secours de Casal fut résolu, et toutes les troupes eurent ordre de marcher à ce dessein. La Reine mère fut offensée au dernier point de ce que le cardinal l'avoit contrariée dans le conseil, et elle le lui reprocha fort aigrement en l'appelant ingrat; mais il s'excusa fort respectueusement, lui disant qu'il ne manqueroit jamais à ce qu'il lui devoit: mais qu'il aimeroit mieux quitter le ministère, que de faire quelque chose par complaisance au déshonneur et désavantage de son maître. Or l'opposition que la Reine faisoit au secours de Casal ne venoit pas du zèle qu'elle avoit pour le service du Roi, mais d'une haine implacable contre le duc de Mantoue, qui provenoit de ce que durant sa régence, dans les troubles excités par les princes, elle s'emporta de colère contre lui; et parla de sa race et de sa naissance avec beaucoup de mépris: ce qui étant venu à sa connoissance, il dit qu'il savoit bien le respect qu'il lui devoit comme mère de son Roi, mais que, hors de cela, personne n'ignoroit que ceux de Gonzague étoient princes avant que les Médicis fussent gentilshommes. Ces paroles piquèrent la Reine si vivement, qu'elle ne lui pardonna pas depuis; et comme les femmes, et principalement les Italiennes, sont fort vindicatives, elle ne laissa passer aucune occasion de s'en venger en toute sa vie, et elle crut l'avoir trouvée belle en cette rencontre en le laissant opprimer. Le cardinal, qui faisoit ce qu'il pouvoit pour adoucir son esprit et rentrer dans ses bonnes grâces, la fit déclarer, durant l'absence du Roi, gouvernante de toutes les provinces en deçà de la Saône et de la Loire, avec même pouvoir que lui.

[1629] Au commencement de l'année, le Roi partit pour Lyon, d'où il envoya demander passage au duc de Savoye pour son armée, en payant. Le duc, gagné par les Espagnols qui lui avoient promis sa part de la dépouille du Mantouan, l'accorda sous des paroles ambiguës, qui donnèrent du soupçon, et obligèrent le cardinal de s'avancer avec toute l'armée jusqu'au pied des monts, où le prince de Piémont le vint trouver de la part de son père, qui l'envoyoit pour l'amuser de belles paroles. Après une longue conférence il s'en retourna, sous condition de revenir au bout de trois jours pour conclure le traité; mais n'étant pas revenu au jour nommé ni le lendemain, le cardinal vit bien que le duc se moquoit et reculoit, pour gagner du temps et laisser prendre Casal, qui étoit fort pressé. C'est pourquoi, sans différer, le cardinal attaqua les barricades faites au passage des montagnes, les força, et mit le siége devant Suse, qu'il prit en peu de jours. Aussitôt que don Gonzalès de Cordouan sut que les Français avoient passé les Alpes, il leva le siége de Casal; et le duc de Savoie, bien étonné, envoya faire de méchantes excuses au Roi, qui étoit venu jusqu'à Suse, où il le vint trouver avec le prince et la princesse de Piémont; et là il fit un traité avec lui, par lequel il laissa Suse entre les mains du Roi jusqu'à ce que les affaires de Mantoue fussent terminées; et il fut accordé que si Sa Majesté étoit obligée de retourner pour ce sujet, le duc donneroit passage à son armée et des vivres, en payant. Ainsi le Roi revint glorieux en France, où il ne fut pas plutôt entré qu'il tourna ses armes contre les huguenots, comme nous allons voir par la suite.

Quand le Roi fut arrivé à Grenoble, il ne voulut pas laisser ses troupes sans occupation : c'est pourquoi il les fit entrer en Languedoc pour attaquer Privas, défendu par Saint-André-Montbrun, qui fit une si grande résistance et se battit avec une telle obstination, qu'il fut emporté d'assaut, la ville saccagée et mise en cendres, et tous les soldats ou habitans tués ou pendus. Cette rigueur exercée contre ces rebelles intimida les autres ; de sorte que le Roi ayant mis le siége devant Alais, les huguenots firent une assemblée générale, où le duc de Rohan, chef du parti, voyant le retour si prompt et inopiné de Sa Majesté, et le peu de moyen qu'il avoit pour se défendre, étant dénué de tout secours par la paix faite en ce même temps entre la France et l'Angleterre, leur fit connoître leur perte inévitable, si bien que, pour ne pas attendre l'extrémité et se retirer du péril où ils étoient, ils députèrent au Roi, lequel ne les voulut point écouter qu'il ne fût maître d'Alais. Ceux de l'assemblée voyant la résolution du Roi, lui en firent ouvrir les portes ; et lors il reçut leurs soumissions, et les renvoya au cardinal, qui sut si bien manier cette affaire, que toutes les villes rebelles se mirent dans l'obéissance, consentirent que toutes leurs fortifications fussent rasées, à condition qu'ils auroient liberté de conscience, suivant les édits de Sa Majesté. Aussitôt le Roi fit son entrée dans Nîmes, une des principales du parti ; et toutes les autres suivirent son exemple, excepté Montauban, qui offroit bien l'obéissance, mais qui vouloit garder ses fortifications. Le Roi, voyant son opiniâtreté, s'en retourna à Paris, et laissa le cardinal pour la mettre à la raison. Il n'y perdit point de temps, car il l'investit avec les troupes ; et lors cette ville fière commença à connoître sa foiblesse, et le peu d'apparence qu'il y avoit de résister seule à une si grande puissance. C'est pourquoi elle s'humilia comme les autres, et ouvrit ses portes au cardinal, qui y entra avec toute l'armée sans aucun désordre. Y ayant séjourné quelques jours pour donner les ordres nécessaires pour le rasement des fortifications, il retourna triomphant à Paris, au grand crève-cœur de ses ennemis. Ainsi ce parti, qui avoit donné tant de peine à cinq rois, fut abattu et entièrement détruit par la grande conduite du cardinal.

Durant le voyage du Roy, Monsieur étoit devenu amoureux de la princesse Marie (1), fille du duc de Mantoue, à dessein de l'épouser ; mais la Reine mère n'y vouloit point consentir, à cause de la haine qu'elle portoit à sa maison.

C'est pourquoi, de crainte qu'il ne l'enlevât, elle la fit arrêter et conduire au château de Vincennes. Monsieur en fut si outré, qu'il partit de dépit, et s'en alla en Lorraine. Cette façon de traiter la fille d'un prince que le Roi étoit allé secourir en personne ne fut pas approuvée de Sa Majesté : tellement que par son ordre elle sortit de Vincennes, et fut conduite dans l'abbaye d'Avenay, dont sa sœur étoit abbesse (2), avec défense de la laisser parler à personne. Monsieur revint ensuite à la cour ; mais la Reine mère, mal contente de ce que la princesse étoit sortie de prison, en accusa le cardinal, et sa haine contre lui s'augmenta et s'envenima davantage. Plus elle voyoit croître sa gloire et sa réputation, plus elle avoit d'animosité contre lui : tellement qu'au retour du Roi elle se déclara, et lui demanda avec instance son éloignement. Le Roi se trouva fort embarrassé de cette demande, car il aimoit la Reine sa mère ; mais, d'un autre côté, il voyoit ses affaires en si bon état par la haute capacité du cardinal, qu'il ne pouvoit se résoudre à s'en défaire. Mais ne la voulant pas refuser absolument, il lui dit qu'il la prioit d'attendre que l'affaire de Mantoue fût terminée, parce qu'il avoit besoin de lui pour l'achever, puisqu'il l'avoit si bien commencée : joint que dans le même temps on eut nouvelle que Colalte, avec une armée impériale, assiégeoit Mantoue, et le marquis de Spinola, avec des troupes espagnoles, investissoit Casal. Le Roi prit ce prétexte de l'ôter de la présence de la Reine sa mère, en l'envoyant devant assembler les troupes ; et bientôt après il le suivit en personne.

Ce voyage se fit au commencement de l'an 1630 : et comme l'année passée le duc de Savoie s'étoit obligé, par le traité de Suse, de donner passage par ses États et des vivres pour de l'argent, la première chose que fit le cardinal fut d'envoyer le faire souvenir de sa promesse ; mais le duc, qui avoit une autre vue, accorda tout à dessein de ne rien tenir, et résolut de laisser avancer l'armée dans son pays pour la laisser périr faute de vivres, et se déclarer alors pour les Espagnols. Mais quoique le duc fût fort habile, il avoit affaire à un homme encore plus fin que lui : lequel prévoyant ses ruses s'avança jusqu'à Suse, et laissant un corps d'armée en Savoie sous le maréchal de Bassompierre, envoya demander des vivres au duc, suivant le traité. Il n'en reçut que des paroles sans effet. C'est pour-

(1) Marie-Louise de Gonzague-Clèves, mariée le 6 novembre 1645 à Sigismond, roi de Pologne ; et en secondes noces à Casimir, frère et successeur de son premier mari.

(2) Bénédicte de Gonzague-Clèves.

2.

quoi il lui manda que si dans le lendemain il n'envoyoit des vivres, il ne devoit pas trouver étrange qu'il pensât à sa sûreté, et pourvût aux affaires du Roi. Ce qu'il fit fort à propos : car n'ayant point eu de réponse, et ayant appris qu'on munissoit toutes les places du Piémont, hors Pignerol, qu'on négligeoit à cause de sa force, ne croyant pas qu'on l'osât assiéger, il tourna contre Pignerol même; et l'ayant attaqué et battu fort vigoureusement, il réduisit en huit jours, dans l'obéissance du Roy, la ville et la citadelle, que le duc croyoit devoir durer plus de six semaines. Cette prise donna de la terreur à toute l'Italie; et le duc, ne voyant plus rien à ménager, se déclara pour l'Espagnol. Mais le cardinal, qui croyoit pousser ses conquêtes plus avant, eut avis de l'extrémité de la vie du Roi à Lyon; et cette nouvelle le fit retourner à la cour, laissant le commandement de l'armée au duc de Montmorency, et aux maréchaux de La Force et de Schomberg. Ceux-ci ayant joint les troupes qui venoient de prendre Chambéry, où Canaple, fils du maréchal de Créqui, avoit été tué, s'avancèrent dans le Piémont, où ils gagnèrent les batailles de Veillane et de Carignan contre les Espagnols et Savoyards; puis étant maîtres de la campagne, ils marchèrent dans le Montferrat au secours de Casal, qui étoit tellement pressé que Thoiras, qui le défendoit, avoit été contraint de capituler, et de remettre la ville et le château entre les mains des Espagnols; et il s'étoit retiré dans la citadelle, à condition d'en sortir s'il n'étoit secouru dans quinze jours. Cette nouvelle avoit obligé les Français de se hâter : aussi ils marchèrent en si grande diligence, qu'ils arrivèrent assez à temps à la vue des lignes : les généraux firent mettre l'armée en bataille, et se préparèrent pour faire une attaque générale et forcer les retranchemens des assiégeans. Dans ce temps même, le Pape avoit envoyé un nonce nommé Pancirole pour tâcher d'accommoder ces différens. Ce nonce étoit tombé malade, et à son défaut il avoit envoyé un gentilhomme du cardinal Antoine Barberin, nommé Jules Mazarin, au camp des Français, pour empêcher que les choses ne se poussassent à l'extrémité. Il exécuta la commission, et fit beaucoup de voyages d'un camp à l'autre pour trouver un moyen d'accommodement; mais lorsque tout étoit rompu, et que les enfans perdus étoient détachés pour donner, ce Mazarin sortit des lignes, et fit signe du chapeau pour empêcher qu'on ne tirât sur lui, en criant *Paix ! Paix !* et il vint annoncer aux généraux français que le marquis de Spinola acceptoit les conditions qu'ils désiroient, et leveroit le siège, en remettant la ville et le château entre les mains d'un commissaire de l'Empereur, jusqu'à ce qu'il eût jugé à qui ils devoient appartenir. A l'heure même il y eut suspension d'armes; et dans les articles secrets il fut accordé qu'avec le commissaire de l'Empereur, la garnison seroit française, et que le jugement seroit au profit du duc de Mantoue. Ainsi le marquis de Spinola se retira de devant Casal, et quelques jours après il mourut de déplaisir, comme fit aussi le duc Charles-Emmanuel de Savoie, après avoir régné cinquante ans, laissant ses États au duc Victor-Amédée, son fils aîné. Comme il y avoit beaucoup de difficultés à régler pour achever ce traité, il se fit une assemblée à Querasque des plénipotentiaires de tous les intéressés, qui demeurèrent d'accord que l'Empereur donneroit l'investiture des duchés de Mantoue et de Montferrat au duc de Nevers; et qu'il lui rendroit Mantoue qu'il avoit pris et les autres places qu'il lui avoit ôtées, dès que le Roi auroit restitué au duc de Savoie celles qu'il lui avoit prises dans cette dernière guerre. Or il s'étoit fait un traité secret entre le Roi et le nouveau duc de Savoie son beau-frère, par lequel Pignerol devoit demeurer à Sa Majesté pour une somme d'argent, à condition qu'une partie de Montferrat seroit au duc, savoir Trino et Albe. Le dernier point fut accordé à Querasque : mais le premier n'y fut pas proposé, parce que Pignerol étant une porte d'Italie, jamais l'Empereur ni le roi d'Espagne n'y eussent consenti. Et comme les Impériaux ne devoient sortir de Mantoue qu'après la restitution de cette place, à l'insu du commissaire impérial, il demeura dans les magasins de la citadelle huit cents Français cachés par un tas de blé qui étoit devant la porte : si bien que la garnison française étant sortie, le commissaire de l'Empereur donna suffisante décharge au marquis de Villeroy, qui dépêcha aussitôt un courrier à Mantoue pour faire rendre cette ville au duc : ce qui fut exécuté; et aussitôt que la nouvelle en fut arrivée à Pignerol, les huit cents hommes cachés depuis quinze jours dans le magasin sortirent, et se rendirent maîtres de la citadelle. Les Impériaux et Espagnols firent grand bruit de cette action, disant que c'étoit une infraction à la paix : mais les affaires qui arrivèrent à l'Empereur par l'entrée du roi de Suède en Allemagne l'empêchèrent d'en avoir du ressentiment : et ainsi Pignerol demeura au pouvoir des Français.

Durant cette guerre d'Italie, le Roi étoit tombé malade à Lyon : ce qui avoit obligé le cardinal de quitter l'armée pour l'aller trouver; mais à son arrivée il vit que ses affaires étoient en méchant état, car le Roi étoit à l'extrémité. S'il venoit à mourir, il restoit exposé à la merci de tous ses ennemis; et Monsieur, qui ne l'aimoit point, succédoit à la couronne. La Reine mère tenoit tous les jours des conseils chez elle, où l'on décidoit de sa fortune, et de quelle façon on le traiteroit. Les plus violens le condamnoient à la mort; ceux qui l'étoient moins, à une prison perpétuelle; et les plus doux, à l'envoyer demeurer à Rome. Mais ils furent tous bien trompés, car il surmonta toutes ces difficultés; et on remarqua qu'il les châtia tous de la même peine à laquelle ils l'avoient destiné. Quelque habile homme qu'il fût, il ne voyoit alors aucune ressource à sa perte: car il n'y avoit qu'un coup du Ciel qui le pût sauver, lequel éclata heureusement pour lui par un abcès qui creva dans le ventre du Roi, et sortit par les selles; dont il se trouva si soulagé, que petit à petit il recouvra entièrement sa santé. On n'osoit au commencement lui parler d'affaires, de peur de lui rien dire qui le fâchât: tellement que toutes choses demeurèrent en surséance jusqu'au retour de Paris. Seulement on remarqua que quand la nouvelle arriva de la paix d'Italie, la Reine mère fit tirer des fusées dans sa cour, et dit à la princesse de Conti que ce n'étoit pas du bonheur du duc de Mantoue qu'elle se réjouissoit, mais de la ruine du cardinal, parce que le Roi lui avoit promis de le chasser dès que l'affaire d'Italie seroit terminée. Mais elle le fut si glorieusement pour lui, que sa faveur en augmenta, et servit plus à sa conservation qu'à sa perte. Cependant la Reine, qui n'avoit que cela dans la tête, pressa le Roy d'exécuter sa promesse dès qu'elle fut arrivée à Paris; mais elle n'y trouva pas de disposition: car le succès de l'affaire de Mantoue avoit affermi le Roi dans le dessein de le garder, et de se servir de lui. Il lui fit connoître sa résolution, en lui refusant de l'éloigner, lui demandant pardon pour lui, et l'assurant qu'il ne lui donneroit jamais sujet de se plaindre de sa conduite: mais qu'il auroit toujours pour elle le respect qu'il devoit à sa maîtresse et bienfaitrice. Ce refus la mit en colère, et lui fit répondre avec un ton d'aigreur qu'il pouvoit se servir de qui il lui plairoit: mais que pour elle, elle ne s'en serviroit plus. Elle lui ôta dès l'heure la surintendance de sa maison; et pour marquer sa haine, elle chassa la dame de Combalet sa nièce, qui étoit sa dame d'atour; La Meilleraye, son cousin germain, qui étoit capitaine de ses gardes; et ne voulut plus voir Bouthillier, qui avoit été secrétaire de ses commandemens, et lors étoit secrétaire d'Etat, parce qu'il lui avoit été donné de la main du cardinal, comme fils de cet avocat Bouthillier dont il a été parlé ci-dessus. Le Roi ne se rebutoit pas pour cela, mais il pressoit la Reine de lui pardonner: et un jour étant enfermés tous deux au Luxembourg, le cardinal y entra sans y être appelé, et leur dit: « Je vois bien que l'on parle de moi; » dont la Reine surprise rougit, et lui reprocha son ingratitude, lui défendant de jamais se présenter devant elle. Ce fut alors qu'il demanda son congé au Roi: mais il savoit bien qu'il ne l'obtiendroit pas. Néantmoins, sur les pleurs que la Reine répandoit en reprochant à son fils qu'il préféroit un valet à sa mère, il voulut la contenter en quelque sorte; et pour cela il fit dire au cardinal de se retirer pour quelques jours à Pontoise, disant que quand la Reine ne le verroit plus, elle seroit plus aisée à apaiser. Le jour même il fut coucher à Versailles. En même temps le bruit se répandit dans Paris de la disgrâce et de l'exil du cardinal: tellement que tout le monde courut en foule au Luxembourg pour se réjouir avec la Reine de sa victoire; et la presse étoit si grande, qu'on ne s'y pouvoit tourner. En effet, le cardinal étoit chez lui prêt à partir pour Pontoise, lorsque le cardinal de La Valette y arriva, qui lui dit qu'il se gardât bien de quitter le Roi de vue, parce que, quelques paroles qu'il lui eût données, dès qu'il ne le verroit plus il l'oublieroit aisément; et se trouvant entouré de la Reine mère et de tous ses ennemis, il ne permettroit jamais son retour, et qu'il seroit ainsi perdu sans ressource; qu'il allât à Versailles trouver le Roy, sous le prétexte de prendre congé de lui; et là qu'il tâchât de faire changer le dessein de sa retraite à Pontoise. Il suivit ce conseil, et partit pour Versailles, où il trouva le Roi dans le lit. Il l'y entretint plus de deux heures; et par son adresse il lui fit changer de projet, lui persuadant de prendre hautement sa protection, et d'ôter d'auprès de la Reine sa mère ceux qui lui donnoient des conseils contraires à ses volontés. Dès l'heure le Roi envoya demander les sceaux au garde des sceaux de Marillac, et le fit en même temps arrêter, donnant les sceaux à Châteauneuf, ancien conseiller d'Etat; le lendemain il retourna à Paris, le cardinal étant à la portière de son carrosse. Cette nouvelle surprit fort la Reine mère et tous ceux de son parti, et diminua la foule qui étoit au Luxembourg, laquelle s'éclaircit en peu de temps. Ce fut par cette raison que ce jour fut nommé *la journée des dupes*. Le cardinal de Bérulle avoit prévenu sa disgrâce par une apoplexie dont il étoit mort subitement. Beringhen fut envoyé en Italie porter un paquet aux généraux, qui leur ordonnoit de lui donner son congé; et le maréchal de Marillac, frère du garde des sceaux, fut arrêté à la tête de sa même armée, et envoyé à Paris sous bonne garde. Son procès lui fut fait par des commissaires pour crime de péculat, et il perdit la tête en Grève l'année suivante.

Ces changemens devoient faire connoître à la Reine qu'elle ne gagneroit rien de s'opiniâtrer davantage à la perte d'un homme qui étoit plus puissant qu'elle dans l'esprit du Roi; mais elle ne se rendit pas pour cela, et reprocha au Roi son fils la préférence qu'il donnoit au cardinal sur elle, qui étoit sa mère. Elle lassa tant son esprit par son importunité, qu'il se résolut, pour l'éviter, d'aller à Compiègne; mais ses partisans lui conseillèrent de le suivre, alléguant que si elle eût été à Versailles, le cardinal n'eût osé y aller, et se fût retiré à Pontoise, selon l'ordre qu'il en avoit, d'où il ne seroit jamais revenu. Elle arriva un jour après le Roi à Compiègne. Le Roi fit les derniers efforts pour obtenir le pardon du cardinal, jusqu'à se mettre à genoux devant elle, et s'offrit d'être sa caution pour le respect et la fidélité qu'il auroit pour elle toute sa vie; mais il ne la put jamais fléchir. Tellement que ne la voulant point abandonner par le besoin qu'il croyoit avoir de lui, il partit un matin de Compiègne sans dire mot, emmena la Reine sa femme, et laissa le maréchal d'Estrées avec des troupes pour la garder; lequel la fut trouver à son réveil pour lui dire que le Roi avoit été obligé de s'en aller sans lui dire adieu, à cause des mauvais conseils qu'elle suivoit; et qu'il demeureroit éloigné d'elle à son grand regret, jusqu'à ce qu'elle en eût pris de meilleurs; qu'il avoit ordre de demeurer près de sa personne avec des troupes, pour lui faire honneur et la suivre quand elle sortiroit pour se promener, et de lui obéir en tout ce qu'elle lui commanderoit. Elle ne reçut pas ce compliment en bonne part, car elle prit cette garde pour une honnête prison; et en effet le maréchal avoit commandement, si elle vouloit aller à la cour, de lui faire entendre avec respect qu'il avoit ordre de l'en empêcher: Les nouvelles qu'elle eut en même temps de la prison du maréchal de Bassompierre, de Vautier son premier médecin, et de l'exil de la princesse de Conti, augmentèrent sa douleur : tellement qu'elle ne faisoit que pleurer, et se plaindre du mauvais traitement qu'elle recevoit, surtout de ce qu'elle étoit prisonnière, à cause des gardes qui la suivoient partout : ce qui fut cause que le maréchal reçut ordre de les éloigner, de ne la plus suivre, et de la laisser en toute liberté. Alors elle chercha les moyens de se mettre en sûreté,

et gagna le fils du marquis de Vardes, qui lui promit de la recevoir dans La Capelle.

[1631] Aussitôt qu'elle eut cette assurance, elle partit de Compiègne pour s'y jeter, dans l'espérance que Monsieur et tous les ennemis du cardinal se joindroient à elle pour faire un parti. Mais Vardes le père en ayant eu avis, partit en poste de Paris, et se jeta dans cette place, d'où il chassa son fils, qui fut trouver la Reine à une lieue de là pour lui conter son malheur. Elle fut fort surprise de cette nouvelle, et balança, ne sachant quel parti prendre; mais la crainte de tomber entre les mains du cardinal après le pas qu'elle venoit de faire la fit résoudre de passer outre et de gagner Avesnes, la première ville des Pays-Bas, d'où elle fit savoir à l'Infante son arrivée dans ses États, laquelle lui envoya des carrosses au devant d'elle, et vint elle-même la recevoir à Mons, d'où elle la conduisit à Bruxelles, où elle fut reçue avec tous les honneurs qui se peuvent imaginer. La plupart du monde crut que le cardinal lui facilita tous les moyens de sortir de France, comme une chose qu'il souhaitoit avec passion, parce qu'il ne savoit que faire d'une prisonnière d'un si grand poids, et que par son éloignement il rompoit tout commerce entre le Roi et elle, et lui demeureroit le maître sans opposition. Tout lui réussit à souhait dans cette affaire : car Monsieur, qui pouvoit seul lui faire obstacle, irrité du mécontentement de la Reine sa mère, s'en alla dans son logis bien accompagné; et au lieu de se défaire de lui comme il pouvoit, il se contenta de lui dire des injures, de lui faire des reproches, en le menaçant qu'il ne seroit jamais son ami. Il monta dans sa cour à cheval, et s'en alla à Besançon, puis en Lorraine, et de là en Flandre. Le cardinal le reconduisit nu-tête jusque dans sa cour, en se moquant de lui de ce qu'il quittoit la partie et le laissoit maître du royaume. Il fut suivi d'une fort belle cour, entre autres des ducs d'Elbœuf, de Bellegarde et de Roannès, du comte de Moret, son frère naturel, et de quantité de personnes de qualité. Tout ceci arriva au printemps de l'année 1631.

Dès l'an passé, le Roi avoit commencé à regarder à Lyon de bon œil mademoiselle de Hautefort, petite-fille de la dame de La Flote, gouvernante des filles de la Reine mère : mais comme il falloit qu'elle suivît sa maîtresse, elle ne pouvoit plus voir le Roi. C'est pourquoi il donna la charge de dame d'atour de la Reine sa femme à la mère, en la place de la dame Du Fargis qu'il avoit chassée; et par ce moyen il eut toujours près de lui mademoiselle de Hautefort sa petite-fille, qu'il prenoit plaisir d'entretenir tous les soirs chez la Reine : car les amours du Roi n'alloient pas plus loin que la conversation. Cela ne laissoit pas de donner de la jalousie à la Reine, qui étoit piquée de ce qu'on lui avoit ôté la dame Du Fargis, qu'elle aimoit fort. Elle en fut plus animée contre ceux qui avoient sa place, et elle fit menacer cette fille de lui faire couper le nez : mais comme elle avoit beaucoup d'esprit et qu'elle étoit fort vertueuse, elle usa si sagement de sa faveur et eut tant de complaisance pour elle, que faisant connaître l'innocence de cet amour, elle gagna ses bonnes grâces, et mérita l'honneur de sa confiance. Ce qui lui donnera des affaires, comme nous verrons ci-après.

[1632] Au commencement de la guerre de Mantoue, le cardinal voyant que si toutes les forces de l'Empereur et du roi d'Espagne se joignoient ensemble, il auroit peine à réussir dans ses desseins, crut qu'il n'y avoit point de meilleur moyen d'y remédier que de donner à l'Empereur de la besogne chez lui. Il se servit pour cela du père Joseph Le Clerc, capucin, qui fut en Allemagne, où, sur le bruit qui couroit qu'il vouloit faire élire son fils roi des Romains, il échauffa si fort les esprits des princes protestants, et principalement des électeurs contre ce dessein, en leur faisant connoître que leur dignité électorale n'auroit plus de fonction, par la trop grande puissance de la maison d'Autriche, laquelle rendroit à la fin l'Empire héréditaire dans sa famille, qu'ils résolurent de s'y opposer. Ce bon père fit si bien en offrant l'assistance de la France, qu'il forma une ligue du roi de Suède et de tous les protestans contre l'Empereur, laquelle éclata au commencement de l'année 1631, lorsque Gustave-Adolphe, roi de Suède, un des plus grands capitaines de son temps, entra en Allemagne avec une puissante armée, se saisit de la Poméranie, et entra dans la Saxe, où s'étant joint aux troupes des princes ligués, il rencontra l'armée de la ligue catholique commandée par le comte de Tilly, contre laquelle il gagna cette mémorable bataille de Leipsick, qui lui facilita la conquête de tout le pays qui est entre ce lieu-là, le Rhin et le Danube. Ces progrès extraordinaires et inouïs donnèrent une si grande terreur à tous les princes catholiques, qu'ils n'eurent dans cette perplexité que trois partis à prendre : le premier, de s'accommoder avec lui en prenant ses intérêts ; le second, de se lier avec un puissant prince son allié, et de se mettre sous sa protection, comme du roi de France ; le troisième, d'armer pour le repousser ; et, se joignant à la maison d'Autriche, hasarder tout pour le chasser d'Allemagne.

L'électeur de Trèves prit le second parti : car ne se sentant pas assez fort pour résister à une si grande puissance, et ne jugeant pas l'Empereur en état de le soutenir, il se mit sous la protection du Roi, et lui remit entre les mains Philisbourg et Hermenstein pour les conserver. Le duc de Lorraine prit le troisième, dont il se trouva mal. Le maréchal d'Effiat commandoit une armée en Allemagne, sous prétexte d'empêcher l'oppression des alliés de la France : mais étant mort d'une fièvre, il eut pour successeur le maréchal d'Estrées. Bullion et Bouthillier eurent les finances, le dernier laissant sa charge de secrétaire d'État à son fils, qui prit le nom de Chavigny.

Or, quoique le Roi n'eût point de guerre déclarée contre la maison d'Autriche, il ne laissoit pas sous main de favoriser ceux qui contribuoient à rabaisser sa grandeur, et savoit mauvais gré à ceux qui se lioient d'intérêts avec elle. C'est pourquoi apprenant que le duc de Lorraine armoit en faveur de l'Empereur, il lui fit savoir qu'il ne le trouvoit pas bon ; et ayant su qu'il continuoit, et de plus que Monsieur, ayant passé par la Lorraine, avoit épousé la princesse Marguerite, sœur du duc, clandestinement et sans sa permission, il s'avança avec de grandes forces jusqu'à Metz, où le duc, pour détourner la tempête qui le menaçoit, le vint trouver, lui nia le mariage, et l'assura que les troupes qu'il levoit n'étoient que pour se défendre, par la raison qui veut qu'on se tienne sur ses gardes quand les voisins sont en armes. Le Roi reçut ses excuses ; mais pour otage de sa parole, le duc fut contraint de remettre Marsal en sa puissance pour quatre ans.

Cet accord ne fut pas de longue durée : car, après le retour du Roi à Paris, le duc de Lorraine fit ligue avec l'Empereur, et donna des commissions pour lever des troupes dans ses États pour son service. Ce qui obligea le Roi d'envoyer le maréchal de La Force assiéger Moyenvic ; et, quelque temps après sa prise, il marcha lui-même en Lorraine, où il surprit le duc, qui fut obligé de s'humilier : et pour se mettre à couvert de l'orage qui alloit tomber sur sa tête, il lui donna les villes de Stenay, de Clermont en Argonne, et de Jametz, qu'il vendit à Sa Majesté pour un prix qu'on lui promit payer. Dans ce même temps Monsieur entra en France par le Luxembourg, avec des troupes étrangères que les Espagnols lui avoient données sous main ; et ayant traversé la Bourgogne sans pouvoir faire soulever aucune ville, il marcha par l'Auvergne droit en Languedoc, pour joindre le duc de Montmorency qui s'étoit révolté, mécontent de ce que le cardinal ne l'avoit pas traité comme il désiroit, après s'être attaché à lui comme il avoit fait. Le Roi sur ces nouvelles suivit Monsieur, et divisa son armée en deux. Il en donna une partie au maréchal de Schomberg pour opposer à Monsieur, et l'autre au maréchal de La Force pour tenir tête au duc d'Elbœuf. Le maréchal de Schomberg appréhendant que la révolte du duc de Montmorency n'ébranlât la fidélité des villes de cette province, s'avança jusqu'à Castelnaudary à la vue des troupes de Monsieur, où le duc et le comte de Moret, par jalousie l'un de l'autre, sans donner aucun ordre, s'avancèrent chacun de leur côté si avant, que le comte y fut tué; et le duc, blessé de plusieurs coups, fut pris, sans que leur armée branlât : action plutôt digne d'un carabin (1) que d'un général, tant elle étoit téméraire et inconsidérée. Cette prise arrêta tous les desseins de Monsieur, lequel désespéré de cet accident, envoya demander la grâce du duc au Roi, offrant de désarmer, et de se soumettre entièrement à ses volontés. On ne lui voulut rien promettre, mais on lui fit tout espérer : et là dessus il licencia ses troupes, et s'en alla par ordre du Roi à Tours, espérant par son obéissance de fléchir le Roi et d'adoucir sa sévérité; mais il avoit affaire au cardinal, qui ne pardonnoit point. C'est pourquoi le duc fut condamné, par arrêt du parlement de Toulouse, à perdre la tête : ce qui fut exécuté au mois d'octobre 1632. Son gouvernement fut donné au maréchal de Schomberg, et celui de Provence au maréchal de Vitri, vacant par l'exil du duc de Guise, qui s'étoit retiré à Florence pour éviter la vengeance du cardinal. Aussitôt que Monsieur eut appris la mort du duc de Montmorency, outré de désespoir il partit de Tours, sortit de France en grande diligence, et retourna trouver la Reine sa mère à Bruxelles.

[1633] L'année commença par des intrigues de la duchesse de Chevreuse et du garde des sceaux de Châteauneuf, qui fut arrêté et mené prisonnier à Angoulême; les sceaux furent donné au président Séguier. La duchesse eut ordre de se retirer à Tours. Hauterive s'enfuit en Hollande; le marquis de Leuville et le commandeur de Jars furent mis à la Bastille : ce dernier fut condamné par des commissaires, auxquels présidoit Lafemas, à perdre la tête; et fut mené sur l'échafaud à Troyes, où il eut sa grâce, étant près de recevoir le coup. Le comte de Charlus, capitaine des gardes du corps, fut chassé et contraint de se défaire de sa charge entre les mains du comte de Charost; et Liancourt, premier gentilhomme de la chambre, fut quelque temps disgracié.

Durant ces brouilleries de cour, le duc de Lorraine, piqué de la perte de ses villes, envoya des troupes au secours de l'Empereur contre les Suédois, dans l'espérance d'être puissamment secouru par la maison d'Autriche, et de recouvrer ses places par ce moyen; mais sur l'avis qu'eut le cardinal que ce secours avoit été battu, il conseilla au Roi d'aller en Lorraine avec une armée pour apprendre au duc à tenir sa parole, et à ne point faire la guerre contre ses alliés. Toutes les troupes marchèrent pour ce sujet; et surprenant le duc sans forces, le Roi investit Nancy l'été de l'an 1633. Durant qu'il faisoit travailler à la circonvallation, le duc embarrassé et ne sachant comment résister à une si grande puissance, manda au cardinal que s'il avoit parlé à lui, il croiroit que toutes choses s'accommoderoient. Sur cette proposition, leur entrevue se fit à Charmes, où le cardinal cajola si bien le duc, qu'il lui persuada de rendre Nancy, et l'amena dans le camp du Roi, où il ne fut pas plus tôt arrivé qu'il se repentit d'y être venu; mais il n'étoit plus temps : car, sous prétexte de lui faire honneur, on mit des gardes à l'entour de son logis, qui l'empêchèrent de se pouvoir sauver comme il en avoit dessein. Tellement qu'il fut contraint de remettre Nancy au pouvoir du Roi, lequel y fit son entrée, ayant le duc à sa gauche, qui étoit outré de douleur de se voir dépouillé par sa faute de la ville capitale de ses Etats, laquelle étoit seulement mise en dépôt pour un temps durant lequel il devoit jouir des revenus et droits qui lui appartenoient : mais il avoit l'esprit si inquiet et inconstant, que ne pouvant demeurer en repos, et ne croyant de conseil que le sien, il fit une démission de son duché au cardinal de Lorraine son frère, et s'en alla servir l'Empereur en Allemagne. Or, le duc ne possédoit pas la Lorraine de son chef, mais de celui de la duchesse Nicolle sa femme, de laquelle il n'avoit point d'enfans. C'est pourquoi, pour assurer la succession dans sa maison, le cardinal de Lorraine épousa la princesse Claude, sœur et héritière de la duchesse, sans permission du Roi : ce qui fut cause qu'il les fit arrêter tous deux; mais ils se sauvèrent peu de jours après, et se retirèrent à la cour de l'Empereur; et la princesse Marguerite, habillée en page, sortit à cheval et gagna Thionville, d'où elle fut à Bruxelles trouver Monsieur, qui la reçut comme sa femme. Le Roi fut fort aise de leur évasion : car leurs personnes lui étoient à charge, et il se contentoit de jouir de leur pays. La duchesse fut

---

(1) On donna d'abord ce nom aux carabiniers qui faisoient alors partie de la cavalerie légère.

amenée en France, où elle a passé le reste de ses jours. Il restoit encore une place forte en Lorraine, nommée La Mothe, que le Roi fit assiéger par le maréchal de La Force, qui la prit en six semaines, où fut tué le chevalier de Senneterre, en l'année 1634.

Au mois d'octobre de la même année, Monsieur fit son traité avec le Roi. Il avoit reçu toute sorte de satisfaction et d'honneur durant la vie de l'Infante, qui étoit la plus illustre et la plus vertueuse princesse de son temps; mais depuis sa mort, arrivée l'année passée, il avoit trouvé beaucoup de changement. Tellement qu'il désiroit fort de revenir en France, et de rentrer dans les bonnes grâces du Roi, principalement depuis les nouvelles qu'il eut que le cardinal infant d'Espagne approchoit pour venir commander aux Pays-Bas, et étant incertain de quelle façon ce prince vivroit avec lui. D'un autre côté le cardinal de Richelieu, qui n'avoit autre chose dans la pensée que d'abattre cette démesurée puissance de la maison d'Autriche, qui faisoit ombrage à toute l'Europe, et avec laquelle il méditoit une rupture, ne vouloit pas hasarder ce coup durant que l'héritier de la couronne étoit entre ses mains. C'est ce qui fit que la négociation de d'Elbène réussit si heureusement, que Monsieur, étant sorti de Bruxelles un matin, feignant d'aller à la chasse, courut toute la journée en si grande diligence, qu'il arriva devant minuit à La Capelle, où l'alarme fut grande: car, au nom de Monsieur, le baron Du Bec, gouverneur de la place, crut que c'étoit une entreprise faite sur elle; mais enfin on le rassura par un ordre du Roi, qu'on fit voir à un officier qui sortit exprès. En même temps il fut reçu avec grande joie; et trois jours après il se rendit à Saint-Germain, où le Roi témoigna grande satisfaction de son retour, et lui présenta le cardinal, en le priant de l'aimer : à quoi Monsieur répondit que non-seulement il l'aimeroit, mais qu'il vouloit se servir de ses conseils.

Or, le principal point de cette réconciliation étoit l'alliance que le cardinal prenoit avec Puylaurens, favori de Monsieur : sur quoi il fondoit sa sûreté, et par laquelle il croyoit le gouverner. Pour exécuter les articles secrets du traité, Puylaurens fut fait duc et pair de France; et en un même jour, il épousa la cadette du Pontchâteau, le duc de La Valette épousa l'aînée, et le comte de Guiche la fille du Plessis-Chivray, toutes trois parentes du cardinal. Ainsi le duc de Puylaurens, adopté dans sa famille, croyoit jouir de sa faveur avec plaisir; mais comme le but du cardinal étoit, par cette alliance, de disposer de Monsieur, et de lui faire épouser la veuve de Combalet sa nièce, depuis peu redevenue pucelle, et nommée duchesse d'Aiguillon, il falloit premièrement rompre son mariage avec la princesse Marguerite de Lorraine : à quoi Monsieur résistoit absolument. Le cardinal s'en prenoit à Puylaurens, l'accusant de manquer de zèle pour son service, et se plaignant de la froideur avec laquelle il agissoit avec lui : ce qu'il lui témoigna bien un jour, quand il commanda qu'on apportât un fagot pour le réchauffer, parce qu'il en avoit plus de besoin qu'un autre. Mais enfin, voyant que Monsieur ne vouloit point abandonner sa femme, il s'emporta contre Puylaurens, et se résolut de le perdre. Si bien qu'au carnaval de l'an 1635, répétant un ballet avec le Roi, il fut arrêté au Louvre par Gordes, capitaine des gardes du corps, et conduit au château de Vincennes, où il mourut quatre mois après, non sans soupçon de poison. Le Fargis et Le Coudray-Montpensier furent mis le même jour à la Bastille. Ce coup affligea Monsieur au dernier point; mais il n'étoit pas en état de témoigner aucun ressentiment : ainsi il fut contraint de le souffrir sans murmurer. Sur la fin de l'an 1634, le cardinal infant arriva en Flandre, où il fut reçu avec grande magnificence : le marquis d'Aytone lui remit le gouvernement des Pays-Bas.

Nous avons vu comme l'électeur de Trèves avoit reçu garnison française dans ses villes, hors de sa capitale, que les habitans brouillés avec lui avoient livrée aux Espagnols : ce qui obligea le maréchal d'Estrées de l'assiéger; et l'ayant prise, il y rétablit l'électeur. Le prince de Montbelliard se mit aussi sous la protection du Roi : ce qui déplaisoit fort aux Impériaux, qui ne pouvoient souffrir que les Français missent le pied en Allemagne. Aussi ils faisoient tous leurs efforts pour les en chasser : et pour cet effet ils firent une entreprise sur Philisbourg durant les glaces, qui leur donnoient facilité de passer les marais. Ils le surprirent la nuit, passant tout au fil de l'épée, excepté Arnaud, neveu du père Joseph, qui en étoit gouverneur, lequel ils firent prisonnier. Les Espagnols, de leur côté, irrités de ce que les Français les avoient chassés de Trèves, renouèrent une intelligence avec les habitans, par le moyen de laquelle ils surprirent cette ville, et prirent l'électeur, qu'ils envoyèrent prisonnier en Flandre.

Dès que le Roy sut cette nouvelle, il envoya ordre à son résident à Bruxelles, nommé d'Amontot, d'aller parler au cardinal infant de sa part, pour lui demander la restitution de Trèves et la liberté de l'électeur sur ce que le Roi n'ayant point de guerre contre les Espagnols, ils n'avoient pu, sans infraction de la paix, prendre une ville gardée par des Français, et un prince qui étoit sous la protection du Roi, lorsqu'il ne pouvoit tirer aucun secours de l'Empereur contre les Suédois. Le cardinal infant lui répondit que ses Français en avoient chassé les Espagnols les premiers ; mais le résident repartit que l'électeur étant souverain avoit droit de choisir telle garnison qu'il lui plairoit sans que personne y pût trouver à redire ; et que la voulant avoir française, ce n'étoit pas aux Espagnols à s'y opposer : insistant toujours sur la restitution de Trèves et la liberté de l'électeur. L'un et l'autre lui fut refusé, et le tout renvoyé à l'Empereur comme chef de l'Empire. Ce refus irrita fort le Roi : tellement qu'il envoya un héraut déclarer la guerre au cardinal infant, au nom du roi d'Espagne. Ce héraut ne put avoir audience : de sorte qu'il fut obligé d'afficher dans la grande place de Bruxelles, et sur la frontière, cette déclaration.

Il est difficile de savoir bien au vrai les motifs de cette rupture : mais il y avoit long-temps que l'on jugeoit que la paix seroit bientôt rompue, par les intérêts opposés des deux couronnes, qui en toutes rencontres prenoient toujours des partis contraires, et petit à petit s'aigrissoient et s'embarquoient insensiblement dans des protections si différentes, qu'il étoit impossible qu'elles ne vinssent à la fin à une guerre ouverte. Les François firent un manifeste de la justice de leur cause, et les Espagnols y répondirent, disant qu'on leur faisoit une querelle sans sujet : et ainsi chacun déduisoit ses raisons. Mais la vérité étoit que l'intérêt particulier du cardinal y avoit autant de part que le public. Les Espagnols souffroient qu'un nommé Saint-Germain (1), qui étoit à la Reine mère, fît des livres diffamatoires contre l'honneur du cardinal, et en permettoient l'impression et le débit publiquement à Bruxelles et à Anvers : ce qui l'avoit fort aigri contre eux. Mais par dessus tout son ambition démesurée, et la conservation et accroissement de son autorité, y contribuoient le plus : car elle étoit

(1) Matthieu de Mourgues, sieur de Saint-Germain, jésuite, et aumônier de la Reine mère.

principalement fondée sur l'estime qu'avoit le Roi de sa capacité ; en sorte que plus les affaires se brouilloient, plus il croyoit avoir besoin de lui. Ainsi se voyant une guerre sur les bras, contre de si grands et de si puissans ennemis, il étoit obligé de se reposer sur lui de toutes choses, et de lui laisser la puissance royale, ne s'en réservant que le nom. Les affaires des Suédois en Allemagne l'y incitoient aussi : car tant que le roi de Suède avoit vécu, il s'étoit contenté de l'assister secrètement d'argent, sans se mettre en jeu ; mais ayant été tué à la bataille de Lutzen, en laquelle, tout mort, il demeura victorieux, les progrès des protestans furent un peu retardés, et depuis, l'accommodement des électeurs de Saxe et de Brandebourg avec l'Empereur, et la mort du Walstein, qui empêcha d'éclater cette grande conspiration que le cardinal avoit lui-même fait entreprendre, l'obligèrent à se déclarer plus hautement. Mais ce qui donna le dernier coup fut la bataille de Nordlingen perdue par les Suédois, où le maréchal Horn fut pris : car par cette victoire la maison d'Autriche rétablissoit ses affaires, et auroit aisément détruit le reste du parti commandé par le duc de Weimar ; ensuite de quoi elle auroit tourné toutes ses forces contre la France, qu'elle accusoit d'être cause de tous ces désordres.

Ces considérations firent que le cardinal jugea qu'il falloit empêcher la ruine des Suédois en déclarant la guerre, parce qu'il feroit par là une diversion considérable qui occuperoit les plus grandes forces de l'Empire et de l'Espagne, et donneroit le loisir aux alliés de la France de réparer leurs pertes, et de se mettre en état de recommencer la guerre plus forte qu'auparavant ; et par là il espéroit, en joignant leurs forces et intérêts ensemble, de mettre cette orgueilleuse maison sur la défensive, et de lui faire perdre sa vieille prétention de parvenir à la monarchie de toute la chrétienté. Ce fut au printemps de l'an 1635 que le héraut partit pour faire cette déclaration, et la guerre commença au même temps : elle dura vingt-cinq ans jusqu'à la paix des Pyrénées faite en 1659, et jurée par les rois en personne en 1660.

PREMIERE CAMPAGNE.

Les deux plus grandes puissances de la chrétienté sont celles de France et d'Espagne, qui donnent le branle à tout le reste de l'Europe, et entraînent tous leurs voisins dans l'intérêt de l'une ou de l'autre : tellement qu'il est impossible, quand ces deux grandes couronnes s'entrechoquent, que tous les voisins ne s'en ressentent, et ne s'intéressent dans l'un des deux partis. La France est un royaume uni, riche, peuplé et belliqueux. L'Espagne est aussi unie, mais elle n'est pas peuplée ni fertile : son roi possède des pays séparés d'elle dans toute la terre; en sorte qu'on a raison de dire que le soleil ne se couche jamais dans l'étendue de sa domination, et que le roi d'Espagne est le plus grand *terrien* du monde. Or de tous les États qu'il possède, ceux d'Afrique et d'Asie lui servent pour le trafic des pierres précieuses et des épiceries; ceux de l'Amérique lui fournissent de l'or et de l'argent, et ceux de l'Europe entourent la France de tous côtés : car l'Espagne touche la Guienne et le Languedoc ; les royaumes de Naples, de Sicile et de Sardaigne la rendent maîtresse de la mer Méditerranée ; le duché de Milan touche le Piémont; la Franche-Comté, la Bourgogne et la Champagne, et les Pays-Bas bornent une partie de cette dernière province et la Picardie jusqu'à la mer Océane.

Ainsi la France, environnée de toutes parts des pays de ses ennemis, sembloit entreprendre une guerre difficile à soutenir, outre l'apparence qu'il y avoit que l'Empereur, étant de la maison d'Autriche, ne manqueroit pas de secourir les Espagnols de toute sa puissance ; mais le cardinal de Richelieu, qui étoit l'auteur de cette grande entreprise, se fiant sur la richesse, la fertilité et les forces unies de la France, jointes à la valeur de ses alliés, surmonta tous les obstacles, et résolut d'attaquer cette puissante maison de trois côtés, par les Pays-Bas, par l'Allemagne et l'Italie, demeurant sur la défensive du côté de l'Espagne. Il mit pour cet effet quatre armées sur pied : une commandée par les maréchaux de Châtillon et de Brezé pour les Pays-Bas; une sous le cardinal de La Valette pour l'Allemagne, et les deux autres pour l'Italie : savoir, une sous le maréchal de Créqui dans le Milanais, et l'autre sous le duc de Rohan dans la Valteline, pour empêcher la communication de l'Allemagne avec l'Italie. La première s'assembla dans la Champagne, composée de vingt mille hommes de pied et de six mille chevaux, avec toute l'artillerie et les munitions nécessaires à un si grand dessein. Avant que de la faire marcher, le roi Très-Chrétien fit avec les États de Hollande un traité de ligue offensive et défensive pour chasser les Espagnols des Pays-Bas : dont la conquête sembloit si assurée, que, partageant la peau de l'ours avant que de l'avoir pris, ils divisèrent leur proie avant que de la tenir. Pour entendre ce partage, il faut savoir que des dix-sept provinces des Pays-Bas, sept obéissent aux États, savoir la Hollande, la Zélande, l'Utrecht, le Zutphen, la Frise, l'Over-Yssel, et la Groningue, outre une partie de la Gueldre; et dix appartiennent aux Espagnols, dont l'Artois, le Hainaut, le Luxembourg, le Namur et la Flandre devoient être aux Français avec le Cambresis, terre de l'Empire ; et le reste de la Gueldre, le Brabant, Malines, le marquisat du Saint-Empire, et le Limbourg, étoient destinés aux Hollandais, avec la partie de Flandre qui est depuis le canal de Bruges et le grand Escaut jusqu'à la mer. Et comme la situation de ces provinces est fort avantageuse pour ceux qui les défendent, parce qu'il y a quantité de places fortes et de grandes villes fort peuplées, capables d'arrêter une armée chacune une campagne [en sorte que quand la prospérité favoriseroit toujours les assaillans, il faudroit un siècle entier pour les prendre toutes les unes après les autres], il fut résolu que, sans s'amuser à les attaquer, l'armée de France entreroit par les Ardennes, et iroit joindre celle de Hollande vers Maestricht, où faisant toutes deux plus de cinquante mille hommes, on espéroit que le ravage qu'elles feroient dans le pays feroit révolter les grandes villes, lesquelles pour se mettre en sûreté chasseroient les Espagnols et traiteroient avec les Français et les Hollandais, pour avoir leur protection en conservant leurs priviléges. Pour l'exécution de ce grand dessein, les maréchaux de Châtillon et de Brezé firent passer la Meuse à leur armée sur les ponts de Mézières, Donchery et Charleville, et entrèrent dans le Luxembourg, où ils se saisirent des châteaux d'Orchimont et de Rochefort, et prirent Marche-en-Famine, qu'ils abandonnèrent après s'y être rafraîchis de quelques vivres qu'ils y trouvèrent pour la subsistance de l'armée. De là ils marchèrent du côté de Liége pour joindre le prince d'Orange, qui venoit avec l'armée de Hollande dans le même dessein.

Le cardinal infant, de son côté, faisoit tous ses efforts pour détourner une si dangereuse tempête : il assembloit le plus de troupes qu'il pouvoit, et jetoit du monde dans les villes pour les rassurer; il donna le commandement de l'armée au prince Thomas de Savoie, qui s'étoit brouillé avec le duc son frère et s'étoit mis au service des Espagnols. Ce prince s'avança du côté de la Meuse pour observer la marche des Français, et voir s'il n'y auroit rien à entreprendre avant leur jonction avec les Hollandais. La Meilleraye, grand-maître de l'artillerie, avertit le premier les maréchaux de France de l'approche des Espagnols, et sur cet avis ils marchèrent à eux ; mais le prince Thomas, qui ne vouloit pas hasarder une bataille en pleine campagne, avoit placé toute son infanterie dans un vallon couvert de grosses haies, avec seize pièces de canon; et avoit mis quelque cavalerie dans la plaine, pour attirer les Français dans l'embuscade où il étoit posté si avantageusement, que, quoiqu'il fût plus foible qu'eux, il croyoit être en état de les repousser avec avantage. Il avoit laissé le reste de sa cavalerie dans une plaine derrière qui soutenoit son infanterie; en sorte que les Français ne la voyant point, ne pouvoient juger que de celle qui étoit avancée, les haies et les buissons leur ôtant la vue du reste. Les généraux français, dans cette incertitude, s'approchèrent eux-mêmes pour reconnoître, et résolurent de charger pour voir la contenance de l'infanterie qui étoit dans le vallon; et mirent douze pièces de canon au milieu de leurs bataillons, marchant en même temps en bataille droit à la cavalerie avancée, qui se retira aussitôt derrière les haies, et ne parut plus. Le maréchal de Brezé commandoit l'aile droite, et celui de Châtillon la gauche. La bataille commença par le canon, qui tira des deux côtés ; et bientôt après l'aile droite française entra vigoureusement dans les haies, et attaqua l'infanterie espagnole, qui, faisant grand feu derrière les buissons, étonna d'abord par le bruit et par la fumée la cavalerie française, laquelle se renversa sur l'infanterie, et la mit un peu en désordre ; mais le marquis de Tavannes, maréchal de camp, avec une partie de la cavalerie, chargea si à propos, qu'il rompit les escadrons des Espagnols, durant que le maréchal de Brezé, ralliant l'infanterie qui avoit été renversée, la mena au combat, et attaqua l'espagnole de toutes parts ; et le maréchal de Châtillon donnant de son côté avec l'aile gauche, les Espagnols lâchèrent le pied, et furent mis en désordre par le régiment de Champagne commandé par le marquis de Varenne, soustenu du reste de l'infanterie. Le régiment de Piémont, ayant à la tête le comte de Tonnerre, son mestre de camp, enfonça les bataillons espagnols, et les força de reculer et d'abandonner l'artillerie, cependant que Lambert, maréchal de camp, choquoit la cavalerie espagnole, et la mettoit en déroute. Alors toute l'armée des Espagnols commença à fuir en désordre, et les Français ne faisoient plus que tuer et prendre des prisonniers. Chastelier, Berlot et La Ferté-Imbault, maréchaux de camp, ne donnèrent point, à cause que la bataille fut gagnée avant qu'il fût besoin que le gros de réserve combattit. Toute l'armée espagnole y fut entièrement défaite, le canon, bagage et drapeaux pris, avec beaucoup d'étendards, dont quantité furent sauvés, à cause que la cavalerie, dans les désordres, se sauve mieux que l'infanterie, qui fut toute prise ou tuée. Le prince Thomas et le comte de Buquoy se sauvèrent; mais les comtes de Feria et de Willerval, les colonels Alphonse Laudron, espagnol, Sfondrate, italien, et Brons, anglais, avec don Carlos, fils bâtard de l'archiduc Léopold, frère de l'Empereur, furent faits prisonniers. Les ducs de Mercœur et de Beaufort y combattirent comme volontaires ; le jeune Chenoise y fut tué ; et cette bataille fut nommée d'Avein, à cause qu'elle fut donnée près d'un petit village de ce nom, qui étoit assez proche de la ville de Huy, au pays de Liége.

Après une victoire si mémorable, on ne doutoit point de la conquête des Pays-Bas ; et voyant toutes les forces d'Espagne terrassées, il y avoit grande apparence qu'après la jonction des Hollandais les affaires de Flandre seroient sans ressource ; et que les grandes villes songeant à leur sûreté, traiteroient de bonne heure avec le victorieux sans attendre l'extrémité, et chasseroient les Espagnols, pour se mettre à couvert de l'orage et conserver leurs priviléges. Mais il en arriva tout autrement : les peuples des villes reprirent cœur et résolurent de faire les derniers efforts pour résister à une si grande puissance, aimant mieux périr, et se soumettre à toutes ortes de périls, que de changer de maître. Les peuples échus au partage des Hollandois craignoient le changement de religion ; et comme ils sont fort zélés catholiques, ils aimoient mieux mourir mille fois que de s'exposer à la perte de la leur, dont l'exercice est défendu dans toute l'étendue de la domination des États. Ceux qui tomboient dans la part des Français appréhendoient tellement la tyrannie du gouvernement auquel ils voyoient les peuples de France abandonnés par le paiement des tailles et autres sortes d'impositions excessives, qui s'augmentent selon le caprice et la fantaisie de ceux qui gouvernent sans borne ni mesure, qu'ils résolurent de courir toutes sortes de dangers, plutôt que de se soumettre à une si dure servitude. Et quoique les Français leur promissent la continuation de leurs priviléges dont ils sont fort jaloux, ils ne s'y vouloient pas fier, dans la réputation qu'ils ont parmi les nations étrangères de manquer aisément de parole à ceux qu'ils ont assujettis : ce dont ils citoient beaucoup d'exemples. Ils se fortifièrent donc de tous côtés, donnèrent de l'argent pour lever des troupes, et offrirent tout ce qui dépendoit d'eux pour réparer leur perte. Cependant le prince ayant assemblé son armée à Nimègue, marcha droit à Venloo pour s'approcher des Français, lesquels après leur victoire s'étoient avancés jusqu'à Maestricht, où ayant appris l'approche des Hollandais, les maréchaux de France allèrent saluer le prince d'Orange, avec beaucoup de noblesse : ce qui se passa avec grande civilité et temoignage de joie de part et d'autre. Les deux armées se joignirent le 30 de mai, et passèrent la Meuse sur des ponts qui furent faits au dessus et au dessous de Maestricht ; et faisant ensemble plus de cinquante mille hommes, ils marchèrent vers le petit Brabant, tournant tête du côté de Bruxelles. Le cardinal infant s'étoit retranché sur le bord du Demer, ayant fait couper des arbres sur les chemins pour embarrasser les passages ; mais, à l'approche de cette grande armée, il se retira, ne voulant pas hasarder le peu de forces qui lui restoient, et qu'il jeta dans les places. Toutes les petites villes de la campagne ouvrirent leurs portes aux vainqueurs, comme Saint-Trudent, Laudenet, Halen : mais Tillemont résolut de se défendre avec onze cents Espagnols, commandés par don Francisco de Vargas. Le prince d'Orange fit attaquer cette ville par le comte Henri Casimir, gouverneur de Frise, pendant que le maréchal de Brezé la battoit de l'autre côté. La place n'étoit pas forte : c'est pourquoi le canon ayant ruiné ses murailles et fait des brèches considérables, elle fut emportée d'assaut et exposée au pillage de toutes les deux armées, et à la rage et furie des soldats. Tout fut mis à feu et à sang, et le sac fut si grand et avec tant d'insolence, que jamais on n'a ouï parler de rien de pareil : les églises furent entièrement saccagées, sans pardonner aux choses sacrées ; les filles et religieuses violées, lesquelles étoient tirées des couvens, et abandonnées à l'impudence du soldat. Enfin cette pauvre ville fut dans une extrême désolation. Ce rude traitement fit une telle impression dans l'esprit des peuples, que les villes qui ne se sentoient pas assez fortes pour résister sauvoient ce qu'elles pouvoient ; et les habitans se retiroient dans les plus grandes, laissant leurs portes ouvertes, comme firent Diest et Arscot ; et celles qui étoient plus peuplées, se confiant en leur multitude, se préparoient à se défendre.

Les généraux de l'armée confédérée voyant les grandes villes opiniâtrées à la résistance, sans vouloir parler d'aucun traité, résolurent d'en prendre quelques-unes, et de les bien traiter en cas qu'elles s'accommodassent, et de les ruiner si elles se laissoient forcer. Le cardinal infant, n'osant tenir la campagne, avoit mis ses troupes dans les grandes villes menacées de siége ; et ne sachant à laquelle on en vouloit, de Bruxelles, de Malines ou de Louvain, il s'étoit posté sur la rivière de Dyle, pour de là jeter du secours dans le lieu qui seroit attaqué : comme en effet, voyant l'armée tourner tête à Louvain, il y fit entrer cinq mille hommes de pied et deux mille chevaux, puis il se retira dans Bruxelles. Louvain fut assiégé le 25 de juin, et attaqué fort vivement par les deux armées ; mais la crainte du traitement de Tillemont avoit tellement encouragé le peuple de cette grande ville, que, secouru de la présence et du conseil de Wesmal fils, de Grobendonch, de Huston et Guiden, colonels, avec leur régimens qui avoient soutenu les siéges de Bois-le-Duc et de Maestricht, et qui s'entendoient à remuer la terre, il s'opiniâtra, par leur exemple, à la défense, comme s'il eût été composé de tous vieux soldats. En effet, à mesure que les assiégeans avançoient leurs travaux, les assiégés en faisoient autant de leur côté ; et par des sorties fort nombreuses, tant de soldats que d'habitans, ils retardoient tellement l'attaque des assiégeans, qu'ils reculoient au lieu d'avancer : si bien que les vivres qu'ils tiroient du pays étant consommés, et n'en pouvant plus faire venir de Liége à cause de l'arrivée de Picolomini, que l'Empereur avoit envoyé au secours des Espagnols, lequel s'étoit posté entre Liége et Louvain, ils furent contraints par nécessité de lever le siége et de se camper près d'Arscot, d'où ils marchèrent vers Ruremonde pour se rafraîchir.

Les Espagnols, en pensant à se défendre, ne laissoient pas de tâcher à faire des entreprises par finesse sur les places des Hollandais, pour arrêter leur progrès. Et pour ce sujet Einsoult (1), lieutenant colonel du comte d'Embden, entreprit de surprendre le fort de Skenk, situé à la pointe de terre qui forme la séparation des deux bras du Rhin, dont l'un garde son nom, et l'autre s'appelle le Wahal, et font l'île de Batavie. Ce fort est composé de cinq bons bastions : comme il est de très-grande importance, Einsoult fit ses efforts pour l'emporter. Pour cet effet, il fit conduire, la nuit du 26 de juillet, deux charrettes chargées d'échelles couvertes de foin, qu'il fit cacher le jour dans les bois de Clèves; puis, sur le minuit du 27 au 28, il leur fit passer la rivière avec huit cents hommes, sur dix-sept pontons de pêcheurs; et sur le matin un grand brouillard obscurcissant l'air, il escalada le fort avec ses échelles. Les Hollandais furent si surpris, qu'ils furent emportés, et tous tués ou pris prisonniers. Cette nouvelle affligea fort le prince d'Orange, lequel, au lieu de prendre la Flandre comme il pensoit, se trouva réduit à reprendre le sien. Ainsi, abandonnant tous ses grands desseins, il retourna dans son pays, et s'alla loger sur la rivière du Wahal, entre Nimègue et Clèves, et se retrancha là pour couper les vivres au fort et le reprendre par famine. Cependant les Français voyant leur armée toute dissipée par la disette, la mortalité et la misère, en sorte que de vingt-six mille hommes il n'en restoit pas huit mille, ils s'embarquèrent dans un port de Hollande, et retournèrent en France par Calais. Ainsi ce grand dessein, qui avoit tant fait de bruit, s'en alla en fumée sans aucun succès. Les Hollandais en attribuèrent la cause à la mauvaise discipline des Français, qui fut la raison de leur dissipation; et les Français accusèrent les autres de les avoir fait périr exprès de nécessité, ne voulant point réussir de peur d'être leurs voisins, qu'ils redoutoient beaucoup plus que les Espagnols. L'armée du prince d'Orange demeura dans son poste tout l'hiver jusqu'au mois d'avril de l'année suivante, que les Espagnols ayant consumé tous leurs vivres lui rendirent le fort de Skenk. Durant cette campagne, le duc de Chaulnes, avec un camp volant, entra dans le pays d'Artois et y rasa quelques forts, entre autres celui de Pas et d'Auxile-Château.

Après la prise de Nancy en 1633, nous avons vu comme le duc de Lorraine s'étoit jeté absolument entre les bras de l'Empereur, et avoit hautement pris son parti. Pour s'opposer à ses desseins, le Roi avoit fait revenir le duc de Rohan, qui s'étoit retiré à Venise par son ordre, après le traité général des huguenots, fait en 1629; et lui ayant donné commission de passer en Suisse pour traiter avec les cantons et les Grisons, il le fit ensuite général d'une armée en Alsace, pour tenir tête à celle de Lorraine, laquelle, après la bataille de Nordlingen gagnée sur les Suédois par l'Empereur, étoit venue de ces côtés-là. Mais, après quelques rencontres de peu d'importance, il eut ordre de passer avec ses troupes dans la Valteline, selon le traité qu'il avoit fait avec les Grisons. Durant ce temps, le maréchal de La Force prit le château de Biche et de La Mothe, comme il a été dit ci-dessus, et ensuite il s'avança dans l'Alsace pour s'opposer au comte de Salms : non-seulement il lui empêcha le passage, mais il le contraignit à demander la protection du Roi, et à donner sa démission du droit qu'il prétendoit sur Saverne comme grand doyen de Strasbourg. Aussitôt ce maréchal en prit possession, et y mit garnison française. Les villes de Colmar, Haguenau, Schelestadt et Lure suivirent son exemple, et appelèrent les Français pour les protéger. L'évêque de Bâle, pour se mettre à couvert des Suédois commandés par le rhingrave Othon-Louis, reçut des troupes françaises dans Porentruy; et la plupart des villes d'Alsace, pour sauver la religion, en firent de même. Le maréchal de La Force, après avoir mis ordre aux affaires d'Alsace, revint en Lorraine, où il nettoya le pays de force petits châteaux qu'il fit raser; et il reçut ordre de ne plus souffrir qu'on reconnût le duc dans la Lorraine, à cause qu'ayant remis ses places entre les mains du Roi pour otages de sa parole, il y avoit manqué en prenant le parti de l'Empereur. Il commanda donc qu'on priât Dieu pour le Roi dans toutes les églises, comme souverain du pays; il reçut le serment des magistrats, et fit exercer la justice au nom de Sa Majesté, qui créa un conseil souverain dans Nancy.

C'est chose étrange que la plupart des officiers avoient un tel amour pour leur prince, qu'ils aimoient mieux perdre leurs charges, et même leurs biens, que de faire serment à d'autres qu'à lui. Les affaires de Lorraine étant réglées, le maréchal de La Force s'avança sur les bords du Rhin, où il fit lever aux Impériaux le siège de Heidelberg sur le Necker, et prit Spire. Les surprises de Philisbourg et de Trèves arrivèrent après : ce qui fut cause de la déclaration de la guerre, et de l'entrée de l'armée française

---

(1) Il s'appeloit Adolphe Einholt. (*Voyez* Histoire de Louis XIII, par le père Griffet, tome II, page 595.)

en Flandre. L'Empereur, ne voulant pas abandonner le roi d'Espagne dans cette occasion, envoya Picolomini au secours des Pays-Bas, et le général Galas du côté du Rhin, pour faire une grande diversion dans la Lorraine avec une puissante armée. Or, pour faire entendre l'état où étoient alors les affaires d'Allemagne, il faut savoir qu'après la bataille de Nordlingen, où le maréchal Horn fut pris, le duc de Weimar demeura seul chef du parti suédois. Il étoit prince de la maison de Saxe, issu de l'aîné, auquel l'empereur Charles V ôta l'électorat pour en investir le cadet, duquel est sorti l'électeur d'à présent. Cette violence et cet affront avoit laissé dans le cœur de la postérité de cet aîné une haine implacable contre la maison d'Autriche, et un violent désir de se venger; mais il ne s'étoit point trouvé jusqu'à cette heure, dans cette race, de sujet capable d'exécuter un grand dessein, que ce duc Bernard de Weimar, lequel, dans cette vue, se jeta dans le parti du roi de Suède dès qu'il le vit dans l'Allemagne. Il apprit si bien son métier sous ce grand prince, qu'il fut choisi par lui pour commander une des ailes de son armée à la bataille de Lutzen, où il fut tué. Après sa mort il demeura général de tout le parti, conjointement avec le maréchal Horn. Dans cet emploi il soutint l'intérêt de tous les confédérés jusqu'après la bataille de Nordlingen, où toutes les forces suédoises furent terrassées, le maréchal Horn pris, et lui contraint de se sauver. Mais comme il avoit un grand cœur et une ambition démesurée, il ne perdit point courage; et, ayant ramassé les débris de son armée, il refit un corps considérable qu'il envoya offrir au Roi, sachant la guerre déclarée entre les deux couronnes, et les efforts de l'Empereur pour faire une grande diversion. Le cardinal de La Valette fut envoyé à son secours pour empêcher les Impériaux de l'opprimer, et lui donner moyen de remettre son parti presque abattu, qu'il avoit maintenu jusqu'alors par une générosité et une hardiesse inouïe. Ce cardinal avoit pour maréchaux de camp le vicomte de Turenne et le comte de Guiche; et ayant marché vers le Rhin, il joignit en deçà le duc de Weimar, avec lequel il prit Bingen, et fit lever le siège de Deux-Ponts au général Galas. Ensuite ils marchèrent tous deux au secours de Mayence, assiégé par le comte de Mansfeld, et dont la conservation étoit de conséquence aux Suédois, à cause du pont sur le Rhin, qui leur donnoit la communication des deux bords de ce fleuve.

Dès que l'armée s'approcha, le comte, voyant que la partie n'étoit pas égale, se retira; et l'armée ayant passé le Rhin, approcha de Francfort sur le Mein, grande ville impériale qui avoit traité avec le feu roi de Suède, et maintenant, voyant la décadence des affaires des Suédois, menaçoit de se raccommoder avec l'Empereur.

Les généraux étant arrivés près de cette ville, mirent forte garnison dans le château de Saxenhaüfen qui en est proche; et ayant su que les régimens de Hasfeld et de Lamboi étoient à Luderville, ils envoyèrent deux mille chevaux, qui les enlevèrent dans leurs quartiers. Galas ne voulant pas hasarder une bataille, et voyant les Français fort avancés, résolut de leur couper les vivres. Dans ce dessein, il envoya le marquis de Gonzague prendre les petites villes qui étoient sur les chemins des convois, comme Saarbruck et Kayserslautern : tellement qu'il ne venoit plus de vivres au camp des Français. Cette disette fit résoudre les généraux de repasser le Rhin, et de se poster en lieu où ils pussent subsister. Ayant donc laissé quatre mille hommes dans Mayence, ils repassèrent le Rhin sur un pont de bateaux à Bingen, le 26 de septembre, feignant d'aller à Coblentz pour abuser Galas, lequel en même temps repassa le Rhin à Worms, pour suivre les deux armées, qu'il savoit être en grande nécessité de vivres, et qu'il croyoit défaire ou par famine ou par combat, leur empêchant la retraite, et se postant tellement à son avantage, qu'il ne hasardât point de bataille qu'avec assurance de la gagner. Mais le duc de Weimar, grand et expérimenté capitaine, et plus rusé que l'autre, voyant tout le pays ruiné, et ne trouvant plus de quoi subsister pour les soldats, contraints, faute de pain, de vivre de raves, de choux et de racines qui étoient dans les villages abandonnés, ni aussi pour les chevaux, qui, faute de fourrage, étoient réduits à ne manger que des feuilles de vignes et d'autres arbres, se résolut, voyant la perte de l'armée toute certaine, de sauver le principal, en abandonnant le reste. Et ne pouvant, dans l'extrémité où il se trouvoit, faire une longue retraite de Mayence à Metz sans être défait par Galas, plus fort que lui, à moins d'une extrême diligence qu'il ne pouvoit faire avec le bagage, il fit enterrer le canon le plus secrètement qu'il put, afin que ses ennemis n'en profitassent pas, et commanda qu'on brûlât tout le bagage.

Le cardinal de La Valette, pour montrer exemple aux autres, fit brûler le premier son carrosse; et tout le monde ayant fait autant de son attirail, excepté ce qui se put transporter sur des mulets et chevaux de bâts, les armées marchèrent par des chemins détournés, sans bruit, derrière des montagnes, jour et nuit et sans repos, pour éviter la rencontre des Impériaux. On n'avoit pas le temps de dormir, si ce n'étoit durant que l'arrière-garde s'avançoit à la tête, l'avant-garde reposoit, et ainsi l'autre à son tour. De l'autre côté Galas, qui leur croyoit couper chemin et les attaquer à son avantage, se trouva surpris de leur départ si inopiné; et ne les pouvant devancer, il les suivit diligemment avec sa cavalerie, et les joignit sur la rivière de Loutre, entre Meissenhem et Odernheim, où les Français et Suédois, tournant tête, l'arrêtèrent tout court, et le reçurent si vaillamment, que ses troupes furent malmenées, et contraintes de se retirer plus vite qu'elles n'étoient venues. Cet échec ne l'empêcha pas de les suivre encore pour avoir sa revanche; et, avec neuf mille chevaux, il les attendit en embuscade à une journée de Metz. Aussitôt qu'il les vit proche, il détacha sur leur arrière-garde quatorze régimens de cavalerie, qui furent reçus fort vigoureusement par la cavalerie française, composée des gendarmes et chevau-légers du cardinal de Richelieu, de celles des vicomtes de Montbas et Destoges, du comte de Saint-Agnan, et du marquis de Palaiseau, qui mourut à Metz peu de jours après, soutenus du reste de l'arrière-garde qui avoit tourné tête. Le combat fut rude : la cavalerie de Galas y fut rompue et mise en déroute, après avoir perdu cinq cents Croates, quantité d'officiers, et quelques étendards. Moïd, lieutenant des gendarmes du cardinal de Richelieu, y fut tué avec Caheusac, lieutenant de ses chevau-légers, dont la charge fut donnée à Piscarat son frère. Londini, cornette de la même compagnie, y perdit aussi la vie. Ensuite l'arrière-garde ayant passé le défilé, rejoignit l'avant-garde, et arriva heureusement en Lorraine, où le cardinal de La Valette s'alla rafraîchir à Pont-à-Mousson, et le duc de Weimar à Vic, après treize jours de marche continuelle, sans se reposer ni jour ni nuit, que comme il a été dit ci-dessus, et sans vivres, que les herbes et les racines qu'on trouvoit par les chemins. Nonobstant toutes ces fatigues, les armées se trouvoient bien heureuses d'en être réchappées, par la sage conduite et et la grande expérience du duc de Weimar. Aussi Galas disoit que c'étoit la plus belle action qu'il eût vue de sa vie; et il avouoit qu'il n'eût jamais pu croire la retraite de Mayence véritable, s'il n'en eût été témoin.

Dans ce même temps, le Roi avoit une armée en Lorraine, sous le maréchal de La Force, lequel lui donna avis que toutes les forces de l'Empire lui alloient tomber sur les bras, et qu'il avoit besoin d'un puissant secours. Cette nouvelle l'obligea d'assembler une nouvelle armée, dont il donna la conduite au duc d'Angoulême.

Il fit lever douze mille Suisses, et convoqua le ban et arrière-ban de son royaume, avec ordre à toute la noblesse de monter à cheval et d'aller à l'armée sous les baillis et sénéchaux, sous peine de dégradation. Et pour assurer davantage toutes choses, il s'achemina lui-même en Lorraine, laissant le cardinal de Richelieu à Ruel pour commander dans Paris, au grand étonnement de tout le monde, de voir ce ministre quitter son maître de si loin contre sa coutume. Le Roi, étant arrivé à Bar-le-Duc, apprit que la ville de Saint-Mihel s'étoit révoltée et avoit reçu Lenoncourt (1), lorrain, avec garnison. Ces peuples avoient une telle affection pour leur duc, qu'ils ne pouvoient souffrir la domination française, et faisoient tous leurs efforts pour en sortir. Le maréchal de La Force s'y achemin aussitôt avec une partie de l'armée, et mit le siège devant. Il fit faire deux batteries qui firent deux grandes brèches, lesquelles obligèrent Lenoncourt de se rendre à discrétion, la vie sauve seulement. Il fut envoyé à la Bastille, et les habitans auteurs de la révolte furent mis aux galères, et la ville démantelée. Le duc d'Angoulême avec ses troupes ayant joint le maréchal de La Force, ils s'avancèrent contre le duc de Lorraine, Jean de Verth et Colloredo. Ceux-ci voyant l'armée française fortifiée des Suisses et de l'arrière-ban, et ne se sentant pas assez forts pour tenir la campagne, se fortifièrent dans les marais de Rambervilliers, et s'y retranchèrent si bien qu'il étoit impossible de les y forcer. La retraite de Mayence se fit durant ce temps-là; et le général Galas ne pouvant plus empêcher le cardinal de La Valette et le duc de Weimar de se retirer, marcha droit en Lorraine pour secourir le duc, et prit en passant les villes de Saint-Avaux et de Vaudrevange. Le duc de Lorraine, sur la nouvelle de son approche, sortit de ses retranchemens de Rambervilliers, pour aller au devant de lui; et l'ayant joint, ils tournèrent tous ensemble tête contre les Français. Alors ces deux puissantes armées se préparèrent à donner une grande bataille; mais le duc d'Angoulême et le maréchal de La Force ne la voulant hasarder qu'à jeu sûr, marchèrent du côté du cardinal de La Valette et du duc de Weimar : lesquels s'étant un peu remis de leur fatigue passée, vinrent au devant d'eux, et ils se joignirent ensemble. Alors étant plus forts que les Impériaux, ils marchèrent à eux pour les combattre; mais le duc de Lorraine, le général Galas, Jean de Verth et Colloredo ayant tenu un grand conseil, ne se jugèrent pas assez forts pour donner batailile.

(1) Bassompierre l'appelle Lenoncourt de Serres.

C'est pourquoi, de peur d'y être forcés, ils se retranchèrent près du château de Marimont, avec des lignes bastionnées et des forts de distance en distance, garnis de quantité d'artillerie; de sorte qu'ils étoient si avantageusement postés, qu'il étoit impossible de les forcer de combattre. Cela fit que tout le reste de la campagne se passa à se regarder, et à faire quelques escarmouches : ce qui fit murmurer la noblesse française, dont la plupart n'avoit jamais été à la guerre, et croyoit que la querelle des rois se vidoit comme la leur; qu'aussitôt qu'ils seroient arrivés, on enverroit un cartel de défi à Galas; que le lendemain on donneroit bataille, et puis qu'ils s'en retourneroient chez eux. Mais quand ils virent les Impériaux retranchés en lieu inaccessible, que leur secours dans l'armée tiroit en longueur, et que toutes les vieilles troupes leur faisoient la huée et se moquoient d'eux, ils demandèrent leur congé, principalement les Normands, qui disoient qu'ils s'en retourneroient si on ne leur faisoit voir promptement leur partie adverse, jugeant de la guerre comme d'un procès au parlement de Rouen. Il fallut néanmoins qu'ils demeurassent jusqu'à la fin, à leur grand regret. Les Croates ne laissoient pas quelquefois de sortir de leurs retranchemens; entre autres une fois ils surprirent le bourg de Saint-Nicolas près de Nancy, où ils mirent tout à feu et à sang, pillèrent et violèrent, avec le plus grand désordre qu'on puisse imaginer. La campagne se termina ainsi : car l'hiver commençant, on fit décamper les armées de part et d'autre, pour se mettre en quartier d'hiver. Galas, en se retirant prit la ville de Deux-Ponts, et envoya le marquis de Grana attaquer Saverne, qu'il prit à composition; puis il passa de là le Rhin, pour prendre ses quartiers dans le Wirtemberg, laissant Jean de Verth dans l'Alsace. Cependant les villes de Francfort et d'Ulm conclurent leur traité avec l'Empereur; et le comte de Mansfeld, après un long siége, prit Franckendal par capitulation, durant qu'une partie de l'armée impériale attaquoit Mayence, qui se rendit par traité.

Après la prise de Saint-Mihel, le Roi quitta son armée, et reprit le chemin de Saint-Germain. Sur son retour il coucha dans un château nommé Baye, proche de Damery, où demeuroit Baradas, qui avoit été autrefois son favori, et après sa disgrâce avoit été en Allemagne servir l'Empereur sous le Walstein, et de là s'étoit jeté dans Casal pour acquérir de l'honneur, lorsqu'il fut assiégé par les Espagnols. Or le Roi avoit toujours conservé une inclination naturelle pour lui : ce qui donna la hardiesse à Baradas de lui faire dire qu'il étoit bien malheureux d'être le seul de la province qui fût privé de l'honneur de lui faire la révérence. Le Roi demanda aussitôt combien il y avoit de là chez lui; et ayant su qu'il n'y avoit pas loin, il dit qu'il le vouloit voir, et qu'il vînt le lendemain à son lever. Il ne manqua pas de s'y trouver, et il fut fort bien reçu de Sa Majesté. Cette vue réveillant l'ancienne amitié que le Roi avoit eue pour lui, fit que tant qu'il y fut ce prince ne parla qu'à lui, et ne regarda plus les autres; et même il lui permit de le suivre à Saint-Germain : ce qu'il fit. Mais le cardinal, qui étoit demeuré à Ruel, l'ayant appris, en prit l'alarme, et résolut de couper racine à cette faveur renaissante, prenant le Roi sur le point d'honneur, en lui représentant qu'ayant laissé Saint-Simon en Lorraine pour commander la cavalerie pour son service, il n'étoit pas juste en son absence de rappeler son rival, qui se vantoit déjà de reprendre sa place. Ces remontrances eurent tant d'effet, que les portes commencèrent à lui être fermées, et les huissiers eurent ordre de les lui refuser : dont s'étant voulu expliquer avec le Roi, il eut le soir même commandement de s'en retourner chez lui, avec défense de plus revenir à la cour. Durant que le Roi étoit en Lorraine, il avoit pris plaisir d'entretenir le comte de Cramail, vieux seigneur qui avoit beaucoup d'esprit et de très-grandes qualités; et Sa Majesté, dans des conversations familières, lui ayant donné lieu de lui dire librement son sentiment sur beaucoup de choses, il s'émancipa à lui faire connoître ce que le cardinal ne vouloit pas qu'il sût. Pour ce sujet, au retour du voyage il fut arrêté, et mis à la Bastille.

La Valteline est un pays situé dans les Alpes, entre les Grisons et l'État de Milan, qui est le seul passage commode pour aller d'Allemagne en Italie, et par conséquent fort envié des Espagnols, lesquels se voulant conserver la communication de leurs États d'Italie et de Tyrol, terre de la maison d'Autriche, l'Allemagne et la Franche-Comté, pour avoir le passage libre dans les Pays-Bas, faisoient depuis long-temps tous leurs efforts pour se l'approprier. C'est ce qui avoit obligé le comte de Fuentès, gouverneur de Milan, de faire faire un fort à l'entrée de ce passage du côté du Milanais, qu'il fit nommer de son nom. Autrefois ce pays étoit du duché de Milan : mais les Grisons et les Suisses ayant fait ligue pour chasser les rois Louis XII et François Ier de l'Italie, et rétablir Maximilien Sforce, fils de Ludovic, dans la possession de Milan, obtinrent de lui, pour le remboursement de leurs frais, la souveraineté de ce pays, dans laquelle ils s'étoient conservés jusqu'alors. Mais les Espagnols, sous prétexte d'empêcher que le luthéranisme ne s'y glissât, s'en étoient emparés, et y avoient fait bâtir des forts, dont les Grisons irrités demandèrent secours au roi Louis XIII : pour lequel sujet le pape Urbain VIII intervint, et reçut comme en dépôt les forts entre ses mains; mais le roi Très-Chrétien les voulant faire restituer aux Grisons, envoya le marquis de Cœuvres avec une armée qui s'en rendit maître en peu de temps. Le Pape, offensé de ce que les Français en chassoient les Grisons, dépêcha en France, en qualité de légat, le cardinal Barberin son neveu, en l'année 1625, pour en demander la restitution : et de là il fut en Espagne pour achever cet accommodement. Mais ce fut sans effet : car cette affaire ne fut terminée que par le traité de Monçon fait en 1626 entre le comte duc d'Olivarès, premier ministre d'État d'Espagne, et de Fargis, ambassadeur de France, par lequel les forts devoient être rasés, et la souveraineté devoit demeurer aux Grisons.

Mais le cardinal de Richelieu ayant dessein de déclarer la guerre aux Espagnols, fit revenir en 1634 le duc de Rohan de Venise, où il étoit en exil depuis l'an 1629; et l'envoya négocier en Suisse, pour lier les Grisons dans les intérêts de la France, afin d'empêcher les Espagnols de s'emparer de la Valteline. Le traité s'acheva comme on l'avoit souhaité; et le duc de Rohan, avec une armée, passa par l'Alsace, et traversant la Suisse vint camper à Saint-Gall, où il fut défrayé par la communauté : de là il entra dans la Valteline, où il se saisit de Chiavenne, Riva et Bormio. Ces prises donnèrent l'alarme au fort de Fuentès : le gouverneur en donna avis au comte de Cerbellon, gouverneur de Milan, lequel ayant appris la déclaration de la guerre assembla le plus de troupes qu'il put, tant de Naples et de Sicile que de son gouvernement, et s'avança jusqu'au fort de Fuentès, où il sut que le duc de Rohan étoit à Morbègne, où il se fortifioit dans des passages étroits au milieu des montagnes, et où le premier venu a l'avantage, parce qu'il est difficile de l'en débusquer. Mais en même temps il reçut nouvelle que le colonel Gots marchoit par le Tyrol avec un corps considérable, qui venoit le secourir de la part de l'Empereur. Cet avis lui fit prendre résolution de mettre les Français entre deux, et les attaquer par devant et par derrière, espérant en venir à bout, à cause que les Allemands et lui étoient beaucoup plus puissans qu'eux. Il commença par l'attaque de Bormio, qu'il emporta : et le duc de Rohan se voyant entre deux puissans ennemis, et sans espérance d'avoir de vivres, qui lui étoient coupés par les Allemands du côté du lac de Constance, et par les Espagnols du côté de celui de Como, se retira à Chiavenne pour s'y fortifier, et manda au marquis de Montausier (1) qui étoit au Val de Luvin, et à Du Landé (2) qui étoit dans l'Engadine basse, de se rassembler dans la haute : ensuite ayant reçu quelque secours de Suisses et de Grisons, il résolut d'aller droit à une des deux armées avant qu'elles fussent jointes. Dans ce dessein, il marcha contre les Allemands, qu'il surprit; et les chargea si à l'improviste d'un côté, et la Freselière de l'autre, par une montagne qui commandoit dans leur camp, durant que les marquis de Montausier et de Canisy les prenoient par le bas, qu'ils lâchèrent pied, et se sauvèrent en grand désordre jusqu'à Bormio, abandonnant leur bagage et leur artillerie. Le duc de Rohan, après ce combat, retourna dans ses postes pour les conserver, sur la fin de juin; et après s'y être un peu rafraîchi, il marcha contre Bormio, qu'il battit si rudement, qu'il se rendit à lui le 3 de juillet. Le comte de Cerbellon, sur ces nouvelles, se retira jusqu'à ce qu'il eût reçu un nouveau renfort d'Allemands, qui arriva le 24 d'octobre sous le général Fernamont, lequel se saisit du Val-Petin, et en même temps fit filer son infanterie par le Val-Christa. Sur cet avis, le marquis de Canisy et Lèques, maréchaux de camp, se joignirent; et le duc de Rohan envoya Du Landé défendre le passage de la montagne du Gall, et aussitôt il marcha droit aux Allemands pour les combattre avant qu'ils fussent plus proches des Espagnols. Il les attaqua par trois endroits : mais en y allant il passa par des lieux si serrés, qu'il falloit défiler deux à deux, et la cavalerie à pied, tenant les chevaux par la bride. Le chemin s'élargissant, les troupes se mirent en ordre, et les Allemands vinrent au devant d'elles pour les charger dans le Val de Frêle; mais ils furent arrêtées par les piques basses des Français, qui les firent plier dans un retranchement, d'où leurs gens de pied faisoient grand feu. Mais le duc de Rohan, les faisant attaquer vigoureusement, les força de se retirer fort vite; et d'un autre côté le marquis de Canisy, par une décharge rude qu'il leur fit en flanc, les mit entièrement en déroute; et Vandy, par le Fort-des-Bains, donnant au même temps, acheva de les défaire et de les ruiner entièrement. Il demeura douze cents Impériaux sur la place. Cet échec rendit le duc de Rohan maître de tout

(1) Hector de Sainte-Maure, marquis de Montausier, maréchal de camp, tué près de Bormio au mois de juillet suivant.
(2) Joab de Séqueville, sieur Du Landé, maréchal de camp.

le derrière, et lui ouvrit les passages pour avoir des vivres facilement. Le comte de Cerbellon voyant tous les secours qui lui venoient d'Allemagne toujours battus, voulut se servir de ruse, pour voir si elle réussiroit mieux que la force. Pour cet effet, il envoya au duc de Rohan un gentilhomme nommé Clausel, qui avoit été fort familier avec lui durant la guerre civile, et avoit été en Espagne de sa part pour traiter, afin que les Espagnols lui donnassent sous main de l'argent pour maintenir la guerre des huguenots en France. Il lui fit faire de grandes offres de la part du roi d'Espagne, s'il vouloit lui remettre la Valteline, et faire en France un parti de la religion comme il avoit fait autrefois : mais le duc, qui s'étoit entièrement remis au service du Roi, le fit arrêter prisonnier, et pendre le lendemain (1) à un arbre à la tête des troupes. Le comte, voyant la fidélité du duc inébranlable, résolut de faire encore un grand effort contre lui, et marcha dans ce dessein avec son armée : mais le duc alla au devant de lui si diligemment, qu'il surprit sa garde au Pas-Saint-Grégoire, et la chargea si brusquement par plusieurs endroits, qu'il enfonça les premiers rangs. La poudre manquant, on se mêla l'épée à la main par un soleil si clair, que la lueur des lames éblouissoit les yeux des combattans. Le choc fut fort rude, mais enfin la victoire demeura aux Français : et les Espagnols, après y avoir perdu plus de quinze cents hommes, prirent la fuite, laissant leur canon et leur bagage au pouvoir du victorieux, et même l'argent fraîchement arrivé dans leur armée pour faire montre. Le comte de Sainte-Seconde, général de leur cavalerie, y fut tué, et tous les fuyards qui s'étoient sauvés dans Morbègne y furent pris. Ainsi le duc de Rohan, après tant de gloire acquise dans cette campagne, demeura paisible maître de la Valteline, et ne songea qu'à séparer son armée, pour la faire rafraîchir dans des quartiers jusqu'à l'année prochaine.

Après le traité de Querasque, fait en 1630 et exécuté en 1631, le duc de Savoie connoissant par expérience que toutes les fois qu'il se brouilloit avec la France il perdoit une partie de ses Etats, résolut de se faire sage, sur l'exemple de son père et de son aïeul, et de se maintenir en bonne intelligence avec le roi Très-Chrétien son beau-frère : même de prendre son parti et ses intérêts contre l'Espagne. Ce fut par cette raison qu'après la guerre déclarée il fit ligue offensive et défensive avec Sa Majesté, et se prépara puissamment à la guerre contre l'Etat de Milan. Le Roi fit ce qu'il put pour faire entrer dans cette ligue tous les princes d'Italie, leur faisant représenter par ses ambassadeurs la trop grande puissance des Espagnols, qui avoient dessein de se rendre maîtres de toute l'Italie ; et que s'ils ne s'y opposoient promptement, ils courroient fortune d'être dépouillés de leurs souverainetés, et réduits à une misérable servitude. Mais toutes ces raisons n'eurent aucun effet, et ne persuadèrent que le duc de Parme, lequel étant d'une race qui avoit bien servi les rois d'Espagne, au lieu de reconnoissance n'en recevoit que de mauvais traitemens ; et même, quoique dans les guerres de Mantoue et de Montferrat il eût tenu le parti des Espagnols, le duc de Féria, gouverneur de Milan, prévoyant la guerre entre les deux couronnes, envoya lui demander en otage la citadelle de Plaisance jusqu'à la paix : mais le duc voyant que s'il la donnoit il couroit fortune de ne la ravoir jamais, la refusa, disant qu'étant dans les intérêts de l'Espagne comme il étoit, cette place étoit autant à eux que s'ils y avoient garnison. Sur cette réponse, le marquis de Léganès, qui succéda au duc de Féria, envoya des troupes prendre quartier dans ses Etats avec beaucoup de violence : dont se trouvant offensé, il signa la ligue avec la France et la Savoie, qu'on appela la ligue pour la liberté de l'Italie.

Les autres princes n'y voulurent pas entrer : les uns étant trop dévoués au parti espagnol, comme le duc de Modène, auquel le roi d'Espagne avoit depuis peu donné la principauté de Corregio ; et la république de Gênes, de peur de perdre les sommes immenses que le roi catholique lui devoit : les autres craignoient l'événement, qu'ils jugeoient fort douteux ; et s'il n'étoit pas favorable, ils appréhendoient d'être sacrifiés à la colère et à la vengeance des Espagnols. C'est ce qui maintint dans la neutralité le duc de Mantoue, quoiqu'il eût le cœur fort français. Les autres plus puissans, comme le Pape, la république de Venise, et le duc de Florence, se sentoient assez forts pour se maintenir les uns les autres contre l'oppression des Espagnols, et n'étoient pas persuadés que cette guerre fût entre-

---

(1) Du Clausel fut arrêté le 30 septembre 1635. Lasnier, maître des requêtes, intendant de l'armée, instruisit son procès, et il fut pendu le 10 novembre suivant, après avoir abjuré le calvinisme. (*Voyez* l'Histoire de Louis XIII, par le père Griffet, tome II, page 649.) Le bruit courut alors que Clausel étoit un agent de Marie de Médicis. (*Voyez* Le Vassor, livre xxxviii.) On n'en peut plus douter depuis la publication de la lettre que Du Clausel écrivit au duc de Rohan, le 14 septembre 1635. Elle a été imprimée à la suite des Mémoires de Rohan sur la guerre de la Valteline, tome II, page 185. (*Note du précédent éditeur.*)

prise par un bon motif qu'eût la France de mettre l'Italie en liberté, mais à dessein de s'assujettir les Etats du roi d'Espagne : après quoi ils se verroient en pire condition que devant, et en hasard d'être plus aisément opprimés par la France, qui seroit bien plus puissante que n'étoit alors l'Espagne. Car, encore que les Français protestassent qu'ils ne prétendoient rien à toutes les conquêtes qu'ils feroient, et qu'elles seroient partagées entre tous les princes unis, ne demandant autre chose sinon que les Espagnols fussent chassés de l'Italie, ils ne s'y fioient pas pour cela, et alléguoient la fable d'Esope, qui dit que le lion étant allé à la chasse avec d'autres animaux, à condition qu'ils partageroient également leur proie : sur la dispute qu'ils eurent après, non-seulement il prit tout pour lui, mais il les dévora tous les uns après les autres. La domination des Français étoit aussi fort redoutée en Italie ; et, de père en fils, leur humeur insupportable envers les étrangers étoit appréhendée, principalement sur le sujet des femmes, dont les Italiens sont extrèmement jaloux. Il n'y a point de doute que tous les princes d'Italie souhaiteroient de n'avoir dans leur pays ni Français ni Espagnols ; mais, dans la difficulté qu'ils trouvent d'y parvenir, ils aiment mieux le voisinage des derniers que des autres.

Le Roi ne pouvant donc attirer à son parti que les ducs de Savoie et de Parme, envoya en Italie une armée sous la conduite du maréchal de Créqui, pour se joindre à eux, et attaquer ensemble le duché de Milan. Ce maréchal ayant passé les Alpes, fit faire montre à son armée dans le Montferrat, et passa le Pô le 15 d'août à Casal et à Pondesture, et la Sesia à La Mothe, d'où il détacha le marquis de Villeroy pour attaquer le fort de la Vilatta, qui fut pris le troisième jour. De là, il se saisit de la ville de Candia sans résistance ; et le 25 du mois il rencontra vingt-quatre compagnies de cavalerie espagnole, qu'il chargea si vertement, qu'il les défit entièrement : puis il fit faire un pont de bateaux pour repasser le Pô (1) et aller au devant du duc de Parme, qui étoit parti de Plaisance le 1er de septembre, avec cinq mille hommes de pied et mille chevaux. A l'approche des Français, don Gaspard d'Azavedo, qui vouloit s'opposer à son passage, se retira après quelques escarmouches sur le bord du Tanaro ; mais enfin les deux armées se joignirent entre Castel-Novo de Serivia et Salis. Et ayant repassé le Tanaro proche de Bassignano, elles

(1) Suivant la relation de Créqui, citée par le père Griffet, *Histoire de Louis XIII*, les Français repassèrent le Pô sur des barques.

marcherent entre Tortone et Voghesa, et investirent Valence sur le Pô le 10 septembre, devant lequel on fit trois quartiers, un au-dessus de la ville, du côté du Pô, commandé par le marquis de Villeroy ; l'autre par le duc de Parme, au dessous de la rivière ; le troisième entre les deux, qui étoit celui du maréchal de Créqui, laissant un quartier pour le duc de Savoie, qui arriva quatre jours après avec son armée, et se campa de l'autre côté du Pô. La garnison, qui étoit forte, faisoit de fréquentes sorties, et obligeoit les assiégeans à de fort grandes gardes. Les assiégés avoient toujours communication de l'autre côté de l'eau par le pont : pour la leur ôter, les Français y mirent le feu, et ne pouvant entièrement le brûler, ils firent rompre des moulins au-dessus, qui, descendant avec impétuosité le long de l'eau, choquèrent ce pont demi consommé, et le jetèrent par terre. Le 28, les Permesans emportèrent un fort, et les batteries ayant commencé à rompre les défenses, les tranchées furent poussées jusqu'aux pied de la demi-lune assez promptement ; mais depuis on avança fort peu, à cause que le marquis de Célade, gouverneur de la ville, avec quatre mille hommes de pied qu'il avoit, se défendoit si vaillamment que le travail ne pouvoit avancer : mais enfin un fourneau ayant joué sous la demi-lune, elle fut emportée par assaut, puis reperdue trois fois. Cependant les Espagnols armoient de tous côtés ; et ayant mis leurs troupes ensemble, ils attaquèrent le quartier du duc de Savoie, où ils passèrent sur le ventre à ceux qui étoient en garde, et jetèrent douze cents hommes dans la place, avec force munitions. Les généraux Français voyant un si puissant secours entré, avec ce qui étoit dedans, et la saison fort avancée, levèrent le siège le 29 d'octobre. On parla diversement de ce secours entré par le quartier de Savoie, quelques-uns disant que le duc eût été bien fâché de la prise de Valence ; mais il s'en justifioit fort, rejetant le tout sur le sort de la guerre, dont l'événement est incertain. Après ce siège levé, on se mit en quartier d'hiver, et cette campagne finit ainsi en Italie.

Les Espagnols, voyant les Français les attaquer de tous côtés, pensèrent à faire quelque entreprise sur mer qui pût faire diversion et occuper leurs forces. Pour ce sujet, l'armée navale d'Espagne, composée de vingt-deux galères et de cinq grand vaisseaux, sous le commandement du duc de Fernandinez et du marquis de Sainte-Croix, aborda aux îles de Lérins sur la côte de Provence, près de Cannes et d'Antibes, avec dessein de s'en rendre maître, et par là de rompre tout commerce de la Provence avec le Levant, et de faciliter les entreprises qu'ils avoient sur la terre ferme. Ces îles sont au nombre de deux : la plus grande s'appelle Sainte-Marguerite, et la plus petite Saint-Honorat. La première fut attaquée d'abord : et ayant été reconnue le 13 de septembre, le débarquement se fit sans beaucoup de résistance, et sur le midi trois bataillons étant descendus commencerent à se retrancher. Le marquis de Sainte-Croix, le lendemain, fête de l'Exaltation de la sainte croix, en l'honneur de sa fête voulut faire une attaque considérable qui étonnât les assiégés ; en sorte qu'ils demandèrent à parlementer, et sortirent le jour même, enseignes déployées et tambour battant. Après cette prise, toutes les galères espagnoles vinrent canonner la tour de la Croix, nommée la Croisette, située sur la pointe de la terre ferme, qui les empêchoit de se tenir entre elle et l'île ; mais la noblesse du pays et les communes s'y étant jetées, ils changèrent de dessein, et fondirent sur Saint-Honorat, qu'ils battirent si rudement, que le 16 de septembre un capitaine du régiment de Cornusson le rendit par composition. La prise de ces deux îles donna grand effroi à toute la Provence, principalement sur les côtes, qui redoublèrent leurs gardes, et se fortifièrent plus qu'auparavant. Le maréchal de Vitri, gouverneur de la Provence, et le comte de Carces, lieutenant de roi, assemblèrent les Etats du pays à Fréjus, lesquels accordèrent de l'argent pour la défense des côtes, et firent lever des troupes pour la sûreté de la Provence. Le parlement d'Aix fit le procès à ceux qui avoient si mal défendu les îles.

Quelque temps après, on eut nouvelles à la cour de la mort du chancelier d'Aligre, avenue en sa maison près de Chartres, au mois de décembre ; sa charge fut donnée au garde des sceaux Séguier. Dans le même temps mourut aussi la maréchale de Brezé, sœur du cardinal de Richelieu.

SECONDE CAMPAGNE.

[1636] Le peu de progrès qu'avoient fait les armées françaises la campagne dernière, quoique beaucoup de millions y eussent été consumés, étonna le cardinal duc, et lui fit connoître qu'il n'étoit pas si aisé de ruiner la maison d'Autriche qu'il se l'étoit imaginé; mais comme il étoit homme de grand courage, il ne se rebuta pas pour cela : au contraire, il appliqua tous ses soins à se mettre en état de faire mieux la seconde année, et de fortifier de sorte les alliances et les armées, que l'Espagne s'en trouvât plus embarrassée du côté d'Italie. Les Espagnols avoient pris leurs quartiers d'hiver dans le Parmesan et le Plaisantin, dont le duc de Parme se sentoit fort incommodé : cela l'obligea de venir à Paris au commencement de cette année pour saluer le Roi, et conférer avec le cardinal duc des moyens de garantir ses Etats de la ruine dont ils étoient menacés. Il arriva à Orléans le 16 de janvier, où il rencontra les officiers du Roi, qui l'attendoient pour le servir et le défrayer aux dépens de Sa Majesté. Au Bourg-la-Reine, il trouva les ducs de Mercœur et de Beaufort dans les carrosses du Roi, qui le venoient recevoir de sa part, et le mener au Louvre, préparé pour son logement. Il fut le lendemain à Saint-Germain, où il salua Sa Majesté et la Reine; il fut ensuite chez Monsieur et chez le cardinal duc, lesquels deux derniers lui rendirent leurs visites. Il fut régalé le plus obligeamment qu'il se put durant son séjour à Paris; et après les assurances d'une puissante protection, il partit le 18 de mars pour s'en retourner en son pays.

Le duc de Weimar avoit aussi fait un traité avec le Roi, par lequel il s'attachoit au service de Sa Majesté, et prenoit commission de général de ses armées en Allemagne, à condition que, moyennant une somme qu'on lui devoit donner tous les ans, il entretiendroit une armée dont il disposeroit à sa fantaisie; que toutes les conquêtes qu'il feroit seroient à lui, sous la protection et l'hommage de la couronne de France, et retourneroient au Roi s'il mouroit sans enfans. Ensuite de cet accord, il voulut venir lui-même faire les protestations de sa fidélité à Sa Majesté, et lui jurer toute obéissance. Il vint pour ce sujet à Paris, où comme il sut que le duc de Parme en étoit parti depuis peu, et les honneurs qu'on lui avoit rendus, il prétendit la même chose, et s'offensa de n'être pas logé dans le Louvre et servi par les officiers du Roi comme l'autre, disant que ceux de la maison de Saxe étoient princes avant que les Farnèse fussent gentilshommes : mais on lui répondit que le duc de Parme étoit souverain, et qu'il ne l'étoit pas; même que par le traité qu'il venoit de faire il se rendoit sujet du Roi, avec lequel il devoit vivre comme avec son souverain. On lui fit entendre que quoique Sa Majesté eût fait couvrir le duc de Parme, il ne falloit pas qu'il mît son chapeau, par les raisons dites ci-devant. Le duc de Weimar, qui étoit glorieux, offensé de cette distinction, dissimula son déplaisir et sa résolution: mais le jour qu'il fit la révérence au Roi, aussitôt qu'il vit Sa Majesté couverte il mit son chapeau; ce qui surprit fort le Roi, car il ne s'y attendoit pas : et ce qui l'obligea à se découvrir aussitôt, et le duc aussi. Depuis, quand le duc étoit près du Roi, Sa Majesté ne mettoit plus son chapeau, de peur qu'il ne fît la même chose; et le besoin qu'on avoit de lui fut cause qu'on n'osa lui témoigner de mécontentement de cette audace, dont il ne se repentit point : soutenant toujours que les empereurs dont il étoit issu le mettoient fort au dessus du duc de Parme, qui sortoit d'un bâtard du pape Paul III.

Dans ce même temps il survint une division entre Bullion, surintendant des finances, et Servien, secrétaire d'État pour la guerre, qui avoit eu cette charge dès l'an 1630, par la mort de Beauclerc. Cette brouillerie s'échauffa tellement, que Chavigny s'en étant mêlé en faveur de Bullion, Servien ne put soutenir une si forte partie. Tellement qu'il eut ordre de se retirer à Angers; et de Noyers-Sublet, intendant des finances, fut mis en sa place, lequel aura dorénavant grande part au gouvernement de l'Etat, par le crédit qu'il s'acquit par sa complaisance et son assiduité auprès du cardinal.

Peu de jours après, l'abbé de La Rivière fut mis à la Bastille. Nous avons vu comme le duc de Puylaurens fut pris, et mourut en prison :

ensuite de quoi le cardinal, voulant gouverner Monsieur à sa fantaisie, chassa d'auprès de lui Verderonne son chancelier, parent de Puylaurens; et fit pourvoir de cette charge Chavigny, secrétaire d'Etat, lequel étant en un haut point de faveur près de Son Eminence, ne trouvoit aucune résistance chez Monsieur, où il disposoit de tout sans aucune contradiction. Mais comme il n'y pouvoit pas toujours être à cause de l'emploi qu'il avoit dans le conseil du Roi, Monsieur voyoit de bon œil l'abbé de La Rivière, homme de bas lieu, qui avoit été pédant dans un collége; et par le moyen de l'évêque de Cahors, premier aumônier de Monsieur, il fut aumônier de Son Altesse Royale, où il se fit connoître pour homme d'esprit. Comme il avoit l'esprit fort agréablement tourné, en causant avec Monsieur il gagna insensiblement ses bonnes grâces, et aspira à remplir la place de Puylaurens: mais le cardinal, qui avoit l'œil de tous côtés, et qui ne vouloit pas que personne prit du pouvoir sur l'esprit de Monsieur s'il n'étoit mis de sa main, le fit arrêter par ordre du Roi et conduire à la Bastille. Monsieur en fut fort piqué; mais le cardinal étoit si puissant, qu'il fut contraint de dissimuler. Il ne lui pardonnoit pas pour cela dans son ame, et il ne fit qu'attendre une occasion favorable pour s'en venger, comme nous verrons bientôt après.

Durant toutes ces intrigues, la saison s'avançoit, et le temps de mettre en campagne pressoit: ce qui fit partir de Paris le duc de Weimar pour se rendre dans son armée, qu'il fit marcher du côté de l'Alsace, pour attaquer Saverne, que le marquis de Grana avoit pris sur la fin de l'année dernière. Il le battit si rudement avec son artillerie, que le 19 de juin la brèche étant raisonnable, il y fit donner un assaut qui fut repoussé vigoureusement. Il en tenta un second deux jours après, qui fut soutenu aussi vaillamment que le premier: et ne se rebutant point, il résolut de l'emporter par un troisième qui fut fort sanglant de part et d'autre, dans lequel le comte Jacob de Hanau fut tué, jeune prince de grande espérance, fort regretté du duc de Weimar, lequel y perdit le second doigt de la main gauche. Désespéré de n'avoir pas réussi dans ce dernier, il fit redoubler sa batterie, et donna un quatrième assaut, par lequel le fort proche la ville moyenne fut emporté; ensuite ayant fait pointer son canon, il attaqua la ville si vertement qu'il la prit par force, après y avoir perdu force braves gens, entre autres le colonel Hebron, Ecossois, fort estimé du Roi et de toute la cour, dont le régiment fut donné à son neveu de même nom. Mulhein, gouverneur de Saverne, voyant la moyenne ville forcée, se retira dans la grande où il capitula, et la rendit avec la petite au duc de Weimar. Le comte de Guiche et le vicomte de Turenne furent blessés à ce siége, comme aussi Nétancourt, mestre de camp. Durant ce siége, Jean de Verth fut détaché de l'armée de Galas pour assiéger Coblentz, ville située à l'embouchure de la Moselle et du Rhin, laquelle avoit été mise entre les mains des Français par l'électeur de Trèves avant sa prise. Cette ville fut serrée de fort près: et comme elle n'étoit pas forte, la Saludie l'abandonna après avoir fait conduire tout le canon, les vivres et les munitions dans la forteresse d'Hermanstein, située sur le haut de Coblentz, laquelle est tellement forte qu'elle ne pouvoit être prise par force. C'est pourquoi les Impériaux se retranchèrent devant pour l'affamer, et la bouchèrent si exactement, que Bussy-Lameth qui en étoit gouverneur, La Saludie qui s'y étoit retiré, et Mondejeu, mestre de camp, qui y étoit en garnison avec son régiment, y souffrirent d'extrêmes incommodités. Du côté des Suédois, la reine Christine de Suède, fille du grand Gustave, après la prise du maréchal Horn, avoit donné le commandement de ses armées au maréchal Banier, lequel ayant reçu du secours de son pays pour réparer la perte de la bataille de Nordlingen, marcha pour secourir Magdebourg, assiégé par l'électeur de Saxe, qui le prit à sa vue. Dans ce même temps Vrangel, lieutenant de Banier, nettoyoit la Poméranie des petites places que les impériaux y tenoient encore; et le landgrave de Hesse fit lever le siége de Hanau à Gœœuts, impérial, du côté du Rhin. Le marquis de La Force rencontra Colloredo avec douze cents hommes qui alloient joindre d'autres troupes en Alsace; et l'ayant surpris à son avantage, il le défit, le prit prisonnier, et l'envoya par ordre du Roi au château de Vincennes.

La principale affaire d'Allemagne de cette année étoit le dessein qu'avoit l'Empereur de faire élire son fils roi des Romains. Suivant ce projet, il avoit convoqué une diète à Ratisbonne qui dura jusqu'à la fin de l'année, et se termina par l'élection qu'il désiroit, s'étant assuré des suffrages des électeurs de Saxe et de Brandebourg, qui s'étoient depuis peu réconciliés avec lui; de celui de Bavière qu'il avoit investi de l'électorat, à l'exclusion du palatin; et de ceux des électeurs de Mayence et de Cologne. Mais les ennemis de la maison d'Autriche protestèrent contre cette élection qu'ils soutenoient nulle, d'autant que l'électeur de Trèves, retenu prisonnier, n'y étoit pas, ni aussi le palatin, dont la dégradation n'étoit pas dans les formes; et par conséquent ce qui s'étoit fait sans eux n'étoit pas légitime. Cette contestation fut un levain pour faire la guerre avec plus d'opiniâtreté, comme il arriva ensuite.

Le cardinal duc connoissant, par l'expérience de l'année passée, la difficulté de faire des progrès dans les Pays-Bas, résolut d'y demeurer cette année sur la défensive, et de jeter un grand corps d'armée en Italie pour faire un effort considérable dans l'État de Milan, ainsi qu'il l'avoit promis au duc de Parme; et comme la Franche-Comté est le passage qui donne communication de l'Italie aux Pays-Bas, il fit dessein de s'en emparer. Ce pays étoit neutre; et quoique sujet de la couronne d'Espagne, il avoit par le moyen des Suisses un traité avec la France, par lequel, durant les guerres entre les deux rois, il devoit demeurer en neutralité: ce qui avoit été observé depuis la rupture. Mais la retraite que les Comtois avoient donnée au duc de Lorraine, le passage que prenoient les Espagnols par cette province, et les troupes qui s'y levoient pour le roi d'Espagne, servoient de prétexte à la France de rompre la neutralité; ou pour mieux dire, la bienséance de cette province enclavée dans le royaume, et la facilité que le cardinal trouvoit à en faire la conquête, furent le vrai sujet de cette infraction. En effet, il voyoit si peu d'apparence qu'elle pût être secourue, et croyoit les places si mal munies, qu'il ne pensoit pas que la meilleure pût durer plus de huit jours. Il avoit résolu de prendre Dôle en passant, et ensuite faire marcher les troupes en Italie, pour prendre ses quartiers d'hiver au retour dans le comté, se saisir de Gray, et au printemps en faire autant de Salins et de Besançon, et se rendre maître de tout le pays, sans retarder les desseins qu'il avoit sur le Milanais. Mais il arriva tout autrement qu'il ne s'étoit imaginé: car les peuples de ce pays aiment extrêmement leur roi, qui les traite fort doucement, et ne leur fait payer aucuns subsides: ce qui a donné le nom de Franche-Comté à cette province. Aussi ils sont si amateurs de leur franchise, qu'ils hasarderoient leurs biens et leurs vies pour la maintenir, et aimeroient mieux perdre tout ce qu'ils ont au monde, que de changer de domination: ce qui fait qu'il est plus difficile qu'on ne pense de les assujettir, d'autant qu'on ne le peut faire qu'à coups d'épée, et qu'il faut abattre le dernier de cette nation avant que d'en être le maître. Or, quoiqu'on ne leur eût pas déclaré la guerre, ils ne laissoient pas de se tenir sur leurs gardes; et voyant des troupes s'assembler sur leurs frontières, et des munitions s'amasser à Langres et à Auxonne, ils soupçonnèrent qu'on en vouloit à eux, et mirent toutes leurs forces dans leurs places: en sorte qu'il se trouva dans Dôle, au mois de mai, cinq mille hommes de pied, sans la garnison ordinaire, avec des vivres et des munitions de guerre pour soutenir un long siége. Ils connurent par la suite qu'ils avoient eu raison de se bien préparer: car après avoir envoyé au prince de Condé, général de l'armée française, pour savoir à qui il en vouloit, et n'en avoir reçu que des paroles sans rien conclure, enfin, le 27 de mai, ils le virent entrer dans leur pays et investir Dôle avec son armée, qu'il sépara en trois quartiers: le premier, il le prit à Saint-Elie, le second fut de l'autre côté, commandé par Lambert; et le troisième, celui de Gassion, à l'autre bord du Doubs. Le lendemain ce colonel, après une escarmouche assez longue, chassa les Bourguignons du faubourg où il se logea, et y fit dresser une batterie de quatre pièces, qui commença à tirer le premier juin, durant que les tranchées s'ouvroient de l'autre côté, et que pour rompre les défenses on élevoit des batteries qui commencèrent à se faire entendre le 8 du mois. Mais les Français avoient si peu de poudre, que ce bruit ne dura pas long-temps; car au bout de quinze jours elle manqua entièrement: si bien que le canon ne tiroit plus; et on s'étoit tellement imaginé d'emporter cette place en huit jours, qu'on n'avoit fait de magasins que pour ce temps-là: ce qui fut bientôt reconnu par les assiégés; car ils firent de très-grandes sorties, et entre autres une sur le régiment de Picardie, qui fut malmené et y perdit beaucoup de monde. Mais la plus vigoureuse résistance qu'ils firent paroître fut l'attaque de la demi-lune, faite le 14 juin par le même régiment de Picardie, soutenu de celui de Conti, où le combat d'abord fut fort rude, et la demi-lune emportée par les Français: mais avant qu'ils se fussent logés, ceux de la ville ressortirent, et avec des grenades, pots à feu, saucissons et coups de pierres qu'ils jetoient menus comme grêle, ils étourdirent tellement les assiégeans, qu'ils les rechassèrent de leur demi-lune, et s'y relogèrent. Le nombre des morts fut cause que le 15 on fit trêve pour les enterrer: mais après, les batteries continuèrent à l'ordinaire; et le prince de Condé ayant avis que les Bourguignons, sous le marquis de Saint-Martin, s'assembloient vers Quingé, petite ville entre Dôle et Besançon sur la Loue, il y envoya le marquis de Villeroy, et sous lui le colonel Gassion, avec deux mille hommes de pied et douze cents chevaux, qui les trouvèrent derrière des montagnes où on ne les pouvoit forcer. Tellement qu'ils se contentèrent de prendre Quingé avec trois cents hommes qui y étoient en garnison ; et après avoir mis le feu à la ville, ils retournèrent au camp, où ils trouvèrent grande rumeur, par une sortie que les assiégés avoient faite le 27 de juin sur le régiment de Tonneins, par laquelle ils s'étoient rendus maîtres de la tranchée et du canon, tuant tout ce qu'ils avoient trouvé devant eux. Les religieux y avoient paru avec les soldats, armés de marteaux pointus dont ils assommoient tout ce qu'ils rencontroient sous leur main : mais le régiment de Navarre, commandé par le comte d'Avaugour, mestre de camp, vint au secours ; et se mêlant l'épée à la main avec les Bourguignons, il les fit rentrer dans la ville. Quelques jours après, les assiégeans firent un logement sur la contrescarpe, où d'Espenan fut blessé ; puis ils descendirent dans le fossé, et ayant laissé la demi-lune à côté, ils attachèrent le mineur au bastion, et un autre à la pointe de la demi-lune, laquelle enfiloit la tranchée, et la voyoit par derrière. Ce dernier mit son fourneau en état de jouer le 14 de juillet ; mais il ne fit point d'effet, car l'ouverture ne fut pas assez grande : tellement qu'on ne jugea pas à propos de l'attaquer. Le même jour, les assiégés sortirent avec huit cents hommes par la porte de la rivière et par celle d'Aran, et malmenèrent le régiment d'Enghien, qui étoit en garde ; de sorte qu'ils demeurèrent maîtres de la tranchée une heure durant, et renversèrent tous les travaux jusqu'à ce que le régiment de Picardie, venu au secours, les rechassa dans la ville. Un cordelier y fut pris les armes à la main, faisant merveilles de sa personne. Le 18 de juillet, la galerie fut achevée dans le fossé ; mais le mineur trouvoit le roc du bastion si dur, qu'il avançoit fort peu, et ne faisoit quasi point de besogne : outre que les assiégés par le canon de leurs flancs bas rompoient les galeries et les travaux des Français. Leur artillerie étoit servie par le père Eustache, capucin, un des meilleurs canonniers de son temps, lequel avoit aidé son frère d'Ische à soutenir le siége de La Mothe.

La nuit du 20 au 21, les Bourguignons firent encore une sortie avec sept cents hommes sur le régiment de Conti, lequel abandonna la galerie, qui fut totalement renversée et rasée ; et même ils vinrent jusqu'à la contrescarpe, qu'ils commençoient d'abattre lorsque le régiment de Picardie arriva, qui les recogna dans leurs murailles avec grand combat. Jusqu'alors ce siége s'étoit fait sans circonvallation : mais sur le bruit que le duc de Lorraine approchoit pour se joindre au marquis de Conflans qui commandoit les milices du pays, on commença à travailler à des lignes. Cependant le mineur n'avançoit quasi point son travail, à cause de la dureté du roc : tellement qu'il ne put charger sa mine que le 13 d'août, auquel jour ayant joué, elle ne fit aucun effet : au contraire elle rendit le bastion si escarpé, qu'il en étoit plus fort. Ces mauvais succès, et l'approche du duc de Lorraine joint à Jean de Verth et au marquis de Conflans, donnèrent de grandes alarmes au camp des Français, et causèrent de grandes inquiétudes au prince de Condé, pour savoir quel parti il devoit prendre : mais cet embarras fut bientôt levé, par un ordre qu'il reçut d'abandonner le siége à cause de l'entrée des Espagnols en Picardie, avec tel avantage que le Roi n'avoit point de troupes pour leur opposer. Il mandoit au prince de lui envoyer au plus tôt les siennes. Cet ordre fut exécuté avec joie, et le prince de Condé fut ravi d'avoir ce prétexte spécieux de lever un siége dont il ne savoit comment sortir avec honneur. Ainsi le 15 d'août il décampa de devant Dôle, pour se retirer à Saint-Jean-de-Losne. Il fut tellement pressé par le duc de Lorraine dans sa retraite, et par les milices du comté, qui chargèrent son arrière-garde, qu'il fut contraint de laisser une de ses plus belles pièces de canon, que les Bourguignons firent conduire à Dôle pour servir de trophée.

Jamais gens ne se sont si vaillamment défendus, et n'ont témoigné tant de zèle pour le service de leur prince. Aussi ce peuple mérite une éternelle louange d'être sorti si glorieusement d'une affaire si difficile, dans laquelle il a acquis un honneur immortel : et pour nommer ceux qui ont eu plus de part dans cette belle action, le gouverneur s'appeloit La Vergne, qui commandoit aux armes, et l'archevêque de Besançon, de la maison de Rye ; le marquis de Varembon faisoit la charge de gouverneur de la province, depuis la mort du comte de Channite. Il se trouva par hasard enfermé dans la place, où il contribua par ses conseils et sa résolution, avec le parlement, à se retirer d'un péril si pressant, en se couronnant d'un laurier éternel. Durant ce siége, le marquis de Lansac fut tué par derrière par un cavalier de son parti, qui fut après exécuté à mort.

Si cette place fut bien défendue, elle fut mal attaquée : le prince de Condé, quoique grand politique, n'entendoit point la guerre, et les Français n'y avoient pas alors l'expérience qu'ils ont eue depuis. D'abord qu'un homme avoit porté les armes en Hollande, on l'écoutoit comme un oracle ; et tel passoit pour grand capitaine, qui depuis n'eût pas été digne de commander une compagnie : tant la longue paix avoit rouillé les armes des Français, et leur avoit fait oublier le métier de la guerre.

Après que le siége de Dôle fut levé, le prince de Condé envoya l'armée en Picardie pour la défendre contre les Espagnols, et retint quelques troupes auprès de lui pour opposer au duc de Lorraine; mais le général Galas, ne sachant pas la levée du siége, s'avançoit à grandes journées avec l'armée impériale pour le secourir. Le duc de Weimar, après la prise de Saverne, se préparoit à le suivre; il prit sa marche vers la Lorraine, et de là dans la Franche-Comté, d'où le duc de Lorraine, n'ayant plus d'ennemis sur les bras, entra dans le duché de Bourgogne, et se saisit de Verdun-sur-Saône. Galas marchoit de son côté; et étant arrivé dans le comté, il obligea le cardinal de La Valette et le duc de Weimar de se retirer dans le duché, et de prendre quartier, le premier à Cussé, et l'autre à Monsaugeon; et les troupes du prince de Condé, commandées par Rantzau, se postèrent entre deux pour voir le dessein des Impériaux, devant lesquels ils n'osoient tenir la campagne. Le duc de Lorraine vint au devant de Galas jusqu'à Gray, d'où ils se furent ensemble camper à Channite; et là se voyant plus forts que les Français, ils résolurent d'entrer dans le duché. Dès le lendemain ils furent logés à Fontaine-Française, et le duc de Weimar à Issurtille, d'où Rantzau enleva le quartier d'Isolani, général des Croates à Leffons, et y fit grand butin. Ensuite Galas attaqua le château de Mirebeau, et le prit après quelques volées de canon. Aussitôt il marcha droit à Dijon, et se campa fort proche de la ville le 26 d'octobre, le prince de Condé étant dedans. Il eut grand'peine à rassurer les habitans, lesquels étoient dans une grande frayeur, et n'avoient jamais vu telle compagnie à leurs portes. Il les faisoit travailler aux fortifications, les exhortoit à se bien défendre, et à soutenir vigoureusement le siége; mais cette alarme cessa par le décampement de Galas, qui prit sa marche vers la rivière de Saône. Aussitôt les généraux français, dans l'incertitude où ils étoient du dessein de leurs ennemis, jetèrent du monde dans Auxonne, Beaune, Nuits et Saint-Jean-de-Losne.

Cette dernière ville fut investie le dernier du mois, et dès le 2 de novembre les batteries commencèrent à ruiner les murailles de la place. L'effet en fut si grand, que les remparts étant éboulés par la force du canon, Galas fit mettre dans la prairie deux bataillons en ordre, pour donner à la brèche. L'assaut fut vaillamment soutenu par le régiment de La Mothe-Houdancourt et les habitans, qui témoignèrent un courage et un zèle extrême dans cette occasion : jusqu'aux femmes qui jetoient des pierres et portoient aux soldats les munitions nécessaires pour la défense. Comme cet assaut avoit été entrepris légèrement, la brèche n'étant pas raisonnable, aussi fut-il repoussé avec grande perte des assaillans : car tout ce qui se présenta fut renversé dans le fossé, parce qu'ils étoient vus à revers d'une demi-lune dont le grand feu les tuoit par derrière, durant que sur la brèche on les assommoit par devant. Cette raison fit résoudre Galas de se rendre maître de cette demi-lune, qu'il fit attaquer brusquement, la croyant emporter d'emblée; et même, faute d'outils, les soldats avec les mains rompoient les barricades et les palissades : mais quoiqu'ils fussent rafraîchis à tous momens, il furent si furieusement repoussés, qu'ils ne vouloient plus donner, tant ils étoient rebutés; en sorte que les officiers les piquoient de la pointe de leurs épées pour les empêcher de reculer. Ils perdirent plus de trois cents hommes dans ces deux assauts. Dans ce même temps Rantzau [la Saône commençant à se déborder] se mit dans l'eau jusqu'à la ceinture, et entra lui dixième dans la ville. Son arrivée fortifia le courage des habitans. Il leur laissa la défense de leurs remparts, et mit les soldats dans les dehors. Le jour même il fit faire une sortie de quatre cents hommes sur les Impériaux, maîtres de la contrescarpe, d'où les Français les chassèrent, et se rendirent maîtres de la batterie; puis étant repoussés par un gros qui vint les charger, ils tirèrent dessus si à propos cinq pièces chargées à cartouches, que ce gros fut tout écarté, et contraint de se retirer dans les tranchées. Cependant la Saône à vue d'œil se débordoit, en sorte que les quartiers en étoient tous inondés; et le débordement augmentant tous les jours, les tentes de l'armée se trouvèrent dans l'eau, et l'infanterie courut fortune de se noyer. La rivière croissant toujours, Galas fut contraint de lever le siége fort promptement, sans pouvoir retirer les canons des batteries, ni une partie de son bagage, qui demeurèrent au pouvoir de ceux de la ville. Les Français le suivirent dans sa retraite, et chargèrent souvent son arrière-garde, où ils prirent quantité de prisonniers; et le duc de Weimar, remontant le long de la Saône, prit la petite ville de Jonvelle, que Galas reprit trois jours après, et de là se retira en Allemagne par Brisach où il passa le Rhin.

Les Impériaux perdirent beaucoup de monde dans cette retraite : les campagnes par où ils avoient passé étoient toutes couvertes de corps morts; en sorte que de trente mille hommes dont leur armée étoit composée, il ne s'en retira pas en Allemagne douze mille. Ceux qui pâtirent le plus dans cette marche furent les Comtois : car leur pays fut tellement pillé par les Allemands, qu'il en demeura totalement ruiné, et n'a pu s'en relever depuis. Ils avouoient qu'ils ont plus souffert des Impériaux, quoique de leur parti dans cette campagne, qu'ils n'ont fait des Français leurs ennemis dans tout le reste de la guerre. Dans ce même temps, le comte de La Suze, gouverneur de Montbelliard, fit une entreprise sur la ville et le château de Béfort qui lui réussit heureusement : car ayant la nuit fait appliquer un pétard à la porte avec succès, il entra dans la ville de force ; puis ayant dressé une batterie de quatre pièces contre le château, il le contraignit de se rendre à composition. Après la retraite de Galas, le prince de Condé reprit Verdun-sur-Saône et Mirebeau.

Les Espagnols voyant les Français occupés au siége de Dôle, qui les arrêtoit plus qu'ils n'a-voient pensé, et sachant qu'ils avoient peu de troupes du côté de Picardie, résolurent de faire une puissante diversion par là, et d'entrer en France avec une si grande armée, qu'elle les obligeât à lever le siége, ou à leur abandonner le royaume jusqu'à Paris. Ils avoient toutes les facilités imaginables pour ce dessein : car les Hollandais avoient été tout l'hiver au fort de Skenk, qui ne s'étoit rendu qu'en avril : si bien que leurs troupes étant fatiguées, il n'y avoit pas d'apparence que cette campagne ils fussent en état de rien entreprendre. Pour exécuter ce projet, le cardinal infant assembla toutes ses forces avec Picolomini, joint à Jean de Verth, que Galas avoit détaché de son armée pour fortifier celle des Pays-Bas ; et ayant mis ensemble plus de trente mille hommes, il investit La Capelle, petite place composée de quatre bastions, située entre Guise et Avesnes ; et la battit si rudement, qu'elle lui fut rendue le 10 de juillet par composition, après sept jours de siége. Cette prise si subite étonna le cardinal de Richelieu, qui, voyant la frontière dégarnie d'hommes et de munitions, et même de gouverneurs, dont la plupart étoient sans expérience, n'ayant jamais vu de guerre, envoya des poudres et des vivres dans toutes les places, et des hommes pour y commander. Il fit aussi donner ordre au comte de Soissons d'assembler des troupes en Champagne, pour former un gros que l'on pût opposer aux Espagnols ; et en même temps il manda au prince de Condé de lever le siége de Dôle, et d'envoyer l'armée de Bourgogne en diligence pour le secours de la Picardie. Le maréchal de Brezé, son beau-frère, se mit dans Amiens pour donner ses ordres à ce qui presseroit le plus. Les Espagnols cependant poussoient leurs conquêtes ; et après la prise de La Capelle ils marchèrent vers Guise, faisant mine de l'attaquer : mais ayant su que Guébriant s'y étoit jeté avec deux mille hommes du régiment des Gardes, ils passèrent outre, et campèrent à l'abbaye d'Origny, près de Font-Somme, d'où ils allèrent vers le château Bohain qu'ils forcèrent, et y prirent quatre compagnies du régiment de Langeron, qui le gardoient. De là ils furent attaquer le Catelet, petite place proche la source de l'Escaut, de quatre bastions revêtus à fossé sec, qu'ils emportèrent en quatre jours.

Cette perte augmenta l'étonnement du Roi et du cardinal, lesquels voyant ces petites places tenir si peu, appréhendèrent que les grandes ne se défendissent pas mieux ; et l'armée du comte de Soissons grossissant peu, et n'osant tenir la campagne, ils résolurent de jouer de leur reste pour la fortifier. Pour cet effet ils vinrent à Paris, où le Roi assembla les six corps de métiers dans la galerie du Louvre, qui lui promirent au nom de la ville de faire un grand effort pour le secourir. Ils y travaillèrent à l'heure même : tous les bourgeois se cotisèrent, et toutes les portes cochères s'obligèrent de fournir un cavalier, et les petites un fantassin ; mais ils se hâtèrent bien davantage quand ils surent le passage de la rivière de Somme, et que les Espagnols couroient jusqu'à Pontoise : car alors ils ouvrirent leurs bourses, et donnèrent tout ce qu'on vouloit, tant ils avoient peur. Ce passage arriva de la sorte : après la prise du Catelet, les Espagnols marchèrent à Bray-sur-Somme, et côtoyant la rivière, ils vinrent jusqu'à Cérisi, où ils voulurent tenter le passage. Ils trouvèrent la petite armée du comte de Soissons retranchée de l'autre côté de la rivière ; mais comme elle est fort étroite en ce lieu, ils mirent toute leur artillerie en batterie sur le bord, à la faveur de laquelle ils firent un pont de bateaux ; sur lequel ayant passé ils défirent le régiment de Piémont, et tuèrent les deux Monsolins qui le commandoient. Alors le comte de Soissons fut contraint de se retirer bien vite, après avoir perdu le comte de Matha, emporté d'une volée de canon.

Cette nouvelle apporta une étrange consternation dans Paris : tout y fuyoit, et on ne voyoit que carrosses, coches et chevaux sur les chemins d'Orléans et de Chartres, qui sortoient de cette grande ville pour se mettre en sûreté, comme si déjà Paris eût été au pillage. On n'entendoit que murmures de la populace contre le cardinal, qu'elle menaçoit comme étant cause de ces désordres : mais lui, qui étoit intrépide, pour faire voir qu'il n'appréhendoit rien, monta dans son carrosse, et se promena sans gardes dans les rues, sans que personne lui osât dire un mot. Il ne laissoit pas d'être fort embarrassé, quelque bonne mine qu'il fît; et il avoit bien de la peine à trouver remède à un si grand mal : car les Espagnols, après avoir passé la Somme, s'avancèrent jusqu'à Roye, qu'ils prirent; et leur cavalerie pilloit toute la Picardie jusqu'à la rivière d'Oise, qui passe à sept lieues de Paris. Tous les gentilshommes qui avoient du bien au delà de cette rivière avoient obtenu des sauve-gardes pour se conserver, et même des gardes des généraux espagnols pour sauver leurs maisons de pillage. Tellement qu'une fois le Roi chassant à Compiègne sur le bord de l'Oise, vit de l'autre côté de l'eau un homme avec une casaque de livrée. La curiosité lui fit demander qui il étoit; mais sur ce qu'on lui répondit que c'étoit un garde du cardinal infant qui étoit là en garde dans quelque château, il se tut, et n'en parla pas davantage, honteux de voir devant ses yeux ses sujets être contraints de recourir à la protection de ses ennemis. Ces mortifications qu'il recevoit l'obligèrent à faire les derniers efforts pour repousser cet affront : c'est pourquoi il assembla les cours souveraines pour avoir de l'argent; il caressoit tout le monde, jusqu'aux plus petits bourgeois : tant l'adversité humilie les hommes, et même les plus grands rois. Il fit faire garde aux portes de Paris; tout le peuple fut taxé, même les gens privilégiés; les laquais et garçons de boutique furent enrôlés; les carrosses et maîtres de postes donnèrent chacun un cavalier, outre les portes des maisons, comme il a été dit ci-dessus. Toute la noblesse fut mandée, et les officiers des maisons royales hors du quartier, pour servir le Roi dans une si pressante nécessité.

Les communautés et monastères rentés contribuèrent, et tous les villages circonvoisins vinrent travailler par corvées aux fortifications de Paris et de Saint-Denis, et à un fort que l'on fit faire au pont Hiblon. Tous ces soins produisirent des effets : car les troupes se grossirent, et le Roi prit Compiègne pour son lieu d'assemblée, où tout le monde abordoit de toutes parts. On ne voyoit que gens de guerre faire montre à l'entour de Paris, avec force plumes et rubans; et il étoit aisé à leur parure de les distinguer d'avec les vieilles troupes, qui en récompense se seroient pour le moins aussi bien battues qu'eux. Durant ces grands préparatifs, les Espagnols, après avoir pris Roye, laissèrent leur cavalerie à l'entour pour piller le pays, et avec le reste de leur armée ils tournèrent tête à Corbie, pour avoir une place sur la Somme. Soyecourt, lieutenant du Roi en Picardie, se jeta dedans pour la défendre avec Mailly, qui en étoit gouverneur : mais ils ne firent pas mieux que les autres; car avant qu'il y eût brèche ils se rendirent, sans que Saint-Preuil, qui s'y étoit jeté à la nage, voulût signer la capitulation. Cet accident acheva de mettre le Roi et le cardinal dans une extrême colère contre les gouverneurs des places prises, lesquels s'étoient sauvés de crainte de châtiment; mais ils ne laissèrent pas de leur faire faire leur procès. Le baron du Bec, gouverneur de La Capelle; Saint-Léger, du Catelet; et Soyecourt qui avoit rendu Corbie, furent condamnés à perdre la tête, et leurs biens confisqués.

La perte de cette place, qui donnoit un passage sur la Somme aux Espagnols, augmenta la peur des Parisiens, et par conséquent leur zèle pour la chose publique. C'est pourquoi ils contribuèrent encore de meilleur courage; et tout le jeune bourgeois, à toute force, vouloit aller à la guerre : tellement que l'armée qui s'assembloit à Compiègne grossissoit à vue d'œil; et celle de Bourgogne étant arrivée sous la conduite de Lambert, on fit une revue générale, par laquelle elle se trouva composée de trente-cinq mille hommes de pied et de quinze mille chevaux. Alors on résolut de passer l'Oise, et d'aller droit aux Espagnols. Monsieur fut déclaré généralissime, le comte de Soissons général, et sous lui les maréchaux de La Force et de Chatillon. Quand cette grande armée eut passé l'Oise, il y eut grande dispute dans le conseil pour savoir ce que l'on devoit faire : les uns conseilloient d'aller combattre les ennemis, lesquels étant maintenant plus foibles voudroient repasser la Somme sur le pont de Corbie, et que si on marchoit en diligence ils n'auroient pas le loisir de défiler, et on battroit assurément leur arrière-garde; les autres furent d'avis de ne rien laisser derrière, et de reprendre Roye : ce qui fut suivi, et l'armée investit cette ville le 15 de septembre et la battit jusqu'au 18, qu'elle se rendit par composition. Le marquis d'Escri y fut tué d'un coup de canon. De là l'on marcha droit à Corbie, où l'on trouva les Espagnols repassés au delà de l'eau. Aussitôt le marquis de La Force attaqua les travaux qu'ils avoient faits deçà la rivière, qu'il emporta nonobstant les grands feux des courtines.

Après cette exécution, une partie de l'armée passa la Somme, et Corbie fut investi de tous côtés le 29 de septembre. Le jour même on travailla à la circonvallation, et Saint-Preuil reprit le château de Moreuil par le moyen d'un pétard.

On fut un mois à faire les lignes, avec des forts et redoutes, de distance en distance; et on résolut de reprendre cette ville par famine, empêchant les vivres d'y entrer. Mais les Espagnols qui s'étoient retirés en Artois ne s'endormoient pas : car Jean de Verth ayant su la séparation des quartiers, et que celui du colonel Egfeldt, allemand, étoit un peu écarté des autres à Montigny, entre Dourlens et Corbie, il l'attaqua de nuit, et le surprit tellement que tout ce qui étoit dedans fut pris ou tué, et tous les chevaux et bagages pillés. Egfeldt se sauva dans le quartier du colonel Gassion, qui étoit le plus proche, lequel eût été aussi enlevé s'il ne se fût promptement retiré au gros de l'armée; mais les plus mal montés, et l'attirail qui demeura le dernier tomba entre les mains de Jean de Verth, dont le nom se rendit si redoutable, que dans Paris, quand on vouloit faire peur aux petits enfans, on les menaçoit de lui. L'arrivée du quartier de Gassion donna l'alarme dans le camp : si bien que toute la cavalerie monta à cheval pour suivre Jean de Verth; et même le colonel Silar le poussa jusque près de Bapaume, mais inutilement, car il se retira dans son armée avec tout son butin.

Cependant le Roi tenoit de grands conseils; et on traitoit cette ville, qui ne valoit rien, comme une bonne place : car on vouloit prendre par famine, avec un blocus qui eût été fort long, ce qui se pouvoit emporter de force en peu de jours. Cette résolution faisoit bien voir le peu d'expérience des Français dans la guerre : car, avec la plus puissante armée qui eût été mise sur pied depuis long-temps, on n'osoit songer à forcer cette méchante place en présence du Roi et de tout ce qu'il y avoit d'élite dans le royaume. Néanmoins, après avoir bien assuré les lignes, Vignoles, vieux maréchal de camp du Roi Henri IV dès le temps de la Ligue, fit connoître que ce blocus seroit trop long, et qu'il ne falloit pas craindre que les Espagnols songeassent à revenir se présenter devant une si grande armée, répondant sur sa tête que si on vouloit l'attaquer de force elle ne dureroit pas quinze jours. Son conseil fut suivi, mais il n'en vit pas le succès : car il mourut d'une dysenterie avant sa prise. La tranchée fut donc ouverte le 30 d'octobre par deux endroits, et deux batteries furent dressées pour rompre les défenses : ce qui réussit si heureusement, que le 9 de novembre, avant que le mineur fût attaché, les assiégés capitulèrent, et sortirent le 14. Ainsi les Espagnols et les Français alloient, à l'envi les uns contre les autres, à qui défendroit plus mal les places. Le gouvernement en fut donné au baron de Nanteuil-sur-Marne, mestre de camp d'infanterie. La joie fut grande dans Paris pour la reprise de Corbie, qui fut la fin de cette campagne.

Le duc de Rohan étoit demeuré l'année dernière maître de la Valteline, après avoir battu les Impériaux et les Espagnols en plusieurs rencontres. La rigueur de l'hiver, qui est rude en ce pays-là, et les passages remplis de neiges, leur en défendoient l'entrée; et ainsi il étoit assuré d'en demeurer paisible possesseur jusqu'au printemps, lequel ne fut pas plus tôt venu qu'il résolut d'entrer dans le Milanais, et d'emporter de force les forts que les Espagnols avoient sur les lacs de Como et de Chiavenne, gardés par le colonel Guasco; mais il trouvoit beaucoup de difficulté dans son dessein, à cause des montagnes escarpées, de dangereux accès, par lesquelles il falloit passer, principalement celle de Francesque, fortifiée et défendue par eux.

Ces obstacles n'empêchèrent pas qu'il ne la fit attaquer par le colonel Salis, grison, lequel ayant marché dès la pointe du jour par des précipices et des lieux presque inaccessibles, arriva près du Pradel, proche des Espagnols, qu'il attaqua par des rochers qu'il falloit monter en grimpant comme des chamois. Nonobstant ces empêchemens, il les chassa de ce poste; et par le grand feu qu'il fit sur eux de haut en bas, il les força d'abandonner leurs retranchemens, dont il se rendit maître. Aussitôt il descendit dans la plaine, où il joignit Lèques avec son régiment et celui de La Fréselière, qui avoient rencontré près de Trémole deux bataillons espagnols, lesquels avoient escarmouché quelque temps par petits pelotons : en sorte que la poudre avoit manqué aux Français, qui furent obligés de se retirer dans un village nommé Albonig, où les Espagnols les suivirent; mais ils tournèrent à eux si brusquement l'épée à la main, que les ayant joints de près, leur poudre leur étoit inutile ; et ainsi ils les mirent en désordre, et prirent ou tuèrent tous ceux qui ne se purent sauver au fort de Dache. Cependant le duc de Rohan marchoit avec le gros de l'armée, avec lequel il arriva à Calico, sur le bord de l'Adda, où il enleva, dans le poste de Laquet, la garde commandée par Carlo Sfondrati, et de là s'en alla camper à Frahonne. Les Espagnols avoient une galère échouée sur le bord du lac de Como, que les Français attaquèrent, ayant l'eau jusqu'à la ceinture; et s'en étant saisis, ils y mirent le feu, et délivrèrent tous les forçats qui y étoient. De là le duc de Rohan entra plus avant dans le pays, mettant le feu partout jusqu'à Mussio, par représailles de ce que les Espagnols faisoient dans le Parmesan; puis il se retira dans la Valteline, où il tomba malade dangereusement à Sondrio au mois de septembre : mais ayant recouvré la santé, il se fit porter à Coire, à une diète tenue par les Grisons, dans laquelle il eut bien de la peine à radoucir l'aigreur de quelques esprits, lesquels, gagnés par de l'argent de la maison d'Autriche, faisoient des cabales contre la France. Il accommoda ces différens pour quelque temps ; et, la campagne prochaine, on verra l'état que causeront ces mécontentemens.

Du côté du Piémont, les ducs de Savoie et de Parme, et le maréchal de Créqui, ayant manqué Valence la campagne passée, résolurent de fortifier Brême, petite ville sur le Pô, entre Casal et Valence, dont la situation paroissoit avantageuse pour tenir en bride la frontière du Milanais, et couvrir le Montferrat. On y travailla tout l'hiver ; le printemps elle fut en défense, et Montgaillard en fut gouverneur. Le duc de Parme fit dans ce même temps le voyage de France ; et à son retour il trouva que le marquis de Léganès étoit entré dans son pays, et y avoit pris Castel-Sangiovani et Val-de-Taro, nonobstant que le marquis de Ville eût un petit corps pour s'y opposer, et que le comte de Verue, avec un autre, fût entré dans le Milanais. Cette petite guerre dura tout l'hiver, jusqu'au mois de mai, que le duc de Savoie se mit en campagne avec le maréchal de Créqui. Ils allèrent camper à Annone, en deçà du Taner, qu'ils traversèrent sur un pont de bateaux, et joignirent le duc de Parme, avec lequel ils passèrent le Pô vers Brême, et campèrent vis-à-vis de Valence. Les Espagnols faisoient un fort en deçà du Pô, lequel le marquis de Canisy voulant reconnoître s'approcha si près, qu'il reçut une mousquetade dont il mourut.

De là, l'armée marcha vers Novare, et se saisit en passant de Romaignan, où elle séjourna quelque temps, à cause des pluies qui firent déborder toutes les rivières. En ce lieu, le duc de Savoie sachant qu'un château, nommé Fontané, empêchoit les convois de venir à l'armée, détacha le maréchal de Toiras pour l'attaquer. Ce maréchal l'ayant investi fit dresser une batterie qu'il voulut voir tirer ; et s'approchant trop près du fossé pour en voir l'effet, en revenant il reçut un coup de mousquet dans le dos, qui lui ressortit à la mamelle droite, dont il tomba roide mort. Son corps fut porté à Turin, où il fut enterré aux Capucins, avec tout l'honneur dont on se put aviser. Il avoit été fort attaché à la personne du Roi dans sa jeunesse, et avoit tellement gagné ses bonnes grâces, qu'il donna jalousie au cardinal de Richelieu dans le commencement de son ministère : tellement qu'il résolut de l'éloigner du Roi, sous prétexte de l'envoyer commander au Fort-Louis contre les Rochelois ; puis on lui donna le gouvernement de l'île de Ré, qu'il défendit contre les Anglais avec un si heureux succès, que cette action lui donna une réputation universelle. Il soutint ensuite le siége de Casal : ce qui augmenta encore sa gloire, et qui causa dans l'esprit du cardinal de la crainte que sa renommée ne lui donnât trop de créance dans celui du Roi, qui avoit une naturelle inclination pour lui. Après la paix de Querasque, on lui fit connoître sous main qu'il étoit à propos qu'il demeurât en Italie : cette raison l'obligea d'aller à Rome, où il fut reçu avec tant d'honneur qu'il sembloit que le soutien de la religion et la destruction de l'hérésie ne dépendissent que de lui. Durant ce temps-là, le cardinal proposa au Roi de donner le bâton de maréchal de France au marquis d'Effiat ; mais le Roi le rebuta, et lui dit que c'étoit une moquerie de faire un si grand honneur à cet homme et d'oublier Toiras, qui avoit le mérite et l'acclamation publique. Ce refus ne fit point perdre au cardinal l'espérance de faire l'affaire de son ami ; et voyant le Roi aheurté à ne point oublier Toiras, il dissimula son ressentiment, et acquiesça à la volonté du Roi : si bien qu'ils furent faits tous deux maréchaux de France. Mais Toiras qui connoissoit l'humeur du cardinal, qui étoit bon ami, fort dangereux ennemi, ne voulut jamais revenir à la cour de son temps ; et même à la promotion des chevaliers du Saint-Esprit en 1633, quoiqu'il fût nommé et mandé pour recevoir l'ordre, il ne put se résoudre de venir, aimant mieux ne point avoir le cordon bleu que de se fier à un homme tout puissant qui ne l'aimoit point, et qui ne pardonnoit jamais. Tellement qu'il fut privé de cet honneur, et quand la guerre fut déclarée il n'eut aucun emploi ; mais n'aimant pas à demeurer inutile, voyant le duc de Savoie déclaré du parti du roi de France, il lui demanda la lieutenance générale de son armée, laquelle il lui accorda avec grande joie ; et dès la première campagne de son service il finit sa vie devant un méchant château, au grand regret du duc, de toute l'armée, du Roi même, et de toute la France, mais non du cardinal, qui s'en consola facilement.

Après la prise de ce malheureux château, l'armée s'avança vers Olegio, et de là sur le bord du Tésin ; les ducs se saisirent du lieu où le Navile se joint à cette rivière, et le maréchal de Créqui fit prendre quantité de bateaux un peu plus haut, pour en faire des ponts. Ce Navile est un canal fait autrefois par les Français durant qu'ils étoient maîtres de Milan, pour faire venir par là des vivres du Tésin à cette grande ville, et c'est ce qui obligeoit les ducs de s'en saisir pour l'incommoder; mais la difficulté de conserver ce poste fut cause qu'il fut résolu de se fortifier plus haut, sur le bord du lac Major. Cette résolution fut exécutée après avoir rompu le Navile en plusieurs endroits, afin qu'il demeurât hors d'état de servir au commerce; et ayant fait remonter avec des chevaux les bateaux dont le pont avoit été construit, l'armée se sépara en deux brigades. Celle du duc de Savoie marcha d'un côté de la rivière, et celle du maréchal de Créqui de l'autre. En même temps ils eurent nouvelle que les Espagnols venoient à eux: ce qui obligea le duc de Savoie de mander au maréchal de Créqui de marcher à Castelnova, pour y repasser la rivière et se rejoindre à lui. Mais sur ce que ce maréchal sut que le marquis de Léganès, sachant la séparation des armées, et que le Tésin étoit entre deux, venoit à lui en diligence pour le combattre avant qu'il fût rejoint, il marcha vers la bouche du Navile, et manda au duc de Savoie la cause qui l'empêchoit d'obéir à son commandement par le péril qu'il eût couru; et lui conseilla de faire redescendre les bateaux pour faire un pont par lequel ils se pussent rejoindre. Le duc approuva l'avis du maréchal, lequel n'avoit point de temps à perdre, parce qu'il trouva huit escadrons espagnols qui arrivoient au poste dont il se vouloit saisir, lesquels furent donner avis au marquis de Léganès de son arrivée. Il ne le sut pas plus tôt, que, dans l'espérance de combattre les Français avant que le duc de Savoie les eût joints, il marcha en diligence à eux, et les chargea le 22 de juin, durant que le duc refaisoit faire le pont de bateaux pour se rejoindre à eux et les secourir. Là choc fut grand d'abord, et soutenu vigoureusement par le comte Du Plessis-Praslin, lequel, cédant au plus grand nombre, se retiroit en combattant, pour donner loisir au duc de refaire son pont: ce qui lui réussit si favorablement, que lorsque les Espagnols croyoient avoir obtenu la victoire, ils furent attaqués rudement par le duc de Savoie, qui avoit passé l'eau; et lors toute l'armée espagnole venant au combat, la mêlée fut fort sanglante, et dura jusqu'à la nuit, que les Espagnols se retirèrent, laissant les Français maîtres du champ de bataille. Comme ils se retirèrent en ordre, sans perdre ni canon ni bagage, ils ne voulurent pas avouer qu'ils eussent été vaincus; mais la vérité est qu'ils y perdirent quinze cents hommes, outre le champ de bataille, qui est la marque de la victoire; et de toute l'année ils n'osèrent tenir la campagne devant les Français: et même le marquis de Ville, qui n'osoit sortir du Parmesan sur cette nouvelle, traversa le Milanais sans crainte, et vint joindre le duc de Savoie, qui passa le reste de l'été dans le pays ennemi, jusqu'à la fin d'octobre, que les troupes se mirent en quartier d'hiver; et les Espagnols prirent les leurs dans le Parmesan, pour faire crier les peuples contre le duc de Parme.

Les Espagnols voyant les Français occupés du côté de Flandre, en Allemagne et en Italie, crurent que la frontière de Navarre ne seroit pas en défiance, ni munie de tout ce qui étoit nécessaire pour sa défense: c'est pourquoi le marquis de Valparaiso, vice-roi de ce royaume, voulut entrer en France par Saint-Jean-Pied-de-Port; mais le comte de Gramont, gouverneur de Béarn, et le marquis de Poyane, lieutenant de roi, lui disputèrent le passage de Roncevaux, et l'obligèrent de se retirer, et de changer sa résolution en celle de tenter une entreprise du côté de Guipuscoa, sur Saint-Jean-de-Luz. Elle lui réussit mieux que la première: car ayant passé la rivière de Bidassoa, qui sépare la France de l'Espagne, il surprit cette petite ville, durant que d'autres troupes, mettant pied à terre de dessus la mer, se saisirent de Cibourre, et attaquèrent le fort de Sacoë, qu'ils emportèrent, et où ils commencèrent à se fortifier. En même temps douze vaisseaux espagnols débarquèrent des gens de guerre proche de Vannes en Bretagne, qui voulurent surprendre l'abbaye de Prières; mais les moines se défendirent si bien d'abord, qu'ils donnèrent le temps aux communes de s'assembler, et à la noblesse de monter à cheval: si bien que les ennemis furent contraints de remonter dans leurs vaisseaux plus vite qu'ils n'étoient venus.

Du côté de Provence, les îles de Lerins incommodoient fort la côte: ce qui obligea le Roi de mettre sur mer une puissante armée navale pour tâcher de les reprendre. Il en donna le commandement au comte d'Harcourt, prince de grand courage, qu'il avoit fait paroître en beaucoup d'occasions comme volontaire, et en des combats particuliers. Il n'avoit jamais eu d'emploi, et il sembloit que, dans le temps qui couroit, il en devoit moins espérer que jamais, durant la disgrâce de sa maison, dont il étoit le cadet. Son aîné le duc de Lorraine, dépouillé de ses États, étoit au service de l'Empereur, aussi bien que le duc François son frère. Le marquis de Mouy étoit dans sa maison, qui ne se mêloit de rien; mais son frère l'évêque de Verdun, nommé le prince François, commandoit des troupes pour l'Empereur. Le duc de Guise étoit retiré à Florence avec ses enfans, par l'ordre du Roi. Le duc de Chevreuse étoit fort âgé, qui ne songeoit qu'à ses plaisirs; et le duc d'Elbœuf, son frère aîné, étoit en Flandre au service des Espagnols. Ainsi lui, qui étoit le dernier de tous, n'espéroit aucun avancement; mais, au contraire, il craignoit tous les jours quelque disgrâce qui l'enveloppât dans le malheur général de sa maison. Il en fut encore plus persuadé lorsqu'on vint le querir de la part du cardinal: car il crut que c'étoit le dernier coup de sa perte, et il ne l'alla trouver qu'en tremblant. Son Éminence le reçut avec un visage très-sévère, et lui dit, d'un ton fort sérieux, que le Roi lui avoit commandé de lui dire qu'il vouloit qu'il sortît du royaume. Cet ordre ne le surprit pas: car il s'y attendoit et y avoit longtemps: aussi il répondit qu'il n'avoit jamais manqué de fidélité envers le Roi, et qu'il n'avoit jamais rien fait qui méritât un tel traitement; mais qu'il ne laisseroit pas d'obéir aveuglément à tous les commandemens de Sa Majesté. Le cardinal lui repartit là-dessus qu'il se préparât donc pour partir au plus tôt, parce que le Roi le faisoit général de son armée navale, et qu'il avoit reconnu tant de bonnes qualités en lui, qu'il vouloit le considérer pour le zèle qu'il avoit témoigné à son service, nonobstant la décadence de sa maison. Alors le comte d'Harcourt embrassa les genoux du cardinal, comme le reconnoissant auteur d'un si grand bienfait; et après avoir remercié et protesté une reconnoissance éternelle et une fidélité inviolable, il alla prendre congé du Roi, et partit aussitôt pour s'embarquer à La Rochelle. L'archevêque de Bordeaux, frère du marquis de Sourdis, auquel le cardinal se fioit fort, fut commis pour aller avec lui, avec ordre secret au comte de ne rien faire sans sa participation. Ils mirent les voiles au vent le 10 de juin, avec soixante vaisseaux de guerre; et la flotte ayant côtoyé toute l'Espagne, arriva le 16 juillet au cap de Spartelli, sur la côte d'Afrique, à l'entrée du détroit de Gibraltar. Le 17, elle entra dans le canal; et aussitôt ceux de Tanger, du côté d'Afrique, tirèrent trois coups de canon, et ceux de Tariffa, qui est à l'opposite du côté de l'Espagne, autant, pour avertir les côtes de se tenir sur leurs gardes. L'armée navale ayant passé le détroit doubla à Carthagène, d'où le comte d'Harcourt dépêcha le chevalier de Guitaut pour avertir le maréchal de Vitry, gouverneur de Provence, de son arrivée, avec ordre au général des galères de se trouver aux îles d'Hières pour le joindre. Il y arriva heureusement; et de là ils furent tous ensemble du côté de Monaco, d'où ils essuyèrent quelques coups de canon; puis un grand calme étant venu, trente-huit galères espagnoles les vinrent canonner dans la plage de Menton le 10 septembre; mais un petit vent s'étant levé, ce fut aux galères à se retirer. Elles furent poursuivies jusqu'à Saint-Rême, d'où le comte d'Harcourt revint à Toulon passer l'hiver.

Sur la fin de cette année, la cour fut troublée par le départ subit de Monsieur et du comte de Soissons, dont le premier se retira à Blois, et l'autre à Sedan. Pour bien entendre cette affaire, il faut savoir que le comte n'étoit pas satisfait du cardinal. Il avoit l'âme haute, et ne pouvoit s'abaisser à faire la cour à d'autre qu'au Roi. Il ne pouvoit se résoudre à rendre au cardinal les mêmes déférences que lui rendoit le prince de Condé, et moins encore à épouser la dame de Combalet, devenue duchesse d'Aiguillon, qui étoit la chose du monde que le cardinal souhaitoit le plus, et pour laquelle il avoit gagné Sennetère qui avoit été son gouverneur, et mademoiselle de Sennetère sa sœur, qui avoient alors tout pouvoir sur son esprit, et sur celui de la comtesse de Soissons sa mère. Mais cette intrigue étant venue à sa connoissance, non-seulement les Sennetère déchurent du crédit qu'ils avoient auprès de lui, mais ils tombèrent entièrement en sa disgrâce, et, leur reprochant leur infidélité, il les chassa de sa maison. Dans ce malheur, le cardinal les consola; et pour faire dépit au comte de Soissons, il fit donner à Sennetère l'ambassade d'Angleterre. Ce procédé avoit entretenu de la froideur entre le comte et le cardinal; mais la qualité de prince du sang et de gouverneur de Champagne fit qu'il ne put se défendre de lui donner le commandement de l'armée qui s'assembloit dans cette province: outre qu'étant beaucoup plus foible que celle des Espagnols, il prévoyoit qu'il n'y pourroit acquérir de gloire, mais plutôt recevoir du déplaisir. Ce prince avoit été nourri dans sa jeunesse avec trop d'orgueil, et il avoit vécu avec toute la noblesse si incivilement, qu'il étoit peu visité, et n'avoit acquis aucun crédit dans le monde. Même ayant fait donner des coups de bâton à un gentilhomme nommé le baron de Coupet, pour le sujet d'une dame, cette façon d'agir offensa tellement toute la noblesse, qu'il se trouva entièrement abandonné de tous les honnêtes gens; mais après la disgrâce de Sennetère, il connut le tort que cette manière de vivre lui faisoit: tellement qu'il changea son procédé, et par là il regagna le cœur et l'amitié de tout le monde, principalement dans l'armée, où il caressoit tous les officiers, donnant de l'argent à ceux qui en avoient besoin, et faisant plaisir à ceux qui avoient recours à lui dans leurs affaires. Il se vit par là en peu de temps adoré dans l'armée, et suivi de toutes les troupes. Ce grand crédit donna de la jalousie au cardinal, lequel voyant l'armée fortifiée de telle sorte qu'elle alloit passer l'Oise et chasser les Espagnols de France, ne voulut pas qu'il en reçût l'honneur : et pour ce sujet il résolut de mettre quelqu'un au-dessus de lui pour lui en ôter le commandement absolu. Or il n'y avoit en France que Monsieur qui lui pût commander : c'est pourquoi il le fit déclarer par le Roi généralissime de ses armées. Mais pensant se venger du comte de Soissons, il tomba dans un plus grand inconvénient : car Monsieur étoit aussi mal satisfait de lui que l'autre, et ne cherchoit que l'occasion de lui faire sentir son indignation. Il ne lui pouvoit pardonner la prison et la mort de Puylaurens depuis son retour de Flandre, par lesquels ils s'étoient réconciliés ; ni l'éloignement de ses plus confidens serviteurs dès qu'il témoignoit de l'estime pour eux, même depuis peu la prison de La Rivière. Ce qui l'outroit le plus étoit la persécution qu'on lui faisoit de quitter sa femme, qui étoit demeurée en Flandre ; et l'audace du cardinal d'avoir la pensée de lui faire épouser la duchesse d'Aiguillon sa nièce, veuve d'un simple gentilhomme, et refusé par le comte de Soissons. Il avoit toujours dissimulé ses sentimens à cause de la grande autorité du cardinal, et il n'osoit se confier à personne, de peur de se ruiner ; mais comme il est difficile d'avoir un si grand chagrin sur le cœur sans se consoler en s'ouvrant à quelqu'un, il découvrit son secret à Montrésor, cadet de Bourdeille, qui étoit à lui dès son enfance, et l'avoit suivi dans toutes ses disgrâces, où il l'avoit reconnu pour homme d'esprit et de probité. Mais de peur qu'on ne le chassât d'auprès de lui comme les autres, de crainte que leur intelligence ne parût, il lui parloit fort peu, et seulement en passant ; et faisant semblant de parler de bagatelles, ils raisonnoient sur les moyens de se venger du cardinal. De l'autre côté, le comte de Soissons se fioit fort à Saint-Ibal, homme ferme, hardi, secret, bon ami, et qui avoit une telle aversion contre les favoris, que si le meilleur de ses amis étoit entré en faveur, il se seroit dès le lendemain brouillé avec lui. Il étoit cousin germain de Montrésor : c'est pourquoi ils se voyoient souvent ; et conférant ensemble de plusieurs affaires, ils proposèrent de ménager une liaison étroite entre Monsieur et le comte de Soissons. Ce dessein réussit si bien par leur entremise, que quand Monsieur fut fait généralissime, le comte de Soissons en fut fort aise, au lieu d'en être fâché, comme prétendoit le cardi-nal, prévoyant qu'il seroit appuyé pour exercer leur vengeance commune. En effet, Montrésor et Saint-Ibal leur représentèrent que jamais ils n'auroient d'occasion plus favorable de se défaire de leur ennemi que celle-là ; qu'ils étoient maîtres de l'armée ; que le cardinal y viendroit assurément pour donner des ordres, et qu'il seroit entre leurs mains pour en disposer comme ils le jugeroient à propos. Après avoir balancé cette affaire, il fut résolu que l'exécution se feroit à Amiens, où le Roi alloit quelquefois tenir conseil dans son logis, et où le cardinal le venoit trouver, en même temps que Monsieur et le comte de Soissons s'y rendoient du camp. Or, après le conseil, le Roi retournoit coucher dans un château à deux lieues de là ; Monsieur et le comte de Soissons s'en alloient à l'armée, et le cardinal se retiroit dans son logis d'Amiens ; mais après le départ du Roi, qui emmenoit toute sa garde, Monsieur et le comte demeuroient dans la cour à causer quelque temps avec le cardinal, qui étoit sans gardes, parce qu'il étoit dans la maison du Roi : tellement que ces deux princes, sans faire semblant de rien, devoient se faire accompagner de leurs plus confidens serteurs, avec lesquels, après que le Roi seroit parti, se trouvant les plus forts, ils se déferoient du cardinal, et diroient que, sur quelque dispute arrivée, il avoit manqué de respect à Monsieur, et lui avoit parlé insolemment : ce que Monsieur ne pouvant souffrir, il avoit commandé qu'on le tuât ; et que le comte de Soissons n'avoit osé manquer de venger cette injure faite au frère de son Roi, dont il avoit l'honneur d'être du sang. Cette résolution fut tenue fort secrète, et ne fut communiquée qu'à Varicarville et à Bardouville, gens solides, auxquels on se pouvoit fier. Le jour arrêté pour l'exécution, le Roi vint à Amiens tenir conseil à son ordinaire. Le cardinal s'y trouva, et les princes aussi, fort bien accompagnés et sans donner soupçon, parce que ce n'est pas une chose extraordinaire de voir des généraux d'armée venir trouver le Roi avec une belle suite d'officiers qui se veulent faire voir à Sa Majesté. Le conseil étant achevé, le Roi s'en alla avec tous ses gardes, et le cardinal demeura seul dans la cour avec Monsieur et le comte de Soissons. Aussitôt Varicarville, qui savoit le secret, se mit derrière le cardinal, en attendant le signal que devoit donner Monsieur, durant que Saint-Ibal et Bardouville le prenoient, l'un à droite et l'autre à gauche : mais au lieu de faire le commandement d'achever ce qui étoit projeté, la peur prit à Monsieur, qui remonta le degré sans rien dire ; et Montrésor, surpris de ce changement, le suivit, lui disant que son ennemi étoit en son pouvoir, et qu'il n'avoit qu'à parler. Mais il se trouva si étonné, et tellement hors de lui-même, qu'à peine lui put il répondre; et sur ce qu'il fut encore pressé, il dit qu'il falloit remettre à une autre fois, et n'eut jamais la force d'achever ce qu'il avoit prémédité, tant il étoit éperdu. Le cardinal, qui n'étoit demeuré dans la cour qu'à cause de Monsieur, le voyant monté en haut, s'en alla chez lui, et laissa le comte de Soissons dans la dernière confusion de voir ce coup manqué. Beaucoup l'ont blâmé de n'avoir pas suppléé à la foiblesse de Monsieur, et de n'avoir pas poussé l'affaire à bout; mais il s'excusa sur le respect qu'il lui devoit, n'osant rien entreprendre en sa présence sans son commandement. Voilà donc un grand complot échoué; mais comme il étoit fort secret, il ne fut point découvert sur l'heure : tellement que l'on crut pouvoir réparer cette faute quand il viendroit dans le camp, comme il fit trois jours après. Il vint descendre dans la tente de Fontenay-Mareuil, maréchal de camp ; mais comme le Roi n'y étoit pas, il étoit accompagné de tous ses gardes : et il avoit tant de créatures dans l'armée qui n'avoient eu d'emploi que par son moyen, que l'exécution fut jugée impossible. On dit qu'il en reçut avis dans l'armée, et qu'il n'en parut point ému : même qu'il parla fort hautement, et comme par réprimande, au comte de Soissons, pour lui faire voir qu'il ne le craignoit point. Ainsi cette conspiration s'en alla en fumée par le peu de résolution de Monsieur, qui eut une telle crainte que le cardinal n'en fût averti, qu'étant arrivé à Paris le 19 de novembre, et ayant conféré avec le comte de Soissons, ils partirent tous deux la nuit suivante. Monsieur se retira à Blois, et le comte à Sedan. Le sujet de cette retraite si prompte fut une terreur qui leur prit, dans la crainte qu'ils avoient que le cardinal ne sût ce qui s'étoit passé; et comme ils le connoissoient d'humeur à ne pardonner jamais, ils ne se crurent pas en sûreté dans Paris. Ils écrivirent aussitôt des lettres pleines de soumission au Roi, et d'assurances de fidélité, avouant que la cause de leur départ étoit fondée sur le peu de sûreté qu'ils trouvoient à la cour. Aussitôt Sa Majesté dépêcha Bautru à Blois, pour témoigner à Monsieur, de sa part, le déplaisir qu'il avoit de son éloignement, et le peu de sujet qu'il en avoit eu ; et le conjurer de revenir près de sa personne, où il seroit en toute sûreté, comme il y avoit toujours été. Le Roi envoya en même temps Liancourt, premier gentilhomme de sa chambre, à Sedan, pour rassurer le comte de Soissons, et l'obliger à revenir, en lui faisant connoître le peu de sujet qu'il avoit eu de se retirer. Sur la députation de Bautru, Monsieur, qui ne vouloit rien faire sans la participation du comte de Soissons, lui renvoya à Sedan le comte de Fiesque, qui étoit venu à Blois de sa part, et le chargea de lui rendre compte de tout ce qui se passoit : mais le Roi, impatient de terminer à l'heure même cette affaire, envoya encore à Blois le comte de Guiche et Chavigny, secrétaire d'État et chancelier de Monsieur, pour tâcher de le ramener à la cour : ce qui ne put se faire pour cette année. Durant toutes ces intrigues, le duc de Saint-Simon, favori du Roi, eut ordre de se retirer en son gouvernement de Blaye. Il étoit neveu de Saint-Léger, condamné à mort pour avoir rendu légèrement le Catelet : ce qui l'avoit fort touché, et même à tel point qu'il ne put s'empêcher de s'en plaindre, et d'accuser d'injustice cette condamnation. Cette liberté de parler attira sa disgrâce, qui dura jusques après la mort du cardinal.

TROISIÈME CAMPAGNE.

[1637]. Cette année commença par la continuation de la négociation qui se faisoit à Blois pour faire revenir Monsieur à la cour. Le comte de Soissons demeura ferme à n'y vouloir pas retourner : ne pouvant se fier au cardinal, il renvoya le comte de Fiesque à Blois, pour informer Monsieur de son intention. Il trouva près de lui le comte de Guiche et Chavigny, lesquels eurent bien de la peine à lui persuader de se conformer aux volontés du Roi : car, bien loin de parler devant eux du cardinal avec les termes d'amitié, il témoignoit en avoir grande défiance, et faisoit perpétuellement la guerre à ses deux députés, les traitant comme ses espions. Même un soir il fit une débauche où il les convia tous deux; et le comte de Guiche s'y enivra si fort qu'il babilla trop, et découvrit ce qu'on ne vouloit pas qu'on sût, disant, dans l'excès de son ivrognerie, qu'il ne se soucioit ni du Roi ni de Monsieur, ni de tout le sang royal, et qu'il ne considéroit que le cardinal comme son maître. Ce malheur lui servit, parce que, comme les ivrognes disent tout ce qu'ils pensent, le cardinal crut qu'il avoit parlé selon son cœur, et qu'ainsi il n'avoit d'amitié ni d'attachement que pour lui. Cela l'obligea d'avoir soin de sa fortune; il le retira néanmoins pour l'heure de Blois, où il vit qu'on le tournoit en ridicule à cause de cet accident : et voyant qu'il ne pouvoit réduire Monsieur à suivre les intentions du Roi, à cause qu'il étoit entouré de gens qui n'étoient pas de ses amis, il gagna l'abbé de La Rivière, qu'il avoit fait mettre l'année précédente à la Bastille; et, sous ombre de contenter Monsieur qui s'en plaignoit, il le fit mettre en liberté, afin qu'il contrecarrât à Blois la cabale qui lui étoit contraire. Mais toutes ces finesses ne servirent pas tant que l'approche du Roi : car tant que Monsieur ne voyoit point de sujet de crainte, il faisoit le mauvais; mais comme il étoit naturellement timide, la peur lui faisoit faire tout ce qu'on vouloit. C'est ce qui obligea le Roi de partir de Paris sur la fin de janvier pour Fontainebleau, d'où il dépêcha Léon Brulart, conseiller-d'État, à Blois, pour avertir Monsieur que Sa Majesté l'alloit trouver, puisqu'il ne vouloit pas venir auprès de lui comme il désiroit. Cette nouvelle l'étonna; et quand il sut que le Roi s'étoit avancé jusques à Malesherbes, il parla bien plus doucement qu'à l'ordinaire : mais dès qu'il apprit que le régiment des Gardes marchoit, et que six compagnies étoient arrivées à Beaugency pour attendre le Roi qui devoit coucher le 29 à Orléans, il devint souple, et entièrement soumis aux volontés de Sa Majesté, qui avoit envoyé devant Bautru à Blois, lequel trouva grand changement dans l'esprit de Monsieur. Car ne sachant où se retirer, il commença à ne plus parler à Montrésor, ni à ceux qui étoient dans les intérêts du comte de Soissons; et dès que le père Gondran, son confesseur, fut arrivé, il accorda tout ce que le Roi voulut, et partit en même temps pour aller trouver Sa Majesté, qu'il salua le 8 de février à Orléans. En sa considération, le Roi accorda que le comte de Soissons pourroit demeurer pour sa sûreté pendant quatre ans à Sedan, durant lesquels il ne laisseroit pas de faire la fonction de ses charges, quoique absent. Cette entrevue se fit avec beaucoup de démonstrations d'amitié entre le Roi et Monsieur; et même la dissimulation alla si avant, qu'il parut une sincère réconciliation entre Monsieur et le cardinal, après laquelle le Roi retourna à Paris, et Monsieur à Blois, d'où il envoya le comte de Brion, son premier écuyer, à Sedan, pour rendre compte de tout ce qui s'étoit passé au comte de Soissons, et lui faire savoir ce qui avoit été réglé pour ses intérêts.

Le Roi ne fut pas plus tôt à Paris, qu'il en repartit pour s'approcher de Rouen; sur le refus que le parlement fit de vérifier quelques édits. Il s'avança jusqu'à Dangu, et le chancelier avec le conseil prit la même route; mais le parlement ayant obéi, le Roi revint à la mi-mars à Saint-Germain, où il ne fut pas plus tôt arrivé qu'il appliqua tous ses soins à la guerre, et à réparer les mauvais succès de l'année précédente. Il mit pour cet effet six armées en campagne : une commandée par le cardinal de La Valette et le duc de Candale son frère, pour les Pays-Bas; la seconde par le duc de Weimar, pour l'Allemagne; la troisième par le duc de Longueville, pour la Franche-Comté; la quatrième par le duc de Rohan, dans la Valteline; la cinquième par le maréchal de Créqui, en Italie, et la sixième par le comte d'Harcourt, sur la mer. Mais avant que de parler des exploits de ces armées, voyons ce qui se passoit en Allemagne entre les Impériaux et les Suédois.

L'élection du roi de Hongrie en roi des Romains affligea fort le parti de France et de Suède, qui fit des protestations contre cet acte, et ne lui voulut jamais donner ce titre, ni le reconnoître pour tel, à cause de l'absence des électeurs de Trèves et palatin. Les Suédois avoient deux armées : l'une dans la Saxe, sous le maréchal Banier; et l'autre dans la Poméranie, sous le lieutenant général Wrangel, qui étoit entré dans le pays de Brandebourg, avoit pris Francfort sur l'Oder, et de là s'étoit avancé jusqu'à l'Elbe, durant que Banier attaquoit Leipsick, dont il fut contraint de lever le siége; ensuite il fut s'emparer de Torgau, où s'étant retranché, il fut attaqué par Gœuts et Hasfeld, impériaux, sans effet; et les vivres lui manquant, il marcha devers l'Elbe pour se joindre à Wrangel : ce qu'il fit, malgré l'opposition de Galas. Ensuite les Suédois se séparèrent en trois corps, et les Impériaux aussi : Galas tint tête à Banier, Gœuts et Hasfeld à Wrangel, et Maracini à Leflai, écossais. Dans ce même temps, le landgrave de Hesse, avec une armée, entra dans la Frise orientale, où il mourut de maladie, laissant la régence de ses États, durant la minorité de son fils, à sa veuve; et le commandement de son armée au général Mélander. Mais l'Empereur donna la tutèle du fils du défunt au landgrave de Darmstadt, qui la disputa contre la veuve, et pour ce sujet assiégea la ville de Hanau, mais inutilement, comme Gleen fit celle de Harfort. L'Empereur Ferdinand II mourut durant cette campagne; et Ferdinand III, son fils, fut proclamé empereur, nonobstant l'opposition du parti contraire, qui le qualifia toujours de roi de Hongrie. Bientôt après mourut le duc de Poméranie, qui laissa par testament son pays à la couronne de Suède, qui s'en mit en possession malgré les prétentions de l'électeur de Brandebourg, son plus proche parent. Et ce même été, le roi de Pologne Uladislas IV épousa Cécile-Renée d'Autriche, sœur du nouvel empereur.

Nous avons vu comme Jean de Verth s'étoit emparé l'année dernière de Coblentz, et avoit bloqué la forteresse d'Hermanstein, devant laquelle il passa tout l'hiver, et la réduisit aux dernières extrémités de famine : tellement que Bussy-Lameth, La Saludie et Mondejeu furent contraints de se rendre, et d'en sortir par composition. Après la prise de cette place, Jean de Verth marcha vers le Rhin; et le duc de Weimar, qui avoit pris Channite dans la Franche-Comté en ayant eu avis, traversa tout le comté de Bourgogne pour s'opposer à lui, et en passant reprit Lure, dont le marquis de Grana s'étoit saisi peu auparavant. Durant cette marche, le comte de Grancey surprit Saint-Ursane, et le baron de Danevoust fit lever à Mercy le siége d'Ericourt : service qui fut agréable à la cour, à cause de la difficulté de l'entreprise et de la hardiesse de l'exécution. Cependant le duc de Weimar étant entré dans l'Alsace, attaqua Encisheim, qu'il prit après huit jours de siége; puis il arriva sur le bord du Rhin, où Du Hallier le joignit avec des troupes; et là il résolut de se saisir de quelque poste avantageux, et de s'y fortifier pour avoir un passage sur le Rhin. Il choisit pour ce dessein une île nommée Witemueir, où il fit passer ses troupes dans trois bateaux qui remontoient de Strasbourg à Bâle, outre ceux que Manicamp, gouverneur de Colmar, avoit fait venir de Schelestadt par un canal qui tombe dans le Rhin. On traça dans ce lieu trois forts, un au delà du fleuve, l'autre dans l'île, et le dernier en deçà; et on travailla diligemment à les construire, par les soins de Manicamp, qui demeura pour y commander, durant que le duc de Weimar étoit allé à Bensfeld faire passer le reste de son armée. Jean de Verth ayant appris cette nouvelle, ne voulut pas souffrir qu'on achevât ces forts, qui romproient tout le commerce du Rhin; et sachant l'absence du duc de Weimar, il prit le temps de les attaquer avant son retour. Il fit pour cet effet avancer son infanterie, laquelle se mit dans l'eau jusqu'au cou, s'en alla tête baissée à l'attaque de ces forts, que Manicamp défendit courageusement. Mais il eût été contraint de céder à la force, si, de bonne fortune, le duc ne fût arrivé fort à propos avec son armée : car alors Jean de Verth se retira promptement; mais il n'alla pas loin, car il revenoit tous les jours escarmoucher. Même le duc ayant passé le Rhin à cause du fourrage, il attaqua aussitôt le fort qui étoit au delà, et le battit de huit pièces de canon; mais le duc ayant repassé l'eau, le poussa dans sa retraite jusqu'à la vallée de Keisengen, d'où étant revenu il trouva les forts achevés, et fit faire deux ponts de bateaux pour la communication de l'île aux deux bords; et ayant laissé bonne garnison dedans; il se retira dans les franches montagnes pour y prendre ses quartiers d'hiver.

Dans ce même temps, Chalencé, gouverneur de Haguenau, surprit l'île de Calcehouse, où il y avoit un fort au milieu du Rhin ; mais Jean de Verth ayant nouvelle de la retraite du duc de Weimar, et fortifié des troupes que le marquis de Grana et Sperreuter lui avoient envoyées, avec la garnison de Brisach que Reinac lui avoit amenée, résolut de faire un effort pour reprendre les forts du Rhin et en chasser les Français. Dans ce dessein, il passa le Rhin à Brisach avec huit régimens de cavalerie, quatre de dragons, six mille hommes de pied et huit pièces de canon, durant que le général major Enkenfort marchoit au delà de l'eau avec deux mille mousquetaires et trois cents chevaux, et que le colonel Wiet étoit sur le Rhin dans huit grands bateaux, avec l'infanterie et quatre canons. Les trois forts furent attaqués en même temps : Enkenfort entreprit celui d'au delà, Jean de Verth celui d'en deçà, et Wiet celui de l'île. Ils se défendirent tous trois valeureusement ; mais Manicamp voyant le duc de Weimar fort éloigné, et qu'il étoit sans espérance de secours, se rendit à composition ; et aussitôt Jean de Verth fit raser les forts et reprit aussi l'île de Calcehouse, et de là se mit en garnison au delà du Rhin.

Le duc de Longueville, qui commandoit l'armée destinée pour la Franche-Comté, y entra par la Bresse, où d'abord il battit et prit le château de Saint-Amour; de là il se saisit de Dortan et Corlaous, d'où il se rendit maître de Lons-le-Saunier, d'Orgelet, et de Château-Châlon. Il détacha de ce lieu le vicomte d'Arpajon, qui prit à coups de canon le fort château de Saint-Laurent de La Roche, et alla rejoindre le duc de Longueville au siége de Bletterand, qu'il prit d'assaut après six cents volées de canon, au bout de treize jours de siége. Il ne trouvoit point de résistance dans la campagne, à cause que quelque temps devant le comte de Thiange avoit défait les troupes du comté, commandées par le marquis de Conflans.

La campagne passée avoit été si malheureuse, que le cardinal, outré du déplaisir qu'il en avoit reçu, faisoit tous ses efforts pour avoir sa revanche. Les Hollandois, qui n'avoient rien fait l'année dernière, promettoient de faire une grande diversion celle-ci ; et le Roi vouloit attaquer les Pays-Bas de deux côtés, par la Picardie avec une armée commandée par le cardinal de La Valette et le duc de Candale ; et l'autre par la Champagne, sous le maréchal de Châtillon. D'abord on fut en balance de quel côté l'armée entreroit dans le pays ; mais enfin il fut résolu que ce seroit par le Hainaut. Pour cet effet, elle fut séparée en trois corps : le premier conduit par le cardinal de La Valette, le second par le duc de Candale, et le troisième par La Meilleraye, lieutenant général de l'armée, lequel en passant emporta d'assaut le château de Bohain, pris l'année dernière par les Espagnols. En même temps le duc de Candale assiégea Cateau-Cambresis, qu'il prit en deux jours par composition ; et le cardinal de La Valette ayant fait prendre les châteaux de Glayeul et d'Irson par le vicomte de Turenne, investit Landrecies le 19 de juin, et prit son quartier à Longfaveril. Les deux autres corps arrivèrent le jour même devant la place. Cette ville est composée de cinq bastions revêtus de brique, le fossé plein d'eau, avec une bonne contrescarpe. Le cardinal de La Valette ouvrit la tranchée le 10 de juillet par un côté, et La Meilleraye par l'autre ; et l'attaque fut menée si vivement, que la mine joua le 23, laquelle ayant fait brèche, donna lieu au régiment de Longueval de se loger dessus. Le colonel Hainin se voyant ainsi pressé, demanda composition, et remit le 26 Landrecies entre les mains des Français, lesquels le firent conduire avec sûreté jusqu'à Valenciennes.

Le gouvernement de cette place fut donné à Vaubecourt, mestre de camp d'infanterie ; et quelques jours après le cardinal de La Valette en décampa, pour entrer plus avant dans le pays. Il marcha le long de la Sambre, et se saisit du château de Berlaimont, puis il attaqua celui d'Aymeries, qui se rendit après quelques volées de canon : de là il envoya Rambures et Praslin, mestre de camp de la cavalerie, ravager le plat pays jusqu'aux portes de Mons ; durant qu'il marchoit droit à Maubeuge, dont il s'empara le 5 d'août, après quelques escarmouches. C'est une grande village mal fortifiée, qui ne se peut défendre contre une armée royale. Cependant le duc de Candale étoit demeuré près de Landrecies avec une partie de l'armée, d'où il détacha La Ferté-Imbault pour prendre la tour de Bussigny ; puis il marcha pour joindre le cardinal de La Valette à Maubeuge. En passant il prit la petite ville de Beaumont, et il attaqua Solre, qui se défendit bien, et où Grainville et Attichi furent tués, et les marquis de Varennes, mestre de camp du régiment de Champagne, de Bois-Dauphin, d'Armentières et de Jarzé, fort blessés. Après l'avoir pris à discrétion, il joignit deux jours après le cardinal son frère à Maubeuge, où ils résolurent ensemble de faire de cette ville une place d'armes et une tête de leurs conquêtes, où ils pourroient laisser un grand corps qui tiendroit en bride tout le pays jusqu'à Mons. Ils commencèrent dès lors à s'y retrancher ; et ne voyant point d'ennemis devant eux, ils trouvèrent à propos, pour ne pas perdre de temps, de laisser le duc de Candale dans Maubeuge, durant que le cardinal de La Valette, avec une partie de l'armée, feroit quelque entreprise. Sur cette résolution, le cardinal se sépara, et s'alla présenter devant Avesnes, d'où il essuya force coups de canon : de là il tourna tout court à La Capelle, qu'il investit le premier de septembre, après avoir joint les troupes que Bussy-Lameth avoit amenées d'Hermanstein. Durant qu'il se retranchoit, il envoya prendre le château de Trelon, et la nuit du 8 au 9 la tranchée fut ouverte devant La Capelle par le régiment des Gardes; mais le même jour les assiégés firent une sortie, où Bussy-Lameth, maréchal de camp, soutenant vaillamment leur effort, fut tué; et les Espagnols, poussant leur pointe, rencontrèrent un bataillon du régiment des Gardes, qui les recogna jusque dans leur fossé : mais Rambures, leur mestre de camp, qui étoit à la tête, fut blessé de trois coups de mousquet, pour lesquels il eut le bras coupé; et peu de jours après il mourut de ses blessures, au grand regret du Roi et de toute la France. Sa charge de mestre de camp du régiment des Gardes fut donnée au comte de Guiche, son régiment à son second frère, et le gouvernement de Dourlens à Saint-Preuil, qui laissa celui d'Ardres à Lermont. Cependant le siége s'avançoit fort : car le 14 le logement fut fait sur la contrescarpe, et le 20 la terre et la brique éboulée par la force des batteries ayant un peu comblé le fossé, donna facilité au mineur de s'attacher au bastion. Ce que voyant don Marco de Lima, gouverneur, il ne voulut pas attendre qu'il y eût brèche, mais il se rendit le jour même, et fut conduit à Avesnes.

Il étoit temps que cette place se rendit : car le duc de Candale étoit bien empêché dans Maubeuge, où il étoit assiégé par le cardinal infant, lequel n'avoit point paru au commencement de la campagne, à cause qu'il vouloit secourir Breda, que le prince d'Orange avoit assiégé; mais l'ayant trouvé trop bien retranché devant, et sachant la séparation de l'armée françaíse, il résolut de venir attaquer Maubeuge, et de défaire la moitié de l'armée qui étoit dedans, ou d'obliger l'autre à lever le siége de La Capelle pour la venir secourir. Dans ce dessein, il se joignit à six mille hommes que Picolomini avoit sur la contrescarpe de Mons, et à trois mille du baron de Balançon, et marcha droit à Maubeuge. Le duc de Candale le voyant venir se trouva fort étonné, car il ne s'étoit jamais trouvé dans un si grand embarras : la réputation qu'il avoit acquise étant fondée sur ce qu'il avoit eu un régiment en Hollande, où on ne fait que des siéges, et point de guerre de campagne, à cause de la situation du pays, qui est trop coupé de canaux; et aussi sur ce qu'il avoit servi les Vénitiens, qui n'avoient point eu de guerre. Aussi, ne s'étant jamais rencontré à une telle fête, la cervelle lui tourna, et il prit un parti extraordinaire à un général, qui fut de quitter l'armée, et de sortir avec quelque cavalerie avant qu'il fût entièrement bloqué, pour aller trouver son frère, et le hâter de venir à son secours. Il laissa en partant le commandement de l'armée au vicomte de Turenne, maréchal de camp, lequel fut ravi de cette commission, dans l'espérance d'y acquérir de l'honneur. En effet il en eut belle occasion : car le cardinal infant fit d'abord mettre trente pièces de canon en batterie, qui foudroyèrent la ville deux jours durant; et même il attaqua un retranchement dont il fut vertement repoussé. Il reçut le lendemain nouvelle de la prise de La Capelle, et de la marche du cardinal de La Valette, qui venoit au secours du vicomte de Turenne : c'est pourquoi il fit faire une attaque générale, afin d'emporter Maubeuge avant son arrivée; mais il fut si bien reçu par ce vicomte, qui ne s'étoit point troublé dans le péril, qu'ayant été battu de tous côtés, et repoussé avec une extrême vigueur, il résolut de lever le siége sans attendre le cardinal de La Valette, qui étoit arrivé à Landrecies. Le lendemain matin il décampa, et passa la Sambre à l'abbaye d'Osmont, laissant don Juan de Viveros avec huit mille hommes au Pont-sur-Sambre, pour couper les vivres qui alloient à Maubeuge, et embarrasser la jonction des armées; mais le comte de Guiche, maréchal de camp, l'étant venu attaquer avec l'avant-garde durant que le cardinal de La Valette prenoit un détour pour le prendre par derrière, il ne voulut pas demeurer entre deux, et il se retira en bon ordre pour rejoindre le cardinal infant près de Mons. Le vicomte de Turenne, comblé de gloire de l'action qu'il venoit de faire à l'âge de vingt-cinq ans, fit raser toutes les fortifications de Maubeuge, et vint joindre l'armée : laquelle retourna camper à Landrecies, et de là au Cateau-Cambresis, d'où ayant pris le château de Crèvecœur, elle se sépara le 24 d'octobre pour se mettre dans des quartiers, et de là en garnison. Après sa retraite, les Espagnols reprirent les châteaux d'Aymeries et de Berlaimont.

En même temps que le cardinal de La Valette entra dans le Hainaut, le maréchal de Châtillon en fit autant dans le Luxembourg, où d'abord il s'empara de La Ferté, petite ville fort foible, et ensuite il mit le siége devant Juoix le 14 d'août, et le battit si rudement que le 15 il en fut le maître par traité. Le 16, il détacha

Feuquières avec trois mille chevaux pour investir Damvilliers, où il arriva trois jours après avec toute l'armée. Le lendemain, les Espagnols enlevèrent un quartier de cavalerie au village d'Olisi ; mais sur l'alarme toute la cavalerie étant montée à cheval coupa les ennemis qui se retiroient avec leur butin, et leur fit quitter prise au passage du gué de Mouille, et retira de leurs mains La Brosse, maréchal des logis général, qu'ils avoient pris. Le 18 d'août, la circonvallation fut commencée, qui fut longue à faire, à cause de la quantité de ponts et de chaussées qu'il fallut construire dans les marais qui entourent cette place : si bien que la tranchée ne put être ouverte que le 12 de septembre en deux attaques, celle de Châtillon et celle de Feuquières. Le 14, les canons furent en batterie, et le 15 le maréchal fit attaquer une redoute par le régiment de Batilly, qui l'emporta. Le 29, le logement fut fait sur la contrescarpe ; et la nuit du 1 au 2 d'octobre, un fourneau ayant ouvert la pointe de la demi-lune, les assiégés, pour empêcher qu'on ne s'y logeât, firent une sortie sur le régiment de Rambures qui fut repoussée, mais qui retarda pour cette nuit la prise de la demi-lune, laquelle ne fut emportée que le 4 par le régiment de Turenne, à la faveur de deux pièces de canon qui ruinèrent une traverse, laquelle le voyoit par derrière. La nuit même, ce régiment, coulant tout du long, fit un logement sur le bord du fossé, après lequel on travailla incessamment à la sape à percer le fossé, et à faire une galerie pour aller au bastion. Les assiégés incommodoient fort les travaux par leurs flancs bas : tellement qu'il fallut faire deux batteries croisées pour rompre les orillons des bastions ; et ensuite les mineurs s'attachèrent et travaillèrent avec tant de succès, que le 24 la mine joua, et fit une brèche à monter quarante hommes de front : mais un retranchement que les assiégés avoient fait dans la gorge empêcha qu'on ne donnât l'assaut, et on se contenta de se loger à mi-brèche. Ce fut la dernière action de ce siège : car les Espagnols se voyant sans espérance de secours, et qu'une seconde mine alloit faire sauter leur retranchement, capitulèrent, et sortirent le 27 pour aller à Vireton. Sauvebœuf et Troisville, maréchaux de camp, entrèrent avec des troupes dans la place, dont le gouvernement fut donné au baron de Dannevoux, en récompense de la belle action qu'il avoit faite au secours d'Ericourt. On ne perdit personne de remarque durant ce siège, que le colonel Hébron, écossois, neveu de celui qui fut tué l'année passée à Saverne. Son régiment fut donné au jeune Douglas, de même nation.

Dès le commencement de cette campagne, les Espagnols firent ce qu'ils purent pour avoir la ville de Liége en leur disposition ; et comme elle appartient à l'électeur de Cologne, qui en est évêque et qui étoit alors dans leurs intérêts, ils eussent bien désiré de la soumettre entièrement à sa domination, parce qu'elle ne lui obéissoit que civilement, et conservoit sa liberté, se gouvernant en façon de république, et se contentant de lui payer ses droits et d'exercer la justice en son nom, sans vouloir souffrir qu'il en fût le maître absolu, de crainte de tomber dans la dépendance de la maison d'Autriche, dont les Etats l'entourent de tous côtés. Celui qui avoit alors plus de crédit dans cette ville étoit un bourgmestre nommé La Ruelle, qui avoit le cœur françois et étoit fort ennemi des Espagnols. Ceux-ci connoissant que tant qu'il gouverneroit ils y auroient peu de pouvoir, cherchoient tous les moyens de le perdre. Ils se servirent pour ce dessein du comte de Varfusée, qui étoit réfugié dans cette ville pour crime d'Etat, et n'osoit retourner en Flandre ; ils lui firent offrir grâce et rétablissement dans ses biens, s'il vouloit les défaire de ce bourgmestre. Le comte se résolut d'effectuer ce projet : pour cela il feignit de se plaindre des Espagnols plus que jamais, et sous cette couverture il fit une étroite liaison avec lui, et le pria un jour à dîner chez lui avec l'abbé de Mouson, résident de France, et quelques autres de la même cabale. Mais au lieu de potage ils trouvèrent des jacobins pour les confesser, et ensuite le bourgmestre La Ruelle fut poignardé ; mais un valet s'étant sauvé par une fenêtre, en avertit le peuple, qui soudain prit les armes et assiégea la maison du comte, qui se voyant pris, voulut payer de hardiesse en parlant à la populace. Il sortit pour cet effet de son logis, et cria qu'il n'avoit rien fait que par ordre de l'Empereur et de l'électeur, leur évêque et leur souverain, qui leur donnoit abolition du passé, voulant que la punition ne passât pas plus loin ; mais on lui répondit par un coup d'arquebuse qui le renversa mort, et son corps fut démembré par le peuple, lequel entra dans sa maison, la pilla, et trouvant l'abbé de Mouson lié, le délia, le renvoya chez lui avec honneur, et ensevelit le corps du bourgmestre qui étoit sur le carreau, et le fit enterrer honorablement. Ainsi les Espagnols manquèrent leur coup : et cette action fut tellement odieuse, que leur cabale fut beaucoup plus foible qu'auparavant.

La campagne passée, les Hollandais n'avoient pu rien faire à cause du blocus du fort de Skenk, qui les occupa long-temps ; mais après s'être reposés le reste de l'été et l'hiver suivant, le prince d'Orange se mit en campagne, et investit Bréda le 22 de juillet. Il se retrancha devant à la hollandaise, c'est-à-dire sans se presser, et sans épargner le temps pour se mettre en sûreté. Le cardinal infant, sur cette nouvelle, vint camper à une lieue de ses lignes; et les trouvant en trop bon état, il marcha devers la Meuse pour faire diversion. Il attaqua Ruremonde, et s'en rendit maître en peu de jours. Il fut de là investir Venloo, qu'il prit avec la même facilité; et ne voyant pas de moyen de secourir Bréda, il marcha sur Maubeuge pour attaquer les Français, comme il a été dit ci-dessus. Le 17 d'août, le prince d'Orange ouvrit la tranchée devant Bréda en deux attaques, la sienne et celle du comte Guillaume de Nassau, auxquelles on en ajouta depuis une troisième, qui fut celle des Français et des Anglais. Le siége fut conduit avec toutes les règles ordinaires aux Hollandais.

Ils s'approchèrent pied à pied d'un ouvrage à cornes, dont ils furent maîtres le 15 de septembre : ensuite ils prirent une demi-lune près de la porte de Ginekens, percèrent le fossé, firent une galerie, s'attachèrent au corps de la place, et firent jouer deux mines, lesquelles firent deux grandes brèches où ils se logèrent; et alors Bréda se rendit par composition le 8 octobre, et le prince d'Orange reconquit cette ville de son patrimoine, qui lui avoit été ôtée par le marquis de Spinola l'an 1625. Charnacé, ambassadeur de France auprès des Etats, fut tué à ce siége : son gouvernement de Clermont en Argonne fut donné au marquis de Lenoncourt. Durant le siége de Bréda les Espagnols surprirent Juoix, et coupèrent la gorge à tous les Français qui étoient dedans.

Les deux campagnes précédentes, nous avons vu les combats du duc de Rohan dans la Valteline; mais celle-ci ne fournira point matière d'écrire des victoires, parce que les Espagnols se servirent d'autres armes que l'épée pour vaincre les Français. Dès le commencement de la guerre, ils avoient eu des partisans parmi les Grisons, qui avoient toujours tâché d'exciter le peuple, lui représentant la misère où il alloit tomber en faisant de son pays le théâtre de la guerre, dont il se pouvoit passer; ils lui faisoient connoître qu'il lui étoit indifférent que les Espagnols ou les Français fussent les maîtres, pourvu que leur liberté fût conservée; et que pour bien faire il ne falloit souffrir ni les uns ni les autres dans leur pays, et qu'ils garderoient bien la Valteline sans eux. Ces discours ne faisoient pas au commencement d'impression dans les esprits, parce que les Grisons appréhendoient de tomber sous la domination d'Espagne, à cause du voisinage de Milan; mais voyant les fréquens passages des gens de guerre qui faisoient grand désordre, ils commencèrent à murmurer, et à écouter les propositions des partisans des Espagnols, lesquels, sans faire bruit, envoyèrent des députés à l'archiduchesse d'Inspruck, pour traiter par son moyen avec l'Empereur, en prenant leurs sûretés contre les Espagnols, dont ils ne vouloient point dépendre. Ce traité réussit comme ils le souhaitoient. Le duc de Rohan en étant averti, voulut rompre cette négociation par une assemblée générale qu'il fit convoquer à Coire; mais la chose tourna autrement qu'il ne s'étoit imaginé : car au lieu de raffermir les esprits dans l'affection de la France, les députés arrivèrent d'Inspruck, et apportèrent le traité, par lequel l'Empereur les laissoit libres, et promettoit que les Espagnols n'attenteroient rien sur leur pays, et qu'ils garderoient eux-mêmes les passages de la Valteline. Cette nouvelle réjouit toute l'assemblée, qui étoit fort lasse de la guerre, malgré la brigue du duc de Rohan; il fut prié de se retirer avec ses troupes hors de la Valteline, avec remerciment des services qu'il avoit rendus : mais on lui fit connoître en même temps que s'il ne le faisoit de bon gré, les Grisons se joindroient aux Espagnols pour l'y obliger par la force. Il vit bien qu'il n'y avoit plus de remède à un si grand mal : c'est pourquoi il aima mieux s'accommoder au temps, que de recevoir un affront. Ainsi il retira des forts de la Valteline toutes les troupes françaises, qu'il envoya sous le comte de Guébriant, maréchal de camp, joindre le duc de Longueville dans la Franche-Comté, et lui s'en alla demeurer à Bâle. Par ce moyen, les Grisons établirent sagement la paix chez eux, en éloignant de leur pays la guerre, qui les eût entièrement ruinés; et les Espagnols obtinrent par finesse une victoire sur les Français qu'ils n'avoient pu gagner durant deux ans à force ouverte.

Du côté d'Italie, le duc de Parme avoit bien de la peine à se défendre contre les Espagnols, qui avoient pris leurs quartiers d'hiver en son pays, et s'étant saisis de Rivalte, menaçoient de faire de plus grands progrès : il reconnut alors qu'il étoit bien difficile que les Français, éloignés de lui comme ils étoient, le pussent secourir. C'est pourquoi, du consentement du Roi, il fit son accommodement avec le gouverneur de Milan, par lequel il lui rendit ce qu'il avoit pris sur lui, à condition qu'il demeureroit neutre entre les deux couronnes : mais il lui en coûta la forteresse de Sabionetta, qu'il mit entre les mains des Espagnols pour otage de sa parole. Ensuite de ce traité, le marquis de Léganès entra dans le Montferrat, où il prit Nice-de-la-Paille et le château d'Aillan; ensuite le prince de Modène voulant entrer dans les langues, en fut empêché par le marquis de Ville. Ainsi les armées ne firent que se regarder sans aucun succès, excepté une grande escarmouche près du château de Cengion, où les Français eurent avantage.

Mais la fin de l'année fut funeste au Piémont, et apporta grand changement aux affaires d'Italie, par la mort des ducs de Savoie et de Mantoue. Ce dernier mourut à Mantoue d'une fièvre, laissant la tutèle de son petit-fils à la princesse sa mère, veuve du duc de Rithelois son fils, père du jeune prince. Cette tutrice étoit autant Espagnole que le duc son beau-père étoit bon Français : mais elle dissimula ses sentimens à cause de Casal, qui étoit au pouvoir de la France.

Pour le duc de Savoie, étant parti de l'armée, il vint à Ast ; et puis, passant par Turin, il se rendit à Verceil à cheval par un soleil fort ardent, pour visiter les ponts qu'il avoit fait faire sur la Sesia ; puis il tint un conseil de guerre, durant lequel il fut surpris d'une colique fort aiguë qui l'empêcha de reposer. Sur cette nouvelle, la duchesse sa femme partit de Turin, et vint en grande diligence à Verceil avec des médecins, qui lui trouvèrent une fièvre fort violente, dont il mourut le 7 d'octobre, onzième jour de sa maladie. Il fut fort regretté de ses sujets. Aussi c'étoit un prince qui avoit de belles qualités, grand capitaine aussi bien que le duc Charles-Emmanuel son père, mais d'une humeur toute différente : car il avoit été nourri à l'espagnole par la duchesse sa mère, infante d'Espagne, de laquelle il avoit retenu une froideur et une gravité sérieuse qui étonnoit les Français, qui ne sont pas accoutumés à cette façon de vivre. Il ne laissoit pas de les aimer, et même il avoit toujours tenu le parti de la France, au contraire de son père. Aussi elle perdit beaucoup en lui, et on le reconnut bien par les malheurs qui suivirent sa mort, lesquels furent causés par les traverses que le cardinal de Savoie et le prince Thomas donnèrent à la duchesse sa veuve, pour la tutèle du petit duc François-Hyacinthe son fils.

Le cardinal avoit depuis un an quitté la protection de France à Rome, pour prendre celle des biens patrimoniaux de la maison d'Autriche en Allemagne, et le prince Thomas commandoit les armées des Espagnols en Flandre ; et ainsi la duchesse, qui étoit fille de France et sœur du Roi, se trouvoit dans des intérêts bien différens des leurs.

Le roi d'Espagne et le comte duc d'Olivarès voyant les Français occupés de tous côtés, hors de celui de l'Espagne où ils n'avoient point de troupes, firent de grands préparatifs dans la Catalogne et le Roussillon pour attaquer puissamment le Languedoc, qui étoit fort dégarni. Dans cette vue, ils amassèrent de grands magasins à Perpignan et à Salces, et mirent en campagne une armée sous le comte de Cerbellon, qui investit Leucate le 28 d'août. Il ne se retrancha que du côté de France ; il ouvrit aussitôt la tranchée, et fit dresser deux batteries chacune de six pièces, dont il battit la place fort rudement. Barri, qui en étoit gouverneur, se défendoit courageusement, et avoit empêché les Espagnols, depuis le 8 de septembre que l'attaque avoit commencé, de se rendre maîtres de la contrescarpe. Cela donna temps au duc d'Halluyn, gouverneur de Languedoc, d'assembler les communes de la province et la noblesse, qui jointes à quelques troupes, lesquelles étoient en garnison sur les frontières, firent ensemble seize mille hommes, avec lesquels ce duc s'avança jusqu'à la vue des lignes. Leucate est situé dans une péninsule entourée d'un côté de la mer, et de l'autre d'un étang d'eau salée, nommé Malpas, qui est joint à la mer par un canal fort étroit, sur lequel il y a un pont : tellement qu'il n'y a entrée dans cette péninsule que par un isthme d'un quart de lieue de large, entre la mer et l'étang. Ce lieu étant le seul accessible pour le secours de la place, les Espagnols l'avoient parfaitement bien fortifié. Toutes ces difficultés n'empêchèrent pas le duc d'Halluyn et les marquis d'Ambres et de Varennes et Argencourt, maréchaux de camp, de vouloir tout hasarder pour sauver Leucate. Dans ce dessein, le 28 de septembre, le duc détacha les enfans perdus, avec chacun un pic et une fascine, et leur commanda de donner à l'entrée de la nuit, afin que l'obscurité empêchât le canon des Espagnols de les incommoder. La ligne fut d'abord comblée, et les Espagnols lâchant le pied, se retirèrent dans le fort de Cerbellon, où ils furent poursuivis chaudement ; et ayant tourné tête, les bataillons qui soutenoient les enfans perdus les attaquèrent et les mirent en déroute, les menant battant jusque sur le bord de l'étang, où ils se précipitoient pour se sauver. La plupart se noyèrent, les autres furent pris ou tués. Quand la lune fut couchée sur la minuit, l'obscurité fut si grande qu'on ne se reconnoissoit pas : tellement que tout fut tranquille jusqu'à la pointe du jour, que les objets commençant à paroître, le duc d'Halluyn vit qu'il n'y avoit plus d'ennemis, tout ayant fui, même le comte de Cerbellon, qui s'étoit sauvé dans un bateau à Salces, qui est de l'autre côté de l'étang : en même temps il aperçut leur canon et leur bagage abandonnés dans leur camp. Alors se voyant entièrement victorieux, il dépêcha pour en donner avis au Roi, qui lui renvoya par le même courrier le bâton de maréchal de France; et dès l'heure il prit le nom de maréchal de Schomberg comme son père. Après cette victoire, le duc de La Valette, gouverneur de Guienne, eut ordre d'attaquer Saint-Jean-de-Luz, Cibourre, et le fort de Sacoué; mais, sur la nouvelle de la défaite du comte de Cerbellon et de l'approche du duc, les Espagnols les abandonnèrent. Ainsi ces postes furent repris sans peine. Le duc de La Valette voyant ces lieux-là dans son pouvoir, marcha contre des communes assemblées dans le Périgord et la Saintonge, sous prétexte de liberté, et de ne plus payer de subsides : lesquelles se nommoient *croquans* (1). Ce duc les défit et les dissipa totalement. Les chefs furent pendus, et cette engeance tout-à-fait exterminée.

L'année passée, le comte d'Harcourt, général de l'armée navale, passa le détroit de Gilbraltar, et hiverna dans les ports de Provence : ce printemps voulant employer son armée, il résolut de faire une descente dans la Sardaigne. Pour cet effet il mouilla, le 21 de février, avec quarante vaisseaux et vingt galères, à une belle et spacieuse rade, défendue d'une tour qui lui tira quelques volées de canon ; et les Français, après lui avoir répondu, forcèrent cette tour et firent leur descente près de la ville d'Oristan, qu'ils pillèrent : mais, sur ce bruit, les Espagnols s'assemblèrent avec les communes du pays; et le comte d'Harcourt n'étant pas en état de leur tenir tête, se rembarqua, et se retira en Provence. Dès qu'il y fut arrivé, il fit dessein d'attaquer les îles de Lérins : et, pour cet effet, il mouilla au Gourgean, en attendant que le vent changeât : ce qui étant arrivé le 24 de mars, il s'approcha, à la portée du mousquet, de la pointe du levant de l'île Sainte-Marguerite, où il fit battre, depuis le matin jusqu'au soir, les forts et les retranchemens que les Espagnols y avoient faits; en sorte que la quantité de coups de canon ayant éboulé la terre, fit brèche au fort de la pointe, nommé le Fortin. Mais les troupes voulant en même temps débarquer, en furent empêchées par une grande pluie et un vent si furieux, que toutes les chaloupes furent écartées; de façon que la descente fut impossible, et la plupart des préparatifs de l'assaut furent perdus. On fut trois jours à réparer cette perte; et le beau temps étant revenu, le chevalier de Cangé s'approcha de la même pointe le 28 : et les commandeurs de Montigny, de Chastelux et des Roches arrivant au même lieu, canonnèrent avec telle furie les travaux des Espagnols, qu'à la faveur de leurs batteries l'infanterie mit pied à terre; et les gardes du comte d'Harcourt allant avec le régiment de Vaillac, l'épée à la main, à eux, essuyèrent une salve de mousquetades, et emportèrent le Fortin, poussant ceux qui le gardoient jusqu'au fort de Monterei. Ensuite quatre pièces de canon ayant roulé pour le battre, ceux qui étoient dedans l'abandonnèrent, et se retirèrent dans le grand fort de Sainte-Marguerite. En même temps le comte d'Harcourt fit mettre à terre toutes les munitions propres pour l'attaque, et fit retrancher son camp : de telle sorte qu'il étoit impossible de le déloger. Il se servit de quatre pièces qu'il trouva dans le fort de Monterei, pour battre les forts de Saint-Martin d'Arragon et la tour de Batiguer, qui furent pris par les soins des comtes de Carce et de Castelan, maréchaux de camp. Et ainsi ne restant plus que le fort de Sainte-Marguerite, le comte d'Harcourt y fit ouvrir la tranchée le 28 d'avril; l'ayant battu de six pièces, il emporta un retranchement où étoit une fontaine qui fournissoit d'eau à la forteresse.

Alors celui qui en étoit gouverneur demanda composition, qui lui fut accordée; et il fut conduit le 12 de mai à Final, laissant toute l'île au pouvoir du comte d'Harcourt. Le lendemain il envoya ordre à Manti, vice-amiral, de s'approcher de la pointe du Frioul, de Saint-Honorat, contre la tour du Levant; et au commandeur des Gouttes d'en faire autant contre celle du Ponent. Le 14 de mai, les Français firent leur descente au nombre de douze cents hommes, à l'abri du canon de Manti et du commandeur des Gouttes; et les régimens de Vaillac et de La Tour s'étant avancés, trouvèrent les redoutes des Espagnols abandonnées : si bien que le seul fort de Saint-Honorat restant, le régiment des galères en emporta d'abord les dehors, et cent hommes de celui de La Tour se logèrent sur le bord du fossé : ce qui intimida tellement les assiégés, qu'ils demandèrent à parlementer, et le lendemain ils sortirent avec armes et bagage. Ce fut le coup d'essai des armes du comte d'Harcourt, dont il poussera plus avant les exploits les années suivantes; et la Provence lui fut très-obligée de la conquête de ces îles, qui tenoient en bride toutes ses côtes. Mais les Espagnols n'en furent pas plus tôt dehors qu'ils firent une entreprise sur Saint-Tropès, qui ne leur réussit pas, à cause qu'ils en furent repoussés par les

---

(1) Homme de néant, misérable.

soins du maréchal de Vitri, et par le commandeur de Poinci, qui se trouva par hasard dans ce port, radoubant ses vaisseaux.

Les exploits de guerre finirent ainsi cette année : mais les intrigues du cabinet donnerent plus de peine au cardinal de Richelieu que toute la guerre étrangère. Le petit coucher du Roi lui donnoit toujours de l'inquiétude, et il eût bien désiré que personne n'eût approché de la personne de Sa Majesté qui n'eût été mis de sa main, parce que le Roi écoutoit aisément les rapports, et même y prenoit plaisir; mais aussitôt il le disoit au cardinal, auquel il ne pouvoit rien céler, et qui ne pardonnoit jamais. Ainsi tel se croyoit fort bien avec le Roi, à cause de la confiance qu'il lui faisoit paroître, qui se trouvoit perdu sans ressource.

L'exemple du père Caussin confirme cette vérité, lequel donna grande alarme au cardinal, et le mit à deux doigts de sa perte. Ce père étoit jésuite, et confesseur du Roi; et cette qualité lui donnoit grande liberté de parler à lui, principalement des cas de conscience, laquelle il avoit fort tendre. Or il y avoit en Piémont un religieux du même ordre, nommé le père Monod, qui étoit fort bien auprès du duc de Savoie, et avoit part dans ses conseils. Etant à la cour, il reconnut qu'il n'étoit pas agréable au cardinal; et même il fut averti de Piémont qu'il étoit suspect en France, et qu'on avoit écrit à la duchesse de Savoie, après la mort du duc, qu'on ne pouvoit traiter avec lui sûrement, parce qu'il étoit d'intelligence avec les princes ses beaux-frères. Cette nouvelle le surprit; mais comme il étoit habile, il dissimula, et ne fit pas semblant d'en savoir rien; il résolut en lui-même de la garder bonne au cardinal, et de s'en venger tôt ou tard. Il en eut belle occasion, en ce qu'il logeoit dans la maison professe des jésuites de la rue Saint-Antoine, où le père Caussin demeuroit, et où il l'entretenoit souvent, à dessein de tailler de la besogne au cardinal. Il le prit du côté de la conscience, lui faisant voir qu'il y alloit du salut d'un confesseur de faire connoître au Roi la vérité qu'on lui déguisoit; et il fit si bien, qu'en partant pour retourner en Piémont il le laissa persuadé de parler au Roi de la bonne sorte. En effet, il lui fit de grands scrupules à confesse de tenir la Reine sa mère exilée, de lui ôter son bien, et ne lui pas donner de quoi vivre, comme aussi de ne pas contribuer à la paix : l'assurant qu'il répondroit un jour devant Dieu de la misère de ses peuples, et des maux que la guerre causoit; que Dieu s'en prendroit à lui, et non à ses ministres. Il lui représenta en même temps qu'il rendroit compte après sa mort de la collation des bénéfices, dont il devoit prendre connoissance lui-même, et ne les donner qu'à des gens capables de les posséder. Ces remontrances firent grande impression sur l'esprit du Roi, qui lui objecta la nécessité de se servir du cardinal dans l'embarras de ses affaires, à cause de sa grande expérience et capacité : mais le père lui dit qu'il s'en trouveroit d'aussi capables que lui, et même lui nomma le duc d'Angoulême. Enfin il le persuada si bien, qu'il lui commanda de voir ce duc de sa part, et de lui dire qu'il se vouloit servir de lui dans ses plus importantes affaires. En même temps l'évêché du Mans vaqua; et le père Caussin ayant dit au Roi qu'il le devoit donner à quelqu'un des siens auxquels il ne faisoit jamais de bien, il nomma pour en être pourvu un de ses aumôniers nommé La Ferté, à l'insu du cardinal, qui en fut bientôt averti par les créatures qu'il avoit auprès de Sa Majesté. Comme il étoit glorieux, il ne voulut pas que cela parût aux yeux du monde : c'est pourquoi il partit aussitôt pour aller à Saint-Germain, où, parlant au Roi des bénéfices vacans, il lui conseilla de faire du bien à ses domestiques, et de donner cet évêché à quelqu'un de ses aumôniers, lui nommant La Ferté. Le Roi s'y accorda tout à l'heure, feignant de n'en avoir pas disposé; et par ce moyen le cardinal sauva les apparences : mais il n'étoit pas content en son ame, et il ne pouvoit deviner qui étoit l'auteur de son déplaisir. Il en fut bientôt éclairci par le duc d'Angoulême, lequel ayant été informé par le père Caussin, ne trouva point de sûreté dans la parole du Roi; et appréhendant qu'il ne le redît au cardinal, comme il avoit accoutumé en cas pareil, dont s'ensuivroit assurément sa perte, il s'en alla le premier à Ruel lui découvrir tout le mystère. Le cardinal lui en sut très-bon gré, et ensuite le père Caussin fut chassé, et relégué en Basse-Bretagne; et pour reconnoissance de l'avis que le duc d'Angoulême lui avoit donné, il procura au comte d'Alais son fils le gouvernement de Provence, vacant par la prison du maréchal de Vitri, qui fut mis dans ce même temps à la Bastille.

En ce même temps, mademoiselle de La Fayette se fit religieuse de Sainte-Marie, au grand regret du Roi. Et pour entendre bien cette affaire, il faut savoir que mademoiselle de Hautefort entra en faveur à Lyon l'an 1630, comme il a été dit ci-dessus; et, par sa vertu et modestie, elle surmonta la jalousie de la Reine, et se mit dans sa confidence, en lui rendant compte de tout ce que le Roi lui disoit, et ayant la dernière complaisance pour elle. Mais elle n'en usoit pas de même avec le Roi, car elle le contrarioit toujours : ils avoient souvent des démêlés ensemble, qui se raccommodoient aisément ; et si elle eût voulu se lier d'intérêts avec le cardinal, elle auroit poussé sa fortune bien haut : mais ayant toujours vécu avec beaucoup d'indifférence pour lui, il ne cherchoit que l'occasion de la perdre. Tellement que sur une dispute qu'elle eut avec le Roi pour un manque de complaisance, ce prince rompit avec elle, et ne lui parla plus. Il ne laissoit pas de l'aimer, car on remarquoit qu'il la regardoit attentivement : et quand il voyoit qu'on y prenoit garde, il détournoit sa vue d'un autre côté. Or comme après de pareilles brouilleries il s'étoit souvent raccommodé, le cardinal, pour empêcher que cela n'arrivât, voulut tâcher de lui faire prendre quelque autre inclination. Il se servit pour ce sujet des ducs d'Halluyn et de Saint-Simon, et de Sanguin, maître d'hôtel ordinaire, qui étoit fort familier avec le Roi : lesquels lui dirent tant de bien de mademoiselle de La Fayette, qu'il commença à lui parler pour faire dépit à l'autre ; mais comme il étoit homme d'habitude, à force de la fréquenter et de la voir l'inclination lui vint pour elle ; et cette amitié s'augmentant, elle entra dans une grande faveur qui dura deux ans, au bout desquels elle se jeta dans les filles de Sainte-Marie de la rue Saint-Antoine, où le Roi l'alloit voir toutes les semaines.

Le sujet de cette retraite n'a pas été trop bien connu ; mais on crut que ce fut à la persuasion de l'évêque de Limoges son oncle, et de la marquise de Seneçay sa proche parente, lesquels avoient eu part dans l'affaire du père Caussin, et s'étoient servis d'elle pour appuyer ses desseins : ce qui étant su du cardinal, ils ne doutèrent point de leur perte. Mais comme il ne vouloit pas directement choquer l'inclination du Roi, il fut bien aise que les autres, pour se sauver de sa vengeance, lui persuadassent d'en user ainsi, sous couleur qu'il lui seroit plus honorable de se retirer dans un couvent sous ombre de dévotion, en méprisant les grandeurs où elle étoit, que d'attendre qu'elle fût chassée par le cardinal, qu'elle avoit offensé : ce qui étoit une chose inévitable. Boisenval, premier valet de chambre, s'en mêla aussi, et il en perdit sa fortune : car le Roi le chassa, et ne le voulut jamais voir depuis. Les visites du Roi à mademoiselle de La Fayette durèrent quatre mois, jusqu'à ce que la passion qu'il avoit naturellement pour mademoiselle de Hautefort se réveillant, lui fit oublier celle-ci ; outre que le cardinal fut bien aise de rompre ce commerce, parce que cette fille vouloit faire profession, et, n'ayant plus d'intérêt dans le monde, seroit capable de parler avec trop de liberté. Ainsi mademoiselle d'Hautefort rentra en plus grande faveur que jamais, et eut la survivance de la charge de dame d'atour de la Reine, qu'avoit la duchesse de La Flotte sa grand'mère, tellement que depuis on l'appela madame de Hautefort.

Durant cet été, il arriva une affaire qui fit grand bruit, laquelle regardoit la Reine. Cette princesse n'étoit pas contente, parce que le Roi son mari ne l'aimoit point, à cause de la stérilité où elle étoit depuis vingt-deux ans qu'elle étoit mariée, laquelle la faisoit mépriser. Le cardinal contribuoit fort au mauvais traitement qu'elle recevoit, tant à cause que la faveur d'une femme près de son mari eût pu diminuer sa puissance, que parce qu'il l'avoit aimée, et n'en avoit reçu que des rebuts. Les déplaisirs qu'elle avoit l'obligèrent d'ouvrir son cœur à ceux en qui elle avoit confiance, et d'avoir recours à ses plus proches, qui étoient ses frères ; et principalement au cardinal infant qui commandoit aux Pays-Bas, auquel elle écrivoit souvent, et recevoit des lettres de lui, qui la consoloient dans ses afflictions. Elle s'enfermoit dans le Val-de-Grâce pour être en liberté, et c'étoit là qu'elle parloit à ceux qui étoient dans sa confidence, et qui étoient dépositaires de ses secrets. Mais le cardinal découvrit bientôt cette intelligence : et sur un avis qu'il eut qu'elle avoit reçu tout fraîchement des lettres du cardinal infant, il le dit au Roi, et fit envoyer le chancelier au Val-de-Grâce, pour la surprendre sur le fait. Il s'y transporta tout aussitôt ; et ayant fait ouvrir la porte du couvent, il alla droit à la chambre de la Reine, laquelle, alarmée de cette venue, donna vitement ses papiers de conséquence à serrer à la mère supérieure, qui étoit sœur de Pontchâteau, et par conséquent cousine germaine du cardinal ; mais nonobstant cette parenté elle conserva une fidélité inviolable pour la Reine, et par son secret elle la sauva d'une perte inévitable. Le chancelier étant entré, lui dit qu'il étoit venu de la part du Roi pour l'interroger sur des crimes dont elle étoit accusée, et principalement d'avoir intelligence avec les Espagnols, ennemis de l'Etat ; de leur avoir écrit, et d'en avoir reçu des lettres. La Reine nia le tout constamment. Ce que voyant le chancelier, il lui dit que le Roi étoit informé qu'il y avoit dans sa cassette des papiers qui le convaincroient ; et en même temps il la fit ouvrir, et tous ses coffres et armoires, et tous les lieux où elle pouvoit avoir caché quelque chose : mais il n'y trouva rien de conséquence. Il ne laissa pas de faire tout inventorier, et de le porter au Roi ; même il usa d'une telle rigueur envers elle, qu'il visita dans ses poches et sous son mouchoir de cou, la traitant comme une criminelle. Elle reçut en même temps ordre d'aller trouver le Roi à Chantilly, avec défense de plus aller dans le Val-de-Grâce, ni dans aucun autre couvent. A son arrivée, elle se trouva abandonnée de tout le monde : car le Roi ne la voulut pas voir, et témoigna tant d'aigreur contre elle, qu'elle fut trois jours dans sa chambre seule avec ses femmes. Or une de ses plus grandes inquiétudes étoit que la duchesse de Chevreuse ne fût arrêtée, laquelle étoit reléguée à Tours, et qui savoit tous ses secrets. Mais elle fit si bien qu'elle lui fit donner avis de ce qui se passoit ; et à l'heure même elle partit de Tours (1), et se sauva en Espagne à cheval, habillée en homme, où elle fut fort bien reçue du roi d'Espagne, en considération de la Reine sa sœur ; de là elle passa en Angleterre, et puis en Flandre, où elle demeura jusqu'après la mort du Roi. Le cardinal, au désespoir de n'avoir rien trouvé de convaincant contre la Reine, fit arrêter La Porte, un de ses valets de chambre, qu'il soupçonnoit d'être l'entremetteur de toutes ces intrigues ; mais il ne put jamais rien tirer de lui : car malgré les mauvais traitemens qu'on lui fit, et sans craindre la question qu'on lui présenta, il ne voulut rien avouer, et garda le secret à sa maîtresse. Enfin le cardinal ne trouvant point de preuves manifestes contre elle, s'entremit de sa réconciliation avec le Roi, qui fut suivie d'une visite qu'il lui rendit dans sa chambre fort froidement ; et depuis il continua d'aller les soirs chez elle avec cette froideur ordinaire, ne parlant ni ne couchant point avec elle.

Cette façon de vivre dura jusqu'au commencement de décembre, que la Reine étant à Paris et le Roi à Versailles, il en partit pour coucher à Saint-Maur. Il passa dans Paris, et s'arrêta aux Filles de Sainte-Marie de la rue Saint-Antoine, pour voir mademoiselle de La Fayette ; mais quand il fut prêt d'en partir il survint une pluie si grande et un vent si impétueux, que toute la campagne fut inondée, et que les hommes et chevaux ne pouvoient aller ; outre que l'obscurité étoit grande, et que les flambeaux ne pouvoient demeurer allumés, à cause du grand vent qui les éteignoit. Cet accident embarrassa fort le Roi, à cause que sa chambre et son lit, et ses officiers de bouche, étoient à Saint-Maur. Il attendit long-temps pour voir si le temps changeroit : mais voyant que ce déluge ne passoit point, l'impatience le prit ; et comme il dit qu'il n'avoit point de chambre au Louvre tendue, ni d'officiers pour lui accommoder à souper, Guitaut, capitaine au régiment des Gardes, qui étoit fort libre avec lui, répondit qu'il falloit qu'il envoyât demander à souper et à coucher à la Reine. Le Roi renvoya bien loin cette proposition, comme fort contraire à son inclination, et s'opiniâtra dans l'espérance que le temps changeroit. Mais voyant que l'orage augmentoit au lieu de diminuer, Guitaut, au hasard d'être encore rebuté, lui fit la même proposition, qui fut un peu mieux reçue que la première fois, seulement le Roi dit que la Reine soupoit et se couchoit trop tard pour lui : mais Guitaut l'assura qu'elle se conformeroit à son heure ; et Sa Majesté se rendant à ses raisons, il partit en diligence pour en avertir la Reine, et faire en sorte que le Roi n'attendît pas long-temps à souper. Elle reçut cette nouvelle avec une joie extrême, d'autant plus grande qu'elle ne s'y attendoit pas ; et ayant donné ses ordres pour faire que le Roi soupât de bonne heure, ils couchèrent ensemble, et cette nuit la Reine devint grosse du Dauphin, qui fut depuis le roi Louis XIV, lequel causera la fin des maux de cette grande princesse, et la mettra un jour au plus haut point d'honneur et de gloire où jamais reine soit parvenue.

---

(1) Larochefaucauld explique plus en détail la conduite de madame de Chevreuse. Voyez ses Mémoires et ceux de La Porte.

QUATRIÈME CAMPAGNE.

[1638] Le commencement de cette année fut plein de joie, par le soupçon de la grossesse de la Reine : elle s'en douta dès la fin de janvier, et d'abord elle tint la chose fort secrète jusqu'à Pâques, que tout le monde le sut. On tâchoit de lui donner toutes sortes de divertissements, et le Roi y prenoit plaisir, tant pour l'amour d'elle que pour celui de madame d'Hautefort, qui étoit tellement rentrée en faveur qu'il ne songeoit plus à mademoiselle de La Fayette ; et quoique son amour n'aboutît qu'à la conversation, sans autre dessein, il ne laissa pas cet hiver d'en être jaloux. Il ne pouvoit souffrir que le marquis de Gêvres lui parlât, quoique ce fût pour l'épouser ; et même il l'éloigna de la cour, et ne lui permit de revenir qu'après lui avoir fait signer qu'il n'y penseroit plus.

Le printemps donna commencement à la guerre : les Suédois passèrent l'hiver dans la Poméranie ; le comte de Hanau prit sa ville de même nom, et Ramsay, qui y commandoit, prisonnier. Les armées de Galas et de Banier, passèrent l'Elbe, et entrèrent dans le Mecklembourg, puis dans la Saxe, et firent une guerre de campagne avec quelques escarmouches sans combat considérable, jusqu'à l'hiver suivant. Mais du côté du Rhin il se passa des choses bien plus remarquables : car le duc de Weimar ne pouvant oublier le dessein qu'il avoit en tête d'avoir un passage sur le Rhin, et piqué d'avoir perdu les forts qu'il avoit fait faire l'année passée dans l'île de Wittemueir, sortit des Franches Montagnes à la fin de janvier, pour exécuter quelque dessein avant que les Impériaux fussent ensemble pour s'y opposer. Il marcha pour cet effet vers le Rhin, dans la pensée de s'emparer de quatre villes forestières ; et pour l'exécution de ce projet il fit mener sur deux chariots force pétards, grenades, échelles, et autres munitions propres à quelque entreprise prompte. Il arriva sur le bord de ce fleuve à une heure de chemin de Lauffenbourg, vis-à-vis duquel un peu plus haut est situé Seckingen ; il fut contraint de séjourner pour laisser ses troupes, qui étoient gelées de l'âpreté du froid, se réchauffer dans les villages. Durant ce séjour, il fit lier des bateaux ensemble, sur lesquels il embarqua de l'infanterie avec des pétards, lesquelles s'empara de Seckingen ; ensuite il fit passer le colonel Schomberg au delà du Rhin, pour attaquer Lauffenbourg de l'autre côté de l'eau, durant que lui-même marchoit pour se saisir de la ville en deçà. Ces deux villes furent prises par pétards ; et le comte de Nassau ayant traversé la rivière sur le pont avec son régiment pour joindre Rose qui avoit passé dans des bateaux, tous deux ensemble emportèrent Waldshut sans résistance. La prise de ces trois villes forestières donna plus d'envie au duc de Weimar d'avoir la quatrième, qui est Rhinfeld, beaucoup plus forte que les autres ; et, pour ne point perdre de temps, il fit marcher le régiment de Kalembac pour l'investir au delà de l'eau, et celui d'Ohem pour en faire autant en deçà. Le 2 de février, toute l'armée y arriva, et forma le siège devant cette place. Le 10 du mois, quatorze pièces commencèrent à la battre ; mais les neiges qui étoient sur terre causoient un tel froid aux soldats, qu'ils ne pouvoient durer dans la tranchée toute pleine d'eau ; et la cavalerie souffroit de grandes incommodités, étant obligée d'être toutes les nuits à cheval pour empêcher le secours. Le duc ne laissoit pas de presser le siège, et même il attacha le mineur au corps de la place. La mine joua deux jours après, et fit une brèche si considérable qu'il fit faire un logement au pied, n'ayant pu le faire plus haut, à cause de la grande résistance des assiégés. Cependant les Impériaux s'assembloient pour secourir cette ville, et ils tentèrent d'y jeter du secours par eau ; mais le duc de Weimar avoit des bateaux armés, qui l'empêchèrent de passer. Ce dessein ne leur ayant pas réussi, ils se joignirent tous ensemble, à savoir Jean de Verth, Savelli, Enkenfort et Sperreuter, marchèrent tout droit à Rhinfeld, à la vue duquel ils parurent le 28 de février. L'armée du duc de Weimar étoit séparée en deux, une au delà de l'eau, et l'autre en deçà ; et comme il ne les pouvoit sitôt assembler, il se prépara pour les recevoir avec celle de delà. Le combat fut fort rude et opiniâtré de part et d'autre, et la victoire fut long-temps en balance, les Impériaux ayant fait plier l'aile gauche du duc de Weimar; mais la droite répara ce malheur : car elle défit ceux qui l'attaquoient, et puis fortifia tellement la gauche, que les Impériaux prirent la fuite, et laissèrent dix de leurs drapeaux. Le duc de Rohan, qui de Bâle étoit venu visiter ce siége, se trouva au combat, où il fut blessé d'un coup de pistolet dans le talon, dont il mourut quelques jours après.

Dans cette confusion, Jean de Verth jeta trois cents hommes dans la place, et puis se retira en désordre à trois lieues de là, où il se rejoignit aux trois autres généraux; et ayant reçu un renfort du gouverneur de Crisach, ils résolurent de faire un second effort pour secourir Rhinfeld. Le duc de Weimar se doutant de leur dessein, et n'ayant point de pont pour joindre ses quartiers, leva le siége, et marcha droit à Lauffenbourg, où il fit passer sur le pont la moitié de son armée qui étoit de l'autre côté. Et ayant tout rassemblé, il alla chercher les Impériaux qui étoient entre la forêt Noire et la ville de Rhinfeld. Il parut devant eux le 3 de mars : et Jean de Verth crut d'abord que c'étoit un parti qui alloit à la guerre, et même il commanda de la cavalerie pour lui couper chemin; mais le reste de l'armée paroissant, lui fit changer de dessein, et mettre la sienne en bataille. L'artillerie du duc de Weimar tira incontinent dessus, et lui causa un peu de désordre; et ensuite toutes ses troupes chargeant en même temps l'infanterie impériale, la mirent en déroute : ce qui mit l'effroi dans la cavalerie, qui prit la fuite, abandonnant le bagage et le canon. La victoire fut chaudement poursuivie par le général major Dubatel. Le régiment de Jean de Verth lâcha le pied le dernier : mais enfin il céda au torrent; et Jean de Verth, combattant vaillamment à la tête fut pris prisonnier avec les généraux Enkenfort, Savelli et Sperreuter. Ainsi le duc de Weimar gagna la bataille, et prit les quatre généraux ennemis prisonniers : qui est une chose fort extraordinaire, et qui n'est peut-être jamais arrivée.

Après cette grande victoire, le duc remit le siége devant Rhinfeld le 4 mars, où, ayant redressé ses batteries, il pressa vigoureusement la place et la réduisit à une telle extrémité, que le 23 du mois il en fut le maître par composition, après avoir fait conduire la garnison à Brisach. Aussitôt que Rhinfeld fut pris, pour ne pas donner le temps aux Impériaux de se reconnoître, il mit le siége devant Fribourg, dont la prise incommoderoit fort Brisach. Il l'attaqua si vivement, qu'au bout de huit jours il se rendit par capitulation le 6 d'avril. Après cette réduction, il tourna toutes ses pensées à se rendre maître de Brisach, qui étoit la principale place que la maison d'Autriche eût en Alsace, laquelle donnoit le passage du Rhin libre, et se pouvoit nommer la clef du reste de la province. Comme cette ville étoit fort importante, il étoit aisé de juger que la maison d'Autriche feroit tous ses efforts pour la conserver, et hasarderoit tout pour en éviter la perte : c'est pourquoi le duc de Weimar ne jugea pas à propos d'en entreprendre le siége légèrement. Mais sur l'avis qu'il eut que l'armée de Jean de Verth avoit consommé tous les vivres qui étoient dedans, et que le gouverneur Reinac avoit envoyé à Bâle pour en faire venir afin de ravitailler sa place, il se posta entre Bâle et Brisach, à dessein d'en empêcher le passage, et mit des troupes dans toutes les avenues par où des rafraîchissemens pouvoient passer. Il fit faire pour cet effet un pont sur le Rhin à Neubourg, pour avoir communication des deux côtés, et avoir l'œil sur toute la campagne, par où il pouvoit venir du secours. Les Impériaux de leur côté ne perdoient aucun temps de se mettre en état de délivrer cette importante ville : le général Gœuts assembloit ses troupes sur les bords du Danube, et s'étoit avancé jusqu'au lac de Constance, pour tâcher de jeter par là des blés dans Brisach, durant que le duc de Lorraine feroit son possible pour en faire passer de la Franche-Comté. Dans ce dessein, Gœuts fit assembler trois cents paysans de la forêt Noire, et résolut de les faire entrer avec chacun un sac de farine, et cinq cents chevaux chargés de blé : mais la garde du duc de Weimar étoit si exacte, qu'il n'y eut que cent cinquante qui passèrent, et le reste fut pris; et Gœuts, ne pouvant plus subsister lui-même, se retira sur le bord du Necker dans le Palatinat, vers Hailbronn. Le duc de Weimar ayant empêché d'entrer ce secours, serra Brisach de plus près, faisant faire une circonvallation avec des forts et des redoutes de distance en distance; en sorte qu'il n'y pouvoit plus rien entrer sans combattre. Il avoit sept mille hommes de pied et six mille chevaux : et sur le bruit de cette grande entreprise, le comte de Guébriant lui amena de la Franche-Comté quatre mille hommes de pied des troupes de la Valteline, et le duc de Longueville eut ordre de suivre le duc de Lorraine, en cas qu'il marchât de ce côté-là. Cependant Gœuts, après avoir mis ensemble quinze mille hommes, vint se camper à Offembourg, et prit si bien son temps, qu'il fit passer, la nuit, un bateau chargé de trois cents sacs de blé qui donnoient pour un mois de vivres aux assiégés, et aussitôt se retira dans le Wittemberg. Le duc de Weimar, pour se rendre maître de la rivière, fit charger un bateau de feux d'artifice pour rompre le pont de la ville; mais Reinac fit planter des pieux dans le Rhin qui arrêtèrent le bateau, et avant qu'ils pussent être rompus le feu prit au bout des mèches, qui fit tout éclater en l'air sans faire de dommage au pont. Le duc ayant manqué ce coup, fut au désespoir de ce qu'un second secours passa sans être vu par dessus ce pont; et ce malheur le fit douter de l'issue de son entreprise, qu'il fut prêt d'abandonner. Mais avant que de lever le siége, il résolut de laisser dans ses retranchemens une garde suffisante pour les conserver, et de marcher droit à Gœuts avec le gros de son armée, pour tâcher à l'attirer à une bataille. Le secours que le vicomte de Turenne lui amena le confirma dans ce dessein, pour l'exécution duquel il partit de son camp, et prit sa marche du côté où étoit Gœuts, lequel faisoit remonter des bateaux sur le Rhin, pour essayer de les faire entrer dans Brisach. Les Impériaux, qui ne s'attendoient pas à cette résolution, furent surpris, quand il parut à leur vue, avec telle promptitude, qu'ils ne purent reculer. Et ainsi les deux armées s'étant mises en bataille près de Seckingen, se heurtèrent l'une contre l'autre le 11 d'août: et le duc de Weimar voyant les autres avantageusement postés sur une hauteur, envoya par l'autre côté de la montagne force tambours et trompettes pour faire bruit. Cette ruse leur fit croire qu'on les attaquoit par derrière, les obligea de faire tourner tête de ce côté-là à une partie de leurs troupes. Il prit ce temps pour se poster sur le bout de cette éminence, afin de combattre en terrain égal; et ayant fait plier quelques escadrons, il se rendit maître de leur canon, qu'il fit pointer contre eux, durant que de l'autre côté les Impériaux s'étoient saisis du sien, qu'ils faisoient tirer contre lui. Mais enfin la cavalerie impériale fut rompue, et prit la fuite en désordre, abandonnant l'infanterie qui fut taillée en pièces, et laissant onze pièces de canon, deux mortiers, quarante-cinq étendards et tous les drapeaux au pouvoir du duc de Weimar, avec tout le bagage. Il poussa vivement sa victoire: car voyant la cavalerie sauvée dans une forêt qui étoit proche, il la traversa, et aperçut au delà qu'elle s'étoit ralliée avec quelque infanterie, et qu'elle se retiroit en ordre par une plaine proche de Rhinau. Il la suivit de près; et l'ayant jointe, il la chargea vigoureusement. Il trouva grande résistance dans les premiers escadrons; mais les ayant rompus, tout le reste se sauva, et ce combat de la seconde journée acheva de donner la victoire complète au duc de Weimar. Cette bataille fut nommée de Rhinau, à cause d'un bourg qui porte ce nom, auprès duquel elle fut donnée. Le duc ayant poussé les Impériaux le reste du jour, rallia toutes ses troupes, et retourna dans ses lignes du camp de Brisach, dans le dessein de le boucler plus exactement que jamais. La joie du duc fut un peu troublée par la prise du général major Dubatel, auquel il avoit grande confiance; mais il ne laissa pas de s'appliquer à fortifier ses retranchemens: et pour empêcher qu'il n'entrât plus de vivres par la rivière, comme il étoit arrivé deux fois, il fit faire deux ponts, l'un au dessus et l'autre au dessous de la ville, avec bonne garde dessus, pour fermer entièrement le passage du Rhin. Mais devant que la circonvallation fût achevée, deux cents Croates partirent de Spire, et par des chemins détournés se jetèrent la nuit dans Brisach, avec chacun un sac de blé en croupe; et les Impériaux voyant que ce petit secours ne pouvoit durer plus de quinze jours aux assiégés, tentèrent d'en jeter un plus grand. Le 20 de septembre, ils firent dans ce dessein partir six régimens de cavalerie commandés par les colonels Trucmuler et Horst, lesquels tâchèrent d'entrer dans la ville par la forêt Noire; mais le colonel Rose en ayant eu avis, alla au devant d'eux, les défit, et les contraignit, pour se mieux sauver, de jeter les sacs de blés qu'ils avoient en croupe, lesquels il fit porter dans le camp pour la subsistance de l'armée.

Le duc de Weimar voyant ce secours venu par la forêt Noire, fit faire de grands abatis d'arbres dedans, pour en fermer le passage et en boucher les avenues: mais, durant qu'il donnoit tous ces ordres, il tomba malade d'une fièvre tierce, qui l'obligea de se faire porter à Colmar pour se faire traiter, laissant le commandement de l'armée au comte de Guébriant. Or l'importance de Brisach étoit si grande, que l'Empereur, le roi d'Espagne et l'électeur de Bavière n'oublioient rien pour le secourir; et l'armée impériale ayant été défaite à la bataille de Rhinau, laquelle ne pouvoit pas se remettre si promptement, l'Empereur manda au duc de Lorraine de faire ses efforts pour jeter des vivres dans la place avant que les lignes fussent davantage fortifiées.

Ce duc, pour obéir à ses ordres, s'avança avec son armée jusqu'à Tann; et le duc de Weimar, retourné au camp après sa guérison, sortit de ses lignes avec les deux tiers de son armée, et marcha droit à Encisheim au devant de lui, où il s'arrêta pour se rafraîchir et savoir de ses nouvelles. Deux jours après, il en partit et arriva à Sennes, deux lieues en deçà de Tann, où il fallut passer un défilé qui dura toute la nuit. Le matin, il découvrit les coureurs du duc de Lorraine qui alloient à lui. Tout le conseil espagnol, qui étoit près de lui, étoit d'avis qu'il se retirât avec son convoi dans Tann; mais comme il n'a jamais cru que sa tête, il se moqua de tout ce que l'on lui disoit, et résolut de combattre; et même le premier il commença la charge à dix heures du matin le 15 d'octobre. Le combat fut fort rude; et, après toutes les décharges faites, on se mêla l'épée à la main, et les deux ducs, se rencontrant tête pour tête, combattirent quelque temps l'un contre l'autre : mais enfin les escadrons lorrains furent renversés, et contraints de lâcher le pied. Ce que voyant le duc de Weimar, il les fit pousser plus vivement et les mit en désordre, en un tel point que tous prirent la fuite : et le duc de Lorraine lui-même se sauva, lui quinzième, dans Tann. L'infanterie se trouva postée en des lieux si avantageux, qu'il fut contraint de faire pointer le canon contre elle pour la rompre; mais le pays étoit si couvert, qu'elle se jeta dans les bois : et le victorieux ne jugeant pas à propos de s'y embarrasser, demeura maître du champ de bataille, du bagage et du canon, et se retira avec son butin à Encisheim. Cette journée a été nommée de Tann, à cause de la ville, qui est ainsi appelée. Le marquis de Bassompierre, neveu du maréchal de même nom, fut pris combattant pour le duc de Lorraine.

Le duc de Weimar, après s'être reposé à Encisheim, retourna dans ses lignes, où il fit attaquer un fort au bout du pont de la ville, qu'il emporta, et par là resserra les assiégés beaucoup plus qu'ils n'étoient auparavant. Cependant le général Gœuts, sachant la défaite des Lorrains, se dépêcha de remettre son armée en état d'entreprendre quelque chose; et après avoir joint Lamboi avec un grand renfort, ils marchèrent tous deux droit aux lignes pour les attaquer. Ils parurent d'abord sur une hauteur, d'où ils découvroient tout le camp du duc de Weimar; lequel voyant ses lignes bien achevées et en fort bon état, résolut de n'en plus sortir, et d'y demeurer pour les défendre. Le jour même, Gœuts fit pointer son canon pour battre le camp du duc; et, la nuit du 22 au 23 d'octobre, il envoya cent cuirassiers et trois cents fantassins pour combler les lignes avec des fascines, qu'il fit soutenir par sept cents hommes au clair de la lune. Il y avoit un fort hors des retranchemens gardé par quarante mousquetaires qui firent grand silence, jusqu'à ce que voyant ces hommes détachés sur le bord de leur fossé, ils mirent le feu à quatre petites pièces chargées à cartouches, qui firent un tel fracas que les enfans perdus jetèrent à bas leurs fascines, et prirent la fuite. Le reste de la nuit se passa sans aucune entreprise : mais, la suivante, Gœuts fit attaquer le fort qui étoit au bout du pont de bateaux, et fit faire quantité de feux le long de la côte pour obscurcir le lieu de l'attaque, durant que Lamboi emporteroit celui du bord des bois. A la pointe du jour du 24, les Impériaux passèrent un étang ayant l'eau jusqu'aux aisselles, et gagnèrent une île qui commande au fort du Pont du côté de Neubourg, qu'ils emportèrent l'épée à la main, et en même temps rompirent les planches du pont de bateaux en beaucoup d'endroits, pour empêcher de passer dessus. En effet, la cavalerie du duc de Weimar voulant venir au secours par dessus ce pont, eut bien de la peine à passer, parce que les cavaliers tomboient au fond des bateaux par les trous où les planches manquoient, d'où on avoit grande peine à les retirer; mais, nonobstant ces difficultés, le colonel Schomberg ayant passé, donna loisir à l'infanterie qui le suivoit de raccommoder les planches, qu'on avoit ôtées de leurs places, en essuyant les salves de la mousqueterie impériale, qui leur tiroit du long des bois. Le pont étant refait, le colonel Smigdberg, avec les Suédois et les Allemands, rattaquèrent ce fort, le prirent, et firent main basse sur tout ce qui étoit dedans. Le comte de Guébriant et le vicomte de Turenne en firent autant dans l'île, où les Impériaux qui étoient dedans furent pris ou noyés. Et quant au fort des Bois que Lamboi avoit pris, le duc l'ayant envoyé reconnoître, trouva qu'il étoit abandonné : alors Gœuts commença sa retraite, Lamboi et lui rejetant l'un sur l'autre le mauvais succès de cette entreprise, où ils perdirent plus de douze cents hommes. Il est vrai que s'ils eussent rompu le pont mieux qu'ils ne firent, et qu'ils eussent jeté dans la rivière les planches qu'ils ôtoient, au lieu de les laisser sur le pont, avant qu'on en eût retrouvé d'autres pour le refaire, Brisach eût été secouru.

Après la retraite des Impériaux, le duc de Weimar commanda au vicomte de Turenne d'attaquer, avec quatre cents hommes, un fort qui étoit sur un des bras du Rhin; ce qu'il exécuta si courageusement qu'il s'en rendit maître, et tua tout ce qui étoit dedans. Mais la nouvelle qu'il eut que le duc de Lorraine avoit pris la ville d'Encisheim, dont le château se défendoit, l'obligea de détacher le colonel Rose pour le secourir; ce qu'il fit aisément : car à son approche Mercy leva le siége et quitta la ville; mais dans la retraite Rose chargea son arrière-garde, qu'il battit, et lui prit trois pièces de canon. Le premier de novembre, après son retour dans le camp, le duc envoya sommer le colonel Reinac, sur ce que toute espérance de secours lui étoit ôtée par la défaite de tant d'armées; mais il répondit fort fièrement, ne voulant entendre à aucun traité. Si bien que le duc appréhendant que Savelli, qui s'étoit sauvé de prison, ne se joignît au duc de Lorraine, et eux à Gœuts et à Lamboi pour faire encore un effort de secourir Brisach, manda au duc de Longueville, dans la Franche-Comté, qu'il le prioit de les suivre avec son armée, afin que s'ils venoient de son côté il se pût joindre à lui. Ce duc étoit entré dans le comté de Bourgogne dès le commencement de la campagne, et avoit battu le duc de Lorraine, et lui avoit pris deux pièces de canon. Ensuite il prit la ville et le château de Poligny, et se saisit d'Arbois, d'où il marcha vers la Saône qu'il passa, et après plusieurs volées de canon se rendit maître du château d'Autré. Là, se souvenant de la révolte de ceux de Chamite, qui avoient coupé la gorge à la garnison française, il y alla mettre le siége ; et l'ayant battu à coups de canon, l'emporta d'assaut, et donna la ville au pillage, qui fut entièrement saccagée. Ce fut là qu'il reçut des nouvelles du duc de Weimar, qui l'obligèrent de marcher en Lorraine pour côtoyer le duc Savelli, qui alloit joindre le duc de Lorraine dans le dessein de secourir Brisach. Pour avoir plus de commodité dans sa marche, il sépara ses troupes en plusieurs corps. Il envoya Roque Servières, maréchal de bataille, par Genève, avec une partie de l'infanterie ; La Mothe-Houdancourt par Langres ; et lui, avec la cavalerie, prit le chemin de Lorraine, où il rejoignit La Mothe près de Marsal. Le lendemain, il eut avis que le duc de Lorraine avoit pris la ville et le château de Lunéville, et que le duc Savelli s'approchoit pour le joindre ; aussitôt il dépêcha Feuquières avec quatre cents chevaux pour apprendre de leurs nouvelles, durant qu'il suivoit avec le reste de l'armée. Feuquières s'avança jusqu'à Richecour, où il aperçut des fumées : ce qui lui fit croire qu'il y avoit des troupes dedans ; en même temps il vit le bagage du duc Savelli qui en sortoit, escorté de deux cents hommes de pied et de deux escadrons. Alors il commanda à Beauregard-Champrou et à Marchin de les charger : ce qu'ils firent si vertement qu'ils les mirent en fuite, et l'infanterie se jeta dans les chariots de bagage pour s'y barricader ; mais au même temps Feuquières vit l'armée de Savelli qui marchoit dans la plaine du côté de Blamont, dont il donna aussitôt avis au duc de Longueville, lequel laissant son bagage à Rosières pour aller plus diligemment, arriva le 7 de novembre au lieu où étoit Feuquières, et d'abord chargea Savelli, dont la cavalerie s'enfuit, et l'infanterie se sauva dans Blamont, qui fut promptement investi. Les régimens de Picardie et de Normandie furent commandés pour attaquer la basse-cour du château, qui fut emportée ; ensuite on battit rudement le donjon, et on le pressa si vivement que le lendemain huit cents hommes de pied qui étoient dedans se rendirent prisonniers de guerre. Le jour même, la ville capitula avec le reste de l'infanterie, qui se rendit avec quatre cents chevaux, le canon et bagage. Le vicomte d'Arpajon partit incontinent après pour investir Lunéville, où le duc de Longueville arriva le lendemain, et le fit attaquer aussitôt : la ville fut prise le lendemain, et le château un jour après, à condition que les soldats demeureroient prisonniers de guerre. De là, Feuquières partit avec une grande partie de l'armée pour aller joindre le duc de Weimar au siége de Brisach qui tenoit toujours, quoiqu'il fût bloqué dès la fin d'avril. Ce siége étoit si considérable, que la vue de toute l'Europe étoit attachée dessus, comme étant la décision des affaires d'Allemagne. Aussi toutes les forces de la maison d'Autriche furent employées pour sauver cette ville, mais toujours avec malheureux succès : et à la fin les vivres diminuèrent tellement dedans, que les soldats, après avoir consumé les viandes, furent réduits aux chiens, chats, rats et cuirs. Le colonel Reinac en donna avis à l'empereur ; mais la seule espérance qui lui restoit étant perdue par la défaite de Savelli, et voyant l'armée du duc de Longueville arrivée dans les lignes, et toutes celles de l'Empereur si maltraitées qu'elles n'osoient plus paroître, il ne vit plus de moyen d'éviter sa perte qu'en se rendant. C'est pourquoi il capitula le 14 de décembre ; et le 17 il sortit de Brisach, où le duc de Weimar fit son entrée le 19. Il y trouva douze cents pièces de canon et quantité de munitions de guerre. Le jour même, le château de Lanscroon se rendit à lui ; et l'Empereur fut si outré de cette perte, qu'il envoya le comte de Mansfeld arrêter le général Gœuts, lequel il fit conduire avec sûre garde à Vienne. Ainsi cette importante ville de Brisach sortit de la sujétion de la maison d'Autriche, et par même moyen tout le reste de l'Alsace, qui tomba sous la domination de la France, qui vit par là ses limites étendues jusqu'au Rhin : et le duc de Weimar, comblé de gloire après cette heureuse conquête, établit dedans pour gouverner le colonel Erlac, suisse ; puis il mit ses troupes en garnison, pour se rafraîchir après tant de travaux et de fatigues souffertes durant cette longue, glorieuse et triomphante campagne.

Du côté des Pays-Bas, le cardinal de Richelieu fit mettre trois armées en campagne, une sous le maréchal de La Force, l'autre sous celui de Châtillon, et l'autre commandée par le maréchal de Brezé. La seconde entra la première dans l'Artois, et campa le 21 de mai à l'abbaye de Cercamp. Le lendemain, le comte de Saligny, maréchal de camp, se présenta devant Saint-Paul, qui se rendit à la vue du canon. Toute l'armée marcha jusqu'à Pernes, qu'elle trouva abandonnée. De là, le maréchal de Châtillon fut reconnoître Aire, et rejoignit l'armée à Terouane. Le 25, il campa à Blandée et Arques; et le 26 il investit Saint-Omer, et envoya La Ferté-Imbault se saisir des forts du Neuf-Fossé, qui est tiré depuis la rivière du Lys jusqu'à celle d'Aa, et sépare la Flandre de l'Artois. Ces forts furent pris facilement, et l'abbaye de Clermarais endura quelques volées de canon, où Campi, capitaine au régiment de Navarre, perdit le bras. Le 29, le maréchal fit faire un fort à Saint-Momelin, qu'il nomma du Bac, à cause que c'étoit le lieu où on passoit dans un bac la rivière d'Aa, de laquelle sort un canal qui va à Saint-Omer, où il y a un marais par lequel il étoit difficile qu'il n'entrât du secours dans la ville assiégée. Du Hallier, lieutenant général, s'empara de l'abbaye d'Ouate, et le colonel Silar surprit et pilla la ville de Casser, située sur un haut d'où on découvre toute la Flandre. On travailla en même temps à la circonvallation, qui devoit avoir six lieues de tour: car, outre que la ville est fort grande, les hauteurs qu'il falloit gagner, et les marais, emportoient beaucoup de terrain, et obligeoient de faire la ligne de plus grande étendue. Et comme le fort du Bac étoit de grande conséquence, le maréchal de Châtillon envoya les régimens d'Espagni et de Fouquerolles pour le garder; mais comme ils n'y pouvoient pas aller tout droit à cause des marais, ils furent contraints de tourner à l'entour, et de prendre un chemin de deux lieues, dans lequel ils rencontrèrent le prince Thomas avec quatre mille hommes de pied, deux mille chevaux et quatre pièces de canon, qui les tailla en pièces, et prit ou tua tout ce qui y étoit; et entre autres Fouquerolles, mestre de camp, fut tué d'un coup de mousquet, et le jeune d'Espagni aussi, dont le père, mestre de camp, fut pris. Ceux de Saint-Omer firent dans ce même temps une sortie dans des bateaux, et allèrent au devant du prince Thomas, qui embarqua avec eux huit cents hommes qu'ils ramenèrent dans la ville, nonobstant le canon des François et les salves de leur mousqueterie. Ce secours n'empêcha pas le maréchal de Châtillon de continuer le siége, et de travailler aux lignes, forts et redoutes, depuis son quartier qui étoit à la tête du marais, au-dessus de la ville, et celui de Du Hallier qui joignoit le bac, et celui de Clermarais qui fut en défense le 14 de juin, dans lequel étoit retranchée la Chartreuse. Tout étoit en fort bon état, et il n'y avoit que le marais à craindre, qui étoit difficile à boucher; et pour y donner ordre, on fit faire des redoutes où il y avoit de la terre, et où elle manquoit on avoit embarrassé le passage avec des chandeliers et des cavaliers flottans, sur lesquels il y avoit du canon pour faciliter les convois. Le maréchal de La Force vint se poster à Zoaf avec son armée, d'où il venoit de temps en temps au siége conférer avec le maréchal de Châtillon; surtout on fortifioit bien le fort du Bac situé dans le marais, et on y mit Manicamp pour commander, et bonne garnison dans celui de Clermarais, qui étoit de l'autre côté. Les lignes étant achevées, la nuit du 29 au 30 de juin la tranchée fut ouverte, et le 2 de juillet les assiégés firent une sortie, à l'attaque de Du Hallier, sur le régiment écossais de Douglas, qui les repoussa jusque dans leurs dehors.

Cependant les Espagnols étoient résolus, à quelque prix que ce fût, de secourir Saint-Omer. Ils se séparèrent en deux corps, l'un sous le prince Thomas, qui devoit attaquer par le marais; et l'autre sous Piccolomini, qui devoit hasarder par le quartier de Châtillon. Ce maréchal prévoyant ce dessein, et jugeant qu'il n'auroit pas assez de troupes pour garnir une si grande circonvallation, dépêcha le colonel Gassion au maréchal de La Force, pour l'obliger de venir camper avec lui dans les lignes, afin de les mieux défendre. Il accepta ce parti, après qu'il auroit fait passer un convoi au devant duquel il alloit, qui mettroit des vivres dans le camp jusqu'à la fin du siége. Ce grand convoi étant arrivé dans son camp, les batteurs d'estrade donnèrent avis que les Espagnols paroissoient du côté de Polincoue: ce qui fut confirmé par celui qui commandoit dans Zukerke, lequel mandoit que quatre mille chevaux avoient passé sur la digue de Hennin, qui traverse le marais de Bourbourg. Cet avis obligea le maréchal de La Force de mettre son armée en bataille; et ayant donné l'aile droite à commander au vicomte d'Arpajon son lieutenant général, et la gauche à Biscarat, maréchal de camp, il marcha de ce côté-là, où il rencontra quatre cents Croates dans la plaine, qui se retirèrent dans les haies de Polincoue, derrière lequel la cavalerie espagnole étoit en bataille. Aussitôt le vicomte d'Arpajon fit passer la haie à la sienne avec les régimens de Piémont et de la Marine, et chargea les ennemis, qui soutinrent vaillamment ce choc avec douze escadrons, qui ne purent être enfoncés; mais l'infanterie françoise fit une décharge si à propos qu'elle ébranla cette cavalerie, qui commença à tourner tête et recula cent pas, et puis fit ferme;

mais le maréchal de La Force ayant fait pointer son artillerie contre, la mit en quelque désordre; et la cavalerie française donnant là dessus, acheva de la rompre et de la faire fuir : en sorte que les Français les poussant l'épée dans les reins, ils se jetoient dans le canal et se noyoient, la digue de Rumiguen n'étant pas assez grande pour les tenir tous courant si à la hâte. Ainsi beaucoup furent pris ou noyés. Du côté des Français, des Roches, Saint-Quentin et le marquis de La Troussey furent tués; Maroles y fut blessé, et Pouillac, du régiment des Gardes, commandant les enfans perdus; le marquis de Fors, volontaire, fut pris prisonnier. Mais durant ce combat le prince Thomas attaqua les lignes par le marais, où il emporta trois redoutes, desquelles il rompit les digues qui donnoient communication au camp, et le jour même jeta du secours dans la ville. Le maréchal de Châtillon voyant ce désordre, envoya le comte d'Avaugour avec le régiment de Navarre pour reprendre ce poste; mais trouvant le lieu fort marécageux et difficile, il fit mettre dans l'eau six cents soldats jusqu'à la ceinture, lesquels furent reçus si rudement qu'ils furent contraints de quitter leur entreprise, dans laquelle le marquis de La Barre, lieutenant général de l'artillerie, fut tué, Fontenay-Coup-d'Épée, lieutenant colonel de Navarre; Monbleru et Angerville, capitaines, fort blessés, dont le dernier mourut. Cependant le maréchal de La Force avoit joint celui de Châtillon, mais trop tard; et, sur l'état où étoient les affaires, ils eurent grande dispute. Le dernier, piqué au vif de ce qu'il avoit promis au Roi qu'il prendroit Saint-Omer, soutenoit qu'il falloit donner dans le marais avec toute l'infanterie, en chasser le prince Thomas, et continuer le siége; mais le premier étoit de contraire avis, disant que le prince Thomas étoit dans un lieu si inaccessible qu'il étoit impossible de l'en chasser, et que ce seroit exposer inconsidérément l'infanterie françoise, sans espérance de réussir; et par conséquent il concluoit à lever le siége. Le maréchal de Châtillon s'y opposoit formellement, et même ils en vinrent à des paroles aigres et piquantes, qui les obligèrent d'écrire à la cour les uns contre les autres : mais leur différend fut vidé par la prise du fort du Bac, dans lequel Manicamp s'étant bien défendu, se rendit à condition qu'il seroit ramené en France en toute sûreté : et ayant oublié de mettre dans sa capitulation *Par le plus court chemin*, les Espagnols lui firent traverser tout leur pays, et l'envoyèrent à Metz, afin que ses troupes fussent inutiles le reste de la campagne. Alors le prince Thomas étant maître de tout le marais par ce fort, et pouvant mettre dans la ville tant de monde qu'il vouloit, le maréchal de Châtillon se rendit, à son grand regret; et le 15 de juillet on leva le siége pour camper à Fervaques, et le 17 à Nièle, où on séjourna huit jours. De là l'armée campa à Fruges, où les paysans se défendirent dans une tour fortifiée qui endura quantité de coups de canon, dont Betancour, capitaine au régiment de Champagne, fut tué. Le lendemain elle fut à Lisbourg, source du Lys, d'où elle partit sans bagage pour marcher du côté de Liettre, où on disoit que les Espagnols défiloient sur la Laquette. Les généraux s'arrêtèrent au moulin de Lare, d'où l'on découvre tout le pays jusqu'à Aire; mais les maréchaux n'ayant point de nouvelles de leur marche, retournèrent à Lisbourg, d'où ils furent camper à Ukingen, et de là ils furent investir Renti le dernier de juillet.

Le maréchal de La Force prit son quartier à Fasq, et celui de Châtillon à Fusquemberg. La nuit du 2 au 3 d'août, on ouvrit la tranchée, qui fut conduite en deux jours sur le bord du fossé; on fit une batterie à mi-côte pour battre deux bastions des quatre dont cette place étoit composée; puis on en fit une autre sur le bord du fossé, laquelle les mit tout en poudre. Tellement qu'un mineur s'étant logé dans une ouverture faite par le canon, obligea Caloigne, qui en étoit gouverneur, et qui ne vouloit pas attendre l'effet de la mine, de capituler, et de sortir le 9 d'août. Le marquis d'Alluye, fils aîné du marquis de Sourdis, fut tué à ce siège; son régiment fut donné au comte d'Onzain, fils du marquis de Vibray. Cette petite place fut rasée par ordre de la cour.

Or, comme les deux maréchaux avoient écrit l'un contre l'autre au Roi et au cardinal, le maréchal de La Force, après la prise de Renti, reçut commandement de quitter l'armée, et d'aller à Abbeville trouver le Roi. Tout le monde crut qu'on le retiroit de l'armée pour ne l'y plus renvoyer, et qu'ainsi le maréchal de Châtillon avoit gagné sa cause; mais on fut fort étonné quand on le vit revenir trois jours après reprendre le commandement à l'ordinaire. Après son retour, l'armée passa le Ternois à Blangy, et marcha vers la tête de Canche, d'où elle alla se camper à Rivière, et y séjourna quelque temps.

Il a été dit ci-devant que le maréchal de Brezé commandoit la troisième armée des Pays-Bas : elle s'étoit assemblée en Champagne, et s'étoit avancée vers l'Artois; mais après la prise de Renti ce maréchal s'ennuyant du commandement de l'armée, et pressé du désir de retourner en sa maison de Milly en Anjou, pour y manger des melons, dont la saison se passoit, manda au cardinal, son beau-frère, que s'il ne lui faisoit envoyer son congé par le Roi, il le prendroit, et laisseroit l'armée. Le cardinal fut fort fâché de cette boutade; et connoissant le caprice de son esprit, il cacha au Roi cette mauvaise humeur, il lui envoya son congé sous prétexte de maladie. Il enrageoit néanmoins de voir l'extravagance de son beau-frère, qui n'avoit aucune complaisance pour lui, et recevoir comme malgré lui les honneurs qu'il lui procuroit, n'ayant autre ambition que de demeurer chez lui pour chasser, et persécuter la noblesse sur la chasse, même les plus grands, se fiant sur son autorité. Quoiqu'il fût fort outré de ce bizarre procédé, il se consola d'un autre côté sur ce qu'il étoit difficile qu'il ne mît en sa place quelqu'un qui ne fût plus capable que lui. Du Hallier fut choisi pour cet emploi, pour lequel il quitta l'armée du maréchal de Châtillon, et s'alla rendre dans celle du maréchal de Brezé, qu'il devoit commander en chef. Comme elle étoit fraîche et qu'elle n'avoit rien fait de l'année, elle fut destinée pour exécuter quelque dessein. D'abord le cardinal eut envie de faire le siége de Hesdin; mais la force de la place et la saison trop avancée firent changer ce projet, et Du Hallier eut ordre de marcher vers Péronne, d'où il envoya deux mille chevaux investir le Catelet, devant lequel il arriva le 24 d'août. Les maréchaux de La Force et de Châtillon vinrent camper à l'abbaye de Vaucelles, entre Cambray et le Catelet, pour s'opposer au secours durant que la circonvallation se faisoit: laquelle ne fut pas plus tôt fermée qu'on ouvrit la tranchée; et les batteries furent dressées si promptement et si bien servies, que le 8 de septembre Du Hallier fut maître de la contrescarpe, et fit sa descente dans le fossé, qui est sec et défendu par des flancs bas, qui n'empêchèrent pas d'attacher le mineur au bastion. La première mine fit peut d'effet, à cause des casemates qui sont dans les quatre bastions de cette place, qui donnèrent évent à la mine. Pour remédier à ce mal, on alla par fourneaux, lesquels firent grandes brèches qui furent jugées raisonnables pour donner. Le régiment des Gardes fut commandé d'un côté, et le régiment de Picardie de l'autre; ils montèrent tous deux à l'assaut à la faveur des batteries, qui tiroient incessamment sur le haut de la brèche, pour empêcher personne de paroître. La résistance fut médiocre, et le Catelet fut emporté d'assaut. Toute la garnison fut prise ou tuée; et Gabriel de Las-Torres, gouverneur, fut pris. Bellefonds, maréchal de camp, eut ce gouvernement. Durant ce siége, le maréchal de Châtillon eut ordre de laisser le commandement de l'armée au maréchal de La Force, et de se retirer en sa maison de Châtillon-sur-Loing. La lettre du Roi portoit qu'il ne pouvoit ôter de son esprit le mauvais succès du siége de Saint-Omer, duquel il lui attribuoit la faute. Dans ce même temps, le colonel Gassion escarmouchant avec les troupes de Piccolomini, ce général lui manda qu'il avoit tant ouï parler de lui et de ses belles actions, qu'il désiroit fort de le voir; et que s'il vouloit s'avancer, ils causeroient ensemble. Sur sa parole, ce parti fut accepté par le colonel, auquel Piccolomini fit mille honneurs; et, après une conversation d'une heure, ils se séparèrent avec beaucoup de civilité. Cette rencontre fut la fin de la campagne.

Le prince d'Orange avoit promis de faire une grande diversion de son côté. En effet, si ses desseins eussent réussi, il eût exécuté une belle entreprise: car il avoit jeté les yeux sur Anvers, comme la plus considérable ville des Pays-Bas, et laquelle avoit autrefois tout le commerce qui est présentement à Amsterdam. Il embarqua pour ce sujet son infanterie et son canon à Berg-op-Zoom, et les fit débarquer au Polare de Doel, où quinze cents hommes se mirent dans la boue jusqu'à la ceinture par le pays inondé, et surprirent deux redoutes sur la digue, et le fort de Calloo qui est sur l'Escaut, au dessus d'Anvers. Ils emportèrent ensuite le fort de Wertbrooc; mais le cardinal infant voyant leur dessein formé sur Anvers, entra dans la ville pour la rassurer; et ayant mis son armée en campagne, fondit sur le quartier du comte Guillaume, lequel se voyant séparé du prince d'Orange par les eaux, qui l'empêchoient de le venir secourir, quitta les forts, et se rembarqua pour se retirer. Son arrière-garde fut maltraitée dans sa retraite, où il perdit son canon et son fils unique le comte Maurice, âgé de vingt-un ans. Ainsi ce grand dessein d'Anvers se tourna en fumée. Le prince d'Orange, piqué d'avoir manqué son coup, résolut d'en tirer sa revanche: et voyant la difficulté d'entreprendre dans des pays inondés où on ne peut aller qu'à la nage, il fit le dessein d'attaquer quelque place dans la terre ferme. Dans cette pensée ayant rassemblé son armée, il jeta les yeux sur Gueldres, et l'envoya investir par le comte Henry de Nassau, qu'il suivit avec le reste des troupes. Il fit travailler aussitôt à la circonvallation: mais, avant qu'elle fût achevée, le cardinal infant força le quartier du comte Henri, prit son canon et bagage, et secourut la ville. Le prince d'Orange voyant ce mauvais succès, ne jugea pas à propos de faire aucune entreprise dans le reste de l'année; et s'étant retiré dans son pays, il mit bientôt après son armée en garnison.

Du côté d'Italie, le marquis de Léganès ne pouvoit souffrir la fortification de Brême sur le Pô, qui donnoit aux Français une entrée dans le Milanais, qu'ils incommodoient fort par leurs courses. Cela l'obligea de mettre de bonne heure ses troupes en campagne; et avant que l'armée française pût être assemblée, il investit Brême au commencement de mars, et se retrancha devant en diligence. Cette nouvelle alarma le maréchal de Créqui, qui étoit à Turin: lequel n'étant pas encore en état de marcher pour le secourir, s'avança seulement avec un camp volant du côté de la place assiégée, et avec peu de gens alla reconnoître le camp des Espagnols, pour découvrir par quel endroit il pourroit y jeter du secours: mais étant sur une hauteur de laquelle il voyoit tout leur campement, une pièce de canon fut tirée des lignes, dont le boulet lui donna dans le corps, et le jeta de dessus son cheval à terre. Ainsi finit glorieusement le duc de Créqui, pair et maréchal de France, regretté de tous les gens de guerre et de tous les honnêtes gens de la cour, après avoir servi les rois ses maîtres avec beaucoup de courage et de fidélité dès son enfance, et appris son métier sous le connétable de Lesdiguières, qui l'avoit choisi pour son gendre, par l'estime qu'il faisoit de sa personne.

Cette mort avança la perte de Brême, parce que les Français étant sans général ordonnèrent aux Espagnols de presser vivement la place, laquelle leur fut rendue à composition par Montgaillard avant que la mine eût joué: ce qui fut cause qu'il eut la tête tranchée. Après la prise de Brême, les Espagnols se remirent dans leurs quartiers, et le cardinal de La Valette et le duc de Candale son frère furent envoyés pour commander l'armée en la place du maréchal de Créqui. Ils furent à Turin jusqu'à la fin de mai, avec le comte de Guiche, qui étoit venu avec eux pour servir de maréchal de camp. Au commencement de juin, les Espagnols et eux se mirent en campagne, mais avec des forces inégales: car les Espagnols se trouvèrent les plus forts, et par conséquent maîtres de la campagne. Le marquis de Léganès, voulant profiter de cet avantage, tourna droit à Verceil, qu'il investit. Sur cette nouvelle, la duchesse régente de Savoie donna les ordres nécessaires pour le secours, et alla elle-même à l'armée dans une litière découverte, d'où elle parloit aux officiers, les encourageant de faire leur devoir pour secourir cette place si importante au duc François-Hyacinthe son fils, et dans laquelle le feu duc son mari étoit enterré. Après avoir ainsi harangué l'armée, elle se retira à Cresentin, et le cardinal de La Valette traversa la plaine de Vertole et s'avança du côté de Verceil, où les Espagnols se retranchoient en grande diligence, y faisant travailler continuellement quatre mille paysans de Lomeline; de sorte qu'à l'arrivée des Français la circonvallation étoit quasi fermée. Comme la garnison étoit foible, les généraux craignirent de n'avoir pas le temps d'y jeter du secours: c'est pourquoi ils se hâtèrent de l'entreprendre avant que les lignes fussent achevées; mais les pluies continuelles qu'il fit dans ce temps-là, dans un pays coupé de rivières, avoient tellement gâté les chemins, que le canon ne pouvoit rouler qu'avec beaucoup de difficulté, ni l'armée marcher qu'en défilant. Ces obstacles obligèrent les Français de prendre une autre route, et de passer la Sesia pour entrer dans le Milanais, où ils firent faire un pont qu'ils fortifièrent aux deux bouts; et ayant coulé du long de la rivière jusque proche des lignes, ils se mirent en bataille, où ils ne demeurèrent pas long-temps à cause des coups de canon, qui les contraignirent de s'éloigner. Les généraux, ayant bien reconnu la situation du lieu, découvrirent que la jonction de la Sesia et du Servo faisoient une île assez proche de la ville, par laquelle on pouvoit y faire entrer du secours. Dès le soir même ils commandèrent à Senantes, avec deux mille hommes, de faire ses efforts pour se jeter par là dans Verceil; il exécuta cet ordre fort hardiment: car ayant forcé deux redoutes, il entra heureusement dans la place. Les assiégés eurent une joie extrême de ce secours, qu'ils témoignèrent par leurs cris et le carillon de leurs cloches. Aussitôt l'armée marcha pour prendre un poste d'où elle pût couper les vivres aux Espagnols, laquelle ouvrit la tranchée, et fit deux batteries pour rompre les défenses et abattre les parapets. Ils poussèrent si vivement leur travail, qu'ils furent bientôt maîtres de la contrescarpe. Les assiégés, pour retarder leur attaque, firent une grande sortie, laquelle fut vertement repoussée; et la difficulté d'avoir des vivres faisoit tellement souffrir les Espagnols, qu'ils pressoient la place avec beaucoup plus de diligence, principalement depuis que le comte de Guiche eut pris un de leurs convois dans le bourg de Palastro. La Sesia servoit d'un côté de retranchement à leur camp, et les Français étoient de l'autre côté l'eau, où ils avoient dressé une batterie de seize pièces qui incommodoit fort leurs logemens, et par même moyen coupoit tous les vivres qui leur venoient du Milanais. La crainte qu'ils eurent de manquer de subsistance leur fit tellement diligenter leurs travaux, qu'ils attachèrent les mineurs au corps de la place, où les mines firent grande brèche : ils donnèrent aussitôt l'assaut, par lequel, malgré la résistance des assiégés, ils se logèrent sur le bastion, duquel voyant les rues de la ville, ils n'avoient plus que vingt-quatre heures pour la forcer. Cette considération obligea les assiégés de capituler pour sauver les bourgeois du pillage, et de sortir le 5 de juillet, remettant Verceil au pouvoir des Espagnols. Cette prise causa une grande consternation à la duchesse régente, car elle perdoit une clef de son pays ; et ce fut le commencement de ses maux, lesquels allèrent toujours en augmentant : car bientôt après le duc de Savoie François-Hyacinthe, son fils, mourut âgé de sept à huit ans, qui ne régna qu'un an, et fut enterré le jour même de l'anniversaire du duc son père. Cette mort causa de grands troubles dans ce pays, parce que le duc son père, en mourant, avoit déclaré la duchesse sa femme régente durant la minorité de son fils. Or, les princes ses beaux-frères eussent bien voulu s'opposer à sa régence ; mais la disposition du défunt et le bon ordre qu'elle mit à ses affaires les empêcha de pouvoir rien entreprendre contre son autorité. La mort de ce petit duc changea bien la face des affaires : car la perte de Verceil donna de l'audace aux séditieux partisans des princes, qui prétendoient que la mort du duc François-Hyacinthe mettoit fin au testament de son père, et par conséquent à la régence de la duchesse ; et qu'à l'avénement à la couronne du duc Charles-Emmanuel son second fils, il étoit nécessaire que les Etats s'assemblassent pour ordonner une nouvelle régence, ou que l'Empereur en disposât comme d'un fief de l'Empire. Ils publioient qu'il n'étoit pas raisonnable de commettre l'administration entre les mains d'une Française, qui préféreroit les intérêts du Roi son frère à ceux de leur maison, et rendroit les François si puissans dans le Piémont, qu'on ne pourroit plus les en chasser. Ces raisons étoient appuyées de la faveur des peuples, qui favorisoient hautement les princes : c'est pourquoi la régente envoya en France solliciter un puissant secours contre une si grande conspiration.

La victoire remportée l'année passée par le maréchal de Schomberg devant Leucate fit résoudre le cardinal de Richelieu de porter cette année la guerre dans l'Espagne, et d'y attaquer quelque place de conséquence. Il fit pour ce sujet le prince de Condé général de cette armée, le duc de La Valette lieutenant général, le duc de Saint-Simon y commanda la cavalerie, et le comte de Gramont, le marquis de Gêvres et d'Epernon y servirent de maréchaux de camp. Le prince sépara son armée en trois corps, dont deux arrivèrent à Saint-Jean-Pied-de-Port, et l'autre à Bayonne. Cette marche obligea les Espagnols de jeter leurs forces dans Pampelune et les autres places de Navarre : mais tout d'un coup les trois corps se rejoignirent à Saint-Jean-de-Luz, et passèrent le Pas de Béhobie, qui sépare la France et l'Espagne sur la rivière de la Bidassoa, laquelle étoit guéable. Les Espagnols défendirent ce passage avec deux mille hommes, qui furent attaqués si vivement qu'ils furent contraints de reculer et de se retirer à Irun, où les François entrèrent pêle-mêle avec eux. Le marquis de La Force y arriva avec un renfort, et d'Espenan fut détaché de là pour se saisir du Port-du-Passage, où le roi d'Espagne tient ses grands vaisseaux, et où il préparoit une flotte considérable. Il s'en empara sans résistance, ayant trouvé les forts et les galions abandonnés. Aussitôt après, le prince de Condé investit Fontarabie, et fit travailler à la ligne, qui fut bientôt achevée, parce que le pays est si rude et montueux, qu'il est aisé d'en empêcher l'abord. La tranchée fut ouverte à la mi-juillet par deux endroits, et les batteries dressées deux jours après. Le prince avoit des pinasses sur mer, pour empêcher qu'il n'y entrât des rafraichissemens par eau ; mais quelques barques sorties de Saint-Sébastien ne laissoient pas souvent de passer, la nuit, jusqu'à l'arrivée de l'archevêque de Bordeaux avec l'armée navale, qui arrêta ces petits secours. Peu après qu'il y fut arrivé, il eut avis qu'il y avoit dix-sept galions espagnols à la rade de la ville de Gattari. Il mit aussitôt les voiles au vent, et les fut attaquer sous le canon des forts, et les canonna si rudement, qu'il en coula à fond ou brûla une partie. Le siége cependant s'avançoit fort : car les régimens d'Enghien et de Guienne avoient fait le logement sur la contrescarpe, et travailloient à descendre dans le fossé. Le 8 d'août, les mineurs furent attachés aux bastions, et le jour même le marquis de Gêvres sortit des lignes pour charger un corps d'Espagnols qui s'assembloient à Oviarzon et Arnavi, et qui prit la fuite à son arrivée. Il les suivit jusqu'à Tolosette, et en prit beaucoup de prisonniers. Le soir, les assiégés firent une grande sortie qui fut bien repoussée. En quatre jours les mines furent en état de jouer, et le matin on y mit le feu, qui fit un grand effet : car deux bastions sautèrent, et les François se logèrent sur les brèches, en sorte que la ville ne pouvoit plus tenir que deux jours ; mais le roi d'Espagne, dès le commencement du siége, avoit mis le plus de forces ensemble qu'il avoit pu pour secourir Fontarabie. Le grand prieur de Navarre assembloit un corps à Saint-

Joseph; le marquis de Los-Veles, vice-roi de Navarre, un autre à Tolosette; et l'amirante de Castille un troisième à Saint-Sébastien : lesquels sachant que Fontarabie étoit à l'extrémité, se joignirent ensemble, et marchèrent pour attaquer les lignes. Le pays est fort montueux et rude, car les Pyrénées viennent jusque-là; et sur le bord de la mer il y a une petite plaine où est situé Fontarabie, à l'embouchure de la rivière de Bidassoa. Un matin, les Espagnols commencèrent à paroître à la descente des montagnes qui donnent à la plaine; et dès que les Français les aperçurent, ils furent saisis d'une telle épouvante qu'ils se mirent tous à fuir : et cette terreur panique les pressa tellement, que, sans tirer un coup de mousquet, toute l'armée en même temps prit la fuite sans savoir pourquoi, et sans que les chefs y pussent donner aucun ordre; lesquels furent contraints, se voyant demeurés seuls, de se sauver comme les autres, les soldats, pour aller plus vite, jetant leurs mousquets et leurs piques. Les Espagnols d'abord ne surent ce que c'étoit; mais enfin voyant cette déroute causée par un si grand effroi sans sujet, ils entrèrent dans le camp, poussèrent les fuyards, et prirent ou tuèrent les plus paresseux. Ainsi ils sauvèrent Fontarabie sans tirer ni épée ni mousquet, et furent maîtres sans combattre du canon et du bagage des Français. Ce désordre fâcha fort le cardinal de Richelieu; lequel ne sachant à qui s'en prendre, à cause que les chefs jetoient la faute les uns sur les autres, déchargea sa colère sur le duc de La Valette, accusé d'avoir fui des premiers; mais en étant averti, il s'enfuit en Angleterre. Il avoit épousé la fille de Pontchâteau, cousin-germain du cardinal; et cette alliance ne le mit pas à couvert, parce qu'il châtioit sévèrement lorsqu'on manquoit à son devoir, et n'épargnoit non plus ses parens que les autres. Aussi voyant ce duc échappé de ses mains, il lui fit faire son procès à Saint-Germain, le Roi y présidant; les princes du sang, les ducs et pairs, maréchaux de France et présidens au mortier y assistèrent, et le condamnèrent à perdre la tête, ses charges et ses biens. Si la consternation fut grande en France, la joie ne fut pas moindre en Espagne, où le Roi fit faire des comédies durant l'hiver, qui représentoient la déroute des Français devant Fontarabie.

L'armée navale de France étoit séparée en deux : celle de l'Océan servit au siége de Fontarabie sous l'archevêque de Bordeaux, et celle de la Méditerranée demeura sous le comte d'Harcourt, lequel, plein de gloire de la reprise des îles de Sainte-Marguerite et de Saint-Honorat, ne cherchoit que l'occasion de combattre les Espagnols pour augmenter sa réputation. Il se mit en mer dans cette pensée, avec les grands vaisseaux, laissant les galères dans les ports, de peur qu'elles ne se perdissent en pleine mer; mais en cherchant le combat, il en perdit l'occasion : car, durant son absence, Pont de Courlay, neveu du cardinal de Richelieu, et général des galères, ayant avis que quinze galères espagnoles avoient passé près de Saint-Tropès pour décharger de l'infanterie à Final, sortit avec pareil nombre de galères françaises, et les suivit le plus diligemment qu'il put jusque près de Savonne, où les Espagnols s'étaient mis en ordre de combat, s'avançant toujours vers Gênes. Les Français voyant cela, firent voile du même côté pour gagner le vent, et les côtoyèrent plus de trois heures : mais voyant qu'ils approchoient de Gênes, et qu'ils entroient bientôt dans le port, ils tournèrent les proues droit à eux, en ordre de bataille égal des deux côtés, savoir sept galères à droite, autant à gauche, et le capitaine au milieu. Le combat se donna le premier de septembre sur le midi, lequel fut grand et opiniâtre; car durant trois heures toute la mer fut en feu, et les coups de canon et les salves de mousqueterie y furent si fréquens, que dans Gênes on étoit étourdi du grand bruit qui en venoit. Les galères à la fin s'accrochèrent l'une à l'autre, et l'on vint aux coups de main, où la mêlée fut sanglante; mais enfin les Espagnols voyant leurs galères toutes brisées se retirèrent le mieux qu'ils purent dans le port de Gênes, avec trois galères françaises qu'ils emmenèrent, après en avoir perdu six qui demeurèrent au pouvoir des Français, qui remportèrent une victoire entière; et ayant mis les Espagnols hors de combat, leur tuèrent plus de deux mille hommes. Ils perdirent de leur côté Esguilli, cadet de Vassé, et le chevalier des Roches; et de l'autre, don Roderic de Velasco, général, y fut tué. On n'avoit point vu, de mémoire d'homme, de combat de galères si sanglant : car la mer étoit rouge du sang des morts dont elle étoit couverte, aussi bien que des rames, antennes, mâts et timons rompus qui flottoient sur l'eau. Ceux de Gênes virent le combat de leur port et de leurs remparts, et reçurent comme neutres les Espagnols qui se sauvoient : mais les Français étant allés sur leurs côtes faire radouber deux galères dont l'une avoit été prise, le résident d'Espagne à Gênes s'en saisit par le moyen des habitans de La Roche, sujets du prince Doria, contre la neutralité des Génois. Le comte d'Harcourt en étant averti, vint avec les grands vaisseaux devant le port de Gênes, pour la demander. La république fut fort embarrassée pour terminer ce différend ; et ne voulant pas désobliger les Espagnols, elle offrit à ce comte de lui en faire faire une toute neuve.

Enfin, après tant de prières et de vœux faits à Dieu par toute la France, la Reine accoucha d'un Dauphin le 5 de septembre, dont le Roi eut une extrême joie, qui fut d'autant plus grande qu'elle étoit moins espérée, car il y avoit vingt-trois ans que Leurs Majestés étoient mariées sans avoir d'enfans, et après un si long temps ce jeune prince parut venir de la main de Dieu : aussi a-t-il été surnommé Dieudonné. Tout le royaume témoigna sa joie par toutes sortes de démonstrations d'alégresse, que toutes les villes firent à l'envi les unes des autres pour faire paroître leur zèle. La Reine fut celle qui en fut plus sensiblement touchée, parce qu'elle croyoit que les mauvais traitemens qu'elle avoit reçus jusqu'alors venoient du mépris qu'on avoit eu pour elle à cause de sa stérilité, et qu'elle seroit dorénavant plus considérée. Cette opinion ne lui dura pas long-temps : car aussitôt qu'elle fut relevée de couches, la marquise de Seneçay fut chassée d'auprès d'elle, et la comtesse de Brassac fut établie dame d'honneur en sa place, au grand déplaisir de la Reine. On crut que le cardinal fut bien aise de la mortifier, pour lui faire voir qu'elle n'avoit pas plus de crédit qu'auparavant, et qu'il vouloit près d'elle, dans une principale charge, une personne qui dépendit de lui, afin d'être averti de tout ce que la Reine pourroit entreprendre à son préjudice. Il fit aussi la marquise douairière de Lansac gouvernante du Dauphin, contre l'agrément de la Reine, qui souhaitoit la dame de Saint-Georges, fille de la dame de Montglat, qui avoit gouverné le Roi et tous les enfans de Henri IV, laquelle avoit été reçue gouvernante de Mesdames en la place de sa mère ; mais le cardinal vouloit avoir des créatures partout, et faire voir à la Reine que la naissance de ce fils n'empêchoit pas qu'elle ne fût toujours dans sa dépendance.

A la fin de cette année, la Reine mère, mal satisfaite des Espagnols, se retira de Bruxelles. Elle avoit été traitée avec grand honneur par la défunte Infante, qui étoit la plus généreuse princesse qui eût été de son temps, et qui aimoit les François à cause de sa mère, qui étoit fille de Henri II, roi de France : mais après sa mort elle trouva du changement, principalement depuis la guerre déclarée : car encore qu'elle fût brouillée avec le cardinal de Richelieu, les Français qui étoient à sa suite étoient maltraités par le peuple, et elle-même n'étoit plus respectée comme devant. Ces dégoûts la firent résoudre de se retirer doucement ; et, pour cela, elle feignit d'aller aux eaux de Spa : mais elle quitta ce chemin, et tourna droit à Bois-le-Duc, où le prince d'Orange la reçut avec beaucoup d'honneur ; de là elle s'achemina par Dordrecht et Rotterdam à La Haye, où elle arriva à la fin d'août ; puis elle fut visiter les plus belles villes de Hollande, qui la reçurent magnifiquement. C'est une étrange chose que cette princesse, qui étoit fière et glorieuse de son naturel, ne rabattit rien de son orgueil dans sa plus grande disgrâce : jusqu'à tel point qu'étant en Hollande, réfugiée chez le prince d'Orange et ne subsistant que par lui, elle ne voulut jamais faire l'honneur à sa femme de la baiser en la saluant. Aussi elle n'y fut pas long-temps : car elle en partit à la fin de l'année pour aller en Angleterre, où le Roi ne la désiroit aucunement, et même avoit fait ce qu'il avoit pu pour la détourner d'y aller ; mais elle ne laissa pas de s'embarquer pour cela ; et le Roi sachant son abord à Douvres, dissimula son ressentiment, alla au devant d'elle avec la Reine sa femme, et ils la reçurent avec toutes les démonstrations d'honneur et d'amitié qu'ils lui purent témoigner. Ils lui firent ensuite une magnifique entrée à Londres, où elle fut logée à Saint-James. Le père de Chanteloube l'avoit toujours gouvernée depuis qu'elle étoit en Flandre ; mais un nommé Fabroni, italien, le supplanta, conseillé par Le Coigneux, lesquels lui persuadèrent que son séjour dans les terres d'Espagne nuisoit à son raccommodement, parce qu'en France on ne vouloit point de commerce avec des gens demeurant en lieu suspect ; mais qu'étant en Angleterre, le Roi son gendre pourroit faire quelque proposition par son ambassadeur. Mais, outre cette raison, cette princesse ajoutoit beaucoup de foi aux prédictions, et on lui avoit dit que le Roi son fils ne vivroit plus guère ; et son ambition la portant à songer à la régence, qu'elle avoit déjà eue, ils lui mirent en tête qu'elle lui seroit disputée par la Reine sa belle-fille, laquelle seroit soutenue du roi d'Espagne et du cardinal infant ses frères, qui la feroient arrêter pour ôter cet obstacle à la Reine leur sœur, et lui faciliter les moyens de parvenir au gouvernement de l'Etat. Ce fut le vrai motif qu'elle eut de sortir de Flandre et d'aller en Angleterre.

Durant cet été le prince Casimir, frère du roi de Pologne, après avoir servi l'Empereur dans ses armées, fut déclaré par le roi d'Espagne vice-roi de Portugal. Pour prendre possession de cette charge il vint à Milan, et de là il s'embarqua à Final pour aller en Espagne ; mais en passant sur la côte de Provence il mit pied à terre à Saint-Tropès, et entra déguisé dans la ville, d'où il alla par terre à Toulon et à Marseille, où il observoit avec grand soin la situation des lieux, et la force des villes et des ports. De là étant allé aux Martigues, toujours travesti, il fut reconnu; et Nargonne, qui y commandoit comme gouverneur de la tour de Boux, le fit arrêter par ordre du comte d'Alais, gouverneur de Provence, qui le fit conduire à Salon; et quelque temps après il fut mené au château de Vincennes.

Cette année, mourut le père Joseph Le Clerc, capucin(1), le principal confident du cardinal de Richelieu, lequel l'avoit employé dans de grandes négociations, principalement en Allemagne, où il avoit fomenté la ligue des princes contre l'Empereur, et la conspiration du Valstein, qui auroit détruit la maison d'Autriche dans l'Empire, si elle n'eût été découverte. Il avoit aussi traité de l'entrée du roi de Suède : enfin c'étoit un fort habile homme qui avoit mis le feu dans toute l'Europe, et, tout capucin qu'il étoit, avoit fait son possible pour rendre les luthériens maîtres de l'Allemagne.

(1) François Le Clerc Du Tremblay, capucin appelé le père Joseph.

CINQUIEME CAMPAGNE.

[1639] L'hiver de cette année se passa en réjouissances, ballets et comédies pour la naissance de monsieur le Dauphin, et chacun contribua à qui feroit mieux paroître la satisfaction qu'il recevoit d'un si grand bonheur : surtout le cardinal de Richelieu s'efforça de témoigner la joie qu'il en ressentoit, en faisant danser devant Leurs Majestés le ballet de la Félicité. En effet il avoit grande raison de s'en réjouir, car ce jeune prince reculoit de la couronne Monsieur, qui ne l'aimoit pas ; mais d'un autre côté il avoit quelque chagrin de ce que la reine sembloit devoir être plus considérée, laquelle avoit grande aversion pour lui. C'est ce qui le fit affecter de lui faire voir en toutes occasions qu'elle avoit peu de crédit. Durant ces intrigues de cour, on ne laissoit pas de penser à la guerre ; et comme les affaires des alliés donnoient un grand branle à celles de deçà, on envoya de l'argent aux Suédois pour faire diversion en Allemagne, où le maréchal Banier passa l'Elbe, et entra dans le pays de Brunswick et dans la Basse-Saxe, où il assiégea Friedberg qu'il ne prit pas, et y fut blessé ; puis il combattit le général Maracini avec avantage. De là étant entré en Bohême, il s'avança jusqu'à Prague, mais à l'approche du général Galas, qui étoit plus fort que lui, il se saisit des villes de Leutmeritz et Brandeis, où il se retrancha et passa le reste de la campagne.

Du côté du Rhin, le duc de Weimar, enflé de gloire de la prise de Brisach, ne songeoit qu'à jouir de sa nouvelle conquête, et à l'assurer en la ravitaillant de tout ce qui étoit nécessaire pour sa conservation. Depuis, ayant laissé le général major Erlac pour y commander, il en partit avec son armée, et entra dans la Franche-Comté par la vallée de Mortau, et marcha jusqu'à Pontarlier proche la source du Doubs, dont il s'empara. De là il investit le château de Joux, beaucoup plus fort que Pontarlier, tant par sa situation que par l'épaisseur des murs et la résolution du gouverneur, qui se défendit bien ; mais enfin il fut contraint de se rendre le 14 de février. Il prit ensuite Noscroi et Saint-Claude, qu'il abandonna ; puis il retourna en Alsace, où il assiégea et prit Tann, et en même temps marcha vers le Rhin, pour le passer sur un pont qu'il faisoit faire à Neubourg ; mais comme il fut prêt d'exécuter ce dessein, il tomba malade d'une fièvre continue et contagieuse, dont il mourut le 18 de juillet, fort regretté dans son armée avec juste sujet, car il avoit de grandes qualités. Il étoit né pauvre cadet d'une illustre maison ; et ayant pris le parti du roi de Suède, il avoit si bien appris son métier sous lui, qu'il étoit devenu un des plus grands capitaines de son temps, et par son mérite il étoit parvenu au point de grandeur et de considération où il se trouva quand il mourut. Cet accident embarrassa fort le cardinal de Richelieu, à cause que cette armée étoit composée de vieilles troupes allemandes, commandées par des chefs de même nation, qui se soucioient peu de la France, principalement ceux qui avoient les places entre leurs mains, qui se pouvoient donner à tels maîtres qu'ils voudroient : aussi il n'oublia rien pour les gagner ; et cette affaire fut si heureusement conduite par le comte de Guébriant, que le général major Erlac et les principaux de l'armée, comme Dubatel, Rose, Hoëm-Falkenstein et autres, firent serment de fidélité au roi Très-Chrétien, à condition qu'ils auroient un général françois, auquel seul ils obéiroient, et n'en reconnoîtroient point d'autres ; et que, dans les villes, les garnisons seroient moitié françoises et moitié allemandes. Aussitôt que ce traité fut signé, le duc de Longueville, qui étoit en Italie, fut nommé général de cette armée, et en même temps il partit pour se rendre en Alsace par la Suisse, où il arriva le 8 de septembre. Aussitôt les principaux de l'armée furent au devant de lui, et lui renouvelèrent le serment pour le Roi ; puis ayant visité Brisach, il marcha le 7 d'octobre le long du Rhin ; et, passant près de Strasbourg, il se saisit de Germeshein, Neustadt et Binghen, et prit Kreutznach et Bacharach, se préparant à passer le Rhin pour joindre le maréchal Banier.

Après la mort du duc de Weimar, le traité de son armée avec la France fut fort traversé, parce que les Allemands eussent mieux aimé obéir à un prince de leur nation qu'aux François, pourvu qu'il eût fait la guerre contre la maison d'Autriche. Or, de tous les princes qui briguoient cet emploi, l'électeur palatin y avoit la meilleure part : d'autant qu'étant de même nation qu'eux, il avoit juste sujet de faire la guerre à l'Empereur, qui l'avoit dépouillé de ses Etats dès le vivant de son père, et l'avoit privé de l'électorat pour en revêtir le duc de Bavière. Il avoit si bien conduit sa cabale dans cette armée par le moyen du roi d'Angleterre son oncle, qui offroit de l'argent aux principaux chefs, que son traité étoit fort avancé, dans la pensée qu'ils avoient qu'ayant un électeur à leur tête, ils seroient plus autorisés dans leur pays, et auroient un beau prétexte de pousser leurs conquêtes pour le rétablir dans ses Etats et dignités; dans lesquels étant remis par leur moyen, il seroit obligé de leur faire du bien, et de reconnoître leurs services. Bellièvre, ambassadeur en Angleterre, ayant découvert cette menée, en donna promptement avis à son beau-père Bullion, surintendant des finances, et même que l'électeur étoit parti de Londres, à dessein de passer travesti par la France pour aller joindre cette armée. Bullion, sur cette nouvelle, envoya querir les maîtres de poste, et les ayant interrogés, jugea qu'il étoit passé. C'est pourquoi, en l'absence du Roi et du cardinal qui étoient à Grenoble, il dépêcha des gens après, qui connoissoient son visage : lesquels le rattrapèrent à Moulins, faisant le valet de ses suivans. Il l'arrêtèrent de la part du Roi, et le firent mener au château de Vincennes, sous prétexte qu'il n'est pas permis à un souverain de passer déguisé dans les Etats d'un autre, cette façon d'agir étant suspecte de quelque mauvais dessein. Ce coup facilita le traité qui fut fait ensuite entre le Roi et l'armée du duc de Weimar.

Du côté de Flandre, les deux partis se préparoient à faire puissamment la guerre ; et dès la fin de l'hiver, sur l'avis que le régiment du Châtelier-Berlot étoit sorti de Cateau-Cambresis, le comte de Fuensaldagne, gouverneur de Cambray, le vint attaquer avec six mille hommes et cinq pièces de canon : mais Vantaus, qui commandoit dedans, se défendit quatre jours durant si vaillamment, que le premier jour de mars il fut contraint de lever le siége. Ces petites entreprises n'étoient que des préparatifs à de plus grandes, et le cardinal de Richelieu rouloit perpétuellement dans son esprit des desseins pour recouvrer la réputation qu'il avoit perdue l'année précédente au siége de Saint-Omer. Durant l'hiver, il reçut des avis de toutes parts de l'état des places des Espagnols, et il consulta longtemps de quel côté l'effort se feroit cette année ; mais enfin, après avoir balancé les raisons de part et d'autre, il s'arrêta sur la résolution d'attaquer l'Artois et le Luxembourg. Pour cet effet, il mit trois armées sur pied, dont il donna le commandement de la première à La Meilleraye, grand maître de l'artillerie, son cousin germain; celui de la seconde à Feuquières ; et la troisième fut destinée pour secourir celui qui en auroit besoin, sous le maréchal de Châtillon, rappelé de sa maison pour cet emploi.

La Meilleraye étoit petit-fils de cet avocat La Porte dont il été parlé ci-dessus. Il avoit été lieutenant, puis capitaine des gardes de la Reine mère, laquelle le chassa de sa maison avec le cardinal, dont il suivit la fortune. Il avoit eu un régiment au siége de La Rochelle ; et le maréchal d'Effiat étant mort, il eut la commission de faire la charge de grand-maître de l'artillerie, de laquelle il fut pourvu en chef par la mort du marquis de Rosny. Il servit de maréchal de camp au commencement de la guerre ; et le cardinal le reconnoissant homme de cœur et d'ambition, conçut une bonne opinion de lui, et le trouva le plus propre de tous ses parens à élever aux grands emplois. C'est ce qui l'obligea de le faire cette année général de la principale armée, qu'il composa des meilleures troupes de France, de quantité d'artillerie, de munitions de guerre et de tout ce qui étoit nécessaire, en si grande abondance, qu'il étoit impossible qu'il ne réussit dans tout ce qu'il entreprendroit. Aussi il ne vouloit pas que le Roi lui pût reprocher le choix qu'il avoit fait de son parent : et pour cela il le voulut mettre en état de ne pas recevoir un affront dans le premier emploi qu'il avoit en chef, ne se souciant pas de sacrifier les deux armées à l'honneur et à la gloire de celle-ci. Il assembla ses troupes près de Dourlens, et le 11 de mai il entra dans l'Artois et s'avança jusqu'à Saint-Paul, d'où il détacha La Freselière, maréchal de camp, pour prendre Lilers, petite ville qui se rendit à la première sommation. Le lendemain, l'armée campa à une lieue d'Aire, ville forte, située entre la Lys et la Laquette, qui l'arrosent des deux côtés. Le grand maître la fut reconnoître, dans le dessein de l'assiéger ; mais il reconnut tant de difficultés dans cette entreprise, tant par la force de la place que par la situation dans un marais, et par l'impossibilité de faire passer des convois qu'il changea de dessein, et fut camper à Térouane, d'où il dépêcha Le Râle, grand ingénieur, à la cour, qui étoit à Abbeville, pour représenter l'état des affaires, et recevoir l'ordre sur ce qu'il avoit à entreprendre. Trois jours après, Le Râle lui apporta un pouvoir de faire ce qu'il jugeroit à propos.

Aussitôt il marcha vers le Ternois, et le 19 de

mai il investit avec deux mille chevaux la ville de Hesdin. Cette place est composée de six bastions revêtus de briques, et a un grand fossé plein d'eau. Ce n'étoit autrefois qu'un village nommé le Petit-Mesnil, que l'empereur Charles V fit fortifier après que le vieux Hesdin fut rasé, qui en est éloigné de demi-lieue ; et sur les cartes il est nommé Hesdin-Fert, à cause que ces quatre lettres sont la devise de Savoye, et que le nouveau Hesdin fut achevé durant qu'Emmanuel-Philibert, duc de Savoye, commandoit les armées de Philippe II dans les Pays-Bas. Le comte de Hanapes, qui en étoit gouverneur, fut fort surpris, parce qu'on avoit tiré une partie de sa garnison pour jeter dans Aire et Saint-Omer. La principale défense dont il se servit d'abord fut de son artillerie, de laquelle il crut épouvanter les assiégeans ; car il faisoit tirer sur un homme seul comme sur un gros ; dont il se repentit sur la fin du siège, parce qu'il manqua de poudre. Dès le 20, on travailla à la circonvallation, dont la forêt fit une partie par de grands abatis de bois de haute futaie qu'on fit devant qu'elle fût achevée. On ouvrit la tranchée par deux endroits le 22 : l'un sous Lambert, par le régiment de Champagne ; l'autre sous Gassion, par celui de Piémont. Dès que l'attaque fut commencée, le Roi voulut aller voir le siège, et pour cet effet il partit le 3 de juin d'Abeville, et fut jusque sur la rivière d'Authie, où il trouva les marquis de Coislin avec mille chevaux, et le grand maître une lieue par delà.

Dès que Sa Majesté fut arrivée, les batteries des deux attaques furent servies avec tant de soin, que les assiégés connurent, aussi bien qu'au feu de la mousqueterie, qu'il y avoit dans le camp quelque personne fort considérable ; et l'ayant appris plus particulièrement quelques heures après, le gouverneur envoya un tambour savoir où le Roi étoit logé, afin de ne point faire tirer de ce côté-là : ce qu'il observa ponctuellement. Sa Majesté coucha dans la tente du grand-maître, et toute la nuit on ne vit que feu dans la tranchée, chacun faisant effort de se signaler à la vue de son souverain. Le régiment de Langeron voulut faire le logement sur la contrescarpe ; mais les assiégés, qui de leur côté vouloient acquérir de l'honneur en présence d'un si grand monarque, quoique leur ennemi, se défendirent si vaillamment qu'ils repoussèrent ce régiment, et l'empêchèrent de s'y loger. Le lendemain, le Roi partit du camp, et visita en passant le marquis de Varennes, mestre de camp du régiment de Champagne, blessé au bras d'un coup de mousquet, pour donner courage aux autres de s'exposer pour son service. La nuit du 7 au 8, le logement fut fait à l'attaque de Lambert ; et le 9, le mineur fut attaché à la pointe de la demi-lune, laquelle fut emportée le 10, nonobstant les grenades, pots à feu et coups de pierre des assiégés ; ensuite on travailla à combler le fossé : ce qui donna bien de la peine, à cause de sa grande largeur. Le 18, les Espagnols firent en même temps deux sorties qui furent repoussées ; et petit à petit le fossé étant comblé, les mineurs s'attachèrent au corps de la place, et mirent leurs mines en état. Celle de Lambert joua le 27, laquelle, en faisant brèche, rompit le pont par lequel on devoit aller à l'assaut ; celle de Gassion ne fit pas si grand effet. Tellement que le grand-maître fit travailler incessamment à réparer le pont, sur lequel, le 28, Majolas, lieutenant des gardes du cardinal, envoyé par lui ce jour-là au siège, fut tué d'un coup de mousquet dans la gorge ; et La Freselière, la nuit du 29, reçut, en faisant le logement sur le bastion, la dernière mousquetade qui fut tirée, de laquelle il tomba mort : car aussitôt on entendit la chamade pour parlementer, et le jour même le Roi partit de Montreuil pour venir au siège, où il arriva tout à propos pour signer la capitulation, suivant laquelle le comte de Hanapes sortit l'après-dînée avec sa garnison. Il avoit la goutte, et ne se pouvoit tenir à cheval ; de sorte qu'étant à cent pas du Roi, il descendit de carrosse et se fit mettre dans une chaise, dans laquelle on le porta près de Sa Majesté. Il lui fit la révérence, et lui dit que dans le malheur qui lui arrivoit de perdre sa place, il étoit consolé de la rendre à la personne même d'un si grand roi. Il fut reçu fort civilement de Sa Majesté, qui le loua de ce qu'il s'étoit bien défendu.

Après avoir vu passer toute la garnison, le Roi marcha vers la ville pour y faire son entrée ; et, pour plus grande marque de victoire, il affecta d'y entrer par la brèche. Il étoit accompagné de Monsieur et de toute la cour ; et quand il fut au haut de la brèche, il s'arrêta et appela le grand-maître de l'artillerie, lui disant qu'il étoit tellement satisfait de ses services par la prise d'une si forte place, que, pour marque du contentement qu'il en recevoit, il le faisoit maréchal de France. Il fut ensuite descendre dans l'église, où le *Te Deum* fut chanté. Tout le peuple courant pour le voir, un vieillard cria tout haut qu'il avoit plus de quatre-vingts ans, et qu'il n'avoit jamais vu son Roi ; et qu'il n'y avoit qu'une heure qu'il étoit à celui-ci, et qu'il le voyoit déjà. Ces discours lui plaisoient en son cœur : et ayant donné ses ordres au nouveau maréchal de La Meilleraye, il retourna coucher à Montreuil, et donna le gouvernement de Hesdin à Bellebrune, mestre de camp d'infanterie.

Après que les brèches furent réparées et les lignes rasées, l'armée décampa pour entrer dans le pays, et le Roi partit de Montreuil pour aller en Champagne, où sa présence étoit nécessaire. Le maréchal de La Meilleraye de Hesdin s'alla camper sur le bord du Ternois, à la fin de juillet; et le 2 d'août il passa à la vue de Saint-Omer, et prit les châteaux d'Eperlecq et de Rumingnen. Le 4, il prit son logement à Polincove, d'où il détacha La Ferté-Sennetterre, nouveau maréchal de camp en la place de La Freselière, pour se saisir de Mariekerke, dont le fort se rendit après quelques volées de canon. Il y en avoit un autre à une lieue de là, nommé le fort d'Hennuin, de grande conséquence, situé entre des canaux fort larges et fort creux, qui empêchoit l'entrée des Français dans la Flandre. Les Espagnols craignoient qu'ils ne s'en emparassent; et, pour s'y opposer, ils s'avancèrent jusqu'au fort de Saint-Nicolas, lequel est sur une digue par laquelle il faut passer nécessairement, à cause que tout le pays est coupé de canaux nommés vulgairement *watergans*. Le maréchal de La Meilleraye eut nouvelle par le colonel Gassion, qu'il avoit envoyé devant, de l'approche des Espagnols : ce qui lui fut confirmé par La Ferté-Sennetterre. Aussitôt il partit de Polincove, où il laissa les bagages avec une partie de l'armée, et avec le reste il alla joindre La Ferté. Il apprit que les Espagnols avoient passé la rivière d'Aa, et marchoient droit à lui ; en même temps il alla au devant d'eux, et ayant séparé ses troupes en deux, il marcha pour les attaquer à droite et à gauche. Comme le pays est plein de prairies coupées de fossés, les Français ne pouvant passer sur la digue parce qu'il y eût fallu défiler, furent contraints de se jeter dans l'eau jusqu'au cou pour traverser les canaux qui coupent le pays; et le maréchal fit pointer sur la digue deux canons qui rompirent les barricades des Espagnols, lesquels furent attaqués en même temps des deux côtés par les Français, qui essuyèrent les coups de leur artillerie et leur première salve de mousquets, et puis furent à eux les piques basses et l'épée à la main, où d'abord ils mirent en désordres les régimens de Fuensaldagne et de Sayavedra, et prirent quatre pièces de canon qui étoient sur la digue ; mais, voulant avancer plus avant, ils furent reçus avec une grêle de mousquetades tirées du gros de leur armée, derrière le fort, qui ne se pouvoit forcer, étant soutenu du comte de Fuentès. C'est pourquoi le maréchal de La Meilleraye commanda la retraite, qui fut faite par le colonel Gassion le 5 d'août. Il emmena les quatre pièces de canon prises dans ce combat à Polincove, où était l'armée. Le chevalier de Montcler fut blessé au bras, dans cette mêlée, d'un si grand coup, qu'il en fut estropié toute sa vie.

Après la journée de Saint-Nicolas, le maréchal de La Meilleraye décampa, et vint se poster à Anuain, où il demeura quelques jours pour se rafraîchir. Il envoyoit de là souvent des partis à la guerre pour savoir des nouvelles des Espagnols, qui étoient campés à Saint-Venant sur la Lys, près duquel il y a un grand village nommé Saint-Ybergue, où Ludovic, général des Croates, étoit logé à une lieue du camp. Dès qu'il eut cet avis, il partit d'Anuain avec deux mille cinq cents chevaux; et ayant marché toute la nuit, il trouva Ludovic dans un grand marais où il y avoit une chaussée sur laquelle il falloit passer pour aller dans son quartier, et ainsi se trouvant éloigné de sept lieues de l'armée française, il se croyoit en sûreté. Sur cette confiance, beaucoup s'étoient logés deçà la chaussée, où ils furent attaqués par La Ferté-Sennetterre, qui les surprit d'une telle façon qu'ils prirent d'abord la fuite, et se sauvèrent par dessus la digue pour rejoindre le quartier; mais ils furent poursuivis si vivement, que les Français entrèrent pêle-mêle avec eux dans leur camp, qui fut enlevé après un combat assez léger, dans lequel le marquis de Boissy fut tué. Ludovic se sauva à Saint-Venant; et après avoir pillé ce quartier et enlevé plus de six cents chevaux, le maréchal de La Meilleraye se retira le 24 d'août en son camp, où il demeura tout le mois de septembre, sur la fin duquel il se logea à Manicour dont la tour endura quelques coups de canon. De là il campa à Aubigny sur la Scarpe; puis il passa la Canche, et prit son logement sur l'Authie, où il sépara ses troupes dans des villages, pour les envoyer passer l'hiver dans leurs garnisons.

Il a été dit ci-dessus que le Roi avoit trois armées en campagne sur la frontière des Pays-Bas : une sous le grand-maître de l'artillerie, dont nous avons vu le progrès; l'autre sous Feuquières, destinée pour le Luxembourg; et la dernière sous le maréchal de Châtillon. Or, dans le même temps que le grand-maître assiégea Hesdin, Feuquières investit Thionville, place forte située sur la Moselle, quatre lieues au dessous de Metz. Il arriva devant le 26 de mai, et en même temps il fit travailler à la circonvallation et à la construction des ponts pour la communication des quartiers ; mais avant que les lignes fussent achevées, Piccolomini, qui voyoit deux places considérables attaquées en même temps, ne sachant de quel côté tourner, résolut enfin de marcher droit à Thionville, parce qu'il trouvoit plus de facilité à le secourir que Hesdin où le Roi étoit en personne, qui avoit fait fournir ce camp de tout ce qui étoit nécessaire avec tant de soin, qu'il n'osa songer à l'attaquer. Il tourna donc tête du côté de Thionville, et arriva à la vue des lignes le 7 de juin. Dès la veille, Feuquières avoit eu avis de sa marche : mais il ne crut pas qu'il dût venir si vite. Il ne laissa pas de donner ses ordres en cas qu'il fût attaqué; et au lieu de rejoindre ses quartiers séparés pour combattre en gros, il fit mettre les troupes sous les armes, chacune dans son quartier : en sorte que Piccolomini étant arrivé, donna furieusement dans celui de Navarre, qu'il emporta ; et après être entré dedans, il chargea avec sa cavalerie deux gros bataillons de ce régiment, étant soutenu de son infanterie, qui prit les Français par le flanc. La mêlée fut fort chaude ; mais la cavalerie française ayant lâché le pied, les régiments de Navarre et de Grancey furent entièrement défaits : le marquis de Fors, mestre de camp de Navarre, y fut pris prisonnier; Monbleru, lieutenant colonel, tué ; et Daverne, premier capitaine trouvé parmi les morts tout percé de coups : dont il réchappa. Le régiment de Beauce s'étoit avancé pour les secourir, mais trop tard : si bien qu'il fut chargé et défait comme les autres, et le comte d'Onzain, mestre de camp, tué ; celui de Bussy-Rabutin, qui suivoit, reçut un pareil traitement. Alors Piccolomini voyant la place secourue, entra dedans, et passa sur le pont de l'autre côté de la rivière, où il ne trouva personne, parce que les Français avoient tous passé du côté de l'attaque. Piccolomini voyant cela retourna tout court d'où il étoit venu ; et ayant pris cinq pièces de canon dans la ville, il attaqua le gros de l'armée qui étoit ensemble, et le défit avec peu de résistance, parce que la cavalerie, à l'imitation de celle du matin, s'enfuit sans combattre, et se sauva dans Metz sans tourner tête : tellement que l'infanterie, accablée de la multitude, fut taillée en pièces. Saint-Paul, maréchal de camp, voulant rallier les fuyards, y perdit la vie. Moulinet, mestre de camp de cavalerie, aima mieux suivre la même fortune que tourner le dos. Feuquières eut le bras cassé d'une mousquetade, étant à la tête des carabins, avec lesquels il vouloit secourir les régimens de Picardie et de Rambure, qui étoient en déroute; et se trouvant abandonné de la cavalerie, il fut entouré d'une troupe d'Espagnols qui le prirent et le menèrent dans Thionville, où il mourut quelque temps après de ses blessures, sacrifié à la fortune du grand-maître. Saint-Aoust, commandant l'artillerie, fut pris avec son canon et tout le bagage. Piccolomini, se voulant servir de sa victoire et profiter du gain de cette bataille, marcha diligemment pour secourir Hesdin ; mais il eut nouvelle en chemin de la difficulté qu'il y avoit dans cette entreprise par la présence du Roi, la force de l'armée et la bonté des retranchemens. Si bien que ne voulant pas hasarder l'honneur qu'il venoit d'acquérir, il trouva plus à propos de faire une diversion, et d'assiéger une place en France. Il jeta les yeux sur Mouson, ville située sur la Meuse, assez mal fortifiée, laquelle il investit le 17 de juin ; et, sans s'amuser à faire des lignes, il attaqua la nuit suivante tous les dehors, qui, après une vigoureuse défense faite par Refuge, furent emportés. Aussitôt Piccolomini fit dresser deux batteries, dont il battit si furieusement la place, mauvaise d'elle-même, qu'il fit brèche; et en même temps fit donner deux assauts qui furent soutenus vertement, et vigoureusement repoussés. Il se préparoit à en faire donner un troisième, lorsqu'il apprit que l'avant-garde du maréchal de Châtillon paroissoit pour secourir Mouson. Ce maréchal étoit à Vervins quand la bataille de Thionville fut donnée ; et ayant marché sur l'heure pour arrêter le progrès des Espagnols, il arriva le troisième jour à Grandpré, où il apprit des nouvelles de ce siége. Le marquis de Praslin l'y vint joindre avec ce qu'il avoit pu rallier de cavalerie du débris de la déroute ; et le jour même il fut camper à Buzancy, et le lendemain à Saint-Pierremont, d'où il détacha le comte de Saligni avec deux mille chevaux pour s'avancer vers Mouson, durant qu'il suivoit avec le reste de l'armée. Il n'arriva qu'à quatre heures après midi à la vue de la ville, quoiqu'il fût parti de fort grand matin, à cause que le pays est fort couvert, et qu'il faut souvent défiler. Les Espagnols étoient campés de l'autre côté de la rivière, et avoient seulement une garde de celui-ci, laquelle se retira au gros à la vue de l'armée française qui descendit dans la plaine, et jeta mille hommes dans la ville. Dès que Piccolomini l'eut aperçu d'une hauteur où il étoit, il fit retirer son canon des batteries et leva le siége, faisant sa retraite à Yvoix le 21 au matin. Il avoua qu'il ne s'attendoit pas à ce secours; et qu'il n'eût jamais cru qu'ayant battu une armée, la grande étant occupée à un siége, une troisième se pût rencontrer assez forte pour l'empêcher de prendre une mauvaise place, qu'il pensoit emporter d'emblée; et qu'il n'y avoit que la France qui pût avoir de telles ressources. Refuge, capitaine au régiment des Gardes, acquit beaucoup d'honneur à la défense de cette ville, et rendit un service considérable à l'État. Comme Piccolomini ne vouloit pas perdre de temps, il marcha du côté de Hesdin pour voir s'il pourroit tenter de le secourir; mais en ayant su la prise, il s'arrêta sur la rivière de Meuse à Givet, au pied de Charlemont. Cependant le Roi et le cardinal, après la réduction de Hesdin, partirent d'Abbeville le 7 de juillet, pour s'approcher de la frontière de Champagne; et ayant fait grande diligence, ils arrivèrent à Mézières, le 25 du même mois, et le 29 à Donchery. Le 30, le Roi passa dans le prairie de Sedan, où tout le canon de la ville le salua; mais les portes demeurèrent bien fermées, parce que le comte de Soissons y étoit toujours en défiance du cardinal. Il ne sortit point aussi de la ville, mais seulement il envoya faire compliment au Roi par le vicomte de Sardini; et la duchesse douairière de Bouillon vint lui faire la révérence à Mouson, où il arriva le soir. Il fit incontinent marcher le maréchal de Châtillon vers Yvoix, qu'il investit le premier d'août; et le soir même il fit ouvrir la tranchée. Le lendemain, deux batteries commencèrent à jouer, et le même jour le Roi et le cardinal vinrent voir le siége, et retournèrent coucher à Mouson. Le 3, ils revinrent encore au camp, et virent rendre la ville et sortir la garnison, qui fut conduite à Bastoigne. Le Roi fit raser Yvoix. Le maréchal de Châtillon se campa à Consavoi, où il demeura jusqu'au quartier d'hiver; et le Roi continua son voyage de Grenoble, comme nous dirons ci-aprè.

Durant le siége de Hesdin, le jeune Cinq-Mars commença d'entrer en faveur auprès du Roi. Il étoit second fils du défunt maréchal d'Effiat, que le cardinal avoit élevé à la surintendance des finances et à la dignité de maréchal de France; et comme il l'avoit aimé durant sa vie, il eut soin de ses enfans après sa mort : mais ne reconnoissant pas au marquis d'Effiat les qualités nécessaires pour le pousser dans la cour, il jeta les yeux sur son second frère, le jugeant propre à être élevé à une grande fortune. Il étoit beau, de belle taille, de bonne mine, avoit de l'esprit, fort agréable dans la rencontre et dans la conversation. C'est pourquoi, étant fort jeune, le cardinal lui fit donner une des dix compagnies nouvelles que le Roi ajouta au régiment des Gardes en 1635, où ayant servi quelque temps, pour l'approcher de la personne du Roi et lui donner quelque rang, il le fit pourvoir de la charge de maître de la garde-robe, par la démission du marquis de La Force. Il vécut dans cet emploi fort honorablement, contre le gré du Roi, qui n'aimoit pas les somptuosités en habits ni en linge, et ne vouloit souvent pas porter ce qu'il lui faisoit faire, parce qu'il étoit trop magnifique, et lui en faisoit réprimande. Mais comme la libéralité est toujours plus estimable que l'avarice, l'inclination qu'il avoit pour la dépense lui donnoit beaucoup d'amis, et lui attiroit l'estime du cardinal; lequel voyant que le Roi ne pouvoit se passer de favori, et qu'il n'en avoit point repris depuis l'éloignement du duc de Saint-Simon, choisit celui-ci pour le mettre en sa place, afin d'avoir une créature auprès de Sa Majesté à laquelle il se pût confier, et qui eût soin d'empêcher qu'il ne se passât rien contre ses intérêts. Une des choses qui le porta plus à ce dessein fut l'amour chaste que le Roi avoit pour madame de Hautefort, qui lui étoit suspecte et lui donnoit de l'inquiétude, parce qu'elle ne l'aimoit pas, tant par l'aversion qu'elle avoit pour lui qu'à cause qu'elle étoit entièrement à la Reine. Or l'amour du Roi n'étoit pas comme celui des autres hommes : car il aimoit une fille sans dessein d'en avoir aucune faveur, et vivoit avec elle comme avec un ami; tellement que quoiqu'il ne soit pas incompatible d'avoir ensemble une maîtresse et un ami, à son égard cela ne se pouvoit accorder, parce que sa maîtresse étoit son unique ami, et une confidente à laquelle il découvroit tous les mouvements de son cœur, et même les chagrins qu'il avoit quelquefois contre le cardinal, qu'elle ne tâchoit pas d'apaiser : ce dont il étoit bien averti. Il ne laissoit pas, quand elle avoit des disputes avec le Roi, de s'entremettre de leur raccommodement; et sous ombre d'être médiateur, il la ruinoit dans son esprit, en le dégoûtant du peu de complaisance qu'elle avoit pour lui. Pour être toujours dans cette intrigue, il accoutuma le Roi à lui faire ses plaintes quand il n'étoit pas content d'elle : comme une fois, sur un grand démêlé qu'il y eut entre eux, il la menaça du cardinal, comme d'un homme bien plus redoutable que lui, et s'en alla lui écrire la mauvaise satisfaction qu'il avoit d'elle; puis rentra chez la Reine, tenant la lettre à la main, et lui disant : « Voilà votre sauce » que je fais à monsieur le cardinal. » Aussitôt elle lui arracha la lettre des mains, et voulut s'enfuir : mais le Roi la retint par le bras pour la lui ôter; et elle ne voulant pas la rendre, la fourra sous son mouchoir de cou pour la mettre en sûreté, et ouvrant les bras lui dit : « Prenez-la tant que vous voudrez à cette heure; » car elle le connoissoit trop bien pour croire qu'il voulût toucher en ce lieu-là. Elle ne se trompa point aussi, car il retira ses mains comme du feu; et rencontrant le duc d'Angoulême, il lui conta, tout en colère, ce qui s'étoit passé. Sur quoi ce duc lui donna le conseil qu'il auroit pris pour lui, en disant qu'il avoit tort de n'avoir pas mis la main dans son sein pour reprendre la lettre;

mais il n'étoit pas capable de recevoir une telle instruction. Or, comme le cardinal avoit résolu de perdre madame de Hautfort, il prit le temps du voyage du Roi, durant lequel elle ne le voyoit point; et, profitant de son absence, il fit une cabale de ceux qui étoient à lui du petit coucher, pour dire du bien de Cinq-Mars, et insensiblement le faire entrer dans ses bonnes grâces. Cette intrigue réussit : car le Roi étoit fort susceptible des impressions qu'on lui donnoit, et il se laissoit tellement gouverner par le cardinal, qu'il aimoit et haïssoit selon sa volonté. Ainsi il commença de parler de Cinq-Mars à Abbeville plus qu'il n'avoit accoutumé; et cette familiarité alla toujours augmentant durant le voyage jusqu'à Mézières, où sa faveur parut ouvertement par une telle rencontre. Il dînoit en compagnie avec beaucoup de gens de qualité, et entre autres avec le duc de Nemours l'aîné, qui étoit un prince aussi bien fait et spirituel qu'aucun qui fût dans le royaume, mais fort jeune et étourdi. Comme Cinq-Mars et lui étoient de même âge, ils se raillèrent durant le dîner. Le duc attaqua l'autre le premier, lequel répondit fort hardiment : dont le duc s'offensa, croyant que Cinq-Mars lui devoit du respect comme prince; mais il n'en demeuroit pas d'accord : car, fier comme étoit, et enflé de gloire de sa faveur naissante, il croyoit ne lui devoir que le pas. Il le montra bien quand le fruit fut venu : car le duc, en mangeant des cerises, en jeta un noyau dans le nez de Cinq-Mars, lequel aussitôt lui en jeta un autre qui donna dans son œil : dont se sentant blessé, il sortit de table pour lui sauter au collet; mais tout le monde se mit entre deux, et les sépara. Sur ce bruit, toute la cour prit parti; et le duc de Nemours trouva peu d'amis, tous les courtisans tournant du côté de Cinq-Mars pour plaire au Roi, qui se déclara hautement pour lui, et témoigna savoir gré à ceux qui s'étoient offerts à lui; et depuis il tint publiquement la place de favori. Après la prise d'Yvoix, le Roi s'en alla à Lyon par la Bourgogne, et de là à Grenoble, où il vit madame la régente de Savoie sa sœur, et séjourna quelques jours avec elle. Il en repartit le 10 d'octobre pour retourner à Lyon, d'où il s'alla embarquer à Rouane sur la Loire, et descendit jusqu'à Briare, où il quitta l'eau; et, s'étant remis en carrosse, il arriva le 3 de novembre à Fontainebleau, où la Reine l'attendoit. Or, comme il avoit donné son cœur à son nouveau favori, et qu'il lui avoit promis qu'il ne seroit point partagé, il voulut le lui témoigner à la vue de madame de Hautefort, qu'il salua comme les autres dames sans lui rien dire, et depuis ne lui parla plus jusqu'à Saint-Germain, où il lui envoya ordre de sortir de la cour. Elle répondit, à celui qui lui porta ce commandement, qu'elle n'en croyoit rien, parce que sur plusieurs brouilleries qu'elle avoit eues avec le Roi, elle lui avoit dit que, de l'humeur dont elle le connoissoit, elle s'attendoit à être bientôt chassée par la jalousie que le cardinal avoit de sa faveur, et qu'il n'auroit jamais la force de la maintenir; mais qu'il lui avoit répondu que cela ne seroit jamais : qu'elle ne crût point ceux qui lui porteroient de telles nouvelles; qu'il ne les avoueroit jamais. C'est pourquoi, ajoutant foi à ses paroles, elle ne le croiroit point si elle ne l'entendoit de sa bouche propre. Sur cette réponse, on lui envoya une lettre de cachet dont elle se moqua, disant qu'elle étoit écrite sans ordre du Roi, et qu'il falloit qu'elle parlât à lui : mais elle ne put obtenir d'audience. Tellement qu'étant résolue de ne point partir qu'elle ne l'eût vu, elle baissa sa coiffe de peur d'être reconnue, et alla l'attendre dans la salle des gardes, par où il devoit passer pour aller à la messe. Dès qu'elle l'aperçut, elle s'approcha de lui, et, levant sa coiffe, lui dit que sur sa parole elle n'avoit pu ajouter foi à ceux qui lui avoient ordonné de sa part de se retirer; et qu'elle ne le pouvoit croire après les protestations qu'il lui avoit faites, s'il ne lui disoit lui-même. Jamais homme ne fut si embarrassé que lui : car il ne s'attendoit pas à une telle rencontre. Il fut aussi tellement surpris, que, tout honteux et décontenancé, il lui dit qu'il étoit vrai qu'il l'avoit commandé, et qu'il avouoit celui qui lui avoit porté l'ordre; et sans lui donner le temps de répondre, il passa vite tout interdit. Elle se retira le même jour, et la faveur demeura tout entière à Cinq-Mars, lequel ne se contentant pas de la charge qu'il avoit, en voulut avoir une plus grande. Le Roi lui offrit celle de premier écuyer qu'avoit le duc de Saint-Simon, disant qu'elle étoit comme attachée aux favoris, puisque Barradas et Saint-Simon l'avoient possédée l'un après l'autre. Mais la présomption de ce jeune homme étoit si grande, qu'il reçut cette proposition comme une injure, disant qu'étant maître de la garde-robe, la charge de premier écuyer ne le releveroit pas, et que l'exemple de ces deux favoris ne lui convenoit pas, à cause qu'il étoit fils d'un maréchal de France; et que les autres étoient de petits pages, qui s'étoient estimés trop honorés de cette charge en quittant les couleurs. Le cardinal soutenoit son ambition. Tellement que le Roi trouva bon que Saint-Aoust allât trouver le duc de Bellegarde, pour lui persuader de recevoir récompense de la charge de grand écuyer. Il eut grande peine à s'y résoudre; mais enfin considéran qu'il avoit près de quatre-vingts ans, et que sa disgrâce entraînoit celle de ses neveux qu'il tenoit comme ses enfans, lesquels Cinq-Mars promettoit de faire revenir à la cour, et même de faire tomber la charge de maître de la garde-robe qu'il avoit entre les mains du marquis de Montespan, l'aîné de ses neveux, il y consentit, et Saint-Aoust apporta sa démission à Saint-Germain. Cinq-Mars en fut aussitôt pourvu; et le 15 de novembre il en fit le serment, et prit en même temps le titre de monsieur le Grand.

Durant le voyage du Roi, Du Hallier, gouverneur de Lorraine, prit le château de Moyen, et le prince d'Orange, qui avoit promis de faire une grande diversion, fit semblant d'assiéger Gueldres, qu'il envoya investir par le comte Henri-Casimir: mais trois mille hommes s'étant jetés dedans, il lui manda de se retirer; et ainsi il ne fit aucun progrès sur terre. Mais sur mer, le roi d'Espagne avoit équipé une grande flotte, avec laquelle il prétendoit envoyer un secours considérable aux Pays-Bas, tant d'hommes que d'argent. Elle partit de la Corogne, et fit voile pour doubler la pointe de Bretagne et entrer dans la Manche d'Angleterre; mais l'amiral de Hollande, Martin-Herpers Tromp, en ayant eu avis, résolut de la combattre en passant; et s'étant mis en mer, il l'attaqua le 17 d'octobre entre la France et l'Angleterre. Les deux armées se canonnèrent depuis deux heures après minuit jusqu'à dix heures du matin, que la poudre manqua aux Hollandais, lesquels envoyèrent à Calais en demander au comte de Charost, qui regardoit le combat de dessus les dunes, et entendoit à clair les coups de canon. Il leur fournit tout ce qui leur étoit nécessaire; mais dans cet intervalle les Espagnols se retirèrent dessous les dunes d'Angleterre, comme dans un asile, où les Hollandais les suivirent. Encore que les Anglais fussent neutres, ils ne laissoient pas de tirer dessus les vaisseaux des deux partis, pour les éloigner de leurs côtes. Cependant la poudre arriva de Calais, et les Espagnols en firent venir de Londres; ensuite de quoi la mêlée fut grande et le combat rude: en sorte que le feu et la fumée empêchoient de discerner les objets. Toute la mer étoit en flammes, et le tonnerre de l'artillerie si grand, qu'on ne se pouvoit entendre; mais enfin la victoire tourna du côté des Hollandais, et la flotte d'Espagne fut toute brisée. Une partie des vaisseaux se sauva sur la côte d'Angleterre, l'autre échoua sur celle de France, et le reste fut pris ou coulé à fond. Don Antonio d'Oquendo se retira dans Dunkerque avec un vaisseau tout percé, et cette armée fut entièrement dissipée: tellement que la Flandre fut privée du secours qu'elle en attendoit.

Sur la fin de l'année dernière, nous avons vu qu'après la perte de Verceil la régente de Savoie avoit été affligée par la mort du duc François-Hyacinthe son fils aîné; et qu'à l'avénement à la couronne du duc Charles-Emmanuel son puîné, les princes ses beaux-frères lui disputoient la régence, et même avoient été nommés tuteurs par l'Empereur, comme d'un fief de l'Empire. Pour soutenir cette nomination, le roi d'Espagne fit partir le prince Thomas des Pays-Bas, lequel passa par l'Allemagne et se rendit à Milan, où le cardinal de Savoie se trouva, et le duc de Modène leur neveu, qui revenoit d'Espagne, et alors étoit grand partisan de cette couronne-là. Ils s'abouchèrent tous trois avec le marquis de Léganès, et résolurent ensemble de tâcher de chasser la régente du Piémont avec tous les Français, et de s'en rendre maîtres pour gouverner l'Etat durant la minorité du duc, selon l'intention de l'Empereur. Ils commencèrent par un manifeste qu'ils firent publier, par lequel ils protestoient que leur dessein étoit de protéger les peuples contre l'invasion des Français, entre les mains desquels la duchesse s'étoit mise avec son fils: ils exhortoient tous les sujets du duc à se joindre à eux pour délivrer leur souverain de la puissance des étrangers, et le remettre en liberté en les chassant de ses Etats. Cette déclaration fit grande impression dans l'esprit des Piémontais, qui n'étoient pas satisfaits de la duchesse ni des Français, et encore moins des favoris qui gouvernoient la régente, lesquels lui attiroient la haine publique. Elle se trouva bien empêchée dans ces embarras d'affaires; et ne se sentant pas assez forte pour résister à une si grande conspiration, elle eut recours au roi Très-Chrétien son frère, qui lui promit sa protection.

Le cardinal de Richelieu ne pouvoit oublier l'intrigue que le père Monod avoit faite à Paris avec le père Caussin pour le perdre; et se prévalant de l'état où étoit la duchesse, il prit le temps de s'en venger. Il se servit pour cela du cardinal de La Valette, lequel dit à la régente que le père Monod étoit suspect d'avoir intelligence avec les princes de Savoie, et que tant qu'il seroit dans ses conseils, le Roi ne pouvoit plus avoir de confiance en elle. Ce compliment ne plut pas à la duchesse, parce qu'elle aimoit ce père, lequel avoit été employé par le duc Charles-Emmanuel, et depuis par Victor-Amédée, duquel il étoit considéré comme habile homme, et fort affectionné à son service. Elle avoit résisté depuis dix-huit mois aux instances qu'on lui avoit faites pour son éloignement; mais alors elle ne put le soutenir, parce que le cardinal, pour satisfaire à sa propre passion, la réduisit, ou à se voir exposée à la merci de ses beaux-frères ses ennemis jurés, ou à se jeter aveuglément entre les bras du Roi son frère. Dans cette extrémité elle se trouva contrainte, à son grand regret, de contenter le cardinal; et pour cet effet elle fit arrêter le père Monod, et l'envoya sous bonne garde dans le château de Montmélian. Elle résista seulement en ce point que, quelque persécution qu'on lui fit pour l'obliger à l'envoyer en France, elle ne le voulut jamais, connoissant, par l'humeur vindicative du cardinal, que sa vie eût été en grand danger si elle eût été entre ses mains. Durant ces intrigues, le duc de Candale, un des généraux français, mourut d'une fièvre, et le cardinal de La Valette demeura seul général de l'armée. Chavigny, secrétaire d'Etat, fut envoyé à Turin pour servir de conseil à la Régente, et la faire agir selon les intentions de la cour. Le premier projet qu'il eut après son arrivée fût de lui persuader d'envoyer son fils en France pour être élevé auprès de monsieur le Dauphin, en lui faisant connoître que, dans l'aliénation des esprits des Piémontais pour elle, et leur affection pour leurs princes, il n'étoit pas en sûreté; et que si par malheur les peuples se saisissoient de sa personne et le mettoient entre les mains de ses oncles, elle seroit perdue sans ressource. Elle para ce coup-là fort adroitement; et seulement pour empêcher que son fils ne courût cette fortune, elle l'envoya demeurer à Chambéry, capitale de Savoie, où les esprits n'étoient pas si aigris contre elle, et qui étoit proche de France, pour l'y retirer dans une nécessité. Cependant on faisoit filer des troupes de tous côtés; et comme on vouloit faire deux corps d'armée, le duc de Longueville fut envoyé pour en commander un. Les princes de Savoie de leur côté ne s'endormoient pas : car ayant mis leurs troupes ensemble, le prince Thomas s'avança vers le Piémont pour faire éclater l'intelligence qu'il avoit avec beaucoup de gouverneurs, qui n'attendoient que sa présence pour se déclarer. Cela parut à son entrée dans le pays : car toutes les villes de dessus le Pô se rendirent à lui sans résistance. Chivas lui ouvrit les portes dès qu'il se présenta; ensuite il fut reçu dans Crescentin et dans Verrue, et le marquis de Léganès mit le siége devant Trino, qu'il battit si rudement qu'il en fut maître bien plus tôt que le cardinal de La Valette ne crut : car s'étant avancé pour le secourir, il apprit en chemin qu'il étoit pris. Ces pertes mirent le parti de la Régente en grande consternation, et donnèrent une terreur si forte dans l'esprit de ceux qui la servoient, que voyant les villes se rendre par la trahison des gouverneurs et par la mauvaise volonté des peuples, ils se préoccupèrent de la pensée que tout étoit perdu; et l'impuissance dans laquelle ils se trouvoient leur ôtant la hardiesse et leur donnant de la timidité, ils abandonnoient les lieux où ils étoient aux partisans des princes, et pour sauver leurs biens se soumettoient aux plus puissans. Ainsi tout leur faisoit joug; et ces bons succès donnant courage au prince Thomas de pousser ses progrès, il se joignit au marquis de Léganès pour s'avancer ensemble vers Turin. Ils partirent de Chivas le 13 d'avril, et le lendemain parurent à la vue de la ville à Notre-Dame de la Campagne, espérant que le peuple, fort nombreux, se déclareroit pour eux et leur ouvriroit les portes; mais la Régente, prévoyant ce danger, avoit fait entrer dedans six mille Français, qui tinrent le peuple dans le devoir, et l'empêchèrent de faire paroître sa mauvaise volonté. Le 17, le prince Thomas vint au Valentin, où la cavalerie française sortit pour faire le coup de pistolet. Le 18, il emporta un des faubourgs du Pô, et il y fit faire deux batteries contre les murailles de la ville, dans laquelle il fit jeter quantité de bombes; mais la grande garnison qui étoit dedans tint le peuple en bride, et fit de si grandes sorties que le prince Thomas connut par là que Turin n'étoit pas une ville à emporter d'emblée. C'est pourquoi il se retira le 25 du mois, et se sépara du marquis de Léganès pour se présenter devant Jurée, qui lui ouvrit les portes. En même temps Saluces, Ast, Fossan, Coni et quelques autres villes se déclarèrent de son parti, et tous les courriers qui arrivoient à Turin ne portoient nouvelles que de places révoltées : tellement que la Régente, voyant que tout conspiroit à sa ruine, étoit si abattue qu'elle ne savoit quel remède appliquer à son mal. Le cardinal de La Valette et Chavigny la consoloient le mieux qu'ils pouvoient; et durant que le prince Thomas étoit éloigné, ce cardinal sortit de Turin et attaqua Chivas, situé sur le Pô à quatre lieues de là, pour donner un peu de liberté à cette ville, bloquée par toutes celles qui l'environnoient. Il le prit en trois jours; et le duc de Longueville en même temps reprit Saluces, d'où il alla mettre le siége devant Fossan, dont les habitans, intimidés de la crainte du châtiment pour leur révolte, capitulèrent, et obtinrent pardon. De là, le duc fut attaquer Beneville, qui fut emporté d'assaut par les régimens de Batilly et de Villantry, qui passèrent tout au fil de l'épée.

Le cardinal de Savoie étoit dans Coni, qui ménageoit doucement l'esprit de ceux de Nice;

mais, pour l'en empêcher, le comte d'Harcourt, avec l'armée navale, entra dans le port de Villefranche, pour assurer ce pays dans l'obéissance, et s'opposer au dessein de faire révolter le château de Nice, un des plus forts et des plus importans de tous les Etats de Savoie. A son arrivée, tout parut calme; mais dès qu'il en fut parti, la garnison du château mit le gouverneur dehors, et reçut le cardinal de Savoie, lequel y établit son séjour; et ensuite le port de Villefranche se déclara aussi pour lui. Le prince Thomas, de son côté, ne se rebuta pas pour avoir manqué Turin; il connoissoit l'inclination du peuple pour lui, et il savoit que la grosse garnison des Français en étoit sortie, et que les habitans y étoient les plus forts. C'est pourquoi, averti par ceux de sa faction, il se présenta devant la ville le premier jour d'août au soleil levant, après avoir marché sans bruit toute la nuit, de peur d'être découvert. Il fit en même temps avancer de ses gens pour avertir ceux de son intelligence, qui le reçurent dans la ville avec acclamation de tout le peuple. La Régente étoit au lit dans le palais, qui ne se défioit de rien; mais s'étant éveillée sur le bruit, elle n'eut le loisir que de prendre une jupe, et de se sauver quasi toute nue dans la citadelle, au grand regret du prince, qui envoya en diligence au palais pour se saisir de sa personne, mais trop tard. Voyant sa proie échappée il se retrancha devant la citadelle, qui battoit la ville à coups de canon; et, sur ce bruit, l'armée française s'approcha, et se vint camper derrière pour la soutenir. Les généraux français, sachant que la ville étoit ouverte du côté de la citadelle, voulurent tenter de la reprendre par là. Pour cet effet, ils firent une grande attaque le lendemain, où ils furent repoussés avec perte, parce que le prince Thomas s'étoit fort retranché, et avoit avec lui toute son armée et le peuple à sa dévotion. Le marquis de Nérestan, maréchal de camp, et le chevalier d'Alincourt y furent tués. Durant ces combats, la Régente étoit enfermée dans la citadelle, qui ne savoit à qui se fier, voyant tous ses sujets contre elle. Cela l'obligea de la remettre entre les mains des Français, et de se retirer auprès de son fils à Chambéry. En même temps toutes les troupes françaises se joignirent près de la citadelle, et les Espagnols derrière la ville, pour soutenir chacune la partie qu'elles tenoient, et tâcher à se rendre maîtresses de l'autre : en sorte que Turin étoit l'objet sur lequel toute la chrétienté avoit la vue attachée. Mais lorsqu'on s'y attendoit le moins, Cafarelli, nonce de Sa Sainteté, négocia si bien de tous côtés, qu'il moyenna une suspension d'armes dans l'Italie pour deux mois, savoir depuis le 15 d'août jusqu'au 15 d'octobre. Après cette trêve, les armées se mirent en quartiers, et le duc de Longueville alla commander l'armée du duc de Weimar en Allemagne, comme on a vu ci-devant.

Cependant la Régente étoit à Chambéry, fort étonnée de l'état où étoient ses affaires; et ce qui l'embarrassoit le plus étoit qu'elle se défioit de tous ses sujets, qu'elle croyoit gagnés par les princes, lesquels l'offensoient tous les jours de plus en plus par des outrages sensibles, s'attaquant à son honneur, et voulant faire croire aux peuples que leur duc n'étoit pas légitime, et par conséquent que la couronne leur appartenoit : ce qui faisoit grande impression dans les esprits. De l'autre côté, la seule ressource qu'elle avoit lui donnoit beaucoup de peine, parce qu'elle n'avoit d'espérance que dans la protection du Roi son frère; et le cardinal de Richelieu, se prévalant de cette nécessité, lui faisoit remontrer tous les jours que, dans le peu de confiance qu'elle trouvoit en ses sujets, elle devoit se jeter aveuglément entre les bras du Roi, et remettre la personne de son fils et ses places entre ses mains pour les lui conserver, principalement la citadelle de Montmélian; qu'ainsi elle seroit en sûreté, et que les princes et les Espagnols s'accommoderoient plus tôt, et rendroient ce qu'ils tenoient, pour obliger les Français à en faire de même. La Régente ne pouvoit goûter ces raisons, parce que, se dépouillant, elle devenoit personne particulière, sans autorité ni considération, et dans une dépendance entière. Aussi elle résista longtemps : mais enfin le Roi étant venu à Grenoble exprès pour la voir et la consoler ses malheurs, elle ne put se défendre de lui remettre Carmagnole; mais elle tint ferme pour la personne de son fils et pour Montmélian, craignant d'avoir autant de peine à les retirer après la paix, que s'ils étoient entre les mains des Espagnols. Néanmoins, pour conserver quelque bienséance, elle envoya le marquis de Lullins ambassadeur extraordinaire à Grenoble, pour supplier le Roi d'excuser le duc de Savoie de ce qu'il ne venoit pas lui-même le remercier de sa protection et lui rendre ses respects, à cause de son bas âge, qui l'empêchoit de se mettre sur les chemins; mais la véritable raison étoit la peur que la Régente avoit que le Roi ne l'emmenât en France. Pour elle, dès qu'elle sut l'arrivée du Roi, elle partit de Chambéry, et arriva le 24 de septembre à Grenoble. Le Roi fut au devant d'elle une lieue hors de la ville; et s'étant rencontrés au milieu de la campagne, la duchesse lui dit qu'accablée de malheurs depuis deux ans par la perte de son mari, de son fils aîné, et d'une partie de ses États, elle ne trouvoit de consolation qu'en l'honneur de le voir ; et que la joie qu'elle en recevoit lui faisoit oublier toutes ses douleurs. Le Roi lui répondit qu'il avoit fait deux cents lieues exprès pour cela, et qu'il étoit venu pour l'assurer lui-même de sa protection, et trouver avec elle les moyens de la faire réussir. Ils montèrent ensuite en carrosse avec l'aînée des princesses de Savoie, et vinrent coucher à Grenoble, où le Roi lui fit rendre les mêmes honneurs qu'à sa propre personne. Le cardinal de Richelieu la vint saluer, et lui parla un peu plus hardiment que le respect qu'il devoit à la sœur de son Roi ne permettoit : car il lui reprocha la conduite de sa vie passée, qui avoit donné lieu aux peuples d'ajouter foi à ce que ses beaux-frères disoient d'elle. Elle se trouva fort offensée de ces discours, mais elle ne l'osa témoigner, de peur de gâter davantage ses affaires : car il avoit un tel pouvoir, que toute son espérance ne dépendoit que de lui ; et ainsi elle fut contrainte de dissimuler cette injure. Elle fut à Grenoble jusqu'au 10 d'octobre, où elle eut besoin de beaucoup d'adresse pour ne point manquer de complaisance pour ceux dont elle avoit affaire, et pour ne leur pas accorder aussi tout ce qu'ils exigeoient d'elle : mais enfin, après avoir tenu beaucoup de conseils, ils se séparèrent. Le Roi reprit le chemin de Paris, et elle celui de Chambéry.

Durant leurs conférences, le cardinal de La Valette mourut à Rivoles ; et le comte d'Harcourt, qui commandoit sur mer, eut ordre d'aller en Piémont pour lui succéder dans la charge de général de l'armée. Il étoit destiné pour être le restaurateur des affaires de ce pays-là ; et en effet son arrivée changea entièrement la face de toutes choses : car au lieu qu'on n'avoit vu depuis deux ans que des sujets de pleurs, on n'en vit depuis que de joie et d'alégresse. Il avoit acquis beaucoup de réputation par la reprise des îles de Lérins : ce qui faisoit que l'armée concevoit de grandes espérances de sa venue ; elle le témoigna par les acclamations avec lesquelles il fut reçu le 23 d'octobre, temps de la fin de la trève. Par cette raison, il fit faire revue à son armée, et la mit en campagne pour recommencer la guerre. Le lendemain de son arrivée, il passa le Pô à Carignan, et marcha du côté de Montferrat pour jeter des vivres dans Casal, qui en avoit disette ; et pour faciliter son entreprise, il voulut se rendre maître de Quiers, qui se rencontroit sur son chemin. Il le fit investir par La Mothe-Houdancourt, maréchal de camp, qui chargea un gros de cavalerie sorti de la ville, où le chevalier de Tavannes fut tué : le reste de l'armée arriva depuis, et le comte d'Harcourt fit battre la ville avec telle impétuosité, que le gouverneur se rendit, et fut conduit à Turin. L'armée des Espagnols s'étoit avancée pour faire lever le siége ; mais sur la nouvelle de sa prise, elle s'arrêta près de Villeneuve-d'Ast : et le comte d'Harcourt s'étant approché d'eux, le vicomte de Turenne escarmoucha quelque temps avec leur cavalerie. De là, l'armée marcha du côté de Casal ; mais les Espagnols se postèrent toujours entre deux pour s'y opposer : Courcelles ne laissa pas d'y entrer avec trois cents chevaux et neuf cents hommes de pied, et le comte d'Harcourt reprit son poste de Quiers. Les Espagnols voyant cela, se campèrent à Cambian pour affamer les Français, et leur couper les vivres qui venoient de Carmagnole. Le comte d'Harcourt se voyant dans cette nécessité, résolut de se retirer de Quiers, quelque difficulté qu'il y pût rencontrer ; et deux jours après il en partit, et entreprit de faire sa retraite le 20 de novembre, nonobstant les empêchemens qui s'y trouvoient : car il falloit passer une plaine à la vue des Espagnols, qui avoient vingt mille hommes, et lui n'en avoit que neuf mille. Mais la famine l'y obligeant, il partit le matin, et marcha jusqu'à une prairie sur le bord d'un ruisseau nommé la Rouge de Santeva, où il y a un passage fort difficile appelé la Route, que les Espagnols gardoient pour le combattre, ne doutant point de sa défaite. En effet, ils le chargèrent au passage de ce ruisseau ; et ce premier choc fut soutenu par Florinville, mestre de camp d'infanterie, avec son régiment et celui de Villandry, et par les chevau-légers du prince de Condé, commandés par Mauvilli du côté droit. L'artillerie espagnole tira sur l'escadron de Beauregard-Champrou ; et l'escarmouche s'échauffa de sorte que quatre bataillons espagnols en choquèrent un des Gardes conduit par Porcheux, et soutenu des régimens de Marchin, d'Enghien et du Terrail. Les Français se défendirent fort bien ; et le gros de l'armée s'avançant pour les charger, Courcelles, commandant l'artillerie, fit faire si à propos une décharge dessus, qu'il la mit en quelque désordre. Mais durant que le marquis de Léganès essuyoit des canonnades de ce côté-là, le prince Thomas attaquoit de l'autre, croyant accabler les Français par le nombre ; mais le vicomte de Turenne et le comte du Plessis-Praslin, y accoururent avec les régimens de cavalerie de La Valette et de Souvré, et ceux d'infanterie des Gardes, des Suisses, d'Auvergne et d'Alincourt. Le combat dura jusqu'à la nuit ; et Le Bourdet, commandant les Gardes avec Matha, sortirent de leurs postes, et furent l'épée à la main droit aux Espagnols, qu'ils rompirent ; et, dans l'obscurité, Fabert, sergent de bataille, avec le régiment du feu cardinal de La Valette, mit en désordre un bataillon qui ne branloit point. Le côté du marquis de Léganès n'eut pas meilleur succès : car il fut si bien reçu par La Mothe-Houdancourt, qu'après le premier effort soutenu, il fut lui-même attaqué et mis en fuite. Si bien que, dans l'obscurité de la nuit, les Espagnols ne pouvant se rallier, le comte d'Harcourt passa le ruisseau; et le lendemain, après avoir surmonté tous ces obstacles, il arriva en sûreté, avec son canon et son bagage, à Carignan. Cette journée s'appelle *de la Route*, à cause du passage qui se nomme ainsi, où le comte d'Harcourt, contre toute apparence, battit les Espagnols, et se retira sans rien perdre, alors qu'ils le croyoient tenir entre leurs mains, étant trois fois plus forts que lui. Il y perdit peu de monde, mais les Espagnols beaucoup; et principalement leur réputation, qui alla toujours en diminuant, au lieu que celle du comte d'Harcourt augmentoit.

Le cardinal de Richelieu, piqué au vif de l'affront qu'il avoit reçu l'année dernière devant Fontarabie, vouloit en avoir sa revanche. Dans ce dessein, il mit en campagne une armée de laquelle il fit le prince de Condé général, et le maréchal de Schomberg son lieutenant, pour faire quelque entreprise dans l'Espagne. Pour savoir de quel côté il attaqueroit, il sonda, par le comte de Grammont, s'il pourroit entreprendre dans la Navarre; mais voyant Pampelune et les autres villes de cette frontière trop bien garnies, il jeta les yeux sur le Roussillon. Pour l'exécution de ce projet, le maréchal de Schomberg fut détaché pour prendre le château d'Opouls et la ville d'Estagel; et après s'en être rendu maître, il revint joindre le prince de Condé, qui avoit investi Salses (1) le 12 de juin. Le 19, il fit ouvrir la tranchée, et commença à battre la ville le 22; mais les coups de canon faisoient peu d'effet, à cause que les murailles étoient si épaisses, qu'elles étoient à l'épreuve. Cette place étoit entourée de grosses tours avec un fossé fort large et creux, ayant le pied du fossé si bien mastiqué et d'une pierre si dure, qu'il étoit très-difficile de l'entamer; mais comme avec de la peine on vient à bout de tout, on surmonta ces difficultés, et on passa le fossé; puis, par les soins du vicomte d'Arpajon, on attacha les mineurs à deux tours qui furent en état de jouer le 19. Le soir, d'Espenan et Argencourt, maréchaux de camp, y firent mettre le feu; et aussitôt le régiment de Normandie monta à l'assaut et entra par force par la brèche, et poursuivit les Espagnols par la porte du donjon : mais les assiégés ayant baissé une trappe, les empêchèrent d'entrer, et demandèrent aussitôt à capituler, parce que ce donjon est dans le milieu de la place, séparé d'un bon fossé. Ils furent reçus à composition, à condition qu'ils demeureroient tous prisonniers de guerre. Ainsi don Michel Laurenzo Bravo, gouverneur, fut envoyé à Toulouse avec tous les officiers, et les soldats à Montpellier. Cette place a été bâtie par l'empereur Charles-Quint, pour opposer à Leucate, que François I faisoit construire du côté de France, sur le bord du lac de Malpas. Comme Leucate, en langage du pays, vouloit dire une *oie*, l'Empereur nomma cette ville-ci, ou pour mieux dire cette forteresse, Salses, qui signifie *sauce pour manger l'oie*; et il la construisit sur l'autre bord du lac, du côté de l'Espagne.

Après la prise de Salses, le prince de Condé passa sur le pont de Ribesaltes, et se saisit de la ville de Canet; et s'étant campé dans les plaines de Roussillon, il envoya Sérignan et Lèques assiéger Tautavelle, château situé dans des rochers de difficile accès, qu'ils ne laissèrent pas de prendre. Cependant le roi d'Espagne faisoit des efforts extraordinaires pour chasser les Français de ses États : toutes les provinces de ses royaumes contribuèrent à l'envi à qui feroit le plus de troupes; et surtout les Catalans, comme les plus voisins du péril, s'efforcèrent de repousser leurs ennemis de leurs portes. Enfin ils firent tant filer de troupes de toutes parts, que le 15 de septembre l'armée espagnole partit de Perpignan, et poussant la française devant elle, la contraignit de se retirer en Languedoc. Alors, se voyant maîtresse de la campagne, elle réassiégea Salses le 20; et le marquis de Spinola, qui la commandoit, fit travailler si diligemment à la circonvallation, qu'elle fut achevée en peu de jours. La tranchée fut ouverte quelque temps après; mais ce marquis y trouva si grandes résistances, que, perdant espérance de prendre cette place par force, il résolut de l'affamer; et pour ce sujet, abandonnant ses tranchées, il s'appliqua à fortifier ses lignes; et à les mettre en état qu'on ne les pût forcer. Mais le prince de Condé ne voulant pas perdre sa conquête, amassa toutes les troupes qu'il avoit laissées en Guienne, avec celles que le Roi lui envoya; et ayant mis ensemble un corps considérable, résolut de tâcher de faire lever le siège. Pour cet effet, il marcha droit aux lignes, et le 15 d'octobre il se joignit au maréchal de Schomberg à Sigean; et le 22, toute l'armée étant assemblée, s'avança à demi-lieue des retranchemens des Espagnols : mais un orage si grand s'éleva, que toute la

(1) Voyez pour les détails de ce siége les Mémoires de Henri de Campion; Paris, Treuttel et Würtz, 1807, p. 129.

campagne fut inondée, et l'armée se trouva séparée en deux sans pouvoir avoir de communication, tant les eaux étoient débordées. Il fallut nécessairement faire halte jusqu'à ce que le temps changeât : ce qui arriva le lendemain matin, que le soleil parut clair, et le plus beau du monde. Les torrens s'étant écoulés, le prince de Condé rassembla son armée, et la remit en bataille ; il donna l'aile droite au maréchal de Schomberg, et la gauche au vicomte d'Arpajon ; et il demeura au corps de réserve. Il attendoit seize pièces de canon, qui avoient peine à rouler à cause de l'orage passé : tellement qu'on ne put attaquer ce jour-là, et on remit au lendemain. Mais, comme si le Ciel eût été d'intelligence avec les Espagnols, une tempête s'éleva, beaucoup plus grande que la précédente, avec de grands éclairs et des coups de tonnerre si violens, qu'il sembloit que tout fût en feu ; et la pluie et la grêle tombèrent avec tant d'impétuosité, que les eaux qui couloient des montagnes couvrirent la plaine, laquelle paroissoit comme un lac : de sorte que les soldats ayant l'eau jusqu'au genou jetoient leurs armes, pour gagner plus commodément un lieu sec. Le prince de Condé voyant ce grand désordre, et son armée toute débandée, fut contraint de se retirer ; puis le temps s'étant éclairci et les eaux retirées, il rallia ses troupes le mieux qu'il put, et retourna le premier de novembre à la vue des lignes, où il fit en même temps trois attaques dans lesquelles les Français, rebutés de la fatigue des deux orages passés, donnèrent mollement ; et ayant lâché le pied, il fut impossible de les faire retourner à la charge. Ce que voyant le prince de Condé, et craignant un plus grand échec, il commanda la retraite. Il avoit des pinasses sur l'étang de Malpas, qui est entre Salses et Leucate, pour tenter le secours par eau ; mais, sur le mauvais succès de l'attaque, elles se retirèrent sans rien faire. Après la retraite du prince, le marquis de Spinola fit sommer la place, mais d'Espenan répondit fièrement qu'il ne se pouvoit résoudre à passer l'hiver devant Salses avant que d'en être le maître. Il ne disoit pas ce qu'il en pensoit : car il voyoit ses vivres diminuer ; et, connoissant qu'ils ne pouvoient durer que jusqu'au 15 de janvier, il fit une trêve pour gagner quinze jours, par laquelle les Espagnols lui devoient fournir des vivres jusqu'au mois de février, auquel temps, s'il n'étoit secouru, il leur rendroit la place. Ce traité fut exécuté ; et le terme étant expiré, il sortit de Salses, et fut conduit à Narbonne. Durant ce siége, le prince de Condé eut soupçon que Saint-Aunais, fils de Bari, gouverneur de Leucate, s'entendoit avec les Espagnols. Ce Bari avoit soutenu le siége en 1637 avec beaucoup d'honneur ; et son père, prisonnier des Espagnols, avoit mieux aimé mourir autrefois, que d'ordoner à sa femme de leur rendre la même ville pour lui sauver la vie. Ces services des père et aïeul donnoient de la présomption à Saint-Aunais, reçu en survivance au gouvernement de Leucate ; en sorte qu'il ne vivoit pas avec le prince de Condé dans le respect qu'il lui devoit. Comme il avoit beaucoup d'ambition et peu de jugement, il parloit trop librement, étant piqué de voir préférer d'autres personnes à lui ; et, par ses discours imprudens, il offensoit le prince sans considération. Cette manière d'agir lui étant rapportée, il le voulut châtier de sa témérité ; mais le jeune homme en ayant eu le vent, se sauva dans le camp des Espagnols, où il fut fort bien reçu. Sa légèreté et sa mauvaise conduite furent cause de la perte de son père qui avoit si bien servi, et firent oublier la glorieuse mort de son grand-père. Il étoit neveu du défunt maréchal de Toiras, et après sa fuite il écrivit au prince, au maréchal de Schomberg et à l'archevêque de Narbonne, pour justifier sa retraite : cela n'empêcha pas qu'on n'arrêtât toute sa famille, et le gouvernement de Leucate fut donné à d'Espenan. Durant ces temps-là, l'archevêque de Bordeaux, avec l'armée navale, fit une descente en Galice, où il pilla le plat pays et la ville de Laredo.

La grande guerre que le Roi avoit sur les bras l'obligeoit à faire d'excessives dépenses, et par conséquent de grandes levées sur le peuple, lequel faisoit de grandes rumeurs, principalement en Normandie, où les communes se soulevèrent pour *la solidité,* qui consistoit en ce qu'un homme riche d'une paroisse étoit mis prisonnier pour la taxe des autres, quoiqu'il eût payé la sienne. Or il y eut de ces gens ainsi poursuivis qui eurent recours au parlement de Rouen et à la cour des aides, qui, voyant qu'ils avoient payé leur quote-part, les élargirent de prison, avec défense de les inquiéter. Le conseil du Roi cassa tous ces arrêts ; et les peuples se sentant soutenus des cours souveraines, firent un grand soulèvement en Basse-Normandie contre les intendans et les receveurs des tailles, qui les voulurent faire payer : ils élurent un chef parmi eux, qu'ils nommèrent *Jean-va-nu-pieds,* pour signifier que les subsides les avoient mis en état de ne se pouvoir chausser. Sur les nouvelles qui en furent portées à la cour, le colonel Gassion fut envoyé pour châtier ces mutins : il se présenta d'abord devant Caen, où il fut reçu sans résistance ; et aussitôt il désarma les habitans, et fit porter leurs armes au château. De là il s'avança dans la Basse-Normandie, où ayant appris que le gros de ces séditieux étoit à Avranches, il marcha de ce côté-là; et les trouvant retranchés dans les faubourgs en intention de se défendre, il les attaqua le dernier de novembre, et força leurs barricades, où il prit et tua tout ce qui étoit dedans. Le marquis de Courtaumer y fut tué à la tête de l'infanterie, les prisonniers furent pendus; et ainsi cette canaille fut dissipée.

L'année dernière, nous avons vu comme la Reine mère (1) étoit arrivée en Angleterre, où se trouvant en pays ami de la France, elle crut pouvoir agir avec plus de liberté, et se servir de la Reine sa fille pour ménager auprès du roi Très-Chrétien son retour auprès de lui. Elle résolut, pour réussir dans son dessein, de s'adresser à Bellièvre, ambassadeur de France, lequel s'étoit trouvé bien empêché à l'arrivée de Sa Majesté, parce qu'il ne savoit comment il devoit vivre avec elle. Il considéroit que s'il ne l'alloit point voir, il n'oseroit, par respect, se trouver les soirs chez la reine d'Angleterre, où elle seroit; et qu'ainsi il perdroit de bonnes occasions de servir son maître, à cause qu'il traitoit d'affaires avec le roi d'Angleterre en conversation particulière bien mieux que dans les audiences. Il donna avis à Bullion de son embarras, lequel lui manda, par ordre du cardinal, de la voir une fois seulement, avec défense de recevoir aucune proposition, ni d'entrer en matière en aucune sorte avec elle. Sur cet ordre, il fut lui faire son compliment comme personne privée; puis tous les soirs, chez la Reine, il lui parloit devant tout le monde, et évitoit de lui parler en particulier. Mais un jour s'étant rencontré seul dans une galerie qui donne sur le bord de la Tamise, dans Whitehall, il vit entrer le Roi, qui menoit la Reine mère par la main; aussitôt il se rangea dans une fenêtre, pour la laisser passer; mais le Roi, qui cherchoit l'occasion de la faire parler à lui en particulier, quitta sa main, et la laissa seule. En même temps elle lui dit qu'elle avoit bien des choses à lui dire, et qu'elle n'avoit point trouvé de temps propre pour cela qu'à présent qu'ils étoient sans témoins: et lors elle lui proposa de négocier son retour en France. L'ambassadeur eût bien voulu être hors de là; mais il ne pouvoit échapper: tellement qu'il s'excusa de se mêler de cette affaire, qui étoit trop délicate pour lui, et dit qu'il ne lui appartenoit pas de prendre connoissance de ce qui regardoit la famille royale; et, sans se vouloir engager à rien, il se sépara d'elle. Sur ce refus, elle obligea le Roi son gendre d'envoyer en France exprès de sa part, et d'en écrire au Roi et au cardinal de Richelieu; et même, ennuyée de tant de souffrances et d'un exil si long, elle mit bas sa fierté, et s'abaissa d'écrire au cardinal, et de lui mander qu'elle étoit sortie des terres des Espagnols à cause qu'ils étoient en guerre avec le Roi son fils, et qu'elle étoit venue en Angleterre comme dans un lieu non suspect et allié de la France, pour obtenir son retour avec plus de facilité; qu'elle s'adressoit à lui pour l'assurer qu'elle oublioit tout le passé; qu'elle le vouloit aimer dorénavant, et même qu'elle seroit bien aise de lui avoir obligation d'un si grand service. Elle l'assuroit qu'elle étoit dans un esprit de soumission pour faire tout ce que le Roi son fils souhaiteroit d'elle; et que s'il ne vouloit pas qu'elle demeurât à la cour, elle se retireroit en telle ville qu'il voudroit lui prescrire, où elle jouiroit de son douaire et de ses revenus. Cette lettre donnoit belle matière au cardinal de reconnoître les obligations qu'il lui avoit, et en même temps de se justifier du blâme qu'on lui donnoit d'une extrême ingratitude; mais comme il étoit fort défiant et qu'il ne pardonnoit jamais, il craignit que ce retour ne diminuât son autorité, et il ne voulut pas se fier à ses paroles. Mais aussi, n'osant pas de son chef s'opposer à la demande d'une princesse de laquelle il tenoit sa fortune, il répondit que ce seroit la plus grande joie qu'il pût avoir au monde de rentrer dans les bonnes grâces de sa bonne maîtresse: mais que son avis seroit suspect au Roi dans cette occasion, à cause qu'il étoit sa créature, et qu'ainsi son conseil paroîtroit intéressé; mais qu'il étoit à propos que Sa Majesté s'en conseillât à d'autres, et qu'il avoit dans ses affaires des gens très-capables de lui donner avis dans une affaire de si grande importance. Enfin, sans qu'il parût qu'il s'en mêlât, il fit choisir le chancelier, Bullion et Bouthillier, surintendans des finances, et Chavigny et des Noyers, secrétaires d'État: tous ses créatures, et tellement dépendans de lui, qu'il étoit sûr qu'ils ne parleroient que selon son désir. Ils eurent ordre du Roi de mettre leurs sentimens par écrit; ils se trouvèrent tous conformes: car ils commençoient par de très-profonds respects pour la Reine mère, et par un grand désir de la voir bien réunie avec le Roi, pourvu que ce fût sans troubler l'État; mais ils disoient que le Roi devoit plus à son peuple qu'à sa mère, et que son retour ne pouvoit apporter à la France que confusion, tant par son esprit ulcéré contre les ministres qui gouvernoient avec tant de fidélité et de gloire, que par ceux qui la possédoient,

---

(1) Marie de Médicis.

qui étoient tous malintentionnés; et que si le Roi venoit à mourir, monsieur le Dauphin verroit ses affaires ruinées, par la dispute qu'elle feroit pour la régence. C'est pourquoi ils concluoient qu'elle ne devoit point revenir; et que, pour s'acquitter du devoir d'un fils envers sa mère, il falloit qu'elle retournât à Florence, lieu de sa naissance, et qu'on lui fît toucher en ce lieu-là tous ses revenus. Bouthillier seul, se souvenant de l'honneur qu'il avoit eu d'être secrétaire de ses commandemens, opina qu'il falloit lui rendre son bien en quelque ville de France, ou en Avignon, sans venir à la cour. Ainsi cette négociation ne produisit aucun effet, parce que la plus grande aversion qu'elle eût au monde étoit de retourner à Florence. Le cardinal témoigna un extrême déplaisir de ce qu'elle n'avoit pas eu contentement, et se contrefit si bien qu'il le voulut persuader à ceux qui le voulurent croire, lesquels furent en fort petit nombre.

SIXIEME CAMPAGNE.

[1640] Nous avons vu l'année passée comme les peuples s'étoient soulevés en Basse-Normandie, et comment ils avoient été châtiés; comme le parlement de Rouen et la cour des aides, le maire, les échevins et le lieutenant général n'avoient pas fait leur devoir pour réprimer leur révolte, et même sembloient l'avoir autorisée. Le Roi envoya le chancelier à Rouen pour interdire le parlement, la cour des aides et le corps de ville, et leur commander de se rendre à sa suite pour recevoir ses ordres. Il établit, pour exercer la justice en leur place, des juges des cours souveraines de Paris, qui firent par commission la fonction des autres, jusqu'à ce que le Roi en eût autrement ordonné.

Durant le mois de janvier, par les instantes prières du roi de Pologne, le prince Casimir son frère sortit de la Bastille, et fut mis en liberté (1). Le Roi le traita à Saint-Germain et le fit manger à sa table, et puis lui permit de retourner en Pologne. Il ne vit point Monsieur, parce que ce prince ne lui voulut pas donner la droite chez lui, sur ce que le royaume de Pologne étoit électif, et que par conséquent il n'en étoit pas successeur comme il l'étoit en France; mais il fut visiter le cardinal, sans prétendre la droite chez lui, tant cet homme le portoit haut, et tant il étoit redouté de tous les étrangers. L'électeur palatin en usa de même : car, quoique luthérien et même calviniste, sectes qui ne portent aucun respect aux dignités de l'Eglise, il lui céda dans sa propre maison; et ayant été délivré de prison par la sollicitation du roi d'Angleterre son oncle, il ne voulut point voir Monsieur, à cause du rang qu'il prétendoit sur lui comme électeur de l'Empire; et ne disputa rien au cardinal, disant qu'il ne lui déféroit pas comme cardinal, mais comme étant le plus grand homme qui fût au monde, et qui eût été dans notre siècle.

Durant les réjouissances de l'hiver, le cardinal se préparoit à faire la guerre de tous côtés; et comme les affaires d'Allemagne contribuoient beaucoup à celles de deçà, par la diversion

(1) On a vu vers la fin de la *quatrième Campagne*, pourquoi ce prince fut arrêté.

qu'on faisoit des forces de l'Empereur, sur l'avis qu'il eut que Piccolomini devoit joindre l'archiduc Léopold et Gleen, il envoya ordre au duc de Longueville de passer le Rhin et de secourir le maréchal Banier. Aussitôt ce duc obéit; et ayant laissé garnison dans Bacharach, Kreutznach et Binghen, il fit faire un pont de bateaux à Lorich, où il passa ce fleuve, et joignit le général Melander sur la rivière de Vivare, et les troupes du duc de Lenebourg; puis ils marchèrent tous ensemble vers Erfurth, où le maréchal Banier étoit retranché contre les armées impériale, saxonne et bavaroise, plus fortes que la sienne. Celle de Brandebourg venoit encore les fortifier; et le duc de Longueville l'ayant appris, hâta sa marche, et arriva promptement à Erfurth, où il fut reçu du maréchal Banier avec la joie que peut produire un secours de telle conséquence. Dès le lendemain, ces armées, composées de plus de quarante mille hommes, se mirent en bataille; et, sortant de leurs retranchemens, se campèrent en pleine campagne sans crainte des Impériaux. Ces deux puissantes armées passèrent l'été à se regarder l'une l'autre, sans aucun exploit considérable; et, après avoir mangé bien du pays, elles se trouvèrent à la fin de l'automne sur le Weser, où elles se séparèrent pour prendre leurs quartiers d'hiver.

Le cardinal fit de grands préparatifs au commencement de cette année pour faire un effort considérable dans les Pays-Bas; et la prise d'Hesdin lui donna courage de pousser plus avant les conquêtes de la France. En effet, on a remarqué que ce siège a été le premier fait dans les formes depuis le commencement de la guerre; et dorénavant les Français se perfectionnant de plus en plus dans ce métier, réussiront mieux dans leurs entreprises, et feront voir que ce sera une même chose à eux d'attaquer une place et de la prendre. Dès que le printemps fut venu, deux armées furent destinées pour entrer dans le pays : l'une, commandée par le duc de Chaulnes et le maréchal de Châtillon, marcha vers Saint-Omer, pour donner jalousie du côté de la mer; et l'autre sous le maréchal de La Meilleraye. Cette dernière entra dans le Hainaut, et fut fort incommodée dans sa marche par les grandes pluies qu'il fit en ce temps-là, qui empêchoient de rouler le canon. Le maréchal de La Meilleraye ne laissa pas d'investir Charlemont, forteresse bâtie par l'empereur Charles-Quint pour favoriser le passage de Givet, qui est sur la Meuse au pied de cette place, et qui donne la communication du Hainaut et du Luxembourg. Il trouva de grandes difficultés dans cette entreprise par la stérilité de la terre, qui est tellement maigre et pierreuse qu'elle ne produit point d'herbe; de sorte que la cavalerie périssoit à vue d'œil faute de fourrage; et les convois étoient si difficiles à faire venir, à cause des bois et des pays montueux par où il falloit passer, après les grandes pluies qui étoient tombées et qui duroient encore, qu'il jugea son dessein impossible à exécuter. Il résolut par ces raisons de ne s'y pas opiniâtrer davantage, et de décamper de devant cette place. Il prit sa marche entre Marienbourg et Philippeville, et fit passer de la cavalerie près de ces deux villes pour les reconnoître; mais les canonniers visoient si juste, principalement à Marienbourg, qu'ils ne manquoient point de donner dans les escadrons, et même ils tiroient sur des cavaliers seuls, qu'ils emportoient fort souvent. De là, le maréchal détacha La Ferté-Senneterre avec quatre mille hommes pour prendre le château de Chimay; ce qu'il fit en vingt-quatre heures, il y reçut un coup de canon dans la cuisse qui lui emporta les chairs: tellement qu'il fut contraint de quitter l'armée pour se faire panser. Il y avoit un fort beau parc fermé de murailles qui furent rompues; et les soldats tuèrent les cerfs et les daims qui étoient dedans; et en vécurent comme de bœuf. De Chimay, ce petit corps fut rejoindre l'armée près de Guise; et sur les nouvelles certaines qu'on eut que les Espagnols, pour garnir leurs places, avoient tiré une partie de la garnison d'Arras qui étoient demeurée très-foible, il vint un ordre de la cour de l'investir et d'en entreprendre le siége.

Le maréchal de La Meilleraye tourna tête aussitôt de ce côté-là, et le maréchal de Châtillon qui étoit vers Saint-Omer prit la même route: en sorte que les deux armées, par deux côtés différens, parurent en même temps à la vue d'Arras. Celui qui faisoit le guet dans le beffroi aperçut premièrement celle du maréchal de Châtillon vers le mont Saint-Eloy; il sonna l'alarme, et mit son drapeau de ce côté-là. Personne ne s'en émut dans la ville, parce qu'on crut que c'étoit des troupes qui passoient à l'ordinaire; mais peu de temps après l'alarme redoubla plus fort, et on remit le drapeau de l'autre côté qui est vers Cambray; et celui qui étoit au guet cria qu'il voyoit deux armées, l'une à droite et l'autre à gauche. Alors le peuple prit l'alarme tout de bon, et craignit d'être assiégé. Le soir, les bourgeois étant sur les remparts virent les deux armées s'approcher de leur ville et s'élargir dans leurs grandes plaines; puis se séparer et prendre leurs quartiers à l'entour. Ce fut alors qu'ils ne doutèrent plus que c'étoit à eux qu'on en vouloit, et ils en furent fort surpris: car ils avoient une telle présomption et si bonne opinion de la force de leur ville, qu'ils ne croyoient pas que jamais on osât songer à l'attaquer. Le maréchal de La Meilleraye prit son quartier entre Douay et Cambray; le maréchal de Châtillon vers le mont Saint-Eloy; et on en fit un troisième du côté de Dourlens, qui fut commandé par Rantzaw, maréchal de camp, depuis peu retourné d'Allemagne. Dès le lendemain on travailla à la circonvallation et aux ponts sur la rivière de Scarpe, pour la communication des quartiers: on y alla d'une telle diligence que la ligne fut achevée en quinze jours, depuis le 15 de juin que la ville fut investie, jusqu'au commencement de juillet, quoiqu'elle eût cinq lieues de tour. Devant que d'ouvrir les tranchées, les généraux firent venir un grand convoi de vivres, de munitions de guerre, de canons, de batterie; et une si grande abondance de tout ce qui étoit nécessaire à un grand siége, qu'on ne craignit plus de manquer de rien de long-temps. Cependant le cardinal infant, étonné d'une entreprise si hardie à laquelle il ne s'attendoit pas, voulut faire entrer trois cents hommes dans la ville; mais ils furent découverts, et faits prisonniers.

Le jour du grand convoi, Rantzaw fit attaquer une chapelle gardée par des mousquetaires de la ville. Il y fut blessé d'une mousquetade, pour laquelle il lui fallut couper la cuisse tout contre la fesse: en sorte qu'il ne lui resta plus que le moignon. Il fit cette attaque mal à propos et étant ivre: ce qui lui arrivoit souvent; et c'étoit grand dommage, car il avoit de belles qualités, et il entendoit bien son métier; mais le vin lui faisoit commettre de grandes fautes.

Sur le bruit de ce siége, les Espagnols assemblèrent des troupes de tous côtés pour secourir Arras; et en attendant ils mirent un petit corps à Sailli, village entre Douay et le camp des Français, où ce corps se retrancha. Ce poste est situé dans un marais, où il y a une chaussée sur laquelle il falloit défiler pour aller au retranchement. Lambol, qui commandoit dedans, envoyoit souvent reconnoître les lignes, pour voir s'il ne pourroit pas jeter du secours dans la ville. Un jour il fit sortir un corps considérable de cavalerie et d'infanterie, qui vint charger les gardes avancées des assiégeans et donna l'alarme au camp. Aussitôt le maréchal de La Meilleraye monta à cheval, et sortit des lignes avec force troupes; et quoique les Espagnols fussent sur leur retraite, il les poussa et les attaqua si vivement, qu'il mit leur infanterie en déroute : leur cavalerie se retira au plus vite; mais le marquis de Gêvres, maréchal de camp, la poursuivant vigoureusement, s'avança trop avant sur la digue, et donna jusqu'aux premières barrières du retranchement, dans lequel il entra pêle-mêle avec eux. Aussitôt ces barrières furent refermées, et il fut culbuté à bas de son cheval et pris prisonnier, après avoir été blessé de plusieurs coups dangereux. On l'envoya dans la citadelle d'Anvers, où il demeura jusqu'à sa délivrance. Le marquis de Breauté, mestre de camp du régiment de Picardie, et sergent de bataille, fut tué dans ce combat; comme aussi les marquis de la Londe et d'Esradrés, le chevalier de La Loupe, et les barons du Tour de Neuvillette et de Miremont. Aubri, fils d'un conseiller d'Etat, fut fort blessé, et mourut quelque temps après; Cominges, capitaine de cavalerie, eut les deux fesses emportées d'une volée de canon : tellement que l'avantage que les Français eurent dans cette occasion leur coûta bien cher.

Les troupes s'étant retirées, les généraux firent ouvrir la tranchée le 4 de juillet par deux endroits : l'attaque du maréchal de Châtillon étoit à une porte vis-à-vis du quartier de Rantzaw, et celle du maréchal de La Meilleraye proche du sien, près de la Scarpe. Lucine, lieutenant colonel du régiment de Champagne, y fut tué. Le 6, les assiégés firent une sortie sur le régiment de Navarre, qui fut repoussée à l'attaque de La Meilleraye; et sur ce que les troupes de Lamboi, retranchées à Sailli, incommodoient les fourrageurs, le maréchal de La Meilleraye sortit avec douze cents chevaux, et envoya devant des gens avec des faucilles, faisant semblant de couper du blé. Ils ne manquèrent pas d'être attaqués; mais la cavalerie française ayant paru trop tôt, les ennemis se retirèrent au galop dans leur camp en escarmouchant. Bientôt après Lamboi sortit de Sailli pour se joindre à don Philippe de Silva, puis ils marchèrent ensemble droit au gros où étoit le cardinal infant et le duc de Lorraine, avec toute la noblesse des Pays-Bas, qui avoit été mandée pour faire un grand effort pour secourir Arras. Toutes leurs forces étant jointes, l'armée se trouva composée de trente-six mille hommes, avec laquelle le cardinal infant se saisit du mont Saint-Eloy, et fit mine de vouloir attaquer le quartier de Châtillon; mais il trouva les lignes en si bon état, qu'il n'osa entreprendre de les forcer : tellement qu'il prit la résolution de se poster à Baillermont, entre Dourlens et Arras, pour couper les vivres à l'armée française, et la contraindre, en l'affamant, de lever le siège.

Cependant les assiégeans pressoient leurs attaques, et les tranchées étoient poussées jusque sur les contrescarpes des demi-lunes, qui furent emportées par le régiment de Champagne à l'attaque de La Meilleraye, et à celle de Châtillon par ceux de Bourdonné et de Vervins. Le 30, les Espagnols firent une grande sortie sur cette dernière, les Suisses des gardes étant à la tranchée ; et ayant repris la demi-lune, ils rasèrent la tête du travail, se rendirent maîtres du canon, et renversèrent les Suisses jusqu'à la queue de la tranchée, qu'ils combloient tout à loisir, parce que les Suisses étoient si rebutés pour le mauvais succès de leur combat, qu'ils refusèrent de retourner à la charge. Le maréchal de La Meilleraye accourut au bruit, quoique ce ne fût pas dans son attaque; et son camp se trouvant plus proche que celui de Châtillon, il fit marcher le régiment de Champagne pour réparer ce désordre : ce qui donna telle honte aux Suisses qu'ils reprirent cœur; et au bruit des tambours de Champagne qui approchoient, ils se dépêchèrent d'aller aux Espagnols avant son arrivée. Cette émulation les animant, ils rattaquèrent leur tranchée l'épée à la main si vaillamment, qu'ils chassèrent les assiégés de leur tranchée, reprirent le canon de la demi-lune, et recouvrèrent l'honneur qu'ils avoient perdu. La Rente fut tué dans cette sortie. Les Français n'avoient pas seulement ceux de la ville à combattre ; ils avoient un ennemi plus cruel et plus fort qu'eux, qui étoit la famine; il n'entroit plus rien dans le camp, et la nécessité y devint si grande que les généraux résolurent de lever le siège. La cavalerie alloit couper des blés dans la campagne, et les battoit dans ses quartiers ; mais l'infanterie pâtissoit extrêmement, le pain de munition manquant. Il n'y avoit plus de vin dans l'armée, et aux tables des généraux on n'y buvoit que de l'eau ; la viande y étoit fort rare ; et ce qui étoit plus fâcheux, le pain manquoit entièrement. Dans cette grande disette, les maréchaux, désespérés d'être obligés de quitter une si belle entreprise, cherchèrent tous les moyens pour remédier à ce défaut. Le Roi étoit à Amiens, et la Ferté-Imbault commandoit un corps de huit mille hommes pour faciliter les convois, lequel étoit inutile devant les grandes forces des Espagnols.

Toute la prairie de Dourlens étoit pleine de charrettes chargées de vivres, et les vivandiers y abordoient de tous côtés sans pouvoir passer plus loin. Or comme les Espagnols avoient les yeux attachés sur ce lieu-là, les maréchaux crurent qu'on pourroit faire passer quelques vivres à la dérobée, par quelque autre endroit dont ils ne se défieroient pas. Dans cette vue le maréchal de La Meilleraye manda à L'Echelle, colonel de cavalerie, de prendre seulement trois cents charrettes, et de les mener la nuit à Péronne pour les faire passer par ce chemin-là, et de les accompagner avec son régiment. Il obéit à cet ordre, et partit de Péronne le 18 juillet au soir; et le même jour ce maréchal sortit des lignes, à soleil couchant, avec trois mille chevaux, et marcha toute la nuit du côté de Bapaume, pour aller au devant de lui. Il faisoit marcher devant des batteurs d'estrade, pour lui donner avis de ce qu'ils rencontreroient : et après avoir cheminé toute la nuit, sur le soleil levant il fit halte pour manger ; mais le déjeuner fut bientôt troublé, par les nouvelles qu'il reçut qu'il paroissoit de la cavalerie près d'un village nommé Fremicourt. D'abord il crut que c'étoient les troupes de L'Echelle qui escortoient le convoi ; mais il fut bientôt assuré que c'étoient des Espagnols qui attendoient un convoi qui leur venoit de Cambray, sans avoir aucune nouvelle de celui des Français. En même temps toute la cavalerie se mit en ordre, et alla au galop, assez inconsidérément, attaquer un grand escadron de quatre cents chevaux armés de cuirasses, ayant outre leurs pistolets un mousqueton pendu à l'arçon : lesquels vinrent au petit pas au devant en fort bon ordre. Il faisoit fort clair ce jour-là : et comme c'étoit un peu après le soleil levé, les rayons faisoient briller les lames des épées nues, et cela les faisoit paroître plus forts qu'ils n'étoient, par l'éclat qui éblouissoit les yeux des Français. Les escadrons s'approchèrent fort près sans tirer ; mais quand les chevaux furent tête contre tête, les Espagnols firent une décharge de leurs mousquetons à brûle-pourpoint ; et comme ils étoient fort serrés, ils renversèrent facilement les Français, qui étoient venus en désordre. Il y eut beaucoup de volontaires tués à ce premier choc ; le marquis de Courtanvaux et les comtes de Cheverny et de Montigny demeurèrent sur la place ; le comte de Brancas y eut l'épaule cassée, et Neuilly-Fresnoy fut fort blessé. Le comte de Guiche voyant ce désordre, fit charger les Espagnols des deux côtés en flanc ; et les gardes du cardinal de Richelieu leur firent si à propos une décharge de leurs carabines, qu'ils les mirent en désordre.

Les volontaires s'étant ralliés, percèrent leurs rangs, et se mêlèrent l'épée à la main avec eux.

Alors les Espagnols ne songèrent qu'à fuir, et ils furent poussés jusque dans un village près de Bapaume, où le marquis de Piennes entra et n'en ressortit point ; et depuis on n'a jamais eu de ses nouvelles. Six escadrons se retirèrent au galop sans combattre, par la faute des Français, qui leur pouvoient couper chemin de bonne heure. Sitôt que ce combat fut fini, le maréchal de La Meilleraye consulta sur-le-champ ce qu'il avoit à faire ; il eût bien voulu sauver son convoi : mais comme il n'en avoit point de nouvelles, il appréhenda que les fuyards ne donnassent avis au camp des Espagnols de ce qui venoit d'arriver, et qu'ils ne le coupassent avec dix mille chevaux, et n'empêchassent sa retraite. Voyant par là sa perte certaine, il résolut de se retirer. Ainsi, après avoir battu deux mille chevaux espagnols, il reprit le chemin de son camp.

Du côté des Flamands, le comte de Bossu fut tué sur la place ; le marquis de Varembon fut pris fort blessé, et mourut de ses blessures ; et le comte de Bucquoi, qui commandoit ce parti, se sauva diligemment. Le maréchal de La Meilleraye fut reçu dans l'armée avec peu d'applaudissemens de sa victoire, à cause qu'il ne ramenoit pas le convoi qui étoit le sujet de son voyage : car, sur le bruit de ce combat, la cavalerie espagnole ayant monté à cheval, marcha pour charger le maréchal, qui n'y étoit plus ; mais elle rencontra en sa place le convoi, qu'elle prit sans résistance après avoir défait quelques Suisses qui l'escortoient, et mis en fuite L'Echelle, qui se sauva dans Péronne. Ce fut alors que l'on fit des chansons dans l'armée, qui tournoient en risée l'action du maréchal et se moquoient de sa victoire, laquelle n'apportoit pas de pain dans le camp, qui en avoit grand besoin : car on y mouroit de faim ; et le maréchal de La Meilleraye, enragé de voir son entreprise manquée, ne pouvoit se résoudre à lever le siége, et vouloit tenter toutes sortes de moyens pour avoir des vivres.

Dans ce même temps, Saint-Preuil, gouverneur de Dourlens, manda au maréchal que s'il vouloit il tâcheroit de passer par la tête de Canche ; et laissant le camp des Espagnols à droite, il tenteroit de faire passer un petit convoi dans les lignes. Cet avis fut communiqué aux autres généraux, qui le trouvèrent à propos ; et ayant pris jour, le maréchal de Châtillon partit le soir avec quatre mille hommes, et marcha toute la nuit jusqu'à ce qu'il eût rencontré Saint-Preuil qui amenoit des vivres pour huit jours. En retournant, ce maréchal trouva Bellebrune, gouverneur de Hesdin, près du camp de Czar, avec cent chevaux chargés de farine, qu'il menoit de son gouvernement. Ces petits rafraîchissemens changèrent la face des affaires : car durant ces huit jours de temps, le Roi, qui étoit à Amiens, fit de grands efforts pour secourir son armée et lui faire passer des vivres. Il avoit mandé Du Hallier, gouverneur de Lorraine, avec son corps, qui partit de Nancy, et prit en passant le château de Sancy. Il marcha incessamment jusqu'à ce qu'il fût arrivé en Picardie, où quantité de troupes abordèrent de toutes parts. Tellement que quand il fut à Dourlens réuni à ce qu'avoit La Ferté-Imbault, il trouva qu'il avoit dix-huit mille hommes. Il fit alors savoir de ses nouvelles au camp, où la joie avoit été grande ; mais elle commençoit à diminuer, parce que le pain manquoit tout de nouveau, et que le peu de vivres qui y étoient entrés étant consumés, on éprouvoit la même nécessité qu'auparavant. C'est pourquoi les affaires pressant, les généraux dépêchèrent à Du Hallier ; et de concert ensemble ils résolurent que le maréchal de La Meilleraye partiroit un soir avec dix mille hommes, et marcheroit toute la nuit par des chemins détournés jusqu'à ce qu'il eût rencontré le convoi, qui s'avanceroit en même temps.

Le Roi prit cette affaire-là tellement à cœur, qu'il voulut demeurer seul avec Monsieur, son frère ; et il envoya toute sa garde, tous ses domestiques, et généralement tout ce qui portoit l'épée, jusqu'aux vieillards, dont pas un ne voulut demeurer dans cette occasion. Sa Majesté voulut que M. le Grand commandât l'escadron des volontaires, qui étoit composé des plus grands seigneurs de la cour. Tout étant arrivé à Dourlens, Du Hallier fit défiler les charrettes, qui étoient au nombre de plus de six mille, dans la prairie de Dourlens, et fit marcher fort sur la gauche, pour s'éloigner du camp des Espagnols. Le même soir, le maréchal de La Meilleraye sortit des lignes ; et, s'écartant aussi de l'armée espagnole, prit sur la droite et marcha toute la nuit, sans battre le tambour ni sonner la trompette, et fit cacher les mèches à l'infanterie, de peur d'être découverts. Les Espagnols avoient trois partis à prendre : le premier, d'aller au devant du convoi, et de s'en rendre maîtres en battant l'armée de Du Hallier ; le second, de combattre le maréchal de La Meilleraye seul, devant qu'il eût joint le secours, et par là d'empêcher le convoi de passer ; et le troisième de marcher droit aux lignes et de les forcer, durant que le maréchal de Châtillon demeuroit seul dedans assez foible. Ils prirent ce dernier parti ; mais comme ils n'eurent nouvelles que fort tard du départ du maréchal de La Meilleraye, ils ne purent arriver qu'au jour à la vue des lignes,

qui étoient à trois grandes lieues de leur camp. Avant que d'attaquer ils tinrent de grands conseils, et délibérèrent long-temps de quel côté ils feroient l'attaque. Et ainsi par l'irrésolution et la lenteur naturelle de leur nation, ils perdirent quatre heures de temps, et ne donnèrent qu'à neuf heures.

Ce fut le premier jour d'août qu'ils détachèrent leurs enfans perdus avec chacun une fascine à la main, et attaquèrent un fort situé hors des lignes, vers le quartier de Rantzaw, qu'ils emportèrent, et où ils taillèrent en pièces le régiment de Roncherolles, qui étoit dedans. Ensuite ils coulèrent le long d'un fossé, et vinrent, avec quantité de fascines, pour combler la ligne durant que la garnison de la ville sortoit et se mettoit en bataille, pour charger par derrière quand il seroit temps. La ligne fut attaquée fort vigoureusement, et défendue de même ; mais il falloit céder au grand nombre, et il étoit impossible que le maréchal de Châtillon pût soutenir long-temps un si grand effort, s'il n'étoit secouru par le maréchal de La Meilleraye. Celui-ci ayant marché toute la nuit en grand silence, aperçut des coureurs à la pointe du jour ; il les envoya reconnoître, et en même temps il vit ses gens escarmoucher contre eux. Il ne douta plus que ce ne fussent les Espagnols ; et il commençoit à donner l'ordre pour combattre, quand il vit finir cette escarmouche, et revenir ses batteurs d'estrade qui assurèrent que c'étoit le convoi, lequel avoit eu même alarme de son côté, et s'étoit aussi préparé à se défendre. Aussitôt on marcha l'un à l'autre, et on se joignit au coin d'un bois. Alors le silence fut rompu, et tous les tambours, timbales et trompettes commencèrent à faire beau bruit ; tous les soldats jetoient des cris d'allégresse de voir leur pain arrivé, et faisoient sauter leurs chapeaux en l'air, en signe de réjouissance.

Il y avoit bien de la différence de voir les volontaires des deux armées : car les ducs d'Enghien et de Nemours, et les autres qui venoient du siége, étoient hâlés, vêtus de gros buffles, maussades et crasseux ; et ceux qui venoient de la cour étoient couverts de broderies d'or et d'argent avec de belles plumes, et parés comme pour aller au bal. Après qu'on se fut embrassé de part et d'autre, on mit les nappes sur l'herbe pour déjeuner ; mais ce repas fut interrompu par l'arrivée d'un homme venu en diligence pour avertir que les lignes étoient attaquées. La joie fut alors convertie en tristesse, les nappes furent bientôt levées ; et laissant le convoi derrière, les deux armées marchèrent en diligence au secours du maréchal de Châtillon. En approchant, on entendoit le canon et on voyait la fumée; et quand on fut plus près, les salves de mousqueterie donnèrent à connoître que le combat duroit encore, et qu'il n'y avoit rien de désespéré, quoique des fuyards épouvantés et sortis des lignes assurassent que tout étoit perdu. Enfin le secours arriva fort à propos, et entra dans la circonvallation par le côté du mont Saint-Éloy, opposé à celui de l'attaque. Tellement qu'il fallut faire le tour, et que le maréchal de La Meilleray allât passer la rivière dans son quartier, pour gagner le camp de Rantzaw et joindre le maréchal de Châtillon, qu'il étoit temps de secourir: car les lignes étoient forcées, et les Français combattoient à l'entrée de la plaine pour empêcher que les Espagnols n'entrassent dans la ville et donner loisir au secours qu'ils voyoient d'arriver. En effet, il joignit avant que la place ne fût secourue; et quand toutes les armées furent ensemble, elles faisoient plus de quarante mille hommes. Alors la face des affaires changea: car les Français, d'attaqués qu'ils étoient, devinrent assaillans; et les Espagnols sortirent des lignes, et se retirèrent derrière le fort de Rantzaw qu'ils avoient pris. Le régiment de la Marine fut commandé pour attaquer ce fort; mais étant soutenu de toute l'armée espagnole, qui étoit en bataille derrière, il fut repoussé, comme furent aussi ceux des Gardes et de Navarre, dont le mestre de camp, le marquis de Fors, fut tué. Les ducs de Nemours, de Mercœur et de Beaufort se signalèrent dans cette occasion, où le comte de Rochepot perdit la vie. Saint-Preuil, voyant l'impossibilité de reprendre ce fort, proposa de raser les lignes, et d'aller à eux pour donner bataille; mais le maréchal de Châtillon dit qu'il falloit prendre Arras, et ne rien hasarder. Tellement que les deux armées se regardèrent le reste de la journée, les lignes entre deux, ne faisant autre chose que se canonner; et sur le soir, les Espagnols se retirèrent et quittèrent le fort de Rantzaw; laissant la plaine toute couverte de chevaux et d'hommes tués par le canon des Français qui bordoit leurs lignes, et qui fut fort bien servi dans cette rencontre.

Le lendemain, on envoya sommer Eugenio Oneil, irlandais, qui commandoit dans Arras, en lui représentant qu'il ne devoit plus espérer de secours après ce qui s'étoit passé: et que le grand convoi étant arrivé, il ne pouvoit plus fonder son salut sur la famine qui avoit été dans l'armée. Il répondit fièrement qu'il n'avoit jamais espéré de se sauver par la nécessité des vivres de l'armée française, ni par le secours de l'espagnole, mais par sa propre résistance et la vigoureuse défense de ceux de la ville, qui étoient résolus de périr sur la brèche plutôt que de se rendre. Pour faire voir sa résolution, il voulut tenter de reprendre la demi-lune de Châtillon, mais sans effet. Le maréchal de La Meilleray, voyant leur obstination, attacha le mineur au rempart de la ville, et fit faire un pont pour passer le fossé, soutenu par un logement de cent mousquetaires qui faisoient continuellement feu. La mine étant chargée, les généraux montèrent sur une éminence d'où ils la virent jouer; et après que la poussière et la fumée furent un peu dissipées, ils aperçurent la brèche fort grande, et le logement fait au pied. Ils furent en même temps le visiter, et firent pousser un fourneau pour élargir davantage l'ouverture, afin de faire donner l'assaut; mais la populace, qui étoit fort nombreuse dans cette grande ville, fit grande rumeur, dans la crainte du pillage et du saccagement de leur ville, et principalement du viol de leurs femmes et de leurs filles, qui eût été indubitable, si elle eût été emportée d'assaut.

Ce tumulte obligea les gens de guerre de parler d'accommodement; et leur proposition ayant été bien reçue, les otages furent donnés de part et d'autre, et la capitulation signée, à condition qu'Arras seroit remis entre les mains des maréchaux de France le lendemain 9 d'août, si un secours ne les forçoit à lever le siège. Après ce traité, l'armée demeura en bataille toute la nuit; et le matin les Espagnols se présentèrent aux lignes du côté de Douay, faisant mine de les vouloir attaquer. Cela empêcha que la composition ne fût exécutée ce jour-là; mais ceux de la ville ne rompirent point la trève pour cela, et ne tirèrent pas un coup de mousquet, causant toujours de dessus leurs remparts avec les assiégeans, et leur disant qu'ils ne se mêleroient point du combat qu'on alloit donner, et qu'ils en seroient spectateurs comme neutres, pour voir par l'issue s'ils seroient Français ou Espagnols. Mais enfin le cardinal infant, après avoir été toute la journée en bataille devant les lignes, sans autre combat que quantité de coups de canon tirés de part et d'autre, se retira sur le soir; et le lendemain, jour de Saint-Laurent, 10 d'août, les Espagnols sortirent d'Arras, et les Français y entrèrent. Ainsi cette ville, qui faisoit tant la fière et qui se croyoit imprenable, fut réduite sous l'obéissance de la France: ce qui avoit paru si impossible dans les siècles passés, que cela avoit donné lieu au proverbe qui disoit: *Quand les Français prendront Arras, les souris mangeront les chats.* Il mourut durant ce siège beaucoup de personnes de marque. Le comte de Willerval fut fort regretté parmi les Espagnols. Le régiment de Picardie, vacant par la mort de Breauté, fut donné au marquis de Nangis; et celui de Navarre, par celle du marquis de Fors, au marquis de Montglat (1), lesquels avoient tous deux servi durant ce siége. Saint-Preuil eut le gouvernement d'Arras, en mémoire du convoi qu'il fit passer, et qui fut cause de la prise de la ville. Le duc d'Enghien servit pour la première fois de volontaire sous le maréchal de La Meilleraye, où il commença de faire paroître son courage, et d'établir cette haute réputation qu'il a poussée depuis si haut.

Durant le siége d'Arras, le prince d'Orange, qui avoit promis de faire une grande diversion, mit pied à terre en Flandre du côté de Hulst qu'il vouloit assiéger, et prit même quelques forts où le comte Jean Casimir fut tué; mais les Espagnols, sous la conduite du comte de Fontaines, y ayant jeté du secours, ce prince se retira; et s'étant rembarqué, il remit pied à terre à Berg-op-Zoom, d'où il marcha vers Gueldre, qu'il fit semblant d'attaquer: mais ayant appris qu'un grand renfort y étoit entré, il tourna du côté d'Emmerick et de Wesel, et passa le reste de la campagne sans rien entreprendre de considérable.

Le marquis de Villeroy commandoit un petit corps dans la Franche-Comté, pour faire le dégât et empêcher la récolte, dans l'espérance de réduire les villes à de si grandes extrémités qu'elles seroient contraintes de se rendre. Il ruina tout ce qui étoit à l'entour de Dôle et de Gray, et ravitailla Poligny; puis il passa en Italie pour joindre l'armée du comte d'Harcourt, ainsi qu'on verra ci-après.

Nous avons vu le malheureux état des affaires de la duchesse de Savoie, et comme le comte d'Harcourt avoit rassuré les esprits épouvantés par la victoire remportée à La Route, qui commença de donner bonne espérance pour l'avenir. Les Espagnols, ne se rebutant pas pour cette disgrâce, se fortifièrent pendant tout l'hiver, dans la résolution de pousser loin les avantages qu'ils avoient dans le Piémont, et de profiter de la division qui étoit entre la Régente et ses beaux-frères. Ils croyoient pouvoir choisir dans ce désordre, et être en état d'attaquer sans risque tout ce qu'ils voudroient, et l'emporter avec certitude.

Ils jetèrent les yeux sur la ville et la citadelle de Casal, qui étoient l'objet de leur ambition, dont le siége eût été difficile à entreprendre dans une autre conjoncture que celle-ci. C'est pourquoi, dès le mois d'avril, ils mirent ensemble toutes leurs forces, et tombèrent tout d'un coup sur cette place, devant laquelle ils se retranchèrent en grande diligence, et peu de temps après ils ouvrirent la tranchée. La Tour, gouverneur de Casal, manda au comte d'Harcourt qu'il manquoit de tout ce qui étoit nécessaire pour soutenir un siége; et que s'il n'étoit bientôt secouru, il seroit réduit à de grandes extrémités. Cette nouvelle donna de l'étonnement : car l'armée française étoit foible, et n'approchoit pas de la moitié de celle d'Espagne. Néanmoins la perte de Casal étoit si importante, que le comte d'Harcourt résolut de tout hasarder pour l'empêcher. Aussitôt il assembla toutes ses troupes à Pignerol, et avec sa petite armée il marcha droit à Casal, et le 28 d'avril il arriva à la vue des lignes des Espagnols. Après quelque contestation dans le conseil de guerre, il fut résolu que l'attaque se feroit du côté de Saint-Georges; et on travailla toute la nuit à faire des fascines pour combler les lignes. Le lendemain 29 le comte d'Harcourt divisa son armée en trois corps, dont il donna le premier au vicomte de Turenne et au comte Du Plessis-Praslin, avec les vieilles troupes qui devoient attaquer par le penchant d'une colline qui donne sur la plaine. Le second fut donné à La Mothe-Houdancourt, avec les nouvelles troupes qu'il avoit amenées lui-même, lesquelles devoient donner par le haut de la montagne; et le troisième aux marquis de Ville et de Pianezze, qui commandoient l'armée de Savoie, laquelle devoit faire son effort par la plaine. Dans cet ordre, on marcha droit aux lignes, contre lesquelles on pointa dix pièces de canon; l'attaque se fit l'après-midi. Après avoir passé une petite rivière nommée la Gatola, le comte Du Plessis attaqua le premier; et, malgré les salves des Espagnols, il combla le fossé et entra dans la circonvallation. Le comte d'Harcourt ensuite sauta la ligne avec son cheval, et après lui le vicomte de Turenne la passa avec la cavalerie. Sur le haut, La Mothe-Houdancourt donna si vertement qu'il la força, et tourna du côté où étoit le comte d'Harcourt, qui chargeoit tout ce qu'il rencontroit devant lui, et poussoit un gros de cavalerie qui se retiroit au pas, et faisoit mine de vouloir tourner sur lui; mais les marquis de Ville et de Pianezze ayant trouvé la ligne abandonnée, la passèrent, et chargèrent cette cavalerie, qu'ils mirent en désordre. Le marquis de Léganès fut si surpris de voir les siens battus par un si foible corps, qu'il en perdit le jugement, et ne pensa qu'à se sauver avec sa cavalerie, abandonnant l'infanterie, qui fut entièrement défaite. Le canon et le bagage demeurèrent au pouvoir du comte d'Harcourt, qui perdit peu

---

(1) On remarquera que l'auteur se nomme ici pour la première fois.

de gens dans ce combat. Vieuxbourg, capitaine au régiment des Gardes, y fut tué; et Le Bourdet, commandant de ce corps, fut blessé de vingt-deux coups. Jamais victoire ne fut si complète ni si surprenante: car le marquis de Léganès se trouva défait sans y penser, ne pouvant se persuader que le comte d'Harcourt eût osé, avec une poignée de gens, attaquer une armée considérable et retranchée comme étoit la sienne: mais les Français, qui n'avoient que sept mille hommes, y allèrent si gaîment, que, quoiqu'ils en attaquassent dix-huit mille, ils ne doutèrent jamais de la victoire.

Après que Casal fut ravitaillé, le comte d'Harcourt prit sa marche vers Quiers, que les Espagnols avoient pris après le combat de La Route, lequel se rendit sans résistance; et pour ne pas perdre les avantages qu'il pouvoit prendre après une si grande victoire, avant que les Espagnols se fussent remis de la consternation où ils étoient, il marcha pour investir Turin, dans lequel le prince Thomas étoit, avec un corps aussi puissant qu'étoit son armée. La difficulté de cette entreprise ne lui put faire changer de dessein. Il partit de Montcailler le 10 de mai, et s'avança jusqu'au Valentin, le long du Pô. Il fit attaquer le faubourg par le comte Du Plessis, qui s'en rendit maître durant que le vicomte de Turenne prit un fort de l'autre côté de la rivière, sur la colline près des Capucins. Ensuite, ayant pris son quartier au Valentin et séparé ceux de son armée, il fit travailler à la circonvallation, qu'il fit faire fort large et profonde, avec des redans, des redoutes et des forts de distance en distance. Comme le prince Thomas avoit autant de troupes dans la ville qu'il en avoit dans son armée, il fit faire une contre-ligne pour se mettre en sûreté contre les sorties: le tour des lignes étoit fort grand; mais ce qui facilitoit les gardes étoit qu'il tenoit la citadelle du côté de laquelle il n'en avoit pas besoin. Cependant le prince Thomas, qui avoit un grand corps de cavalerie, faisoit souvent des sorties: entre autres, le jour de la Pentecôte, don Maurice sortit avec cinq cents hommes de pied et trois cents chevaux, et donna jusqu'au campement; mais la cavalerie française monta promptement à cheval, et le repoussa jusque dans la ville.

Durant le commencement de ce siége, le marquis de Léganès ne perdoit point de temps pour réparer sa perte, et se mettre en état de secourir Turin. Il manda des troupes qui étoient dans le Tyrol; il tira toutes les garnisons des places, fit venir de petits corps que les princes de Savoie avoient dans le Piémont; et ayant mis ensemble dix-sept à dix-huit mille hommes, il marcha droit aux lignes pour les forcer: l'apparence étoit grande qu'il devoit réussir, car il étoit beaucoup plus fort que les Français; et le prince Thomas, qui étoit dans la ville, n'étoit de guère plus foible, sans compter un grand nombre d'habitans en armes qui étoient affectionnés pour lui, et la grande distance des quartiers séparés, et fort éloignés les uns des autres: mais la résolution du comte d'Harcourt fut si grande, qu'il ne s'étonna point du péril où il se trouvoit, et voulut tout hasarder, dans l'espérance de vaincre toutes ces difficultés de la même façon qu'il avoit secouru Casal, contre toute vraisemblance. Ainsi il se prépara à la défense.

Le 30 de mai, les Espagnols parurent sur la colline, d'où ils firent filer de l'infanterie sur le bord du Pô, pour secourir la ville par cet endroit; mais le vicomte de Turenne, avec le régiment des Gardes et des hommes détachés de tous les corps, défendit si bien ce passage, qu'il les contraignit de reculer, et de quitter cette entreprise. Le lendemain matin, ils attaquèrent sur la colline le fort qui est proche des Capucins, lequel fut si vigoureusement défendu, qu'après un combat de deux heures ils furent forcés de se retirer. Le marquis de Léganès, ne se rebutant point de ces disgrâces, voulut faire un dernier effort du côté de Moncallier. Il se saisit pour cet effet d'une île sur le Pô, couverte d'arbres, de laquelle il fit passer de l'infanterie en deçà de l'eau: laquelle fut aussitôt chargée par le comte d'Harcourt, et taillée en pièces, malgré les salves continuelles et les batteries de leurs canons, qui étoient de l'autre côté de la rivière; il posta ensuite Roque-Servières, sergent de bataille, sur le bord de l'eau, pour en disputer le passage à ceux qui voudroient le tenter. Le comte de Matha fut tué dans cette occasion, et sa compagnie aux gardes fut donnée à son frère, qui étoit le quatrième et le dernier de sa famille, les trois autres étant morts pour le service du Roi à la tête de la même compagnie. Le marquis de Léganès voyant la résistance qu'il trouvoit de tous côtés, se campa vers Moncallier, sur le bord du Pô, à une portée de mousquet des lignes, pour couper les vivres, et prendre son temps pour forcer quelque quartier, alors qu'on y penseroit le moins. Un jour La Mothe-Houdancourt voulut faire rompre des moulins qui servoient aux assiégés, lesquels sortirent pour les défendre; mais il les chargea si rudement, qu'il les mena battant jusqu'à leur fossé, et, malgré leur résistance, fit renverser leurs moulins.

Cependant le comte d'Harcourt étoit bien empêché, parce qu'il falloit que son armée fût toujours sous les armes pour se garder d'une surprise,

III. C. D. M. T. V.

ayant les Espagnols près de lui d'un côté, et le prince Thomas de l'autre : tellement que d'assiégeant il étoit devenu assiégé; et ses troupes étoient fatiguées d'une telle sorte, qu'elles n'en pouvoient plus. Il étoit impossible que cela pût durer long-temps, et qu'il pût résister à tant d'ennemis avec si peu de forces, s'il n'étoit promptement secouru. C'est pourquoi il écrivit à la cour l'état où il étoit, afin qu'on y mit ordre. En effet, le cardinal de Richelieu fit passer les monts à des troupes ramassées en Guienne, Languedoc, Provence et Dauphiné sous le comte de Tonnerre, et envoya ordre au marquis de Villeroy, qui commandoit un corps dans la Franche-Comté, de prendre la même route, et de joindre le comte d'Harcourt le plus diligemment qu'il pourroit.

L'approche de ces secours vint à la connoissance du marquis de Léganès, qui résolut de ne pas attendre leur arrivée, et de faire auparavant une attaque générale de tous côtés, croyant réussir sûrement dans son entreprise par la foiblesse des Français. Il sépara pour ce dessein son armée en trois, pour attaquer en même temps le quartier du Roi, celui de La Mothe et la colline près des Capucins; celui de La Mothe, nommé *la purpurate*, fut le premier attaqué auprès du pont de la Doire, par six mille hommes de pied et trois mille chevaux commandés par don Carlos de La Gatta, qui donnèrent dans la ligne avec des pontons et des fascines, et la comblèrent à la faveur de leur artillerie et du grand feu de leur infanterie. Les régimens de Villandry et de La Mothe ne purent soutenir un si grand effort, n'étant pas en assez grand nombre pour garder un si grand front de ligne : tellement qu'elle fut passée par les Espagnols. Mais La Mote-Houdancourt étant venu au secours avec le régiment de cavalerie de La Luzerne, et la compagnie des gens d'armes du prince de Condé, soutenus des régimens d'Enghien et de Marchin, les chargea si brusquement, qu'il les força de repasser la ligne. Ils rentrèrent en même temps par un autre côté, et furent rechassés pour la seconde fois. Sans se rebuter, ils revinrent à la charge pour la troisième, et rentrèrent dans la ligne avec tant de vigueur, que les Français furent contraints de reculer. La Mothe-Houdancourt, voyant ce désordre, fit avancer les régimens de Saint-André-Montbrun et Du Terrail, et gagna une ravine bordée de haies où il mit son infanterie, laquelle attendit les Espagnols qui marchoient à la ville, et devoient nécessairement défiler par là. Quand ils furent proches, elle fit une décharge sur eux; et la cavalerie fraiche, jointe à celle qui avoit été battue et s'étoit ralliée, les chargea en flanc si vertement, qu'ils furent mis en désordre, et repassèrent la ligne en confusion, excepté don Carlos de La Gatta, qui entra dans la ville avec mille chevaux, et dont il ne put ressortir. Saint-André-Montbrun fut fait prisonnier par la cavalerie qui sortit de la ligne; et toute l'infanterie fut défaite, hors cinq cents hommes qui se jetèrent dans une redoute, dans laquelle ils capitulèrent, et furent prisonniers de guerre.

Dans ce même temps, le marquis de Léganès attaqua du côté du Pô; et feignant plusieurs fausses attaques, il fondit tout d'un coup sur le régiment de Nérestan avec force pontons et fascines, pour combler la ligne à la faveur de son canon, qui battoit les Français en flanc : mais il fut reçu avec tant de vigueur par ce régiment, soutenu des gardes françaises et suisses, des régimens d'Auvergne et de Roussillon, qu'après un combat fort opiniâtre, il fut repoussé par la valeur et la conduite du comte Du Plessis-Praslin, qui eut un cheval tué sous lui. En même temps le prince Thomas fit une grande sortie de la ville avec trois mille hommes de pied et toute sa cavalerie, pour favoriser l'attaque qui se fit du côté de la colline, laquelle ne fut pas plus heureuse que les autres : car elle fut soutenue avec tant de courage par le vicomte de Turenne, que ceux de dehors et de dedans furent contraints de se retirer avec perte. Florensac, fils du duc d'Uzès, et Ligondis, mestre de camp de cavalerie, furent tués dans le chaud de cette mêlée, laquelle arriva le 11 de juillet.

Fort peu de temps après, le comte d'Harcourt reçut un secours par l'arrivée du comte de Tonnerre, et ensuite du marquis de Villeroy : lesquels, l'ayant fortifié de leurs troupes, commencèrent à lui donner bonne opinion de son entreprise. Le marquis de Léganès, rebuté de tant d'attaques inutiles, demeura campé auprès du camp des Français pour les fatiguer; mais le grand peuple qui étoit dans la ville, et la garnison qui étoit si nombreuse, consumoient tous les vivres qu'ils avoient, et le pain commençoit à manquer : tellement que les mille chevaux entrés avec don Carlos de La Gatta incommodoient plus qu'ils ne servoient. C'est pourquoi le prince Thomas eût bien voulu les faire ressortir avec une partie de sa cavalerie, qui manquoit de fourrage. Il tenta le 24 de juillet d'exécuter ce projet, par deux sorties qu'il fit en même temps sur le quartier du Pô et sur celui de La Mothe. Don Carlos de La Gatta, qui commandoit la dernière avec des pics et des pelles, travailloit à combler la contre-ligne, lorsque La Mothe-Houdancourt y arriva, qui le força de rentrer dans la ville plus vite qu'il n'en étoit sorti; et le prince Thomas trouvant les postes mieux garnis qu'à l'ordinaire, à cause du renfort arrivé, n'osa enfoncer plus avant de l'autre côté, et se retira sans rien faire.

La même semaine, le marquis de Léganès fut joint par un corps considérable venu de Naples, qui lui donna courage de hasarder encore un combat; et don Carlos de La Gatta, qui vouloit sortir de Turin à quelque prix que ce fût, s'efforça de passer par les quartiers des marquis de Ville et de Pianezze avec un ponton, pour mettre sur la ligne, et lui rendre le passage plus aisé. Le prince Thomas le soutenoit avec trois mille mousquetaires, durant que le marquis de Léganès attaqueroit par la colline à dix heures du soir, dans l'espérance de faire la nuit ce qu'ils n'avoient pu exécuter le jour. En effet, don Carlos sortit de la ville du côté de *la Consolata* le premier jour d'août, marcha vers la Doire, et donna l'alarme au marquis de Ville, qui y courut promptement, avec l'escadron de Savoie et le régiment du commandeur de Souvré. Il trouva que le prince Thomas étoit venu dans l'obscurité de la nuit jusqu'à la ligne sans être découvert, et que les Espagnols accommodoient leur ponton pour passer; mais il les chargea si brusquement, qu'il leur fit quitter leur travail pour se retirer dans la ville. Le marquis de Léganès survenant là-dessus par dehors, eût dégagé don Carlos avec six mille chevaux, si La Mothe-Houdancourt, venant à propos sur l'alarme, ne les eût contraints de se retirer, don Carlos dans la ville, et le marquis dans son camp.

Cependant la misère étoit grande dans Turin; et pour l'augmenter, le comte d'Harcourt fit détourner l'eau qui faisoit moudre les moulins des assiégés; et pour les achever de ruiner, il fit élever une batterie pour les abattre, et une autre pour battre le camp des Espagnols, lesquels en dressèrent une de leur côté pour y répondre, et qui tiroit sur celui des Français. Le marquis de Léganès ne pouvant à force ouverte jeter des vivres dans Turin, et sachant que la famine y augmentoit tous les jours, cherchoit tous les moyens possibles pour envoyer des rafraîchissemens aux assiégés. Pour cet effet, il faisoit emplir des bombes de farine, de balles de mousquet, et de toutes sortes de vivres et de munitions de guerre; puis ayant bien fait boucher l'entrée avec de la terre, il les faisoit pousser avec des mortiers chargés de poudre par dessus le camp des Français: et ceux qui les poussoient prenoient si bien leurs mesures qu'elles tomboient dans la ville, où elles étoient ramassées avec soin. Il s'en trouva un jour une chargée de cailles grasses, avec un billet dedans, qu'un Espagnol, de l'armée du marquis de Léganès, adressoit à sa maîtresse, qui étoit dans la ville. Mais ces petits soulagemens ne pouvoient guère servir à un si grand nombre de peuple, qui étoit dans une grande disette. C'est pourquoi le prince Thomas, pour jouer de son reste, avec six mille hommes de pied et mille chevaux surprit cinq redoutes entre le Valentin et le faubourg du Pô; mais, sur ce bruit, le comte d'Harcourt y envoya le régiment de Normandie avec d'autres troupes, qui les reprit, et repoussa les Espagnols jusque dans Turin.

Dans ce même moment, le marquis de Léganès parut en bataille à la vue des lignes; mais voyant les redoutes prises et qu'il étoit venu trop tard, il rentra dans son camp sans rien entreprendre. Depuis, il se contenta de faire des courses du côté de Pignerol, pour attaquer quelques prisonniers; comme un jour il prit Senantes-Couronges, gouverneur de la citadelle de Turin, et Argenson, intendant de justice dans l'armée; en la place duquel on envoya Le Tellier, maître des requêtes: et cet emploi fut cause de sa fortune. Ceux de la ville faisoient toujours quelques sorties. Un jour ils surprirent la redoute de La Rochette, qui fut reprise le même jour par Montpezat. Les vivres diminuoient cependant de jour en jour dans Turin: et le prince Thomas n'ayant plus de quoi fournir à tant de troupes, et à une si grande populace, qui commençoit à se mutiner faute de pain, ne voyant plus d'espérance de secours, après tant de combats donnés sans effet, résolut de sortir d'une si grande nécessité; et pour cela il fit parler de quelque accommodement. Le comte d'Harcourt l'écouta; et après force allées et venues du comte de Druent, et du commandeur au comte d'Harcourt, puis de sa part, de l'abbé Mondain, au prince, toutes choses s'accommodèrent et se terminèrent: en sorte que le traité fut signé le 24 de septembre, en vertu duquel le prince Thomas sortit de Turin avec huit mille hommes, et fut conduit à Yvrée. Le comte d'Harcourt le rencontra dans la campagne, où s'étant tous deux salués sans descendre de cheval, ils se firent l'un à l'autre un compliment fort court; puis le comte entra triomphant dans la ville, et couronna la fin de cette campagne par la prise de Turin, qu'il avoit si glorieusement commencée par le secours de Casal, l'une et l'autre contre toute apparence. Il fit savoir cette bonne nouvelle à la duchesse de Savoie, qui étoit à Chambéry, et qui partit aussitôt pour revenir dans sa ville capitale, où elle fit une entrée magnifique le 20 de novembre, et y rétablit sa demeure comme devant : laissant néanmoins le duc son fils à Chambéry, jusqu'à ce que les affaires fussent encore mieux rétablies.

On a vu l'année passée comme la capitulation de Salses fut signée, et la place rendue au commencement de celle-ci aux Espagnols, lesquels mirent ensuite leur armée en quartier d'hiver dans le Roussillon et dans la Catalogne, où les troupes traitèrent le peuple avec tant d'insolence, que les plaintes en furent faites à la députation de Barcelone, qui est le nom que porte le conseil de cette ville. Il en fit des remontrances au comte de Sainte-Coulombe, vice-roi ; mais il n'en eut aucune satisfaction : car il répondit qu'il n'ignoroit pas les priviléges de la province, par lesquels les paysans ni les bourgeois ne devoient point avoir de garnison ; mais que la nécessité n'avoit point de loi, et que, tant que la guerre seroit dans le Roussillon et le Languedoc, il falloit que la Catalogne, comme la plus voisine, portât la principale charge et dépense des armées. Sur cette réponse, les Catalans envoyèrent à Madrid se plaindre du vice-roi ; mais ils furent peu satisfaits : car ils furent renvoyés au vice-roi même, auquel ils furent contraints de présenter de nouvelles requêtes, pour faire vivre les troupes avec moins de licence. Ils attendirent quelque temps pour apprendre sa résolution ; mais les garnisons continuant leurs désordres, les paysans prirent les armes et tuèrent leurs hôtes, faisant main basse sur tous les gens de guerre qu'ils pouvoient attraper. Sur ce bruit, le peuple de Barcelone voulant faire rumeur, le vice-roi en fit mettre en prison quelques-uns : ce qui augmenta la sédition et fit mutiner toute la populace, laquelle rompit les portes des prisons, mit en liberté ceux qui étoient dedans, et courut en armes assiéger la maison du vice-roi, qui, tout effrayé, se sauva par une porte de derrière et gagna la campagne, pour se retirer au mont Juïc. Une partie de ce peuple pilla sa maison, et l'autre le suivit, le saluant à grands coups d'arquebuse, dont une balle lui perça le corps, et le fit tomber mort dans une vigne qu'il traversoit. Sur cette nouvelle, toute la Catalogne se souleva généralement, et chassa tous les gens de guerre qui étoient dans la province, lesquels se retirèrent comme ils purent en Arragon et dans le royaume de Valence, ou dans le Roussillon. Cette révolte étant sue à Madrid, le roi d'Espagne donna la vice-royauté au duc de Carbonne, avec ordre d'apaiser ce tumulte par douceur, en promettant le pardon du passé ; mais en même temps il faisoit filer des troupes pour faire obéir les Catalans par force, s'il ne pouvoit adoucir leurs esprits. Les mutins en ayant eu vent crurent qu'on les vouloit châtier, et, désespérant de toute grâce, mirent ensemble un corps considérable pour se défendre.

Toutes les villes s'étant jointes firent une association entre elles ; et prévoyant que toutes les forces d'Espagne leur tomberoient bientôt sur les bras, et que des gens ramassés comme ils étoient ne pourroient soutenir un si grand choc, elles envoyèrent à d'Espenan, gouverneur de Leucate, pour le prier de les venir commander, et de leur amener du secours. Il en donna promptement avis à la cour, d'où il reçut ordre de les assister en tout ce qu'il pourroit. Ensuite les Espagnols ayant attaqué une petite ville nommée Ille, le maréchal de Schomberg marcha pour la secourir, et à son approche ils se retirèrent. Ce petit exploit de peu de conséquence ne laissa pas de donner cœur aux Catalans, lesquels, connoissant qu'il faut de l'ordre en toutes choses, déposèrent ceux qui leur étoient contraires de la députation de Barcelone, en mirent d'autres de leur faction en leurs places, et commirent le gouvernement de la province. Pour commander la fonction de leurs charges, ces nouveaux députés envoyèrent au maréchal de Schomberg lui demander du secours contre une armée qui étoit prête d'entrer dans leur pays pour les opprimer. Ce maréchal les renvoya au prince de Condé qui étoit à Pésénas, lequel, selon les ordres qu'il avoit du Roi, entra en négociation avec eux, et conclut un traité par lequel il s'obligea, de la part de Sa Majesté, de leur donner six mille hommes de pied et deux mille chevaux, avec d'Espenan pour les commander. Il donna en même temps ses ordres pour les faire marcher. On verra l'année prochaine ce qu'ils exécuteront.

Le marquis de Brezé, général de l'armée navale, ayant fait voile vers la côte d'Espagne, et doublé le cap de Finistère, apprit par un vaisseau anglais que la flotte d'Espagne devoit partir de Cadix pour s'en aller aux Indes. Cette nouvelle le fit hâter d'aller jusque-là, où il aperçut les vaisseaux de cette flotte, qui avoient les voiles au vent pour faire le voyage. Alors il gagna le dessus et l'approcha de si près, que le canon tira de part et d'autre ; le combat fut fort rude, et les Espagnols y furent malmenés, car leur amiral fut coulé à fond ; quatre de leurs galions furent brûlés, deux autres vaisseaux pris ; et le reste, en grand désordre, se sauva dans le port de Cadix. Le marquis de Brezé, voyant la mer couverte de gens qui se noyoient, envoya des chaloupes pour les sauver ; et entre autres on lui amena le fils du duc de Maqueda tout nu, pour s'être mis à la nage. Il lui fit beaucoup de civilité comme au fils de l'amiral; et lui ayant donné un habit avec une fort belle épée, le renvoya à son père, le priant d'en user de même pour les Français.

Au commencement de cette année, Jules Mazarin partit de Rome pour venir demeurer en France : il étoit fils d'un banquier de l'île de Sicile, lequel fit banqueroute et se retira à Rome, pour se mettre à couvert de ses créanciers. On l'appela dans cette ville Mazarin, parce qu'il étoit natif de la ville de Mazare; et on lui donna ce nom du lieu de sa naissance. Son fils Jules, dans sa jeunesse, fut étudier en Espagne dans l'université d'Alcala; d'où étant revenu à Rome, il se donna au cardinal Colonne, près duquel il fut introduit par le moyen du cardinal Sachetti : ensuite le mariage s'étant fait de don Thadée Barberin, neveu du pape Urbain VIII, avec la sœur du cardinal Colonne, il fut par cette alliance mis au service du cardinal Antoine, neveu de Sa Sainteté, qui l'envoya en l'année 1630, avec le nonce Panzirole, pour accommoder les différends du duché de Mantoue, comme on a vu ci-devant. Etant retourné à Rome, il quitta l'épée pour prendre la soutane, qui est le plus court chemin pour faire fortune dans un Etat tout ecclésiastique. Quelque temps après il fut fait vice-légat d'Avignon, d'où il fut envoyé nonce extraordinaire en France, pour négocier une paix entre les deux couronnes; mais il se montra si partial, que le Pape, qui agissoit en père commun, en fut mal satisfait; et le croyant gagné par le cardinal de Richelieu, il le rappela de son emploi, et le reçut très-froidement à son arrivée : il eut même envie de le faire châtier. Voyant qu'il ne faisoit pas bon pour lui à Rome, comme il étoit fin et bon courtisan, il se retira sans dire mot d'auprès de Sa Sainteté, et vint en France, où il leva le masque et se déclara entièrement français. Il logea dans Paris chez Chavigny, secrétaire d'Etat, qui l'avoit connu à Rome, et qui fit goûter son esprit au cardinal de Richelieu. Ce ministre l'envoya en Piémont comme ambassadeur extraordinaire, et le fit nommer plénipotentiaire en Allemagne, à l'assemblée qui s'y devoit tenir pour la paix générale. Pour le rendre plus considérable dans cet emploi, il le voulut élever en dignité; et, pour ce sujet, il le fit nommer par le Roi cardinal, pour la première promotion qui se feroit pour les couronnes. Le Pape s'offensa fort de cette nomination, disant qu'il étoit son sujet; qu'il s'étoit séparé de lui pour l'avoir mal servi, et qu'il ne se résoudroit jamais à le faire; que le Roi ne le devoit point trouver mauvais, parce qu'il pouvoit nommer un Français, tel qu'il lui plairoit, qui seroit fait aussitôt cardinal; le Roi tint ferme dans sa résolution, et le Pape résolut de ne point faire de cardinaux; mais Sa Sainteté vieillissant et diminuant à vue d'œil, sera obligée de changer de sentimens particuliers.

Au mois de décembre de cette année mourut Bullion, surintendant des finances, un des plus grands hommes d'État de son temps. Il avoit été employé dès le règne d'Henri IV, et depuis sous la régence de Marie de Médicis, en plusieurs négociations importantes. Depuis, s'étant attaché au cardinal de Richelieu, il eut sa principale confiance, laquelle diminuoit quand il mourut, parce que le cardinal en eut jalousie : sur ce qu'ayant été malade, Nogent, qui ne faisoit autre métier que de lui rapporter tout ce qui se disoit, et qui n'approchoit du Roi que par de méchantes bouffonneries, dit un jour à Sa Majesté qu'il étoit bien heureux de ce que le cardinal se portoit mieux; et que s'il venoit à lui manquer, il seroit bien empêché pour en retrouver un pareil, et aussi capable de gouverner son Etat. Le Roi lui répondit qu'il étoit bien aise de ce qu'il se portoit mieux, et qu'il seroit fort fâché de le perdre; mais que si ce malheur arrivoit, la France avoit beaucoup de gens habiles pour remplir sa place, et n'étoit pas si dépourvue de bonnes têtes et intelligentes qu'il le croyoit. Nogent lui repartit là-dessus : « Et où sont-elles ces bonnes têtes ? Je ne les connois point. » Le Roi lui nomma Bullion, et aussitôt il l'alla rapporter au cardinal, lequel dès ce moment entra en défiance de lui, et résolut de le mettre en état de lui pouvoir faire faire son procès quand il voudroit. Tellement qu'un jour il lui fit reproche qu'il avoit fait quelque chose dans le maniement des finances qui n'étoit pas dans l'ordre, et lui en voulut faire signer l'aveu : ce qu'ayant refusé de faire, il prit de colère les tenailles du feu pour lui en donner sur la tête, et l'intimida de telle sorte qu'il signa ce qu'il voulut. Le cardinal serra ce papier dans son cabinet : disant : « Voilà le procès de Bullion tout fait quand il me plaira. » Cette violence refroidit fort Bullion du grand zèle qu'il avoit pour le cardinal. C'est pourquoi le Roi s'informant un jour de l'état de ses finances, et témoignant à Bullion de l'étonnement de la grande dépense qui se faisoit, il lui dit qu'il y avoit trois gouffres où il ne voyoit goutte, qui étoient la marine, l'artillerie et la maison du cardinal; que pour le reste il lui en rendroit bon compte, parce qu'il en avoit connoissance; mais qu'il ne savoit que lui dire sur ces trois-là. Cela fut reproché au cardinal par le Roi : dont il fut fort offensé, à cause qu'il étoit amiral, et son cousin de La Meilleraye grand-maître de l'artillerie. Pour se justifier, il envoya au Roi l'état des dépenses de l'un et de l'autre. Et Bullion se voyant trompé par Sa Majesté, qui lui avoit promis de n'en rien dire, sachant que le cardinal ne pardonnoit jamais, fut tellement saisi de douleur et d'affliction, qu'il mourut quelque temps après. Bouthillier, qui étoit son collègue, demeura seul dans la surintendance, mais comme il n'étoit pas si habile que l'autre, Tubeuf, qui travailloit sous le défunt, fut mis auprès de celui-ci pour le soulager, et avoir l'œil sur ce qui se passeroit.

Au mois de septembre, la Reine accoucha d'un second fils à Saint-Germain-en-Laye : ce qui causa une grande joie à toute la cour, et principalement au Roi. Ce petit prince fut nommé, à sa naissance, duc d'Anjou; mais après la mort de Monsieur, son oncle, il s'appellera Philippe de France, duc d'Orléans.

SEPTIEME CAMPAGNE.

[1641] La prospérité des armes de la France causa de grandes réjouissances à la cour. Durant l'hiver, le cardinal de Richelieu fit danser un ballet avec des machines, où les siéges d'Arras et de Turin étoient représentés ; et le traité fait en même temps avec le duc de Lorraine donna encore matière à la joie, dans l'espérance que cet accommodement augmenteroit encore les avantages de ce royaume. Ce prince, depuis la prise de Nancy, avoit quitté les intérêts du Roi, pour se jeter entre les bras de l'Empereur et du roi d'Espagne, de la protection desquels il attendoit son rétablissement ; mais enfin ne voyant point d'apparence de réussir dans ses desseins, à cause du mauvais état des affaires de la maison d'Autriche, il voulut tenter la voie d'accommodement, dans la pensée de tenir son traité s'il y trouvoit son compte, ou de le rompre si c'étoit son avantage. Cette négociation fut si secrète, que le Roi envoya ses carrosses au-devant de lui avant que personne eût nouvelle de cet accord, qui ne fut rendu public qu'après son arrivée. Les articles en étoient que le Roi rendroit au duc son Etat, excepté Stenay, Jametz et Clermont, qui demeureroient à la couronne de France ; que Nancy et Marsal seroient entre les mains du Roi jusqu'à la paix générale, comme en dépôt, durant lequel temps le duc jouiroit dedans de ses revenus et de ses droits de souveraineté, comme dans le reste de son pays, dont toutes les autres villes, châteaux et places lui seroient rendus dès à présent, pourvu qu'il prît le parti de France contre tous ses ennemis, et que ses troupes se missent au service du Roi. Il fut fort bien reçu à la cour, où il passa une partie de l'hiver ; puis ayant fait hommage au Roi du duché de Bar, il partit de Paris pour retourner en Lorraine, et en prendre possession. Peu de jours après se fit le mariage du duc d'Enghien, fils aîné du prince de Condé, avec mademoiselle de Brezé, fille du maréchal de Brezé et de la sœur du cardinal de Richelieu, qui étoit dans une telle élévation de fortune, que les plus grands se tenoient heureux et honorés d'entrer dans son alliance.

Du côté d'Allemagne, l'Empereur convoqua une diète à Ratisbonne, pour chercher les moyens de pacifier l'Empire ; il commença par la publication d'une amnistie pour tous ceux qui voudroient rentrer dans son obéissance. Cette diète obligea l'armée confédérée de se séparer : le comte de Guébriant, qui commandoit l'armée française depuis le retour du duc de Longueville en France, demeura dans le Haut-Palatinat, et le maréchal Banier se présenta devant Ratisbonne pour troubler la diète ; puis il alla prendre un poste d'où il couroit tous les jours jusqu'aux portes de cette ville. Pour mettre la diète en sûreté, l'Empereur fit joindre Piccolomini avec Gleen, lesquels poussèrent Banier si rudement, qu'ils le forcèrent de faire une grande retraite jusqu'en Bohême, et, pour aller plus vite, d'abandonner une partie de son bagage et de son canon. Il fut chargé dans cette marche, où il perdit plus de deux mille hommes, et le général major Sclang demeura prisonnier. Le comte de Guébriant, ayant appris cet échec, marcha en diligence pour le secourir ; et l'ayant rejoint, ils tournèrent tête droit à Wolfenbutten, pour fortifier le blocus que le duc de Lunebourg avoit mis devant l'armée impériale. Piccolomini les suivit pour secourir cette ville, laquelle eût été contrainte de se rendre, si elle n'eût eu d'autre secours que de cette armée. Mais ce que la force ne put faire, le temps le fit : car les grandes pluies qui survinrent forcèrent le duc de Lunebourg de lever le siège. Dans la grande marche que fit le maréchal Banier depuis Ratisbonne jusqu'en Bohême, il souffrit tant d'incommodités et eut tant de fatigues, que la fièvre le prit ; et son mal augmentant, il fut contraint de demeurer à Alberstad, où il mourut fort regretté de son parti ; car il étoit grand capitaine, et la couronne de Suède fit en lui une grande perte. Après sa mort, le général major Wrangel prit le commandement de l'armée, jusqu'à ce que la reine de Suède eût nommé un autre général en sa place.

Du côté du Rhin, Gildas reprit Kreutzenach, et les Impériaux bloquèrent la forteresse de Hohentwiel, pour tâcher de la prendre par la famine. Cette campagne finit par l'arrivée du général Torstenson, que la reine de Suède fit général de ses armées en la place du maréchal Banier. Il fut reçu avec grand applaudissement des troupes, qui témoignèrent avoir grande espérance de faire l'année prochaine une belle campagne sous son commandement. Sur la nouvelle qui arriva dans ce temps-là des mouvemens arrivés en Portugal, l'Empereur fit arrêter le prince Edouard, frère du duc de Bragance, qui étoit à son service : il mourut quelque temps après en prison, non sans soupçon de poison.

Il n'y eut point d'armée cette année dans la Franche-Comté, et la campagne s'y passa en courses de garnisons et surprises de châteaux, sans aucun effet considérable; mais le grand effort se fit dans les Pays-Bas, contre lesquels le Roi mit deux armées en campagne, la plus forte commandée par M. le maréchal de La Meilleraye en Picardie, et l'autre sous le maréchal de Châtillon en Champagne. Le maréchal de La Meilleraye assembla la sienne en trois endroits : à Amiens, où il étoit; à Abbeville, où le comte de Guiche, lieutenant général, commandoit; et à Péronne, où étoient Gassion et La Ferté-Senneterre. Ces trois corps entrèrent en même temps en Artois; et donnant jalousie à toutes les places des Espagnols, fondirent tout d'un coup sur Aire, et l'investirent le 19 de mai. L'armée fut séparée en trois quartiers : celui du maréchal de La Meilleraye fut du côté de Béthune, où étoient le marquis de Coislin et Gassion, maréchaux de camp; celui du comte de Guiche avec Lenoncourt, et celui de La Ferté-Senneterre dans le Marais, sur la Laquète. D'abord on attaqua le fort de la tête de Flandre, qui fut pris sans résistance; et ensuite ceux du Neuf-Fossé se rendirent de même. Trois jours après, Rantzaw arriva au camp avec un petit corps qu'on logea au fort de la tête de Flandre sur la Lys, où la Laquète se joint à lui, et qui fermoit la circonvallation de ce côté-là. La ligne fut achevé en peu de jours; et, durant qu'on y travailloit, Gassion fut attaquer Lilers, qu'il prit le 23 de mai.

Le marquis de Gêvres, depuis peu revenu de prison par échange avec don Pedro de Léon, commandoit un camp volant pour faire passer les convois; et ayant jeté dans les lignes ce qui étoit nécessaire pour un grand siége, on ne pensa qu'à ouvrir la tranchée. Cette ville est bien fortifiée de tous côtés; elle est située dans un marais où on ne peut travailler sans trouver l'eau, et il n'y a qu'une seule tête où on puisse trouver de la terre, laquelle est fortifiée de deux bons bastions, d'un grand fossé plein d'eau, d'une grande demi-lune, d'une contrescarpe bien palissadée avec un beau glacis, au pied duquel passe la Laquète. Il y avoit dans la place deux mille cinq cents hommes de guerre commandés par Bervouste, qui avoit été major dans le régiment de Vesmal, et s'étoit trouvé aux siéges de Hesdin et d'Arras; d'Elli Ponti, colonel italien, y étoit aussi : tous deux capables de défendre une ville, et fort entendus dans leur métier. Le maréchal de La Meilleraye voyant qu'on ne pouvoit attaquer Aire que par cette tête, ouvrit la tranchée par là en deux endroits, la nuit du 8 au 9 de juin; la première attaque porta son nom, et l'autre celui du comte de Guiche. Comme les deux bastions étoient proches les uns des autres, aussi les deux tranchées étoient voisines, et on fit une ligne pour les joindre, afin qu'elles pussent s'entre-secourir. Le travail s'avança fort jusqu'au 13, auquel jour deux batteries de six pièces chacune commencèrent à saluer la ville et à battre les parapets. La nuit du 14 au 15, les assiégés firent une sortie qui fut repoussée par le régiment de Picardie : ils en firent une autre trois jours après sur les Suisses, qui eut un pareil événement.

Cependant le cardinal infant marchoit pour secourir Aire, et parut d'abord du côté du mont Cassel; puis, tournant vers Saint-Omer, il passa la Lys à Terouane, et se mit en bataille proche des lignes, à la portée de canon du quartier du comte de Guiche.

Le maréchal de La Meilleraye tira beaucoup de troupes de son quartier pour fortifier celui-là, où tous les régimens en ordre bordoient le long de la ligne, ayant devant eux le canon qui tiroit incessamment sur les Espagnols, lesquels détachèrent leurs enfans perdus avec des fascines pour combler la ligne; et après avoir fait toutes les mines de vouloir faire une grande attaque, ils se retirèrent sur le soir à Terouane, où ils repassèrent la Lys; et, par le même chemin qu'ils étoient venus, ils furent camper entre Aire et le mont Cassel, d'où les deux camps se voyoient tout à clair.

Après la retraite des Espagnols, les Français poussèrent leurs attaques plus vigoureusement que jamais; et malgré le grand feu des assiégés, ils firent un logement sur le bord de la Laquète, avec une grande place d'armes, une redoute et une batterie de dix pièces entre les deux attaques; mais le passage de cette rivière fut difficile : car comme elle est très-profonde, il fallut faire des ponts, qui furent fort contestés par les assiégés à l'attaque de Guiche. Le pont fut très-avancé par le régiment de Picardie; et il étoit presque achevé par celui de Navarre, lorsque les Espagnols firent une sortie, où ayant renversé la tête du travail, ils ne poussèrent pas plus avant; mais ils s'attachèrent à mettre le feu au pont avec du soufre, du goudron et de la poix : de sorte que la flamme prit si bien que jamais on ne la put éteindre; car elle étoit tellement enracinée dans le bois, que toute l'eau qu'on y jetoit ne servoit de rien, et l'augmentoit davantage. L'action d'un Espagnol fut remarquable en cette occasion : au travers d'une grêle de mousquetades qui venoit de la place d'armes des Français, il mit son épée nue sous son bras avec une contenance hardie et fanfaronne; et regardant d'une mine moqueuse le côté où étoient les Français, il étendit ses deux mains devant le feu, et les chauffoit en se les frottant, disant tout haut que ce feu étoit venu bien à propos, parce qu'il avoit grand froid : et après avoir essuyé mille coups de mousquet, il se retira au petit pas dans la contrescarpe. Tout le régiment cependant ne put jamais empêcher que le pont ne fût entièrement consumé et réduit en cendres.

A la tranchée du maréchal de La Meilleraye on travailloit à en faire un qui n'étoit pas si avancé; mais enfin il se trouva fait, et le régiment des Gardes se moquoit de celui de Navarre, lui criant qu'il ne laisseroit pas brûler son pont comme lui. Mais à peine la raillerie fut-elle achevée, que les assiégés firent une sortie; et de la même façon qu'ils avoient fait à Navarre, ils brûlèrent le pont des gardes, sans que jamais ils pussent empêcher qu'il ne fût totalement embrasé. Alors il fallut recommencer des deux côtés; et, pour empêcher un pareil inconvénient, on refit deux ponts nouveaux avec des sacs pleins de laine, et de la terre entrelacée de peaux de bœufs fraîchement écorchés, qui ne sont pas susceptibles de feu. Ensuite le marquis de Montglat détacha six sergens et quatre-vingts mousquetaires pour se loger au delà du pont, lesquels furent tous tués; mais le régiment de Champagne, du côté de La Meilleraye, fit le logement au pied du glacis de la contrescarpe, après y avoir perdu deux capitaines, Villeneuve et Cambray, et la marine en fit autant du côté de Guiche. Le 26 de juin, le régiment de Brezé alla à la sape, et logea vingt-cinq hommes sur la contrescarpe, le régiment de Bretagne élargit et assura ce logement; mais celui de Valmont poussa son travail jusqu'au chemin couvert, et Rambures jusqu'au bord du fossé de la demi-lune.

Comme ce siége tiroit en longueur, et que ceux de dedans défendoient leur terrain pied à pied sans perdre un pouce de terre, le comte de Guiche, pour abréger et aller plus vite, voulut emporter la demi-lune par assaut. Il commanda pour ce sujet au marquis de Monglat, qui étoit en garde, de la faire attaquer par le régiment de Navarre : ce qui fut aussitôt fait; mais comme on vint avec des haches pour couper les palissades, les assiégés firent si grande résistance du feu et de la main, que les hommes détachés furent repoussés avec perte. Le major, nommé Belloyer, fut tué, et le marquis de Viller-Houdan, volontaire; le chevalier de La Vallière, capitaine dans ce régiment, fut fort blessé, et Willambray y perdit un bras. Alors le comte de Guiche reconnut que l'entreprise étoit impossible : c'est pourquoi il fit faire la retraite, et attacha un mineur à la pointe de cette demi-lune, qui fit jouer le lendemain un fourneau, lequel fit une ouverture assez grande pour s'y loger. Ce fut là que les assiégés firent voir une résolution extraordinaire : car on fut quinze jours au pied de cette demi-lune, sans pouvoir faire de logement sur la pointe : en sorte qu'on fut contraint de l'entourer, et de faire deux places d'armes des deux côtés; mais comme elle étoit fort haute, ceux de dedans jetoient du haut en bas de grosses pierres sur la tête des assiégeans : quelquefois ils renversoient des chariots pleins de feux d'artifice qui crevoient dans la tranchée, et tuoient tout ce qui s'y rencontroit. La nuit du 9 au 10 de juillet, le régiment de Champagne voulut couler tout du long, pour la prendre par derrière; mais inutilement; car il fut maltraité, et y perdit Rollet, un des meilleurs capitaines du corps. Enfin une mine ayant renversé la pointe, le régiment de Pontchâteau y fit un logement : mais comme elle étoit retranchée par le milieu, les Français en tenoient une partie, et les Espagnols l'autre; et ils étoient si proche les uns des autres, qu'ils se battoient à coups de piques par dessus les gabions et les tonneaux pleins de terre : en sorte que les uns prenoient avec la main les piques des autres, et les tiroient l'un l'autre à qui l'emporteroit : quelquefois on voyoit une grêle de pierres qu'ils jetoient dans la tranchée, et des grenades sans nombre que les soldats prenoient avec la main, et les rejetoient avant qu'elles eussent crevé du côté de ceux qui les avoient envoyées. Enfin jamais gens de guerre n'ont disputé la terre comme ceux-là, et n'ont tant fait périr de monde : car il n'y avoit nuit que chaque régiment ne perdît un nombre considérable d'officiers et de soldats. A la fin, voyant qu'on ne les pouvoit chasser de cette demi-lune, on coula tout du long jusque sur le bord du fossé de la place, où on se logea des deux côtés ; et alors les assiégés craignant d'être coupés par derrière l'abandonnèrent, faisant grand feu, où le vicomte de Courtaumer reçut un coup de mousquet au travers du corps. La demi-lune étant entièrement prise, les Espagnols furent réduits dans le corps de leur place, et les assiégeans firent deux logemens fort grands sur le bord du fossé, et allèrent à la sape pour le percer. Quoiqu'il fût fort large et fort creux, l'eau n'y étoit pas bien profonde : tellement qu'on se passa de la galerie, et seulement on fit un pont de fascines dans l'eau, sur lesquelles les mineurs passèrent et s'attachèrent aux bastions, soutenus du grand feu des logemens qui étoient sur le bord du fossé, et des batteries faites au même lieu, qui empêchoient les assiégés de paroître sur les remparts, et qui avoient rompu les flancs bas des orillons des bastions. Ils ne laissoient pas néanmoins de tuer quantité de mineurs : ils descendoient la nuit des hommes armés dans des paniers avec des cordes, lesquels étant vis-à-vis du trou, entroient dedans et les poignardoient ; d'autres fois ils attachoient des bombes à une corde, et les laissoient tomber jusqu'à ce qu'elles fussent au droit du trou où ils les laissoient crever, afin que les éclats entrant dans l'ouverture les tuassent. Enfin ils en assommèrent tant, qu'il n'y en avoit plus dans l'armée, et on fut contraint d'en envoyer requérir en France. Un soir, les assiégés firent une grande salve sur la tranchée, et la recommencèrent par trois fois pour signe de réjouissance, et crioient : *A Sedan, à Sedan!* Les Français n'entendoient pas ce qu'ils vouloient dire ; mais ils l'apprirent deux jours après, qu'ils eurent nouvelle de la perte de la bataille de Sedan, et furent fort surpris de ce que les assiégés, quoique enfermés dans leur ville, l'avoient su deux jours plus tôt qu'eux. Le marquis de Coislin, maréchal de camp et colonel général des Suisses, fut tué de cette salve. Il fut extrêmement regretté, à cause que de tous les parens du cardinal c'étoit lui qui valoit le plus, et que dans les emplois qu'il avoit eus il avoit gagné l'estime et l'amitié de tout le monde : ce qui l'avoit rendu fort considérable ; et le cardinal trouvant matière en lui d'en faire quelque chose de grand, l'eût élevé bien haut s'il eût vécu.

Cependant les mineurs nouvellement arrivés de France travailloient, et on les avoit couverts de madriers, sous lesquels on avoit mis un sergent avec dix hommes pour les défendre. Le 21 de juillet, la mine de Guiche joua, qui fit si peu d'effet qu'on ne put loger que vingt hommes au pied de la brèche. Le lendemain, celle de La Meilleraye fit une assez grande ouverture ; mais le régiment des Gardes ne put faire de logement qu'au même lieu : si bien qu'il fallut pousser d'autres mines plus avant, et en commencer une troisième dans la courtine entre les deux bastions attaqués ; elles jouèrent toutes trois deux jours après, et firent grande brèche. Le maréchal de La Meilleraye fit donner un assaut à la sienne ; mais les assiégés parurent au haut, l'épée et la pique à la main, qui le repoussèrent rudement ; Vital, capitaine de Champagne, y fut tué. Le maréchal voyant qu'on ne pouvoit monter en haut, se contenta de faire un logement à mi-brèche : ensuite duquel deux fourneaux ayant élargi les ouvertures des brèches, et achevé d'ouvrir entièrement les bastions, on se logea au haut, d'où on aperçut que les assiégés avoient retranché les gorges. Alors on se prépara à faire des fourneaux sous ces retranchemens, et à faire monter du canon au haut des brèches pour les battre ; mais les assiégés n'en donnèrent pas la peine : car ne voulant pas laisser piller la ville, ils capitulèrent et sortirent le 27 de juillet, après quarante-neuf jours de tranchée ouverte. Ils furent conduits à Saint-Omer avec deux pièces de canon, remplis de gloire et d'honneur d'une si vigoureuse défense. Le gouvernement en fut donné à Aiguebère ; et comme ce qui se passa en Champagne a beaucoup de rapport à ce qui arriva ensuite de la prise d'Aire, il y faut faire un tour, pour revenir ensuite à Aire.

Dès le commencement du printemps, le Roi avoit fait assembler une armée en Champagne sous le maréchal de Châtillon, que le duc de Lorraine devoit joindre avec la sienne, et les commander toutes deux comme généralissime. Ce maréchal marcha près de Sedan, où les soldats français entroient librement pour acheter ce qui leur étoit nécessaire ; mais ceux de la ville faisoient une garde fort exacte, et étoient en grande défiance. Le sujet en étoit que le comte de Soissons s'étoit retiré à Sedan en 1636, avec permission du Roi d'y demeurer quatre ans pour sa sûreté, après lesquels il devoit revenir près de Sa Majesté. Or, ce temps étant expiré, le Roi ne vouloit pas le lui prolonger, ni permettre au duc de Bouillon de l'y retirer davantage. Le comte, qui ne se vouloit pas mettre au pouvoir du cardinal après ce qui s'étoit passé entre eux, vit bien qu'on avoit dessein de le pousser, et le duc de Bouillon aussi, à cause qu'il ne vouloit pas l'abandonner, ni le chasser de sa place. Voyant tous deux l'orage qui alloit tomber sur eux, et ne se sentant pas assez puissans pour le détourner, ils cherchèrent protection contre l'oppression qu'on se préparoit de leur faire, et traitèrent avec l'Empereur et le roi d'Espagne, lesquel firent avancer Lamboi, pour les secourir en cas qu'ils fussent attaqués. Quelques années auparavant, l'archevêque de Rheims, second fils du duc de Guise, étoit devenu amoureux de la princesse Anne de Mantoue, et après quelques mots de galanterie l'avoit épousée clandestinement. Comme il avoit de grands bénéfices qu'il falloit quitter en se mariant, il se repentit de la faute qu'il avoit faite; et craignant que le cardinal, qui n'aimoit pas sa maison, ne voulût maintenir ce mariage pour lui faire perdre ses bénéfices, il sortit de France et se retira dans Besançon, où la princesse Anne le suivit; mais ne l'ayant pas voulu voir, et voulant éviter sa rencontre, il s'en alla à Sedan, où il entra dans l'association des autres, et dans leur traité avec la maison d'Autriche. Il avoit perdu, quelque temps devant, le prince de Joinville son frère aîné, qui étoit mort au retour de l'armée d'Italie, où il étoit allé de Florence servir volontaire, et où il avoit tant acquis d'estime et de réputation, que le cardinal avoit dessein de le rappeler en France, et de faire alliance avec lui, dans la croyance que ce prince feroit revivre en lui la générosité de ses ancêtres. La douleur de sa mort attira bientôt après celle du duc de Guise son père : tellement que l'archevêque de Reims, en arrivant à Sedan, prit le titre de duc de Guise.

Quoique ces princes eussent fait ligue avec les Espagnols, ils ne vouloient pas rompre les premiers avec le Roi : de sorte que le commerce avec l'armée du maréchal de Châtillon continuoit toujours; mais deux villages qui sont de France, le grand et le petit Torcy, furent cause de la rupture. Ils sont fort proches de Sedan : c'est pourquoi les princes, qui étoient en défiance, ne vouloient pas que les Français s'y logeassent; et pour les en empêcher, ils mirent de leurs troupes dedans. Dès que le maréchal l'eut appris, ne cherchant qu'un prétexte pour rompre, il prit cela pour un attentat, et marcha pour les en déloger : il le fit assez aisément le 25 de juin; et durant ce petit combat le canon de Sedan tira la première fois contre les Français, et depuis continua toujours. Le maréchal de Châtillon attendoit avec impatience l'arrivée du duc de Lorraine pour joindre son armée, et ensemble assiéger Sedan. Il envoyoit force courriers au devant de lui pour le faire hâter, et apprendre de ses nouvelles : mais ne l'ayant point rencontré au rendez-vous qu'il avoit donné à un certain jour, il dépêcha exprès en Lorraine pour le presser de marcher : ce qu'il remettoit toujours, et différoit de jour à autre sous de méchans prétextes. Mais enfin on sut qu'il avoit vu l'abbé de Mercy, de la part de l'Empereur; ensuite qu'il s'étoit abouché avec le duc de Guise à Luxembourg, et que son armée marchoit de ce côté-là, sans faire aucun acte d'hostilité sur les terres des Espagnols. Alors le maréchal de Châtillon connut qu'il continuoit de vivre à son ordinaire, qui étoit de ne tenir aucune parole, et d'être fort léger et inconstant; et dès l'heure il ne s'attendit plus à lui, voyant bien qu'il s'alloit joindre aux Espagnols. On fut fort surpris en France de ce changement, où on se plaignoit fort de lui et de son manque de foi; mais il répondit qu'il avoit rendu ce qu'on lui avoit prêté à Nancy; et comme on lui avoit ôté son pays en le trompant, qu'il tâcheroit de le ravoir de même. Cependant Lamboi, sachant l'attaque des deux Torcy, marchoit au secours des princes; et il passa la Meuse à Sedan sur deux ponts de bateaux dressés près de la ville, où, s'étant joint à leurs troupes, ils se mirent tous en bataille dans une plaine en deçà de Sedan. Sitôt que le maréchal de Châtillon apprit cette nouvelle, il marcha droit à lui; et les Espagnols l'attendant de pied ferme, la bataille se donna le 6 de juillet dans cette plaine, où la cavalerie française s'enfuit d'abord, et ne voulut jamais tenir ferme; l'infanterie étant abandonnée, fut taillée en pièces et entièrement défaite, et tout le canon et le bagage pris. Les carabins d'Arnauld et les gendarmes de la Reine et de Monsieur firent seuls leur devoir : le marquis de Praslin, mestre de camp, général de la cavalerie, paya de sa personne, et fut tué sans vouloir de quartier. On disoit qu'il avoit donné parole de se tourner du côté du comte de Soissons dès qu'il se déclareroit, comme fit Chambor, capitaine de cavalerie; et ne l'ayant pas fait, la crainte qu'il eut de tomber entre ses mains lui fit préférer la mort à une prison, où il eût reçu mille reproches et un fort mauvais traitement. Le marquis de Senecey, nommé devant la mort de son frère aîné le comte de Randan, mestre de camp du régiment de Piémont, fut pris combattant à la tête de son bataillon, et tué de sang-froid par ceux qui disputoient à qui l'auroit. Le marquis de Roquelaure, se voyant abandonné par le reste de la cavalerie, ne voulut jamais reculer, et fut pris à la tête de son escadron. Le maréchal de Châtillon, voyant la bataille perdue, se retira dans Réthel, où il rallia ce qu'il put de ce qui s'étoit sauvé.

Après le combat, le comte de Soissons, qui regardoit de loin la déroute des Français, marchant au petit pas au milieu des siens et entouré de ses domestiques, tomba de son cheval roide mort, sans que jamais on ait pu savoir d'où cela étoit venu : car aucun de ceux qui étoient auprès de lui n'en ont pu dire de nouvelles. Ils dirent seulement qu'ils ouïrent un coup, et qu'ils virent un cavalier passer, et leur maître en même temps tomber la tête en bas, et le pied dans l'étrier; qu'ils lui trouvèrent le coup dans le front avec la bourre dans la tête, le visage brûlé de la poudre, pour marque qu'il avoit été tiré à brûle-pourpoint. Cette mort n'a jamais pu être éclaircie, et a donné sujet de gloser à bien du monde, pour démêler une affaire si extraordinaire; mais autant elle causa de consternation dans son parti, autant elle donna de joie au cardinal, qui se vit par là délivré d'un grand ennemi, lequel lui donnoit bien du souci, et lui en eût bien donné davantage s'il eût vécu après une si grande victoire, qu'il eût poussée bien loin, si la mort n'eût arrêté son progrès.

Après la bataille gagnée, l'armée victorieuse marcha vers Donchery, qu'elle investit le 7 du mois; et l'ayant battu sept jours durant, le prit par composition le 14 de juillet, après une vigoureuse résistance de Saint-Saulieu, qui fut conduit à Mézières. Cependant le Roi étoit à Rheims, qui faisoit ses efforts pour réparer sa perte; il avoit un corps de réserve près de sa personne, que le duc d'Angoulême commandoit, lequel joignit le maréchal de Châtillon, auquel on donna le maréchal de Brezé pour compagnon du commandement; ensuite il envoya tant de recrues et de troupes nouvelles pour fortifier son armée, qu'elle se remit en campagne et rapprocha de Sedan. Le 27 du mois, elle passa la petite rivière de Bar, et le 29 elle investit Donchery, où le maréchal de Brezé passa la Meuse; et celui de Châtillon demeura en deçà de l'eau. Le 30, le Roi vint au camp, et le même jour il fut coucher à Mézières. Le 31, la tranchée fut ouverte, et les batteries foudroyèrent si furieusement la place, qu'elle se rendit le deuxième jour d'août. Saint-Saulieu, pour avoir bien fait au premier siége, fut remis dedans. Or, Lamboi voyant toutes ses espérances perdues par la mort du comte de Soissons, marcha devers la Flandre pour secourir Aire; et le Roi ne voyant plus d'ennemis sur ses bras tourna tête contre Sedan. Le duc de Bouillon se trouva lors bien empêché, et ne trouva d'autre ressource dans l'état où il étoit que de s'humilier et d'implorer la grâce de Sa Majesté, qu'il obtint facilement, à condition qu'il rendroit tous les prisonniers et canons pris à la bataille, et qu'il ne recevroit personne dans sa place qui lui fût suspect; il prit ensuite abolition, et vint saluer le Roi, devant lequel il se mit à genoux pour lui demander pardon. Le duc de Guise fut contraint par cet accommodement de sortir de Sedan et de s'en aller en Flandre, et le maréchal de Châtillon quitta le commandement de l'armée pour le laisser au maréchal de Brezé; et pour le consoler de cette disgrâce, le Roi donna le régiment de Piémont, vacant par la mort du marquis de Senecey, à d'Andelot, son second fils.

La mort du comte de Soissons renversa tous les desseins des Impériaux et des Espagnols, et de victorieux ils se trouvèrent vaincus et sur la défensive : tellement que, ne voyant point de jour à pousser leur victoire, ils prirent résolution de marcher pour secourir Aire. Selon ce projet, le duc de Lorraine et Lamboi joignirent le cardinal infant; et marchant tous ensemble pour attaquer les lignes, ils apprirent en chemin que la place étoit prise. L'importance de la ville, qui donne une entrée dans la Flandre, donna de l'étonnement, et fit prendre résolution au cardinal infant, se voyant alors bien plus fort que les Français, de tâcher de la reprendre, espérant qu'il auroit assez de temps pour l'entreprendre durant que le Roi attaqueroit Sedan. Selon ce dessein, ils attaquèrent Lilers, qu'ils prirent en vingt-quatre heures; et de là marchèrent pour se poster entre la France et le camp du maréchal de La Meilleraye, dans la pensée de l'affamer.

Ce maréchal se trouva fort embarrassé dans cette rencontre : car il s'étoit vu jusqu'à présent tellement dans la prospérité, que toutes choses lui étaient arrivées à souhait, parce que le cardinal, ne songeant qu'à sa gloire, avoit toujours mené le Roi proche des armées qu'il commandoit, où il lui avoit fait fournir en abondance de tout ce qui lui étoit nécessaire pour venir à bout d'une grande entreprise : mais à présent la perte de la bataille de Sedan avoit rompu toutes ses mesures, à cause que le cardinal, flattant sa propre passion, ne vouloit pas recevoir un affront devant Sedan; et, durant qu'il réduisoit le duc de Bouillon à son devoir, il laissoit les armées impériale, espagnole et lorraine lui tomber sur les bras. Dans cet embarras, la tête lui tourna; et il ne se trouva pas si habile homme ni si grand capitaine qu'il s'étoit imaginé jusqu'alors : car il n'avoit pas plus que quinze mille hommes, et les Espagnols en avoient trente-cinq mille, lesquels, après la prise de Lilers, tournèrent du côté de la Laquète, pour la passer et se camper à Terouane. Le maréchal de La Meilleraye sortit de son camp à pied avec le duc d'Enghien, ceux de Nemours et de Luynes, le comte de Guiche, les marquis de Lenoncour, de la Ferté-Senneterre; de Nangis et de Montglat, et quantité d'autres volontaires et officiers sans armes qu'une canne à la main, pour voir marcher l'armée espagnole, qui traversoit une plaine. Un escadron de cette armée s'étant coulé du long d'un vallon, vint à petit bruit jusque près du lieu où ils étoient, et il alloit prendre comme dans un filet toute cette bonne compagnie, lorsqu'il fut découvert par des soldats qui cueilloient des fèves, lesquels s'enfuirent en criant qu'on se sauvât; mais leur avis eût été inutile, et cette cavalerie n'eût pas donné le temps à ces messieurs de se sauver, si le colonel Gassion n'eût couru à la garde, et, montant sur le cheval d'un cavalier, n'eût été au devant d'elle avec vingt chevaux escarmoucher à la sortie du vallon, donnant le temps à cette belle troupe de se sauver et de gagner le camp.

Cependant les Espagnols continuoient leur marche; et arrivant sur le bord de la Laquète, ils firent un pont pour la passer; l'avant-garde ayant passé la première, le comte de Rantzaw dit au maréchal de La Meilleraye qu'il ne tenoit qu'à lui de défaire l'arrière-garde, et qu'il ne devoit pas souffrir qu'une armée défilât à sa vue sans la charger : alors, comme sortant d'une léthargie qui lui fermoit les yeux, il commanda qu'on marchât à eux, mais trop tard : car le gros étoit passé, et il n'y avoit plus que quelque cavalerie qui étoit demeurée derrière pour faire passer le reste du bagage, qui fut pillé et la cavalerie défaite.

Le 8 d'août, les Espagnols voulant gagner les deux côtés de la rivière, la repassèrent quasi sans défiler, à cause de la grande quantité de ponts qu'ils avoient faits. Le maréchal voulant réparer la faute qu'il avoit faite, fit marcher toute l'armée, pour attaquer l'avant-garde avant que l'arrière-garde fût passée; mais la grande quantité de ponts facilita tellement leur passage, qu'ils étoient en bataille dans la plaine alors que les Français parurent. Les canons, de part et d'autre, commencèrent aussitôt à faire bruit, et il y eut grande apparence de bataille : car les deux armées étoient dans une grande plaine, sans ruisseau ni rivière entre deux qui les empêchât de se joindre; mais la partie n'étoit pas égale, car les Espagnols étoient plus forts de moitié que les Français; et le maréchal de La Meilleraye se trouva si troublé qu'il s'embarquoit insensiblement au combat, si Rantzaw ne lui eût représenté le hasard où il exposoit l'armée, qui seroit infailliblement battue. Là-dessus, il vint faire commandement au régiment de Navarre, qui marchoit à la tête, de faire demi-tour à droite, et de gagner une hauteur entourée de bois taillis qui servoient de retranchemens, sur laquelle toute l'armée se posta. De là, il faisoit beau voir l'armée espagnole, de laquelle on comptoit les escadrons et bataillons : le cardinal infant y étoit avec les ducs de Lorraine, de Guise et d'Elbœuf, et les généraux Lamboi et Bec. Les Français, étant en sûreté, canonnèrent les Espagnols toute l'après-dînée, et furent canonnés par eux tout de même. Sur le soir, ils firent de grands feux sur cette hauteur, et crièrent avec grand bruit pour ôter aux autres la connoissance de leur départ; et, dans l'obscurité de la nuit, l'avant-garde défila doucement, et ensuite le reste de l'armée : le régiment de Navarre demeura le dernier, faisant toujours du bruit, et puis suivit le gros. Dès que les Espagnols n'entendirent plus de bruit, ils envoyèrent reconnoître ce que c'étoit; et voyant la hauteur pleine de feu, sans troupes, ils firent avancer leur artillerie sur un haut proche des lignes d'Aire rasées, et dès la pointe du jour ils en saluèrent les Français, qui avoient défilé toute la nuit en deux corps, dont l'un passa la Laquète au travers de la ville, et l'autre au quartier de La Ferté-Senneterre. Quand toute l'armée fut passée, le régiment de Navarre, qui faisoit la retraite, rompit le pont, pour empêcher que les Espagnols ne chargeassent l'arrière-garde, et rejoignit le corps sans perdre aucun soldat, nonobstant les salves de l'infanterie qui le poussoient, et le canon qui le battoit de la hauteur de Lambres. Ainsi l'armée française se retira et fut camper à Terouane, durant que l'espagnole séparoit ses quartiers, relevoit ses lignes, faisoit une circonvallation plus forte que la première, et bloquoit Aire, pour le reprendre par famine. Ce fut là que le maréchal de La Meilleraye connut sa faute : car il fut quinze jours maître de cette place, sans aucun ennemi en tête qui le troublât, durant lesquels, s'il l'eût ravitaillée de tout ce qui lui était nécessaire, et se fût retiré avant la venue des Espagnols, Aire étoit sauvée; mais, se voyant coupé par derrière, et ne pouvant plus faire venir de vivres, il fut contraint, pour la subsistance de l'armée, de consumer ceux qui étoient dans la ville, et de faire une retraite précipitée, laissant Alguebère bloqué dedans, de tout ce dont il avoit besoin pour une ville assiégée. De Terouane, les Français furent camper à Montcaurel, où ils séjournèrent huit jours, attendant des nouvelles du Roi, qui étoit en Champagne; lequel, aussitôt qu'il eut achevé le traité du duc de Bouillon, fit avancer le maréchal de Brezé du côté de Picardie, pour secourir celui de La Meilleraye, auquel il envoya ordre de marcher dans l'Artois pour le joindre. Selon ce commandement, il décampa de Montcaurel et passa le Ternois à Blangy, d'où il tourna tête à La Bassée qu'il assiégea, durant que le maréchal de Brezé attaquoit Lens, qui se rendit trois jours après. La Bassée se défendit davantage; mais après le logement fait sur le bord du fossé par le régiment de Navarre, où le marquis de Monglat, mestre de camp, fut blessé à la tête, et l'attache du mineur au bastion, elle capitula, et lors les deux armées se joignirent.

Tout le monde eut grande curiosité de voir l'entrevue de ces deux maréchaux, parce que tous les généraux qui avoient servi avec eux, quoique leurs anciens, leur avoient toujours déféré, tant ils avoient peur de choquer le cardinal : mais en cette rencontre ils se trouvoient tous deux parens, fiers, hauts à la main, bizarres et incompatibles. Le maréchal de Brezé avoit commandé l'autre, et l'avoit tenu fort bas : mais depuis qu'il fut maréchal de France, il s'étoit si accoutumé au commandement, et à n'être contrarié de personne, qu'on doutoit qu'ils pussent compatir ensemble. Cette curiosité fit monter tout le monde à cheval pour voir leur entrevue, qui fut dans une plaine auprès de Lens, où ils mirent tous deux pied à terre, et se firent beaucoup de civilités. Depuis ils vécurent fort bien ensemble; et ce qui parut étrange fut que le maréchal de Brezé, contre son naturel, eut toutes les complaisances imaginables pour l'autre, et qu'ils n'eurent aucun démêlé.

Ces deux maréchaux s'étant joints, et voyant les Espagnols bien retranchés devant Aire, et l'impossibilité de les forcer dans leurs lignes, résolurent d'entrer dans leur pays, espérant que le grand désordre qu'ils y feroient les obligeroit à lever le siége. Ils partirent dans ce dessein de La Bassée, et détachèrent quatre mille hommes sous le marquis de Monglat, pour attaquer le Pont-à-Vendin, qui se rendit après six volées de canon; puis, ayant passé sur le pont de Don, ils s'avancèrent jusqu'à Lille, dont ils firent attaquer les faubourgs, qui furent emportés et brûlés : en même temps le feu fut mis à soixante-et-dix moulins, qui faisoient une flamme si claire que la nuit on croyoit être en plein jour. Le lendemain, les généraux envoyèrent un corps pour surprendre Armentières : mais un gros se trouva derrière la ville de l'autre côté de la Lys, qui empêcha ce dessein de réussir. Après avoir ravagé tout le plat pays, et pillé fort avant dans la Flandre, les maréchaux voyant que cela ne faisoit point lever le siége d'Aire, résolurent de faire une conquête solide. Pour cet effet, ils décampèrent de Loo et de Haubourdin; et passant par Seclin et Chinghin, ils revinrent à la Bassée, d'où ils détachèrent deux mille chevaux pour investir Bapaume le 10 de septembre. L'armée y étant arrivée deux jours après, la tranchée fut ouverte le soir même sans faire de circonvallation, à cause qu'on ne craignoit point de secours, les Espagnols étant occupés au siége d'Aire.

Ce siége fut tout contraire à l'autre : car autant qu'il donna de peine, celui-ci en donna peu, tant Laurette qui commandoit dedans se défendit mal. Il témoigna d'abord plus de passion d'être pris, que les assiégeans n'en avoient de le prendre : car il ne contesta point sa contrescarpe, défendit mal sa demi-lune; disputa mollement la descente du fossé ; et il fit si bien que le septième jour le mineur fut attaché au corps de sa place. Les généraux, voyant cette belle résolution, l'envoyèrent sommer, et ils le trouvèrent aussi civil que vaillant : car il répondit qu'il étoit au désespoir de ne pouvoir obéir au commandement de Leurs Excellences, et qu'il n'osoit se rendre que son bastion ne fût ouvert; mais qu'aussitôt il se rendroit. Les maréchaux, sur cette civilité et complaisance ingénue de ce gouverneur, firent jouer la mine, et aussitôt il tint parole : car il sortit de Bapaume le 18 de septembre, contre l'attente des Français et des Espagnols, qui croyoient que ce siége seroit bien plus long, parce que la place est fort bonne, ayant de bons bastions revêtus, un grand fossé sec, et de fort bons dehors. Or les Espagnols croyant que Bapaume dureroit davantage, détachèrent un corps de leurs lignes pour reprendre La Bassée : mais sur les nouvelles qu'ils eurent de la prise, et que les Français marchoient à eux, ils levèrent le siége, et retirèrent toutes leurs troupes dans leurs lignes. Après la prise de Bapaume, devant lequel on ne perdit que Cavois et Montespedon, la garnison fut envoyée à Douay avec escorte, laquelle le gouverneur renvoya étant à demi-lieue de cette ville, n'en croyant plus avoir besoin : mais, dans ce peu de chemin qui restoit, Saint-Preuil, gouverneur d'Arras, qui étoit en embuscade proche de là, le chargea sans le connoître, et le défit. Les Espagnols en firent de grandes plaintes, disant qu'on avoit rompu la foi publique; et sous ce prétexte le maréchal de La Meilleraye l'arrêta de la part du Roi, et l'envoya prisonnier à Amiens, où son procès lui étant fait, il eut la tête tranchée. Il fut fort regretté, car il étoit brave, et fatiguoit extrêmement les Espagnols par ses courses continuelles : aussi ils l'appeloient *Petit-Jean tête de fer*. Les accusations qui furent faites contre lui ne furent que des prétextes : car le véritable sujet de son malheur étoit la haine que le maréchal de La Meilleraye et des Noyers, secrétaire d'État, lui portoient : ce dernier à cause qu'il avoit frappé de sa canne d'Aubray, commissaire général, qui étoit son parent, et qu'il avoit établi dans Arras. Ainsi Saint-Preuil fut sacrifié à la vengeance de ses deux ennemis contre la coutume du cardinal, qui n'abandonnoit jamais ceux qui s'attachoient à ses intérêts.

Après la prise de Bapaume, le maréchal de La Meilleraye, demeuré seul général par la retraite de celui de Brezé, donna le bâton de maréchal de France, au nom du Roi, au comte de Guiche : et s'étant retiré lui-même pour aller aux eaux, le laissa seul commandant les armées. Ce nouveau maréchal marcha dans le Boulonais, où, sachant que les Espagnols étoient si bien retranchés devant Aire qu'il n'y avoit aucune apparence de les attaquer, il mit toutes ses troupes à couvert dedans des villages, à cause du mauvais temps, et y demeura jusqu'à la fin de décembre, que Alguebère, ayant consumé tous les vivres qu'il avoit dans Aire, se rendit à composition, et laissa en sortant aux Espagnols quatorze pièces de canon de batterie, que l'armée française en se retirant n'avoit pu emmener. Aiguebère et le marquis de La Boulaye, volontaire qui était demeuré pour défendre la place, furent bien reçus du Roi à Saint-Germain : lequel, pour témoigner à Aiguebère la satisfaction qu'il avoit de ses services, le pourvut du gouvernement de Charleville et mont Olympe. Durant le blocus d'Aire, le cardinal infant tomba malade dans son camp, d'une fièvre qui le força de quitter son armée pour se faire porter à Bruxelles, où il mourut regretté généralement de tout le monde, et avec raison : car c'étoit un prince doué de toutes sortes de bonnes qualités, qui lui avoient attiré l'amitié de tous les ordres du pays : ce qui lui préjudicia, selon l'opinion de plusieurs, qui croient que cet amour des peuples donna de la jalousie en Espagne, et que la crainte qu'on eut qu'il ne se voulût rendre maître des Pays-Bas, en prenant une alliance en France, lui avoit abrégé ses jours. Après le traité du duc de Bouillon, dès que le maréchal de Brezé marcha devers l'Artois, le comte de Grancey fut détaché avec six mille hommes et du canon pour remettre la Lorraine en l'obéissance du Roi : ce qui lui réussit en peu de temps, ayant pris toutes les petites places qu'on avoit rendues au duc, excepté La Mothe et Biche.

Les Espagnols ayant toutes leurs forces occupées en Champagne et en Artois, le prince d'Orange prit son temps d'attaquer Gennep sur la Meuse, et ouvrit la tranchée devant, le 15 de juin. Il battit la place de dix pièces de canon; et sur ce que le comte de Fontaines et le marquis de Leyde voulurent se poster fort proche de la circonvallation, il sortit de ses lignes avec du canon, et les força de se retirer plus loin. Cependant le siége s'avançoit; et L'Estrade, colonel français, fit le logement sur la contrescarpe. Le comte Guillaume voulut faire un pont sur la Meuse pour attaquer un ravelin, mais les assiégés lâchèrent une écluse qui ruina ce pont; et en ayant voulu refaire un autre, il fut brûlé par des brûlots envoyés par les assiégés. Ce ravelin fut enfin emporté par Hauterive, colonel français. Le 19 de juillet, les Hollandais se logèrent sur une pointe de l'ouvrage à cornes, et deux jours après le mineur fut attaché au bastion. Le 26, la mine joua, et l'assaut fut donné à la brèche par le régiment de Coligny, qui fit son logement dessus : ce qui obligea le colonel Preston, irlandais, de rendre Gennep au prince d'Orange, le 29 de juillet.

Nous avons vu l'année passée les avantages remportés sur les Espagnols par le comte d'Harcourt, et le retour de la duchesse régente dans Turin; mais comme les peuples étoient naturellement portés au parti de leurs princes, qui décrioient la conduite de madame leur belle-sœur, et publioient tout haut la trop grande privauté que le comte Philippe d'Aglié avoit avec elle, le Roi et le cardinal voyant que les avis qu'ils lui en avoient donnés ne servoient de rien, résolurent d'y mettre ordre par autorité : c'est pourquoi ils firent arrêter ce comte Philippe, et conduire au château de Vincennes. La duchesse en fut fort offensée : mais l'état de ses affaires l'obligeoit d'être entièrement soumise aux ordres de la France, dont il falloit qu'elle dépendît nécessairement.

Le comte d'Harcourt étoit venu passer l'hiver à Paris; mais durant son absence le comte Du Plessis-Praslin et le marquis de Ville, maréchaux de camp, sur les nouvelles qu'ils eurent qu'il n'y avoit personne dans Monclave, l'assiégèrent sur la fin de février, et le prirent par composition. Ils marchèrent ensuite vers Yvrée, et l'investirent le 11 d'avril. Ils souhaitoient fort de prendre cette ville, qui étoit la demeure et la place d'armes du prince Thomas : c'est pourquoi ils travaillèrent promptement à la circonvallation, afin que rien ne pût entrer dedans. Durant ce temps, les princes firent une entreprise sur Fossan, où il y eut combat; mais les Français vinrent au secours sous le comte Du Plessis, qui leur fit lever le siége. Le comte d'Harcourt arriva au même temps devant Yvrée; où, prévoyant que ce blocus tireroit en longueur, il résolut de tenter une attaque générale, dans l'espérance d'emporter la ville; mais il se trompa dans sa pensée : car le 23 d'avril l'assaut fut donné de tous côtés, et si bien soutenu par les Milanais qui étoient dans la place, que les Français furent vigoureusement repoussés, avec perte de plus de trois cents hommes. Le lendemain, le prince Thomas parut à la vue des lignes, desquelles le comte d'Harcourt sortit pour aller au devant de lui ; et après une escarmouche assez chaude, la nuit les sépara. Le 25, le marquis de Pianezze se rendit maître d'un poste nommé le Catelet, où il fit dresser une batterie, contre laquelle les assiégés firent une grande sortie, favorisés par leur armée qui étoit en bataille dans la campagne, à dessein de donner en même temps, et de jeter du monde dans la ville par le pont de la Doire ; mais la sortie ayant été repoussée, le prince Thomas se retira à Bolingue, où il demeura huit jours ; puis il en partit le 8 de mai pour attaquer Chivas, espérant par cette diversion de faire lever le siége d'Yvrée, ou de prendre cette place. Le 10, il la voulut emporter par escalade, où il fut vaillamment repoussé par le chevalier Busca ; et ce dessein lui ayant manqué, il résolut de l'attaquer par les formes, et pour cet effet il ouvrit la tranchée et dressa ses batteries. Mais Chivas étant sur le Pô à quatre lieues de Turin, fit murmurer le peuple de cette grande ville, et ce tumulte obligea le comte d'Harcourt de lever le siége d'Yvrée pour aller au secours. Le prince Thomas, qui ne demandoit que cela, sachant l'approche du comte, se retira de devant Chivas le 15, et les Français retournèrent à Pavon pour reprendre leur bagage et gros canon, qu'ils y avoient laissé pour marcher plus vite ; puis ils prirent des quartiers dans le Canavès pour se rafraîchir, où ils passèrent le mois de juin en attendant les recrues qui venoient de France, lesquelles ne furent pas plus tôt arrivées que le comte d'Harcourt rassembla son armée, et fit attaquer, le 6 de juillet, la ville de Gève par le marquis de Ville, et le château par celui de Pianezze. L'un et l'autre étant pris, Mondovi se rendit à composition ; et le comte d'Harcourt voyant que Coni étoit la seule place par laquelle le prince Thomas pouvoit avoir communication avec le cardinal de Savoie son frère, résolut de l'assiéger. Il l'investit à la fin de juillet, et le premier d'août il ouvrit la tranchée par deux endroits, dont l'une étoit commandée par le comte Du Plessis-Praslin, et l'autre par Castelan, maréchal de camp. Ces deux attaques s'avancèrent à l'envi l'une de l'autre jusqu'au 18, que, durant qu'on travailloit à percer le fossé, les assiégés firent une grande sortie, qui fut repoussée par les régimens de La Marète et Du Plessis-Praslin, dans laquelle la mêlée fut chaude ; et La Marète,

mestre de camp, fut tué. Le 23, une mine joua à la pointe de la demi-lune, sur laquelle La Roue se logea avec son régiment, et fit travailler à un fourneau pour élargir son logement, durant qu'on faisoit une mine sous une corne qui étoit à côté. Le tout fut en état le dernier jour d'août ; la demi-lune fut entièrement emportée par les régimens de Caderousse et de Villandry, et la corne fut prise d'assaut le premier de septembre par le régiment des Gardes, commandé par Saint-Paul et Bufalini. Le 2 de ce mois on fit la descente dans le fossé, et on travailla à une galerie pour joindre le bastion, auquel on attacha le mineur. Le 8, les mines jouèrent, et le logement fut fait au pied de la brèche par le régiment de Navailles, qui poussa un fourneau plus avant pour agrandir l'ouverture ; mais, devant qu'il fût achevé, les assiégés capitulèrent, et remirent Coni entre les mains du comte d'Harcourt. Le 15 de septembre, il fut rendu à la duchesse de Savoie, pour faire voir que le Roi ne faisoit pas la guerre pour s'agrandir, mais pour secourir le petit duc son neveu, contre le bruit que les princes faisoient courir parmi les peuples.

Durant ce siége, le prince Thomas fit une entreprise sur Querasque, qu'il voulut emporter d'emblée ; mais il fut si bien reçu par Souvigny, qui en étoit gouverneur, qu'il fut contraint de se retirer avec beaucoup de perte le 21 d'août. Mais, ne se rebutant point de cet échec, il revint le 24 plus résolu que jamais, et à l'entrée de la nuit il l'escalada avec plus de forces que la première fois ; mais, après huit heures de combat, ses gens, ayant été renversés dans les fossés, furent si bien battus, qu'ils furent contraints de se retirer avec honte. Le prince Thomas ensuite se sépara des Espagnols, qui tentèrent de surprendre Rosignan, sans effet, et de là furent attaquer Montcalve, qu'ils prirent en peu de jours. Il ne restoit plus en ces quartiers-là que le château de Revel qui ne reconnût pas la régence ; mais comme il est situé sur un rocher escarpé, difficile à aborder, on fit des forts à l'entour pour le bloquer, et empêcher que rien n'entrât dedans. Le château de Demont fut attaqué et pris, nonobstant le secours que le comte de Broglio, du parti des princes, jeta dedans. Ainsi finit cette campagne dans le Piémont.

Il y eut cette année grand démêlé entre le Pape et le Roi, sur ce que des sbires, étant entrés chez le maréchal d'Estrées, ambassadeur de France, pour prendre un criminel réfugié chez lui, furent battus par son écuyer. Le cardinal Barberin en fut si offensé, qu'il fit donner un décret de prise de corps contre cet écuyer, qui fut contraint de sortir de Rome pour se mettre en sûreté; mais on mit sa tête à prix : tellement que des bandits la lui coupèrent à la campagne, et la portèrent à Rome, où elle fut posée sur une des portes de la ville, avec cette inscription : *C'est ici la tête de l'écuyer de l'ambassadeur de France.* Ce procédé offensa fort le maréchal, qui sortit de Rome et se retira dans une maison de campagne, d'où il se plaignit au Roi, qui en témoigna son mécontentement au seigneur Scoti, nonce de Sa Sainteté, lequel pour ce sujet reçut du déplaisir en France; et l'affaire eût été plus avant, si le Pape n'eût fait satisfaction au Roi. L'ambassadeur retourna ensuite à Rome, d'où il fut rappelé quelque temps après, et Fontenay-Mareuil envoyé en sa place. De même le Pape fit revenir le seigneur Scoti, qui n'étoit pas agréable à la France, et donna la nonciature au seigneur Grimaldi, parent et de même nom que le prince de Monaco, qui depuis peu avoit quitté le parti du roi d'Espagne pour prendre celui de France, ainsi que nous allons voir.

Ce prince étoit souverain de deux villes : Monaco, nommée vulgairement Mourgues, et Menton. La première est située sur un roc escarpé sur le bord de la mer, où il a un bon port pour les galères; et dedans il y avoit une garnison espagnole depuis l'empereur Charles-Quint, qui prit les princes de Monaco en sa protection. Depuis ce temps-là, les Espagnols y avoient toujours été les maîtres, et ne rendoient pas au prince la déférence et même l'obéissance qu'ils lui devoient selon leurs conventions. Honoré II, à présent régnant dans cette petite souveraineté, se dépita de voir le peu de respect qu'on lui rendoit; et quoiqu'il s'en fût plaint au gouverneur de Milan, il n'en eut pas plus de satisfaction. Ces mécontentemens lui donnèrent envie de s'en venger : ce qu'il ne pouvoit faire sans changer de parti, à cause qu'il étoit entre leurs mains; et durant qu'il ruminoit en sa tête par quels moyens il se tireroit de leur pouvoir, il fut confirmé dans sa pensée par un de ses parens nommé Courbon, qui demeuroit à deux lieues de là, lequel lui proposa de traiter avec le comte d'Alais, gouverneur de Provence. Pour faire la chose plus secrètement, il se chargea de cette négociation, et de chercher les expédiens pour faire réussir leur dessein. La difficulté étoit grande : car la forteresse étoit bonne, et les Espagnols se tenoient fort sur leurs gardes, d'autant plus qu'ils voyoient que le prince n'étoit pas content d'eux; outre que Nice, tenu par le cardinal de Savoie, étoit entre Monaco et la France, qui empêchoit que le commerce ne fût libre. Néanmoins, comme ce prince vouloit tout hasarder, la nuit du 18 au 19 de novembre, il fit entrer, sous quelques faux prétextes, quelques hommes de ses sujets dans la place, et leur donna des armes qu'il avoit chez lui; et ayant séparé ce petit corps en trois, il surprit le corps-de-garde des Espagnols, qui ne se défioient de rien, et les tua tous ou fit prisonniers. En même temps il reçut dans le port des barques que le comte d'Alais envoyoit pour le secourir, et fit entrer dans sa place les Français qui étoient venus dedans. Sur ce bruit, le cardinal de Savoie lui dépêcha un gentilhomme pour le dissuader de mettre des Français dans Mourgues, et l'assurer de toute satisfaction du côté des Espagnols; mais cet envoyé fut fort surpris quand il les vit déjà dedans, et qu'en sa présence le prince ôta de son col l'ordre de la Toison, qu'il donna à celui qui commandoit la garnison espagnole, pour le rendre au gouverneur de Milan, lui disant que puisqu'il ne vouloit plus être serviteur du roi d'Espagne, il ne pouvoit plus porter ses marques. Il se mit ensuite sous la protection du roi Très-Chrétien, prit hautement l'écharpe blanche, et mit ses places entre les mains des Français, pour les lui conserver, à condition qu'il demeureroit maître souverain de son Etat; que les garnisons seroient payées par le Roi, mais qu'elles lui obéiroient absolument. Il perdit par ce changement vingt-cinq mille écus de rente dans le royaume de Naples : en récompense de quoi le Roi lui donna le duché de Valentinois, qui valoit davantage, et le fit passer au parlement duc et pair de France.

Nous avons laissé, sur la fin de l'année passée, d'Espenan marchant au secours des Catalans révoltés; il arriva dans Barcelone quelque temps après, où il trouva la révolte si générale, que toutes les villes de la province avoient franchi le saut, excepté Tortose, le Port-Roses, Collioure, Perpignan et Salses, dans lesquels il y avoit garnison d'Espagnols. Ces rebelles étoient bien empêchés : car Losuèles étoit entré dans leur pays avec douze mille hommes de pied et quatre mille chevaux, et ayant passé l'Ebre à Tortose, il marchoit pour attaquer Tarragone. Cette nouvelle obligea d'Espenan de sortir de Barcelone pour se jeter dedans avec une partie de ses troupes; et y étant arrivé, il trouva le peuple fort divisé, parce que l'approche de l'armée espagnole avoit tellement intimidé les habitans, que la plupart, pour éviter le châtiment, parloient tout haut de se rendre, et de traiter de bonne heure : mais les autres, se défiant de la parole des Espagnols, vouloient périr plutôt. Durant ces disputes, l'armée prit une petite ville nommée Cambris, où tout fut passé au fil de l'épée : ce qui acheva de mettre l'épouvante dans Tarragone : tellement que les Espagnols l'ayant investie, et la ville n'étant pas en état de faire grande résistance, le peuple étonné se mutina, et capitula brusquement, à condition qu'on leur pardonneroit, et que d'Espenan retourneroit en Languedoc avec ses troupes. Cette nouvelle causa un grand effroi dans Barcelone, où le peuple se trouva fort éloigné de ce qu'il pensoit. Il avoit député à la cour de France, pour se mettre sous la protection du roi Très-Chrétien, et lui demander secours. Les députés avoient été fort bien reçus, et le Roi avoit donné ordre à La Mothe-Houdancourt de passer les Pyrénées avec des troupes pour ce sujet. Mais l'abandonnement où les Catalans se trouvèrent par le départ de d'Espenan et la prise de Tarragone les mit en tel désespoir, que la crainte du châtiment et leur faiblesse les porta à prendre la résolution de tout hasarder pour se défendre; et, pour engager les Français davantage dans leur querelle, de secouer entièrement le joug de la domination espagnole pour se donner à la France, en reconnoissant le roi Très-Chrétien pour souverain. Ce qui les hâta de prendre cette résolution fut que les Espagnols, après avoir pris Tarragone, marchèrent droit à Barcelone, et firent mine en passant d'attaquer Martorel, petite ville qui en est éloignée de cinq lieues: mais du secours y étant entré, ils ne s'y voulurent pas amuser, croyant que la diligence étoit nécessaire pour surprendre ceux de Barcelone et ne leur donner pas le loisir de se reconnoître, faisant leur compte que la réduction de cette ville entraîneroit le reste de la province. Ce fut le 26 de janvier que l'armée se présenta devant Barcelone, où elle connut d'abord que cette ville étoit fort résolue à la défense: car Sérignan, qui étoit dedans avec les Français qui étoient restés, fit une sortie où l'escarmouche fut si chaude, que les Espagnols virent bien que Barcelone ne se pouvoit emporter d'emblée. C'est ce qui les fit tourner contre le Mont-Joui qui commande dans la ville: mais Sérignan s'y étant jeté avec trois cents hommes, soutint l'assaut qui y fut donné avec tant de vigueur, qu'après avoir rempli de morts les fossés du fort, les Espagnols furent contraints de se retirer et de quitter cette entreprise entièrement, n'ayant pas les choses nécessaires pour faire un grand siége par les formes, et ne jugeant pas possible de prendre d'insulte ni le Mont-Joui ni Barcelone. Dès qu'ils eurent fait leur retraite, Sérignan et Le Plessis-Besançon, sergent de bataille, rassurèrent le peuple, et le confirmèrent dans la résolution qu'il avoit prise de se jeter entre les bras du Roi leur maître, et de lui faire serment de fidélité. Cet avis fut suivi par un consentement unanime de tous les Catalans; et le 20 de février une proclamation fut faite sur ce sujet, et ensuite le docteur Laurent-Barutel, chanoine de l'église cathédrale d'Urgel; Francisco de Granalosa, baron de Castelar; et Francisco Bru, bourgeois de Barcelone, furent envoyés de la part des trois Etats pour reconnoître le roi de France pour leur souverain. Ils lui firent serment à Saint-Germain-en-Laye, et lui baisèrent la main en signe de sujétion. Cette grande province contient neuf diocèses dont deux étoient demeurés dans leur devoir; à savoir Elne, dont le siége est transféré à Perpignan, et Tortose sur l'Ebre; les sept autres avoient suivi la révolte, qui sont Tarragone, où est l'archevêché, dont les autres dépendent, qui fut d'abord repris par les Espagnols: et ainsi il n'en restoit que six dans le parti des rebelles, qui étoient Barcelone, Gironne, Urgel, Vic, Solsone et Lerida. Or le Roi désirant secourir ses nouveaux sujets, fit hâter La Mothe-Houdancourt de passer les monts et d'arriver à Barcelone, où il fut reçu avec grande acclamation. Il trouva le peuple occupé à fortifier le Mont-Joui: ce qu'il approuva fort, et jugea ce travail fort nécessaire. Il apprit là que l'armée espagnole étoit tout-à-fait retirée, mais qu'elle attendoit un grand secours d'Espagne pour faire un second effort. Il se prépara d'y résister, et pour ce sujet il assembla toutes ses forces, tant catalanes que françaises; et voyant qu'elles faisoient un corps considérable, il marcha droit à ses ennemis pour les combattre. Il arriva le 29 d'avril à Montblanc, où il sépara son armée en trois, pour passer plus facilement la montagne et entrer dans la plaine de Tarragone, où il apprit l'arrivée de l'armée navale, sous l'archevêque de Bordeaux. Il envoya aussitôt Boissac, mestre de camp de cavalerie, pour visiter ce prélat, et prendre un lieu et un jour pour s'aboucher: ce qu'ils firent et résolurent ensemble de prendre Salo et la tour des Alfaques: ce qui ayant été exécuté, l'archevêque y séjourna durant que La Mothe alloit assiéger Constantin, qu'il prit en peu de jours; et le gouverneur, pour couvrir son honneur, demanda qu'on tirât du canon sans boulets et des mousquetades en l'air, promettant de faire de même. Constantin étant pris, La Mothe-Houdancourt fit faire des forts autour de Tarragone, pour empêcher que rien n'y entrât durant que l'armée navale le bloquoit par mer. Le prince de Botero étoit dedans, qui pâtissoit beaucoup faute de vivres: car l'armée espagnole n'étoit pas encore en état de le secourir, quoique le marquis de Léganès, qui avoit été rappelé d'Italie, s'y préparât puissamment. Ceux de la ville avoient un petit camp volant sur leur contrescarpe, qui faisoit souvent des sorties, dans l'une desquelles le régiment du comte duc fut battu au fourrage, et les mules qui fourrageoient furent prises. Ce petit corps aidoit à consumer les vivres de Tarragone, qui commençoit à souffrir beaucoup : c'est ce qui obligea le duc Fernandine, qui en fut averti, de partir de Carthagène avec douze galères, avec lesquelles il passa la nuit au milieu des vaisseaux français; et après avoir essuyé tous leurs coups de canon, il entra dans le port avec quantité de farines et de vivres qui eussent fort soulagé les assiégés, si les douze galères eussent pu ressortir : mais elles étoient si brisées de coups de canon, qu'il falloit du temps pour les raccommoder; et les chiourmes et ce qui étoit dessus aidoit à manger les vivres qui étoient dans la ville : en sorte que les assiégés se virent bientôt réduits dans une aussi grande nécessité qu'ils étoient auparavant. Cette considération fit que les Espagnols firent sortir toute leur flotte de Carthagène, pour faire un second effort pour le secours de cette place, et la firent approcher en plein jour de l'escadre française. Le combat se donna le 20 d'août, durant lequel cinquante brigantins chargés de vivres entrèrent dedans le môle ; et l'armée de France ayant été maltraitée, se retira sur les côtes de Provence. La Mothe-Houdancourt voyant Tarragone secouru par mer, après avoir muni Constantin de tout ce qui étoit nécessaire leva le siége pour se retirer vers Barcelone. Les Espagnols espéroient que cette disgrâce abattroit le courage des Catalans, et les obligeroit de rentrer en eux-mêmes et de recourir au pardon : mais au contraire ils s'opiniâtrèrent davantage ; et persuadés qu'il n'y avoit point de rémission à espérer pour eux, mais les plus sévères châtimens, ils s'unirent plus étroitement que jamais avec la France. Et sur ces nouvelles qu'eut La Mothe-Houdancourt, que le marquis de Léganès se préparoit en Arragon pour entrer en Catalogne, il alla au devant de lui; et ayant passé la plaine d'Urgel et visité les places de Balaguer et de Lérida, il y prit quelques pièces de canon, et entra dans l'Arragon, où il prit et pilla Tamarit, et se retira avec son butin : mais dès qu'il fut éloigné, il fallut qu'il retournât pour secourir Almenas, attaqué par les Espagnols : ce qu'il fit, et le comte Chabot et le marquis de Janson jetèrent dedans du secours ; et le reste de l'armée arrivant, le siége fut levé, et La Mothe-Houdancourt fut passer son hiver à Barcelone, attendant un grand secours qui lui devoit venir de France.

Depuis la révolte de la Catalogne, le Roussillon, qui est situé entre cette province et le Languedoc, souffrit de grandes incommodités; et comme il falloit incessamment passer par ce pays pour aller de France en Catalogne, le Roi eût fort désiré de s'en rendre le maître. Le marquis de Morsare y commandoit un petit corps d'armée pour le roi d'Espagne, qui avoit grande peine à subsister, ne pouvant avoir de vivres que par mer, laquelle étoit bloquée par l'armée navale de France. Or, pour achever de ruiner le pays, le prince de Condé y entra avec un camp volant, et fit le dégât autour de Perpignan, où il y eut de chaudes escarmouches avec ceux de la ville. De là, le prince prit les petites villes d'Arguilliers, Canet, de La Roque, et d'Elne, ancien siége de l'évêché. Aussitôt le prince envoya ses troupes en Catalogne joindre La Mothe-Houdancourt qui étoit à Barcelone, où les Catalans demandoient un vice-roi avec instance. Le cardinal fit donner cet emploi au maréchal de Brezé son beau-frère, qui arriva sur la fin de novembre à Narbonne, où le prince de Condé l'attendoit; et de là il se rendit à Barcelone, où on lui préparoit une magnifique entrée, qui ne se fera qu'au commencement de l'année prochaine.

Le roi d'Espagne n'eut pas le loisir de se fâcher de la révolte de la Catalogne; celle du Portugal lui donna bientôt un nouveau sujet de déplaisir. Après la mort du roi Sébastien, tué en Afrique à la bataille d'Alcacer, Henri son grand oncle, fils du roi Emmanuel et frère de Jean III, fut reconnu pour roi, quoique cardinal-prêtre, et âgé de quatre-vingts ans. Or, ne pouvant avoir d'enfans à cause du sacerdoce, les Etats du royaume s'assemblèrent pour juger à qui appartenoit sa succession; et, pour entendre le droit de tous les prétendans, il faut savoir qu'entre plusieurs enfans qu'eut le roi Emmanuel, il eut quatre fils et deux filles. L'aîné fut le roi Jean III, grand père de Sébastien; le second fut Louis, duc de Béja, qui épousa *clandestinement* une fille dont sortit Antoine, prieur de Crato ; le troisième, Édouard, père de deux filles, dont l'aînée épousa Alexandre Farnèze, duc de Parme, et la seconde le duc de Bragance ; le quatrième, le cardinal Henri, lequel, resté seul de tous ses frères, succéda au royaume après la mort de son petit neveu Sébastien. Les deux filles furent Élisabeth, femme de l'empereur Charles-Quint, et mère du roi d'Espagne Philippe II ; et Béatrix, femme de Charles III, duc de Savoie, mère du duc Philibert-Emmanuel. Or, après la mort du roi Henri, les États reçurent les requêtes d'Antoine, prieur de Crato, qui se disoit fils de l'aîné, des duchesses de Parme et de Bragance, filles du troisième, soutenant qu'Antoine étoit bâtard : et entre elles la duchesse de Parme étoit morte, et son fils la représentoit; et la duchesse de Bragance, encore vivante, prétendoit devoir être

8.

préférée au fils de sa sœur aînée défunte, et au roi Philippe II, qui étoit fils d'une fille, tandis qu'elle étoit fille d'un mâle, dont le droit étoit plus fort que celui de l'Impératrice mère de Philippe, lequel de son côté disoit qu'étant mâle, il devoit l'emporter sur la duchesse, qui étoit femelle. Après beaucoup de contestations, les États déclarèrent le contrat de mariage du duc de Béja, produit après sa mort, bon et valable; et par conséquent Antoine, prieur de Crato, vrai et légitime roi de Portugal, comme fils de l'aîné. Il fut aussitôt reconnu et couronné dans Lisbonne. Les ducs de Parme et de Bragance furent contraints, par leur foiblesse, d'obéir à l'ordonnance des États; mais le roi d'Espagne, prévoyant par son mauvais droit qu'il perdroit sa cause, fit tenir sur la frontière une puissante armée toute prête; et dès que les États eurent prononcé à son désavantage, le duc d'Albe, qui la commandoit, entra dans le Portugal, et surprit ce nouveau roi tellement au dépourvu, qu'après quelque foible résistance il fut contraint de sortir de Lisbonne, et de quitter la place à Philippe, lequel se fit connoître par force roi de Portugal, même par le duc de Bragance, qui, de peur de perdre son bien, lui fit serment de fidélité. Ce duc fut père de Théodose, aussi duc de Bragance, qui servit le roi Philippe III tant qu'il régna, et laissa pour successeur son fils Jean, lequel fut à la cour du roi Philippe IV jusqu'à présent.

Or, depuis la conquête du Portugal par les Espagnols, la haine invétérée entre les Castillans et les Portugais avoient toujours continué, et les derniers portoient avec tant d'impatience la domination des autres, qu'ils ne cherchoient que l'occasion d'en secouer le joug. Comme le cardinal de Richelieu n'en perdoit aucune de donner des affaires au roi d'Espagne, il fit sonder dès l'an 1639 les sentimens des peuples, leur offrant le secours de la France, et un des petits-fils de leur roi Antoine, qui étoit en Hollande. Mais l'affaire ne put réussir alors; et deux ans après la duchesse de Mantoue, de la maison de Savoie, étant vice-reine de Portugal, voulut faire lever quelques impôts dans Lisbonne, qui firent mutiner le peuple: lequel devenant plus hardi par l'exemple de la révolte des Catalans, qui donnoient de l'occupation aux troupes d'Espagne, fut assiéger cette vice-reine dans son palais, tua les ministres du Roi, et s'étant assuré de la personne de la duchesse, cria par les rues de la ville: *Vive le duc de Bragance, vrai et légitime roi de Portugal! vive le roi Jean IV!* Sur le bruit de cette proclamation, tout le plat pays se souleva, et toutes les villes suivirent l'exemple de la capitale. La noblesse, qui n'osoit d'abord se déclarer, voyant la révolte si générale, se mit à la tête du peuple; et tous ensemble, ravis de trouver l'occasion de rentrer sous la domination de leurs rois légitimes, furent trouver le duc de Bragance en sa maison de la campagne, et le menèrent malgré lui à Lisbonne, où il fut reconnu roi, du consentement universel de tous les ordres du royaume, et ensuite couronné selon les coutumes et cérémonies anciennes. Ce qui est de plus surprenant, non-seulement tout le Portugal se soumit à sa domination, mais dès que cette nouvelle se répandit, toutes les îles et les places d'Afrique et des Indes, tant orientales qu'occidentales, suivirent le même torrent, et commencèrent la guerre contre les Espagnols. Dès que ce nouveau roi se vit paisiblement reconnu, il ne fit plus tant le difficile, mais il accepta le parti; et même, pour s'assurer dans son nouveau trône, il rechercha l'amitié des princes chrétiens, et surtout du roi de France, auquel il envoya don Carlos de Melos, ambassadeur extraordinaire, pour faire alliance avec lui, et demander son assistance. Il dépêcha en même temps l'évêque de Lamego à Rome, pour rendre l'obéidence au Pape en qualité de roi de Portugal. Mais comme il étoit difficile que cette grande révolution arrivât sans que les créatures que le roi d'Espagne avoit dans le pays ne fissent quelque cabale en sa faveur, sur la fin de l'année on découvrit une grande conspiration contre la personne du nouveau roi, laquelle ne servit qu'à l'affermir davantage: car, quoiqu'elle fût entreprise par les principaux du royaume, ils furent arrêtés, et exécutés à mort.

Durant cette campagne, la Reine mère voyant les troubles augmenter en Angleterre, et toutes choses se préparer à une guerre civile, durant laquelle sa personne ne seroit pas en sûreté, partit de Londres à la fin d'août, et s'embarqua à Douvres, d'où elle fut descendre à Flessingue; et de là ayant gagné Dordrecht; elle se mit sur le Rhin pour remonter jusqu'à Cologne, où elle arriva au commencement d'octobre, et y établit sa demeure. Elle perdit en Hollande le père Sufren, jésuite, son confesseur, auquel elle avoit beaucoup de confiance, c'est-à-dire pour sa conscience: car pour sa conduite temporelle, elle se laissoit entièrement gouverner par Fabroni, lequel eut grande inquiétude de ce que la Reine étant tombée malade à Cologne, le Roi son fils fit sortir de la Bastille Vautier, son premier médecin, pour le lui renvoyer. Comme devant sa prison il avoit grand pouvoir sur son esprit, Fabroni craignoit qu'il ne le reprît à son préjudice: c'est pourquoi il persuada à Sa Majesté qu'il étoit gagné par le cardinal, qui ne lui renvoyoit que pour être son espion, et lui conseiller de retourner à Florence. Il lui mit tellement cette défiance dans la tête, qu'elle ne le voulut jamais voir.

Sur la fin de cette année, le parlement de Rouen, qui étoit interdit, fut rétabli, mais en deux semestres : ce qui fâcha fort les anciens officiers. Dans ce même temps, le duc de Nemours, au retour du siége d'Aire, tomba malade d'une fièvre, dont il mourut en sa vingt-unième année. C'étoit le plus beau prince qui eût été depuis long-temps, plein de courage, et qui donnoit de grandes espérances pour l'avenir. Le duc d'Aumale, son second frère, prit après sa mort le titre de duc de Nemours ; et le marquis de Saint-Sorlin, le troisième, celui de duc d'Aumale. Dès le mois de janvier, le premier président Le Jay étoit mort, et sa place ne fut remplie qu'à la fin de l'année, de la personne du procureur général Molé, auquel succéda dans la charge de procureur général Méliand, ci-devant ambassadeur en Suisse.

HUITIÈME CAMPAGNE.

[1642] Au commencement de cette année mourut le duc d'Épernon, âgé de quatre-vingt-neuf ans, à Loches, où il étoit relégué par ordre du Roi. Il avoit été élevé par la faveur de Henri III, de très-petit gentilhomme qu'il étoit, à une très-grande fortune au delà de sa portée ; mais il l'avoit toujours maintenue par sa conduite et sa fierté durant le règne de trois rois, pendant lesquels il éprouva de la bonne et mauvaise fortune. Sur la fin de ses jours il trouva en tête le cardinal de Richelieu, qui lui ôta tous ses établissemens ; et ne pouvant souffrir l'humeur fière et altière avec laquelle il avoit toujours vécu, l'humilia à un tel point qu'il le réduisit à venir demeurer à Loches, et à y vivre en homme privé, dépouillé de toutes charges et gouvernemens, où il mourut accablé de déplaisirs, pour avoir vu mourir ses deux fils aînés, les duc de Candale et cardinal de La Valette, et le troisième disgracié et réfugié en Angleterre. Peu de temps après mourut aussi le duc de Sully, à l'âge de quatre-vingt-deux ans, lequel avoit le maniement des finances du temps de Henri IV, qui avoit grande confiance en lui.

Sur la fin de l'année dernière, les armées d'Allemagne se séparèrent ; et au mois de février de celle-ci, le général Torstenson passa l'Elbe, et marcha devers l'Oder, où il prit la ville de Grosglaugo ; et ayant passé la rivière, il entra dans la Silésie, et investit Skenits. Le duc de Saxe-Lauwembourg, voulant secourir cette ville, fut défait et pris fort blessé ; il mourut de ses blessures dans le camp des Suédois. Après la prise de cette ville, Torstenson ravagea le pays, prit force petites villes, jusqu'à ce qu'il fût obligé de se retirer, par l'approche de l'archiduc Léopold et de Piccolomini ; puis ayant joint près de Francfort-sur-l'Oder le général Vrangel et le général major Axel-Lilie, il repassa l'Oder et l'Elbe, où Koniksmarq le vint joindre. Alors se trouvant le plus fort, il mit le siège devant Leipsick, et le battit si furieusement, que l'électeur de Saxe, craignant de perdre cette place, pressa fort l'armée impériale de venir la secourir. Torstenson ayant avis que cette armée approchoit, leva le siège pour aller au devant d'elle, et la rencontra dans la même plaine où la première bataille s'étoit donnée. Alors Piccolomini mit son armée en ordre ; et ayant soutenu le premier choc des Suédois, ne put résister au second : car sa cavalerie ayant été mise en déroute, l'infanterie fut défaite, son canon et bagage pris, et la bataille gagnée par Torstenson, laquelle se nomma de Breitemfels, pour la distinguer de la première. Aussitôt il retourna rassiéger Leipsick, où, nonobstant sa victoire et le désespoir du secours, il rencontra une extrême résistance : mais il fallut enfin que cette ville fléchît sous la loi du vainqueur, après avoir fait ses conditions avantageuses pour le maintien de ses priviléges. Pour le comte de Guébriant, après s'être séparé de Torstenson, il passa le Weser, et joignit le comte d'Eberstein avec l'armée hessienne, pour s'approcher du Rhin et entrer dans l'archevêché de Cologne. Ils marchèrent tous deux jusque sur le bord de ce fleuve, qu'ils passèrent à Wesel, et s'emparèrent d'Ordingen, où ils eurent nouvelles que Hasfeld venoit joindre Lamboi. Cet avis les fit résoudre de tâcher à combattre le dernier avant que l'autre l'eût joint ; et pour ce sujet ils s'avancèrent jusqu'à Kempen, où Lamboi étoit retranché. Là, ils séparèrent l'armée en trois corps, pour faire trois attaques : la première se devoit exécuter par les Français, sous le comte de Guébriant ; la seconde, par les Allemands, sous Rose ; et la troisième, par les Hessiens. Ces retranchemens furent attaqués et emportés avec une vigueur extraordinaire. Toute l'infanterie impériale fut taillée en pièces ; et Lamboi se voulant retirer avec sa cavalerie, fut chargé par Tubalde, qui le mit en désordre, et le prit prisonnier avec le général major Mercy, qui furent tous deux menés au château de Vincennes. Le Roi fut tellement satisfait du gain de cette bataille de Kempen, qu'il envoya au comte de Guébriant le bâton de maréchal de France : lequel, animé de cette dignité, mit le siège devant Nuits, qu'il prit par composition, et ensuite il se saisit de Kempen et des petites villes qui sont dans ce pays ; puis, sur ce qu'il apprit que Hasfeld et Jean de Verth, depuis peu revenu de sa prison de France, s'étoient joints, il en donna avis au prince d'Orange, qui se vint camper proche de lui ; et ils s'abouchèrent et tinrent conseil ensemble, sur les nouvelles qu'ils eurent que don Francisco de Melos, qui commandoit aux Pays-Bas, s'approchoit de la frontière de France pour venir joindre Hasfeld, et les attaquer ensemble.

Alors le prince d'Orange passa le Rhin, et se posta entre Emerick et Orsoy, pour secourir le maréchal de Guébriant s'il étoit pressé. Les Espagnols et Impériaux voyant ces armées si proches l'une de l'autre, ne les osèrent attaquer ; et ainsi don Francisco de Mélos retourna sur la frontière de Picardie pour s'opposer aux Français, et le maréchal de Guébriant prit sa marche vers la Westphalie, pour s'approcher de Torstenson et lui faciliter la prise de Leipsick. Durant cette campagne, Erlac, gouverneur de Brisach, fit lever à Gildas le blocus d'Hœntuiel ; et les ducs de Lunebourg traitèrent avec l'Empereur et prirent l'amnistie.

Durant cet été, Du Hallier, gouverneur de Lorraine, prit la ville de Dieuze ; puis il détacha le comte de Grancey pour aller dans la Franche-Comté, où il apprit que le baron de Cé, gouverneur de cette province par la mort du marquis de Saint-Martin, avoit assiégé le château de Ray-sur-Saône, dans lequel commandoit Yve, chevau-léger de la garde du Roi, qui s'y défendoit courageusement. Aussitôt il marcha de ce côté-là ; et comme le pays est fort couvert de bois, il alla jusqu'au fort proche du camp des Bourguignons sans qu'ils prissent l'alarme : tellement qu'il sortit des bois et se mit en bataille dans la plaine avant qu'ils s'en fussent aperçus, et il les chargea si brusquement qu'il les défit avant qu'ils eussent le loisir de se reconnoître, et leur prit deux pièces de canon. Le baron de Cé se sauva ; le baron de Vèle, frère des barons de Châtillon et de Trèves, fut tué ; Montaut et Beaujeu, son fils, Gramont et Mandré, gouverneur de Besançon, furent pris. Ainsi le château de Ray fut secouru, et le comte de Grancey renvoya ses troupes en Lorraine, pour empêcher les courses de ceux de La Mothe.

A Paris, à peine l'année fut commencée, qu'au lieu de songer aux divertissemens du carnaval on ne pensa qu'à la guerre, et à soutenir la révolte des Catalans, pour s'emparer plus aisément du Roussillon. C'est pourquoi, sur les avis qu'on reçut des grands préparatifs que faisoient les Espagnols de ce côté-là, le Roi résolut d'aller en personne attaquer Perpignan ; et devant que de partir il laissa au prince de Condé durant son absence le commandement des provinces de deçà Loire et Saône, pour empêcher ses ennemis d'entreprendre sur la Picardie ; il laissa deux armées, l'une sur la rivière de Somme, commandée par le comte d'Harcourt, et l'autre en Champagne, sous les ordres du maréchal de Guiche, avec injonction de se tenir seulement sur la défensive, et de s'entre-secourir l'un l'autre en cas de besoin. Avant son départ, il eut nouvelle que le Pape se voyant vieil, et ne voulant pas laisser tant de places vacantes à son successeur, avoit enfin créé des cardinaux, et entre autres le seigneur Jules Mazarin, quoiqu'à son grand regret ; mais l'intérêt de ses neveux Barberins le fit passer par dessus toutes sortes de considérations, et dorénavant on le nommera le cardinal Mazarin. Le Roi partit de Saint-Germain pour ce grand voyage à la fin de janvier ; et ayant passé la Chandeleur à Fontainebleau, il en partit le 3 de février. Nous remettrons le récit de son voyage, après avoir traité de ce qui se passa durant cette campagne du côté de Picardie et des Pays-Bas, où don Francisco de Melos assembla des troupes de tous côtés, même celles destinées contre les Hollandais sous le comte de Fontaines, outre celles qu'amenèrent les marquis de Leyde et de Velade ; et avec cette puissante armée il assiégea Lens, qu'il prit en deux jours, contre l'attente des généraux français, qui s'attendoient à ce que Danisi feroit une plus grande résistance. Sitôt que Lens fut rendu, les Espagnols investirent la Bassée, où Bourdonné commandoit avec trois mille hommes de garnison. Ils travaillèrent en même temps à la circonvallation, qui fut achevée en peu de jours, tant par la quantité de paysans qui y travailloient, que par la facilité de la fermer, à cause de la situation de la place, qui est fort aisée à retrancher. Sur cette nouvelle, les comte d'Harcourt et maréchal de Guiche se joignirent, et marchèrent ensemble jusqu'à la vue des lignes, qu'ils trouvèrent en si bon état qu'ils ne jugèrent pas à propos de les attaquer ; et ainsi ils se retirèrent sans rien faire. Après leur retraite, les Espagnols pressèrent fort vivement le siége, qui fut vaillamment soutenu. Mais les bastions n'étant que de terre nouvellement remuée, et creux, ils furent bientôt éboulés par les batteries : en sorte qu'on y pouvoit monter à cheval ; tellement qu'au bout de vingt-deux jours de tranchée ouverte, Bourdonné fut contraint de capituler et de sortir, avec une honorable composition.

Après la perte de La Bassée, le comte d'Harcourt se posta entre Hesdin et Abbeville, pour couvrir le pays reconquis, le Boulonais, le Ponthieu, et la rivière de Somme jusqu'à Amiens ; et le maréchal de Guiche à Honnecourt sur l'Escaut, pour défendre le Vermandois, la Tiérache et la Champagne. Dès que don Francisco de Melos l'eut appris, il marcha droit au maréchal de Guiche avec toute son armée, deux fois plus forte que l'autre. Les batteurs d'estrade donnèrent avis à ce maréchal de la marche des Espagnols; et il n'avoit qu'à passer la rivière, qui est fort petite, pour se mettre à couvert : mais quoi qu'on lui représentât, il ne le voulut jamais, disant qu'il savoit bien ce qu'il avoit à faire ; et au lieu de se retirer, il fit mettre ses troupes en bataille, et attendit de pied ferme les Espagnols, qui l'attaquèrent de tous côtés, emportèrent ses retranchemens, taillèrent en pièces son infanterie, prirent son canon et son bagage, et mirent en fuite sa cavalerie, qui se sauva au catelet et à Saint-Quentin. Bouchavane y fut tué, et le jeune Rambures combattant à la tête de son bataillon. Son régiment fut donné à un troisième frère qui restoit seul de sa maison. Roquelaure fut fait prisonnier, étant revenu depuis peu de sa prison de la bataille de Sedan. Cette déroute étonna fort toute la frontière et ; ce qui surprit davantage étoit qu'il sembloit que ce maréchal se fût laissé battre exprès, dans la facilité qu'il avoit de l'empêcher. Cela fit parler le monde différemment : même il y en eut qui crurent qu'il en avoit eu ordre du cardinal pour intimider le Roi, et lui faire voir la nécessité où il étoit de se servir de lui dans les brouilleries qui étoient alors entre lui et M. le Grand. Pour moi, je suspends mon jugement là dessus ; je dirai seulement que le maréchal ne parut point étonné de son malheur, et rassembla le plus de troupes qu'il put à Saint-Quentin, durant que le comte d'Harcourt marchoit en diligence de ce côté-là pour rassurer les peuples effrayés. Leur crainte fut bientôt dissipée, parce que don Francisco de Melos, au lieu de poursuivre sa victoire, tourna tout court devers le Rhin pour fortifier l'armée impériale de Hasfeld, qui avoit besoin de secours contre le maréchal de Guébriant, victorieux de Lamboi, et contre le prince d'Orange : lesquels, joints ensemble, menaçoient le pays de Gueldre et l'État de Cologne, comme on a vu ci-devant. Le général Bec étoit demeuré derrière l'Escaut avec un petit corps, pour empêcher les courses : ce qui obligea le comte d'Harcourt de l'aller visiter proche de Valenciennes avec sa cavalerie ; mais comme il étoit de l'autre côté de la rivière, il ne put rien entreprendre contre lui : et après avoir observé son camp, il revint coucher à Solèmes, et de là regagna son quartier à Vervins. Cependant don Francisco de Melos n'ayant pas trouvé devers le Rhin les affaires disposées pour battre le maréchal de Guébriant, s'en revint sur la frontière de France, d'où il détacha don André Catelme pour attaquer les forts du pays reconquis. Il n'y trouva pas grande résistance, car il les prit tous en un jour : ce qui obligea le comte d'Harcourt de marcher de ce côté-là, où il sépara son infanterie en plusieurs corps, pour les reprendre tous à la fois. Le marquis de Nangis, mestre de camp du régiment de Picardie, emporta le fort d'Aigue, qui est sur le bord de la mer entre Calais et Gravelines ; et durant que le canon le battoit sur terre, l'amiral Martin - Herperts Tromp, avec l'armée navale de Hollande, le canonnoit par mer. Le marquis de Montglat, avec le régiment de Navarre, reprit le fort d'Oye ; et le marquis de Douglas, avec les Ecossais, ceux de la Terre-Ferme : durant que le colonel Molondin, avec les Suisses, en faisoit autant de ceux qui étoient sur les canaux vers Bourbourg. Après la reprise des forts tout se rejoignit à Marck, d'où l'armée fut camper à Guignes, et y demeura jusqu'à la fin de la campagne, qu'elle se rapprocha de la Somme, où le comte d'Harcourt reçut ordre de faire raser le Cateau-Cambresis ; et après qu'il l'eut exécuté, les troupes se séparèrent pour entrer en quartier d'hiver.

Après que le duc de Bouillon eut fait l'année passé son traité avec le Roi, le cardinal, pour l'attacher à ses intérêts, le voulut gratifier, et lui donner le commandement de l'armée d'Italie, où il se rendit au commencement du printemps ; mais durant qu'il faisoit mine de préparer toutes choses pour faire la guerre aux Espagnols, il signoit un traité avec eux, et méditoit sa retraite à Sedan, pour y recevoir Monsieur et M. le Grand. Mais cette conspiration fut découverte, et il fut arrêté par ordre du Roi dans Casal, et conduit dans la citadelle de Pignerol. Le duc de Longueville fut envoyé en sa place en Italie, où il trouva grand changement dans les affaires : car le prince Thomas, mécontent des Espagnols, qui, contre leur traité, mettoient garnison dans toutes les places qu'ils prenoient en Piémont, commençoit à prêter l'oreille à la recherche que la duchesse sa belle-sœur faisoit de son amitié, et à connoître que la division de sa famille causeroit à la fin la ruine de sa maison et de son pays, lequel seroit partagé entre les Français et les Espagnols. Ces considérations lui firent écouter les propositions avantageuses qu'on lui fit, et le cardinal de Savoie se joignit à lui dans ce désir d'accommodement. Il y fut principalement incité par l'envie que le gouverneur de Milan témoigna de mettre garnison dans le château de Nice, et par l'instance qu'il lui en fit, sous prétexte de quelque intelligence que la duchesse avoit dedans : lui voulant persuader qu'il ne devoit avoir aucune confiance aux Piémontais, qui vouloient rentrer dans l'obéissance de leur duc, mais se mettre entièrement lui et ses places entre les mains des Espagnols, pour les lui conserver. Ces demandes le choquèrent au dernier point, et lui firent bien voir qu'ils se vouloient rendre maîtres de tout ce qu'il possédoit. C'est pourquoi, étant exhorté par le prince Thomas son frère de ne pas refuser le parti qu'on leur offroit, il ne s'en éloigna pas ; et les ombrages que lui donnoient les Espagnols augmentant tous les jours, il donna pouvoir à son frère d'entrer en négociation. Ce qu'il fit si secrètement, que, devant que le bruit en fût répandu, le traité fut conclu par lequel les deux princes devoient reconnoître la duchesse pour régente, à condition qu'ils seroient lieutenans généraux sous elle, et chefs du conseil. Le cardinal de Savoie devoit garder la ville et le château de Nice, et le port de Villefranche, et le prince Thomas la ville d'Yvrée, jusqu'à la majorité du duc : après laquelle l'une et l'autre lui seroient restituées pour en disposer à sa volonté. Les princes, par cet accord, promettoient de se joindre aux Français pour chasser les Espagnols du Piémont, en tirant assurance du Roi Très-Chrétien de la restitution des places qu'il tenoit dans le même pays, lorsque la guerre seroit terminée. Le mariage fut aussi accordé du cardinal de Savoie avec sa nièce, fille aînée de la Régente ; et pour ce sujet il renvoya son chapeau de cardinal à Rome, et se fit appeler le prince Maurice.

Au commencement d'août, le prince Thomas partit d'Yvrée pour aller à Turin ; et ayant rencontré la Régente à une lieue de la ville, qui venoit au devant de lui, après l'avoir saluée il se mit dans son carrosse, et rentra dans Turin avec elle, parmi l'acclamation des peuples, ravis de voir cette réunion. Il tint en ce lieu conseil avec les officiers de l'armée française, pour commencer la guerre contre les Espagnols, et aussitôt il partit avec des troupes pour attaquer Crescentin, qu'il battit si rudement que, le 14 d'août, il se rendit à lui. Le duc de Longueville, de son côté, assiégea, le 24, Nice-de-la-Paille, dont il fut maître le 2 de septembre. Ensuite le prince Thomas enleva un quartier de cavalerie espagnole, où il fit grand butin ; et le duc de Longueville, voulant porter la guerre chez les Espagnols, entra dans le Milanais et investit Tortone, dont il prit la ville en peu de temps ; et la garnison s'étant retirée dans le château, il l'attaqua par deux endroits, et fit emporter un dehors par le régiment des Gardes, où Saint-Paul, capitaine, eut la jambe cassée d'un coup de mousquet. Le 16 d'octobre, les assiégés firent une sortie qui fut repoussée par le régiment de Normandie, mais, le lendemain, ils en firent une bien plus grande sur le régiment de Saint-Paul, où ils renversèrent la tête de la tranchée, ruinèrent les travaux ; puis s'étant mêlés l'épée à la main, ils furent rechassés dans leur contrescarpe. Le 23, le régiment de Batilli emporta une chapelle où étoit une fontaine dont se servoient les assiégés : ce qui les incommoda fort. Le 26, ils firent encore une sortie sur le régiment de Caderousse, où Nestier, sergent de bataille, fut blessé. Or, durant ce siége, le prince Thomas fit une entreprise sur Verue qui lui réussit : car il emporta la ville par escalade le 17 d'octobre ; et la garnison s'étant sauvée dans le château, il le pressa tellement, que le 24 il se rendit à lui. Ensuite il fut prendre Gabien, dans le Montferrat. Et ainsi tout plioit sous les armes de la Régente, tant l'accommodement des princes avoit changé l'inclination des peuples, qui ne respiroient auparavant que la révolte, et maintenant couroient à l'obéissance.

Cependant le prince Thomas ayant appris que le gouverneur de Milan marchoit au secours de Tortone, s'en alla joindre avec ses troupes le duc de Longueville, où il arriva fort à propos : car dès le lendemain les Espagnols se présentèrent aux lignes. Mais ils les trouvèrent en si bon état et si bien gardées, qu'ils se séparèrent pour couper les vivres aux Français, lesquels souffrirent de grandes incommodités : car ils ne pouvoient avoir de subsistance qu'à la dérobée, tantôt de Casal et de Nice-de-la-Paille, tantôt de Gênes, avec beaucoup de difficulté. Mais le dernier convoi que Castellan amena de Nice fut cause de la prise de la place, qui étoit si pressée, que le 10 de novembre une mine ayant joué, deux cents hommes des gardes, commandés par Refuge, donnèrent à la brèche ; mais le château étoit si élevé, que les assaillans étoient vus depuis les pieds jusqu'à la tête : tellement qu'à coups de pierres et de grenades on les força de se retirer. Ils furent obligés par cette résistance de pousser plus avant leurs mines, qui firent grande brèche. Le régiment de La Roue se logea sur l'une, et celui de Normandie sur l'autre ; et ce logement n'étant pas bien assuré, on fit encore un fourneau, qui fit l'ouverture si grande que les régimens de Nérestan et de Montpezat se logèrent à mi-brèche, et le lendemain celui de Villandry se rendit maître du haut : mais comme il y avoit un donjon au milieu, il fallut monter du canon par la brèche pour le battre ; et n'étant point terrassé, mais composé de grosses tours, il fut bientôt ébranlé. C'est pourquoi les assiégés capitulèrent et sortirent le 26 de novembre, pour être conduits en sûreté à Alexandrie. Le gouvernement de Tortone fut donné à Florinville; et l'armée, après avoir fait raser les lignes et réparer les brèches, se retira pour tout l'hiver.

Durant que le Roi se préparoit au voyage de Roussillon, le maréchal de Brezé, vice-roi de Catalogne, tenoit Perpignan bloqué de loin, et empêchoit qu'on n'y pût jeter des vivres; mais le marquis de Terracuse ayant débarqué à Collioure six mille hommes de pied, les joignit au reste des troupes espagnoles, et vint attaquer un des quartiers de ce maréchal, qu'il força après un combat de deux heures, et ravitailla Perpignan de tout ce qu'il voulut. Alors le maréchal de Brezé ne voyant plus d'apparence de rien entreprendre avant l'arrivée du Roi, s'en alla à Barcelone faire son entrée, où il fut reçu comme vice-roi, avec grand applaudissement de tous les ordres du pays. Durant ce temps-là, La Mothe-Houdancourt fit lever le siége de Constantine, et attaqua le marquis de Yoniosa, qui avoit bloqué Vals, et lui défit son infanterie.

Cependant le Roi partit de Fontainebleau, et arriva le 17 de février à Lyon, d'où il repartit le 23 pour continuer son voyage par Vienne, Valence, Nismes, Montpellier et Narbonne, où il se rendit le 10 de mars; et ayant fait filer force troupes de tous côtés, il assembla une puissante armée, dont il donna le commandement au maréchal de La Meilleraye, lequel entra dans le Roussillon et poussa les Espagnols, qui se retirèrent à Roses. Aussitôt il détacha deux mille chevaux pour investir Collioure le 16 de mars, et il y arriva le lendemain avec toute l'armée, de laquelle le vicomte de Turenne étoit lieutenant général, et d'Espenan, Argencourt et Troisville maréchaux de camp. Hocquincourt fut détaché avec cinq mille hommes pour aller joindre La Mothe-Houdancourt, afin d'empêcher que les Espagnols ne passassent par la Catalogne pour secourir le Roussillon. Le maréchal en arrivant à Collioure trouva les montagnes qui l'entourent gardées par deux mille hommes de pied, qui escarmouchèrent longtemps, et se retirèrent à la fin dans la ville. En même temps il fit attaquer un fort au pied de ces montagnes, qui fut emporté; et les Suisses prirent, l'épée à la main, le Fort-Neuf qui est proche de la ville. La nuit du 17 au 18, la tranchée fut ouverte du côté de la tour de Sainte-Thérèse, et trois jours après le canon fut mis en batterie. Le 19, les assiégés firent une sortie le long de la mer, qui fut repoussée par les Suisses; et le 21 ils en firent une autre sur le régiment de Champagne, qui les fit rentrer dans la ville plus vite qu'ils n'en étoient sortis. Le lendemain 22, ils sortirent plus forts que les deux autres fois, emportèrent la tranchée, se rendirent maîtres d'une batterie de six pièces, et rasèrent les travaux, jusqu'à ce que les régiments de Champagne et d'Efflat eussent pris les armes pour venir au secours des troupes battues, avec lesquelles ils redonnèrent dans la tranchée, en chassèrent les assiégés, et reprirent la batterie, durant que Magalotti avec son escadron les poussoit jusque dans la contrescarpe, où il perdit un doigt d'un coup de mousquet. Enfin le travail fut poussé jusqu'au pied du fort de la tour Sainte-Thérèse, lequel ayant été furieusement battu du canon, qui avoit fait brèche, fut attaqué le 24 au soir par trois endroits, et emporté d'assaut par les régiments des Gardes françaises et suisses, et par celui de Champagne, qui passèrent au fil de l'épée tout ce qui étoit dedans. Amfreville, capitaine aux gardes, y fut tué, et Le Pontet, lieutenant, blessé.

Alors les Espagnols sachant que la place étoit fort pressée, firent embarquer de l'infanterie à Carthagène pour descendre à Roses; et le marquis de Pouar essaya de passer au travers de la Catalogne avec trois mille chevaux, pour se joindre à elle, et faire ensemble un corps considérable dans le Lampourdan, pour secourir Collioure. Mais La Mothe-Houdancourt en ayant eu avis, le coupa auprès de Martorel, et le fit charger par Hocquincourt et La Luzerne, maréchaux de camp, qui le défirent, et prirent prisonnier don Vincentio de La Maria, général de la cavalerie. Cet échec ne désespéra pas le marquis de Pouar de venir à bout de son dessein; et pour cet effet il se rejoignit avec le marquis de Yonoiosa, avec lequel il remit le siége devant Constantine, qu'il prit par composition; puis le marquis de Pouar s'étant séparé avec un nouveau corps de cavalerie et d'infanterie pour tenter de passer à Roses, il s'avança le plus qu'il put par les montagnes; mais dès qu'il fut descendu dans la plaine, il fut chargé par la Mothe-Houdancourt, et, après un combat fort opiniâtre, il fut mis en déroute et pris prisonnier. Une partie de ses troupes se retiroient en ordre, qui furent poussées par les Français, lesquels les joignirent près de Villefranche, et achevèrent de les défaire. Dans ce dernier combat, don Francisco Toralto fut pris, et tous leurs principaux officiers.

Alors toutes les espérances de pouvoir secourir Collioure leur furent ôtées; et le maréchal de La Meilleraye, après avoir battu rudement la ville et fait brèche à coups de canon, voulut hasarder un assaut; mais les assiégés s'étant présentés hardiment la pique à la main sur la brèche, il changea de dessein, et fit attacher un mineur à la muraille, qui fit jouer une mine, laquelle ne fit pas grand effet. On ne laissa pas d'aller à l'assaut, qui fut mal défendu : car les assiégés lâchèrent le pied et se retirèrent dans le château, laissant la ville au pouvoir des Français. La nuit du 2 au 3 d'avril, ils firent une sortie qui fut vertement repoussée par le régiment de Champagne, lequel ne les chassa pas seulement de la tranchée, mais aussi de l'esplanade qui est entre la ville et le château. Le 4, on fit la descente dans le fossé, et les mineurs s'attachèrent le 6, et mirent le 9 le feu à leur mine, laquelle fit grande brèche, et les Suisses se logèrent dessus. Aussitôt on entendit la chamade pour parlementer, et le 10 la capitulation fut signée, selon laquelle le marquis de Mortare remit ce château entre les mains des Français le 13, avec le fort Saint-Elme, et fut conduit à Pampelune. Il passa par Narbonne, où il salua le Roi, lequel donna le gouvernement de Collioure à Tilly, lieutenant-colonel du régiment de Champagne. Sa Majesté fut si satisfaite du service de La Mothe-Houdancourt, pour avoir empêché le secours de cette place, et défait les Espagnols en trois combats consécutifs, qu'il lui envoya le bâton de maréchal de France. Il étoit homme de mérite, qui avoit été poussé par des Noyers, secrétaire d'Etat, qui étoit son parent, lequel, de simple capitaine d'infanterie, le fit mestre de camp, puis maréchal de camp en Italie, et ensuite lieutenant-général en Catalogne, où il fut élevé à une des plus grandes dignités du royaume, de laquelle il s'acquitta depuis fort dignement.

Après la prise de Collioure, le Roi voyant le secours de la mer bouché, et sachant que celui qui étoit entré dans Perpignan n'étoit pas considérable, résolut de le bloquer, et d'y aller en personne : pour ce sujet, il partit de Narbonne, et investit Perpignan le 23 d'avril. Il se logea à Saint-Estef, où il donna le commandement de son quartier au maréchal de Schomberg, et envoya celui de La Meilleraye commander du côté de la citadelle. Aussitôt la circonvallation fut commencée, où le Roi s'occupoit avec grande assiduité, montant à cheval tous les jours pour ordonner les travaux, et faisant le tour des lignes pour voir si tout alloit bien. Le marquis de Flores d'Avila envoya savoir où logeoit le Roi, afin d'empêcher qu'on ne tirât de ce côté-là : ce qu'il observa ponctuellement, pour faire voir le respect qui étoit dû à la majesté royale, même par les ennemis.

Quand les lignes furent tout-à-fait achevées, avec des redoutes de distance en distance, et des forts entre deux avec des redans pour faire les flancs, il n'entroit plus rien dans Perpignan, et on ne faisoit aucun acte d'hostilité, parce que le dessein étant d'affamer cette ville, on laissoit les assiégés manger leurs vivres paisiblement : et eux aussi ne songeoient qu'à les bien ménager, et tiroient seulement quelques coups de canon sur ceux qui alloient d'un quartier à un autre. Durant ce blocus, le maréchal Horn, général des armées du feu roi de Suède, vint faire la révérence au Roi dans son camp; il y avoit huit ans qu'il étoit prisonnier, depuis la bataille de Nordlingen, et depuis peu il avoit été échangé avec Jean de Verth et Enkenfort : dont il venoit remercier Sa Majesté, qui le reçut fort bien, et commanda au maréchal de La Meilleraye de lui faire voir les lignes et lui en demander son avis, comme à un grand capitaine. Il les trouva en bon état, et il partit fort satisfait pour s'en retourner en Suède.

Le prince de Monaco vint aussi trouver le Roi, qui lui fit de grandes caresses, et lui donna beaucoup de marques de sa bonne volonté; et parce qu'il avoit renvoyé l'ordre de la Toison d'or au roi d'Espagne lorsqu'il quitta son service, il lui voulut donner le sien, qui est celui du Saint-Esprit. Il en fit la cérémonie le 22 de mai, où, en présence des chevaliers qui se trouvèrent là, il lui mit le grand manteau sur le corps, et le collier de l'ordre au col, avec le cordon bleu ; et après avoir remercié le Roi de cet honneur, et assuré Sa Majesté d'une fidélité inviolable, il partit du camp pour s'en retourner chez lui. Cependant le blocus de Perpignan continuoit toujours ; et le Roi étant tombé malade, les médecins lui conseillèrent de changer d'air et se rapprocher de Paris. Le bien de sa santé l'obligea de laisser le soin de ce siège aux maréchaux de Schomberg et de La Meilleraye, lesquels gardèrent si bien leurs lignes, que rien n'entroit dans la ville : tellement qu'après avoir duré cinq mois, et consumé tous les vivres qui étoient dedans, jusqu'aux mulets, chevaux, ânes, chiens et chats, même les cuirs, le marquis de Flores d'Avila capitula, et rendit la ville et citadelle de Perpignan le 5 de septembre, et fut conduit à Roses. Ainsi cette importante place, la plus forte d'Espagne, tomba sous la domination des Français; et le marquis de Varenne, maréchal de camp, entra dedans pour y commander jusqu'à l'arrivée de Vaubecour, qui en eut le gouvernement exprès, pour laisser le sien de Landrecies à Hudicour, parent de des Noyers, parce qu'il valoit beaucoup de revenu. La mer étant bouclée par l'armée navale commandée par le marquis de Brezé, rien ne pouvoit aborder en Roussillon ; et Salses, qui étoit entre Leucate et Perpignan, sur le bord de l'étang de Malpas, ne pouvant subsister, don Benito Henriques de Quiroga, qui en étoit gouverneur, fut contraint par la nécessité d'envoyer à Perpignan aux maréchaux de France, pour traiter avec eux : lesquels reçurent de ses mains la forteresse de Salses, et lui permirent de se retirer à Roses, le 29 de septembre ; et par la réduction de cette place, tout le Roussillon fut dans la puissance du roi de France.

Durant le siége de Perpignan, le maréchal de La Mothe voyant les Espagnols en désordre par les avantages qu'il avoit eus sur eux, assembla toutes ses forces et entra dans l'Arragon, où il mit le siége devant Monçon ; et l'ayant battu du côté de l'église Sainte-Guiterie, la ville se voulut rendre, mais ce maréchal ne la voulut pas recevoir sans le château : de sorte que les batteries continuèrent, et les travaux s'avancèrent tellement, que le 14 de juin tout se rendit ; et y ayant laissé bonne garnison, il retourna en Catalogne pour s'opposer au marquis de Léganès, qui étoit sur la Ciuga, et faisoit mine de vouloir entreprendre quelque chose. Après la prise du Roussillon, toute l'armée passa les Pyrénées, et le vint fortifier ; il étoit à Notre-Dame de Montferrat, où le marquis de La Luzerne mourut de maladie et y fut enterré, lorsque ce renfort lui arriva fort à propos : car les Espagnols voyant le Roussillon pris, et toutes les troupes qu'ils avoient assemblées pour le secourir inutiles, résolurent de les employer à quelque entreprise considérable en Catalogne. Et comme Lérida est sur la rivière de Sègre, qui faisoit la communication de la Catalogne dans l'Arragon, ils s'arrêtèrent à ce dessein ; et le marquis de Tarracuse marcha droit à Lérida avec l'armée qu'il commandoit, durant que le marquis de Léganès, qui étoit à Fragues, l'investissoit de son côté. Sur cette nouvelle, le maréchal de La Mothe assembla toutes ses forces, et marcha en diligence pour sauver cette ville ; et passant par Cervères il gagna la plaine d'Urgel, et passa la Sègre sur le pont de Balaguer, pour aller au devant du marquis de Léganès et le combattre, devant que l'autre armée qui venoit de la plaine de Tarragone l'eût joint : mais ce marquis se retira à Fragues, et donna avis à celui de Tarracuse de tout ce qui se passoit. Il ne laissa pas de le joindre par des chemins détournés, et tous deux ensemble tournèrent tête au maréchal de La Mothe pour lui donner bataille. Ce dernier eut avis de leur marche par des coureurs qu'il avoit envoyés devers Ayetone, et aussitôt il se prépara pour les bien recevoir. En effet, les deux armées furent le 7 d'octobre en vue l'une de l'autre, et à dix heures du matin la bataille commença, dans laquelle les Français furent chargés d'abord si vigoureusement par les régimens du prince d'Espagne et du comte duc, qu'ils furent mis en désordre ; mais le baron d'Alais et le comte des Roches Baritaut avec la cavalerie les soutint si hardiment que la chance tourna ; et les Espagnols furent rompus, et tellement mis en déroute, qu'ils prirent la fuite, et se sauvèrent en grande confusion à Fragues. Le champ de bataille demeura aux Français avec tout le canon, et ils ne perdirent que le comte des Roches Baritaut ; mais les Espagnols laissèrent deux mille morts sur la place, et la ville de Lérida fut sauvée, ce qui causa une grande joie dans la Catalogne. Sur la fin de l'année, le maréchal de Brezé ayant voulu retourner en France, celui de La Mothe fut fait en sa place vice-roi. Il fit son entrée à Barcelone en cette qualité, où il fut reçu comme triomphant après tant de victoires, avec grande satisfaction des peuples.

Au mois de juillet de cette année, mourut à Cologne Marie de Médicis, reine douairière de France, veuve d'Henri IV et mère de Louis XIII, des reines d'Espagne et d'Angleterre, et de la duchesse de Savoie : tellement qu'on pouvoit dire que ses enfans régnoient dans toute la chrétienté, et en mourant elle n'avoit pas un pouce de terre. Elle fit son testament, par lequel elle laissa ce qui lui restoit de pierreries à tous ses enfans. Elle fut assistée à la mort par l'électeur de Cologne, qui ne l'abandonna point ; et son corps fut apporté à Saint-Denis, près de celui du Roi son mari. Cette mort fut reçue avec peu de douleur à la cour, tant du Roi que du cardinal : lequel fit néanmoins toutes les démonstrations extérieures d'en être affligé, lui faisant faire de grands services, et habillant toute sa maison de deuil ; en l'appelant sa bonne maîtresse, qu'il avoit laissée mourir de faim, lui ôtant son douaire et tous ses revenus, et la réduisant à vivre aux dépens des princes chez lesquels elle se retiroit, quoiqu'il tînt sa fortune d'elle.

Parmi les grandes affaires que le cardinal avoit à soutenir tant dedans que dehors le royaume, rien ne lui donnoit tant de peine que le cabinet : car, quoiqu'il eût un grand ascendant sur l'esprit du Roi, il ne laissoit pas de connoître qu'il étoit susceptible de prendre de mauvaises impressions de ceux qui étoient le mieux avec lui ; et il s'apercevoit qu'il le craignoit plus qu'il ne l'aimoit, et que ce qui le maintenoit bien avec lui étoit la défiance qu'il avoit de lui-même, ne se sentant pas capable de soutenir les grandes affaires qu'il avoit sur les bras sans son ministère. C'est ce qui l'obligeoit à prendre garde que personne n'approchât de lui s'il n'étoit sa créature ; et si dans le petit coucher il se rencontroit quelqu'un qui ne fût pas à sa dévotion, il le perdoit à l'heure même, où il le gagnoit par bienfaits. C'est pour cette raison qu'il avoit éloigné madame de Hautefort, et qu'il avoit établi M. le Grand auprès du Roi, pour y avoir une créature qui prît garde qu'il ne se passât rien à son préjudice. Ce nouveau favori se trouva tellement bien dans l'esprit du Roi, qu'il ne pouvoit durer un moment sans le voir, l'appelant son cher ami : et le cardinal en étoit ravi, croyant être assuré par là du cabinet ; mais comme il ne vouloit jamais trouver de contradiction dans les choses qu'il désiroit, d'abord que M. le Grand faisoit la moindre imprudence de jeunesse, il le gourmandoit avec un empire absolu, le traitoit avec une autorité, comme s'il n'eût été qu'un petit garçon ; et le menaçoit de l'ôter d'auprès du Roi, comme d'une chose dont il étoit le maître. Comme il étoit fort fier et qu'il avoit beaucoup de cœur, il ne pouvoit souffrir un traitement si rude : mais il dissimuloit, et n'osoit repartir ; et ce qui le désespéroit davantage étoit que le maréchal de La Meilleraye, qui étoit veuf de sa sœur, sous ombre de cette alliance se mêloit aussi de lui faire des réprimandes, qui étoient fort mal reçues. C'est pourquoi le cardinal et lui jugèrent à propos, pour retenir cet esprit qui alloit trop vite, de mettre auprès de sa personne quelque homme sage pour lui donner conseil ; ils choisirent Saint-Aoust, créature du cardinal et du maréchal de La Meilleraye, et même du défunt maréchal d'Effiat son père, dans l'espérance que cet homme judicieux et retenu empêcheroit ses escapades, et leur rendroit compte de tout ce qui se passeroit. Comme M. le Grand, devant sa faveur, avoit fait amitié avec les plus honnêtes gens de la cour, qui avoient fait une cabale de gens à Paris, qu'on appeloit *messieurs du Marais*, lesquels se rendoient tous les soirs chez madame de Rohan à la place Royale, il avoit conservé beaucoup d'amitié et d'estime pour eux ; et il ne pouvoit s'empêcher de regretter les plaisirs qu'il avoit eus dans leur compagnie, lesquels il trouvoit plus agréables que ceux qu'il avoit à Saint-Germain, où la cour étoit toujours, et où les principaux divertissemens consistoient à fouiller des renards dans des terriers, et à prendre des merles par la neige avec des éperviers, au milieu d'une douzaine de chasseurs, gens de peu, et de fort méchante compagnie. L'ennui qu'il avoit de cette façon de vivre paroissoit sur son visage, et comme il étoit fort jeune, il n'avoit pas la prudence de dissimuler ses sentimens, et il témoignoit trop librement, même en la présence du Roi, le chagrin qu'il avoit de ne plus goûter les plaisirs de Paris. Cela lui causoit souvent des démêlés qui se poussoient si avant, qu'ils étoient quelquefois trois jours sans se parler, et il falloit que le cardinal, instruit par Saint-Aoust, vînt à Saint-Germain pour les raccommoder : ce qu'il faisoit à de certaines conditions que le Roi exigeoit, entre autres celle de ne plus voir messieurs du Marais, contre lesquels il avoit une grande aversion. Ces brouilleries recommençoient souvent par son peu de complaisance ; et au lieu de jouir de la satisfaction que peut donner une si haute faveur, il ne faisoit que se plaindre à ses amis de son malheur, disant qu'ils avoient plus de liberté que lui, et qu'il étoit toujours attaché près d'un homme dont la compagnie l'ennuyoit fort. Or, pour se consoler de ses déplaisirs, après que le Roi étoit couché [qui étoit toujours de fort bonne heure] il montoit à cheval, et s'en alloit au galop à Paris chez Marion de Lorme, de laquelle il étoit fort amoureux ; et il retournoit à Saint-Germain devant que le Roi s'éveillât, afin qu'il ne s'aperçut pas qu'il eût bougé de là. Il faisoit souvent tout seul et inconnu ces petites courses, de peur que le Roi ne le sût : et ainsi il n'avoit point d'heure pour dormir, parce qu'il falloit qu'il fût tout le jour près de lui. Et ce travail, joint à celui que lui causoit toutes les nuits la demoiselle, l'avoit affoibli en un tel point, qu'il en étoit en mauvaise humeur : ce qui faisoit croire au Roi qu'il s'ennuyoit avec lui, et cela renouveloit leurs querelles, dont le cardinal étoit toujours médiateur. A la fin son ambition croissant, il devint amoureux de la princesse Marie de Mantoue ; et depuis, les voyages qu'il fit à Paris de nuit furent pour elle. Il avoit dessein de l'épouser, et elle le trouvoit si à son gré qu'elle se laissoit persuader des choses qu'il lui disoit pour combattre la disproportion qui étoit entre eux : car il lui faisoit croire qu'il seroit duc et pair, connétable de France, et premier ministre, en perdant le cardinal ; et elle se flattoit tellement de ces vaines espérances, que l'amitié qu'elle lui portoit lui faisoit trouver ces propositions faciles, et lui persuadoit qu'elle le pourroit épouser avec honneur, quoiqu'elle eût été recherchée en mariage par Monsieur.

Ces prétentions si hautes lui firent concevoir des desseins pour les faire réussir à l'insu du cardinal : et d'abord il se plaignit au Roi de la défiance qu'il avoit de lui, ne voulant parler d'affaires d'Etat en sa présence, et fit si bien que Sa Majesté lui permit de ne point sortir quand le conseil se tiendroit. Ces affaires se négocioient sans que Saint-Aoust en sût rien, duquel il se cachoit, sachant bien qu'il n'approuveroit pas son procédé, qui devoit attirer sa perte. En effet, le Roi étant allé à Ruel tenir conseil, quand on eut dit tout haut que tout le monde sortit, M. le Grand demeura : ce qui surprit fort le cardinal, qui ne vouloit point parler en sa présence, et dit au Roi qu'il n'y avoit point d'apparence de communiquer les affaires d'Etat à des enfans : si bien qu'il fut contraint de sortir. Le cardinal trouva cette entreprise bien hardie, sans sa participation : ce qui lui fit connoître que ce jeune homme se vouloit soustraire de sa dépendance. C'est pourquoi il lui fit fort froid au sortir du conseil ; et le lendemain l'étant venu voir à Ruel, il le gourmanda comme un valet, le traitant de petit insolent, et le menaçant de le mettre plus bas qu'il ne l'avoit élevé. Quelque temps après il demanda à commander le secours que le Roi envoyoit au siége d'Arras avec le grand convoi ; mais le cardinal traita cette proposition de ridicule, comme le jugeant incapable d'un tel emploi, et il eut en cette occasion seulement le commandement de l'escadron des volontaires. Et au combat des lignes, où beaucoup de gens se signalèrent, étant demeuré à la tête de son escadron, le cardinal en fit raillerie devant le Roi, comme le taxant de manque de cœur, et de n'y avoir pas fait son devoir : ce qui l'outra au dernier point, et lui ulcéra tellement le cœur, qu'il conçut dès lors un désir de vengeance contre lui. Aussi il fut quelque temps sans le voir ; et Saint-Aoust s'entremettant pour les raccommoder, fit si bien qu'il mena M. le Grand chez le cardinal lui demander pardon, et lui promettre qu'il agiroit mieux dorénavant avec lui. On remarqua que quand il fut arrivé à Ruel, il rencontra le maréchal de La Meilleraye son beau-frère, qui lui fit fort froid ; et voyant que, pour entrer dans la chambre du cardinal, il prenoit une porte pour l'autre, il ne put s'empêcher de lui dire : « Monsieur, vous avez bientôt oublié » les êtres de céans, » lui reprochant par là son ingratitude. Aussi ce raccommodement fut de peu de durée ; car depuis M. le Grand se défia toujours de l'humeur vindicative du cardinal ; lequel étant informé de ses desseins sur la princesse Marie, les trouva fort mauvais, comme marquant une trop haute ambition, laquelle il résolut de rabaisser, ne pouvant souffrir auprès du Roi un homme qui n'étoit pas plus dans sa dépendance. M. le Grand le connut fort bien, et dès lors il se défia de Saint-Aoust, qu'il croyoit plus au cardinal qu'à lui ; et Saint-Aoust s'en étant aperçu, se retira doucement d'auprès de lui, témoignant un extrême déplaisir de sa mauvaise conduite. Au voyage de la bataille de Sedan, il avoit fait quelque liaison avec le duc de Bouillon, et même avec le comte de Soissons, laquelle fut bientôt rompue par la mort de ce dernier ; mais celle avec le duc continua, et fut entretenue par les soins du sieur de Thou, leur ami commun, qui ménagea entre eux une grande correspondance pour perdre le cardinal.

Ce qui donna lieu à ce complot fut que le Roi en revenant de Ruel témoignoit quelquefois de l'aigreur contre lui, sur ce que, dans des contestations arrivées entre eux il falloit que le cardinal fût le maître, et que le Roi pliât toujours : tellement que M. le Grand lui demandant la cause de sa mauvaise humeur, il lui avouoit qu'elle venoit du chagrin de l'autorité avec laquelle le cardinal vouloit emporter toutes choses sur lui ; et lors il lui ouvroit son cœur, et lui disoit qu'à la fin cet homme le feroit mourir. Là dessus M. le Grand faisoit des railleries du cardinal, dont le Roi rioit, et témoignoit d'y prendre plaisir : il l'échauffoit dans le dégoût qu'il avoit de lui, n'oubliant rien de ce qu'il falloit faire pour le détruire, en lui faisant connoître qu'il lui étoit aisé de ne plus avoir de chagrin, puisque d'un mot il pouvoit perdre l'auteur de ses déplaisirs, et qu'il n'étoit besoin que d'un souffle pour l'abattre. Mais le Roi étoit combattu de l'opinion qu'il avoit de sa grande capacité, et de l'embarras où il seroit s'il ne l'avoit plus pour soutenir les grandes affaires qu'il avoit sur les bras : outre qu'il craignoit la grande puissance où il l'avoit élevé, et croyoit qu'il seroit dangereux de le mécontenter, à cause du mal qu'il pourroit faire. Sur quoi l'autre lui représentoit qu'il ne le falloit perdre qu'en le tuant : ce qui étoit facile quand il venoit chez lui. Cette parole étonna le Roi, qui étoit timide naturellement ; et il lui répondit qu'il seroit excommunié, parce qu'il étoit prêtre et cardinal. Mais Troisville, qui savoit le secret et qui s'étoit offert de faire l'exécution, lui repartit que pourvu qu'il eût son aveu, il ne s'en mettoit pas en peine, et qu'il iroit à Rome pour s'en faire absoudre, où il étoit assuré qu'il seroit en grande sûreté. Mais ils ne purent jamais le faire abandonner par le Roi, qui étoit persuadé que s'il le perdoit il seroit perdu lui-même, et que son Etat ne subsistoit que par lui. D'un autre côté, le duc de Bouillon ne se pouvoit fier au cardinal, quelque avance qu'il fît pour avoir son amitié ; et quoiqu'il lui eût procuré le commandement de l'armée d'Italie, il croyoit qu'il n'oublieroit jamais l'affaire du comte de Soissons, et qu'il ne lui donnoit des emplois que pour le mieux détruire. C'est pourquoi, sur les assurances que lui donnoit M. le Grand des plaintes que le Roi faisoit de lui, et de la facilité qu'il y avoit de le ruiner dans son esprit, il se lia entièrement avec lui, et lui conseilla de s'unir avec les plus puissans du royaume, afin que si le Roi le vouloit maintenir, de faire un parti puissant pour se mettre à couvert de sa vengeance. Fontrailles, homme d'esprit et entreprenant, s'offrit de ménager l'union de Monsieur avec eux : en quoi il trouva beaucoup de disposition, parce que le souvenir des choses passées et des injures reçues de lui revenoit dans sa mémoire, et le peu de considération où il se voyoit l'échauffoit encore dans le désir de le perdre : outre que la langueur où étoit le Roi, qui faisoit croire aux médecins qu'il ne vivroit pas long-temps, les obligeoit de songer à leurs affaires, parce que le cardinal ambitionnoit hautement le gouvernement du royaume, au préjudice de la Reine et de Monsieur, auxquels il appartenoit de droit. Et même sur le projet du voyage du Roi en Roussillon, l'opinion où il étoit que le Roi n'en reviendroit pas lui avoit persuadé d'ôter le Dauphin et le duc d'Anjou d'entre les mains de la Reine, pour les mettre au château de Vincennes ou dans celui d'Amboise, sous la conduite de Chavigny qui étoit sa créature, sous prétexte que la Reine, étant Espagnole, aimoit trop sa maison, et que ses enfans ne seroient pas en sûreté entre ses mains. Ainsi, si le Roi fût mort dans le voyage, ayant la personne du jeune Roi dans son pouvoir, avec toutes les troupes et les places fortes, il eût été difficile de l'empêcher. Ces considérations donnoient de grandes alarmes à Monsieur et à M. le Grand : lesquels, prévoyant la fin de la vie du Roi prochaine, se donnèrent des rendez-vous en cachette, où ils appelèrent le duc de Bouillon ; et là ils consultèrent ce qu'ils avoient à faire, dans l'état où les choses étoient réduites.

Fontrailles, qui avoit un cœur hardi et résolu, ne trouvoit point de meilleur expédient que de se défaire du cardinal : Aubijoux, qui avoit le secret de Monsieur, étoit de même avis ; mais Son Altesse Royale, avec sa timidité ordinaire, ne put s'y résoudre, et voulut chercher des remèdes plus doux. Tellement qu'il fut résolu que M. le Grand feroit son possible pour le ruiner dans l'esprit du Roi, et que s'il n'en pouvoit venir à bout, le duc de Bouillon lui donneroit Sedan pour retraite, et à tous les confédérés, pour les mettre à couvert de la vengeance du cardinal, jusqu'à ce que le Roi fût mort : mais le duc de Bouillon appréhenda qu'il n'assiégeât sa place avec toutes les forces de la France, et ne l'en dépouillât. C'est pourquoi il voulut être assuré d'une armée pour le défendre en cas d'oppression : ce qui ne se pouvoit trouver que chez les Espagnols, et c'est ce qui le fit insister, avant que de franchir le saut, de former un parti et de faire un traité avec le roi d'Espagne ; et cette résolution fut prise après beaucoup de contestations. Alors le cardinal et M. le Grand étoient brouillés à découvert, et ils s'étoient déclarés ennemis à masque levé. Ce qui les avoit fait rompre entièrement étoit que le cardinal avoit gagné La Chesnaye, premier valet de la chambre du Roi, afin de rendre de mauvais offices à M. le Grand : ce qui étant venu à sa connoissance, il le fit chasser fort rudement, de la propre bouche de Sa Majesté. Cela irrita le cardinal au dernier point ; outre qu'il étoit bien averti que l'autre ne perdoit point d'occasion de faire des pièces et des railleries piquantes de lui en présence du Roi, auxquelles il prenoit grand plaisir, et au lieu de le faire taire en rioit tout le premier : ce qui lui donnoit de grandes défiances. Sur ces entrefaites, le Roi partit pour aller assiéger Perpignan, et quelque temps après Fontrailles fut en Espagne pour faire le traité résolu entre eux. La Reine demeura à Saint-Germain, outrée de douleur de la résolution qui étoit prise de lui ôter ses enfans, qui étoient la seule consolation qu'elle avoit en ce monde.

Durant le voyage, l'éclat de la haine d'entre le cardinal et M. le grand faisoit Grand bruit, et ce dernier ne s'en cachoit plus. Etant arrivé à Lyon, le marquis de Villeroy, causant avec lui, dit qu'il étoit nécessaire que le Roi sût la vérité de quelques affaires dont ils parloient : sur quoi l'autre répondit en élevant sa voix, que c'étoit ce qu'il n'avoit jamais su, que la vérité ; et qu'elle lui seroit inconnue toute sa vie, tant on avoit soin de la lui déguiser. Le marquis, qui connut que ce discours attaquoit le cardinal, qu'il croyoit beaucoup plus habile que M. le Grand, ne lui répondit rien, se sépara de lui le plus tôt qu'il put, et avertit le duc de Lesdiguières, son beau-frère, de n'avoir pas grand commerce avec lui, prévoyant, comme habile courtisan, que ce jeune homme seroit bientôt perdu. Ne jugeant pas la partie égale à Lyon, il attendit Monsieur, qu'il avoit mandé à dessein d'entreprendre sur la vie du cardinal ; mais comme il ne vint pas, il n'osa l'exécuter de son chef. Quelques jours après, le Roi arriva dans son armée devant Perpignan, et le cardinal demeura à Narbonne, lequel, se défiant de l'esprit du Roi, tenoit toujours près de lui de sa part, tantôt le cardinal Mazarin, tantôt Chavigny ou des Noyers, pour l'informer de tout ce qui passeroit, et prendre garde aux actions de M. le Grand, qui paroissoit en plus grande faveur que jamais : ce qui lui donnoit de grandes alarmes. Un jour, le cardinal Mazarin arriva au camp sans équipage, et M. le Grand lui offrit de le loger chez lui : ce qu'il accepta, quoiqu'il fût allé là dans le dessein de lui nuire, et que l'autre lui sût fort bien. Une autre fois, M. le Grand vit des Noyers entrer dans la chambre du Roi, l'épée au côté : ce qui ne lui convenoit point, car il étoit petit, de fort méchante mine, et n'étoit pas de cette profession. Aussitôt il l'alla embrasser, et lui dit d'un ton de moquerie : « Et à vous, mon brave, » en le tournant en ridicule. Ces façons d'agir étoient rapportées au cardinal, lequel, averti par ses confidens que son ennemi étoit mieux que jamais avec le Roi, et qu'il n'étoit pas possible de l'éloigner, commença d'appréhender que le Roi ne l'abandonnât, et qu'on n'entreprit sur sa personne. C'est pourquoi, sous le prétexte de changer d'air, à cause que celui de Narbonne n'étoit pas bon, il en partit sans prendre congé du Roi, pour s'éloigner et se mettre en lieu de sûreté. Il marcha d'abord dans l'incertitude du lieu où il iroit : en sorte que le soir on ne savoit où on coucheroit le lendemain, jusqu'à ce que le comte d'Alais, gouverneur de Provence, lui écrivit qu'il pouvoit s'assurer de lui, et lui offrit retraite sûre dans son gouvernement, l'assurant qu'il périroit lui et tous ses amis pour son service. Cette nouvelle le rassura, et il résolut d'accepter ses offres : tellement qu'il se retira à Tarascon, sur le bord du Rhône, du côté de Provence, d'où, s'il eût été poussé, il eût été joindre le comte d'Alais, et se fût embarqué dans les ports de la mer Méditerranée, pour aller par le détroit de Gibraltar gagner Brouage, ou quelque autre port dont il étoit le maître.

Sur la nouvelle de ce départ si prompt, le Roi envoya pour en savoir la cause, et de temps en temps lui dépêchoit quelqu'un pour savoir des nouvelles de sa santé ; mais tout cela ne le rassuroit point, parce qu'il croyoit que ces choses se faisoient par l'artifice de ses ennemis, qui le vouloient faire rapprocher pour attenter plus facilement à sa vie. M. le Grand étoit ravi de son éloignement, et faisoit ce qu'il pouvoit pour augmenter sa défiance, en faisant croire à ses confidens qu'il étoit fort bien avec le Roi, et que Sa Majesté ne se soucioit plus du cardinal, qu'il lui abandonnoit entièrement. Toute la cour en étoit si persuadée, que tout alloit à M. le Grand ; et on ne pouvoit se tourner à sa suite, tant la foule y étoit grande. Mais on ne connoissoit pas l'intérieur du Roi, qui jugeoit le cardinal si nécessaire à son service, qu'il avoit déclaré à M. le Grand qu'il ne vouloit point s'en défaire ; et que s'il falloit que l'un des deux sortît, qu'il pou-

voit se préparer à se retirer, et qu'il ne se flattât point là dessus. En effet, le Roi voyant la grande frayeur du cardinal, pour lui donner de l'assurance commença de faire froid à M. le Grand ; mais le cardinal croyoit que c'étoit un jeu joué pour l'attraper, et ne s'y fioit pas. Pour cela, M. le Grand étoit fort aise que ce bruit-là courût, et faisoit ce qu'il pouvoit pour empêcher qu'on s'aperçût de la mauvaise mine que le Roi lui faisoit. Comme une fois Sa Majesté s'étant retirée seule pour lire, défendit à l'huissier de laisser entrer personne : mais M. le Grand s'étant présenté, l'huissier lui ouvrit, croyant qu'il étoit excepté. Le Roi, l'entendant venir, fit semblant de dormir dans sa chaire, et continua ce sommeil feint jusqu'à ce qu'il s'en fût allé : tant il craignoit de se trouver seul avec lui, de peur qu'il ne l'importunât de l'éloignement du cardinal, lequel il ne lui vouloit pas accorder. Le lendemain, se renfermant encore, il dit à l'huissier de n'ouvrir à personne, pas même à M. le Grand. Ce commandement étonna fort cet huissier, parce que souvent il avoit vu des démêlés entre eux qui s'apaisoient aisément ; et il craignoit que, lui refusant la porte, il ne se vengeât après de lui en le faisant chasser. Durant qu'il rêvoit à cela, il entendit grand bruit sur le degré, et ensuite il ouït heurter à la porte, et lors, au lieu de l'ouvrir grande comme il avoit accoutumé, il ne fit que l'entre-bâiller, pour lui dire l'ordre qu'il avoit. Il fut fort surpris, et néanmoins il ne perdit point le jugement : car ne voulant pas que ceux qui l'accompagnoient s'en aperçussent, de peur que cela ne décréditât son parti, il dit tout bas à l'huissier que c'étoit une querelle à l'ordinaire qui ne dureroit pas long-temps ; qu'il le laissât entrer, et qu'il lui répondoit qu'il ne lui en arriveroit point de mal. Sur cette assurance il lui ouvrit ; mais il y avoit un petit passage entre deux portes où étoit l'huissier, qui n'étoit point vu du Roi, avec un petit siège sur lequel il se mettoit. M. le Grand s'assit dessus, et causa une heure avec lui, le priant d'en user tous les jours de même, et qu'il lui feroit sa fortune ; puis, sans entrer où étoit le Roi, il ressortit ; et quinze jours durant il se servit de cette ruse pour persuader qu'il étoit fort bien avec lui, et qu'il l'entretenoit tout seul les soirs plus d'une heure. Ces nouvelles s'écrivoient par toute la France, qui confirmoient la disgrâce du cardinal, et lui redoubloient ses défiances.

Dans ce même temps, Fontrailles revint d'Espagne, d'où il rapporta le traité fait avec le comte duc d'Olivarès au nom du roi d'Espagne, par lequel Sa Majesté Catholique promettoit de donner une armée de douze mille hommes à Monsieur, avec une grosse pension pour lui, et deux autres pour le duc de Bouillon et M. le Grand ; avec promesse réciproque de ne faire jamais aucun traité l'un sans l'autre, mais tous ensemble de contribuer à la paix générale. A son retour, Fontrailles fut rendre compte à M. le Grand de sa négociation : mais il le trouva ruiné dans l'esprit du Roi ; et comme il se fioit fort en lui, il lui en avoua la vérité. Sur cet aveu, il lui conseilla de sortir de la cour et de se retirer à Sedan, et de mander à Monsieur de sortir de Blois pour s'y rendre aussi, et de faire savoir promptement au duc de Bouillon cette résolution, afin qu'il quittât l'armée d'Italie et les vînt trouver à Sedan pour se mettre en sûreté, et se servir de l'armée que le roi d'Espagne leur devoit fournir. Il ne voulut pas suivre ce conseil, espérant toujours de se raccommoder avec le Roi, et ne voulant se servir de cette retraite que dans l'extrémité. Alors Fontrailles lui dit en riant qu'il voyoit bien qu'il ne se soucioit pas de perdre sa tête, parce qu'étant grand et bien fait, cela ne la raccourciroit de guère ; mais pour lui, qui étoit petit et ragot, qu'il seroit difformé sans tête : c'est pourquoi il le prioit de trouver bon qu'il la conservât. Et là dessus il partit sur l'heure pour aller en Angleterre, avec promesse de se rendre à Sedan dès qu'il sauroit qu'il y seroit arrivé.

Quelque temps après, Lestrade, colonel en Hollande, revint de ce pays-là ; et alors il couroit un bruit que les Hollandois faisoient la paix avec les Espagnols. Il passa par Tarascon, où il salua le cardinal, lequel, le croyant fort attaché à ses intérêts, lui fit le bec, et après l'avoir instruit de ce qu'il devoit dire, il lui ordonna d'aller trouver le Roi. Il fut donc au camp devant Perpignan, où il fit la révérence à Sa Majesté, qui lui demanda aussitôt si on parloit de quelque accommodement des Etats avec le roi d'Espagne. Lestrade lui dit qu'oui. En même temps le Roi voulut savoir quelle raison avoient les Hollandais de se séparer de ses intérêts. Il lui répondit qu'il ne le savoit pas, et que c'étoient des affaires secrètes ; et en disant cela il faisoit une mine qui marquoit qu'il en étoit bien instruit. Ainsi le Roi lui commanda absolument de lui dire ce qu'il en savoit ; et lui, comme forcé par obéissance, lui dit que les Hollandais avoient jusques ici appuyé le fondement de leur guerre sur la protection de la France, laquelle étoit redoutée partout, principalement depuis le ministère du cardinal de Richelieu, qui passoit dans l'opinion de tous les étrangers pour le plus grand ministre d'Etat qui eût été depuis plusieurs siècles ; et que le bruit couroit en ce pays-là qu'il sortoit des affaires de Sa Majesté, et que les Hollandais avoient résolu là-dessus de faire la paix, ne croyant pas que les affaires allassent si bien que par le passé. Sur cette réponse, le Roi lui demanda qui on disoit qui eût la place du cardinal. L'autre lui répondit qu'on croyoit que c'étoit M. le Grand. Le Roi rougit en même temps, et lui repartit en colère que les Hollandais avoient méchante opinion de lui, et qu'il falloit qu'ils le crussent bien mal habile de choisir un enfant pour gouverner ses affaires ; que c'étoit un bel homme pour cela, et que c'étoit le dernier homme qu'il prendroit. Et il s'emporta à dire beaucoup de choses de grand mépris contre lui : et cette affaire lui donna un rude coup. La nouvelle de la défaite du maréchal de Guiche à Honnecourt lui fit encore grand tort : car le Roi en fut étonné, et l'embarras où il se trouva le confirma dans la pensée où il étoit de maintenir le cardinal ; mais ce qui acheva de donner le dernier coup à la perte de M. le Grand fut que le cardinal, qui avoit un génie extraordinaire, et qui faisoit mouvoir des ressorts inconnus à tout le monde, fit si bien qu'il découvrit le traité d'Espagne, qu'il envoya aussitôt au Roi par Chavigny. Dès qu'il arriva, M. le Grand se douta de quelque chose, et il soupçonna qu'il apportoit au Roi des nouvelles sinistres contre lui ; et, pour ce sujet, il mit en délibération de le faire poignarder avant qu'il parlât à Sa Majesté ; mais ayant su qu'il étoit entré dans son cabinet, il se crut perdu, et tout hors de lui il sortit de sa chambre pour se sauver, et avec raison : car le Roi, outré de dépit et de colère de ce qu'un homme qu'il avoit si bien traité et qu'il avoit tant aimé eût intelligence avec ses ennemis, commanda au comte de Charost, capitaine de ses gardes, de l'arrêter. Mais ce comte ne le rencontra point : si bien qu'il fallut qu'il fît fermer les portes de la ville de Narbonne, où le Roi étoit depuis deux jours ; et ayant fait une exacte recherche, il fut trouvé dans un grenier, où il fut pris, et conduit avec sûre garde dans la citadelle de Montpellier. De Thou et Chavagnac furent en même temps arrêtés.

Cette nouvelle donna une grande joie au cardinal, et le tira de la plus grande peine où il eût été de sa vie. Il fut aussi bien servi dans cette occasion : car ce traité étoit su de peu de personnes, qui sortirent toutes hors du royaume pour mettre leur vie à couvert ; et jamais on n'a pu savoir de quelle façon il étoit venu à sa connoissance. Tout le monde a raisonné là-dessus sans en pouvoir decouvrir la vérité : seulement on a remarqué que la Reine avoit envoyé un peu devant un gentilhomme au cardinal, par la faveur duquel elle obtint que ses enfans ne lui seroient point ôtés. Le Roi étoit tombé malade à Perpignan; et, par le conseil des médecins, il avoit quitté le camp pour aller à Narbonne, d'où il partit pour s'approcher de Paris. Or il falloit qu'il passât près de Tarascon, où le cardinal étoit malade : dont la vue lui donnoit bien de l'inquiétude, car il savoit la peur qu'il avoit eue en sortant de Narbonne, et l'opinion où il étoit qu'il eût préféré M. le Grand à lui, et qu'il l'eût abandonné à son ennemi si le traité d'Espagne n'eût point été découvert. Comme il le craignoit naturellement, à présent qu'il avoit sujet de se plaindre de lui, il appréhendoit son abord, et ne savoit que lui dire pour son excuse ; mais le cardinal, qui étoit habile courtisan et qui connoissoit le foible du Roi, le rassura d'abord, ne lui faisant aucun reproche, mais au contraire de grands remercîmens de la bonté qu'il avoit eue en n'ajoutant point de foi aux mauvais offices qu'on lui avoit rendus auprès de lui. Alors le Roi, ravi d'être sorti de cet embarras, déchira M. le Grand de toutes façons, et fit mille caresses au cardinal, auquel il laissa, durant son absence, un pouvoir d'agir avec la même autorité que sa propre personne. Il continua ensuite son voyage, et arriva à Lyon le 7 de juillet. Il avoit envoyé ordre en Italie d'arrêter le duc de Bouillon : ce qui fut exécuté dans Casal ; et il fut conduit dans la citadelle de Pignerol, d'où il fut mené en France.

A Lyon, le Roi fit expédier une commission au chancelier de France et à des commissaires nommés pour faire le procès aux criminels, et il manda au chancelier de se trouver à Fontainebleau. A son arrivée, il lui ordonna d'aller à Lyon pour exécuter sa commission ; et ayant tenu de grands conseils sur ce sujet, la personne de Monsieur les embarrassa fort, parce qu'il étoit complice du crime, et que sa déposition étoit nécessaire pour la conviction des autres : mais ils ne savoient de quelle façon ils en devoient user, à cause que ce mot de confrontation étoit odieux pour un fils de France, frère du Roi. Pour prendre une résolution là-dessus, le Roi manda Talon et Bignon, avocats généraux du parlement de Paris, qui vinrent à Fontainebleau et donnèrent leur avis par écrit, qui portoit que ce n'étoit pas la coutume de confronter aux criminels les enfans de France ; et alléguoient l'exemple du procès de La Mole et Coconas, où le duc d'Alençon, frère du roi Charles IX, et le roi de Navarre son beau-frère, ne furent pas confrontés, mais donnèrent seulement leur déposition par écrit signée de leur main, laquelle fut représentée devant les criminels. Leur opinion fut suivie, et on résolut d'en user de même à l'égard de Monsieur, qui étoit à Blois, faisant le malade pour ne pas aller trouver le Roi, mais se préparant d'aller à Sedan selon le complot fait avec le duc de Bouillon, lorsqu'il reçut la nouvelle de sa prise et de celle de M. le Grand. Il fut fort surpris quand il le sut ; et aussitôt les comtes de Brion et d'Aubijoux, qui étoient près de lui et savoient le secret, se sauvèrent. Monsieur commença lors à parler à l'abbé de La Rivière, qu'il ne regardoit pas durant cette intrigue ; et le sachant dévoué au cardinal, il se servit de lui pour aller à la cour négocier son raccommodement : il écrivit par lui une lettre au cardinal pleine de soumission et d'excuses, le conjurant d'obtenir du Roi son pardon. Il lui donna aussi des lettres pour Chavigny et des Noyers, par lesquelles il les prioit de le servir auprès de Sa Majesté. Ses excuses furent mal reçues ; et l'aigreur du Roi étoit si grande contre lui, qu'il lui fit savoir de sa part qu'il ne vouloit plus qu'il demeurât en son royaume après tant de conspirations si souvent par lui recommencées ; et qu'il ne pouvoit plus se fier aux paroles qu'il donnoit de n'y plus retourner, après tant de récidives : mais que son intention étoit qu'il allât demeurer à Venise comme un homme privé, et qu'il lui feroit fournir dans ce lieu-là dix mille écus par mois pour sa subsistance. Cette nouvelle l'affligea extrêmement, et il partit aussitôt pour s'approcher de la cour, dans l'espérance de voir le Roi et le cardinal, et de les fléchir par sa présence, et la repentance qu'il leur témoigneroit avoir de sa faute ; mais il ne put obtenir cette grâce : au contraire, il rencontra le marquis de Villeroy à Moulins avec de la cavalerie, qui lui donna une grande frayeur, car il crut qu'il venoit là pour l'arrêter. Mais ce marquis le rassura, quand il lui dit que le Roi l'avoit envoyé pour l'escorter jusque hors du royaume, où il avoit ordre de le conduire.

Cependant l'abbé de La Rivière alloit et venoit : et il négocia tant, qu'il obtint que Monsieur n'iroit pas si loin qu'à Venise, et qu'il se retireroit à Annecy en Savoie, où il vivroit avec la pension marquée ci-dessus, que le Roi jugeoit assez grande, puisque c'étoit la même que le roi d'Espagne lui avoit promise par son traité ; qu'il n'auroit plus ni apanages, ni compagnies d'ordonnances, qui étoient dès l'heure cassées ; et qu'il ne verroit point Sa Majesté. Monsieur étoit dans un état si pitoyable, qu'il ne pouvoit pas résister ; et se trouvant trop heureux de ce qu'on lui laissoit la liberté, il continua son voyage jusqu'à Villefranche sur la Saône, où le chancelier se trouva, avec quatre maîtres des requêtes. Le lendemain, le chancelier alla chez lui, entra dans sa cour avec ses gardes, contre sa coutume; et aussitôt qu'il l'eut salué, il remit son chapeau sur sa tête : ce qu'il n'avoit jamais fait et commença à l'interroger, faisant sa déposition, qu'il lui fit signer et contre-signer par Goulas son secrétaire. En même temps Monsieur se retira à Annecy, où il fut abandonné de tout le monde, même de sa propre sœur la duchesse de Savoie, laquelle le sachant dans ses États ne lui fit faire aucunes offres, tant la disgrâce est fuie de tout le monde. Pour le chancelier, il s'en retourna à Lyon pour faire le procès aux prisonniers, lesquels furent tirés de la citadelle de Montpellier et menés à Tarascon, où le cardinal étoit malade; et ne pouvant souffrir ni litière ni carrosse, vouloit remonter sur le Rhône jusqu'à Lyon : ce que personne n'avoit jamais entrepris, à cause de la rapidité du fleuve. Il ne laissa pas de s'y embarquer; et il avoit si peur que les prisonniers ne se sauvassent, qu'il fit attacher le bateau où ils étoient au sien, et les mena comme en triomphe jusqu'à Lyon, pour être sacrifiés à sa vengeance. Il ne faisoit que deux lieues par jour, tant l'eau étoit rapide; et sitôt qu'il fut arrivé, il les fit mettre dans le château de Pierre-Encise, où leur procès fut commencé.

Ils furent interrogés, confrontés; et M. le Grand niant quelque chose qu'il n'y avoit que le duc de Bouillon qui lui pût soutenir, duquel il ne savoit pas la prise, il fut fort surpris quand il le vit devant ses yeux. Alors il l'avoua tout : et la question lui étant présentée pour lui faire déclarer ses complices, il en eut horreur. Ensuite la déposition de Monsieur lui fut lue; et pensant excuser le sieur de Thou, il dit qu'il l'avoit toujours déconseillé de traiter avec l'Espagne, et qu'il avoit désapprouvé le commerce qu'il avoit avec elle; et c'est ce qui le perdit parce que les juges dirent qu'il avoit donc connoissance de la chose, et qu'il étoit criminel de ne l'avoir pas révélée au Roi, puisqu'il y alloit de son État. Ainsi M. le Grand et lui furent condamnés à avoir la tête tranchée, le premier pour la conspiration qu'il avoit faite, et l'autre pour l'avoir sue et ne l'avoir pas découverte (1). Cet arrêt fut exécuté le 2 de septembre dans la place de l'hôtel-de-ville de Lyon. Ainsi mourut M. le Grand, âgé de vingt-deux ans, beau, bien fait, généreux, libéral, et ayant toutes les parties d'un honnête homme, s'il n'eût point été ingrat envers son bienfaiteur, et eût eu plus de jugement dans sa conduite. Pour M. de Thou, il étoit aimé généralement de tout le monde : aussi étoit-il homme de grand mérite, qui fut regretté de toute la cour, dont beaucoup de gens croyoient qu'il n'y avoit pas eu matière de le condamner. Le Roi étoit à Saint-Germain lors de cette exécution; et sachant le jour et l'heure qu'on les devoit faire mourir, il regardoit sa montre, et disoit : « Dans un tel temps M. le Grand passera » mal son temps, » ne se souvenant plus de l'amitié qu'il lui avoit portée, et sans aucun sentiment de compassion. Le duc de Bouillon eût passé le même pas, mais sa place de Sedan le sauva. Elle étoit fort désirée par le Roi, parce qu'elle étoit située sur la rivière de Meuse, et qu'elle servoit de retraite à tous les mécontens. C'est pourquoi il eut le choix de la donner au Roi, ou de perdre la tête. Il choisit le premier; et la mort de la duchesse de Bouillon sa mère, qui arriva en même temps, facilita l'affaire, parce qu'elle auroit eu grande peine à se résoudre d'en sortir. Il sauva donc sa vie en rendant Sedan, dont le cardinal Mazarin fut prendre possession au nom du Roi; et y ayant laissé bonne garnison sous le commandement de Fabert, il revint trouver le cardinal, lequel fit mettre en liberté le duc de Bouillon, et lui fit expédier des lettres d'abolition de son crime.

Cependant le cardinal étoit fort malade d'un abcès qui lui étoit venu au bras, auquel il lui fallut faire plusieurs incisions, aussi bien qu'au fondement, où il avoit un ulcère : si bien qu'il ne pouvoit aller en litière. Néanmoins voulant se rapprocher du Roi de quelque façon que ce fût, on trouva une invention d'une machine dans laquelle il étoit couché tout de son long, et il y étoit porté par douze hommes : il avoit aussi un pont sur des chariots qu'on appliquoit si adroitement aux lieux où il logeoit, qu'on le montoit dans sa chambre sans passer par aucun degré. Il fut porté dans cette machine jusqu'à Roanne, où il s'embarqua sur la rivière de Loire, et en sortit à Briare, où il entra dans le canal jusqu'à Montargis. Il joignit dans ce lieu la rivière du Loing, sur lequel il descendit à Nemours; et rentrant dans sa machine, il fut coucher à Fontainebleau. Le lendemain, il se remit sur la Seine à Valvin, et dans son bateau il arriva à Paris; et puis dans sa machine à Ruel, pour se rapprocher de la cour, qui étoit à Saint-Germain.

Ce fut là que l'abbé de La Rivière le vint trouver de la part de Monsieur, pour le conjurer d'obtenir du Roi son retour en France; et il fut si bien sollicité, qu'en considération de ce que Monsieur avoit dit tout ce qu'il savoit sans rien cacher, il obtint ce qu'il demandoit, et eut per-

---

(1) Le marquis de Chouppes a donné, dans ses Mémoires, beaucoup de détails sur cette conspiration.

mission de venir à Blois demeurer. On lui rendit même ses apanages, mais non ses compagnies de gens d'armes et de chevau-légers, qui demeurèrent cassées.

Quand le cardinal fut à Ruel, le Roi le vint visiter, et il rentra dans de nouvelles défiances de Sa Majesté : en sorte qu'il commanda que ses gardes, qui avoient accoutumé de quitter les armes en sa présence, les gardassent sous leurs casaques sans les montrer, tant il craignait quelque entreprise contre sa personne. La mémoire du passé lui revenoit toujours dans l'esprit : ce qui faisoit qu'il ne pouvoit s'assurer du Roi, et qu'il étoit en perpétuelle appréhension que quelqu'un ne lui persuadât de se défaire de lui, et ne lui fit connoître qu'il trouveroit des hommes dans son royaume capables de soutenir le poids des affaires, qui ne gêneroient pas tant son esprit, et ne le contraindroient pas comme il faisoit. Ces réflexions lui firent prendre résolution de prendre garde plus que jamais à ceux qui approchoient du Roi, et d'en éloigner les gens qui lui étoient suspects, et qui avoient été amis de M. le Grand. De ce nombre étoient Troisville, capitaine des mousquetaires, auquel le Roi avoit grande confiance; Tilladet, des Essarts et La Sale, capitaines au régiment des Gardes, qu'il savoit être malintentionnés pour lui; et pour remplir la charge de capitaine des gardes du corps, vacante par la mort du marquis de Gordes, il en fit pourvoir le marquis de Chandenier, poussé à cela par des Noyers, qui étoit son ami intime.

Il ne put long-temps dissimuler la crainte qu'il avoit : c'est pourquoi il envoya Chavigny trouver le Roi de sa part, pour lui faire entendre les soupçons qu'il avoit contre les quatre nommés ci-devant, et lui demander leur éloignement. Le Roi reçut fort mal cette proposition, et répondit qu'ils étoient tous quatre fort affectionnés à son service, et qu'ils n'avoient rien fait qui méritât ce traitement. Ce refus ne le rebuta point; mais il insista sur sa demande plus qu'auparavant, jusqu'à lui dire que s'il ne les vouloit pas éloigner, qu'il devoit trouver bon que les gardes du cardinal ne quittassent plus les armes en sa présence, pour le mettre en sûreté des insultes que ces gens-là lui pourroient faire. Or il faut savoir que le cardinal avoit toujours une compagnie d'infanterie devant son logis, et ses gardes du corps dans la salle, qui mettoient les armes bas quand le Roi arrivoit, parce qu'il n'appartient à qui que ce soit d'être armé en présence de son souverain; et quand il alloit à Saint-Germain, ses gardes l'accompagnoient jusque près du château, où ils s'arrêtoient pour l'attendre au retour; et lui entroit seul dedans la cour, où il étoit aisé au Roi, qui avoit ses gardes autour de lui, de disposer de sa personne à sa volonté. C'est pourquoi il fit presser le Roi de lui permettre d'entrer dans Saint-Germain avec ses gardes armés. Cette demande parut au Roi fort insolente : car il étoit glorieux, et il ne pouvoit digérer une telle pensée d'un sujet avec son maître; et comme Chavigny vit que cela aigrissoit son esprit, il lui dit que puisque cette proposition lui déplaisoit, qu'il accordât donc l'exil de ces quatre personnes. Alors le Roi lui demanda s'il étoit plus juste que le cardinal se mêlât de ceux qui l'approchoient, que lui de ceux qui étoient près du cardinal, dont il ne s'étoit jamais mêlé, et que la chose devoit être réciproque. Sur quoi Chavigny répondit que si son Eminence savoit qu'il y eût chez lui quelqu'un qui déplût à Sa Majesté, il ne le verroit jamais; et le Roi lui repartit brusquement : « Il ne vous verroit donc jamais, car je ne vous saurois souffrir; » et en même temps lui tourna le dos, et le laissa là.

Chavigny s'en retourna désespéré à Ruel; et le cardinal l'étoit autant que lui, voyant que ses projets ne réussissoient pas à son gré. Il ne se désista pas pour cela; et, s'opiniâtrant plus que jamais à son entreprise, au lieu de Chavigny il y envoya des Noyers, qu'il chargea de faire les derniers efforts pour venir à bout de son dessein. Celui-ci, qui faisoit le bigot, représentoit au Roi les grands services de Son Eminence, l'état où sa maladie le mettoit, qui ne pouvoit guérir tant que son esprit ne seroit pas en repos, et vouloit persuader au Roi par ces raisons d'accorder quelque chose pour redonner la santé à un si bon serviteur; mais le Roi lui répondoit que ces quatre hommes n'avoient rien fait, et n'avoient aucune mauvaise volonté contre lui; qu'il en étoit garant, et qu'il n'étoit pas juste de lui ôter des gens qu'il aimoit, et qui l'avoient bien et fidèlement servi, sur une terreur panique qui prenoit au cardinal sans fondement. Alors des Noyers se voyant convaincu levoit les épaules, et n'osoit plus rien dire, de peur d'une rebuffade pareille à celle de Chavigny : sur quoi le Roi disoit que le cardinal lui avoit envoyé deux hommes, dont le premier se voyant confondu ne lui répliquoit que des sottises, et l'autre ne sachant plus que dire le payoit en lèvement d'épaules. Aussi le cardinal ne fut pas content de lui, et lui témoigna en disant qu'il l'avoit cru homme de meilleurs expédiens. Il continua néanmoins de pousser toujours sa pointe, et pressa tant le Roi, jusqu'à le menacer qu'il se retireroit au Havre, qu'à la fin il plia, et les chassa tous quatre avec grand déplaisir, jusqu'à en répandre des larmes.

Ce fut en ce temps que la Reine fut voir le cardinal à Ruel, où il ne quitta point son fauteuil : dont elle fut fort surprise, principalement lorsqu'il lui dit qu'elle ne devoit pas trouver étrange son procédé, vu qu'en Espagne les cardinaux avoient le fauteuil devant les reines ; au lieu d'excuser son manque de respect sur la foiblesse que lui causoit sa maladie. Ce que Sa Majesté eût fait aisément, étant la meilleure princesse du monde : mais voyant qu'il le prenoit sur ce ton, elle lui dit qu'elle avoit oublié les coutumes d'Espagne, et qu'elle étoit entièrement Française. Cette façon d'agir déplut au Roi, tellement que les défiances augmentoient tous les jours de l'un contre l'autre : en sorte qu'on a raison de dire qu'ils se sont fait mourir tous deux ; mais celui qui rouloit dans son esprit les moyens d'être le maître après la mort du Roi passa le premier pas, et se trompa dans son calcul. Il s'étoit mis dans l'esprit de gouverner durant la minorité de M. le Dauphin, parce qu'il croyoit que le Roi ne vivroit plus guère ; et prévoyant que la Reine et Monsieur lui seroient de grands obstacles, il avoit fait publier une déclaration du Roi, par laquelle il pardonnoit à Monsieur la conspiration qu'il avoit faite, à condition qu'il vivroit à Blois en homme privé, sans gouvernement ni compagnies sous son nom, et sans pouvoir jamais posséder aucune charge, ni avoir part au gouvernement de l'État. Pour la Reine, il espéroit de s'accommoder avec elle, lui laissant le titre de régente, et lui s'en conservant l'effet et l'autorité. Il avoit le prince de Condé dans ses intérêts, par l'alliance qu'il avoit prise avec lui en mariant le duc d'Enghien son fils avec sa nièce, fille du maréchal de Brezé ; mais ce duc n'étoit pas si souple que son père : aussi le cardinal le tenoit fort bas, et il marchoit devant les princes du sang, même chez lui, contre l'ordre ancien. Le prince de Condé s'accommodoit à tout, et même lui levoit la tapisserie et la tenoit quand il passoit par une porte. Le duc d'Enghien n'approuvoit pas ces bassesses ; et pour éviter de les faire, il passa par Lyon, au retour du voyage, sans voir le cardinal de Lyon : ce qu'étant su par le cardinal, qui étoit son frère, il le renvoya en poste à Lyon, pour lui en faire des excuses ; et ne l'y ayant pas rencontré, il fut jusqu'à Marseille le trouver dans son abbaye de Saint-Victor, où il étoit allé exprès pour lui donner la peine d'y aller, et dans ce lieu il lui fit satisfaction de la faute qu'il avoit faite, et revint sans avoir eu la main droite : dont il eut grand dépit, car il avoit un grand cœur ; mais le pouvoir du cardinal étoit dans un tel degré, qu'il falloit que tout cédât sans murmures.

Mais durant qu'il pousse sa grandeur au plus haut point qu'elle puisse monter, et qu'il médite sur les moyens par lesquels il puisse s'assurer la régence après la mort de son maître, la sienne arrête ses ambitieux desseins, et met fin à ses vains projets. Son mal augmentant à Paris, il reçut tous ses sacremens, et témoigna une résignation chrétienne à toutes les volontés de Dieu. Il fut assisté du curé de Saint-Eustache, qui lui fit les avertissemens nécessaires pour son salut, qu'il reçut fort humblement, sans néanmoins montrer aucune crainte ; et il conserva jusqu'au dernier soupir cette grandeur de courage et cette ame haute qu'il avoit eue toute sa vie. Ce qu'il faisoit voir par ses discours : car le curé lui demandant s'il ne pardonnoit pas à ses ennemis, il répondit qu'il n'en avoit point, que ceux de l'État. Il fit son testament, par lequel il disposoit de tous ses bénéfices, charges et gouvernemens, comme s'ils eussent été en sa disposition, mettant seulement à la fin : *Le tout sous le bon plaisir du Roi*, lequel l'approuva. On a remarqué qu'il laissa dix mille écus au baron de Broie, gentilhomme de Brie, par reconnoissance, à cause qu'il étoit neveu de Barbin, qui étoit l'auteur de sa fortune. Il reçut la visite du Roi dans son extrémité, où il lui parla des affaires de son royaume d'aussi grand sang-froid que s'il n'eût point été malade. Il envoyoit à toute heure les secrétaires d'État lui parler de sa part avec la même tranquillité qu'il avoit en santé : il continua d'agir de la même sorte jusqu'au 4 de décembre, qu'il rendit l'esprit sans aucun trouble. Il fut extrêmement regretté de ses parents, amis et domestiques, qui étoient en grand nombre : car il étoit le meilleur maître, parent ou ami qui eût jamais été ; et pourvu qu'il fût persuadé qu'un homme l'aimât, sa fortune étoit faite : car il n'abandonnoit point ceux qui étoient attachés à lui ; mais au contraire il ne pardonnoit jamais à ceux qu'il réputoit ses ennemis, qu'il perdoit sans ressource. Aussi il étoit très-dangereux de se trouver dans son chemin pour lui faire obstacle, parce qu'on y périssoit assurément, principalement si l'État y étoit tant soit peu mêlé, dont la grandeur lui étoit fort chère, comme attachée inséparablement à tous ses intérêts, à cause qu'il vouloit conserver sa réputation à quelque prix que ce fût, laquelle il croyoit fondée sur la gloire de son maître et sur la prospérité de ses affaires, dont il lui laissoit la direction, de laquelle il s'étoit acquitté glorieusement : car il avoit mis la France au plus haut point de grandeur où elle eût été depuis Charlemagne, ayant abattu le parti des huguenots, qui avoient tenu tête à cinq rois ; humilié la maison d'Autriche, qui vouloit donner la loi à toute la chrétienté, et établi l'autorité du Roi à un tel point que rien dans son royaume ne lui pouvoit résister : ce qu'il avoit fait en abaissant les princes, et élevant la noblesse et les personnes de qualité qu'il aimoit et considéroit. Aussi les grands du royaume eurent joie de sa mort, et quasi tout le peuple s'en réjouit : les premiers dans l'espérance de voir du trouble, durant lequel ils sont plus considérables; et les autres pour voir quelque nouveauté dont le vulgaire est fort amateur, sans pouvoir dire d'autre raison de leurs désirs.

Les étrangers reçurent cette nouvelle différemment. Les ennemis de la France en eurent grand contentement, dans l'espérance qu'ils eurent que tout iroit de travers, et seroit sens dessus dessous; et les alliés de la couronne en eurent grand déplaisir, dans la crainte que les affaires du Roi ne fussent plus en si grande prospérité qu'elles étoient. Ces différens mouvemens étoient tous à son honneur, et avec raison : car il avoit de grandes qualités, une ame haute, un courage généreux, et un génie qui, dans les affaires les plus difficiles, faisoit mouvoir des ressorts d'où procédoient des événemens auxquels on ne s'attendoit pas : témoin les révoltes du Valstein, de la Catalogne et du Portugal, qui furent conduites par un grand secret, et puis soutenues fort hautement. Aussi, pour venir à bout de ces grands projets, il avoit toujours des sommes d'argent entre les mains pour distribuer, à l'insu de tout le monde, à gens inconnus, qui faisoient ensuite éclater des effets merveilleux qui surprenoient tout le monde : comme depuis peu la guerre civile d'Angleterre dont il étoit l'auteur, et qu'il fomentoit pour empêcher les Anglais, jaloux de la prospérité de la France, de traverser ses desseins.

Quand il mourut, il déclara qu'il avoit cinq cent mille écus au Roi, qu'il tenoit cachés pour des affaires pareilles, qu'il ordonna qu'on rendit à Sa Majesté. Il adopta les enfans de son neveu Du Pont de Courlai, les préférant à leur père, qu'il méprisoit fort, et qu'il avoit ôté du généralat des galères, l'en croyant indigne. L'aîné de ses fils prit le titre de duc de Richelieu, qu'il substitua aux aînés de cette famille. Le Roi dissimula ses sentimens, et témoigna la douleur de sa perte; et même il envoya visiter de sa part la duchesse d'Aiguillon et les maréchaux de Brezé et de La Meilleraye, leur mandant qu'il ne les abandonneroit jamais, et qu'il se souviendroit des importans services que le défunt lui avoit rendus. Mais en son ame il en étoit fort aise, et fut ravi d'en être défait, et il ne le nia point à ses familiers. Il suivit néanmoins ses conseils après sa mort; et, suivant son avis, il appela le cardinal Mazarin dans ses conseils, et confirma des Noyers et Chavigny dans le ministère : tellement que le défunt régnoit après sa mort.

NEUVIÈME CAMPAGNE.

[1643] La mort du cardinal de Richelieu ne parut d'abord apporter aucun changement, parce que le Roi ayant déclaré le cardinal Mazarin, Chavigny et des Noyers ministres, ils continuèrent de gouverner sur les maximes du défunt, qui étoit tellement redouté qu'on n'osoit débiter la nouvelle de sa mort, même dans les pays étrangers : comme si on eût craint le retour de son âme. Le Roi même l'avoit tellement respecté durant sa vie, qu'il l'appréhendoit encore après sa mort; et il étoit si las de s'être vu si long-temps sans autorité, qu'il étoit toujours en garde contre ces trois nouveaux ministres, de peur qu'ils ne s'élevassent trop; et quelquefois il leur faisoit des rebuffades pour les mortifier, et faire voir à tout le monde que l'autorité étoit entre ses mains. Il donna le gouvernement de Bretagne, qu'avoit le cardinal, au maréchal de La Meilleraye; confirma le testament, hors un article qu'il changea : car au lieu que le défunt laissoit la charge d'amiral et le gouvernement de Brouage et des îles au petit duc de Richelieu son neveu, il les donna au marquis de Brezé son autre neveu, et voulut que la charge de général des galères et le Havre de Grâce, qu'il lui avoit destinés, fussent au duc de Richelieu. Les quatre exilés (1), malgré le Roi, demandèrent aussitôt à revenir : mais ils y trouvèrent plus de difficulté qu'ils ne pensoient; et après leur retour ils furent reçus froidement, le Roi ayant honte de ce qui s'étoit passé, et voulant par là persuader à tout le monde que leur éloignement étoit venu de lui, et qu'il n'y avoit pas été forcé.

Tous les bannis de la cour et les prisonniers firent parler de leur rétablissement et de leur liberté; mais ils furent d'abord refusés, tant le Roi vouloit que l'on crût que tout ce qui s'étoit fait ci-devant venoit de sa propre volonté. Madame de Vendôme, croyant que toute liberté étoit maintenant permise, vint à Saint-Germain pour parler au Roi du retour de son mari : mais comme elle avoit ordre de demeurer à Anet, Sa Majesté lui manda que si elle n'eût pas été une femme, il l'eût envoyée à la Bastille; et qu'elle s'en retournât promptement où elle avoit commandement de demeurer. Néanmoins, petit à petit chacun obtint sa demande : car comme les mauvais traitemens qu'on avoit faits à ces exilés ne venoient que de la haine et de la vengeance particulière du cardinal, le Roi, après quelques refus pour la forme, leur accorda enfin leur requête.

Monsieur fut le premier qui eut permission de revenir à la cour, où il fut fort bien reçu. Les maréchaux de Vitri et de Bassompierre, et le comte de Cramail, sortirent de la Bastille, et furent envoyés en leurs maisons; la duchesse de Guise et ses enfans eurent liberté de revenir en France, et le duc de Vendôme pareillement; le comte de Nancey La Châtre fut pourvu de la charge de colonel général des Suisses, vacante par la mort du marquis de Coislin; et sa charge de maître de la garde-robe fut donnée au marquis de Roquelaure, prisonnier en Flandre depuis le combat de Honnecourt. Voilà le plan où étoit la cour au commencement de cette année; et comme le cardinal Mazarin et Chavigny étoient fort unis ensemble, ils eussent fort désiré d'être seuls, et de se pouvoir défaire de des Noyers, qui étoit seul de sa cabale : lequel leur donnoit grande jalousie, parce que le Roi le consultoit fort en toutes ses affaires. Même un jour que les deux autres étoient arrivés dans le cabinet pour tenir conseil, et qu'ils virent que le Roi s'impatientoit de ce que des Noyers ne venoit pas, ils dirent qu'il ne falloit pas laisser de commencer : mais Sa Majesté répondit qu'il falloit attendre le petit bonhomme, lequel faisant le bigot et menant une vie monastique, s'accordoit fort à l'humeur du Roi, qui étoit dévot. Il s'enfermoit avec lui tous les soirs pour dire le bréviaire, où ils se répondoient l'un à l'autre en psalmodiant. Ces familiarités faisoient croire qu'il prenoit l'ascendant sur les deux autres, et tout le monde jetoit les yeux sur lui, comme sur celui qui seroit bientôt le maître : mais alors qu'on y pensoit le moins, sur ce qu'il assura quelque chose que

(1) On a vu plus haut que c'étoient les quatre capitaines, Troisville (ou Tréville), Tilladet, des Essarts et La Sale.

le Roi ne croyoit pas véritable, il lui répondit : « Est-ce ainsi que vous m'en donnez à garder, » petit bonhomme? » Ces mots le piquèrent tellement qu'il ne put s'empêcher de dire que s'il le croyoit une donneur de bourdes, il ne devoit pas se servir de lui ; et qu'il le prioit de lui donner son congé, puisqu'il étoit en cette réputation-là dans son esprit. Il fut aussitôt pris au mot, et eut ordre de se retirer dans sa maison de Dangut. Le Roi le pilla en même temps devant tout le monde, comme il avoit accoutumé de faire tous ceux qui tomboient dans sa disgrâce. Les deux autres, victorieux d'avoir attéré leur compétiteur, firent mettre en sa place Le Tellier, maître des requêtes, qui étoit lors intendant en Italie, où le cardinal Mazarin et Chavigny l'avoient connu ; il avoit été conseiller au grand conseil, procureur du Roi au Châtelet, puis maître des requêtes, et maintenant secrétaire d'État. La disgrâce de des Noyers attira celle du père Sirmond, confesseur du Roi, qui prit en son lieu le père Dinet.

Cependant le Roi devenoit si chagrin qu'on n'osoit plus parler à lui, et il étoit de si méchante humeur qu'il gourmandoit tout le monde, et faisoit des rebuffades à tous ceux qui l'abordoient : en sorte que les ministres le craignoient, et trembloient toujours devant lui. Cette mauvaise humeur étoit causée par son peu de santé, qui empiroit tous les jours ; et il devenoit si maigre et si pâle, qu'on le voyoit diminuer à vue d'œil. Cela causoit beaucoup d'intrigues à la cour, où on considéroit la Reine comme celle entre les mains de laquelle toute puissance alloit bientôt tomber : c'est pourquoi chacun sous main tâchoit de se mettre dans ses bonnes grâces, et de l'assurer de sa fidélité. Le cardinal Mazarin n'y perdoit point de temps, et dès-lors prit des mesures avec elle.

Le Roi, se sentant affoiblir tous les jours, connut bien qu'il ne vivroit pas long-temps, et qu'il étoit proche de sa fin, c'est pourquoi il voulut mettre ordre au gouvernement de l'État.

Pour ce sujet, il assembla le 20 d'avril, à Saint-Germain, la Reine, Monsieur, le prince de Condé, tous les officiers de la couronne, les présidens au mortier, et deux conseillers de chaque chambre du parlement ; et là en leur présence il fit lire une déclaration par laquelle il ordonnoit, en cas que Dieu disposât de lui, que la Reine seroit régente ; Monsieur, lieutenant général de l'État et des armées ; le prince de Condé, chef du conseil ; et le cardinal Mazarin, le chancelier Bouthillier, surintendant des finances, et son fils Chavigny, secrétaire d'État, ministres indestituables : en sorte que tout se passeroit dans le conseil à la pluralité des voix, sans que la Reine pût rien changer jusqu'à la majorité du jeune Roi. Le lendemain, Monsieur fut au parlement faire vérifier cette déclaration, quoique fort offensante contre la Reine et contre lui : mais le Roi avoit si mauvaise opinion de la capacité de l'une et de l'autre, qu'il eût bien désiré, pour le bien de son fils, qu'ils n'y eussent aucune part. Mais ayant consulté les moyens de les en priver, il se trouva qu'il ne le pouvoit sans faire un grand trouble dans l'État, pour lequel éviter il résolut de leur laisser le titre, et de leur lier tellement les mains qu'ils ne pussent rien gâter.

Le jour suivant, le Roi fit baptiser M. le Dauphin dans sa chapelle, par l'évêque de Meaux, son premier aumônier : le cardinal Mazarin fut parrain, et la princesse de Condé marraine, qui le nomma Louis. On le mena, au sortir de la chapelle, dans la chambre du Roi, qui lui demanda comme il avoit nom ; il répondit : « Louis XIV. » Sur quoi le Roi répliqua : « Pas encore, pas encore. » Il ne laissoit pas, nonobstant son mal, de tenir conseil et d'agir dans ses affaires. Il donna à Du Hallier le gouvernement de Champagne et le bâton de maréchal de France, sous le nom de maréchal de L'Hôpital ; il pourvut le marquis de Lenoncourt du gouvernement de Lorraine, et Le Plessis-Guénégaud, trésorier de l'épargne, de la charge de secrétaire d'État, par la démission du comte de Brienne de Loménie ; mais il ne sortoit plus de sa chambre, et parloit de la mort sans crainte. Un jour, voyant le clocher de Saint-Denis par sa fenêtre, il dit : « Voilà où je serai bientôt ; » et il eut soin de recommander qu'en y portant son corps on ne passât pas par un certain chemin fort rompu, où les chevaux auroient trop de peine ; il défendit qu'on ne lui fît aucune pompe funèbre, recommanda l'union à la Reine et à Monsieur, et se prépara fort résolument à la mort, à laquelle il fut assisté du père Dinet son confesseur, des évêques de Lisieux et de Meaux, et du père Vincent. Il témoigna dans ses derniers jours que deux choses donnoient de la peine à sa conscience : la mort du maréchal d'Ancre, et le mauvais traitement qu'il avoit fait à la Reine sa mère. Il reçut ses sacremens avec contrition, pardonna à ses ennemis, envoya querir et voulut voir devant que de mourir ceux qu'il avoit persécutés, comme les ducs de Vendôme et de Bellegarde, les maréchaux de Vitri et de Bassompierre, Baradas auquel il donna une abbaye, Beringhen, Manicamp, et autres. Et enfin le quatorzième jour de mai, à pareil jour et heure que le roi Henri IV son père, il mourut dans le château neuf de Saint-Germain, âgé un peu moins de quarante-deux ans, après avoir régné trente-trois ans accomplis. Il fut, selon son intention, porté à Saint-Denis, sans aucune cérémonie, et mis près du corps du Roi son père. Il fut peu regretté, et il tardoit à tout le monde qu'il ne fût mort, même à ceux qui lui avoient le plus d'obligation. On étoit si las de son gouvernement, qui avoit toujours dépendu d'autrui plutôt que de lui-même, et on avoit si grande espérance de la conduite de la Reine, que chacun désiroit du changement : aussi durant sa maladie, qui fut fort longue, on connoissoit dans le visage des courtisans l'état de sa santé ; car tout le monde étoit triste quand il se portoit mieux, et dès qu'il empiroit, la joie se remarquoit dans les yeux d'un chacun. Quand il fut mort, tout le monde croyoit avoir sa fortune faite : mais cette opinion dura peu. Ce n'est pas que ce prince n'eût de bonnes qualités : il ne manquoit pas d'esprit, il aimoit son État et sa grandeur, il étoit fort zélé en sa religion, et il réussissoit en toutes les choses où il s'appliquoit. Jamais prince n'a vécu avec tant de chasteté que lui, étant certain qu'il n'avoit jamais vu d'autres femmes que la sienne. Il s'est fait de grandes choses sous son règne : ce qui a donné sujet aux historiens de lui donner de grands éloges. Il laissa son royaume dans un état florissant au roi Louis XIV son fils, âgé de quatre ans et huit mois ; et il avoit encore un second fils, âgé de deux ans et demi, qui portoit lors le titre de duc d'Anjou.

RÈGNE DE LOUIS XIV.

Durant l'extrémité de la maladie du Roi, beaucoup de gens, qui souhaitoient de voir du trouble, voulurent persuader à Monsieur de disputer la régence à la Reine, comme lui appartenant de droit, à cause qu'il étoit oncle des jeunes princes, et que la loi salique en excluoit les femmes, principalement les étrangers, et surtout les Espagnols, dans un temps où la guerre étoit déclarée contre l'Espagne. Mais Monsieur ne prêta point l'oreille à ces discours, comme étant sans aucun fondement, et contre les exemples passés; et résolut de s'unir entièrement avec elle, et de conserver la bonne intelligence qui avoit été de tout temps entre eux, durant les persécutions qu'ils avoient souffertes pendant la vie du cardinal de Richelieu. Ce bruit ne laissa pas d'aller aux oreilles de la Reine, qui en prit quelque alarme; et même on lui voulut faire croire qu'on avoit vu de la cavalerie dans la forêt de Saint-Germain, qu'on soupçonnoit d'être à Monsieur, dans le dessein de s'emparer de la personne de M. le Dauphin. Sur ces avis, elle commanda au duc de Beaufort, auquel elle avoit une extrême confiance, de demeurer près de la personne de ce jeune prince, et de se faire accompagner de ses amis; et même fit entendre à ses serviteurs particuliers qu'ils lui feroient plaisir de ne le point quitter, et de recevoir ses ordres comme venant de sa propre bouche. Cette marque de confiance obligea beaucoup de personnes de qualité de s'unir à lui, et de se lier d'intérêts à sa fortune. Mais, après la mort du Roi, Monsieur fit connoitre à la Reine qu'il agissoit avec sincérité, et qu'il n'avoit d'autres pensées que de se joindre d'intérêts avec elle pour la grandeur de l'État. Ainsi tous ombrages étant levés, on laissa le corps du Roi défunt dans le château neuf, et la Régente se retira avec le petit Roi dans le vieux, où le duc de Beaufort, se confiant en la faveur qu'il avoit près d'elle, voulut commander avec autorité de la part de Sa Majesté; mais le prince de Condé lui dit qu'il ne lui appartenoit pas de donner aucuns ordres, mais aux capitaines des gardes du corps, qui étoient destinés pour cela. La foule étoit si grande à Saint-Germain, qu'on ne s'y pouvoit tourner; et chacun tâchoit à se faire valoir dans ce changement de règne, et se préparoit à suivre la Reine à son entrée dans Paris, laquelle se fit le lendemain 15 de mai.

Devant que de partir, en exécution des volontés du feu Roi, la Reine reçut le serment du prince de Condé pour la charge de grand-maître de France, qui n'avoit point été remplie depuis la mort du comte de Soissons; et l'après-dînée Leurs Majestés montèrent en carrosse avec Monsieur, frère du Roi, et M. le duc d'Orléans son oncle, et allèrent à Paris, accompagnés de tous les princes, ducs et pairs, maréchaux de France, chevaliers de l'ordre, et d'une si grande affluence de noblesse, toute à cheval, qu'on la prenoit pour une armée. Toute la garde du Roi marchoit en ordre devant et derrière; et ils arrivèrent ainsi au bout du Roule, où le duc de Montbazon, gouverneur de Paris, avec les prévôt des marchands et échevins, approchèrent du carrosse, et témoignèrent la joie que recevoit toute la ville de l'arrivée de Leurs Majestés, auxquels ils protestèrent toute fidélité et obéissance. De là ils entrèrent dans la ville au milieu des acclamations publiques et des cris de *vive le Roi!* et arrivèrent le soir au Louvre, où ils se reposèrent jusqu'au lundi 18, auquel jour la Reine mena le Roi tenir son lit de justice au parlement, où étoient M. le duc d'Orléans, les princes de Condé et de Conti son fils, et tous les officiers de la couronne : et là, toutes les chambres assemblées, une déclaration du nouveau Roi fut lue et vérifiée, qui confirmoit la régence de la Reine, et la lieutenance générale du duc d'Orléans avec pouvoir absolu, cassant tous les articles de celle du feu Roi, qui lioit les mains de la Régente et bridoit son autorité. Il fut remarqué que, dans les harangues, le jeune Roi fut exhorté de suivre les traces de Henri IV son grand-père, et que personne ne fit mention du Roi son père (1). Jamais action ne se passa avec

(1) Cette assertion est contredite par le père Griffet, *Traité des différentes sortes de preuves de la vérité de l'histoire*, Liége, 1770, p. 215.

une approbation si générale et un applaudissement si universel : car la Reine avoit tellement gagné le cœur de tous les ordres du royaume, que chacun s'estimoit heureux d'être sous son gouvernement; aussi il ne se trouva personne qui osât soutenir les volontés du feu Roi, ni penser à donner le moindre frein à l'autorité absolue de la Reine.

Jamais la cour ne fut si belle que dans ce commencement: tous les grands du royaume y étoient présens; tous les prisonniers et exilés revenus, et ceux qui n'avoient osé jusqu'à cette heure retourner en eurent aisément la liberté, comme les ducs de Guise, d'Elbœuf et d'Épernon, lesquels, pour la formalité, furent déclarés innocents, par arrêt du parlement, des crimes dont ils étoient accusés: ce qui se fit sans aucune difficulté, le parlement ne comptant pour rien de ce qu'ils venoient de porter les armes pour les Espagnols contre la France, parce que le cardinal de Richelieu avoit tellement abaissé le parlement, qu'à son gré c'étoit une action digne de louange que d'avoir combattu contre lui; et la Reine, qui n'aimoit pas sa mémoire, étoit ravie que les choses allassent ainsi: dont elle s'est bien repentie depuis qu'elle en eut connu les conséquences.

Madame arriva en ce temps-là de Bruxelles, où elle avoit demeuré depuis son mariage; elle fut reçue de la Reine avec beaucoup de caresses, et de M. le duc d'Orléans son mari avec grande joie. Sa Majesté avoit mandé en Flandre à la duchesse de Chevreuse de revenir: elle l'avoit toujours aimée, et elle étoit d'autant plus obligée de la rappeler, qu'elle étoit exilée pour l'amour d'elle. Le marquis de La Vieuville, Fontrailles, Aubijoux et le comte de Brion eurent aussi permission de retourner en France. Ces nouveaux rappelés firent ce qu'ils purent pour faire condamner la mémoire du cardinal de Richelieu; et peut-être en fussent-ils venus à bout, si les affaires n'eussent changé de face, comme on verra ci-après.

La marquise de Senecey fut rétablie dans sa charge de dame d'honneur de la Reine, et la comtesse de Brassac eut ordre de la quitter. Madame de Hautefort fut aussi rappelée, et remise dans sa charge de dame d'atours. Ainsi la Reine fit revenir tous ceux qu'on lui avoit ôtés par force, et fit sortir de la Bastille La Porte, qui y avoit été mis pour son sujet; et pour reconnoissance de la fidélité qu'il lui avoit gardée en ne disant pas son secret, quelques menaces qu'on lui eût faites de la question, elle récompensa la charge de premier valet de chambre du Roi, qui avoit été rendue à Beringhen, pour la lui donner. Dans ce commencement elle se servit du conseil de ses anciens serviteurs, qui avoient été maltraités ou en petite considération dans le règne précédent pour l'amour d'elle: entre autres de l'évêque de Beauvais, son grand aumônier, auquel elle avoit grande confiance, le tenant pour homme de bien; aussi elle le fit ministre d'Etat, et le nomma cardinal pour la première fois que le Pape en feroit pour les couronnes. Elle mit aussi dans les affaires le président Le Bailleul, son chancelier; fit Particelli d'Emery contrôleur général des finances, et donna sa charge d'intendant à Charon. Mais dans le cabinet, le duc de Beaufort y étoit le plus considéré: il s'étoit fait comme chef d'une cabale de personnes de qualité, qui avoient fait amitié avec lui tant par inclination que pour complaire à la Reine; et comme chacun se veut faire valoir dans un changement, ils se vouloient mêler de donner leurs avis sur le gouvernement: et pour ce sujet on les nommoit *les importans*.

Les principaux de ceux-là étoient le duc de Retz, le marquis de La Châtre, colonel des Suisses; les comtes de Fiesque, d'Aubijoux, de Montrésor, de Béthune, Fontrailles et Beaupui. Et pour les dames, la Reine avoit grande confiance à la marquise de Senecey, madame d'Hautefort, comtesse de Brienne, et mademoiselle de Saint-Louis. Toutes ces personnes étoient unies dans un dessein, qui étoit de ruiner les parens et créatures du cardinal de Richelieu, et se venger sur eux des persécutions qu'ils avoient reçues de lui. La Reine et Monsieur étoient aisés à persuader là-dessus, dans le souvenir des mauvais traitemens qu'ils avoient soufferts par sa persuasion. Aussi les effets s'en ensuivirent bientôt: car madame de Lansac fut ôtée d'auprès du Roi, qui y avoit été établie par le cardinal malgré la Reine; et la marquise de Senecey fut mise en sa place, conservant toujours sa charge de dame d'honneur. La même semaine, Bouthillier eut son congé, et la surintendance des finances fut donnée au président de Bailleul et à d'Avaux, qui avoit fait beaucoup d'ambassades avec réputation, et maintenant étoit nommé pour aller comme plénipotentiaire à Munster pour la paix générale, avec le duc de Longueville et Servien, ci-devant secrétaire d'Etat, qui fut rappelé à la cour pour ce sujet. La disgrâce de Bouthillier donna un grand branle à Chavigny son fils, qui fut contraint, pour éviter sa perte, de se démettre de sa charge de secrétaire d'Etat entre les mains du comte de Brienne, qui étoit fort considéré de la Reine. Moyennant cette démission, Chavigny conserva sa place dans le conseil sans aucun crédit. Les créatures du cardinal étant attaquées, on résolut de pousser aussi ses parens, et on commença par le maréchal de La Meilleraye et le duc de Brezé : le premier avoit le gouvernement de Bretagne, qui avoit été donné par le roi Henri IV au duc de Vendôme son fils naturel, en le mariant, et le cardinal le lui ayant ôté sans récompense, ce duc prétendoit y rentrer, puisqu'il n'avoit point fait de crime contre l'Etat; et se prévalant de la faveur du duc de Beaufort son second fils, il vouloit pousser ce maréchal à toute extrémité : et les choses allèrent si avant, qu'il ne sortoit plus que bien accompagné, de peur de recevoir une insulte. Dans cet embarras, il fut trouver la Reine, pour lui offrir le gouvernement si elle vouloit le prendre pour elle, voyant qu'il ne pouvoit soutenir l'affaire, et qu'il avoit trop forte partie. Sa proposition fut écoutée, et la Reine prit le gouvernement, laissant la lieutenance générale au maréchal de La Meilleraye, sous elle. Par cet accommodement elle promit au duc de Vendôme l'amirauté qu'avoit le duc de Brezé, et destina la vice-amirauté du Ponent au comte de Fiesque, et celle du Levant au marquis de Gamaches, gendre du comte de Brienne.

Dans ce même temps, la duchesse de Chevreuse arriva de Flandre : tout le monde attendoit sa venue avec curiosité, parce qu'elle avoit toujours eu grand pouvoir sur l'esprit de la Reine, et qu'elle avoit été chassée pour ses intérêts. Le prince de Marsillac, qui étoit fort bien avec Sa Majesté, fut au-devant d'elle jusqu'à une journée de Paris, où il l'instruisit du plan des affaires, lui faisant connoitre qu'il y avoit grande différence entre une reine régente et une reine sans crédit, et qu'il ne falloit pas vivre avec elle comme du temps passé, parce qu'elle y trouveroit moins de familiarité et plus de retenue : ce qu'elle ne pouvoit se persuader; mais elle le connut à son arrivée : car, quoiqu'elle fût bien reçue, elle trouva plus de froideur et de gravité que par le passé. On croyoit qu'aussitôt qu'elle seroit revenue, les sceaux seroient ôtés au chancelier et rendus au garde des sceaux de Châteauneuf, qui étoit son ami intime, et qui avoit été disgracié avec elle pour le même sujet, et pour des intrigues qui regardoient la Reine : au lieu que le chancelier, étant créature du cardinal de Richelieu, avoit toujours suivi ses passions, et pour lui complaire avoit manqué de respect à la Reine, quand il la fouilla dans le Val-de-Grâce en l'année 1637 : outre qu'on croyoit que M. le duc d'Orléans aideroit à le perdre, à cause de son interrogatoire de Villefranche, l'année dernière. Et ce qui confirmoit encore plus cette opinion, c'est que dès que le Roi fut mort la Reine fit sortir le garde des sceaux de la prison où il étoit depuis dix ans à Angoulême, et le fit venir dans sa maison de Montrouge près de Paris, sans le vouloir voir; mais lui faisant dire qu'il eût patience, et que dans quelque temps il reconnoîtroit sa bonne volonté. Mais son rétablissement fut traversé par ceux qui possédoient l'esprit de la Reine, qui craignirent qu'il ne prît de l'ascendant sur elle, et par là qu'il ne les reculât de leur crédit, parce qu'il étoit homme altier et de grand cœur, qui ne pouvoit se soumettre à personne : au lieu que le chancelier étoit un homme souple et toujours rampant devant ceux qui étoient en faveur; outre que la mère Jeanne sa sœur, carmélite à Pontoise, la maintenoit par le crédit qu'elle avoit près de la Reine.

Ces raisons firent que la duchesse de Chevreuse ne put donner le dernier coup à la ruine du chancelier, et qu'elle trouva de grands obstacles au rétablissement du garde des sceaux : ce dont elle fut fort surprise, car elle croyoit à son retour avoir le même crédit près de la Reine qu'elle avoit eu autrefois. Mais elle y trouva bien du changement, parce que lorsqu'elle avoit du pouvoir auprès d'elle, personne ne voyoit la Reine, et n'ayant point de crédit, elle étoit abandonnée de tout le monde : tellement qu'il étoit facile à ceux qui s'attachoient à elle de lui parler familièrement, et de gagner ses bonnes grâces. Mais quand elle se vit maîtresse absolue, que toute la cour lui donnoit de l'encens, et qu'elle étoit entourée d'une si grande foule de gens qu'elle ne savoit à qui parler ni auquel répondre, elle changea bien de façon de vivre : ce n'est pas qu'elle ne considérât ceux qu'elle avoit aimés auparavant, mais elle les traitoit avec plus de sérieux et une plus grande majesté.

Or une de celles pour qui elle avoit conservé le plus d'amitié étoit la princesse de Condé, laquelle vivoit avec elle avec beaucoup de complaisance et de respect, et n'entreprenoit jamais de lui faire faire ce qu'elle vouloit de haute lutte, mais approuvoit au contraire ses sentimens en toutes choses, et même les prévoyoit pour y applaudir. Elle eut en ce temps-là un démêlé avec la duchesse de Montbazon, de laquelle le duc de Beaufort étoit fort amoureux, qui arriva de la sorte : un soir qu'il y avoit grande compagnie chez la duchesse de Montbazon, on trouva deux poulets à terre d'une dame à son galant, qui furent ramassés et lus avec curiosité. Comme ils n'étoient pas signés, et qu'il n'y avoit point de suscription, on ne put savoir de qui ils venoient, ni à qui ils s'adressoient : mais cette duchesse et ceux à qui elle en fit confidence les attribuèrent à la duchesse de Longueville, et crurent qu'ils étoient tombés de la poche de Coligny, qui avoit été chez elle ce jour-là; et sous leurs noms ces poulets furent copiés, et coururent toute la ville. La duchesse de Longueville en fut avertie, qui en fut fort offensée, et la princesse de Condé sa mère aussi : lesquels en demandèrent justice à la Reine. Sur ce bruit, toute la cour fut partagée : le duc de Beaufort et les *importans* furent pour la duchesse de Montbazon. Dans ce même temps, la Reine fut chez Renard pour y faire collation, ayant mené avec elle la princesse de Condé; et durant qu'elle se promenoit sur la terrasse, la duchesse de Montbazon y arriva, qui troubla toute la fête : car la princesse dit qu'elle sortiroit si l'autre entroit; et la Reine, pour empêcher ce désordre, lui manda qu'elle lui conseilloit de s'en aller et de ne point entrer, à cause du respect qu'elle devoit à la princesse : mais la duchesse ne laissa pas d'entrer, disant que tous les lieux où étoit la Reine étoient publics, où tout le monde pouvoit librement paroître. Aussitôt que la Reine la vit, elle se leva, et sans lui rien dire elle sortit du jardin et retourna au Louvre sans faire collation ; et pour faire voir à quel point elle étoit piquée, elle envoya le lendemain ordre à la duchesse de sortir de Paris, et devant que de partir d'aller chez la princesse lui demander pardon, dans des termes exprès écrits dans un papier, dictés par la princesse même. La duchesse exécuta ce commandement contre son gré et la rage dans le cœur : mais il fallut obéir ; et cette action fit voir que le duc de Beaufort diminuoit de crédit, puis qu'il ne pouvoit soutenir la personne du monde qu'il aimoit le plus. Le duc de Guise fut un de ceux qui soutinrent le plus hautement son parti : ce qui l'obligea de parler de la duchesse de Longueville en termes peu obligeans, pour lesquels Coligny le fit appeler ; et il se battit contre lui à la place Royale, où le duc le désarma, et eut tout l'avantage du combat.

Durant tous ces démêlés, les anciens conseillers de la Reine vouloient achever de pousser toutes les créatures du défunt cardinal, comme ils avoient déjà commencé : mais quand ils proposèrent à Sa Majesté l'éloignement du cardinal Mazarin, ils y trouvèrent de la résistance, et la Reine chercha des excuses pour retarder son congé, tantôt disant qu'il n'étoit point parent du défunt, qu'il étoit étranger, et ne faisoit point de conséquence, et les assurant que sa demeure n'altéroit en aucune sorte la bonne volonté qu'elle avoit pour eux : mais qu'il falloit se servir de lui encore quelque temps, parce qu'il étoit fort instruit dans les affaires du royaume, et qu'ils n'avoient pas eu le loisir d'en prendre encore une entière connoissance. Mais la vérité étoit qu'elle n'avoit aucune expérience quand tout le faix des affaires lui tomba sur les bras, et qu'elle s'en voulut décharger sur l'évêque de Beauvais, qui n'en étoit pas capable ; et comme elle avoit de l'esprit, elle le reconnut bientôt, car elle voyoit qu'il ne savoit que répondre à toutes les dépêches qui lui venoient de tous côtés ; tellement qu'elle se trouvoit contrainte d'en demander l'avis au cardinal Mazarin, qui lui résolvoit les affaires aussitôt. Cela l'accoutuma, dans les affaires épineuses, à le consulter plutôt que lui : et ainsi la créance du cardinal augmenta insensiblement près d'elle, et celle de l'évêque diminua. Le duc de Vendôme, qui s'aperçut de cela, et qui connut que le défaut d'un homme versé dans les affaires d'État les perdroit tous, conseilla l'évêque de Beauvais de faire revenir des Noyers, secrétaire d'État ; mais d'Emery, qui étoit ami du cardinal et feignoit de l'être de l'évêque, lui mit dans la tête que des Noyers se vouloit faire d'église, et que, gagnant l'esprit de la Reine, il voudroit être cardinal à son préjudice, et reculeroit sa promotion. Il lui mit tellement cette jalousie en tête, qu'il le fit tomber lui-même dans le précipice. La duchesse de Chevreuse le pressoit pour le garde des sceaux; mais il le craignoit encore plus que l'autre : de sorte que, voulant seul soutenir tout le poids des affaires, il montra si à découvert son insuffisance à la Reine, qu'il perdit toute créance auprès d'elle, dont le cardinal Mazarin profita : car messieurs de Liancourt, de Mortemart, Beringhen, le petit Montagu, anglais, et mademoiselle de Beaumont, firent si bien connoître à la Reine qu'elle ne devoit regarder que le bien de l'État et celui de ses enfans, qu'elle s'étoit mise entre les mains de gens ignorans qui n'y entendoient rien, et qu'à la fin tout périroit et retomberoit sur elle, qu'elle résolut de conserver le cardinal Mazarin, et se servit de lui dans le ministère. Chavigny contribuoit aussi à ce dessein, croyant qu'il ne pouvoit tomber par là, pour les obligations que le cardinal lui avoit. La princesse de Condé, habile et complaisante, la porta aussi à cette résolution, tant pour la flatter dans ses sentimens que pour ruiner les *importans*, qu'elle n'aimoit pas ; et si alors les anciens serviteurs de la Reine, cédant au torrent, eussent voulu s'accommoder avec le cardinal, ils se fussent conservés : mais ils prirent le contre-pied, le voulant faire chasser de haute lutte, faisant mille reproches à la Reine, comme si elle leur eût dû de reste. Tellement qu'ils lui furent à charge, et qu'elle commença à les craindre et à s'en lasser, et par là ils donnèrent beau jeu au cardinal de venir à bout de ses desseins : car les *importans* voyant qu'ils ne pouvoient chasser cet homme, résolurent de s'en défaire par le fer, et tinrent pour ce sujet plusieurs conseils à l'hôtel de Vendôme ; mais leurs desseins étant découverts, la Reine en fut fort en colère, et le cardinal prit son temps de faire voir à la Reine qu'elle seroit toujours en la tutelle de ces gens-là, jusqu'à ce qu'elle eût fait un coup de maîtresse. Ce conseil flattant ses sentimens fut bientôt suivi, parce qu'elle se sentoit choquée de leurs reproches continuels, et ne cherchoit que les moyens de se délivrer de leurs importunités. C'est pourquoi elle commanda à Guitaut, capitaine de ses gardes, d'arrêter le duc de Beaufort : ce qu'il exécuta dans le Louvre, et le fit conduire au château de Vincennes. Les ducs de Vendôme et de Mercœur eurent ordre de se retirer dans leur château d'Anet ; et sur quelque soupçon qu'on eut contre le père, il fut contraint de se sauver à Florence. La duchesse de Chevreuse eut aussi congé, et toute la cabale des *importans* fut entièrement ruinée.

Beaupui fut le plus remarqué pour la conspiration faite contre le cardinal : il sortit aussi du royaume, et s'en alla à Rome, où, à la poursuite de la Reine, il fut mis au château Saint-Ange, dans lequel la cervelle lui tourna. Ce qui aida fort à ce bouleversement fut que M. le duc d'Orléans le favorisa, parce que l'abbé de La Rivière, qui le gouvernoit, haïssoit les comtes de Béthune et de Montrésor, qui étoient ses ennemis jurés, lesquels il perdoit avec les *importans*. L'évêque de Beauvais eut ordre de se retirer dans son diocèse : mais il refusa d'obéir, jusqu'à ce qu'il eût par écrit les raisons de son éloignement : ce qui lui fut accordé, et l'ordre porta que c'étoit pour son incapacité.

Le marquis de La Châtre reçut commandement de se défaire de sa charge de colonel des Suisses entre les mains du maréchal de Bassompierre, sous prétexte qu'il y avoit été contraint de donner sa démission par force, étant dans la Bastille, quoique ce marquis l'eût été voir en prison pour lui en demander permission, et n'eût traité avec la marquise de Coislin qu'avec son agrément et de son consentement : ce qui ne l'empêcha pas de se prévaloir de son malheur et de profiter de sa disgrâce pour y rentrer. Le commandeur de Jars, qui étoit fort ami de la duchesse de Chevreuse et du garde des sceaux de Châteauneuf, arriva de Rome après tout ce fracas ; et n'y voyant plus de remède, il s'accommoda avec le cardinal, et conserva par là l'ancienne familiarité qu'il avoit toujours eue avec la Reine. Pour le commandeur de Souvré, il étoit ami du cardinal de longue main ; et ainsi il se trouva dans un bon poste. La marquise de Senecey et madame d'Hautefort demeurèrent dans leurs charges sans crédit, et mademoiselle de Saint-Louis épousa au même temps le marquis de Flavacourt : la Reine fut fort aise de l'éloigner d'elle, sous prétexte de l'envoyer avec son mari. Ainsi toute l'autorité tomba entre les mains du cardinal Mazarin, qui se trouva maître de l'État, tant il eut de facilité à prendre l'ascendant sur l'esprit de la Reine, laquelle se déchargea sur lui si aveuglément du gouvernement, qu'il ne trouva jamais le moindre sujet de chagrin dans ce cabinet. Mais durant toutes ces cabales de cour les Espagnols, voulant en profiter, se préparoient à donner des affaires dont nous allons voir la suite.

Pendant ces intrigues de cour, les Espagnols, sachant l'extrémité de la maladie du Roi, et prévoyant les brouilleries qui se formeroient dans la cour, résolurent d'en profiter, et de faire un grand effort contre la France, dans l'espérance de réussir avant que le conseil de la Régente se pût reconnoître dans un si grand changement. Pour l'exécution de leur dessein, ils mirent toutes leurs troupes ensemble, et même firent venir celles que le comte de Fontaine commandoit contre les Hollandais. Ils côtoyèrent toute la frontière de Picardie, pour donner jalousie aux places ; et marchant du côté de la Champagne, ils fondirent sur Rocroy, qu'ils firent investir par le comte d'Isembourg. Le lendemain, don Francisco de Melos, gouverneur des Pays-Bas, y arriva, où, sans faire de circonvallation, il ouvrit la tranchée, dans l'espérance de l'emporter avant que les Français fussent en état de la secourir. En effet, il se rendit maître en peu de temps de tous les dehors ; et Jofreville, gouverneur de Rocroy, manda au duc d'Enghien qu'il ne pouvoit plus tenir, et qu'il se rendroit s'il n'étoit promptement secouru. Ce jeune prince avoit été déclaré général de l'armée de Picardie par le feu Roi avant sa mort, ayant sous lui le maréchal de l'Hôpital pour lieutenant général, qui lui fut donné comme un vieux capitaine, lequel par sa prudence modéroit l'ardeur de sa jeunesse : Gassion, la Ferté-Senneterre, d'Epenan et Sirot servoient de maréchaux de camp dans cette armée. Dès que le duc d'Enghien vit le siège formé devant Rocroy, il retira toutes les troupes qu'on avoit mises dans les places : et ayant tout rassemblé, il tint un grand conseil pour savoir ce qu'il y avoit à faire. Le maréchal de l'Hôpital, plus avisé et expérimenté que les autres, conseilloit de laisser prendre cette ville, et de couvrir la frontière pour empêcher les Espagnols de faire un plus grand progrès, représentant le danger où tout l'Etat seroit exposé, si on perdoit une bataille immédiatement après la mort du Roi, dans le commencement d'une minorité. Gassion conseilloit le combat, dans l'espérance de s'élever par là, et d'établir sa fortune; et le duc d'Enghein, plein d'ambition et de courage, brûlant du désir d'acquérir de la gloire, suivit aisément son avis, et résolut de hasarder la bataille : dans ce dessein, il marcha diligemment avant que Bec eût joint l'armée espagnole avec un corps qu'il amenoit. Rocroy est situé dans une plaine tout entourée de bois, à la tête des Ardennes : si bien qu'on ne peut y arriver sans défiler. Gassion eut ordre de passer le premier avec quinze cents chevaux; et ayant mené des mousquetaires pour border le bois, il parut dans la plaine, et donna l'alarme aux assiégeans, qui commencèrent à sortir de leur camp et à se mettre en bataille; mais comme leurs quartiers étoient fort éloignés, il leur fallut beaucoup de temps pour se joindre : durant lequel le duc d'Enghien passa les bois, et fut en bataille dans la plaine aussitôt que les Espagnols. Ce qui les surprit fort : car ils avoient cru d'abord que ce n'étoit qu'un parti qui vouloit jeter un secours dans la place; mais quand ils virent toute l'armée, ils se rangèrent en ordre de combat, et lors le canon commença des deux côtés à se faire entendre jusqu'à la nuit, durant laquelle les deux armées demeurèrent en bataille l'une devant l'autre; et le jour ne commença pas plus tôt à paroître, que l'artillerie recommença son bruit. Le 19 de mai, cinq jours après la mort du Roi, la bataille se donna, qui fut commencée par Gassion, lequel chargea l'aile gauche des Espagnols, durant que le maréchal de L'Hôpital et de La Ferté-Senneterre attaquoient l'autre. L'événement fut différent des deux côtés, parce que les Espagnols rompirent l'aile gauche des Français, blessèrent le maréchal de L'Hôpital, prirent prisonnier La Ferté-Senneterre, et se rendirent maîtres du canon. Mais, de l'autre côté, Gassion ayant renversé les premiers escadrons espagnols, les poussa dans la seconde ligne, qu'il mit en déroute; et lors les poussant avec vigueur, il les força de tourner le dos et de prendre la fuite : mais au lieu de les poursuivre il les laissa sauver, et fut bride en main, ralliant toutes ses troupes et les remettant en bataille, parce qu'il aperçut le désordre des siens dans l'autre aile, et les Espagnols victorieux, qui, n'ayant pas la même précaution qu'il avoit, pilloient le bagage, comme s'ils n'eussent plus rien à craindre. Alors il fit faire demi-tour à droite, et marcha pour les prendre par derrière. Cependant le duc d'Enghien manda à Sirot, qui commandoit le corps de réserve, de donner et de secourir le maréchal de L'Hôpital : mais il répondit qu'il n'étoit pas temps; et le duc arrivant là dessus, il lui fit voir l'état de toutes choses; et comme Gassion, après avoir battu l'aile gauche des Espagnols, alloit attaquer l'autre par derrière, qu'il falloit avoir un peu de patience : ce que le duc trouva bon. Et aussitôt que Gassion chargea d'un côté, Sirot en fit autant de l'autre : de sorte que les Espagnols surpris, ne songeant qu'à piller et croyant la victoire à eux, furent facilement défaits; tellement que de victorieux ils devinrent vaincus en un moment : car ils ne se purent jamais rallier, et toute cette aile fut tuée ou prisonnière. La Ferté-Senneterre, prisonnier, fut délivré, le canon repris, et toute l'armée entièrement défaite. Il n'y eut que l'infanterie espagnole *naturelle* qui tint ferme jusqu'au bout : car elle serra tellement ses bataillons, hérissant les piques contre la cavalerie, qu'on fut contraint de faire rouler du canon pour la rompre; mais voyant la bataille perdue, et qu'il n'y avoit plus de ressource, ceux qui la commandoient aux premiers coups de canon demandèrent quartier, qui leur fut accordé avec éloge. Le comte de Fontaine, lieutenant général de l'armée, fut tué dans sa chaise, dans laquelle on le portoit à cause de la goutte. Toute la campagne étoit couverte de morts; et il y eut sept mille prisonniers. Tout le canon, bagage et drapeaux des Espagnols furent pris; et par cette grande victoire le duc d'Enghien commença d'acquérir cette grande réputation, qu'il a depuis augmentée par quantité d'autres qui ont suivi celle-ci; et il signala le commencement du règne de Louis XIV par le gain de cette bataille, comme un présage de la grandeur future et de la prospérité de ce jeune monarque. On perdit peu de gens de remarque du côté des Français : on remarqua entre autres le comte d'Ayen, fils aîné de Noailles, et Vivans.

Cette défaite causa une grande frayeur parmi les peuples des Pays-Bas; et le duc d'Enghein, sans perdre de temps, entra dans leur pays, où il se saisit des châteaux de Berlaimont, d'Aymeries, de la ville de Maubeuge : et, ayant passé la Sambre, prit en deux jours la petite ville de Binch, où il séjourna neuf jours. Puis, ayant repassé la Sambre, il marcha du côté de la Meuse, et envoya ordre au marquis de Gèvres, qui commandoit l'armée de Bourgogne, d'aller investir Thionville. Or, pour savoir ce que c'est que cette armée, il faut savoir que le Roi, pour faire voir que la mort du cardinal de Richelieu ne retarderoit en aucune sorte ses progrès, et qu'il conduiroit la guerre aussi bien que lui, voulut entreprendre une conquête assurée, et jeta les yeux sur la Franche-Comté, comme la plus facile à prendre; et pour cet effet fit assembler une armée du côté de Langres, dont il donna le commandement au maréchal de La Meilleraye. Mais la mort de Sa Majesté étant arrivée, ce dessein fut changé: le maréchal retourna à la cour, et le marquis de Gêvres demeura chef de cette armée sous l'autorité du duc d'Enghein, par l'ordre duquel il investit Thionville, durant que le duc marchoit en grande diligence pour arriver devant cette place avec tout le gros. Il prit en passant Vireton, et le 18 de juin il joignit le marquis de Gêvres, qui étoit posté devant cette ville dès le 16. Il fit travailler aussitôt à la circonvallation, qui fut achevée dans la fin du mois; et au commencement de juillet il fit mettre dans le camp tout ce qui étoit nécessaire pour un long siége: le duc d'Angoulême fut laissé avec un corps devers Saint-Quentin, pour empêcher que les Espagnols n'entreprissent rien contre la France. Le 7, les assiégés firent une grande sortie qui fut repoussée jusque dans leur contrescarpe; et le 8, la tranchée fut ouverte, qui s'avança jusqu'au 13, qu'un moulin fortifié fut emporté. Le 14, une batterie de dix pièces commença à jouer; et le lendemain une autre de six salua les assiégés, et battit si rudement la place que toutes les défenses furent bientôt abattues, nonobstant le grand feu de ceux de dedans, duquel Perceval, ingénieur, fut tué dans la tranchée. Le 16, ceux de la ville firent une sortie qui fut repoussée par les régiments Mazarin, Harcourt, et Gêvres. Le 18, le régiment de Picardie, soutenu de la Marine et de Guiche, fit le logement sur la contrescarpe d'un côté; et de l'autre, ceux de Gandelus, de la Meilleraye et de Bretagne en firent autant. Les jours suivans, on travailla à percer le fossé, et à dresser une batterie croisée pour rompre les orillons des bastions et les flancs bas, qui empêchoient la descente dans le fossé. Le 25, le marquis de Lenoncourt, gouverneur de Lorraine, étant venu de Nancy voir le siége, se voulut promener dans la tranchée; et regardant par l'embrasure d'une batterie, il reçut une mousquetade dans l'œil, dont il tomba roide mort: son gouvernement fut donné à La Ferté-Senneterre. Le 27, Gassion enleva un quartier des Espagnols près de Luxembourg; et le jour même les assiégés firent une grande sortie de trois escadrons et de deux cents hommes de pied, qui renversèrent la tête de la tranchée, se rendirent maîtres d'une batterie, et encloûrent le canon: mais le régiment du grand-maître les chargea si rudement, qu'ils furent contraints de se retirer dans la place. Le 28, un fourneau joua à la pointe de la demi-lune, où les régiments de Picardie et de la Marine se logèrent; puis on travailla à combler le fossé, et le 30 les mineurs furent attachés aux bastions. Le premier d'août une mine joua, et le 2 l'autre, et des deux côtés les logements furent faits au pied des brèches; et pour les faire plus grandes on poussa plus avant deux autres mines, dont celle de l'attaque d'Enghien joua le 4; mais l'autre tardant à prendre feu, le marquis de Gêvres crut que la mèche étoit éteinte, et l'impatience le pressant, il s'avança pour en apprendre des nouvelles: mais à l'heure même le feu prit, et il fut enseveli dans les ruines du bastion, sous lesquelles il fut écrasé. Il étoit homme de grand cœur et d'une haute ambition, et seroit parvenu à de grands honneurs s'il eût vécu davantage. Sa survivance de la charge de capitaine des gardes du corps et du gouvernement du Maine fut donnée à son second frère Gandelus, qui prit le nom de marquis de Gêvres. En même temps Gassion voulant faire donner à la brèche, fut blessé d'un coup de mousquet à la tête: ce qui fut cause que l'attaque n'eut pas d'effet. Les mines encore poussées plus avant étant prêtes à jouer, le gouverneur de Thionville fit parler à Palluau, qui en avertit aussitôt le duc d'Enghien. Ensuite les otages étant donnés de part et d'autre, la capitulation fut faite et signée, par laquelle Thionville fut rendue aux François le 10 d'août, et la garnison qui en sortit fut conduite à Luxembourg. Le gouvernement fut donné à Maroles, et le duc d'Enghien y séjourna encore quelques jours pour réparer la place. Puis il alla mettre le siége devant Zirc, petite ville sur la Moselle, entre Thionville et Trèves. Il en fut maître le 2 septembre, après y avoir perdu Maupertuis, lieutenant colonel du régiment de Picardie; et en ce lieu il reçut ordre de la cour de s'avancer vers l'Allemagne, pour secourir le maréchal de Guébriant. Mais, devant de parler de ce voyage, il faut voir en quel état étoient les affaires de ce pays-là.

Nous avons laissé, sur la fin de l'année dernière, le général Torstenson maître de Leipsick, et le maréchal de Guébriant en marche pour l'aller secourir; mais ayant appris à Mulhausen la prise de cette ville, il fit savoir à Torstenson l'approche de son armée; et les deux généraux, avec de la cavalerie, firent chacun la moitié du chemin, et s'abouchèrent pour résoudre ce qu'ils avoient à faire. Puis étant retournés en leurs camps, le maréchal de Guébriant marcha devers Nekar, et Torstenson mit le siége devant

Freyberg, durant que Konigsmark commandoit un corps séparé, dont on parlera ensuite. Ce siége de Freyberg fut rude, car les Suédois battirent vigoureusement cette place; mais, sur l'avis qu'ils eurent de la marche de Piccolomini avec l'armée impériale, ils levèrent le siége, et prirent le chemin de la Bohême, puis de la Moravie et de la Silésie, où les Impériaux les suivirent, commandés par Galas. Les Suédois firent de grands ravages dans la Moravie, Silésie et Lusace, et attaquèrent Brin, qui fut secouru par Galas, cependant que Konigsmark tenoit tête à Hasfeld dans la Franconie, et firent une guerre de campagne sans en venir aux mains. Sur la fin de l'année, les Suédois s'emparèrent de la ville d'Alberstadt, et furent prendre leurs quartiers d'hiver dans la Poméranie. Pour le maréchal de Guébriant, il passa le Mein, tirant vers le Nekar, du côté d'Hailbronn, et par la ville de Keisinguen il vint sur le bord du Rhin, qu'il passa sur un pont de bateaux, étant toujours suivi par les armées bavaroise et lorraine, qui, étant plus fortes que la sienne, l'obligèrent à se tenir serré dans l'Alsace, et à mander à la cour l'état où il étoit, et le besoin qu'il avoit de secours. C'est ce qui obligea le duc d'Enghien de marcher du côté de l'Alsace, pour le secourir : et ayant traversé la Lorraine, il rencontra près de Saarbruck le maréchal de Guébriant, qui avoit quitté son armée pour le venir saluer; et en ce lieu le duc d'Enghien tira de son armée cinq mille hommes de pied et deux mille chevaux, et leur fit passer la Sarre pour aller joindre celle du maréchal. Ce petit corps fut commandé par Rantzaw, comme lieutenant général, ayant pour maréchaux de camp Maugiron, Sirot et Noirmoutier. Le duc laissa son armée à Saarbruck, et fut voir celle du maréchal, qu'il trouva en bataille à Dakstein, et qui étoit composée, avec le nouveau secours, de vingt mille hommes. En même temps elle marcha devers le Rhin, qu'elle repassa entre Strasbourg et Rhinau. Ce fut là que le duc d'Enghien, après avoir été traité magnifiquement, se sépara et vint rejoindre ses troupes à Saarbruck, qu'il ramena prendre ses quartiers d'hiver en France. Dès que le maréchal de Guébriant fut delà le Rhin, il prit sa marche vers la Souabe, et investit, le 6 de novembre, Roteuil, qu'il battit furieusement; et l'ayant attaqué par deux endroits, durant qu'il donnoit ordre dans la tranchée pour faire battre une tour qui empêchoit la descente dans le fossé, il reçut un coup de fauconneau qui lui cassa le bras à la jointure du coude. Il ne laissa pas pour cela de continuer ce qu'il avoit commencé; mais la douleur de sa blessure le pressant, il fut contraint de se retirer; et de laisser le marquis de Montausier, maréchal de camp, pour achever ce travail, qui réussit si bien que, les mines ayant fait brèche, les assiégés se rendirent; et le maréchal de Guébriant s'étant fait porter dans la ville, ordonnoit de tout comme en pleine santé, et oublioit le mal qu'il souffroit pour faire le devoir de sa charge. Mais enfin il mourut de sa blessure le 24 de novembre, fort regretté de toute l'armée, dans laquelle il étoit en grande vénération, ayant acquis l'amour et l'estime des Allemands, qui avoient un respect tout extraordinaire pour son mérite. Cette mort causa une grande confusion : car le vieux corps allemand ne vouloit point reconnoître les maréchaux de camp, selon le traité qu'il avoit fait avec la France; et ainsi Tubadel le commandoit, et Rantzaw étoit reconnu des Français, lesquels ne s'accommodant pas bien avec les Allemands, et n'ayant plus de chef pour y mettre ordre, se séparèrent d'eux, et ne voyant point d'ennemis proche, allèrent se poster dans un bourg nommé Dutlingen. Les armées bavaroise et lorraine n'en eurent pas plus tôt avis qu'elles marchèrent en diligence droit à eux, et les surprenant alors qu'ils s'y attendoient le moins, les attaquèrent de tous côtés dans Dutlingen, et les emportèrent l'épée à la main. Elles prirent ou tuèrent tout ce qui étoit dedans, et entre autres le général Rantzaw; et ses trois maréchaux de camp Noirmoutier, Maugiron et Sirot, et le marquis de Vitri, mestre de camp du régiment de la Reine, furent prisonniers, et envoyés à Ratisbonne; le canon, bagage, drapeaux et étendards furent pris, et tout ce corps français fut entièrement perdu. Cette déroute donna une grande frayeur dans le camp des Allemands, qui venoient de recevoir un échec de leur côté : car le colonel Rose venoit d'être enlevé dans son quartier, où il avoit perdu plus de trois cents chevaux et tout son bagage : tellement que, sur la nouvelle de la défaite des Français, Tubadel abandonna Roteuil, et se retira devers le Rhin, pour se mettre à couvert de Brisach. Ainsi la mort du général fut cause du désordre et de la déroute de toute l'armée. Durant cette campagne, Erlac, gouverneur de Brisach, surprit la ville d'Uberlinguen, où le vicomte de Courval fut mis pour commander.

Le comte de Sirvela, gouverneur de Milan, ne pouvant souffrir que les Français eussent un pied dans son gouvernement par la prise de Tortone, fit tous ses efforts pour mettre ensemble un corps considérable, afin de réparer cette perte; et voyant les troupes françaises séparées dans leurs garnisons, il investit cette place au milieu de l'hiver, et, nonobstant la rigueur de la saison il tenta de l'attaquer par force; mais en ayant reconnu la difficulté, même l'impossibilité, tant par la résistance qu'il y trouva d'abord que par le trop grand nombre d'hommes qui étoit dedans, il résolut de se bien retrancher devant, et de l'affamer en lui coupant les vivres. Pour cet effet, il fit venir dans son camp quantité de paysans, qui travaillèrent en diligence à la circonvallation: si bien qu'elle fut fermée en peu de jours, et qu'il ne pouvoit plus rien entrer dans la place; il en fit faire une autre contre la ville, pour empêcher les sorties des assiégés. L'âpreté de l'hiver donnoit beaucoup d'avantage aux Espagnols, parce qu'ils étoient dans leur pays, et que les troupes françaises, fatiguées, ne pouvoient se résoudre ni tenir la campagne sans se ruiner entièrement. Le prince Thomas ne laissa pas, dès qu'il se vit au mois de mars, de mettre ensemble les troupes de Savoie; et ne se trouvant pas assez fort pour forcer les lignes, il marcha droit à la ville d'Ast, où il mit vingt pièces de canon en batterie, dont il ruina tellement les murailles, que les Espagnols furent contraints d'abandonner la ville et se retirer dans le château, qui fut aussitôt bloqué par le marquis de Ville, lequel demeura devant, durant que le prince Thomas, le comte Du Plessis-Praslin et le vicomte de Turenne marchèrent à Tortone pour tâcher de le secourir; mais après s'être présentés aux lignes, ils les trouvèrent en si bon état, qu'ils ne jugèrent pas à propos de hasarder de les attaquer: de sorte qu'ils se retirèrent. Ce que voyant Florinville, gouverneur de Tortone, et perdant par cette retraite toute espérance de secours, après avoir consumé tous ses vivres il capitula, et rendit Tortone aux Espagnols, après avoir tenu quatre mois. Il en sortit le 27 de mai, et fut conduit avec escorte dans le camp des Français. Cependant le blocus de la citadelle d'Ast continuoit toujours; et comme il y avoit bien des vivres, elle dura jusqu'au mois d'août, que le pain manquant aux Espagnols, ils en sortirent, et la remirent entre les mains du marquis de Ville.

Dans ce même temps le prince Thomas reçut la patente de général des armées du Roi dans l'Italie; et ainsi commandant les Français et les Savoyards, il entra dans le Milanais, et se posta près d'Alexandrie: ce qui donna l'alarme à un tel point aux Espagnols, qu'ils séparèrent leur infanterie, et la mirent dans leurs places: tellement que le prince Thomas voyant Alexandrie trop bien muni, tourna tout court la tête contre Turin; et ayant repassé le Pô sur le pont de Casal, il envoya de la cavalerie investir cette place, devant laquelle il arriva le 5 d'août. Il ouvrit aussitôt la tranchée, et trouva une grande résistance: car le baron de Vatteville s'y défendit si bien qu'il dura jusqu'au 27 de septembre, qu'il se rendit, ayant ses bastions renversés, et les Français logés dessus. Espanelle, capitaine au régiment des Gardes, fut tué dans la tranchée. Cette prise rendit le chemin de Casal à Turin beaucoup plus libre, n'étant plus empêché que par Pondesture, qui est sur le Pô, à trois lieues de Casal: c'est ce qui obligea le prince Thomas de l'attaquer. Pour cet effet, il le fit investir le 14 d'octobre, et le battit si rudement qu'il en fut maître le 28. Le chemin de Casal à Turin fut depuis libre sans aucun obstacle; et la saison étant fort avancée, on se mit en quartier d'hiver de tous côtés.

Le maréchal de La Mothe, nouveau vice-roi de la Catalogne, étoit à Barcelone, occupé à recevoir le serment des habitans, et à régler toutes choses pour affermir ce pays dans l'obéissance du Roi, lorsque la nouvelle lui vint que les Espagnols avoient assiégé Flix, petite place située dans une île sur l'Ebre, qui étoit importante à cause du passage de cette rivière. Il fit aussitôt partir Ferracières, maréchal de camp, avec quinze cents hommes de pied et deux cents chevaux, lequel fit si bonne diligence qu'il se jeta dedans à la faveur de la nuit. Ce secours obligea les assiégeans à lever le siége, et à joindre leur gros commandé par le marquis d'Yonoiosa, qui attaqua Miravel, petit château delà l'Ebre, qui se défendit si vaillamment qu'il donna loisir au maréchal de La Mothe de passer la rivière à Flix, et de marcher tête baissée aux Espagnols, qui décampèrent sur cette nouvelle avec tant de précipitation, que deux pièces de canon y demeurèrent, et leur arrière-garde fut malmenée.

Ces malheurs, qui arrivoient de toutes parts à l'Espagne, furent cause de la disgrâce du comte duc d'Olivarès, que le roi d'Espagne fut contraint d'éloigner de sa personne et de ses affaires, par la plainte générale de tous ses Etats, qui lui imputoient toutes les révolutions arrivées depuis la guerre à leur désavantage. Le Roi eut toujours néanmoins de la confiance en lui, et même il lui écrivoit souvent dans le monastère où il s'étoit retiré, et le consultoit dans ses plus importantes affaires fort secrètement, à cause de sa disgrâce. La Reine entra en crédit près du Roi son mari, et agit avec tant de prudence qu'elle acquit la réputation d'une très-habile princesse, et gagna en peu de temps l'affection de tous les peuples.

Dans ce même temps la vallée d'Aran se révolta en Catalogne, par la menée de don Hyacinthe de Toraille, qui mit le château de Léon entre les mains des Espagnols: mais don Joseph Marguerit y accourut avec des troupes, et reprit ce château situé près de la source de la Garonne, et remit cette vallée dans l'obéissance des Français. Cependant le roi d'Espagne faisoit de grands préparatifs pour attaquer la Catalogne d'Arragon; et ayant fait arrêter le marquis de Léganès pour lui faire rendre compte du commandement des armées qu'il avoit eu les années dernières, il mit en sa place don Philippe de Silve: mais le maréchal de La Mothe, pour le prévenir, entra dans l'Arragon, où il prit Esladille, Benevari et Calasansa, qui lui donnoient tout le pays entre le Cinga et la Sègre jusque près d'Huesca. Ces progrès obligèrent le roi d'Espagne de venir à Saragosse avec une puissante armée, d'où il détacha don Juan de Garai pour investir Flix, que le maréchal de La Mothe sauva par sa diligence: car il y arriva aussitôt que lui, et l'obligea de retourner au gros de l'armée espagnole, sans exécuter son ordre. Il trouva le Roi à Balbastro, qui passoit la Cinga, et menaçoit de fondre sur quelque place: ce qui tenoit le maréchal de La Mothe en incertitude; mais enfin il fut éclairci: car il tourna ses desseins contre Monçon, qu'il investit, et se retrancha devant, pour l'emporter à quelque prix que ce fût. Dès que la circonvallation fut achevée, il ouvrit la tranchée à la mi-novembre, et battit la place de vingt pièces de canon. Les Français se défendirent bien; mais le maréchal de La Mothe s'étant présenté aux lignes, et s'étant retiré pour les avoir trouvées en trop bon état pour les forcer, ils se rendirent à composition, et furent conduits à Lérida. Ensuite toutes les petites villes qu'ils tenoient dans l'Arragon suivirent le même chemin, et retournèrent dans l'obéissance des Espagnols.

Sur la mer, le duc de Brezé, amiral de France, rencontra devers Carthagène l'armée navale d'Espagne, contre laquelle il combattit un demi-jour entier; et après avoir tiré quantité de coups de canon, la nuit les sépara, les Espagnols ayant perdu l'Amiral de Naples et deux autres navires.

Dans le Rouergue il y eut une grande sédition du peuple, qui assiégea le comte de Noailles dans un château, sous ombre qu'il étoit venu par faire payer la taille dans les paroisses; mais le comte de Langeron y étant arrivé avec des troupes, dissipa toute cette canaille, et délivra le comte de Noailles, qui se saisit des plus mutins, qu'il fit pendre.

A la cour, le comte d'Harcourt fut pourvu de la charge de grand écuyer de France, vacante par l'exécution de M. le Grand; et les marquis de Créqui et de Courtanvaut, les comtes de La Roche-Guyon et de Vivonne, de celle des premiers gentilshommes de la chambre: le premier, en la place du duc de Lesdiguières son oncle; et les trois derniers en survivance de leurs pères. En même temps les marquis de Roquelaure et de Montglat firent serment de la charge de grand-maître de la garde-robe: le premier, en la place du marquis de La Châtre; et le dernier, par la démission du marquis de Montespan. Sur la fin de l'année, la Reine donna le bâton de maréchal de France au vicomte de Turenne, et l'envoya aussitôt commander en Allemagne en la place du maréchal de Guébriant, pour rassembler ses troupes et réparer le désordre où elles étoient. Sa Majesté honora d'une pareille dignité le colonel Gassion, pour le grand service qu'il avoit rendu à la bataille de Rocroy.

DIXIÈME CAMPAGNE.

[1644] L'hiver rassembla tout le monde à Paris, et ceux qui avoient été employés dans les armées durant l'été revinrent à la cour pour voir l'état du gouvernement, qui avoit eu tant de faces différentes. Ils trouvèrent le cardinal Mazarin maître des affaires, et que la Reine se reposoit entièrement sur lui de l'administration du royaume : mais comme les minorités ne sont pas absolues, à cause des princes qui ont part à la régence, le cardinal, qui étoit adroit et insinuant quand il vouloit, avoit toutes les complaisances imaginables pour M. le duc d'Orléans et pour le prince de Condé, desquels les talens étoient bien différens : car le premier étoit d'un esprit docile, bien intentionné, peu agissant de lui-même, et qui se laissoit gouverner par l'abbé de La Rivière, homme de la lie du peuple, qui se laissa aisément gagner par le cardinal, qui lui promit de faire sa fortune ; mais le dernier étoit bien d'une autre humeur : car il ne se laissoit gouverner par personne, et il agissoit de lui-même, étant très-habile et entendu au maniement des affaires publiques, c'est-à-dire dans le cabinet, car pour la guerre il y avoit toujours mal réussi : tout au contraire du duc d'Enghien son fils, qui s'y attacha tellement qu'il se rendit un des plus grands capitaines de son temps. Le cardinal les ménagea tous deux différemment, gagnant le père par l'intérêt auquel il étoit fort attaché, et le fils par de grands emplois, pour lui donner matière d'acquérir de la gloire, qui étoit le seul objet de ses désirs : par ce moyen, il ne trouva rien dans le cabinet qui lui fût contraire, et il tint les rênes de l'Etat avec un pouvoir absolu, sans aucun obstacle. Pour affermir davantage son autorité, il voulut obliger ces princes par des bienfaits, et dans cette vue il traita du gouvernement de Languedoc avec le maréchal de Schomberg, moyennant Metz qu'on lui donna, et la lieutenance générale de la même province, qui lui demeura sous l'autorité de Monsieur, qui fut pourvu de ce gouvernement : ensuite il récompensa le maréchal de L'Hôpital de celui de Champagne, dont la lieutenance générale lui fut laissée, pour le donner au duc d'Enghien. Ainsi tous les grands étant satisfaits, il appliqua tous ses soins à la continuation de la guerre, qui recommença cette année de cette sorte.

Le général Torstenson étant sorti de la Moravie et de la Silésie, entra dans la Lusace, en sortit brusquement, lorsqu'on s'y attendoit le moins, et faisant mine de passer l'Elbe pour aller prendre ses quartiers dans les duchés de Brunswick et de Lunebourg, il la fit passer seulement à Konigsmark, et il coula tout au long jusqu'à Domitz, où, ayant embarqué son canon, il prit sa marche vers le duché de Holstein, où il s'empara de la ville de Kiel, et y fit son quartier principal. Cette irruption dans les Etats du roi de Danemark surprit fort tout le pays, d'autant que leurs rois n'avoient point de guerre ensemble : mais les Suédois se plaignoient de ce que les Danois, jaloux de leurs prospérités, favorisoient sous main les Impériaux. Et pour ce sujet Torstenson ayant laissé garnison dans Kiel, et rassemblé toute son armée, marcha dans le pays de Jutland, et défit un corps du roi de Danemarck, qui se sauva dans l'île de Funen : il prit ensuite ses quartiers dans cette province, où toutes choses étoient en abondance, durant que Galas s'occupoit à battre Zittau, et à reprendre les places que les Suédois avoient prises en Bohême, Moravie et Silésie. Cependant le roi de Danemarck le pressoit de venir à son secours, parce qu'outre l'irruption de Torstenson dans le Jutland, le maréchal Horn étoit entré dans le pays de Skonen, où il faisoit de grands ravages. C'est pourquoi, vers la fin de l'été, Galas marcha de ce côté-là ; et Torstenson en ayant avis, sortit du Danemarck, et rentra dans l'Allemagne jusque sur le bord de la Sala, où les deux armées se tirèrent quantité de coups de canon. De là, Torstenson rejoignit Konigsmark, et marcha devant l'Elbe, suivi par Galas ; mais, sur la fin de l'année, des députés furent nommés pour accommoder les différends entre la Suède et le Danemarck : ce que les Impériaux traversèrent de toute leur puissance, étant bien aises de donner de la besogne aux Suédois et de leur causer une diversion, d'autant plus qu'ils avoient fait ligue avec Ragotzki, prince de Transylvanie, qui étoit entré avec une armée dans la Hongrie, et avoit pris sur l'Empereur la ville de Cassovie. Mais la plus forte partie qu'il eut cette année-là sur les bras étoit du côté de France : car le général Mercy, avec l'armée bavaroise, ayant attaqué et pris Uberlingen, marcha du côté du Rhin, et assiégea la ville de Fribourg.

Sur cette nouvelle, le maréchal de Turenne assembla ses troupes, et envoya devant le marquis d'Aumont, lieutenant général, pour tâcher d'y jeter du secours ; mais il trouva le camp si bien retranché, qu'il lui fut impossible de le faire : tellement que le maréchal, ne se sentant pas assez fort avec le débris des troupes ruinées l'année dernière pour entreprendre ce secours, dépêcha pour presser le duc d'Enghien de marcher. Ce prince le fit aussitôt ; mais durant sa marche il apprit la prise de Fribourg : ce qui ne l'empêcha pas de continuer son chemin et de joindre le maréchal de Turenne. Il tint avec lui grand conseil, dans lequel il résolut, puisque Fribourg étoit pris, de tâcher de combattre leurs ennemis. Ils passèrent dans ce dessein le Rhin sur le pont de Brisach, et marchèrent droit à eux ; puis les ayant fait reconnoître, ils apprirent que leur camp étoit dans des montagnes de difficile accès, retranché, palissadé et entouré de bois, dont ils avoient fait un abatis pour en embarrasser l'abord. Cette situation fit balancer les avis dans le conseil, et les opinions furent partagées : les uns trouvant l'entreprise trop difficile et d'un événement fort douteux, et les autres la jugeant possible. Mais le duc d'Enghien, jeune, courageux et ambitieux, enflé de gloire de ses victoires de l'année passée, croyant que rien ne lui pouvoit résister, passa par dessus toutes sortes de considérations, et résolut de combattre à quelque prix que ce fût. Pour cet effet, il se sépara du maréchal de Turenne pour faire deux attaques différentes, et détacha d'Espenan, maréchal de camp, pour donner à une redoute, durant que le comte de Tournon donneroit à l'autre. Le combat fut fort opiniâtré des deux côtés, et les redoutes furent forcées ; mais la nuit qui survint empêcha l'attaque du grand fort qui étoit sur la montagne. De l'autre côté, le maréchal de Turenne attaqua les Bavarois par un endroit fort couvert ; et après un combat fort rude il les força de quitter leurs retranchemens, et les poussa jusque dans la plaine, où la nuit les sépara. Le jour étant revenu, il les envoya reconnoître par Roques-Servières, sergent de bataille, et par Nettancourt, qui rapportèrent qu'ils avoient quitté leur camp, et marché toute la nuit en se retirant. C'est pourquoi la fatigue des soldats et la pluie continuelle qui fit ce jour-là fut cause que l'armée se campa dans leurs retranchemens ; et le lendemain, 5 d'août, le duc d'Enghien commanda aux maréchaux de Guiche et de Turenne de faire trois attaques dans les nouveaux retranchemens qu'avoient faits les Bavarois à la hâte, derrière la montagne où ils s'étoient retirés. Léchelle, sergent de bataille, fut celui qui engagea le premier le combat ; et le marquis d'Aumont, donnant de son côté, emporta les retranchemens, nonobstant la difficulté du terrain, qui étoit rude, montueux, et plein d'arbres abattus. Les Bavarois, voyant qu'ils alloient être entièrement défaits, firent leur retraite à la faveur des montagnes, des bois et de l'âpreté des chemins, qui les empêchoient d'être poursuivis, après avoir perdu beaucoup de gens, et eu leur infanterie si mal-menée, que de tout l'été ils ne purent paroître devant les Français, qui demeurèrent maîtres de la campagne. Dans ces deux journées, beaucoup de braves gens perdirent la vie, et entre autres Mauvilli, que le duc d'Enghien regretta fort. Cependant les Bavarois, craignant d'être suivis, se retiroient à couvert des bois et des vallons qui les séparoient des Français ; mais le duc d'Enghien en ayant connoissance, marcha pour les couper avec son armée : comme en effet il les fit charger dans un défilé par Palluau, maréchal de camp, qui défit quelque infanterie. Mais le gros de leurs troupes lui tombant sur le corps, il fut contraint de se retirer, et la difficulté des chemins ôtant le moyen de les suivre, fit résoudre le duc d'Enghien de les laisser aller ; et après trois journées différentes de combat, toutes trois à son avantage, il demeura maître des bords du Rhin, et résolut de profiter des victoires qu'il venoit de remporter dans ce pays. Dans ce dessein, il envoya le marquis d'Aumont se saisir de Germersheim, et en même temps il marcha pour assiéger Philisbourg, qu'il investit le 24 d'août. Cette place est à une portée de mousquet delà le Rhin, fortifiée de sept bastions dont la force et la conséquence étoit si grande, qu'à moins de ne craindre aucun secours il n'eût osé songer à l'attaquer. La circonvallation fut achevée en peu de jours, durant que le marquis d'Aumont alla s'emparer de Spire, qui capitula d'abord, et reçut garnison française.

Il revint de là rejoindre l'armée devant Philisbourg, où il trouva la tranchée ouverte depuis le 28 par d'Espenan, qui fut poussée fort avant, nonobstant une sortie de cent mousquetaires et soixante chevaux, qui fut vigoureusement repoussée. Trois jours après, il y eut deux batteries dressées de six pièces chacune, qui commencèrent à battre la place durant qu'on avançoit le travail jusqu'au bord du fossé, dans lequel le comte de Tournon, donnant ses ordres, reçut un coup de mousquet sous l'oreille, dont il tomba mort. Il fut regretté extraordinairement du duc d'Enghien, duquel il étoit proche parent. Aussi c'étoit un jeune seigneur qui avoit toutes les bonnes qualités qu'on pût désirer tant du corps que de l'esprit, étant lieutenant de roi en Dauphiné et en Vivarais; et mourant sans enfans, il fut le dernier de sa maison. On travailla ensuite à combler le fossé de fascines; mais le colonel Bamberg, qui en étoit gouverneur, n'attendit pas que le mineur fût attaché au bastion : car dès qu'il vit son fossé plein il capitula, et sortit de la place le 10 de septembre, et fut conduit à Hailbronn. C'étoit ce même gouverneur qui l'avoit surprise en 1635, et y avoit toujours commandé depuis.

Le duc d'Enghien, après cette importante conquête, fit sommer la ville de Worms, laquelle se rendit à lui; et en même temps détacha le maréchal de Turenne pour assiéger Mayence : le général major Rose s'avança pour se saisir d'Oppenheim, qui étoit sur le passage; et le lendemain ce maréchal investit Mayence, dont l'électeur s'étoit retiré à Cologne. Cette grande ville se trouva surprise, et ne voyant aucune espérance de secours, le peuple se vouloit rendre; mais la garnison n'étoit pas de même avis. L'arrivée du duc d'Enghien décida ce différend : car la présence de ce prince victorieux leur fit tomber les armes des mains, et le recevoir dans la ville, à condition qu'ils auroient garnison française sous le vicomte de Courval, et qu'ils conserveroient tous leurs priviléges.

Après cette prise, le duc ayant laissé d'Esperian dans Phillsbourg, et le vicomte de Lameth dans Worms, envoya le marquis d'Aumont pour attaquer Landau. Ce dernier y arriva le 23 de septembre, et le jour même il ouvrit la tranchée et mit le canon en batterie; mais le lendemain, donnant ses ordres dans l'attaque, il reçut une mousquetade dans la hanche, qui lui cassa le gros os : dont il mourut peu de jours après, au grand regret de toute l'armée, dans laquelle il étoit fort aimé. Sur cette nouvelle, le maréchal de Turenne vint lui-même au siége, et le pressa tellement que Landau se rendit à lui : il prit ensuite le château de Magdebourg, Bingen, Bacharach et Kreutznach. Et par là le duc d'Enghien se vit maître du Rhin depuis Bâle jusqu'à Cologne; et lors la saison étant fort avancée, il quitta l'armée, qui se mit en quartier d'hiver; et il prit la poste pour retourner à la cour, où il fut reçu à la fin d'octobre, avec l'applaudissement que méritoient les triomphes d'une si glorieuse campagne.

M. le duc d'Orléans, poussé d'émulation des victoires du duc d'Enghien, et se voyant lieutenant général de l'État et généralissime des armées, voulut en faire la fonction, et commander la principale, qui étoit celle de Flandre. Pour cet effet, il prit pour généraux sous lui les maréchaux de La Meilleraye et de Gassion, et sépara ses troupes en trois corps : l'un commandé par le maréchal de La Meilleray, qui passa la Somme à Amiens; le second, par le maréchal de Gassion, qui la passa à Péronne; et le dernier, par le lieutenant général Rantzaw, qui passa sur le pont d'Abbeville, pour donner de l'ombrage de tous côtés aux Espagnols, et les laisser dans l'incertitude du lieu où il devoit tomber. Durant que ces trois corps entroient par différens endroits dans le pays ennemi, Villequier, avec la noblesse et la milice du Boulonais, partit en diligence, et se saisit des postes et passages qui empêchoient d'entrer dans Gravelines; et en même temps le maréchal de La Meilleraye prit les forts des Bayètes, de Capels et de Saint-Folquin, et fit faire un pont sur la rivière d'Aa pour passer l'armée avec laquelle il investit cette place, composée de sept bastions et de fort bons dehors. Le lendemain, M. le duc d'Orléans, avec le gros de l'armée, ayant passé à la vue de Saint-Omer, arriva le premier de juin au siége, où il fit travailler à la circonvallation, qui fut un peu traversée par les écluses que les assiégés levèrent, et qui noyèrent tout le pays; mais ces eaux furent écoulées par l'industrie de Reniezens, hollandais très-expérimenté en cet art. Les lignes furent achevées le 8 de juin, et la nuit même la tranchée fut ouverte au fort Philippe, situé sur le bord de la mer, à l'embouchure de l'Aa, distant d'une portée de canon de la ville, entre laquelle et ce fort il y avoit cinq redoutes pour la communication de l'un à l'autre : une batterie de sept pièces fut dressée durant que la flotte hollandaise battoit ce fort par mer. Cette attaque dura jusqu'à la nuit du 12 au 13, que les assiégés se retirèrent dans la ville et abandonnèrent le fort. Le Fargis, maréchal de camp, n'entendant plus de bruit, fit avancer un sergent avec dix hommes, lequel, étant monté dans un ouvrage à cornes, cria qu'il n'y avoit personne; mais un soldat seul resté mit le feu à une mine, qui tua trois Français, et couvrit de terre le reste sans leur faire mal; et le soldat, à la faveur de la nuit, se sauva dans la ville. Le fort Philippe étant pris de la sorte, M. le duc d'Orléans s'y logea, et les cinq redoutes furent aussi abandonnées par les Espagnols. La nuit du 16 au 17, la tranchée fut ouverte par deux endroits devant la place, et deux bastions voisins furent attaqués : en sorte que les deux attaques se joignoient par une ligne. Le 21, deux batteries, de dix pièces chacune, commencèrent à rompre les parapets et défenses des bastions et courtines; le 22, le marquis de Lavardin, maréchal de camp, poussa le travail jusque sur le bord du fossé de la contrescarpe, avec le régiment de Grancey; et la nuit du 25 au 26, La Ferté-Imbault voulut tenter de passer ce fossé, qui est d'autant plus difficile qu'étant plein d'eau de la mer il se hausse et baisse selon le flux et le reflux. Les assiégés firent une sortie sur lui, qui l'empêcha d'exécuter son dessein : tellement que, le 27, on travailla pour faire trois ponts de bateaux qui se hausseroient et baisseroient selon la marée. Le 28, les marquis d'Hocquincourt et comte de Quincé voulurent passer ces ponts; mais les assiégés vinrent au devant d'eux avec des grenades à la main, et firent si grand feu qu'ils empêchèrent le passage et brûlèrent les ponts : tellement qu'il les fallut refaire; et pour empêcher le feu d'y prendre une autre fois, outre les sacs pleins de terre et les ballots de laine, on les couvrit de peaux de bœufs fraîchement écorchés : en sorte que le comte de La Feuillade passa le pont avec le régiment de Navarre à l'attaque de Gassion, et fit le logement delà l'eau, au pied du glacis de la contrescarpe, nonobstant le grand feu des assiégés et une sortie qu'ils firent, où ils furent hardiment repoussés. Le 30, on assura ce logement; mais à l'attaque de La Meilleraye les épaulemens du pont furent encore brûlés; et le marquis de Lavardin voulant faire porter des barriques pour les refaire, reçut un coup de mousquet dans la hanche, dont il mourut quelques jours après. Le premier de juillet, le maréchal de Gassion fit attaquer la contrescarpe, sous laquelle il fit jouer un fourneau ; et, malgré la vigoureuse défense des assiégés, qui, à coups de grenades, de pierres et de cercles à feu, disputèrent vaillamment le terrain, il l'emporta avec le régiment de Piémont, commandé par Wassé, et fit le logement sur le haut. Le lendemain, le comte d'Estrées, en assurant ce logement, reçut une mousquetade dans la main qui lui emporta deux doigts, dont il est demeuré estropié toute sa vie. Or, durant que les Français faisoient ce qu'ils pouvoient pour avancer ce siége, Piccolomini voulut jeter dans Gravelines quatre cents officiers réformés; mais ayant donné dans le quartier de Rantzaw, ils furent tous pris prisonniers. Le lendemain, 5 de juillet, Mommége, capitaine au régiment des Gardes, passa le pont de La Meilleraye, et fit un logement au pied du glacis de la contrescarpe : mais le jour d'après la marée fut si haute, qu'on fut contraint de l'abandonner; et, la nuit du 9 au 10, le maréchal de La Meilleraye ayant fait faire cinq ponts, fit passer les régimens des Gardes et de Picardie, qui refirent le logement avec grande perte de part et d'autre. Du côté de Gassion, après être descendu dans le chemin couvert, on fit un pont pour passer le fossé de la demi-lune; et le 10 un mineur fut attaché à la pointe, qui fut tué par deux hommes descendus d'en haut avec une corde, qui coulèrent du long de la fausse braie. Un second qui y fut rattaché fut mis en morceaux par l'éclat d'une bombe, qui fut descendue d'en haut jusque vis-à-vis du trou où elle creva : mais un troisième s'y étant remis, fit son trou de biais pour se mettre à couvert, et acheva sa mine, qui joua le 12. On fit un logement à la pointe, que les assiégés forcèrent de quitter; mais le 13, un second fourneau ayant fait une plus grande ouverture, le logement fut refait et assuré. Il y avoit un retranchement derrière, qu'on fit sauter par un troisième fourneau ; et le maréchal de Gassion l'ayant fait attaquer, se rendit maître entièrement de la demi-lune, laquelle, étant entre les deux attaques, les incommodoit également toutes deux. C'est pourquoi, en étant délivré, on commença la descente dans le fossé. Comme les bastions étoient à orillons, et qu'il y avoit du canon dans les flancs bas qui battoient à fleur d'eau et empêchoient la construction des ponts et galeries pour aller aux bastions, les Français élargirent leurs logemens à droite et à gauche ; et quand ils eurent trouvé leur ligne de défense, ils firent deux batteries croisées sur le bord du fossé, qui voyoient leurs flancs bas, pour démonter leurs canons. Le 15, Magaloti délogea les assiégés de deux traverses qui incommodoient : et lors on commença la sape, et à percer le fossé. Le soir du 15, le marquis de Nangis, faisant travailler au pont du fossé, reçut une mousquetade dans la tête, dont il tomba mort, fort regretté de tout le monde, parce qu'il étoit fort aimé, et donnoit de grandes espérances qu'il parviendroit un jour à de plus hauts emplois. Le 16, le maréchal de Gassion attacha le mineur à la pointe du bastion, et un autre à la courtine; et le 17, deux mines jouèrent, qui ne firent pas brèche raisonnable. Ce même jour un mineur se logea à la pointe du bastion de La Meilleraye, et le 23 la mine joua : mais on ne put se loger qu'au pied de la brèche, à cause du grand feu des assiégés. La seconde mine de Gassion ayant fait un grand effet, on tenta de faire un logement au haut de la brèche : mais les Espagnols soutinrent si bravement l'assaut, qu'on ne put se loger qu'à moitié. Mais, le 27, les mines ayant fait grande ouverture, on donna l'assaut, et à la faveur des batteries qui étoient sur le bord du fossé, et de deux grands logemens de mousquetaires qui tiroient perpétuellement en haut, et par leur grand feu empêchoient de paroître sur la brèche, on se posta tout au haut du bastion. Alors les assiégés, se voyant ainsi pressés, firent une chamade à l'attaque de Gassion, par laquelle ils étoient plus poussés, et demandèrent à parlementer. Aussitôt le maréchal en donna l'avis à M. le duc d'Orléans, qui ordonna qu'ils seroient écoutés; et des otages ayant été donnés de part et d'autre, la capitulation fut arrêtée et signée par Son Altesse Royale : si bien que, le 29, don Fernando Solis sortit de Gravelines avec sa garnison, et ayant baisé la botte à M. le duc d'Orléans, fut conduit à Dunkerque. Le maréchal de Gassion, sous ombre que la place avoit parlé de son côté, crut que c'étoit à lui à en prendre possession, et pour cet effet il s'étoit mis à la tête du régiment de Navarre, et marchoit pour entrer dedans : mais il rencontra le maréchal de La Meilleraye à la tête des gardes, dans le même dessein, parce que ce régiment, comme le premier de France, a droit d'entrer le premier dans les places conquises. Dans cette contestation, les maréchaux se piquèrent l'un contre l'autre, et même mirent la main sur la garde de leur épée; et les bataillons des Gardes et de Navarre commencèrent à baisser les piques pour soutenir chacun son général, lorsque Lambert, vieux maréchal de camp, courut entre les deux régimens, et leur défendit de la part de Son Altesse Royale de les reconnoître ni l'un ni l'autre. Aussitôt il envoya donner avis de ce désordre à Monsieur, lequel y fut lui-même et jugea en faveur du maréchal de La Meilleraye et du régiment des Gardes, avec lequel il entra dans Gravelines. Ainsi cette forte place tomba dans la puissance des Français après deux mois de siége, qui fut célèbre par la vigoureuse résistance des assiégés, par la valeur des assiégeans, et par le grand nombre de princes, de ducs et pairs, et de grands seigneurs, qui étoient volontaires dans cette armée, pour montrer le zèle qu'ils avoient pour la personne de Monsieur, lequel envoya cette bonne nouvelle à la Reine régente, qui donna le gouvernement au comte de Grancey.

Monsieur partit ensuite pour retourner à la cour; et le maréchal de La Meilleraye étant allé aux eaux pour sa santé, le maréchal de Gassion demeura seul général de l'armée, auquel on joignit quelque temps après le duc d'Elbœuf. Quand Gravelines fut bien réparé, l'armée décampa, et s'empara de l'abbaye d'Uvate, que les généraux firent fortifier, et mirent dedans Manicamp pour y commander, et sous lui le marquis de Thémines. C'étoit un poste important pour sa situation, sur une hauteur, entre Gravelines et Saint-Omer. Ensuite le maréchal de Gassion prit les forts d'Hennuin et de Rebus, et pilla le plat pays jusqu'à Ypres. Dans ce même temps don Francisco de Melos, gouverneur des Pays-Bas, fut rappelé en Espagne, et le marquis de Castel-Rodrigo vint commander en sa place, le duc de Piccolomini demeurant général des armées; lequel étoit bien empêché, parce qu'il avoit à se défendre de tous côtés des Français et des Hollandais : car le prince d'Orange durant le siége de Gravelines assiégea le Sas-de-Gand, et l'attaqua si vertement qu'en un mois de temps il en fut maître, et la campagne finit ainsi dans les Pays-Bas.

Quand le prince Thomas se mit au service du roi d'Espagne, il envoya sa femme et ses enfans à Madrid, pour servir d'otages de sa fidélité, mais aussitôt qu'il eut quitté son service, ils furent arrêtés et gardés fort exactement durant deux ans, au bout desquels ils furent mis en liberté, et eurent permission de venir en France, où ils arrivèrent cette année, et y furent fort bien reçus de Leurs Majestés. Le prince Thomas vint aussi à la cour au commencement de l'année, où il fut logé dans le Louvre et défrayé aux dépens du Roi jusqu'à son retour en Piémont, qui fut à Pâques. Dès qu'il fut arrivé, il commença de faire marcher les troupes pour les mettre ensemble, les ayant séparées pour donner jalousie. Enfin il fit investir Saint-Ya le 12 d'août par Couvonges, gouverneur de Casal. Aussitôt le gouverneur de Verceil y voulut jeter du secours; mais il fut défait par Choiseul, frère du comte Du Plessis-Praslin. Le 14, le prince Thomas y arriva, fit commencer les lignes, et ouvrit la tranchée, dans laquelle Choiseul, qui commandoit le régiment-colonel, fut tué près de son frère. Ce fut une grande perte, car il étoit homme de mérite. Durant ce siège les Espagnols, ne voulant pas hasarder un combat pour secourir cette place, tentèrent une diversion du côté d'Ast; et sur l'avis qu'ils eurent que toute la garnison étoit en débauche un jour maigre, parce qu'on avoit pêché dans les fossés, ils firent une entreprise sur la citadelle, qu'ils surprirent la nuit, et en même temps leur armée marcha pour attaquer la ville. Mais le prince Thomas en ayant été averti, laissa la conduite du siège de Saint-Ya au comte Du Plessis, et tourna diligemment du côté d'Ast, où il jeta un secours considérable; puis il revint au siége, qu'il pressa si vivement, que le 7 de septembre les assiégés sortirent par composition, et furent conduits à Verceil. En même temps le prince Thomas mit le siége devant la citadelle d'Ast, et l'attaqua par dehors, et Saint-André-Montbrun, avec la garnison de la ville, par dedans. Les assiégés se défendirent bien : mais enfin ils rendirent la citadelle au prince le dernier de septembre, et furent menés avec bonne escorte à Alexandrie. Durant ce temps les Espagnols prirent Nice-de-la-Paille, qu'ils firent raser. Le prince Thomas marcha du côté de la mer, sur l'avis que le duc de Brezé, amiral de France, lui donna qu'il n'y avoit que trois cents hommes dans Final, et que s'il vouloit tourner de ce côté-là, il s'y trouveroit avec l'armée navale, pour l'assiéger par mer et par terre : mais le prince y étant arrivé n'y trouva point l'armée de mer comme il espéroit, à cause que le vent étoit contraire. Si bien que la mer étant libre, mille hommes de pied s'y jetèrent, et après l'armée navale parut, mais trop tard ; et le prince Thomas voyant son coup manqué, se retira dans le Piémont pour mettre ses troupes en quartier d'hiver.

Cette année, la guerre finit dans la Franche-Comté, parce que la neutralité s'y renoua, moyennant quarante mille écus qu'ils donnèrent tous les ans au cardinal Mazarin, tant que la guerre dureroit entre les deux couronnes. Ce traité remit la paix en ce pays-là, qui en avoit grand besoin : car jamais rien n'a été si ruiné qu'il étoit, tous les villages étant brûlés, les habitants morts, et la campagne tellement déshabitée, qu'elle ressembloit plutôt à un désert qu'à un pays qui eût jamais été peuplé.

Nous avons vu, la campagne dernière, la reprise de Monçon par le roi d'Espagne, lequel tout l'hiver prépara toutes choses pour se mettre en état de revenir l'été suivant faire un grand effort en Catalogne. En effet, dès que le printemps fut venu, il s'avança jusqu'à Saragosse, et au mois de mai il vint à Balbastro, où il assembla ses troupes. Le 7 du même mois, il se rendit à Fragues, où il passa la Cinga ; et le lendemain il investit Lérida, sépara ses quartiers, et fit faire des ponts de communication sur la Sègre pour les joindre. Sitôt que le maréchal de La Mothe en eut avis, il marcha de ce côté-là, et devant que les lignes fussent achevées il jeta un secours dans la place : mais en se retirant il fut suivi par les Espagnols, qui chargèrent son arrière-garde, laquelle fut entièrement défaite ; et le reste de l'armée voulant tourner tête, fut mis en déroute ; le bagage et le canon demeura au pouvoir des Espagnols. Le gain de cette bataille enfla le cœur à don Philippe de Silve, général de leur armée, lequel, ayant achevé la circonvallation, se prépara de conduire le siége avec diligence, pour ne pas perdre le fruit de la victoire. Il étoit animé par la présence de son Roi, qui de Fragues, où étoit son séjour, venoit de deux jours l'un au camp visiter le siége. Cependant la ville de Barcelone faisoit de grands efforts pour réparer la perte que les Français avoient faite, durant qu'il filoit des troupes de tous côtés pour renforcer le maréchal de La Mothe. Le marquis de Villeroy avoit amené quatre mille hommes de France, et le chevalier Garnier avoit débarqué de l'infanterie, qui joignit le gros de l'armée. Après tous ces secours arrivés, le maréchal de La Mothe se trouva plus fort qu'il n'étoit avant sa défaite ; et, pour ne point perdre de temps, il fut se camper à l'embouchure de la Noguère-Ribagorce, dans la Sègre, d'où étant allé reconnoître les lignes, il les trouva en si bon état, et l'armée espagnole si forte, qu'il ne jugea pas à propos de l'attaquer : mais, pour ne pas demeurer inutile et faire une diversion considérable, il résolut le siége de Tarragone, qu'il envoya investir par Le Terrail, maréchal de camp. Deux jours après, il y arriva avec toute l'armée, et aussitôt fit faire la circonvallation : mais durant qu'il se retranchoit devant cette place, les Espagnols pressoient Lérida, et le battoient furieusement. Les assiégés par de fréquentes sorties les fatiguoient souvent, et faisoient une vigoureuse résistance : mais enfin se voyant sans espérance de secours, et en état d'être bientôt forcés, ils se rendirent à composition, et sortirent le dernier de juillet. Le maréchal de La Mothe, voyant cette place perdue, pressoit le siége de Tarragone ; et se souvenant que l'autre fois que cette ville fut assiégée le secours y étoit entré par mer, il se voulut rendre maître du môle qui est à l'entrée du port, et dans ce dessein il poussa la tranchée de ce côté-là. Mais étant proche de la muraille, les assiégés firent une grande sortie avec la cavalerie et infanterie, où ils se rendirent maîtres de la batterie, et chassèrent de la tranchée les régimens de Vaillac et de Vervins ; mais celui de Champagne étant venu au secours, les chargea si vertement, qu'il les fit rentrer brusquement dans la ville, et un fourneau ayant fait sauter la muraille, le môle fut attaqué par mer et par terre, et emporté le 24 d'août, où Castelan, maréchal de camp, fut tué d'un coup de mousquet. Ensuite la tranchée fut ouverte devant la ville, mais elle ne fut conduite guère avant ; car le roi d'Espagne et le prince son fils ayant passé la Sègre à Lérida, et don André Cantelme l'Èbre à Tortose, le maréchal de La Mothe ne voulut pas se trouver entre deux armées plus fortes que la sienne, de crainte d'être forcé par le grand nombre ; et par cette raison il leva le siége, et marcha pour disputer au roi d'Espagne l'entrée de la plaine d'Urgel. Sur cette nouvelle, André Cantelme alla joindre Sa Majesté Catholique, et par son ordre fut attaquer Balaguer, qu'il prit facilement, et ensuite Agramont et Ager. Mais, comme on n'a jamais une parfaite joie en ce monde, le roi d'Espagne, glorieux de la prise de Lérida et du siége levé de Tarragone, vouloit pousser ses victoires plus avant, lorsqu'il fut contraint de retourner à Madrid en diligence, par la nouvelle qu'il reçut de la maladie de la Reine sa femme, qui étoit à l'extrémité. Il la trouva encore vivante ; mais ce ne fut pas pour long-temps, car peu de jours après son arrivée elle mourut. Cette grande reine fut fort regrettée de ses peuples, desquels elle étoit adorée : car depuis l'éloignement du comte duc d'Olivarès elle avoit pris ascendant sur l'esprit du Roi son mari, et avoit agi avec tant de prudence et de zèle pour le bien public, que tout le monde lui attribuoit les heureux succès de cette campagne ; et ainsi tous les ordres du royaume la regardoient comme la restauratrice de l'Etat, quoiqu'elle fût fille de France. Elle laissa deux enfans, le prince don Balthasar et l'infante Marie-Thérèse(1). Par sa mort, don Louis de Haro, neveu du comte duc, eut la principale confiance du Roi, et aura dorénavant la conduite principale des affaires d'Espagne.

Quand la campagne fut finie, le maréchal de La Mothe eut ordre de retourner à la cour : ce qu'il fit aussitôt ; mais passant par Lyon, il fut arrêté par l'abbé d'Aînai, lieutenant général au gouvernement de Lyonnais, et mis dans le château de Pierre-Encise. Cette disgrace fit parler tout le monde diversement, chacun selon sa passion ; mais la plus commune opinion étoit que les démêlés qu'il eut avec Le Tellier, qui faisoit les fonctions de secrétaire d'Etat, en furent la principale cause. Ce maréchal étoit parent de des Noyers, par la faveur duquel il avoit été élevé ; et comme il en étoit fort reconnoissant, il ne pouvoit s'empêcher de parler en faveur de son bienfaiteur, dont Le Tellier, exerçoit la charge, quoiqu'il n'eût point donné sa démission, ne le voulant point faire sans bonne récompense. Comme il ne se contentoit pas des offres qu'on lui faisoit, Le Tellier, pour s'en venger, prit en haine ses amis et ses parens, et particulièrement ce maréchal, qui étoit le plus considérable. Il eut un beau prétexte de le perdre, en lui imputant la faute des mauvais succès arrivés en Catalogne, le voulant rendre coupable de la perte

(1) Depuis reine de France.

de Lérida et du siége levé de Tarragone, ne pouvant souffrir dans l'emploi l'ami de celui dont il faisoit et vouloit avoir la charge ; et pour achever de le ruiner, il lui fit donner des commissaires pour lui faire son procès, duquel nous verrons la suite les années prochaines.

Il y avoit deux ans que la guerre civile étoit en Angleterre, causée par la division d'entre le Roi et son parlement ; et la reine d'Angleterre ne voyant pas de sûreté pour elle dans ce pays-là, s'embarqua, et vint descendre en Basse-Bretagne, proche de Brest, où elle fut reçue avec grand honneur : et ayant fait savoir son arrivée à Leurs Majestés, le commandeur de Souvré fut envoyé pour lui faire compliment, et l'assurer de leur part qu'elle étoit la très-bien venue. Il lui fit rendre par toutes les villes les mêmes honneurs qu'à la personne du Roi ; et, à son arrivée à Paris, Leurs Majestés furent au devant d'elle, et la menèrent au Louvre, où elle logea. Le lendemain, toutes les cours souveraines la furent saluer avec les mêmes respects qu'ils rendent à leur souverain.

Cette année, moururent beaucoup de personnes illustres : Anne de Montafié, comtesse de Soissons ; les maréchaux de Vitri et de Saint-Luc, le grand prieur de La Porte, oncle du défunt cardinal de Richelieu ; et la mère du cardinal Mazarin, qui mourut à Rome, où le pape Urbain VIII décéda sur la fin de juillet, après vingt-et-un ans de pontificat. Le marquis de Saint-Chaumont, ambassadeur de France, avoit ordre de donner l'exclusion surtout au cardinal Pamphilio ; mais comme il étoit une des plus chères créatures des Barberins, le cardinal Antoine s'entendant avec le cardinal Barberin son frère, le fit élire pape sous le nom d'Innocent X ; dont le cardinal Mazarin fut si outré qu'il rappela l'ambassadeur, fit redemander au cardinal Antoine les lettres de protecteur de France, et lui fit ôter les armes du Roi de dessus la porte de son palais.

En ce même temps commença l'assemblée de Munster pour la paix générale, où tous les princes chrétiens envoyèrent leurs plénipotentiaires. Le duc de Longueville, d'Avaux et Servien furent nommés par la France ; et de la part du Pape fut envoyé Fabio Chigi, qui lui succéda au pontificat. A la cour, le cardinal Mazarin étoit toujours le maître, lequel, voulant obliger les plus grands et les avoir pour amis, ne plaignoit point les honneurs et les dignités : car ne connoissant point les coutumes de France, pourvu qu'on ne lui demandât point d'argent, auquel il étoit fort attaché, il donnoit tout ce qui ne lui coûtoit rien : entre autres choses il donna tant de lettres de ducs et pairs, que toutes les personnes de qualité le vouloient être, estimant à honte de ne l'être pas, tant la dignité étoit avilie. Il introduisit même une coutume qui n'avoit jamais été pratiquée, qui fut de donner le tabouret et l'entrée du Louvre avant qu'on eût été reçu en parlement. On ne laissoit pas de mettre une grande distinction entre les nouveaux ducs et les autres, car on les appeloit ducs à brevet.

Dans ce temps, le Roi, qui devenoit grand, eut besoin d'un précepteur pour commencer à l'instruire. L'abbé de Beaumont, Hardouin de Péréfixe, qui avoit été maître de chambre du défunt cardinal de Richelieu, fut établi dans cette charge.

La grande autorité du cardinal Mazarin choquoit tous les anciens serviteurs de la Reine, qui ne pouvoient dissimuler le chagrin qu'ils en avoient. Il le connoissoit fort bien : c'est pourquoi il les éloignoit le plus qu'il pouvoit d'auprès d'elle pour y mettre de ses créatures. Une des plus considérables étoit madame d'Hautefort, qui eut cette année ordre de se retirer. Elle obéit, et se logea au faubourg Saint-Germain, où elle voyoit ses amis; mais elle ne venoit plus à la cour. La Reine l'avoit fort aimée, et l'avoit fait revenir après la mort du Roi, mais quand elle donna l'autorité souveraine au cardinal Mazarin, elle connut bien que ce grand dévouement faisoit peine à ceux qui avoient eu autrefois sa confiance, et avec lesquels elle s'étoit moquée de la trop grande dépendance que le feu Roi son mari avoit pour le cardinal de Richelieu : cela lui donnoit de la honte présentement, parce qu'elle étoit encore plus soumise que lui ; et comme elle se plaisoit dans son aveuglement, elle craignoit ceux qui ne l'approuvoient pas, et se laissoit aisément persuader de les chasser de sa maison, pour ne les avoir plus devant ses yeux.

ONZIEME CAMPAGNE.

[1645] La première chose qui arriva de remarque cette année fut la mort du cardinal de La Rochefoucauld, sous-doyen du sacré collége des cardinaux, lequel avoit vécu avec un tel exemple de vertu, qu'il laissa en mourant à tout le monde l'opinion de sainteté. L'hiver rassembla tous les courtisans à Paris, qui avoient deux cours à faire, celle de la Reine et de M. le duc d'Orléans, outre celle du duc d'Enghien, qui étoit suivi de toute la jeunesse. Le cardinal Mazarin, pour maintenir son autorité, tâchoit à maintenir ces princes en bonne intelligence, et à gagner leurs favoris par bienfaits. Il commença par l'abbé de La Rivière, auquel il fit avoir la charge de chancelier de l'ordre, afin qu'il portât le cordon bleu. Il obligea Châteauneuf à s'en défaire entre ses mains, lui faisant espérer que, mettant par là Son Altesse Royale dans ses intérêts, il seroit plus facilement rétabli dans les sceaux, qui étoit ce qu'il craignoit le plus ; mais pour faire réussir ses desseins, il promettoit aisément dans la pensée de ne rien tenir. Il se moquoit aussi des Français qui le vouloient rendre esclave de sa parole. D'un autre côté, chez Monsieur, les plus honnêtes gens qui l'avoient suivi dans toutes ses disgraces le quittèrent dès qu'ils le virent lieutenant général de l'État : comme Ouailli, capitaine de ses gardes ; Maulevrier, maître de sa garde-robe, et Montrésor, chef de sa vénerie, tous trois gens de grand mérite, et dans une haute estime dans la Cour. On s'étonnoit de ce que, l'ayant servi fort fidèlement durant ses malheurs, ils le quittoient dans le temps qu'il étoit en puissance de reconnoître leurs services ; mais ils disoient que cette opinion mal fondée rendroit leurs charges plus chères, et qu'ils n'eussent pu se retirer avec honneur durant son infortune : mais à présent qu'il étoit le maître, ils le pouvoient sans honte. Ils prévoyoient qu'ils ne compatiroient jamais avec l'abbé de La Rivière, ennemi des gens de qualité et de mérite, lequel empêcheroit Monsieur de les considérer et de leur faire du bien : ce qui se vérifia par la suite.

Tout l'hiver se passa en bals, ballets, comédies et réjouissances, qui furent un peu troublés par la venue du cardinal de Valencey, qui arriva à Paris lorsqu'on s'y attendoit le moins. Il avoit été toute sa vie à la cour sous le nom de commandeur de Valencey, et il avoit été employé dans les armées du temps du feu Roi ; mais comme il étoit hardi et parloit fort, le cardinal de Richelieu se défia de son esprit, et le fit sortir de France pour aller à Malte servir sa religion, où s'étant brouillé avec le grand-maître de Lascaris, il s'en alla à Rome ; et y trouva le pape Urbain VIII en guerre avec les Vénitiens et les princes d'Italie. Il offrit son service à Sa Sainteté, qui, manquant de chefs, et sachant qu'il avoit servi long-temps en France de maréchal de camp, accepta son offre, et le fit lieutenant général de son armée sous don Thadée son neveu ; dans lequel emploi il se rendit si considérable, que le Pape le créa cardinal de son propre mouvement, sans la participation de la France : dont la Reine ne fut pas contente. Le Pape étant mort quelque temps après, ce cardinal croyant que sa dignité le mettroit à couvert des insultes des ministres de France, outre que le cardinal de Richelieu n'étant plus, il n'avoit point de démêlé avec celui qui gouvernoit présentement, se résolut de partir sans bruit de Rome et de venir en France *incognito*, de crainte que si on savoit son dessein on ne lui envoyât ordre de ne le pas exécuter ; mais il croyoit qu'arrivant à Paris brusquement, on ne l'en chasseroit pas, et que le cardinal Mazarin respecteroit sa dignité, qui étoit pareille à la sienne. Il partit donc secrètement, et arriva travesti à Paris avec le messager, sans être connu de personne, et fut loger aux Piquepuces ; mais il n'y fut pas long-temps sans être reconnu, et le bruit de son arrivée vint à la connoissance du cardinal Mazarin, qui en prit l'alarme, et craignit que, comme il avoit été autrefois fort libre avec la Reine, il ne lui parlât maintenant trop librement, selon son inclination naturelle, qui étoit de dire tout ce qu'il pensoit. Il appréhendoit aussi qu'il ne raillât devant elle de son extraction, et de la vie qu'il avoit faite en sa jeunesse, de laquelle il avoit eu parfaite connoissance à Rome. Aussi il n'oublia rien pour l'empêcher de voir Sa Majesté, à laquelle il fit entendre qu'il seroit de mauvaise grâce à elle de voir un homme qui, ayant été exilé par le roi son mari, étoit revenu sans permission, et avoit été fait cardinal sans son agrément. Sur ces raisons, le marquis de Créqui, premier gentilhomme de la chambre, fut lui porter un ordre de la Reine de sortir dans vingt-quatre heures de Paris, et dans huit jours du royaume ; mais il s'en excusa sur ce qu'il étoit malade, et qu'il lui falloit du temps pour se remettre. Ces retardemens augmentèrent les soupçons du Mazarin, qui lui fit renvoyer le comte de Brienne pour lui réitérer le commandement, et lui faire entendre qu'il ne devoit pas s'attendre de voir la Reine; et que s'il n'obéissoit, on se pourroit porter à quelque violence contre lui : dont Sa Majesté seroit fâchée. Là-dessus il se résolut d'obéir, et se retira à Aigreville, maison de sa sœur la maréchale de La Châtre, d'où il ne voulut pas aller plus loin. Ce qui étant su par le cardinal Mazarin, il fit selon son humeur, qui étoit de plier devant ceux qui lui résistoient, et de venir à bout par négociation de ce qu'il ne pouvoit faire par autorité : tellement qu'il envoya parler à lui de sa part, et une entrevue fut résolue d'entre eux à Villeroy, où les deux cardinaux se rendirent, dînèrent ensemble, et eurent grande conversation, dans laquelle le cardinal Mazarin cajola si bien l'autre, qu'il l'obligea de retourner à Rome sans voir la Reine. Mais comme il avoit affaire à un homme d'esprit, et qui n'étoit pas dupe, il fallut qu'il lui fît trouver son compte, en lui donnant appointement honnête à Rome, et emploi pour le service du Roi près du Pape. Ainsi le cardinal de Valencey retourna en Italie, où il mourut l'année suivante.

Au commencement de cette année, la cavalerie du général Galas fut défaite par Torstenson, où le général major Enkenfort fut pris, et Galas fut contraint de se retirer à Magdebourg, où il souffrit de grandes incommodités ; en sorte qu'il y tomba malade, et fut obligé d'y demeurer, durant que son armée, commandée par Hasfeld, côtoyoit Torstenson pour l'empêcher d'entrer dans la Bohême ; mais les armées s'étant rencontrées près de Tabor, donnèrent un grand combat, où les Impériaux furent défaits, Hasfeld pris, et le comte de Bruai et Gœuts tués. Ensuite Torstenson traversa la Bohême, et entra dans la Moravie, où il prit Krems, et se saisit d'un fort dans l'Autriche, vis-à-vis de Vienne ; puis il fut attaquer Brinn, durant lequel siège l'archiduc Léopold reprit ce fort qui incommodoit trop la ville de Vienne.

Dans ce même temps Ragotzki, prince de Transylvanie, fit son traité avec l'Empereur; et Torstenson, qui espéroit de se joindre à lui, ayant appris cette nouvelle, leva le siége de Brinn et se retira devers l'Elbe, durant que Wrangel dans le Jutland, et le maréchal Horn dans le Schonen, attaquoient le Danemarck : si bien que Wrangel revint en Allemagne rejoindre Torstenson, et Konigsmark marcha pour joindre les Français et Hessiens, comme nous allons voir. Le maréchal de Turenne ayant appris la défaite des Impériaux près de Tabor par Torstenson, voulut profiter de l'occasion, et se servir de cette victoire pour avancer ses conquêtes dans l'Allemagne. Dans ce dessein il passa le Rhin à Spire, et ensuite le Necker; mais sur cet avis le général Mercy mit ensemble toutes ses troupes, et côtoya ce maréchal. Ils faisoient de si grandes journées, que l'infanterie étoit si fatiguée qu'elle ne pouvoit plus marcher : ce qui obligea Mercy de se retrancher dans une petite ville, dont la situation étoit si avantageuse qu'on ne l'y pouvoit forcer : ce que voyant le maréchal de Turenne, pressé de l'importunité de la cavalerie allemande, qui demandoit des quartiers pour se rafraîchir, il la sépara en plusieurs bourgades et villages, et prit son logement à Marienthal ; mais le général Mercy n'eut pas plus tôt avis de cette séparation, qu'il voulut en prendre avantage, et tâcher de s'en prévaloir. C'est pourquoi il partit à l'heure même, et marcha droit à Marienthal. Il ne put couvrir si secrètement sa marche que le maréchal de Turenne n'en fût averti, qui envoya ordre aussitôt à tous ses quartiers de se rassembler, et leur marqua une plaine voisine pour se rejoindre tous ensemble. Il s'y trouva le premier avec ce qu'il avoit à Marienthal, et il vit de tous côtés des troupes qui marchoient pour le joindre ; mais en même temps les coureurs de Mercy parurent dans la plaine, et ensuite son armée, devant que les Français fussent rassemblés, tellement que le maréchal de Turenne, surpris, mit en diligence son infanterie dans un bois, et sa cavalerie à droite et à gauche : ce qui étant aperçu de Mercy, qui voyoit de toutes parts des troupes qui venoient pour grossir l'armée française, il résolut de l'attaquer sur l'heure ; et ayant fait pointer son canon contre le bois, il fit une attaque générale le 5 de mai, dans laquelle les Français se défendirent vaillamment. Mais, accablés par le plus grand nombre, ils furent entièrement défaits : toute l'infanterie fut taillée en pièces, le canon et le bagage pris, et la cavalerie se sauva comme elle put. Le maréchal de Turenne perdit sa vaisselle d'argent et son équipage, et rallia quelque cavalerie avec laquelle il se retira vers le Mein ; et les troupes qui n'étoient pas encore arrivées, entendant de loin le bruit, et voyant la poussière et la fumée, se retirèrent devers le Rhin séparément. Le général major Rose, Smilberg, le vicomte de Lameth et Le Passage furent faits prisonniers. Cette déroute fit grand bruit dans toute l'Allemagne, et l'intérêt commun de tous les confédérés fit que le général Konigsmark, qui étoit dans l'archevêché de Brême, s'avança du côté du Mein pour joindre le général Guets qui commandoit l'armée hessienne, afin d'empêcher ensemble les progrès des Bavarois victorieux.

Dans ce même temps, le maréchal de Turenne rassembla toutes ses troupes, qui s'étoient retirées sans combattre, avec lesquelles il se joignit aux confédérés; et ayant mandé en France les nouvelles de sa défaite, la Reine envoya ordre au duc d'Enghein, qui commandoit l'armée de Champagne, de marcher devers le Rhin pour le secourir. Il exécuta ponctuellement cet ordre; et ayant passé le Rhin, il rencontra le maréchal Konigsmark et Guets sur le bord du Necker. Alors se voyant tous ensemble avec une puissante armée, plus forte que la bavaroise, ils marchèrent à elle pour la combattre et venger l'affront de Marienthal. Le général Gleen avoit depuis peu amené un renfort de cinq mille hommes à Mercy; et tous deux voyant les confédérés marcher devers Hailbronn, se dépêchèrent d'y arriver les premiers pour en empêcher le siége: ce qu'ils exécutèrent heureusement, car ils se postèrent près de la ville. Le duc d'Enghein voyant l'impossibilité de l'assiéger, entra plus avant dans le pays, et approcha par la Franconie des rives du Danube. Il ne trouva de résistance qu'à Rotembourg, qu'il prit en deux jours; mais il y reçut un déplaisir sensible, parce que Konigsmark, sous prétexte qu'il avoit nouvelle que les Saxons se fortifioient, se sépara de lui avec l'armée suédoise pour s'aller opposer à eux. Toutes les prières et remontrances qu'il lui put faire ne le fléchirent point, et ne lui purent faire changer de résolution; et, à son exemple, le général Guets en voulant faire autant avec les Hessiens, le duc d'Enghein obtint de lui qu'il donneroit le temps d'envoyer à Cassel recevoir les ordres de la landgrave de Hesse, à laquelle il écrivit: elle envoya commandement à son armée de ne point quitter les Français, et au général Guets d'obéir absolument au duc d'Enghein. Alors ils continuèrent leur marche jusqu'à Dunkespield, et les Bavarois les suivirent pour les empêcher de passer le Danube et d'entrer dans la Bavière, où la guerre n'avoit point encore été.

Sur la nouvelle de leur approche, le duc d'Enghein alla au-devant d'eux, et rencontra le premier d'août leur avant-garde: aussitôt les deux armées se mirent en bataille; mais un marais qui étoit entre deux les empêchant de venir aux mains, elles se canonnèrent toute la journée. Alors le duc voyant qu'il étoit impossible de combattre en ce lieu, décampa le 2 du mois, et marcha droit au Danube; mais les Bavarois le devancèrent, et se postèrent à Donawert sur la même rivière, pour empêcher les Français de la passer. Le duc d'Enghein, se voyant prévenu, s'avança jusqu'à Nordlingen, où il apprit que les Bavarois étoient en bataille dans la plaine, entre lui et Donawert, faisant mine de vouloir combattre. Cette nouvelle lui donna une grande joie: car il avoit tellement accoutumé de vaincre, qu'il ne croyoit pas pouvoir jamais être battu, et il se croyoit par avance déjà victorieux. Il les envoya aussitôt reconnoître, et marcha droit à eux. La bataille commença par l'attaque d'un village où il y avoit de l'infanterie, que le canon des Français battoit, durant que deux régiments de gens de pied la poussoient pour l'en chasser. En même temps le général Mercy fondit d'un coteau avec son aile gauche sur la droite des Français, commandée par le maréchal de Gramont, lequel, après une vigoureuse résistance, fut mis en désordre et pris prisonnier. Le général Mercy fut tué dans cette mêlée; et du côté des Français le marquis de Pisani, le comte de Chastelux-Bourie, commandant la cavalerie, et Beauvais-Plesian, y perdirent la vie. Le marquis de La Châtre, ci devant colonel général des Suisses, fut fort blessé; et mourut quelques jours après. Les comtes de Lillebonne et de Sceaux, les marquis de Piennes et de Castelnau-Mauvissière furent blessés. Arnauld, maréchal de camp, voyant cette déroute, rallia ce qu'il put de cavalerie, et fut joindre le maréchal de Turenne, qui avec son aile gauche avoit chargé la droite des Bavarois, qu'il avoit enfoncée, et l'avoit pressée si vivement que l'infanterie avoit été toute défaite, et la cavalerie avoit pris la fuite. Alors le duc d'Enghein, qui avoit l'œil partout, voyant son armée victorieuse d'un côté et battue de l'autre, fit avancer le général Guets avec le corps de réserve, et lui ordonna de charger avec les Hessiens ceux qui avoient battu le maréchal de Gramont. Ce choc fut sanglant de part et d'autre; mais le maréchal de Turenne décida le combat: car, ayant défait son aile, il tourna au secours des Hessiens, et ayant chargé les Bavarois en flanc, il fit tourner la victoire de son côté, et fut cause du gain de la bataille: car ses ennemis tout en désordre se retirèrent à Donawert, laissant leurs canons, le champ de bataille et le général Gleen, au pouvoir des Français. Après la bataille gagnée, le 3 d'août, le duc d'Enghein se saisit de la ville de Nordlingen et de celle de Dunkespield; et voyant la difficulté de passer le Danube, à cause que les Bavarois, s'étant ralliés, s'étoient retranchés à Donawert, il prit sa marche du côté du Necker et investit Hailbronn. Il avoit traité l'échange du général Gleen avec le maréchal de Gramont, qui avoit été conduit à Munich et traité magnifiquement par l'électeur de Bavière, qui le renvoya au duc d'Enghein, lequel s'étant échauffé le sang parmi les fatigues de cette campagne, tomba malade devant Hailbronn, d'où il se fit porter en France pour se faire traiter, et laissa l'armée sous le commandement des maréchaux de Gramont et de Turenne; et dès qu'il put souffrir le carrosse il retourna à la cour, comme triomphant d'avoir effacé, par le gain de la bataille de Nordlingen, la honte reçue par les Suédois au même lieu en l'année 1634.

Cependant l'Empereur, sur la nouvelle de la défaite des Bavarois, envoya l'archiduc Léopold son frère, et le général Galas, à leur secours; d'autant plus aisément qu'ayant fait la paix avec le Transylvain, il pouvoit se passer de troupes du côté de la Hongrie. L'archiduc marcha sans bagage, jusqu'à ce qu'il eût joint les Bavarois; puis, faisant avec eux un grand corps d'armée, il tourna tête droit à Hailbronn : mais, sur la nouvelle de sa marche, les Français levèrent le siége d'Hailbronn, et repassant le Necker se retirèrent devers le Rhin. Alors les Impériaux, se voyant maîtres de la campagne, reprirent toutes les villes que les Français avoient prises entre le Necker et le Danube; puis, sur les nouvelles qu'eut l'archiduc que Torstenson faisoit de grands ravages dans les pays héréditaires de la maison d'Autriche, il tourna dans la Bohême pour s'opposer à lui, et les Bavarois se retirèrent delà le Danube. Alors le maréchal de Turenne marcha devers Trèves pour y joindre l'électeur. Ayant investi cette ville, il la battit si rudement, qu'elle lui fut rendue par composition. Dès qu'il en fut le maître il y rétablit l'électeur, lequel avoit causé la déclaration de la guerre; aussi le duc de Longueville, plénipotentiaire à Munster pour la France, protesta que, puisque la guerre avoit été déclarée pour son sujet, il n'écouteroit aucune proposition de paix qu'il ne fût en pleine liberté : ce qui obligea l'Empereur de le faire sortir de prison, sans le remettre dans son bien; mais dès qu'il se vit libre il implora le secours des Français, ses anciens protecteurs, qui le rétablirent dans sa ville capitale. Durant cet été, l'électeur de Saxe voyant son pays au pillage, et en état d'être entièrement ruiné, fit une trêve de six mois avec les Suédois, en attendant l'issue de l'assemblée de Munster, faite pour la paix générale.

Depuis que le duc de Lorraine eut feint de s'accommoder avec la France pour avoir La Mothe et quelques autres places de son pays, et peu de temps après eut repris le parti de l'Espagnol, les garnisons de ces villes rendues incommodoient fort toute la frontière de Champagne. C'est pourquoi on avoit laissé un petit corps pour bloquer de loin La Mothe, et empêcher que rien n'en pût sortir : mais ce blocus n'étant pas assez serré pour sauver la frontière des courses de ceux qui étoient dedans, Magalotti, italien, y fut envoyé avec une armée, avec ordre de l'attaquer par force. Il ouvrit la tranchée le 4 de mai, et résolut de prendre cette place d'une façon extraordinaire; car, comme elle est située sur la pointe d'une montagne, il fit dessein, devant que d'arriver à la contrescarpe, de percer la terre à mi-côté, et poussant la mine par dessous tous les dehors, faire sauter d'abord le corps de la place : mais il ne put voir l'effet de son entreprise; car, regardant les travaux qu'il faisoit faire, il reçut une mousquetade dans la tête, dont il mourut. Cette mort affligea fort le cardinal Mazarin, parce qu'il se fioit fort en lui, et le vouloit élever bien haut. Pour empêcher que cette mort ne causât quelque désordre dans le camp, le marquis de Villeroy fut envoyé en sa place, ayant sous lui Noirmoutier et Ruvigny pour maréchaux de camp. Incontinent après son arrivée, il fit jouer la mine que Magalotti avoit fait faire, laquelle ne manqua pas de faire sauter le bastion comme il l'avoit prémédité, sans endommager la contrescarpe ni la demi-lune, qui demeurèrent en leur entier : tellement qu'on ne pouvoit aller à la brèche. Cela fut cause qu'il fallut nécessairement travailler tout de nouveau pour prendre la contrescarpe, qui fut emportée par une attaque vigoureuse : et le lendemain, un fourneau ayant ouvert la pointe de la demi-lune, le logement y fut fait, et le mineur attaché au bastion, où il y avoit déjà brèche, que les assiégés avoient réparée à la hâte. Alors Clicot, gouverneur de La Mothe, capitula, et rendit La Mothe au marquis de Villeroy le 7 de juillet, après deux mois de siége. Cette prise donna grande joie à tous les peuples du Bassigny, qui contribuèrent avec plaisir à la faire raser, selon l'ordre de la cour; et le peuple s'acharna avec tant d'affection à cet ouvrage, que non-seulement les fortifications, mais même les maisons et les églises, furent démolies et rasées d'une telle sorte, que présentement on ne connoît plus où étoit La Mothe, dont il ne demeure aucun vestige.

La prospérité des armes de la France, de l'année passée, avoit haussé le courage de M. le duc d'Orléans, et lui avoit augmenté le désir de pousser ses conquêtes plus avant cette campagne. Aussi, dès que le printemps fut venu il assembla son armée, et s'avança jusqu'à Calais pour donner les ordres à tout, et de là il se rendit à Auvat, où l'armée étoit campée. Il fut en ce lieu résolu de passer la rivière de Colme : ce qui étoit difficile, à cause qu'elle est profonde et marécageuse ; il ne laissa pas de marcher de ce côté-là, où il trouva Piccolomini retranché à l'autre bord de la rivière, qui salua l'armée française de son artillerie, laquelle lui répondit de même. Mais M. le duc d'Orléans, jugeant ce passage impossible, feignit de marcher devers la Lys, et s'avança jusqu'au Neuf-Fossé, où, dans une escarmouche avec de la cavalerie de Lamboi, qui étoit au Mont-Cassel, les deux frères Vardes furent pris prisonniers. Durant cette marche, Villequier, avec la milice du Boulonais et les régimens de Ramburcs, de Noirmoutier et de Chanleu, marcha secrètement devers la Colme ; et ayant trouvé toute la campagne inondée, il fit mettre l'infanterie dans l'eau jusqu'à la ceinture, et par ce moyen il passa ce marais jusqu'à l'autre bord, où il fut attaqué par un gros d'Espagnols qui gardoient ce passage : mais ayant tiré deux coups de canon pour avertir qu'il étoit passé, le maréchal de Gassion tourna tête droit à lui, et y arriva durant le combat, qui étoit fort chaud de part et d'autre. Mais les Espagnols voyant arriver ce secours, se retirèrent ; et le maréchal ayant passé dans l'eau, comme avoit fait Villequier, fit faire quantité de ponts, sur lesquels toute l'armée passa deux jours après à Lobergue, et aussitôt investit le fort de Mardick. Piccolomini, qui avoit suivi les Français quand ils s'approchoient de la Lys, voyant leur contremarche, en fit autant, mais trop tard : car il les trouva passés, et Mardick bloqué dès le 20 de juin. Le reste de ce mois se passa à se retrancher ; et, la nuit du 5 au 6 de juillet, la tranchée fut ouverte. Le lendemain, les batteries se firent entendre ; et le 7 le fort de Bois fut emporté par le marquis de Vitri. Le 8, le logement fut fait sur la contrescarpe, où le chevalier de Belébat fut tué d'un coup de fauconneau. Le 10, le fort se rendit, et la garnison fut conduite à Dunkerque.

Ce lieu est de grande conséquence, à cause qu'il défend le seul endroit de la côte où les grands vaisseaux puissent être en sûreté jusqu'en Hollande. Chanleu fut mis dedans pour y commander. La nouvelle en fut aussitôt portée à la Reine, laquelle, pour reconnoître les services que le comte de Rantzaw y avoit rendus, le fit maréchal de France, et La Ferté-Imbault et Villequier lieutenans généraux : le dernier, pour le service qu'il venoit de rendre au passage de la Colme, dont la profondeur est si grande que, pour être maître une autre fois de ses bords, il fut résolu de prendre le fort de Linck, qui est situé dessus. Pour ce sujet, Lambert, maréchal de camp, fut détaché avec trois mille hommes, qui l'investit le 16 de juillet ; et le maréchal de Gassion y étant arrivé le lendemain, le fort fut battu avec tant de furie, que la garnison se rendit le 23 prisonnière de guerre : le maréchal de Gassion y fut blessé d'une mousquetade dans le bras. Après la prise de Linck, il fut jugé à propos de ne rien laisser derrière qui pût incommoder les conquêtes nouvelles ; et pour cette raison l'armée campa le 28 devant Bourbourg, où, sans faire de circonvallation, la tranchée fut ouverte le dernier du mois, et la place attaquée fort vigoureusement. Cette ville n'est pas forte ; mais étant défendue par une grosse garnison, elle dura dix jours, au bout desquels treize cents hommes qui étoient dedans se rendirent prisonniers de guerre. Le maréchal de Rantzaw y reçut un coup de mousquet dans la tête, sans péril.

Quand Bourbourg fut pris, l'armée assiégea la ville de Cassel, qui ne se défendit que vingt-quatre heures ; et quatre cents hommes qui étoient dedans furent faits prisonniers. De là, elle campa à Belle, d'où elle s'approcha de la Lys pour la passer : mais ayant trouvé de l'infanterie retranchée sur le bord, il y eut une rude escarmouche, où le marquis de Vitri eut le gros os du bras cassé d'un coup de mousquet. Ensuite le bourg d'Eteire fut pris, et le comte de La Feuillade s'empara de Merville, durant que le comte de Quincé battoit Saint-Venant, qui dura trois jours ; et comme c'est un passage important, Le Rasle y fut laissé pour le fortifier.

Les Espagnols voyant les Français de là la Lys, crurent qu'ils alloient entrer dans le cœur de leur pays : c'est pourquoi ils jetèrent toutes leurs troupes dans les grandes villes de Flandre, et dégarnirent ce qui étoit derrière, ne se pouvrnt persuader qu'ils retournassent sur leurs pas. Cependant Monsieur ayant avis que la garnison de Béthune avoit été ôtée, et qu'il n'y étoit demeuré que les habitans, tourna tout court en arrière, et envoya, le 25 d'août, deux mille chevaux l'investir : il y arriva bientôt après, et sans ouvrir de tranchée on commença à couper avec des haches les palissades de la contrescarpe, et à mettre vingt pièces de canon en batterie sur le haut du glacis. Les habitans, qui n'avoient pas accoutumé une telle vie, furent tellement intimidés, que le 29 ils se rendirent, en conservant leurs biens et leurs vies.

Dès que Béthune fut pris, M. le duc d'Orléans quitta l'armée et revint à la cour, laissant le commandement aux maréchaux de Gassion et de Rantzaw, lequel alla prendre Lilliers, et Gassion le fort de La Mothe-aux-Bois. Ensuite la moitié de l'armée campa à Eteire, et l'autre à La Gorgue, d'où, le 9 de septembre, elle se rejoignit devant Armentières, grande ville sur la Lys, fort peu fortifiée, et peuplée de beaucoup d'habitans; lesquels voyant leurs murailles battues de quatre pièces de canon, se rendirent le 10. Le lendemain, l'armée marcha le long de la Lys, où elle prit en passant les châteaux de Warneton et de Comines, et attaqua la ville de Mancène, qui se soumit au plus puissant; dans laquelle ayant mis bonne garnison, les maréchaux eurent des nouvelles du prince d'Orange, qui étoit campé derrière le canal de Bruges, et ne le pouvoit passer sans leur secours. Ils marchèrent aussitôt de ce côté-là, et traversèrent une grande plaine de bruyères qui est entre Bruges et Gand, et arrivèrent sur le bord du canal qui sert de communication à ces deux grandes villes. En même temps le maréchal de Gassion attaqua un fort avec ses gardes et l'emporta, lequel étoit sur le passage, durant que celui de Rantzaw prenoit quelques redoutes qui arrêtoient le passage des Hollandais, lesquels agissent avec beaucoup plus de circonspection, et ne vont pas si vite dans les attaques que les Français. Les maréchaux ensuite passèrent le canal, et tinrent conseil avec le prince d'Orange, où il fut résolu que l'armée hollandaise passeroit deçà, et qu'après avoir joint la française elles marcheroient ensemble pour passer le grand et le petit Escaut. Dès le jour même les Hollandais commencèrent à filer, et le lendemain ils prirent leur marche devers Deinse, où on vit la différence de l'ordre des deux armées: car les Hollandais marchoient serrés, en sorte qu'il ne manquoit pas un homme dans leurs escadrons et bataillons; au lieu que les Français étoient écartés, pillant à droite et à gauche, et sur la moindre alarme ils se retrouvoient dans leurs rangs. Le 3 d'octobre, les deux armées passèrent le petit Escaut près de Deinse; puis les Français faisant halte, les Hollandais s'avancèrent devers le grand Escaut avec le maréchal de Gassion, qui les escorta jusque-là avec quelque cavalerie. Le prince d'Orange voulut tenter de passer à Mesle, entre Gand et Dendermonde, où le général Bec étoit retranché avec de l'infanterie, qui fit résistance: mais le prince d'Orange ayant mis son canon en batterie sur le bord de la rivière, qu'il borda de mousquetaires qui tiroient incessamment, et se trouvant supérieur en feu, il délogea les Espagnols, et les contraignit de se retirer. Ainsi le prince d'Orange passa le grand Escaut, conduit par la main des Français, et marcha du côté de Hulst, qu'il assiégea le 9 d'octobre; et ayant pris le fort de Spinola, il fit travailler à leur circonvallation, puis il ouvrit la tranchée et attaqua pied à pied cette place, laquelle, après s'être défendue jusqu'au 4 de novembre, se rendit à composition. Durant ce siége, les maréchaux de Gassion et de Rantzaw s'étant rejoints s'emparèrent du Pont-Avendin, Lens, Orchies, L'Ecluse et Arleux, où, dans une partie de guerre, le marquis de Douglas, écossais, maréchal de camp, tomba dans une embuscade, où il fut tué, au grand regret de toute l'armée et des maréchaux, qui faisoient grande estime de sa personne. Sur la fin de la campagne, le général Lamboi reprit Cassel, dont il fit raser le château. Et la nuit du 3 au 4 de décembre, deux mille Espagnols surprirent le fort de Mardick, et prirent tous les Français qui étoient dedans prisonniers; et comme la saison étoit trop avancée pour le reprendre, il demeura entre leurs mains jusqu'à l'année prochaine.

Le cardinal Mazarin voyant que les Espagnols étoient de tous côtés sur la défensive, hors en Catalogne, où la présence du roi d'Espagne leur avoit fait faire l'année dernière quelque progrès, fit un grand effort pour réparer ces pertes, et envoya quantité de troupes de renfort delà les Pyrénées, où, au lieu du maréchal de La Mothe qu'il avoit fait arrêter, il envoya le comte d'Harcourt pour vice-roi, dans l'espérance que ce prince, qui avoit rétabli les affaires désespérées du Piémont, en feroit autant de celles-ci. Il partit de Paris à la fin de février, et arriva au mois de mars à Barcelone, où il fut reçu avec une joie extrême, tant les belles actions qu'il avoit faites en Italie lui donnoient de réputation. On fit en même temps passer d'Italie en Catalogne le comte Du Plessis-Praslin avec le régiment de Normandie, et quelques autres qui se joignirent à des troupes qui étoient en Languedoc; lesquelles faisant un corps considérable, composèrent l'armée de ce comte, qui fut à Barcelone trouver le vice-roi, avec lequel il résolut le siège du port Roses, la seule place entre le Roussillon et Barcelone qui ne fût pas au pouvoir des Français. Le comte d'Harcourt, avec le gros de l'armée, devoit défendre la plaine d'Urgel, pour empêcher le secours de Roses; et Le Plessis-Praslin le devoit assiéger avec l'armée qu'il avoit amenée en France, durant que la flotte le boucleroit par mer. Suivant ce dessein, le comte Du Plessis investit Roses le 2 d'avril et se retrancha devant. Le 7, le comte d'Harcourt arriva au camp, et le soir même la tranchée fut ouverte par deux endroits, l'un par Vaubecourt, et l'autre par le marquis d'Huxelles. Le 9, le comte d'Harcourt partit du camp pour retourner à Barcelone; et la nuit suivante, le régiment de Normandie, commandé par Frontenac, repoussa une sortie des assiégés. Le 11, ils en firent une de cavalerie, où il y eut grande escarmouche; mais Feuquières les fit rentrer dans la ville, à la tête de trois cents chevaux. Le 14, jour du vendredi-saint, il fit une si grande pluie que le camp fut tout inondé, et la poudre si mouillée qu'on ne pouvoit tirer dans la tranchée. Pour profiter de ce désordre, les Espagnols firent une grande sortie, et vinrent jusqu'au camp, où chacun ne songeoit qu'à mettre ses hardes à couvert : mais le comte Du Plessis monta lui-même à cheval avec Saint-Maigrin, maréchal de camp, qui les chargea si brusquement qu'il les poussa jusque dans leurs contrescarpes. Le beau temps ne revint que le jour de Pâques, auquel les eaux s'étant retirées, les soldats se remirent dans leurs huttes. Alors on recommença le travail, qui avoit été discontinué; il fut poussé jusqu'au pied du glacis de la contrescarpe, laquelle fut emportée le premier de mai, après une vigoureuse résistance. Le lendemain, les assiégés sortirent pour en chasser les Français, où Courteil, maréchal de bataille, fut tué : mais après un grand combat, les Français gardèrent leur logement. Le comte Du Plessis, s'impatientant de voir ce siège tirer en longueur, fit attaquer la demi-lune, alors qu'on s'y attendoit le moins; et la nuit du 15 au 16, il la fit emporter l'épée à la main. Le jour suivant, le marquis d'Huxelles attacha le mineur au bastion, et fit travailler à la galerie dans le fossé, que les assiégés voulurent brûler avec deux brûlots qu'ils envoyèrent le 19 au soir : mais ils furent pris par des soldats, qui les éloignèrent durant que le feu les consumoit. Le 25, la mine joua sans effet : mais, le 26, une autre fit grande brèche à un bastion, où les assiégeans donnèrent l'assaut, qui fut bravement repoussé, et où don Diego Cavaliero, gouverneur de la place, se trouva lui-même la pique à la main. Saint-Paul, mestre de camp, y fut tué. Le comte Du Plessis, voyant qu'on ne se pouvoit loger au haut de la brèche, se contenta de faire un logement au pied; et le 28, une troisième mine étant prête à jouer, les assiégés firent une chamade pour parlementer. Le marquis de La Trousse en avertit aussitôt le comte Du Plessis, qui vint à la tranchée et signa la capitulation, suivant laquelle don Diego Cavaliero sortit le dernier de mai, et fut conduit à Carthagène par mer. Aussitôt on attaqua le fort de la Trinité, dans la montagne, qui se rendit après cent cinquante volées de canon.

Après la prise de Roses, qui donnoit la communication libre de la Catalogne et du Roussillon, le comte Du Plessis envoya son armée joindre le comte d'Harcourt; et lui s'en alla à la cour, où il fut fort bien reçu de la Reine, laquelle, pour récompense des grands services qu'il avoit rendus depuis si long-temps, et tout fraîchement pour cette dernière conquête, lui donna le bâton de maréchal de France et le fit partir aussitôt pour commander l'armée d'Italie, et y achever la campagne.

Dès que le comte d'Harcourt fut parti du camp devant Roses, il fit marcher son armée devers la plaine d'Urgel, où il reprit Agramont : de là, il envoya Saint-Aunais se saisir du château de Camaras. Ce Saint-Aunais avoit quitté le service du Roi pour prendre celui d'Espagne; mais après la mort du cardinal de Richelieu il trouva protection près du Mazarin, qui le fit revenir, et lui donna emploi dans l'armée. Le comte d'Harcourt le suivit bientôt après, et ayant joint les troupes qui avoient pris Roses, détacha le comte Chabot pour se saisir d'un passage sur la Sègre; mais il le trouva si bien gardé, qu'après une escarmouche très-chaude il fut contraint de se retirer. Le comte d'Harcourt, sur cette nouvelle, envoya Saint-Aunais et Le Plessis-Besançon plus haut, pour tenter un passage : ce qu'ils firent, par un pont de cordes sur lequel ils firent passer l'infanterie, et la cavalerie à la nage; puis ils prirent par derrière ceux qui défendoient la rivière, laquelle ils forcèrent d'abandonner; et y ayant fait faire un pont de bateaux, toute l'armée passa dessus, et monta sur la montagne qui est de l'autre côté de la rivière. Les chemins étoient si difficiles, que les troupes eurent bien de la peine à monter en haut; mais enfin elles passèrent tous ces fâcheux défilés, et vinrent à la descente qui est de l'autre côté, d'où l'on aperçut l'armée espagnole en bataille dans la plaine. En même temps le comte d'Harcourt descendit avec l'avant-garde, et à la tête de sa cavalerie il chargea celle des Espagnols qu'on appelle des Ordres; et, soutenu du comte de Mérinville, il renversa les premiers escadrons et prit le marquis de Montare. Durant ce choc, le reste de l'armée descendoit, dont chaque escadron-bataillon chargea le sien; de sorte que l'avant-garde espagnole étant rompue, l'arrière-garde se retira sous André Cantelme, à l'abri du canon de Balaguer : et ainsi le comte d'Harcourt demeura maître du champ de bataille, et poussa les fuyards jusque sur le bord de la rivière, dans laquelle plusieurs se noyèrent. Cette bataille, donnée le 23 de juin, s'appelle de Lorens, à cause du nom du lieu où elle se donna. Après cette victoire, le comte d'Harcourt, voyant la moitié de l'armée retirée à Balaguer, partit de Lorens, et fut se poster à Ménargue sur la Sègre; et le marquis de La Trousse s'empara de Termes, de l'autre côté de la rivière, où ayant fait faire un pont pour joindre les deux camps, il fut résolu de couper les vivres aux Espagnols, et de faire périr leur armée et Balaguer en même temps. D'autre part, la roi d'Espagne armoit puissamment pour secourir les siens, et avoit envoyé don Philippe de Silve à Fragues, lequel y demeura cinq semaines sans pouvoir faire passer de vivres à Balaguer; si bien qu'André Cantelme ne pouvant plus subsister avec sa cavalerie, la fit partir un soir, et toute la nuit se retira par les montagnes, laissant son infanterie dans Balaguer. A son arrivée à Fragues, il reçut ordre de laisser le commandement à don Philippe de Silve, et d'aller à Madrid. Ce nouveau général, pour faire diversion, détacha un corps pour surprendre Flix; et, l'eau étant fort basse, sa cavalerie passa à gué, avant des mousquetaires en croupe, et surprit la ville, dont la garnison se retira dans le château, qui fut à l'heure même attaqué. Sur cette nouvelle, le comte Chabot fut envoyé pour le secourir; et ayant fait assembler quantité de barques, il passa dans l'île et secourut le château. Il fit aussitôt attaquer la ville par le régiment de Champagne, qui la prit en deux jours, et huit cents hommes de pied et trois cents chevaux prisonniers de guerre. Cet échec fâcha fort don Philippe de Silve, lequel voulut tenter un grand convoi à la faveur de la nuit, le 15 de septembre; mais le comte d'Harcourt en ayant eu avis, fit monter à cheval toute sa cavalerie, et prit ce convoi, qui fut abandonné par son escorte. Ce malheur mit les troupes espagnoles dans une grande extrémité, et dans un désespoir tout entier; car, n'ayant plus de vivres et souffrant d'excessives incommodités, elles se voulurent mutiner : c'est pourquoi Simon de Mascarenas, qui les commandoit, se voyant dans une si pressante nécessité, capitula, et rendit Balaguer au comte d'Harcourt, à condition qu'il seroit mené, par la Catalogne, le Languedoc et la Guyenne, droit à Fontarabie, dans le dessein de faire périr durant un si long voyage cette infanterie, et la mettre hors d'état de pouvoir servir. Ce traité fut exécuté le 20 d'octobre, et le comte d'Harcourt retourna à Barcelone, où il fut reçu avec grande acclamation du peuple, qui, voyant Roses et Balaguer pris, se croyoit à couvert de la vengeance des Espagnols.

Au commencement de cette année, le renouvellement de l'alliance entre la France et la Savoie contre l'Espagne fut signé, par lequel les places reconquises par les Français furent remises entre les mains de la duchesse régente, excepté la citadelle de Turin. Aussitôt des troupes de Savoie entrèrent dans la ville; et le duc, qui étoit à Chambéry, revint en Piémont et fit son entrée dans Turin, où il fut reçu avec toute la magnificence et la joie qu'un peuple peut exprimer en voyant son prince souverain. Pour les affaires de la guerre, elles commencèrent tard, parce que l'armée étoit diminuée des troupes qui avoient passé en Catalogne pour le siége de Roses; mais le maréchal Du Plessis-Praslin en ayant ramené d'autres, le prince Thomas passa la Sesia, et se saisit de la ville de Vigevano, fort proche du Tesin et du Naville, canal qui va de cette ville à Milan, et sort du Tesin. En même temps il investit la Rocca, qui est comme la citadelle de cette ville, devant laquelle il ouvrit la tranchée le 24 d'août. Ce siége fut conduit par les formes, et bien soutenu par les Espagnols, où il y arriva une circonstance digne de remarque, qui est qu'un espion étant pris dans le camp des Français, fut condamné à être pendu; et son père l'ayant appris sortit de la place, et promit de faire écouler l'eau des fossés, pourvu qu'on sauvât la vie à son fils : ce qui lui ayant été accordé, il montra un batardeau qui retenoit l'eau, lequel il fit rompre, et par là fit vider l'eau en peu de temps. Ensuite le mineur fut attaché à la muraille, lequel eut bien de la peine, à cause du roc et des casemates qu'il rencontra, qui rendirent la première mine inutile; mais la seconde ayant fait brèche, l'assaut fut donné, et bien repoussé. Mais une troisième étant prête à jouer, le gouverneur se rendit, et remit la Rocca au pouvoir du prince Thomas, le 13 de septembre. Il mit dedans Nestier pour y commander, et il décampa le lendemain, et prit sa marche vers Navarre pour joindre le maréchal Du Plessis, qui amenoit des troupes nouvellement arrivées : mais le marquis de Velade, gouverneur de Milan, voulant empêcher cette jonction, partit de Mortare, et s'avançant du côté de Navarre; voulut disputer au prince Thomas le passage de la rivière de Mora. Ce prince, voyant son dessein, fit marcher les régimens d'Auvergne, de Navailles et d'Aiguebonne jusque sur le bord, où il y eut grande

11.

escarmouche, durant laquelle le marquis de Ville, avec le régiment-colonel, et don Maurice avec celui de Souvrai, et l'escadron de Savoie, donnèrent tête baissée droit au passage, qu'ils traversèrent à gué, et chargèrent la cavalerie espagnole qui étoit de l'autre côté, laquelle ils mirent en désordre : là-dessus, le reste de l'armée suivant passa la Mora, en essuyant la mousqueterie des Espagnols et la batterie de huit pièces de canon. La nuit étant venue, les Français continuèrent leur chemin jusqu'à la Sesia, où ils joignirent le maréchal Du Plessis. Brinvilliers-Gobelin, mestre de camp du régiment d'Auvergne, fut tué en cette occasion, comme aussi le jeune d'Aiguebonne. Après cette jonction, la saison étant trop avancée pour entreprendre quelque chose, les armées demeurèrent campées à trois lieues l'une de l'autre, et puis se retirèrent pour prendre leurs quartiers d'hiver.

Les Portugais se maintenoient dans leur révolte, demeurant sur la défensive avec avantage : car les Espagnols, sous le commandement du marquis de Terracuse, ayant assiégé Elvas, furent battus, et contraints de lever le siége.

Nous avons vu, l'année passée, la mort du pape Urbain VIII et l'élection d'Innocent X par la faveur des Barberins, et comme le cardinal Mazarin, se voyant trompé par le cardinal Antoine, avoit fait ôter les armes de France de dessus la porte de son palais. Or, cette année, le Mazarin fit ce qu'il put pour faire croire au nouveau Pape que l'exclusion qu'il lui avoit voulu donner venoit du conseil de ce cardinal, qui l'avoit voulu rendre suspect à la France, et que pour ce sujet le Roi ne vouloit plus se servir de lui : mais la vérité étoit qu'il avoit un tel dépit de voir le seul homme auquel il donnoit exclusion être élevé à cette suprême dignité, qu'il ne savoit comment raccommoder ce qu'il avoit fait, et ôter de l'esprit du Pape que l'opposition faite à son exaltation fût venue de son propre mouvement. Il n'y a point de tours de souplesse qu'il ne fit pour le rapaiser : même ayant appris que le roi d'Espagne avoit donné une bonne abbaye au cardinal Pamphilio, neveu de Sa Sainteté, il se démit de celle de Corbie qu'il possédoit, pour la lui donner; et son but étoit de faire créer cardinal son frère le père Mazarin, jacobin, depuis peu archevêque d'Aix. Mais toutes ses finesses réussirent mal, car le Pape permit à son neveu de prendre l'abbaye comme venant de la main du Roi, et n'en sut aucun gré au Mazarin, ni ne l'en estima pas davantage; au contraire, il parla toujours de lui avec mépris, et refusa constamment de faire son frère cardinal; dont se sentant piqué, il chercha les moyens de s'en venger. Et sachant que le Pape, par une ingratitude extrême, recherchoit les Barberins pour le maniement des finances de l'Eglise durant le pontificat de leur oncle, et même qu'il poursuivoit le cardinal Antoine criminellement, il alla tout d'un coup du blanc au noir, car il fit prendre au Roi la protection de ce cardinal, qu'il persécutoit auparavant; et sur la nouvelle qu'il eut qu'il étoit sorti de Rome pour se mettre en sûreté, il lui manda de venir en France, où il le reçut avec beaucoup d'honneur; et avec raison, car il avoit été son domestique.

Cet hiver, il y eut quelque changement dans la maison du Roi : le duc de Saint-Simon se démit de la charge de premier écuyer de la petite écurie en faveur de Beringhen, qui avoit été premier valet de chambre, et chassé par le cardinal de Richelieu. Mais étant revenu depuis sa mort, il reprit sa première familiarité avec la Reine, et le cardinal Mazarin se servit de lui dans les commencemens pour être l'entremetteur entre lui et Sa Majesté : ce qui servit à l'élévation de l'un et de l'autre.

La campagne étant finie, tout le monde revint à Paris, où le duc d'Enghien, glorieux de ses victoires, attiroit les yeux de toute la cour sur lui; et comme il n'avoit pas encore l'expérience que l'âge lui a donnée depuis, il ne pouvoit déférer à personne, pas même à ceux auxquels il le devoit : il le témoigna un soir au Luxembourg dans une assemblée que M. le duc d'Orléans donnoit, où se sentant pressé par un exempt des gardes de Son Altesse Royale qui ne le voyoit pas dans la foule, il lui sauta au collet, lui arracha le bâton de commandement qu'il avoit entre les mains, le cassa en deux, et jeta les morceaux en l'air, disant qu'ils ne lui feroient jamais de mal. Ceux qui commandoient les gardes de Monsieur eussent châtié cette hardiesse ; mais le respect qu'on portoit à ce prince retint les plus résolus, et la Reine avec le prince de Condé, son père, apaisèrent Monsieur, qui se contenta d'un compliment, et de quelques excuses que lui fit le duc d'Enghien.

Le 20 d'octobre, mourut en sa maison de Dangut des Noyers, secrétaire d'Etat, qui avoit eu grande part au gouvernement du royaume sous le cardinal de Richelieu. Après la mort du Roi, il revint à la cour dans l'espérance de rentrer dans sa charge, dont il n'avoit point donné de démission; mais il se trouva bien éloigné de ses prétentions, car Le Tellier exerçoit sa charge par commission; lequel, appuyé du cardinal Mazarin, bien loin de la lui rendre, vouloit en traiter avec lui moyennant récompense. Des

Noyers, qui connoissoit la cour, vit bien qu'il ne gagneroit rien en résistant : c'est pourquoi il mit la chose en négociation, par laquelle il fut conclu qu'il donneroit sa démission en lui payant cent mille écus. Le Tellier, pour ce sujet, eut en don de la Reine la somme de cent mille livres pour lui aider à faire le surplus ; mais quand il fallut signer, des Noyers, qui étoit dévot et se vouloit faire d'Eglise, s'opiniâtra de ne point achever qu'il ne fût assuré d'un archevêché : ce qu'on ne lui voulut pas permettre. Ainsi il s'en retourna chez lui sans donner sa démission. Le Tellier avoit son argent tout prêt, qui lui fut inutile : car, peu de jours après, des Noyers mourut de maladie, et il eut sa charge pour rien, et gagna les cent mille francs que la Reine lui avoit donnés, qu'il ne rendit point.

Sur la fin de l'année. Uladislas IV, roi de Pologne, envoya le palatin de Poméranie, ambassadeur extraordinaire, pour demander en mariage la princesse Marie de Gonzague, fille du défunt duc de Mantoue Charles I, et tante de Charles II, alors régnant. Quelque temps après, l'évêque de Warmie vint à Paris avec le palatin de Posnanie, pour l'épouser au nom de Sa Majesté Polonaise. Ils firent une magnifique entrée dans cette ville, accompagnés d'une grande suite de Polonais, ensuite de laquelle, après les audiences et cérémonies accoutumées, le Roi envoya querir dans ses carrosses la princesse, accordée par le marquis de Montglat, grand-maître de sa garde-robe, qui la conduisit dans la chapelle du Palais-Royal, où l'évêque de Warmie la maria au roi de Pologne, représenté par le palatin de Posnani Opalinski. Il y eut ensuite festin royal, après lequel Leurs Majestés la furent ramener chez elle à l'hôtel de Nevers, où elle fut suivie et gardée comme reine par les officiers du Roi. Quelques jours après, elle partit pour aller en Pologne, et elle fut conduite jusqu'à une lieue de Paris par Leurs Majestés, qui la firent défrayer jusque sur la frontière, où elle fut remise entre les mains des Espagnols, entre Péronne et Cambray.

DOUZIÈME CAMPAGNE.

[1646] Au commencement de cette année mourut Gaspard de Coligny, maréchal de Châtillon, petit-fils de l'amiral de même nom : il a laissé sa mémoire recommandable dans ce royaume par les grands services qu'il a rendus au feu Roi dans le commandement de ses armées.

Quelque temps après, la Reine ôta le Roi son fils d'entre les mains des femmes, et fit le cardinal Mazarin surintendant de l'éducation royale : mais comme il ne pouvoit pas s'appliquer à l'exercice de cette charge, à cause des grandes affaires qu'il avoit pour la direction de l'Etat, il fit établir sous son autorité le marquis de Villeroy, gouverneur de Sa Majesté, qu'il avoit fort connu en Italie, et depuis à Lyon, quand il alloit et venoit de Rome à la cour. Il mit sous lui deux sous-gouverneurs, Dumont, qui avoit été destiné à cela par le feu Roi, et Saint-Etienne, gentilhomme de Poitou, qui fut poussé à cela par l'abbé de Beaumont (1), précepteur de Sa Majesté.

La cour de l'Empereur fut troublée cet hiver par la mort de l'Impératrice sa femme, sœur du roi d'Espagne et de la reine régente de France, laissant deux fils, les archiducs Ferdinand et Léopold. L'affliction qu'en reçut l'Empereur fut grande, et ce fut un surcroît d'accablement dans le malheur des affaires qu'il avoit à démêler, auxquelles il avoit peine à mettre ordre, tant il étoit pressé. Il avoit trois armées : une commandée par l'archiduc son frère, opposée à Torstenson ; l'autre par le comte de Montecuculli, du côté de l'Oder ; et la troisième par Melander dans la Westphalie, contre la landgrave, qu'il avoit autrefois servie. Le général Torstenson étoit tombé malade à Leipsick d'une maladie fort longue, qui l'obligea de laisser le commandement de l'armée à Wrangel, lequel prit la ville de Paderborn, et puis sortit de la Westphalie pour entrer dans la Hesse, afin de joindre Konigsmark et Guets, durant que le maréchal de Turenne passoit le Rhin à Wesel pour s'approcher d'eux. Le général Hasfeld, voyant cette marche, se joignit à Gleen, et passèrent ensemble près de Francfort-sur-le-Mein, où les armées campoient si proche les unes des autres, que souvent il y avoit de rudes escarmouches entre elles ; mais quand le maréchal de Turenne eut joint les confédérés, alors étant maîtres de la campagne, ils marchèrent du côté du Danube, résolus de le passer et de porter la guerre dans la Bavière, où elle n'avoit point encore été. Dans ce dessein, étant arrivés sur le bord de ce fleuve, ils se rendirent maîtres de Donawert, où ayant passé le Danube ils entrèrent dans la Bavière, et attaquèrent la forteresse de Rain, qu'ils prirent par composition. Cette conquête causa un grand effroi dans tout le pays, dont le peuple fuyoit de tous côtés : ce qui obligea les armées impériale et bavaroise de se retirer, pour couvrir les villes d'Ingolstadt et de Ratisbonne, où Jean de Verth fut envoyé avec quatre mille chevaux ; mais sur les nouvelles qu'ils eurent que les confédérés avoient assiégé Ausbourg, ils se rapprochèrent pour le secourir : ce qu'ils firent facilement, à cause que les quartiers des assiégeans étant fort écartés, ils les obligèrent à se remettre ensemble à leur approche ; et ainsi ils secoururent fort aisément Ausbourg. Ensuite l'armée confédérée mit toute la Bavière au pillage jusqu'aux portes de Munich, d'où elle marcha devers la Haute-Souabe, pour y prendre ses quartiers d'hiver. Du côté de la Silésie et Bohême, l'Empereur fit attaquer la ville de Krems par le comte de Bouchain, qui la prit avec beaucoup de peine, et ensuite celle de Corneubourg ; puis Sa Majesté Impériale se rendit à Prague, où il fit couronner roi de Bohême l'archiduc Ferdinand son fils aîné, qui en prit dès-lors le titre.

M. le duc d'Orléans, voulant profiter des avantages qu'il avoit eus les deux campagnes précédentes, forma trois corps d'armées : le premier en Picardie, qu'il devoit commander ; le second en Champagne, sous le duc d'Enghien ; et le troisième en Lorraine, sous La Ferté-Senneterre. Le premier s'assembla devers Amiens, et s'avança du côté d'Arras, où celui du duc d'Enghien

---

(1) Hardouin de Péréfixe, auteur de l'Histoire de Henri IV.

eut ordre de marcher; et pour donner les ordres de plus près, le Roi, qui n'avoit point encore fait de voyage, commença pour la première fois en cette occasion, et partit de Paris au mois de mai pour aller à Amiens, où on tint force conseils; et à la mi-juin il retourna à Paris, et de là fut passer l'été à Fontainebleau. Cependant Monsieur et le duc d'Enghien se joignirent avec un grand équipage d'artillerie, commandé par le maréchal de La Meilleraye même; dont beaucoup de gens furent surpris, en ce qu'étant maréchal de France, et ayant commandé des armées en chef, il alloit faire sa charge de grand-maître de l'artillerie, pour obéir aux maréchaux de Gramont, de Gassion et de Rantzaw, qui étoient ses cadets, mais aussi aux lieutenans généraux et maréchaux de camp. Mais la raison qui l'obligea d'en user ainsi fut qu'il étoit si accoutumé d'être le maître sous le cardinal de Richelieu, qu'il ne pouvoit souffrir aucune contradiction. Or il vouloit faire commander l'artillerie par qui il lui plaisoit, comme autrefois; et Son Altesse Royale voulant que ce fût Saint-Martin, qu'il n'aimoit pas, et voyant qu'il ne le pouvoit empêcher, plutôt que de recevoir ce déplaisir il vint à l'armée, disant qu'il vouloit faire sa charge; et aussitôt l'autre se retira. Son Altesse Royale ne laissoit pas de le faire entrer dans les conseils, où les trois maréchaux lui déféroient comme à leur ancien; mais néanmoins il ne se mêloit que de l'artillerie.

Après la jonction des armées, qui faisoient plus de trente-cinq mille hommes, Son Altesse Royale marcha du côté de la Flandre, et passant au Pont-Avendin, vint camper à Templeuve, d'où il envoya le duc d'Enghien pour attaquer le château de Lannoy, qu'il prit après quelques volées de canon. De là il rejoignit l'armée à Liers, où La Ferté-Imbault et Villequier furent détachés avec quatre mille hommes pour investir Courtray, où Delli-Ponti s'étoit jeté avec son régiment. Le 13 de juin, toute l'armée arriva devant; et tous les quartiers étant séparés, la nuit du 14 au 15 la tranchée fut ouverte, où Lermond fut tué d'un coup de mousquet. Le lendemain, les assiégés firent une sortie, qui fut repoussée par le maréchal de Gassion. Le même jour, on eut nouvelle que les Espagnols, avec trente mille hommes, avoient passé l'Escaut, et marchoient droit à Courtray pour faire lever le siége. Ce bruit obligea le duc d'Enghien de quitter son poste de Turcoing, qui étoit trop éloigné, pour se rapprocher et se poster à Belgen; à son exemple tous les quartiers se rapprochèrent, afin qu'ils pussent se secourir aisément. Le 16, l'armée espagnole parut, commandée par le duc de Lorraine et Piccolomini, avec les généraux Bec et Lamboi, et quantité de canon sans bagage. En même temps l'armée françaises se mit en ordre, croyant donner bataille, mais la nuit étant venue, les Espagnols se retranchèrent si diligemment, que le matin ils furent à couvert si près du camp des Français, que les vedettes se parloient : le canon tiroit incessamment d'un camp à l'autre; si bien que le duc d'Enghien, qui étoit de ce côté-là, fit travailler à des épaulemens pour se mettre à couvert. On ne laissoit pas de continuer l'attaque de la ville, où, le 21, le régiment de Piémont se logea au pied du glacis de la contrescarpe, et le 24 elle fut entièrement emportée. En même temps le marquis de Caracène se joignit avec un corps au gros de son armée, avec laquelle il y avoit tous les jours escarmouche : en sorte qu'on ne se couchoit plus, parce qu'il falloit faire grande garde dehors et dedans, outre celle qu'on faisoit au logis de l'abbé de La Rivière, qui ne se pouvoit rassurer : ce qui fatiguoit fort les troupes. Il n'y avoit jour où les Espagnols ne fissent mine de faire un grand effort qui n'aboutissoit à rien. Une fois ils décampèrent, faisant semblant de vouloir attaquer le quartier de Rantzaw; mais ils retournèrent tout court sur leurs pas et reprirent leurs premiers postes, d'où ils donnoient de continuelles alarmes, durant que les assiégés, animés par la présence de leur armée, faisoient de grandes sorties de cavalerie, et harceloient les Français à tout moment. Mais toutes ces alarmes n'empêchoient pas ceux qui étoient aux tranchées de faire leur devoir : car, le 28, le régiment suisse de Molondin fit un logement à la pointe de la demi-lune, et le lendemain le mineur fut attaché à la muraille de la ville. Ce que voyant Delli-Ponti, et que son armée, depuis le temps qu'elle étoit si proche, n'avoit rien entrepris, il demanda à capituler : ce qui lui fut accordé, à condition qu'il sortiroit le 29 de juin. Ce qu'ayant exécuté, il fut rejoindre son armée, et M. le duc d'Orléans fit son entrée dans Courtray, à la vue de trente mille Espagnols qui ne le purent secourir.

Dans ce même temps, le maréchal de La Meilleray, s'ennuyant de ne rien faire dans l'armée, voulut retourner en France; et ayant pris congé de Son Altesse Royale, il partit avec un convoi qui alloit querir des vivres à Béthune sous le commandement du Terrail, maréchal de camp, lequel déféra en toutes choses au maréchal de La Meilleraye, quoiqu'il ne fût que volontaire. Or, en marchant, il rencontra la garnison de La Bassée qui alloit à la guerre; aussitôt il dit au Terrail de la charger : ce qu'il fit avec le régiment de cavalerie de Gamaches, soutenu du reste de l'escorte. Il défit cette garnison, et la poussa jusque dans les portes de La Bassée, après avoir pris cent cinquante chevaux : de là ce maréchal fut à Béthune, d'où il prit le chemin de Paris. Le progrès des armées françaises rendant le fort d'Uvate inutile, il fut résolu de le faire raser : pour cet effet, le canon qui étoit dedans ayant été mené à Calais, il fut entièrement démoli.

Après que Son Altesse Royale eut donné ses ordres pour le ravitaillement de Courtray, il en partit le 18 de juillet avec toute l'armée; et ayant laissé son bagage, il marcha par de grands défilés droit à La Bruyère, qui est entre Gand et Bruges, dans laquelle il arriva le lendemain. Il aperçut l'armée espagnole campée au milieu de la plaine, laquelle se mit en bataille à la vue des Français. Cela fit croire qu'il y auroit un grand combat; mais on vit bientôt le contraire : car, à mesure que l'armée française s'avançoit, l'espagnole se retiroit sous le canon de Bruges. Ainsi Monsieur, ne trouvant point de résistance, s'avança jusqu'au canal, sur lequel il fit faire des ponts. Aussitôt le prince Guillaume, fils du prince d'Orange, passa pour lui venir faire la révérence, et le supplier d'excuser son père de de ce qu'il ne venoit pas lui-même lui rendre ses respects, à cause de son indisposition. Ils tinrent ensemble un grand conseil; après lequel il retourna dans son camp, qui étoit de l'autre côté du canal. Là il fut résolu que, pour fortifier les Hollandais et leur donner moyen d'entreprendre quelque chose de considérable, le maréchal de Gramont seroit détaché avec six mille hommes pour joindre l'armée des États, avec Châtillon et Roaneto, maréchaux de camp. Mais cela ne produisit aucun bon effet : car l'armée française en fut affoiblie d'autant, et celle des Hollandais ne fit rien, tant parce que le prince d'Orange commençoit à baisser d'esprit pour sa grande vieillesse, qu'à cause que les États prenoient jalousie des prospérités des Français, qui s'approchoient trop près d'eux, et dont ils redoutoient le voisinage. Cette séparation étant faite, M. le duc d'Orléans se rapprocha de Courtray, et prit en passant le château d'Ingelmunster; et les Espagnols jugeant qu'il alloit entreprendre quelque chose, et les Hollandais aussi de leur côté ne sachant où tomberoit l'orage, ils séparèrent leurs troupes en trois. Le duc de Lorraine se posta sur la Lys, entre Gand et Deinse, pour observer la marche des Français; Piccolomini près d'Anvers, pour prendre garde aux Hollandais; et le marquis de Caracène sur le canal de Bruges, pour joindre celui qui en auroit plus de besoin : ce que voyant Monsieur, il tourna tout court vers la mer, et marcha si diligemment, qu'il arriva devant Bergues-Saint-Vinox devant que les Espagnols en eussent avis. Le maréchal de Gassion se saisit d'abord des forts et redoutes qui sont sur le canal entre Bergues et Hondtschoote; et, le 28 de juillet, toute l'armée arriva devant; et nonobstant les écluses que ceux de Dunkerque avoient lâchées, on sépara les quartiers et on ouvrit la tranchée. Le lendemain, dix pièces de canon commencèrent à battre la ville : dont la garnison fut si étonnée que, voyant le duc d'Enghien logé au pied des murailles, elle capitula le dernier du mois, et sortit le premier d'août. Les comtes de Belin et de Tonquebec furent tués à ce siége. Le 4, l'armée investit le fort de Mardick, et se retrancha en trois jours. Le 7, la tranchée fut ouverte, et le 8 il y eut huit canons qui firent grand bruit dès le matin; mais comme les vaisseaux hollandais, qui avoient promis de se trouver à jour nommé devant le fort pour le boucler par mer, n'étoient pas arrivés, la garde se relevoit tous les jours de la garnison de Dunkerque, qui rafraîchissoit celle de Mardick quand elle vouloit, enlevoit leurs blessés et ceux qui étoient fatigués, pour en remettre de frais en leur place; et la mer étant libre, leur fournissoit tout ce qui étoit nécessaire pour soutenir un siége. C'est ce qui le rendit si difficile et si rude : car les assiégés faisoient de fréquentes sorties, et entre autres le 10 d'août, où le chevalier de La Feuillade et Salis, capitaine suisse, furent tués; mais le 13 ils en firent une bien plus grande, où ils nettoyèrent la tranchée, dont ils furent chassés par le duc d'Enghien, qui vint l'épée à la main à la tête des volontaires, avec lesquels il les recogna dans leurs dehors. Dans cette mêlée, les comtes de Fleix et de La Roche-Guyon, et le chevalier de Fiesque, perdirent la vie; le duc de Nemours fut bien blessé; celui de Pont-de-Vaux reçut un coup dans le visage, dont la marque lui est demeurée; et le prince de Marsillac fut blessé plus légèrement. Le lendemain, le régiment de Navarre étant en garde, le marquis de Thémines, son mestre de camp, tomba mort d'un coup de mousquet dans la tranchée. Le 15, une grenade tomba aux pieds du duc d'Enghien, dont les éclats le blessèrent au bras, et la poudre lui brûla le visage. Le 16, la flotte hollandaise parut, et se mit à la rade : ce qui avança beaucoup ce siége, car ceux de dedans étant bouclés par mer ne purent plus recevoir aucun soulagement de Dunkerque; aussi leur résistance fut beaucoup moindre depuis. Le jour même, le logement fut fait sur la contrescarpe, et le 20 sur la demi-lune; et le 23 le mineur fut attaché au corps de la place. Ce jour-là, Le Terrail, maréchal de camp, sortant du travail, reçut un coup de mousquet dans la tête, dont il mourut sur-le-champ, fort regretté de toute l'armée; et Grignan, capitaine aux gardes, fut tué d'un coup de fauconneau. Les mineurs eurent grande peine à travailler à cause du sable qui retomboit sur eux à mesure qu'ils creusoient. Les mines ne laissèrent pas d'être en état le 24, et de jouer toutes deux le jour même où les logemens furent faits sur les brèches, les ducs de Retz et de Brissac, volontaires, donnant à la tête. Aussitôt les assiégés parlèrent, et firent une composition, par laquelle ils sortirent le 25, au nombre de trois mille, et furent conduits à Saint-Omer. Ainsi ce méchant fort fut repris avec bien de la peine, et Chanleu fut remis dedans pour y commander. Durant ce siége, le marquis de Caracène surprit, la nuit, la ville de Meneene sur la Lys, où il prit prisonniers tous les Français qui étoient dedans; et par cette prise il coupa la communication qui étoit par eau entre Armentières et Courtray. Après la prise de Mardick, M. le duc d'Orléans partit de l'armée pour retourner à la cour, dans la pensée que la campagne étoit finie, et qu'on n'entreprendroit plus rien. Le duc d'Enghien le confirmoit dans cette croyance, et l'en persuadoit le plus qu'il pouvoit, afin de demeurer plus libre et d'agir plus hardiment. L'abbé de La Rivière, qui le gouvernoit absolument, contribua à lui faire prendre cette résolution, dans l'impatience qu'il avoit de sortir de l'armée, à cause qu'il avoit été si effrayé quand il se vit à Courtray, entre la ville et l'armée espagnole, où il lui falloit une garde plus forte qu'aux tranchées pour le rassurer, qu'il ne respiroit qu'à sortir de ces périls, et à se voir à Paris en sûreté. Le duc d'Enghien, ravi de ce départ, et par là se voyant le maître, méditoit quelque grand dessein dont il pût avoir l'honneur tout seul. Il vouloit faire une entreprise de remarque pour augmenter sa réputation; et comme il étoit ambitieux, il ne jetoit ses yeux sur rien de médiocre. De tous les desseins qui lui venoient dans la pensée, celui de Dunkerque lui touchoit plus le cœur, à cause de la réputation de ce port, dont les pilotes, sous le nom de Dunkerquois, se faisoient redouter dans toutes ces mers. Avant que d'exécuter ce grand projet, il attendit l'arrivée de La Ferté-Senneterre, lequel, après avoir pris la ville et le château de Longwy en Lorraine, marchoit à grandes journées devers les Pays-Bas pour le joindre. Ayant passé l'Escaut, il apprit, par un avis que lui donna le gouverneur de Lannoy, qu'un convoi sortoit de Tournay pour aller à Meneene, escorté de cinq cents chevaux et trois pièces de canon; en même temps il partit pour le rencontrer, et l'attaqua si à propos qu'il défit la cavalerie, et prit le convoi et le canon. Le duc d'Enghien voulant poursuivre son dessein, sachant que les Espagnols avoient mis une forte garnison dans Dunkerque, dont l'abord étoit difficile, à cause des canaux qui coupent tout le pays d'alentour, résolut de se rendre maître du derrière: et pour cet effet il envoya le maréchal de Gassion investir Furnes. Il trouva résistance au passage d'un canal gardé par de l'infanterie, laquelle après une escarmouche d'une heure lâcha le pied, et donna moyen à ce maréchal de le passer et de bloquer Furnes, où le duc d'Enghien arriva le jour d'après, et mit d'abord son canon en batterie, qui foudroya les murailles de la ville si rudement, que ceux qui la gardoient furent contraints de se rendre à discrétion le 7 de septembre. Après avoir établi Le Boquet pour y commander, il en partit le 17 pour assiéger Dunkerque. Il commença par s'emparer des forts et redoutes qui étoient entre Furnes, Bergues et cette ville, et à faire des ponts pour la communication des quartiers, à cause que ce pays est tout coupé de canaux: il fit faire ensuite la circonvallation, qui fut en défense le 25; et le soir de ce jour la tranchée fut ouverte. Deux jours après, il y eut quatorze pièces de canon en batterie, et les assiégés firent une sortie qui fut repoussée par le marquis de Noirmoutier avec le régiment des Gardes, qui fit un logement sur une hauteur, qu'il fut contraint de quitter, et qui fut reprise par Porcheux, Loignac et Genlis, capitaines dans ce même corps. Le travail étoit fort difficile, parce que c'étoit tout sable qui s'ébouloit à mesure qu'on le remuoit; et le vent, qui étoit fort grand ces jours-là, poussoit le sable qui combloit toutes les tranchées, et en même temps causoit grand désordre parmi les vaisseaux hollandais qui boucloient Dunkerque par mer, et étoient à la rade nonobstant ces embarras. L'attaque ne laissoit pas d'avancer: le premier d'octobre, le logement fut fait sur le glacis de la contrescarpe par les Polonais, dont la reine de Pologne en avoit envoyé trois mille, dans lequel le marquis de Laval-Boisdauphin, gendre du chancelier de France, reçut un coup de mousquet dont il mourut, au déplaisir du duc d'Enghien et de toute la cour, pour les bonnes qualités qui étoient en lui. Le 3, le mineur fut attaché à la pointe de la demi-lune par le comte de Quincé, et la mine joua le lendemain avec grand effet. Aussitôt le régiment de Molondin monta à la brèche, et fit son logement dessus. A l'attaque d'Enghien, Arnauld fit faire une batterie fort proche, pour faciliter la descente dans le fossé, dans lequel Marchin fit jeter tant de fascines, qu'il fut plein le 6. Ce même jour, le chevalier Chabot attacha le mineur au bastion, malgré le feu continuel des assiégés et leurs grenades, et coups de canon chargés de cartouches : mais en repassant le pont ce chevalier fut blessé d'un coup de mousquet, dont il mourut quelque temps après. On travailloit cependant en diligence à la mine, laquelle ne joua point, parce que le marquis de Leyde, gouverneur de Dunkerque, n'en voulut pas attendre l'effet, et demanda devant à capituler, à condition de se rendre s'il n'étoit secouru dans le 10. Cette composition lui fut accordée; et aucun secours n'ayant paru, il sortit le 11 d'octobre, et fut conduit à Nieuport. Le jour même, le duc d'Enghien entra dans la ville, et prit possession de sa nouvelle conquête, laquelle augmenta sa réputation, qui croissoit tous les jours par ses actions héroïques. Le gouvernement de cette place fut donné au maréchal de Rantzaw, et le duc d'Enghien en partit bientôt après pour ravitailler Courtray, dans lequel il mit quantité de vivres et de munitions de guerre; et puis il partit pour retourner à Paris, laissant le commandement de l'armée au maréchal de Gassion, avec lequel il eut grand démêlé avant que de quitter le camp, qui arriva de la sorte. L'année de la bataille de Rocroy, le duc d'Enghien, qui étoit jeune et sans expérience, avoit entière créance à Gassion, lequel, comme nous avons vu, insista pour faire donner cette bataille, ensuite de laquelle ce duc demanda avec empressement qu'on le fît maréchal de France : ce qui fut fait; et par là il tenoit Gassion pour sa créature. Les deux campagnes suivantes, ils servirent séparément, et celle-ci ils se retrouvèrent ensemble; où, tant que M. le duc d'Orléans y fut, ils n'eurent pas sujet de dispute : mais après son départ le maréchal vouloit vivre avec le duc comme autrefois, qui étoit comme vieux routier avec un écolier qui ne se gouvernoit que par lui. Mais les temps étoient bien différens : car les deux années que le duc avoit servi en Allemagne, et les victoires qu'il y avoit obtenues, avoient augmenté son expérience et sa réputation; tellement qu'il ne se laissoit plus conduire à personne, et se croyoit aussi habile dans la guerre que le maréchal, lequel il considéroit comme son lieutenant et sa créature, qui devoit être dévoué à toutes ses volontés. Un jour il lui envoya un ordre; mais le maréchal, dans la confiance qu'il avoit que le duc approuveroit tout ce qu'il feroit, y changea quelque chose : ce qui piqua le duc au vif; et dans la pensée qu'il eut que le maréchal étoit bien aise qu'on crût dans l'armée qu'il le gouvernoit, il prit son temps à la tête des troupes de le gourmander rudement. Et sur ce que le maréchal vouloit lui dire ses raisons, le duc lui repartit que ce n'étoit pas à lui à chercher des raisons, mais à obéir aveuglément à ses commandemens, étant son général, qui en savoit plus que lui, et qu'il lui apprendroit l'obéissance comme au dernier goujat de l'armée. Le maréchal, enragé d'un si mauvais traitement, ne put s'empêcher de lui dire qu'au moins, dans son malheur, il étoit heureux de ce qu'il ne pouvoit lui ôter l'honneur du gain de la bataille de Rocroy, qui étoit la première de ses victoires. Sur la fin de l'année, le marquis de Caracène reprit le château de Lannoy; et le maréchal de Gramont, qui étoit en Hollande avec six mille hommes, passa le pays de Liége, et arriva à Sedan avec ses troupes.

La garnison que les Français avoient laissée dans la Rocca de Vigevano couroit jusqu'aux portes de Milan, et le marquis de Velade voulut reprendre cette place, avant que de laisser son gouvernement au connétable de Castille. Dans ce dessein, il assembla ses troupes au milieu de l'hiver, et investit la Rocca au commencement de l'année, et aussitôt ouvrit la tranchée. Le prince Thomas et le maréchal Du Plessis, sur cette nouvelle, mirent ensemble leurs garnisons, pour tâcher à la secourir; mais la rigueur de la saison et les pluies continuelles avoient tellement gâté les chemins, que le canon ne pouvoit rouler. Ainsi Nestier voyant qu'il ne pouvoit être secouru, et qu'il y avoit brèche au corps de la place, la rendit aux Espagnols le 16 de janvier, et ensuite toutes les troupes furent remises en quartier d'hiver. Le printemps, le connétable de Castille succéda au marquis de Velade. Ce nouveau gouverneur commença la fonction de sa charge en visitant les places; et ayant trouvé inutiles Brême et Cencio, il les fit raser. Cette campagne ne produisit rien de considérable de ce côté-là, parce que tout l'effort de la guerre se fit dans la Toscane, comme nous allons voir.

Le départ de Rome du cardinal Antoine, et son arrivée à Paris, avoit aigri davantage l'esprit du Pape contre sa maison, et augmenté la persécution qu'il lui faisoit, laquelle s'étendit sur tout le reste de sa famille : car le cardinal François Barberin et don Thadée son frère, avec dona Anna Colonna sa femme, et ses enfans, furent contraints de s'embarquer secrètement pour se mettre en sûreté, et de se venir réfugier en France. Ils y furent fort bien reçus de Leurs Majestés, qui les prirent en leur protection. Dès l'heure, toutes les pensées du cardinal Mazarin tournèrent à se venger du Pape, qui avoit témoigné un si grand mépris pour lui ; et dans ce dessein il prit le prétexte de la querelle des Barberins, dont il fit demander le rétablissement par le Roi, à cause qu'il étoit neveu du défunt pape Urbain VIII, qui avoit été ami de la France. Or le vrai sujet de son mécontentement étoit le refus que faisoit Sa Sainteté de faire cardinal l'archevêque d'Aix son frère ; et dans le chagrin où il en étoit, il résolut d'employer tout l'argent et les forces du royaume, dont il ne mesuroit les intérêts que par les siens, pour faire peur au Pape, et exiger de lui par crainte ce qu'il ne pouvoit obtenir de bon gré : mais comme la France n'avoit point de guerre contre lui, il ne le vouloit pas faire attaquer directement ; mais il s'avisa que les Espagnols tenoient dans la Toscane une pointe de terre avancée dans la mer, séparée de tous les autres Etats, pour leur servir de communication de l'Etat de Milan au royaume de Naples ; parce que leurs galères partant de Final se venoient rafraîchir dans Porto-Hercole près duquel est monté Argentato, le fort de Telamone et la ville d'Orbitello bien fortifiée, laquelle tenoit ce petit pays en sujétion. Or ce lieu n'est distant que d'une journée de Rome : c'est pourquoi il fit dessein de s'en emparer, dans la pensée que le Pape, étonné de voir les Français établis si près de lui, accorderoit un chapeau pour son frère, et que son père Pietro Mazarin et ses sœurs, qui demeuroient dans Rome, y seroient plus considérés. Pour exécuter ce projet, il fit grande dépense tout l'hiver pour fortifier l'armée navale en vaisseaux et en galères ; et ayant affoibli les autres armées pour augmenter celle-là, tant cette entreprise lui touchoit au cœur, il donna le commandement de celle de terre au prince Thomas, et de celle de mer au duc de Brezé. Aussitôt ce prince envoya demander à la république de Gênes permission de faire passer l'armée du Roi dans ses Etats : ce qui lui fut accordé ; et même elle députa deux sénateurs pour lui faire compliment de sa part. Le premier de mai, l'armée s'embarqua au Vai et cingla jusqu'à l'île Gorgogne, où un grand calme l'arrêta à la vue de Livourne ; puis un vent s'étant levé, elle arriva le 10 devant Monte Argentato, où elle fit sa descente ; et le prince Thomas se saisit d'une petite île nommée Saint-Stephano. En même temps il débarqua ses troupes, et malgré la mousqueterie des Espagnols, qui faisoient grand feu, il descendit à terre, et prit le fort de Telemone ; et le onzième de mai il investit Orbitello, devant lequel il se retrancha ; et le même jour il fit ouvrir la tranchée par le seul endroit par où la place puisse être attaquée : car elle est située dans un lac, et ne tient à la terre ferme que par une langue de terre, par laquelle on la peut aborder. On crut au commencement que ce siége ne dureroit pas longtemps, parce que la tranchée fut poussée fort aisément jusqu'au fossé de la demi-lune, laquelle fut aussi emportée avec assez de facilité ; mais quand on vint à descendre dans le fossé, et à faire les galeries pour aller au bastion, ce fut là qu'on trouva grande résistance ; car don Carlos de La Gatta avoit ménagé sa poudre, et gardé le secret de se bien défendre pour la fin. Le prince Thomas, qui le connoissoit, parce qu'il avoit servi sous lui lorsqu'il étoit du parti des Espagnols, lui manda, quand il fut maître des dehors, qu'il l'exhortoit à ne pas attendre à l'extrémité, et qu'il trouveroit toutes sortes de courtoisie en lui, comme étant son ancien ami : mais don Carlos lui répondit qu'il auroit mal profité des instructions qu'il avoit reçues de lui en servant sous sa charge, s'il se rendoit ainsi ; et qu'il vouloit lui faire voir qu'il n'étoit pas indigne de la bonne opinion que Son Altesse avoit de lui. Cependant les Espagnols faisoient tous leurs efforts pour le secourir. Ils mirent en mer leur armée navale, composée de trente-et-une galères, vingt-cinq grands vaisseaux, huit brûlots et quatre flûtes, commandés par Pimentel, qui fit voile jusqu'à la vue de l'armée française, laquelle se mit en devoir de se bien défendre. Le duc de Brezé, amiral de France, n'avoit que vingt-quatre grands vaisseaux, quatre flûtes et dix brûlots, outre vingt galères que commandoit Vince-Guerre. La bataille se donna le 14 de juin, où le choc fut très-rude, et la mer tellement en feu des coups de canon et de la mousqueterie, que de la côte on ne voyoit rien, tant l'air étoit obscurci de la fumée : mais après un combat de six heures les Espagnols se voyant maltraités se retirèrent, et les Français les suivirent jusqu'à la nuit. Dans ce combat, le duc de Brezé fut emporté d'une volée de canon, qui fut une perte fort grande, car il avoit toutes les bonnes qualités qu'on peut désirer en une personne de son âge, n'ayant que vingt-sept ans. Quelque temps après ce combat, durant que les vaisseaux français se radouboient sur la côte de Provence, on envoya de Naples de l'infanterie qui débarqua à Porto-Hercole, dans l'intention de prendre son temps, et de se jeter dans Orbitello par le lac avec des bateaux. En effet, elle voulut passer avec huit cents hommes, qui furent découverts, et aussitôt attaqués par Saint-Aunais, qui les poussa dans les montagnes, où ils furent défaits. Quelque temps après, quinze cents Napolitains voulurent entrer dans la place; mais ils furent battus par Refuge, maréchal de camp, qui fut blessé dans ce combat d'une mousquetade dans le visage, dont la marque lui est demeurée toute sa vie. Le comte de Frontenac, mestre de camp du régiment de Normandie, y eut aussi le bras cassé. L'attaque de la ville se continuoit toujours, et la résistance des assiégés étoit si grande, qu'on avançoit peu; car ils brûloient les ponts qu'on faisoit dans leur fossé, et à force de grenades et feux d'artifice ils empêchoient qu'on ne pût attacher les mineurs au corps de la place. Cependant les Espagnols avoient mis ensemble un corps considérable dans le royaume de Naples, auquel le Pape donna passage dans ses terres; mais au lieu que les troupes d'ordinaire diminuent dans les marches, celles-ci, dès qu'elles furent dans l'État ecclésiastique, grossirent tous les jours, et s'augmentèrent de telle sorte, qu'elles arrivèrent plus fortes de moitié que quand elles partirent de leur pays. Elles parurent à la mi-juillet à la vue des Français, et marchèrent droit à eux pour les attaquer. Mais le prince Thomas ayant rassemblé tous ses quartiers, voyant les Espagnols plus forts que lui, leva le siége, et en même temps don Carlos de La Gatta fit une grande sortie, dans laquelle il se rendit maître du canon, qu'on ne put retirer des batteries. Les soldats qui étoient en garde dans la tranchée lâchèrent le pied, et se retirèrent au gros qui marchoit devers la mer, où l'infanterie se rembarqua pour retourner en France, et la cavalerie passa par la Toscane, de l'agrément du duc de Florence, et regagna le Piémont. On ne tira pas un coup de mousquet dans cette retraite; mais le canon et le bagage demeurèrent aux Espagnols.

Jamais le cardinal Mazarin ne fut si affligé que quand il reçut cette nouvelle: car il avoit dépensé des sommes d'argent immenses pour faire cet armement, qu'il prenoit tellement à cœur, qu'il eût souhaité que la France eût eu du malheur de tous les autres côtés, pourvu que celui-ci eût réussi. Il en étoit outré de désespoir, principalement quand il sut les dérisions qu'on faisoit de lui à Rome, où le pasquin tous les matins se réjouissoit à ses dépens; et ce qui le piquoit encore davantage étoit de ce que le Pape avoit sous main fortifié l'armée des Espagnols pour lui faire recevoir cet affront, duquel il résolut d'avoir sa revanche, et de hasarder toutes choses pour en venir à bout. Dans ce dessein, il fit donner de l'argent pour faire des recrues, ordonna de nouvelles levées, prit des troupes de toutes les autres armées, qu'il fit marcher en diligence devers la Provence; et pour voir si le changement de général changeroit aussi la fortune, il donna le commandement de l'armée au maréchal de La Meilleraye, qui s'embarqua à Toulon au commencement de septembre, et alla prendre à Oneille le maréchal Du Plessis-Praslin, qui lui amenoit cinq mille hommes de l'armée de Piémont. Ils firent voile ensemble, et descendirent dans l'île d'Elbe, où ils firent prendre terre à une partie de leur infanterie, en attendant les galères commandées par le bailli de Souvré, qui ne purent arriver que le 13 d'octobre, à cause des grands vents. Dès le lendemain on embarqua la moitié de l'infanterie sur ces galères, où il y avoit seize cents Portugais envoyés, avec sept grands vaisseaux, au secours des Français par le roi de Portugal. Les galères tournèrent en même temps devers la terre ferme, où il y a une langue de terre qui avance dans la mer, sur laquelle est située la ville et forteresse de Piombino, laquelle donne le nom à un petit pays appartenant en souveraineté au prince Ludovisio, qui avoit épousé la nièce du Pape. Cette place étoit gardée par les Espagnols: c'est pourquoi les maréchaux de La Meilleraye et Du Plessis mirent là pied à terre pour les en chasser. Ils l'investirent le 4 d'octobre, et firent d'abord ouvrir la tranchée par Manicamp, lieutenant général. Le lendemain, il y eut cinq pièces en batterie, qui ruinèrent tellement les murailles de cette ville, que le gouverneur se rendit le 8, et se retira dans la citadelle, à condition de la remettre trois jours après entre les mains des maréchaux s'il n'étoit secouru: cette capitulation fut exécutée l'onzième. Le marquis de Béthune, fils aîné du comte d'Orval, fut tué durant ce siége, lequel ne fut pas plus tôt fini que les maréchaux se rembarquèrent pour retourner dans l'île d'Elbe, où il y a deux bons ports bien fortifiés: Porto-Ferrajo, dont la ville se nomme Cosmopoli, qui appartient au grand duc de Toscane, et Porto-Longone, qui est au roi d'Espagne: c'est ce dernier que les maréchaux assiégèrent, et sans faire de lignes ils ouvrirent la tranchée le 12; et le 13, deux batteries furent dressées avec grande peine, parce que le pays est montueux, pierreux, et si rude qu'il fallut en beaucoup de lieux porter le canon à force de bras. Le premier jour qu'ils tirèrent, une des batteries fut démontée par le canon des assiégés: en sorte qu'il en fallut refaire une autre avec la même difficulté. La nuit du 14 au 15, on vouloit faire le logement sur la contrescarpe; mais on ne put, à cause d'une grande sortie que firent les Espagnols, dans laquelle ils renversèrent et rasèrent la tête de la tranchée: tellement qu'après qu'ils furent repoussés, on passa le reste de la nuit à raccommoder ce qu'ils avoient gâté ; mais le soir du 16, le logement fut fait et bien assuré. Aussitôt on alla à la sape, qu'on fit si large qu'un bataillon y pouvoit passer pour empêcher les sorties des assiégés, parce que le fossé étoit sec : on travailla en même temps à la galerie, et on attacha le mineur au bastion, qui eut grand'peine à creuser, à cause de la dureté du roc qu'il rencontra, outre que le logement qui le soutenoit étoit incommode par une demi-lune qui le voyoit à revers. Cette raison obligea Montpezat de la faire attaquer par derrière, et d'en chasser quarante soldats qui la gardoient. Le 18, on fit une batterie sur le bord du fossé, pour rompre les flancs bas ; et le 23 la mine joua, qui fit brèche, sur la moitié de laquelle le logement fut fait par Courcelles. Depuis on fit jouer un fourneau, qui fit une ouverture plus grande, et donna lieu d'avancer le logement de trois pas seulement, tant la résistance étoit grande : ce que voyant les maréchaux, ils commandèrent des hommes détachés de tous les corps, qui donnèrent l'assaut, et malgré les grenades, le grand feu et la vigoureuse défense de assiégés, se logèrent au haut du bastion. Alors le gouverneur se voyant pressé, de crainte d'être emporté de force, demanda composition, par laquelle il rendit Porto-Longone aux deux maréchaux, qui le firent conduire en sûreté à Porto-Hercole.

Cette conquête changea fort la face des affaires d'Italie : car au lieu que les Français étoient moqués et tournés en ridicule, ils furent craints et respectés, principalement à Rome, où on fut fort surpris de cette dernière entreprise : car, depuis le traité d'Orbitello, on n'eût jamais cru que dans le même été la France eût pu renvoyer une nouvelle armée plus forte que la première, pour réparer la honte qu'elle avoit reçue. Aussi rien ne fit connoître la puissance de ce royaume que cette expédition, laquelle faisoit voir que la perte des batailles et la déroute des armées n'étoient pas capables de l'abattre, puisque l'argent et les hommes y étoient abondans, qui pouvoient aisément le relever de ces pertes. Le Pape particulièrement changea fort de discours et de manière d'agir : car voyant les Français à ses portes, il cessa la persécution contre les Barberins, et les rétablit dans leurs biens ; et dès-lors le nom français fut à Rome dans un nouveau lustre, au grand regret de Sa Sainteté, qui dissimuloit son déplaisir, lequel fut encore augmenté par le changement de parti du duc de Modène. Ce prince étant allé les années dernières en Espagne, fut si mal satisfait de cette cour, qu'ayant été Espagnol toute sa vie, il en revint Français. Après son retour, il cacha quelque temps ses sentiments ; mais cette année il leva le masque, et se déclara hautement pour la France, ainsi que le cardinal d'Est son frère, lequel ayant été nommé à cette dignité par l'Empereur, quitta ses intérêts et la protection de ses affaires à Rome, pour prendre celle de la France.

Il étoit impossible, dans un si grand nombre de peuple qui habite la ville de Barcelone, qu'il n'y en eût beaucoup qui conservoient en leur cœur une inclination naturelle de retourner sous l'obéissance de leur roi légitime, et cherchoient à tous momens des moyens de secouer le joug de la domination française, pour rentrer dans celle des Espagnols. Les mauvais succès de l'année 1644 leur ayant haussé le courage, ils résolurent d'exécuter leur dessein ; et pour cet effet ils lièrent correspondance avec le gouverneur de Tarragone, lequel fit venir à la rade de Barcelone l'armée navale d'Espagne, pour seconder leurs intentions ; mais ils ne purent mettre à fin leur entreprise, parce que la conspiration fut découverte, et les complices arrêtés ; dont plusieurs furent exécutés à mort, et les autres envoyés en France en prison perpétuelle. Après que le comte d'Harcourt eut mis ordre à cette affaire, il ne songea qu'à se mettre en campagne pour achever de se rendre maître de la rivière de Sègre, en prenant Lerida. Dans ce projet, il passa cette rivière à Balaguer, puis la Noguère-Ribagorce ; et le premier de mai il investit Lerida delà l'eau, durant que le comte Chabot le bloquoit deçà la rivière. Aussitôt on travailla aux ponts pour la communication des quartiers, et à faire la circonvallation, avec d'autant plus de soin que, sur les nouvelles qu'il y avoit cinq mille hommes dans la place, le comte d'Harcourt résolut de ne la point attaquer de force, mais de l'affamer ; et pour empêcher les Espagnols d'incommoder son camp par dehors, il prit tous les châteaux qui étoient aux environs ; et pour serrer davantage les assiégés, le comte Chabot eut ordre d'attaquer un ouvrage qui est au bout du pont, d'où il fut repoussé, et y reçut un coup de mousquet dans la tête, dont il tomba mort. Le marquis de Gêvres fut envoyé en sa place pour commander son quartier : mais il n'y demeura guère, car le 27 du mois, voulant repousser une sortie des assiégés, il fut percé d'une mousquetade au travers du corps, dont il mourut sur l'heure. Il fut le second de sa maison tué dans cette guerre ; et la survivance, de sa charge de capitaine des gardes du corps fut donnée au comte de Sceaux, son troisième frère, maintenant resté seul, qui prit dès-lors le titre de marquis de Gêvres. Après cette mort, le comte de Merinville commanda son quartier ; et sur l'avis qu'eut le comte d'Harcourt que le gouverneur de Tarragone avoit attaqué Montblanc, il détacha Sainte-Colombe, maréchal de bataille, pour le secourir : ce qu'il fit sans aucune difficulté, car les Espagnols se retirèrent à sa vue. Le premier de juin, le chevalier de La Vallière prit par force le poste d'Algouare, et cent vingt hommes qui le gardoient prisonniers. Tout l'été se passa à bien fortifier les lignes, assurer les ponts, et à faire bonne garde dans les quartiers : à quoi le comte d'Harcourt et Couvonges, lieutenant général, veilloient soigneusement. Mais le roi d'Espagne, qui étoit à Saragosse, ne s'endormoit pas durant ce temps-là, et faisoit tous ses efforts pour assembler une armée considérable qui pût secourir Lerida : il rappela le marquis de Léganès, qui commandoit une armée contre les Portugais, et le fit général de celle-ci, avec laquelle il s'approcha du camp des Français au mois de septembre, et passa la Sègre pour se poster dans la plaine d'Urgel, afin de couper les vivres que don Joseph Marguerit faisoit venir de Cervère au camp. Alors le comte d'Harcourt passa de son quartier dans celui de Mérinville pour le fortifier, et don Gregorio Britto, gouverneur de Lerida, chassa douze cents habitans de tous sexes et âges hors de la ville, pour conserver ses vivres; mais les Français tiroient sur eux pour les faire rentrer, et les Espagnols en faisoient autant pour les en empêcher. Ainsi ces pauvres misérables ne sachant où se cacher pour être en sûreté, se jetoient dans des fossés afin de se mettre à couvert, et ne vivoient que de racines d'herbes. Cela fit compassion au comte d'Harcourt, lequel, touché de leur misère, leur permit de passer au travers du camp et de se retirer à la campagne. Le 5 d'octobre, le marquis de Léganès se présenta aux lignes du côté de Villa-Nouette; et en même temps la cavalerie de la ville sortit, durant que leur canon et celui de leur armée battoit le camp des Français, lesquels répondoient avec celui qui bordoit leurs lignes. Le duc de l'Infantado, qui commandoit la cavalerie espagnole, ayant détaché don Carlos de Padille pour s'approcher, le colonel Balthasar sortit sur lui, et le chargea si vertement qu'il y eut bien des hommes de tués de part et d'autre. Mais le lendemain l'armée des Espagnols se retira, et se campa à trois lieues de là pour rompre les convois; et pour les couper plus sûrement, le marquis de Léganès prit Agrament et Pons : ce qui incommoda fort les assiégeans, lesquels trouvèrent moyen d'en faire venir du côté de Flix. Cela fit connoître au marquis de Léganès que s'il n'avoit point d'autre ressource que d'affamer l'armée, il ne sauveroit pas Lerida, qui étoit aux abois : c'est pourquoi il marcha devers la tour de Sègre, où il fit travailler à un pont pour repasser l'eau; et même son bagage passa dessus : ce qui fit croire qu'il se retiroit; et dans cette opinion, on négligea de faire la garde aux lignes bien exactement, et à tort : car, au lieu de passer la rivière, l'armée tourna le soir droit aux lignes; et le marquis de Léganès ayant fait donner, la nuit du 21 au 22 de novembre, de fausses alarmes en plusieurs endroits, attaqua dans l'obscurité le fort de Rebé, qu'il emporta; et ayant chargé le régiment de Champagne, il le tailla en pièces, où le comte d'Origny, mestre de camp, fut tué. A ce bruit, le comte d'Harcourt vint lui-même au secours avec sa cavalerie : mais il trouva les lignes forcées; et voulant tenter de rechasser les Espagnols, il les fit charger par ses gardes, ses gendarmes et son régiment de cavalerie, qui furent battus et défaits, où les deux Bellée, l'un capitaine et l'autre enseigne de ses gardes, furent tués. Et, durant ce combat, au bruit duquel toute l'armée tournoit à ce quartier, ne songeant plus aux autres, huit cents chevaux chargés de farine vinrent du côté de Fragues, qui, ne trouvant plus de résistance aux lignes, entrèrent dans la ville. Le comte d'Harcourt apprenant cette nouvelle, et voyant le désordre de son armée, rallia ce qu'il put de troupes, et se retira devers Balaguer, laissant au pouvoir des Espagnols son canon et son bagage. Ainsi ce comte qui avoit été toujours victorieux, même contre le marquis de Léganès en Italie, éprouva en cette occasion l'inconstance de la fortune, laquelle donna dans ce rencontre la victoire à celui qu'il avoit accoutumé de vaincre. Couvonges eut un bras cassé dans ce combat, après lequel le comte d'Harcourt ayant laissé deux mille hommes dans Balaguer, se retira devers Cervère, d'où voyant que les Espagnols ne poussoient pas leur pointe à cause de la saison trop avancée, il retourna à Barcelone, pour empêcher que ce malheur n'apportât quelque changement dans les esprits des habitans. Mais le roi d'Espagne ne goûta pas avec plaisir la joie de sa victoire : car il perdit dans le même temps le prince Balthasar son fils aîné, âgé de dix-huit ans, qui donnoit beaucoup d'espérance de sa personne. Aussi le Roi son père en fut inconsolable, auquel il ne restoit plus que l'infante Marie-Thérèse, devenue par cette mort héritière de tous ses grands États.

Sur la fin de cette année, moururent le duc de Bellegarde, ancien favori d'Henri III, et le maréchal de Bassompierre, colonel général des Suisses, qui fut trouvé mort dans son lit à Provins, en revenant de Pont-sur-Seine à la cour.

Sa charge fut donnée au maréchal de Schomberg, en récompense de la lieutenance générale de Languedoc, qui fut supprimée. Il avoit épousé madame d'Hautefort, qui étoit éloignée de la cour ; mais après son mariage elle vit la Reine, à condition que ce fût rarement. Le bâton de maréchal fut donné au marquis de Villeroy, gouverneur du Roi ; et la charge de secrétaire des commandemens de la Reine, vacante par la mort du Gras, fut destinée à Lyonne par le cardinal Mazarin, qui vouloit mettre ses créatures dans la maison de Sa Majesté. Mais le 26 de décembre, arriva une mort bien plus considérable que les précédentes, qui fut celle d'Henri de Bourbon, prince de Condé, laquelle causa une grande tristesse par toute la France : car c'étoit un prince de grand esprit, grand politique, et fort capable, dans une minorité, de remplir la place qu'il tenoit dans le conseil : outre qu'il étoit bien intentionné pour la grandeur de l'Etat, et qu'il modéroit les impétuosités de la jeunesse du duc d'Enghien son fils, qu'il retenoit par la crainte qu'il avoit de lui. On en verra les suites les années prochaines, dont les malheurs ne seroient pas arrivés si ce prince eût vécu. Il apprit, la veille de sa mort, que Madame étoit accouchée d'une fille : dont il témoigna de la joie, disant qu'au moins il mouroit avec cette consolation de laisser son fils premier prince du sang, lequel en garderoit les priviléges toute sa vie. En ce temps, la maréchale de Guébriant revint de son grand voyage : elle avoit accompagné la reine de Pologne, de la part du Roi, jusqu'à Varsovie, où ayant demeuré quelque temps, elle en repartit, et passa par la Hongrie, l'Allemagne et l'Italie, où ayant baisé les pieds de Sa Sainteté, elle revint en France par le Piémont.

Dans cette même année, le roi d'Angleterre, après quatre ans de guerre civile, voyant ses affaires désespérées, partit d'Oxford, inconnu, et s'alla jeter dans l'armée des Ecossois, lesquels le vendirent au parlement d'Angleterre. Le prince de Galles son fils, craignant de tomber entre leurs mains, se sauva en France, où il fut reçu de Leurs Majestés avec tout l'honneur qui étoit dû à sa naissance.

TREIZIÈME CAMPAGNE.

[1647] La prospérité des affaires de France causa une grande joie dans la cour, et pour cette raison tout l'hiver se passa en réjouissance : et comme celui qui gouvernoit étoit Italien, tout le monde se conformoit tellement à son humeur, que depuis les plus petits jusqu'aux plus grands on n'avoit que des plaisirs italiens. On fit venir de Rome une signora Leonora pour chanter devant la Reine, et un signor Torelli pour faire des machines avec des changemens de théâtre en perspective ; et on manda des comédiens, qui représentèrent en musique la pièce d'Orphée, dont les machines coûtèrent plus de quatre cent mille livres. Cette comédie duroit plus de six heures, et étoit fort belle à voir pour une fois, tant les changemens de décorations étoient surprenans : mais la grande longueur ennuyoit sans qu'on l'osât témoigner, et tel n'entendoit pas l'italien qui n'en bougeoit, et l'admiroit par complaisance. La Reine même ne perdoit pas une fois sa représentation, laquelle se fit trois fois la semaine deux mois durant, tant elle prenoit soin de plaire au cardinal Mazarin, et par la crainte qu'elle avoit de le fâcher.

En Allemagne, l'assemblée pour la paix générale travailloit puissamment, les catholiques à Munster, et les protestans à Osnabruck, durant que la guerre ne laissoit pas de se faire de tous côtés. Les Français et Suédois qui étoient en quartier dans la Souabe se saisirent de force petites villes, et s'approchèrent du lac de Constance, où ils s'emparèrent de l'île de Menau. Cette marche donna l'alarme aux Suisses et Grisons, et même au gouverneur de Milan, qui fit avancer des troupes sur les passages de la Valteline ; mais le maréchal de Turenne envoya de sa part rassurer les Suisses et leur lever toute défiance. Durant ce temps, le général Wrangel mit le siège devant Lindau, qu'il fut contraint de lever ; et le marquis d'Hocquincourt, lieutenant général de l'armée française, attaqua la ville de Tubingen, de laquelle il fut bientôt le maître. Alors l'électeur de Bavière voyant son pays au pillage, et prévoyant que la ruine de ses sujets et la décadence de ses affaires augmenteroient toujours par la guerre, fit parler d'accommodement aux généraux confédérés, qui lui accordèrent sa demande, et convinrent de faire une conférence avec ses députés en la ville d'Ulm ; lesquels conclurent un traité, dont les articles étoient que les électeurs de Cologne et de Bavière prendroient la neutralité entre l'Empereur et les couronnes de France et de Suède, sans pouvoir secourir ni les uns ni les autres ; que tous les prisonniers seroient mis en liberté, et la ville d'Hailbronn entre les mains des Français, et celles de Memming et Uberlingen en celles des Suédois ; que la forteresse de Rain et Donawert seroient restitués aux Bavarois. Cet accord fut arrêté et ratifié de part et d'autre : et ainsi les confédérés ayant fait l'année passée une suspension d'armes avec l'électeur de Saxe, n'eurent plus en tête que l'Empereur, contre lequel ils marchèrent ; et ayant repassé le Danube près d'Ulm, ils s'avancèrent devers la Franconie et la Thuringe, où le général Wrangel s'étant séparé des Français, attaqua et prit Schinfurt, et le maréchal de Turenne Aschaffenbourg et Hocht ; puis il entra dans le pays du landgrave de Darmstadt, qu'il contraignit de prendre la neutralité pour sauver son pays. Celui de l'électeur de Mayence étant à l'abandon, l'obligea de prendre le même parti, à condition qu'on lui rendroit ses places, excepté Mayence, qui demeureroit aux Français jusqu'à la paix générale. Tous ces princes envoyèrent en France faire compliment à Leurs Majestés. Le comte de Groensfeld y fut de la part de l'électeur de Bavière, qui trouva la cour à Amiens, où il fut fort bien reçu. Cependant l'Empereur ayant fait couronner son fils roi de Hongrie à Presbourg, s'en revint à Vienne, où il donna le commandement de ses armées au général Melander, qui avoit autrefois servi la landgrave de Hesse. Ce nouveau général, sur la nouvelle qu'il eut que Wrangel avoit assiégé Egger, marcha pour le secourir ; mais il arriva trop tard, car la ville s'étoit rendue, et Wrangel s'étoit campé à Tribel, où ayant laissé deux pièces de canon un peu écartées de son camp, Melander en eut avis, qui les prit toutes deux. Mais les Suédois étant sortis de leur camp pour les reprendre, l'escarmouche s'échauffa tellement qu'elle devint un vrai combat, dans lequel les Suédois furent malmenés, et recognés dans leurs retranchemens, avec plus de mille morts sur la place, entre lesquels fut le jeune Wrangel, neveu du général. Après cet avantage, Mélander mit le siége devant Iglaw en Moravie, où les Suédois se défendirent valeureusement; mais enfin ils furent contraints de se rendre, et le maréchal de Turenne reçut ordre de repasser le Rhin, et d'entrer dans le Luxembourg : ce que la cavalerie allemande ayant appris, laquelle ne vouloit pas sortir de son pays, trois mille chevaux se mutinèrent, et refusèrent de marcher de ce côté-là; et quelque raison qu'on leur pût dire, et quelque promesse qu'on leur fît, ils demeurèrent obstinés dans leur résolution; tellement qu'ils se séparèrent, et marchèrent du côté du Mein, où ils furent chargés par ce maréchal à un défilé, où il y en eut de tués. Mais les fuyards se rallièrent, et furent trouver Wrangel, auquel ils se donnèrent, protestant qu'ils ne vouloient point changer de parti, mais qu'ils ne serviroient jamais hors de leur pays. Le général major Rose étoit auteur de ce soulèvement : mais dès qu'il commença à éclater, il fut surpris par ordre du maréchal de Turenne, et envoyé prisonnier à Philisbourg. Ce maréchal voyant son armée fort affoiblie par cet accident, repassa le Rhin près de Strasbourg, d'où il vint, suivant l'ordre qu'il avoit, dans le Luxembourg. Or l'électeur de Bavière n'avoit pris sa neutralité que par force, pour sauver son pays qui étoit perdu : tellement qu'en son ame il favorisoit sous main l'Empereur, lequel feignant d'être fort irrité contre lui, fit un mandement par lequel il ordonnoit aux officiers de l'armée bavaroise, comme étant du corps de l'Empire, de le venir secourir. Jean de Verth et Spore, sous ce prétexte, débauchèrent des troupes, et quittèrent l'électeur pour joindre l'armée impériale : dont Wrangel fit de grandes plaintes. L'électeur témoigna une grande colère contre eux, désavouant leur action; mais quand il sut le désavantage des Suédois à Tribel, et la révolte de la cavalerie du maréchal de Turenne, ne les croyant plus en état de lui pouvoir faire mal, il leva le masque et rompit la neutralité. Il donna le commandement de son armée au comte de Groensfeld, depuis peu revenu de France, lequel assiégea Memmingen, qu'il avoit donné aux Suédois par le traité. Ceux qui étoient dans cette ville furent surpris, ne s'attendant pas à cette infraction; tellement qu'ils furent bientôt contraints de se rendre par composition. Dès-lors les généraux confédérés ne songèrent qu'à en avoir leur revanche; et Wrangel, ne se sentant pas assez fort pour tenir tête aux Impériaux après leur jonction avec les Bavarois, marcha du côté du Weser pour se joindre à Konigsmark et aux Hessiens, et les Impériaux les suivirent pour se joindre à Lamboi.

Les malheurs arrivés aux Espagnols les années dernières les touchèrent si sensiblement, qu'ils résolurent de jouer de leur reste, et de faire un effort extraordinaire cette campagne, pour chasser les Français du cœur de leur pays. Pour cet effet, le roi d'Espagne nomma l'archiduc Léopold-Guillaume, frère de l'Empereur, gouverneur des Pays-Bas, dans l'espérance qu'une personne d'une si haute naissance feroit mieux agir tout le monde, et imprimeroit plus de respect; et pour fortifier ses troupes il envoya des hommes et de l'argent, qui sont les deux choses les plus nécessaires pour la guerre. Mais comme pour réussir dans ses desseins on se sert de différentes sortes de moyens, les plénipotentiaires d'Espagne à Munster firent tout leur possible pour débaucher tous les principaux alliés de la France : ils usèrent de tous les artifices dont ils se purent imaginer pour désunir les Suédois d'avec elle; et, n'en ayant pu venir à bout, ils appliquèrent tous leurs soins à donner de la jalousie aux Hollandais de la grandeur et du voisinage de la France, afin de les séparer de ses intérêts. Ils s'adressèrent pour ce sujet à Servien, qui avoit seul le secret du cardinal Mazarin, et lui firent entendre que le roi d'Espagne voyant qu'il étoit difficile qu'il pût soutenir les Pays-Bas contre les armées de la France, dans le grand bonheur qui l'accompagnoit, s'étoit résolu, pour avoir la paix, de les donner à l'Infante sa fille, et de la faire épouser au roi Très-Chrétien, en lui cédant les droits qu'il avoit sur les Etats des provinces; et surtout l'obligèrent au secret. Servien donna dans le panneau, et en écrivit au cardinal, comme d'une chose avantageuse. Il reçut ordre de ménager adroitement cette affaire : si bien qu'il entra en traité avec Brun, très-habile homme, du comté de Bourgogne, lequel n'ayant aucun dessein d'exécuter sa proposition, en fit donner sous main avis aux Hollandais, en exagérant la matière, et leur faisant connoître en quel péril ils seroient si les Français avoient les Pays-Bas et les droits sur la Hollande. Cet avertissement leur donna l'alarme, ensuite duquel ils voulurent s'en expliquer avec Servien, qui leur nia tout, et assura de n'en avoir jamais ouï parler : cela augmenta leur défiance. Et alors Brun, à l'insu de Servien, leur faisant voir clairement que le traité s'achèveroit à leurs dépens, et que le Roi son maître ne le faisoit que par nécessité, il leur mit tellement la crainte dans l'esprit, qu'il les obligea de nouer une négociation avec lui à l'insu des Français, laquelle alla si avant, qu'ils demeurèrent d'accord de tous leurs articles. Dans ce même temps le prince d'Espagne mourut, par le trépas duquel l'Infante devint héritière de tous les États du Roi son père, et par là toute proposition de mariage d'elle et du roi de France fut rompue. Servien se trouva bien étonné de cet accident, et encore plus quand il découvrit la paix des Espagnols et des Hollandais quasi faite. Il fut en Hollande exprès pour tâcher à l'empêcher, mais il n'en put venir à bout : seulement les Hollandais, pour conserver quelque bienséance, exhortèrent les Français à s'accorder aussi, et leur donnèrent un temps pour cela; même ils s'en entremirent, et firent accorder par les Espagnols des propositions qu'ils jugeoient fort avantageuses pour la France, lesquelles furent refusées par Servien. Et lors les Hollandais protestant qu'il ne tenoit qu'aux Français d'avoir la paix, conclurent la leur, qui fut ratifiée quelque temps après de part et d'autre. Ce qui contribua le plus à l'achèvement de cette paix fut l'état où étoit le prince d'Orange, qui étoit devenu comme en enfance : tellement qu'il laissoit agir le conseil à sa fantaisie; et bientôt après la signature de cet accommodement il mourut, laissant le prince Guillaume, son fils unique, héritier de ses biens et de ses charges : lequel ne fut pas content de cet accord, parce qu'il étoit plein de cœur et d'ambition, et par conséquent il souhaitoit la guerre; mais son jeune âge de vingt ans ne lui donna pas la force de s'opposer à la résolution des États, qui par ce moyen furent reconnus libres et souverains par le roi d'Espagne, qui renonça à tous les droits qu'il prétendoit sur eux. Ce traité fit grand tort à la France : car il réunit toutes les forces des Espagnols en une, lesquelles étoient auparavant divisées. Ainsi l'archiduc Léopold en arrivant à Bruxelles trouva les armées plus fortes que les années passées, sans aucune diversion : si bien que n'ayant plus les Hollandois à combattre, il tourna toutes ses forces contre les Français, et le 11 de mai il investit Armentières, qu'il attaqua par quatre endroits, et fit deux batteries de dix pièces chacune, desquelles il rasa toutes les palissades de la ville. Le 18, Cajae, avec une partie du régiment de Navarre armé de faux, fit une sortie par la demi-lune des Capucins, et gagna une batterie, qu'il garda quelque temps : mais enfin il fut repoussé, et contraint de rentrer dans la ville. Le 21, les Suisses, et le 23 Brezé, en firent chacun une sans aucun effet; mais le 24, des hommes détachés de tous les corps en firent une grande, où il y eut un combat fort chaud, après lequel ils furent rechassés dans les murailles de la ville. Le 26, les assiégeans ayant fait brèche à coups de canon contre les fortifications nouvelles, qui étoient éboulées, donnèrent un assaut général, qui fut vaillamment soutenu : mais la poudre manquant, et les remparts de la ville étant mis en poussière par les batteries, Le Plessis-Bellière, gouverneur de la place, se rendit à l'archiduc, à condition que lui et tous ceux qui commandoient les corps sortiroient l'épée au côté, et que tout le reste seroit prisonnier de guerre : ce qui fut exécuté le 31. Cependant l'armée française étoit campée à La Gorgue, où les maréchaux de Gassion et de Rantzaw, qui la commandoient, étoient en si mauvaise intelligence, que les affaires ne pouvoient bien réussir pendant qu'elle dureroit. Ils étoient toujours de contraire avis l'un à l'autre, et ne faisoient autre chose qu'écrire à la cour pour décrier la conduite de son compagnon, et justifier la sienne. Rantzaw écrivoit fort éloquemment et fort nettement : de sorte que le cardinal Mazarin se laissoit persuader par son bien dire. Pour Gassion, il n'avoit pas tant d'élégance dans ses discours : mais durant que l'autre raisonnoit; il montoit à cheval, et exécutoit une entreprise avant qu'il eût achevé son raisonnement. Cette mésintelligence fut cause que le maréchal de Villeroy partit d'Amiens, où étoit le Roi, pour aller au camp; et ayant passé par Arras, il mena un grand convoi à l'armée, où il parla aux deux maréchaux de la part du cardinal; et tant par douceur que par menaces il les réconcilia, et leur fit promettre de mieux vivre à l'avenir, et de se bien entendre pour le service du Roi. Dès qu'Armentières fut pris, l'archiduc envoya investir le château de Comines le 3 de juin, lequel fut parfaitement bien défendu par un capitaine d'infanterie, qui soutint le siége huit jours durant; puis le château étant forcé, il se retira dans le donjon, et puis dans une cave, où il capitula : et demeura prisonnier de guerre.

Après que l'archiduc eut un peu laissé rafraîchir son armée, il la sépara en trois corps, et leur fit passer l'Escaut sur les ponts de Cambray, Bouchain et Valenciennes; puis le 27 ils se rejoignirent devant Landrecies, qu'ils investirent ce jour-là. L'archiduc prit son quartier devers Marolles; le comte de Buquoy du côté du Quesnoy; Bec à Catillon, et Piccolomini à Faveril. On travailla aussitôt à la circonvallation, où tous les paysans de Hainaut vinrent à l'envi, tant ils souhaitoient de chasser les Français de cette place, qui les faisoit contribuer jusqu'à Mons.

Dès que les maréchaux surent cette nouvelle, ils marchèrent de ce côté-là pour tâcher à secourir Landrecies; et le cardinal envoya d'Amiens toute la garde du Roi pour renforcer l'armée, et toute la jeunesse de la cour monta à cheval pour être à cette occasion; en sorte que le Roi demeura seul avec ses officiers de quartier. Quand tout fut joint, il fut résolu que l'armée marcheroit toute la nuit, et feroit donner de fausses alarmes de plusieurs côtés; et qu'à la pointe du jour, avant que les Espagnols pussent discerner où étoit la vrai attaque, on mettroit vingt pièces de canon en batterie sur la hauteur de Catillon, qui commandoit dans leur camp; et qu'à leur faveur, donnant vigoureusement dans les lignes, on espéroit de les forcer avant que leurs quartiers fussent rassemblés. Tout se disposa pour cette exécution; mais le maréchal de Rantzaw étant en jour de commander, but toute la nuit, et ne voulut jamais marcher, quelque instance que lui en envoyât faire le maréchal de Gassion; tellement que s'étant enivré, et n'ayant plus de raison, il retarda sa marche de six heures; si bien qu'il étoit trop tard quand on se présenta aux lignes: car l'armée espagnole étant en bataille de ce côté-là, les reçut à coups de canon; et lors les maréchaux ne jugeant plus le secours possible, se retirèrent sans donner, et se séparèrent en deux corps pour faire diversion. Le maréchal de Rantzaw marcha devers la mer, et ayant pris en passant le fort de La Kenoke, arriva devant Dixmude le 11 de juillet; le lendemain il l'attaqua de tous côtés, et se rendit maître des dehors. Le 13, il alloit faire donner un assaut général, lorsque le gouverneur se rendit à discrétion. Le baron de Nesle y fut tué d'un coup de canon, et Clanleu fut mis pour commander dedans. Pour le maréchal de Gassion, ayant su qu'il y avoit peu de monde dans La Bassée, il l'investit le 12, et se retrancha devant en trois jours. Le 15, il ouvrit la tranchée, et la poussa si brusquement qu'il fut le 17 maître de la contrescarpe, où Roannète, maréchal de camp, fut périlleusement blessé: ensuite ayant passé le fossé, le gouverneur, qui avoit peu de monde, demanda composition, qui lui fut accordée avec grande joie. Ainsi il sortit le 19, à telle condition qu'il lui plut, à cause que le maréchal Gassion avoit nouvelle de la prise de Landrecies, et que l'archiduc marchoit à lui pour secourir La Bassée, dont le gouvernement fut donné à Roannète, qui mourut de ses blessures; et Castelnau-Mauvissière fut mis en sa place. Pour Landrecies, Hudicour défendit assez bien ses dehors; mais quand il vit les mineurs attachés aux bastions, il se rendit le 18, avant que sa place fût entamée. On croit qu'il avoit de l'argent dedans, et qu'il traita de bonne heure pour le sauver: aussi quand il fut en chemin pour aller à Saint-Quentin, il eut avis qu'on avoit donné ordre pour l'arrêter. En même temps il retourna sur ses pas; et laissant là sa garnison, il rebroussa du côté dont il venoit, et fut à l'abbaye de Marolles se réfugier chez les moines, lesquels le reçurent fort civilement: mais ils envoyèrent à Landrecies avertir les Espagnols qui le firent aussitôt rendre et le menèrent à Landrecies, où il fut mis à rançon. Dès que cette place fut prise, l'archiduc marcha au secours de La Bassée: mais y étant arrivé trop tard, il se résolut d'attaquer les Français dans leurs retranchemens. Ce dessein ne lui réussit pas: car, après une escarmouche de deux heures, il fut contraint de se retirer.

Dans ce même temps, le maréchal de Rantzaw prit les forts de Nieudam et de l'Ecluse, entre Dixmude et Nieuport, lesquels il fit raser; mais au retour il fut attaqué par le marquis de Caracène dessus des digues entourées d'ouvatergans, où il y eut un combat fort chaud: mais après un grand feu de mousqueterie les deux partis se retirèrent, les Français à Dixmude, et les Espagnols à Nieuport. Cependant le maréchal de Gassion, voyant l'archiduc éloigné, voulut prendre l'occasion de se rendre maître de Lens, qui empêchoit la communication d'Arras et de La Bassée. Il arriva devant le 11 d'août au soir, à dessein de l'emporter d'emblée. En effet, il força d'abord la contrescarpe, et entra par escalade dans la demi-lune, d'où il attacha les mineurs à la muraille. Mais ayant appris que l'archiduc marchoit avec toute son armée droit à lui, il leva le siège, et se retira le 13 à La Bassée, et l'archiduc se campa à Haut-Bourdin. Le lendemain, ce maréchal étant allé à la guerre avec mille chevaux, rencontra huit cents maîtres, qu'il chargea et mit en désordre; et sachant que les Espagnols décampoient, il monta à cheval avec le régiment de Noirlieu pour les reconnoître: mais dès qu'il parut à leur vue, il fut poussé par leur cavalerie, qui le firent fuir en désordre, et prirent prisonnier le chevalier de La Vieuville. Quatre jours après, le général Bec fut détaché pour attaquer le château d'Eterre: ce que le maréchal de Gassion sachant, il sortit de son camp avec la moitié de ses troupes, avec lesquelles il chargea si brusquement les Espagnols qu'il les mit en déroute, et secourut ce château; puis avec toute son armée il marcha pour joindre le maréchal de Rantzaw à Belle, d'où ils tournèrent tête à l'armée espagnole, qui étoit à Varneton. Étant arrivés en présence, ils

12.

se canonnèrent toute la journée : même il y eut de grandes escarmouches, où Sirot eut la cuisse cassée d'un coup de mousquet. Le 13 de septembre, les Français se retirèrent à Steinvert; et le 17, le maréchal de Rantzaw se sépara pour retourner vers la mer, et celui de Gassion alla se camper à l'abbaye de Masseene, après avoir reçu un renfort de quinze cents chevaux, que le vicomte de Lameth lui avoit amenés de l'armée du maréchal de Turenne, qui étoit en Luxembourg. Dans cette marche, Villequier, qui menoit l'avant-garde, trouva les fourrageurs de l'armée espagnole qui chargeoient leurs chevaux d'herbes et de blés, escortés par six cents chevaux. Dès qu'il les aperçut, il les attaqua, et les surprit si fort qu'ils s'enfuirent d'abord, laissant une partie de leurs chevaux et charrettes dans la puissance des Français, lesquels firent un fort grand butin. De là il marcha devers Ypres, où le maréchal de Rantzaw se trouva, et y tint grand conseil avec celui de Gassion, lequel reprit le chemin de Belle, et repassa la Lys à Eterre, d'où il détacha Villequier le 23 de septembre avec deux mille chevaux, pour investir Lens. Toute l'armée y arriva le 24, et dès le jour même la tranchée fut ouverte. Le 26, deux batteries commencèrent à battre la ville; la nuit suivante, on se logea sur la contrescarpe, où le comte de La Feuillade, maréchal de camp, reçut un coup de mousquet dans le derrière de la tête, dont il mourut quelques jours après. Ce même jour, Piccolomini avec un gros de l'armée de l'archiduc s'avança devers le Pont-Avendin, et l'ayant attaqué à l'entrée du marais, il l'emporta, et fit lâcher le pied aux Anglais du prince Robert, qui, étant venu en France avec le prince de Galles, servoit de maréchal de camp dans cette armée. Sur cette nouvelle, le maréchal de Gassion envoya Villequier au secours, qui força les Espagnols à quitter ce poste, où il se relogea. Le 28, la demi-lune fut prise; mais il en coûta bon : car le maréchal de Gassion y reçut une mousquetade dessus l'oreille, de laquelle il mourut à Arras quelque temps après. Ensuite on combla le fossé, que les Espagnols ne laissèrent pas achever d'emplir, car ils se rendirent le 3 d'octobre, et sortirent sans armes. Ainsi on prit une bicoque, et on perdit un grand capitaine. Il étoit fils d'un président au parlement de Pau, et dès ses jeunes ans il s'étoit mis dans la guerre, dans laquelle il commença à paroître l'an 1629 en Italie, simple chevau-léger, lorsque le feu Roi prit Suze; puis la paix étant faite, il s'associa avec quelques uns de ses compagnons pour aller servir le roi de Suède lorsqu'il entra en Allemagne. Ce grand prince lui ayant vu faire une action hardie, eut de l'estime pour lui, et l'envoya en France lever une compagnie de cavalerie, laquelle il lui mena fort leste. Quelque temps après il le fit colonel, et en cette qualité il combattit à la bataille de Lutzen, où ce grand roi fut tué. Depuis, étant demeuré dans son armée, il vint en France avec le duc de Weimar en 1635, où il amena son régiment, avec lequel il servit fidèlement le Roi jusqu'à la mort. Il n'avoit aucun vice, car il étoit fort sobre, et ne se soucioit point des femmes. Il étoit extrêmement laborieux, et quasi toujours à cheval, s'appliquant tellement à la guerre qu'il n'avoit autre plaisir que celui-là. Aussi il fatiguoit ses ennemis en un tel point, que quoiqu'ils fussent fort éloignés de lui, ils étoient perpétuellement sur leurs gardes; et il étoit si redouté, que dans les pays étrangers les peuples trembloient quand on nommoit son nom. A la cour sa perte fut peu regrettée, parce qu'il conduisoit la guerre à sa mode, et non à celle du cardinal Mazarin, les ordres duquel il méprisoit et ne suivoit point, croyant s'entendre mieux dans ce métier-là que lui. Il avoit fait faire une citadelle à Courtray, dans laquelle il avoit mis des gens à lui, dont il faisoit le siége de son empire, et d'où il levoit de si grandes contributions dans toute la Flandre, qu'il en entretenoit sa garnison sans rien demander à la cour, de laquelle il suivoit peu les ordres. Cette façon d'agir fit croire au cardinal qu'il ne vouloit plus dépendre de lui; mais qu'il avoit dessein de se cantonner là, et de faire comme une petite république en se liant aux Hollandais : outre cela, il avoit envie de l'ôter de Courtray pour y mettre une de ses créatures, par l'avidité qu'il avoit de disposer de l'argent qu'il levoit dans les pays. Aussi après sa mort il y établit Palluau : mais la perte de Gassion ne laissa pas d'être fort dommageable à la France, comme on verra par la suite.

Les Espagnols voyant qu'ils ne pouvoient sauver Lens, pour ne point perdre de temps assiégèrent Dixmude le 25 de septembre. La nuit suivante, ils emportèrent la redoute du haut pont, et le 5 d'octobre ils ouvrirent la tranchée. Vassé, mestre de camp du régiment de Piémont, voulant se jeter dans la ville, où étoit ce régiment, fut pris. Les assiégeans poussèrent leur travail avec grande diligence et vigueur, et battirent si rudement cette place que, quoiqu'il y eût deux mille hommes dedans, ils forcèrent Chanleu de capituler, et de remettre Dixmude entre les mains de l'archiduc. Le maréchal de Rantzaw, qui commandoit toute l'armée depuis la mort de Gassion, s'avança jusqu'à Poperingue pour la secourir; mais en ayant su la prise, et que les Espagnols se séparoient pour se mettre en quartier d'hiver, il se retira dans le même dessein.

Le connétable de Castille, nouveau gouverneur de Milan, eût bien voulu signaler le commencement de son emploi par quelque entreprise considérable; mais ne se trouvant pas en état de cela, il se réduisit à Nice-de-la-Paille à demi-ruinée, où les troupes de Savoie s'étoient remises, et l'avoient un peu réparée. Il l'investit le 9 de mai, et la battit jusqu'au 23, que ceux de dedans se rendirent : mais il ne put pousser ses conquêtes plus loin, parce que le duc de Modène, s'étant déclaré pour la France, avoit mis un petit corps ensemble, avec lequel il étoit entré dans le Milanais du côté de Crémone, où il s'étoit emparé de Corregio, Rivarolle et Casal-Magiore, où il s'étoit retranché, et pilloit tout le pays. Le connétable tourna de ce côté-là; mais il ne put rien faire, à cause qu'il ne fut pas soutenu par les Espagnols, qui eurent de grandes affaires du côté de Naples et de Sicile, qui s'étoient soulevés. Le marquis de Losveles, vice-roi de Sicile, voyant tout le peuple en armes, fut contraint de se sauver de Palerme; et ensuite les villes de Syracuse, Montréal, Trapani et Catani se révoltèrent, et il n'y eut que Messine qui demeura dans l'obéissance. Ce vice-roi usa de tant d'artifices pour radoucir ces peuples mutinés, qu'à force de promesses il s'accommoda avec eux; et quand il se vit le plus fort, il fit pendre les plus séditieux, et depuis toutes choses demeurèrent calmes. Mais à Naples le soulèvement fut beaucoup plus grand; car Thomas Aniello, vulgairement surnommé *Masaniello*, vendeur d'herbes, fut maltraité par des Espagnols, contre lesquels il se défendit; et le peuple ayant pris son parti, il y eut combat, qui s'échauffa tellement que les Espagnols, voulant secourir les leurs, attirèrent toute la populace contre eux, laquelle barricada les rues, criant qu'il falloit faire main basse sur eux. De là tous ces mutins en armes furent, le 7 de juillet, assiéger le vice-roi dans son palais, qui se sauva dans le château Saint-Elme, et la nuit suivante dans le château neuf. Alors le peuple, craignant le châtiment comme en Sicile, ne voulut écouter aucune proposition d'accommodement, et se mit à piller les maisons des Espagnols et de ceux qui les favorisoient, et fit désordres de guerre, où Masaniello fut élu général avec une autorité absolue. Il fit dire, après son élection, au duc d'Arcos qu'il ne mettroit point les armes bas, qu'on n'eût remis la ville de Naples dans les mêmes priviléges qu'elle avoit du temps de l'empereur Charles V. Don Giuseppe Caraffa, frère du duc de Matalone, tomba entre les mains de ces révoltés, qui lui coupèrent la tête; et ayant forcé les prisons, ils mirent tous les prisonniers en liberté, et leur firent prendre les armes, dont ils avoient grande provision par le pillage qu'ils avoient fait de Saint-Laurent, où ils trouvèrent dix mille mousquets. Le duc d'Arcos, voyant cette émeute augmenter, leur promit tout ce qu'ils voudroient; et par ce moyen on entra en traité, qui fut arrêté à certaines conditions, après lesquelles le peuple ne voulut pas se désarmer qu'il n'eût la ratification du roi d'Espagne, en attendant laquelle il demeura retranché contre les châteaux : mais durant cette suspension Masaniello fut tué, et le meurtrier se sauva dans le château de l'Œuf : ce qui fit voir que le vice-roi étoit auteur de cette mort. Alors la mutinerie se renouvela plus que devant; et les Napolitains ayant fait enterrer leur général avec grand honneur, firent mettre du canon dans leurs postes, et recommencèrent la guerre comme auparavant. Sur cette nouvelle, le roi d'Espagne envoya don Juan, son fils naturel, avec une armée navale pour secourir le vice-roi. Il parut à la vue de Naples le premier d'octobre, et à son arrivée il proposa le même traité qui avoit déjà été fait, à condition que le peuple mît les armes bas : ce qu'il ne voulut jamais faire, ne pouvant se fier à ses paroles, quoique don Francisco Toralto, qu'ils avoient fait leur général, le conseillât. Cet avis le rendit suspect; de sorte que les séditieux se saisirent de sa personne, et lui firent couper la tête; ils mirent en sa place Gennaro Annèse, un des plus factieux de leur troupe. Don Juan voyant qu'il n'y avoit aucune apparence d'accommodement, fit battre la ville avec l'artillerie des trois châteaux et celle de l'armée de mer, et fit attaquer les retranchemens des Napolitains par quatre mille Espargnols d'un côté, et par deux mille de l'autre. Le combat fut si rude et opiniâtre de part et d'autre, et à la mêlée si chaude, qu'après la décharge des mousquets on en vint aux coups de piques et d'épées : mais enfin les Espagnols furent contraints de se retirer avec perte. Tous les jours il y avoit combat ou escarmouche, et on ne voyoit que carrosses rouler dedans les rues de Naples, qui emportoient les corps morts de ceux qui avoient été tués de coups de canon, ou des éclats de bombes que les Espagnols jetoient dans la ville. Gennaro Annèse, voyant les grands préparatifs que don Juan faisoit pour l'opprimer, assembla le peuple au tourillon des Carmes, et lui conseilla de demander secours au roi de France, et de se mettre en sa protection. Pour cet effet, il envoya des députés à Rome pour trouver Fontenay-Mareuil, ambassadeur de France près du Pape, qui en donna aussitôt avis au cardinal Mazarin, lequel envoya ordre au duc de Richelieu de partir avec vingt galères et quarante vaisseaux, et de faire voile droit à Naples : mais durant qu'il se préparoit à partir, le peuple impatient, sachant que le duc de Guise étoit à Rome poursuivant la rupture de son mariage avec la comtesse de Bossut, lui députa pour le conjurer d'aller à Naples, où il seroit reconnu protecteur de la République, et obéi et respecté comme la personne de leur roi. Ce prince courageux et ambitieux fut ravi de cette occasion pour acquérir de la gloire; et d'abord il ne pensa pas à moins qu'à se faire roi de Naples. Dans ce projet il traita avec les députés, et partit de Rome le 13 de novembre, et s'embarqua sur une felouque à la bouche du Tibre, suivi de onze autres qui prirent toutes la même route : elles furent poursuivies par cinq galères espagnoles jusqu'à l'entrée de la nuit, où une tempête s'éleva, qui les écarta les unes des autres; et le 15, celle où étoit le duc de Guise passa au travers de l'armée navale d'Espagne, arriva heureusement, après avoir essuyé force coups de canon des navires et des châteaux. Il entra dans Naples avec un applaudissement universel de tout le peuple, lequel, en signe de joie, tira la felouque qui l'avoit porté à force de bras, la pendit dans l'église de Notre-Dame des Carmes; et pour rendre grâce à Dieu de cette arrivée tant désirée, on chanta le *Te Deum*. De là, le duc de Guise fut visiter le cardinal Filomarini, archevêque de Naples, qui se mit au lit exprès, parce qu'il étoit fort Espagnol. Il fut ensuite voir les postes et les retranchemens contre les châteaux et les munitions de guerre, qu'il trouva en bon état. Le lendemain, il fut proclamé, à cri public, protecteur de la liberté du peuple de Naples, et général de ses armées. En même temps il fit une assemblée générale, où il fut résolu de faire sortir de la ville trois corps, dont l'un iroit devers Averse et Capoue, le second vers Avellino, et le troisième du côté de Salerne. Ce dessein fut exécuté, et ces corps nettoyèrent tous les châteaux qui bouchoient le passage des vivres; tellement que l'abondance revint dans Naples, et les cris des Napolitains redoublèrent en faveur du duc de Guise, auquel ils donnèrent mille bénédictions, croyant que leur salut dépendoit entièrement de lui.

Le comte d'Harcourt fut rappelé de Catalogne au commencement de cette année; et le duc d'Enghien, devenu prince de Condé, fut envoyé en sa place vice-roi de cette province, où il arriva vers la mi-avril. Il y fut reçu avec une joie extraordinaire des peuples, tant sa réputation étoit établie dans toute l'Europe. Dès qu'il fut arrivé, il donna ses ordres à tout ce qui étoit nécessaire pour mettre ses troupes en campagne; et le 8 de mai il partit de Barcelone pour aller à Cervères, où étoit le rendez-vous général de son armée, laquelle passa la Sègre sur le pont de Balaguer, et puis la Noguère-Ribagorce. De là il marcha du côté de Lerida, qu'il investit le 12, delà l'eau, durant que Marchin, lieutenant général, en faisoit autant deçà. A l'heure même il fit faire la circonvallation, et travailler à deux ponts pour la communication des quartiers; et comme le comte d'Harcourt avoit voulu affamer cette place, qui avoit duré si long-temps que les Espagnols eurent le loisir de prendre leur temps pour la secourir, il résolut de l'attaquer par force. Selon ce projet, il fit ouvrir la tranchée la nuit du 27 au 28 de mai par deux endroits, l'un à la citadelle et l'autre à la ville. Ce jour même, don Gregorio Britto, gouverneur de Lerida, fit une sortie avec douze cents hommes de pied et quatre cents chevaux sur le quartier de Marchin, à Villa-Nonette, dans laquelle le combat dura plus de deux heures : mais enfin les Espagnols furent contraints de rentrer dans la ville. Le prince de Condé faisoit toujours avancer son travail, qui alloit fort vite au commencement; mais quand il fut au glacis de la contrescarpe il trouva de grandes difficultés, à cause que la citadelle est située sur le penchant d'une montagne où il n'y a que du roc, qui est tellement escarpé que les soldats n'y pouvoient monter qu'à peine. Ce fut là que le chevalier de La Vallière fut tué, qui s'entendoit parfaitement bien aux fortifications et à la conduite d'une attaque; aussi fut-il fort regretté pour son mérite, et pour le besoin qu'on avoit de lui. Le 6 de juin, les assiégés firent une grande sortie, dans laquelle ils se rendirent maîtres des batteries; mais le prince étant venu lui-même au secours des siens, les rechassa de la tranchée, et les fit rentrer dans leurs dehors. Le terrain dans la suite se trouva si difficile et pierreux, qu'il n'avançoit presque point son travail, et son armée diminuoit fort par la nécessité des vivres qui venoient de Barcelone, distante de là de plus de quarante lieues. Les Espagnols se fortifioient tous les jours; et son siége tirant en longueur, il craignit d'être attaqué et forcé dans ses lignes, et avec la perte de ses troupes entraîner celle de la Catalogne. Ces considérations le firent, contre son naturel et son inclination, résoudre à lever le siége; et le 17 de juin il décampa pour se retirer à Cervères. Chacun parla de cette action selon sa passion, et tout le monde disoit que Lerida étoit l'écueil où échouoient les plus grands capitaines de ce temps, lesquels n'avoient jamais manqué aucune de leurs entreprises que celle-là; savoir, le comte d'Harcourt l'année passée, et le prince de Condé celle-ci. Ce dernier, qui avoit toujours montré sa valeur en toutes rencontres, fit voir en cette occasion sa prudence, et par conséquent qu'il n'étoit pas seulement hardi, mais sage et expérimenté capitaine. Après qu'il eut décampé de Cervères il se posta à Lesborges, où il fut jusqu'à la mi-août; puis à Verdu, où il attendit que les grandes chaleurs fussent passées pour attaquer Ager, la seule place tenue par les Espagnols dans les vallées. Dans ce dessein il prit la poste de Castillon-de-Forfaigne, le seul lieu par où on le pouvoit secourir; et ayant laissé La Trousse pour garder les passages de la Noguère, il donna la conduite du siége à Arnauld, qui ouvrit la tranchée le 4 d'octobre. Les chemins sont si rudes et malaisés en ce pays-là, que les chariots n'y peuvent aller: tellement qu'il fallut faire mener toutes les munitions sur des mules, et le canon fut difficile à y conduire; mais enfin y étant arrivé, on le mit en batterie, et il fut si bien servi qu'il y eut brèche le 9, auquel Arnauld fit donner l'assaut, par lequel Ager fut emporté de force, et tout ce qui étoit dedans pris ou tué. Le prince étant maitre d'Ager, décampa de Castillon-de-Forfaigne pour repasser la Sègre, et détacha le maréchal de Gramont pour secourir Constantine, assiégée par les Espagnols. Ce maréchal s'avança de ce côté-là; et ayant joint le comte de Broglio, il marcha par les montagnes vers la plaine de Tarragone; mais au bruit de sa venue don Francisco Tutavilla leva le siége, et se retira dans Tarragone. Le maréchal de Gramont, sur cette nouvelle, retourna sur ses pas pour rejoindre l'armée qui marchoit contre le marquis d'Aytone, dans la plaine d'Urgel. Ce marquis vouloit se retirer; mais le prince le joignit à l'horte de Lerida. Alors ils pointèrent leurs canons l'un contre l'autre, et se canonnèrent jusqu'à la nuit, qui les sépara. Le lendemain la nouvelle étant venue que don Francisco de Tutavilla avoit rassiégé Constantine, Marchin fut dépêché pour le secourir: ce qu'il fit facilement, les Espagnols s'étant retirés dès qu'ils surent qu'il approchoit. Alors les deux partis séparèrent leurs troupes pour se mettre en garnison, et le prince de Condé partit pour retourner en France.

Cette année, deux princes souverains d'Allemagne vinrent à la cour: le marquis de Bade, au mois de janvier, pour épouser la princesse Louise de Savoie, fille du prince Thomas; et vers la fin de l'été le landgrave de Hesse y arriva, jeune prince dont la mère, régente de ses États, avoit soutenu avec tant de fermeté le parti de la France. Aussi on n'oublia rien pour le bien régaler; et après avoir demeuré quelque temps à Paris et à Fontainebleau, il retourna dans son pays, fort satisfait de la bonne réception qu'on lui avoit faite à la cour.

Le prince de Conti, après la mort de son père, fut pourvu du gouvernement de Bourgogne, et le prince de Conti de celui de Brie et de Champagne, qu'avoit son frère ainé. La cour passa le printemps à Compiègne, et l'été à Amiens, d'où elle s'avança jusqu'à Abbeville. Le Roi n'avoit jamais vu la mer: c'est pourquoi, pour satisfaire sa curiosité, on le mena à Dieppe, où il séjourna cinq jours; et pour témoigner aux habitans de cette ville comme il se souvenoit de la grande fidélité qu'ils avoient conservée pour les rois ses prédécesseurs, et particulièrement pour Henri IV son grand-père, il se fit garder par eux, au lieu du régiment des Gardes. De Dieppe il revint à Paris, et passa l'automne à Fontainebleau.

Durant que Sa Majesté étoit à Amiens, il y eut du changement dans les finances: car d'Emery fut fait surintendant, au lieu du président de Bailleul, lequel n'en faisoit point la fonction, mais la laissoit tout entière à l'autre, quoiqu'il ne fût que contrôleur général sous lui. C'est ce qui fit dire à un courtisan qui vit entrer le président chez d'Emery, qu'il alloit solliciter le paiement de ses appointemens. Aussi le cardinal, voyant qu'il étoit incapable d'exercer cette charge, lui fit dire que la Reine désiroit qu'il s'en démît entre les mains de l'autre, à condition qu'il garderoit sa place de ministre d'État dans le conseil, avec les mêmes gages qu'il avoit; et ainsi d'Emery fut fait surintendant de finances.

Sur la fin de cette année, arrivèrent à Paris un neveu et trois nièces du cardinal Mazarin: il avoit à Rome deux sœurs mariées, l'ainée au comte Martinozzi, dont elle avoit deux filles; et l'autre au seigneur Mancini, duquel étoient venus trois garçons et cinq filles. Au commencement de la régence, la Reine, pour autoriser le choix qu'elle faisoit de lui pour le gouvernement de l'État, disoit qu'il étoit étranger, et qu'il ne faisoit point de conséquence, parce qu'il n'avoit point de parens. Mais cette raison ne dura pas long-temps: car cet hiver on vit paroitre à la cour un garçon et deux filles Mancines, et une Martinozzi, lesquelles logèrent dans l'appartement de la marquise de Senecey, dame d'honneur de la Reine, qui avoit été gouvernante du Roi, pour être élevées près d'elle, comme une femme d'une haute vertu. La prise de Piombino et de Porto-Longone avoit donné de la crainte au Pape, et lui avoit fait rabattre de sa fierté; en sorte qu'on eut de lui tout ce qu'on vouloit, à savoir le rétablissement des Barberins dans leurs biens, charges et dignités, et le chapeau de cardinal pour l'archevêque d'Aix, frère du cardinal Mazarin, qui se fit appeler cardinal de Sainte-Cécile. Le cardinal Barberin partit bientôt après pour retourner à Rome; mais devant son départ son frère don Thadée, préfet de Rome, mourut à Paris.

Au retour de Picardie, Monsieur, frère du Roi, fut fort malade d'une dysenterie qui dégénéra en une espèce de flux hépatique duquel il fut en grand péril; mais enfin il guérit par le moyen de certains grains que lui fit prendre Vautier, premier médecin du Roi, lesquels arrêtèrent petit à petit ce grand dévoiement, et le rétablirent dans sa première santé. A peine étoit-il échappé de ce danger, que le Roi tomba dans un aussi grand péril: car au mois de novembre une grande fièvre le saisit, qui fit sortir la petite vérole en si grande abondance, que son corps en fut tout couvert; et la fièvre lui augmentant avec grande véhémence, fit appréhender aux médecins une mauvaise issue de ce mal: mais enfin une forte saignée ayant éteint la grande inflammation qui le brûloit, et un érysipèle qui lui étoit venu aux reins, la fièvre lui diminua peu à peu; et la petite vérole étant séchée, il fut sur la fin de l'année parfaitement guéri. Durant sa maladie il y eut quantité d'intrigues à la cour, parce que ceux qui approchoient de M. le duc d'Orléans lui remontrèrent que par la mort du Roi la régence de la Reine cessoit, et qu'à l'avénement de Monsieur à la couronne il en faudroit créer une autre, à laquelle il devoit prétendre. Ils lui disoient qu'il avoit eu trop de facilité à céder la première, mais qu'il n'en devoit pas user de même en celle-ci; que la reine n'étoit plus aimée comme elle étoit, et que la haine générale qu'on portoit au Mazarin retomboit sur elle, et qu'elle avoit perdu l'amour de tous les ordres du royaume, et la bonne opinion qu'on avoit d'elle. On traita au Luxembourg cette matière si avant, qu'un soir on se mit à faire débauche, et le duc d'Elbœuf but à la santé du nouveau régent: ce qui fut suivi de toute la table; mais la convalescence du Roi mit fin à tous ces différends. Ils étoient principalement causés par l'impatience qu'avoit l'abbé de La Rivière d'entrer dans le conseil et d'être cardinal. Et comme cette intrigue étoit commencée depuis quelque temps, et fera bruit l'année prochaine, je remets à la traiter au commencement du chapitre suivant.

QUATORZIÈME CAMPAGNE.

[1648] Comme l'abbé de La Rivière avoit tout pouvoir sur M. le duc d'Orléans, le cardinal Mazarin l'avoit gagné pour maintenir Son Altesse Royale dans ses intérêts : mais l'ambition lui venant dans l'esprit, il ne se contenta plus des biens excessifs dont il étoit comblé, mais il voulut croître en honneur et en dignité. Pour ce sujet, il demanda à entrer dans le conseil et à être ministre d'État; et même il prétendit au premier chapeau de cardinal qui se donneroit pour les couronnes. L'un et l'autre fâchoient le Mazarin, mais le dernier surtout, car il ne pouvoit souffrir que cette homme entrât dans le conseil avec une dignité pareille à la sienne : il n'osoit néanmoins s'y opposer directement, de peur de choquer M. le duc d'Orléans, duquel il ne se pouvoit passer. Il en différa seulement l'exécution par toutes sortes d'artifices : ce qui causa quelque froideur entre eux, et par conséquent entre la Reine et Monsieur; mais après avoir reculé le plus qu'il put, il se trouva enfin au bout de toutes ses finesses, et ne savoit plus quelle raison alléguer de ce retardement, lorsqu'il se servit du prince de Conti, lequel étant d'une taille fort contrefaite, et mal propre à porter l'épée, déclara qu'il vouloit être d'Eglise, et par conséquent cardinal. Sa grande qualité et le rang qu'il tenoit faisoient croire que personne n'oseroit lui disputer cet honneur; et le cardinal Mazarin fut ravi d'avoir ce prétexte spécieux pour éluder les prétentions de La Rivière, disant que la Reine ne pouvoit refuser la demande du prince de Conti, qui étoit prince du sang et proche parent du Roi ; mais l'autre ne prit point ses excuses en paiement, et il irrita de sorte l'esprit de son maître, qu'il lui persuada de ne plus aller au conseil, jusqu'à ce qu'on lui eût tenu parole. Ce mécontentement de Monsieur étonna la Reine et le cardinal; mais le prince de Condé qui ne craignoit rien, et qui étoit capable d'entreprendre toutes choses, ne pouvant endurer qu'un si petit compagnon eût la pensée de lutter contre son frère, encouragea la Reine et le cardinal, leur persuadant de tenir ferme, et d'obliger Monsieur à plier sous ses volontés. Pour cet effet, le maréchal d'Estrées et Senneterre, qui étoient fort amis de La Rivière, mais encore plus du cardinal, furent au Luxembourg pour persuader à leur ami de relâcher, et pour intimider Monsieur. Ils lui dirent que la Reine étoit résolue de se faire obéir, et que s'il n'alloit au conseil à son ordinaire, le Roi le viendroit lui-même querir avec toute sa garde, le prince de Condé à la tête. Ces discours donnèrent de la crainte et du dépit à Monsieur, lequel partit à l'heure même de Paris pour aller à Limours, où il demeura quelques jours, résolu de ne point revenir qu'on ne lui eût donné satisfaction. Le cardinal, qui ne se vouloit point attirer d'affaires, et qui voyoit que toutes choses commençoient à se brouiller dans Paris, n'osa soutenir sa résolution; mais il envoya Le Tellier à Limours négocier avec Monsieur, qui refusa de retourner jusqu'à ce qu'on lui eût accordé sa demande ; et il tint tellement ferme, qu'après plusieurs allées et venues La Rivière fut fait ministre d'État, et fut nommé cardinal pour la première fois qu'on en feroit pour les couronnes. Ainsi Monsieur revint à la cour, et le prince de Conti demeura dans l'épée, et différa pour quelque temps le dessein qu'il avoit de changer de profession.

En Allemagne, après que l'électeur de Bavière eut rompu le traité fait avec la France et la Suède, et qu'il eut repris Memmingen, il assiégea Nordlingen, qui fut si bien défendu qu'il fut contraint de lever le siège. De là, sur la nouvelle que le maréchal de Turenne avoit passé le Rhin à Mayence pour se joindre dans la Franconie à Wrangel, Konigsmark et les Hessiens, il marcha pour s'approcher de l'armée impériale, qui étoit de l'autre côté du Danube. Les confédérés désirant les suivre, passèrent ce fleuve sur le pont de Lavingen, et arrivèrent le 17 de mai à Summerhausen, où une partie de l'armée impériale étoit campée, laquelle se voulant retirer pour joindre le gros, laissa de l'infanterie pour garder un passage étroit, et en défendre l'abord. Mais le maréchal de Turenne, qui commandoit l'avant-garde, chargea cette infanterie si vertement, qu'il la tailla en pièces, et se saisit de ce poste par où toute l'armée passa, et suivit diligemment les Impériaux, qu'il joignit au coin d'un bois, où il les attaqua vigoureusement; et soutenu de Wrangel, qui les prit par le flanc, il passa toute l'infanterie au fil de l'épée, et mit la cavalerie dans un tel désordre, qu'elle prit la fuite et se sauva dans le corps de l'armée, qui étoit campé à deux lieues d'Ausbourg. Le général Melander fut tué dans ce combat, dont la victoire fut poursuivie jusqu'au retranchement de leur armée, qui étoit derrière une petite rivière qui arrêta les victorieux. Alors ils firent halte, car ils se trouvèrent si fatigués d'une si grande marche sans bagage, qu'ils l'attendirent en ce lieu-là avec leur canon, qui étoit demeuré derrière. Dès qu'il fut arrivé, ils le firent mettre en batterie contre le camp des Impériaux, lesquels délogèrent la nuit, et se campèrent sous le canon d'Ausbourg. Alors les confédérés passèrent la rivière de Lech, et détachèrent Konigsmark pour repasser le Danube et entrer dans le haut Palatinat. Cette irruption dans la Bavière causa une grande frayeur dans tout le pays, principalement depuis que les confédérés se furent emparés de Freisingen sur l'Iser: car toute la Bavière leur demeura en proie, et l'électeur fut contraint de quitter Munich pour se mettre en sûreté à Salsbourg, et toute la noblesse à Passaw. Durant que les Impériaux se retranchoient sur la rivière d'Inn pour en défendre le passage, le ressentiment qu'avoient les confédérés de l'infraction faite l'année passée par l'électeur de Bavière fut cause que le pillage fut plus grand: car tout fut exposé à la fureur du soldat jusqu'aux portes de Munich, d'Ingolstad, Ratisbonne et Passaw; et ce désordre eût duré davantage s'il n'eût été arrêté par les nouvelles de la paix d'Allemagne faite à Munster, laquelle obligea les confédérés de repasser le Danube et d'aller à Nuremberg, où ils traitèrent avec Piccolomini, qui reprit le commandement des armées impériales depuis la mort de Melander. Ils firent en ce lieu une suspension d'armes jusqu'à l'entière exécution des articles de la paix. Durant le pillage de la Bavière, Lamboi eut du désavantage contre les Hessiens; et Konigsmark ayant marché devers la Bohême laissa tout son bagage, et fit si grande diligence qu'il arriva la nuit du 25 au 26 de juillet devant Prague, dont il surprit le château à la pointe du jour, et la petite ville avec le gros fort assis sur la pointe de la montagne Blanche, qui lui sert de citadelle. Ce château se nomme le Rastchin, qui est le palais des rois de Bohême, où sont les meubles de la couronne et les ornemens royaux dont les rois sont couronnés. Il exécuta facilement son dessein, parce qu'on le croyoit fort loin, et qu'on faisoit mauvaise garde: tellement que cette petite ville fut saccagée, et le palais pillé. On ne sauroit s'imaginer le gain que les Suédois firent dans ce pillage, en argent monnoyé, vaisselle et meubles de toutes façons: toute l'armée en fut enrichie, et surtout Konigsmark, qui fit un profit immense, outre les riches prisonniers qui tombèrent en son pouvoir, entre autres le cardinal d'Harac. Après ce bon succès, le général Wittemberg vint des bords de l'Oder joindre les Suédois devant Prague, lequel est divisé en trois villes: la petite surprise par Konigsmark, la neuve et la vieille, toutes fort peuplées d'habitans, qui prirent les armes sur cette alarme, et se préparèrent à se bien défendre. Konigsmark de son côté, résolu de s'en rendre maitre, fit pointer son canon contre la vieille ville, et l'attaqua vigoureusement; et quoique ses assauts fussent vaillamment repoussés, il s'y opiniâtra plus que jamais, et attendoit le secours qui lui devoit venir pour redoubler ses attaques: car, après le retour du général Torstenson en Suède, la Reine avoit nommé en sa place pour général le prince palatin Charles, son cousin germain et successeur de sa couronne, lequel avoit passé la mer et étoit arrivé à Stettin avec de nouvelles troupes. Konigsmark lui envoya des courriers pour le hâter de le venir soutenir, et lui faire connoître de quelle importance seroit à la couronne de Suède la prise des trois villes de Prague. Cette nouvelle le fit avancer jusqu'à Leipsick, où ayant assemblé ses troupes, il marcha devers Prague, devant lequel il joignit Konigsmark, qu'il trouva plus attaché que jamais à son entreprise. Alors ayant doublé leurs batteries, le palatin fit donner un assaut général qui fut hardiment soutenu. Ce mauvais succès commença à faire désespérer le palatin de l'issue de ce dessein; mais la nouvelle qui lui arriva de la paix d'Allemagne lui donna un honnête prétexte de lever le siége, comme il fit au commencement de novembre, ayant laissé deux mille hommes dans la petite ville et le château de Prague. Ensuite la suspension d'armes fut publiée par toute l'Allemagne, en attendant l'exécution de la paix faite à Munster, dont il faut parler particulièrement.

Depuis la mort de l'empereur Mathias, arrivée en 1619, l'Allemagne avoit toujours été troublée, à cause qu'étant mort sans enfans, les couronnes de Hongrie et de Bohême tombèrent à l'archiduc Ferdinand son cousin germain, qui fut élu empereur sous le nom de Ferdinand II. Or les États de Bohême, principalement les luthériens, ne vouloient pas reconnoître, prétendant que quand un roi de Bohême mouroit sans enfans, les parens en ligne collatérale n'y pouvoient succéder, et qu'il appartenoit aux États d'élire un roi. Pour soutenir cette prétention, ils s'assemblèrent, et élurent l'électeur palatin, gendre du roi d'Angleterre Jacques, lequel accepta cette couronne, et s'en alla diligemment à Prague, où il fut couronné roi de Bohême. L'Empereur, de son côté, arma pour soutenir son droit de succession, et toute l'Allemagne fut partagée dans cette querelle ; mais l'Empereur ayant gagné la bataille de Prague, tout le royaume de Bohême se soumit à lui ; puis il porta ses armes victorieuses dans les pays patrimoniaux du palatin, qu'il dépouilla du haut et bas Palatinat, et le força de se retirer en Hollande, où il mourut quelques années après, laissant beaucoup d'enfans. L'Empereur n'étant pas content d'avoir poussé son ennemi le voulut ruiner entièrement, afin d'assouvir sa vengeance ; et pour cet effet il le mit au ban de l'Empire, et il le priva en pleine diète de la dignité d'électeur, et en revêtit le duc de Bavière, cadet de la même maison, auquel il donna le haut Palatinat. Ces changemens causèrent de grands troubles, particulièrement parmi les protestans, qui se formalisèrent de ce qu'ôtant un électeur de leur religion, on en faisoit un autre catholique : ce qui autorisoit le dessein de la maison d'Autriche de rendre l'Empire héréditaire dans sa famille. Pour s'y opposer, et empêcher que le fils de l'Empereur ne fût élu roi des Romains, ils s'unirent ensemble, et les catholiques firent une ligue de leur côté, dont ils créèrent chef le duc de Bavière, en faveur de l'Empereur. Les protestans, incités par le cardinal de Richelieu, appelèrent à leur secours le roi de Suède, lequel, d'intelligence avec ce cardinal, vouloit abaisser la trop grande puissance de la maison d'Autriche. Ce roi entra dans l'Allemagne, la traversa comme un tonnerre, gagna la bataille de Leipsick, et perdit la vie à celle de Lutzen, dans laquelle il demeura victorieux, après s'être rendu maître de tout le pays qui est entre l'Océan, le Rhin et le Danube. Le cardinal de Richelieu, après la mort de ce prince, avoit gagné le Walstein, généralissime des armées de l'Empereur, homme fort ambitieux et remuant, dans l'espérance qu'on lui donna de le faire roi de Bohême. Cette trame avoit été ménagée si secrètement, qu'elle alloit éclore lorsqu'il fut poignardé par le commandement de l'Empereur, qui se délivra par là d'une perte inévitable. Le parti des Suédois fut maintenu par la conduite du duc de Weimar et du maréchal Horn, lesquels ayant perdu la bataille de Nordlingen, furent cause que le cardinal de Richelieu fit déclarer la guerre à la maison d'Autriche par le Roi Très-Chrétien. Cette grande diversion donna loisir aux Suédois de réparer leur perte ; et les Français les secourant puissamment, remirent les affaires de l'Empereur en aussi mauvais état qu'elles étoient auparavant. Nous avons vu le détail de cette guerre depuis la déclaration de la France, durant laquelle le Pape s'entremit pour accommoder tous ces différends ; mais comme les protestans ne vouloient pas qu'il se mêlât de leurs affaires, la république de Venise offrit sa médiation, laquelle fut acceptée de tous côtés. Ainsi, par son entremise, on convint que tous les catholiques enverroient leurs députés à Munster, et les protestans à Osnabruck, où on traiteroit de la paix générale. Le duc de Longueville, d'Avaux et Servien y furent l'an 1643 pour la France ; et la négociation étant commencée, les Hollandais voyant que les Français reculoient, conclurent la paix avec l'Espagne, firent la leur particulière, comme nous avons vu ; et enfin, après beaucoup de contestations de part et d'autre qui durèrent cinq ans, toutes choses furent réglées, et la paix signée le 24 d'octobre 1648. Elle fut d'autant plus difficile à conclure, qu'il y avoit des plénipotentiaires de tous les princes d'Allemagne, de toutes les villes impériales et cercles de l'Empire, qu'il falloit tous contenter, et desquels il falloit discuter les intérêts : ce qui fut fait du consentement de tous, et la paix établie en Allemagne après vingt-huit ans de guerre. Pour faire entendre les principaux articles de cette paix, sans particulariser ce qui fut accordé à chaque État et ville de l'Empire, il fut résolu pour la couronne de France que les évêchés de Metz, Toul et Verdun, lesquels depuis Henri II étoient demeurés sous la protection des Rois Très-Chrétiens, quoiqu'ils fussent du corps de l'Empire, en seroient dorénavant séparés et unis en toute souveraineté au royaume de France ; semblablement que la haute et basse Alsace, et les comtés de Béfort et de Ferette, demeureroient en même titre à cette couronne ; que les Français auroient garnison dans Philisbourg, delà le Rhin, dont la propriété seroit conservée à l'électeur de Trèves ; que l'Empereur ne pourroit secourir directement ni indirectement le roi d'Espagne, ni même la Franche-Comté, quoique cercle de l'Empire, et ne se mêleroit point aussi des intérêts du duc de Lorraine, qui seroient remis à la paix qui se feroit un jour entre la France et l'Espagne. Pour la Suède, il fut accordé que la Poméranie et l'île de Rugen demeureroient à la couronne de Suède avec le pays de Brême, excepté la ville, qui seroit libre comme elle étoit auparavant, à condition que la reine de Suède en feroit hommage à l'Empereur, prendroit de lui investiture, et auroit droit, comme membre de l'Empire, d'envoyer des députés aux diètes, et d'y avoir voix délibérative. Pour le Palatin, on demeura d'accord que le duc de Bavière seroit le premier électeur, et qu'un huitième électorat seroit créé pour le fils aîné du défunt prétendu roi de Bohême, pour lui et sa postérité masculine; laquelle manquant, l'électorat seroit supprimé: comme aussi la race masculine du duc de Bavière venant à faillir, le palatin redeviendroit premier électeur, et le huitième électorat seroit supprimé; que le bas Palatinat, ou le Palatinat du Rhin, seroit restitué au palatin, mais que le haut demeureroit à l'électeur de Bavière; que les troupes françaises et suédoises sortiroient d'Allemagne dans un certain temps, excepté des pays qui leur étoient laissés; et qu'ils restitueroient les places qu'ils tenoient à ceux à qui elles étoient devant la guerre; que la ville et citadelle de Pignerol demeureroit en toute souveraineté aux Français, sans que l'Empire y pût jamais rien prétendre, quoique le Piémont en fût un fief. Tous ces articles furent exécutés de part et d'autre; et l'Allemagne, après tant de misères souffertes, se vit en paix, durant que la guerre s'échauffa plus que jamais entre la France et l'Espagne, comme on verra par la suite.

Comme Courtray étoit la plus avancée de toutes les villes que les Français tenoient sur la Lys, aussi elle étoit plus enviée des Espagnols, qui cherchoient à tous momens l'occasion de la surprendre. Ils firent une entreprise dessus au commencement de février, et l'archiduc étant arrivé devant lorsqu'on s'y attendoit le moins, l'attaqua la nuit par quatre endroits, dans l'espérance de l'emporter d'insulte; mais les Français se défendirent si vaillamment, qu'après un combat de deux heures ils contraignirent les Espagnols de se retirer. Cet avantage donna tant d'audace au comte de Palluau, mestre de camp, général de la cavalerie et gouverneur de Courtray, qu'il crut qu'il n'y avoit plus rien à craindre, et que les Espagnols, rebutés de cet échec, n'oseroient plus rien entreprendre contre sa place. En effet, ayant obtenu la patente de lieutenant-général de l'armée de Flandre sous le prince de Condé, il reçut ordre de lui de tirer de Courtray ce qui lui seroit inutile, et laissant sa place bien munie, de se trouver à un jour nommé devant Ypres, qu'il avoit dessein d'assiéger. Il fut tellement ébloui de ce nouvel emploi, qu'il voulut paroître avec un corps considérable; et ayant fait sortir deux mille hommes de sa garnison, il se mit à la tête, et arriva le 12 de mai devant Ypres, qui fut investi ce jour-là par toute l'armée: le soir, les quartiers furent séparés. Le prince de Condé se posta du côté de Meneene et Comines, le maréchal de Gramont devers Armentières; celui de Rantzaw gardoit les avenues d'Aire et Saint-Omer, et Palluau celles de Bruges et Dixmude. La circonvallation fut aussitôt commencée, laquelle fut en défense le 19, auquel jour la cavalerie de la garnison fit une sortie qui fut repoussée par les gendarmes et chevau-légers du Roi, et le régiment de cavalerie de La Meilleraye. Le soir, on ouvrit la tranchée en deux attaques proches l'une de l'autre. Le 21, deux batteries saluèrent dès le matin les assiégés, et la nuit le logement fut fait sur la contrescarpe, d'où on travailla à combler le fossé de la demi-lune, laquelle fut emportée le 25 par les Polonais. A l'autre attaque, Vieux-Pont, qui commandoit le régiment de Son Altesse Royale, fut tué dans la sape de la descente du fossé. Cependant les Espagnols ayant mis leurs armées ensemble, firent mine de marcher au secours d'Ypres, et s'étant avancés assez près des lignes, s'en éloignèrent tout d'un coup; et sur ce qu'ils apprirent qu'il étoit resté peu de gens dans Courtray, ils fondirent dessus, et le soir du 18 l'attaquèrent si brusquement de tous côtés, qu'ils l'emportèrent d'emblée. La garnison n'étant pas assez forte pour soutenir un si grand effort, elle se retira dans la citadelle, que les Espagnols bloquèrent aussitôt, et la battirent si rudement deux jours durant, qu'elle se rendit à composition. Ainsi cette ville, qui étoit la plus belle des conquêtes des Français en Flandre, et qui tenoit tout le pays en bride jusqu'à Gand, fut perdue en un moment, pour en avoir trop affoibli la garnison. Le prince de Condé, piqué au vif de ce fâcheux accident, ne laissa pas de pousser le siége d'Ypres avec diligence. Les assiégés, pour empêcher de combler leur fossé, firent une sortie de cavalerie et infanterie, que La Roque-Saint-Chamarante repoussa avec le régiment de Saint-Simon. Le 27, le mineur fut attaché au corps de la place. Alors le peuple, fort nombreux, craignant le pillage, commença à faire rumeur, et par son tumulte obligea le comte de La Moterie de demander à capituler: ce qui lui fut accordé; et selon la composition, qu'il obtint aisément, à cause que l'archiduc étoit campé à Rousselaer assez proche des lignes, il sortit d'Ypres le 29. Le prince de Condé y entra le même jour, et aussitôt en donna avis à la Reine, à laquelle il demanda le gouvernement pour Châtillon: on lui refusa pour le donner à Palluau, en récompense de celui de Courtray. Beaucoup de gens s'étonnèrent de ce choix, dans la pensée que la perte de cette ville le mettroit mal à la cour ; mais comme il avoit beaucoup d'esprit et fort agréable, il tournoit de son côté le cardinal, qui ne regardoit point les services pour donner des récompenses, ni les desservices pour faire des châtimens.

Après la prise d'Ypres, le prince de Condé décampa pour s'approcher de Dixmude, faisant mine de l'assiéger ; et en même temps le maréchal de Rantzaw s'embarqua à Dunkerque avec de l'infanterie, qu'il débarqua près de Nieuport pour favoriser ce dessein : mais une tempête étant venue sur la mer, écarta ce maréchal de la côte. Le marquis Sfondrato, qui commandoit un corps pour couvrir Nieuport et Ostende, voyant cela, vint charger cette infanterie composée de six cents hommes, qu'il défit, et en prit beaucoup de prisonniers de guerre. Sur cette nouvelle, le prince de Condé rebroussa chemin, et marcha vers la Lys, où il y eut grande escarmouche entre le prince de Ligne et Châtillon. L'archiduc étant fortifié de nouvelles troupes, qui le rendoient plus fort que les Français, prit sa marche vers la frontière de France, et se présenta au Mont-Saint-Quentin, à la vue de Péronne ; et le comte de Garcie s'avança jusqu'à Fonsommes, pour tenir en jalousie toutes les villes de France de cette frontière. Le prince de Condé repassa la Lys pour les suivre ; et s'approchant d'eux, il les obligea de se rejoindre près de Landrecies, d'où ils firent une grande marche, traversant le Hainaut, la Flandre gallicane et l'allemande, pour assiéger Furnes, que le marquis Sfondrato avoit déjà investi. Sur ces nouvelles, le prince de Condé marcha devers Béthune, et de là sur le chemin de Furnes, dont il trouva toutes les avenues retranchées, lesquelles étant toutes coupées de canaux, il ne jugea pas à propos de tenter de les forcer : c'est pourquoi il revint se camper près de Béthune. Cependant l'archiduc fit ouvrir la tranchée devant Furnes le 29 de juillet, et fit dresser ses batteries, à la faveur desquelles il prit la contrescarpe le 2 d'août ; et la nuit suivante, ayant passé le fossé, le Boquet voyant sa place fort mauvaise se rendit le 3, et fut conduit à Dunkerque. Deux jours après, l'armée espagnole marcha vers la Lys, et prit en passant Etère ; le lendemain elle attaqua Lens ; et le prince de Condé l'ayant appris, envoya Villequier reprendre Etère, où il prit trois cents hommes qui le gardoient prisonniers. De là il se rejoignit au prince de Condé, qui reçut auprès de Béthune un renfort de quatre mille hommes que le général Erlac lui amenoit d'Alsace ; et ayant mis toutes ses forces ensemble, il marcha pour secourir Lens : mais étant arrivé dans la plaine, il sut qui il étoit, et aussitôt il vit paroître l'avant-garde des Espagnols, qui venoit au devant de lui. Alors voyant qu'il n'y avoit plus rien à faire puisque Lens étoit rendu, et qu'il n'étoit pas si fort que l'archiduc, il fit faire demi-tour à droite à toute son armée pour se retirer. L'archiduc l'envoya reconnoître avec quelque cavalerie, d'où on courut lui dire que les Français étoient à lui s'il vouloit ; et qu'ils ne lui pouvoient échaper, si peu qu'il eût envie de les défaire. Sur cet avis, il donna ordre au général Bec de charger l'arrière-garde : ce qu'il accepta, lui disant qu'il lui rendroit bon compte du prince de Condé ; et en même temps marcha pour exécuter ce commandement. Il commença la charge d'un côté, et le comte de Ligneville avec les Lorrains de l'autre. Leur attaque fut si vigoureuse, que le régiment de cavalerie de M. le duc d'Orléans fut défait, et la compagnie du prince de Condé, à la tête desquels Brancas et Guitaut furent pris. Le régiment des Gardes, qui faisoit la retraite, fut renversé, et ses bataillons fort maltraités, où Porcheux, Matarel et Saint-Val, capitaines, furent tués, et Chalmazel et Riberpré blessés et pris prisonniers. Le prince de Condé, voyant ce grand désordre, fit tourner tête à toute son armée, et fit mettre vingt pièces de canon sur une hauteur, pour incommoder les Espagnols ; et dans cette surprise il ne perdit point le jugement, mais avec une présence d'esprit admirable il mit son armée en bataille, et alla lui-même de ligne en ligne donner ses ordres. Bec, voyant l'arrière-garde française en déroute, manda à l'archiduc qu'il donnât hardiment, et que la victoire étoit à lui. Alors il vint tête baissée pour le soutenir ; mais le prince de Condé alla au devant de lui au petit pas, et le reçut sans s'émouvoir jusqu'à ce qu'il fût à quatre pas de lui ; et lors la mêlée fut chaude et la charge furieuse : car les régimens de Villette, Ravenel et Chapes rompirent la première ligne des Espagnols, et la renversèrent dans la seconde ; laquelle soutint vigoureusement ce choc, et à son tour poussa les Français jusqu'à leur seconde ligne, où Villequier et La Moussaye furent faits prisonniers. Alors le prince de Condé rallia cette première ligne ; et la joignant à la seconde, il recommença la charge, qui fut sanglante et opiniâtrée : mais le général Erlac, qui commandoit le corps de réserve, donnant là-dessus, les Espagnols tournèrent le dos et prirent la fuite. Le corps de réserve de l'archiduc les voulut secourir ; mais il fut attaqué par le maréchal de Gramont et La Ferté-Senneterre, qui le battirent, durant que Châtillon tailloit en pièces l'infanterie. Ce fut lors que tout fuit du côté des Espagnols ; et le prince les poussa dans ces grandes plaines, tuant ou prenant tout ce qu'on pouvoit joindre. La plupart se sauvèrent dans Lens, où Villequier étoit prisonnier; mais voyant la bataille perdue, ils se rendirent tous à lui avec la ville. Il reçut l'un et l'autre, et leur promit quartier, après leur avoir fait quitter les armes. L'archiduc et le comte de Fuensaldagne se sauvèrent à Douay. Le général Bec fut pris fort blessé, et mené à Arras, où il mourut de ses blessures. Il ne fit que jurer durant sa prison, sans vouloir recevoir compliment de personne, pas même du prince de Condé, tant il étoit enragé de la perte de cette bataille, et de se voir entre les mains de celui qu'il croyoit prendre lui-même. Le prince de Ligne, le comte de Saint-Amour, le marquis de Saint-Martin, le baron de Crèvecœur et six colonels furent pris, outre sept mille prisonniers, qui furent envoyés en France. Les Français perdirent peu d'officiers: Chambord entre autres, qui commandoit le régiment de cavalerie Mazarin, y fut tué. Jamais bataille ne fut gagnée si pleinement que celle-là, dans laquelle tout le canon et bagage furent pris: les étendards et les drapeaux furent envoyés à la Reine, qui les fit mettre dans l'église des Feuillans, à cause que la bataille de Lens fut gagnée le jour de Saint-Bernard, le 19 d'août. Le prince de Condé, accoutumé à vaincre, ne voulant point perdre de temps, marcha devers la mer, et envoya ordre au maréchal de Rantzaw d'investir Furnes, qu'il vouloit reprendre parce qu'il incommodoit Dunkerque. Ce maréchal s'avança avec cinq mille hommes, ayant sous lui Vaubecour et Castelnau; mais ayant appris que le marquis Sfondrato étoit retranché dans un poste qui empêcheroit le siège de Furnes, il résolut de l'en déposter; et pour ce sujet ayant fait dresser une batterie sur le bord du canal qui le couvroit, il voulut faire un pont à la faveur de son canon et de sa mousqueterie; mais après une escarmouche de deux heures, Sfondrato se retira devers Nieuport, et le maréchal investit Furnes le 27 d'août, et commença à le battre de son artillerie. Le 4 de septembre, le prince y arriva, qui pressa le siège fort vivement; et donnant ses ordres dans la tranchée, il reçut un coup de mousquet qui lui perça son collet de buffle, et le blessa sans péril dans la hanche. Le 8, le logement fut fait sur la contrescarpe; et le 10, les Espagnols ne voyant aucune espérance de secours, se rendirent prisonniers de guerre. Le Boquet fut remis dedans. Après la prise de Furnes, le prince eût bien voulu pousser ses conquêtes plus avant, comme il lui eût été facile après une si grande victoire; mais il retourna à la cour par ordre de la Reine,

qui défendit de plus rien entreprendre, à cause des barricades de Paris, lesquelles mirent fin aux prospérités de la France, et la pensèrent jeter dans le précipice, duquel elle sortira à la fin plus glorieuse que jamais.

Nous avons laissé le duc de Guise dans Naples, reçu avec acclamations des peuples, qui travailloient dehors et dedans à secouer le joug des Espagnols, et affermir la révolte faite contre eux: mais comme cette grande ville est commandée par trois châteaux qui la tiennent en bride, il appliquoit tous ses soins à se retrancher contre eux, en attendant le secours de France, avec lequel il espéroit de s'en rendre maître, et ensuite de tout le royaume. Ce qui lui donnoit plus de peine étoit la disette des vivres, qui étoient coupés par les Espagnols; mais il se saisit d'Averse et de Salerne: ce qui ouvrit les chemins, et donna beaucoup plus de liberté. Ce commencement de prospérités avoit enflé le cœur du duc de Guise, qui se mit dans la tête de se faire roi de Naples: sur quoi il avoit des prétentions par Yoland d'Anjou, fille de René, roi de Sicile, qui étoit duchesse de Lorraine. Ce prince avoit beaucoup d'esprit et de cœur, mais il manquoit fort de jugement. Il étoit susceptible de pensées fort chimériques, plus approchantes des Romains que de la vraisemblance. Tellement qu'il se remplit la tête de vanité et d'imagination si vague, que dans le besoin qu'il eut de secours il en demanda en France, non comme sujet, mais comme allié ou ami oppressé, qui désiroit d'être protégé. Le cardinal Mazarin jeta en même temps des yeux de concupiscence sur ce beau royaume, pour en faire un partage à quelqu'un des siens; et dans cette vue il fit partir l'armée navale de France pour appuyer le peuple de Naples, mais non les prétentions du duc de Guise, auquel le duc d'Elbeuf son cousin, qui avoit des pensées aussi vastes que lui, écrivoit que s'il vouloit bien ménager cette affaire, il se rendroit maître de cet État; mais qu'il se gardât bien de se fier au cardinal, qui le vouloit perdre pour s'emparer d'une si belle dépouille. Ces défiances n'étoient pas un moyen pour faire réussir un si grand dessein, lequel avoit besoin d'une grande union et bonne correspondance entre ceux qui avoient le pouvoir de faire réussir une affaire de si grande importance. Le duc de Richelieu ne laissa pas de partir de Marseille avec l'armée navale, dégarnie de tout, composée de trente vaisseaux français et trois portugais; et fit voile vers l'île d'Elbe, où la tempête s'éleva si grande, que la flotte fut toute dispersée, dont une partie se mit à couvert dans Porto-Ferrajo, et l'autre à Piombino, d'où quand le beau temps fut revenu elle se rejoignit, et fut à la rade de Livourne pour racheter des cordages, et tout ce qui étoit nécessaire pour réparer le désordre de la tourmente. De là, le duc cingla devers l'île d'Ischia, et fit de l'eau dans celle de Procida, où le duc de Guise envoya dire à celui de Richelieu qu'il manquoit de canons et de poudre, et surtout de blé; mais comme l'armée navale étoit dépourvue de tout, on ne lui en put fournir que fort peu. Il y eut une grande joie dans Naples à l'arrivée de cette armée, à la vue de laquelle le peuple croyoit être en pleine liberté, et délivré de la servitude des Espagnols, qui tenoient la bouche du port de Naples, à cause du château de l'Œuf, qui commande à l'entrée, sous le canon duquel les vaisseaux et galères d'Espagne étoient en sûreté; tellement que le duc de Richelieu ne les pouvoit attaquer; mais il tourna contre cinq vaisseaux qui étoient à l'abri de la forteresse de Castel-Amare, et les aborda malgré les canonades du château. Ceux qui étoient dedans se défendirent bien; mais voyant qu'ils ne les pouvoient sauver, ils se jetèrent à terre avec ce qu'ils avoient de meilleur, et brûlèrent leurs vaisseaux. Durant ce combat la flotte d'Espagne sortit du port de Naples, et se mit en mer : ce qui obligea le duc de Richelieu d'aller droit à elle, et de l'attaquer. Le bruit des coups de canon fut si grand, que toute la ville de Naples en fut ébranlée, et les vitres cassées : mais enfin le commandeur des Goutes, vice-amiral, le commandeur de Valencey et les chevaliers Paul et Garnier pressèrent si vivement l'amiral et vice-amiral d'Espagne, qu'ils furent contraints de se retirer dans le golfe de Naples, sous le château de l'Œuf; le reste de leur armée les suivit, après avoir eu quatre vaisseaux coulés à fond. Ces avantages faisoient espérer que la republique de Naples seroit puissamment secourue, et qu'à la fin les Espagnols en seroient entièrement chassés; mais les vivres manquèrent aux Français, tant on avoit donné mauvais ordre à les fournir de tout ce qu'il falloit. Avant que de partir, ils mandèrent qu'ils reviendroient bientôt avec plus de provisions; et pour l'heure ils abandonnèrent les Napolitains lorsqu'ils avoient plus de besoin de secours, et firent voile pour retourner en France, sans leur avoir laissé ni vivres ni munitions, dont ils manquoient eux-mêmes. Ce départ causa une étrange consternation dans Naples : néanmoins le duc de Guise les rassura le mieux qu'il put; et pour leur donner courage, il sortit avec neuf mille hommes pour prendre les postes qui empêchoient les vivres de venir dans la ville. En effet, il se saisit de quantité de petites villes, boucha les avenues de Gaëte, et mit le siége devant Capoue. Dans le plat pays le peuple prenoit les armes; même dans la Calabre et dans la Pouille, où le duc envoya de petits corps pour le soutenir durant qu'il faisoit le siége de Capoue, qu'il fut obligé de lever, sur la nouvelle qu'il eut que les Espagnols avoient descendu de l'infanterie près de Pouzzol, qui faisoit mine de se vouloir emparer de Pausilippe. Or don Juan ayant mandé au roi d'Espagne que le mal croissoit de plus en plus, et que le peuple étoit tellement irrité contre le duc d'Arcos, que tant qu'il seroit vice-roi il n'y auroit aucune apparence d'accommodement, Sa Majesté le rappela, et envoya en sa place le comte d'Ognante, lequel entra par une porte de derrière dans le château neuf; et en même temps il mena un renfort d'Espagnols, lesquels s'emparèrent de plusieurs postes qui coupoient les vivres à Naples : ce qui fit bientôt crier la populace, qui étoit si nombreuse qu'on la faisoit monter à cinq cent mille ames.

D'autre côté, don Juan et le comte d'Ognante firent de grandes offres aux principaux de la sédition, leur promettant de l'argent, des honneurs et des dignités; et leur négociation étoit allée si avant qu'ils avoient gagné Antonio Mazella, commissaire général des vivres, lequel les faisoit enchérir par artifice; et il fut si hardi qu'il fit quelques propositions de la part des Espagnols au duc de Guise qui le fit arrêter et passer par les armes. Ses papiers furent saisis et visités, dans lesquels on trouva de grandes correspondances des Espagnols avec Gennaro Annèse, le principal chef du peuple. Le duc lui en fit de grands reproches : mais l'autre le niant constamment, il le fit observer de près pour en découvrir la vérité. Mais comme aux affaires de grande conséquence on ne sauroit avoir trop de précaution, l'indulgence du duc de Guise lui fut nuisible : car Gennaro se voyant déjà convaincu, voulut hâter son entreprise; et ayant gagné un certain nombre des principaux de sa faction, ils persuadèrent au duc de sortir pour attaquer Nisitra. Il le fit avec cinq mille hommes, laissant le commandement dans Naples à ceux qui avoient intelligence avec les Espagnols, lesquels le voyant éloigné firent savoir à don Juan et au comte d'Ognante qu'ils pouvoient venir en toute sûreté, et qu'ils seroient bien reçus. Aussitôt ils marchèrent avec des troupes, et allèrent se saisir des plus importans postes de la ville, où ceux qui les gardoient crièrent *vive Espagne!* De là ils furent au tourillon des Carmes, dont Gennaro Annèse leur ouvrit les portes; et en moins de deux heures don Juan se trouva paisible possesseur de cette grande ville. Durant ce changement, le duc de Guise battoit Nisitra, où dès qu'il eut nouvelle de la révolution arrivée à Naples, il voulut retourner vers la ville pour y mettre ordre : mais sur ce bruit les troupes qu'il avoit l'abandonnèrent, et se voyant seul avec trente hommes, il se voulut sauver ; mais il fut suivi si promptement et poussé si vivement, qu'il fut joint près de Capoue et arrêté, et ensuite conduit dans le château de Gaëte, dans lequel il demeura quelque temps, et puis mené en Espagne. Ainsi finit cette grande révolte de Naples, laquelle devoit avoir un plus heureux succès, si elle eût été conduite avec jugement : mais d'un côté le duc de Guise s'éblouit tellement de cette première lueur qui lui parut de la fortune, qu'il vouloit agir sans dépendance de la France, n'en recherchant le secours que comme d'un ami et non d'un maître ; et de l'autre, le cardinal Mazarin l'appuya foiblement, parce qu'il ne voyoit pas que le morceau fût pour lui : outre que la Reine régente, qui ne vouloit pas ruiner sa maison, disoit que si les Napolitains vouloient le duc d'Anjou, son second fils, pour leur roi, qu'elle les soutiendroit de toute sa puissance ; mais qu'elle aimoit mieux Naples entre les mains de son frère que du duc de Guise : méchante politique pour l'intérêt de la France, car il ne se falloit pas soucier qui seroit maître de Naples, pourvu que les Espagnols en fussent chassés ; et si cette révolte fût arrivée du temps du cardinal de Richelieu, elle eût eu bien plus grande suite. Le comte d'Ognante fit publier une amnistie qu'il n'observa pas : car quelques mois après, sur un soupçon qu'il feignit d'avoir, il fit arrêter Gennaro Annèse, et exécuter à mort.

Le duc de Modène s'étant saisi l'année dernière de Casal-Maggiore, Rivarole et autres postes qui empêchoient les vivres d'entrer dans Sabionetta, lui causoit de grandes incommodités. Pour le dégager, le comte de Haro, fils du connétable de Castille, qui commandoit à Milan depuis le départ de son père, mit ensemble ce qu'il put ramasser de troupes, et marcha de ce côté-là : mais passant près de Bosolo, il rencontra l'armée française, avec laquelle il eut une grande escarmouche qui dura jusqu'à la nuit, qui les sépara. De là ce comte ayant ravitaillé Sabionetta, se retira à Gênes pour passer en Espagne avec son père, laissant le gouvernement de Milan au marquis de Caracène, depuis peu arrivé en Flandre. Ce nouveau gouverneur ne fut pas plus tôt en possession de son emploi, qu'il voulut se signaler par quelque entreprise sur les Français ; et dans ce dessein il s'empara d'une île sur le Pô, qui incommodoit fort Casal-Maggiore : mais le duc de Modène et le maréchal Du Plessis y coururent promptement, et le forcèrent d'abandonner cette île et de se retirer à Crémone, où il fit un retranchement depuis la ville jusqu'à la rivière d'Oglio. Le duc de Modène, ne le voulant pas souffrir dans ce poste, l'y fut attaquer avec son armée. Le combat fut fort contesté ; mais enfin les Français emportèrent ce retranchement, et en chassèrent les Espagnols, qui laissèrent six pièces de canon et leur bagage. Le comte de Choiseul, second fils du maréchal du Plessis, y fut tué ; et le comte Galeasso Trotti, du parti espagnol, y demeura prisonnier. Après ce combat, le marquis de Ville avec un grand renfort ayant joint l'armée française, le duc de Modène investit Crémone le 22 de juillet, et fit travailler à la circonvallation d'un côté du Pô seulement, parce que l'autre rive est dans le duché de Parme, pays neutre, où on n'osoit mettre de quartier ; et on se contenta de la parole du duc de Parme, qui promit de ne permettre aucun passage aux Espagnols sur ses terres. Le 25, la tranchée fut ouverte en deux attaques, l'une à la ville et l'autre au château ; et les batteries étant dressées, on poussa le travail fort vite jusqu'au glacis de la contrescarpe ; mais depuis on alla plus lentement : car comme Crémone est une grande ville, le grand nombre d'habitans et la forte garnison firent une grande résistance, d'autant plus que, quelque assurance qu'on eût du duc de Parme, il entroit toujours dans la ville du secours par le Plaisantin. La contrescarpe ne laissa pas d'être emportée le 20 d'août ; et durant qu'on travailloit à percer le fossé, le duc de Modène, le maréchal du Plessis et le marquis de Ville reconnoissant la place d'assez près, ce dernier eut la cuisse brisée d'une volée de canon, dont il mourut le jour même, 24 du mois. Il fut extrêmement regretté, tant en France qu'en Piémont, pour les grands services qu'il avoit rendus, et qu'il pouvoit rendre à l'avenir. Cependant les assiégés se défendoient courageusement ; et les Français ayant pris la demi-lune, ils les en rechassèrent l'épée à la main, et à coups de grenades. Le duc de Modène voyant la difficulté de prendre cette demi-lune la laissa à côté, et poussa la tranchée jusque sur le bord du fossé, où on alla à la sape, et à faire la descente, qui fut trouvée fort difficile, à cause des grands obstacles que lui firent les assiégés par leurs sorties et le feu continuel de leur courtine, causé par le grand nombre de soldats qui étoient dedans, lesquels entroient et sortoient quand ils vouloient : même le marquis de Caracène y entra deux fois pour mettre ordre à la défense de la ville, à laquelle il donnoit tel rafraîchissement qu'il jugeoit à propos par l'autre côté de la rivière; et ainsi les assiégés ne manquant de rien, ils arrêtèrent les Français fort long-temps sans pouvoir passer le fossé. Le duc de Modène se trouvant dans ces embarras, tint conseil avec le maréchal Du Plessis et les officiers généraux, qui jugèrent qui étoit impossible de prendre cette ville, parce que l'armée étoit fort diminuée par la longueur du siége, et que l'argent manquoit pour avoir des vivres, le cardinal Mazarin ayant écrit qu'il n'en pouvoit envoyer, à cause des troubles arrivés dans Paris : outre que le marquis de Caracène étoit campé à Pizzighitone, où il se fortifioit tous les jours. Ces raisons le firent résoudre à lever le siége. Tellement que le 6 d'octobre on commença à retirer les canons des batteries, et le 9 l'armée décampa, et prit sa marche vers Casal-Maggiore, où elle se sépara, une partie prenant sa route vers le Piémont, et l'autre demeurant dans le Modénois et la Mirandole.

Cette année, le duc de Savoie fut déclaré majeur, et en même temps les princes Maurice et Thomas remirent entre ses mains la citadelle de Nice et la ville d'Yvrée, et la duchesse s'étant démise de sa régence, eut plus d'autorité qu'auparavant, parce qu'agissant sous le nom de son fils majeur, elle ne recevoit plus de contradiction.

Après le départ du prince de Condé et du maréchal de Gramont, le commandement des armées de Catalogne fut laissé à Marchin en qualité de lieutenant-général, jusqu'au commencement de cette année, que le cardinal de Sainte-Cécile, frère du cardinal Mazarin, y fut envoyé vice-roi; mais il s'ennuya bientôt de cet emploi : car comme il ne conduisoit les actions de sa vie que par caprice, il lui prit tout d'un coup fantaisie de quitter sa vice-royauté et d'aller à la cour, où le cardinal Mazarin son frère se lassa bientôt de lui, à cause qu'il disoit trop librement ses pensées, et qu'il s'exposoit, par sa conduite inconsidérée, à la risée de toute la cour. Voulant chercher le moyen de s'en défaire, il prit le prétexte du service du Roi pour le renvoyer à Rome; et pour ne laisser pas la Catalogne sans vice-roi, il fit partir au mois de mai le maréchal de Schomberg, qui arriva au commencement de juin à Barcelone. Il y tint conseil de guerre, pour résoudre ce qu'il entreprendroit sur trois desseins proposés, d'assiéger Lerida, Tarragone ou Tortose. La difficulté déjà éprouvée plusieurs fois dans l'attaque des deux premières fit prendre résolution de s'attacher à Tortose, de laquelle les Espagnols se défioient le moins, parce qu'elle étoit la plus éloignée, et par cette raison l'avoient moins munie. Dès que ce dessein fut pris, le maréchal de Schomberg fit marcher toutes les troupes de ce côté-là, dont il fit passer l'Ebre à Flix à une partie, lesquels investirent Tortose le 10 de juin, de l'autre côté de la rivière, durant qu'il s'avançoit par la plaine de Tarragone pour le bloquer par deçà. Tortose est situé sur l'Ebre, assez près de son embouchure dans la mer; et la rivière est si profonde, que les galères viennent jusqu'au pied de ses murailles. Le pays d'autour est fort montueux plein de roches arides et escarpées par lesquelles le canon ne sauroit passer, hors d'un côté où il y a des plaines qui tiennent au royaume de Valence. Ces difficultés furent surmontées par l'arrivée de l'armée du Roi, qui vint par mer de Provence à Barcelone, laquelle se chargea des canons et de toutes les munitions nécessaires pour ce siége, et les porta jusqu'à la bouche de l'Ebre, et ensuite tous les convois qui ne pouvoient venir que par mer. Le maréchal de Schomberg, pour fermer la circonvallation, fit retrancher la plaine, les rochers des autres côtés étant si inaccessibles, qu'ils servoient de lignes. Durant qu'on faisoit tous ces travaux, Marchin fit une course dans le royaume de Valence, où il prit et pilla les villes d'Uldecome et de Roselle, puis s'en revint dans le camp avec beaucoup de butin. Sur la nouvelle du siége de Tortose, don Francisco de Melos et le duc d'Albuquerque, pour faire diversion, assiégèrent Flix, dont la prise leur eût été fort importante, et eût très-incommodé le siége de Tortose. C'est pourquoi dès que le maréchal de Schomberg en eut reçu l'avis, il partit de son camp avec une partie de l'armée, et laissa au siége le marquis de Cœuvres et don Joseph d'Ardenne, nommé le comte d'Ile. Il marcha en diligence droit à Flix; il parut à la vue des Espagnols le 24 de juin; et Marchin avec le régiment de Balthasar, ayant poussé leur garde, les eût attaqués, si la nuit ne les en eût empêchés : tellement qu'on fut contraint d'attendre le jour pour laisser reposer les troupes, fort fatiguées de l'âpreté des chemins et de leur grande marche. Le matin, dès que le jour fut venu, personne ne parut dans leur camp; et on connut par là qu'ils s'étoient retirés. Alors le maréchal de Schomberg jeta dans Flix un grand secours, puis il retourna au siége de Tortose, où il ouvrit la tranchée et mit des canons en batterie, qui ruinèrent les murailles de la ville dès le 5 de juillet. Le lendemain, les assiégés firent une sortie avec trois cents hommes de pied et soixante chevaux, qui furent coupés par le régiment de Condé, qui en tua beaucoup, et força les autres de rentrer dans la ville. Le maréchal, attaqué de la goutte, se faisoit porter en chaire dans la tranchée, pour donner ses ordres; et enfin le canon ayant fait brèche, le maréchal fit donner l'assaut, où le comte de Sainte-Mesme d'un côté, et les Suisses de l'autre, soutenus par le reste de l'infanterie, se rendirent maîtres des brèches, et de là descendirent dans les rues de la ville, et allèrent se mettre en bataille dans les places principales. Alors voyant que les Espagnols s'étoient retirés dans le château qui est élevé au milieu de la ville, les soldats se mirent à piller, et la ville fut toute saccagée. Le marquis de La Trousse, maréchal de camp, y fut tué d'un coup de mousquet dans la tête; et don Diego Bizuela Salcedo, gouverneur de la place, se voyant sans ressource, capitula le 13 de juillet, et rendit le château, à condition qu'il seroit conduit à Valence. L'évêque de Tortose fut pris prisonnier, et traité avec beaucoup de civilité par le maréchal de Schomberg, qui eut bien souhaité de prendre les Alfaques, port de mer à la bouche de l'Ebre; mais l'armée navale d'Espagne y étant arrivée dans ce temps-là, l'empêcha d'exécuter son dessein; tellement qu'après avoir réparé les ruines de Tortose, il y laissa Marchin pour gouverneur, et il retourna à Barcelone.

Cette même année, il se fit dans l'Europe deux mariages considérables : celui de l'Empereur avec la sœur de l'archiduc d'Inspruck, fille du défunt archiduc Léopold son oncle; et celui du roi d'Espagne avec la fille de l'Empereur, qui étoit sa propre nièce. Il y avoit quatre ans qu'il étoit veuf; et par la mort de son fils il ne lui restoit plus que l'infante Marie-Thérèse, héritière de ses grands Etats, laquelle il destinoit pour Ferdinand, roi de Hongrie, fils aîné de l'Empereur : mais comme il souhaitoit d'avoir des enfans mâles, il épousa cette année Marie-Anne d'Autriche sa nièce, qui étoit accordée au feu prince d'Espagne son fils; mais après sa mort il la prit pour lui-même. Le roi de Hongrie son frère la conduisit jusqu'à Milan, dans le dessein d'aller en Espagne pour épouser l'Infante; mais le bruit qui courut de cette alliance causa de la rumeur parmi les grands d'Espagne, qui désiroient que l'Infante épousât le fils du roi de Portugal pour réunir les Espagnes ensemble, ne se souciant point de la maison d'Autriche, qui est Allemande, et étrangère à leur égard. Ce bruit alla si avant, que le roi d'Espagne sut la cabale qui se faisoit dans sa cour pour empêcher ce mariage : cela l'obligea de faire arrêter le duc d'Ycar et ses complices, et fit travailler à leur procès.

Cette année, mourut à Paris Catherine de Lorraine, abbesse de Remiremont, fille de Charles, duc de Lorraine, et de Claude de France, fille du roi Henri II, âgée de soixante et quinze ans. Ce même été, mourut aussi à Rome le cardinal de Sainte-Cécile, dont le cardinal Mazarin son frère fut bientôt consolé, parce qu'il lui donnoit trop de peine, par sa façon d'agir sans jugement et sans conduite. Quand il parloit de son ministère, il étoit le premier à s'en moquer; jusque-là qu'étant à Aix et voyant le peuple murmurer, il lui conseilloit de faire rumeur, parce que son frère Jules étoit un poltron, duquel on ne pouvoit rien obtenir qu'en lui faisant peur, usant du mot italien de *coglione*. Il ne jouit que neuf mois de la dignité de cardinal, qu'il obtint avec bien de la peine, comme il a été dit ci-devant.

Au mois de mai de cette année, le duc de Beaufort se sauva du château de Vincennes, d'où il alla chez ses amis en cachette, sans que le cardinal pût découvrir où il étoit, quelque perquisition qu'il en fît faire. Cette même année, le maréchal de La Mothe fut mis en liberté : il avoit été arrêté en 1644, et mis dans Pierre-Encise de Lyon, où on lui donna des commissaires pour lui faire son procès; mais il se défendit si bien qu'il justifia son innocence; et les juges l'ayant absous, il sortit de prison par ordre de la Reine.

On n'avoit point vu la France, depuis Charlemagne, dans un si haut point de grandeur et de gloire qu'elle étoit alors : elle avoit humilié l'orgueil de la maison d'Autriche, étendu les bornes de son empire de tous côtés; et, pleine de victoires et de triomphes, elle étoit redoutée de ses ennemis et respectée de ses alliés, lorsque la fortune, lassée de la favoriser, lui tourna le dos, et fit voir par son inconstance que les Français, invincibles contre leurs ennemis, ne pouvoient être vaincus que par eux-mêmes. En effet, si la bataille de Lens eût été poursuivie, les Pays-Bas étoient en grand danger d'être soumis; et toutes leurs forces ayant été terrassées, il eût été difficile qu'ils eussent pu se défendre de prendre la loi du victorieux : mais cette grande prospérité fut tout d'un coup arrêtée par les troubles intestins qui arrivèrent dans le royaume, et par la faction de ceux qui préférèrent leur intérêt particulier au bien et à la grandeur de l'Etat. Pour savoir le détail de cette intrigue, il faut prendre la chose de plus loin. Après la mort du Roi, la Reine devenue régente n'avoit aucune expérience dans les affaires, non plus que ses nouveaux ministres, et comme elle étoit bonne et bienfaisante, elle accordoit tout ce qu'on lui demandoit, n'en connoissant pas les conséquences; en sorte qu'elle épuisa en peu de temps tout l'argent qui étoit à l'épargne. Le cardinal Mazarin étant demeuré seul maître du cabinet trouva fort à redire à ces grandes libéralités, et ayant pour contrôleur général des finances d'Emery, il lui en confia la direction tout entière, au préjudice du président Le Bailleul, surintendant, qui ne servoit que d'ombre. D'Emery chercha tous les moyens possibles de trouver de l'argent pour soutenir la guerre, et pour satisfaire l'avarice du cardinal, qui étoit insatiable. Comme il étoit dur et impitoyable, il ne se soucioit pas, pour complaire à son bienfaiteur, de ruiner tout le monde. Il commença par la maison du Roi, qu'il ne paya plus, même ceux qui fournissoient les tables, qui étoient tous les jours prêtes à renverser. Il raya toutes les pensions, et retrancha les rentes de l'hôtel-de-ville et celles des provinces ; fit imposer des taxes sur ceux qui tenoient les domaines, et sur les aisés ; mit les tailles en parti, y établissant la solidité (1) : tellement que les partisans se faisoient payer avec une telle rigueur, qu'on prenoit les meubles et les bestiaux des laboureurs, qui étoient contraints de tout quitter et laisser les terres en friche. Cette misère des paysans et l'opulence des gens d'affaires, auxquels on donnoit de si gros intérêts de leurs avances qu'ils devenoient riches en moins de rien, faisoit murmurer tout le monde : si bien que le parlement voulut faire des remontrances, qui furent mal reçues ; et pour ne le pas accoutumer à se mêler des affaires d'Etat, on fit arrêter les présidens Gayan et Barillon, dont le dernier fut envoyé à Pignerol, où il mourut avec soupçon de poison. Il avoit été fort attaché aux intérêts de la Reine du temps du feu Roi, et avoit insisté avec grande chaleur, dans le parlement, à faire casser la déclaration du feu Roi qui bornoit le pouvoir de sa régence, pour le lui donner tout entier et absolu, dans la créance qu'il eut que son gouvernement seroit doux et plein d'humanité. Mais comme il vit qu'elle ne se mêloit plus de rien, et qu'elle avoit remis tout son pouvoir au cardinal Mazarin, qui usoit de cette autorité avec trop de licence, il ne put s'empêcher d'en dire son avis : ce qui fut cause de sa perte. Cette violence offensa le parlement, et changea fort le zèle qu'il avoit témoigné au commencement pour le service de la Reine, mais la puissance du cardinal étoit si grande qu'il n'osa faire paroître son ressentiment, et fut contraint de le dissimuler. D'Emery, pour faire ses exactions avec plus de liberté, voulut ôter le président Le Bailleul de la surintendance : car, quoiqu'il ne servît que d'image, il tenoit un poste au dessus de lui, lequel il envioit ; et il désiroit fort de se revêtir de sa dépouille. Le président, qui étoit homme de bien, et ne vouloit point être accusé de ces violences, donna volontairement sa démission ; et ainsi d'Emery fut surintendant, et dès-lors il s'appliqua entièrement à chercher les moyens de recouvrer de l'argent à quelque prix que ce fût, aux dépens de tout le monde. Pour ce sujet il fit aller le Roi tenir son lit de justice au parlement, le 15 de janvier de cette année, où on présenta beaucoup d'édits qui furent vérifiés, parce que la présence du Roi ôtoit la liberté des suffrages ; mais les jours suivans toutes les chambres s'assemblèrent pour recevoir ces édits, les examiner, et délibérer dessus. Ce procédé offensa fort la Reine, qui prétendoit que le Roi les ayant fait passer en sa présence, ils ne devoient plus être mis en délibération ; et pour arrêter dès le commencement cette entreprise, elle envoya une lettre de cachet portant défense au parlement de s'assembler ; mais il ne laissa pas de continuer son assemblée, et d'ordonner que très-humbles remontrances seroient faites à la Reine sur l'injustice de ces édits. Quoique le parlement prit son prétexte pour le bien public, son intérêt particulier le faisoit principalement agir, parce que d'Emery avoit ôté les gages de tous les officiers des cours souveraines, et leur refusoit le renouvellement de la paulette, qui étoit finie. Ces raisons obligèrent la chambre des comptes et la cour des aides de s'assembler, et de députer au parlement pour lui demander jonction. Les maîtres des requêtes, piqués de ce que par un de ces édits nouveaux il y avoit une augmentation de douze offices dans leur compagnie qui aviliroient leurs charges par la multiplicité, députèrent aussi pour se joindre à la cause commune ; dont s'ensuivit un arrêt par lequel il fut ordonné qu'il y auroit union du parlement, de la chambre des comptes, de la cour des aides et des maîtres des requêtes pour le service du Roi et la réformation de l'Etat, principalement des finances, qui étoient dissipées, et mal administrées. Et pour travailler avec plus de facilité à un si bon dessein, il fut arrêté que, pour empêcher le désordre de si grandes assemblées, des députés de tous ces corps se trouveroient tous les jours dans la chambre de Saint-Louis, qui aviseroient ensemble à ce qui seroit nécessaire au bien public, et rendroient compte de ce qui s'y seroit passé chacun à leur compagnie. Cette union de toutes les cours souveraines étonna le cardinal, lequel fit selon son humeur ordinaire, qui étoit de vouloir emporter toutes choses de haute lutte dans la prospérité, et de plier d'abord qu'il trouvoit de la résistance :

---

(1) La solidarité.

car au lieu qu'il envoyoit devant défendre de s'assembler, traitant de criminels et menaçant de châtiment ceux qui n'obéiroient pas, il leur envoya permission de faire des assemblées, avec remerciment, de la part du Roi, du soin qu'ils prenoient des affaires publiques; et il ne songea plus qu'à accommoder toutes choses par négociation. Pour cet effet, il pria M. le duc d'Orléans de se trouver à leurs délibérations avec les pairs de France, pour adoucir les esprits par sa présence, et convier ces messieurs d'envoyer des députés au Luxembourg pour conférer avec lui, et trouver des tempéramens pour accorder les différends. Cette proposition fut acceptée; et aussitôt les députés furent nommés, qui allèrent au palais d'Orléans travailler, avec Son Altesse Royale, à la réformation des abus qui s'étoient glissés dans l'Etat. Ces conférences durèrent quelques jours, dans lesquelles on demanda que chacun fît sa charge, et par conséquent que les intendans des provinces fussent révoqués de leurs commissions, pour laisser les trésoriers de France dans leur fonction; que les tailles fussent diminuées, et les arrérages dus par le passé remis au peuple, abolissant la solidité, et sans les mettre dorénavant en parti; qu'une chambre de justice fût établie pour rechercher les financiers qui avoient volé le Roi, et s'étoient enrichis du sang du peuple, du bien desquels les armées seroient entretenues. Les députés alloient rendre compte à leur compagnie des propositions faites à Son Altesse Royale, qui se trouvoit aussi au parlement, où il voyoit que les esprits s'échauffoient, et qu'on en vouloit particulièrement à d'Emery, comme cause du désordre des finances et de l'oppression du peuple. M. le duc d'Orléans, au sortir du Palais, venoit informer la Reine de tout ce qui s'étoit passé; et le cardinal, croyant apaiser ces émotions par la souplesse, envoya de la part du Roi la paulette aux cours souveraines, qu'on leur avoit refusée jusqu'alors; et même, prévenant leurs demandes, il fit donner ordre à d'Emery de se retirer chez lui, et fit en sa place surintendant le maréchal de La Meilleraye, y joignant deux directeurs des finances, d'Aligre et Morangis; et pour satisfaire encore plus le parlement, il convint de tout ce qu'il demandoit, et en fit dresser une déclaration, que le Roi porta lui-même au Palais, et y tenant son lit de justice, il la fit vérifier le 29 de juillet.

Au lieu d'adoucir par là les esprits pleins d'aigreur, cette bassesse du cardinal augmenta leur audace; et bien loin de finir leurs assemblées et de rendre la justice aux sujets du Roi, comme le chancelier leur avoit dit de la part de Sa Majesté, ils continuèrent comme auparavant, disant qu'ils ne pouvoient rompre leurs délibérations qu'après avoir achevé de corriger les désordres de l'État. Cependant on ne jugeoit aucun procès, et on ne mettoit ordre à aucun abus : car ces assemblées étoient composées d'une multitude de gens sans expérience, qui ne s'étoient jamais mêlés que de chicane, et n'avoient aucune connoissance des affaires d'État. Ils ne laissoient pas d'en dire leurs avis; et ceux qui y entendoient le moins étoient ceux qui crioient le plus haut. Il y avoit trois sortes de motifs qui les faisoient agir : les uns poussés de bon mouvement pensoient bien faire, et aidèrent à allumer un feu qu'ils ne purent éteindre; d'autres, aussi bien intentionnés, mais plus clairvoyans, voulurent d'abord assoupir ces mouvemens, en prévoyant les suites; et les troisièmes poussèrent leur pointe exprès pour augmenter le désordre, dans l'espérance de faire leurs affaires, ou bien pour se venger de quelque injure reçue de la cour, comme les présidens de Novion et de Blancménil, qui étoient mécontens de l'éloignement de l'évêque de Beauvais, auquel on refusoit la coadjutorerie pour son neveu, et de la disgrâce du marquis de Gêvres leur proche parent, qui arriva de la sorte. Le jour de la Notre-Dame d'août, le Roi étant à vêpres aux Feuillans, le marquis de Gêvres, capitaine des gardes, commanda qu'on fît sortir du cloître les archers du grand prévôt, comme n'y devant pas entrer. Ces archers refusèrent d'obéir, et se mirent en défense : ce qui causa grand désordre et grand bruit. Le cardinal, qui étoit avec le Roi dans l'église, en fut effrayé, et changea de couleur, sur ce qu'il ouït dire qu'il y avoit des épées tirées : sa crainte fut aperçue de tout le monde, dont il eut de la honte; et il s'en vengea sur le marquis de Gêvres, quoique innocent, et le fit interdire de sa charge, et reléguer en sa maison. Aussitôt il envoya querir Chandenier pour prendre le bâton en sa place : ce qu'il refusa constamment, disant qu'il ne feroit point la charge de son camarade, qui n'avoit point failli. Sur ce refus il fut cassé, et sa charge donnée à Noailles. Ensuite le comte de Charost étant mandé pour prendre le bâton, il fit le même refus, et il fut puni de la même peine; et Jarzé fut fait capitaine des gardes en sa place, et acheva le quartier. Cette violence, faite contre des gens de cette qualité pour un si petit sujet, étonna tout le monde; et comme le marquis de Gêvres avoit beaucoup de parens dans le parlement, ils s'unirent tous contre le cardinal. Broussel, conseiller de la grand'chambre, ouvrit toujours les avis séditieux, croyant bien faire, et ne connoissant pas, manque de capacité, les maux qu'ils causeroient. Il étoit suivi de jeunes conseillers des enquêtes, qui parloient en cohue en applaudissant : mais le principal moteur de toute cette faction étoit Longueil, de la grand'chambre, frère du président de Maisons, habile homme et rusé, qui alloit à ses fins pour son intérêt particulier.

Il y avoit dans ce temps-là, dans les fossés de la ville, une grande troupe de jeunes gens volontaires qui se battoient à coups de pierre avec des frondes, dont il en demeuroit quelquefois de blessés et de morts. Le parlement donna un arrêt pour leur défendre cet exercice. Et un jour qu'on opinoit dans la grand'chambre, un président parlant selon le désir de la cour, son fils, qui étoit conseiller des enquêtes, dit : « Quand » ce sera à mon tour, je *fronderai* bien l'opinion » de mon père. » Ce terme fit rire ceux qui étoient auprès de lui, et depuis on nomma ceux qui étoient contre la cour *frondeurs*.

Cependant le cardinal se trouvoit bien empêché : car, encore que les cours souveraines publiassent qu'ils travailloient pour rétablir les finances du Roi, personne ne donnoit plus d'argent. Les partisans ne vouloient plus avancer, ni les peuples payer ; et ainsi le remède étoit pire que le mal. On n'avoit par un sol pour envoyer aux armées qui étoient en campagne, et ce défaut donnoit beaucoup d'avantages aux Espagnols. Il voyoit d'un autre côté que plus il s'humilioit, plus le parlement se haussoit, et que plus on lui accordait de choses, plus il en demandoit. Cet embarras le fit résoudre d'entreprendre quelque coup d'autorité pour faire obéir à la Reine, et pour obliger le parlement à cesser ses assemblées, et à se remettre à son exercice ordinaire de juger des procès. Ce qui lui donnoit plus de peine étoit la foiblesse où il se trouvoit pour exécuter son dessein ; mais la nouvelle du gain de la bataille de Lens étant arrivée, il manda au prince de Condé de ne point poursuivre sa victoire et de demeurer sur la frontière pour appuyer ses desseins. Il fit chanter, le 26 d'août, le *Te Deum* à Notre-Dame, pour rendre grâces à Dieu de cette victoire, où Leurs Majestés assistèrent, et toutes les cours souveraines. Et comme c'est la coutume, en pareilles cérémonies, que les régimens des Gardes françaises et suisses se mettent en haie depuis le Louvre jusqu'à Notre-Dame, le cardinal voulut prendre ce temps pour faire arrêter ceux qu'il jugeoit les plus factieux. En effet, au sortir de l'église, Comminges, lieutenant des gardes de la Reine, alla chez Broussel, qui demeuroit près de là, et lui dit l'ordre qu'il avoit de se saisir de sa personne, et en même temps le fit monter en carrosse pour l'emmener. Quand il fut près du Palais, le carrosse se rompit, et le peuple s'attroupa pour savoir ce que c'étoit. Comminges, craignant qu'il ne se fît quelque émotion, arrêta le carrosse d'une dame qui passoit ; et l'ayant fait descendre par ses gardes, il monta dedans avec son prisonnier, puis il passa sur le Pont-Neuf à la faveur du régiment des Gardes, et par le quai du Louvre il gagna la porte de la Conférence, d'où il alla à Saint-Germain. Deux exempts étoient allés chez les présidens Charton et de Blancménil, dont le premier se sauva par dessus les murailles de son jardin, et l'autre fut pris et conduit au château de Vincennes.

Dès que le bruit fut répandu dans la ville de la prise de ces messieurs, le peuple commença à murmurer, et à se plaindre de ce qu'on avoit enlevé son protecteur, qui n'étoit traité de la sorte qu'à cause qu'il avoit voulu procurer son soulagement. Des plaintes il en vint aux menaces, et s'assembla à grosses troupes en plusieurs quartiers, s'avançant vers le Palais-Royal, où il croyoit que Broussel eût été mis, faisant mine d'y vouloir entrer par force pour le délivrer. Sur cette nouvelle, la Reine envoya les maréchaux de La Meilleraye et de L'Hôpital pour calmer cette émeute, avec quelque cavalerie, mais ils furent reçus à coups de pierres qu'on leur jetoit de tous côtés, même par les fenêtres ; et le peuple s'émouvant encore davantage, commença à tendre des chaînes et à se barricader, mettant des corps-de-garde de distance en distance. Le maréchal de La Meilleraye fit avancer des soldats des gardes, qui furent reçus à coups de mousquet, et contraints de se retirer. Le coadjuteur de Paris(1) prit son rochet et son camail, et alla par les rues exhortant le peuple à mettre les armes bas, et à obéir à la Reine ; mais ses harangues furent inutiles, car il trouva la sédition plus forte qu'auparavant. Il fut au Palais-Royal rendre compte de ce qu'il avoit fait ; mais il n'y reçut pas contentement : car le cardinal méprisant ce tumulte, et croyant que ce ne seroit qu'un feu de paille qui ne dureroit pas, se moqua de lui avec la Reine ; et ils le tournèrent tous deux en ridicule, le traitant d'homme qui se faisoit de fête sans ordre, et qui se mêloit de ce qu'il n'avoit que faire. Comme il avoit beaucoup d'esprit, il connut bien les railleries qu'on faisoit de lui ; et à l'heure même il se retira dans sa maison, outré de rage d'un si grand mépris, et dans la résolution de s'en venger. La nuit apaisa un peu la rumeur, durant laquelle le peuple demeura en armes, gardant ses barricades. Il y eut le soir grand conseil chez la Reine, où sur ce qu'on crut que le parlement ne manqueroit pas

(1) Le cardinal de Retz.

de s'assembler le lendemain matin, et qu'irrité de l'emprisonnement de deux de son corps, il exciteroit le trouble au lieu de l'apaiser, il fut résolu que le chancelier (1) iroit le matin au Palais, de la part du Roi, défendre l'assemblée des chambres, ordonnant au parlement de rendre la justice à l'ordinaire, sans se mêler d'autres choses; et lui promettant la liberté des prisonniers, après qu'il auroit témoigné son obéissance. Le jeudi matin 27 d'août, le chancelier monta en carrosse pour aller au Palais; mais il trouva les rues barricadées, les chaînes tendues et les passages fermés. Il envoya parler aux bourgeois qui gardoient les corps-de-garde, pour leur dire qu'il alloit au parlement de la part du Roi pour pacifier toutes choses, et qu'il prioit qu'on le laissât passer. Ceux des rues Saint-Honoré et de l'Arbre-Sec entendirent raison, et lui ouvrirent le passage jusqu'au Pont-Neuf, où voyant que le quai des Orfèvres étoit trop barricadé, il alla par le quai des Augustins, pensant revenir par le pont Saint-Michel; mais il trouva le tumulte beaucoup plus grand en ce quartier-là qu'il ne croyoit: car on lui refusa le passage avec injures, la populace l'appelant monopoleur, et complice de la prison de Broussel. La plus grande part croit qu'il le falloit arrêter pour servir d'otage de la liberté des prisonniers, qu'on échangeroit contre lui-même. Il y en eut qui dirent qu'il le falloit tuer, et commencèrent à maltraiter ses gens, et à s'approcher de son carrosse. Tout ce qu'il put faire fut de mettre pied à terre, et se jeter dans l'hôtel de Luynes avec la duchesse de Sully sa fille et l'évêque de Meaux son frère, qui voulurent l'accompagner prévoyant le danger où il alloit s'exposer. Dès qu'ils furent dans la cour, ils firent barricader la porte pour se mettre en sûreté, et envoyèrent au Palais-Royal donner avis du péril où ils étoient. Ce fut alors que ces mutins s'échauffèrent davantage: car voyant que leur proie leur étoit échappée, ils assiégèrent cet hôtel, et à grands coups de hache se mirent à rompre la porte: ceux de dedans se défendirent le mieux qu'ils purent; mais enfin ils furent forcés, et ces séditieux entrèrent en foule, montèrent le degré, et cherchèrent dans toutes les chambres pour le trouver, disant tout haut qu'il falloit mettre le chancelier en pièces. Il étoit enfermé dans un petit cabinet d'où il entendoit ce qu'ils disoient de lui; et, croyant sa mort prochaine, il se jeta à genoux devant l'évêque de Meaux son frère, qui lui donna l'absolution. Mais lorsqu'il croyoit être perdu il se trouva tout d'un coup sauvé: car la Reine ayant su l'extrémité où il étoit, envoya le maréchal de La Meilleraye avec Drouet, capitaine aux Gardes, à la tête de deux cents Français et autant de Suisses, pour aller à son secours. Ces troupes gagnèrent le bord de la rivière, et par le quai du Louvre arrivèrent au Pont-Neuf, qu'ils passèrent les piques basses, faisant fuir le peuple devant elles: et ainsi le chancelier fut délivré, et ramené au Palais-Royal au milieu de cette infanterie. En repassant le Pont-Neuf, cette cohue mutinée suivoit de loin, tirant des coups d'arquebuse sur lui, dont Piquot, lieutenant du grand prevôt, fut tué à la portière de son carrosse, et la duchesse de Sully légèrement blessée. Ce peuple, forcené de le voir échappé de ses mains, déchargea sa fureur sur l'hôtel de Luynes, dans lequel il se jeta, et le pilla entièrement.

Ce matin-là, toutes les chambres du parlement s'assemblèrent; lesquelles résolurent d'aller en corps au Palais-Royal se plaindre à la Reine de la prison de Broussel et de Blancménil, et la supplier de les rendre. Elles donnèrent aussi un arrêt, par lequel il fut ordonné qu'il seroit informé contre ceux qui avoient donné ce conseil; et décrétèrent contre ceux qui les avoient enlevés, avec signification aux gouverneurs des places où ils seroient conduits, qu'ils répondroient en leur propre et privé nom de leurs personnes. En exécution de cet arrêt, le parlement partit en corps, marchant à pied, deux à deux, pour aller trouver la Reine. Les passages leur furent ouverts, et plus de vingt mille hommes de la populace les suivoient, criant: *Vive le parlement et M. de Broussel!* et même ils s'échappoient de dire force choses insolentes et outrageuses contre la Reine. Quand on la vint avertir de l'arrivée de toutes ces robes noires, elle fut surprise: car elle ne croyoit pas qu'ils dussent venir en si grand nombre, mais seulement par députés. Elle ne laissa pas de leur donner audience, dans laquelle le premier président Molé parla fort hardiment; il blâma la violence faite, et redemanda avec instance les prisonniers, disant que ce n'étoit pas lui seulement, mais cinquante mille hommes armés qui se joignoient à sa demande. La Reine le refusa absolument, et dit qu'elle avoit bien fait de les faire prendre; qu'ils étoient des séditieux, et qu'elle ne les rendroit point que le parlement n'eût obéi à ses commandemens, en promettant de cesser toutes assemblées, et de ne se plus mêler des affaires d'État. Le président de Mesmes prit la parole, et voulut persuader à la Reine de les remettre en liberté, en lui faisant connoitre le péril où elle étoit, et à quel point étoit montée la rage du peuple, qui perdoit tout respect. Toutes ces raisons ne purent fléchir sa résolution;

---

(1) Pierre Séguier.

tellement que le parlement se voyant refusé, et sans espérance de rien obtenir, sortit de la chambre pour s'en retourner. Le président Le Bailleul, qui étoit domestique de la Reine, et de tout temps attaché à ses intérêts, demeura près d'elle, et lui conta ce qu'il avoit vu dans les rues, et à quelle extrémité le peuple poussoit son insolence, jusqu'à parler sans respect des personnes les plus sacrées; en sorte que s'ils s'en retournoient sans assurance de la liberté des prisonniers, il craignoit que ces furieux enragés n'investissent le Palais-Royal, et que sa personne ne fût pas en sûreté. Ce discours d'un vieux serviteur, qui ne procédoit d'aucun intérêt, mais de pur zèle pour son service, lui fit faire ses réflexions. Si bien qu'ayant conféré avec M. le duc d'Orléans et le cardinal Mazarin, elle fit rappeler le premier président, et lui dit qu'elle alloit tenir conseil, et que le parlement ne s'en allât point qu'il ne fût fini, parce qu'elle lui rendroit une réponse précise. Dans ce conseil, il y en eut qui opinèrent à ne point relâcher, et à pousser l'affaire avec hauteur, même à faire mourir Broussel, et à jeter sa tête au milieu des rues, afin que le peuple la vît; et pour éviter sa furie, que le Roi sortît de Paris et se retirât à Madrid, soutenant qu'après que ces mutins auroient fait grand bruit, à la fin ils s'apaiseroient, et que la mort de cet homme feroit telle peur au parlement, qu'il n'y en auroit jamais un qui osât choquer les volontés de la Reine, de crainte d'un pareil châtiment. Le maréchal de La Meilleraye fut de cet avis, suivant les maximes du cardinal de Richelieu son cousin; mais le cardinal Mazarin, qui n'étoit pas d'humeur à rien hasarder, opina qu'on accordât au parlement ce qu'il demandoit. On fit aussitôt appeler le premier président, auquel la Reine dit qu'elle rendroit les prisonniers, à condition qu'ils promissent de ne plus s'assembler, et de rendre la justice comme à l'ordinaire. Il répondit qu'on en délibéreroit; et en même temps le parlement sortit en même ordre qu'il étoit venu, pour retourner au Palais faire sa délibération. Quand il fut arrivé aux premières barricades, le peuple demanda au premier président s'il ramenoit Broussel, et où il étoit. Il répondit qu'il ne le ramenoit pas, mais qu'il avoit assurance de le ravoir le lendemain. Sur cette parole la sédition augmenta, et le tumulte fut si grand que le parlement ne put passer; et même on le repoussa fort rudement, en criant qu'il retournât au Palais-Royal, et se gardât bien de revenir sans les prisonniers, autrement qu'on le hacheroit en mille morceaux, comme étant d'intelligence avec le cardinal. Le premier président voulut repartir pour faire entendre raison à ces mutins; mais ils se jetèrent sur lui, et le prirent par la robe, le tirant avec violence dans une maison de la rue Saint-Honoré, où ils le vouloient faire entrer pour servir de représailles, et de caution de la liberté de ceux qu'ils demandoient. Il y en eut un si insolent que de le prendre à sa grande barbe, lui disant qu'il les trahissoit, et qu'il le falloit mettre en mille pièces. On remarqua qu'il témoigna une grande fermeté dans un si grand péril, et qu'il les menaça du châtiment qu'ils méritoient, d'un aussi grand sang-froid que s'il eût été assis sur les fleurs de lis en la grand'chambre. Les autres présidens le prirent au corps, et le retirèrent des mains de ces insensés, qu'ils adoucirent un peu, en leur promettant d'aller retrouver la Reine pour leur rendre celui qu'ils désiroient avec tant d'empressement. Ils furent donc tous contraints de retourner; et la Reine fut fort étonnée de les voir revenir si promptement. Le cardinal Mazarin en redoubla sa peur; et ayant su le sujet d'un si prompt retour, il les pria, puisqu'ils ne pouvoient aller au Palais, de faire leur délibération dans une salle qu'on leur donna. Ils en demeurèrent d'accord, et arrêtèrent qu'ils promettoient de ne point s'assembler jusqu'à la Saint-Martin. Quoique cette promesse ne donnât pas grand sujet de satisfaction à la Reine, le cardinal, ravi d'avoir occasion de sortir d'un si méchant pas, la fit contenter de cet expédient, et fit en même temps signer des lettres pour l'élargissement des prisonniers. Le président de Blancménil, qui étoit à Vincennes, revint ce soir-là coucher à Paris : mais celui qui touchoit tant le cœur du peuple ne put revenir que le lendemain matin, parce qu'on avoit mandé à Saint-Germain qu'on le menât dans une place frontière; et on le rattrapa au Ménil-Madame-Rance, d'où il arriva le vendredi matin à Paris. On ne sauroit exprimer la joie qu'eurent les Parisiens à son arrivée : les uns lui baisoient la robe, les autres se jetoient à ses pieds pour lui embrasser les genoux, les autres l'appeloient leur protecteur; et devant son logis il y eut si grande affluence de peuple, qu'il fut contraint de sortir dans la rue pour se faire voir. On fit faire son portrait en taille-douce, qu'on vendoit par les rues, où il y avoit écrit : *Pierre Broussel, père du peuple*. Les barricades ne laissèrent pas de durer toute la nuit, durant laquelle le cardinal Mazarin, Créqui et Jerzé sortirent déguisés, le manteau sur le nez, pour les visiter; et tous trois revinrent sans être connus.

Le vendredi matin, le parlement s'assembla, et donna un arrêt pour faire quitter les armes au peuple et rompre les barricades : ce qui fut à l'instant exécuté ; en sorte que sur les trois heures après midi les boutiques furent ouvertes, et il n'y resta aucune marque de sédition. Le ressentiment de l'affront que la Reine avoit reçu demeura gravé bien avant dans son cœur, et lui augmenta le désir de se venger ; mais l'état des affaires l'obligea de dissimuler. De l'autre côté le parlement, enflé d'orgueil de ce bon succès, se voyant soutenu du peuple, continua ses assemblées, au préjudice de la parole donnée à la Reine ; et laissant là le jugement des procès, appliqua tous ses soins aux règlemens des affaires publiques. Les jeunes conseillers des enquêtes s'y échauffoient plus que les autres ; et, croyant déjà être ministres d'État, ils ne parloient que du gouvernement du royaume, et ne songeoient plus aux affaires du Palais, qu'ils tenoient au dessous d'eux. Dans les assemblées ils prenoient la parole tous ensemble, sans ordre ; en sorte qu'on ne s'entendoit pas : et quand les présidens et les vieux conseillers vouloient dire leurs avis pour réprimer ce tumulte, ils leur faisoient la huée, leur reprochant qu'ils étoient gagnés de la cour, et pensionnaires du cardinal. Les fils se glorifioient de contrarier leurs pères, sans respect ; et même l'affectoient, croyant par là passer pour restaurateurs de l'État : tellement que les plus sages, qui prévoyoient le grand mal que cette réformation alloit causer, ne pouvoient ouvrir la bouche, qu'ils ne fussent aussitôt interrompus par cette cohue. La barbe du premier président, si vénérable, ne les pouvoit retenir ; et il recevoit tous les jours des reproches piquans, comme les autres. M. le duc d'Orléans lui-même, qui y voulut assister, ne pouvoit modérer leur impétuosité ; et tout ce qu'il put faire fut de les obliger de nommer des députés, pour conférer avec la Reine des moyens d'accommoder ces différends. Ces conférences commencèrent au Palais-Royal, sans aucun fruit, parce que le parlement demandoit toujours quelque chose de nouveau ; et il alla si avant, que, sur l'opinion qu'il avoit d'être tuteur des rois, il vouloit limiter la puissance de la Reine, et la restreindre à des bornes si étroites, qu'elle eût été proprement en brassière. Ces prétentions nouvelles choquèrent au dernier point Sa Majesté, qui, ne pouvant souffrir l'audace avec laquelle on agissoit, et l'effronterie du peuple à parler d'elle sans respect, résolut de quitter Paris, où elle n'étoit pas en liberté : elle en sortit avec le Roi le 13 de septembre, et alla coucher à Ruel, maison de la duchesse d'Aiguillon, où le parlement députa le lendemain pour savoir la cause de ce départ. La Reine répondit que c'étoit pour la santé du Roi, qui vouloit prendre l'air de la campagne dans cette belle saison ; et qu'ils pouvoient continuer en ce lieu-là leurs conférences aussi bien qu'à Paris.

Ces troubles causèrent une grande joie à ceux qui n'aimoient pas le cardinal Mazarin, et entre autres à Chavigny, lequel étant cause de sa fortune n'en avoit été payé que d'ingratitude. Comme il étoit habile homme, et qu'il avoit des amis dans le parlement, il les échauffoit sous main contre lui, et leur conseilloit de nommer son nom, duquel on n'avoit point encore parlé ; et de ne se pas contenter de l'exil de d'Emery, si on ne leur accordoit aussi l'éloignement du cardinal. Cette cabale ne put être si secrète qu'elle ne fût découverte ; c'est pourquoi Drouet, capitaine au régiment des Gardes, fut envoyé au château de Vincennes, dont Chavigny étoit gouverneur, lui porter un commandement, de la part de la Reine, de remettre cette place en ses mains. Il fut fort surpris quand il eut cet ordre ; et n'ayant pas le loisir de consulter ce qu'il avoit à faire, il fit sortir sa garnison, et reçut la compagnie des Gardes. Dès que Drouet se vit maître du château, il fit voir à Chavigny une autre commission qu'il avoit de l'arrêter ; et s'étant saisi de sa personne, il le fit enfermer dans le donjon, où il le garda fort étroitement. La cour fut à Ruel jusqu'au 24 de septembre, auquel jour elle se rendit à Saint-Germain, où les conférences du parlement avec le conseil du Roi continuèrent, dans lesquelles on faisoit des demandes qui, sous le prétexte du bien public, tendoient à abattre l'autorité royale et augmenter celle du parlement. Il y eut beaucoup de contestations sur ce sujet ; mais enfin le cardinal pliant selon sa coutume, et voulant empêcher qu'on ne l'attaquât en son particulier, accorda cette célèbre déclaration qui a fait tant de bruit, du 24 d'octobre, par laquelle la puissance royale étoit énervée, et celle du parlement accrue. Entre autres articles il y avoit que le Roi ne pourroit tenir personne plus de vingt-quatre heures en prison, sans être remis entre les mains du parlement pour lui faire son procès s'il se trouvoit criminel, ou l'élargir s'il étoit innocent. Les finances étoient aussi réglées, et le pouvoir de lever des deniers si limité, qu'il étoit impossible que le Roi pût dorénavant soutenir la guerre. Par cette déclaration, tous les prisonniers d'État furent mis en liberté, et entre autres Chavigny, qui eut ordre de se retirer chez son père Bouthillier, à Pont-sur-Seine. Toutes ces choses étant accommodées au gré du parlement, les prévôt des marchands, échevins et conseillers de la ville furent en corps à Saint-Germain supplier la Reine de ramener le Roi à

Paris : ils s'adressèrent au cardinal Mazarin, qui les présenta à Leurs Majestés, lesquelles promirent de retourner au premier jour. En effet, le samedi suivant 31 d'octobre, le Roi revint à Paris, où tous les corps de ville le furent saluer, et lui protestèrent toute fidélité et obéissance. Mais il se tramoit des choses à leur insu, dont ils n'étoient pas les maîtres : car durant que la cour étoit à Saint-Germain, les frondeurs du parlement, prévoyant que la Reine conserveroit dans son cœur un désir de vengeance de toutes les choses passées, firent ce qu'ils purent pour attirer dans leur cabale des gens de la cour les plus considérables. Ils trouvèrent de la disposition dans l'esprit de plusieurs, qui n'étoient pas contens du gouvernement présent. Le coadjuteur de Paris ne pouvoit oublier le mépris qu'on avoit fait de lui le jour des Barricades ; et comme il avoit un grand courage, il poussa fort loin son ressentiment. Un jour qu'il y avoit bonne compagnie à Noisy, maison de l'archevêque de Paris son oncle, le duc de Retz son frère, parlant de l'état des affaires, proposa à la duchesse de Longueville de faire un parti. Cette princesse prit goût à cette proposition, portée à cela par le prince de Marsillac, qui possédoit alors entièrement ses bonnes grâces, et avoit tout pouvoir sur son esprit : il étoit mal satisfait de la Reine, laquelle l'avoit fort considéré autrefois, et depuis l'avoit abandonné, comme elle avoit fait beaucoup d'autres. Il répondoit du prince de Conti, qui avoit grande croyance en lui, et étoit absolument attaché aux intérêts de sa sœur. Ils ne doutèrent point tous du duc de Longueville, qui étoit revenu de Munster fort mécontent de ce que Servien avoit tout le secret, et lui ne servoit que d'image : ils eussent bien souhaité d'y attirer le prince de Condé ; mais ils n'osèrent s'ouvrir à lui, et le firent sonder par des gens du parlement sans se mettre en jeu. Le prince leur prêta d'abord l'oreille, et témoigna de vouloir s'y engager ; mais depuis il s'en retira, et s'unit entièrement avec la Reine. Après le retour du Roi, les deux derniers mois de l'année se passèrent en intrigues et négociations ; et les défiances augmentèrent tellement de part et d'autre, qu'il étoit facile à juger que ce nuage crèveroit par quelque violent coup de tonnerre. Le Roi n'avoit point d'argent, et avoit fait banqueroute à tous ceux qui lui avoient prêté avant la disgrâce de d'Emery : ce qui ruinoit quantité de familles des plus grandes de la cour, qui avoient mis leur argent dans les prêts, à cause du grand profit qu'on en retiroit. Le Roi n'osoit plus parler en maître, à cause que le peuple étoit pour le parlement. Le cardinal voyoit qu'au printemps on ne pourroit soutenir la guerre faute d'argent, et que les Espagnols profiteroient de cette impuissance, et ne se contenteroient pas de reprendre ce qu'on tenoit sur eux, mais qu'ils entreroient en France, et viendroient jusqu'aux portes de Paris. Il faisoit doucement représenter au parlement les inconvéniens qui arriveroient de ce désordre ; mais les frondeurs qui étoient fort aises de la foiblesse de la cour, et qui ne vouloient pas donner des verges pour les châtier, soutenoient que la chambre de justice, que la Reine avoit accordée pour la recherche des financiers, produiroit plus d'argent qu'il ne falloit pour le soutien de la guerre. Il étoit impossible que les affaires pussent demeurer longtemps en cet état dans Paris, les deux partis étant toujours en garde l'un contre l'autre, et tenant tous les jours des conseils pour chercher des deux côtés leur sûreté. La Reine consultoit souvent M. le duc d'Orléans, le prince de Condé, le cardinal Mazarin, les maréchaux de La Meilleraye et de Villeroy, pour trouver un moyen de rétablir l'autorité royale, qui étoit renversée. Chacun disoit différemment son sentiment ; et nous verrons, au commencement de l'année prochaine, le résultat de tous ces conseils, et les fâcheuses suites qu'ils auront.

QUINZIÈME CAMPAGNE.

[1649] Les défiances et jalousies qui étoient entre la cour et le parlement sur la fin de l'année passée continuèrent au commencement de celle-ci ; et la Reine ne pouvant souffrir de se voir dépouillée de son autorité cherchoit tous les moyens imaginables de la reprendre. Il étoit impossible qu'elle en pût venir à bout par douceur ; car les esprits étoient si aigris, qu'ils n'étoient pas capables d'entendre aucune raison : outre que la crainte du châtiment les faisoit tenir fermes à ne point se dessaisir de la puissance qu'ils avoient usurpée sur elle. Il étoit donc nécessaire d'en venir à quelque extrémité violente ; mais la manière en étoit encore incertaine, et les avis étoient partagés. Le prince de Condé, hardi et entreprenant, croyant que rien ne lui pouvoit résister, accoutumé qu'il étoit de vaincre, vouloit qu'on fît courir le bruit que les Espagnols paroissoient sur la frontière, et que sous ce prétexte on envoyât ordre aux troupes de sortir de leurs garnisons, et de marcher droit à Paris ; que lorsqu'ils en seroient à une journée, le Roi allât à la chasse au bois de Vincennes, et qu'au lieu de revenir coucher au Palais-Royal il vînt loger à l'arsenal ; qu'alors l'armée, au lieu d'aller sur la frontière, se vînt joindre derrière le faubourg Saint-Antoine, et se campât sur le bord de la rivière. Il étoit d'avis qu'on envoyât alors ordre au parlement de sortir de Paris, et d'aller à Montargis : il prétendoit, s'il ne vouloit pas obéir, qu'il ne manqueroit pas de s'assembler au Palais pour délibérer à son ordinaire, et qu'alors on fît entrer l'armée par la porte Saint-Antoine, et par une ouverture qu'on feroit derrière l'Arsenal ; que si le peuple prenoit son parti, et se barricadoit comme il avoit déjà fait, qu'on mît vingt pièces de canon en batterie dans la rue Saint-Antoine, et autant sur le quai de l'Arsenal, avec lesquelles on romproit toutes les barricades ; et qu'à mesure que le peuple reculeroit, on avançât avec l'artillerie, soutenue de bons régimens ; qu'on renversât les retranchemens de derrière comme on auroit fait les premiers ; et ainsi qu'on se rendît maître de la ville et du Palais, où on se saisiroit des plus mutins du parlement, desquels on feroit justice ; disant que par là le Roi seroit maître absolu, et en recevroit plus aucune contradiction.

Le maréchal de La Meilleraye trouvoit cet avis fort bon, selon son humeur ordinaire, et la manière de gouvernement du cardinal de Richelieu, qui aimoit les remèdes violens ; mais il y ajoutoit qu'il falloit se saisir de l'île Notre-Dame (1) pour en faire une place d'armes, et la border de canons pour tenir en bride l'île du Palais et les lieux circonvoisins. Les Parisiens n'avoient point d'artillerie, qui étoit toute dans la Bastille ou dans l'Arsenal, tous deux dans la puissance du Roi : tellement qu'ils jugeoient cette entreprise facile. Les autres trouvoient ce dessein trop violent et périlleux, et proposoient de faire sortir le Roi de Paris pour n'y plus retourner, dans la croyance que les marchands, voyant leur trafic diminuer par son absence, en demanderoient le retour avec instance, et que le peuple s'y trouvant intéressé par le défaut du commerce, se trouveroit dans le même sentiment, et que par ce moyen le Roi n'y reviendroit qu'à condition d'y être absolument le maître, comme il étoit avant les troubles. Si le premier expédient paroissoit fort rude, celui-ci sembloit trop doux et trop lent : car cet ennui que les peuples eussent eu de l'éloignement du Roi ne fût venu que par succession de temps, durant lequel les affaires de la guerre eussent péri par le défaut d'argent. Tellement qu'il fut jugé à propos de chercher un remède plus prompt, moins violent que le premier, et plus vigoureux que le second. Après avoir long-temps agité cette question, il fut enfin résolu que le Roi sortiroit de Paris pour aller à Saint-Germain ; qu'il feroit bloquer la ville par toutes les troupes qu'il mettroit dans les villes et villages d'alentour, pour empêcher que les vivres n'y entrassent, tant par eau que par terre, dans la pensée que cette grande ville ne pourroit subsister quinze jours en cet état, et qu'un million d'hommes qui l'habitent, se voyant dans cette extrémité, livreroient les plus factieux pour avoir du pain,

(1) Elle est maintenant appelée île Saint-Louis. A cette époque elle était couverte de prairies.

et se remettroient à la discrétion de Sa Majesté.

Ce dessein étant conclu, la veille des Rois, M. le duc d'Orléans, le prince de Condé et le cardinal Mazarin soupèrent chez le maréchal de Gramont, et vinrent ensuite au Palais-Royal, dont les portes furent fermées dès qu'il y furent entrés, de peur que personne n'en sortit pour dire des nouvelles de ce qui s'y passeroit. Sur les trois heures après minuit, jour des Rois, Leurs Majestés montèrent en carrosse, et sortirent par la porte de la Conférence, et allèrent jusqu'au Cours, où elles attendirent quelque temps des nouvelles de Madame, qui devoit s'y rencontrer. De là on prit le chemin de Saint-Germain-en-Laye ; et en y allant la Reine étoit fort gaie, et disoit que ce ne seroit qu'un voyage de huit jours, tant elle étoit persuadée de l'issue de son entreprise. Dès le soir, on avoit fait des billets pour tous les officiers de la couronne et de la maison du Roi, qu'on envoya éveiller exprès pour leur ordonner de partir sur l'heure, et de se rendre à Saint-Germain, près de la personne du Roi. Le mercredi, jour des Rois, sur le midi, la cour fut fort grosse ; car toutes les personnes de qualité qui étoient dans Paris en sortirent sur ce bruit pour y aller ; mais à Paris la consternation fut grande ; car dès qu'il fut jour, et que la nouvelle se répandit parmi le peuple du départ du Roi d'une façon si extraordinaire, tout fut en émotion dans la ville : les uns alloient d'un côté, les autres couroient de l'autre, sans savoir pourquoi. Tout le monde crioit dans les rues, se lamentoit et murmuroit ; et des plaintes on en vint à la fureur, et au pillage des bagages qui sortoient de la ville, sur lesquels la populace étoit tellement acharnée, qu'elle mettoit en mille pièces les chariots qui les portoient. Sur les huit heures du matin, les portes de la ville furent fermées : en sorte que ceux qui furent les plus paresseux eurent grande peine à en sortir. Le matin même, quoiqu'il fût fête, les chambres du parlement s'assemblèrent ; et ayant mandé le prevôt des marchands et les échevins de la ville, elles ordonnèrent que les gardes fussent faites aux portes, avec défense de laisser sortir aucunes munitions de guerre ; et aux gouverneurs des villes voisines de recevoir aucunes garnisons, et d'empêcher les vivres de venir à Paris.

Ce jour même, le prevôt des marchands et les échevins reçurent des lettres du Roi, de la Reine, de M. le duc d'Orléans et du prince de Condé, qui leur mandoient qu'ils avoient emmené le Roi hors de Paris à cause que sa personne n'y étoit pas en sûreté, étant exposée à la fureur des gens séditieux, lesquels voulant usurper son autorité, sortoient des bornes du respect qu'ils lui devoient, et qu'ils exhortoient tout le peuple et les bourgeois de s'unir pour le maintien de l'autorité royale et le châtiment des coupables ; ensuite de quoi le Roi retourneroit à Paris. Semblables lettres furent écrites à toutes les cours souveraines et à tous les corps de la ville. Le lendemain, 7 de janvier, il y arriva un paquet, qui ne fut point ouvert ; mais les gens du Roi, qui avoient reçu des ordres particuliers, dirent aux chambres assemblées que c'étoit une déclaration du Roi par laquelle le parlement étoit transféré à Montargis dans huitaine ; et qu'à faute d'y obéir, tous les officiers qui le composoient étoient déclarés criminels de lèse-majesté ; avec défense au parlement de plus exercer aucune juridiction dans Paris, à cause que plusieurs de ce corps avoient conspiré contre le Roi et l'État, et avoient intelligence avec les ennemis de cette couronne.

Sur ces nouvelles, il fut arrêté que les gens du Roi se transporteroient à Saint-Germain, pour supplier la Reine de nommer ceux qui s'entendoient avec les Espagnols, afin que leur procès leur fût fait, avec assurance que le parlement y travailleroit avec un zèle digne de gens qui étoient très-bons et très-fidèles serviteurs du Roi et de sa couronne. Toutes les cours souveraines et corps de la ville députèrent aussi à Saint-Germain, pour témoigner au Roi le déplaisir qu'ils avoient de son départ, le supplier très-humblement de revenir, l'assurant qu'il seroit obéi en tout ce qu'il lui plairoit de commander. La Reine leur donna audience, et les remercia de leur bonne volonté : mais elle leur dit que le Roi ne rentreroit point dans Paris tant que le parlement y seroit ; et que si le peuple avoit bien envie de revoir Sa Majesté, il n'avoit qu'à chasser le parlement, parce que quand il sortiroit par une porte, le Roi rentreroit par l'autre. La chambre des comptes parla la première, et la cour des aides après, dont le premier président Amelot ayant dit dans sa harangue que jamais le parlement n'avoit agi que pour le bien public, et qu'on se devoit souvenir de ce célèbre arrêt qu'il avoit donné à Paris durant la Ligue, pour empêcher que les États n'élussent un roi hors de la maison royale [ce qui avoit maintenu la couronne dans la famille de Bourbon], le prince de Condé l'interrompit, et lui dit qu'il ne savoit pas ce qu'il vouloit dire, et que la maison de Bourbon régnoit par droit de succession légitime, selon la loi salique, et non par arrêt du Parlement. Le président voulut répartir ; mais le murmure s'éleva si grand qu'il ne put achever, et fut contraint de se retirer.

Tous les corps étant retournés à Paris, au

lieu d'obéir à la Reine, s'unirent tous au parlement, et s'attachèrent à sa fortune. Pour les gens du Roi, étant arrivés à Saint-Germain, ils firent savoir au chancelier le sujet de leur venue; mais il leur manda que la Reine ne les vouloit point voir, et qu'ils eussent à se retirer promptement. Cette réponse sèche les étonna; mais ils ne se rebutèrent pas pour cela, et pressèrent fort pour être écoutés : ce qui leur fut refusé tout-à-fait, la Reine ne voulant recevoir aucune parole de la part du parlement, tant qu'il seroit à Paris. Les gens du Roi voyant qu'ils ne pouvoient avoir audience, et qu'il étoit inutile de s'y opiniâtrer davantage, s'en retournèrent sans avoir pu avoir aucun accès près de la Reine. Les bons Français furent fort affligés de ce refus; car le parlement se trouva si surpris dans ce rencontre, que si la Reine eût écouté ses députés, elle eût trouvé une soumission tout entière, et une porte sûre pour rentrer dans son autorité : mais le mauvais génie de la France présida dans ce conseil, lequel ordonna en même temps que les troupes qui arrivoient de tous côtés se logeassent aux environs de Paris, avec ordre d'empêcher qu'aucuns vivres n'entrassent dans la ville. Des garnisons furent mises dans Pontoise, Poissy, Corbeil et Lagny, pour arrêter les bateaux, et bloquer Paris par eau comme par terre.

Les gens du Roi étant de retour, rendirent compte au parlement de leur voyage, et du mauvais traitement qu'ils avoient reçu à Saint-Germain. Ils rapportèrent aussi que Paris étoit bouclé de tous côtés; sur quoi, le vendredi 8, il y eut arrêt, par lequel il fut ordonné que très-humbles remontrances seroient faites au Roi et à la Reine. Et attendu que le cardinal Mazarin étoit notoirement l'auteur des désordres de l'État et du mal présent, il étoit déclaré criminel de lèse-majesté, perturbateur du repos public, ennemi du Roi et du royaume, et qu'il lui étoit enjoint de se retirer dans vingt-quatre heures d'auprès de la personne de Sa Majesté, et dans huit jours de tout le royaume; lequel temps passé, il étoit commandé à tous les sujets du Roi de lui courre sus, avec défenses de le recevoir et de le réfugier. Outre cela, il fut ordonné qu'il seroit fait des levées de gens de guerre pour la sûreté de la ville, et pour escorter les vivres qu'on y voudroit amener.

Nonobstant tous ces beaux règlemens, le pain ne venoit plus de Gonesse, à cause des quartiers d'armée qui étoient à Saint-Denis et à Aubervilliers, commandés par le maréchal Du Plessis. Les bouchers n'osoient plus aller à Poissy, où étoit le régiment des Gardes; et le chemin de Bourg-la-Reine leur étoit interdit par les troupes qui étoient à Saint-Cloud et à Meudon, sous le maréchal de Gramont. Les blés de France et de la Beauce manquoient par les mêmes raisons; et le château de Vincennes étoit le passage à ceux de la Brie. Tellement que les Parisiens se trouvoient dans un grand embarras; ils ne pouvoient subsister qu'en ouvrant par force les passages; et pour cette raison, on battoit le tambour dans la ville pour lever du monde, mais ils n'avoient point de chef. A ce défaut, ils s'avisèrent que des Landes-Payen, conseiller de la grand'chambre, avoit dans sa jeunesse été autrefois à la guerre; ils jetèrent aussitôt les yeux sur lui pour le faire leur général, le croyant le plus grand capitaine de son temps. Mais ils furent bientôt hors de peine de chercher des généraux : car comme il y a toujours des mécontens à la cour, il s'en présenta plus qu'ils n'en pouvoient employer.

Le duc d'Elbœuf fut le premier qui se déclara : il étoit fort pauvre et ruiné; et croyant faire ses affaires dans les troubles, il partit de Saint-Germain pour revenir à Paris se cacher, disant qu'il étoit venu sans argent, et qu'il en alloit chercher pour revenir le lendemain. Il monta à cheval devant tout le monde, accompagné des ducs de Brissac et de Roannès, dont le dernier alloit à la bonne foi sans y entendre finesse; et en effet il revint deux jours après : mais les deux premiers demeurèrent à Paris, et offrirent leur service au parlement, qui les reçut avec joie, et déclara le duc d'Elbœuf général de ses armées. Le marquis de La Boulaye, qui se plaignoit de ce qu'on lui refusoit la survivance de la charge de capitaine des cent-suisses de la garde, qu'avoit le duc de Bouillon-La Marck son beau-père, prit le même parti; et le peuple, selon son imbécillité ordinaire, se croyant à couvert de tous périls sous de si braves chefs, les suivoit à la foule par les rues, criant *vive le Roi, monseigneur le duc d'Elbœuf et monseigneur le marquis de La Boulaye!* et le disoit à si haute voix, qu'il leur persuada en effet qu'ils étoient de fort grands capitaines.

Le duc de Longueville étoit à Coulommiers quand le Roi sortit de Paris, où il reçut ordre de se rendre à Saint-Germain : ce qu'il fit aussitôt; et à son arrivée la Reine lui dit qu'elle étoit fort en peine de sa femme qui étoit demeurée grosse dans Paris, tant par la nécessité où elle seroit, que pour le danger qu'elle couroit par la fureur du peuple. Le duc feignit aussi d'en être en grande inquiétude : sur quoi le prince de Condé lui dit qu'il falloit qu'il lui fit savoir fort secrètement qu'elle se trouvât à un jour nommé aux grandes Carmélites du faubourg Saint-Jacques, où il l'enleveroit avec deux mille chevaux. Le duc se chargea de lui mander; mais en son ame il se moquoit de tous ces projets, car il étoit d'accord avec le parlement, comme il a été dit sur la fin de l'année passée. Le prince de Conti étoit d'intelligence avec lui, tant parce que le prince de Condé son frère aîné l'avoit toujours traité comme un enfant [dont il se lassoit], qu'à cause qu'il étoit fort uni avec la duchesse de Longueville sa sœur, qui étoit de cette cabale, de laquelle le prince de Marsillac étoit le premier mobile. Le marquis de Noirmoutier, aussi mécontent du cardinal Mazarin, étoit du même complot. Tellement que, la nuit du 9 au 10 de janvier, les princes de Conti, duc de Longueville, prince de Marsillac et marquis de Noirmoutier partirent de Saint-Germain, et arrivèrent le dimanche à la pointe du jour à Paris, où, le matin même, le prince de Conti fut au parlement lui offrir son service pour sa liberté, et celle de la ville de Paris et du peuple françois qu'on vouloit opprimer, et pour retirer la personne du Roi des mains du cardinal Mazarin qui s'en étoit emparé, et l'avoit enlevé de nuit par une trahison inouïe. Il fut remercié par le premier président; et un arrêt fut donné, par lequel il fut enjoint à toutes les troupes, tant cavalerie qu'infanterie, de s'éloigner de Paris et de se retirer dans leurs garnisons, avec défenses à ceux qui les commanderoient d'empêcher les vivres d'entrer dans Paris, à peine d'en répondre en leur propre et privé nom. Cet arrêt fut mal exécuté, et en cette occasion le parlement fut mal obéi: car les troupes commencèrent à faire la guerre tout de bon aux Parisiens, et à leur couper les vivres de toutes parts.

A Saint-Germain, quand la Reine s'éveilla, le matin du dimanche 10, elle vit entrer la princesse douairière de Condé, qui lui cria dès la porte de sa chambre: « Madame, je vous de» mande pardon; donnez-moi des gardes; faites» moi mettre en prison. » La Reine, fort surprise de ce discours, se leva en son séant dans son lit, et lui demanda fort troublée ce qu'elle vouloit dire; et la princesse s'approchant, se jeta à genoux à la ruelle de son lit, et lui dit: « Madame, » ayez pitié de moi, je suis la plus malheureuse » personne du monde: mon fils le prince de » Conti et M. de Longueville se sont jetés cette » nuit dans Paris. » A ces mots, la Reine demeura immobile et sans parler durant quelque temps, tant elle fut étourdie de cette nouvelle; mais ayant un peu repris ses esprits, elle dit que c'étoit le duc de Longueville qui avoit assurément débauché le prince de Conti; qu'il avoit été toujours de tous les partis contre la feue Reine sa belle-mère durant sa régence, même pour empêcher son mariage avec le feu Roi. Mais ce qui lui donnoit plus d'étonnement étoit que le prince de Condé étoit allé dès la veille établir un quartier à Charenton; et elle eut grand soupçon qu'il ne fût de concert avec eux, et qu'il ne se fût aussi jeté dans Paris, parce qu'on n'avoit aucune nouvelle de lui depuis son départ. L'autorité avec laquelle il gouvernoit le prince de Conti, qui le respectoit comme son père, faisoit douter qu'il eût osé prendre une résolution si hardie sans sa participation. Dans une si grande consternation elle envoya querir M. le duc d'Orléans et le cardinal Mazarin, lequel avoit le même soupçon; et croyant ne pouvoir soutenir un si grand choc contre un prince d'une si haute réputation, il résolut de s'enfuir, tant il eut peur; et même donna ordre à toute sa maison de se tenir prête à partir la nuit suivante, pour sortir du royaume et se mettre en sûreté. Mais il fut bien rassuré le soir par le retour de ce prince, qui changea la face de la cour: car d'un abattement très-grand où elle étoit, elle reprit cœur, et eut plus d'espérance que jamais, sous les enseignes d'un si grand capitaine, de venir à bout de toutes sortes d'entreprises. Il témoigna une colère extrême contre son frère, sa sœur et son beau-frère; et s'emporta contre eux si étrangement, qu'il s'échappa d'en parler d'une manière au dernier point injurieuse. Le prince de Conti étoit bossu et contrefait; tellement que le prince de Condé, passant par la chambre du Roi, salua fort humblement un singe qui étoit attaché à un chenet de la cheminée de la chambre, et lui dit avec un ton de dérison: *Serviteur au généralissime des Parisiens.* Il témoigna faire peu de cas de leur capacité pour la guerre, et disoit à la Reine que leur parti n'en seroit guère plus fort. Enfin sa présence releva tellement les courages abattus, que le cardinal se résolut à demeurer, sur l'assurance qu'il lui donna qu'il périroit avec lui, ou qu'il le remèneroit triomphant dans Paris.

Ainsi les esprits étant raffermis, on fit une déclaration par laquelle le Roi déclaroit le parlement de Paris criminel de lèse-majesté, supprimoit les charges de tous ceux qui n'iroient point à Montargis, et déclaroit aussi criminels tous les princes et gentilshommes qui adhéroient à leur parti, et confisquoit leurs biens. Et pour contrecarrer l'autorité du parlement, il ordonna que les présidiaux jugeroient souverainement; et pour faire voir qu'il vouloit agir avec justice et par le conseil de ses sujets, il convoqua les États-Généraux, qu'il assigna pour le 15 de mars à Orléans.

Tous les jours quelqu'un disparoissoit à Saint-Germain, comme le duc de Luynes; et dès qu'on étoit un jour sans être vu, on croyoit qu'on s'étoit jeté dans Paris. Le comte de Lillebonne, qui étoit fort attaché au cardinal, se lamentoit dans la cour de Saint-Germain de ce qu'avoit fait le duc d'Elbœuf son père, en le blâmant au dernier point; et le soir même il l'alla trouver. Le marquis de Vitri, qui poursuivoit la confirmation en sa personne des lettres de duc qu'avoit le feu maréchal de Vitri son père, parla au cardinal Mazarin, et le pressa fort sur ce sujet; mais n'ayant pas eu satisfaction, il disparut le soir même. Le marquis d'Alluye, ne pouvant avoir la survivance du gouvernement d'Orléans qu'avoit son père, fit la même chose; et le duc de Bouillon voyant que la pelote grossissoit, et qu'il commençoit à y avoir sûreté en se déclarant, leva le masque à dessein de ravoir Sedan, et offrit son service au parlement. Le maréchal de La Mothe, pour se venger de sa prison, prit le même parti; et le duc de Beaufort, qui avoit été vagabond depuis son évasion de prison, sachant cette grande révolution, s'en alla diligemment à Paris, disant qu'il vouloit servir de volontaire. Le parlement se trouva si surpris par la venue de tant de personnes de haute qualité, qu'il ne savoit quels emplois leur donner.

Le prince de Conti étoit hors de pair, étant prince du sang : c'est pourquoi il fut déclaré chef du parti et généralissime des armées; et pour ne donner jalousie à personne, on fit sous lui généraux les ducs d'Elbœuf, de Beaufort et de Bouillon, et le maréchal de La Mothe.

Le duc de Longueville ne voulut point y avoir d'emploi, tant par la dispute qu'il auroit eue avec le duc d'Elbœuf qui étoit déjà posté, que parce qu'il vouloit aller en Normandie pour attirer Rouen à son parti. Devant que de partir, il envoya loger sa femme à l'hôtel-de-ville, laquelle y accoucha d'un fils, qui fut tenu sur les fonts par le prevôt des marchands au nom de la ville, qui le nomma Paris. La duchesse de Bouillon s'y logea aussi avec ses enfans, pour otages de la fidélité de son mari. Cependant on donnoit des commissions pour lever des troupes; et comme il falloit beaucoup d'argent pour cela, on taxa les portes cochères, et tous les officiers : les conseillers du parlement de la création de 1635, qui avoient été mal reçus de la compagnie, et regardés de si mauvais œil qu'on ne leur donnoit aucun procès à rapporter, se cotisèrent pour faire une grosse somme, moyennant laquelle ils furent considérés dans le corps avec le même agrément que les autres. Toutes les chambres, les cours souveraines et les conseillers de ville contribuèrent aussi.

Le coadjuteur de Paris, résolu de se venger du cardinal, fit un régiment de cavalerie qu'on nomma de Corinthe, à cause qu'il portoit le titre d'archevêque de cette ville; et on appeloit ses cavaliers, par moquerie, *les Corinthiens*. Il ne se contentoit pas de se servir de son argent et de ses amis, mais aussi de ses prédications, par lesquelles il exhortoit le peuple à s'armer pour la liberté publique et pour chasser l'ennemi commun, voulant dire le Mazarin, duquel on parloit avec les plus grands outrages dont on pouvoit s'imaginer; et quand on soupçonnoit quelqu'un d'être du parti de la cour, on l'appeloit *mazarin*, comme par injure. La populace n'épargnoit pas même la Reine, de laquelle elle faisoit mille contes injurieux, ne l'appelant par mépris que *dame Anne*. Et pour faire voir que ce parti n'armoit que pour tirer le Roi des mains du Mazarin, pour le ramener dans Paris, il prit pour sa devise dans les drapeaux : *Regem nostrum quærimus*.

La première action de guerre qui fut faite dans Paris fut le siège de la Bastille. Comme elle commande à toute la rue Saint-Antoine, qu'elle pouvoit beaucoup incommoder de son artillerie, le duc d'Elbœuf envoya sommer Du Tremblay, qui en étoit gouverneur, le 11 de janvier; sur son refus, il mit devant six pièces de canon en batterie, qui l'obligèrent de se rendre. Le lendemain 12, Broussel, si renommé pour les barricades de l'année passée, en eut le gouvernement, où son fils La Louvière commanda sous son lieutenant. Le 13, il fut ordonné que tous les meubles du cardinal Mazarin seroient vendus à l'encan : ce qui fut exécuté. Le 14, le duc de Beaufort présenta une requête, demandant justice de l'accusation faite contre lui par le cardinal Mazarin, pour laquelle il avoit été détenu cinq ans en prison sans aucun sujet. Il fut renvoyé absous, et prit en même temps dans la grand'chambre sa place de duc et pair, et assista à la délibération qui fut faite d'envoyer des lettres circulaires à tous les parlemens de France, pour les exhorter à s'unir à celui de Paris pour la délivrance du Roi et l'expulsion du Mazarin, dont le nom devint tellement odieux par toute la France, qu'on ne le nommoit qu'avec horreur.

Il n'y eut néanmoins que deux parlemens qui se joignirent à ce parti : celui de Rouen et celui d'Aix. Ce dernier étoit offensé de ce que d'Emery y avoit fait créer un semestre; et le comte d'Alais, gouverneur de Provence, ayant tenu la main pour faire obéir le Roi dans cet établissement, encourut la haine du parlement et du peuple, avec lequel il s'étoit déjà brouillé, à cause qu'il ôtoit la liberté des suffrages dans l'élection des consuls des villes, qu'il vouloit faire à sa fantaisie, faisant venir des lettres de cachet du Roi pour l'autoriser contre les priviléges du pays, qui a de tout temps l'élection libre; et même depuis peu il en avoit établi à Aix malgré le peuple, lesquels étoient mal voulus dans la ville. Or quand la nouvelle du siége de Paris arriva, le comte d'Alais eut ordre de s'assurer de la ville d'Aix; et pour cela il fit venir deux mille hommes, qu'il fit approcher assez près: mais cette nouvelle s'étant répandue par la ville, les habitans tendirent les chaînes, se barricadèrent, et se saisirent des portes; en sorte que les troupes ne purent entrer. Le président d'Oppède, qui n'aimoit pas le comte d'Alais, se mit à la tête des mutins, avec lesquels il investit sa maison, se saisit de sa personne et de celle du duc de Richelieu, des consuls nouveaux, et de tous ceux qui le favorisoient; et les ayant mis en lieu de sûreté, il assembla le parlement, lequel, de son autorité privée, cassa le semestre, et défendit d'obéir au comte d'Alais, mais seulement au comte de Carces, lieutenant de roi. Après avoir franchi ce saut, il arbora hautement les enseignes de rébellion, et donna l'arrêt contre le cardinal Mazarin, chassa de la ville les officiers du nouveau semestre, et députa au parlement de Paris pour se joindre à lui. Pour celui de Rouen, il y avoit long-temps qu'il cherchoit aussi à se défaire de son semestre, établi par le feu Roi sous le ministère du cardinal de Richelieu. Le duc de Longueville, pour le faire déclarer, le leurroit de cette espérance, et promettoit que ni le parlement de Paris, ni lui aussi, ne s'accommoderoient point que ce semestre ne fût supprimé. Quelques belles offres qu'il leur fît faire, il y trouva de la résistance, parce que la Reine, dès qu'il fut parti de Saint-Germain, le fit déclarer rebelle, et pourvut le comte d'Harcourt du gouvernement de Normandie, lequel partit aussitôt pour en prendre possession: mais quand il fut au Pont-de-l'Arche, et qu'il eut envoyé à Rouen avertir de son arrivée avec les ordres du Roi, le parlement s'assembla, et il y eut beaucoup de contestation. La Reine y avoit des serviteurs; entre autres le premier président de Ris, le procureur général Courtin et le lieutenant général Varangeville étoient à sa dévotion. Saint-Luc étoit entré dans le Vieux-Palais de Rouen, où il avoit persuadé au marquis d'Ectot son neveu d'être fidèle au Roi, contre l'intention du marquis de Bevron son père, lieutenant de roi dans la haute Normandie, qui étoit dans les intérêts du duc de Longueville.

Ce duc entendant ces nouvelles, crut que sa présence étoit nécessaire pour dissiper les obstacles qui s'opposoient à ses desseins. Pour cet effet il partit de Paris, et arriva par eau à Rouen, où par une fausse porte il fut reçu dans le Vieux-Palais, par une intelligence qu'il avoit dedans, sans être connu. Il y fit entrer en même temps des soldats, avec lesquels il se présenta tout d'un coup aux marquis de Saint-Luc et d'Ectot, qui furent fort surpris. Il les traita fort civilement, et les mit dehors; puis il se montra dans la ville, où sa présence attira le peuple de son côté. De là il fut au parlement, où il fit donner arrêt d'union avec celui de Paris. Le premier président et le procureur général n'y voulurent pas consentir: c'est pourquoi ils furent chassés de la ville avec le lieutenant général, qui furent tous trois trouver la Reine à Saint-Germain. Aussitôt le duc donna des commissions pour lever des troupes. Matignon son cousin germain, lieutenant de roi dans la basse Normandie, se déclara pour lui; et dès l'heure ils commencèrent à faire tous actes d'hostilité contre le comte d'Harcourt.

Cependant le parlement de Paris, voulant justifier ses armes, fit un manifeste avec de très-humbles remontrances au Roi, pour faire voir qu'il n'armoit que pour son service, pour chasser un étranger qui l'avoit enlevé de nuit, et s'étoit emparé de sa personne sacrée; protestant qu'il ne déposeroit point les armes qu'il ne fût hors de ses mains, et que Sa Majesté ne fût en pleine liberté. Ils publioient qu'ils étoient ses véritables tuteurs pendant sa minorité, et qu'ils étoient obligés de veiller à sa conservation, puisque ceux qui en étoient chargés l'abandonnoient à la discrétion du Mazarin, déclaré ennemi de l'État. Avec ces écrits il se préparoit à la défense; et ayant mis des troupes sur pied, pour ne les pas laisser oisives le duc de Beaufort sortit de Paris pour attaquer Corbeil, et ouvrir un passage aux bateaux pour descendre à Paris par la rivière de Seine. Mais il ne fut pas jusque là; car M. le duc d'Orléans monta aussitôt à cheval avec le prince de Condé, et fut jusqu'au moulin de Châtillon, où il passa la nuit sur une hauteur par une gelée fort rude; et le matin à la pointe du jour il apprit que le duc étoit rentré dans Paris, et qu'il n'étoit allé que jusqu'à Juvisi, où, sur un bruit qui courut que le maréchal de Gramont étoit en campagne pour le suivre, les badauds de Paris avoient pris l'effroi, et sans l'ordre de leur général avoient tourné tête, et retourné droit à Paris en grande diligence. Le duc les voyant si hâtés de marcher fut contraint de les suivre, et de rentrer avec eux dans la ville. Le prince de Conti faisoit souvent des revues à la place Royale, en présence des dames, qui trouvoient ces troupes fort belles, tant elles étoient lestes et pleines de rubans : elles étoient aussi là dans leur fort; car d'abord qu'elles sortoient, elles vouloient promptement y revenir, comme au siège de Corbeil. A Saint-Germain on les appeloit *parlementaires*, et eux nommoient les autres *mazarins*; et sous ces noms ils se faisoient la guerre avec plus d'animosité que contre les Espagnols.

Le prince de Condé ne jugeant pas le poste de Charenton nécessaire, à cause que le château de Vincennes faisoit le même effet, l'avoit abandonné; et aussitôt les parlementaires s'y logèrent, et y firent un quartier de neuf régimens, qui s'y retranchèrent sous le commandement de Chanleu, qui y fut établi pour favoriser l'entrée des blés qui venoient de Brie; et pour les conduire plus sûrement jusque-là, ils se saisirent de Brie-Comte-Robert par le moyen du marquis de Vitri, lieutenant de roi en Brie, qui mit dedans Bourgogne pour y commander, qui étoit devant ces troubles lieutenant colonel du régiment de la Reine. Un jour qu'un convoi vouloit entrer de Charenton dans Paris, conduit par le marquis de Noirmoutier et de Vitri, la garnison de Vincennes sortit sur eux, où il y eut une escarmouche dans laquelle Tancrède, qui se disoit fils du feu duc de Rohan, fut pris fort blessé, et mourut le lendemain de ses blessures. Cette mort finit les grands procès qu'il avoit contre le duc de Rohan-Chabot, qui avoit épousé sa sœur, et le soutenoit être bâtard.

Le 5 de février, il entra un grand convoi dans Paris, qui venoit du côté de Dammartin, escorté par le maréchal de La Mothe, qui ne rencontra personne, à cause que les environs de Paris étoient si grands qu'ils ne pouvoient être gardés que par une puissante armée, et qu'il n'y avoit devant que quatorze mille hommes. Tellement que durant qu'ils alloient d'un côté, les vivres entroient par l'autre : outre que le peuple de la campagne étoit si porté d'inclination pour le parti du parlement, que toutes les nuits les paysans passoient à petit bruit avec des hottes chargées de pain, et en si grand nombre que cela contribua beaucoup à la subsistance de la ville. Ces rafraîchissemens, qui arrivoient souvent, fâchoient au dernier point le conseil du Roi, lequel n'eût jamais cru que Paris eût pu durer plus de quinze jours, ayant la rivière bouchée. Et voyant que les principaux secours venoient de Brie, il résolut de prendre Brie-Comte-Robert, le château de Lesigny et le pont de Charenton. Pour l'exécution de ce dessein, M. le duc d'Orléans et le prince de Condé partirent le 7 de février de Saint-Germain; et ayant pris des troupes à Saint-Denis, ils arrivèrent à Vincennes, où ils résolurent l'attaque de Charenton. Le matin du 8, le prince de Condé mit ses gens en bataille dans la plaine qui est entre Vincennes et Charenton, et commanda au duc de Châtillon de faire l'attaque : il fit pointer le canon contre les retranchemens qu'on y avoit faits, et à la faveur de son artillerie il donna de tous côtés, et emporta de force ce quartier, où il y eut neuf régimens parlementaires passés au fil de l'épée, et Chanleu, qui les commandoit, tué. Le duc de Châtillon y reçut un coup de mousquet, dont il mourut peu d'heures après, au grand regret de tout le monde, principalement du prince de Condé, qui l'aimoit extrêmement. Le comte d'Horn, aussi de la maison de Coligni, fils aîné du comte de Saligni, y perdit de même la vie. Plus de cinquante mille hommes sortis de Paris se mirent en bataille dans la plaine, depuis Piquepuce jusqu'à la rivière, et furent spectateurs de ce combat, la vallée de Fécamp entre deux, et virent six mille hommes défaire leurs gens, sans jamais oser avancer pour les secourir.

Après cette défaite, M. le duc d'Orléans retourna à Saint-Germain, et envoya le comte de Grancey en Brie, pour prendre Brie et Lesigny.

Ce comte marcha de ce côté-là, où il apprit que le prince de Marsillac et les marquis de Noirmoutier et de Vitri étoient venus avec onze escadrons jusqu'à Brie, pour emmener un convoi. Aussitôt il s'avança pour les charger; et eux en ayant avis firent rentrer leur convoi dans Brie pour se retirer; mais le comte de Grancey les joignit près de Cervon, et les attaqua si brusquement qu'il les mit en désordre, et les poussa jusqu'à deux lieues de là. Le prince de Marsillac y fut blessé, et le marquis de Sillery, son beau-frère, pris. Le comte de Grancey, après cet avantage, prit le château de Lesigny, se saisit de Villemenon, et mit le siège devant Brie-Comte-Robert. Le 25, il fit dresser une batterie avec laquelle il fit brèche : ce qui obligea Bourgogne de se retirer au château. La ville fut pillée, et le 27 le château fut battu, et le fossé prêt à combler; mais il se rendit le 28.

Durant cette guerre de Brie, le maréchal de La Mothe sortit avec des troupes pour aller au devant d'un convoi qui venoit d'Etampes. Boissac, qui commandoit à Montlhéry, en donna avis au maréchal de Gramont, lequel partit aussitôt de Saint-Cloud; et ayant pris en passant de la cavalerie et quelque infanterie qui étoit à Meudon, il marcha pour prendre ce convoi; mais il arriva trop tard, car le maréchal de La Mothe avoit mis la rivière des Gobelins entre deux; et marcha par les vignes de Vitry, pour gagner la porte de Saint-Victor. Sur la nouvelle de l'approche du maréchal de Gramont, le duc de Beaufort sortit pour soutenir le convoi, et même il s'avança pour escarmoucher; et dans cette occasion, Noirlieu, mestre de camp de cavalerie, fut tué dans le parti royal. Il étoit de la maison de Beauvau, fort estimé pour sa valeur et pour ses services. Cependant dans Paris l'alarme fut grande : car dès que le maréchal de Gramont parut, une partie de l'escorte parisienne s'enfuit, croyant par avance être déjà battue; et dans cette croyance se sauva dans les faubourgs, où ces fuyards publièrent que tout étoit perdu, et que le duc de Beaufort étoit engagé parmi les mazarins. Comme ce prince étoit l'idole des Parisiens, tout le peuple sortit en foule pour le secourir, jusqu'aux femmes avec des broches; en sorte que la plaine étoit toute couverte de monde, qui trouva le convoi proche du faubourg Saint-Victor, et le duc de Beaufort hors de péril. Alors tous ces badauds firent de grands cris d'alégresse en le voyant, et le ramenèrent dans la ville, comme s'ils eussent gagné une grande bataille.

A Saint-Germain, la Reine et son conseil voyant que le siége de Paris tiroit en longueur, et qu'il y entroit toujours des vivres, firent imprimer quantité de feuilles volantes pour faire connoître au peuple l'erreur où il étoit de se passionner comme il faisoit pour le parlement, qui n'agissoit que pour son intérêt particulier, et non pour celui du public; au lieu que le Roi, qui étoit son maître légitime et naturel souverain, lui tendoit les bras pour le recevoir dans ses bonnes grâces, et ne demandoit qu'à rentrer dans Paris pour le protéger, et y faire revenir l'abondance et le commerce; que ce bonheur ne dépendoit que de sa volonté, mais qu'il ne le connoissoit pas, tant il étoit aveuglé; mais que s'il vouloit ouvrir les yeux et prendre un meilleur conseil, en sortant de sa rebellion et rentrant dans son devoir, il chasseroit le parlement pour jouir de la présence de Sa Majesté. Le chevalier de La Vallette se chargea de faire courir ces billets; mais il fut surpris le soir qu'il en jetoit par les rues, et aussitôt fut mis à la Bastille, où on voulut lui faire son procès; mais la Reine manda qu'elle traiteroit les prisonniers qu'elle avoit entre les mains de même qu'il seroit traité : et ainsi cette procédure finit.

Ce dessein ayant manqué, il fut résolu d'envoyer un héraut pour sommer tous les corps de la ville d'obéir au Roi, de mettre les armes bas, et de se remettre dans leur devoir; moyennant quoi Leurs Majestés leur accordoient pardon de leur faute, et oubli du passé : autrement, qu'ils étoient criminels de lèse-majesté, déchus de toutes charges et honneurs, même de leurs biens et de leurs priviléges, qui étoient révoqués. Ce héraut partit de Saint-Germain le 12 de février, et se présenta à la porte Saint-Honoré, où il fit les chamades ordinaires : ceux qui commandoient la garde de cette porte en avertirent le parlement, qui convia les généraux de s'y trouver. Et comme le maréchal de La Mothe n'y avoit aucune séance, il fut reçu conseiller d'honneur sans lettres du Roi ; qui fut une entreprise contre l'autorité royale, parce qu'il n'appartient qu'au souverain de créer des officiers dans ses parlemens. En ce lieu, toutes les chambres assemblées, il fut arrêté que le héraut ne seroit point reçu, parce qu'on n'avoit accoutumé d'en envoyer qu'à des souverains ou à des ennemis, et qu'ils n'étoient ni l'un ni l'autre; et que ce refus venoit du grand respect qu'ils portoient à Leurs Majestés, auxquelles les gens du Roi iroient rendre compte de cette délibération, et se transporteroient pour ce sujet à Saint-Germain. Cependant le héraut voyant qu'on le faisoit trop attendre, s'en retourna à Saint-Germain, et laissa son paquet sur la barrière. Le capitaine de la garde le prit sans l'ouvrir, et l'envoya aux généraux, qui le supprimèrent. Les gens du Roi, craignant d'être reçus à la cour aussi mal que l'autre fois, écrivirent devant que de partir pour avoir un passe-port, qu'ils obtinrent facilement; et le 18 de février ils sortirent de Paris, et rencontrèrent dans le bois de Boulogne le maréchal de Gramont, qui vint au devant d'eux, et les fit escorter jusqu'à Saint-Germain, où ils eurent favorable audience; et ayant exposé leur commission, ils eurent pour réponse que le Roi recevroit avec plaisir les soumissions du parlement, et qu'il leur en feroit voir les effets lorsqu'il se mettroit dans son devoir, et donneroit à connoître par ses actions ce qu'il témoignoit par ses paroles.

Le cardinal voyant que ses projets ne réussissoient pas comme il avoit espéré, et que le printemps approchoit, dans lequel il se faudroit mettre en campagne, et qu'il seroit impossible de tenir tête à tant d'ennemis à la fois, fit dépêcher Vautorte à l'archiduc Léopold, pour lui faire des propositions de paix avec tout l'avantage que le roi d'Espagne pouvoit souhaiter. Mais l'archiduc, qui voyoit le mauvais état des affaires de France, ne le voulut pas écouter; et, désirant faire durer les troubles pour en profiter, il envoya un homme de sa part à Paris, avec des lettres au parlement par lesquelles il lui offroit son assistance; et le reconnoissant pour un vrai tuteur du Roi, il demandoit à traiter avec lui de la paix, à conditions raisonnables. Ce bruit courut en même temps parmi le peuple qui publioit dans les rues les louanges de l'archiduc, ne voyant pas que c'étoit un appât que l'Espagnol jetoit pour rendre la querelle de la Reine et du parlement irréconciliable, afin, par cette voie, de renverser la monarchie. Mais les principales têtes et plus sages du parlement qui souhaitoient de voir la fin des désordres, voulurent éviter prudemment ce piége, et, en pleine assemblée, les chambres firent résoudre que cette affaire ne leur appartenoit pas, mais à la Reine seule ; et que pour l'informer des offres de l'archiduc, auxquelles elle répondroit comme elle jugeroit à propos, des députés lui seroient envoyés de leurs corps, lesquels par même moyen lui feroient protestation de la fidélité de toute leur compagnie, qui n'avoit pris les armes que pour défendre son pain, et la feroient souvenir des bonnes paroles qu'elle avoit données aux gens du Roi, et la supplieroient de les effectuer en faisant retirer les troupes d'autour de Paris. Le premier président, celui de Mesmes, et un conseiller de chaque chambre, furent nommés pour cette députation ; ils partirent avec passe-port le 24 de février, et après leur arrivée à Saint-Germain ils eurent audience de Leurs Majestés, qui les remercièrent de leurs bonnes volontés, leur témoignèrent inclination à la paix, tant étrangère que domestique, laquelle il falloit faire la première, pour parvenir à l'autre plus facilement ; et que, pour exécuter un si bon dessein, ils consentoient qu'on fît une conférence en lieu non suspect, pour tâcher à pacifier ces troubles. Ils furent ensuite traités aux dépens du Roi, puis régalés à Saint-Cloud par le maréchal de Gramont, et retournèrent le 27 à Paris fort satisfaits. Ils rendirent compte de leur députation le lendemain au parlement, où, après une grande délibération, il fut résolu que les gens du Roi retourneroient à Saint-Germain pour dire que le parlement étoit prêt de nommer des députés pour traiter en quelque lieu sûr, à condition que les passages des vivres fussent ouverts. Ils furent ouïs favorablement de Leurs Majestés, qui nommèrent Ruel pour le lieu de la conférence, qu'ils assignèrent au 3 de mars, auquel jour on feroit entrer dans Paris cents muids de blé par la rivière, et continueroient à en faire entrer autant tous les jours, tant que l'assemblée dureroit. Cette proposition fut acceptée par le parlement, qui dès l'heure travailla à nommer les députés pour aller à Ruel.

Durant ces négociations, on eut nouvelle que le roi d'Angleterre avoit été décapité à Londres sur un échafaud : ce qui fit frémir d'horreur tous les deux partis, tant cette action fut trouvée méchante et sans exemple que des sujets eussent fait mourir leur roi par justice. Leurs Majestés en témoignèrent beaucoup de douleur, et envoyèrent à Paris avec passe-port en faire compliment à la reine d'Angleterre et au duc d'Yorck son fils, qui s'étoit sauvé de Londres, et depuis peu de jours étoit arrivé près d'elle.

L'abbé de La Rivière fit parler au prince de Marsillac par Flamarin, qui étoit allé à Paris, de la part de M. le duc d'Orléans, voir la Reine sa sœur ; et dans la conversation qu'il eut avec lui, il entra en traité d'accommodement pour le prince de Conti, le duc de Longueville et la duchesse sa femme. On ne laissoit pas, nonobstant ces bruits de paix, de faire bonne garde pour empêcher les vivres d'entrer dans Paris, où on ne permettoit d'y passer que les cent muids de blé par jour promis par la Reine. C'est pourquoi les généraux du parlement, sur le doute qu'ils eurent que la paix ne se concluût pas à leur avantage, dépêchèrent à Bruxelles Noirmoutier et Laigues, pour presser l'archiduc de s'avancer en Picardie avec son armée, pour faire lever le siége de Paris. Il promit de le faire au plus tôt, et envoya devant le marquis d'Yène en assurer de sa part le prince de Conti. En effet, il assembla ses troupes, marcha du côté de Guise, et passa près de Marle et de Gressi-sur-Serre, d'où son avant-garde vint camper à Crespy en Laonnais. Cette approche embarrassa fort la cour, et fit tenir le parlement plus ferme dans son traité ; mais il arriva dans le même temps une affaire qui fit grand bruit, qui fut la révolte du maréchal de Turenne.

Il avoit servi la couronne dès sa jeunesse avec beaucoup de valeur et de fidélité, et présentement il commandoit l'armée d'Allemagne, qui depuis la paix de Munster étoit en des quartiers sur le bord du Rhin. Dès que le duc de Bouillon son frère se fut déclaré pour le parlement, il lui écrivit par un courrier exprès, et lui manda qu'il n'y auroit jamais une si belle occasion de faire rendre Sedan à leur maison que celle qui se présentoit alors, et l'exhortoit de marcher en diligence pour le secours de Paris. Comme ce maréchal aimoit fort sa maison, et avoit une ambition démesurée, il ne balança point, et suivit le conseil de son frère ; mais la Reine en ayant eu soupçon, dépêcha Ruvigni, auquel il avoit grande confiance, pour le détourner de ce dessein. En arrivant près de lui, il le trouva en marche, et lui demanda où il alloit ; ce maréchal lui répondit en termes ambigus et pleins d'obscurité, lui disant qu'il marchoit pour faire la paix, et accorder le différend qui étoit entre la Reine et le parlement, comme étant le plus grand service qu'il pût rendre à l'Etat.

Ruvigni, qui est homme d'esprit, connut bien ce que cela vouloit dire; et ayant conféré avec Erval, qui avoit soin du paiement de cette armée, ils résolurent de désabuser les officiers allemands, qui croyoient marcher pour le service du Roi. Ils parlèrent tous deux à leurs amis, et eur firent connoître le mauvais dessein de leur général, qui ne butoit qu'à son intérêt particulier contre celui du Roi, auquel ils avoient fait serment de fidélité. Ils les persuadèrent si bien, qu'en un moment toute l'armée se souleva contre lui; et sur la crainte qu'il eut d'être arrêté et envoyé à la Reine, qui lui eût peut-être fait un mauvais parti, il se sauva lui sixième, dont Le Passage, maréchal de camp, fut du nombre; et ayant traversé un coin de l'Allemagne, il se retira fort confus en Hollande. Erlac, gouverneur de Brisach, eut le commandement de cette armée en sa place.

Dans ce même temps, le marquis de La Boulaye sortit de Paris avec quatre cents chevaux, pour faire venir des vivres du côté d'Etampes; mais il fut coupé par la cavalerie royale, qui l'empêcha de rentrer; et craignant d'être pris, il se sauva par les plaines de Beauce, en s'éloignant de Paris : et lors n'étant plus suivi, il entra dans le Perche et dans le Maine, où il trouva le peuple favorable à ses desseins, parce qu'il ne prêchoit que la liberté et l'exemption de tous subsides. Ainsi ne trouvant point d'opposition, il fit ouvrir les greniers à sel, et le vendit à vil prix ; en sorte qu'il y gagna de grandes sommes d'argent. Sur la nouvelle de ce désordre, Jarzé fut envoyé avec des troupes pour le suivre. L'imagination que les peuples avoient que le parlement ne combattoit que pour leur liberté avoit fait une si grande impression dans leur esprit, qu'ils favorisoient partout hautement son parti : tellement qu'il étoit dangereux de se dire royaliste si on n'étoit pas le plus fort. Le marquis de La Vieuville pensa périr dans Reims par cette raison : car ayant voulu se servir de son autorité de lieutenant de Roi pour maintenir la ville dans son devoir, tout le peuple se souleva, et se saisit de sa personne. Les plus mutins crioient qu'il le falloit pendre; et l'ayant dépouillé nu en chemise, le menèrent par les rues nu-pieds durant la plus grande gelée d'hiver, et le traînèrent comme un criminel à un gibet hors de la ville, où, sans les magistrats qui promirent de lui faire son procès par les formes, et le tirèrent de leurs mains, il eût été pendu. Durant toutes ces choses, le maréchal de Rantzaw fut arrêté à Saint-Germain, et mis au château de Vincennes, accusé d'intelligence avec les Espagnols.

Cependant les généraux du parlement firent construire un pont de bateaux au Port-à-l'Anglais, avec deux forts aux deux bouts, où ils firent camper leur armée, durant la conférence qui commença le 4 de mars à Ruel, où les députés de Paris se rendirent : à savoir, le premier président Molé avec trois autres présidens au mortier, deux conseillers de la grand'chambre, et un de chacune des enquêtes et des requêtes ; le premier président de la chambre des comptes, et deux maîtres des comptes; le premier président de la cour des aides, et deux conseillers, et deux échevins de la ville. Du côté de la cour furent nommés M. le duc d'Orléans, le prince de Condé, le cardinal Mazarin, le chancelier, le maréchal de La Meilleraye, les comtes d'Avaux et de Brienne, l'abbé de La Rivière et Le Tellier. Quand on vint à régler les séances, les députés du parlement refusèrent de traiter avec le cardinal Mazarin, et de se trouver à aucune conférence où il seroit, disant qu'il étoit banni par arrêt, et déclaré ennemi de l'Etat; c'est pourquoi il devoit être exclu de cette assemblée. M. le duc d'Orléans leur dit que ce n'étoit pas à eux à donner la loi à leur souverain, qui vouloit qu'il y assistât, et que l'arrêt qu'ils avoient donné contre lui étoit nul, comme venant de gens sans pouvoir, qui étoient interdits et n'avoient plus d'autorité. Les députés insistèrent plus que jamais à ne le vouloir point voir, sous ombre qu'il étoit le sujet de la guerre, et que c'étoit contre lui qu'on vouloit agir ; et par consequent qu'il n'y devoit pas être présent, ne pouvant être juge et partie. On s'opiniâtra tellement des deux côtés, et les esprits s'échauffèrent à un tel point, que les députés demandèrent passe-port pour s'en retourner ; et ils faisoient déjà charger leur bagage, lorsque le premier président et celui de Mesmes, qui étoient bien intentionnés, furent trouver M. le duc d'Orléans, et lui représentèrent le malheur où seroit la France si cette assemblée se rompoit de la sorte, et le conjurèrent de trouver quelque tempérament dans cette affaire. Enfin, après beaucoup de contestations, on convint de part et d'autre qu'on ne prendroit point de séance, mais qu'on traiteroit par députés qui viendroient trouver Son Altesse Royale, et puis retourneroient rendre compte à leur compagnie : de même que Monsieur enverroit quelquefois les trouver de sa part pour conférer avec eux, et en attendroit réponse chez lui ; et qu'ainsi le cardinal ne traiteroit point avec eux, et ne laisseroit pas d'être du conseil près de Monsieur. Cette difficulté étant levée, on s'appliqua sérieusement à chercher les moyens de faire un bon accommodement ; mais lorsqu'on y travailloit tout de bon, il arriva une lettre du président de

14.

Bellièvre, qui mandoit aux députés qu'il n'étoit point arrivé depuis deux jours de bateaux à Paris comme il avoit été accordé, et que le parlement les prioit d'y mettre ordre. Cette nouvelle causa une nouvelle rumeur : car ils s'imaginèrent qu'on ne les faisoit venir là que pour les amuser, et affamer la ville durant ce temps-là, pour les avoir la corde au col. Ils firent grand bruit sur ce sujet, protestant qu'ils ne travailleroient point, et cesseroient toute négociation jusqu'à ce que les blés promis fussent arrivés, M. le duc d'Orléans et le prince de Condé leur disoient qu'ils n'étoient pas marchands de blés pour s'en prendre à eux, et qu'ils ne pouvoient faire autre chose que de donner des ordres aux gouverneurs de Corbeil et de Lagny de laisser passer cent muids de blé par jour, comme on avoit déjà fait, et qu'on les renouvelleroit s'ils vouloient. Durant cette dispute, on eut nouvelle que les blés étoient arrivés, et lors tout fut apaisé, et on recommença les conférences à l'ordinaire.

D'abord les propositions des deux côtés furent fort éloignées : car le Roi vouloit que le parlement, toutes les cours souveraines, et les prevôt des marchands et échevins au nom du peuple, vinssent demander pardon à genoux de leur rébellion, dont ils prendroient abolition; que le parlement sortit de Paris pour marque de son obéissance, moyennant quoi le Roi promettoit de le faire retourner; que tous les arrêts qu'il avoit donnés fussent cassés, et que les déclarations du Roi eussent lieu; que les meubles du cardinal qui avoient été vendus lui fussent restitués sans qu'il lui en coûtât rien; que le parlement ne s'assemblât plus, et ne se mêlât que de juger des procès. Les demandes de l'autre côté étoient bien différentes : car les députés proposèrent que toutes les déclarations données à Saint-Germain fussent annulées, et que les arrêts du parlement eussent leur effet; et par conséquent que le cardinal Mazarin sortît du royaume pour n'y jamais rentrer; que ses meubles vendus demeurassent à ceux qui les avoient achetés; que les semestres des parlemens de Rouen et d'Aix fussent révoqués : et ils refusoient de demander pardon ni de prendre abolition, comme n'ayant rien fait que pour le bien public et le service du Roi. Ces propositions de part et d'autre étoient si différentes, qu'on désespéroit de pouvoir venir à aucun accommodement, mais les deux partis en avoient autant d'envie l'un que l'autre. La cour voyoit l'archiduc entré en France, qui alloit faire lever le siége de Paris; et elle prévoyoit ensuite que cette grande ville irritée ne voudroit plus obéir à la Reine, et qu'ainsi le gouvernement du royaume seroit converti en anarchie, qui mettroit toutes choses dans la plus grande confusion qui fût jamais. Le Roi avoit de bons serviteurs dans l'autre parti, lesquels au commencement avoient suivi le torrent, dans la pensée que s'ils témoignoient leur inclination au service de la Reine, on les chasseroit de Paris, et qu'ils ne seroient plus en état de lui rendre service, comme ils firent depuis : car, en dissimulant leurs sentimens, ils tournèrent adroitement les esprits à la pacification des troubles, et à rendre au Roi l'obéissance qui lui étoit due. La principale affaire que la Reine avoit dans l'esprit étoit le maintien du cardinal Mazarin, pour lequel elle eût hasardé toute son autorité. Aussi ceux qui étoient à Ruel de sa part avoient ordre de tenir ferme sur cet article, et de relâcher plutôt tous les autres, comme en effet ils accordèrent quasi tout au parlement pour le maintenir; et le 11 de mars le traité fut conclu et signé à ces conditions : que tout ce qui avoit été fait à Saint-Germain et à Paris seroit déclaré nul depuis le 6 de janvier; que, pour la satisfaction de la Reine, le parlement sortiroit de Paris pour aller à Saint-Germain, où le Roi tiendroit un lit de justice, et le jour même il retourneroit à Paris faire ses fonctions ordinaires; que la déclaration du mois d'octobre seroit exécutée; que les meubles du cardinal qui avoient été vendus lui seroient rendus, en les rachetant ce qu'ils auroient coûté; que les semestres des parlemens de Rouen et d'Aix seroient supprimés; que l'envoyé de l'archiduc seroit congédié sans réponse; que la Bastille et l'Arsenal seroient remis au pouvoir du Roi, et que l'armée du parlement seroit licenciée, excepté quelques régimens qui prendroient commission du Roi. Après ces articles signés, il y eut suspension d'armes, et le cardinal Mazarin fit de grands complimens aux députés, qui les reçurent assez froidement. Durant la conférence, l'archiduc écrivit au prince de Conti qu'il prioit qu'on lui envoyât des députés du parlement pour traiter de la paix. Ce prince, ne pouvant aller au Palais parce qu'il étoit malade, chargea le coadjuteur de montrer cette lettre au parlement; lequel jugeant sagement qu'elle n'étoit écrite qu'à dessein de rompre le traité pour le replonger dans une plus grande guerre, ordonna qu'elle seroit envoyée aux députés à Ruel, lesquels firent renvoyer celui qui l'avoit apportée sans réponse.

Le 12, ces députés retournèrent à Paris, où toutes les chambres assemblées acceptèrent le traité; mais, avant que d'en vérifier la déclaration, il fut ordonné qu'ils iroient à Saint-Germain pour régler l'intérêt de ceux qui avoient tenu leur parti. Aussitôt le prince de Conti prit la parole, et dit qu'il avoit charge de tous de dire qu'ils ne demandoient rien, et se désistoient de toutes prétentions pourvu que le cardinal Mazarin sortît du ministère et du royaume. Comme c'étoit une condition qu'ils savoient bien qu'ils n'obtiendroient pas, ils ne hasardoient guère en la proposant. Ainsi les députés furent à Saint-Germain, où le comte de Maure se trouva de la part des généraux et officiers de guerre, et fut suivi, deux jours après, par le duc de Brissac, Barrière et Gressi. Les intérêts des princes furent bientôt accommodés, car la plupart étoient déjà d'accord. Quoique le prince de Condé eût été fort piqué contre le prince de Conti son frère et la duchesse de Longueville sa sœur, il ne laissa pas de ménager leurs intérêts, dans le dessein de réunir sa famille; et même le duc de Longueville avoit envoyé Antoville à Saint-Germain pour traiter avant la conférence. Il demeura aisément d'accord, pour faire sa condition meilleure, que le cardinal demeurât; et même il le souhaitoit, ayant accoutumé de dire que puisqu'il falloit qu'il y eût un premier ministre, celui-là étoit tel qu'il désiroit, parce que c'étoit un ministre éreinté qui avoit toujours peur, et qui par conséquent feroit tout ce qu'il exigeoit de lui. Comme le Vieux-Palais de Rouen étoit à sa disposition, et qu'il tenoit les châteaux de Caen et de Dieppe, il ne lui manquoit plus que le Pont-de-l'Arche, où le comte d'Harcourt s'étoit retiré: on promit au prince de Condé de le lui donner, et au prince de Conti d'Anweiller pour place de sûreté, de laquelle on tira le baron d'Annevoux, qu'on récompensa de la charge de capitaine des Suisses de Monsieur, frère du Roi. Pour le duc d'Elbœuf, il avoit fait de bonne heure sous main son accommodement, par lequel il eut des bois en Normandie qui rétablirent bien ses affaires, outre Montreuil, dont son fils aîné s'étoit saisi après la mort du comte de Lannoi son beau-père, dont le gouvernement lui fut confirmé; et par là il s'attacha d'intérêt au cardinal Mazarin. On promit au duc de Bouillon une récompense forte pour Sedan; on donna au maréchal de La Mothe des lettres de conseiller d'honneur dont le parlement l'avoit mis en possession, et on lui rendit le duché de Cardonne. Pour le duc de Beaufort et le coadjuteur, ils ne se voulurent point raccommoder avec le cardinal; et ainsi ils n'eurent pas leur compte comme les autres. Pour les subalternes, ils n'eurent rien, les plus grands les abandonnant à l'ordinaire pour mieux trouver leur avantage.

Ainsi tout fut pacifié, et la déclaration du Roi vérifiée le premier d'avril, et le *Te Deum* chanté à Notre-Dame. Tous les corps furent remercier le Roi à Saint-Germain. Les princes et principaux du parti furent aussi rendre leurs respects à Leurs Majestés, excepté le duc de Beaufort et le coadjuteur, qui ne voulurent point sortir de Paris, où ils trouvoient leur sûreté parmi le peuple, et demeurèrent chefs de la Fronde, comme on verra dans la suite. La Reine voyant le duc de Chevreuse lui fit reproche de ce qu'il avoit monté à cheval, le jour de l'attaque de Charenton, contre son service : mais il lui répondit qu'il étoit son très-humble serviteur, mais qu'il n'abandonneroit jamais son bon ami Paris, et qu'il seroit toujours de son côté, tant il s'y trouvoit bien; et que si elle le vouloit avoir pour elle, il ne falloit pas qu'elle en sortît.

Sa Majesté voyant que cette guerre au lieu de rétablir son autorité l'avoit fort diminuée, voulut adoucir le plus qu'elle put les esprits ulcérés des Parisiens, qui étoient demeurés en défiance et en crainte. Pour les assurer, elle accorda que le parlement ne viendroit point à Saint-Germain pour le lit de justice que le Roi y devoit tenir, et laissa la Bastille entre les mains de Broussel et de son fils Louvière, quoique, par le traité ils en dussent sortir; mais quelque prière que tous les corps lui fissent de retourner à Paris, elle ne s'y put jamais résoudre, tant parce qu'elle n'y étoit plus la maîtresse, qu'à cause que le cardinal n'y eût pas été en sûreté, tant il étoit haï du peuple, lequel quand il vouloit outrager quelqu'un, il l'appeloit *mazarin*. Elle dissimula néanmoins cette aversion qu'elle avoit pour ce retour tant désiré, et prit prétexte du siége mis par l'archiduc devant Ypres; et ayant fait marcher toutes les troupes qui bloquoient Paris devers la frontière sous le maréchal Du Plessis, elle partit de Saint-Germain le dernier d'avril, et arriva le 2 de mai à Compiègne.

Nous avons vu, durant le siége de Paris, comme l'archiduc s'étoit avancé jusqu'à Crespy en Laonnais pour faire lever le blocus, et avoit envoyé au parlement offrir de traiter de la paix, dans l'espérance de brouiller davantage les affaires; mais dès qu'il sut les nouvelles de la conclusion de la paix de Ruel, il vit bien qu'il n'y avoit plus rien à faire pour lui en France. Et voyant le maréchal Du Plessis marcher contre lui, il envoya ordre au marquis Sfondrato d'investir Ypres avec le corps qu'il commandoit devers la mer : et en même temps il fit une contre-marche, et rentrant dans son pays il repassa la Lys, et arriva devant cette ville déjà bloquée dès le 11 d'avril. Ayant mis ses lignes en état de défense, il ouvrit la tranchée le 23;

et le 27, Beaujeu, qui commandoit dedans en la place de Palluau qui étoit absent, fit une grande sortie, où il renversa toute l'attaque de don Gaspard Boniface, lequel vint au secours, et força les Français de rentrer dans la ville. Le lendemain, les batteries commencèrent à ruiner les murailles de la place; et les Italiens étant en garde repoussèrent le 3 de mai une grande sortie des assiégés, et le 4 ils emportèrent la contre-escarpe. Le 6, les Espagnols allèrent à la sape, et attachèrent le 7 le mineur au pied du rempart : ce qui obligea Beaujeu de parlementer le 8, et de remettre le 10 Ypres entre les mains de l'archiduc. Durant ce siége, don Carlos Campi, avec les garnisons d'Armentières, Saint-Omer et Aire, et quelques troupes qu'on lui envoya de renfort, attaqua Saint-Venant le 20 d'avril, et le battit si rudement que le 25 les Français en sortirent, et furent conduits à Corbie.

La Reine étoit au désespoir de voir prendre ses places, sans y pouvoir mettre ordre : car son armée étoit si fatiguée du siége de Paris, qu'il la fallut mettre en garnison pour se rafraîchir. Et pour la fortifier, elle fit marcher l'armée d'Allemagne sous la conduite d'Erlac, et fit sortir Rose de prison pour faire dépit au maréchal de Turenne qui l'y avoit fait mettre, et lui donna un petit corps à commander dans le Luxembourg. Erlac avec cette belle armée vint jusqu'à Saint-Quentin, où le cardinal Mazarin le fut voir, et traita les principaux de ses troupes, lesquels s'enivrèrent tous, à la mode d'Allemagne; puis ils joignirent au Catelet le gros de l'armée, de laquelle la Reine fit le comte d'Harcourt général. Sa Majesté, pour faire voir que les divisions de la France étoient finies, et que tout étoit réuni pour soutenir la guerre plus vivement que jamais, voulut faire une grande entreprise qui pût parer les mauvais bruits qui couroient des désordres de l'Etat. Pour l'exécution de ce grand dessein, le comte d'Harcourt détacha deux mille chevaux pour passer l'Escaut et investir Cambray d'un côté, durant que Villequier en feroit autant de l'autre; et il arriva le 24 de juin devant la place, avec toute l'armée. Il vit entrer dedans trois cent cinquante chevaux sortis de Bouchain, sans que la cavalerie allemande les pût empêcher, à cause du marais qui est dans la prairie sur le bord de la rivière. Ayant séparé ses quartiers, il forma le siége, dont le dessein surprit tout le monde, qui ne pouvoit s'imaginer que la France, brouillée comme elle étoit, fût en état d'avoir une si haute pensée. Le comte se logea du côté de Bouchain sur l'Escaut, Villequier devers Douay, et les Allemands sur la rivière, entre la ville et le Catelet. La circonvallation fut aussitôt commencée, qui étoit fort grande. On fit aussi une contrevallation contre la place, dans laquelle le comte de Garcie commandoit. L'archiduc cependant étoit près de Douay, qui, sachant la foiblesse de la garnison de Cambray, résolut de tenter d'y jeter du secours avant que la circonvallation fût fermée. Il marcha pour cet effet devers Bouchain; et le matin du 3 de juillet il fit donner l'alarme par quatre endroits; et à la faveur du brouillard si épais qu'on ne pouvoit se connoître de dix pas, il fit entrer quinze cents hommes dans la ville. Tout aussitôt les canons de la citadelle tirèrent en signe de joie; et le brouillard étant dissipé, le comte d'Harcourt connut ce qui étoit arrivé, et sur l'heure assembla le conseil de guerre, pour délibérer sur ce qu'il y avoit à faire après ce malheureux incident. Il y en eut qui opinèrent à continuer le siége, soutenant que ce secours n'empêcheroit pas la prise de Cambray, mais la plus grande partie fut d'avis qu'on levât le siége, sur ce qu'on ne l'avoit entrepris qu'à cause de la foiblesse de la garnison, laquelle étant renforcée de beaucoup, ce siége tireroit trop en longueur, et ruineroit l'armée, qui ne réussiroit pas même dans son dessein, et qu'il y avoit de la prudence de ne s'y pas opiniâtrer davantage. Cette opinion fut suivie; et le comte d'Harcourt décampa de devant Cambray, et se vint poster entre le Cateau-Cambresis et Landrecies, où il séjourna tout le reste du mois. Au commencement d'août, il entra dans l'île de Saint-Amand, et il trouva de la résistance au passage de l'Escaut, entre Bouchain et Valenciennes : mais ayant mis son canon en batterie sur le bord de la rivière, soutenu du grand feu de son infanterie, il fit des ponts sur lesquels il passa; et les Espagnols se retirèrent sous le canon de Valenciennes, puis repassèrent au deçà de l'Escaut. Ce que voyant le comte d'Harcourt, il fit charger leur arrière-garde par le vicomte de Lameth et le baron de Fleckestein, lesquels, malgré les coups de canon et de mousquet qui venoient de la ville, enfoncèrent six cents chevaux qu'ils défirent entièrement, et mirent en déroute deux bataillons d'infanterie, dont beaucoup furent faits prisonniers. Quelques jours après, la cavalerie de Douay étant sortie, escarmoucha avec la française, qui la repoussa dans la ville. Le comte d'Harcourt se campa dans le marais d'Arleux, et l'archiduc à Mortagne, où la Scarpe tombe dans l'Escaut, pour défendre les environs de Tournay mais le comte d'Harcourt ne vouloit pas aller si avant, et avoit dessein de se saisir de Condé, petite ville où la Haine se joint à l'Escaut, afin de piller tout le pays qui est au delà. Pour ce sujet il envoya Villequier, et sous lui le comte de Quincé et Le Plessis-Bellièvre, pour l'investir ; et y étant arrivé ensuite, il battit tellement les murailles de cette ville mal fortifiée, qu'elle se rendit le lendemain ; puis ayant passé delà la Haine, il mit tout le pays entre l'Escaut et le Dender au pillage. Ayant demeuré dans ce poste jusqu'au 21 de septembre, ne jugeant pas Condé en état d'être conservé durant l'hiver, il l'abandonna, et se retira vers la France, près de l'abbaye de Marolles ; et l'archiduc l'ayant appris, détacha le marquis Sfondrato pour attaquer La Mothe-aux-Bois, qu'il battit si vivement que le 10 d'octobre il en fut maître. Le comte d'Harcourt marcha pour le secourir ; mais étant arrivé à Arras, il en sut la prise, et perdit les régimens de Fabri, de Grandpré et Bumbach, qui furent défaits dans un parti qu'il avoit envoyé à la guerre. Il mit de là ses troupes en quartier d'hiver.

Durant cet été, la Reine, se croyant obligée de répondre aux avances que l'archiduc avoit faites pour traiter de la paix, demanda un lieu pour conférer, et même offrit d'envoyer où l'archiduc voudroit. Cette proposition fut acceptée ; et le comte de Pigneranda vint à Cambray, où Lyonne le fut trouver, qui étoit grand confident du cardinal ; mais cette conférence ne produisit aucun bon effet, parce que ce comte forma tant de difficultés, dans l'espérance qu'il avoit que les troubles de la France continueroient, qu'ils se séparèrent sans rien faire. Du côté d'Allemagne, on travailloit à l'exécution de la paix. Mais l'Empereur reçut une grande affliction par la mort de l'Impératrice sa seconde femme, sœur de l'archiduc d'Inspruck : elle arriva dans sa couche d'un fils nommé Charles-Joseph.

Dans l'Italie, la guerre ne fut pas fort sanglante cette campagne, parce que le cardinal Mazarin, voyant les mouvemens intestins qui se levoient en France, conseilla au duc de Modène de s'accommoder avec les Espagnols : ce qu'il fit au commencement de cette année, demeurant neutre entre les deux couronnes.

Le marquis de Caracène fut occupé une partie de l'été à recevoir la reine d'Espagne, fille de l'Empereur, laquelle étoit partie de Vienne avec le roi de Hongrie son frère. Ils arrivèrent ensemble à Milan, où ils firent leur entrée. Le Pape y envoya le cardinal Ludovisio, son légat *à latere*, pour lui porter la rose bénite qu'il a accoutumé d'envoyer aux grandes princesses qui se marient. Le roi de Hongrie demeura quelque temps à Milan, dans le dessein de passer en Espagne avec elle, et d'y épouser l'infante Marie-Thérèse, héritière de tous les grands États de Sa Majesté Catholique : mais il se trouva tant d'oppositions de tous les grands d'Espagne, qui ne vouloient pas tomber sous la domination des Allemands, mais souhaitoient le fils du roi de Portugal pour réunir ensemble les Espagnes, que le roi Catholique fut contraint, à son grand regret, de contremander le roi de Hongrie, et le prier de retourner en Allemagne, jusqu'à ce qu'il eût trouvé une plus favorable conjoncture pour achever l'alliance qu'il vouloit faire avec lui. Ainsi ce prince partit de Milan fort mal satisfait, et reprit le chemin de Vienne ; et la reine d'Espagne alla, peu de jours après, à Final, où elle s'embarqua sur les galères, et arriva heureusement en Espagne.

Après son départ, le marquis de Caracène se mit en campagne, où il ne trouva pas grande résistance, parce qu'à la cour de France on ne songeoit guère aux affaires d'Italie : tellement que ce marquis, qui étoit foible de son côté, voyant les places du duc de Savoie bien munies, fit embarquer à Final trois mille hommes de pied sous le général Pimiento, qui débarqua proche d'Oneglio, dont il se rendit maître en peu d'heures, et y laissa garnison, qui tenoit en bride toute la côte de Gênes, la principauté de Monaco et le comté de Nice. Le marquis de Caracène, sachant l'issue de ce dessein, marcha du côté de Ceva, dont il se saisit, et mit le siége devant le fort, qui se défendit si bien que Saint-Aunais eut loisir de le secourir, et força les Espagnols d'abandonner la ville. Quelque temps après, le marquis de Saint-Damien, avec un corps des troupes de Savoie, remit le siége devant Oneglio, dont il prit la ville d'abord, et aussitôt dressa ses batteries contre le château, qui capitula trois jours après ; et ce petit exploit fut la fin de la campagne en Italie.

Le passage de la reine d'Espagne et sa descente dans le royaume de Valence occupèrent tellement les Espagnols durant l'été, qu'ils ne purent se mettre en campagne qu'au mois de septembre ; et le 26 de ce mois, don Juan de Garai ayant joint des troupes qui venoient de Naples et de Sicile, entra dans la Catalogne, en résolution d'y faire un grand effort pour la remettre dans l'obéissance du roi Catholique. Son espérance étoit principalement fondée sur l'état de la France, qui ne la pouvoit secourir. Il partit dans ce dessein de Lerida, et attaqua Montblanc, qu'il prit en vingt-quatre heures. De là il marcha vers la plaine de Tarragone, où il mit le siège devant Constantine ; et l'ayant battue furieusement trois jours durant, il la força de se rendre à composition. Le lendemain il investit Salo, qu'il attaqua par terre, durant que les galères d'Espagne le battoient par mer; et y ayant brèche, il l'emporta d'assaut. Ensuite il tourna tête droit à Barcelone, et s'empara en passant du port de Siges, dans la pensée d'assiéger cette grande ville, croyant que les peuples, jaloux de leur liberté, ne se résoudroient jamais de recevoir des troupes françaises dans leur ville ; mais Marchin, lieutenant général de l'armée, fit si bien connoître aux magistrats le péril où ils seroient s'ils étoient sans troupes réglées, qu'ils consentirent de faire entrer dans Barcelone les régimens de Champagne, Sainte-Mesme, Auvergne et Montpouillan, sous le commandement de Nestir, sergent de bataille. Alors don Juan de Garai ne jugea pas ce siége facile; et changeant de dessein, il marcha pour charger La Fare, qui étoit avec de la cavalerie à Villefranche-de-Panadès, dans la croyance qu'il ne se pourroit retirer à cause des grands défilés par lesquels il lui faudroit passer. Mais il se trompa dans son projet : car l'ayant fait attaquer par le duc d'Albuquerque, il ne put empêcher qu'il ne passât la montagne en fort bel ordre, et ne se retirât à Martorel. Cependant les Catalans voyant qu'ils ne pouvoient être secourus de France ouvroient leurs bourses pour faire des levées, et se mettre en état de défense ; et pour faire diversion Marchin envoya le comte d'Ille, don Joseph d'Ardenne, avec deux mille hommes de pied, huit cents chevaux et deux pièces de canon, faire le dégât dans le royaume de Valence, où il pilla force petites villes, qui n'étoient pas assez fortes pour résister à l'artillerie. Don Juan de Garai, sur cette nouvelle, fit embarquer son infanterie pour secourir ceux de Valence ; et ayant abandonné Siges, il marcha du côté de Tarragone, dans le dessein de passer l'Èbre sur un pont de bateaux, et couper le comte d'Ille ; mais il trouva qu'il s'étoit retiré à Tortose : et ainsi ayant manqué son coup, et la saison étant fort avancée, il retourna devers Lerida pour prendre ses quartiers d'hiver, n'ayant pas fait le progrès qu'il s'étoit imaginé.

Nous avons vu comme Leurs Majestés partirent de Saint-Germain à la fin d'avril pour aller à Compiègne. Le prince de Condé les accompagna, croyant être maître de la cour : car venant de tirer le cardinal Mazarin d'un mauvais pas, il croyoit disposer de lui comme d'une personne qui lui devoit sa conservation, et qui, ne l'osant contrarier, le laisseroit régenter à sa mode. Le prince de Conti et le duc de Longueville, après quelques reproches, se réconcilièrent avec lui par le moyen de la princesse de Condé leur mère ; et le prince leur garantit tout ce que le cardinal leur avoit promis, exigeant d'eux qu'ils le verroient, et seroient de ses amis. Le duc de Bouillon fit offre de ses services au prince, et lui promit de s'attacher à ses intérêts : ce qui l'obligea d'entreprendre le raccommodement du maréchal de Turenne. Dès qu'il fut à Compiègne, il en parla au cardinal ; et quoique l'action qu'il avoit faite en Allemagne fût fort criminelle, il ne l'osa refuser. Ainsi ce maréchal, qui étoit en Hollande, fut mandé ; et en arrivant à la cour, il descendit chez le prince comme chez son protecteur, lequel le présenta à Leurs Majestés et au cardinal, desquels il fut fort bien reçu. Quelque temps après, le prince fut en son gouvernement de Bourgogne ; et comme la déclaration du mois d'octobre, confirmée par le traité de Ruel, donnoit la liberté à tous les prisonniers, et rappeloit d'exil tous les bannis qui dévoient être mis entre les mains du parlement pour être jugés, la duchesse de Chevreuse revint de Flandre, et le duc de Vendôme de Florence ; lequel au lieu de s'aller joindre au duc de Beaufort son fils et aux frondeurs sur le pavé de Paris, pour se venger du cardinal son ennemi, lassé de ses malheurs, et prévoyant que les rois demeurent toujours les maîtres, s'en alla droit à Compiègne saluer la Reine, après lui avoir fait trouver bon ; et ensuite il fut voir le cardinal, auquel il témoigna vouloir être de ses amis, et, oubliant toutes choses passées, s'attacher entièrement à sa fortune ; et pour s'unir davantage à ses intérêts, il lui demanda en mariage, pour le duc de Mercœur son fils aîné, la plus grande de ses nièces Mancini. La proposition d'un si grand parti chatouilla l'ambition du cardinal, qui en parla à la Reine, laquelle reçut cette nouvelle avec joie, et remercia le duc de Vendôme, et le traita plus favorablement que de coutume. Quelque temps après, le prince de Condé revint de son voyage de Bourgogne, et fut fort mal satisfait du mariage qui se traitoit. Il en fit de grands reproches au cardinal, lui disant que la maison de Vendôme étoit ennemie de la sienne, et qu'après les grandes obligations qu'il lui avoit, il ne devoit pas songer à s'allier avec elle, ni penser à aucun établissement sans sa participation. Le cardinal lui répondit qu'il n'avoit garde de rien faire qui pût lui déplaire, et qu'on avoit seulement proposé cette alliance sans entrer en matière ; mais qu'on n'en parleroit plus, puisqu'il ne l'avoit pas agréable. Il ne laissoit pas d'être fort fâché de cette opposition, et il fit dire par la Reine au duc de Vendôme le déplaisir où il étoit de ne pouvoir répondre à sa bonne volonté ; mais qu'il le prioit de demeurer dans ces mêmes sentimens, en attendant que le temps fût plus favorable pour les faire réussir. Dès l'heure, l'autorité avec laquelle le prince agissoit commença d'être à charge au cardinal, et les circonstances qui suivirent le lui rendirent à la fin insupportable : mais il dissimuloit prudemment, et feignoit de n'avoir d'autres pensées ni volontés que les siennes.

Cependant l'argent manquoit à la cour, tous les moyens extraordinaires d'en trouver lui étant ôtés, et les ordinaires ne venant qu'à peine, à cause de la foiblesse du gouvernement. On parloit de la Reine et du cardinal dans Paris avec telle insolence, et toutes les rues étoient si pleines de libelles diffamatoires contre eux, que ces excès l'obligèrent d'y envoyer M. le duc d'Orléans, lequel ayant fait assembler le prévôt des marchands et échevins, leur dit que le Roi avoit intention de revenir à Paris; mais que le peu de respect avec lequel on parloit de lui et de ses ministres l'empêchoit d'y retourner : c'est pourquoi, s'ils avoient envie de jouir de la présence de Leurs Majestés, il falloit qu'ils tinssent la main à réprimer ces désordres. Le prévôt des marchands répondit que la ville étoit si peuplée, qu'elle étoit remplie de gens de différentes humeurs; mais qu'il pouvoit assurer que les marchands et riches bourgeois étoient bien intentionnés, et souhaitoient avec passion de revoir Leurs Majestés dans leur ville : qu'il n'y avoit que la canaille qui étoit insolente, parce qu'elle n'avoit rien à perdre : mais qu'ils alloient travailler à châtier son audace et les auteurs de ces libelles, si on les pouvoit découvrir. En effet, il y eut un arrêt du parlement contre les auteurs et les imprimeurs de ces écrits séditieux : même il y en eut un de pris, qui fut condamné à être pendu; mais quand il fut au lieu du supplice, la populace s'émut, et se jeta avec furie sur les archers qui l'accompagnoient, et mirent le criminel en liberté. La ville députa au Roi pour l'assurer que les bourgeois n'avoient point contribué à cette sédition, et que ce n'étoit que le menu peuple, dont la licence ne se pouvoit arrêter que par la présence de Leurs Majestés, qui étoit absolument nécessaire. Ces remontrances ne pouvoient rassurer le cardinal, timide de son naturel; et il ne pouvoit se résoudre à ramener le Roi à Paris, où il voyoit le peuple si acharné contre lui. Il y arrivoit même des affaires nouvelles qui l'intimidoient encore davantage, et augmentoient sa crainte : comme un jour des valets de pied du Roi ayant été battus par ceux du duc de Brissac, Matas et Fontrailles leur dirent qu'ils devoient respecter les couleurs qu'ils portoient; mais les autres répondirent, avec un ton de moquerie, que les rois n'étoient plus à la mode, et que cela étoit bon du temps passé.

On ne parloit publiquement dans Paris que de république et de liberté, en alléguant l'exemple de l'Angleterre; et on disoit que la monarchie étoit trop vieille, et qu'il étoit temps qu'elle finît.

Ces choses donnoient de grandes inquiétudes à la Reine; et il se passa une affaire dans ce même temps, entre le duc de Beaufort et Jarzé, qui la fâcha encore au dernier point. Le marquis de Jarzé étoit un gentilhomme d'Anjou, qui avoit beaucoup de vivacité d'esprit et peu de jugement. Il étoit cornette des chevau-légers de la garde, et étoit devenu amoureux de mademoiselle de Saint-Maigrin, dont M. le duc d'Orléans, qui en étoit fort piqué, devint jaloux, et lui fit défendre de lui parler; mais n'ayant pas laissé de continuer, Son Altesse Royale le voyant entrer dedans le Luxembourg, commanda à La Frette, son capitaine des gardes, de le faire jeter par les fenêtres : ce qui eût été fait s'il n'en eût eu avis sur le degré. Depuis il se rendit agréable à la Reine et au cardinal, à cause qu'il parloit beaucoup, et débitoit ce qu'il disoit fort agréablement; même il étoit venu à un tel point de familiarité avec le cardinal, qu'il entroit chez lui à toute heure, quoique cela fût réservé à peu de gens; et il étoit de ses divertissemens particuliers, comme du jeu de la bauchette, qui étoit une espèce de jeu de boule à la mode d'Italie, auquel il se plaisoit fort, et pour lequel il s'enfermoit des après-dînées entières dans des jardins où personne n'entroit. Sa faveur augmentant, il se défit de sa charge entre les mains du comte d'Olonne, et le cardinal le fit pourvoir de celle de capitaine des gardes du corps, en la place du comte de Charost, lorsqu'il fut cassé, comme il a été dit ci-devant; mais l'injustice de sa disgrâce étoit si visible, qu'elle donna matière aux frondeurs d'écrire contre le cardinal, et de déclamer contre lui; tellement que ses meilleurs amis lui remontrant le tort qu'il se faisoit en le tenant éloigné, l'obligea de le rappeler, et de le rétablir dans sa charge. Pour récompenser Jarzé de celle qu'on lui ôtoit, quoiqu'elle ne lui appartînt pas, on lui donna celle de capitaine des gardes de Monsieur, frère du Roi. Comme il étoit fort dévoué au cardinal, et qu'il parloit souvent inconsidérément, le jour des Barricades, voyant le parlement entrer dans le Palais-Royal, il dit tout haut que si la Reine lui commandoit, il feroit paître l'herbe à tous ces bonnets carrés. Le parlement en voulut informer, mais l'accommodement qui se fit apaisa tout. Ensuite le siége de Paris étant formé, il commanda un corps pour suivre le marquis de La Boulaye dans le Maine, où il vendoit tout le sel des greniers; mais quand il fut arrivé dans ce pays, il reçut la nouvelle du traité de Ruel, qui obligea La Boulaye de mettre les armes bas, et d'obéir au Roi; et Jarzé étant demeuré seul le maître, imposa telle loi qu'il voulut. Quand il fut de retour à la cour, il prôna ses belles actions, et se vanta d'avoir contraint La Boulaye de désarmer, parlant de lui avec dérision. Quand La Boulaye le sut, il dit qu'il n'auroit jamais craint Jarzé, et l'auroit peut-être désarmé lui-même sans les ordres qu'il reçut du parlement; et pour faire cesser son babil, il le fit appeler, et se battit contre lui dans la forêt de Compiègne, où il lui ôta son épée. Cette disgrâce ne l'empêcha pas de retourner à la cour la tête levée comme à l'ordinaire; et tenant le cas secret, il alla se promener à Paris, d'où étant revenu, il dit au cardinal qu'il avoit été aux Tuileries, et que sans vanité il avoit fait quitter le haut du pavé au *roi des halles*: qualité qu'on donnoit à la cour au duc de Beaufort par raillerie, à cause de l'amitié que le peuple lui portoit. Or il faut remarquer que ceux du parti du Roi qu'on appeloit à Paris *mazarins* ne se mêloient point avec les *frondeurs*, et se saluoient seulement avec indifférence. Mais quand Jarzé eut fait sa cour aux dépens du duc de Beaufort, ce trait de vanité fut rapporté à Paris, et fit résoudre ce duc de s'en venger. Il prit son temps un soir que le commandeur de Souvré donnoit à souper chez Renard à bonne compagnie, dont Jarzé étoit du nombre; et en revenant du Cours, accompagné du maréchal de La Mothe, et de quantité de ses amis, il descendit chez Renard, et monta sur la terrasse, où il trouva les potages dressés, et les conviés se lavant les mains pour se mettre à table, lesquels voyant ce gros approcher, attendoient pour se mettre à table qu'il fût passé; mais le duc étant vis-à-vis prit la nappe par un des coins, et dit qu'il y avoit des gens dans la compagnie assez hardis pour se vanter qu'ils lui avoient fait quitter le pavé: ce qui étoit faux, mais que pour leur apprendre à lui porter le respect qu'ils lui devoient, il les enverroit souper ailleurs. Et en disant cela renversa la table et tous les plats qui étoient dessus; puis apercevant le duc de Candale, qui étoit son cousin germain, il lui dit que cela ne le regardoit pas, et qu'il étoit son serviteur: mais il lui répondit qu'il ne recevoit point son compliment, et qu'il tenoit l'injure faite à lui-même puisqu'il étoit de la troupe, et qu'il en auroit la raison avec le temps. Aussitôt ils se séparèrent, et se retirèrent chacun chez eux. Jarzé, offensé sensiblement, voulut obliger le duc de Beaufort de lui faire raison; mais il le refusa tout net. Le duc de Candale l'envoya appeler par le comte de Moret; et il lui répondit qu'il ne sortiroit point de Paris, et qu'il se battroit volontiers dans l'enclos des murailles de la ville, ne pouvant aller à la campagne parce qu'il n'y trouvoit pas sa sûreté, à cause que le cardinal Mazarin son ennemi le faisoit épier pour le faire arrêter. Le duc de Candale, par une raison contraire, ne voulut pas se battre dans Paris, n'y trouvant pas aussi sa sûreté, à cause que le peuple, idolâtrant le duc de Beaufort comme il faisoit, eût mis en pièces ceux qu'il eût trouvés l'épée à la main contre lui. Ainsi le duc de Beaufort ne se battit point, et l'affaire se termina par le combat de quelqu'un de ses serviteurs et de ceux du duc de Candale, lequel fit grand bruit de ce refus, parlant du duc de Beaufort avec beaucoup de colère et de mépris; mais il le laissa dire sans s'en mettre en peine, croyant avoir sa réputation si bien établie, qu'elle ne pouvoit recevoir aucune atteinte. Pour mettre sa personne encore plus en sûreté, il se logea dans la rue Quinquempoix, environné de peuple, où il se fit marguillier de la paroisse de Saint-Nicolas-des-Champs. Là, étant gardé et entouré de la populace, il se mit à couvert de l'insulte de tous ses ennemis.

Toutes ces choses donnoient bien de la peine à l'esprit de la Reine, qui étoit combattue de raisons différentes. D'un côté elle avoit grande répugnance à rentrer dans Paris, où elle prévoyoit qu'elle auroit peu d'autorité, et l'extrême crainte du cardinal Mazarin l'en détournoit aussi; mais de l'autre elle voyoit que plus elle retardoit d'y retourner, plus les affaires empiroient, et qu'il n'y avoit que sa présence qui pût rétablir l'autorité royale et réprimer l'audace des séditieux, outre qu'il étoit impossible d'avoir de l'argent que par cette voie. Après avoir balancé les raisons de part et d'autre, enfin les dernières considérations l'emportèrent, et la firent résoudre, quoiqu'à regret, de ramener le Roi dans Paris, elle en assura les députés de la ville, qui vinrent en ce temps-là à Compiègne, et leur ordonna de le dire à l'hôtel-de-ville. En effet, après que le roi d'Angleterre, venant de Hollande, eut passé par la cour, où il fût reçu magnifiquement, la Reine partit le 17 d'août, et vint coucher à Senlis; et le 18 elle dîna au Bourget, où une grande affluence du peuple de Paris vint pour voir le Roi. L'après-dînée, il fut rencontré au bout du faubourg Saint-Denis par le duc de Montbazon, gouverneur de la ville, et les prévôt des marchands et échevins, qui témoignèrent à Leurs Majestés l'extrême joie où étoit tout le peuple de les revoir dans Paris. En effet, la foule étoit si grande dans les rues pour voir le Roi, que son carrosse ne pouvoit passer; toutes les fenêtres étoient pleines de monde, et les gouttières et toits des maisons étoient couverts de gens à cheval dessus. La joie qu'ils eurent de la vue du Roi fut un peu tempérée par le déplaisir qu'ils reçurent de celle du Mazarin, qui étoit à la portière du carrosse de Sa Majesté, près du prince de Condé, qui les ramenoit dans Paris, comme il avoit promis.

Le Roi arriva de nuit au Palais-Royal, où le duc de Beaufort et le coadjuteur attendoient pour le saluer. Ils furent reçus fort froidement de la Reine, parce qu'ils ne voulurent point voir le cardinal: ce qui fut cause qu'ils ne la virent plus depuis. Le lendemain, toutes les cours souveraines vinrent rendre leurs respects à Leurs Majestés; et pour faire voir le Roi au peuple, on le fit aller à cheval, le jour de Saint-Louis, du Palais-Royal aux Jésuites de la rue Saint-Antoine, et quelques jours après la ville lui donna à collation dans son hôtel. Mais l'autorité n'en fut pas rétablie pour cela: les frondeurs continuèrent à parler du gouvernement et du ministre à l'ordinaire; ils demeuroient dans Paris sans voir le Roi ni la Reine: qui étoit une chose sans exemple; et Sa Majesté ne les osoit châtier, à cause du peuple qui les soutenoit; et il falloit qu'elle dissimulât cette injure, sans en témoigner de ressentiment. D'un autre côté, dans le cabinet elle étoit contrainte d'endurer la hauteur de l'esprit du prince de Condé, lequel, glorieux des services qu'il lui avoit rendus, vouloit tout gouverner à sa mode, et gourmandoit le cardinal avec mépris dès qu'il trouvoit la moindre contrariété à ses désirs.

Durant cet été, les troubles recommencèrent en Provence, où l'on avoit mis les armes bas par le traité de Ruel; mais les jalousies continuèrent entre le comte d'Alais et le parlement, soutenu du comte de Carces; et les esprits s'échauffèrent tellement de part et d'autre, qu'on reprit les armes, et le comte d'Alais empêcha les vivres d'entrer dans Aix. En Guyenne, les affaires commencèrent aussi à s'y brouiller: car le duc d'Épernon s'étoit mis la vanité tellement dans la tête, que quoiqu'il ne fût qu'un simple gentilhomme dont le père avoit été élevé par la faveur de Henri III, il s'imaginoit être prince, sous ombre que sa mère étoit de la maison de Grailli-Foix, laquelle sortoit des derniers comtes de Foix. Sur cette chimère, il vivoit en prince à Bordeaux, et traitoit la noblesse et le parlement avec une telle gloire, et si fort du haut en bas, qu'il irrita les esprits de tous les ordres du pays, lesquels ne pouvant souffrir cette façon d'agir, perdirent tout respect pour lui, et le chassèrent de Bordeaux par un soulèvement général, afin d'éviter sa vengeance. Il se retira en sa maison de Cadillac, où il se servit de l'autorité du Roi et assembla des troupes pour les châtier; mais beaucoup de noblesse s'étant jetée dans le parti de la ville et du parlement, arma pour leur service, et mit assez de troupes sur pied pour lui résister; et même Chambaret, ancien maréchal de camp, étant sorti avec six mille hommes, mit le siège devant Libourne; mais le duc d'Épernon vint au secours, et le battit; et dans la retraite Chambaret demeura mort sur la place. Sur ces nouvelles, la Reine ayant tenu conseil, prit la résolution de soutenir les gouverneurs en Provence et en Guyenne, sur ce que représentant le Roi, il n'appartenoit pas aux parlemens ni aux villes de prendre les armes contre eux; mais ils devoient s'adresser à la Reine pour se plaindre s'ils en avoient sujet. Quoique l'affaire fût pareille dans les deux provinces, le prince de Condé y mettoit différence selon sa passion: car il vouloit que le Roi protégeât le comte d'Alais parce qu'il étoit son cousin germain, et qu'il châtiât le parlement d'Aix, le comte de Carces, le président d'Oppède, et les plus mutins. Et au contraire, parce qu'il n'aimoit pas le duc d'Épernon, il vouloit qu'on l'ôtât de son gouvernement pour satisfaire les peuples de Guyenne, et les remettre dans leur devoir. Ce ne fut pas le sentiment du maréchal de Villeroy, qui étoit d'avis que l'affaire fût traitée d'égal des deux côtés; et cette contradiction à l'opinion du prince lui attira une dispute contre lui, et fut cause qu'il le traita fort rudement. Le cardinal appuyoit le duc d'Épernon, parce qu'il avoit envie de marier sa nièce Martinozzi au duc de Candale son fils; et il cachoit sa pensée, de peur de déplaire au prince. Pour pacifier ces troubles, on envoya d'Étampes, conseiller d'État, à Aix, lequel ayant conféré avec le parlement, trouva des tempéramens pour accommoder les affaires: dont le comte d'Alais étant demeuré d'accord, le Roi envoya une déclaration qui fut vérifiée; et ensuite le comte fit son entrée dans Aix, où il fut reçu avec beaucoup d'honneur, mais grande défiance des deux côtés. La Guyenne ne fut pas si facile à contenter: car la Reine ayant donné la charge de gouverneur de Monsieur au maréchal Du Plessis, le dépêcha en Guyenne pour trouver un moyen d'accommodement. Mais ceux de Bordeaux ayant donné leurs armes à commander à Sauvebœuf et à Théaubon, mirent le siège devant le château Trompette, qu'ils attaquèrent par tranchées; et l'ayant miné par deux endroits, s'en rendirent maîtres dans l'automne, et délivrèrent par là Bordeaux d'une citadelle qui l'incommodoit fort. Durant ce siége le maréchal Du Plessis s'étant avancé jusqu'à Lormont, manda au parlement qu'il désiroit entrer dans la ville pour conférer avec lui de la part de la Reine : mais on lui répondit qu'on ne pouvoit entrer avec lui en négociation que le château Trompette ne fût pris, et qu'après on l'écouteroit. Cette réponse déplut à la cour, et l'obligea d'envoyer deux huissiers du conseil pour interdire le parlement de Bordeaux. Cette rigueur aigrit davantage les esprits, qui envoyèrent au maréchal Du Plessis lui dire qu'il ne pouvoit être reçu dans la ville ; mais qu'ils consentoient que son frère l'évêque de Comminges y entrât. Il partit aussitôt de Lormont ; et ayant parlé aux commissaires nommés par le parlement, il trouva si peu de dispositions à l'accommodement, qu'il retourna sans rien faire près de son frère, qui se retira à Blaye, et manda au comte Du Dognon de s'avancer avec l'armée navale. Ce comte entra dans la Garonne, où il combattit les vaisseaux bordelais, qui se retirèrent tout percés de coups de canon à l'abri de l'artillerie de la ville. En même temps le comte Du Dognon fit une descente, et attaqua Sauvebœuf et le marquis de Lusignan près de Langon, lesquels se retirèrent dans Bordeaux après une chaude escarmouche. Alors le parlement ne fut plus si fier, et renvoya des députés au maréchal Du Plessis, lequel enfin leur persuada d'obéir à la Reine. Ils s'y soumirent à certaines conditions, entre autres que le château Trompette demeureroit en leur puissance ; mais qu'ils obéiroient aux ordres du duc d'Épernon. La déclaration du Roi sur cet accord fut vérifiée à Bordeaux, et aussitôt on mit les armes bas ; mais le duc d'Épernon n'osa entrer dans la ville, ne s'y croyant pas en sûreté, et se retira dans Agen. Ainsi ce désordre fut plutôt plâtré qu'éteint, car les jalousies et défiances continuèrent plus que jamais : mais la Reine fut contrainte de relâcher de son autorité, ne pouvant mettre ordre à tant d'affaires à la fois dedans et dehors le royaume.

Le duc d'Épernon continuant dans sa chimère de vanité, et se prévalant de l'envie que le cardinal avoit de faire épouser sa nièce au duc de Candale, demanda de tenir le rang de prince à la Cour, comme les bâtards de France et les maisons de Savoie et de Lorraine. Quoique cette demande ne fût pas raisonnable, et qu'il ne fût pas en la puissance du Roi de la lui accorder, parce que les princes ne se peuvent pas faire par une lettre patente ni un grand sceau, mais par la seule naissance, néanmoins le cardinal, qui ne savoit point les règles, et ne connoissoit point le dedans de la France, écouta cette proposition ; et le prince de Condé en ayant ouï parler, demanda que le même avantage fût accordé à la maison de Bouillon, nommée de La Tour. Le prince de Conti en même temps insista pour le prince de Marsillac et la maison de La Rochefoucauld ; et ensuite ceux de Rohan, qui avoient déjà commencé d'en jouir, firent du bruit, et le duc de La Trémouille le demanda avec empressement. Quand ce bruit fut épandu dans la Cour, tous les gens de qualité en furent offensés, prétendant qu'on ne pouvoit, sans leur faire injure, mettre cette distinction entre eux, contre l'ancien usage du royaume : et pour empêcher que cela ne s'exécutât, Manicamp, Saint-Luc, Saint-Maigrin et le marquis de Cœuvres s'assemblèrent, poussés à cela par la Reine, et résolurent de parler à leurs amis pour se joindre à eux. En effet, l'assemblée augmenta jusqu'à trente personnes, qui se trouvèrent le lendemain chez le marquis de Montglat, maître de la garde-robe du Roi, où on signa une association pour empêcher cette nouveauté, avec promesse de ne se point abandonner les uns les autres, et de demeurer unis. Par le même écrit, toute la noblesse du royaume fut exhortée de se joindre à une cause si juste, et de signer cette union. Tous les jours on s'assembloit ; et la pelote grossissant, la salle du marquis de Montglat n'étant pas assez grande pour tenir tant de monde, il fut résolu de prendre la maison du marquis de Sourdis pour le lieu de l'assemblée.

Sur ces nouvelles, il vint des gentilshommes de toutes les provinces de France pour signer, et ceux du parti de la Fronde s'y mêlèrent aussi, lesquels commencèrent à parler d'affaires plus importantes que celles dont il s'agissoit : mais comme le sujet de l'assemblée étoit pour empêcher la multiplication des princes, il fut arrêté qu'on ne parleroit que de cela, et qu'on députeroit aux princes bâtards de France et à ceux de Lorraine et de Savoie, pour les supplier de se joindre à la noblesse, puisqu'il y alloit de leur intérêt d'empêcher que des particuliers s'élevassent à leur égal, n'ayant que la naissance qui le pût faire. Les princes se trouvèrent chez le duc de Vendôme pour recevoir la députation ; et le lendemain ce duc vint à l'hôtel de Sourdis assurer la noblesse, de la part des princes, de leur jonction avec elle. On députa aussi chez les ducs et pairs qui étoient chez le duc d'Uzès, qui promirent aussi leur union, et de s'opposer à l'entreprise qu'aucun de leur corps voudroit faire pour s'élever au dessus des autres. Le duc de Schomberg en vint donner parole aux gentilshommes de leur part. Le clergé fut prié de s'assembler extraordinairement pour ce sujet ; et les députés de la noblesse le furent prier de ne l'abandonner pas en cette occasion, puisque de tout temps l'Eglise et elle avoient toujours pris les intérêts l'une de l'autre. L'archevêque d'Embrun, de La Feuillade, vint un jour après offrir à la noblesse union et service, avec assurance que le clergé suivroit son ancienne coutume, qui étoit de ne se point séparer d'intérêts d'avec elle. Cependant la Reine apprenant que la salle de l'hôtel de Sourdis ne pouvoit suffire pour tenir le grand nombre de noblesse qui abordoit de toutes parts, et que cette assemblée devenoit dangereuse, parce qu'étant composée de plusieurs sortes d'esprits, il y en avoit qui parloient de la réformation de l'État, et de demander les États-généraux qu'elle avoit convoqués durant le siége de Paris, elle résolut, ne se sentant pas assez forte pour la rompre, d'y envoyer les maréchaux de France pour y présider, et empêcher qu'il ne s'y traitât d'aucune affaire qui choquât son autorité. Les maréchaux d'Estrées, de Schomberg, de l'Hôpital et de Villeroy y vinrent pour ce sujet ; lesquels ayant assuré la noblesse de la protection de Leurs Majestés, dirent qu'ils étoient venus de leur part pour conférer avec l'assemblée, et chercher les moyens de la satisfaire. Comme l'affluence étoit si grande qu'elle ne pouvoit plus tenir dans cette salle, le maréchal de l'Hôpital offrit la sienne, qui étoit beaucoup plus grande ; et le lendemain on s'y assembla. Les maréchaux assurèrent la compagnie que la Reine ne donneroit aucun rang de prince qu'à ceux qui étoient nés tels, et qu'ils avoient ordre de lui en donner parole de sa part. On délibéra là dessus pour l'exécution de cette promesse, et en chercher la sûreté. La Reine offroit un brevet, mais on vouloit une déclaration vérifiée en parlement. La Reine n'y vouloit pas consentir, disant que ce n'étoit pas au parlement à se mêler du rang des grands de l'État, ni des honneurs du Louvre, qui dépendoient purement de la volonté du Roi ; mais comme elle vouloit, de quelque façon que ce fût, faire séparer l'assemblée qu'elle avoit fomentée elle-même, ne croyant pas qu'elle iroit si loin, elle envoya tous les gentilshommes de la maison du Roi, de la sienne, de celle de Monsieur, de Son Altesse Royale et de Madame, pour fortifier son parti ; si bien que quand on vint à la délibération, quoique les frondeurs opinassent à la déclaration, les deux tiers des voix furent à se contenter du brevet, selon la volonté de la Reine. Ainsi l'assemblée fut rompue, et les députés furent nommés pour aller remercier Leurs Majestés et Son Altesse Royale. Le cardinal souhaitoit fort, pour l'honneur du monde, d'être aussi remercié ; mais comme cela n'avoit pas été résolu dans l'assemblée, où on n'eût osé le proposer à cause des frondeurs qui s'y seroient opposés, quand tout fut séparé, le maréchal de Villeroy, pour le contenter, sans mission et de son chef, prit quatre de ses amis, et l'alla remercier de la part de la noblesse, qui n'étant plus assemblée, ne le pouvoit désavouer. Le cardinal les reçut en audience, et les reconduisit en cérémonie, comme s'ils eussent été tous de bons députés.

La Reine n'étoit pas plus tôt sortie d'une affaire, qu'elle rentroit dans une autre. Elle étoit dans Paris sans autorité ; la licence du peuple étoit aussi grande qu'avant son retour, et les frondeurs rouloient sur le pavé la tête haute, sans rien craindre, et sans voir le Roi. L'argent manquoit entièrement ; et dès que le siége de Paris fut fini, la Reine voyant que le maréchal de La Meilleraye n'étoit pas propre à la surintendance des finances, l'en avoit déchargé, et d'Aligre et Morangis en eurent seuls l'administration comme directeurs ; mais Sa Majesté voyant que tout alloit trop lentement, et que les affaires se ruineroient faute d'argent, fit revenir d'Emery, à la persuasion des gens d'affaire, et selon le désir du cardinal : elle lui joignit d'Avaux par honneur seulement, car il ne se mêloit de rien.

Si la Fronde donnoit de la peine à la Reine, le prince de Condé lui en donnoit encore plus : car il prenoit les choses d'une telle hauteur, qu'il vouloit que dans le conseil tout passât à son avis, et il traitoit le cardinal comme un homme qui ne subsistoit que par lui. Il le pressa de donner le Pont-de-l'Arche au duc de Longueville, comme il avoit été accordé par le traité de Ruel : mais le cardinal lui avoit promis à dessein de ne le pas faire, à cause que ce duc tenant Caen et Dieppe, il eût été maître de la Normandie. Il retarda le plus qu'il put l'exécution de cet article ; et enfin se voyant persécuté par le prince, il s'excusa sur la volonté de la Reine, qui s'y opposoit formellement ; mais le prince, qui savoit le pouvoir qu'avoit le cardinal sur l'esprit de Sa Majesté, ne se contenta pas de ces raisons, et le gourmanda au dernier point ; et sur ce qu'il éleva sa voix pour répondre, le prince lui passa la main devant le nez, comme pour lui donner une nasarde, et lui dit en se moquant : « Adieu, Mars ! » et sortit de sa chambre dans le dessein de ne le plus voir. Le duc de Beaufort et le coadjuteur furent sur ce bruit à l'hôtel de Condé lui offrir leurs services contre le cardinal. Ils furent reçus à bras ouverts, et dans leur conversation on n'oublia rien de tout ce qui se peut dire d'outrageant contre lui. Mais la Reine voyant qu'elle ne se pouvoit maintenir contre la Fronde sans l'appui du prince, fut contrainte de plier, et de donner le Pont-de-l'Arche au duc de Longueville; et par ce moyen le cardinal se raccommoda avec le prince, au grand déplaisir des frondeurs. Les médiateurs de cette réconciliation étoient le maréchal de Gramont et Chabot, qui portoit le titre de duc de Rohan. Ce dernier étoit fort attaché au prince, qui l'avoit fort aidé à cette haute fortune; et il étoit aussi fort bien avec le cardinal, qui se servoit de lui pour modérer les boutades du prince, et le ramener à la raison.

Jarzé croyant que le prince seroit toujours le maître, et que le cardinal ne pourroit jamais se passer de lui, le rechercha avec soin, et lui voulut faire croire qu'il étoit fort dans ses intérêts. Le prince ne négligea point l'offre, et fut bien aise de se l'acquérir pour savoir par lui ce qui se passeroit de plus particulier dans le Palais-Royal. Or Jarzé étoit fort ami du duc de Candale, lequel il persuada de s'attacher aux intérêts du prince; et il lui dit son dessein, et qu'il vouloit faire le duc de Candale son serviteur. Un jour, il l'entretint long-temps sur ce sujet dans sa chambre: dont le duc de Rohan fut étonné, et dit au prince qu'il étoit surpris des grandes conversations qu'il avoit avec cette tête sans cervelle; sur quoi il lui répondit que cet homme lui étoit utile, parce qu'il s'étoit donné à lui, et qu'il l'informoit de tout ce qui se faisoit et disoit chez la Reine et le cardinal, et même qu'il alloit attirer le duc de Candale dans ses intérêts. Ce discours fut rapporté au cardinal le jour même par le duc de Rohan, dont il fut fort étonné, principalement à cause que Jarzé savoit bien le mariage qu'il prétendoit faire d'une de ses nièces avec le duc de Candale à l'insu du prince; et cependant il le lui vouloit débaucher. Il dissimula sur l'heure son déplaisir, et en avertit la Reine, avec laquelle il chercha les moyens de perdre Jarzé sans que le prince y fût mêlé. Il s'étoit mis dans la tête qu'il n'étoit pas mal avec la Reine, et que s'il vouloit lui faire galanterie il seroit bien reçu; et même qu'il se rendroit si considérable, qu'étant appuyé du prince, il pourroit supplanter le cardinal. Dans cette vision il s'assujétit fort auprès d'elle, étant toujours propre et bien vêtu, et s'attacha près de madame de Beauvais, première femme de chambre de Sa Majesté, et lui fit confidence de son dessein. Cette dame goûta fort sa proposition; et comme elle n'étoit pas ennemie de nature, et qu'elle avoit toujours mené une vie de plaisir, elle s'offrit d'être la confidente de son amour. Et comme il n'osoit pas se déclarer à la Reine même, un jour qu'il fut se promener à Armanvillers en Brie chez Beringhen, premier écuyer du Roi, où il séjourna quatre ou cinq jours, il écrivit à madame de Beauvais, et lui manda que quoiqu'il fût dans un fort beau lieu et en bonne compagnie, où l'on faisoit grande chère, il s'ennuyoit au dernier point, ne pouvant avoir de joie quand il étoit séparé de ce qu'il aimoit; et qu'il la prioit de lui rendre de bons offices, lui faisant fort bien entendre que c'étoit de la Reine qu'il parloit. Madame de Beauvais montra la lettre à Sa Majesté, et lui dit tout ce qu'il falloit pour servir son ami, selon son inclination naturelle; mais la Reine reçut cela fort froidement, et le rendit au cardinal, avec lequel elle l'avoit concerté. Quand Jarzé fut de retour, dès qu'il se présenta devant elle au sortir de la messe, en présence de tout le monde elle lui dit qu'elle ne l'avoit jamais cru trop sage; mais qu'elle n'eût pas pensé qu'il eût été achevé fou; qu'il tenoit de son grand-père maternel, le maréchal de Lavardin, qui avoit été chassé pour avoir voulu faire le galant de la reine Marie sa belle-mère; qu'elle le trouvoit bien insolent de se présenter devant elle après l'audace qu'il avoit eue; qu'il étoit un bel homme pour l'oser seulement regarder; et qu'il sortit du Palais-Royal, où elle lui défendoit de jamais rentrer, ni de se représenter devant elle; et qu'elle ne le vouloit jamais voir. Jarzé sortit tout confus, et alla trouver le prince de Condé pour lui conter l'affront qu'il venoit de recevoir: celui-ci lui promit sa protection, et qu'il le rétabliroit, à la barbe du cardinal. Et en effet il l'entreprit hautement: mais le cardinal dit qu'il ne pouvoit pas se mêler d'une affaire de cette nature qui regardoit la personne de la Reine, laquelle tint ferme jusqu'au bout. Madame de Beauvais fut enveloppée dans cette disgrâce; car elle eut ordre de se retirer en sa maison de Gentilly, où elle fut un an, et puis elle fut rappelée près de Sa Majesté.

Comme l'esprit de l'homme ne se contente jamais, le duc de Longueville n'eut pas plus tôt le Pont-de-l'Arche, qu'il jeta les yeux sur le Havre-de-Grâce pour s'en rendre maître. C'étoit la plus considérable place de Normandie, laquelle étoit exempte de sa juridiction; et c'est ce qui lui en donnoit le plus d'envie. Le cardinal de Richelieu l'avoit laissée au duc de Richelieu son petit-neveu, sous la tutelle de la duchesse d'Aiguillon, laquelle tenoit son neveu fort de court, quoiqu'il commençât à être d'âge à goûter les plaisirs du monde. Le prince de Condé voulut favoriser le dessein du duc de Longueville pour s'emparer du Havre; et pour ce sujet il fit mille caresses à ce jeune duc pour le gagner. Cela lui réussit aisément; car il étoit las d'être sous le gouvernement de sa tante, et il ne désiroit autre chose que d'être sous sa foi, et de vivre en liberté dans les divertissemens de son âge; et c'est de quoi les jeunes gens qui étoient près du prince le flattoient le plus. Or, pour le brouiller tout-à-fait avec la duchesse d'Aiguillon et les rendre irréconciliables, on le fit devenir amoureux de madame de Pons, fille de Du Vigean et veuve de Pons, frère de Miossens, de la maison d'Albret; et on ménagea si bien cette affaire, qu'un jour le prince fut à Trie chez le duc de Longueville, où le duc de Richelieu et madame de Pons se trouvèrent; et là sans bruit et en cachette on les fit épouser. Aussitôt on mit dans la tête à ce duc qu'il devoit être maître de son bien, présentement qu'il étoit marié, et principalement du Havre-de-Grâce, étant ridicule qu'une place de cette conséquence fût entre les mains d'une femme. Ces conseils l'obligèrent d'aller au Havre pour s'en rendre maître. Il y fut reçu avec beaucoup d'honneur; mais celui que la duchesse d'Aiguillon y avoit mis lui garda fidélité, et demeura le plus fort dans la citadelle. Dès que la nouvelle de ce mariage fut sue à la cour, la Reine fut extrêmement surprise; car, sachant que le duc étoit dans le Havre, elle ne douta point qu'il n'en fût le maître, et par conséquent le duc de Longueville. Cette entreprise lui paroissoit si hardie, qu'elle en crevoit de dépit, sans oser témoigner son déplaisir, à cause de sa foiblesse et de la puissance du prince. Le cardinal en étoit au désespoir; et la protection du prince lui devenoit onéreuse, parce qu'elle dégénéroit en tyrannie. Il vouloit emporter tout de haute lutte : comme depuis peu le chancelier lui refusant de sceller quelques lettres, il lui présenta le poing en le menaçant. Ces façons d'agir mettoient la Reine dans de grands embarras : car, nonobstant les peines que le prince lui donnoit, elle croyoit ne se pouvoir passer de lui, à cause de la haine que les frondeurs et tout le peuple portoient au cardinal, lesquels l'accableroient sans doute s'il étoit abandonné du prince. Dans l'incertitude où elle étoit, ne sachant quel parti prendre, la duchesse d'Aiguillon, outrée du mariage de son neveu, se voyant déchue de l'espérance de l'allier à un des plus grands partis de France, vint trouver Sa Majesté pour lui faire ses plaintes. Elle la trouva dans une si grande colère qu'elle, lui disant qu'il n'y avoit rien qu'elle ne fît pour s'en venger; mais qu'elle étoit dans l'impuissance de le faire. La duchesse lui répondit qu'elle ne connoissoit pas ses forces; qu'elle seroit plus puissante qu'elle n'étoit quand elle voudroit, et qu'il y avoit un coup beau à faire. La Reine la voulant faire expliquer davantage, elle lui fit entendre que, pour rentrer dans son autorité, elle devoit s'assurer de la personne du prince, qui la tenoit comme en tutelle ; et que les frondeurs, qui ne l'aimoient pas, en seroient fort aises, et redeviendroient par là serviteurs de Sa Majesté. La Reine d'abord rejeta ce conseil comme trop périlleux, et l'attribuant à la passion de la jeunesse ; mais, en ayant conféré avec le cardinal, ils ouvrirent tous deux les yeux, et demeurèrent d'accord que le prince s'alloit rendre tellement puissant, que quand le Roi seroit majeur il ne seroit pas en son pouvoir de le détruire; et que les frondeurs, qui n'étoient pas de si grande qualité, n'étoient pas tant à craindre. Durant ces irrésolutions, la duchesse de Chevreuse, qui voyoit quelquefois la Reine, se souvenant de l'ancienne familiarité qu'elle avoit eue autrefois avec elle, s'avança de lui dire qu'elle trouvoit Sa Majesté fort chagrine. Elle lui répondit qu'elle en avoit sujet, et qu'elle étoit persécutée de tous côtés. Sur quoi la duchesse lui repartit que si elle vouloit parler des frondeurs qui étoient tous de ses amis, elle lui répondoit qu'ils seroient ravis de lui rendre service, et que la raison pourquoi ils ne lui rendoient point leurs respects étoit à cause de la haine qu'elle leur portoit, laquelle ils attribuoient aux mauvais offices que le prince et le cardinal leur rendoient; et qu'ils n'osoient mettre le pied chez elle, de peur de lui déplaire, et de n'y pas trouver leur sûreté tant que le prince auroit crédit près d'elle. La Reine dit qu'on ne pouvoit être son serviteur si on n'étoit ami du cardinal : sur quoi la duchesse répliqua que si le cardinal vouloit être de leurs amis, ils seroient ravis d'être des siens, et qu'elle se chargeoit de leur en parler si Sa Majesté le trouvoit bon. La Reine lui ayant permis, elle en parla au coadjuteur et à la duchesse de Montbazon, qui avoit tout pouvoir sur l'esprit du duc de Beaufort; et Ondedei eut une grande conférence en cachette avec le marquis de La Boulaye, qui promit de servir la Reine. Le cardinal avoit grande peur que le prince ne découvrît cette menée, durant laquelle il témoignoit plus de haine et de défiance que jamais contre les frondeurs.

Or sur ce que les brouilleries de l'Etat et le défaut d'argent empêchoient de payer à l'ordinaire les rentes de l'hôtel-de-ville, les rentiers s'assemblèrent, et élurent pour leur syndic Joly, conseiller au Châtelet, homme entièrement dévoué au coadjuteur. Un soir que ce Joly étoit en carrosse par la ville, on tira un coup de pistolet qui perça ses mantelets sans le blesser, et sans qu'on pût savoir d'où ce coup étoit parti. Aussitôt le bruit s'épandit qu'on avoit voulu tuer le syndic des rentiers, et que c'étoit le cardinal qui en étoit l'auteur. Le lendemain matin, la rumeur s'augmentant, le marquis de La Boulaye se trouvant dans le Palais mit l'épée à la main, et pensant exciter une sédition par le crédit qu'il s'étoit acquis parmi le peuple depuis le siége de Paris, cria qu'on avoit voulu tuer le syndic des rentiers; qu'il ne le falloit pas endurer, qu'on fermât les boutiques, et qu'on tendît les chaines. Il eut beau faire du bruit, personne ne lui obéit : mais seulement les marchands du Palais et ceux du quai des Orfèvres, craignant qu'on ne pillât leurs maisons, chargèrent leurs arquebuses, et en firent prendre à leurs valets, pour être en état de défense en cas de désordre. Ces sortes de gens peu entendus à ce métier, ne faisoient que tirer en l'air : tellement que le soir, les courtauds de boutique de la place Dauphine tiroient incessamment sans savoir pourquoi ; et baissant trop bas le bout de leurs armes, donnèrent de deux balles dans le carrosse du prince de Condé, qui retournoit à vide à neuf heures du soir, et passoit sur le Pont-Neuf, au clair de la lune, pour retourner à l'hôtel de Condé. Sur la minuit, le carrosse fut requerir le prince chez le maréchal de Gramont, où il avoit soupé, et ses valets de pied lui contèrent ce qui étoit arrivé. Aussitôt tout le monde accusa les frondeurs d'avoir attenté contre la vie du prince, parce qu'ils voyoient bien qu'ils n'auroient jamais de part aux affaires tant qu'il subsisteroit; et sur cette conjecture beaucoup de gens l'accompagnèrent chez lui pour empêcher qu'on n'entreprît sur sa personne. Le lendemain, il fut trouver la Reine, à laquelle il se plaignit de la conspiration faite contre sa vie. Là il y eut un grand conseil, où il fut résolu, à cause de la foiblesse de l'autorité royale, de présenter requête au parlement, pour demander justice de ceux qui avoient été si hardis que de conspirer contre la vie du premier prince du sang de France. On prétendoit, sans désigner personne, vérifier par les informations que c'étoient les frondeurs qui en étoient complices, et qu'on leur feroit faire leur procès, par lequel on les châtieroit de toutes leurs rébellions passées. Le lendemain, la requête du prince fut présentée, sur laquelle le parlement ordonna qu'il seroit informé de cette action, et que le marquis de La Boulaye seroit pris au corps, pour avoir voulu faire émouvoir le peuple. Ce marquis, étonné de cet arrêt, fit dire au cardinal qu'il savoit bien que c'étoit par son ordre qu'il avoit fait tout ce bruit, et qu'il le prioit de le tirer de cet embarras. En effet, il lui envoya des chevaux de son écurie, avec ordre secret aux gouverneurs des places frontières de lui donner toute assistance. Ainsi il se sauva hors du royaume, sans que personne connût la fin de cette intrigue : au contraire, tout le monde croyoit que le cardinal fût son plus grand ennemi et principal persécuteur. Jamais on n'a pu bien découvrir les motifs du cardinal dans cette affaire; mais les plus éclairés de la cour ont cru qu'il fit ce qu'il put, de concert avec les frondeurs, pour émouvoir une sédition, dans la pensée que le prince, hardi comme il étoit, sortiroit lui-même pour l'apaiser, et qu'il le feroit assommer dans le tumulte, sans qu'on pût connoître ni soupçonner d'où le coup fût venu. Mais plus il cherchoit sous main des moyens de le perdre, plus il faisoit paroître de zèle pour son service, et de reconnoissance des obligations qu'il lui avoit; et plus la Reine souhaitoit de le ruiner, plus elle témoignoit de passion de venger l'injure qu'il avoit reçue, et de désir de pousser les frondeurs. Ainsi finit cette année : nous verrons dans la suivante la fin de toutes ces intrigues.

SEIZIÈME CAMPAGNE.

[1650] Au commencement de cette année, le prince de Condé continua ses poursuites au parlement, pour avoir raison du prétendu assassinat attenté contre sa personne. On travailloit aux informations, et la Reine étoit ravie de cet accident, parce que son autorité étant usurpée, tant par le prince qui se rendoit le maître sous ombre de la servir, que par les frondeurs qui lui résistaient de crainte d'être châtiés pour le passé, elle espéroit, de quelque côté que la chance tournât, se venger de l'un ou de l'autre. Comme il lui étoit important, pour maintenir Paris dans le devoir, qu'il y eût un gouverneur à sa dévotion, et que le duc de Montbazon n'en pouvoit plus faire la charge par son extrême vieillesse, elle en fit pourvoir le maréchal de L'Hôpital, homme fort zélé au service du Roi, et attaché au bien de l'État. Quoiqu'elle eût fort souhaité de secouer le joug de tous ceux qui vouloient brider son pouvoir, elle étoit tellement lasse de la fierté du prince, qu'elle penchoit plus du côté des frondeurs, lesquels la duchesse de Chevreuse avoit disposés à la servir; et elle avoit manié leurs esprits de sorte que le coadjuteur, le plus habile de tout le parti, fut voir le soir le cardinal en habit déguisé, par une porte de derrière. Ces visites cachées recommencèrent souvent; et la duchesse de Montbazon répondit de la conduite du duc de Beaufort, qu'elle gouvernoit absolument. Le président de Bellièvre fut employé dans cette négociation, lequel conseilla au duc de Beaufort d'aller voir le prince de Condé sur son affaire, à cause que n'étant point nommé dans l'accusation, on trouveroit à redire s'il n'y alloit pas, et on prendroit sur cela prétexte de le charger encore davantage. Il fut chez le prince sans le trouver; et sachant qu'il soupoit chez le maréchal de Gramont, il s'y en alla, où il trouva la compagnie prête à se mettre à table, laquelle fut fort surprise de sa venue, parce qu'il étoit d'une cabale opposée à la leur. Il entra néanmoins fort hardiment, et dit au prince qu'ayant su que quelques personnes avoient attenté contre lui, il venoit lui offrir son service. Le prince le reçut fort civilement, et lui répondit qu'il le remercioit de sa bonne volonté; que le parlement faisoit informer de cette action, et que ceux qui se trouveroient coupables seroient punis si on les pouvoit découvrir; et en même temps il le pria à souper avec lui. Il accepta cette offre, et se mit à table au grand étonnement de toute l'assemblée, qui fut contrainte par sa présence : mais il y demeura de peur qu'on n'imputât son refus à timidité, et pour faire voir que sa conscience ne lui reprochoit rien, et qu'il ne craignoit personne de la compagnie. Cette aventure causa beaucoup de frayeur au cardinal; car dès qu'il sut que le duc de Beaufort soupoit avec le prince, il crut qu'ils s'étoient raccommodés à ses dépens, et s'étoient découvert l'un et l'autre tout le mystère : mais le soir le prince le rassura, lui faisant savoir comme tout s'étoit passé. Le lendemain, il fut au parlement sans prendre sa place, et demeura dehors comme suppliant, voulant prouver, par les informations, que le duc de Beaufort et le coadjuteur étoient ceux qui avoient conspiré contre sa vie. Alors ils travaillèrent tous deux à se justifier ; et ne pouvant plus prendre leurs places, étant accusés, ils se trouvoient tous les matins dans la grand'salle du Palais avec tous leurs amis, et le prince avec les siens, tous l'épée au côté et le pistolet et le poignard sous le manteau. M. le duc d'Orléans, sachant ce désordre, alla tous les jours au Palais pour contenir par sa présence tout le monde dans le respect; mais la passion et l'animosité vinrent à un tel point, même parmi les juges, que la plupart mirent des baïonnettes sous leurs robes pour s'en servir dans l'occasion. Les frondeurs récusèrent le premier président Molé, comme étant trop attaché au prince, à cause de son fils Champlâtreux; mais ils furent par arrêt déboutés de leur récusation. La Reine faisoit semblant d'être passionnée pour l'intérêt du prince et dissimuloit admirablement, pour le faire tomber dans le piége qu'elle lui tendoit : mais une seule chose l'embarrassoit, qui étoit le grand attachement que l'abbé de La Rivière avoit pour lui.

Nous avons vu comme le prince de Conti l'avoit traversé pour son chapeau de cardinal, et qu'enfin il s'étoit relâché en sa faveur. Or cet abbé voyant que ce prince seul pouvoit s'opposer à sa prétention, il s'étoit lié fort étroitement avec lui pour assurer son affaire, et lui avoit promis de l'avertir de tout ce qui se passeroit à la cour à son préjudice; tellement que la Reine ne pouvant rien faire sans la participation de Monsieur, qui étoit gouverné par La Rivière, elle perdoit l'espérance que son dessein pût réussir; mais il arriva une affaire qui facilita le projet de Sa Majesté, qui fut que Son Altesse Royale étoit fort amoureux de mademoiselle de Saujon, fille d'honneur de Madame, laquelle il avoit fait sa dame d'atour. Elle se mit dans une grande dévotion, et se retira dans un couvent sans dire mot. Cette retraite fâcha tellement Monsieur, qu'il résolut de l'enlever de ce monastère; et comme lorsqu'on a quelque chose sur le cœur on est ravi de pouvoir s'ouvrir à ses amis, il découvrit sa douleur à La Rivière, pensant en être consolé, mais ce favori, ravi que cette dame se fût retirée, ne pouvant souffrir que la faveur de son maître fût partagée, tourna son affliction en raillerie, et conseilla à Monsieur de n'y plus songer, et de la laisser en repos où elle étoit. Ce discours lui fit soupçonner qu'il étoit l'auteur de sa retraite; et dès l'heure il conçut de l'indignation contre lui. Il le témoigna devant des gens qui le rapportèrent à la Reine, qui le redit aux duchesses de Chevreuse et de Montbazon, lesquelles lui en firent la guerre, voyant qu'il y faisoit bon. En effet, Monsieur leur avoua le dépit qu'il avoit du procédé de La Rivière; et lors ces dames poussèrent leur pointe, et lui firent honte de s'être laissé si long-temps gouverner par cet homme, qui étoit de si basse naissance, et empêchoit qu'on ne lui pût communiquer aucun secret, de crainte qu'il ne le lui redit. Comme il n'étoit pas content de lui, il prit plaisir à en ouïr dire du mal, et même il leur promit de s'en défaire; et dans cette ouverture qu'il leur fit de ses sentimens, elles lui dirent l'envie que les frondeurs avoient de se réunir au service du Roi; et lui représentèrent avec quelle autorité le prince de Condé disposoit de tout à son préjudice, quoiqu'il fût lieutenant général de l'État; qu'on ne s'adressoit à lui pour aucune grâce, et qu'on ne le comptoit pour rien, mais que tout alloit au prince. Elles le tourmentèrent tellement là-dessus, qu'elles le tournèrent de leur côté; et ayant averti la Reine, elle lui en parla, et le fit convenir que le prince s'élevoit trop, et lui confia l'envie qu'elle avoit de l'abaisser, et même lui fit trouver bon, après avoir tiré parole de lui qu'il n'en parleroit point à La Rivière. Alors les frondeurs conclurent leur traité, par lequel ils promirent d'être dans les intérêts de la Reine et du cardinal, à condition que les princes de Condé, de Conti, et duc de Longueville, avec tous ceux de leur cabale, seroient arrêtés; que le duc de Vendôme auroit la charge d'amiral, vacante par la mort du feu duc de Brezé, et que la survivance en seroit donnée au duc de Beaufort; que les marquis de Vitry et de Noirmoutier auroient des lettres de ducs, et que ce dernier seroit pourvu du gouvernement de Charleville en la place d'Aiguebère, qui seroit récompensé des deniers du Roi; que les sceaux seroient rendus à Châteauneuf; que le président de Maisons seroit ministre d'État, et que Laignes auroit la charge de capitaine des gardes de Monsieur, frère du Roi, quoique Jarzé en eût le brevet.

Ainsi toutes choses étant d'accord, on ne chercha plus que les moyens d'exécuter la résolution de prendre les princes. Les assemblées du parlement continuoient tous les jours; et la grand'salle du Palais étoit tellement pleine de gens armés des deux partis, qu'on étoit à la veille d'y voir une boucherie générale. Le prince de Condé en vouloit à un bourgeois nommé Descoutures, qui avoit été dans la guerre dernière un des plus séditieux de la ville, et continuoit présentement la même vie, parlant de lui avec une insolence extrême. Il eut avis qu'il étoit dans un lieu où il étoit fort facile à enlever; il en avertit la Reine, laquelle lui donna le soin de le faire arrêter. Il accepta cette commission avec joie, et fit aussitôt commander la compagnie de gendarmes du Roi, pour le mettre en lieu de sûreté. Il ne songeoit pas qu'il faisoit lui-même le filet pour se prendre : car la Reine prit ce temps-là pour lui ôter tout soupçon, et lui dit qu'il étoit à propos de tenir le lendemain un grand conseil sur les affaires présentes. Et comme elle vouloit s'assurer du prince de Conti et du duc de Longueville en même temps, elle leur manda qu'il étoit nécessaire qu'ils s'y trouvassent. Le lendemain 18 de janvier, les trois princes ne manquèrent pas de venir au Palais-Royal; et sitôt qu'ils furent entrés, on ferma la porte de la salle des gardes de la Reine, avec ordre de ne l'ouvrir qu'à ceux qui étoient du conseil; et au lieu d'envoyer les gendarmes du Roi prendre Descoutures, on les fit venir derrière le jardin du Palais-Royal, à une porte qui va à celle de Richelieu. Quand les trois princes furent chez la Reine, ils passèrent dans une galerie qui étoit au bout de l'appartement de Sa Majesté, où Guitaut, capitaine des gardes de la Reine, s'approcha du prince, et lui dit assez bas qu'il avoit ordre de l'arrêter. Le prince fut fort surpris, car il croyoit lors être maître de la cour; et se tournant vers le prince de Conti, il lui dit : « Mon frère, voilà Guitaut qui m'arrête; » sur quoi Guitaut répondit : « J'ai ordre de me saisir de lui comme de vous. » Aussitôt il appela le duc de Longueville, lui disant que le prince de Conti et lui étoient arrêtés, et qu'il croyoit qu'on ne l'oublieroit pas aussi : ce que Guitaut lui confirma, l'assurant qu'il avoit commandement de les prendre tous trois. Alors le prince s'avança devers la porte, mais il la trouva gardée; et Comminges, neveu et lieutenant de Guitaut, entra avec deux exempts pour demeurer près de leurs personnes. Le prince, voyant qu'il n'y avoit point de ressource, pria le chancelier d'aller trouver la Reine, qui étoit dans sa petite chambre, pour la supplier qu'il pût lui parler, mais la Reine ne le voulut pas voir, et commanda au chancelier de dire à Guitaut qu'il fît sa charge. Alors le prince dit qu'il ne s'étonnoit pas de la prison de deux autres qui avoient porté les armes contre le service du Roi; mais que pour lui, qui l'avoit servi toute sa vie avec tant de succès, il avouoit qu'il ne s'attendoit pas à un tel traitement, et qu'il ne pouvoit se remettre de son étonnement. Il marcha néanmoins dès que Guitaut lui dit, et on les fît passer tous trois par un petit degré qui descend de la galerie au jardin, où il y avoit des gardes en haie, qui les accompagnèrent jusqu'à une porte de derrière qui sort du jardin dans la rue, où étoient des gendarmes du Roi. Il leur dit : « Ce n'est pas ici la bataille de Lens; » mais personne ne lui répondit rien. On le fît sortir de la ville par la porte de Richelieu sans être vu, et on le conduisit par dehors au château de Vincennes. Quand il fut à moitié chemin, le carrosse versa; et le prince, qui étoit fort dispos, sauta dehors, et se trouva près de Miossens, lieutenant des gendarmes du Roi. Il le voulut sonder pour voir s'il le pourroit gagner pour le faire sauver; mais il ne put ébranler sa fidélité. Si bien qu'étant rentré dans le carrosse, il fut mis dans la tour du donjon de Vincennes, où il arriva devant que personne sût sa prise; et ses gens qui l'attendoient dans le Palais-Royal n'en eurent aucunes nouvelles, qu'après que l'on crut que les prisonniers étoient en lieu de sûreté.

L'abbé de La Rivière, qui étoit entré comme ministre d'État dans le conseil, les vit arrêter avec grand étonnement, ne pouvant concevoir qu'on eût fait un coup si hardi sans la participation de son maître; et voyant qu'il ne lui en avoit rien dit, il se crut perdu; en quoi il ne se trompoit pas : car étant arrivé au Luxembourg, Monsieur ne le regarda pas, et le lendemain matin il eut ordre de se retirer en sa maison du Petit-Bourg. Sa disgrâce fut cause du malheur des princes, car ils étoient fort assurés de lui; et ce qui le trompa fut que cette menée fut conduite à son insu, et que Monsieur ne lui témoigna aucune froideur qu'après que le coup fut fait. On avoit résolu de prendre les ducs de Bouillon, de La Rochefoucauld, et les maréchaux de Gramont et de Turenne. Celui de Gramont fut sauvé par Laignes, qui répondit de sa fidélité; et la suite fît voir qu'il avoit eu raison. La haine que le peuple avoit conçue contre le prince, tant à cause du siége de Paris que par le crédit que le duc de Beaufort et le coadjuteur avoient dans la ville, émut les bourgeois à témoigner de la joie de sa prison par des feux devant leurs portes, et des coups d'arquebuse tirés en l'air. Ce bruit fut entendu à Vincennes; et le prince en demandant la cause fut fort surpris de la savoir. Les princesses de Condé mère et femme eurent ordre de se retirer à Chantilly. La mère fut fort touchée de son malheur, principalement parce qu'il venoit de la Reine, laquelle l'avoit toujours aimée tendrement; en sorte qu'elle ne se fût jamais défiée qu'un si rude coup fût parti de sa main.

Dès que le bruit courut de ce qui s'étoit passé, le duc de Bouillon et le maréchal de Turenne se sauvèrent : le premier à Turenne, et le second à Stenay, place tenue par le prince. La duchesse de Bouillon fut arrêtée, et le président Perrault fut mis au château de Vincennes. Le lendemain, le Roi envoya une lettre au parlement contenant le sujet qu'il avoit eu de faire arrêter les princes, dans laquelle il étoit fait mention de toutes les escapades du prince depuis la mort de son père, lesquelles furent tellement exagérées, qu'il fut aisé à connoître qu'il y avoit beaucoup de passion. Comminges demeura les quatre premiers jours dans le donjon pour les garder, après lesquels il revint près de la Reine; et Bar fut commis pour demeurer près d'eux, lequel les traita si rudement et si incivilement, qu'ils demeurèrent très-mal satisfaits de lui. Le maréchal de Rantzaw, qui étoit prisonnier depuis un an dans ce château, fut mis en liberté; et après s'être justifié fut remis dans ses gouvernemens, desquels il ne jouit guère, car il mourut de maladie durant cet été.

Le 22 de janvier, le duc de Beaufort et le coadjuteur, toutes les chambres assemblées, furent par arrêt déclarés innocens de l'accusation faite contre eux pour le prétendu attentat dirigé contre la personne du prince de Condé; et le lendemain ils furent saluer Leurs Majestés, et puis furent voir le cardinal Mazarin.

Tous les amis des princes sortirent de Paris pour se jeter dans les places qui étoient en leur puissance, comme devers la Meuse, Stenay, Clermont, Jametz et Damvilliers, en Bourgogne, le château de Dijon, Saint-Jean-de-Losne

15.

et Seurre; en Berri, Mouron; et en Normandie, le Vieux-Palais de Rouen, Dieppe, Caen et le Pont-de-l'Arche. La duchesse de Longueville n'eut pas plus tôt appris la prison de ses frères et de son mari, qu'elle sortit en carrosse, et, accompagnée du prince de Marsillac, devenu duc de La Rochefoucauld par la mort de son père, s'en alla en diligence à Rouen, où elle fit ce qu'elle put pour faire révolter la ville; mais le Roi étant parti de Paris pour la suivre, et voyant les esprits portés à l'obéissance de Sa Majesté, elle eut peur d'être arrêtée, et pour ce sujet elle sortit de Rouen sans dire mot, et s'alla jeter dans le château de Dieppe.

Le Roi partit de Paris le premier de février; et ayant donné le gouvernement de Normandie au comte d'Harcourt, il l'envoya devant avec des troupes pour investir le Pont-de-l'Arche. D'abord Chamboi, qui commandoit dedans, fit mine de se vouloir défendre; mais la présence du Roi lui fit tomber les armes des mains: de sorte qu'il remit cette place, le 7 de février, entre les mains du comte d'Harcourt. Le marquis de Beuvron vint au devant du Roi, et lui rendit le Vieux-Palais; et Sa Majesté fit son entrée dans Rouen, où elle fut reçue avec toute la joie et les acclamations imaginables.

Aussitôt des troupes furent commandées pour assiéger Caen, où La Croisette commandoit pour le duc de Longueville, lequel se rendit à la première sommation; et le duc de Richelieu n'étant pas maître du Havre-de-Grâce, comme nous avons vu, ayant été contraint d'en sortir pour venir trouver le Roi, il ne restoit plus que Dieppe qui ne fût pas dans l'obéissance. La duchesse de Longueville étoit dans le château; et la ville, de tout temps fidèle aux rois, manda à la Reine que si elle étoit soutenue, elle feroit paroître son ancienne fidélité. En effet, Le Plessis-Bellièvre y étant allé de la part de Leurs Majestés, fut reçu dedans, où le peuple se barricada contre le château; et la duchesse, craignant de tomber entre les mains de la Reine, voulut se sauver par mer dans des chaloupes, qui furent repoussées contre terre par le vent contraire; puis, voyant le mineur attaché au château, sortit la nuit à cheval, jambe de çà et jambe de là, avec ses femmes, et, courant jour et nuit, elle s'embarqua sur la côte, et fut en Hollande, d'où elle vint en Flandre; et après y avoir fait un traité avec le roi d'Espagne pour avoir du secours, elle gagna Stenay, où étoit le maréchal de Turenne. Pour le duc de La Rochefoucauld, il s'en alla en Poitou dans ses terres. Dès que la duchesse fut partie, Montigny rendit le château de Dieppe au Plessis-Bellièvre.

Le Roi ayant ôté toutes les créatures du duc de Longueville des charges de la ville de Rouen, établit dans Caen le comte de Quincé; dans le Pont-de-l'Arche le jeune Beaumont, et dans le Vieux-Palais Fourilles; et il partit le 20 de février pour retourner à Paris, où il arriva le 22, et apprit en même temps les réductions en son obéissance des villes de Clermont, Jametz et Damvilliers. Quand cette dernière place fut prise par le maréchal de Châtillon en 1637, le gouvernement en fut donné au baron de Danevoux, et la lieutenance de roi à Bécherelle, lieutenant colonel de son régiment. Ils y demeurèrent jusqu'en 1649, qu'ils en sortirent tous deux, à cause que la place fut donnée au prince de Conti par le traité de Ruel. Il y mit pour y commander le chevalier de La Rochefoucauld, lequel n'ayant pas l'expérience nécessaire pour un tel emploi, garda le même régiment, et se contenta seulement de changer les officiers. Or, dès que les princes furent arrêtés, Bécherelle s'approcha de Damvilliers, et fit savoir de ses nouvelles aux vieux sergens et soldats de la garnison, leur faisant entendre que leurs nouveaux officiers les alloient livrer entre les mains des Espagnols, et les exhortant de ne le pas souffrir. Ces vieux sergens, qui avoient servi toute leur vie sous Bécherelle, et qui n'aimoient point leurs nouveaux officiers, ayant su que le régiment de Turenne marchoit pour entrer à leur place à Damvilliers, voulurent prévenir ce coup, et prirent les armes en diligence, arrêtèrent le chevalier de La Rochefoucauld et tous les officiers, et firent entrer Bécherelle dans la ville, auquel ils se soumirent entièrement. Le régiment de Turenne étant arrivé ensuite, fut reçu à coups de canon, et fut contraint de se retirer. Cette bonne nouvelle étant sue à la cour, Bécherelle y demeura, avec commission pour y commander. Pour Clermont, La Ferté-Senneterre, gouverneur de Lorraine, l'avoit été long-temps de cette place, où il avoit établi un de ses domestiques, nommé La Plante, pour capitaine des portes. Le prince de Condé ayant voulu avoir Stenay, Clermont et Jametz pour places de sûreté, établit La Moussaie dans Clermont pour y commander, lequel fit la même faute qu'on avoit faite à Damvilliers: car il ôta les officiers, et laissa les mêmes soldats, et La Plante, capitaine des portes, lequel voyant l'aversion des soldats de se joindre avec les Espagnols, en donna avis à son ancien maître à Nancy, qui fit partir promptement Dutot avec quinze cents hommes de pied, et le suivit avec quelque cavalerie; puis, ayant averti La Plante de son approche, il fut introduit avec ses troupes dans la citadelle, où il fit aussitôt crier *vive le Roi!* ce qui intimida tellement tous ceux qui n'étoient pas du complot, qu'ils se rendirent prisonniers de guerre. Pour Jametz, comme la place n'est pas bonne, elle fut abandonnée par les gens du prince, et La Ferté y mit garnison. Ainsi sur cette frontière il ne resta que Stenay dans le parti du prince, où étoit la duchesse de Longueville et le maréchal de Turenne, qui en firent leurs places d'armes.

La Reine, après son retour de Normandie, voulant donner le même ordre aux provinces qui étoient menacées de révolte, fit pourvoir le maréchal de L'Hôpital du gouvernement de Champagne, le comte de Saint-Agnan de celui de Berri, et le duc de Vendôme de celui de Bourgogne. Le comte de Saint-Agnan étant arrivé à Bourges, prit la grosse tour, et tout l'été fit la guerre au marquis de Persan, qui s'étoit jeté dans Mouron. Le duc de Vendôme après son arrivée à Dijon attaqua le château, et le prit en peu de jours; et Saint-Jean-de-Losne et Verdun-sur-Saône se rendirent à la première sommation. Il ne restoit plus que Seurre, place bien fortifiée, dans laquelle s'étoient jetés le comte de Tavannes, lieutenant des gendarmes du prince, et Le Passage, homme fort attaché au maréchal de Turenne, dans la résolution de se bien défendre. Comme cette ville étoit importante, la Reine ne la voulut pas laisser plus long-temps entre leurs mains; et après avoir donné le commandement dans Paris à M. le duc d'Orléans, près duquel elle laissa Le Tellier, secrétaire d'État, elle partit avec le Roi le 5 de mars, et prit le chemin de Bourgogne par Sens et Auxerre. Devant que de sortir de Paris pour tenir parole aux frondeurs, elle envoya demander les sceaux au chancelier le premier jour de mars; et le jour d'après elle envoya quérir à Montrouge le garde des sceaux de Châteauneuf par La Vrillière, secrétaire d'État; et le soir elle les lui rendit, dix-sept ans après qu'on les lui avoit ôtés, et lui ordonna de demeurer à Paris près de Monsieur, durant le voyage de Bourgogne.

La cour arriva à Dijon le 16 de mars; et aussitôt la Reine envoya La Tivolière, lieutenant de ses gardes en la place de Commingcs, qui avoit eu la survivance de son oncle de sa charge de capitaine des mêmes gardes, pour avertir Saint-Micau, gouverneur de Seurre, de l'arrivée du Roi à Dijon, et lui commander de lui rendre cette place : mais ces exhortations n'eurent aucun effet, car il les trouva résolus de se défendre; tellement qu'on fit filer des troupes de tous côtés, et le duc de Vendôme l'investit le 21 de mars; et, pour faciliter le siége, le cardinal Mazarin s'avança jusqu'à Saint-Jean-de-Losne, et se fut promener au camp, où le Roi arriva quelques jours après; et faisant le tour de la place, où le comte de Saint-Matthieu eut le bras emporté d'une volée de canon, les soldats qui étoient dans Seurre, entendant les cris de joie que faisoit l'infanterie de l'armée en voyant le Roi, se mirent aussi à crier *vive le Roi!* en jetant leurs chapeaux en l'air; en sorte que leurs officiers n'en étoient plus les maîtres, et se trouvèrent en péril d'être arrêtés, et livrés par eux à Sa Majesté. Cette considération, avec celle qu'ils ne pouvoient être secourus, les obligèrent d'entrer en traité le jour que la tranchée devoit être ouverte, qui étoit le 9 d'avril. Le Passage pour ce sujet parla à Navailles, et demanda douze jours de temps pour envoyer à Stenay, et avoir réponse du maréchal de Turenne : après lequel temps expiré, il promettoit de faire rendre la ville au Roi. Cette proposition fut acceptée, et chacun y trouva son compte, parce que les assiégés craignoient de ne pouvoir contenir leurs soldats, qui ne vouloient pas se défendre contre le Roi, obtenoient douze jours de temps, qui étoit le plus qu'ils pouvoient tenir; et le duc de Vendôme voyant qu'il lui falloit ce temps-là pour les prendre, épargnoit le sang de ses soldats et ses munitions, et assuroit la prise de la place. Ainsi la capitulation fut signée le 9 au soir; et le 21, le comte de Tavannes, Le Passage et Saint-Micau sortirent de Seurre, où le régiment des Gardes entra, et Roncherolles en eut le gouvernement.

La Bourgogne étant de cette façon assurée au service du Roi, Leurs Majestés repartirent de Dijon le 25 d'avril, et arrivèrent à Paris le 3 de mai par le chemin de Troyes.

Après la prise des princes, on avoit appréhendé que le maréchal de Brezé ne brouillât en Anjou, à cause qu'il tenoit Saumur, passage important sur la Loire: mais il mourut quelques jours après dans sa maison de Milly, et Saumur fut donné à Guitaut, avec la survivance pour son neveu Commingcs, lequel s'achemina aussitôt pour en prendre possession. Mais Dumont, qui avoit été mis dans cette place par le défunt maréchal, voulant rendre service à la jeune princesse de Condé, fille de son maître, lui en refusa l'entrée. Les habitants de la ville se déclarèrent pour le Roi; et Commingcs ayant reçu du renfort des villes voisines, bloqua le château de tous côtés. Le duc de La Rochefoucauld fit ce qu'il put pour y jeter du secours; mais il ne l'osa tenter, à cause de l'arrivée du régiment de Picardie avec quelque cavalerie : si bien que Dumont se voyant hors d'espérance d'être secouru, rendit le château à Commingcs, et se retira à Milly.

Durant que le Roi étoit à Dijon, il avoit envoyé ordre aux deux princesses de Condé de sortir de Chantilly, et de s'en aller à Châteauroux en Berri ; mais la jeune princesse prit le chemin de Mouron avec le duc d'Enghein son fils, et la mère vint droit à Paris, où elle demeura cachée jusqu'au mercredi 27 d'avril, qu'elle se trouva de bon matin au Palais, où les chambres s'assembloient pour la mercuriale. Là elle parla aux présidens et conseillers pour la liberté de ses enfans, et chargea Deslandes-Payen d'une requête par laquelle elle demandoit que, suivant la déclaration du mois d'octobre 1648, ils fussent mis entre les mains du parlement pour leur faire leur procès, n'étant pas juste que des princes du sang fussent détenus en prison sans crime pour satisfaire l'ambition d'un ministre étranger, déclaré ennemi de l'État, et banni par arrêt. La requête fut présentée, mais il fut ordonné qu'elle seroit communiquée à M. le duc d'Orléans, lequel craignant qu'il ne se passât quelque chose contre l'autorité royale, se trouva le 29 au parlement, où il parla fort éloquemment, et fit connoître que le Roi devoit être obéi, et que le parlement ne devoit pas souffrir que cette princesse prît le temps de l'absence de Sa Majesté pour présenter une requête séditieuse, en ce qu'elle étoit venue à Paris contre les défenses de Sa Majesté, durant qu'il y avoit un parti formé contre son service sous le nom de ses enfans ; et conclut qu'il n'y avait autre réponse à lui faire qu'à l'exhorter à l'obéissance. Il n'y eut point d'arrêt ; mais Monsieur lui parla lui-même dans la grand'salle du Palais fort civilement, et lui déclara qu'il n'y avoit point d'autre parti à prendre pour elle que d'obéir. Le premier président la vit aussi de la part de la compagnie, et lui dit la même chose : et ainsi ne voyant point de ressource à ses maux, elle sortit le même jour de Paris, et alla coucher au Bourg-la-Reine, d'où elle se retira, avec l'agrément de la cour, à Châtillon-sur-Loing, chez la duchesse de Châtillon, qui portoit comme elle le nom de Montmorency, et qu'elle avoit toujours fort aimée. Elle y demeura tout l'été, accablée de chagrin et de mélancolie, qui lui causèrent une fièvre dont elle mourut à la fin de l'année.

Peu de temps après le retour de Bourgogne, d'Émery-Particelle finit ses jours de maladie : c'étoit un homme issu de bas lieu, qui étoit parvenu par son esprit à une grande fortune. Le président de Maisons de Longueil fut fait surintendant en sa place ; et d'Avaux, lassé d'être sans fonctions, se démit de la moitié de la surintendance qu'il avoit, pour la laisser tout entière à ce président. Dans ce même temps, on eut avis de la mort du général Erlac : Tilladet eut son gouvernement de Brisach, laissant celui de Bapaume à Navailles. Le duc de Vendôme, après la prise de Seurre, revint à Paris faire son serment de la charge d'amiral ; et le duc de Beaufort le fit pour la survivance.

Dès que le printemps fut venu, les Espagnols, voulant profiter des désordres de la France, assemblèrent leurs troupes de toutes parts ; et le maréchal de Turenne ayant rassemblé ce qu'il put du débris des régimens des princes, qui avoient été cassés, mit un petit corps d'armée ensemble pour joindre l'archiduc, selon le traité de la duchesse de Longueville. Il se saisit en passant d'Aubenton et d'Irson ; puis ayant joint l'armée espagnole, ils côtoyèrent ensemble la frontière pour donner jalousie à toutes les places voisines ; et le 10 de juin ils fondirent sur le Catelet, et le même jour commencèrent l'attaque. Ils emportèrent d'abord le faubourg ; et ayant fait le logement sur la contrescarpe, ils battirent si vivement cette petite place, que le 14 on attacha le mineur au bastion : ce que voyant les paysans qui y étoient réfugiés avec leurs femmes, enfans et meubles, ils se mutinèrent de peur d'être pillés, et forcèrent Vandy de se rendre le 15. Le Roi, sur le bruit de la marche des Espagnols, s'étoit avancé jusqu'à Compiègne, et avoit nommé le maréchal Du Plessis général de son armée, laquelle le cardinal Mazarin fut voir à La Fère, où il apprit que, le même jour de la prise du Catelet, l'archiduc avoit mis le siége devant Guise, et se retranchoit devant. Il ouvrit la tranchée par trois endroits : deux à la ville, et un à la citadelle. Bridieu, gouverneur de la place, se défendit bravement ; mais enfin le mineur étant attaché à la muraille de la ville, les habitans, craignant d'être forcés, se retirèrent dans le château avec tout ce qu'ils avoient de biens, et abandonnèrent la ville aux Espagnols, qui unirent toutes leurs forces contre ce château, qu'ils pressèrent vigoureusement. Ils firent jouer une mine avec laquelle ils croyoient faire brèche pour donner l'assaut ; mais comme il est fort haut et escarpé, la poudre rendit ce lieu plus inaccessible qu'il n'étoit, et hors d'état d'être attaqué. Le maréchal Du Plessis, de son côté, faisoit ce qu'il pouvoit pour couper les vivres aux Espagnols : il se campa entre leur camp, Landrecies et le Quesnoy, et envoya un corps à La Capelle, lequel prit un grand convoi qui alloit dans leur camp : ce qui les incommoda en un tel point, que la famine se mit dans leur armée, où on ne pouvoit plus avoir de pain pour quelque argent qu'on en offrit. Cette raison et la grande résistance de Bridieu forcèrent l'archiduc à lever le siége la nuit, pour faire sa retraite plus sûrement : ce fut le premier de juillet au soir : en quoi Bridieu acquit beaucoup de gloire, et le maréchal Du Plessis, mais surtout Roquespine, gouverneur de La Capelle, et Gontherie, qui prirent le convoi, et décidèrent l'affaire. Ce bon succès fit résoudre la Reine à faire le voyage de Guyenne, duquel nous parlerons après avoir achevé le reste de cette campagne. En levant le siège de Guise, les Espagnols furent camper à Étreu, et les Français à Ribemont, où ils se rafraîchirent jusqu'au 21 de juillet; auquel temps le maréchal de Turenne, piqué de ce que la garnison de La Capelle étoit cause de la honte qu'il avoit reçue à Guise, persuada l'archiduc de l'attaquer. Il l'investit le 24, et le soir même ouvrit la tranchée, qui fut poussée si vivement, que Roquespine fut contraint de se rendre le 3 août. L'archiduc, après avoir pris La Capelle, se saisit de Vervins, et le marquis Sfondrato de la ville et château de Marle, d'où ils marchèrent vers la Champagne pour soutenir le maréchal de Turenne, qui avoit pris Rethel à composition, et de là se saisit de Château-Portien. Le maréchal Du Plessis se campa près de Reims, pour couvrir cette grande ville. Le maréchal de Turenne faisoit croire à l'archiduc que s'il entroit avant dans la Champagne, les amis et partisans des princes, qui étoient dans Paris, causeroient quelque révolution. Sur cette espérance, toute l'armée espagnole marcha devers la Marne, et s'avança jusqu'à Fismes, Braine et Bazoches, où Hocquincourt, voulant défendre le passage d'une petite rivière, fut enveloppé par la cavalerie de Turenne qui l'avoit passée plus haut, laquelle le chargea par derrière; en sorte que tout ce qu'il put faire fut de se sauver avec perte de huit cents chevaux. Quand l'archiduc fut à Fismes, il voulut joindre l'artifice à la force; et pour autoriser son entrée en France et s'acquérir du crédit parmi le peuple, il envoya un trompette à Paris porter une lettre à M. le duc d'Orléans, par laquelle il lui offroit la paix, et le conjuroit d'envoyer des députés en un lieu dont ils conviendroient tous deux pour en traiter. Son Altesse royale ayant reçu cette lettre, envoya Verderonne porter la réponse à l'archiduc, par laquelle il le remercioit de la confiance qu'il lui témoignoit, et l'assuroit du désir qu'il avoit d'accepter ses offres, le priant de désigner un lieu et un temps pour s'assembler. L'archiduc répondit à Verderonne qu'il souhaitoit une entrevue avec Son Altesse Royale pour traiter eux-mêmes en personne; et quelques jours après il dépêcha don Gabriel de Tolède, auquel M. le duc d'Orléans donna audience en présence du nonce du Pape, de l'ambassadeur de Venise, des officiers de la couronne, des présidens au mortier et des ministres d'État qui se trouvèrent à Paris; et la lettre ayant été lue publiquement, ils virent qu'elle portoit que puisqu'il plaisoit à Son Altesse de lui laisser le choix du lieu et du temps de l'entrevue, il désiroit que ce fût le 18 de septembre, entre Reims et Rethel. Don Gabriel de Tolède eut le lendemain une grande conférence avec le nonce du Pape et l'ambassadeur de Venise, et remporta une lettre par laquelle Monsieur écrivoit qu'il avoit le temps et le lieu fort agréables; mais qu'il le prioit de trouver bon que, pour ajuster toutes choses, le nonce du Pape et l'ambassadeur de Venise, comme médiateurs et amis communs, le pussent voir avec d'Avaux, nommé par la Reine plénipotentiaire pour la paix. Il les fit partir aussitôt, et ils s'avancèrent jusqu'à Nanteuil, où don Gabriel leur promit de leur envoyer des passe-ports. Ils attendirent quelque temps à Nanteuil; et ne recevant point de nouvelles, ils envoyèrent un trompette à don Gabriel, pour le prier de leur faire savoir de ses nouvelles. Il leur écrivit une lettre ambiguë, et en envoya une de l'archiduc à Monsieur, par laquelle il lui mandoit qu'il n'étoit point nécessaire qu'il y eût des médiateurs, et qu'ils ne servoient qu'à faire allonger les affaires; mais qu'il falloit traiter eux deux tête à tête, non pas présentement, parce qu'il falloit que son armée marchât, mais une autre fois quand il lui plairoit. Les médiateurs furent fort surpris de cette réponse, et demeurèrent d'accord que c'étoit une défaite, et que les Espagnols étoient mal sortis de cette affaire. En effet, ils n'avoient fait ces propositions que pour donner dans l'esprit du peuple, et tâcher par là de brouiller Monsieur avec la Reine et avec le cardinal Mazarin, comme ayant voulu traiter de la paix en leur absence. Et ainsi l'entrevue proposée entre Leurs Altesses Impériales et Royales fut entièrement rompue.

Le maréchal Du Plessis, durant ces pourparlers de paix, ne laissoit pas de songer à la défense: il avoit séparé son armée en plusieurs corps, pour jeter dans Laon, Soissons, Châlons, Château-Thierry et Épernay, et sur tous les passages de la rivière de Marne. Ce que voyant le maréchal de Turenne, il résolut de marcher par les plaines de Valois, entre la Marne, l'Aisne et l'Oise; et traversant l'Ile-de-France, alla droit au château de Vincennes pour délivrer les princes. Mais sur les nouvelles qu'il eut qu'on les avoit ôtés de là, et transférés à Marcoussis, il changea de dessein; l'archiduc voyant que son entrée en Champagne ne lui profitoit de rien, et qu'il perdoit le temps de faire quelque conquête solide, il décampa de Fismes le 19 de septembre, et fut loger près de Rethel, d'où il envoya, le 27, investir Mouzon, ville assez mal fortifiée, située sur la Meuse entre Sedan et Stenay. Villequier, en venant rejoindre le maréchal Du Plessis avec un corps, rencontra près d'Aubenton deux régiments de cavalerie qu'il défit, et prit prisonniers le comte Arias de Gonzalès et le baron d'Estrein. Le commandeur de Montecler, gouverneur de Dourlens, fut tué dans ce combat. D'un autre côté, le vicomte de Lameth, avec un corps de cavalerie, fut battu entre Mouzon et Stenay par Aucour, du parti des princes; et le marquis de Noirmoutier, gouverneur de Charleville, prit Château-Renaud et Linchan, tenus par le même parti. Les Espagnols, durant ce temps-là, battoient fort rudement Mouzon, dans lequel Villequier jeta quatre cents hommes de renfort; et Mazon, qui commandoit dedans, se défendit avec tant de vigueur, qu'encore que sa place fût fort mauvaise, il arrêta les Espagnols quarante jours devant. On ne put jamais voir un plus grand zèle d'habitans, jusqu'aux femmes et enfans qui servoient à porter la hotte à l'endroit des attaques, qui furent parfaitement bien défendues : car après que les mines eurent joué, les assiégés soutinrent deux furieux assauts; et Mazon se voyant dans une extrémité si grande qu'il ne pouvoit éviter sa perte, capitula, et rendit Mouzon le 6 de novembre; et ce fut la fin de cette campagne. Mais en Lorraine le comte de Ligneville prit Bar-le-Duc et Ligny; et en se retirant il rencontra La Ferté-Senneterre près de Saint-Michel, qui le chargea, et après un grand combat le défit, et prit son canon et bagage. Il reprit ensuite Ligny à discrétion, où il reçut un coup de mousquet dans l'épaule; mais Bar demeura pour cette année en la puissance du duc de Lorraine.

La cour de France étoit si agitée de factions, que la Reine, pour y mettre ordre, étoit contrainte d'employer une grande partie de ses troupes à les réprimer; et l'argent lui manquant pour en lever de nouvelles, elle ne pouvoit avoir d'armée considérable en Italie ni en Catalogne. C'est pourquoi les Espagnols voyant qu'ils avoient si beau jeu, résolurent de ne pas perdre une si belle occasion de reprendre Piombino et Porto-Longone. Pour ce sujet, le marquis de Caracène, gouverneur de Milan, ne voulut rien entreprendre de son côté, et se tint seulement sur la défensive; mais le comte d'Ognate, vice-roi de Naples, arma puissamment par mer et par terre, et fut assisté des vice-rois de Sicile et de Sardaigne, qui lui envoyèrent du secours; et ayant équipé beaucoup de vaisseaux et de galères, il se rendit à Gaëte, attendant don Juan d'Autriche, qui étoit à Messine, d'où il devoit amener le reste de l'armée navale. Dès que ce prince fut arrivé, le comte de Conversano partit pour investir Piombino; et don Dionisio Gusman, mestre de camp général, débarqua dans l'île d'Elbe le 27 de mai, où le duc de Tursi arriva avec les galères et le secours de Milan.

Le jour même il investit Porto-Longone, et le 31 il ouvrit la tranchée. Le premier de juin, don Juan et le comte d'Ognate y arrivèrent, lesquels firent dresser deux batteries pour rompre les défenses; mais dans la terre ferme, le comte de Conversano ayant commencé l'attaque de Piombino dès le 23 de mai, le battit avec douze pièces de canon, et continua jusqu'au 17 de juin, qu'il se rendit maître de la ville; et les Français s'étant retirés dans le château, se rendirent le 20 à discrétion. Aussitôt le comte de Conversano mena ses troupes dans l'île d'Elbe, au siége de Porto-Longone, où Noaillac se défendoit vigoureusement. Il faisoit de grandes sorties, disputoit son terrain, et regardoit le travail des Espagnols le plus qu'il pouvoit, particulièrement à un ouvrage à couronne, où il les arrêta plus de quinze jours. Et pour mieux expliquer la généreuse résistance de ce gouverneur, il n'y a qu'à dire que la tranchée fut ouverte le dernier jour de mai, et qu'il se défendit jusqu'au dernier jour de juillet; et que ne voyant aucune espérance de secours, et que l'armée espagnole grossissoit tous les jours par les renforts qui lui venoient de Naples, de Sicile et de Sardaigne, et par ceux que le Pape envoyoit sous main, il capitula, et obtint quinze jours pour sortir, en cas qu'il ne fût pas secouru; et ce terme étant passé, il remit sa place le 15 d'août à don Juan, et fut conduit en sûreté à Toulon avec sa garnison et deux pièces de canon, après avoir tenu, du jour qu'il fut investi, trois mois.

Dès que le prince de Condé fut arrêté, on envoya ordre en Catalogne de se saisir de la personne de Marchin, général des troupes françaises en ce pays-là, et gouverneur de Tortose. Il étoit un des principaux confidens de ce prince, quoique d'ailleurs il eût fort bien servi; mais la grande liaison qu'il avoit avec lui fut suspecte à la cour: tellement qu'il fut mis dans la citadelle de Perpignan. Sa détention laissa la Catalogne sans chef, laquelle n'avoit point eu de vice-roi depuis le maréchal de Schomberg. Cette raison fit nommer le duc de Mercœur pour vice-roi, que le cardinal regardoit comme un homme qui devoit épouser sa nièce. En arrivant à Barcelone, il eut peine à mettre ordre à une grande conspiration qui fut découverte. Il s'étoit conservé dans cette grande ville beaucoup de gens qui avoient gardé dans leur cœur du zèle pour le service de leur roi légitime; et jugeant à propos d'éclater dans le temps qu'ils voyoient la France divisée et ses forces petites, ils mandèrent l'armée navale d'Espagne pour seconder leurs projets ; mais cette mine étant éventée, les principaux de l'intelligence furent pris, et exécutés à mort. Cette menace retarda les desseins des Espagnols, lesquels sur cette confiance n'entreprirent rien jusqu'au mois de septembre : mais en ce temps-là le marquis de Mortare mit le siége devant Flix, assis dans une île de l'Èbre, et fort important pour sa situation, et fort envié des Espagnols, qui l'avoient déjà manqué d'autres fois. Ce marquis s'empara d'abord de l'île à coups de canon, força les Français de quitter la ville, et à se retirer au château, où le gouverneur Sainte-Coulombe étant pressé vivement, et voyant le mineur attaché au corps de sa place, fut contraint de se rendre au commencement d'octobre.

Nous avons vu, à la fin de l'année dernière, comme le Roi avoit envoyé une déclaration à Bordeaux qui avoit fait mettre les armes bas de part et d'autre : mais cette paix ne fut pas de longue durée ; car la haine étoit si grande contre le duc d'Épernon, qu'il étoit impossible de mettre le calme dans la Guyenne qu'en lui ôtant le gouvernement. Le parlement de Bordeaux avoit un député à la cour nommé Guionnet, homme fort séditieux, lequel s'unissoit avec tous les factieux contre le service du Roi : il ne put s'empêcher de témoigner sa mauvaise volonté un jour que Sa Majesté passoit dans la rue ; car sachant la prise du Catelet, il dit que les Espagnols de long-temps ne lui feroient tant perdre par leurs armes que les Gascons feroient dans un moment, entendant parler de la Guyenne. Le duc d'Épernon après l'accommodement n'osa rentrer dans Bordeaux ; mais, usant de son autorité de gouverneur pour exercer sa vengeance, il mit les affaires en plus mauvais chemin qu'elles n'étoient auparavant. Les frondeurs et le parlement de Paris se voulurent mêler de cet accord, et firent connoître au cardinal Mazarin qu'il n'étoit possible d'apaiser ce trouble [les esprits étant si aigris] qu'en retirant de là le duc d'Épernon ; mais il étoit si attaché à le maintenir, à cause du mariage qu'il prétendoit faire du duc de Candale avec une de ses nièces, qu'il n'entendoit point de raison là-dessus, mais suivoit les passions de ce duc en toutes choses. Pour trouver un tempérament à cette affaire, on proposa de donner le gouvernement à son fils ; mais le père ne voulut jamais quitter sa charge, et refusa cette proposition. Les esprits des Gascons sont chauds, et suivent leur premier mouvement sans jugement ni conduite ; aussi ils écoutèrent les offres des partisans des princes assez légèrement pour se venger du duc d'Épernon, et dans cette vue s'unirent à leurs intérêts. Le duc de La Rochefoucauld fut le premier à lever des troupes dans son gouvernement de Poitou, et le duc de Bouillon en Limosin, où sachant que la compagnie du prince Thomas étoit en garnison à Brive-la-Gaillarde, il la surprit dedans ce lieu, et la démonta et désarma. Sur cette nouvelle, la Reine envoya des troupes pour les pousser : mais ils se retirèrent à Bordeaux ; et pour donner plus de poids à leur révolte, ils firent sortir de Mouron la princesse de Condé et le duc d'Enghien son fils, et les firent venir avec eux dans Bordeaux, pour avoir le prétexte de dire qu'ils prenoient les armes pour empêcher la persécution qu'on faisoit aux princes du sang.

Le duc d'Épernon, voyant ce parti formé, manda au cardinal qu'il étoit nécessaire que le Roi y vînt en personne ; mais les frondeurs s'y opposoient, disant qu'il ne failoit pas abandonner la frontière aux Espagnols, mais plutôt accommoder l'affaire de Guyenne, en ôtant le duc d'Épernon. Le cardinal ne pouvoit goûter cette ouverture, soutenant qu'il y alloit de l'autorité du Roi de souffrir que des peuples le forçassent à leur donner des gouverneurs à leur mode : mais on lui répondit que chaque chose avoit son temps, et que ce qu'il disoit étoit bon quand l'autorité étoit bien établie ; mais présentement qu'il falloit passer par dessus les règles ordinaires, et n'avoir pas ces considérations, pour ne pas laisser la Picardie et la Champagne en proie. Toutes ces raisons étoient spécieuses de part et d'autre, mais la vérité étoit que le cardinal suivoit aveuglément les sentimens du duc d'Épernon, qui vouloit que le Roi allât avec une puissante armée en Guyenne pour châtier les Bordelais, et le rétablir hautement dans son autorité ; et le parlement contrarioit ce dessein aussi bien que les frondeurs, parce qu'ils vouloient tenir le bon bout de leur côté, et ne jamais laisser autoriser le cardinal à un tel point qu'il fût en état de se venger des princes et d'eux en même temps. Or le parlement de Bordeaux s'étoit uni avec celui de Paris, près duquel il avoit des députés ; tellement que les frondeurs vouloient être les médiateurs de l'accommodement des Bordelais, afin que leur faisant poser les armes, ils leur pussent faire reprendre quand il leur plairoit, et tinssent par là le cardinal en bride : au lieu que s'ils souffroient que Bordeaux fût pris par force, ils seroient destitués de cet appui, et mettroient le cardinal en état d'avoir moins besoin d'eux : ce qu'ils vouloient empêcher de toutes leurs forces.

Sur ces entrefaites, le siége de Guise fut levé par les Espagnols ; et la cour étant revenue à Paris, la Reine déclara la résolution qu'elle avoit prise de faire le voyage de Guyenne. Le parlement et les frondeurs firent ce qu'ils purent pour rompre ce dessein, offrant leur entremise pour pacifier ces troubles : mais le cardinal, qui haïssoit également le parti des frondeurs et celui des princes, vouloit faire partir le Roi pour punir les Bordelais de son chef, sans leur participation. Néanmoins, dans la faiblesse du gouvernement, il ne voulut pas rompre avec eux, et pour ce sujet il leur dit qu'il trouvoit leur avis fort bon; mais qu'il étoit à propos que le Roi allât à Fontainebleau, et qu'on fît courir le bruit que c'étoit pour faire le voyage, afin d'intimider les rebelles. De Fontainebleau, le Roi s'avança jusqu'à Orléans, d'où il manda que le départ de Sa Majesté avoit étonné les Bordelais ; et que s'il alloit seulement jusqu'à Tours, ils se soumettroient assurément. Il les amusa ainsi de paroles jusqu'à Poitiers, promettant toujours de ne pas passer outre ; mais les frondeurs prirent l'alarme de le voir aller si avant, et envoyèrent à Poitiers pour le conjurer de retourner, et le pressèrent si fort de revenir à Paris et leur laisser cette négociation, que le cardinal leva le masque, et répondit que puisque le Roi étoit si avancé, il falloit qu'il allât jusqu'au bout, et que sa présence feroit plutôt tomber les armes des mains aux Bordelais, que toutes autres considérations. Ce procédé du cardinal choqua fort tous les frondeurs, lesquels connurent par là qu'il ne vouloit point dépendre d'eux, mais agir à sa mode ; et cela les fit marcher avec plus de réserve à son égard et de retenue qu'auparavant.

Le Roi avoit laissé M. le duc d'Orléans à Paris pour commander en son absence, et pour lui servir de conseil, le garde des sceaux de Châteauneuf et Le Tellier, secrétaire d'État : ce dernier dévoué au cardinal, et mis près de Monsieur pour rendre compte à la cour de tout ce qui se passeroit, le Roi partit de Poitiers le 22 de juillet, et arriva le 25 à Angoulême, et le premier d'août à Libourne, où il reçut les assurances de la fidélité du duc de Saint-Simon, gouverneur de Blaye, duquel on avoit été en quelque doute, à cause qu'il étoit parent de la princesse douairière de Condé, et avoit été fort attaché aux intérêts de son fils devant sa prise; et même on avoit remarqué que le jour qu'il fut arrêté, il pleura devant tout le monde avec le maréchal de Gramont; outre que son frère aîné avoit accompagné cette princesse lorsqu'elle présenta sa requête au parlement. Mais le souvenir de l'honneur qu'il avoit eu d'être favori du feu Roi, qui l'avoit élevé au point qu'il étoit, lui ôta la pensée de tenir un autre parti que celui du Roi son fils. Dès que Sa Majesté fut à Libourne, toutes les villes circonvoisines députèrent pour l'assurer de leur obéissance; et le parlement de Bordeaux ordonna que le président Pichon et quatre conseillers se transporteroient à la cour, pour témoigner la joie de la ville et du parlement de l'arrivée de Leurs Majestés dans la province, avec assurance de leur fidélité. La Reine répondit qu'elle le croiroit lorsqu'elle en verroit les effets, qui ne paroissoient pas jusqu'à présent; qu'ils avoient reçu dans leur ville la princesse de Condé, et les ducs de Bouillon et de La Rochefoucauld, qui étoient armés contre le service du Roi, et présentement avoient à Madrid, de leur part, les marquis de Sauvebœuf et de Sillery pour demander secours au roi d'Espagne; qu'elle désiroit avant toutes choses qu'ils fussent chassés de Bordeaux comme rebelles, et qu'ensuite le Roi feroit son entrée dans leur ville ; et elle leur ordonna de répondre positivement là-dessus. Le président dit à la Reine qu'il ne doutoit pas qu'elle ne fût obéie en tout; mais que la compagnie ne leur ayant point donné d'ordre là-dessus, il falloit qu'ils retournassent pour en conférer avec elle. Ainsi ils partirent sans rien conclure, et il y arriva une affaire qui éloigna l'accommodement, et porta les choses à la rigueur. La Reine avoit déclaré le maréchal de La Meilleraye général de l'armée du Roi en Guyenne; lequel ayant su que le duc de Bouillon s'étoit saisi du château de Vaires, marcha tout à l'instant pour le reprendre; et, l'ayant attaqué, il le prit à discrétion : et parce que Richon, qui commandoit dedans, avoit enduré le canon contre une armée royale, il le fit pendre à la porte. Il y avoit dedans Bordeaux un capitaine des troupes du Roi, prisonnier sur sa parole, nommé le baron de Canole, qui jouoit ce jour-là avec des dames. Dès que le duc de Bouillon sut la mort de Richon, il l'envoya prendre chez elles alors qu'il s'y attendoit le moins, et lui ayant fait donner un confesseur, il le fit pendre sans autre forme de procès. Cette audace offensa fort la Reine, et l'irrita à un tel point qu'elle ne songea plus qu'au siège de Bordeaux. Le maréchal de La Meilleraye attaqua le faubourg Saint-Surin et l'emporta de force; et Palluau étant entré par le palais Galien, se logea sur le bord du fossé d'une demi-lune. Alors on poussa la tranchée par les allées qui vont des Chartreux à l'archevêché ; et le maréchal fit dresser une batterie de six pièces, qui ruinoit les murailles de la ville.

Le Roi, pour être plus proche du siège, partit le 27 de Libourne, et vint à Bourg, où le président Le Bailleul et plusieurs conseillers du parlement de Paris arrivèrent, avec Le Coudray-Montpensier, de la part de M. le duc d'Orléans, envoyés pour empêcher qu'on ne prît Bordeaux par force, et pour supplier la Reine de trouver bon qu'ils s'entremissent de l'accommodement, et de pardonner à cette ville rebelle, la faisant rentrer dans son devoir. Toutes ces négociations furent inutiles; car ces députés trouvèrent les esprits des Bordelais si aigris, et si peu disposés à l'obéissance, qu'ils furent contraints de retourner à Paris sans rien faire. Les frondeurs ne se rebutèrent pas néanmoins; car après leur retour ils en firent renvoyer deux autres par le parlement, qui furent Le Mennier et Bitaut, conseillers de la grand'chambre, pour presser la Reine de donner la paix à ses sujets de la Guyenne, à quelque prix que ce fût. Ces conseillers, en arrivant à Bourg, trouvèrent que le maréchal de La Meilleraye pressoit fort Bordeaux, et qu'il avoit pris par force l'île de Saint-Georges, où le chevalier de La Valette avoit été tué. Ils apprirent aussi que l'armée navale, sous le comte du Dognon, étoit à Blaye pour empêcher le secours par mer. Ces nouvelles leur firent connoître qu'ils n'avoient point de temps à perdre : c'est pourquoi, dès qu'ils eurent salué la Reine, ils entrèrent dans Bordeaux, où ils exhortèrent si bien le parlement et le peuple, en leur promettant d'être caution de ce que la Reine leur promettroit, qu'ils demandèrent passe-port pour envoyer des députés à la cour. Après l'avoir reçu, ils accompagnèrent les deux conseillers de Paris jusqu'à Bourg, où ils eurent une grande conférence avec ceux du conseil du Roi, dans laquelle une surséance d'armes fut accordée pour six jours. Durant cette trève, les députés de Paris ne firent qu'aller et venir avec tant de succès, que le 29 de septembre le traité fut conclu, par lequel il fut convenu que le Roi pardonneroit à ses sujets de Bordeaux ; que la princesse de Condé et le duc d'Enghien se retireroient à Milly, et les ducs de Bouillon et de La Rochefoucauld en leurs maisons, qui donneroient parole de ne plus porter les armes contre le service du Roi ; que Sa Majesté entreroit dans Bordeaux avec sa garde ordinaire, et feroit retirer le reste de ses troupes. En exécution de ce traité, la princesse de Condé et les ducs d'Enghien, de Bouillon et de La Rochefoucauld sortirent de Bordeaux le 3 d'octobre, et furent à Bourg faire la révérence à Leurs Majestés : ils se mirent à genoux en les abordant, et leur demandèrent pardon. La Reine les reçut fort civilement, et le cardinal Mazarin donna à dîner aux deux ducs, qui eurent de grandes conférences avec lui, et firent ce qu'ils purent pour lui persuader de mettre les princes en liberté, et de se joindre d'intérêts avec eux. Le duc de La Rochefoucauld entra fort avant en matière avec lui sur ce sujet, et le cardinal ne s'éloigna pas de cette proposition, selon sa manière d'agir ordinaire, de mettre tout en négociation, et de faire espérer ce qui étoit le plus éloigné de sa pensée. Ces pourparlers vinrent aux oreilles de Mademoiselle, qui avoit suivi la Reine dans ce voyage. Elle en avertit M. le duc d'Orléans son père, qui en prit ombrage, dans la pensée qu'il eut que le cardinal traitoit de la liberté des princes à son insu, et sans la participation des frondeurs ; et cette défiance fut en partie cause des divisions qui s'émurent quelque temps après.

Le 5 d'octobre, Leurs Majestés s'embarquèrent sur une galère que les Bordelais leur avoient envoyée ; et le jour même ils firent leur entrée dans Bordeaux, au bruit des canons des vaisseaux, avec la plus grande acclamation qu'il fut possible. Ils y séjournèrent dix jours, durant lesquels ils rétablirent le premier président du parlement, et tous les officiers qui s'étoient retirés pour n'avoir pas voulu adhérer à la rébellion des autres ; et le 15 ils en partirent pour Blaye, où le duc de Saint-Simon les traita splendidement. De là ils furent à Saintes, et par Saint-Jean-d'Angely à Poitiers, où la fièvre prit à la Reine : ce qui l'obligea d'y séjourner ; puis ayant passé par Amboise, elle fut contrainte, pour son indisposition, de se reposer à Blois, d'où elle fut coucher à Orléans ; et à la fin du mois elle se rendit à Fontainebleau. Mais avant que de parler de son arrivée à Paris, voyons ce qui s'y passa durant le voyage.

Un peu après le départ du Roi, mourut Charles, duc d'Angoulême, fils naturel du roi Charles IX, âgé de soixante-dix-huit ans. Il laissa pour héritier son fils le comte d'Alais, qui prit le titre de son père : il eut la satisfaction, devant que de mourir, de marier sa petite-fille et unique héritière avec le duc de Joyeuse, grand chambellan de France, frère du duc de Guise.

Nous avons vu comme le cardinal avoit entrepris le voyage de Guyenne contre l'avis des frondeurs, et comme cette manière d'agir commença à leur donner de la défiance, et leur faire connoître qu'en se servant de leur crédit pour abattre le parti des princes, il pensoit en même temps à les affoiblir pour se rendre indépendant d'eux, et les perdre à leur tour en demeurant le maître. M. le duc d'Orléans étoit demeuré dans Paris pour y commander, et Le Tellier étoit auprès de lui comme créature du cardinal, pour prendre garde qu'il ne se passât rien à son préjudice, et l'avertir de tout ce qui se feroit à Paris. Il se trouva bien empêché en beaucoup de rencontres pour parer les desseins qui se formoient contre son bienfaiteur. Monsieur étoit un prince bon et facile, qui ne manquoit pas d'esprit; mais il ne s'appliquoit pas aux affaires, et se laissoit toujours gouverner par quelqu'un. L'abbé de La Rivière étant éloigné de lui, le coadjuteur prit bientôt ascendant sur son esprit, d'autant plus facilement que par sa réconciliation avec le cardinal il lui fut permis d'approcher de Son Altesse Royale, laquelle même crut faire plaisir à la Reine de suivre ses conseils : mais comme il étoit fort habile et très-ambitieux, il se servit du crédit qu'il s'étoit acquis auprès de ce prince pour modérer la trop grande autorité du cardinal, et, sans rompre avec lui, se rendre nécessaire pour en être plus considéré, et obtenir de lui pour son élévation ce qu'il ne lui eût jamais accordé de bon gré. Le duc de Beaufort, qui avoit tout pouvoir parmi le peuple, mais qui manquoit de capacité, étoit bien traité de Monsieur; et il le faisoit par le conseil du coadjuteur, afin d'être maître de Paris, dont la populace l'adoroit. La duchesse de Chevreuse, d'un esprit actif et remuant, étoit une des principales du parti, et avoit une liaison étroite avec le garde des sceaux, qu'elle seule avoit fait rétablir. Toute cette cabale s'étoit réunie avec le cardinal par la prison des princes : mais il arriva des affaires qui changèrent la face de la cour, alors qu'on y pensoit le moins. Les Espagnols étant entrés en Champagne et s'étant avancés jusqu'à Fismes, le parlement s'assembla pour chercher les moyens de les repousser, mais le défaut d'argent avoit tellement affoibli le royaume, qu'il étoit difficile d'y remédier; et comme ceux qui composoient le parlement étoient peu entendus aux affaires d'État, ils avoient exigé des déclarations du Roi pour le soulagement du peuple, qui avoient énervé les finances; et présentement qu'ils voyoient les ennemis à leurs portes, qui pilloient leurs terres et saccageoient leurs maisons, ils étoient bien empêchés quel remède y appliquer. Il falloit trouver de l'argent, et c'est ce qu'ils désiroient le plus; mais ils ne vouloient pas permettre qu'on fît aucuns édits nouveaux, ni qu'on dérogeât aux déclarations : ce qui étoit impossible, car l'argent ne tombe pas du ciel comme la pluie; et ainsi en même temps ils vouloient et ne vouloient pas. Cela faisoit voir qu'il étoit bien malaisé de soutenir la guerre tant que l'autorité royale ne seroit pas en son entier, et tant que les gens de justice s'en mêleroient, qui savent mieux juger des procès que gouverner un royaume, lequel ne peut être régi avec ordre par une si grande cohue. Dans cette extrémité, on appréhenda que le maréchal de Turenne ne marchât droit à Vincennes pour le prendre, et mettre les princes en liberté. Sur ce soupçon, on tin conseil chez M. le duc d'Orléans, où il fut résolu tout d'une voix de les ôter d'où ils étoient, et les mettre en lieu plus sûr. Le Tellier, qui avoit le secret du cardinal, opina pour qu'on les menât au Havre-de-Grâce; mais le coadjuteur et le duc de Beaufort s'y opposèrent, et dirent qu'il les falloit mettre dans la Bastille. Ils tournèrent Monsieur de leur côté, lui disant qu'encore qu'il se dût bien maintenir avec la Reine, il devoit néanmoins empêcher qu'on menât les princes dans une place dont le cardinal seroit le maître, qui les pourroit délivrer quand il lui plairoit sans son consentement; mais qu'étant dans la Bastille, on n'en disposeroit pas sans sa permission, et seroient en grande sûreté du côté des Espagnols. Le Tellier résista fortement à cette proposition, et dit à Monsieur que la Bastille étant entre les mains de Broussel, les princes ne seroient plus au pouvoir de la Reine ni au sien, mais à celui du peuple de Paris; et qu'il ne pouvoit exécuter ce dessein sans offenser Sa Majesté, qui n'y consentiroit jamais. Sur ces disputes, la duchesse de Chevreuse s'entremit pour les accorder, et se servit de Laigues pour cet effet, lequel alla trouver Monsieur, et lui fit connoître que le danger pressoit, et qu'un matin on lui viendroit dire que Vincennes seroit investi par les Espagnols, et qu'alors il ne seroit plus temps d'y remédier; et qu'il considérât quel malheur ce seroit si les princes étoient délivrés par cette voie. Monsieur en demeura d'accord, mais il dit qu'il ne pouvoit consentir qu'on les menât au Havre; et Le Tellier disant de même de la part de la Reine pour la Bastille, Laigues repartit que dans l'union qui étoit entre lui et Sa Majesté, ils ne devoient pas être mis en aucun lieu suspect à l'un ni à l'autre, et qu'il falloit convenir d'une place qui leur fût agréable à tous deux. Monsieur lui-même proposa Marcoussis, château appartenant à d'Entragues, entouré de bons fossés pleins d'eau, à six lieues de Paris, et au-delà de la rivière de Seine. Laigues se chargea de voir le duc de Beaufort et le coadjuteur, pour leur faire trouver bon. Ce dernier voyant que l'affaire pressoit, après beaucoup de difficultés fut enfin persuadé par la duchesse de Chevreuse; et Le Tellier n'ayant pas le temps d'en écrire à la Cour et d'en avoir réponse, vu l'urgente nécessité de la chose, y donna aussi les mains. Pour le duc de Beaufort, la duchesse de Montbazon lui fit agréer. Ainsi, du consentement de tous, les princes furent transférés de Vincennes à Marcoussis le 28 d'août, sous la même garde qu'ils avoient auparavant. Quand le cardinal sut la peine que le coadjuteur avoit donnée à Le Tellier sur le sujet de cette translation, il s'en plaignit, et parla de lui à la Reine comme d'un homme séditieux, qui s'opposoit toujours au bien du service du Roi, et qui avoit l'esprit si brouillon qu'on ne pouvoit prendre de confiance en lui. Le coadjuteur, averti de ces discours, persuada à M. le duc d'Orléans de ne pas souffrir que le cardinal gouvernât les affaires de Guyenne à sa mode, et qu'il étoit du devoir de sa charge de s'en mêler ; et fit si bien qu'il alla au parlement, où il fut résolu d'envoyer des députés pour servir de médiateurs de l'accommodement de Bordeaux. On a vu comme tout s'y passa au gré de la Fronde, et non à celui du cardinal, qui en fut outré contre le coadjuteur, et ne put s'en taire, quoique imprudemment, car il devoit dissimuler ; mais ils avoient tous deux une telle antipathie l'un pour l'autre, qu'ils ne se pouvoient contraindre sur ce sujet. Le Tellier informoit le cardinal exactement de tout, et lui mandoit que l'esprit de Monsieur n'étoit plus si aisé à conduire que du temps de La Rivière, et qu'on voyoit bien que c'étoit un autre homme qui le gouvernoit. Le coadjuteur, de son côté, étoit instruit des plaintes du cardinal contre lui ; et ne pouvant cacher son ressentiment, il le découvrit à la duchesse de Chevreuse, qui fit ce qu'elle put pour l'adoucir, et lui dit qu'elle vouloit en écrire au cardinal. En effet, elle le fit en termes forts et pressans, lui mandant que le coadjuteur étoit surpris de la manière dont il parloit de lui, vu qu'il n'avoit rien fait que pour le bien public ; qu'il avoit grand crédit dans Paris, et qu'il devoit se le conserver pour ami : mais qu'il n'y avoit encore rien de gâté, et qu'elle se promettoit de les réconcilier mieux qu'ils n'avoient jamais été ; et qu'il falloit pour cela qu'il lui rendît un service considérable, et le faire de bonne grâce. Le cardinal lui fit réponse qu'il désiroit l'amitié du coadjuteur ; qu'il ne lui avoit point donné depuis son départ de sujet de s'opposer à tout ce qu'il souhaitoit, comme il faisoit ; et que s'il vouloit obtenir quelque grâce, il n'avoit qu'à dire, et qu'il espéroit que la Reine ne lui refuseroit pas. La duchesse ayant reçu cette lettre la montra au coadjuteur ; et, de concert avec lui, elle récrivit au cardinal qu'elle étoit bien aise de le voir en cette bonne disposition, et qu'elle répondoit que le coadjuteur ne lui manqueroit point : mais comme il étoit homme d'un mérite extraordinaire, aussi il le falloit obliger par un bienfait médiocre ; et qu'il le devoit faire nommer cardinal pour la première promotion qui se feroit, en la place de La Rivière, qui avoit été révoqué. Cette proposition étonna le cardinal : car la chose du monde qu'il craignoit le plus étoit de voir, dans une dignité pareille à la sienne, un homme d'un si grand génie et d'un poids si considérable. Il n'osa néanmoins le refuser ; mais pour éluder l'affaire et gagner temps, il lui manda que la cour retourneroit bientôt à Paris, et qu'ils parleroient ensemble sur cela.

Le lundi 7 de novembre, le Roi arriva à Fontainebleau, où il sembloit, après un si long voyage, que M. le duc d'Orléans se devoit trouver : mais soit qu'il eût honte de n'avoir pas conservé pour elle la même complaisance qu'il avoit accoutumé, soit que le coadjuteur, pour se faire craindre, lui eût donné de la défiance, et lui eût mis dans la tête qu'on n'étoit pas satisfait de lui à la cour, et que pour sa sûreté il ne devoit pas quitter Paris, il ne voulut point sortir de la ville, et ne se trouva pas à Fontainebleau : dont la Reine fut fort surprise. Elle dissimula néanmoins son étonnement, et envoya de sa part le presser de venir, sur ce qu'il étoit nécessaire, pour le bien de l'État, que l'union parût entre eux. La duchesse de Chevreuse et le garde des sceaux lui parlèrent si fermement, qu'enfin ils le rassurèrent ; et le 10 il arriva à Fontainebleau, où il fut reçu avec grand témoignage de joie et une parfaite dissimulation. La Reine ne put s'empêcher de lui faire quelques reproches de tout ce qui s'étoit passé durant le voyage, et de ce qu'il sembloit que la bonne intelligence qui avoit toujours été entre eux depuis la mort du feu Roi commençoit à s'altérer : elle lui dit qu'elle n'en savoit pas la cause ; mais qu'il devoit considérer que de leur union dépendoit le repos de l'État. Comme Monsieur étoit timide de son naturel, et que la Reine avoit toujours eu beaucoup de pouvoir sur son esprit, il fut fort embarrassé, et il lui dit qu'il ne connoissoit aucun sujet de désunion entre eux, et qu'il auroit toujours pour elle le même respect qu'il avoit eu toute sa vie. La Reine lui repartit qu'elle lui en demandoit une marque ; et il répondit qu'il n'y avoit rien qu'il ne fît pour son service. Alors elle s'ouvrit à lui, et lui fit connoître que la plus importante affaire qu'il y eût maintenant dans le royaume étoit de mettre les princes en lieu de sûreté, et qu'ils n'y étoient point à Marcoussis, et qu'elle lui demandoit, pour marque de l'amitié qu'il avoit pour elle, de consentir qu'ils fussent conduits au Havre. Il fut fort surpris de cette demande, et lui répondit que c'étoit contre la promesse qu'on lui avoit faite en les arrêtant, qu'ils dépendroient également d'elle et de lui ; en sorte qu'on n'en pourroit disposer que de leur commun consentement : mais elle répondit que sa prière ne dérogeoit point à ce qui étoit convenu entre eux, parce que Bar, qui avoit été commis à leur garde, seroit auprès d'eux au Havre comme à Vincennes et à Marcoussis; et comme il avoit fait serment de leur en répondre à tous deux, et de ne les délivrer qu'en voyant la signature de l'un et de l'autre, il seroit aussi bien obligé à tenir son serment au Havre que dans un autre lieu. Monsieur y trouva à redire sur ce que le Havre étant entre les mains de la duchesse d'Aiguillon, il n'y auroit aucun pouvoir; mais cet obstacle fut bientôt levé, parce que cette duchesse convenoit de remettre la place entre les mains de Bar, auquel elle se vouloit bien confier, le connoissant pour homme d'honneur et de probité, et qui lui étoit particulièrement attaché, à cause qu'il avoit été capitaine des gardes du cardinal de Richelieu son oncle. Bar lui donna sa parole que dès que les princes en seroient sortis, il lui rendroit fidèlement le Havre. Toutes ces raisons ne pouvoient faire consentir Monsieur à cette translation; mais la Reine le sut si bien cajoler en répandant quelques larmes pour le toucher, qu'enfin il se rendit, et signa sur l'heure l'ordre conjointement avec la Reine. Dès que cette affaire fut expédiée, on envoya en diligence à Bar pour l'exécuter: ce qu'il fit aussitôt; et ayant tiré les princes de Marcoussis, il prit le chemin du Havre. Le comte d'Harcourt, qui commandoit en Normandie, eut ordre de les escorter avec des troupes: il vint pour ce sujet au devant d'eux, et les conduisit en sûreté jusqu'au Havre, où ils arrivèrent le 17 de novembre. Les partisans des princes, enragés de ce changement, crièrent fort contre le comte d'Harcourt de ce qu'après de si belles actions il en faisoit une indigne de lui, et l'appeloient par moquerie *recors du Mazarin*; mais ce comte croyoit qu'un sujet employé par son roi le doit servir à sa mode et selon l'utilité de ses affaires, sans demander pourquoi.

M. le duc d'Orléans retourna à Paris le 14, où le coadjuteur, qui n'avoit pas voulu aller à Fontainebleau, le blâma fort du consentement qu'il avoit donné, et lui fit prendre ombrage de la conversation que le duc de La Rochefoucauld avoit eue avec le cardinal à Bourg, lui voulant persuader que c'étoit pour la délivrance des princes qu'ils avoient traité à son insu, et qu'il avoit voulu les mettre dans le Havre pour exécuter son dessein plus facilement. Comme Monsieur étoit appréhensif, et qu'il avoit entière créance au coadjuteur, il se repentit bientôt de ce qu'il avoit fait, et promit de rétracter son ordre, et de le faire changer. Ce n'est pas que le coadjuteur n'eût bien voulu avoir cette complaisance pour la Reine; mais il désiroit qu'on lui en eût l'obligation, pour extorquer par là du cardinal la nomination au cardinalat. Le Roi arriva à Paris le 15, où il fut reçu avec les plus grandes démonstrations de joie qu'on pouvoit souhaiter. La première chose que Monsieur dit à la Reine fut que les bons Français et les gens de bien le blâmoient d'avoir consenti à la translation des princes, et qu'il étoit vrai qu'il l'avoit fait contre son gré, par pur respect pour elle; mais qu'ayant considéré les conséquences de cette action, et le mal qu'elle pouvoit produire, il avoit changé de sentiment, et ne pouvoit plus continuer dans cette résolution. La Reine lui répondit qu'elle étoit bien marrie qu'il ne se fût expliqué plus tôt; mais qu'il n'étoit plus temps, parce qu'ils étoient partis de Marconssis, et présentement étoient fort proches du Havre.

Ce changement de Monsieur fit bien connoître que le coadjuteur en étoit l'auteur, et qu'il se falloit bien garder de l'élever à la dignité où il aspiroit; et c'est le prétexte dont le cardinal se servit pour se dédire de la parole qu'il avoit donnée. Et pour bien comprendre cette affaire, il faut savoir que sur ce que le cardinal avoit remis la duchesse de Chevreuse à son retour pour lui répondre précisément sur les lettres qu'elle lui avoit écrites, elle ne manqua pas de lui en parler à Fontainebleau, et de le presser fort là dessus, lui faisant voir qu'il ne pouvoit être maître de Paris ni de l'esprit de Monsieur qu'en gagnant le coadjuteur et le faisant cardinal; mais connoissant son esprit ambitieux, il ne se vouloit pas fier, et résista formellement à cette demande; en sorte que la duchesse se sépara d'avec lui assez mal. Laigues, qui étoit son grand confident, demeura après elle à Fontainebleau, lequel entretint encore le cardinal sur ce sujet, et lui donna de si bonnes raisons pour le faire changer de sentiment, qu'enfin il le persuada, et tira parole de lui qu'il nommeroit le coadjuteur au cardinalat dès qu'il seroit à Paris. Laigues, qui connoissoit son style, qui étoit de tout promettre et de ne rien tenir, lui dit nettement qu'il le supplioit d'y bien penser avant que de donner sa parole, parce que s'il s'engageoit de sa part à la duchesse de Chevreuse, il lui conseilleroit, en cas qu'il y manquât, de la lui faire tenir par quelque moyen que ce fût. Le cardinal lui répondit qu'il avoit raison, et qu'il pouvoit hardiment assurer la duchesse de ce qu'il promettoit, et qu'il n'y manqueroit pas. Dès que le Roi fut à Paris, Laigues fit ressouvenir Son Eminence de la parole qu'il lui avoit donnée, et le somma de l'exécuter: mais il n'en tira que des paroles ambiguës, sans rien conclure; et ne se payant de cette monnoie, le pressa tellement de s'expliquer, qu'il le força de lui dire qu'il ne s'y pouvoit résoudre ; et alors Laigues lui déclara qu'il ne falloit donc pas qu'il trouvât mauvais s'ils songeoient à leurs affaires par d'autres voies. Le cardinal se trouva bien empêché dans ce rencontre, car il voyoit d'un côté qu'il ne se pouvoit passer des frondeurs pour tenir le parlement et la ville de Paris en bride ; mais, d'un autre sens, il avoit une si grande aversion et jalousie contre le coadjuteur, qu'il ne pouvoit se résoudre à le faire égal à lui, étant persuadé qu'il ne seroit jamais dans cette dignité, qu'il ne pensât aussitôt à le détruire pour se mettre en sa place. Il ne pouvoit s'imaginer que les frondeurs osassent jamais se fier aux princes après l'outrage qu'ils leur avoient fait, lequel les devoit rendre irréconciliables avec eux.

Laigues, après ce refus, alla trouver la duchesse de Chevreuse pour lui rendre compte de sa négociation, et lui dit qu'elle devoit bien connoître présentement que le cardinal étoit un fourbe, aux paroles duquel on ne se pouvoit plus fier, et qu'il étoit aisé de voir qu'il ne se servoit d'elle qu'autant qu'il en avoit besoin, dans le dessein de la perdre et tous ses amis dès qu'il en trouveroit l'occasion ; et il lui conseilla de prendre ses mesures d'ailleurs. Elle communiqua l'état de l'affaire au coadjuteur, lequel, piqué au vif du procédé du cardinal, résolut avec elle de le laisser là, et d'écouter les propositions des partisans des princes. Il disoit qu'il savoit bien qu'on auroit peine à établir une grande confiance entre eux après ce qui s'étoit passé ; mais aussi il objectoit que le cardinal les avoit plus offensés qu'ils n'avoient fait, et que le prince de Condé, qui étoit si généreux et avoit l'ame si haute, savoit fort bien que c'étoit lui-même qui les avoit poussés à faire ce qu'ils avoient fait contre lui, pour leur salut, et pour se défendre au contraire du cardinal Mazarin, qui avoit manqué pour lui de reconnoissance, lui devant sa conservation ; et là dessus il concluoit qu'il ne désespéroit pas de pouvoir se réconcilier avec lui, pour se venger conjointement du cardinal leur ennemi, qui étoit devenu l'horreur du genre humain. Le prince avoit des serviteurs qui, sous ombre de ne vouloir point porter les armes contre le Roi, étoient demeurés dans Paris à dessein de lui rendre plus de service que s'ils eussent pris les armes. Entre ceux-là étoit Arnauld, mestre de camp des carabins, lequel ayant connoissance du mécontentement du coadjuteur, ne perdit point de temps de lui faire parler, et de lui demander audience secrète. Il l'obtint aussitôt, et il le rassura sur la défiance qu'il pouvoit avoir du prince, lequel étoit fort raisonnable, et connoissoit bien qu'il n'avoit pu se dispenser de se défendre, étant poussé à bout au point qu'il avoit été ; mais qu'il ne falloit plus penser à tout cela, et que s'il pouvoit procurer sa liberté, il l'assuroit que ce dernier bienfait effaceroit le souvenir de la première injure, et qu'ils s'uniroient tous pour faire tomber leur vengeance sur la tête du cardinal, qui étoit cause de tous leurs maux, et de ceux de tout le royaume. Arnauld fit savoir au duc de La Rochefoucauld cette négociation, lequel la fit un peu surseoir, à cause que depuis la conversation qu'il eut à Bourg avec le cardinal, il avoit conservé correspondance avec lui, par laquelle il espéroit d'obtenir la liberté des princes, qu'il lui promettoit tous les jours ; et il trouvoit cette voie plus sûre, parce qu'il avoit la clef de la prison, et qu'ensuite ils reviendroient à la cour dans les bonnes grâces de la Reine : mais le cardinal l'ayant amusé longtemps par des remises et des échappatoires sans aucun fondement, il vit bien qu'il se moquoit de lui, et que ses dilaiemens n'étoient que pures fourbes. Alors il ne s'y attendit plus, et il donna les mains à ce que traitoit Arnauld avec le coadjuteur.

Comme le cardinal vit le grand murmure qui étoit dans Paris de ce que les Espagnols étoient si avant dans la Champagne, et qu'on l'accusoit d'imprudence d'avoir emmené les meilleures troupes du royaume en Guyenne pour satisfaire la passion du duc d'Épernon, il crut que pour apaiser cette rumeur il falloit aller lui-même dans cette province pour les en chasser, et remporter le mérite de cette action. Dans ce dessein, il fit assembler toutes les troupes qui étoient en garnison sur les frontières de Picardie et de Champagne ; et les ayant jointes à celles qu'il avoit ramenées de Guyenne, il en donna le commandement au maréchal Du Plessis, et le premier de décembre il partit de Paris, et arriva le 6 à Reims. Le 9 il fit investir Rethel, et le 10 le maréchal Du Plessis se rendit maitre du faubourg, et fit dresser une batterie qui ruina les murailles de la ville, et lui donna moyen de se loger sur le bord du fossé. Ensuite Manicamp pressa tellement le siége, que Delli-Ponti, qui commandoit la garnison espagnole, fut contraint de capituler le 13, et de sortir le 14. Les habitans de Rethel eurent une telle joie d'être délivrés de la domination espagnole, qu'ils passèrent un acte par lequel ils s'obligèrent de donner une épée à Manicamp et à tous les aînés de sa maison, en reconnoissance de leur délivrance.

Dès que le maréchal de Turenne sut le siége de Rethel, il fit grande diligence pour mettre ses troupes ensemble ; et ayant reçu un renfort que les Espagnols lui envoyèrent sous don Estevan de Gamare, il marcha promptement, dans la croyance qu'il arriveroit assez à temps pour faire lever le siége; mais ayant appris à trois lieues de Rethel qu'il étoit pris, il tint bride en main, et n'avança pas davantage. De l'autre côté, les coureurs du maréchal Du Plessis l'ayant assuré que les Espagnols marchoient à lui, il fit passer la rivière d'Aisne à son armée, et alla droit à eux; mais il sut bientôt après que, sur la nouvelle de la prise de Rethel, ils s'étoient retirés: il ne laissa pas de les suivre, et il les joignit à un défilé, dans le dessein de les combattre. Le maréchal de Turenne, voyant paroître les coureurs de l'armée française, mit la sienne en bataille sur une hauteur où il croyoit combattre à son avantage, et attendit de pied ferme proche d'un village nommé Smide. Les Français étoient plus forts en infanterie; mais les Espagnols avoient beaucoup plus de cavalerie: ce qui leur donnoit grand avantage dans les plaines. Il y avoit un vallon entre les deux armées assez facile à passer, dans lequel une partie de la cavalerie espagnole descendit pour charger en flanc l'aile gauche française, commandée par Hocquincourt, lequel alla au devant, et mit en désordre cinq escadrons, qui prirent la fuite; et il gagna la hauteur de l'autre côté du vallon, soutenu par Villequier, qui commandoit la seconde ligne. En même temps le maréchal Du Plessis avec l'aile droite chargea la gauche des Espagnols, où la cavalerie des deux partis ne tira que tête contre tête: mais après un combat fort opiniâtre, la cavalerie française, plus foible que l'autre, plia, et se retira en confusion. Elle fut poussée par l'espagnole, laquel le fut arrêtée sur le cul par Fleckestein, qui commandoit le corps de réserve. Alors le combat recommença plus fort que devant; et Manicamp ayant rallié ceux qui avoient été rompus, retourna à la charge; et le régiment des Gardes avec le reste de l'infanterie ayant défait celle des Espagnols, tourna contre leur cavalerie, qui ne put soutenir les décharges de la mousqueterie, et fut contrainte de reculer; puis étant poussée par la cavalerie française, et chargée par Villequier et Hocquincourt, qui avoient battu l'aile droite des Espagnols, elle prit entièrement la fuite, et fut poursuivie diligemment. Le maréchal de Turenne se sauva; mais don Estevan de Gamare, général des Espagnols, et Fauge-des-Lorrains, furent pris; Bouteville, Sérizi, Aucour, le chevalier de Jarzé et le marquis de Quintin, Français du parti des princes, demeurèrent aussi prisonniers. Toute leur infanterie fut prise ou tuée, leur cavalerie dissipée, et leur canon et bagage tomba entre les mains du victorieux.

Cette bataille gagnée par les Français le 15 de décembre, entre la vallée de Bourg et les villages de Smide et Sommesulpe, a néanmoins été nommée de Rethel, à cause qu'elle fut donnée pour son sujet, quoique le champ en fût éloigné de quatre à cinq lieues. Le maréchal Du Plessis reçut une sensible affliction, qui diminua fort la joie de son triomphe, par la mort du comte Du Plessis son fils aîné, qui fut tué dans la mêlée. Dès que la bataille fut gagnée, Bougi fut investir Château-Portien, qui se rendit d'abord; et la garnison prit parti dans l'armée. Le cardinal Mazarin étoit à Rethel quand la bataille fut donnée; et en ayant appris la nouvelle, il dépêcha pour en avertir Leurs Majestés; et lors il crut être au dessus de la fortune, et qu'un si grand avantage, dont il s'attribuoit la principale gloire, fermeroit la bouche à ses ennemis, et leur feroit tomber les armes des mains; mais il arriva tout autrement, ainsi qu'on verra par la suite.

Dès que la duchesse de Chevreuse eut donné son consentement au coadjuteur d'écouter les partisans des princes et de se retirer de l'amitié du cardinal, il se fit quantité d'assemblées secrètes sur ce sujet. La princesse palatine, femme d'esprit et fort intrigante, qui étoit en petite considération près du cardinal, s'en mêla des plus avant pour se faire valoir; et les principales conférences se tinrent chez elle. Quoique Bar fût extrêmement rude et sévère aux princes, il ne put néanmoins jamais empêcher qu'ils ne reçussent des nouvelles, et qu'ils n'écrivissent; et même les précautions qu'il prenoit pour l'empêcher leur en donnoient souvent la facilité. Il y avoit long-temps que Deslandes-Payen étoit chargé d'une requête de la princesse de Condé au parlement, qu'il n'osoit présenter, parce qu'il ne voyoit pas les choses disposées à la faire réussir, à cause que la Reine et les frondeurs étoient unis ensemble; mais quand il sut le mécontentement des derniers, il se disposa pour la rapporter, et attendit qu'ils eussent achevé leur traité avec les princes. La palatine, qui leur faisoit savoir par des voies inconnues des nouvelles de tout ce qui se passoit, et qui en recevoit réponse, conclut enfin avec le coadjuteur que toute leur cabale romproit avec le cardinal Mazarin, et se déclareroit en faveur des princes pour les faire sortir de prison; qu'ils oublieroient de part et d'autre les injures reçues, et qu'ils contribueroient tous à l'éloignement du cardinal; et pour la sûreté de cet accord, que le prince de Conti épouseroit la fille de la duchesse de Chevreuse. Ce traité étant fait fort secrètement, et approuvé des princes à l'insu de Bar, il ne restoit plus qu'à y joindre M. le duc d'Orléans. Le coadjuteur avoit commencé à ébranler son esprit et à lui donner de la défiance du cardinal, en lui représentant que la majorité du Roi approchoit, et qu'il n'attendoit que cela pour se rendre le maître absolu, et le traiter ensuite comme il avoit fait les princes. Il lui persuadoit de mettre ordre à ses affaires devant ce temps-là, et de procurer leur liberté pour les obliger de s'attacher à ses intérêts, lui faisant voir que son union avec eux le mettroit en état de ne rien craindre, et à couvert de l'insulte de tous les favoris. Comme Monsieur avoit déjà donné du soupçon au cardinal, il appréhendoit son abord, et depuis le retour de Guyenne il évitoit de le voir le plus qu'il pouvoit. Cette froideur dura jusqu'à son départ pour la Champagne. Durant son absence, Deslandes-Payen présenta au parlement la requête de la princesse; et en même temps de Roches, lieutenant des gardes du prince de Condé, apporta une lettre écrite de sa main et signée des deux autres prisonniers, par laquelle il autorisoit cette requête. Il fut résolu dans l'assemblée des chambres, qui s'était faite pour un autre sujet, que l'affaire étoit de si grande importance qu'elle méritoit que M. le duc d'Orléans y assistât, et que deux conseillers iroient le trouver pour le prier de venir prendre sa place, et être présent à la délibération. Les députés furent au palais d'Orléans, où ils s'acquittèrent de leur commission; mais Monsieur ne voulant pas encore se déclarer, s'excusa de s'y trouver.

Dans ces entrefaites arriva la nouvelle du gain de la bataille de Rethel, qui devoit apparemment détruire toute cette menée, et mettre en fumée tous les projets faits contre l'autorité du cardinal; mais l'affaire prit le contre-pied de ce qu'on pensoit: car les frondeurs, craignant que cette victoire n'augmentât sa puissance, et qu'il ne l'employât à leur ruine, s'unirent entre eux plus que devant, et firent une telle peur à Monsieur pour sa personne propre, qu'ils l'obligèrent à se déclarer hautement contre lui.

Quoique la duchesse de Chevreuse eût signé le traité contre le cardinal, elle ne laissoit pas de voir la Reine, laquelle n'étoit pas informée de ce qui se passoit. Un jour elle voulut sonder l'esprit de Sa Majesté, et voir si elle ne pourroit point adroitement la désabuser de l'estime qu'elle avoit pour le cardinal: elle lui dit que c'étoit une étrange chose que la haine que tout le monde avoit contre lui fût si grande, qu'on tournoit ses meilleures actions en mal; qu'au retour de Guyenne, on le blâmoit d'avoir laissé prendre pied aux Espagnols dans la Champagne pour son intérêt particulier; et maintenant qu'il les en avoit chassés, au lieu de le louer et de lui en savoir gré, on crioit contre lui, le taxant d'imprudence et de peu de conduite, d'avoir fait hasarder une bataille dans des plaines où les Espagnols avoient beaucoup plus de cavalerie que lui; en sorte que s'il l'eût perdue, il eût mis le royaume dans un péril évident. Elle témoignoit être marrie de ces bruits, étant de ses amis; mais elle vouloit lui faire connoître que l'aversion étoit si générale contre lui, que quelque bien qu'il fît, on ne l'aimeroit jamais; et qu'elle seroit toujours malheureuse tant qu'elle se serviroit de lui, et qu'elle prévoyoit qu'elle seroit à la fin contrainte de l'éloigner pour se mettre en repos. La Reine reçut fort froidement cet avis, et le manda au cardinal. La duchesse, qui avoit toujours grand commerce avec lui, lui écrivit en même temps qu'elle trouvoit la Reine plus froide pour lui que de coutume, nonobstant les bons offices qu'elle lui rendoit tous les jours, après le grand service qu'il venoit de rendre à l'État. Le cardinal reçut les deux lettres tout à la fois, et fut si surpris de voir deux choses si contraires, qu'il jeta de colère sa calotte contre terre, et connut bien que la duchesse de Chevreuse le trompoit, et dès-lors résolut de se défier d'elle.

Cependant le parlement voyant que Monsieur ne vouloit pas venir prendre sa place, parce qu'il n'avoit pas encore rompu avec la Reine, ordonna l'assemblée des chambres pour délibérer sur la requête des princes; mais le jour qu'elles s'assemblèrent, elles reçurent une lettre de cachet par laquelle la Reine leur mandoit de la venir trouver par députés. Les enquêtes firent grand bruit sur cette lettre, disant qu'elle n'étoit écrite que pour rompre leur délibération et gagner du temps, et la plupart opinioient à n'y point avoir égard; mais ceux de la grand'chambre, plus vieux et plus sages, ne voulurent pas manquer de respect à la Reine, et firent résoudre d'y envoyer le premier président, accompagné d'un autre, et de deux conseillers de chaque chambre. Ils virent la Reine dans son lit, malade d'une fièvre qui la tenoit depuis son retour de Guyenne. Elle leur dit par la bouche du garde des sceaux, qu'elle désiroit que le parlement sursît à toutes sortes de délibérations et assemblées, jusqu'à ce qu'elle eût recouvré sa santé; après quoi elle promettoit toutes sortes de satisfactions. Le lendemain, les députés ayant rendu compte au parlement, on différa les assemblées pour huitaine; mais la semaine étant passée, elles recommencèrent, et on travailla à l'affaire des princes. Alors le coadjuteur leva le masque, et fut d'avis qu'on fît à la Reine des remontrances de bouche et par écrit, afin que, suivant la déclaration du mois d'octobre 1648, confirmée par le traité de

Ruel de 1649, les princes fussent mis entre les mains du parlement, pour être punis s'ils étoient coupables, ou élargis s'ils se trouvoient innocens. Ensuite il parla contre les désordres de l'Etat, dont il accusa le cardinal Mazarin, et opina qu'on suppliât la Reine de l'éloigner. Beaucoup furent de son avis ; mais enfin l'arrêt fut pour les remontrances de bouche seulement pour la liberté des princes, sans parler du cardinal. Les gens du Roi demandèrent audience à Sa Majesté pour le parlement, en exécution de son arrêt ; mais ils ne la purent obtenir à cause de l'indisposition de la Reine, et elle fut remise au commencement de l'année prochaine. Le cardinal fut bientôt averti de tout ce qui se machinoit contre lui ; et, se trouvant à la tête d'une armée victorieuse, ses amis lui conseilloient de ne point retourner à Paris, mais d'en faire sortir Leurs Majestés, et ne les y point faire revenir que le coadjuteur et les séditieux n'en fussent dehors, disant que le peuple pour ravoir le Roi, dont l'absence ruineroit tout le commerce, les chasseroit hors de la ville. Il ne put goûter cet avis, parce que n'étant pas d'une humeur hardie ni entreprenante, il ne vouloit rien hasarder, étant rebuté de l'entreprise du siége de Paris, qui avoit pensé renverser la monarchie. Ainsi, selon son naturel, suivant les conseils les plus doux, il revint à Paris, où il arriva le dernier jour de l'an. Il fut reçu avec beaucoup d'acclamation et de flatterie des courtisans, et autant de froideur de M. le duc d'Orléans et du peuple.

DIX-SEPTIÈME CAMPAGNE.

[1651] Cette année commença par la promotion de cinq maréchaux de France, à savoir : Villequier, qui se fit appeler le maréchal d'Aumont ; La Ferté-Imbault, fait par M. le duc d'Orléans, qui prit le nom de maréchal d'Etampes ; Hocquincourt et La Ferté-Senneterre. Le comte de Grancey voyant qu'il en étoit exclus, partit de Paris pour aller en son gouvernement, et dit tout haut, en sortant de chez la Reine, que les Espagnols seroient bien aises de ravoir Gravelines. Le cardinal, alarmé de ses menaces, lui envoya en diligence le bâton : et ainsi il fut le cinquième.

Les gens du Roi continuèrent à poursuivre l'audience demandée par le parlement pour faire les remontrances. Elle fut refusée d'abord à cause de la maladie de la Reine, et le cardinal la retarda le plus qu'il put, selon sa manière d'agir, qui étoit de gagner le temps ; et il croyoit avoir fait une grande affaire quand il pouvoit reculer de vingt-quatre heures : mais enfin, après beaucoup de remises, le garde des sceaux donna jour au 20 de janvier. Le premier président parla avec grande force à Sa Majesté, qui répondit qu'elle en communiqueroit avec son conseil ; et quelques jours après le garde des sceaux dit aux députés qu'encore que la Reine ne dût rendre compte de ses actions qu'à Dieu seul, elle ne laissoit pas de vouloir bien faire voir au public la justice de ses intentions ; qu'elle promettoit la liberté des princes dès que ceux qui s'étoient joints aux Espagnols pour leur sujet se seroient remis dans l'obéissance, avec les places qu'ils tenoient. Cette réponse fit crier les enquêtes, qui étoient composées de jeunes gens sans expérience, qui vouloient que les princes sortissent sans aucune formalité, ne prévoyant pas les conséquences de ce qu'ils demandoient. Après ce bruit apaisé, il fut arrêté que des députés iroient prier M. le duc d'Orléans de venir au parlement, pour assister à la délibération d'une affaire de si grande importance. Monsieur refusa d'y aller, parce que la Reine l'en empêcha par l'ascendant qu'elle s'étoit conservé sur son esprit, lui faisant faire par ses larmes tout ce qu'elle vouloit. Il ne laissa pas dans ce même temps d'avoir un grand démêlé en sa présence contre le cardinal, lequel disoit que les frondeurs étoient de vrais Cromwells, qui vouloient faire en France ce que l'autre avoit en fait en Angleterre ; car il lui repartit fort sec qu'il y avoit grande différence, et que la comparaison n'étoit pas juste, parce que les frondeurs étoient gens d'honneur, et serviteurs du Roi et de sa couronne ; mais véritablement qu'ils étoient ses ennemis particuliers, et qu'il vouloit faire de sa querelle celle l'Etat, quoiqu'il n'y eût rien de commun avec le service du Roi. Le cardinal voulant répondre, Monsieur le fit taire, et ils se séparèrent fort aigrement. Le lendemain, Son Altesse Royale tomba malade de la goutte, qui l'obligea de garder le lit quelques jours. Le coadjuteur en fut fort aise, parce que cela l'empêchoit de voir la Reine, qui étoit malade de son côté, et qu'elle détruisoit, par le pouvoir qu'elle avoit sur lui, en une seule vue tout ce qu'il faisoit en huit jours. Le cardinal, qui connoissoit l'altération qui étoit pour lui dans l'estime de Monsieur, n'osoit aller chez lui, craignant de n'y être pas en sûreté, et le coadjuteur prit le temps de cette goutte pour le presser de se déclarer contre le cardinal, et pour la liberté des princes ; et comme il ne voyoit plus la Reine, il fut plus facile à persuader : aussi il donna les mains à tout ce qu'il voulut, et il fit savoir ses intentions à la duchesse de Longueville, laquelle les reçut avec beaucoup de respect, ne voulant faire aucun traité avec lui, mais se soumettant à toutes ses volontés. Quand il commença à se bien porter, la Reine, qui savoit que le coadjuteur tournoit son esprit contre ses intérêts, fit ce qu'elle put pour le voir, et lui manda que son indisposition ne lui permettant pas d'aller chez lui, elle le prioit de se faire porter en chaise chez elle, parce qu'elle souhaitoit passionnément de le voir. Il répondit qu'il n'étoit pas en état de cela, et qu'il ne pouvoit encore se soutenir. Le lendemain la Reine sut qu'il s'étoit promené dans son jardin : alors elle crut qu'il ne se pourroit dédire de la venir trouver ; et pour l'y obliger tout-à-fait, elle y envoya, le 2 de février, le garde des sceaux, le maréchal de Villeroy et Le Tellier, qui lui représentèrent qu'il y avoit grande quantité d'affaires qu'on ne pouvoit résoudre sans lui ; et que la Reine, sachant qu'il se promenoit, le conjuroit de la venir voir pour conférer ensemble de plusieurs choses qui ne pouvoient se terminer qu'en sa présence. Alors Monsieur, qui avoit dissimulé jusqu'à cette heure, se déclara, et dit qu'il n'y pouvoit aller, et qu'il ne se trouveroit plus au conseil tant que le cardinal y seroit ; qu'il avoit eu toutes les complaisances imaginables pour la Reine sur son sujet ; mais voyant que l'Etat périssoit par sa mauvaise administration, qu'il étoit obligé pour le sauver de procurer son éloignement, et de ne pas souffrir que l'intérêt d'un seul homme empêchât la tranquillité du royaume. Quelque instance qu'ils fissent pour l'obliger d'aller chez la Reine, il le refusa constamment, disant que cette entrevue ne serviroit qu'à les aigrir, parce qu'elle s'opiniâtreroit à maintenir le cardinal, et qu'il seroit obligé de la contrarier ; ce qui le fâcheroit au dernier point, vu le respect qu'il avoit pour elle ; tellement qu'il ne vouloit plus se trouver en un lieu où il fût nécessité de faire rien qui lui déplût et ainsi qu'il ne la verroit point que le cardinal ne fût éloigné. Le coadjuteur n'avoit garde de le laisser aller chez la Reine, connoissant son foible, de crainte qu'elle ne le fît retourner de son côté ; et lui, qui étoit d'un naturel timide, ne pouvoit se résoudre d'y aller, tant il appréhendoit son abord. Mais pour rompre tout commerce d'accommodement, le coadjuteur lui persuada d'aller le lendemain matin au parlement, où il étoit fort désiré. Il y prit sa place, et dit, avec une facilité de parler qui lui étoit naturelle, que le respect qu'il avoit toujours eu pour la Reine l'avoit obligé jusqu'à présent de dissimuler le regret qu'il avoit de voir le royaume dans le misérable état où il étoit ; mais voyant que l'incapacité du cardinal Mazarin, son ambition démesurée et son avarice sordide étoient cause de tous ces maux, il se croyoit obligé en conscience d'y mettre ordre, par le devoir de sa charge et la fidélité qu'il devoit au Roi. Là dessus, il compta tout ce qui s'étoit passé entre la Reine et lui depuis quelque temps ; et protestant qu'il ne sortiroit jamais du respect qu'il lui devoit, il conjura le parlement de s'unir avec lui pour remédier aux désordres qui menaçoient l'Etat, et pour chasser le cardinal Mazarin, qui en étoit l'auteur. Il exagéra fort l'insolence qu'il avoit eue de faire la charge de tout le monde, et même la sienne ; mais il assura qu'il ne le souffriroit plus dorénavant, et qu'il la vouloit faire entièrement. Ce discours fut reçu avec grand applaudissement des enquêtes, qui par un bruit sourd et un bourdonnement confus témoignèrent approuver cette bonne résolution. En même temps Rhodes, grand-maître des cérémonies, apporta une lettre de cachet portant ordre au parlement de venir trouver la Reine par députés. Aussitôt le bruit augmenta, tous les jeunes gens criant que c'étoit des ruses du cardinal pour retarder leur délibération, et qu'il ne falloit pas laisser de continuer : mais M. le duc d'Orléans, prenant la parole, fut d'avis qu'on obéît, et qu'ils demeurassent assemblés jusqu'à ce que le premier président et les autres députés fussent revenus Cette opinion fut suivie ; et ainsi le parlement fut trois heures sans rien faire, jusqu'à midi, que les députés retournèrent. Le premier président rendit compte de sa commission, et dit que la Reine avoit témoigné une grande douleur de l'éloignement de Monsieur d'auprès la personne du Roi et la sienne ; qu'elle les avoit exhortés de lui persuader de revenir au conseil à son ordinaire, où il seroit obéi comme elle-même ; que son absence ruinoit les affaires ; et que si pour le satisfaire il falloit mettre les princes en liberté, qu'elle y consentoit, et même le souhaitoit plus que personne. Là dessus il adressa sa parole à Monsieur, le conjurant les larmes aux yeux d'accorder la demande de la Reine pour le salut de l'Etat. Son Altesse Royale résista d'abord à la prière du premier président ; mais sur ce qu'il renouvela ses instances, il dit qu'il se soumettroit au conseil que lui donneroit le parlement, et qu'il croiroit son avis. A l'heure même on se mit à délibérer ; et comme le coadjuteur n'étoit assuré de l'esprit de Monsieur que durant qu'il ne verroit point la Reine, il fit tous ses efforts avec sa cabale pour rompre cette entrevue. En effet, le duc de Beaufort ayant dit qu'il n'y auroit pas de sûreté dans le Palais-Royal pour la personne de Monsieur, le cardinal y étant le maître, qui pourroit faire en traître un coup d'Italien, voyant qu'il ne se pouvoit sauver que par la perte de Son Altesse Royale, conclut qu'il ne s'y devoit pas fier. Toute la Fronde ayant suivi son avis se trouva la plus forte, et cette opinion l'emporta. Quand la Reine vit qu'elle ne pouvoit gagner Monsieur par prières, elle envoya le maréchal de Gramont au Havre pour traiter avec le prince de Condé de sa liberté, et l'engager dans ses intérêts et dans ceux du cardinal ; mais durant ce voyage le parlement donna un arrêt par lequel il fut ordonné que des députés iroient au Palais-Royal pour supplier la Reine de donner présentement une lettre adressante à Bar pour faire sortir de prison les princes, et d'éloigner des conseils le cardinal Mazarin, et le bannir du royaume comme la cause des malheurs de l'Etat. Le premier président, chargé de cette commission, aimoit le prince de Condé, et souhaitoit sa délivrance, poussé à cela par son fils Champlâtreux, qui avoit toujours servi d'intendant de justice dans ses armées, et étoit fort aimé de lui : mais il vouloit que sa liberté vînt de la Reine, afin qu'il fût dans ses intérêts ; et il craignoit de le voir sortir par la cabale des frondeurs, croyant que ce seroit la ruine de l'État.

Durant toutes ces intrigues, on ne parloit dans Paris que de la liberté des princes. Le peuple, sot et inconstant à son ordinaire, qui un an devant faisoit des feux de joie pour leur prison, fait présentement des vœux pour leur élargissement, sans savoir pourquoi ; et chacun y voulant avoir part, vouloit s'en mêler de quelque façon que ce fût, jusqu'aux gentilshommes, qui s'assemblèrent chez le marquis de La Vieuville, et puis chez le duc de Nemours ; et sur ce bruit toute la noblesse accourut de toutes les provinces, et la foule se trouva si grande, qu'on fut contraint de prendre pour l'assemblée la grande salle des Cordeliers. Là on dressa un écrit qui fut signé de tous, sans observer aucun ordre ni rang, les princes signant avec les gentilshommes comme ils se rencontroient, et prenant place de même dans la salle. Ce papier portoit une union de toute la noblesse pour obtenir la liberté des princes, l'éloignement du cardinal Mazarin, et la convocation des États-Généraux du royaume. Cette cohue fit grand bruit durant quelques jours ; et ceux qui n'avoient jamais vu ni les princes ni le cardinal étoient ceux qui faisoient plus de fracas, ne parlant que par des mots recherchés, nommant les premiers *illustres captifs,* et chargeant le dernier de toutes les injures imaginables, sans avoir jamais reçu de bien ni de mal d'eux. Enfin une frénésie possédoit tellement tous les esprits, qu'ils croyoient que le salut de l'État ne dépendoit que de la liberté des uns et de l'exil de l'autre, ne prévoyant pas que faisant sortir le prince hors de prison de la manière qu'on y travailloit, c'étoit mettre un lion furieux hors de sa cage, qui alloit dévorer tout le monde, et lequel pour venger son emprisonnement mettroit le feu dans tous les coins du royaume comme il arriva depuis. Le cardinal voyant que toutes les prières de la Reine ne pouvoient fléchir Monsieur, ni l'obliger de la venir voir tant qu'il y seroit, ne trouvant pas sa personne en sûreté dans Paris, où il étoit en abomination, résolut d'en sortir pour se mettre à couvert d'insulte, et aussi pour ôter le prétexte que prenoit Monsieur de ne plus voir la Reine, espérant qu'elle le regagneroit. Pour ce sujet, il partit du Palais-Royal à minuit du 6 au 7 de février, et par un grand clair de lune il s'en alla à Saint-Germain ; et le matin même, le comte de Brienne fut trouver Monsieur pour lui dire que voyant la passion qu'il avoit pour l'éloignement du cardinal Mazarin, elle avoit voulu avoir cette complaisance pour lui, et qu'il étoit parti la nuit pour le satisfaire ; et par là que tout sujet étant ôté de leur séparation, elle espéroit qu'il la viendroit voir bientôt, et qu'elle l'en conjuroit pour le bien de l'État et le service du Roi, qu'il témoignoit tant aimer. Monsieur dit qu'il alloit au parlement ; puis qu'il lui rendroit réponse. Dès qu'il eut pris sa place dans la grand'-chambre, il dit que le comte de Brienne étoit venu de la part de la Reine l'avertir que le cardinal Mazarin s'en étoit allé la nuit dernière, et qu'elle le convioit à la venir voir : mais qu'il ne jugeoit pas cette visite encore nécessaire, parce que le cardinal n'étoit qu'à Saint-Germain, dans le dessein apparemment de revenir ; et qu'il le falloit chasser du royaume sans espérance de retour : et ainsi qu'il n'étoit point d'avis de voir la Reine que cela ne fût, et que les princes ne fussent hors de prison. Là dessus un grand bruit s'émut, chacun parlant ensemble sans se pouvoir entendre, et sans conserver la majesté d'une si auguste assemblée. Mais enfin Monsieur ayant fait cesser le tumulte, on alla aux opinions, où les enquêtes, dans leur emportement ordinaire, furent d'avis qu'on donneroit arrêt contre le cardinal, qu'on lui feroit rendre compte de son administration ; puis qu'il seroit banni à perpétuité du royaume, et qu'il seroit ordonné que jamais étranger ne pourroit être employé dans les affaires d'État, conformément à l'arrêt de 1617, donné contre le maréchal d'Ancre. Il y en eut qui opinèrent d'en exclure tous les cardinaux comme gens dévoués au Pape, lesquels devoient demeurer à Rome, et non en France. Ainsi toute la jeunesse parloit plus par passion que par raison : mais les plus sages et les plus retenus conclurent à remercier la Reine de l'éloignement du cardinal, avec supplication de le faire sortir de France, sans qu'il pût jamais revenir ; et toutes les voix s'accordèrent à demander une lettre adressante à Bar, pour délivrer les princes. Monsieur parla de fort bon sens et fort sagement : il ne fut pas d'avis de donner arrêt contre les étrangers ni contre les cardinaux, parce que les personnes particulières ne doivent pas être confondues avec les générales; que si le cardinal Mazarin avoit mal gouverné, il ne s'ensuivoit pas que les autres en fissent de même ; qu'il y en avoit de fort bien intentionnés pour la couronne, qui ne méritoient pas d'être traités de la sorte ; et que pour les étrangers, les alliés de la

France ne s'en offenseroient-ils pas, outre que les armées étoient composées d'Allemands, de Suisses, de Polonais, d'Écossais et d'Anglais, qui avoient dignement servi et hautement soutenu dans cette guerre la grandeur de l'État? Enfin il parla si bien, qu'il fit passer l'arrêt à son opinion, qui fut au remerciment à la Reine du départ du cardinal, en la suppliant de le faire sortir du royaume pour ne plus revenir, et à demander un ordre pour la liberté des princes. Le premier président fut au Palais-Royal, où il représenta ce qui étoit porté par sa commission; et la Reine lui répondit qu'elle n'avoit aucune intention de faire revenir le cardinal, et qu'elle accordoit la liberté des princes : mais que devant il falloit ajuster quelques difficultés, qui seroient aisées à lever par une conférence entre elle et Monsieur, qu'elle souhaitoit avec passion. Le premier président ayant fait rapport au parlement de cette réponse, un clabaudement général fut ouï de toutes les enquêtes, où tout le monde parloit à la fois; et quand on vint aux opinions, on n'y garda aucune mesure, n'y ayant que ceux qui parloient outrageusement du cardinal qui fussent écoutés : car dès que les autres ouvroient la bouche, on les sifiloit avec moquerie, et on crioit *au mazarin* par dérision ; tellement que ce lieu paroissoit plutôt une foire ou une halle, qu'un sénat composé de tant de sages magistrats : ils crioient qu'il falloit donner un arrêt d'innocence pour les princes sans connoissance de cause, et ordre à Bar de les mettre en liberté, comme s'il y eût obéi. Enfin Monsieur par son autorité apaisa la rumeur, et fit résoudre qu'on réitéreroit les mêmes remontrances que les premières, et qu'on demanderoit une déclaration par laquelle le cardinal seroit banni à perpétuité du royaume.

L'après-dînée, les ducs de Vendôme, d'Elbœuf et d'Épernon, et les maréchaux de France, furent trouver Monsieur pour lui dire que la Reine vouloit tenir sur le soir un conseil avec tous les grands du royaume sur les affaires présentes, et qu'ils venoient le supplier de s'y trouver, offrant de demeurer entre les mains de ses gardes pour servir d'otages de la sûreté de sa personne. Monsieur s'offensa de cette offre, disant qu'il étoit d'une qualité, et avoit une charge dans l'État, qui le mettoit à couvert de toute crainte; et sur ce que le duc d'Elbœuf voulut repartir, il le maltraita de paroles, lui dit qu'il avoit tourné casaque, et l'appela mazarin fieffé; et pour conclusion il refusa d'aller chez la Reine devant que les princes fussent hors de prison. Sa Majesté voyant qu'elle ne pouvoit faire venir Monsieur chez elle, demanda que le garde des sceaux eût une conférence avec lui; ce qu'il accepta : tellement que le 9 de février, le garde des sceaux, le maréchal de Villeroy et Le Tellier se trouvèrent au Luxembourg, où la duchesse de Chevreuse se rencontra comme amie intime du garde des sceaux, et une des principales actrices de la Fronde. Monsieur voulut que le duc de La Rochefoucauld, le président Violé et Arnault y assistassent comme amis des princes ; et le duc de Beaufort et le coadjuteur comme les chefs de la Fronde. Il fut là convenu, après beaucoup de disputes, que le duc de La Rochefoucauld, La Vrillière, secrétaire d'État, le président Violé et Arnault, iroient au Havre avec une lettre adressante à Bar, signée de la Reine et de Monsieur, lui portant ordre de mettre les princes en liberté, lesquels ils ramèneroient en diligence à Paris. Durant ce temps-là, il se faisoit des assemblées secrètes au Palais-Royal entre Palluau, Navailles, Castelnau-Mauvissière et autres créatures du cardinal, qui avoient la nuit des conférences avec la Reine pour l'obliger à sortir de Paris avec le Roi, et se mettre à la tête de l'armée, avec laquelle elle refuseroit hautement la liberté des princes, maintiendroit le cardinal, et forceroit Monsieur, le parlement et les frondeurs de lui obéir. Monsieur eut avis de ces projets; et, connoissant par là que la Reine ne vouloit point abandonner le cardinal ni faire sortir les princes de prison, il se résolut d'y mettre ordre à quelque prix que ce fût. Un soir, il reçut un billet par lequel on l'avertissoit que le Roi et la Reine devoient sortir de Paris la nuit pour aller joindre le cardinal : aussitôt il manda ses amis pour se rendre près de lui; en sorte que sur les onze heures du soir on ne voyoit par les rues que des gens de cheval qui alloient à toute bride au Luxembourg. Le comte de Saint-Agnan, premier gentilhomme de la chambre du Roi, et le marquis de Monglat, maître de la garde-robe, se trouvoient ce soir-là dans la rue de Tournon à un bal tout devant le Luxembourg, où ils entendirent la rumeur : aussitôt ils descendirent dans la rue, et allèrent le manteau sur le nez, sans être connus, pour découvrir ce que c'étoit : ils virent quantité de chevaux de main, et entendirent qu'on disoit que Monsieur étoit averti que la Reine emmenoit le Roi cette nuit hors de Paris, et qu'il alloit monter à cheval pour l'empêcher; et que s'il le trouvoit sorti, il étoit résolu de courir après, et de le ramener par force. Ils virent que le nombre des gens de cheval grossissoit toujours, et qu'il y en arrivoit de tous côtés. Ils remontèrent promptement en carrosse, et retournèrent en diligence au Palais-Royal pour en donner avis. Ils rencontrèrent près de la porte

de Bussy le duc de Nemours avec trente chevaux, qui s'en alloit au Luxembourg; et sur le Pont-Neuf le duc de Beaufort, qui prenoit la même route avec quarante. Étant arrivés au Palais-Royal, ils éveillèrent le maréchal d'Aumont, capitaine des gardes, qui leur conseilla d'en avertir la Reine; ils montèrent en même temps au haut, et heurtèrent à la porte de la chambre de Sa Majesté, où la dame de Beauvais, sa première femme de chambre, vint toute nue en chemise savoir ce que c'étoit; et en étant informée au travers la porte, elle fut éveiller la Reine, qui les fit entrer tous deux; et les ayant questionnés sur ce qu'ils avoient vu, elle envoya quérir les maréchaux de Villeroy et d'Aumont, et fit lever tout le monde pour se mettre en défense, faisant mettre sous les armes les gardes-du-corps et les compagnies françaises et suisses, afin de n'être pas surprise. Elle craignoit que, sous ombre d'empêcher qu'elle n'emmenât le Roi hors de Paris, Monsieur n'eût dessein de se saisir de la personne du Roi et de celle de M. le duc d'Anjou son frère, pour se rendre le maître des affaires et la mettre dans un couvent. Mais durant toutes ces alarmes on lui vint dire que des Ouches, capitaine des Suisses de Monsieur, demandoit à parler à elle : il fut aussitôt introduit dans sa chambre, où il lui dit que Monsieur ayant été averti qu'elle vouloit emmener le Roi hors de Paris, il avoit envoyé savoir ce qui en étoit, et qu'il étoit à cheval avec tous ses amis et serviteurs pour s'y opposer. La Reine lui répondit qu'elle n'en avoit pas la pensée, et que tout le monde dormoit dans le Palais-Royal avec une telle tranquillité, qu'il n'y avoit pas apparence de croire qu'on songeât à faire voyage. Des Ouches dit qu'il avoit ordre de Monsieur de voir la personne du Roi, pour l'assurer qu'il étoit dans Paris. La Reine en fit difficulté, parce qu'il dormoit, et qu'elle appréhendoit que si on l'éveilloit, cela ne préjudiciât à sa santé; mais des Ouches protestant qu'il ne s'en retourneroit point qu'il ne l'eût vu, la Reine, haussant les épaules, et témoignant par son geste et ses paroles la douleur qu'elle avoit de se voir ainsi violentée, se tourna vers le maréchal de Villeroy, et lui dit que puisqu'on ne s'en pouvoit dispenser, qu'il allât lui faire voir le Roi. Ce maréchal le mena dans la chambre de Sa Majesté; et ayant levé le rideau de son lit, approcha une bougie de son visage pour lui faire reconnoître. Des Ouches le regarda fixement, et dit qu'il étoit content; et qu'il alloit assurer Monsieur qu'il l'avoit vu, et qu'il n'étoit point sorti de Paris. Le matin 10 de février, Monsieur, pour la plus grande assurance, fit prendre les armes à tout le peuple,
et fit garder les portes de la ville, pour empêcher le Roi de sortir. Il fut obéi fort exactement, et on visitoit les carrosses qui sortoient et les chariots de bagage dont on faisoit ouvrir les coffres, pour voir si le Roi n'étoit point caché dedans; et le peuple étoit si animé, que quelques courtisans voulant rire de toutes ces badineries, coururent fortune de la vie. Le carrosse du duc d'Épernon fut pillé, et rompu en mille morceaux; et tout ce qui se nommoit mazarin n'étoit point en sûreté. Néanmoins, pour paroître ne point manquer de respect au Roi, on laissoit tous les jours entrer dans la ville une compagnie des Gardes françaises et une des Suisses pour la garde ordinaire, qui marchoient par les rues tambour battant : ce que les compagnies de la ville ne faisoient pas. Le duc de Beaufort ne laissoit pas de faire toutes les nuits la patrouille à l'entour du Palais-Royal avec de la cavalerie; et ces rondes passant dans la place où étoit le régiment des Gardes, Vannes, qui en étoit lieutenant colonel, demanda à la Reine s'il les laisseroit passer : elle lui dit de fermer les yeux, et de ne pas faire semblant de les voir, parce qu'elle n'étoit pas la plus forte. Ainsi toute la nuit on ne voyoit que cavalerie marcher, qui se croisoit l'une l'autre, passant devant les corps-de-garde du Palais-Royal sans que personne osât murmurer. Monsieur fut un jour averti que la Reine vouloit se sauver par la rivière : mais aussitôt il mit des gardes le long de l'eau, et fit mettre des gens armés dans les bateaux, qui faisoient le guet toute la nuit. La Reine étoit outrée de dépit de se voir assiégée dans sa ville capitale; et ce qui la piquoit le plus étoit que toute la maison du Roi et la sienne n'étoient pas dans ses sentimens, et désapprouvoient le dessein de sortir de Paris comme préjudiciable à son service. Tellement que dans la défiance où elle étoit de tous ses domestiques, elle se cachoit d'eux, aussi bien que du garde des sceaux et du maréchal de Villeroy, lesquels feignant, par complaisance pour elle, d'être dans les intérêts du cardinal, étoient néanmoins fort aises de son départ, et ne craignoient rien tant que son retour. Le maréchal de Villeroy étoit en perpétuelle inquiétude : car les conférences particulières que la Reine avoit avec Navailles et Castelnau lui faisoient appréhender qu'elle ne voulût se sauver à son insu; et l'ordre que le Roi donna au marquis de Montglat, maître de sa garde-robe, de laisser la nuit un de ses habits dans sa chambre, contre l'ordre ordinaire, lui confirma ses soupçons. On lui donna un soir avis que Sa Majesté devoit sortir la nuit, et qu'on devoit l'enfermer dans sa chambre, et tous les principaux officiers du Roi de même, afin

qu'ils n'en pussent avertir personne, ni faire de bruit, et qu'ils ne fussent pas en état de suivre. Il ne se coucha point, et fut au guet tant que la nuit dura, et en avertit ses amis, qui en firent de même.

Une chose qui fâchoit la Reine au dernier point étoit de se voir abandonnée de tout le monde : car toutes les personnes de qualité s'étoient offertes à Monsieur contre elle, et ne la voyoient plus : même le duc de Joyeuse, grand chambellan de France, et le marquis de Roquelaure, maître de la garde-robe, quoique officiers de la maison du Roi, en usèrent ainsi, et ne virent point Leurs Majestés tant que Monsieur ne vint point au Palais-Royal. Les autres officiers demeurèrent près du Roi, selon le devoir de leurs charges; mais ils étoient si éloignés de la pensée de faire sortir le Roi de Paris, que bien loin d'y consentir, la plupart en eussent averti Monsieur, et se fussent joints à lui pour l'empêcher. Ils ne pouvoient souffrir que la Reine voulût hasarder le royaume pour le soutien d'un seul homme, dont l'importance étoit fort petite; et qu'elle aimât mieux courir fortune de se perdre, que de s'accommoder au temps, en l'abandonnant pour se conserver; mais elle étoit tellement attachée à le maintenir, que rien ne lui faisoit peur, et elle ne cherchoit que l'occasion de vaincre toutes sortes d'obstacles pour l'aller trouver. Mais on fit si bonne garde aux portes et sur la rivière, et les rondes autour du Palais-Royal furent si fréquentes, qu'elle se vit comme prisonnière dans sa maison, et ne voyant point de moyen de sortir d'un si mauvais pas, à cause que Monsieur étoit résolu de la tenir toujours gardée jusqu'à ce que les princes fussent en liberté, et que la déclaration contre le cardinal fût donnée, enfin elle signa leur élargissement, pour sortir elle-même de prison ; et le duc de La Rochefoucauld, La Vrillière et le président Viole partirent pour aller au Havre les mettre en liberté.

Durant tous ces troubles, le cardinal étant sorti de Paris la nuit ne fut pas si abandonné que beaucoup de gens de qualité ne l'accompaguassent, ou par les obligations qu'ils lui avoient, ou parce qu'ils jugeoient, par l'inclination de la Reine, qu'il ne quittoit pas la partie, et qu'il ne se tenoit pas tout-à-fait détruit. Il rôda quelques jours à vingt lieues de Paris, pour voir si la Reine pourroit sortir ; mais voyant qu'il étoit impossible, et la nécessité où elle se trouvoit de signer la liberté des princes, il voulut par un coup de désespoir les délivrer lui-même; et de ce pas il alla au Havre, où il les fut voir. Il dîna avec eux, leur dit qu'il venoit leur ouvrir les portes, et leur demanda leur amitié. Ils lui promirent tout ce qu'il voulut; et sortant avec eux de la citadelle, il leur dit qu'ils étoient libres, et qu'ils pouvoient aller où il leur plairoit. Aussitôt il prit le chemin de la frontière de Champagne pour gagner le pays de Liége, afin de se mettre à couvert, en sortant du royaume, de la vengeance de tous ses ennemis et de la haine de tous les peuples. Les trois prisonniers montèrent en carrosse pour aller à Paris, devant que ceux qui venoient les délivrer fussent arrivés. Ils les rencontrèrent le jour même 13 de février, et arrivèrent le 17 comme en triomphe. Depuis Pontoise, on ne voyoit que carrosses qui alloient au devant d'eux ; et à Saint-Denis la foule fut si grande, qu'on ne s'y pouvoit tourner ; et même Guitaut, qui les avoit arrêtés, y alla de la part de la Reine leur faire compliment sur leur retour. M. le duc d'Orléans fut au devant jusque par delà La Chapelle ; et les ayant fait monter dans son carrosse, il les mena descendre au Palais-Royal, où il les présenta à la Reine, qui les reçut sur son lit. Cette première visite fut froide et courte. Le soir, Monsieur leur donna à souper, où le duc de Beaufort et le coadjuteur se trouvèrent, auxquels le prince de Condé fit mille civilités, avec protestation d'amitié et d'oubli de toutes les choses passées. Le lendemain, ils furent tous au parlement, où, après les premiers compliments rendus, la déclaration que la Reine avoit été contrainte de donner contre le cardinal fut vérifiée avec grand applaudissement. Le peuple témoigna autant de joie du retour des princes qu'il en avoit eu de la prise; et la cour étoit si grosse à l'hôtel de Condé, qu'on avoit peine à y aborder. Les gardes furent dès ce jour-là ôtées des portes de Paris, les rondes et les patrouilles cessèrent, et on reprit le même train de vie qu'on faisoit auparavant. Beaucoup de gens ont blâmé Monsieur de ce qu'il ne profita pas de s'emparer de la personne du Roi durant qu'il le pouvoit, et de confiner la Reine dans un monastère, pour demeurer le maître de l'État et le gouverner absolument, jusqu'à ce que Sa Majesté fût en âge de commander : mais comme il étoit bien intentionné et peu ambitieux, il ne voulut pas pousser la Reine, et se contenta de chasser le cardinal et de délivrer les princes, pensant par là mettre le calme dans l'Etat, et c'est ce qui le pensa renverser de fond en comble.

Après que les princes furent en liberté, la Reine et M. le duc d'Orléans gardèrent dans l'extérieur toutes les apparences d'une entière réconciliation; mais en effet ils avoient des pensées bien différentes. La Reine appliquoit tous ses soins à trouver les moyens de faire revenir le cardinal, et Monsieur à empêcher son retour et assurer son éloignement. Ils ne laissoient pas de se voir tous les jours pour tenir des conseils afin de remettre le calme dans l'État, qui avoit été troublé par leurs mésintelligences. La première chose qu'ils firent pour cet effet fut de rompre l'assemblée de la noblesse qui se tenoit aux Cordeliers, laquelle s'étoit si fort augmentée, que de toutes les provinces de France il y avoit des députés : mais comme Monsieur l'avoit fomentée et soutenue jusqu'à présent, il fut facile de la faire finir, en lui représentant qu'elle n'avoit plus de sujet de continuer, puisqu'on lui avoit donné contentement par la liberté des princes et l'exil du cardinal. Elle ne vouloit pas néanmoins se séparer, qu'elle n'eût obtenu la convocation des États-Généraux : ce qui plut à Monsieur, dans l'espérance qu'il eut qu'ils maintiendroient ce qu'il avoit fait, et ôteroient au cardinal les moyens de pouvoir jamais revenir. La Reine, dans la foiblesse de son autorité, voyant qu'il falloit s'accommoder au temps, accorda les États ; mais elle tint ferme à ne les tenir qu'après la majorité du Roi, qui devoit arriver le 5 de septembre, pour empêcher Monsieur d'y faire prolonger la régence, et conserver par là son pouvoir : ce qu'elle ne vouloit pas souffrir, à cause qu'elle savoit bien qu'elle gouverneroit plus absolument après la majorité qu'elle ne faisoit alors, parce qu'elle ne seroit plus obligée de rendre compte à personne de ses actions. Ainsi les États furent assignés à Tours pour le 15 de septembre, avec ordre aux bailliages de s'assembler pour l'élection des députés, leur laissant la liberté de confirmer ceux qui avoient été élus en 1649, ou de les changer. Aussitôt l'assemblée de la noblesse se sépara, et députa pour remercier Leurs Majestés de leur avoir accordé leur demande.

Dans le même temps, la duchesse de Longueville et le maréchal de Turenne revinrent de Stenay, après avoir renouvelé leur étroite alliance avec les Espagnols, qu'ils couvrirent du prétexte de traiter de la paix générale. Pour ce sujet ils mandèrent que si on vouloit envoyer des députés, l'archiduc en enverroit de son côté. Le parlement s'assembla pour cela, et du consentement de la Reine il en fit donner la commission à Croissy-Fouquet, grand frondeur, lequel ne put rien conclure, parce que les Espagnols n'avoient garde de faire la paix durant le désordre des affaires de la France, duquel ils vouloient profiter. Ils ne laissèrent pas d'envoyer à Paris don Gabriel de Tolède, qui eut de grandes conférences avec M. le duc d'Orléans et le prince de Condé, sans effet. Devant que de s'en retourner, il salua la Reine, qui lui fit de grands reproches, pour le roi d'Espagne son frère, de ce qu'il s'adressoit pour la paix à d'autres qu'à elle. Il s'en voulut justifier par de mauvaises raisons, mais enfin toute cette négociation s'en alla en fumée. Cependant la Reine faisoit tout ce qu'elle pouvoit pour gagner le prince de Condé, et l'obliger à consentir au retour du cardinal : elle lui en fit parler par la princesse palatine, et lui fit offrir pour lui et pour ses amis tout ce qu'il demanderoit. Il fit le froid au commencement, à cause qu'il ne vouloit pas que Monsieur et les frondeurs, avec lesquels il étoit fort uni, eussent le moindre soupçon ; mais enfin il consentit de voir secrètement chez cette princesse Servien et Lyonne, qui s'abouchèrent plusieurs fois avec lui, et entrèrent en négociation. L'affaire se ménagea si bien d'abord, et alla si avant, que sous prétexte que le duc d'Épernon étoit si odieux en Guyenne que jamais le repos ne seroit en cette province tant qu'il en seroit gouverneur, du consentement de Monsieur, et sans qu'il parût qu'il eût aucune intelligence avec la Reine, il fut pourvu du gouvernement de Guyenne, laissant celui de Bourgogne au duc d'Épernon. Le garde des sceaux de Châteauneuf, en l'absence du cardinal, tenoit comme la place du premier ministre, et eût bien voulu s'y maintenir en empêchant l'autre de revenir. Néanmoins, comme il voyoit l'esprit de la Reine attaché à son retour, il dissimuloit ses sentimens, et feignoit pour flatter sa passion de désirer son rétablissement, et en cherchoit avec elle les expédiens. Il étoit ami intime de la duchesse de Chevreuse, laquelle promettoit au prince de faire réussir tout ce qu'il désireroit par sa faveur ; et elle lui faisoit espérer qu'après le mariage du prince de Conti avec sa fille elle auroit part au gouvernement par le moyen du garde des sceaux, et que son crédit lui donneroit part de l'autorité, pour agrandir sa maison et celle de son gendre. Mais elle jugeoit mal des choses : car le cardinal gouvernoit absent comme présent, et la Reine ne faisoit rien que par ses avis ; en sorte que si quelqu'un vouloit avoir quelque grâce, il falloit qu'il envoyât en Allemagne pour l'obtenir. Il avoit grande défiance du garde des sceaux, et de tout temps il l'avoit craint ; tellement qu'il eût été bien aise de s'en défaire, et de rompre le mariage du prince de Conti avec mademoiselle de Chevreuse pour désunir les princes d'avec les frondeurs. Selon ses désirs, Servien et Lyonne continuèrent leurs entrevues secrètes avec le prince, lequel il ne fut pas difficile de séparer des frondeurs, qu'il haïssoit naturellement, ni à persuader de rompre le mariage de son frère, pour lequel il avoit une grande aversion. Pour en venir plus facilement à bout, ils jugèrent à propos de chasser le garde des sceaux, tant par la haine que la maison de Condé lui portoit pour avoir présidé à la condamnation du duc de Montmorency, que pour ôter toute espérance à la duchesse de Chevreuse de pouvoir jamais avoir accès auprès de la Reine. Outre cela, le prince exigea que, pour lui donner des marques de confiance, on mît de ses amis dans le conseil, à savoir le premier président Molé en la place de Châteauneuf, et qu'on fît revenir Chavigny, qui étoit relégué dans une de ses maisons. Ces choses furent résolues sans la participation de Monsieur; de sorte que le 3 d'avril La Vrillière, secrétaire d'État, fut demander les sceaux à Châteauneuf de la part de la Reine, qui les donna le même jour à Molé, et le soir Chavigny arriva, et prit place dans le conseil. Dès que Monsieur sut ce changement, il en fut fort offensé, prétendant que la Reine n'avoit pu faire une chose de cette conséquence sans son consentement, étant lieutenant-général de l'État, et protesta qu'il n'iroit point au conseil tant que ces ministres nouveaux y seroient. Tous les frondeurs furent en foule s'offrir à Monsieur; et le prince de Condé s'y trouva des premiers pour l'assurer de son service, blâmant l'action de la Reine, et disant qu'il n'iroit point chez Sa Majesté, qu'elle n'eût satisfait Son Altesse Royale. Il y eut beaucoup d'allées et venues sur ce sujet; et la Reine ne se trouvant pas assez forte pour soutenir son action, mit l'affaire en négociation. Le prince, qui en étoit le principal auteur, et feignoit d'en être fort en colère, porta les choses à l'accommodement, et fit en sorte que le premier président, huit jours après avoir reçu les sceaux, les rapporta à la Reine, et lui dit qu'il seroit inconsolable s'il étoit cause de la désunion de la maison royale; et que puisque les sceaux faisoient tant de bruit, qu'il les remettoit, pour en disposer à sa volonté. La Reine les reprit; et ne les voulant pas rendre à Châteauneuf, comme eût désiré Monsieur, à la persuasion des frondeurs, elle fit revenir le chancelier, et les lui rendit, du consentement de Monsieur, lequel, satisfait de cette complaisance de la Reine pour lui, trouva bon que Chavigny demeurât dans le conseil. Le premier président connut bien que le prince l'avoit sacrifié pour maintenir Chavigny : c'est pourquoi il se sépara de ses intérêts, et depuis lui fut entièrement contraire. La disgrâce de Châteauneuf avança la rupture du mariage du prince de Conti et de mademoiselle de Chevreuse. Il y avoit long-temps que le prince de Condé en cherchoit l'occasion; mais il ne savoit comment faire, à cause des grands engagemens qu'il avoit avec les frondeurs, outre que le prince de Conti s'y étoit embarqué par inclination, et en étoit tellement amoureux qu'il étoit difficile de l'en détacher; mais le changement arrivé dans les sceaux donna les moyens de le retirer de cette passion, parce que la duchesse de Chevreuse promettoit de lui procurer de grands avantages par la faveur du garde des sceaux, dont l'éloignement la mettoit hors d'état d'exécuter sa promesse : et ainsi le prince prit ce prétexte pour désabuser son frère de sa passion, et envoya le président Viole retirer assez incivilement sa parole. La duchesse de Chevreuse en fut offensée au dernier point, et attira dans son ressentiment toute la cabale de la Fronde, qui s'unit avec elle dans le dessein de s'en venger. Le prince fit en cette occasion une grande faute : car il devoit demeurer en bonne intelligence avec les frondeurs, ou se réunir entièrement avec la Cour; mais il ne fit ni l'un ni l'autre, dont il se trouva mal ensuite : car les conférences de Servien et de Lyonne avec lui ne purent rien conclure, parce qu'il s'opiniâtra à demander Blaye, que la Reine ne lui voulut jamais accorder; et dès qu'elle vit qu'il étoit brouillé avec les frondeurs, elle tint plus ferme à lui refuser, et dès l'heure entra en négociation avec la duchesse de Chevreuse, pour ramener à son service le duc de Beaufort et le coadjuteur.

Chavigny, qui étoit rentré dans le conseil par le moyen du prince, crut d'abord gagner l'esprit de la Reine et empêcher le retour du cardinal, auquel il ne pouvoit pardonner l'ingratitude dont il avoit payé les obligations qu'il lui avoit; mais quand il connut l'attachement qu'elle avoit pour lui, et qu'elle ne faisoit rien que par ses conseils, il résolut de s'opposer à son rappel de quelque façon que ce fût, et conseilla au prince de rompre avec la Cour, et de se déclarer contre ce retour. Les frondeurs, ravis d'avoir un si beau lieu de se venger du prince, s'accommodèrent secrètement avec la Reine, sans que personne s'en pût douter, parce qu'ils ne venoient point chez Sa Majesté, et quoiqu'ils donnassent parole de n'empêcher point le retour du cardinal, ils feignoient de s'y opposer, pour ne pas perdre le crédit qu'ils avoient parmi le peuple, qui étoit principalement appuyé là-dessus; mais, de quelque manière que ce fût, ils vouloient se venger; et le prince se doutant de leur mauvaise volonté, et de leur intelligence avec la Reine, cessa de venir chez elle, n'y croyant plus sa personne en sûreté, et ne laissa pas de demeurer à Paris contre le respect qu'il devoit au Roi, d'être dans le même lieu où il étoit sans le voir.

Les choses s'aigrissant ainsi de part et d'autre, le coadjuteur eut de secrètes conférences avec Lyonne, où il fut proposé d'arrêter le prince pour la seconde fois : mais les moyens en étoient difficiles, parce qu'il étoit en grande défiance, et prenoit fort garde à lui. Le comte d'Harcourt et le maréchal d'Hocquincourt s'offrirent pour le tuer ; mais la Reine eut horreur de cette proposition, et ne voulut pas s'en servir : tellement qu'on chercha d'autres voies pour s'assurer de sa personne. Le coadjuteur pressoit fort pour le reprendre, contre l'avis du maréchal de Villeroy, qui trouvoit l'entreprise trop hasardeuse présentement, et vouloit qu'on attendit la majorité du Roi, devant laquelle il ne croyoit pas que la Reine pût exécuter un tel dessein sans l'agrément de Monsieur, qui s'y opposeroit certainement. La Reine lui permit de communiquer ce projet à Châteauneuf, retiré à Montrouge, qui étoit fort piqué contre le prince, comme auteur de sa disgrâce. Il conseilla au maréchal de s'aboucher avec le coadjuteur : ce qu'il fit plusieurs fois fort en secret chez Harlay, maître des requêtes, homme sûr, et auquel on se pouvoit fier. Ils ne purent s'accorder dans leurs différens avis ; si bien que la Reine voulut voir elle-même le coadjuteur, qu'elle envoya querir le soir fort tard par Gabouri, qui le fit entrer, en habit déguisé, par une porte de derrière. Elle fut long-temps enfermée avec lui et le maréchal de Villeroy, qui disputèrent fort en sa présence l'un contre l'autre sur ce sujet. Si on eût su ce qui arriva depuis, on n'eût pas manqué l'occasion, qui arriva deux jours après, de prendre le prince : car le Roi revenant de se baigner de Surêne, en approchant du Cours commanda que ses gendarmes, ses chevau-légers et gardes du corps n'entrassent point dans l'allée, de peur de faire de la poussière aux dames, et les fit aller par dessus le pavé sur le bord de la rivière ; et Sa Majesté entra dans le Cours, accompagné seulement des officiers et exempts de ses gardes. Le premier carrosse qu'il rencontra fut celui de Montmége, lequel dit en passant au marquis de Monglat, qui étoit dans celui de Sa Majesté, que le Roi alloit trouver bonne compagnie. Montglat le dit au maréchal de Villeroy, qui répondit qu'il falloit que ce fût le prince de Condé. Le Roi aussitôt repartit qu'il étoit marri d'avoir envoyé ses gardes par dehors, parce que le prince auroit eu grand'peur. Le carrosse du prince approchant s'arrêta devant celui du Roi, et le prince et le duc de Nemours, qui étoient à la portière, firent une profonde inclination devant Sa Majesté, qui leur ôta son chapeau. Dès que le Roi fut passé, le prince retourna chez lui, où il fut ravi de se voir en sûreté, et dit qu'il avoit échappé le plus grand risque qu'il eût couru de sa vie. Beaucoup blâmèrent le maréchal de Villeroy de ne l'avoir pas fait arrêter ; mais il fut surpris : il n'avoit pas les gardes avec lui, et, comme nous avons vu, il n'étoit pas d'avis qu'il le fallût faire : outre qu'il eût été dangereux à lui d'entreprendre une chose de cette importance, sans un ordre particulier qu'on n'avoit pu lui donner, cette rencontre étant imprévue. Le prince prit depuis plus de précautions pour sa sûreté ; et, pour cet effet, il persuada à M. le duc d'Orléans de demander l'éloignement de Servien, Le Tellier et Lyonne, comme gens dévoués au cardinal ; lesquels contribuoient à faire durer l'intelligence qui étoit entre lui et la Reine, laquelle ne se romproit jamais tant qu'ils seroient près de Sa Majesté. Monsieur pressa fort la Reine sur ce sujet, laquelle y résista fort long-temps, mais enfin elle fut contrainte d'y consentir. Tellement que Servien et Le Tellier s'en allèrent ; et Lyonne ayant vu le coadjuteur chez Montrésor, sur le dessein de prendre le prince, soit par imprudence, soit à dessein de se sauver de l'exil, en dit quelque chose au maréchal de Gramont, qui le communiqua à Chavigny son bon ami ; lequel le redit au prince, qui en fut fort surpris, et de ce pas sortit de Paris, et se retira à Saint-Maur. Cet avis ne sauva pas Lyonne ; car il fallut qu'il sortît de la Cour, et s'en allât chez lui comme les deux autres.

Dès que le prince fut à Saint-Maur, il écrivit à Monsieur et au parlement le sujet de sa retraite, et le peu de sûreté qu'il y avoit pour lui dans Paris. Chavigny le suivit ; et quelques offres que la Reine lui fit pour l'attacher à elle, il ne voulut plus entrer au conseil, dans la croyance qu'il eut que le prince alloit être le maître, et que la Reine étoit perdue. Tous les amis du prince allèrent le trouver à Saint-Maur, où la foule étoit fort grande. Le maréchal de Gramont y fut de la part de la Reine, pour savoir de lui la cause de son départ subit, et l'exhorter à retourner à Paris, où il seroit en toute sûreté. Le prince le reçut en public, lui parla devant tout le monde, et ne voulut jamais conférer avec lui en particulier, de sorte qu'il revint à Paris sans rien conclure. La duchesse de Chevreuse, le duc de Beaufort et le coadjuteur voyant que le prince étoit échappé, s'unirent plus que jamais avec la Reine, et demandèrent le rétablissement de Châteauneuf ; à quoi la Reine résista quelque temps, à cause qu'elle vouloit rendre les sceaux au premier président, pour faire dépit au prince, qui l'avoit offensé en l'abandonnant pour sauver

Chavigny. Le premier président refusa sur l'heure l'offre de la Reine, à cause de Monsieur, qui s'y opposeroit; et il la supplia de ne plus l'exposer à l'affront qu'il avoit reçu, et de conserver sa bonne volonté après la majorité du Roi, dont le temps approchoit. On trouva un tempérament pour accommoder toutes choses, qui fut que la Reine ne feroit aucun changement devant la majorité, parce qu'elle ne le pourroit soutenir; mais dès qu'elle seroit la maîtresse, sous le nom du Roi majeur, qu'elle rappelleroit Châteauneuf comme chef du conseil, et donneroit les sceaux au premier président, qui céderoit le rang à l'autre, comme ayant été garde des sceaux devant lui.

La princesse palatine, qui avoit fort contribué à la liberté des princes, et avoit négocié le traité de mariage du prince de Conti et de mademoiselle de Chevreuse, duquel elle s'étoit rendue caution, fut très-offensée du manque de parole des princes; et n'ayant pu les ramener au service du Roi, elle quitta leurs intérêts, et s'attacha entièrement à la Reine : elle se mêla si avant dans toutes les intrigues du temps, qu'elle ménagea les finances pour La Vieuville, qui les avoit eues vingt-sept ans devant. Elle portoit ses intérêts à cause du chevalier de La Vieuville son fils, qui possédoit alors ses bonnes grâces, et avoit tout pouvoir sur elle.

Durant toutes ces cabales, M. le duc d'Orléans faisoit ce qu'il pouvoit pour rassurer l'esprit du prince, et le raccommoder avec la Reine. Le parlement voulut se mêler aussi de cette réconciliation, pour laquelle les chambres s'assemblèrent; et le prince s'y trouva, et les frondeurs aussi, qui eurent des paroles aigres avec lui, et s'échauffèrent tellement les uns contre les autres, qu'ils ne venoient plus au Palais que bien accompagnés; et même un jour toutes les épées furent tirées dans la salle du Palais, et le coadjuteur y courut fortune de la vie. La Reine, qui haïssoit les deux partis également, eût bien voulu qu'ils se fussent entretués, en sorte qu'il n'en fût réchappé pas un, et qu'il ne fût resté personne d'un côté ni d'autre : mais la conjoncture des affaires l'obligeant à soutenir le coadjuteur, elle fit commander aux gendarmes et chevau-légers du Roi de l'accompagner comme personnes particulières, sans être connus.

Toutes ces assemblées ne produisirent aucun bon effet; et petit à petit, le temps s'écoulant, on arriva insensiblement au 5 de septembre, auquel le Roi entra dans la quatorzième année de son âge, dans laquelle, selon les lois du royaume, il devoit être majeur. La Reine, qui avoit un notable intérêt de finir sa régence, qui lui diminuoit son autorité au lieu de l'augmenter, ne perdit point de temps, et manda au parlement que le Roi iroit tenir son lit de justice le 7 du mois, pour déclarer sa majorité. En effet, ce matin-là, Sa Majesté superbement vêtue, et montée sur un très-beau cheval, fut au Palais, suivie de quantité de noblesse; et en plein parlement il se fit déclarer majeur. Aussitôt la Reine se leva de sa place, et monta au lit de justice pour faire la révérence au Roi, et se démettre entre ses mains du gouvernement de l'État. Le Roi l'embrassa, et la pria de continuer à son ordinaire, l'assurant qu'elle auroit toujours toute sorte d'autorité. Ensuite Monsieur, son frère, alla lui rendre ses respects : lequel fut fort bien reçu; et M. le duc d'Orléans l'ayant suivi, fut traité beaucoup plus froidement. Le prince de Conti y fut après, et tous les officiers de la couronne, chacun en leur rang. Puis pour faire voir qu'il commençoit à gouverner avec justice, il fit publier deux déclarations : l'une contre les blasphémateurs et les duels, et l'autre contre le cardinal Mazarin, le déclarant banni à perpétuité du royaume, sans pouvoir jamais y être rappelé. Cette dernière se fit du conseil des frondeurs, pour faire détruire le bruit que faisoit courir le prince de Condé, que dès que le Roi seroit majeur il le feroit revenir contre les paroles que la Reine avoit données, et aussi pour contenter le peuple, qui appréhendoit fort son retour, outre qu'ils étoient bien aises, sous ces prétextes, d'empêcher effectivement son retour. Le prince de Condé ne se trouva pas à cette cérémonie, et il ne bougea de Saint-Maur : mais il y envoya le prince de Conti, qui donna de sa part une lettre au Roi, par laquelle il lui faisoit ses excuses de ce qu'il ne l'accompagnoit pas dans une action si célèbre, comme il eût bien souhaité; mais qu'il étoit si malheureux, que ses ennemis l'avoient rendu odieux à Sa Majesté sans sujet, et qu'il espéroit, en répandant son sang pour son service, de lui ôter les mauvaises impressions qu'on lui avoit données de lui; et qu'il se rendroit près de sa personne dès qu'il y trouveroit sa sûreté. Mais avant que de parler de ce qui suivit la majorité, traitons un peu des affaires de la guerre avec les Espagnols.

Aussitôt que les princes furent hors de prison, la duchesse de Longueville et le maréchal de Turenne partirent de Stenay pour revenir à Paris; et toutes leurs troupes, qui avoient servi l'année passée avec les Espagnols, eurent ordre de marcher pour prendre leur quartier d'hiver en France. Quand ils furent arrivés, ils tinrent de grands conseils avec les princes sur ce qu'ils avoient à faire. Ils écoutèrent les offres de la cour; mais ne s'y voulant pas fier après le traitement qu'ils venoient de recevoir, ils ne laissèrent pas de conserver de grandes liaisons avec les Espagnols; et même, sous prétexte de dégager la duchesse de Longueville d'avec l'Espagne, le marquis de Sillery fut à Bruxelles, où il renouvela les traités avec le comte de Fuensaldagne, et exigea de lui la promesse d'une puissante protection en cas qu'il fit la guerre civile. Les négociations entre le prince et la cour étant cessées, et tout accommodement rompu, il ne laissoit pas en plein parlement de faire de grandes protestations de zèle au service du Roi, en se plaignant du peu de sûreté qu'il y avoit chez Sa Majesté pour sa personne. La Reine, ayant appris ce discours, dit à M. le duc d'Orléans qu'elle ne pouvoit être persuadée de la fidélité du prince, tant qu'elle verroit les Espagnols de la ville de Stenay en si bonne intelligence avec les François de la citadelle, lesquels se visitoient et buvoient tous les jours ensemble, au lieu de se canonner comme ennemis. Or il faut savoir que par le traité de la duchesse de Longueville avec les Epagnols, elle avoit mis la ville de Stenay entre leurs mains, et avoit conservé la citadelle; et depuis son retour les François gardoient avec les Espagnols la même correspondance qu'auparavant. Le reproche de la Reine sur ce sujet embarrassa Monsieur, qui eut peine à trouver une bonne raison pour excuser cela; et la saison s'avançant pour mettre en campagne, les sujets de défiance augmentèrent de part et d'autre: ce qui fit que le prince ne voulut point mêler ses troupes avec celles du Roi, et fit nommer le comte de Tavannes pour les commander comme lieutenant général, avec ordre de joindre le maréchal d'Aumont, déclaré général de toute l'armée. Ce maréchal se trouva bien empêché, parce que le comte de Tavannes ayant marché de son côté, ne voulut pas camper avec lui, et fit un corps à part, se logeant à une demi-lieue de son armée, sans vouloir souffrir, pour quelque occasion que ce fût, qu'on séparât ses troupes; tellement que la seule déférence qu'il rendoit au maréchal étoit qu'il prenoit le mot de lui. Ce procédé fut fort suspect à la Reine, qui en fit ses plaintes à Monsieur, lequel s'entremit pour accommoder l'affaire: mais le prince répondit qu'il voyoit bien qu'on vouloit ruiner ses troupes en les séparant, et qu'il étoit vrai qu'il avoit donné ordre au comte de Tavannes de ne le pas endurer, le maréchal d'Aumont étant dans les intérêts du cardinal, qui ne songeoit qu'à le perdre; mais que si la Reine vouloit agréer que quelqu'un des domestiques de Son Altesse Royale ou de ses serviteurs commandassent un corps, il lui confieroit ses troupes pour servir le Roi en tout ce qui leur seroit ordonné. Monsieur en parla à la Reine, et lui proposa de mettre avec les troupes des princes les régimens qui étoient sous son nom et celui du duc de Valois son fils, qui seroient toutes commandées par Valon, qui étoit son domestique: mais la Reine ne goûta pas cette proposition, considérant que les compagnies de gendarmes et chevau-légers d'Orléans, de Valois, de Condé, d'Enghien et de Conti, leurs régimens de cavalerie et infanterie, et ceux de Languedoc et Bourgogne, feroient un corps aussi grand que celui du Roi, et que ces princes s'entendant ensemble contre elle lui pourroient donner la loi; c'est pourquoi elle refusa cet expédient. Durant ces négociations, le maréchal d'Aumont vint se poster à Arleux, n'osant s'avancer davantage à cause du comte de Tavannes, dont la conduite lui donnoit du soupçon. De l'autre côté, l'archiduc étoit campé proche de Valenciennes, attendant ce qui arriveroit à Paris entre la Reine et les princes: mais voyant que l'affaire tiroit en longueur, et qu'il perdroit le temps de profiter des brouilleries de la France, il détacha le marquis Sfondrato, lequel ayant marché du côté de la mer, investit Furnes, et l'ayant battu fort rudement, le contraignit de se rendre à composition au commencement de septembre. Le maréchal d'Aumont, sur la nouvelle de ce siége, voulut s'avancer pour le secourir: mais en même temps le comte de Tavannes se sépara de lui, et marcha du côté de Stenay pour joindre don Estevan de Gamarre, espagnol, sur la nouvelle qu'il eut que le prince de Condé s'étoit retiré en Guyenne pour commencer la guerre civile. L'archiduc demeura pour tenir tête au maréchal d'Aumont, avec lequel il eut deux chaudes escarmouches, où il y eut force gens tués et blessés de part et d'autre. Après la prise de Furnes, le marquis Sfondrato alla mettre le siége devant Bergues-Saint-Vinox, qu'il attaqua par deux endroits. Beloy, gouverneur de cette ville, se défendit vaillamment; mais l'artillerie espagnole ayant fait une brèche considérable, il fut obligé de se rendre le 4 d'octobre. Dès que les ruines des murailles furent réparées, ce marquis attaqua le fort de Linck, dont il emporta les dehors à la faveur de deux batteries qu'il avoit fait dresser; et s'étant attaché au corps du fort, il s'en rendit maître à la fin d'octobre. Il eût bien voulu tenter l'attaque de Mardick; mais le comte de Quince s'étant campé sur la contrescarpe, lui ôta la pensée de l'entreprendre. En Lorraine, le maréchal de La Ferté-Senneterre prit la petite ville de Mirecourt;

et ayant assiégé Chaté sur la Moselle, il y trouva une très-grande résistance : tellement qu'il fut obligé de l'attaquer par les formes, et demeurer six semaines devant, après lesquelles il le prit par composition. Don Estevan de Gamarre avec un petit corps faisoit la guerre dans le pays d'Argonne, où le comte de Grandpré l'empêcha de prendre Beaumont; et sur la fin de la campagne le comte de Tavannes s'approcha de lui, et fit déclarer Stenay, Clermont et Damvilliers pour les princes, et par conséquent pour les Espagnols. Le parlement les avoit fait rendre aux princes après leur délivrance, sous ombre d'établir la paix en France; et c'est ce qui y émut davantage la guerre. La saison avancée empêcha les Espagnols de faire de plus grands progrès en Flandre. Il faut voir ce qui se passa cette campagne en Italie et en Catalogne.

En Italie, la Reine eut grand sujet de se plaindre du Pape, en la personne de son ambassadeur le bailli de Valencé, dans le logis duquel des sergens entrèrent par force, et y prirent des prisonniers, contre le respect qui a été porté de tout temps aux ambassadeurs. Ce bailli en fit de grandes plaintes, et n'en ayant pu avoir raison, sortit de Rome, et se retira à Tivoli, où il demeura long-temps. Le mauvais état où le Pape voyoit les affaires de France le fit tenir ferme en cette occasion; et comme il étoit fort espagnol, il ne se soucia pas de réparer cette injure : et l'ambassadeur, connoissant que la Reine n'étoit pas en état d'en tirer raison, fut contraint de s'accommoder sans avoir de satisfaction, et de retourner à Rome pour faire sa fonction. A Turin, il y eut de grandes réjouissances pour le mariage de la princesse Éléonore, sœur du duc, avec l'Empereur, qui l'épousa en troisièmes noces. Le marquis de Caracène, gouverneur de Milan, armoit puissamment pour attaquer le Piémont; mais le roi d'Espagne ne se sentant pas assez fort pour avoir de grandes armées de tant de côtés, et voulant faire quelque entreprise considérable durant les divisions qui étoient en France, résolut de ne rien attaquer en Italie, et de jeter toutes ses forces en Catalogne, pour tâcher à remettre cette province dans son obéissance. Pour cet effet il manda au comte d'Ognate, vice-roi de Naples, de faire de grandes levées, et de les envoyer en Espagne; et au marquis de Caracène de faire embarquer à Final tous les Allemands qui étoient dans le Milanais, et de les faire passer à Carthagène. Ainsi ce marquis se voyant fort affoibli, demeura campé sur la frontière du Montferrat, et les Français dans l'Astesan jusqu'à la mi-août, que le marquis de Caracène marcha jusqu'à la vue de Turin. Le prince Thomas crut qu'il avoit dessein de surprendre la citadelle, et dans cette crainte il jeta des troupes dedans, et en envoya aussi à Pignerol : mais il n'entreprit rien, et ne fit que se poster à Montcallier, où il demeura quinze jours à tout ravager; puis il se retira dans l'Alexandrin, où il fut jusqu'au quartier d'hiver.

Le roi d'Espagne voyant qu'il pouvoit tout entreprendre sans trouver aucun obstacle, par les grands désordres qui étoient en France, donna le commandement de son armée de Catalogne au marquis de Mortaré, lequel mit le siége devant Tortose, et l'ayant battu vigoureusement, fit une si grande brèche, que les Français qui étoient dedans, ne voyant aucune espérance de secours, furent contraints de se rendre. Après cette prise, le duc de Mercœur, vice-roi de Catalogne, retourna en France; et le marquis de Saint-Maigrin y étant demeuré pour commander comme lieutenant général, visita toutes les places pour les mettre en état de défense. Or, après la liberté des princes, Marchin, qui étoit prisonnier dans la citadelle de Perpignan à cause d'eux, fut remis en liberté, et renvoyé en Catalogne pour y servir, et y commander en attendant qu'on y envoyât un vice-roi. La peste avoit été tout l'hiver dans Barcelone, dont le tiers des habitans étoient morts; et les troupes de Naples, de Sicile, de Sardaigne et de Milan s'étant embarquées dans les vaisseaux de don Juan d'Autriche, descendirent en Espagne, et ayant grossi et fortifié de beaucoup l'armée du marquis de Mortare, lui firent prendre la résolution d'assiéger Barcelone par mer et par terre. Il fut confirmé dans ce dessein par les ordres du conseil d'Espagne, fondés sur le mauvais état où étoit la ville par la contagion, et sur la foiblesse des Français, dont les forces apparemment ne pouvoient augmenter. Le marquis ayant donc joint toutes les troupes qui étoient venues d'Italie avec les siennes, attaqua et prit la ville de Cervères; et ayant assiégé Balaguer, il s'en rendit maître en peu de jours. De là il passa la plaine d'Urgel, et marcha droit à Barcelone, qu'il investit par terre, durant que don Juan, avec l'armée navale d'Espagne, le bloquoit par mer. Il fit travailler en même temps à la circonvallation, qu'il fit faire forte, à cause qu'il ne vouloit pas attaquer cette ville par force, parce qu'il y avoit grand nombre d'habitans, et que Marchin étoit campé sur la contrescarpe avec trois mille cinq cents Français : tellement qu'il prévoyoit qu'il lui faudroit passer l'hiver devant. Ce fut au commencement d'août que le blocus fut formé; et les Espagnols s'occupèrent à fortifier leurs lignes, en faisant des forts et redoutes de distance en distance, et tenant leur fossé d'une si grande largeur et profondeur, qu'il étoit difficile de les pouvoir forcer. La circonvallation néanmoins ne pouvoit pas être si bien fermée qu'il n'y entrât de petits secours sur le bord de la mer, dans des chaloupes qui passoient la nuit au travers de leur armée navale ; et ces petits rafraîchissemens ne laissoient pas de donner courage aux habitans, qui étoient si zélés au parti de France, qu'ils étoient résolus de souffrir toutes sortes d'extrémités plutôt que de parler de se rendre ; mais il arriva un malheur qui fut en partie cause de leur perte. Nous avons vu comme Marchin étoit fort attaché aux intérêts du prince de Condé, et qu'il donna du soupçon à la cour lorsque ce prince fut arrêté : ce qui obligea la Reine de le faire mettre dans la citadelle de Perpignan, où il fut gardé jusqu'à la liberté du prince, lequel obtint aussitôt son élargissement, et même le fit renvoyer en Catalogne pour y commander : mais les traités qui se ménageoient entre la Reine et le prince étant rompus, et les choses s'étant portées à l'extrémité après la majorité du Roi, le prince fit savoir de ses nouvelles à Marchin, lui manda comme il avoit rompu avec la cour, sa liaison avec les Espagnols, et son dessein de faire la guerre civile. Aussitôt Marchin prit sa résolution, tant par le zèle qu'il avoit pour le prince, que par l'appréhension qu'il eut d'être arrêté comme la première fois ; si bien que dès qu'il eut nouvelles que le prince s'étoit retiré en Guyenne, et qu'il prenoit les armes, il débaucha le colonel Balthazar, suisse, et sortit de ses retranchemens la nuit avec son régiment de cavalerie et celui de ce colonel, sous prétexte d'exécuter une entreprise, et passa au travers de l'armée des Espagnols, d'intelligence avec eux ; puis traversant toute la Catalogne, il passa par la vallée d'Andore, et se rendit en Guyenne près du prince de Condé. Ce départ causa une grande consternation dans Barcelone, où tout le peuple crioit contre la trahison de Marchin, et croyoit être perdu sans ressource. Néanmoins quand cette première émotion fut passée, et qu'il eut repris ses esprits, il se fit une grande assemblée, dans laquelle il fut résolu que des députés iroient à Paris donner avis à la Reine de cet accident, et la presser d'envoyer du secours. La Reine fut fort surprise de cette nouvelle ; et voyant qu'il n'y avoit personne d'autorité dans Barcelone pour commander, elle résolut d'y envoyer le maréchal de La Mothe, qui avoit acquis grand crédit en ce pays-là, durant trois ans qu'il y avoit servi. Le mécontentement de sa prison l'avoit poussé à se mettre dans le parti de la Fronde, à laquelle il avoit été fort attaché : mais n'ayant pas tant de crédit dans ce parti que le duc de Beaufort et le coadjuteur, il s'ennuya de n'être que subalterne, et se raccommoda avec la Reine, se remettant entièrement dans son devoir. De sorte que Sa Majesté, croyant y pouvoir prendre confiance, le rétablit vice-roi de Catalogne, et le fit partir promptement, dans la nécessité que cette province avoit de sa présence. Dès qu'il fut arrivé à Perpignan, il assembla les troupes qu'on lui donna pour se jeter dans Barcelone, et il se prépara à marcher pour exécuter ce dessein, qui étoit difficile. Nous verrons au commencement de l'année prochaine comme il entra dedans, et la suite de ce siège : retournons présentement aux affaires de la cour.

On a vu ci-devant comme les frondeurs s'étoient raccommodés avec la Reine pour se venger du prince de Condé. Le jour même de la majorité, l'éclat de cette réconciliation parut ; car le Roi rappela Châteauneuf comme chef de son conseil, et ôta les sceaux au chancelier pour les donner au premier président Molé, et confia les finances au marquis de La Vieuville, en la place du président de Maisons. M. le duc d'Orléans se trouva fort offensé de ce changement fait sans lui en avoir parlé, et protesta qu'il ne viendroit point au conseil tant que ses ministres nouveaux y seroient ; mais les affaires avoient bien changé de face, la Reine agissant sous le nom d'un roi majeur, qui ne devoit plus rendre compte de ses actions qu'à Dieu seul. Il ne laissa pas de convier Monsieur, son oncle, de continuer à l'assister de ses conseils ; mais sur son refus, il ne pressa pas davantage. Monsieur se trouvoit souvent au lever de Sa Majesté pour lui donner sa chemise, et faire voir l'attachement qu'il avoit à sa personne ; mais pour le conseil il s'en retira, dont la Reine se consola fort aisément.

Cependant le prince de Condé étoit à Saint-Maur, fort irrésolu sur ce qu'il devoit faire : il n'osoit revenir à Paris, le Roi étant majeur, de peur d'être arrêté ; et aussi il avoit peine à se résoudre de faire la guerre, prévoyant les embarras où il se plongeroit, desquels difficilement il pourroit sortir. La plupart de ses amis se détachoient de ses intérêts. Le duc de Bouillon et le maréchal de Turenne n'étoient pas contens de lui, sur ce qu'après les services qu'ils lui avoient rendus, il ne leur avoit fait aucune part de ses secrets, et s'étoit confié à des gens qui n'étoient pas en état de soutenir son parti comme eux. Le maréchal de Turenne, en son particulier, disoit que son engagement avec le prince cessoit par sa liberté, et qu'il lui étoit libre de le continuer ou non, selon les traitemens qu'il recevroit de lui. La Reine eût bien voulu empêcher la guerre civile; mais son principal désir étoit de faire revenir le cardinal, et elle souhaitoit tout ce qui pouvoit y contribuer. Elle fit sonder le prince sur ce sujet, et il écouta les propositions qu'on lui en fit; mais il ne savoit quelle confiance prendre ni avec la Reine ni avec le cardinal. La duchesse de Longueville sa sœur, qui appréhendoit de retourner avec son mari, avec lequel elle étoit fort brouillée, le poussa plus que personne à la guerre. La duchesse de Châtillon attira le duc de Nemours à son parti, par l'amour qu'il avoit pour elle; et la résolution de prendre les armes étant prise, le prince partit de Saint-Maur, et alla chez le président Perrault, à Angerville-la-Rivière en Gâtinais, où il séjourna quelques jours. M. le duc d'Orléans s'entremit de son accommodement, et l'envoya trouver en ce lieu pour l'obliger de revenir à Paris; mais on ne put jamais rassurer son esprit, ni lui ôter la défiance qu'il avoit de la Reine et du cardinal: si bien qu'il partit d'Angerville, et s'en alla droit à Bordeaux, capitale de son gouvernement. La princesse sa femme, le duc d'Enghein son fils, le prince de Conti et la duchesse de Longueville prirent la route de Bourges pour assurer le Berry dans leur parti. Dès que la Reine sut le départ des princes, elle assembla son conseil, où elle résolut de ne leur pas donner le temps d'assembler des troupes, ni d'en lever de nouvelles; et pour ce sujet elle jugea qu'il étoit nécessaire de les suivre pour rompre tous leurs desseins. Ainsi le voyage du Roi fut conclu; et pour mettre le calme dans Paris, on résolut de contenter le coadjuteur avant que de partir, tant pour le grand crédit qu'il y avoit, que pour celui qu'il avoit conservé sur l'esprit de M. le duc d'Orléans, qu'il étoit besoin de ménager. Dans cette vue, on lui donna la nomination au cardinalat; et quoique ce fût la chose que le cardinal Mazarin appréhendoit le plus, il fut contraint d'y consentir par la nécessité de ses affaires, dans la pensée d'en empêcher l'exécution à Rome.

Châteauneuf et le maréchal de Villeroy paroissoient avoir alors la principale direction de l'Etat. Ils étoient tous deux fort unis et d'accord avec M. le duc d'Orléans et le coadjuteur pour empêcher le retour du cardinal; mais pour conserver créance dans l'esprit de la Reine, ils faisoient semblant de le désirer. Ils firent ce qu'ils purent pour persuader à Monsieur de faire le voyage avec le Roi, et de ne le point quitter, l'assurant qu'en sa présence on n'oseroit faire aucune négociation pour le faire revenir; et quoiqu'il ne fût plus lieutenant général de l'Etat, que la qualité qu'il avoit de fils de France et oncle du Roi dissiperoit toutes les cabales qui se pourroient former contre ses intentions. Encore que le coadjuteur agît de concert avec eux, ses intérêts néanmoins étoient différens: il ne vouloit point quitter Monsieur, de crainte de perdre par son absence l'ascendant qu'il avoit sur lui; et il ne pouvoit se résoudre à sortir de Paris, où il trouvoit sa sûreté, parce qu'il savoit que la Reine ne se servoit de lui que par nécessité, et qu'elle ne l'aimoit pas dans son cœur: tellement qu'il appréhendoit de se mettre dans son pouvoir. C'est par cette raison qu'il persuada à Monsieur de demeurer à Paris; et comme il le connoissoit d'un esprit timide, il lui fit craindre les ressentimens du cardinal, qui gouvernoit absolument la Reine quoique absent, et l'empêcha de suivre le Roi comme les autres lui conseilloient.

Le Roi partit de Paris le 27 de septembre pour aller à Fontainebleau, et il se sépara de Monsieur son oncle avec témoignage d'amitié, et même il commanda au maréchal de l'Hôpital, gouverneur de Paris, d'aller lui rendre compte de tout ce qui se passeroit, et lui promit de lui écrire souvent pour l'informer de l'état de toutes ses affaires. Le Roi partant de Fontainebleau fut coucher à Montargis le 2 d'octobre, et le lendemain à Gien, où il séjourna un jour. Il apprit en ce lieu que le prince de Conti et la duchesse de Longueville arrivant de Bourges avoient trouvé la ville divisée, et que le lieutenant général du présidial avoit fait une cabale contre eux pour le service du Roi; mais que ce prince l'ayant rencontré dans la rue, l'avoit pris au collet, et l'avoit traîné dans la tour, en criant que c'étoit un mazarin qui vouloit faire revenir le cardinal; et aussitôt que le peuple, qui se tourne à tout vent sans savoir pourquoi, l'avoit suivi en l'appelant mazarin et lui jetant de la boue, et l'avoit conduit en foule jusqu'à la tour, lui disant mille injures; que le jour même on avoit fait une assemblée de ville, où il avoit été résolu de prendre les armes pour s'opposer au retour du cardinal Mazarin. La Reine fut fort surprise de cette nouvelle, et comme elle avoit peu de forces pour se faire obéir, elle balança si elle passeroit outre: mais Châteauneuf, homme ferme et hardi, opiniâtra qu'il falloit marcher, et que si on reculoit les affaires du Roi elles étoient perdues. Son conseil fut suivi, et la cour partit de Gien le 5 d'octobre, et alla coucher à Aubigny, où on apprit que Bougi, maréchal de camp, avoit enlevé Guepean, qui levoit des troupes pour e ser vice des princes dans le Berri. Le 6, le Roi fu à La Chapelle d'Angillon, où il fut averti que le peuple de Bourges, sachant l'approche de Sa

Majesté, avoit pris les armes criant *vive le Roi!* et après avoir chassé les princes de leur ville, qui s'étoient retirés à Mouron, s'étoit saisi des portes, et l'attendoit avec impatience. Pour ne pas laisser refroidir ce zèle, la cour partit le 7 de La Chapelle d'Angillon, et alla droit à Bourges, où un exempt des gardes fut dépêché dès le matin pour sommer le gouverneur de la tour de sortir, et la remettre entre ses mains, à peine d'être pendu à la porte. Ce gouverneur, ne voyant point d'espérance de secours, la rendit à l'heure même; et le Roi fit son entrée dans Bourges, où il fit raser la tour à la requête des habitans, lesquels se mirent après, et la démolirent en peu de jours avec un acharnement inconcevable. Le Roi séjourna dans Bourges jusqu'à la fin d'octobre; et après avoir réglé toutes les affaires du Berry, il sépara ses troupes en deux, dont il donna le plus grand corps à commander au comte d'Harcourt, pour s'opposer au prince de Condé en Guyenne, et l'autre à Palluau pour bloquer Mouron: mais devant qu'il fût investi, les princes en sortirent, et furent trouver le prince de Condé à Bordeaux, laissant à Mouron le marquis de Persan pour y commander. Le Roi sortant de Bourges fut coucher à Issoudun, le 25 d'octobre, le 26 à Châteauroux, et par Buzançois-le-Blanc en Berry et Chavigny. Il arriva la veille de la Toussaint à Poitiers, où il demeura le reste de l'année.

Cependant le comte d'Harcourt assembloit ses troupes pour faire la guerre au prince de Condé, qui étoit à Bordeaux, où il n'eut pas grande peine à faire déclarer la ville et le parlement de son parti. Leur rébellion passée, qui avoit été plutôt assoupie qu'éteinte, et la crainte du châtiment, les portèrent dans les intérêts de leur nouveau gouverneur, dont la haute réputation leur faisoit croire qu'ils seroient à couvert de tous dangers étant sous sa protection. Comme il avoit médité sa révolte de longue main, avoit traité en Flandre avec le comte de Fuensaldagne, qui avoit écrit en Espagne, et disposé le conseil à lui envoyer en Guyenne un prompt secours. En effet, peu de temps après une flotte espagnole entra dans la bouche de la Garonne, et vint jusqu'à la vue de Blaye. Le comte du Dognon, soit par reconnoissance de ce que sa fortune venoit du feu duc de Brezé, frère de la princesse de Condé, ou par espérance de faire ses affaires dans le trouble, se déclara pour le prince, quoiqu'il eût été contre lui durant sa prison; et il entraîna dans sa rébellion La Rochelle, Brouage, et les îles de Ré et d'Oleron. Le prince, voyant de si beaux commencemens, ne voulut point perdre de temps; et devant que la cour eût loisir de se reconnoître, il mit le siége devant Saintes, où il n'y avoit que les habitans, lesquels se trouvant surpris, ne firent pas grande résistance, et se rendirent à lui. Il fut ensuite investir Cognac, et comme il y a ville et château, situés sur le bord de la Charente, il fit loger son armée de l'autre côté de la rivière, et mit seulement un quartier deçà pour empêcher d'y entrer aucun secours. Sur cette nouvelle, le comte d'Harcourt se hâta de mettre son armée ensemble; et ayant joint toutes ses forces, il partit de Saint-Jean-d'Angely et s'approcha de Cognac, où il apprit que Bellefond, maréchal de camp, s'étoit jeté dedans, et que le prince de Tarente et le duc de La Rochefoucauld, lieutenans généraux du prince, battoient furieusement la place. La crainte qu'il eut que les habitans, peu aguerris, ne prissent l'épouvante, l'obligea de faire diligence, et de mettre son armée en bataille à la vue du quartier qui étoit deçà l'eau, barricadé dans un faubourg. Il le fit aussitôt attaquer le 14 de novembre, par deux endroits: l'un par Le Plessis-Bellière, lieutenant général, et l'autre par Folleville, maréchal de camp, durant que Bellefond faisoit une grande sortie de la place. Les barricades furent forcées, le quartier entièrement enlevé, et tout ce qui étoit dedans pris où tué. La nuit de devant, le pont qui faisoit la communication de ce quartier avec le reste de l'armée fut emporté par les grandes eaux; tellement que le prince de Condé ne put passer pour secourir les siens, qu'il vit battre devant ses yeux sans y pouvoir donner ordre: ainsi voyant Cognac secouru, il retira son canon des batteries, et fit promptement sa retraite. Le comte d'Harcourt aussitôt marcha vers Tonnay-Charente, où il eut nouvelle que les habitans de l'île de Ré et de La Rochelle s'étoient soulevés contre le comte du Dognon, et avoient envoyé assurer le Roi de leur obéissance, pourvu qu'ils fussent promptement secourus; et que Sa Majesté leur avoit envoyé le marquis d'Estissac avec quatre compagnies du régiment des Gardes. Il tourna tête en même temps de ce côté-là, et il trouva la ville de La Rochelle déclarée pour le Roi, et barricadée contre les tours qui sont à l'entrée du port, où il y avoit des gens du comte du Dognon: il les fit attaquer par ses troupes; et les deux premières s'étant rendues d'abord, la troisième nommée de Saint-Nicolas, mieux fortifiée que les autres, s'opiniâtra davantage, et fut assiégée le 25. Le soir même, la tranchée fut ouverte, et poussée jusqu'au 27; mais la marée qui haussoit et baissoit empêcha d'avancer, et on s'avisa de faire passer un bateau couvert à l'épreuve du feu, dans lequel il y avoit un mineur qui s'attacha au pied de la muraille, malgré les grenades et feux d'artifice jetés d'en haut. Alors les soldats parlèrent de se rendre; mais le comte d'Harcourt leur fit crier qu'on ne faisoit point de quartier à des rebelles; et que s'ils vouloient avoir pardon de leur faute, il falloit qu'ils jetassent leur gouverneur du haut en bas de la tour. Ces soldats épouvantés se saisirent de lui, et le précipitèrent en bas, où étant tombé il se jeta aux pieds de Genlis, capitaine aux Gardes, lui demandant la vie, et lui embrassant les genoux : ce qui n'empêcha pas qu'il ne fût tué à coups d'épée, et les soldats prirent parti dans l'armée du Roi. D'Estissac fut laissé dans La Rochelle pour y commander, lequel fit passer de l'infanterie dans l'île de Ré pour la maintenir dans l'obéissance du Roi.

Le comte d'Harcourt, après cet avantage, alla au devant du marquis de Castelnau, lequel, après la campagne de Flandre achevée, étoit parti de Picardie avec six mille hommes de pied et quatre mille chevaux pour le venir joindre. Le prince de Condé, toujours invincible jusqu'ici, se trouvoit bien empêché : il n'osoit tenir ferme devant le comte d'Harcourt, qui le battoit en toutes rencontres; et par là il connut la différence qu'il y avoit entre combattre contre les ennemis de l'État à la tête de vieilles troupes aguerries, ou de tirer l'épée contre son roi, avec de nouvelles levées qui s'enfuyoient d'abord. Il n'osoit se fier à personne du pays, de peur d'être trahi; et dedans Bordeaux même il voyoit les principaux du peuple qui murmuroient de ce que les Espagnols étoient venus pour les secourir, et qui ne pouvoient souffrir qu'on prît les armes contre le Roi. Il eût alors bien voulu n'avoir jamais commencé cette entreprise; mais comme il y étoit embarqué, et qu'il ne s'en pouvoit plus dédire, il voulut prendre ses sûretés; et il chassa de Bordeaux le premier président et une grande partie du parlement, qu'il croyoit affectionnés au Roi. Il perdoit espérance de voir aucuns mouvemens du côté de Paris, où M. le duc d'Orléans blâmoit sa révolte, et s'étoit trouvé au parlement à la délibération qui fut faite sur la déclaration que le Roi lui avoit envoyée, par laquelle Sa Majesté le déclaroit criminel de lèse-majesté; laquelle fut vérifiée sans contredit. Mais le dernier échec qui lui arriva par le combat de Tonnay-Charente acheva de le mettre au désespoir : car, après la jonction de Castelnau et du chevalier de Créqui, le comte d'Harcourt marcha droit à Tonnay-Boutonne, près duquel le prince étoit campé; et s'étant emparé de cette petite ville, il alla droit à lui. Le prince, qui vit ce comte renforcé d'un grand secours, n'osa l'attendre, et voulut repasser la Charente; mais le comte d'Harcourt chargea la cavalerie de son arrière-garde, et la mit en déroute; puis se rendit maître de Tonnay-Charente, où il fit faire un pont à l'endroit où la Boutonne tombe dans la Charente, sur lequel il passa pour suivre le prince, et le pousser jusqu'à Bordeaux. Dans cette extrémité, il se retira à Bourg pour défendre le pays d'entre les deux mers, et le comte laissa un corps sur la Charente pour prendre Saintes et Taillebourg; et avec le gros de l'armée il s'avança devers la Garonne. Ce fut alors que le prince fut fort embarrassé, car il se voyoit poussé par les meilleures troupes du royaume. Il entendoit dire que le Roi venoit à Cognac, et que le maréchal de Gramont devoit entrer dans la Guyenne du côté de Béarn, pour bloquer Bordeaux de toutes parts. Il se voyoit foiblement assisté des Espagnols, et il craignoit que la présence du Roi ne causât quelque révolution dans cette ville, où Sa Majesté avoit beaucoup de serviteurs; et que ce changement ne le fît tomber dans les mains de la Reine qu'il avoit offensée, ou ne le réduisît à se sauver par mer. Dans ce misérable état, il résolut de tenter une négociation, par laquelle il espéroit de relever ses espérances : il savoit le désir extrême qu'avoit la Reine de faire revenir le cardinal; et pour la flatter dans son dessein, il lui fit dire sous main qu'il ne s'opposeroit pas à son retour, pourvu qu'elle lui fît un parti raisonnable, faisant son compte qu'il feroit par là un traité avantageux, ou qu'il donneroit par son consentement plus de hardiesse à la Reine d'entreprendre de le faire rentrer en France : ce qu'il souhaitoit au dernier point, prévoyant que M. le duc d'Orléans prendroit les armes pour s'y opposer, que le parlement et la ville de Paris se joindroient à lui, et que toutes les villes du royaume suivroient cet exemple, dans l'horreur que les peuples avoient pour le nom de Mazarin : et ainsi, au lieu qu'il étoit maintenant sans ressource, il prétendoit que tout le royaume se joindroit à lui, et par là qu'il se trouveroit en état de donner la loi à ceux desquels il étoit prêt de la recevoir. Force courriers alloient et venoient de Bruhl près de Cologne, où étoit le cardinal, à la cour, et de la cour à Bruhl. Pour ce sujet le duc de Mercœur, qui avoit épousé secrètement l'aînée de ses nièces Mancini, et le maréchal Du Plessis, avoient la nuit de grandes conférences avec la Reine; et le vieux Senneterre ne manquoit jamais de se trouver chez elle, quand elle sortoit de table pour l'entretenir : c'est pourquoi on l'appeloit *l'anis* ou *la coriandre de la Reine*. Tous ensemble contribuoient au retour du cardinal, dans l'espérance qu'après son rétablissement il seroit obligé de procurer leur avancement, et de leur faire du bien. Châteauneuf et le maréchal de Villeroy feignoient de lui complaire dans sa passion : mais pour éloigner l'exécution de ce projet, ils lui disoient qu'il n'étoit pas encore temps, et qu'il ne falloit rien précipiter; ils lui représentoient l'état où le prince étoit réduit, et le bouleversement général que ce retour causeroit, lequel feroit révolter toute la France : au lieu que si elle vouloit attendre qu'elle eût rétabli son autorité par la perte du prince, elle seroit en état de faire ce qu'elle voudroit sans courir aucun risque. Elle faisoit semblant de goûter leurs raisons, mais elle se cachoit d'eux dans cette négociation; et les assurances que le prince lui donnoit de ne s'y pas opposer la flattoient tellement, qu'elle n'en prévoyoit pas les suites. Il étoit impossible que cette menée se pût conduire si secrètement qu'elle ne fût découverte. M. le duc d'Orléans en eut avis, et sut que l'abbé Fouquet étoit allé à Brulh pour cela ; que Bertet, Brachet et Milet, ne faisoient qu'aller et venir pour le même dessein ; et c'est ce qui fit dire à Son Altesse Royale une nouvelle règle du Despautère : *Omnia nomina terminata in et sunt Mazarini generis.* Châteauneuf et le maréchal de Villeroy le conjurèrent et le pressèrent de venir à la cour, l'assurant que sa présence dissiperoit toute cette cabale et anéantiroit tous ces desseins : mais le coadjuteur, qui ne vouloit point quitter Paris, l'empêcha de croire leur conseil, et lui persuada de se contenter d'envoyer le maréchal d'Etampes à Poitiers, pour remontrer à la Reine de sa part le tort qu'elle se feroit en faisant revenir le cardinal, lui faire voir qu'elle violeroit la parole qu'elle lui avoit si solennellement donnée de ne le pas faire, et qu'elle iroit contre des déclarations authentiques vérifiées en parlement : ce qui passeroit pour une infraction de foi si grande, qu'il ne pourroit s'empêcher de s'y opposer de toute sa puissance; que le reste du royaume, qui étoit maintenant dans le devoir, le suivroit assurément, et par conséquent que les affaires du Roi, qui étoient à présent en bon état, prendroient le contrepied ; la supplier d'avoir pitié de l'État, dont elle alloit hasarder la perte; et pour autoriser ce qu'il faisoit, il fit assembler le parlement pour délibérer sur cette affaire, où il fut résolu que le président de Bellièvre avec deux conseillers iroient trouver le Roi, pour lui faire des remontrances. Ils furent à Poitiers exécuter leur commission, et en revinrent sans y avoir beaucoup profité.

Cependant le cardinal s'avança jusqu'à Sedan, avec des troupes qu'il avoit levées en Allemagne, et le maréchal d'Hocquincourt, Manicamp et Vaubecourt le joignirent avec celles qu'ils avoient tirées des quartiers d'hiver de Picardie et de Champagne. Dès que ces nouvelles arrivèrent à Paris, les chambres du parlement s'assemblèrent, M. le duc d'Orléans présent, qui donnèrent un arrêt par lequel il fut ordonné à tous les gouverneurs des places frontières d'empêcher de passer le cardinal, suivant les déclarations du Roi ; et à tous les peuples de lui courre sus. Même sur ce qu'on sut qu'il étoit parti de Sedan et qu'il marchoit devers Reims, le parlement défendit à tous les sujets du Roi de le suivre ni lui aider, sur peine d'en répondre en leurs propres corps et en leurs biens. Il ordonna aussi que les revenus de ses bénéfices seroient saisis, et sa maison de Paris, ses meubles et bibliothèque vendus ; et que de l'argent qui en proviendroit il seroit fait une somme de cinquante mille écus, pour être donnée à celui qui apporteroit sa tête, ou qui le représenteroit vif ou mort. Deux conseillers, Bitaut et Genié, furent nommés pour aller faire prendre les armes au peuple, afin de lui empêcher les passages des rivières, et faire signifier partout l'arrêt ; mais le cardinal se moquant de toutes ces menaces, et appuyé de la faveur de la Reine et de ses forces, continua son voyage, comme nous verrons au commencement de l'année prochaine.

Le duc d'Épernon ayant pris possession de son gouvernement de Bourgogne, trouva le château de Dijon entre les mains du prince de Condé, dont le canon incommodoit la ville. Pour remédier à ce désordre, il assembla les troupes qui étoient en garnison sur cette frontière; et l'ayant assiégé, il le battit trois jours durant, et le força de se rendre à composition.

17.

DIX-HUITIEME CAMPAGNE.

[1652] Le cardinal Mazarin ne s'étonna pas des arrêts du parlement donnés contre lui ; et nonobstant ses rigoureuses défenses, il entra en France avec ses troupes, et arriva le 3 de janvier à Épernay, où il passa la Marne ; et ayant traversé les grandes plaines de Champagne, il alla passer la Seine à Méry, et de là tourna tête droit à la rivière d'Yonne. Les conseillers Bitaut et Genié, se doutant qu'il vouloit passer à Pont-sur-Yonne, firent assembler les communes pour s'y opposer ; mais les premières troupes du cardinal arrivant, écartèrent cette populace, et s'étant saisies du Pont, prirent prisonnier le conseiller Bitaut, et Genié fut contraint de se sauver à pied avec beaucoup de peine. M. le duc d'Orléans, qui avoit demeuré jusqu'à cette heure dans l'obéissance, prenant à outrage et à injure contre sa personne le retour du cardinal, se déclara hautement, et envoya ordre aux régimens de l'Altesse, de Languedoc et de Valois, d'infanterie, et à son régiment de cavalerie et celui de son fils, ses compagnies de gendarmes et chevau-légers, et celles de Valois, de sortir de leurs garnisons, et de s'assembler pour lui disputer le passage. Quelques colonels de l'armée du Roi prirent aussi son parti, et marchèrent avec leurs régimens pour joindre le corps, dont Monsieur déclara le duc de Beaufort général. Mais durant que ces troupes s'assembloient, le cardinal avançoit toujours ; et prévoyant qu'on lui feroit obstacle au passage de la Loire, où les apanages de Monsieur étoient situés, il marcha droit à Gien, où le marquis de Sourdis, gouverneur de la province, s'étoit jeté pour le service de Son Altesse Royale : mais comme il étoit seul et sans garnison, il ne put empêcher le peuple de prendre l'épouvante à la vue de l'armée ; de sorte qu'il fut contraint de se retirer par eau à Orléans. Ainsi le cardinal ayant passé la Loire traversa la Sologne, et voulut tenter à Selles le passage du Cher ; mais le comte de Béthune, qui en étoit le seigneur, et avoit toute sa vie été ennemi de tous les favoris, avoit fait prendre les armes à tout le peuple, et avoit fait pointer du canon au bout du pont : tellement que le cardinal, pressé d'aller à la cour, ne voulut pas s'amuser à l'attaquer ; et passant outre, il alla passer cette rivière à Saint-Agnan, dont le seigneur, qui étoit premier gentilhomme de la chambre du Roi, lui donna passage. Dès qu'il fut au delà du Cher, il ne trouva plus de difficulté, parce que les rivières d'Indre, de Creuse et de Vienne étoient au pouvoir du Roi ; si bien qu'il arriva le 30 de janvier à Poitiers. Le Roi et toute la cour allèrent au devant de lui ; et ceux qui étoient au désespoir de son retour y furent comme les autres, et suivirent le torrent. Il y eut néanmoins une cabale de gens qui n'y allèrent point, et ne le visitèrent pas chez lui après son arrivée, comme le commandeur de Souvré et les marquis de Créqui et Roquelaure : ce qui servit à leur fortune, comme nous verrons ensuite.

Le prince de Condé, qui étoit en partie cause du retour du cardinal, fut ravi de l'issue de son projet ; et dans la pensée qu'il eut que toute la France s'alloit révolter, il ne voulut plus ouïr parler d'accommodement, croyant que ses affaires alloient se rétablir par la ruine de la Reine. Le comte d'Harcourt ne laissoit pas de le pousser : il prit Barbezieux, et réduisit le prince à mettre Bourg entre les mains des Espagnols, et du baron de Vatteville qui les commandoit, pour place de sûreté. Le comte d'Harcourt fit enlever un de ses quartiers par Bougi et le chevalier d'Aubeterre, maréchaux de camp ; et le prince fut contraint de mettre une partie de ses troupes dans le pays d'entre les deux mers, et l'autre entre les rivières d'Ille et de Dordogne : mais sur la nouvelle qu'il eut que Saint-Luc, lieutenant du Roi en Guyenne, marchoit avec un petit corps pour le service du Roi, il alla droit à lui, et l'attaqua si vertement qu'il tailla en pièces toutes ses troupes, à la réserve des régimens de Champagne et de Lorraine. Ce fut en cette occasion que La Mothe-Vedel, lieutenant colonel de Champagne, fit une si belle retraite : car, voyant tout désespéré, il gagna des haies avec ses deux bataillons ; et marchant par des lieux serrés, faisant grand feu, et tenant les piques basses pour arrêter sur le cul la cavalerie qui le poussoit, il se retira à Miradoux sans perdre un homme. Aussitôt le prince mit le siége devant cette petite ville, que Marins défendit; et le comte d'Harcourt entendant cette nouvelle marcha pour le secourir, força un des quartiers, fit lever le siége, et contraignit le prince de se retirer en grand désordre. Cet échec pensa lui faire perdre Agen; et s'il n'y fût allé en diligence, cette ville se révoltoit contre lui : mais sa présence la maintint dans son parti. Si le Roi se fût lors avancé jusqu'à Angoulême, le prince étoit perdu; mais le retour du cardinal changea la face des affaires : car dès que le bruit en fut épandu dans les provinces, tout le monde quasi se déclara pour les princes, et l'exemple de Monsieur en attira beaucoup d'autres. Le premier qui leva le masque fut le duc de Rohan, gouverneur d'Anjou : il avoit de grandes obligations au prince de Condé, qui l'avoit protégé avec une chaleur extrême dans les procès qu'il avoit eus pour son mariage, devant lequel n'étant que Chabot, il étoit domestique de M. le duc d'Orléans; et ainsi il se trouva engagé dans leurs intérêts : mais il n'osoit le témoigner, voyant le mauvais état des affaires du prince et le voisinage de la cour, où il l'envoya plusieurs fois assurer de sa fidélité. Mais ayant appris que le régiment de Picardie avoit ordre d'entrer dans le Pont-de-Cé, il lui en fit refuser l'entrée, et en même temps dépêcha un gentilhomme à la cour, pour s'excuser sur ce que si les autres villes de la province eussent vu entrer des garnisons dans le Pont-de-Cé, elles se seroient toutes révoltées sans qu'il eût pu l'empêcher, dans la crainte qu'elles eussent eu d'avoir aussi des troupes. Ces raisons furent mal reçues; néanmoins la Reine n'osa lui témoigner son ressentiment, de peur qu'il ne fît pis : mais dès qu'il sut l'entrée du cardinal en France, la déclaration de Monsieur, et l'arrêt du parlement qui mettoit à prix la tête du cardinal, il prit sa résolution, et se mit de leur parti. Sa révolte étonna la Reine, et aussitôt elle assembla son conseil pour résoudre ce qu'il y avoit à faire. Le cardinal fut d'avis d'aller à lui; mais Châteauneuf conseilla de pousser le prince de Condé et de s'avancer sur la Charente, disant que quand on auroit chassé le prince de la Guyenne, on auroit aisément raison du duc de Rohan. Il appuya son conseil de si fortes raisons, qu'il fut résolu que le Roi iroit à Angoulême; mais comme cette résolution fut prise en plein conseil contre le sentiment du cardinal, il la fit changer le soir par la Reine, sans en parler à personne, et fit partir les maréchaux des logis pour aller marquer les logemens à Saumur.

La princesse palatine étoit alors à Poitiers, laquelle s'étoit fort attachée à la Reine, et étoit fort amie de Châteauneuf; mais comme elle vit le cardinal revenu avec toute la confiance de la Reine, elle tourna de son côté, selon la maxime des courtisans, qui suivent toujours la faveur; et connoissant que la présence de Châteauneuf lui étoit à charge, et qu'il ne l'osoit chasser par sa foiblesse naturelle, elle lui voulut rendre ce service sans qu'il parût qu'il s'en mêlât. Pour venir à bout de ce dessein, le jour que les maréchaux des logis partirent pour aller à Saumur, elle fut voir Châteauneuf, auquel elle apprit que le Roi partiroit le lendemain pour y aller. Il ne le voulut pas croire d'abord, à cause qu'on avoit résolu le contraire dans le conseil; mais, s'en étant davantage éclairci et en sachant la vérité, il s'emporta de colère, et témoigna en être fort offensé, disant que la Reine n'avoit que faire de tenir des conseils, puisqu'elle ne suivoit pas ce qui y étoit résolu; et que c'étoit se moquer de ses ministres. Il avoua que la Reine étoit la maîtresse, et qu'elle n'étoit pas obligée de suivre leurs avis; mais au moins qu'elle leur devoit dire sa volonté, et non pas résoudre d'une façon avec eux, pour faire après le contraire à leur insu. La palatine enflamma sa colère au lieu de l'apaiser, sous ombre de prendre part à ses intérêts; et le confirma dans le dessein de témoigner son ressentiment à la Reine, et de demander son congé. Comme il étoit glorieux et plein d'honneur, il ne fut pas difficile à persuader; et de ce pas il fut trouver la Reine pour la supplier de lui permettre de se retirer, n'ayant plus de besoin de lui dans le conseil, puisqu'on lui cachoit les résolutions qui s'y prenoient. Il obtint aisément sa demande, et il partit le jour même pour aller demeurer à Tours.

Le cardinal étant défait de Châteauneuf eût bien voulu l'être aussi du maréchal de Villeroy, mais il n'étoit pas si aisé à persuader que l'autre, et il avoit pour maxime que quand on s'absentoit une fois de la cour, on avoit peine d'y revenir; tellement qu'il étoit résolu d'essuyer toutes les rebuffades, et d'avaler tous les dégoûts imaginables, plutôt que de quitter la partie, et de ne s'en aller que par force. Il connoissoit l'esprit du cardinal, qui ne pouvoit se résoudre à faire aucune violence; et il espéroit que le temps changeroit, et qu'il se trouveroit en place sans avoir la peine de solliciter un retour qu'il n'obtiendroit peut-être pas; et ainsi il demeura près du Roi.

Le duc de Bouillon et le maréchal de Turenne arrivèrent à Poitiers la veille que la cour en partit; ils n'étoient pas satisfaits du prince de Condé, sur ce qu'après les services qu'ils lui avoient rendus durant sa prison, il ne leur avoit point fait part de ses secrets : et ayant connu par expérience les peines qu'il y a à soutenir un parti contre le Roi, ils furent bien aises d'avoir un prétexte de se séparer de ses intérêts, et de se remettre au service du Roi, duquel ils furent fort bien reçus. Le cardinal Mazarin leur demanda leur amitié avec empressement, et s'obligea de leur faire donner des emplois dans le conseil et dans les armées.

Le Roi partit de Poitiers le 3 de février ; et dès qu'il fut arrivé à Saumur, le maréchal d'Hocquincourt investit Angers, et se logea dans les faubourgs. L'évêque et beaucoup de magistrats, qui n'approuvoient pas la révolte du duc de Rohan, sortirent de la ville et vinrent trouver Leurs Majestés. Le reste de la ville eût bien voulu demeurer dans l'obéissance ; mais le duc les tenoit en bride par le château, et les empêchoit de suivre l'inclination qu'ils avoient au service du Roi. Comme le cardinal étoit venu à grandes journées, il n'avoit point amené de canon ; si bien que le maréchal d'Hocquincourt n'avoit pas de quoi battre la ville, et il la tenoit bloquée sans l'attaquer : tellement qu'il fallut avoir recours au maréchal de la Meilleraye, qui étoit à Nantes, auquel la Reine écrivit pour avoir du canon. Ce maréchal obéit aux ordres de Sa Majesté, et fit embarquer des canons de batterie sur la rivière de Loire, pour les faire remonter jusqu'à la pointe où la rivière de Maine tombe dans la Loire. Durant ce temps-là les assiégeans et les assiégés demeuroient en repos sans se battre ; et M. le duc d'Orléans, voulant profiter de ce retardement, fit avancer le duc de Beaufort avec son armée, pour tâcher à secourir Angers.

Les Espagnols, suivant le traité qu'ils avoient fait avec le prince de Condé, avoient détaché de leurs troupes sous le commandement de Clinchan, et les avoient fait avancer devers Cambray, avec ordre de se joindre, et d'obéir à celui que le prince feroit général de son armée. Le duc de Nemours, qui eut cette commission, assembla toutes les troupes que le comte de Tavannes commandoit l'année dernière, et ayant marché du côté de Cambray, il joignit le baron de Clinchan avec le secours espagnol ; et ayant traversé toute la Picardie, il se trouva bien empêché pour passer la rivière de Seine : mais le passage de Mantes lui fut ouvert par le moyen du chancelier de France, lequel, offensé de ce qu'on lui avoit ôté les sceaux le jour de la majorité du Roi, obligea, pour se venger, le duc de Sully son gendre de faire passer cette armée sur le pont de Mantes dont il étoit gouverneur. Quand le duc de Nemours fut delà la Seine, il marcha pour joindre le duc de Beaufort, qui étoit dans le Dunois ; mais avant cette jonction le canon du maréchal de La Meilleraye arriva proche du Pont-de-Cé, lequel fut débarqué, et mis en batterie devant le château, qui se rendit à sa vue. Aussitôt il fut conduit devant Angers, dont les habitans voyant la ruine de leurs murailles firent rumeur ; et le duc de Rohan se voyant enfermé dans le château, qui ne vaut rien, et craignant de tomber dans la puissance du cardinal, demanda à traiter. Il fit ensuite sa capitulation, par laquelle il rendit la ville et le château d'Angers, à condition qu'il pourroit se retirer à Paris en toute sûreté, lui et son train. Le maréchal de La Meilleraye eut la commission de commander dans l'Anjou ; et Fourilles, premier capitaine au régiment des Gardes, fut laissé avec sa compagnie dans le château d'Angers.

Le 7 de mars, le Roi partit de Saumur pour aller coucher à Richelieu ; le 9 à Azay, et le 10 à Tours, où Châteauneuf s'étoit retiré. Le cardinal le fut voir dans sa maison, comme s'il eût été le meilleur de ses amis ; et il fut reçu de Leurs Majestés avec toute sorte de témoignages de bienveillance. Le cardinal fit revenir en ce lieu-là Servien, qui avoit été chassé pour son sujet : Le Tellier avoit été rappelé dès Poitiers, avant le retour du cardinal, par le moyen du maréchal de Villeroy, dont il ne fut pas depuis fort reconnoissant ; et Lyonne revint quelque temps après. Le 12 de mars, le Roi partit de Tours pour aller à Amboise ; et le 15 il arriva à Blois, où Palluau ayant laissé Montrond bien bloqué, renforça l'armée du Roi de quelques troupes. Durant ce séjour, le cardinal partagea le commandement entre les maréchaux de Turenne et d'Hocquincourt. Le voisinage de l'armée des princes, qui étoit devers Châteaudun, plus forte que celle du Roi, obligea le cardinal à ce changement à cause de la prudence du premier, à laquelle il se fioit plus qu'à l'impétuosité de l'autre : outre que le maréchal de Turenne, avant que de venir à la cour, étoit assuré d'avoir de l'emploi.

Durant le séjour du Roi à Blois, il y eut beaucoup de négociations pour faire déclarer la ville d'Orléans. Monsieur fit ce qu'il put pour l'attirer en son parti ; et craignant que l'approche du Roi n'intimidât le peuple, il y envoya Mademoiselle, sa fille, laquelle sortit de Paris le 25 de mars, et se rendit deux jours après dans les faubourgs d'Orléans, où elle apprit que les portes étoient fermées, et que les magistrats assemblés avoient résolu de ne recevoir ni le Roi ni Monsieur, et de se garder eux-mêmes, pour empêcher la ruine de leur ville, et que leur territoire ne fût le théâtre de la guerre. Nonobstant leur résolution, le bruit s'épandit dans les rues de l'arrivée de Mademoiselle; et comme le menu peuple sut qu'elle étoit venue pour s'opposer au Mazarin, la haine de ce nom le fit attrouper, et se joindre à beaucoup de serviteurs de Monsieur, qui étoient en grand nombre dans cette ville capitale de ses apanages, lesquels la firent entrer avec une échelle par un trou qui donne sur le rempart; et puis la faisant voir au peuple, il n'y eut personne assez hardi pour parler de la faire sortir. Le marquis de Sourdis, gouverneur de la province, qui étoit dans les intérêts de Monsieur, la vint saluer, et la conduisit dans son logis. Il lui fut facile d'empêcher qu'on ne reçût le Roi; mais elle n'eut pas assez de crédit pour faire entrer garnison dans la ville, où elle n'étoit pas entièrement maîtresse. Les magistrats firent une assemblée sur ce qu'ils apprirent que le Roi se disposoit d'y venir; et voulant garder quelques mesures pour ne pas refuser l'entrée à la propre personne de Sa Majesté; ils lui envoyèrent des députés à Blois pour l'assurer de la fidélité de la ville d'Orléans, et le supplier en même temps de n'y pas venir, parce qu'ils n'étoient pas les maîtres de la populace, qui étoit fort nombreuse; et qu'ils appréhendoient que la vue du cardinal ne causât une sédition qu'il seroit impossible d'apaiser: et d'autant que le peuple étoit composé de bateliers et de gens fort mutins, ils craignoient que sa personne ne fût pas en sûreté. On connut bien par ces paroles que le Roi ne seroit pas reçu dans Orléans: c'est pourquoi on ne voulut pas hasarder de s'y présenter; et Leurs Majestés demeurèrent à Blois jusqu'au 27, où on fit une garde fort exacte, à cause que tous les habitans étoient pour Monsieur, lequel y étoit fort aimé, comme dans le lieu de sa demeure ordinaire; même il y avoit de ses domestiques qui y étoient cachés, pour épier s'ils trouveroient moyen d'introduire le duc de Beaufort avec son armée dans la ville, par des brèches qui s'étoient faites aux murailles depuis peu. Mais le maréchal de Turenne y avoit pourvu: car comme depuis la jonction du duc de Nemours et des Espagnols ils étoient plus forts que lui, il avoit résolu, voyant que Blois ne se pouvoit défendre, de faire passer le Roi dans le faubourg de Vienne, qui est de l'autre côté de la Loire; et de rompre le pont en abandonnant la ville, sur le moindre avis qu'il eût eu de l'approche des princes. Mais les ducs de Beaufort et de Nemours n'ayant point marché de ce côté-là, le Roi ne partit de Blois que le 27, et fut coucher à Cléry. Le garde des sceaux alla devant pour coucher à Orléans, afin de sonder si le peuple feroit difficulté de le recevoir. Il fut jusqu'au portereau qui est au bout du pont, où il fut arrêté par la garde des bourgeois, qui le firent savoir dans la ville. Aussitôt les échevins le vinrent trouver et lui firent de grandes excuses de ce qu'ils ne pouvoient le laisser entrer, en rejetant la faute sur le menu peuple, qui étoit le plus fort, et n'entendoit point de raison. Le garde des sceaux fut contraint de se retirer et d'aller coucher ailleurs, et fit savoir au Roi ce qui s'étoit passé, pour lui faire connoître qu'il n'y avoit point d'apparence que Sa Majesté se présentât devant Orléans. Sur cette nouvelle il partit de Cléry, et fut le 28 coucher à Sully, laissant Orléans à la gauche: il y passa la fête de Pâques, et puis il prit le poste de Gien avec son armée. Celle des princes, qui étoit dans le Dunois, avoit toujours marché en côtoyant le Roi, la rivière de Loire entre deux, et s'étoit campée à Lorris, petite ville sur l'entrée de la forêt d'Orléans, assez proche de Gien. Les ducs de Beaufort et de Nemours, qui la commandoient, ne s'accordoient point ensemble, quoiqu'ils fussent beaux-frères, soit par émulation, soit par différens intérêts: ils se contrarioient en toutes choses, et en venoient quelquefois à des paroles si aigres, qu'on avoit sujet de craindre que les suites en devinssent funestes. Le duc de Beaufort commandoit l'armée de Monsieur, lequel la vouloit conserver près de Paris pour la sûreté de sa personne, et pour empêcher le Roi d'en approcher. Le duc de Nemours étoit général des troupes du prince de Condé et du corps espagnol qui l'avoit joint, lequel avoit des pensées bien différentes: car il avoit ordre du prince, qui se vouloit cantonner dans son gouvernement de Guyenne, de passer la Loire; et se séparant de l'armée de Monsieur, de l'aller joindre en Guyenne pour en chasser le comte d'Harcourt, et de secourir Montrond en passant, où Palluau avoit laissé peu de troupes pour le bloquer. Le duc de Beaufort se doutoit de son dessein; et il l'observoit de fort près pour l'en empêcher, parce qu'après cette séparation l'armée de Monsieur eût été plus foible que celle du Roi, qui se seroit approché de Paris, et y auroit peut-être causé quelque révolution.

Dans ce même temps le Pape créa des cardinaux, du nombre desquels fut le coadjuteur de Paris, nommé par la France. Ce fut un rude coup pour le cardinal Mazarin, qui l'avoit fait nommer dans l'espérance qu'il ne le seroit jamais, croyant traverser sa promotion en la reculant, pour la révoquer quand il n'auroit plus affaire de lui; mais le Pape pour faire dépit au Mazarin, qu'il haïssoit, fit les cardinaux alors qu'on y pensoit le moins, afin qu'on n'y pût mettre d'obstacle : et trouvant le coadjuteur nommé par la France, il lui envoya le bonnet sous ombre d'obliger le Roi, mais en effet pour mettre le cardinal Mazarin au désespoir; lequel n'osa témoigner son déplaisir, parce qu'il avoit besoin de lui contre le prince de Condé, qui étoit leur ennemi commun. Le coadjuteur, nommé depuis le cardinal de Retz, se voyant haussé en dignité, augmenta aussi en audace; et ayant l'ascendant qu'il avoit sur l'esprit de Monsieur, il lui fit trouver fort mauvais le dessein du prince, de faire séparer son armée de la sienne pour se cantonner en Guyenne, et l'abandonner à la merci de tous ses ennemis. Il donna de si grandes défiances du prince à Son Altesse Royale, que Chavigny, qui étoit demeuré à Paris de la part du prince pour ses intérêts, lui en donna avis; et aussi de la difficulté qui se trouvoit pour l'exécution de son dessein, parce que l'armée du Roi s'opposoit au passage de Loire du duc de Nemours, lequel dans cette occasion seroit abandonné certainement par le duc de Beaufort. Il lui représenta que quand même le duc de Nemours le pourroit joindre, ce ne seroit pas son avantage, parce que le Roi approcheroit de Paris, et que le cardinal de Retz voyant Monsieur étonné de se voir abandonné, se serviroit de sa timidité pour l'obliger à faire son traité avec le Roi et avec le cardinal; que Paris suivroit son exemple, et qu'ensuite toutes les forces du Roi tourneroient devers la Guyenne, et tomberoient sur lui. Il lui conseilla de conserver Paris dans son parti, à quelque prix que ce fût; et pour cet effet de venir lui-même commander l'armée, d'autant que sa présence empêcheroit le désordre qui arrivoit souvent par la division des chefs, qui lui céderoient le commandement; et que le cardinal de Retz seroit plus retenu de donner des conseils à Monsieur qui fussent à son préjudice. Le prince reçut à Agen le paquet de Chavigny; et ayant assemblé ses plus confidens amis, il leur communiqua sa dépêche. L'affaire fut fort balancée. Il se déplaisoit en Guyenne, à cause que ses troupes reculoient toujours devant le comte d'Harcourt, qui avoit repris Saintes et rasé Taillebourg; et il crut mieux réussir à la tête de l'autre armée, composée de vieux soldats, qui ne lâcheroient pas le pied comme ceux qu'il avoit près de lui. Enfin, après avoir bien délibéré, son inclination pencha du côté du conseil de Chavigny, et il résolut de partir d'Agen avec un peu de gens, et de traverser inconnu tout le pays qui est entre la Guyenne et le Gâtinais, où étoit l'armée. Il tint son dessein fort secret; et laissant le prince de Conti son frère pour commander en Guyenne, il lui donna pour lieutenant général Marchin, et pour conseil le président Viole et Lenet. Comme il ne vouloit pas qu'on eût le moindre soupçon de sa pensée, il feignit d'aller à Bordeaux pour trois jours; et, sans permettre à aucun officier de l'accompagner, il partit d'Agen avec le duc de La Rochefoucauld, le prince de Marsillac, Guitant, Chavagnac, Gourville, et un valet de chambre. Le marquis de Lévi l'attendoit à une journée de là, lequel avoit un passe-port du comte d'Harcourt pour se retirer en sa maison de Bourbonnais, à condition de ne plus porter les armes contre le Roi. Le prince l'ayant joint feignit d'être de sa suite avec ceux qui l'accompagnoient, et passoit sous ce passe-port au travers des villes; puis quand il approcha de l'Auvergne, il logea chez les amis de ce marquis, comme étant son domestique. Il ne fut reconnu en aucun lieu; et comme on ne soupçonnoit pas qui il étoit, il entendit, étant à table, parler un peu librement de la duchesse de Longueville sa sœur. Après avoir traversé l'Auvergne et le Bourbonnais, il passa la Loire au bec d'Allier, et, laissant à côté La Charité, où commandoit Bussy-Rabutin, qui avoit quitté son parti, il passa dans Cosne en qualité d'officier du Roi qui alloit avec ses camarades servir son quartier. Quand il fut près de Briare, il rencontra un courrier qui le reconnut, et le témoigna à sa mine. Cet accident l'obligea de quitter le grand chemin, et de prendre la traverse; et de crainte que ce courrier ne retournât sur ses pas pour en donner avis à la cour, il laissa dans des masures, sur le bord du grand chemin, un gentilhomme pour le tuer. Ce courrier ne manqua pas de rebrousser chemin pour retourner à Gien; mais, par bonne fortune pour lui, il prit une autre route qui le mit à couvert de l'embuscade, et il arriva sans péril à Gien, où il compta ce qu'il avoit vu. En même temps le cardinal, ravi d'avoir une occasion de se défaire de son ennemi, dépêcha Sainte-Maure avec vingt cavaliers, et lui donna ordre de prendre le prince mort ou vif; mais le bon génie de ce prince le conduisit si heureusement, qu'ayant évité cette embûche près des murailles du parc de Châtillon, il y entra par une porte de derrière durant que Sainte-Maure l'attendoit sur le grand chemin. Il passa ensuite près des troupes royales sans être connu, et arriva en toute sûreté à Lorris, d'où il gagna son camp, qui n'en étoit qu'à deux lieues. La garde l'arrêta, lui demandant *Qui vive?* Il se fit connoître, et aussitôt le bruit s'épandit de sa venue dans toute l'armée, dans laquelle il fut reçu avec une joie extrême. Il arriva bien à propos; car les deux généraux étoient en plus mauvaise intelligence que jamais; et dès qu'ils virent le prince ils lui rendirent obéissance, et sa présence raffermit les esprits et leur donna courage de tout entreprendre. En effet, dès le lendemain de son arrivée il marcha devers Montargis, qu'il envoya sommer; et la nouvelle de sa venue dans l'armée désarma les habitans, qui se rendirent à lui. Il trouva dans cette ville beaucoup de grains et de fourrages pour faire subsister les troupes : ce qui l'obligea d'y demeurer quelque temps. Dès que les maréchaux de Turenne et d'Hocquincourt surent la prise de Montargis et le retour du prince, ils passèrent la Loire sur le pont de Gien; et s'étant séparés, le dernier prit son quartier à Bleneau, et mit ses troupes à l'entour dans des villages pour se rafraîchir; et le premier se posta entre lui et Gien. Le prince de Condé passa le Loing à Montargis, et s'avança jusqu'à Château-Renard, où il apprit que le maréchal d'Hocquincourt avoit étendu ses quartiers autour de Bleneau. Comme il avoit l'esprit fort présent, et qu'il ne perdoit jamais d'occasions de prendre ses avantages, il marcha droit à Bleneau, dans le dessein d'enlever ces quartiers séparés; et les ayant surpris la nuit du 7 avril à l'impourvu, il en enleva cinq l'un après l'autre, où il fit main basse, et tua ou prit tout ce qu'il rencontra. Les bagages furent pillés, et les fuyards qui se purent sauver donnèrent l'alarme dans Bleneau, où étoit le quartier-général. Aussitôt le maréchal d'Hocquincourt rassembla ce qu'il put de troupes, et les mit en bataille hors du bourg.

Le bruit, et ceux qui se sauvèrent dans le camp de Turenne, apprirent ce qui s'étoit passé, et obligèrent ce général de mettre son armée en ordre, et marcher au secours du maréchal d'Hocquincourt, lequel étant poussé par le prince, se mit derrière un ruisseau, sur lequel il y avoit un pont où il falloit défiler pour aller à lui. Le prince, suivi des ducs de Beaufort, de Nemours et de La Rochefoucauld, du prince de Marsillac et de Clinchan, passa le pont fort hardiment; et ceux qui pilloient mirent le feu à des maisons couvertes de chaume, dont la flamme fut si grande et si claire, que le maréchal d'Hocquincourt vit le petit nombre de ceux qui avoient passé le pont. En même temps il s'avança pour les charger; mais le prince, soutenu de ceux qui avoient passé le défilé pour le secourir, alla au devant pour donner aux siens le temps de passer. Il y eut une chaude escarmouche, dans laquelle le duc de Nemours fut blessé d'un coup de pistolet; et l'épouvante se mit tellement dans les troupes du Roi, qu'elles prirent la fuite, et se sauvèrent à plus de trois lieues de là. Le prince les suivit l'épée dans les reins, tuant et prenant ceux qu'il pouvoit joindre; mais il s'arrêta, sur la nouvelle qu'il eut que le maréchal de Turenne marchoit à lui. Craignant d'être surpris en désordre, il retourna tout court sur ses pas, pour rejoindre son infanterie qui pilloit les bagages, et la remettre en ordre. Dès qu'il eut rallié toutes ses troupes, il marcha en bataille au devant du maréchal de Turenne, lequel le voyant venir, l'attendit dans une plaine, ayant devant lui un bois par lequel il falloit défiler pour aller à lui. Or le grand jour étoit venu; tellement qu'on discernoit de loin les objets : et le prince ne voulant pas sortir devant lui du bois en défilant, mit son infanterie à droite et à gauche sur le bord du bois, d'où elle faisoit grand feu sur les royaux. Le maréchal de Turenne, se voyant incommodé de la mousqueterie de cette infanterie, se retira plus loin, laissant un grand terrain entre le bois et lui, et fit mine de faire retraite. Alors le prince voyant ce grand espace entre lui et ce maréchal fit passer six escadrons dans la plaine, et alloit faire passer le reste de son armée pour donner bataille, ou charger le maréchal dans sa retraite : mais étant beaucoup plus foible que le prince, il connut le désavantage qu'il y auroit; et par l'expérience qu'il avoit dans le métier, dès qu'il s'aperçut de son dessein, au lieu de se retirer comme il avoit commencé, il retourna tout court droit à ces six escadrons, qu'il eût défaits assurément s'ils ne se fussent jetés dans le bois à l'abri du grand feu de leur infanterie, qui étoit sur le bord; et lors le maréchal de Turenne demeura en bataille dans la plaine, à la portée du canon du bois, sans approcher ni reculer, pour arrêter le prince, qui n'osa défiler en sa présence. Tout le jour se passa à se canonner, où Maré, maréchal de camp en l'armée de Monsieur, fut tué d'un coup de canon. Quand la nuit fut venue, le maréchal de Turenne fit marcher à petit bruit son infanterie; et quand elle eut pris le devant, il se retira avec sa cavalerie à la faveur de l'obscurité qui empêchoit qu'on ne le pût voir, ni connoître sa marche. Ainsi ce maréchal sauva la cour, et rendit un très-grand service digne d'effacer sa rébellion précédente. L'effroi fut grand dans Gien, où étoit le Roi; car des fenêtres du château on voyoit toute la côte couverte de gens qui fuyoient, lesquels se sauvoient dans Gien; et dans l'épouvante où ils étoient, ils disoient que tout étoit perdu, et que l'armée étoit défaite. En cet état, la Reine se trouvoit sans ressource, et le cardinal encore pis : car, sans le maréchal de Turenne, ils tomboient tous deux entre les mains de leurs ennemis, qui eussent mis la Reine dans un cloître, et fait un mauvais parti au cardinal;

et tenant la personne du Roi, eussent gouverné à leur mode sous son nom. Le cardinal aussi fut fort étonné; mais la Reine ne témoigna point de peur. Elle se coiffoit lorsqu'elle apprit ces nouvelles, et elle demeura attachée à son miroir, n'oubliant pas à tortiller une seule boucle de ses cheveux; et de là elle fut dîner, où elle mangea d'aussi bon appétit, et aussi tranquillement que si elle n'eût couru aucun risque. Cette grande consternation fut changée en joie, lorsqu'on sut que tout étoit sauvé par le maréchal de Turenne, dont la prudence et la capacité furent en si grande admiration, qu'on résolut dès l'heure même de confier à lui seul le commandement de l'armée. Le cardinal, qui avoit été conduit jusqu'à Poitiers par le maréchal d'Hocquincourt, avoit peine à rien faire qui le pût fâcher; mais sous prétexte que sa présence étoit nécessaire en son gouvernement de Péronne, dont les Espagnols s'approchoient, on l'obligea d'y aller quelque temps après, non sans murmure de sa part, qui fut le commencement des mécontentemens qu'il fit éclater quelques années après. Dès la prise de Montargis, la noblesse de Brie et partie de celle de Champagne, craignant que le prince ne voulût s'emparer de Montereau-faut-Yonne et entrer dans leur pays, se jeta dans cette ville avec les communes, qu'elle assembla chacun dans son détroit; si bien qu'en moins de quatre jours il s'y trouva trois mille hommes de pied et cinq cents chevaux, qui y demeurèrent plus de quinze jours. Le jeune marquis de Nangis s'échauffa tellement en ce lieu à force d'agir, qu'une pleurésie le surprit, dont il mourut. Son frère aîné avoit été tué au siége de Gravelines; et il y en resta un troisième, qui devint seul héritier de la maison.

Après le combat de Bleneau, Chavigny pressa le prince d'aller à Paris, pour renverser par sa présence tout ce que le cardinal de Retz faisoit près de Monsieur contre ses intérêts. Le prince fut aisé à persuader là-dessus, flatté par le désir de recevoir les applaudissemens du peuple et de tout le monde, pour la victoire qu'il venoit de remporter. Il partit pour cet effet du camp, et emmenant avec lui le duc de Beaufort, il laissa le commandement de l'armée au comte de Tavannes et au baron de Clinchan, le duc de Nemours étant blessé. Il arriva à Paris le onzième d'avril; Monsieur alla au devant de lui, et il fut reçu dans la ville avec grande acclamation. Le lendemain il fut au parlement, où il prit sa place, nonobstant qu'il y eût été déclaré criminel de lèse-majesté; il y protesta qu'il étoit serviteur du Roi, et qu'il étoit prêt de mettre les armes bas dès que le cardinal Mazarin seroit chassé du royaume. Le parlement le remercia; et le matin même le président de Nesmond, qui avoit été député pour faire des remontrances au Roi sur le retour du cardinal, revint de Gien, et fit rapport à la compagnie de ce qu'il avoit fait dans son voyage, et du peu d'espérance qu'il y avoit d'obtenir son éloignement. Dans ce même temps l'armée des princes manquant de fourrage, décampa d'auprès de Montargis, et traversant tout le Gâtinais, vint se camper à Étampes; et le Roi voulant s'approcher de Paris, partit de Gien le 18 d'avril pour aller à Auxerre, et de là à Sens; puis par Montereau il arriva le 21 à Melun, où il séjourna un jour; il coucha le 23 à Corbeil, où le roi d'Angleterre le vint voir de Paris, et y retourna le même jour. Le maréchal de Turenne marcha toujours entre le Roi et l'armée des princes, pour la sûreté de la personne de Sa Majesté, et prit son poste à Chartres et Linas : et sur ce que le Roi partit le 27 de Corbeil pour aller à Chilly et le 28 à Saint-Germain, il fut se camper à Palaiseau, où il fut fortifié de quantité de troupes, tant de nouvelles levées que de celles qu'on fit venir de la frontière, qu'on laissa en proie aux Espagnols. Dès que le Roi fut à Saint-Germain, les négociations de paix recommencèrent plus que jamais. Le parlement, la chambre des comptes, la cour des aides et le corps de ville députèrent au Roi pour le supplier d'éloigner le cardinal, et par là de donner la paix à son royaume, l'assurant qu'il seroit aussitôt obéi par tous ses sujets avec une entière soumission; mais ces harangues ne profitèrent point, car le Roi n'agissoit que par la Reine qui étoit tellement préoccupée de cet homme, qu'elle n'entendoit aucune raison là-dessus, et vouloit hasarder son autorité et le salut de l'État pour le maintenir. Chavigny, qui contrecarroit le cardinal de Retz en tout, conseilloit la paix, mais il en vouloit être l'entremetteur : il s'étoit associé avec le duc de Rohan, qui étoit dans les mêmes sentimens que lui, et avoit crédit près de Monsieur et du prince de Condé. Chavigny, du temps du cardinal de Richelieu, avoit contribué à l'élévation de Fabert, et à lui faire donner le gouvernement de Sedan. Comme il étoit en ce temps-là conjoint d'intérêts avec le cardinal Mazarin, Fabert s'étoit attaché à tous les deux; mais depuis leurs intérêts s'étant séparés, il se rangea du côté du plus fort, qui fut le cardinal Mazarin, lequel se confia tellement en lui, que durant son absence il lui laissa ses nièces entre les mains à Sedan. Il ne laissoit pas d'avoir reconnoissance des obligations qu'il avoit à Chavigny, avec lequel il avoit conservé grande correspondance; et voyant qu'il étoit bien dans l'esprit du prince de Condé, il crut être en état de le pouvoir porter à persuader le prince de s'accommoder : il lui en écrivit comme de lui-même, et Chavigny ne rebuta point sa proposition, et lia avec lui une intelligence et un commerce pour ce sujet. Le cardinal de Retz vouloit la paix, mais à sa mode, et au détriment du prince ; lequel voyoit tous les jours Monsieur, et l'empêchoit de rien faire à son préjudice. Mais dans ces différentes intrigues ils convenoient tous dans un point, qui étoit de faire croire au peuple qu'ils souhaitoient la paix : c'est pourquoi, pour ne montrer pas moins de zèle que tous les corps qui avoient député à Saint-Germain, ils résolurent d'envoyer au Roi le duc de Rohan, Chavigny et Goulas, secrétaire de Monsieur, avec ordre d'assurer le Roi qu'ils mettroient les armes bas, dès que le cardinal seroit hors de France, sans espérance de retour. Ils eurent défense de le voir, ni de conférer avec lui en nulle sorte; et Chavigny en eut un secret du prince pour ménager ses intérêts et ceux de ses amis, en consentant à la conservation du cardinal à l'insu des deux autres. Ils partirent tous trois de Paris le 28 avril, et se rendirent à Saint-Germain ; mais ils ne furent pas plus tôt dans la chambre de la Reine, que le cardinal y entra ; et quelques protestations qu'ils fissent de ne vouloir parler d'aucune affaire tant qu'il y seroit, jamais ils ne purent l'obliger à sortir ; et la présence du Roi, qui dit qu'il vouloit qu'il demeurât, jointe à la crainte qu'ils eurent de s'en retourner sans rien faire, les obligea de parler devant lui fort inutilement : car on ne demeura d'accord de rien. Chavigny fit ce qu'il lui fut possible pour parler en particulier des intérêts du prince ; mais il ne put jamais se séparer des deux autres : si bien qu'ils retournèrent tous trois à Paris sans rien conclure, où ils furent mal reçus, pour avoir traité avec le cardinal contre les ordres qu'ils avoient ; et le prince sut très-mauvais gré à Chavigny de n'avoir pas trouvé d'expédient pour parler de ses affaires ; et dès-lors il ne se fia plus en lui tant qu'il avoit fait par le passé, et donna à d'autres la charge de négocier de sa part.

Dès que le Roi eut quitté les bords de la rivière de Loire, Mademoiselle se voyant inutile à Orléans voulut retourner à Paris, et obtint un passe-port de la cour. Pour ce sujet, en passant par Étampes, l'armée de Monsieur, son père, et celle du prince de Condé se mirent en bataille pour lui faire honneur ; et devant ensuite passer à Lonjumeau, jusqu'où le camp du maréchal de Turenne s'étendoit, ce général donna ordre que ses troupes se missent aussi sous les armes pour honorer le passage de cette princesse ; et en même temps forma un dessein de surprendre l'armée des princes un peu après que Mademoiselle seroit passée, dans la pensée que la vue de la fille de leur maître feroit faire aux officiers beaucoup de réjouissances, et que dans le milieu de leur débauche il pourroit enlever quelqu'un de leurs quartiers. Pour l'exécution de ce projet, il ordonna aux lieutenans généraux de faire mettre en bataille une partie de ses troupes sur le chemin par où Mademoiselle devoit passer, à laquelle il voulut qu'on rendît tous les honneurs possibles ; et si elle s'étonnoit de ce qu'il ne lui rendoit pas ses devoirs en personne, il commanda qu'on lui répondît qu'il étoit allé à Saint-Germain voir le Roi, pour revenir le soir. Mais sans dire son dessein à personne, il prit le reste de l'armée, et partit le soir du 3 au 4 de mai ; et ayant marché sans bruit toute la nuit par des chemins détournés, il arriva le matin à une lieue d'Étampes, qu'il envoya reconnoître. Il laissa passer Mademoiselle, à laquelle il ne voulut pas causer une si grande frayeur, ayant passe-port du Roi ; mais quand elle fut éloignée d'une lieue du camp, et que les troupes filèrent pour rentrer chacune dans leurs quartiers, ne se défiant de rien, et croyant que le maréchal de Turenne étoit occupé avec la même application qu'eux à recevoir cette princesse, il fondit sur le quartier des Allemands du secours espagnol, et les surprit tellement qu'il enleva le faubourg où ils étoient logés, tailla en pièces tout ce qui s'y trouva, tua ou prit ce qu'il rencontra sous sa main ; et après avoir défait six régimens qui y étoient, il se retira, chargé de butin, victorieux dans son camp.

Cette déroute étonna les Parisiens ; mais pour leur redonner courage, le prince de Condé sortit le 11 de mai avec un grand nombre de bourgeois, et marcha droit à Saint-Denis pour l'attaquer. Les régimens de Condé et de Bourgogne, soutenus des bourgeois, firent l'attaque, qui dura deux heures ; et ayant emporté la ville d'assaut par de grandes brèches qui y étoient, prirent prisonniers les Suisses qui la défendoient : mais ils ne gardèrent pas long-temps leurs conquêtes ; car dès le lendemain le marquis de Saint-Maigrin, lieutenant des chevau-légers de la garde du Roi, les attaqua, et ayant repris la ville, força ceux qui étoient dedans de se retirer dans l'abbaye, où ils se barricadèrent, et s'y défendirent durant trois jours, après lesquels ils se rendirent à composition. Le 22, le Roi partit de Saint-Germain, et fut coucher à Chilly, et de là à Corbeil, d'où il se rendit le 24 à Melun.

Il y eut dans ce lieu-là beaucoup d'intrigues :

le cardinal, voyant quasi toute la maison du Roi liguée contre lui, fit ce qu'il put pour ramener à lui les principaux. Les marquis de Créqui et de Roquelaure étoient ceux qui le morguoient le plus hautement; et ne se contentant pas de ne le point voir chez lui, ils ne le saluoient point quand ils le rencontroient. Le dernier, avec son ton gascon, se moquoit de ceux qui lui faisoient la cour, et leur disoit que c'étoit le moyen de ne rien faire, et que le seul biais de parvenir à ce que l'on vouloit étoit de lui arracher les moustaches poil à poil. Ces façons d'agir mettoient le cardinal fort en peine: car bien loin d'en user comme le cardinal de Richelieu, qui perdoit ses ennemis sans quartier, il faisoit tout au contraire, car il ne songeoit qu'à chercher des moyens pour les gagner; et dans cette maxime, il leur fit offrir tout ce qu'ils désiroient pour avoir leur amitié. Cette négociation réussit; car ils s'accordèrent secrètement avec lui, à condition qu'il leur feroit donner des lettres de duc, pourvu qu'ils n'en parlassent à personne, et qu'ils les gardassent dans leur cabinet sans s'en vanter. Le commandeur de Souvré s'étoit raccommodé, avec promesse de bonnes abbayes; mais le comte de Miossens lui donnoit plus de chagrin qu'aucun, parce qu'il commandoit la compagnie des gendarmes du Roi, et qu'il avoit la force en main pour se faire craindre. Il le rechercha pour ce sujet par toutes sortes de voies; mais ce comte voulut le bâton de maréchal de France pour prix de son amitié, et le cardinal lui promit. Quelques jours se passèrent depuis cette promesse; et le cardinal tirant cette affaire en longueur, et la remettant de jour à autre, le comte s'en ennuya; et craignant que le cardinal n'en voulût user à son ordinaire, qui étoit de promettre à dessein de n'en rien tenir, il résolut de le faire expliquer, et l'intimida tellement, qu'il tira parole de lui qu'il auroit ce qu'il demandoit bientôt. En effet, il eut ses lettres de maréchal de France à condition qu'il les tiendroit secrètes pour quelque temps, de peur que cet exemple ne donnât envie à d'autres de le menacer pour parvenir à des dignités. Le cardinal depuis son retour avoit conservé un ressentiment contre le maréchal de Villeroy, sur ce qu'il avoit fait son possible pour l'empêcher de revenir; mais sa timidité naturelle lui ôtoit la pensée de s'en venger.

Cette manière d'agir lui étoit souvent reprochée par le duc de Bouillon et par Servien, lesquels n'aimoient pas ce maréchal; et ils le pressèrent tant là-dessus, qu'enfin il leur promit de le chasser avec rudesse, et pour leur en donner le plaisir, il l'envoya querir, et les fit passer dans un cabinet tout proche, d'où ils pourroient entendre tout ce qui se passeroit. Dès que le maréchal fut entré dans la chambre du cardinal, il fut reçu avec des paroles aigres, et des reproches sur tout ce qui s'étoit passé; mais il ne s'en troubla point, et ayant répondu de bon sens, il lui fit comprendre les raisons qu'il avoit eues pour en user comme il avoit fait, qui étoient pour le bien de l'Etat, et celui du cardinal en particulier. Il lui parla si fortement, et appuya son discours de raisons si convaincantes, qu'il le persuada, et le tourna de son côté. Ceux qui étoient dans le cabinet furent bien étonnés de ce changement, et depuis le maréchal de Villeroy parut bien avec lui, quoiqu'il s'en défiât fort: et au milieu de la haine qu'il lui portoit, il ne laissoit pas de lui communiquer les plus importantes affaires de l'Etat; au contraire du maréchal Du Plessis, qui étoit en partie cause de son retour, auquel il ne disoit rien, selon son humeur ordinaire de faire du bien à ses ennemis, et d'abandonner et faire peu de cas de ses amis, principalement de ceux auxquels il avoit obligation.

L'avantage que le maréchal de Turenne eut sur les princes par l'enlèvement du quartier des Allemands lui haussa tellement le courage, que se voyant fortifié de troupes et plus puissant que ses ennemis, il proposa d'assiéger Etampes et l'armée qui étoit dedans. C'étoit une entreprise fort hardie et difficile à exécuter: car quoiqu'il fût plus fort que les princes, des troupes enfermées dans une ville sont malaisées à forcer, à moins d'une grande disproportion. Il se fondoit sur la foiblesse d'Etampes, qui est commandé de tous côtés, et dont les murailles étoient la plupart tombées. Enfin l'ayant fait trouver bon à la cour, il mit le siège devant; et ayant fait une batterie de dix pièces, il ruina leurs murs à coups de canon. Les assiégés, qui étoient pour le moins dix mille hommes, faisoient de grandes sorties, et défendoient vaillamment leur terrain; et il n'y avoit jour où il n'y eût quelque occasion signalée. Le Roi en voulut être témoin; car, le 28 de mai, il fut coucher au Ménil-Cornuel, et le lendemain il alla dans son camp. Voulant passer d'un quartier à l'autre, où le canon de la ville donnoit rudement, il envoya Sainte-Marie, lieutenant de ses Suisses, pour parler, avec un trompette, au comte de Tavannes, et lui dire que le Roi alloit passer fort près de la ville, et qu'on le prioit de ne point faire tirer de canon durant le passage de Sa Majesté. Le comte de Tavannes se douta bien pourquoi on le demandoit, et se souvenant qu'une affaire pareille l'avoit pensé faire périr dans Seurre, où les soldats avoient voulu se soulever contre lui à la vue du Roi, il fit le malade, et envoya un Allemand qui n'entendoit point le français parler à Sainte-Marie. Ils ne s'entendirent pas l'un l'autre, et se séparèrent ainsi; et le Roi, passant, fut salué de plusieurs volées de canon, dont il y en eut une qui approcha assez près de sa personne. Toute la cour fut fort scandalisée de cela, vu que les Espagnols ne tirèrent jamais sur le feu Roi à Hesdin ni à Perpignan, et qu'il sembloit que des Français devoient encore plus de respect à leur roi naturel et légitime: mais les affaires étoient si aigries, que toutes considérations cessoient. Cependant le siége continuoit toujours, et n'avançoit guère, à cause du grand nombre des assiégés. Il y avoit une petite motte de terre qui avoit quelque figure de demi-lune, laquelle fut prise et reprise plusieurs fois; mais entre autres, le 4 de juin, elle fut attaquée fort vigoureusement, et défendue de même; on y perdit beaucoup de monde de part et d'autre. Du côté du Roi, le marquis de Vardes y fut blessé, et le chevalier de La Vieuville tué. Le succès de ce siége étoit douteux: c'est pourquoi M. le duc d'Orléans, voyant que toutes ces troupes et celles de son parti y étoient enfermées, et que, les perdant, tout étoit perdu pour lui, chercha toutes les voies imaginables pour les dégager. Il dépêcha pour ce sujet au duc de Lorraine son beau-frère, pour lui demander secours; lequel s'étant avancé jusqu'à Coucy, dont il s'empara, et ayant passé près de Soissons, il marcha par les plaines de Valois jusqu'à Dammartin, d'où il alla avec peu de suite au Bourget, où M. le duc d'Orléans l'alla recevoir, et l'ayant amené à Paris, le logea dans son palais. Son armée passa la Marne près de Lagny, à dessein de faire un pont de bateaux sur la Seine, et marcher au secours d'Etampes. Elle fut quelques jours campée entre la Marne et la Seine, proche de Paris, où les dames et tout le peuple s'alloient promener pour satisfaire leur curiosité: et le nom de Mazarin étoit si odieux, que le pillage que les Lorrains faisoient paroissoit supportable, parce qu'on disoit qu'ils étoient venus pour le chasser. Dès que le maréchal de Turenne sut l'approche du duc de Lorraine, il leva le siége d'Etampes, de peur de se trouver engagé entre les deux armées; et il marcha droit à la Seine, qu'il passa sur le pont de Corbeil, pour combattre les Lorrains avant que les troupes des princes les pussent joindre. Le duc de Lorraine fut fort surpris de cette diligence, et se trouva bien étonné de se trouver contraint de donner bataille contre une armée plus forte que la sienne, et pour le moins aussi aguerrie. Il n'avoit, depuis la perte de ses Etats, d'espérance qu'en ses troupes, qui lui donnoient de la considération; et s'il étoit si malheureux que de les perdre, il prévoyoit qu'il seroit sans ressource, et ruiné entièrement.

Dans ce même temps le roi d'Angleterre sortit de Paris et alla voir le maréchal de Turenne, avec lequel le duc d'Yorck son frère étoit volontaire; et de là il fut au camp du duc de Lorraine, et conféra avec lui long-temps, et entra en négociation d'accommodement. Il fit plusieurs voyages sur ce sujet d'un camp à l'autre; et enfin le duc de Lorraine, ne voulant pas hasarder un combat inégal, et se croyant dégagé de la parole qu'il avoit donnée à M. le duc d'Orléans de faire lever le siége d'Étampes et de délivrer ses troupes, conclut un traité avec le Roi, par lequel il s'obligea de sortir du royaume sans faire aucun acte d'hostilité, à condition qu'on lui feroit fournir les étapes jusque sur la frontière. Il exigea aussi que le maréchal de Turenne ne se pourroit servir du pont de bateaux qu'il avoit fait faire sur la Seine pour retourner à Etampes, et qu'il donneroit le loisir à l'armée des princes de sortir de cette ville pour se mettre en sûreté. Après avoir signé ce traité, il s'aboucha avec le maréchal de Turenne, et partit le 17 de juin pour sortir de France, sans rien mander à Monsieur, qui fut dans une grande consternation quand il apprit cette nouvelle, parce qu'il avoit espéré de relever ses affaires par l'arrivée de ce secours, dont le départ le mettoit en pire état qu'il n'étoit auparavant: car en même temps le maréchal de La Ferté sortit de Lorraine par ordre de la cour, et vient joindre avec son armée le maréchal de Turenne, lequel pour l'aller recevoir traversa la Brie, et fut passer la Marne à Lagny, d'où les deux armées jointes furent camper à Claye. Dès que celle des princes se vit délivrée du siége, elle sortit d'Etampes et fut coucher à Etrichi-le-Larron, et marcha incessamment jusqu'au Bourg-la-Reine pour se mettre à couvert derrière Paris; et ayant campé deux jours entre Berni et le Pont-Antonin, elle alla se poster à Saint-Cloud, étendant son camp du long de la rivière jusqu'à Surène. Le 27 de juin, le Roi voulant s'approcher de son armée, partit de Melun; et ayant vu par delà Lagny l'armée du maréchal de La Ferté en bataille, il fut coucher à Saint-Denis. Les généraux s'y trouvèrent pour y tenir un grand conseil, dans lequel il fut résolu, sur ce que les princes croyoient être en sûreté derrière la rivière de Seine à cause du pont de Saint-Cloud, sur lequel ils pouvoient passer et mettre toujours la rivière devant eux, qu'on feroit un pont de bateaux vis-à-vis de Saint-Denis, sur lequel l'armée de La Ferté passeroit;

laquelle étant seule plus forte que celle des princes, l'iroit attaquer dans son camp; et que le maréchal de Turenne demeureroit deçà l'eau pour l'empêcher de se retirer par dessus le pont, et la charger à son avantage en cas qu'elle le voulût tenter. Dès que le prince de Condé vit travailler au pont de bateaux, il jugea bien le dessein qu'on avoit; et ne voulant pas se trouver enfermé entre deux armées chacune plus puissante que la sienne, pour prévenir ce danger et mettre ses troupes à couvert d'un si grand péril, il les fit promptement passer sur le pont, et marcher par le bois de Boulogne droit au Cours, à dessein de les faire tourner autour de Paris par dehors, et gagner Charenton pour se loger dans la pointe où la Marne tombe dans la Seine. Il envoya demander à la ville passage pour les bagages : ce qui lui fut accordé; et Paris eut la honte de voir dedans ses rues passer le bagage des Espagnols escorté par des écharpes rouges, durant que son Roi est à Saint-Denis, qui n'y peut être reçu.

Dès que le maréchal de Turenne eut nouvelle de cette marche, il s'avança près de Paris pour couper chemin à cette armée; et le Roi ayant monté à cheval, passa au bout des faubourgs de Saint-Denis et de Saint-Martin, où il essuya quelques mousquetades, qui ne l'empêchèrent pas de faire bonne mine; et s'avançant en diligence, il gagna la plaine qui est entre le château de Vincennes et le faubourg Saint-Antoine: tellement que le prince se voyant coupé, et qu'il ne pouvoit plus aller à Charenton, fut contraint de se barricader dans ce faubourg, dont il fit retrancher toutes les avenues. Le maréchal de Turenne résolut de l'y attaquer, et envoya promptement en avertir le maréchal de La Ferté pour le faire avancer : il supplia le Roi de s'éloigner, pour mettre sa personne en sûreté; et Sa Majesté monta au haut de Charonne, où la Reine et le cardinal Mazarin se trouvèrent pour être spectateurs du combat. Ce fut le 2 de juillet qu'arriva cette sanglante journée, dans laquelle le cardinal croyoit terminer la guerre par la perte de ses ennemis, dans la croyance que la ville de Paris tiendroit ses portes fermées, et demeureroit neutre en cette occasion, suivant l'espérance que beaucoup de gens de la ville lui avoient donnée; et ce qui le confirmoit encore plus en cette opinion étoit que, parmi le grand nombre de serviteurs que le Roi avoit dans Paris, ceux qui étoient ce jour-là en garde étoient des plus zélés à son service; et par conséquent il espéroit qu'ils n'ouvriroient point la porte Saint-Antoine au prince de Condé, lequel seroit forcé dans ce faubourg, et périroit avec toutes ses troupes, où

tomberoit entre ses mains. Dans cette pensée, le maréchal de Turenne mit son armée en bataille; et ayant pointé son canon contre les barricades du faubourg, il détacha de l'infanterie pour l'attaquer. Le prince avoit fait percer les maisons pour faire grand feu de sa mousqueterie; mais les troupes royales essuyèrent toutes ces décharges, et allèrent tête baissée pour forcer ces barricades. La mêlée fut extrêmement chaude, et les postes que gardoient les gens des princes furent emportés plusieurs fois, et regagnés de même. S'il fut bien attaqué, il fut aussi bien défendu; et le prince de Condé témoigna en cette occasion tant de courage et de présence d'esprit dans le plus grand péril, et tant d'activité pour donner ses ordres, qu'il attira l'admiration des étrangers, et rehaussa le cœur de ceux de son parti. Comme le choc fut extrêmement rude, aussi beaucoup de gens y demeurèrent de part et d'autre. Le marquis de Saint-Maigrin, lieutenant général et capitaine lieutenant des chevau-légers de la garde du Roi, fut tué dans la rue, voulant soutenir l'infanterie; Le Fouilloux, enseigne des gardes de la Reine, courut la même fortune; et Mancini, neveu du cardinal Mazarin, fut périlleusement blessé. Il eut la charge de Saint-Maigrin, mais il ne la garda guère : car quelques jours après il mourut de ses blessures, fort regretté dans la cour, parce qu'il donnoit pour son jeune âge de grandes espérances pour l'avenir. Le marquis de Nantouillet y perdit aussi la vie. Et du parti des princes Flamarin et La Roche-Giffart y furent tués, le duc de Nemours et le prince de Tarente légèrement blessés; le duc de La Rochefoucauld reçut un coup de mousquet au dessous des yeux, qui lui fit d'abord perdre la vue, dont il eut de la peine à guérir, et qui lui en a laissé la marque au visage le reste de ses jours. Enfin, après ce sanglant combat, les troupes de part et d'autre n'en pouvant plus, s'éloignèrent un peu les unes des autres pour prendre haleine, et se préparer à combattre tout de nouveau. Le maréchal de La Ferté avoit marché durant le combat, et étoit arrivé avec son armée proche de celle du maréchal de Turenne, avec lequel il tint conseil tout à cheval, où il fut résolu que le maréchal de Turenne recommenceroit l'attaque plus vivement que jamais; et que celui de La Ferté, avec ses troupes fraîches, iroit passer derrière Piquepuce, et par le côté de la rivière gagneroit le bord du fossé de la ville pour attaquer le faubourg par derrière, à l'endroit où il tient à la porte Saint-Antoine, proche de la Bastille. Ils prétendoient par là enfermer le prince au milieu d'eux, et le chargeant par devant et par derrière, lui ôter toutes sortes de moyens de se pouvoir sauver. Pour l'exécution de ce dessein, le maréchal de La Ferté marcha devers la rivière pour passer devant la maison de Rambouillet; mais le prince de Condé, qui vit bien qu'il alloit être coupé, et l'extrême danger dans lequel il alloit tomber, le fit savoir à ses amis dans la ville, afin de tâcher à émouvoir le peuple pour le secourir. M. le duc d'Orléans n'avoit bougé de chez lui, où le cardinal de Retz étoit près de sa personne, qui le persuadoit de ne point sortir, et de ne point s'exposer : ce qui lui fut facile à obtenir, car il y étoit assez porté de lui-même. Ce cardinal étoit ravi de faire périr le prince, et par là de se défaire d'un ennemi si redoutable; et apparemment il en fût venu à bout, si Mademoiselle, qui étoit d'une humeur plus martiale que son père, et plus zélée pour le parti, n'eût été de rue en rue exhorter le peuple à tirer le prince du péril où il étoit. Elle ne se contenta pas de cela ; car elle fut à la Bastille, qui avoit demeuré neutre durant le combat, et fit de son autorité pointer le canon contre les troupes du Roi, suivie de Portail, conseiller au parlement, qui prit soin de le faire tirer, et y mit le premier le feu. Mais tous ces soins n'eussent pas sauvé le prince, si, voyant que le maréchal de La Ferté approchoit, et découvrant de dessus les terrasses de la Bastille qu'il s'alloit poster entre la porte Saint-Antoine et le faubourg, cette princesse ne fût descendue en diligence, et n'eût elle-même été à la porte exhorter ceux qui la gardoient de l'ouvrir. Sur leur refus elle fit du bruit, et il s'attroupa un si grand nombre de peuple à l'entour d'elle pour seconder ses desseins, que, moitié par prière, moitié par menace de cette foule qui l'entouroit, elle fit ouvrir la porte; et avant que le maréchal de La Ferté fût arrivé, le prince entra dans la ville avec toutes ses troupes, qui furent par ce moyen mises en sûreté, et le prince délivré d'un grand risque. Le Roi, la Reine et le cardinal, qui étoient sur le haut de Charonne; furent bien étonnés quand ils virent tirer le canon de la Bastille sur les troupes du Roi, parce qu'ils ne s'y attendoient pas; et encore plus quand ils surent qu'on avoit reçu le prince dans la ville, contre l'espérance qu'on leur avoit donnée du contraire. Ils en furent fort piqués ; et Leurs Majestés ont conservé long-temps une grande animosité contre Mademoiselle, qui en a bien pâti depuis. Le maréchal de La Ferté abordant le faubourg se trouva abandonné; et voyant le prince dans la ville, il fit retraite, et le maréchal de Turenne aussi. Le Roi retourna à Saint-Denis; et le prince ayant fait passer son armée au travers de Paris, la fit camper hors du faubourg Saint-Victor, du long de la rivière des Gobelins, pour mettre Paris et la rivière de Seine entre lui et l'armée royale.

Depuis que le Roi se fut approché de Paris, le président de Nesmond avec d'autres députés du parlement ne firent qu'aller et venir de Paris à la cour, pour trouver un tempérament qui pût accommoder les affaires, en remontrant à la Reine que la seule présence du cardinal Mazarin étoit cause de ces désordres, et que son éloignement pacifieroit toutes choses. Ils furent à Gien, à Saint-Germain, à Melun et à Saint-Denis pour ce sujet, réitérant plusieurs fois leurs remontrances, et tâchant par toutes sortes de voies de fléchir le cœur de la Reine : mais voyant qu'elle vouloit maintenir le cardinal à quelque prix que ce fût, même au hasard de perdre son autorité, il fut résolu à Paris de prendre d'autres mesures, et de penser à se fortifier pour résister à cette opiniâtreté, et la contraindre à force ouverte de l'abandonner. On fit pour cette raison une assemblée générale à l'hôtel-de-ville, pour déposer de leurs charges tous ceux qui étoient dans les intérêts de la Reine, et en mettre d'autres en leurs places qui fussent à la dévotion de M. le duc d'Orléans et du prince de Condé, afin qu'ils fussent entièrement maîtres de la ville. Les députés de tous les corps s'y trouvèrent le 4 de juillet, et Monsieur et le prince y furent d'abord, puis ils en sortirent pour laisser délibérer en toute liberté sur les choses qu'ils avoient eux-mêmes proposées; mais quelque temps après leur départ, comme tout le monde ne demeuroit pas d'accord des changemens dont il s'agissoit, il s'éleva tout d'un coup une rumeur dans la Grève, laquelle augmenta petit à petit; et la foule et le bruit croissant, la place se trouva remplie de gens armés qui crioient qu'il falloit tuer tous ceux qui favorisoient le Mazarin. En même temps cette troupe séditieuse vint heurter à grands coups à la porte de l'hôtel-de-ville; et sur le refus qu'on fit d'ouvrir, ces mutins se mirent à tirer des coups de fusil dans les fenêtres : ce que voyant ceux de dedans, ils prirent des armes, et tirèrent sur cette canaille pour la faire retirer; mais cela l'anima davantage : car ces enragés coururent en tumulte prendre des fagots dont ils firent un grand amas contre la porte de l'hôtel-de-ville dans le dessein de la brûler, et de faire main basse sur ceux qu'ils soupçonnoient d'être mazarins. Le feu ayant pris à ce bois, augmenta en peu de temps ; et les flammes et la fumée montant en haut, offusquèrent tellement la salle où l'assemblée se tenoit, que chacun se crut être perdu. L'étouffement de la fumée ôtant la raison, faisoit précipiter le monde sur les degrés, et se jeter par les fenêtres basses pour se sauver. Le peuple tiroit dessus sans reconnoître ; tellement qu'il tuoit aussitôt ses amis que ses ennemis. Janvri, fils de Ferrand, doyen de la grand'chambre du parlement, y fut tué ; et le maréchal de L'Hôpital, gouverneur de la ville ; grand et fidèle serviteur du Roi, auquel on en vouloit particulièrement, ôta son ordre de peur d'être reconnu, et se mêla parmi le peuple, au travers duquel il s'échappa, et à la faveur de la nuit entra dans une maison, où il demeura caché jusqu'au lendemain : il sauva ainsi sa vie, qu'il eût certainement perdue s'il eût été reconnu ; et pour la mettre tout-à-fait à couvert, il sortit de Paris travesti, et fut trouver le Roi. Le désordre dura jusqu'après minuit, que le duc de Beaufort y vint ; et comme il étoit l'idole du peuple, il fit cesser le tumulte, et retirer tout le monde chacun chez soi. On n'a jamais bien su l'origine de cette sédition ; mais ce qui donna du soupçon contre le prince de Condé fut qu'on vit dans la foule des officiers et des soldats de son armée. On ne sait quelle raison il put avoir pour faire une si grande violence, si ce n'étoit pour se défaire des partisans de la cour et intimider les autres, afin qu'il ne se trouvât personne dans Paris qui osât le contrarier ; mais en pensant établir par là ses affaires, il les ruina entièrement : car tous les bons bourgeois et les plus apparens de la ville détestèrent cette action, et commencèrent à ouvrir les yeux pour connoître qu'ils ne seroient jamais heureux ni en pleine liberté, jusqu'à ce qu'ils fussent dans leur devoir, et dans l'obéissance de leur véritable maître. Les jours suivans, on se rassembla de nouveau ; et M. le duc d'Orléans, le prince de Condé et le duc de Beaufort s'y trouvèrent, pour empêcher qu'il ne s'y fît plus de désordre. Il fut résolu dans cette assemblée que le maréchal de l'Hôpital seroit déposé du gouvernement de Paris, Le Fèvre de la prévôté des marchands, et les échevins aussi de leurs charges ; que le duc de Beaufort seroit gouverneur, Broussel prevôt des marchands, et que d'autres échevins seroient mis en la place des anciens. Dès le jour même ils en firent les fonctions ; et ceux qui furent destitués sortirent de la ville pour se rendre auprès du Roi. Après ce changement, les chambres du parlement s'assemblèrent le 20 de juillet, où elles donnèrent un arrêt par lequel il fut arrêté qu'attendu que le Roi n'étoit pas en liberté, mais détenu par le cardinal Mazarin, M. le duc d'Orléans seroit supplié d'employer son autorité et ses moyens pour tirer Sa Majesté de la captivité où elle étoit, et la mettre en pleine liberté ; et, en attendant, que Son Altesse Royale seroit déclaré lieutenant-général de l'État, avec pareille autorité que celle du Roi ; et le prince de Condé son lieutenant-général, pour commander sous lui toutes les armées. Beaucoup de gens donnèrent avis à Monsieur de faire sa charge comme le duc de Mayenne l'avoit faite du temps de la Ligue. On lui conseilla de faire faire un grand sceau avec l'effigie et les armes du Roi, et de le donner au chancelier de France, qui étoit à Paris. On disoit que la dignité qu'il avoit donneroit grand poids aux affaires de son parti ; et que, présidant au conseil selon le devoir de sa charge, son caractère imprimeroit un grand respect à tous les peuples, et autoriseroit tout ce qui y seroit résolu. On lui voulut aussi persuader de faire des maréchaux de France, lesquels seroient confirmés par un traité, comme furent ceux de la Ligue. Pour un surintendant des finances, on jeta les yeux sur le président de Thou, un des plus zélés pour le parti. On supposoit que toutes ces charges imiteroient les façons d'agir de la cour, et contrebalanceroient son autorité. Ces propositions furent goûtées ; et Monsieur envoya prier le chancelier de présider au conseil : ce qu'il accepta sans difficulté, piqué contre le cardinal de ce qu'il lui avoit ôté les sceaux. Il mit dans ce conseil des gens du parlement, de la chambre des comptes, de la cour des aides et de la ville ; mais ce nouvel établissement causa de grands désordres pour la préséance entre les ducs de Nemours, de Beaufort, et comte de Rieux, fils du duc d'Elbœuf, lequel étoit du parti des princes contre son père et ses frères. Ce dernier manqua de respect au prince de Condé sur cette dispute, et s'étant un peu trop échauffé, le prince le frappa ; et Monsieur envoya le comte de Rieux à la Bastille, pour n'avoir pas gardé le respect qu'il devoit à un prince du sang. Les ducs de Nemours et de Beaufort, qui étoient beaux-frères et avoient une émulation et une jalousie grande l'un contre l'autre, se querellèrent pour le rang de ce conseil, et furent se battre à la campagne, où le duc de Nemours fut tué d'un coup de pistolet, au grand regret de tout le monde, parce qu'il étoit fort aimé, à cause de son esprit agréable, et de ses belles et grandes qualités. Le prince de Condé en eût été inconsolable, si la jalousie qu'il avoit de ce qu'il étoit mieux que lui avec la duchesse de Châtillon n'eût diminué son déplaisir. Monsieur fit offrir au président Tubœuf place dans ce conseil ; mais il le refusa, ne voulant point servir contre le Roi. Lambert, ancien maréchal de camp, en usa de même, et dit qu'après avoir servi les rois si long-temps avec honneur, il ne déshonoreroit point sa vieillesse en tirant l'épée contre son maître. Le baron de Sirot, qui avoit servi long-temps avec réputation, voyant ses services mal reconnus, et retiré chez lui sans emploi, ne fut pas si scrupuleux, car il accepta les offres de Monsieur; et, voulant surprendre Jargeau pour son service, il fut tué sur le pont.

Quand la Reine sut ce qui se passoit dans Paris, elle s'étudia à contrecarrer les desseins des princes; et comme ils tiroient grand avantage d'avoir le chancelier de France dans leur conseil, elle crut qu'il seroit aisé de l'en retirer en l'appelant à la cour : elle lui envoya pour cet effet une lettre de cachet du Roi, qui lui ordonnoit de le venir trouver pour faire sa charge, et présider dans son conseil. Dès qu'il eut reçu cette lettre, il fut si réjoui de son rappel, qu'il ne songea plus qu'à sortir de Paris. Il n'en parla de son dessein à personne; et un jour, étant sorti des portes de la ville sous prétexte de prendre l'air, il ne rentra plus, et fut trouver le Roi, qui le reçut fort bien, et le rétablit dans son conseil pour y présider; sans lui rendre les sceaux, qu'il laissa à Molé.

Le 17 de juillet, le Roi partit de Saint-Denis pour aller à Pontoise, où il fit une déclaration par laquelle il transféroit le parlement de Paris dans cette ville, ordonnoit à tous les officiers de s'y rendre promptement, et leur défendoit de plus exercer aucun acte de juridiction dans Paris, à peine de privation de leurs charges, et de nullité de tout ce qu'ils feroient. Cette déclaration ébranla quelques-uns du parlement qui étoient serviteurs du Roi, lesquels sortirent de Paris et se rendirent à Pontoise, pour y tenir le parlement. Tous les présidens à mortier obéirent, excepté ceux de Nesmond et de Maisons, qui demeurèrent à Paris : celui de Bellièvre fit le malade durant cet embarras, et ne fut au Palais d'un côté ni d'autre. Il n'y eut que quatorze ou quinze conseillers qui furent à Pontoise; et quoique le nombre fût petit, le garde des sceaux Molé, premier président du parlement, en fit l'ouverture, où la translation de Paris à Pontoise fut vérifiée, avec l'interdiction de ceux qui étoient demeurés à Paris; et dès-lors le parlement de Pontoise s'assembla tous les jours, et fit la même fonction qu'il faisoit à Paris. Ceux qui y étoient demeurés se moquoient du petit nombre des autres; et en effet un courtisan par raillerie dit qu'il venoit de rencontrer à la promenade tout le parlement dans un carrosse coupé. Il ne laissoit pas de se croire le vrai parlement, puisqu'il étoit appuyé de l'autorité royale, et que l'autre étoit interdit; mais nonobstant son interdiction, il ne laissoit pas d'agir à l'ordinaire, sur ce qu'il prétendoit que le Roi n'étoit pas en liberté, mais détenu par le cardinal Mazarin; et sur ce prétexte, il donna un arrêt contre le parlement de Pontoise, par lequel il déclara la translation nulle, défendant aux officiers qui étoient sortis de Paris d'usurper le nom de parlement, à peine de confiscation de leurs biens et perte de leurs charges. Ceux de Pontoise cassoient les arrêts de Paris, comme venant de gens sans pouvoir et interdits : et ainsi ils se faisoient la guerre en papier.

Devant la séparation du parlement, M. le duc d'Orléans et le prince de Condé avoient fait recevoir le duc de Rohan pair de France, et prendre sa place dans la grand'chambre. Il prit bien son temps; car le cardinal Mazarin avoit fait donner quantité de lettres de duc, à dessein de ne les jamais faire passer; et la faveur des princes fit recevoir celui-ci dans une favorable conjoncture pour lui. La Reine, croyant qu'elle ne finiroit jamais la guerre civile qu'en éloignant le cardinal, fit donner un arrêt par le parlement de Pontoise, par lequel il ordonna que très-humbles remontrances seroient faites au Roi pour le supplier de donner la paix à ses peuples par l'éloignement du cardinal Mazarin. Le Roi répondit qu'encore que le cardinal l'eût fort bien servi, et qu'on le prît pour un faux prétexte pour brouiller l'État, il vouloit bien néanmoins se priver d'un bon ministre pour pacifier son royaume, et faire rentrer les rebelles dans leur devoir. Sur cette parole, Sa Majesté fut très-humblement remerciée; et le cardinal, qui étoit lui-même auteur de ce conseil, prit congé de Leurs Majestés, et fut coucher à Maux; et de là il marcha toujours jusqu'à ce qu'il fût à Bouillon, ville du pays de Liége. Dans ce même temps mourut le duc de Bouillon d'une fièvre chaude, lorsqu'il alloit être surintendant des finances. Il étoit très-habile, et avoit tellement gagné l'esprit du cardinal après avoir été son ennemi, que quand il mourut il avoit plus de part qu'aucun dans le gouvernement de l'État.

Le 29 de juillet, l'armée des princes décampa du faubourg Saint-Victor, et fut loger à Juvisi; et sur l'avis qu'elle eut de l'éloignement des troupes du Roi, elle fut prendre le poste de Saint-Cloud et de Surène, à cause que les maréchaux de Turenne et de La Ferté, sachant que les Espagnols s'avançoient du côté de Noyon, marchèrent devers Compiègne, où le Roi arriva le 20 d'août, ne voulant pas s'éloigner de son armée.

M. le duc d'Orléans reçut dans ce temps-là un sensible déplaisir par la mort du duc de Valois son fils unique, qui arriva le 10 d'août, âgé de deux ans et demi. Toutes les cours souveraines lui députèrent pour le consoler, et lui rendirent tous les devoirs possibles dans un si fâcheux accident. Le Roi lui envoya le duc de Damville pour lui en témoigner son déplaisir ; mais la douleur qu'il sentit de cette perte ne l'empêcha pas de songer à ses affaires. Le départ du cardinal ne le contenta pas, non plus que le prince de Condé ; et ils voyoient bien qu'il ne s'en étoit allé que pour revenir bientôt. C'est pourquoi on continua la vente de ses meubles ; et le parlement ordonna que les deniers qui en proviendroient seroient consignés pour distribuer à celui qui apporteroit sa tête, suivant l'arrêt donné lorsqu'il revint.

Comme, dans l'état où étoient les affaires, la force devoit principalement décider de l'événement, on ne songea qu'à fortifier l'armée. Pour cet effet on leva de l'argent sur les portes cochères : toutes les cours souveraines et le corps de ville se cotisèrent, et les communautés furent taxées. M. le duc d'Orléans écrivit au duc de Lorraine pour le conjurer de le secourir ; et dès qu'il eut reçu sa lettre, il se mit en marche pour le faire. Les Espagnols étoient entrés en France, et avoient pris Chauny ; et le cardinal Mazarin les voyant si avant, appréhenda que le duc de Lorraine joignant l'armée des princes, celle du Roi ne se trouvât engagée entre lui et les Espagnols, d'où elle auroit peine à se retirer. Dans cette crainte, il envoya au duc de Lorraine lui faire des propositions pour l'empêcher de passer outre, lui offrant de lui restituer une partie de son pays ; mais voyant qu'il ne vouloit rien écouter, et qu'il avançoit toujours, il usa d'artifice pour tromper les Espagnols ; car il écrivit une lettre au duc de Lorraine, à dessein qu'elle ne lui fût jamais rendue, par laquelle il lui mandoit que puisqu'il vouloit absolument secourir Monsieur, qui étoit un bon prince, et qui n'avoit point de mauvais desseins, la Reine prévoyant que le prince de Condé en profiteroit, qui avoit de plus grandes visées, étoit résolue de se jeter entre les bras de ce prince, et de traiter avec lui en le faisant maître du gouvernement ; qu'elle étoit contrainte de prendre cette résolution, par l'extrémité où elle se trouvoit de se voir enfermée entre l'armée espagnole et celle des princes, jointe à la sienne ; et qu'elle aimoit mieux sortir de ce mauvais pas en se dévouant entièrement au prince de Condé, que de se voir exposée à une perte infaillible ; que la guerre civile finiroit par là aux dépens de Monsieur, et qu'après ils auroient affaire à un prince qui porteroit les armes hors du royaume, et soutiendroit bien l'honneur de la France. Il donna ordre au courrier qui portoit cette lettre au duc de Lorraine de se laisser prendre par les chemins aux Espagnols. En effet, il exécuta si bien sa commission, qu'il donna dans un de leurs partis, qui le fouilla, lui prit son paquet, et le mena au comte de Fuensaldagne, lequel examina fort cette lettre ; et comme l'intérêt du roi d'Espagne étoit de faire durer la guerre civile, qui finiroit par un traité du prince avec la cour, lequel se feroit par la nécessité où la Reine étoit de le conclure, il résolut de ne le pas presser davantage, et de se retirer pour attaquer quelques places en Flandre, afin de lui donner loisir de respirer, et de tenir toutes choses en balance. Il jugea à propos de laisser avancer le duc de Lorraine, pour empêcher que la Reine ne fût trop puissante, et que les deux partis demeurassent dans l'égalité ; il se retira donc dans son pays, et par cette ruse le cardinal se tira d'un grand embarras, et mit ses affaires en état de retourner à la cour plus puissant que jamais, selon son intention. Cependant le duc de Lorraine marcha ; et ayant joint les troupes que les Espagnols lui envoyoient, commandées par le duc de Wittemberg, il passa la Marne au Tou ; et, traversant les plaines de Champagne, il vint camper à Barbonne, et de là à Villenoxe. Le lendemain, il passa du long des murailles de Provins, pour loger à Rampillon proche Nangis, où ayant quitté son armée, il alla trouver M. le duc d'Orléans à Paris le 6 de septembre. Quand les maréchaux de France surent la marche du duc de Lorraine, se voyant libres par la retraite des Espagnols en leur pays, ils passèrent la Marne à Trilleport, pour le couper et combattre avant qu'il eût joint l'armée des princes ; mais ils arrivèrent trop tard : car le prince de Condé décampa de Saint-Cloud et vint prendre le poste d'Ivry, où ayant fait un pont de bateaux sur la rivière de Seine, il la passa, et joignit les ducs de Lorraine et de Wittemberg, avec lesquels étant beaucoup plus forts que l'armée du Roi, ils marchèrent droit à elle : mais les maréchaux prévoyant leur dessein, et ne voulant pas en venir aux mains avec eux, se postèrent derrière le bois de Villeneuve-Saint-Georges, sur le bord des rivières de Seine et d'Yère, en sorte que ces bois et ces rivières leur servoient de retranchement, et les mettoient en sûreté contre toutes les entreprises de leurs ennemis. Les trois princes les voyant campés si avantageusement se mirent proche de Boissy, dans la plaine qui est entre ce village, le bois de Villeneuve-Saint-Georges et la rivière de Seine, ce bois séparant les deux camps, qui étoient si proche l'un de l'autre qu'on se tiroit des coups de canon par dessus le bois ; mais on ne se pouvoit faire d'autre mal, parce que pour aller de l'un à l'autre il falloit défiler dans le bois, qui est haut et bas; et celui qui l'eût entrepris eût été assurément battu. Les deux armées demeurèrent ainsi campées trois semaines durant, sans se pouvoir nuire; et dans Paris les partisans des princes faisoient courir le bruit que quand les royaux auroient consumé les fourrages qui étoient autour de leur camp, ils seroient contraints de décamper : ce qu'ils ne pourroient faire sans être défaits. Mais le maréchal de Turenne manda à la Reine qu'elle ne se mît pas en peine ; et qu'ayant toute la Brie libre par derrière, il se retireroit quand il voudroit, sans que personne l'en pût empêcher.

Durant ce campement, toutes les dames de Paris s'alloient promener dans l'armée des princes ; et tout le chemin de Boissy étoit plein de carrosses et de bourgeois à cheval, qui alloient voir le camp. Dans les tentes on ne voyoit que collations et galanteries aux dames, et jamais guerre ne se fît plus joyeusement. Sur la fin du mois d'août, le marquis de Persan, qui commandoit dans Montrond, capitula : il fut bloqué par le comte de Palluau dès l'année précédente, durant que le Roi étoit à Bourges. Il se logea à Saint-Amand, petite ville au pied de la montagne; et ayant investi cette place de toutes parts, il fit faire une bonne circonvallation, dans laquelle il passa l'hiver, empêchant que rien ne pût entrer dedans. L'été étant venu, sachant que la garnison étoit fort diminuée par la nécessité qu'elle avoit soufferte, il ouvrit la tranchée, et pressa tellement les assiégés, qu'après avoir pris tous leurs dehors, il les réduisit à parlementer le 15 d'août, et de promettre de se rendre le premier de septembre, en cas qu'ils ne fussent pas secourus. Le prince de Condé envoya Briorde avec quelques troupes pour tâcher à le secourir ; mais ayant trouvé les lignes en bon état et bien gardées, il fut contraint de se retirer : si bien que le premier de septembre Persan et Bas en sortirent, et Palluau y entra, qui fît raser la place par ordre du Roi, et envoya trois mille hommes de renfort au maréchal de Turenne. Palluau eut pour la prise de Montrond les lettres de maréchal de France, à condition de les tenir secrètes dans son cabinet, et de n'en point parler jusqu'à ce que le cardinal lui eût permis, selon la mode du temps, dans lequel on ne faisoit des grâces qu'en secret.

On commençoit dans Paris à se fort lasser de la guerre : le trafic cessoit parmi les marchands; les terres de la campagne étoient pillées, et le bourgeois n'osoit sortir les fêtes pour aller voir sa petite maison des champs, sans courir fortune d'être dépouillé. On entendoit murmurer tout haut dans les rues, et demander si la guerre dureroit encore long-temps, et pourquoi le Roi ne revenoit point, puisque le cardinal n'étoit plus près de lui. L'incendie de l'hôtel-de-ville avoit fort aliéné l'esprit du peuple de l'amitié du prince de Condé, et le cardinal de Retz l'envenimoit de plus en plus contre lui; et comme le corps le plus dépendant de lui étoit le clergé, il en fit une assemblée générale, dans laquelle il fit résoudre qu'on enverroit des députés au Roi de la part de leur compagnie pour l'exhorter à la paix, et le supplier de revenir à Paris. Il fut lui-même le chef de la députation, avec l'agrément de Monsieur; et il fut fort aise d'y aller lui-même, parce qu'il ne pouvoit pas porter l'habit rouge ni les marques du cardinalat, jusqu'à ce qu'il eût reçu le bonnet de la main du Roi, auquel le Pape l'envoie. Il partit pour ce sujet de Paris avec les députés du clergé le 9 de septembre; et étant arrivé à Compiègne, il fit au Roi l'exhortation dont il étoit chargé. Il en reçut une favorable réponse, et le lendemain, à la messe, Sa Majesté lui mit sur la tête le bonnet rouge ; et après les remercîmens qu'il fit d'un si grand honneur, il prit l'habit de cardinal, et partit pour retourner à Paris, où il arriva le 14.

Dans ce même temps arriva la nouvelle de la mort du maréchal duc de La Force, âgé de quatre-vingt-quatorze ans. Le Roi donna son bâton de maréchal de France au marquis de La Force, son fils aîné. Il y avoit longtemps qu'il le méritoit par ses services ; mais le feu Roi ne voulut pas que le père et le fils le fussent en même temps, et après la mort du père le fils vint à Compiègne, où il reçut le bâton, et succéda au duché de La Force.

Quand le Roi sut la bonne volonté que le peuple de Paris avoit pour lui, il partit de Compiègne pour s'en approcher ; et ayant couché le 23 de septembre à Creil, et le lendemain à Marines, il arriva le 25 à Mantes.

Le 24, Le Prevôt, conseiller de la grand'-chambre, ayant parlé à quantité de bons bourgeois bien intentionnés, les fit asssembler au Palais-Royal, où, se trouvant en grand nombre, ils conclurent tous qu'il falloit finir leurs misères par la paix, laquelle ne pouvoit venir que par la présence du Roi et son retour dans sa ville de Paris, laquelle étoit comme un corps sans âme par l'absence de Sa Majesté; que puisque les princes vouloient continuer la guerre par leur ambition particulière, ils devoient s'y opposer, et ne se pas laisser ruiner pour l'amour d'eux. Ils dirent que le peuple étoit aussi las de la guerre qu'eux, et que pour l'encourager à prendre les

18.

armes, afin de se délivrer des étrangers qui étoient autour de leur ville, et se jeter entre les bras de leur légitime Roi, il falloit faire quelque coup hardi; qu'ils devoient quitter les écharpes bleues et la paille, marques de rebellion, pour reprendre le blanc, ancienne couleur des bons Français. Or pour savoir ce que c'est que la paille, elle prit son commencement au tumulte de l'hôtel-de-ville, où les séditieux prirent tous de la paille pour se distinguer des autres, et tiroient sur ceux qui n'en avoient point; tellement que tout le monde couroit à la paille pour sauver sa vie, et chacun en portoit, même les femmes : autrement on étoit appelé mazarin, et on couroit fortune de la vie. Mais comme les dames de qualité étoient importunées de porter toujours un bouchon de paille sur elles, les marchands firent faire des bijoux de paille de toutes sortes de figures, dont elles se paroient. Cette coutume avoit duré jusqu'alors, et on n'étoit point en sûreté si on n'avoit de la paille; c'est pourquoi la proposition qu'on faisoit dans cette assemblée étoit dangereuse: mais surmontant toutes sortes de difficultés, ils sortirent en troupe du Palais-Royal sans paille, portant sur eux des marques blanches, et la plupart du papier sur leur chapeau. Le peuple ne s'émut point pour ce changement de livrée, et ne leur fit point de mal; au contraire, les entendant crier *vive le Roi!* il crioit avec eux, et à leur exemple plusieurs jetoient leur paille et prenoient du papier. Cela fit une telle impression dans les esprits, qu'un chariot du duc de Wittemberg passant par la rue fut pillé par la populace. Dans cette bonne disposition des bourgeois de Paris, les six corps des marchands s'assemblèrent, lesquels résolurent de faire une grande députation au Roi pour le supplier de revenir à Paris, où il seroit obéi sans aucune contradiction ni réserve. M. le duc d'Orléans et le prince de Condé furent alarmés de cette résolution, et envoyèrent leur dire de leur part que cette assemblée rompoit toutes leurs mesures, et qu'au lieu d'avancer la paix elle la retardoit. Ils donnèrent charge de les assurer qu'ils la désiroient autant qu'eux, et qu'on y travailloit puissamment; mais que leur procédé rendoit la cour plus difficile, et qu'ils les prioient de se séparer et de les laisser faire, leur promettant de leur donner bientôt la paix. Ils députèrent là-dessus à Son Altesse Royale, pour lui dire que, par le respect qu'ils lui portoient, ils surseoiroient leur députation pour huitaine, après laquelle s'ils ne voyoient rien d'avancé, ils le supplioient de ne pas trouver mauvais s'ils tâchoient à se procurer leur repos. En attendant que ce temps fût expiré, Monsieur trouva bon que Piètre, procureur de la ville, et Le Vieux, conseiller de Paris, allassent trouver le Roi pour le conjurer de donner la paix à ses peuples, en faisant un bon accommodement. Ils saluèrent Sa Majesté à Mantes, laquelle leur dit qu'elle ne les reconnoissoit point pour vrais députés de l'hôtel-de-ville, puisque les véritables officiers n'y étoient plus, qui avoient été changés sans sa permission par une assemblée rebelle et séditieuse; qu'elle ne les recevroit point pour tels, jusqu'à ce que Guillois et Philippes, échevins, fussent rétablis ; et qu'il entendoit que le maréchal de L'Hôpital fût reconnu seul gouverneur de Paris, et Le Fèvre prévôt des marchands, et non ceux qui l'avoient usurpé sans leur consentement ni son approbation. Ces deux députés retournèrent à Paris, où ayant fait le récit de la réponse de Sa Majesté, Broussel, qui faisoit la charge de prévôt des marchands, déclara qu'il consentoit de s'en démettre, et qu'il eût été bien marri d'être cause du retardement de la paix. Les deux nouveaux échevins firent la même protestation; et la huitaine que les six corps des marchands avoient demandée étant expirée, ils se rassemblèrent tout de nouveau. Monsieur leur en envoya faire défense, en les assurant qu'il feroit la paix pourvu qu'ils ne s'en mêlassent point, et leur manda qu'ils gâtoient sa négociation; mais ils ne laissèrent pas de passer outre, et ils nommèrent soixante-six députés, qui partirent le lendemain pour aller trouver le Roi. Monsieur fit ce qu'il put pour rompre cette députation: ce n'est pas qu'il ne voulût la paix, pourvu qu'elle vînt de lui; mais la cour, qui voyoit son crédit diminué dans Paris, se tenoit plus ferme, et n'écoutoit plus ses propositions: même voyant la bonne volonté du peuple, le Roi partit de Mantes pour s'approcher de Paris, et vint à Pontoise, où il donna audience aux députés des marchands, qu'il reçut avec caresses, leur parla fort obligeamment, et leur dit que puisqu'il connoissoit le zèle que le peuple de Paris avoit pour lui, il leur promettoit d'y retourner au premier jour. De là ils furent conduits dans la grande salle des Cordeliers, où on les traita aux dépens de sa Majesté ; et après avoir bien bu à sa santé, ils retournèrent à Paris tellement satisfaits, qu'ils ne publioient dans les rues que la bonté de Leurs Majestés, et l'amour qu'ils portoient à leurs peuples.

Le duc de Guise arriva le premier d'octobre à Paris. Il avoit été quatre ans prisonnier en Espagne, où il eût demeuré bien plus longtemps sans le prince de Condé, qui, le voulant gagner à lui, obtint sa liberté par le crédit qu'il avoit avec les Espagnols. Il passa par Bordeaux, où il de meura quelque temps avec le prince de Conti ; puis étant arrivé à Paris, il connut que le parti alloit en décadence : c'est pourquoi il s'en retira doucement ; et oubliant l'obligation qu'il avoit au prince de sa liberté, il s'attacha entièrement au service du Roi.

La nuit du 4 au 5 d'octobre, les maréchaux de Turenne et de La Ferté décampèrent sans faire bruit de leur camp de Villeneuve-Saint-Georges, et furent loger à Chaume ; d'où ayant traversé la Brie, ils passèrent la Marne, et se campèrent proche de Trilleport. Le matin, l'armée des princes fut bien étonnée de cette retraite si prompte, laquelle fit un mauvais effet pour eux dans Paris, parce qu'on avoit tant publié qu'il étoit impossible qu'ils pussent se retirer sans être battus, que le peuple voyant qu'ils l'avoient fait sans perdre une charrette se moqua des Espagnols et des Lorrains, et les eut depuis dans un grand mépris. Le maréchal de Turenne fit en cette occasion une action de grand capitaine, tant par le grand secret qu'il garda que par la façon dont il décampa, qui ôta à ses ennemis le moyen de lui nuire.

Le prince de Condé étoit en ce temps-là fort malade à Paris d'une fièvre, de laquelle commençant à se remettre, et voyant ses affaires en méchant état, il déchargea toute sa colère sur Chavigny, lequel avoit toujours conservé une correspondance avec Fabert, par le moyen de laquelle il espéroit de faire l'accommodement du prince avec le Roi. Or, les affaires n'ayant pas tourné comme il pensoit, il entra dans la chambre du prince, qui étoit chagrin de sa maladie et du mauvais chemin que prenoient ses affaires, et ayant un peu parlé à lui, le prince s'emporta tellement qu'il lui dit des paroles pleines de reproches, et si offensantes qu'il en fut tout saisi : de sorte que la fièvre le prit, et s'étant allé mettre au lit en sortant de là, il n'en releva plus, car il mourut le onzième d'octobre.

Quand le prince fut guéri de sa maladie, voyant les peuples tellement portés au service du Roi que rien ne les en pouvoit plus détourner, et que la cour en étoit si fière qu'elle n'écoutoit plus les propositions de paix qui venoient de sa part, il ne voulut plus demeurer dans Paris, n'y trouvant pas de sûreté pour sa personne ; parce que dans le désir qu'avoient les Parisiens du retour du Roi, il appréhendoit qu'ils ne se saisissent de lui pour le livrer à Sa Majesté, et qu'ils ne le sacrifiassent à l'extrême passion qu'ils avoient de faire la paix, et de revoir le Roi dans leur ville. Il résolut pour ce sujet de sortir de Paris, et de ne plus quitter son camp ; et ayant pris congé de M. le duc d'Orléans, auquel il prédit ce qui arriva depuis, il partit le 13 d'octobre, avec les ducs de Lorraine et de Wittemberg ; et ils furent joindre leur armée, qui étoit proche de Dammartin, d'où ils marchèrent devers la rivière d'Aisne. Le 11, le Roi retourna de Pontoise à Mantes, où ayant su que les colonels des quartiers et toutes les compagnies de la ville de Paris députoient vers lui, à l'imitation des marchands, il leur manda qu'il se rendroit le 17 à Saint-Germain, où il seroit bien aise de les voir. En effet, Sa Majesté y étant arrivée, ils eurent audience le 18, dans laquelle ils furent fort bien reçus du Roi, qui leur répondit qu'il étoit tellement touché du grand désir que les peuples témoignoient avoir de rentrer en leur devoir et de son retour à Paris, qu'il leur vouloit donner cette satisfaction, et qu'il leur promettoit d'y aller trois jours après, et d'y faire son entrée le lundi suivant, qui étoit le 21 d'octobre. Ces députés, au nombre de trois cents, se mirent à crier *vive le Roi!* de la joie qu'ils reçurent de cette réponse ; et de là on les mena dîner, où ils furent traités aux dépens et par les officiers de Sa Majesté, qui entra dans la salle où ils étoient dans le milieu du repas. Ce fut lors que les cris de *vive le Roi!* redoublèrent, et que sa santé fut réitérée avec une satisfaction entière de ces députés, qui retournèrent si contens dans la ville, qu'ayant publié partout que le Roi reviendroit le lundi ensuivant, ils causèrent de si grandes réjouissances qu'on ne voyoit par les rues que tables dressées, où on faisoit boire les passans à la santé de Sa Majesté ; et toutes ces démonstrations de joie continuèrent jusqu'à ce jour tant désiré. On ne vit plus ni écharpes bleues ni paille ; tout le monde portoit le blanc, et on n'y voyoit plus aucune marque de la rébellion passée.

Ce fut donc le lundi 21 d'octobre que le Roi partit de Saint-Germain, et vint dîner à Saint-Cloud. Il envoya devant le jeune Sanguin, son maître d'hôtel ordinaire, porter ordre de sa part à M. le duc d'Orléans, son oncle, de sortir à l'heure même de Paris, et à Mademoiselle aussi. Elle obéit aussitôt, et s'en alla coucher dans une maison particulière, où elle fut inconnue deux jours durant ; puis elle sortit dans un méchant carrosse, et s'en alla au Pont-sur-Seine chez madame Bouthillier, d'où elle se retira en sa maison de Saint-Fargeau. Pour Monsieur, il ne fut pas si aisé à résoudre ; car beaucoup de gens lui vouloient persuader de tenir bon, disant qu'il étoit fort aimé à Paris, et que le peuple ne souffriroit jamais qu'on lui fît de violence ; qu'il seroit maître du faubourg Saint-Germain, et qu'il feroit au moins un accommodement avantageux devant que de sortir de Paris. Comme il avoit un esprit fort irrésolu, il dit dans cette incertitude, à Sanguin, qu'il ne pouvoit quitter Madame en l'état où elle étoit, prête d'accoucher ; mais qu'il ne troubleroit point l'entrée du Roi, et qu'il ne se mêleroit de rien. Sanguin retourna faire cette réponse, et il rencontra le Roi dans le bois de Boulogne, qui alloit à Paris. D'abord la Reine fut surprise quand elle apprit le refus que Monsieur faisoit d'obéir, et elle fit arrêter son carrosse pour consulter ce qu'il y avoit à faire ; mais le maréchal de Turenne la fit avancer, et lui dit qu'il falloit tenir conseil en marchant, afin que le peuple de Paris, qui étoit venu au devant du Roi, ne connût point son étonnement. Il dit que dans les grandes affaires il falloit payer de hardiesse ; et que si le peuple remarquoit la moindre crainte, il seroit capable, dans son inconstance ordinaire, de retourner du côté de Monsieur. On continua donc de marcher, et on dépêcha le duc de Damville pour lui dire que si le Roi apprenoit en arrivant à Paris qu'il n'eût pas obéi, il iroit descendre chez lui avec son armée, pour lui apprendre le respect qu'il devoit avoir pour ses commandemens. Ce duc lui fit connoître la joie qu'avoient tous les bourgeois pour le retour du Roi, et lui dit qu'il ne falloit point qu'il se flattât, parce que toute la ville seroit pour Sa Majesté, et qu'il se mettoit au hasard de recevoir un déplaisir dont le Roi seroit fort fâché ; mais qu'il y seroit contraint à son grand regret, et qu'il vouloit dorénavant être le maître. Monsieur consulta quelque temps, et dit au duc de Damville qu'il étoit bien tard, et qu'il ne savoit où aller coucher ; qu'il supplioit le Roi de lui permettre qu'il couchât cette nuit dans sa maison, dont il feroit fermer les portes, et ne verroit personne ; et que le lendemain au matin il se retireroit à Limours. Le duc de Damville lui fit signer cela dans un papier, et le porta au Roi, qu'il trouva au Cours. Sa Majesté en fut satisfaite ; et en effet Monsieur en usa comme il l'avoit promis.

Depuis Saint-Cloud jusqu'à Paris tout le chemin étoit bordé de peuple ; mais à l'entrée du Cours la foule augmenta tellement qu'on ne pouvoit passer ; et le maréchal de L'Hôpital, l'ancien prévôt des marchands, et les échevins rétablis dans leurs charges, eurent grande peine d'aborder le Roi pour lui témoigner la joie universelle que causoit son retour, et l'assurer de la fidélité de tous les Parisiens. Quand il fut dans la rue Saint-Honoré, les acclamations augmentèrent : toute la rue étoit pleine, et les fenêtres si remplies de gens de toutes sortes de qualités, que ceux qui n'y pouvoient tenir montoient sur les toits des maisons et sur les gouttières, pour participer à la joie publique. Les gardes ne pouvoient empêcher la populace d'approcher ; et même une harengère les força, et alla embrasser la botte de Sa Majesté. Dans cet applaudissement général, il arriva au Louvre à cheval, où toutes les chambres étoient pleines de gens de qualité. Il envoya aussitôt un exempt de ses gardes porter un ordre par écrit au fils de Broussel, nommé La Louvière, qui commandoit dans la Bastille, par lequel il lui ordonnoit de remettre la place entre les mains de cet exempt sur l'heure même, à peine d'être pendu et étranglé à la porte. La Louvière fit difficulté d'obéir, et dit qu'il étoit là de la part de Monsieur, auquel il falloit s'adresser, et qu'il ne pouvoit en sortir sans son commandement : mais l'exempt lui ayant dit qu'il en alloit rendre compte au Roi, et qu'il verroit bientôt rouler du canon pour faire exécuter l'ordre de Sa Majesté, il fit réflexion au péril qu'il couroit, et, changeant de résolution, il lui rendit la Bastille. Ainsi le Roi parloit en maître ; et, pour établir davantage son autorité et remettre toutes choses dans l'ordre, il manda le parlement au Louvre, où il tint son lit de justice dans la galerie du Roi, n'ayant pas voulu aller au Palais, parce que le parlement étoit interdit. Après que chacun eut pris sa place, il fit lire une déclaration, par laquelle il donnoit une amnistie de tout ce qui s'étoit passé, pourvu qu'on se remît dans quinze jours dans son obéissance ; lesquels étant expirés, il déclaroit ceux qui continueroient dans la rébellion criminels de lèse-majesté. Ensuite il en fit lire une autre par laquelle il rétablissoit le parlement dans Paris comme il étoit auparavant, à l'exception de douze qui étoient plus marqués que les autres, lesquels demeurèrent interdits, et eurent ordre de se retirer hors de Paris.

M. le duc d'Orléans fut le premier qui prit l'amnistie ; et Le Tellier, secrétaire d'État, l'étant allé trouver à Limours de la part du Roi, lui fit signer sa soumission à toutes les volontés de Sa Majesté, qui lui permit de se retirer à Blois. Ensuite il envoya Gedouin, lieutenant de ses gardes, trouver le Roi, par les ordres duquel il fut dans l'armée des princes, de laquelle il retira les troupes qui étoient à lui, et qui portoient son nom ou celui du duc de Valois son fils, lesquelles furent mises en garnison pour servir dorénavant le Roi.

Pour le prince de Condé, il ne voulut jamais prendre l'amnistie, aima mieux se jeter entre les bras des Espagnols, en perdant tous les établissemens qu'il avoit en France, que de se soumettre. Il avoit le cœur si grand, qu'il ne put jamais se résoudre à dépendre du cardinal Mazarin; et les Espagnols le reçurent à bras ouverts, ravis d'avoir à leur service un si grand capitaine. Dès qu'il sut l'entrée du Roi dans Paris, il marcha devers la frontière de Champagne avec les troupes de Lorraine et de Wittemberg, afin de s'approcher des Espagnols. Le duc de Beaufort prit aussi l'amnistie, à condition qu'il sortiroit de Paris: ce qu'il fit; et en passant par les rues pour aller trouver Monsieur à Limours, il ne reçut aucune acclamation du peuple comme il avoit accoutumé: ce qui lui fit voir que la joie de revoir le Roi effaçoit tout autre attachement, et que Paris se remettoit véritablement dans son devoir, et dans l'obéissance de son légitime souverain.

Il étoit impossible que la Reine ayant les affaires qu'elle avoit sur les bras au dedans du royaume pût mettre ordre à celles du dehors. La première chose qu'elle fit fut de tâcher d'assurer les places qui étoient entre les mains des princes: elle avoit perdu par leur révolte Stenay, Clermont et Damvilliers, qu'elle leur avoit rendus quand ils sortirent de prison; et elle craignoit la même chose pour Béthune, que tenoit le vicomte d'Hôtels, premier gentilhomme de la chambre de M. le duc d'Orléans: mais ce vicomte passant par Arras pour se jeter dans sa place fut arrêté par l'ordre du maréchal d'Aumont, qui alla aussitôt à Béthune, et l'assura du service du Roi.

Comme les principales forces du royaume étoient occupées dans le cœur de l'Etat pour défendre la personne du Roi, il restoit peu de troupes sur la frontière pour s'opposer aux Espagnols; et ainsi l'archiduc ayant beau jeu, ne voulut pas laisser perdre une si belle occasion de reprendre une partie des places conquises par les Français dans le Pays-Bas. Pour cet effet, il se mit de bonne heure en campagne; et dès le onzième d'avril il investit Gravelines, où la garnison étoit fort foible. Le maréchal de Grancey en étoit gouverneur; mais comme il étoit fort attaché au cardinal Mazarin, il aima mieux aller en Normandie lever des troupes pour faciliter son retour en France, que de se tenir dans son gouvernement; et le cardinal, qui préféroit son intérêt particulier au bien de l'Etat, lui sut très-bon gré de son procédé; et après la perte de Gravelines, il le récompensa d'une somme de cent mille livres et du gouvernement de Thionville. L'archiduc voyant la foiblesse des Français ne s'amusa pas à faire une forte circonvallation, et ayant seulement retranché son camp, il ouvrit la tranchée, et fut en peu de jours au pied du glacis de la contrescarpe. Il y avoit peu d'officiers dans la ville, et la garnison faisoit peu de résistance, tant elle étoit petite. Il étoit difficile d'y jeter du secours par le côte de France, et on n'avoit aucune communication avec Dunkerque pour faire savoir à L'Estrade des nouvelles du siége et l'état des assiégés. Dans cet embarras, le maréchal d'Aumont pria Boisselot, capitaine au régiment des Gardes, de tâcher d'entrer dans Dunkerque pour voir avec L'Estrade s'il ne pourroit point jeter du secours dans Gravelines. Boisselot passa au travers de l'armée des Espagnols sans être connu; et en étant sorti pour continuer son chemin, il rencontra des troupes qui l'obligèrent pour se sauver à se jeter dans l'eau jusqu'au col, où il demeura caché jusqu'à ce que tout fût passé. Enfin, n'entendant plus de bruit, il sortit de ce marais, et tout mouillé il entra dans Dunkerque, et apprit à L'Estrade l'extrémité où étoient les assiégés, et qu'il n'y avoit que lui qui les pût secourir. Il fit en même temps démolir le fort de Mardick, pour faire rentrer dans Dunkerque la garnison qui étoit dedans, n'ayant pas assez de soldats pour garder tant de postes; et aussi dans le dessein d'amuser les Espagnols, lesquels ne manquèrent pas de se saisir de ce fort dès qu'il fut abandonné. Durant qu'ils étoient occupés à s'y reloger et fortifier, Villers-Courtin, capitaine au régiment des Gardes, avec trois cents hommes choisis, s'embarqua dans de petites barques; et n'osant mettre pied à terre à l'entrée du canal, à cause que les Français ayant retiré ce qui étoit dans Bourbourg et le fort Philippe pour le faire entrer dans Gravelines, les Espagnols s'y étoient logés, il descendit sur une rade, où il n'entendit point de bruit; et dans l'obscurité de la nuit il passa entre deux quartiers de l'armée, et arriva heureusement à Gravelines. Villers-Courtin trouva la place fort pressée; mais son arrivée redonna cœur aux assiégés, qui firent plus de résistance qu'ils ne faisoient auparavant, tant par leurs sorties que par le feu continuel de leur mousqueterie. Ayant perdu la contrescarpe, ils défendirent vigoureusement la demi-lune, de laquelle ils furent chassés faute de monde: et les Espagnols ayant fait écouler l'eau du fossé firent un pont pour le passer, et lors ceux de dedans, ne se sentant pas assez forts pour soutenir un assaut, ne voulurent pas laisser ouvrir leurs bastions; et dès qu'ils les virent maîtres du fossé ils capitulèrent, et sortirent le 18 de mai, tambours battant, enseignes déployées, et deux pièces de canon. L'archiduc perdit durant ce siége le marquis Sfondrato, qui fut tué d'un coup de mousquet; et après une si belle conquête il bloqua Dunkerque par mer et par terre, ne le voulant pas attaquer présentement par force, parce qu'il vouloit entrer en France. Il laissa seulement des vaisseaux à l'entrée du port, et fit faire des forts et des redoutes autour pour empêcher les vivres d'y entrer. Pour ses troupes, il les mit rafraîchir jusqu'au commencement de juillet; et lors étant pressé par les princes de France d'aller à leur secours après leur combat de Saint-Antoine, il y envoya le comte de Fuensaldagne avec une armée. Ce comte entra en France par le côté de Guise, et vint camper à Crécy-sur-Serre, d'où il marcha le long de la rivière d'Oise; et menaçant Noyon, Compiègne et Chauny de siége, il tourna tout court devers ce dernier, et l'attaqua de tous côtés. Le duc d'Elbœuf, gouverneur de Picardie, avoit assemblé la noblesse de la province pour entrer dans les lieux qui seroient assiégés; et voyant la tête de l'armée tournée contre Chauny, il se jeta dedans : mais comme cette ville n'est point fortifiée, et que le comte de Fuensaldagne la battoit rudement, le duc d'Elbœuf fut bientôt contraint de capituler à telles conditions qu'il plut aux Espagnols, à savoir qu'il sortiroit lui et Manicamp, gouverneur de la place; mais que tous les gentilshommes, officiers et soldats, demeureroient prisonniers de guerre. Ce fut là que le cardinal Mazarin fit prendre exprès le courrier qui portoit une lettre de sa part au duc de Lorraine, par laquelle il lui mandoit que dans l'extrémité où la Reine étoit réduite, elle seroit contrainte de traiter avec le prince de Condé, et se jeter entre ses bras pour finir la guerre civile: ce que le comte de Fuensaldagne voulant empêcher, il ne voulut pas avancer plus avant pour rompre ce traité, et donner loisir à la Reine de respirer et de reprendre ses esprits; et pour ne pas demeurer sans rien faire, il traversa les plaines du Laonnais, et fut passer l'Aisne au Bac-à-Berri, où ayant joint le duc de Lorraine ils campèrent ensemble à Fismes; puis s'étant séparés, le duc remonta du long de la Marne, et fit le voyage de France comme nous avons vu; et le comte retourna en Flandre pour faire le siége de Dunkerque. L'archiduc l'avoit tenu bloqué depuis la prise de Gravelines; mais voyant que ce blocus tiroit trop en longueur, dès que l'armée qu'il avoit envoyée en France fut revenue, il forma le siége devant, et l'attaqua de force sur la fin d'août. Il se logea à Bergues-Saint-Vinox, d'où il venoit tous les jours au camp. Le 8 de septembre, il fit élever une batterie de dix pièces, qui rompit les défenses et fit ébouler les bastions, qui n'étoient que de gazon; et le jour même les Espagnols, se fondant sur la foiblesse de la garnison, poussèrent leur travail jusque sur le bord du fossé. La Reine pressoit fort le duc de Vendôme, amiral de France, de secourir cette place avec ses vaisseaux; et en effet il avoit doublé la pointe de Bretagne, et avoit fort avancé dans la Manche d'Angleterre, lorsque Cromwell, protecteur de ce royaume-là, fut sollicité par l'ambassadeur d'Espagne, qui étoit près de lui, de s'opposer à ce secours, en le piquant d'honneur, sur ce que la France n'avoit point d'ambassadeur à sa cour, et ne vouloit point reconnoître la république qu'il avoit fondée; outre que le roi d'Angleterre, son ennemi capital, quoique son maître, et le duc d'Yorck son frère, étoient réfugiés à Paris, et protégés par le roi de France. Ces raisons obligèrent Cromwell de faire sortir sa flotte en mer, laquelle sans aucune guerre déclarée s'opposa au passage de l'armée navale de France, et même prit beaucoup de vaisseaux. Cet obstacle imprévu contraignit le duc de Vendôme de se retirer à Brest, et L'Estrade de rendre Dunkerque aux Espagnols, n'espérant plus de secours : il en sortit le 16 de septembre, pour aller à Calais avec quatre pièces de canon.

Le comte de Fuensaldagne, après la prise de cette place, fut envoyé en Champagne avec l'armée. Il prit en passant Vervins, puis marcha vers Château-Portien pour joindre le prince de Condé, lequel ayant refusé l'amnistie se mettoit entièrement au service du roi d'Espagne. Ce prince, voyant le Roi entré dans Paris, prit sa marche vers la Champagne, et mit le siége devant Rethel, qu'il prit sans grande résistance. Le maréchal de Turenne le suivit, et celui de La Ferté alla reprendre Chauny et Coucy; mais le prince de Condé ayant joint le comte de Fuensaldagne investit Sainte-Menehould au commencement de novembre. Il prit la ville en peu de jours, mais le château se défendit plus longtemps, et obligea de l'attaquer par les formes; mais comme la garnison n'étoit pas forte, dès qu'il y eut brèche elle capitula, et rendit au prince le château de Sainte-Menehould. Le maréchal de Turenne durant ce siége recevoit du renfort de tous côtés. Le duc de Longueville, qui étoit demeuré en son gouvernement de Normandie sans se mêler de rien durant ces derniers troubles, fit des levées sur la fin de l'année pour le service du Roi, qu'il envoya dans son armée. Mondejeu, devenu gouverneur d'Arras par la mort de La Tour, rassembla les troupes que commandoit en Flandre le maréchal d'Aumont, et les conduisit sur la frontière, d'où elles marchèrent en Champagne. Le cardinal Mazarin, qui s'étoit retiré à Dinan que pour faciliter l'entrée du Roi dans Paris, n'en sut pas plus tôt la nouvelle qu'il vint à Bouillon; et avec des troupes qu'il avoit fait lever en Liége, il passa la Meuse à Sedan, et joignit l'armée du Roi, avec laquelle il assiégea Bar-le-Duc. La ville se rendit d'abord ; mais le château voulut tenir, d'autant plus que la saison étoit fort incommode pour les assiégeans : mais les mineurs étant attachés au corps du château, il fut rendu au cardinal Mazarin à la mi-décembre. Il voulut, devant que de se retirer, nettoyer la frontière de petits châteaux pris cet été par les Lorrains : puis ne voyant pas d'apparence, vu la rigueur de la saison, de songer à reprendre Rethel et Sainte-Menehould, il mit toutes les troupes en quartier d'hiver ; et lui se prépara de retourner à Paris, où tous les obstacles de son rétablissement étoient ôtés, comme nous verrons au commencement de l'année prochaine. Pour le prince de Condé, il mit son armée en garnison dans le Pays-Bas ; et se donnant entièrement au roi d'Espagne, il alla passer son hiver à Bruxelles.

Les Espagnols ne se contentèrent pas de se prévaloir en Flandre des divisions de la France : ils voulurent en profiter aussi en Italie. Le marquis de Caracène, gouverneur de Milan, voyant le peu de forces qui étoient en Piémont, et que les places étoient fort dégarnies, mit le siége devant Trino le 4 de mai. Il eut grande peine à faire rouler le canon et à remuer la terre, à cause qu'il y eut de grandes pluies tout le printemps : cela n'empêcha pas néanmoins que la tranchée ne fût ouverte par trois endroits, l'un commandé par les Espagnols, le second par les Italiens, et le troisième par les Allemands. Le 20, trois batteries saluèrent la place avec grand bruit, qui firent si grand effet que le gouverneur, ne voyant aucune espérance de secours, se rendit le 28, et sortit le 29. Le marquis de Caracène, après la prise de Trino, se rendit maître du château de Mazin, et fit élargir ses troupes dans le Piémont pour se rafraîchir, depuis Saint-Ya jusqu'à Yvrée ; et sur la fin de juin il investit Crescentin et ouvrit aussitôt la tranchée, et pressa cette place à un tel point qu'il en fut maître le 3 de juillet à discrétion. Il n'eut pas plus tôt pris cette ville, qu'il forma de plus grands desseins, et ne voulut pas perdre l'occasion de la foiblesse des Français pour exécuter une entreprise à laquelle il n'eût jamais osé songer dans un autre temps. Ce fut sur Casal qu'il tourna sa pensée, qui étoit l'objet des désirs des Espagnols depuis si long-temps, et qu'ils avoient manqué par trois diverses fois. Le duc de Mantoue favorisoit leur dessein ; car il étoit parvenu si jeune au duché, qu'il n'avoit pas été nourri dans la reconnoissance que son grand-père devoit à la France pour son établissement dans cette souveraineté ; et se trouvant marié avec la sœur de l'archiduc d'Inspruck, de la maison d'Autriche, dont l'Empereur avoit épousé l'ainée, morte en couches depuis peu d'années, il fut aisément porté par sa femme à soutenir les intérêts de sa maison ; outre que l'Empereur, étant veuf de la sœur de la duchesse de Mantoue, avoit pris pour troisième femme la sœur de ce duc, qui étoit par là doublement son beau-frère. Les Espagnols lui promettoient de lui rendre Casal, dont il n'étoit pas le maître, les Français le gardant sous ombre de protection ; ainsi le marquis de Caracène, assuré du duc de Mantoue, mit son armée rafraîchir autour de Moncalvo, d'où il empêchoit que rien n'entrât dans Casal ; et y ayant demeuré le reste du mois de juillet et celui d'août, jusqu'au 25 septembre, pour faire provision de tout ce qui étoit nécessaire à un grand siége, il en partit pour investir cette place. Montpezat, qui en étoit gouverneur, voyant le mauvais état où elle étoit, s'en alla en France quelque temps devant, pour dire qu'il n'en pouvoit répondre si on ne lui donnoit de quoi la pouvoir défendre ; et n'ayant pu rien obtenir, il refusa d'y retourner, de peur d'y recevoir un affront. Durant qu'il pressoit ce secours, les Espagnols l'assiégèrent ; et Saint-Ange, qui en étoit lieutenant de roi, n'ayant en tout que huit cents hommes pour défendre la ville, le château et la citadelle, fut contraint d'abandonner la ville dont les habitans prenoient déjà les armes en faveur de leur duc ; et ayant mis cent hommes dans le château, il s'enferma avec le reste dans la citadelle. Le duc de Mantoue fit entrer dans la ville deux mille hommes de ses sujets ; et le marquis de Caracène ayant battu le château, le força de se rendre le 10 d'octobre : tellement que n'ayant plus que la citadelle à prendre, il tourna toutes ses forces contre elle. Il l'attaqua par trois endroits, et fut bientôt maître des dehors, qui ne furent guère défendus, à cause du peu de monde qui étoit dedans. Durant cette attaque, le marquis de Ville n'ayant pas assez de forces avec les troupes de Savoie pour secourir Casal, et ne les voulant pas laisser inutiles, attaqua Crescentin le 10 d'octobre, et le battit si vivement qu'il réduisit les Espagnols à se rendre le 16, et à se retirer à Trino. Le marquis de Caracène pressoit fort cependant la citadelle de Casal ; et ayant attaché des mineurs aux bastions, les mines jouèrent le 21 d'octobre, et les assiégeans se logèrent sur les brèches. Alors Saint-Ange ne voyant point de ressource demanda composition, et remit la citadelle entre les mains de don Camillo Gonzague, au nom du duc de Mantoue, et fut conduit à Turin avec deux pièces de canon. Ce duc arriva aussitôt au camp des Espagnols, et fit son entrée dans Casal; puis il fit un traité avec le marquis de Caracène, par lequel le roi d'Espagne devoit payer la garnison de cette ville, dont le duc de Mantoue seroit le maître. Ainsi les Français, par le malheur de leurs désordres, perdirent cette importante place, qu'ils avoient gardée depuis 1628, et défendue durant trois siéges : le premier, contre don Gonzalès de Cordoua, l'an 1629; le second, contre le marquis de Spinola, l'an 1630; le troisième, contre le marquis de Léganès, l'an 1640; et enfin en 1652 ils succombèrent au quatrième, fait par le marquis de Caracène. La joie de cette conquête fut grande dans tous les États des Espagnols, comme aussi la douleur dans la cour de France, laquelle perdoit, cette année, de tous côtés.

Nous avons vu, sur la fin de l'année dernière, comme le maréchal de La Mothe avoit été nommé vice-roi de Catalogne après la révolte de Marchin, et comme il s'étoit avancé jusqu'à Perpignan, où il attendoit les troupes qu'il devoit mener avec lui. Sitôt qu'il les eut assemblées, il entra dans le pays, et chassa en passant les Espagnols de la ville de Terrace, dont ils s'étoient emparés; puis il s'approcha de leur circonvallation qu'il fut reconnoître, et la trouva si bien fortifiée qu'il ne se jugea pas assez fort pour l'attaquer : c'est pourquoi il passa du côté de Tarragone, et s'alla poster à Saint-Boi, proche de la mer, à une lieue des lignes, où il attendit une occasion favorable pour se jeter dans Barcelone. Cependant il incommodoit les assiégeans, en leur coupant les vivres et les chargeant au fourrage, où il leur défit une fois quatre escadrons : mais comme son dessein étoit d'entrer dans la ville, il attaqua leurs retranchemens la nuit du 22 au 23 d'avril, sur le bord de la mer; et s'étant fait passage devant que leurs quartiers fussent rassemblés, il arriva dans Barcelone avec six cents hommes de pied et quelque cavalerie, ayant laissé Saint-André-Montbrun à la campagne avec un camp volant. Aussitôt tous les canons de la ville et ceux du mont Joui tirèrent en signe de réjouissance, qui firent connoître aux Espagnols qu'il y étoit entré du secours; et la présence de ce maréchal encouragea tellement le peuple à la défense, qu'on vit une autre face dans la ville, et les habitans résolurent d'endurer toutes sortes d'extrémités plutôt que de se rendre; mais quelque bonne résolution qu'ils eussent, ils ne pouvoient subsister sans vivres, et ils n'en pouvoient avoir que de Provence. Le maréchal de La Mothe avoit écrit plusieurs fois pour ce sujet, et pressoit fort pour hâter le secours. Le chevalier de La Ferrière reçut des ordres de la cour pour cela; et ayant fait équiper des vaisseaux, il se mit en mer à la mi-juillet, et arriva à Saint-Féliou, à treize lieues de Barcelone. Jamais on ne vit une telle joie dans la ville : quand cette nouvelle fut apportée, le peuple croyoit déjà être délivré du siége, ne doutant pas que les grands vaisseaux français ne battissent les galères d'Espagne par le grand vent qu'il faisoit, et ne secourussent les assiégés; mais le chevalier de La Ferrière s'étant présenté à la vue du port, se contenta de faire passer des barques chargées de vivres; et les ayant fait entrer, il ne tenta rien davantage, et s'en retourna en Provence. Si la joie fut grande à son arrivée, la consternation fut pareille à son départ : car les vivres qu'il jeta dans la ville pouvoient bien allonger le siége, mais ne le faisoient pas lever; et on n'a jamais su pourquoi ce chevalier fit si peu d'effort pour secourir une si importante ville. Il en fut fort blâmé; mais il s'excusoit sur ce que tout lui manquoit, et qu'il n'avoit pas les choses nécessaires pour le faire.

Le secours de la mer n'ayant pas réussi, Saint-André-Montbrun en voulut tenter un par terre. Il joignit dans ce dessein quelques troupes qui étoient venues de France, et assembla les milices du pays, avec lesquelles il attaqua les lignes, durant que ceux de dedans faisoient une grande sortie pour le favoriser : mais n'étant pas assez fort pour venir à bout d'une si grande entreprise, il fut repoussé, et contraint de se retirer à Gironne.

Au commencement d'octobre, don Joseph d'Espinos, catalan, hasarda encore une attaque, dans laquelle il fut défait; et le maréchal de La Mothe, qui étoit sorti pour le soutenir, fut maltraité par les Espagnols, qui lui tuèrent quantité de gens. Ce dernier échec le mit hors d'espoir de sauver Barcelone; et don Juan d'Autriche, voyant que tout lui prospéroit, se rendit maître de toute la côte jusqu'à Palamos. Il étoit impossible que dans une grande ville et peuplée comme est Barcelone, il n'y eût de différens esprits, et que beaucoup n'eussent conservé du zèle pour le roi d'Espagne, leur légitime maître. Ceux-là n'avoient osé le témoigner par le passé, de peur d'être chassés de la ville, et même de perdre les biens et la vie; mais dès qu'ils virent le désordre où étoient les affaires des Français et leur peu de ressource, ils commencèrent à s'assembler, et à dire tout haut qu'il ne falloit pas s'opiniâtrer davantage, et qu'il étoit nécessaire de traiter. Ceux qui étoient portés pour la France n'osoient y contrarier, de peur d'être maltraités après la reddition de la ville; et le maréchal de La Mothe, ne voyant plus aucun moyen de la pouvoir sauver, fit une assemblée de ville, dans laquelle le défaut des vivres fit résoudre à parlementer. Sur cette résolution, ce maréchal le fit savoir à don Juan, lequel ravi d'apprendre une si bonne nouvelle lui accorda telle capitulation qu'il demanda, et principalement une amnistie, et un pardon général pour le peuple de Barcelone sur tout ce qui s'étoit passé depuis douze ans. Le maréchal se prépara ensuite pour sortir avec tous les Français : ce qu'il ne put faire que le 12 d'octobre, auquel jour il remit cette ville au pouvoir de don Juan; et il fut conduit en toute sûreté avec six pièces de canon à Perpignan. Par ce traité, le comte de Mérinville, qui avoit été pris durant le siége par les Espagnols, fut remis en liberté. De cette sorte la Catalogne retourna dans l'obéissance du roi d'Espagne, après avoir été douze ans en celle des Français, et la perte de Barcelone, après quinze mois de siége, entraîna celle du reste de la province : car Gironne, Palamos, Cap-de-Quiers, Balaguer, Urgel, Vic, Solsona et Castillon suivirent l'exemple de la capitale, et se soumirent au victorieux. Le maréchal de La Mothe, étant arrivé à Perpignan, trouva Leucrate révolté avec Saint-Aunais son gouverneur. Nous avons vu qu'il avoit un esprit fort inquiet et emporté, et désireux de nouveautés. Quand il vit un parti formé en France contre le Roi, il se déclara pour M. le duc d'Orléans, et traita avec les Espagnols qu'il avoit déjà servis, lesquels lui donnèrent quarante mille écus pour armer dans le Languedoc, qu'ils croyoient se devoir révolter en faveur de Monsieur, qui en étoit gouverneur ; mais les affaires ayant autrement tourné qu'il ne pensoit, et ayant appris l'entrée du Roi dans Paris et la retraite de Monsieur à Blois, il fit savoir au maréchal de La Mothe qu'il désiroit prendre l'amnistie : ce qui lui fut accordé; et il se remit au service du Roi. Cette affaire étant achevée, ce maréchal ne pensa qu'à conserver ce qui étoit aux Français dans la Catalogne, à savoir le Lampourdan avec le Port-Roses, le Roussillon, la Sardaigne et le Conflans, tout le reste étant au pouvoir des Espagnols. La perte de Barcelone affligea fort la Reine et le cardinal Mazarin, car depuis les troubles de France ils n'avoient point tant perdu que cette campagne, durant laquelle ils virent prendre par les Espagnols quatre des plus importantes conquêtes de la France : en Flandre, Gravelines et Dunkerque; en Italie, Casal; et en Espagne, Barcelone. Mais comme l'intérêt de l'État ne touchoit pas tant que le particulier, l'entrée du Roi dans Paris les consola fort de toutes leurs pertes, à cause qu'elle assuroit le retour du cardinal, qui étoit ce qui touchoit la Reine au cœur; et la retraite du prince de Condé en Flandre, qui leur quittoit le champ de bataille et les rendoit sans contredit maîtres des affaires, les consoloit fort des malheurs arrivés dans les pays étrangers.

La prison du prince de Condé, et depuis sa division d'avec la cour, changea fort la face des affaires de Provence; car le duc d'Angoulême, ci-devant comte d'Alais, étoit soutenu de la Reine durant le siége de Paris, et le comte de Carces et le président d'Oppède étoient en disgrâce, et dans les intérêts des frondeurs : mais depuis ce duc devint suspect à la cour, à cause qu'il étoit cousin germain du prince de Condé; et la Reine, le soupçonnant de favoriser son parti, envoya le duc de Mercœur en Provence pour commander en sa place. Il fut choisi pour cet emploi à cause qu'il avoit épousé l'aînée des Mancines, nièces du cardinal Mazarin, durant qu'il étoit à Brulh près de Cologne, lorsqu'on croyoit qu'il ne reviendroit jamais; et c'est ce qui faisoit qu'il lui en avoit plus d'obligation. Le duc d'Angoulême ne lui voulut pas quitter sa place, et fit ce qu'il put pour se maintenir de force dans son gouvernement, attirant à son parti toutes les villes qui lui avoient été affectionnées jusqu'alors; mais la ville d'Aix, le comte de Carces et le président d'Oppède, ennemis jurés du duc, et qui avoient été frondeurs jusqu'à cette heure, prirent le parti du duc de Mercœur, qui étoit présentement celui du Roi; et ainsi les rebelles devinrent royalistes; et les royalistes rebelles. La guerre se fit rudement pour ce sujet : le duc de Mercœur prit par siége Tarascon et Saint-Tropès; et ayant bloqué Toulon, les villes d'Arles et de Marseille lui députèrent pour proposer quelque accommodement. Il étoit à Aubagne; et la conférence se fit à Roquevaire, où la composition de Toulon fut conclue, et le duc y fit son entrée. Le duc d'Angoulême, n'ayant plus que Sisteron et la tour de Bouc, s'accommoda lui-même; et, ayant su que le prince de Condé s'étoit retiré en Flandre, il ne voulut pas courir sa fortune; mais il prit l'amnistie, et vint trouver le Roi sur la fin de l'année, laissant son gouvernement au duc de Mercœur. Quand M. le duc d'Orléans leva les armes, le Languedoc, dont il étoit gouverneur, fut mi-parti : la ville de Toulouse et le parlement demeurèrent dans l'obéissance du Roi, et à son exemple la plupart de celles de la province ; mais Montpellier, Agde, Aigues-Mortes et le Pont-Saint-Esprit, tenus par des officiers de Monsieur, se déclarèrent pour lui. Or, dans le Pont-Saint-Esprit, les habitans étoient fort enclins au service du Roi; mais ils ne l'osoient témoigner, de peur d'être maltraités par la garnison : ce qui étant reconnu par l'abbé des Marais, prieur du Pont-Saint-Esprit, il en conféra avec Chanron, gentilhomme du voisinage, et disposa si bien les choses de concert avec lui, qu'un matin ils se saisirent des portes, et chassant les gens de Monsieur, ils assurèrent cette ville au service du Roi, qui en donna le gouvernement à Chanron, lequel ne le garda guère : car dès que Monsieur eut pris l'amnistie, cette place lui fut rendue, et Chanron n'eut aucune récompense; non plus que l'abbé des Marais, qui se retira en son abbaye de Longuet.

En Guyenne, nous avons vu comme le prince de Condé étoit parti d'Agen pour venir joindre l'armée, qui étoit sur les bords de Loire, laissant le prince de Conti son frère pour commander dans cette province, lequel s'en retourna bientôt après à Bordeaux. Il ne fut pas plus tôt sorti d'Agen, que le comte d'Harcourt s'en approcha, et fut reçu sans difficulté dans la ville. Il avoit laissé un corps en Angoumois sous les marquis de Montausier et du Plessis-Bellière, qui s'étant avancés vers la rivière d'Ille, y rencontrèrent le colonel Balthazar, qu'ils chargèrent; mais il les reçut si vigoureusement qu'il les mit en déroute, et leur prit ou tua beaucoup de gens. Après que le comte d'Harcourt se fut saisi d'Agen, il marcha devers la rivière du Lot, où il mit le siége devant Villeneuve d'Agenois, défendu par Théaubon. Il avoit déjà poussé son travail jusqu'à la contrescarpe, lorsqu'une grande crue d'eau arriva, qui inonda tellement tout le camp, que le comte fut contraint de se retirer : mais les eaux s'étant écoulées, il reprit ses quartiers, et recommença l'attaque plus fortement que jamais, jusqu'à ce que Marchin eût jeté dedans un secours considérable; car alors le comte d'Harcourt leva tout-à-fait le siége, et s'éloigna de cette ville. Il n'étoit point content de la cour; et quoiqu'il eût toute sa vie servi le Roi fort glorieusement et avec beaucoup de fidélité, il se trouvoit fort pauvre; en sorte qu'il fut contraint, durant qu'il commandoit l'armée du Roi, de mettre ses meubles et sa vaisselle d'argent en gage, pour la subsistance de sa femme et de ses enfans. Ce traitement le fâchoit au dernier point; et dans la mauvaise humeur où il étoit, il écouta une proposition qui lui fit faire un pas duquel il eut de la peine à se tirer. Mais pour bien entendre cette affaire, il la faut prendre de plus loin. Quand le général Erlac mourut, il y avoit dans Brisach un lieutenant de roi, nommé Charlevoix, qui avoit été au maréchal de Guébriant, lequel l'avoit établi dans cette charge durant la vie d'Erlac; il y avoit acquis beaucoup d'autorité, et après sa mort le gouvernement en fut donné à Tilladet, beau-frère du Tellier, qui fut reçu avec beaucoup d'honneur par Charlevoix : mais comme la garnison étoit à sa dévotion, ayant eu quelque soupçon qu'on le vouloit ôter de là sans récompense, il se brouilla avec Tilladet, et le chassa de la ville. Ce procédé déplut à la cour, mais elle n'étoit pas en état d'y remédier; et la maréchale de Guébriant, qui l'avoit fort connu durant qu'il étoit domestique de son mari, le fit sonder pour voir si elle pourroit y établir un de ses neveux de Vardes. Charlevoix, par reconnoissance à la mémoire de son maître, lui fit savoir qu'elle seroit toujours la maîtresse partout où il auroit du pouvoir; et là-dessus elle partit de Paris, et s'en alla en diligence à Brisach. Elle y fut reçue avec grand respect; mais Charlevoix conservoit toujours l'autorité : ce qui déplaisoit à la maréchale; laquelle, croyant faire une chose agréable à le cour en la défaisant de cet homme-là, fit une entreprise contre lui. Elle trama si bien son dessein, qu'un jour étant sortie de la ville avec Charlevoix, qui étoit seul et sans défiance, elle le fit enlever par des gens apostés pour cela, et l'envoya prisonnier à Philisbourg, dont le comte d'Harcourt étoit gouverneur. Mais elle se trompa dans son compte; car au lieu d'être maîtresse dans Brisach, elle trouva tout le contraire, parce que toute la garnison se souleva, et l'eût arrêtée pour servir d'otage de la liberté de Charlevoix, si elle ne se fût sauvée par le moyen de quelques officiers qu'elle avoit gagnés. Brisach cependant demeura quelque temps en grand désordre et sans chef; et Charlevoix, se voyant entre les mains de gens qui étoient au comte d'Harcourt, leur disoit toujours quelque mot pour les sonder, en leur faisant connoître qu'il ne tiendroit qu'à leur maître d'avoir Brisach en son pouvoir, en le mettant en liberté. Ces officiers, qui l'avoient en garde, en donnèrent avis au comte d'Harcourt, lequel, dans le mécontentement qu'il avoit de la cour, se laissa tenter à cette proposition; et ayant fait fort secrètement son traité avec lui, il manda qu'on le mît en liberté, croyant que dès qu'il seroit maître de Brisach, il auroit de la cour tous les avantages qu'il désireroit. Il partit du camp sans faire bruit, avec six personnes; et ayant passé inconnu par la France, il gagna la Franche-Comté, d'où il entra dans l'Alsace, et arriva avec sa fortune à Brisach, où il fut reçu avec grande joie par Charlevoix, lequel, en signe de la liberté qu'il lui avoit donnée, se soumit à lui, et le fit maître de la place. Ce départ si inopiné surprit fort la Reine, la mit en grande colère contre le comte d'Harcourt, d'autant plus que l'armée de Guyenne demeura sans général. Elle dépêcha aussitôt le duc de Candale pour commander en sa place ; et en attendant son arrivée, Sauvebœuf prit Sainte-Baseille ; et Estissac, gouverneur de La Rochelle, chassa les gens du comte du Dognon de Marènes.

Dans Bordeaux les affaires étoient fort brouillées ; car d'abord qu'une ville sort de son devoir, et de la puissance légitime qu'elle doit reconnoître, chacun veut être maître, et le désordre s'y glisse en même temps. Le parlement étoit séparé en deux : une partie étoit sortie de la ville, ne voulant pas approuver la rébellion, et l'autre étoit demeurée dedans pour l'autoriser ; mais ceux qui favorisoient la révolte furent bientôt sans considération, parce que n'étant pas soutenus de l'autorité royale, le peuple les méprisa, et s'attribua tout le pouvoir. Comme la populace étoit en grand nombre, elle s'assembloit dans une place plantée d'ormes, près le château du Ha, où elle ordonnoit tout ce qui lui plaisoit, et le faisoit exécuter par force. Tous ceux de cette assemblée firent une union entre eux, où ils signoient dans un livre [qu'un nommé Duretête, un des plus séditieux de tous, gardoit] une association pour soutenir la liberté publique, qui vouloit proprement dire la rébellion. On appeloit cette cohue *l'ormée*, et ceux qui la composoient *les ormistes*, à cause du lieu de leur assemblée. Leur puissance crut tellement, que d'abord que quelqu'un s'opposoit à leur volonté, sa maison étoit pillée, et il couroit fortune de la vie. On n'entendoit parler dans Bordeaux que d'assassinats, et de saccagemens de maisons, faits par cette engeance mutine et insolente, qui se moquoit des arrêts du parlement, et ne suivoit que son caprice. Le prince de Conti, pour abaisser le parlement, soutint au commencement *l'ormée*, et même autorisoit leur assemblée par sa présence : mais voyant que leur insolence alloit trop avant, et croissoit de jour en jour, il eût bien voulu la réprimer, et modérer leur violence, mais il s'en avisa trop tard ; et nous verrons l'année prochaine comme le grand désordre qui en provint fut cause de la réduction de Bordeaux au service du Roi.

La Reine étant rentrée dans Paris ne pensa qu'à rétablir l'autorité du Roi et à faire revenir le cardinal Mazarin, qui avoit toujours gouverné, absent, avec la même puissance que s'il eût été présent. Il ne se faisoit rien que par ses ordres, et les courriers alloient et venoient pour porter à la Reine des nouvelles de ses volontés, qui étoient suivies à l'heure même. Il étoit ravi d'avoir forcé le prince de Condé à se retirer en Flandre, et il eût été bien marri qu'il eût accepté l'amnistie, l'aimant mieux loin que près ; mais il ne pouvoit avoir une joie complète, tant que le cardinal de Retz seroit à la cour. Il avoit une jalousie extrême contre lui ; et le connoissant ambitieux et d'un esprit élevé, il ne pouvoit souffrir de le voir près de la Reine et dans Paris avec une dignité pareille à la sienne. Il s'étoit servi de lui pour faciliter le retour du Roi dans Paris et pour perdre le prince, qui étoit leur ennemi commun ; mais dès que cet ouvrage fut achevé, il tourna toutes ses pensées à le ruiner lui-même, pour demeurer sans concurrent. Il vouloit faire ce coup durant qu'il étoit absent, afin de s'en excuser et de rejeter l'affaire sur la Reine, quoique tout le monde vît bien d'où cela venoit. Pour bien couvrir son jeu, la Reine lui fit fort bonne chère après son entrée dans Paris, et même elle fut à un de ses sermons à Saint-Germain-de-l'Auxerrois ; mais, le 19 de décembre, ce cardinal étant allé à onze heures du matin dans la chambre de la Reine, il fut arrêté en sortant par Villequier, capitaine des gardes du corps du Roi, qui le conduisit à pied par la grande galerie du Louvre jusqu'aux Tuileries, où l'ayant fait monter en carrosse, il le fit sortir de Paris par la porte de la Conférence, d'où il fut conduit par la campagne au château de Vincennes, dans lequel il fut gardé fort étroitement.

DIX-NEUVIÈME CAMPAGNE.

[1653] La première chose qui arriva cette année de remarquable fut le retour du cardinal Mazarin, lequel, après avoir donné ses ordres pour la conservation de la province de Champagne, prit le chemin de la cour, et vint coucher à Nanteuil le 2 de février. Le lendemain, tous les officiers de la couronne, et les gens de qualité qui étoient à Paris, furent lui faire la révérence à Dammartin, et se réjouir de son arrivée. Le Roi fut au devant de lui jusqu'au Bourget, où l'ayant fait mettre dans son carrosse, il le mena saluer la Reine au Louvre; laquelle étoit dans un excès de joie qui ne se pouvoit exprimer : car comme la guerre civile n'avoit été fondée que sur le désir que les princes et les parlemens avoient de son éloignement, il lui sembloit que son retour lui donnoit une victoire entière. Il fut logé dans le Louvre, où le corps de la ville le vint voir; et, pour témoigner qu'il n'y avoit plus d'animosité contre lui dans Paris, le prevôt des marchands et les échevins le prièrent à dîner à l'hôtel-de-ville, où il fut sans gardes. Ses nièces arrivèrent aussi en même temps, qui eurent un appartement dans le Louvre. La Vieuville, surintendant des finances, étoit mort dès le 2 de janvier, et on n'avoit point rempli sa place. Dès que le cardinal fut revenu, il fit nommer dans cette charge Servien et Fouquet procureur général au parlement de Paris, et fit Menardeau-Champré, conseiller de la grand'chambre, troisième directeur des finances, avec Aligre et Morangis. Le marquis de Bade, prince souverain d'Allemagne, arriva dans le même temps à la cour, où il acheva son mariage avec la princesse Louise de Savoie, fille du prince Thomas, accordée déjà depuis quelques années. Quoique le prince de Condé fût retiré en Flandre, il ne laissoit pas d'avoir de grandes correspondances dans Paris, tant avec ses amis qu'avec ceux du cardinal de Retz, dont la mauvaise fortune, qui leur étoit commune, effaçoit la haine qui étoit auparavant entre eux, et les unissoit d'intérêts. Les gens du prince venoient inconnus dans Paris; et en sortant de la ville, quand ils trouvoient quelqu'un mal accompagné, ils l'enlevoient, et le menoient à Stenay pour en tirer rançon. Ils en usèrent de la sorte à l'égard de Burin, riche partisan, qu'ils prirent entre Paris et Grosbois, allant à sa maison de La Grange en Brie. Quelques jours après, Bécherelle fut rencontré près de Nangis par une troupe de gens qui se saisirent de lui, et l'emmenèrent à Stenay avec grande joie, à cause que c'étoit lui qui avoit surpris Damvilliers durant la prison des princes. Ces aventures obligèrent le Roi de faire publier de sévères ordonnances contre ceux qui seroient soupçonnés de favoriser le parti du prince. Croissy, conseiller du parlement, fut arrêté pour ce sujet, et Vineuil et Joly furent mis à la Bastille; et, pour rechercher plus exactement les coupables, une chambre de justice fut créée à l'Arsenal, qui fit exécuter à mort Bertaut et Ricous, accusés d'avoir attenté sur la vie du cardinal Mazarin. Descoutures, homme fort séditieux, fut aussi envoyé à la Bastille; et dame Anne, harengère qui avoit parlé fort insolemment de la Reine durant les troubles, fut enfermée dans les Petites-Maisons. Au mois de mars, le cardinal de Lyon, frère aîné du défunt cardinal de Richelieu, mourut à Lyon, laissant beaucoup de bénéfices vacans; et la charge de grand aumônier de France fut donnée au cardinal Antoine, et l'archevêché de Lyon à l'abbé d'Énay, frère du maréchal de Villeroy. On remarqua que sur ce qui fut dit à la Reine que les antichambres du cardinal Mazarin étoient pleines d'ecclésiastiques, elle répondit qu'il ne falloit pas s'en étonner, puisqu'il y avoit des bénéfices à donner, et que Dieu merci elle s'en étoit reposée sur lui, et qu'elle s'estimoit bienheureuse de n'en avoir pas la tête rompue. Ce discours surprit tout le monde, voyant que la Reine mettoit son bonheur à ne pouvoir rien, et appeloit malheur d'être en puissance de faire du bien à ses serviteurs. Le cardinal Mazarin étoit ravi de la voir de cette humeur, et la soulageoit de ce soin avec beaucoup de plaisir : car pour le Roi, il le laissoit faire à sa fantaisie, et ne se mêloit de rien.

Au mois d'avril, le cardinal, voyant que le garde

des sceaux Molé ne pouvoit faire cette charge avec celle de premier président du parlement de Paris, résolut de le faire décharger de la dernière : à quoi il donna son consentement, à condition que son fils Champlâtreux seroit président au mortier. D'abord le cardinal jeta les yeux sur le président de Novion, en considération de ce qu'il avoit été le premier à se trouver à Pontoise lorsque le parlement y fut transféré. Il y eut grande négociation pour ce sujet; mais enfin ce président le refusa, sur ce qu'il falloit qu'il donnât sa charge à Champlâtreux : ce qu'il ne pouvoit faire sans ruiner sa famille. Cette affaire étant manquée, le cardinal choisit le président de Bellièvre, qui avoit été employé dans de grandes ambassades, homme de grand mérite et de fermeté, lequel fut reçu premier président le 22 d'avril. Après le retour du cardinal, il fut pressé par Créqui, Roquelaure, Miossens et Palluau, de leur permettre de déclarer l'honneur qu'il leur avoit fait en faisant voir leurs lettres. Il s'en défendit le plus qu'il lui fut possible, et eût bien voulu tenir la chose secrète éternellement s'il eût pu, de crainte d'être importuné de plusieurs autres qui, se fondant sur cet exemple, lui demanderoient les mêmes honneurs : mais ils lui représentèrent que ces dignités leur seroient inutiles si elles demeuroient toujours cachées; et que la raison du secret cessoit, puisqu'il étoit présentement le maître. Toutes ces instances et ces poursuites n'eussent de rien servi, si Miossens ne l'eût arraché de lui plutôt qu'il ne l'obtint; car étant à cheval à la tête des gendarmes du Roi, il le rencontra en chaise, qui alloit du Louvre au palais Mazarin, et lors il fit signe de sa canne aux porteurs de le mettre à bas; et le cardinal, sur le bruit, ayant regardé par la fenêtre de sa chaise, vit que Miossens l'arrêtoit d'autorité, disant qu'il vouloit parler à lui. Le cardinal le voyant à la tête des gendarmes fut étonné, et sortit de sa chaise; et Miossens descendit de cheval, et le pressa fort fièrement de lui tenir parole, et de le déclarer maréchal de France. Le cardinal le voyant le plus fort n'osa le refuser, et ainsi Miossens extorqua de lui par crainte ce qu'il ne pouvoit avoir par douceur; et il fut déclaré deux jours après maréchal, et en fit le serment, et prit le titre de maréchal d'Albert. Cet exemple servit aux autres : car Palluau fut reconnu tel en même temps, sous le nom de maréchal de Clérembault; et les ducs de Créqui et de Roquelaure prirent possession de leur nouvelle dignité.

Cette année mourut à Leuville, à sept lieues de Paris, Châteauneuf, ci-devant garde des sceaux de France, homme d'une grande probité et capacité dans les affaires d'État. Le cardinal fut fort aise de cette mort, car il avoit toujours eu une extrême jalousie contre lui, qui causoit son éloignement de la cour. Cet été, le duc de Glocester, troisième fils du roi d'Angleterre, arriva à Paris. Cromwel l'avoit détenu depuis la mort de son père; puis il le mit en liberté, à condition de ne retourner jamais en Angleterre, l'aimant mieux en exil avec ses frères que dans le pays, où il pourroit émouvoir quelque trouble.

La guerre civile étoit éteinte près de Paris, mais elle continua toujours en Bourgogne et en Guyenne. Dans la première, le comte de Boutteville tenoit Seurre pour le prince de Condé, d'où il faisoit contribuer une partie du duché de Bourgogne. Pour remédier à ce désordre, le cardinal envoya des troupes au duc d'Epernon, gouverneur de cette province, lequel investit Seurre le 9 de mai. Le 12, les assiégés firent une sortie de cavalerie, dans laquelle ils furent repoussés jusque dans leurs contrescarpes. On ne fit point de circonvallation, parce que le secours n'étoit à craindre que du côté de la Franche-Comté, qui étoit en neutralité avec la France. La nuit du 13 au 14, la tranchée fut ouverte par le régiment de la Marine; on ne fit qu'une attaque à cause qu'il y avoit peu d'infanterie dans le camp. Le 16, on battit la ville de dix pièces de canon, et on poussa le travail si avant, qu'on éleva, le 20, une batterie de trois pièces proche la contrescarpe. Le 22, on mit deux canons de l'autre côté de la Saône pour battre à revers, et faciliter le logement sur la contrescarpe, et on se logea auprès du glacis après un combat fort opiniâtré : mais à la pointe du jour, avant que le logement fût bien assuré, les assiégés firent une sortie par eau dans des bateaux; et ayant mis pied à terre, ils chassèrent les assiégeans de ce poste, et les recognèrent jusqu'à une redoute qu'ils avoient plus éloignée. Le 26, le logement fut refait en plein jour, malgré les grenades et feux d'artifice des assiégés; et une batterie de deux pièces y fut dressée. On travailla ensuite à la sape du chemin couvert jusqu'à la nuit du 29 au 30, qu'on se logea sur la contrescarpe; on perça le fossé, et on écoula l'eau dont il étoit rempli le jour même. On fit deux batteries sur le bord du fossé à droite et à gauche, pour rompre les flancs de deux bastions. La nuit du 2 au 3 de juin, le mineur fut attaché au corps de la place. Le 4, le fossé étant vide d'eau demeura si bourbeux, qu'il le fallut combler de fascines pour le pouvoir passer; et la mine étant prête à jouer, Boutteville demanda à parlementer; et des otages ayant été donnés de part et d'autre, la capitulation fut signée le 6 de juin, et la place fut rendue le 8, la garnison en étant sortie pour être conduite à Stenay. Seurre fut rasé par ordre de la cour; et par cette prise la Bourgogne demeura paisible, et la guerre civile ne continua qu'en Guyenne, de laquelle il faut parler.

Nous avons vu le départ du comte d'Harcourt de l'armée de Guyenne pour aller à Brisach, et comme le duc de Candale fut envoyé pour commander en sa place. Son arrivée rassura l'armée qui étoit étonnée de l'absence de ce comte: il la fit marcher vers Villeneuve-d'Agen pour l'assiéger; mais l'entrée du Roi dans Paris fit une telle impression dans l'esprit des peuples, que les plus mutins ne respiroient que l'obéissance. Les habitans de cette ville en donnèrent un grand témoignage: car; sans se souvenir du siége qu'ils avoient soutenu si opiniâtrément l'année dernière contre le comte d'Harcourt, dès qu'ils virent le duc de Candale à leurs portes, ils le reçurent en criant *vive le Roi!* Dans ce même temps, Marchin prit Sarlat, après huit jours de siége, et le baron de Vatteville retourna en Espagne avec ses vaisseaux, laissant dans Bourg six cents Espagnols en garnison. Le duc de Candale, après s'être saisi du Mont-de-Marsan, y fit demeurer le chevalier d'Aubeterre, qui fit la guerre au colonel Balthazar, et le battit près de La Bastide. Quelque temps après il le chassa de Grenade, et le comte de Pompadour fit sortir les troupes de Marchin du Limosin. Le parlement de Bordeaux diminuoit tous les jours, et l'insolence de l'armée faisoit tous les jours sortir quelques officiers de ce corps. Cela obligea le Roi de le transférer à Agen, où tous ceux qui étoient sortis de Bordeaux se rendirent, et en firent l'ouverture suivant la déclaration de Sa Majesté. L'armée navale du Roi entra dans ce temps-là dans la bouche de la Garonne, et prit le château de Saint-Surin; et la ville de Monségur rentra dans l'obéissance. Le comte du Dognon voyant le parti aller en décadence, et craignant de le voir entièrement abattu, voulut prévenir ce malheur, et traiter de bonne heure avec le Roi. Pour faire ses conditions meilleures, il offrit de se remettre au service de Sa Majesté en gardant ses gouvernemens, pourvu qu'on le fit maréchal de France. Ces demandes lui furent refusées, et on lui accorda seulement l'amnistie, à condition qu'il remettroit Brouage et Oleron au pouvoir du Roi. Il demeura d'accord de cet article, mais il insista toujours sur le bâton de maréchal de France; et le cardinal, considérant qu'on le retireroit par là de deux bonnes et importantes places dont on auroit grande peine de le retirer autrement, conseilla de lui donner; et la Reine, en l'accordant avec regret, dit que le Roi lui enverroit un bâton dont il lui falloit un jour donner sur les oreilles. Il rendit par ce traité ses places, et il revint à la cour sous le nom de maréchal Foucault.

La guerre duroit toujours en Guyenne, où le duc de Candale, averti que les habitans de Sarlat étoient affectionnés au service du Roi, y envoya Marins avec le régiment de Champagne et quelques autres troupes, qui n'y furent pas plus tôt arrivés que les bourgeois prirent les armes, se saisirent d'une porte, et reçurent Marins dans la ville. Aussitôt il investit l'évêché, où il prit Chavagnac, qui y commandoit; et ayant fait prisonniers tous les officiers et soldats, il laissa la ville entre les mains du peuple, qui avoit fait paroître son zèle au service du Roi.

Dans Bordeaux, la violence y augmentoit toujours; et l'archevêque de la maison de Béthune excommunia tous ceux qui portoient les armes contre le Roi, et défendit aux prêtres et curés de leur donner l'absolution. Sur ce mandement, beaucoup voulurent dans leurs sermons exhorter le peuple à rentrer dans son devoir; mais aussitôt les *ormistes* pilloient leurs maisons, et les traitoient indignement. L'archevêque même eût couru grande fortune s'il eût été dans la ville; mais il en étoit sorti dès qu'elle fut révoltée, et envoyoit ses mandemens de loin. Le père Ithier, cordelier, ayant voulu dire en chaire ses sentimens sur la rébellion, qu'il désapprouvoit, fut pris et battu en le menant en prison, où il fut très-maltraité, et condamné à faire amende honorable: ce qu'il souffrit avec beaucoup de constance. Un de ses parens, âgé de plus de soixante ans, fut mis à la question, qu'il endura avec grande fermeté; et le président d'Afis, sur un soupçon, fut fait prisonnier et gardé fort étroitement. Ces tumultes si fréquens choquoient tous les bons bourgeois et honnêtes gens de la ville, qui cherchoient les moyens de se tirer d'oppression en rentrant dans leur devoir. Le même effet se fit dans les autres villes du pays, où Cadillac, La Réole, Langon, Bazas et Bergerac ouvrirent les portes au duc de Candale. Le duc de Vendôme, amiral de France, fit mettre pied à terre à l'infanterie pour nettoyer la Garonne, et attaqua le bourg de Lormont, où il y avoit cinq cents Irlandais, qui se rendirent et prirent parti avec lui. Puis ayant fait savoir au duc de Candale qu'il désiroit de conférer avec lui, ce duc avança avec son armée, et entra dans le pays d'entre les deux mers, où s'étant abouchés, ils résolurent le siége de Bourg, et d'en chasser les Espagnols, parce que c'est un poste avantageux, où la Dordogne se joint à la Garonne. Dans ce dessein, le duc de

Vendôme entra dans la bouche de Dordogne et le duc de Candale investit Bourg, et le 29 de juin fit devant ouvrir la tranchée, qu'il poussa si vivement que le 2 de juillet il étoit logé sur le bord du fossé, où ayant fait dresser deux batteries, elles firent brèche, et obligèrent les Espagnols de se rendre le 5 du mois. Le baron de Montesson fut tué à ce siége, fort regretté du duc de Vendôme. Après la prise de Bourg, les deux ducs mirent le siége devant Libourne, situé sur la Dordogne, plus haut que Bourg; et l'ayant attaqué le 15 de juillet, ils le battirent si furieusement, qu'il leur fut rendu le 18 par composition. Ces bons succès firent connoître au peuple de Bordeaux qu'il étoit temps qu'il ouvrît les yeux; et que s'il attendoit plus longtemps à rentrer dans son devoir, il se verroit contraint de se rendre à la discrétion du Roi, qui le châtieroit de sa rébellion passée. Ce murmure augmentoit tous les jours, et les bons bourgeois ne pouvoient plus souffrir l'insolence de *l'ormée*, et désiroient avec passion de se mettre à couvert des insultes de cette canaille séditieuse. Durant cette bonne disposition, il arriva des lettres du Roi, qui exhortoient les corps de la ville à prendre courage et à secouer le joug de la rébellion, leur promettant pardon du passé. Alors tous les principaux habitants prirent les armes, et s'assemblèrent à la Bourse, où ils représentèrent le mauvais état de leurs affaires, la prise de toutes les villes de leur voisinage, qui les bloquoient de tous côtés; le peu d'espérance du secours des Espagnols, qui n'avoient pu se maintenir dans Bourg, qu'on leur avoit donné pour sûreté. Ils remontrèrent qu'il n'y avoit plus qu'eux qui tinssent contre le Roi, lequel fortifieroit encore son armée pour les presser de plus près, et les réduire à telle extrémité qu'ils seroient contraints de se rendre la corde au col, en danger de ne point obtenir de grâce : au lieu que le Roi leur tendoit présentement les bras, et leur promettoit de leur faire sentir les effets de sa clémence. Ils conclurent tout d'une voix qu'il falloit traiter avant que de tomber dans ces inconvéniens, et assurer par là leurs biens et leur repos; et en même temps députèrent Bacalan au duc de Vendôme, et Virelade à celui de Candale, pour leur faire ouverture d'accommodement. Le prince de Conti souhaitoit la paix, à cause qu'il craignoit d'être réduit à s'embarquer pour aller en Flandre trouver le prince de Condé son frère, en abandonnant ses biens et tous les établissemens qu'il avoit en France. L'insolence des *ormistes*, dont il n'étoit plus le maître, l'y portoit encore. Il étoit brouillé avec la duchesse de Longueville sa sœur, avec laquelle il étoit auparavant fort uni; et cette division causoit des cabales dans Bordeaux si contraires, qu'elles donnoient lieu à l'affaiblissement du parti et à l'élévation de celui du Roi. La duchesse s'ennuyoit de la guerre, mais elle craignoit la paix, de peur d'aller trouver son mari en Normandie, duquel elle appréhendoit d'être maltraitée. Ils prévoyoient tous deux qu'ils offenseroient au dernier point le prince de Condé en s'accommodant, lequel ils avoient embarqué dans la guerre contre son sentiment, et par pure complaisance pour eux : mais la crainte de tomber dans le même précipice où il étoit les fit passer par dessus toutes sortes de considérations, et résoudre de se mettre à couvert d'une perte inévitable en faisant un bon accommodement. Le prince de Conti eût bien voulu rompre l'assemblée des bourgeois pour se rendre maître de la négociation, mais il ne pouvoit plus; et n'osant témoigner à la princesse de Condé qu'il désirât la paix, ni à Marchin et Lenet qui étoient attachés au prince de Condé, il tenoit des conseils avec eux pour chercher les moyens de l'empêcher, quoique sous main il la favorisât. Cependant les députés de la ville partirent pour faire leur commission. Bacalan fut bien reçu à Lormont par le duc de Vendôme, lequel lui dit qu'il avoit tout pouvoir du Roi de traiter, et qu'il étoit prêt de recevoir Bordeaux dans la grâce de Sa Majesté, pourvu qu'il se remît dans son devoir. Dès que cette réponse fut sue, tout le monde se mit à crier *vive le Roi!* et à se jeter sur les *ormistes*, qui se cachoient et ne s'osoient plus montrer. Une seconde assemblée s'étant faite à la Bourse, on y révoqua la députation qu'on avoit faite en Espagne et en Angleterre pour avoir du secours, et on renvoya de nouveau aux ducs de Vendôme et de Candale pour achever le traité. Marchin et Lenet faisoient ce qu'ils pouvoient pour détruire ce dessein, et la princesse de Condé n'y oublioit rien de son côté; mais l'inclination du peuple à la paix étoit si forte, que leurs efforts étoient vains : et quand le prince de Conti l'eût voulu, il n'étoit plus en état d'empêcher cette résolution ; car toute la populace avoit quitté le vert, marque de rébellion, pour prendre le blanc; et une écharpe bleue n'osoit plus paroître en sûreté dans la ville. Le secrétaire du duc de Vendôme, qui étoit venu de sa part à Bordeaux, fut arrêté par Marchin, sur ce qu'il n'avoit point de passe-port; mais il fut tiré de ses mains par le peuple, et conduit à l'assemblée générale, d'où, après avoir eu audience, il fut ramené dans son vaisseau avec escorte. Les députés étant allés trouver les ducs, y conclurent et signèrent le traité à la fin de juillet, par lequel il fut arrêté que les princes, princesses et autres de leur faction sortiroient de Bordeaux, et que les ducs y entreroient au nom du Roi, qui pardonnoit aux Bordelais leur rébellion passée, et les rétablissoit dans leurs priviléges, excepté le nommé Duretête et cinq autres, que le Roi réservoit à la sévérité de sa justice, comme principaux chefs de la cabale de *l'ormée*. Il fut aussi convenu que les magistrats qui étoient alors seroient destitués, comme établis par les factieux; et que d'autres seroient élus en leur place, des serviteurs du Roi. Ce traité fut envoyé à la cour pour être ratifié, et le Roi ajouta dans la ratification que le parlement ne seroit pas sitôt remis à Bordeaux; mais que ceux qui y étoient se transporteroient à La Réole, où ceux qui tenoient le parlement à Agen les iroient joindre pour y exercer la justice, jusqu'à ce qu'il en eût autrement ordonné; et que le château Trompette seroit rétabli. Ces articles furent reçus avec grand applaudissement, et confirmés le 31 de juillet dans l'assemblée de la Bourse, d'où on envoya signifier aux princes cet accommodement, et les prier de sortir de la ville. Comme ils n'étoient pas en état de résister à ce torrent, ils partirent le 2 d'août. La princesse de Condé, le duc d'Enghien et Marchin allèrent coucher à Blancafort, pour se rendre à Lesparre, où ils devoient s'embarquer pour aller trouver le prince de Condé dans les Pays-Bas. Le prince de Conti s'étoit abouché huit jours devant avec le duc de Candale à Hautbrion, et depuis à Bacalan avec celui de Vendôme, avec lequel il étoit demeuré d'accord de tout; et suivant leur convention il se retira à Cadillac, et la duchesse de Longueville à Montreuil-Bellay, maison de son mari, après avoir tous deux pris l'amnistie. Le 3 du mois, les ducs de Vendôme et de Candale firent leur entrée dans Bordeaux, et furent descendre dans l'église métropolitaine de Saint-André, où le *Te Deum* fut chanté, et le père Ithier, gardien des Cordeliers, y fit le sermon [c'est celui qui avoit été si maltraité par les *ormistes*, et n'avoit été mis en liberté que par la paix]. Quelque temps après, le Roi, pour récompense de sa fidélité, lui donna l'évêché de Glandèves. Le lendemain, on procéda à l'élection de nouveaux jurats, les anciens ayant été déposés; et dès-lors cette ville commença à jouir des douceurs de la paix, et on n'y parla plus que de bien servir le Roi. Le prince de Conti fut visité par les ducs à Cadillac; puis il en partit le 9 d'août pour aller à Pézenas, selon l'ordre qu'il en reçut du Roi. Le colonel Balthazar prit aussi l'amnistie, et revint avec son régiment au service du Roi.

Après la réduction de Bordeaux, il ne restoit plus que Périgueux dans la rebellion; et les ducs de Vendôme et de Candale se préparoient à l'assiéger, lorsque les habitans traitèrent d'eux-mêmes; et ayant pris les armes, défirent leur garnison, tuèrent Chanlos leur gouverneur, et ouvrirent leurs portes au duc de Candale. Environ ce temps-là, l'armée navale d'Espagne entra dans la bouche de la Garonne trop tard : car la Guyenne étoit entièrement soumise. Le duc de Vendôme fit voile devers Blaye pour la combattre; mais elle ne l'attendit pas, et se retira pour ne plus revenir. L'obéissance de la Guyenne mit fin à la guerre civile; et la France n'étant plus divisée commença à reprendre ses forces, et à les unir toutes ensemble pour faire la guerre aux Espagnols, et réparer ses pertes faites dans les Pays-Bas durant les troubles.

Au commencement de l'année, les Français reprirent Vervins au milieu de l'hiver; et Beaujeu fit deux combats, l'un contre Briord, du parti du prince de Condé, au bourg de Termes; et l'autre contre Coligni à Couvin, ville de Liége, dans lesquels il eut avantage. Les armées furent long-temps cette année dans leurs quartiers d'hiver, à cause que la France étoit si affoiblie par cinq années de guerre civile, qu'elle ne commençoit qu'à prendre haleine, et laissoit rafraîchir ses troupes fatiguées, pour demeurer sur la défensive, et empêcher les Espagnols de rien entreprendre. La saison néanmoins s'avançant, le maréchal de Turenne mit son armée en corps; et le 5 de juillet il forma le siége de Rethel, où il emporta d'emblée tous les dehors; puis ayant dressé deux batteries, il fit brèche le 8, et le marquis de Persan en sortit le 9 pour être conduit à Stenay. Le 16, le Roi partit de Paris pour Compiègne avec le cardinal Mazarin, à dessein de voir son armée, et de tirer Manicamp de La Fère. Mais pour en apprendre le sujet il faut savoir que quand le marquis de Nesle, gouverneur de cette place, mourut, Manicamp en demanda le gouvernement avec instance, à cause que ses terres sont situées aux environs; et le cardinal ayant affaire de lui en ce temps-là, le fit commettre pour y commander, à condition qu'il en sortiroit quand il plairoit au Roi, en lui donnant cinquante mille écus. Il étoit fort attaché aux intérêts du cardinal, et il l'avoit accompagné lorsqu'il rentra en France avec le maréchal d'Hocquincourt, dont il étoit lieutenant général. Le cardinal n'ayant plus besoin de lui, et se trouvant au dessus de tout, oublia facilement les services que Manicamp lui avoit rendus, et voulut avoir La Fère pour lui : ce que Manicamp ayant appris, il fit tout ce qu'il put pour s'y maintenir, et lui offrit de garder la place comme son lieutenant, l'assurant qu'il ne la pouvoit confier à personne qui fût plus à lui qu'il étoit; mais ne l'ayant pu obtenir, parce que le cardinal y vouloit mettre un de ses domestiques, il résolut d'y demeurer de quelque façon que ce fût, et il envoya trouver le prince de Condé pour prendre des mesures avec lui. Cette nouvelle obligea le Roi de s'avancer jusqu'à Noyon, d'où les maréchaux des logis furent envoyés à La Fère pour y marquer les logemens; mais ils n'y purent entrer, et trouvèrent les portes fermées. Le cardinal, étonné de ce refus, mit l'affaire en négociation, laquelle fut terminée à condition que Manicamp toucheroit les cinquante mille écus qu'on lui avoit promis avant de sortir de La Fère. Cette somme lui fut payée le lendemain 19 de juillet; et comme elle fut longue à compter, il tint les ponts levés et les portes fermées jusqu'à ce qu'il eût tout reçu; tellement que les bagages de la cour arrivant, et ne pouvant entrer, se renversoient les uns sur les autres, et s'étendoient en large dans la prairie à droite et à gauche : ce qui causoit un grand embarras dans le chemin et dans la campagne. Cela dura jusqu'à la nuit, que le Roi arrivant, on lui ouvrit une porte par laquelle il entra, durant que Manicamp sortoit par l'autre avec son argent. Sa Majesté ne trouva ni souper prêt, ni chambre tendue, à cause de ce désordre; et tout d'un coup les portes ayant été ouvertes, ce fut la plus grande confusion du monde : car ceux qui conduisoient les charrettes, lesquelles étoient dehors pêle-mêle sans ordre, se battoient à qui passeroit les premiers; et arrivant à la porte toutes à la fois, elles s'embarrassèrent l'une l'autre, de sorte qu'elles furent toute la nuit à filer. Le cardinal établit Siron dans La Fère, où le Roi séjourna jusqu'au 24, qu'il en partit pour coucher à Marle; et le 25 il vit en bataille les armées des maréchaux de Turenne et de La Ferté au camp de Saint-Algis, près d'Estrées-au-Pont. Le lendemain le Roi marcha avec l'armée, et fut camper à Ribemont, où il demeura jusqu'au 29, qu'il en partit pour coucher à Soissons; et le 30 il fut à Paris, en carrosse de relais.

Après que le Roi eut quitté son armée, le prince de Condé, joint avec le comte de Fuensaldagne et les Lorrains, commandés par le chevalier de Guise, entra en France, et vint camper à Fonsommes. Il s'avança le dernier de juillet à Olesi, à une lieue de Ham, et de là à Magny, dans le dessein d'assiéger Noyon; mais un grand corps d'infanterie y étant entré, il changea de pensée, et investit Roye le 3 d'août; il le battit aussitôt de huit pièces de canon, et fit si grande brèche que le 5 il en fut maître à discrétion. Il trouva beaucoup de blé et de sel dans cette ville, dont son armée avoit besoin. Il fut de là sommer Montdidier, qui se racheta par du pain et du vin qui fut fourni pour l'armée. Le maréchal de Turenne voyant les Espagnols entrés en France beaucoup plus forts que lui, au lieu de se poster derrière la rivière d'Oise pour couvrir Paris, comme on fit en 1636, prit un dessein tout contraire; car il leur abandonna toute la Picardie et même tout le royaume, et passa la rivière de Somme en delà, pour se mettre entre cette rivière et les Pays-Bas, afin de leur couper les vivres, assurant qu'ils n'iroient pas loin, et qu'ils retourneroient bientôt sur leurs pas. Ce dessein fut très-judicieux, et de grand capitaine; car peu de jours après les Espagnols manquèrent de tout, quoique les campagnes fussent couvertes de blés : mais les convois ne venant plus de leur pays, ils tombèrent en grande nécessité, et furent contraints de repasser la Somme le onzième d'août à Cerisy et Sailly, sur des ponts de bateaux, après avoir abandonné Roye. Ils reçurent là un convoi de Cambray, qui rafraîchit fort leur armée; et le 12 ils furent reconnoître Corbie, faisant mine de l'investir : mais Houdancourt, gouverneur de la place, ayant montré de la résolution par une sortie qu'il fit, ils passèrent outre, et marchèrent droit au maréchal de Turenne, du côté de Péronne. Ce maréchal, ne se sentant pas assez fort pour les attendre, pour se retirer passa une petite rivière; mais le prince de Condé s'étant avancé fort promptement, le vit défiler; et comme il avoit l'esprit fort présent, et qu'il ne perdoit jamais un moment de prendre ses avantages, il manda au comte de Fuensaldagne qu'il marchât en diligence, et que les Français étoient à lui s'il vouloit. Le comte, selon la lenteur ordinaire des Espagnols, délibéra s'il étoit à propos de hasarder; et devant que cette délibération fût achevée, l'armée française étoit passée. Ce beau coup manqué fit éclater le prince de Condé par des reproches contre le comte de Fuensaldagne; sur quoi ils en vinrent à des paroles aigres, qui fut l'origine de la mésintelligence qui continua depuis entre eux. Les Espagnols, après avoir pris et pillé en passant la petite ville d'Ancre, furent camper au mont Saint-Quentin près de Péronne. Le 16, ils en partirent pour s'approcher de Guise à dessein de l'assiéger; mais le maréchal de Turenne jeta dedans du secours, et le chevalier de Guise refusa de servir à ce siége avec les Lorrains, à cause du duc de Guise son frère : tellement qu'ils quittèrent cette entreprise, et furent loger à Fonsommes, et de là à Vermand, où l'ar-

19.

chiduc Léopold arriva, qui n'étoit point venu auparavant dans son armée, parce que le prince de Condé ne vouloit pas prendre le mot de lui; et il fallut que le roi d'Espagne envoyât de Madrid une table en papier, où tous les jours des mois étoient marqués, avec le mot pour chaque jour. Cette table étoit entre les mains du comte de Fuensaldagne, qui portoit l'ordre aux deux princes de la part du Roi, qui régla que pour éviter toutes contestations ils se traiteroient d'égal, et se donneroient la main les uns chez les autres. Réglement fort glorieux pour le prince de Condé, qui étoit réfugié chez les Espagnols, et dans leur protection : et cela témoignoit qu'ils avoient autant besoin de lui qu'il avoit besoin d'eux.

Le premier de septembre, le Roi retourna de Paris à Compiègne, où le prince François de Lorraine, évêque de Verdun et frère du marquis de Mouy, arriva pour saluer Leurs Majestés, qui l'avoient rétabli dans ses biens et bénéfices, après avoir quitté le parti de la maison d'Autriche, auquel il avoit été fort attaché jusqu'alors. Le 8, le Roi fut coucher à Montdidier, et le 9 à Amiens, pour donner ordre aux places de cette frontière menacées de siége; car le prince de Condé avoit détaché de la cavalerie, qui alla jusque dans le Boulonnais pour donner jalousie à Montreuil, Hesdin, Dourlens et Bapaume. Durant cette course, le chevalier de Guise tomba malade à Cambray d'une fièvre continue, dont il mourut le 6 de septembre, fort regretté du duc de Lorraine, qui l'avoit l'année passée attiré dans son parti étant à Paris, et lui avoit donné le commandement de son armée.

Les Espagnols, voyant les places de Picardie et d'Artois trop bien garnies, tournèrent tout court du côté de Champagne, et envoyèrent devant deux mille chevaux, qui investirent Rocroy le 5 de septembre, où toute l'armée arriva deux jours après. Sur ces nouvelles, le Roi partit d'Amiens, et retourna à Compiègne; et les maréchaux de Turenne et de La Ferté, ne se trouvant pas assez forts pour secourir cette place, résolurent de faire diversion, et marchèrent aussitôt du côté de la Meuse, et mirent, le 9 du mois, le siége devant Mouzon. Les deux armées ennemies travailloient à l'envi l'une de l'autre à qui viendroit plus tôt à bout de son entreprise. Mouzon, quoique attaqué le dernier, fut pris le premier; car, dès le 11, le maréchal de Turenne emporta de force un grand ouvrage qui couvroit le pont sur le bord de la Meuse, avec le régiment du Plessis-Praslin; et ayant rudement battu la ville avec douze pièces de canon, il se logea, à la faveur de l'artillerie, sur le bord du fossé de la demi-lune, où il fit attacher le mineur par le régiment d'Yorck le 17, et il s'en rendit maître le 19; puis étant descendu dans le fossé, et ayant fait dedans un pont de fascines, il fit travailler aux mines, qui ne jouèrent point; car le colonel Wolf, qui commandoit dedans, ne voulut pas attendre l'extrémité, et se rendit le 26, à condition qu'il seroit conduit le 28 à Montmédy. Il eut telle composition qu'il voulut, à cause que Rocroy tenoit encore, et que les maréchaux vouloient tenter de le secourir. Montaigu le défendoit, qui étoit homme de cœur et d'intelligence, et fort expérimenté dans le métier. Les grandes pluies qu'il fit durant ce siége incommodèrent fort les assiégeans, parce que c'est un terrain fort fangeux, et qu'ils étoient dans l'eau jusqu'à mi-jambe dans les tranchées. Le travail fut poussé fort vivement par les Espagnols, qui, nonobstant les fréquentes sorties et la vigoureuse résistance de ceux de dedans, se rendirent maîtres de tous les dehors, et attachèrent les mineurs aux bastions le 27 de septembre. Les mines ayant joué le lendemain avec grand effet, ils firent deux logemens sur les brèches, qui obligèrent Montaigu de traiter, et de rendre la place le 30. Les maréchaux, après la prise de Mouzon, marchèrent devers Charleville et Mézières pour joindre des troupes que le duc d'Elbœuf leur envoyoit de Picardie, pour aller de là secourir Rocroy; mais durant cette jonction ils eurent nouvelle de sa prise. Le Roi, pour s'approcher plus près de son armée, étoit venu à Soissons, et même s'avança jusqu'à Laon, où le maréchal de Turenne se trouva pour tenir conseil sur ce qu'il y avoit à faire. Il fut résolu qu'il s'opposeroit aux Espagnols pour les empêcher de troubler les desseins du Roi, lequel, avec les troupes qui revenoient de Guyenne après la réduction de Bordeaux, assiégeroit Sainte-Menehould, et que le maréchal de La Ferté se camperoit entre celui de Turenne et le siége, pour secourir celui qui en auroit besoin.

Selon ce projet, le Roi retourna à Soissons, d'où il partit le 18 d'octobre pour coucher à La Fère-en-Tardenois. Le 19, il fut à Epernay, et le 20 il arriva à Châlons, distant de huit lieues de Sainte-Menehould, qui fut investie le 22 par les marquis d'Huxelles, de Castelnau et de Navailles, lieutenans généraux; lesquels ayant séparé leurs quartiers, se préparèrent à l'ouverture de la tranchée. Le Roi, accompagné du cardinal Mazarin, fut visiter le camp le 26, et retourna le 28 retrouver la Reine à Châlons. Le marquis d'Huxelles ouvrit la tranchée la nuit du dernier d'octobre au premier de novembre, du côté de la porte des Bois; et le lendemain Castelnau la poussa jusque sur le bord de la rivière, où il fit un logement, et y dressa une batterie de quatre pièces, à la faveur de laquelle il prétendoit la passer : mais les assiégés s'étant logés de l'autre côté firent si grand feu, qu'il fut impossible de faire un pont, d'autant que les assiégeans ayant peu d'infanterie, ne pouvoient être supérieurs en feu ; et ainsi on fut dix jours sur le bord de cette rivière sans avancer. Les lieutenans généraux jetoient la faute de ce retardement les uns sur les autres : ce que voyant le cardinal Mazarin, il envoya pour les mettre d'accord le maréchal Du Plessis, pour commander l'armée au dessus d'eux. Dès qu'il fut arrivé au camp, il jugea le passage de cette eau trop difficile; et par cette raison il quitta cette attaque et en recommença une autre de l'autre côté de la ville, où il n'y avoit point de rivière à passer. Ce changement d'attaque retarda fort le siége ; car les assiégés faisoient des sorties et se défendoient bien, et la rigueur de la saison étoit fort contraire aux assiégeans, qui étoient fort avant dans la fange et dans la boue en faisant leurs gardes ; si bien que le succès de ce siége étoit fort douteux, s'il ne fût arrivé un accident qui en décida l'événement : car un canonnier tirant un coup de canon contre le château, le boulet entra par une fenêtre, donna contre une caque de poudre, et y mit le feu. Alors tout le magasin s'enflamma, et fit sauter avec grand bruit le coin d'une tour ; et pour cela les assiégés manquèrent de poudre. Ce défaut parut bientôt, tant par le fracas que fit cette grande fougade, que par la foible résistance que ceux de dedans firent depuis : car les assiégeans passèrent le fossé sans peine, attachèrent le mineur au corps de la place, et firent jouer la mine. Aussitôt les Suisses montèrent sur la brèche l'épée à la main, et y firent un logement. Montal, qui commandoit dans la ville, se voyant si pressé, demanda à capituler : ce qui lui fut accordé, à condition que les Allemands et étrangers sortiroient le 27 de novembre, tambour battant et enseignes déployées; mais que les Français auroient seulement liberté de sortir armes et bagage. Le Roi étoit arrivé au camp dès la veille, qui voulut voir passer devant lui les étrangers, lesquels saluèrent Sa Majesté avec l'épée; mais il ne voulut pas voir les Français, comme étant rebelles; tellement qu'ils sortirent par une autre porte sans bruit. On ne perdit durant ce siége personne de remarquable que Charmon, capitaine aux gardes, dont la compagnie fut donnée à d'Orties. Cette prise acheva la campagne, et toutes les armées, de part et d'autre, se mirent en garnison. Le Roi partit de Châlons le 4 de décembre, et fut coucher à Vertus, le 5 à Montmirel, le 6 à La Ferté-sous Jouarre, le 7 à Meaux, où il séjourna le 8 ; et le 9 il arriva à Paris, où, pour récompense des services du maréchal de Turenne, le Roi lui donna le gouvernement de Limosin. Il fit en même temps expédier une commission au parlement pour faire le procès au prince de Condé, laquelle il donna au chancelier pour lui porter. Nous en verrons la suite l'année prochaine ; mais présentement voyons ce qui se passa celle-ci en Italie et en Catalogne.

Après que le pape Innocent X eut persécuté la maison Barberine durant huit ans, il se voulut raccommoder avec elle, pour ne point laisser à ses neveux de si puissans ennemis après sa mort ; et pour les unir d'intérêts avec sa famille, il fit le mariage du prince de Palestrine, Maphée Barberin, préfet de Rome, avec la jeune Olimpia Giustiani, sa petite nièce, et créa cardinal Carlo Barberin son frère aîné, tous deux fils de don Thadée, qui étoit mort à Paris quelque temps devant, durant leur persécution. Par cet accommodement, le cardinal Antoine, oncle du nouveau marié, eut liberté de retourner à Rome; et pour ce sujet il partit de Paris après avoir pris le cordon bleu, comme grand aumônier de France ; et il le porta toujours à Rome, quoique le Pape en murmurât. Le cardinal François Barberin, son frère aîné, n'en usa pas de même : car, sur ce que le Pape lui témoigna qu'il n'avoit pas agréable qu'il demeurât dans le parti de France, il renvoya les provisions de grand aumônier de la Reine, qu'il avoit prises retournant à Rome en 1647, pour empêcher que le Pape ne le maltraitât, comme étant domestique de Sa Majesté ; et oubliant la protection qu'il avoit reçue de cette couronne durant sa disgrâce, il en abandonna les intérêts, et voulut passer pour neutre dans Rome. Le comte de Quincey commandoit l'armée française en Piémont, laquelle étoit fort foible; car la France étoit si abattue de ses divisions passées, qu'elle n'avoit pas eu le loisir de se remettre. Et comme elle ne fut entièrement paisible au dedans qu'au mois d'août, par la réduction de la Guyenne, il fut impossible d'envoyer du secours en Italie plus tôt qu'en ce temps-là. Les Français par cette raison se tinrent sur la défensive, et furent long-temps campés à Anone ; et les Espagnols, qui n'étoient guère plus forts qu'eux, proche d'Alexandrie. Tout l'été se passa à changer de campement de temps en temps, quand les fourrages manquoient jusqu'au mois de septembre, que le maréchal de Grancey passa en Piémont avec des troupes venues de Bordeaux ; et dès qu'il fut arrivé, il eut nouvelle que les Espagnols passoient le Tanaro à

Serre pour venir à lui: aussitôt il marcha droit à eux pour combattre leur avant-garde, avant que leur arrière-garde fût passée; mais il attendit quelque temps deux pièces de canon, qui donnèrent loisir à l'armée de passer. Le maréchal de Grancey, voyant qu'ils étoient fort pressés dans un terrain où ils avoient peine de se mettre en bataille, résolut de prendre cet avantage pour les attaquer. Tellement qu'ayant donné les deux ailes de son armée à commander aux marquis de Montpezat et de Vardes, ses lieutenans généraux, il leur ordonna de charger. Le combat se donna le 23 de septembre, où l'infanterie espagnole fut maltraitée; et la mêlée dura jusqu'à la nuit, qui les sépara. Les Français se retirèrent à cent pas de là, et le marquis de Carácène repassa la rivière en delà, proche le château de La Roquette, qui donna le nom à ce combat. Le marquis de Monti, général de la cavalerie de Savoie, fut tué dans cette rencontre; et l'armée française entra ensuite dans l'Alexandrin, où elle pilla le plat pays jusqu'à Sarravalle. Le reste de la campagne se passa ainsi; et le 9 d'octobre, les deux camps étant proches les uns des autres, le maréchal de Grancey et le marquis de Caracène s'abouchèrent dans une plaine proche de Felizzano, où ils se firent beaucoup de civilités. De là les Français passèrent la Sesia du côté de Verceil; et ayant pris le château de Carpignano, ils firent des courses dans le Navarrois jusqu'au Tesin. Les Espagnols étoient campés à Gattinara, où le marquis de Caracène eut avis que sa femme étoit fort malade à Milan. Le maréchal de Grancey en étant averti lui envoya offrir une trêve, pour lui donner le loisir de l'aller voir. Il accepta son offre, et les officiers des deux armées se festinèrent durant ce temps-là les uns chez les autres; et cette campagne finit en courtoisies et complimens de part et d'autre.

Le Plessis-Bellière, après avoir servi en Guyenne, reçut ordre de la cour d'aller en Roussillon pour y commander en la place du maréchal de La Mothe, qui étoit retourné à Paris. Il y trouva les affaires en grand désordre; car toute la Catalogne étoit perdue, à la réserve de Roses, que les Espagnols tenoient bloquée par des forts qu'ils avoient faits à l'entour; et ils attendoient un grand renfort de Naples et de Sicile pour en former le siége. Le Plessis-Bellière, connoissant l'importance de cette place, assembla toutes ses forces pour tâcher à la secourir avant que ce secours leur fût arrivé, et marcha vers le col de Pertuis pour le passer. Il n'y trouva pas tant de résistance qu'il pensoit; car les Espagnols se retirèrent dans leur camp, et laissèrent seulement garnison dans la tour de Jonquières, qu'il attaqua le 16 de juin; et la prit le lendemain à coups de canon. Dès qu'il eut passé les Pyrénées, il apprit que les Espagnols avoient abandonné leur fort devant Roses, et que La Ferele faisoit raser. Sur cette nouvelle, il approcha de cette ville; et ayant conféré avec lui, ils trouvèrent à propos, pour s'assurer du Lampourdan, de prendre Castillon-d'Ampouilles. Il l'envoya reconnoître par Bellefond, et le 21 de juin il l'investit, et le soir même ouvrit la tranchée, qu'il poussa en peu de temps jusque sur le bord du fossé: et devant que le corps de la place fût entamé, les Espagnols se rendirent le 5 de juillet, et furent conduits par le Languedoc et la Guyenne à Fontarabie. Le Plessis-Bellière fit raser Castillon, après avoir perdu dans ce siége Mazancourt, mestre de camp d'infanterie. Les Espagnols s'étoient retirés à Gironne avec quatre mille hommes : ce qui donna envie aux Français de les bloquer dedans, dans la pensée que ce grand nombre consumeroit bientôt les vivres qui y étoient. Ils marchèrent pour ce sujet de ce côté-là; et s'étant saisis des passages par lesquels on y pouvoit entrer, ils bouclèrent Gironne de toutes parts. Le maréchal d'Hocquincourt étoit arrivé à Perpignan avec des troupes pour fortifier l'armée, laquelle il joignit le 27 de juillet, et en prit le commandement. Il fit attaquer un moulin et une église qu'il emporta, et y perdit le baron d'Alès, maréchal de camp. Tout le mois d'août se passa dans le camp à faire bonne garde pour empêcher les vivres d'entrer dans Gironne, durant que les Espagnols faisoient venir des troupes de tous côtés pour le secourir. Il leur en arriva de Naples, de Sicile, de Sardaigne, et de toutes les provinces d'Espagne; de sorte que, se sentant assez forts pour tenter un secours, ils s'approchèrent sous la conduite de don Juan, et vinrent loger le 21 de septembre à Caxa-della-Selva, à deux lieues de Gironne. Le 22, ils parurent à la vue des Français, avec lesquels ils escarmouchèrent; et ayant traversé les plaines qui étoient autour de leur camp, ils entrèrent dans les montagnes qui environnent d'un côté cette ville. Le 25, ils firent une fausse attaque sur le quartier de Tilly, d'où s'étant retirés, ils vinrent un peu devant le jour fondre sur les Suisses, qui lâchèrent le pied; puis ils chargèrent les régimens de la Reine et d'Anjou, qu'ils taillèrent en pièces, durant que les assiégés faisoient une sortie et joignoient leurs secours, lesquels étant ensemble défirent le régiment de Noirmoutier. Alors le maréchal d'Hocquincourt, voyant ce quartier emporté, ne songea qu'à faire retraite; et ayant rassemblé les autres quartiers, il fit filer son bagage et son canon, avec lesquels il se retira en ordre. Il perdit tout ce qui étoit dans le quartier de Tilly, qui fut forcé; mais il sauva le reste, et repassa le col de Pertuis pour se rafraîchir dans le Roussillon. Don Juan ne se contenta pas d'avoir secouru Gironne : il voulut pousser sa victoire plus loin, et se rendre maître du Lampourdan; il se saisit de Castillon qui étoit rasé, et sépara ses troupes dans des quartiers autour de Roses, pour empêcher aucun secours d'y entrer. Le maréchal d'Hocquincourt ayant travaillé tous les mois d'octobre et de novembre à remettre son armée en état et à réparer sa perte, reçut un grand secours de France d'une partie de l'armée de Guyenne; et lors il repassa le col de Pertuis le premier de décembre, et marcha droit à Roses pour le ravitailler. Il n'y trouva aucune opposition par la retraite des Espagnols, et il jeta dans cette place tout ce qui lui étoit nécessaire; mais à son retour, il rencontra un grand corps de cavalerie espagnole au passage d'une rivière, qui s'étoit avancé durant que l'infanterie venoit derrière. Ce qu'étant aperçu par le maréchal d'Hocquincourt, il fit passer l'eau à gué à sa cavalerie, qui chargea l'espagnole, la rompit et mit en déroute. Leur infanterie, qui suivoit, eût bien voulu se retirer; mais elle ne put, et fut attaquée par Mérinville et don Joseph Marguerit dans une plaine où elle ne put soutenir l'effort de la cavalerie française, qui la défit. Valavoir, qui commandoit la cavalerie, poursuivit les fuyards avec tant d'ardeur, qu'il tomba dans une embuscade au village de Saleras, où il fut pris, et mené au camp des Espagnols. La rigueur de la saison fut cause qu'on ne profita point de cet avantage, et on ne songea de tous côtés qu'à se mettre en quartier d'hiver.

En Allemagne, l'empereur Ferdinand III, voulant assurer la succession de l'Empire à son fils aîné Ferdinand IV, roi de Hongrie et de Bohême, convoqua une diète à Ausbourg, où les électeurs palatins, de Mayence, Cologne et Trèves se trouvèrent en personne; et ceux de Bavière, Saxe et Brandebourg, par leurs ambassadeurs. Dans ce lieu, après toutes les cérémonies observées, le roi de Hongrie, qui étoit aussi électeur comme roi de Bohême, fut élu roi des Romains, et désigné successeur de l'Empire; dont furent faites de grandes réjouissances dans tous les Etats de la maison d'Autriche.

Nous avons vu, durant le règne du feu Roi, comme la Reine avoit été persécutée par le cardinal de Richelieu, et la grande affaire qu'elle eut à démêler en 1637; et comme un nommé La Porte, qui savoit son secret, fut mis à la Bastille, et ne voulut jamais rien révéler de ce qu'il savoit, quelques menaces qu'on lui fît, et quoiqu'on lui présentât la question. Cette fidélité si éprouvée toucha le cœur de la Reine, laquelle le voulut récompenser quand elle fut régente; et non-seulement elle le rappela près d'elle, mais elle paya de ses deniers la charge de premier valet de chambre du Roi qu'avoit Beringhen, et la donna à La Porte. Il fut dans sa confidence quelque temps; mais le cardinal Mazarin ayant ruiné dans son esprit tous ses anciens serviteurs, tout d'un coup elle ne lui parla plus; et le laissa seulement faire sa charge sans trouble : mais après la guerre civile éteinte, quand il voulut servir son quartier cette année, la Reine lui fit dire qu'elle ne vouloit pas qu'il servît, et deux jours après lui fit défendre de se présenter devant elle ni d'approcher du Roi, et lui fit commander de se défaire de sa charge : à quoi il obéit, et en tira récompense de Niert. On n'a jamais su le secret de cette disgrâce; mais on a cru qu'il avoit blâmé trop librement la Reine de son grand attachement pour le cardinal, et d'avoir trop hasardé pour le maintenir; et que le cardinal voyant le Roi majeur ne voulut pas le laisser près de sa personne dans une charge si familière, dans laquelle il le pouvoit entretenir à toute heure.

VINGTIEME CAMPAGNE.

[1654] Au commencement de cette année, le comte de Noailles fit le serment pour la charge de capitaine des gardes du corps, en la place du marquis de Chandenier, lequel, étant ami intime du cardinal de Retz, se rendit suspect à la cour; de sorte que le premier jour de l'an 1651 arrivant, auquel il devoit entrer en quartier, on ne lui voulut pas commettre la garde de la personne du Roi, dans un temps si plein de soupçons et de défiances; et la Reine lui fit dire de ne point venir chez le Roi, et qu'elle désiroit que Villequier gardât le bâton. Il reçut cet ordre avec grand déplaisir, et il répondit qu'il lui falloit faire son procès s'il étoit criminel; mais aussi qu'on lui devoit laisser faire sa charge s'il étoit innocent. Toutes ces raisons ne furent pas reçues; et comme le cardinal se défioit de lui, il résolut absolument de lui ôter sa charge, et lui fit commander, de la part du Roi, de s'en défaire, et d'en prendre récompense. Il n'y voulut jamais consentir, et dit qu'il vouloit mourir capitaine des Gardes; et qu'il ne donneroit jamais sa démission, puisqu'il n'avoit pas mérité un tel traitement. Sur ce refus, le Roi donna sa charge au comte de Noailles, homme attaché au dernier point au cardinal; et Sa Majesté ordonna qu'on rendroit à Chandenier soixante mille écus qu'il avoit donnés sous le feu Roi aux enfans de Gordes pour récompense de cette charge qu'avoit leur père; et que s'il ne les vouloit pas recevoir, qu'on les consigneroit. Chandenier refusa cette somme; et le cardinal, voyant qu'il étoit constant dans sa résolution, fit pourvoir Noailles, auquel Villequier donna le bâton le premier de janvier de cette année, après avoir servi trois quartiers pour Chandenier, lequel se retira dans sa maison, où il n'a jamais voulu ouïr parler d'accommodement, quelque avantage que Noailles lui ait offert; et cette opiniâtreté a été cause de sa ruine.

Le Roi ayant abattu la rébellion dans son royaume, et réduit le prince de Condé à se réfugier chez les Espagnols, résolut de lui faire faire son procès par les formes de la justice. Dès la fin de l'année passée, il avoit envoyé une commission au parlement par le chancelier pour ce sujet. La qualité de prince du sang lui donnoit privilége de ne pouvoir être jugé que par le Roi présent, tous les pairs de France et toutes les chambres assemblées. Pour satisfaire à cette formalité, le Roi fut au parlement le 19 de janvier, où, quand chacun eut pris sa place, les ducs de Guise, de Joyeuse, d'Epernon et le maréchal de Gramont descendirent de leurs bancs, disant qu'ils ne pouvoient opiner, à cause de leur parenté; mais le Roi commanda qu'ils demeurassent, et voulut, nonobstant leurs excuses, qu'ils assistassent à ce jugement. Aussitôt ils remontèrent en leurs places; et après que Doujat, conseiller de la grand' chambre, eut lu les informations, il fut ordonné que le prince de Condé seroit ajourné sur la frontière pour comparoître en personne devant le Roi dans son parlement, et qu'il se mettroit dans quinzaine prisonnier dans la conciergerie du Palais; que tous ses adhérens seroient pris au corps, et leur procès fait, s'ils ne se représentoient dans le temps. Toutes les formalités ayant été observées, le Roi retourna au parlement le 28 de mars, où l'arrêt fut prononcé contre le prince, par lequel il fut condamné à souffrir la mort, telle qu'il plairoit au Roi de lui ordonner, comme étant criminel de lèse-majesté; et qu'en attendant il seroit déchu de toutes charges, dignités et honneurs; et que tous ses biens seroient confisqués et réunis à la couronne. Pareil arrêt fut donné contre tous ceux qui tenoient son parti, qui furent condamnés à perdre la tête et les biens. On suivit dans cette affaire l'exemple de trois autres procès faits à des princes du sang: le premier à Robert d'Artois, comte de Beaumont-le-Roger, sous Philippe VI, dit de Valois; le deuxième à Jean II du nom, duc d'Alençon, sous Charles VII; et le troisième à Charles, duc de Bourbon, connétable de France, sous François premier. Il y a un quatrième exemple de Louis de Bourbon, prince de Condé, bisaïeul de celui-ci sous François II; mais il ne fut pas suivi, parce qu'il ne fut pas fait dans les formes, et qu'il fut jugé par des commissaires, contre les priviléges des princes du sang, que le Roi voulut conserver en cette occasion. Ces princes furent condamnés à mort, sans en spécifier le genre, qui fut laissé à la disposition des rois, à cause du grand respect qu'on doit au sang royal; mais pas un d'eux ne mourut, et les rois ne le voulurent pas répandre. En vertu de cet arrêt, le Roi donna la charge de grand-maître de France, qu'avoit le prince de Condé, au prince Thomas de Savoie, qui en fit serment entre les mains de Sa Majesté.

Le prince de Conti étoit retiré à Pézenas depuis l'accommodement de Bordeaux, où il s'ennuya bientôt : et se voyant brouillé avec le prince de Condé son frère aîné, pour l'avoir abandonné et fait son traité sans lui, et, d'un autre côté, étant mal à la cour à cause des choses passées, il résolut de faire ses efforts pour s'y raccommoder : mais comme le cardinal Mazarin y étoit le maître, et que rien ne se pouvoit faire sans lui, il le fit sonder sous main, et témoigna de désirer son amitié et même son alliance, lui offrant d'épouser mademoiselle Martinozzi sa nièce, et de lui remettre tous ses bénéfices. Le cardinal reçut cette proposition avec joie, et l'affaire fut bientôt conclue. Tellement que le prince de Conti partit de Pézenas, et arriva le 16 de février à Paris, où il épousa cette demoiselle le 22, en présence de Leurs Majestés; et par ce moyen entrant dans la famille du cardinal, il devint participant de sa faveur, et fut nommé général de l'armée de Catalogne. Le cardinal, se voyant si bien rétabli que rien ne pouvoit choquer sa puissance, fit venir de Rome ses deux sœurs, mesdames Martinozzi et Mancini : la première avec une fille, et la dernière avec deux garçons et trois filles, outre celles qui étoient déjà venues en France, qui furent destinées pour les plus grands partis de l'Europe.

Quand le cardinal de Retz fut arrêté, le Pape en témoigna beaucoup de mécontentement, et en fit faire de grandes plaintes au Roi, prétendant que les cardinaux n'ont point d'autres juges que le saint-siége; mais il n'en reçut pas grande satisfaction, car les rois de France soutiennent que tous leurs sujets sont leurs justiciables, en quelque dignité qu'ils soient élevés. Cette affaire commençant à s'assoupir, l'archevêque de Paris, son oncle, mourut : ce qui fit une nouvelle difficulté, parce que cette grande ville n'ayant plus de pasteur, tout le clergé se mit à murmurer de ce que l'on retenoit le leur en prison; et le cardinal Mazarin craignit que cette rumeur n'excitât du tumulte parmi le peuple. Dans ces entrefaites, le maréchal de La Meilleraye vint à la cour, lequel proposa qu'on lui remît le cardinal de Retz entre les mains, et qu'il le mettroit dans le château de Nantes, où il le garderoit en grande liberté, et en répondroit au Roi. Le cardinal Mazarin, qui n'étoit point vindicatif ni violent, et ne poussoit jamais les affaires à bout, fut bien aise de cet expédient, et y donna facilement son consentement. Tellement que le premier d'avril ce cardinal sortit du château de Vincennes, et fut conduit dans celui de Nantes, où le maréchal de La Meilleraye lui fit bonne chère, le laissa dans sa liberté et sur sa foi, tirant seulement parole de lui qu'il ne sortiroit point du château. Et là-dessus le cardinal Mazarin prit sujet de dire au Pape et au clergé qu'il n'étoit pas prisonnier, mais qu'il étoit dans le château de Nantes de son bon gré, sans aucune contrainte.

La Reine voyant la France pacifiée, et le Roi son fils maître absolu de son royaume, jugea qu'il étoit à propos, pour confirmer les peuples dans le respect qu'ils lui devoient, de le faire sacrer et couronner à Reims, selon l'ancienne coutume des rois de France. Il étoit en si bas âge quand il succéda à la couronne, qu'il ne put accomplir cette cérémonie, où il faut qu'il communie sous les deux espèces; et lorsqu'il communia pour la première fois, les troubles qui étoient en France furent cause qu'il ne put satisfaire à ce devoir : mais ces divisions étant assoupies, la Reine voulut, pour attirer la bénédiction du Ciel sur ce royaume, le faire oindre de l'huile céleste de la sainte ampoule, comme ses prédécesseurs. L'archevêque de Reims, duc de Nemours, n'étoit pas prêtre : c'est pourquoi elle fit avertir l'évêque de Soissons de se tenir prêt, comme premier suffragant de Reims, auquel cet honneur appartient au défaut de l'archevêque. Elle fit aussi porter à Reims les ornemens royaux, et la couronne de Charlemagne, gardée à Saint-Denis pour ce sujet. Quand tout fut préparé, le Roi partit de Paris le 30 de mai, et fut coucher à Meaux; le premier de juin à La Ferté-Milon, le 2 à Fismes, et le 3 à Reims. Le 7, il fut sacré et couronné par l'évêque de Soissons, avec la sainte ampoule gardée à Saint-Remy, laquelle fut transportée dans l'église de Notre-Dame; et les quatre seigneurs qui servirent d'otages furent les marquis de Mancini, de Richelieu, de Coislin et de Biron. Les évêques de Beauvais, de Châlons et de Noyon s'y trouvèrent en personne, et les archevêques de Rouen et de Bourges servirent en la place des évêques de Laon et de Langres, absens; mais ils ne marchèrent qu'après les évêques, qui étoient eux-mêmes pairs. Monsieur, frère du Roi, représenta le duc de Bourgogne; le duc de Vendôme celui de Normandie, et le duc d'Elbœuf celui de Guyenne; le duc de Candale le comte de Flandre, le duc de Roannès le comte de Champagne, et le duc de Bournonville celui de Toulouse. Le cardinal Grimaldi fit la charge de grand aumônier, le maréchal d'Estrées celle de connétable, le maréchal de Villeroy celle de grand-maître, le duc de Joyeuse la sienne de grand chambellan, et le comte de Vivonne la sienne de premier gentilhomme de la chambre. Les marquis de Sourdis, comte d'Orval, et le marquis de Saint-Simon, chevaliers de l'ordre, portèrent les honneurs. Le sacre étant achevé, le Roi, revêtu de son manteau royal, la couronne sur la tête, tenant le sceptre et la main de justice, fut dans la salle où se devoit faire le festin royal, auquel le marquis de Montglat, grand-maître de la garde-robe, servit de grand pannetier de France. Le comte de Marans fit sa charge d'échanson, et Beaumont celle de premier tranchant. Le lendemain 8, le Roi fut en cavalcade ouïr la messe à Saint-Remy; et l'après-dinée il retourna dans l'église de Notre-Dame, où tous les chevaliers du Saint-Esprit, revêtus de leurs grands manteaux et colliers, se trouvèrent; et en leur présence, étant habillé en novice, il fit le serment de grand-maître de l'ordre, et reçut le grand manteau et le collier par les mains de l'évêque de Soissons; puis s'étant remis dans son trône, Monsieur, frère de Sa Majesté, approcha de lui avec l'habit de novice, et reçut l'ordre de sa main. Le 9, le Roi toucha pour la première fois les malades des écrouelles; et le 18, il partit de Reims pour s'approcher de son armée.

Le comte d'Harcourt étoit demeuré à Brisach depuis qu'il eut quitté l'armée du Roi en Guyenne, où il croyoit bien faire ses affaires. D'abord il protesta qu'il vouloit être serviteur de Sa Majesté, et qu'il garderoit cette place pour son service; mais comme il s'y étoit établi malgré la cour, aussi n'en reçut-il point d'assistance : tellement que, faute d'argent, sa garnison ne fut plus payée, et lui-même eut grande peine à subsister, tous ses biens étant saisis en France. Il avoit fait son compte que dès qu'il seroit dans Brisach, il auroit de la cour tout ce qu'il voudroit; mais ses demandes furent si grandes, qu'elles lui furent absolument refusées. Il envoya le baron de Mélay à Paris pour ses affaires, lequel les avança fort peu. Si bien que ce comte, réduit au désespoir, se résolut à traiter avec l'Empereur, en lui livrant Brisach et Philisbourg; et quittant absolument la France, fit faire son parti si avantageux en Allemagne, qu'il se trouva recompensé des pertes qu'il feroit en France. On fut averti à Paris de cette négociation, et même que ce traité était prêt à signer. Cet avis donna de grands chagrins au cardinal, lequel donna ordre à un commissaire des guerres, qui étoit en Alsace, de tâcher à entrer dans Philisbourg, et voir s'il ne trouveroit point d'occasion de rendre service au Roi. Il prit son temps que le lieutenant colonel du régiment d'Harcourt étoit sorti; et ayant parlé à quelques officiers, il leur fit connoître qu'ils alloient être livrés à l'Empereur, et qu'ils étoient à la veille de sortir de la domination de la France. Ces officiers témoignèrent y avoir grande répugnance, d'autant qu'ils avoient leurs femmes, leurs enfans et leurs biens dans le royaume; et voyant que le mal pressoit, ils gagnèrent le reste de la garnison, qui avoit autant d'aversion qu'eux à changer de maître. Cette négociation fut si bien conduite, que tout d'un coup tout le monde se mit à crier *vive le Roi!* et on s'assura des portes de la ville. Le lieutenant colonel revint dans ce même temps, auquel on refusa l'entrée; et ayant voulu haranguer ses soldats, on tira sur lui des coups de mousquet qui l'obligèrent de se retirer, et d'aller à Brisach porter cette mauvaise nouvelle au comte d'Harcourt. Cette révolution apporta grand changement au traité qu'il faisoit avec l'Empereur; car de deux places qu'il lui promettoit, il ne lui en pouvoit plus donner qu'une. Dans cette conjoncture, le cardinal le voulut étourdir en le serrant de près; et pour cet effet il fit avancer le maréchal de La Ferté devers l'Alsace, lequel voulant chasser de Béfort le comte de La Suze, qui s'étoit déclaré pour le prince de Condé, envoya Marolles l'investir; et en attendant son arrivée, il commença l'attaque de Béfort. Le maréchal y fut à la fin de janvier, par un froid extrême, et les travaux n'étoient faits que de neige; mais la gelée n'empêchoit pas d'avancer, et les nuits étoient si longues qu'on faisoit plus en l'une qu'on ne feroit l'été en deux : tellement que le mineur fut bientôt attaché au château, qui est dans un roc difficile à miner; mais comme avec patience on vient à bout de tout, le comte de La Suze, prévoyant le temps qu'il pourroit encore tenir, en demanda davantage pour se rendre. Le maréchal de La Ferté lui accorda, sur ce qu'il ne voyoit aucune apparence de secours, et qu'il vouloit conserver ses hommes. Ainsi la capitulation fut signée le 7 de février, à condition qu'il y auroit trève dès l'heure, et que dans quinze jours Béfort seroit remis au pouvoir du maréchal, s'il n'étoit secouru. Personne n'ayant paru dans ce temps-là pour le secours, le comte de La Suze en sortit le 23 de février, et fut conduit à Luxembourg. Aussitôt ce maréchal entra dans l'Alsace, et manda au comte d'Harcourt qu'il avoit ordre de lui faire la guerre, et qu'il l'exhortoit de se remettre dans son devoir auparavant qu'on l'y forçât. Le comte retint Brinon, que le maréchal lui avoit envoyé, pour servir d'otage à ceux qu'il avoit dépêchés à la cour, afin de trouver des moyens d'accommodement. Le jour même, Castelnau investit Enchisheim, gardé par des gens du comte, lesquels se rendirent après quelques volées de canon. De là il mit le siége devant Thann, qui se défendit bien; mais Autichamp, que le comte d'Harcourt avoit envoyé à la cour, étant de retour, fut trouver Castelnau devant Thann, avec Brinon qu'il ramena; et fit rendre la ville par ordre du comte, assurant qu'il vouloit rendre obéissance au Roi, et demandant une trêve pour traiter, laquelle lui fut accordée. La commission de traiter fut donnée à Castelnau, qui demeura en Alsace depuis le départ du maréchal de La Ferté. Après beaucoup d'allées et venues, et l'intervention du canton de Bâle, enfin le traité fut conclu et signé, par lequel Brisach fut remis au pouvoir du Roi le premier jour de juin. Le comte d'Harcourt eut abolition de sa rebellion, avec tous ceux qui l'avoient suivi. On lui rendit le gouvernement d'Alsace et celui de Philisbourg, comme il l'avoit devant, à condition qu'il s'en démettroit quand le Roi lui donneroit un autre gouvernement. Cherlevoix eut par cet accommodement une bonne somme d'argent; et Saint-Geniez, frère de Navailles, fut établi dans Brisach pour y commander. Cet accommodement fut exécuté, et toute l'Alsace demeura paisible dans l'obéissance du Roi.

Durant l'hiver, les Espagnols tentèrent à mettre garnison dans Thuin, ville des Liégeois, laquelle s'y opposa fort hardiment: et le marquis de Duras voyant sa résolution voulut la contraindre par force, et fit venir du canon pour battre les murailles de la ville. Les magistrats de Liége armèrent pour défendre leur pays; et Fabert, gouverneur de Sedan, eut ordre d'avancer dans le pays de Liége pour le secourir. Mais l'affaire étant mise en négociation fut terminée par douceur, et les Liégeois furent laissés en repos; et l'électeur de Cologne, leur évêque et leur souverain, s'aboucha avec l'archiduc, qui pacifièrent tous deux toutes choses. Le 25 de février, le duc de Lorraine fut arrêté dans Bruxelles par le comte de Garcies, avec ordre du roi d'Espagne, et conduit sous sûre garde dans la citadelle d'Anvers. Il y avoit long-temps que les Espagnols étoient las de ses façons de faire, qui étoient tout-à-fait extraordinaires: car, quoiqu'il fût à leur service, il vouloit agir à sa mode, sans avoir égard aux ordres qui venoient d'Espagne: tellement que son armée lui étoit plus à charge qu'utile. Dès qu'il n'étoit pas content d'eux, il feignoit de faire son accommodement avec la France, et leur donnoit toujours de la jalousie de ce côté-là. Mais ce qui acheva de le perdre fut le prince de Condé, avec lequel il ne pouvoit s'accorder, tant pour le commandement que pour le rang, qu'ils ne se vouloient pas céder l'un à l'autre; et les Espagnols, espérant le rétablissement de leurs affaires par la valeur et conduite du prince, lui sacrifièrent aisément le duc de Lorraine, qu'ils gardèrent quelque temps à Anvers, d'où ils le firent mener à Dunkerque, et l'embarquèrent dans des vaisseaux qui le portèrent en Espagne. On crut d'abord que cette détention d'un prince souverain, indépendant du roi d'Espagne, causeroit une révolte générale de ses troupes, qui pilleroient toute la Flandre, et se saisiroient de gens considérables dans le pays pour se faire rendre leur maître; mais il arriva tout autrement: car le comte de Ligneville fut gagné par les Espagnols, et par ce moyen l'armée lorraine ne branla point, sous prétexte que le duc François venoit d'Allemagne pour la commander. Il étoit mal avec le duc de Lorraine son frère: tellement qu'il ne fut pas fâché de son malheur; et après son arrivée il empêcha les Lorrains de faire rumeur, et les retint au service du roi d'Espagne. Après l'accommodement des Liégeois avec l'archiduc, Fabert retourna en France avec les troupes qu'il avoit fait assembler pour leur secours. Et le comte de Grandpré ayant appris que les gendarmes de Condé et d'Enghien étoient dans Virton, petite ville de Luxembourg, fit dessein de les surprendre: ce qui réussit si heureusement qu'il emporta Viron par escalade, et enleva ces deux compagnies. Il fut de là rejoindre Fabert, qui ayant grossi ses troupes de toutes celles qui étoient en garnison sur cette frontière, et d'une partie de l'armée du maréchal de La Ferté, fit un corps considérable, avec lequel il investit Stenay le 19 de juin, et aussitôt fit travailler à la circonvallation. Le Roi étoit alors à Reims, qui en partit pour s'approcher du siége; et ayant laissé la Reine à Sedan, il alla coucher le 27 à Mouzon, d'où il fut visiter son camp, et retourna le lendemain à Sedan. La nuit du 3 au 4 de juillet, la tranchée fut ouverte par deux endroits. Le 8, onze pièces de canon commencèrent à battre la ville; et dans la batterie, Chamfort, lieutenant de l'artillerie, fut tué d'un coup de fauconneau. Saint-Martin fut mis en sa place, et le même jour Chamilly fit une grande sortie, qui fut repoussée par les Suisses. Et le lendemain Vitermon avec un bataillon des Gardes, et Praroman avec un des Suisses, firent le logement au pied du glacis de la contrescarpe de la citadelle, et on travailla à deux fourneaux, qui jouèrent en la présence du Roi le 22; et Sa Majesté vit le régiment de la Marine se loger sur la contrescarpe; et Gadagne, qui en étoit mestre de camp, ne voulut point sortir de garde qu'il ne se fût rendu maître du chemin couvert, et n'eût attaché le mineur à la demi-lune. L'archiduc et le prince de Condé, voyant Stenay assiégé, ne jugèrent pas à propos de penser à le secourir, parce que les Français étoient bien retranchés devant, et que le maréchal de Turenne s'étoit posté entre eux et le siège pour les empêcher d'y aller: mais ne voulant pas demeurer inutiles, et croyant que Stenay dureroit long-temps, ils résolurent de faire quelque entreprise considérable, qui leur donnât à gagner beaucoup plus qu'ils ne perdoient. Et pour cet effet ayant joint toutes leurs forces ensemble, qui faisoient une armée de plus de trente mille hommes, ils investirent Arras le 3 de juillet, et en même temps ils firent venir des paysans de toutes leurs provinces pour travailler aux lignes. Sur cette nouvelle, le maréchal de Turenne fit ses efforts pour jeter dedans du secours: Equencourt y entra avec quatre cents chevaux le 5 du mois; et le 13, le chevalier de Créqui ayant forcé une garde de cavalerie, passa par un endroit où la ligne n'étoit pas encore fermée, et se jeta dedans avec cinq cents chevaux. Ces petits secours donnèrent grand courage à Mondejeu, gouverneur de la ville, et augmentèrent la résolution qu'il avoit de se bien défendre. Les maréchaux de Turenne et de La Ferté, s'étant joints près de Péronne, furent se poster à Monchy-le-Preux, sur une hauteur à une lieue du camp des Espagnols, d'où on découvroit tout leur campement, à dessein de les incommoder: car ils n'étoient pas assez forts pour les attaquer tant que le siège de Stenay dureroit. Le cardinal Mazarin le pressoit le plus qu'il pouvoit, et il menoit le Roi dans les lignes fort souvent, pour animer les soldats et les chefs par sa présence. Fabert, général de l'armée, considérant de quelle conséquence seroit la perte d'Arras, diligentoit son travail le plus qu'il lui étoit possible. Il fit aller à la sape durant qu'on achevoit la mine de la demi-lune, qui joua le 27, et Vitermont, avec une partie des Gardes, fit un logement dessus, dont il fut rechassé par une grande sortie des assiégés: mais il s'y relogea la nuit même, après un combat fort échauffé, où Dutil, capitaine aux Gardes, fut tué. Il n'y restoit plus qu'une traverse, qui fut emportée le 28 par le marquis d'Hocquincourt. Et ainsi tous les dehors étant pris, on descendit dans le fossé, et le colonel Molondin fit passer le mineur, et l'attacha au bastion la nuit du premier au 2 d'août: mais Chamilly, fort entendu dans son métier, éventa la mine; si bien qu'il en fallut refaire une autre, qui fut prête à jouer la nuit du 4 au 5, et laquelle fit grande brèche. On fit un petit logement au pied, et on poussa une mine jusque sous le retranchement fait dans la gorge du bastion, durant que douze pièces de canon battoient incessamment la brèche pour empêcher qu'on ne la pût réparer. Ce fut lors que Chamilly, craignant d'être forcé quand son retranchement auroit sauté, demanda composition, qui lui fut accordée à condition que le colonel Cobrand, qui commandoit dans la ville pour les Espagnols, sortiroit tambour battant et enseignes déployées, et seroit conduit à Montmédy; et que les Français qui étoient dans la citadelle se retireroient sans bruit, l'épée au côté seulement.

Le 6, la capitulation fut exécutée; et le même jour le Roi partit de Sedan pour aller à Rethel, dans l'impatience de voir ce qui se pourroit faire pour sauver Arras, dont la conservation lui étoit si importante. L'archiduc étoit logé à La Cour-aux-Bois, où le prince de Ligne étoit campé; le prince de Condé à Acicour, du côté de Bapaume; les comtes de Fuensaldagne et de Garcies avoient leur quartier à Saint-Laurent; et les Lorrains, du côté du mont Saint-Eloy et du camp de César. Ils ouvrirent la tranchée la nuit du 14 au 15 de juillet; et le 22, Navailles, gouverneur de Bapaume, prit un convoi escorté de cinq cents chevaux, qui alloit de Douay au camp des Espagnols. Quelques jours après, Beaujeu en défit un qui venoit d'Aire dans les lignes; mais il fut tué dans le combat. Les généraux français avoient mis de grands corps de cavalerie à Béthune et à La Bassée, pour leur couper les vivres qui venoient d'Aire, de Saint-Omer et de Lille, durant que leur armée s'opposoit à ceux qui venoient de Douay, de Valenciennes et de Cambray. Cela causoit grande disette dans le camp des assiégeans, qui poussoient leurs attaques le plus vigoureusement qu'ils pouvoient, sans beaucoup avancer: car Mondejeu et le chevalier de Créqui faisoient de grandes et fréquentes sorties qui renversoient tous leurs travaux; et ils avoient mis une si grande quantité d'artillerie sur leurs remparts du côté des attaques, qu'ils démontoient leurs batteries et empêchoient qu'ils ne pussent approcher. Mondejeu avoit quatre mille hommes de pied et mille chevaux dans la ville, et on l'attaquoit par trois endroits, un devers la cité, et deux du côté de la ville. Durant le siège de Stenay, il avoit mandé au maréchal de Turenne qu'il n'étoit point pressé, pour empêcher qu'on ne levât le siége, et pour donner le temps au Roi de s'en rendre maître; mais quand il en sut la prise, il redoubla sa défense dans l'espérance d'être bientôt secouru. En effet, l'armée qui avoit pris cette place marcha pour s'approcher du maréchal de Turenne; et le Roi, n'ayant couché qu'une nuit à Rethel, fut le 8 d'août à Sissonne; et le 9, ayant ouï la messe à Notre-Dame-de-Liesse, il fut coucher à La Fère, d'où il partit le 12 pour Ham, et le 13 il arriva à Péronne, où il donna le commandement de l'armée qui avoit pris Stenay au maréchal d'Hocquincourt. Cependant les maréchaux de Turenne et de La Ferté fatiguoient les Espagnols, par des alarmes continuelles qu'ils leur donnoient. Ils prirent deux de leurs convois, un que le marquis de Cœuvres défit, qui venoit de Douay, et l'autre que le marquis d'Huxelles prit, chargé de poudre; mais les coups de pistolet ayant mis le feu dans les sacs, firent brûler toutes les poudres, dont beaucoup de gens des deux partis furent grillés et moururent sur-le-champ, ou retournèrent tout rôtis mourir dans le camp. Tous ces petits avantages ne sauvoient pas Arras, et il étoit nécessaire de faire un plus grand effort pour faire lever le siége : on ne s'étoit pas hâté jusqu'alors, à cause que les assiégés se défendoient si bien qu'ils n'avoient pas encore perdu leurs dehors, et même ils avoient repoussé les Espagnols à un assaut qu'ils avoient donné à la corne de Guiche; mais quand toutes les forces des Français furent prêtes, le Roi envoya toute sa garde et sa maison joindre ses armées, et il demeura dans Péronne avec peu de monde. Le maréchal d'Hocquincourt marcha du côté de Saint-Paul, et en chassa les Espagnols qui s'en étoient saisis; et les maréchaux de Turenne et de La Ferté se séparèrent. Celui de Turenne sortit du camp de Monchy-le-Preux avec sa cavalerie, et passa la Scarpe pour aller entre Arras et Lens; et l'autre demeura dans son camp, donnant aux assiégeans de perpétuelles alarmes, durant que le maréchal d'Hocquincourt se retranchoit au Camp de César. Le 20, Castelnau prit le mont Saint-Eloy; et le maréchal de Turenne reconnoissant les lignes, quelques escadrons en sortirent, qui tirèrent le coup de pistolet; et dans cette escarmouche le duc de Joyeuse, colonel général de la cavalerie, fut blessé dans le bras, dont il mourut quelques jours après, au grand regret du Roi et de toute la cour, et même de l'armée : il laissa un fils, héritier des maisons de Guise et d'Angoulême. Le maréchal de Turenne, pour ôter aux Espagnols le soupçon du lieu par où il vouloit les attaquer, revint dans son camp de Monchy-le-Preux, et fit faire quantité de ponts sur la rivière; puis ayant donné avis de son dessein au maréchal d'Hocquincourt, il repassa la Scarpe à l'entrée de la nuit du 24 d'août avec le maréchal de La Ferté, laissant leurs bagages dans le camp avec quelque infanterie, qui eut ordre de faire une fausse attaque de ce côté-là. Ils résolurent d'attaquer par trois endroits : le maréchal d'Hocquincourt devoit donner par la droite, celui de Turenne par le milieu, et le maréchal de La Ferté par la gauche, durant que quelque cavalerie feroit du bruit de l'autre côté de la rivière pour donner l'alarme au prince de Condé, et lui faire croire qu'on en vouloit à son quartier. Toutes choses étant ainsi disposées, on détacha devers la minuit les enfans perdus, avec des fascines, échelles, pics et pelles pendus à leurs ceintures, qui marchoient devant les bataillons, dont les soldats portoient aussi des fascines. L'attaque commença à deux heures après minuit du 25 août, fête de Saint-Louis; et chaque armée donna avec cinq bataillons de front, soutenus chacun par un escadron de cavalerie. Les lignes étoient fort bonnes, et il y avoit un fossé perdu devant; et au delà des trous sans ordre, et des pieux fichés en terre pour embarrasser la cavalerie. Le maréchal d'Hocquicourt, qui donnoit à la droite, ne trouva aucune résistance, et entra dans le quartier des Lorrains, qui prirent d'abord la fuite. Le maréchal de Turenne passa les trous et le premier fossé sans rien trouver; mais quand Le Passage, lieutenant général, fut près de la ligne, il essuya une grande salve de mousquetades, qui ne l'empêcha pas de combler le fossé de fascines, et de passer dessus. Alors l'infanterie espagnole ayant plié, la cavalerie française entra, qui poussa vivement les Espagnols, qui tournèrent le dos, et furent mis en route : ainsi tout le quartier de Fernando-Solis fut emporté. Castelnau, à la tête de sa cavalerie, s'égara dans l'obscurité de la nuit, et tomba dans un corps de garde de la ville, qui le prit prisonnier, croyant que ce fût un Espagnol; mais s'étant fait connoître, il fit savoir à Mondejeu ce qui se passoit, lequel n'en étoit point averti. Alors il sortit avec sa cavalerie et chargea de son côté. Le maréchal de La Ferté eut plus de peine à forcer les lignes que les autres, parce qu'il commença son attaque plus tard; tellement que l'alarme étant donnée dans tous les quartiers, et le bruit étant grand dans ceux de Fernando Solis et des Lorrains, les quartiers de l'archiduc et du comte de Fuensaldagne marchèrent pour les secourir, et en y allant, ils passèrent au lieu que le maréchal de La Ferté attaquoit; de sorte qu'ils tournèrent à lui et s'opposèrent vigoureusement à son passage : mais la petite pointe du jour étant venue, les troupes victorieuses de Turenne et d'Hocquincourt les chargèrent par derrière, les défirent, et facilitèrent l'entrée du maréchal de La Ferté. Alors les Espagnols ne songèrent qu'à la fuite. L'archiduc et le comte de Fuensaldagne se sauvèrent à Douay ; toute l'infanterie qui étoit delà la Scarpe du côté de Lens fut prise ou tuée : la plupart de la cavalerie se sauva. Il ne restoit plus que le quartier du prince de Condé du côté de France, lequel ne fut point attaqué ; et il ne fut averti de tout ce combat qu'au jour. Il ne perdit point de temps, mit ses troupes en bataille, et marcha droit à la rivière à la tête de sa cavalerie ; et l'ayant passée partie sur un pont fait pour la communication des quartiers, et partie à gué, il chargea les Français, qu'il rencontra les premiers, et entre autres le régiment des Gardes, qu'il maltraita fort à cause qu'il fut surpris, croyant que tout fût défait ; et il ne se défioit pas que le prince, dans une si grande déroute de son parti, pût avoir une autre pensée que de se sauver : mais il ne se troubloit point dans l'adversité, et il avoit l'esprit aussi présent que dans la prospérité. Tellement qu'ayant fait cette action hardie, et voyant que toute l'armée française lui alloit tomber sur les bras, il repassa la Scarpe, et se retira en bon ordre avec ses troupes jusqu'à Cambray, sans perdre un homme. Il fut poussé dans les plaines ; mais il retournoit quelquefois tête pour escarmoucher, conduisant si bien son affaire qu'il acheva heureusement sa retraite, laquelle augmenta sa réputation. Il abandonna son canon et son bagage, qui demeura au pouvoir des Français, aussi bien que celui de tout le reste de l'armée. Les Espagnols perdirent en cette occasion soixante-dix pièces de canon, tout leur bagage, et une grande partie de leur infanterie. Du côté des Français, le marquis de Breauté et le chevalier Du Marais y furent tués ; et après la fin du combat les maréchaux rassemblèrent leurs troupes, et envoyèrent en diligence faire savoir au Roi les nouvelles d'une si grande victoire, emportée le jour de saint Louis, roi de France, patron et aïeul de Sa Majesté. Le Roi n'eut pas plus tôt été informé de cette action, qu'il eut curiosité de voir Arras et le lieu où le combat s'étoit donné. Pour ce sujet il partit de Péronne avec la Reine sa mère, Monsieur, son frère, et le cardinal Mazarin, et fut coucher à Arras le 28 d'août, où il se promena partout, tant dans la ville que dehors. Il y séjourna le 29, et le 30 il revint loger à Bapaume, d'où il retourna le 31 à Péronne. Le duc d'Yorck y vint de l'armée, après s'être signalé dans cette belle occasion.

Le Roi n'ayant plus d'affaires sur la frontière partit de Péronne le 2 de septembre, et arriva le 4 à Paris, où il prit le deuil pour la mort du roi des Romains, laquelle causa une grande affliction à toute la maison d'Autriche. Le maréchal de Turenne, ne voulant pas laisser reconnoître les Espagnols après la ruine de leur armée, partit d'Arras le premier de septembre, et passa l'Escaut, d'où il envoya Le Passage avec deux mille chevaux investir Le Quesnoy. Le 6, toute l'armée y arriva, et les approches se firent le soir même : mais le peuple étoit si effrayé de la déroute des Espagnols, qu'il ne se voulut pas défendre ; et les magistrats se rendirent pour conserver leurs biens, et reçurent garnison française. Beauvau, colonel de cavalerie, fut laissé pour y commander, et l'armée en partit quelques jours après, pour entrer plus avant dans le pays. Elle s'avança jusqu'à Binch, d'où elle fit des courses dans tout le Hainaut et une partie du Brabant ; et après avoir bien pillé, elle retourna au Quesnoy le 20, où le maréchal de Turenne fit travailler aux fortifications. Durant le siége d'Arras, le comte de Charost surprit le fort Philippes près de Gravelines ; et ne le pouvant conserver, il le rasa. Le Roi, après avoir demeuré quelques jours à Paris, en repartit le 23, et arriva le 25 à La Fère. Le cardinal Mazarin fut à Guise le 6 d'octobre, où il s'aboucha avec le maréchal de Turenne pour résoudre ce qu'il falloit faire pour achever la campagne ; ils conclurent qu'il demeureroit dans le pays ennemi pour vivre jusqu'à la Toussaint, et que le maréchal de La Ferté iroit mettre le siége devant Clermont en Arragone. Les ordres furent envoyés pour cela ; et dans ce même temps le comte de Grandpré étant à la chasse, rencontra un parti du prince de Condé conduit par Duras, qu'il prit pour Castelnau qui alloit investir Clermont. Il alla droit à lui sans défiance ; mais il fut enlevé, et mené prisonnier à Luxembourg. Le 13, le Roi fut à Saint-Quentin voir passer les troupes qu'il envoyoit au maréchal de La Ferté par le marquis d'Huxelles ; et de là il retourna à Paris, où il arriva le 24 d'octobre. Le 25, Clermont fut investi, et la circonvallation achevée en dix jours. Le maréchal de La Ferté y étant arrivé, fit ouvrir la tranchée le 5 de novembre ; et le 8, le fort de L'Eglise fut emporté par le marquis de Riberpré, le 10, on fit un logement à la pointe de la demi-lune des bois, et on n'en put être maître que le 15. Le soir, on attacha les mineurs aux bastions, qui rendirent les mines prêtes à jouer le 22 ; mais auparavant que d'y mettre le feu, le maréchal envoya sommer les assiégés, et les avertir de l'état où ils étoient : même il permit à un de leurs officiers de sortir pour en être témoin. Cette offre fut acceptée; et ayant appris l'état des mines par son rapport, et ayant peu de soldats pour soutenir un assaut, ils capitulèrent; et, suivant la composition, les Espagnols sortirent, et furent conduits à Montmédy; et le comte de Meille et Serisi, comme Français rebelles, eurent seulement permission de se retirer sans bruit. Clermont fut rasé par ordre de la cour, et cette conquête mit fin à cette campagne, laquelle fit bien voir que toutes les forces de la France étoient réunies : ce qui donnoit espérance que les années prochaines ses prospérités iroient en augmentant, et qu'elle reviendroit au même point de puissance et de grandeur où elle étoit avant la guerre civile.

En Italie il se passa peu de choses considérables du côté du Milanais, parce que les armées étoient foibles de part et d'autre. Le maréchal de Grancey passa une partie de l'été dans le Montferrat, et vers le mois d'octobre il voulut entrer dans le Milanais par l'Alexandrin. Il passa pour cet effet le Tenaro le 9, et ensuite la Belbe; puis il résolut de se loger à Castelas, à une petite ville située entre deux bras de la rivière de Bormida. Le marquis de Caracène, se doutant de son dessein, marcha pour s'emparer le premier de ce poste, et se saisit d'un des deux bras de cette rivière, durant que les Français passoient l'autre. Alors Montpezat poussa quelques escadrons, et les obligea de repasser de l'autre côté : mais les Espagnols avancèrent pour les soutenir, et le maréchal de Grancey en fit de même; tellement que la mêlée s'échauffa et fut assez rude. Mais le comte de Quincey chargeant les Espagnols en flanc, obligea le marquis de Caracène à se retirer sous le canon d'Alexandrie, et de quitter le logement aux Français, qui entrèrent dans le Milanais, et n'en sortirent que pour se mettre en quartier d'hiver.

Le duc de Guise, depuis le retour de sa prison d'Espagne, ne cessoit de persécuter le cardinal Mazarin pour faire une entreprise sur le royaume de Naples, dans lequel il l'assuroit d'avoir conservé de grandes intelligences. D'abord il n'écouta pas ses propositions; mais ce prince, plein de courage et d'imaginations chimériques, ne se rebuta point : et comme il avoit de l'esprit et parloit bien, il le persuada enfin, et l'obligea de mettre une armée sur mer, composée de vaisseaux et de galères, qu'il fournit de tout ce qui étoit nécessaire pour l'exécution d'un grand dessein. Il fit voile le 6 d'octobre; et quelques jours après le mauvais temps écarta les vaisseaux d'avec les galères, qui furent contraintes de s'arrêter aux îles Saint-Pierre proche de la Sardaigne, et les vaisseaux furent poussés sur les côtes de Sicile, à la vue de Messine : mais le beau temps étant revenu, et tout s'étant rejoint, le duc de Guise fit sa descente proche de Naples à Castel-à-Mare le 11 de novembre; et ayant fait mettre pied à terre à son infanterie, il l'attaqua, et s'en rendit maître le 14. Il s'avança ensuite devers Naples, dans la pensée que le peuple de cette grande ville, lassé de la domination espagnole, feroit quelque sédition, et que la mémoire que les habitans auroient de lui exciteroit quelque tumulte, le voyant à leurs portes avec une armée pour les soutenir; mais il se trompa dans son raisonnement, car personne ne branla, ni dans la ville, ni dans le plat pays : au contraire, ceux de Naples le reçurent à coups de canon, et firent une grande sortie, où dans l'escarmouche Le Plessis-Bellière, homme de mérite et de grand service, fut tué. Le duc de Guise connut alors que son entreprise n'étoit pas appuyée sur de bons fondemens; et ne voyant aucune apparence de révolte en ce royaume, où on lui refusoit toute sorte de subsistances, il fut contraint de se rembarquer, et de s'en retourner en Provence.

Le prince de Conti, après avoir épousé la nièce du cardinal Mazarin, fut déclaré général de l'armée de Catalogne, et pour cet effet se rendit à Narbonne au mois de mai, et arriva le 25 à Perpignan, où il apprit que les Espagnols avoient assiégé Prats-de-Mollo, qui donne communication du Lampourdan avec le Conflans et la Cerdagne. Il fit partir aussitôt le comte de Mérinville pour le secourir; et sur la nouvelle de sa marche, ils levèrent le siége. Ce prince ayant appris leur retraite résolut d'attaquer Villefranche, située au milieu des Pyrénées, dans une gorge, entre deux hautes montagnes qui la serrent, et lui ôtent la lumière du soleil. Un torrent fort rapide passe dedans, et les deux côtés de la montagne sont si escarpés qu'on ne peut passer entre eux et la ville. Ce qui embarrassoit le plus étoit la difficulté d'y mener du canon : mais Birague, lieutenant de l'artillerie, en vint à bout, moitié à force de bras. Le prince de Conti fit investir la ville seulement des deux côtés de la gorge, ne pouvant loger personne sur les hauteurs. La nuit du 24 au 25 de juin, Bussy-Rabutin, lieutenant général, et mestre de camp général de la cavalerie, emporta les barricades du pont; et le dernier du mois, on fit une batterie avec bien de la peine, qui commença à ruiner les murailles de la ville. Il falloit dans les logemens non-seulement se mettre à couvert des assiégés, mais aussi du haut de la montagne, d'où les habitans du pays jetoient des roches, qui rouloient du haut en bas et tomboient dans les tranchées, où elles écrasoient ceux qu'elles rencontroient. Le 3 de juillet, on fit un logement de l'autre côté du torrent avec beaucoup de difficulté, à cause de la rapidité de l'eau ; et le mineur s'étant attaché à une tour, le gouverneur se rendit le 6 de juillet. Durant ce siége, les Espagnols, qui n'avoient d'autre pensée que de chasser les Français de Roses, qui étoit la seule place qui leur restoit delà les Pyrénées, prirent leur temps pour le bloquer : mais après la prise de Villefranche, le prince de Conti marcha vers le col de Pertuis avec sa cavalerie, et envoya son infanterie, sous la conduite de Bougis, passer au col de Panissas ; et le tout se rejoignit à Figuières. Dès que les Espagnols surent l'approche des Français, ils se retirèrent de devant Roses, et filèrent du long de la mer devers Ampurias ; mais le colonel Balthazar ayant été détaché par le prince de Conti avec douze cents chevaux chargea leur arrière-garde dans leur retraite, et leur prit quantité de prisonniers ; et par là Roses étant en sûreté, le prince de Conti retourna dans le Roussillon, et attendit à Perpignan le duc de Candale, qui venoit pour commander sous lui. Il fit rafraîchir ses troupes durant le mois d'août ; puis ayant reçu un renfort que Marins lui amena de Guyenne, il se remit en campagne au mois de septembre, et commanda à Comminges et à La Serre d'aller investir Puycerda, capitale de Cerdagne. Comme les passages des Pyrénées sont difficiles pour faire rouler le canon, il en fit venir par les montagnes de Foix, où les chemins sont plus aisés : mais lorsqu'il se préparoit pour aller à l'armée, une grosse fièvre le retint à Perpignan, et il laissa les soins du siége au duc de Candale, qui arriva au camp à la fin de septembre. Birague y amena le canon, après l'avoir perdu et repris dans les moutagnes ; et aussitôt le duc s'en servit pour prendre la tour de Villars et le château de Puigalador. Le prince de Conti étant un peu soulagé de sa maladie se fit porter dans le camp ; et le 13 d'octobre au soir il fit ouvrir la tranchée. Deux jours après, quatre pièces de canon battirent les tours qui servent de flancs à la ville ; et le travail ayant été poussé jusque sur le bord du fossé, le gouverneur fut tué d'un coup de canon : ce qui intimida tellement les assiégés que, voyant brèche à leurs murs, ils demandèrent le 21 à capituler, et rendirent Puycerda au prince de Conti, qui demeura par cette conquête maître de toute la Cerdagne. Pour mettre ce pays à couvert, il envoya Tilly prendre le château de Belver ; et don Joseph Marguerit, avec un corps détaché, alla sommer la ville d'Urgel, dont les habitans prirent les armes ; et se souvenant de l'inclination qu'ils avoient eue pour la France, ils lui ouvrirent les portes. Sur cette nouvelle, ceux de Montailler en firent autant ; et ayant chassé les Espagnols, introduisirent les Français dans leur ville. Le prince de Conti voyant le Conflans et la Cerdagne assurés au service du Roi, mit ses troupes en garnison et se retira en Roussillon, d'où il s'achemina bientôt à Paris.

Après la pacification de la Guyenne, le parlement ne fut pas rétabli à Bordeaux, mais il tint ses séances à La Réole, où, au commencement de cette année, il fit le procès à un nommé Duretête, qui avoit été arrêté au pays d'entre les deux mers, et étoit excepté dans l'amnistie accordée par le Roi. Il fut condamné à être roué tout vif pour avoir été un des chefs des ormistes. Cet arrêt fut exécuté dans Bordeaux, et sa tête fut mise au haut d'un orme, dans cette place de l'Ormée où ces factieux s'assembloient.

Le grand zèle que le parlement témoigna pour le service du Roi depuis qu'il étoit à La Réole obligea Sa Majesté de le remettre dans Bordeaux, où il se transporta depuis la Saint-Martin, et y rétablit sa séance.

Il se passa dans l'Europe cette année une chose extraordinaire, qui fut la démission de la Reine de Suède de son royaume. Cette princesse avoit l'esprit fort léger, et elle s'étoit adonnée à la lecture des poëtes et des romans, dont elle estimoit les auteurs, et leur donnoit pension. Ses bienfaits les obligèrent à faire des vers à sa louange, dans lesquels ils la faisoient passer pour une héroïne, et pour le plus bel esprit de son temps. Ses états souhaitoient qu'elle se mariât ; mais elle répugnoit à ce conseil, voulant vivre dans sa liberté : et pour faire une véritable vie de roman, elle résolut de renoncer à sa couronne en faveur du prince palatin Charles, son cousin germain. Elle effectua son désir ; et sortit de son royaume, et après s'être faite catholique, elle alla comme une vagabonde de province en province, voyant toutes les cours de l'Europe. Elle n'avoit point de femmes auprès d'elle, et ne se faisoit servir que par des hommes. Enfin, après avoir fait connoître ses extravagances à toute la chrétienté, elle se retira à Rome, où elle établit son principal séjour.

Nous avons vu comme le cardinal de Retz avoit été mis dans le château de Nantes sur la parole du maréchal de La Meilleraye, qui le traitoit comme son ami, et lui donnoit toute liberté, pourvu qu'il ne sortît point du château, comme il lui avoit promis : mais dans la croyance qu'où il s'y agit de la liberté, on n'est pas obligé de tenir aucune parole, il eut intelligence avec le duc de Retz son frère et avec le duc de Brissac, lesquels assemblèrent tous leurs amis et s'approchèrent de Nantes. Le cardinal de Retz, sur cette nouvelle, n'étant point gardé, descendit par une fenêtre avec une corde dans le fossé, où il se laissa tomber de fort haut, et se blessa beaucoup à un bras. Il trouva des gens pour le secourir, qui le relevèrent et le montèrent à cheval ; puis ayant joint le gros, il fut conduit à Machecoul, d'où il passa à Belle-Ile. Après s'y être rafraîchi quelques jours, il s'embarqua et alla descendre à Saint-Sébastien ; et ayant traversé toute l'Espagne, il passa la mer Méditerranée, et prit la route de Rome, où étant arrivé, il reçut le chapeau des mains du pape Innocent X. Le maréchal de La Meilleraye fut fort offensé contre lui de cette action, se plaignant qu'il lui avoit manqué de parole ; et le cardinal Mazarin en reçut un sensible déplaisir : mais le cardinal de Retz ne laissoit pas d'avoir obligation au maréchal de la Meilleraye, et croyoit que pour sortir de captivité on n'étoit tenu à aucune parole.

VINGT-UNIÈME CAMPAGNE.

[1655] Au mois de janvier de cette année, les colonels Moléon et Remenecour quittèrent l'armée de Lorraine, et vinrent avec leurs régimens en France pour servir le Roi. Ils furent tellement étourdis de la prison du duc de Lorraine leur maître, qu'ils ne se séparèrent pas du corps, dans l'espérance que le duc François, son frère, obtiendroit bientôt sa liberté : mais ayant servi une campagne depuis avec les Espagnols, et ne voyant aucune apparence du retour de leur souverain, et n'apercevant aucun zèle dans les chefs de son armée pour procurer sa délivrance, ils commencèrent à détester leur ingratitude, et se résolurent à ne plus servir des gens qui tenoient leur duc en captivité. Ils tinrent leur dessein fort secret, et partirent de leurs garnisons avec leurs deux régimens pour venir en France, où ils firent leur traité, et se mirent au service de Sa Majesté Très-Chrétienne, en lui faisant serment de le servir envers tous et contre tous, excepté contre le duc de Lorraine, leur souverain seigneur, lequel il leur seroit permis d'aller trouver dès qu'il seroit en liberté.

Durant l'hiver on ne songea qu'à se réjouir à la cour, d'autant qu'on ne commençoit qu'à respirer depuis les troubles passés, et que la victoire d'Arras étoit la première marque du rétablissement des affaires de la France ; mais comme elle étoit fort épuisée d'argent, sans quoi on ne pouvoit soutenir la guerre, le Roi fut tenir son lit de justice au parlement le 20 de mars, pour faire vérifier des édits. Et parce que l'autorité royale n'étoit pas encore bien rétablie, les chambres s'assemblèrent pour revoir les édits, disant que la présence du Roi avoit ôté la liberté des suffrages, et qu'il étoit nécessaire en son absence de les examiner pour voir s'ils étoient justes. La mémoire des choses passées faisoit appréhender ces assemblées, après les événemens funestes qu'elles avoient causés. Cette considération obligea le Roi de partir du château de Vincennes le 10 d'avril, et de venir le matin au parlement en justaucorps rouge et chapeau gris, accompagné de toute sa cour en même équipage : ce qui étoit inusité jusqu'à ce jour. Quand il fut dans son lit de justice, il défendit au parlement de s'assembler ; et après avoir dit quatre mots, il se leva et sortit, sans ouïr aucune harangue. Nonobstant cette défense, le parlement se préparoit à se rassembler ; mais l'affaire fut mise en négociation : et pour tout apaiser, il fallut mettre quelque modification aux édits. Cette affaire étant assoupie, le cardinal Mazarin étoit en continuelle inquiétude du cardinal de Retz, dont il redoutoit l'esprit. Comme il étoit archevêque de Paris, il vouloit gouverner son diocèse par ses grands vicaires ; à quoi le cardinal Mazarin s'opposa par l'autorité du Roi : mais ses grands vicaires étant cachés ne laissoient pas de donner des ordonnances, sans qu'on sût d'où elles venoient ; et même le cardinal de Retz écrivit une lettre à l'assemblée du clergé, par laquelle il se plaignoit de la violence faite en sa personne à l'autorité de l'Eglise. Cette lettre fut condamnée, et brûlée par la main du bourreau.

Dans ce temps-là mourut le marquis de Vervins, premier maître d'hôtel du Roi, dont la charge fut aussitôt destinée par le cardinal Mazarin à quelqu'une de ses créatures ; mais le fils du défunt n'ayant pas eu satisfaction de lui, parla fort haut dans la cour du château de Vincennes, disant que si on le mettoit au désespoir, il seroit contraint à faire des choses dont il seroit marri. Ces discours furent rapportés au cardinal, qui en prit tellement l'alarme, qu'il lui fit donner la charge le lendemain. Mommège, capitaine des cent-suisses de la Garde, étant mort quelques jours après, le cardinal fit donner sa charge au marquis de Vardes auquel il avoit destiné l'autre.

Dès que le mois de mai fut venu, on ne songea qu'à mettre en campagne pour la guerre. Le Roi partit le 18 de Paris pour aller à Compiègne, afin de s'approcher de la frontière, où le maréchal de Turenne assembloit les troupes pour entrer dans les Pays-Bas. Durant le séjour de la cour en cette ville, se firent les noces du fils aîné du duc de Modène avec mademoiselle Martinozzi, nièce du cardinal Mazarin, et sœur de la princesse de Conti. Un peu après, la nouvelle mariée partit pour s'en aller en Italie. Le 6 de juin, le Roi fut coucher à Noyon, et le 7 à La

Fère, où il attendit la nouvelle de l'entrée de son armée dans le Hainaut. La conquête du Quesnoy, faite l'année passée après la journée d'Arras, occupa toutes les garnisons de la frontière durant l'hiver à y faire passer des convois, qui étoient difficiles à y conduire à cause de Landrecies, qui étoit entre cette place et la France. C'est ce qui fit prendre résolution au Roi de s'en rendre maître; et dans ce dessein le maréchal de Turenne étant entré dans le pays par le côté de Guise, investit Landrecies le 18 de juin, où le maréchal de La Ferté se trouva le jour même avec son armée, qui venoit de Lorraine. En huit jours les lignes furent achevées; et le 26, la tranchée fut ouverte par le régiment des Gardes. Les Espagnols ayant mis leur armée en corps se vinrent camper proche de Catillon, qui est une hauteur qui commande dans les lignes; mais voyant la circonvallation bien achevée, ils ne voulurent pas tenter le combat; mais ils se postèrent à Vadancour, près de Guise, à dessein de couper les vivres aux assiégeans, et envoyèrent de la cavalerie piller en Picardie. Il y eut un parti très-fort qui s'avança jusqu'à Ribemont: ce qui fit croire que c'étoit toute l'armée. Cette nouvelle donna grande alarme à la cour, car le Roi n'avoit gardé près de lui que deux compagnies du régiment des Gardes; et il étoit facile aux Espagnols de venir attaquer La Fère, et de faire lever le siége de Landrecies pour sauver la personne du Roi. Le maréchal de Villeroy avoit été d'avis, dès le commencement, que la cour allât dans un lieu plus sûr; mais le cardinal s'étoit moqué de ce conseil : tellement que personne n'osoit plus dire son sentiment. Mais sur la nouvelle qu'on eut qu'il paroissoit un corps devers Ribemont, dans la croyance que c'étoit l'avant-garde de l'armée, on fit partir le Roi le premier de juillet à la hâte à neuf heures du soir; et, après avoir marché toute la nuit, il arriva de bon matin à Soissons, où on ne se moqua plus de ceux qui avoient conseillé de s'y retirer plus tôt, et avec moins de précipitation. Cependant on avançoit le travail devant Landrecies; et la tranchée fut poussée si diligemment, que le 29 le logement fut fait sur la contrescarpe par les régimens de la Marine, du Plessis, et de Bourgogne, sous Bussy-Rabutin, lieutenant général. Le premier de juillet, le régiment de La Ferté fit la descente dans le fossé de l'ouvrage à corne; et le 3, deux fourneaux jouèrent sous les deux pointes, ensuite desquels Montpezat se rendit maître de la corne, et s'y logea fort avantageusement. Le 5, les assiégés firent une grande sortie, et remportèrent l'épée à la main l'ouvrage à corne : mais les Français s'étant ralliés et fortifiés de troupes qui vinrent de leur camp à leur secours, les en chassèrent la même nuit; et le 6 au matin, ils firent la descente dans le fossé de la ville, et dressèrent le 7 une batterie, sous la faveur de laquelle, la nuit du 9 au 10, les mineurs s'attachèrent aux bastions. Le 13, la mine du maréchal de Turenne joua, qui fit grande brèche, et le logement fut aussitôt fait dessus, qui obligèrent les assiégés à parlementer, lesquels sortirent le 14, et remirent Landrecies entre les mains des Français, où Roncherolles fut mis pour gouverneur. Les Espagnols n'eurent pas plus tôt nouvelle de la prise de cette place, qu'ils décampèrent de Vadancour, et repassèrent l'Escaut pour se camper derrière Valenciennes; et le Roi partit de Soissons avec la Reine sa mère pour retourner à La Fère. Dès qu'il y fut arrivé, l'envie de voir son armée le fit aller le 23 à Guise, et de là à L'Esquille, où étoit son camp. Sa Majesté y fut reçue avec tant d'applaudissement de toute l'armée, que l'envie lui prit de marcher à la tête, et d'entrer en personne dans le pays des Espagnols. Il retourna à Guise pour le faire trouver bon à la Reine sa mère, qui étoit demeurée à La Fère, où le Roi fut seul sans équipage. Elle eut grande peine à y consentir : mais le Roi, qui n'avoit pas encore dix-sept ans, avoit une telle passion de voir la guerre, que, quelques raisons qu'on lui pût alléguer, on ne put l'empêcher de retourner à Guise, et de partir le 30 à la tête de son armée pour aller camper à l'abbaye de Marolles, proche Landrecies. Le premier d'août, il logea à l'abbaye d'Omont, près de Maubeuge, où il entendit la messe le lendemain aux Jésuites, où l'archiduc l'avoit entendue huit jours devant. Le 3, il campa à Jumont-sur-Sambre; et le 4, à Haute-Fontaine, proche de Thuin, ville du pays de Liége, laquelle étant neutre, recevoit indifféremment les Français et les Espagnols même. Le Roi fut jusqu'aux portes de leur ville, où les magistrats lui vinrent faire la révérence. Le marquis de Resnel y étant allé querir des vivres avec son régiment de cavalerie, fut attaqué par les Espagnols dans le faubourg; et après s'être bien défendu, il fut défait, et fut contraint de se sauver par la vitesse de son cheval dans le camp. Fortilesse, capitaine de cavalerie, fut enlevé la nuit à la garde de l'armée, et sa compagnie défaite. Le Roi demeura dans ce lieu cinq jours, pour attendre des nouvelles du marquis de Castelnau, qu'il avoit détaché avec un corps pour aller du côté de la Meuse. Il vint rejoindre l'armée, après avoir pris et pillé Bouvines. Le 10, l'armée passa la Sambre, et fut camper à Maubeuge; le 11 à Bavay, où elle séjourna le 12; et le 13 le Roi

20.

fut coucher au Quesnoy. Durant que l'armée marchoit droit à l'Escaut pour le passer à Neuville, entre Bouchain et Valenciennes, le prince de Condé voulut disputer le passage; mais les maréchaux de France firent des batteries sur le bord de l'eau, à la faveur desquelles, et du grand feu de l'infanterie française plus fort que celui de l'Espagnol, ils firent construire les ponts, sur lesquels toute l'armée passa le 14, et força les Espagnols de se retirer. Le marquis de Castelnau commandoit ce jour-là l'avant-garde de l'armée française, et le prince de Condé l'arrière-garde de l'espagnole. Castelnau le poussa vigoureusement, et le prince se retira en grand capitaine, tournant tête souvent pour escarmoucher, et ne se hâtant pas plus que le trot; en sorte qu'ayant laissé tout son bagage à Valenciennes, il passa l'Escaut à Condé, et se posta de l'autre côté de la Haine, rivière qui vient du côté de Mons, et après avoir passé à Saint-Guislain va tomber dans l'Escaut à Condé, et donne le nom à la province de Hainaut, au milieu de laquelle elle passe. Le prince laissa deux mille hommes dans Condé, et se retira devant l'armée française, qui investit cette place le 15, et ouvrit le lendemain la tranchée.

Durant ce siège il arriva deux circonstances qui méritent d'être écrites : la première est que le maréchal de Turenne voulant faire savoir au cardinal Mazarin le détail de ce qui s'étoit passé au passage de l'Escaut, lui envoya un cavalier au Quesnoy pour lui porter des lettres, lequel fut pris par un parti du prince de Condé, auquel le paquet fut donné. Il l'ouvrit, et vit dedans que le maréchal de Turenne comptoit cette action fort à son avantage, et se vantoit de l'avoir poussé si vivement, qu'il l'avoit contraint de se retirer au galop en grand désordre. Le prince fut offensé de ce discours; et piqué d'ailleurs contre ce maréchal, qui avoit été autrefois dans ses intérêts et les avoit abandonnés, il envoya un trompette dans l'armée française porter trois lettres de sa part aux maréchaux de Turenne et de La Ferté, et au marquis de Castelnau. Celle qu'il écrivit au maréchal de Turenne étoit fort piquante; car il mandoit qu'il étoit fort facile à voir qu'il n'étoit pas à la tête de l'avant-garde qui le poussoit après le passage de l'Escaut, parce qu'il auroit vu qu'il n'avoit pas fui devant lui, ainsi qu'il écrivoit au cardinal Mazarin; mais qu'il n'en parloit que par imagination, n'ayant pas accoutumé de se trouver en ces lieux-là, par le grand soin qu'il prenoit de la conservation de sa personne. Au maréchal de La Ferté, il se plaignoit de l'injustice que lui faisoit le maréchal de Turenne par sa fausse relation, disant qu'il s'en rapporteroit plutôt à lui qui étoit plus avancé, et n'avoit pas d'ordinaire tant de précaution pour se conserver qu'avoit l'autre. Au marquis de Castelnau, il le louoit de son action, avouant qu'il avoit été poursuivi fort vertement; mais aussi qu'il étoit trop homme d'honneur pour ne pas demeurer d'accord que s'il avoit été bien attaqué il s'étoit bien défendu, et ne s'étoit retiré qu'au trot, sans désordre et sans rien perdre; qu'il l'en croyoit volontiers, comme ayant toujours été à la tête, et non le maréchal de Turenne, qui n'avoit point paru durant tout ce temps-là. Le maréchal de Turenne ne fit point de réponse; les deux autres en firent, en louant la belle retraite du prince, et néanmoins prenant la défense du maréchal de Turenne. La seconde affaire dont il a été parlé ci-dessus fut que, durant le siège de Condé, Bussy-Rabutin, mestre de camp, général de la cavalerie et lieutenant général, fut commandé pour aller au fourrage avec huit escadrons; mais étant bien avancé dans la plaine du côté de Valenciennes, il vit sur une hauteur trois escadrons espagnols : aussitôt il marcha droit à eux pour les combattre; mais étant à la portée du pistolet, ces trois escadrons se retirèrent en escarmouchant, lorsque sur une hauteur plus éloignée, il en parut quatorze qui s'avançoient. Bussy ne les eut pas plus tôt aperçus, qu'il commanda la retraite et fit faire halte; mais les trois escadrons qui fuyoient, se voyant soutenus de loin par ces quatorze, tournèrent bride, et chargèrent les huit qui se retiroient. Bussy vouloit tourner tête de temps en temps, et se retirer au pas sans se hâter; mais la vue des quatorze escadrons, quoique fort éloignés, donna un tel effroi à toute la cavalerie française, qu'il fut impossible à Bussy de l'arrêter et l'empêcher de fuir; si bien que les huit escadrons furent défaits par les trois. Le régiment de cavalerie du Roi y perdit beaucoup de ses étendards tout neufs, qui étoient de satin bleu, semés de fleurs de lis en broderie d'or, lesquels furent portés à don Francisco Pardo, qui commandoit ce parti. Dès que le prince de Condé sut qu'on voyoit partout dans le camp des Espagnols ces beaux étendards pleins de fleurs de lis, il se souvint qu'il étoit prince du sang de France, et envoya prier tous ceux qui en avoient de les lui apporter : ce qui fut fait aussitôt; et il les renvoya à Montpezat, lieutenant général, et mestre de camp du régiment du Roi, et lui écrivit qu'il n'avoit pu souffrir les fleurs de lis servir de trophées dans les mains des Espagnols, et qu'il les avoit retirées pour les lui renvoyer. Il le prioit en même temps de le dire à Sa Majesté, et de les lui présenter de sa part. Montpezat montra la lettre au Roi, qui ne les voulut pas reprendre, et lui commanda de les renvoyer au prince, et lui mander que c'étoit une chose si rare de voir les Espagnols battre les Français, qu'il ne falloit pas, pour le peu que cela arrivoit, leur envier le plaisir d'en garder les marques. Le prince de Marsillac fut fort blessé dans ce combat, où le marquis de Coislin et le comte de Vivonne se signalèrent. Cependant le siége de Condé s'avançoit, où la tranchée avoit été ouverte le 16 d'août, dans laquelle Vautourneux, capitaine aux Gardes, fut tué. Le 17, le marquis de Cœuvres se logea dans la pointe d'un ouvrage à corne, où le chevalier de Raré perdit la vie d'un coup de mousquet; et la demi-lune ayant été prise, le comte de Hennin, qui voyoit que le corps de sa place ne valoit rien, capitula le 18, et en sortit le 19. Le Passage y fut laissé pour y commander. Dès que le Roi sut la prise de Condé, il partit du Quesnoy le 23 avec deux mille chevaux, et rejoignit son armée devant Saint-Guislain, qui fut investi ce jour même. Sa Majesté se logea au château de Bossut, qui en est à demi-lieue, des fenêtres duquel il voyoit les batteries et toute l'attaque. La tranchée fut ouverte le 24, où le chevalier de Créqui fut blessé au visage; et la ville fut si pressée, que quoique deux cents hommes y fussent entrés sous la conduite de Rekin, cadet de Grimbergue, le lendemain, jour de Saint-Louis, le Roi y entra. Le lendemain, Sa Majesté se fut promener sur les hauteurs qui sont à une demi-lieue de là, d'où on découvre la ville de Mons; et le cardinal Mazarin voulant l'empêcher d'approcher de plus près, de crainte des coups de canon, le Roi ne laissa pas de s'avancer : dont le cardinal piqué dit tout haut que si c'eût été un autre que son maître, il l'auroit pris par le poing et l'auroit mené jusque sur la contrescarpe. Les courtisans ne purent s'empêcher de rire de cette rodomontade, lesquelles lui étoient fort ordinaires quand il n'avoit point sujet de crainte. Il y a une chose remarquable dans Saint-Guislain, qui est qu'on y nourrit toujours un ours et un aigle, par une vieille superstition que ces deux animaux ont autrefois sauvé la ville. Le gouvernement en fut donné à Schomberg; et le Roi l'y ayant laissé, en partit pour aller voir Condé, et le même jour 26, fut coucher à l'abbaye de Crespin, et la cour à Quiévrain. Le 27, il fut à Landrecies, le 28 à Guise, et le 29 à La Fère, où étoit la Reine sa mère. Leurs Majestés y séjournèrent jusqu'au 3 de septembre, qu'ils partirent pour retourner à Paris par Noyon, Compiègne et Chantilly, où le duc de Mantoue vint saluer Leurs Majestés, et le lendemain revint à Paris, après avoir dîné en festin royal avec Sa Majesté, qui arriva le lendemain au Louvre, où il le régala de tous les divertissemens qu'il lui put donner, comme il fit ensuite à Fontainebleau, d'où il partit le 23 de septembre pour retourner en Italie. Après son départ, le Roi tomba malade d'une fièvre qui lui dura dix jours, causée par les fatigues de l'armée; mais en étant guéri, il revint passer l'hiver à Paris. Pour l'armée, après la prise de Saint-Guislain, elle y demeura quelques jours pour le fortifier; puis elle marcha de l'autre côté de la Haine, et se campa à l'abbaye d'Autrage, d'où elle se vint poster sur la fin de septembre à Leuse, où elle demeura quelque temps, jusqu'à ce que les pluies l'obligèrent à repasser la Haine pour s'approcher de la frontière : et après avoir jeté force convois dans les places du Hainaut, elle fut mise dans les quartiers d'hiver jusqu'au printemps de l'année prochaine.

Quoique la campagne fût finie, le Roi ne laissa pas de retourner à Compiègne vers la fin de novembre, sur un avis qu'il eut que le maréchal d'Hocquincourt traitoit avec le prince de Condé pour lui remettre les villes de Péronne et de Ham. Ce maréchal, durant la guerre civile, s'embarqua d'abord avec le duc de Beaufort, et lui donna parole d'être de son parti; mais le cardinal Mazarin, en ayant été averti, lui manda de la part du Roi de venir à la cour, qui étoit à Amiens en 1649 : ce qu'il refusa nettement, et ce refus augmenta l'envie que le cardinal avoit de le voir, lequel le pressa tant qu'enfin il demeura d'accord de se trouver dans une plaine avec pareil nombre de gens que lui, et qu'il l'entretiendroit là tout à loisir. L'entrevue se fit de la sorte, et le cardinal le cajola si bien, lui promettant le bâton de maréchal de France, qu'il le retira de ce parti, et le ramena au service du Roi; et, sans considérer l'inconstance de son esprit et le peu de confiance qu'il devoit prendre en lui, il en fit son principal confident, le fit maréchal de France comme il lui avoit promis, et lui donna les principaux emplois : même il se servit de lui pour le ramener d'Allemagne en France; mais ayant connu que le maréchal de Turenne étoit plus capable de commander que lui, il lui ôta le commandement de l'armée sous prétexte qu'on appréhendoit que Péronne ne fût attaqué. Il ne fut depuis guère employé, dont il eut un tel dépit qu'il ne se put empêcher de se plaindre du cardinal; et comme il étoit fort amoureux de la duchesse de Châtillon, qui étoit dans les intérêts du prince de Condé, elle envenima sa colère, et augmenta si bien son mécontentement, qu'elle l'engagea dans le parti du prince, et tira parole positive de lui pour ce sujet. Dès que le cardinal en eut le vent, il fut fort alarmé, considérant de quelle conséquence étoient au Roi les villes de Ham et de Péronne : c'est pourquoi il n'oublia rien pour le gagner. Il se servit de la maréchale d'Hocquincourt sa femme, plus spirituelle que lui, et la prit par son foible, qui étoit l'amitié qu'elle avoit pour son fils aîné, en lui offrant les gouvernemens de son père, et à lui deux cent mille écus pour en sortir. Elle négocia si bien qu'elle conclut le traité, par lequel le maréchal sortit de Péronne, et se retira chez lui avec les six cent mille livres, et le Roi y entra au commencement de décembre : et y ayant établi le marquis d'Hocquincourt, fils aîné du maréchal, il revint à Paris en carrosse de relais en un jour, par un temps de neige fort fâcheux. La duchesse de Châtillon, qui avoit été arrêtée, fut mise en liberté par ce traité.

Quand toutes les troupes furent en quartier d'hiver, le duc François de Lorraine, frère du duc, voyant qu'on ne parloit point de mettre son frère en liberté, et entendant tous les officiers de son armée qui murmuroient, et protestoient qu'ils ne pouvoient plus servir un roi qui tenoit leur maître prisonnier, et disoient qu'ils devroient mourir de honte de n'avoir pas imité l'exemple de leurs camarades Mauléon et Remenecour, qui étoient allés en France devant la campagne, résolut d'en faire autant avec son armée. Il prit son temps, quand les troupes furent séparées, pour entrer en garnison ; et, faisant demeurer tous les Lorrains en corps, il marcha vers la frontière de Picardie, d'où il fit savoir au Roi qu'il venoit pour se mettre à son service. Sa Majesté reçut son offre, et fit un traité avec lui, par lequel toute l'armée lui devoit faire serment de fidélité tant que le duc de Lorraine seroit en prison, à condition qu'après sa liberté le serment cesseroit, et que tous les Lorrains l'iroient trouver pour faire ce qu'il leur ordonneroit ; et en attendant, qu'ils auroient des quartiers d'hiver en France, et seroient traités comme les autres troupes qui étoient au service du Roi. Ensuite le duc François, et ses deux enfans les princes Ferdinand et Charles, vinrent à Paris, où ils passèrent l'hiver.

Le 7 de janvier, le Saint-Siége fut vacant par la mort du pape Innocent X. Le conclave fut fort long, et durant trois mois le cardinal de Retz se trouva enfermé dedans ; et voulant témoigner que le mauvais traitement qu'il avoit reçu ne le refroidissoit point du zèle qu'il devoit avoir pour son roi et sa patrie, il parla au cardinal d'Est, protecteur de France, et aux autres cardinaux de la faction, et leur dit qu'il les supplioit de lui faire part des intentions du Roi, pour y obéir ponctuellement : mais ils lui répondirent qu'ils ne vouloient point l'écouter ni même parler à lui, parce qu'ils avoient ordre d'en user ainsi et de n'avoir aucun commerce avec lui. Ce rebut l'obligea de dire qu'il feroit ce qu'il pourroit pour pénétrer dans leurs desseins, afin de les suivre malgré eux : mais s'il n'en pouvoit venir à bout, qu'il iroit au bien de l'Église et à la gloire de Dieu ; et il se joignit sur leur refus à l'escadron volant, composé de créatures du feu Pape, qui n'avoit point laissé de neveu pour les conduire ; et il contribua fort à l'élection du cardinal Chigi, lequel étant nonce en Allemagne pour la paix, avoit vu le cardinal Mazarin durant qu'il étoit près de Cologne, et ne l'avoit pas trop satisfait : c'est pourquoi il lui avoit fait donner l'exclusion par la France. Mais les Espagnols ayant exclu le cardinal Sachetti, et le conclave tirant en longueur, les cardinaux Sachetti et Bichi dépêchèrent en France, priant le cardinal Mazarin de lever l'exclusion au cardinal Chigi, dont ils répondoient. Ils obtinrent leur demande ; et aussitôt il fut fait pape, après avoir été seulement trois ans cardinal. Il prit le nom d'Alexandre VII, et les Espagnols et les François se vantèrent de l'avoir fait : les premiers, parce que c'étoit leur premier but, et les derniers, à cause que, ne pouvant être élu sans eux, ils y consentirent. Le cardinal Mazarin voulant prendre le contre-pied de ce qu'il avoit fait à l'élection d'Innocent X, comme il a été dit en 1644, fit tirer le canon, chanter le *Te Deum*, et faire des feux de joie pour cette élection : ce qui ne s'étoit jamais pratiqué qu'à la création de Léon XI, de la maison de Médicis, à cause qu'il étoit de même nom que la reine Marie de Médicis, femme d'Henri IV, et parent de M. le Dauphin ; et encore il y eut grande difficulté dans le conseil, à cause des conséquences, comme on voit dans les Mémoires des cardinaux de Joyeuse et Du Perron : mais on le fit en cette occasion sans sujet quelconque, dont le Pape fut peu reconnoissant ; et cela servit de planche pour en user de même pour tous ses successeurs, comme on a depuis observé.

Nous avons vu comme, au commencement des guerres civiles, le duc de Modène avoit été contraint de s'accommoder avec les Espagnols, à cause de l'impuissance où étoient les François pour le secourir : mais depuis les affaires de France s'étant remises en bon état, ce duc, qui avoit conservé en son ame une haine contre les Espagnols, demanda en mariage pour son fils aîné mademoiselle Martinozzi, sœur de la princesse de Conti et nièce du cardinal Mazarin, et renoua son traité avec la France, dont il prit le parti avec plus de chaleur que jamais. Dès que le marquis de Caracène en eut avis, il envoya au duc de Modène l'avertir qu'il savoit bien son traité, et qu'il lui demandoit une place en otage, ou qu'il alloit entrer dans son pays. Le duc ne nia point la liaison qu'il avoit avec la France, et lui refusa la place qu'il demandoit; tellement que le marquis passa le Pô, et entra par le Parmesan dans le Modénois, et fit mine d'attaquer Bersello : mais le trouvant bien muni, il passa outre, et se campa autour de Reggio, où le duc étoit avec beaucoup de noblesse. Il y eut de rudes escarmouches durant ce campement; et le marquis de Caracène manquant de vivres, et voyant toutes les places du duc bien garnies, se retira vers le Pô et rentra dans le Crémonois, sur l'avis qu'il eut que le duc de Savoie alloit entrer dans le Milanais pour faire diversion. Alors le duc de Modène envoya en France presser le secours ; et la princesse palatine, qui étoit tante du duc de Mantoue, et qui souhaitoit avec passion de l'attirer dans le parti de France, employa tout son crédit pour l'y obliger, en lui représentant les grandes obligations qu'il avoit au feu roi Louis XIII, qui avoit établi le duc de Nevers son grand-père duc de Mantoue, contre les efforts de la maison d'Autriche, qui l'en vouloit priver. Elle le persuada si bien, qu'elle l'engagea dans les intérêts de la France, et l'obligea de venir à Paris, où il fut bien reçu de Leurs Majestés, et régalé magnifiquement tant qu'il fut à la cour. Il fit un traité par lequel le Roi s'obligeoit de payer la garnison de Casal, et le duc de servir Sa Majesté envers tous et contre tous. Il étoit logé à Paris à l'hôtel de Longueville proche du Louvre ; et il prit congé du Roi à Fontainebleau pour retourner en Italie. Cependant on faisoit passer les Alpes à beaucoup de troupes, qui joignirent celles du duc de Savoie; et s'étant séparées en deux corps, le prince Thomas, général de l'armée, passa le Pô le 7 de juillet, sur un pont de bateaux qu'il fit faire à Bassignano, à deux lieues de Valence, durant que le marquis de Ville, avec l'autre corps, ayant passé la Sesia, s'avançoit dans le Milanais, où le duc de Modène entroit de son côté: et ces trois corps ayant marché quelques journées, se trouvèrent devant Pavie le 24 de juillet. Aussitôt on sépara les quartiers; on fit faire des ponts sur le Tesin pour la communication de ceux du duc de Modène et du prince Thomas, et on travailla à la circonvallation. Le 30, Saint-André-Montbrun, lieutenant général, prit par force une abbaye proche de la ville, et le premier d'août la tranchée fut ouverte par deux côtés : l'une du duc de Modène, et l'autre du prince Thomas. Le 4, on éleva deux batteries de quatre pièces chacune; et le 6, les assiégés firent une grande sortie qui fut bien repoussée. Le 10, la demi-lune fut emportée par le comte de Broglie, et reperdue la même nuit; de sorte qu'il fut contraint de se loger au pied. Le 12, Refuge, lieutenant général, voulant tenter de la reprendre, fut fort blessé d'une mousquetade dans le bras. Le 17, la demi-lune fut vivement attaquée; mais si vaillamment défendue qu'on ne put s'y loger. Le 18, le comte Galeasso Trotti, gouverneur de la place, fit une grande sortie avec cavalerie et infanterie, qui fut repoussée après un combat fort opiniâtré, avec grande perte des Français. La résistance qu'ils trouvèrent à la demi-lune fut si grande, qu'ils demeurèrent au pied sans pouvoir avancer ; si bien qu'ils furent contraints d'aller à la sape le premier de septembre. Le marquis de Caracène faisoit cependant tous ses efforts pour le secours de Pavie ; il lui arriva trois mille Napolitains que le vice-roi de Naples lui envoya, qui débarquèrent à Final ; et ayant grossi son armée de troupes levées en Allemagne, il attaqua le château d'Arena, qu'il prit, et par là il coupa le chemin des vivres qui venoient du Modénois, et ensuite il s'alla poster à Mortara pour ôter la communication du Piémont : tellement que la subsistance manquant aux Français, et leur infanterie étant fort ruinée par la vigoureuse défense des Espagnols, ils furent contraints de lever le siége la nuit du 13 au 14 de septembre, pour marcher vers le Montferrat. Le duc de Modène alla se rafraîchir dans Casal, et le prince Thomas à Turin, laissant le commandement de l'armée à Saint-André-Montbrun, au marquis de Pienne et au comte de Bristol, qui passèrent le Pô à Vérue, et puis le Tanaro, se postèrent sur la frontière de l'Alexandrin, et les Espagnols à Castel-Novo-Scrivia, où ils demeurèrent jusqu'à la mi-octobre, auquel temps les Français passèrent les rivières de Bormida et de Scrivia, et détachèrent Biron le 27, pour ramener les troupes de Modène dans leur pays, avec quelques françaises destinées à y demeurer en quartier d'hiver. Biron, petit-fils du vieux maréchal de Biron, et neveu du dernier qui a tant fait parler de lui sous Henri IV, marcha diligemment jusqu'à Saint-Sébastien, proche des terres de Gênes, et de là il voulut gagner la montagne de Baignara, qui est au commencement de l'Apennin ; mais il rencontra les Espagnols, qui le prévenoient ; tellement qu'il fallut qu'il s'ouvrît le passage l'épée à la main : ce qu'ayant fait, il descendit dans la plaine, et arriva dans le Plaisantin, où on sépara les régimens pour entrer en garnison dans le Modénois. Le gros de l'armée en fit autant : les Français repassèrent les Alpes pour prendre leurs quartiers en France, et les troupes de Savoie demeurèrent dans leur pays. Pour le duc de Modène, il prit le chemin de France, comme on verra ensuite.

Le prince de Conti retourna le printemps en Catalogne pour y commander les armées du Roi ; mais devant qu'il y arrivât, le comte d'Ille avoit pris les villes de Campredon, Ripouil et Berga ; et ce prince y étant arrivé, mit, le 22 de mai, le siége devant Cap-de-Quiers. Bougi emporta d'abord une tour qui étoit entre la ville et la mer ; et le prince battit la place si furieusement par terre, et le duc de Vendôme par mer, que le 27 les assiégés se rendirent, demeurant prisonniers de guerre. Dès qu'il eut pris cette ville, il se voulut rendre maître de Castillon, qui tenoit en bride tout le Lampourdan : il avoit été pris et rasé ; mais les Espagnols s'y étoient relogés, et avoient relevé les fortifications, courant tous les jours jusqu'aux portes de Roses. Le prince de Conti, pour les chasser de ce poste, arriva devant le 5 de juin, et n'ouvrit la tranchée que le 12, faute de munitions, qui n'arrivèrent qu'en ce temps-là. Les Espagnols, qui avoient mis un magasin dedans pour attaquer Roses, y laissèrent deux mille hommes pour le garder : c'est ce qui fut cause, quoique la place fût mauvaise et que les fortifications fussent refaites de nouveau, qu'elle dura plus long-temps qu'on ne pensoit, parce que les assiégés ne manquoient de rien, et qu'à coups de mousquets et de grenades ils défendirent fort bien leur terrain ; mais enfin le mineur étant attaché à la muraille, ils se rendirent à composition, et sortirent le premier juillet. Bellefond fut fort blessé durant ce siége, et Canaple fut dépêché au Roi pour lui en porter la nouvelle. Le prince s'avança ensuite dans le pays ; et se trouvant maître de la campagne, les peuples qui avoient conservé inclination pour les Français et haine contre les Espagnols se disposoient à faire rumeur : même la ville épiscopale de Solsone se souleva, et se déclara pour la France. Don Juan marcha aussitôt pour l'assiéger ; mais le comte de Mérinville alla diligemment à son secours, et lui fit lever le siége après un combat de deux heures. De là ce comte prit la ville d'Ampurias, et le prince de Conti résolut le siége de Palamos, pour lequel il manda au duc de Vendôme de venir avec l'armée navale pour seconder son dessein ; mais étant arrivé, il apprit par une lettre du prince qu'il n'attaqueroit point Palamos, à cause que les Espagnols y avoient jeté beaucoup d'infanterie. Tellement qu'il cingla du long de la côte tirant vers Barcelone, où il trouva l'armée navale d'Espagne, qu'il attaqua, quoique plus forte que la sienne. Le combat se donna sur la fin de septembre, qui dura six heures. Il y eut force coups de canon tirés, beaucoup de vaisseaux démâtés, et pas un de pris. La nuit venant, les Espagnols se retirèrent : ce qui fit que les Français se vantèrent d'avoir eu l'avantage. Cependant don Juan prit Berga, et les Français l'ayant rassiégé furent contraints de se retirer à la venue des Espagnols ; et l'hiver étant venu, ils repassèrent les monts pour prendre leurs quartiers en Languedoc. Dès qu'ils furent éloignés, don Juan rassiégea Solsone, et pressa tellement la ville par la tranchée et par ses batteries, que les habitants furent forcés de se rendre à la fin de décembre, avant que les Français eussent le temps de les venir secourir.

Au mois de juin de cette année, l'Empereur ayant résolu de tâcher à faire son fils Léopold-Ignace roi des Romains en la place de l'aîné, mort l'année passée, le fit couronner roi de Hongrie et de Bohême avec toutes les solennités accoutumées, et commença à faire sa brigue près des électeurs pour le faire désigner son successeur à l'empire.

Après l'établissement de Cromwel à la dignité de protecteur d'Angleterre, d'Écosse et d'Irlande, le roi d'Espagne lui envoya un ambassadeur pour faire alliance avec lui, et reconnoître cette nouvelle république. Le roi de France au contraire rappela le sien, et ne voulut avoir aucun commerce avec lui ; mais le bruit courant partout que ce Protecteur, indigné du mépris qu'on faisoit de lui, se liguoit avec les Espagnols contre la France, obligea le cardinal Mazarin d'y envoyer le président de Bordeaux pour reconnoître ce nouveau gouverneur, et empêcher cette ligue, qui eût été fort préjudiciable à la France. Ce président négocia si bien, qu'il rompit toutes les mesures des Espagnols, et fit une liaison étroite entre le Roi et le Protecteur, au grand regret de la reine d'Angleterre, qui étoit à Paris, et du Roi son fils, lequel étoit près d'elle ; mais la nécessité les obligea de le dissimuler.

VINGT-DEUXIÈME CAMPAGNE.

[1656] Cette année commença par l'arrivée du duc de Modène à Paris, pour confirmer l'union étroite qu'il avoit faite avec la France. Il fut reçu au bois de Vincennes par le Roi, qui le remena dans son carrosse au Louvre, où il fut logé, défrayé et servi par les officiers de Sa Majesté; et durant qu'il fut à la cour, on n'oublia rien pour le divertir, et tous les courtisans firent ce qu'ils purent pour lui faire voir les magnificences de la France. Cet excès de bon traitement donna jalousie au duc de Mantoue, qui n'avoit pas été reçu de même, et commença à l'aliéner du zèle qu'il avoit pour le parti de la France; mais l'alliance que le duc de Modène avoit prise avec le cardinal Mazarin étoit cause du grand empressement qu'avoient tous les grands à lui faire passer le temps, dans la pensée de plaire au favori, et par là de faire leurs affaires. Les ducs et pairs gentilshommes ne le virent point chez lui, parce qu'il ne leur voulut pas donner la main; et le duc de Guise et les autres princes de la maison de Lorraine n'en firent pas de difficulté. Ce duc demeura tout le mois de janvier à Paris; puis il en partit pour retourner en Italie.

Le 3 de janvier, mourut le garde des sceaux Molé, homme d'une grande intégrité et fermeté, comme il le témoigna étant premier président durant les troubles; mais sa promotion à la charge de garde des sceaux ne lui fut pas avantageuse : car il déchut de la grande réputation où il étoit auparavant, et trouva que l'air de la cour, où il n'avoit pas été élevé, étoit bien différent de celui du Palais. On ne savoit à qui le Roi donneroit les sceaux; mais l'embarras où le cardinal étoit pour choisir un homme, et la pente naturelle qu'il avoit à faire du bien à ceux qui lui avoient été contraires, le porta à les rendre au chancelier, qui les garda long-temps depuis.

Le 22 janvier, mourut aussi le prince Thomas de Savoie, oncle du duc, et grand-maître de France. Le Roi en prit le deuil noir, parce qu'il étoit cousin germain de la Reine sa mère, qui le désira ainsi. Ce prince étoit homme de cœur et d'esprit, mais malheureux dans ses entreprises. Sa charge de grand-maître fut donnée au prince de Conti. Un peu après, Henriette-Catherine de Joyeuse finit aussi ses jours à Paris dans l'hôtel de Guise; elle avoit épousé en premières noces le duc de Montpensier, prince du sang, dont elle n'eut qu'une fille mariée à M. le duc d'Orléans, laquelle mourut en couches d'une fille; et en secondes noces elle épousa le duc de Guise, dont elle eut quantité d'enfans, qu'elle vit mourir devant elle, ne lui restant plus de fils que le duc de Guise, qui ne la survécut pas long-temps.

Depuis l'an 1652 M. le duc d'Orléans s'étoit retiré à Blois, après avoir pris l'amnistie; mais il n'avoit jamais voulu se raccommoder avec le cardinal Mazarin, et par cette raison il ne venoit point à la cour et ne bougeoit de Blois. Cette fierté désespéroit le cardinal, qui eût bien souhaité de regagner ses bonnes grâces, à cause du rang qu'il tenoit de fils de France et d'oncle du Roi. Il avoit gagné ceux qui étoient le mieux auprès de lui; mais comme ils y trouvoient grande répugnance, le cardinal, connoissant son esprit fort timide, faisoit quelquefois courir le bruit que le Roi étoit averti qu'il avoit conservé intelligence avec le prince de Condé et les Espagnols, et que Sa Majesté vouloit aller à Blois pour s'assurer de lui, ou le pousser hors du royaume. Ces bruits l'étonnoient, car il ne songeoit qu'à vivre en repos dedans sa maison : mais ce qui le fâcha le plus fut qu'on retrancha une partie de ses pensions, sans lesquelles il ne pouvoit plus vivre avec la splendeur avec laquelle il avoit toujours vécu. Là-dessus ceux qui étoient gagnés par le cardinal lui représentoient que tant qu'il seroit mal avec lui il le seroit aussi avec le Roi, et par conséquent jamais en repos. Ils le faisoient souvenir des persécutions qu'il avoit souffertes du cardinal de Richelieu, qui n'étoit pas plus puissant qu'étoit à présent le cardinal Mazarin, qui pourroit le traiter de même. Ils lui disoient qu'il étoit heureux de ce que celui-ci avoit l'esprit plus doux et moins violent que l'autre, et pardonnoit facilement les offenses, et même recherchoit ses bonnes graces avec empressement. Ils le trouvèrent si disposé à se laisser persuader, que le cardinal Mazarin, sachant que tout alloit selon son désir, voulut faire les premiers pas pour rendre ses respects à Son Altesse Royale; et au commencement de février il envoya son neveu Mancini, avec le duc de Damville, et l'abbé de Palluau son maître de chambre, à Blois, pour témoigner à Son Altesse Royale la joie qu'il avoit d'être rentré dans ses bonnes grâces. Il fut parfaitement bien reçu et traité par ses officiers ; et M. le duc d'Orléans l'assura qu'il iroit bientôt trouver le Roi, comme il fit peu de temps après. Ce même mois, la princesse royale d'Orange, sœur du roi d'Angleterre, arriva à Paris, où elle fut reçue avec beaucoup d'honneur; elle logea chez la reine d'Angleterre sa mère. Au printemps, le Roi, qui aimoit tous les exercices du corps, fit une course de bague dans le Palais-Royal, en présence de la Reine et de toute la cour; et pour faire plus de part au peuple de cette magnificence, il fit une cavalcade du Louvre au Palais-Royal, en trois bandes vêtues de différentes couleurs. Le Roi étoit chef de la première, le duc de Guise de la seconde, et le duc de Candale de la troisième. Le comte Du Lude emporta le prix, qu'il reçut des mains de la duchesse de Mercœur.

Après toutes ces réjouissances, la saison s'avançant, on ne pensa plus qu'à la guerre, et à mettre les armées en campagne de part et d'autre. Il y eut changement en Flandre au gouvernement; car l'archiduc Léopold, qui commandoit dans les Pays-Bas depuis neuf ans, retourna en Allemagne, et don Juan d'Autriche, fils naturel du roi d'Espagne, passa de Catalogne en Italie, et de là vint dans les Pays-Bas pour lui succéder. Il y eut difficulté à son arrivée pour accorder le rang qu'il tiendroit avec le prince de Condé, qui prétendoit le précéder partout, étant premier prince du sang de France, et lui n'étant que bâtard : mais pour accorder ce différend, l'archiduc le vit devant que de partir, et lui donna chez lui la droite, et ensuite le prince en usa de même, n'osant refuser de suivre l'exemple d'un fils et frère d'empereur, roi successif de Hongrie. On s'étonnoit de la hauteur avec laquelle ce prince vivoit dans un pays où il étoit réfugié ; mais le besoin que les Espagnols avoient de lui augmentoit sa fierté, qui étoit si grande qu'il vécut toujours d'égal avec l'archiduc, et eut grande peine à se résoudre à le pouvoir souffrir de don Juan. On se préparoit cependant de part et d'autre à la guerre ; et le Roi partit le 27 de mai de Paris pour aller à Compiègne ; et le 7 de juin il marcha toute la nuit à cause du grand chaud, pour se rendre à La Fère, où il arriva le matin. Il reçut, en partant de Compiègne, la nouvelle de la mort du maréchal de Schomberg, qui fut fort regretté à la cour, à cause de son grand mérite et de sa probité. Sa charge de colonel général des Suisses fut donnée au comte de Soissons, fils du feu prince Thomas de Savoie.

Le maréchal de Turenne, ayant assemblé durant ce temps-là ses troupes à Marle, marcha droit à Condé, où il campa le 13 de juin. Il y fit faire un pont sur l'Escaut à Mortagne ; et ayant appris qu'un corps de quatre mille hommes s'étoit posté sur la contrescarpe de Tournay qu'il avoit dessein d'assiéger, il changea de pensée, et manda au marquis de Castelnau qui étoit près de Mons, et au chevalier de Créqui qui étoit proche de Douay, pour donner jalousie de tous côtés, de marcher à Valenciennes, où toute l'armée se joignit le 15 de juin. Aussitôt les quartiers furent séparés et la circonvallation commencée, qui étoit fort grande à cause de l'étendue de la ville, qui est une des plus considérables des Pays-Bas. Le lendemain, mille chevaux voulurent se jeter dans la ville ; mais ils furent chargés par le comte de Ligneville à la tête des Lorrains, qui les contraignirent de se retirer. Le maréchal de Turenne prit son quartier du côté du Quesnoy, et celui de La Ferté de l'autre côté de l'Escaut, où on travailla incessamment à faire des ponts sur la rivière et des digues dans les marais, pour la communication des quartiers. Le 17, les assiégés firent une sortie de cent cinquante chevaux, qui fut vertement repoussée par le marquis de Resnel, mestre de camp de cavalerie. Le 24, ils en firent une plus grande, qui fut soutenue par les Lorrains, lesquels la repoussèrent jusque dans la contrescarpe. La nuit du 26 au 27, les régimens des Gardes françaises et suisses firent l'ouverture de la tranchée ; et le 29, la ville fut saluée de trois batteries de six pièces chacune. Le 30, on se logea au pied du glacis de la contrescarpe. Le 2 de juillet, les assiégés dans une sortie prirent Vitermont, capitaine aux Gardes ; le 4, ils en firent une autre sur les Suisses, où le colonel Molondin fut blessé, et le chevalier de Créqui reçut un coup de mousquet dans la tête, dont il fut trépané. Le 5, le régiment de Turenne se logea au pied de la palissade, et le jour même quarante escadrons espagnols se présentèrent aux lignes du côté du quartier de Turenne, et se retirèrent sans rien faire. Le 8, le régiment de Bretagne fit avec beaucoup de difficulté le logement sur la contrescarpe ; et l'après-dînée leur armée fit mine de vouloir attaquer les lignes, durant que ceux de la ville faisoient une sortie ; mais tout se passa en escarmouche. Le 9, le régiment de Piémont commença la descente du fossé de l'ouvrage à corne, et les assiégés levèrent les écluses pour inonder les marais, et firent tellement hausser l'eau qu'elle passoit par dessus les digues, et ôtoit la communication des quartiers. Le prince de

Condé et don Juan, voulant tout hasarder pour secourir Valenciennes, prirent leur temps pendant ce grand débordement d'eaux, et la nuit du 15 au 16 attaquèrent le quartier du maréchal de La Ferté, où ils trouvèrent peu de résistance : car comme la nuit étoit fort obscure, ils passèrent la ligne durant que les assiégés sortoient par deux endroits; et s'étant joints ensemble, ils secoururent la ville. Le bruit étant venu jusqu'au quartier du maréchal de Turenne, il voulut passer l'eau pour secourir le maréchal de La Ferté ; mais les eaux étoient si hautes, qu'il lui fut impossible de passer ; et ainsi le maréchal de La Ferté, ayant sur les bras toute l'armée espagnole, fut entièrement défait. Toute l'infanterie fut tuée ou prise; la cavalerie fut mise en désordre, dont une partie se noya en se sauvant, et l'autre se jeta dans Condé. Le maréchal de La Ferté fut pris combattant à la tête de sa cavalerie, n'ayant jamais voulu reculer, et fut mené dans Valenciennes, où il fut présenté à don Juan. Riberpré y fut aussi pris, et beaucoup d'autres. Le marquis d'Estrées fut noyé en se sauvant ; le marquis de Resnel fut tué. Tout le bagage et le canon de ce quartier-là demeura aux Espagnols, et leur cavalerie victorieuse passa au travers de la ville pour attaquer ceux qui gardoient la tranchée de l'autre côté de l'Escaut ; mais le maréchal de Turenne n'ayant pu passer le marais, et ne voyant plus d'apparence de continuer le siége, envoya ordre à l'infanterie qui gardoit la tranchée de se retirer, et d'abandonner le canon des batteries : ce qui fut exécuté. Le comte de Resnel, frère de celui qui avoit été tué dans l'autre quartier, voyant la cavalerie espagnole qui sortoit de la ville pour attaquer l'infanterie qui abandonnoit la tranchée, se mit entre deux avec son escadron, et sauva cette infanterie, se retirant en ordre en escarmouchant pour joindre le gros de l'armée de Turenne, laquelle se retira au Quesnoy sans rien perdre. Comme une partie de l'armée du maréchal de La Ferté s'étoit sauvée dans Condé, les Espagnols, voyant le maréchal de Turenne en sûreté, se campèrent à Quiévrain et Crespin, dans la pensée que, coupant les vivres à cette ville, elle tomberoit bientôt en leur pouvoir. Le maréchal de Turenne voyant le dessein de don Juan, et n'étant pas en état de l'empêcher, après s'être rafraîchi quelques jours au Quesnoy, fut se camper à Berlaimont pour essayer de jeter des vivres dans Condé. La cour fut fort affligée de la défaite du maréchal de La Ferté et du secours de Valenciennes; et le cardinal Mazarin envoya le plus de renfort qu'il put au maréchal de Turenne pour réparer cette perte ; mais les Espagnols étoient postés si avantageusement devant Condé, qu'il étoit impossible de tenter aucun secours : tellement que ce maréchal, n'y pouvant apporter aucun remède, résolut de changer de poste, et de faire subsister l'armée dans des pays pleins de fourrages. Il décampa pour cet effet de Berlaimont, et fut loger à Inchi proche de Douay ; et, ayant passé près d'Arras, il alla sur la rivière du Lys pour piller le pays, et obliger les Espagnols à donner bonne composition à ceux qui étoient dans Condé pour venir au secours de leurs peuples. En effet, Le Passage, gouverneur de cette place, ayant trois mille hommes de plus que sa garnison ordinaire, des fuyards de la déroute de Valenciennes, et ayant consumé une partie de ses provisions pour la subsistance de l'armée durant le siége, se trouva bientôt au bout de ses vivres ; si bien qu'il fut contraint de capituler après la mi-août, et sortit tambour battant, enseignes déployées, avec cinq mille hommes de guerre. Aussitôt l'armée espagnole suivit le maréchal de Turenne, lequel, craignant qu'elle n'eût dessein sur La Bassée ou sur Béthune, se campa entre ces deux places dans un poste fort avantageux, à Houdain, où il y eut deux jours durant de grandes escarmouches jusqu'au 7 de septembre, que les Espagnols se retirèrent, et prirent leur marche du côté de l'Escaut, et le maréchal de Turenne devers Saint-Quentin, où il apprit que don Juan avoit investi Saint-Guislain. Il joignit en ce lieu-là Le Passage avec ses troupes, qui étoient sorties de Condé; et ayant laissé son infanterie, son canon et bagage, il partit avec sa cavalerie ; et après avoir marché tout le jour, il arriva devant La Capelle sur la minuit du matin du 19 de septembre, ayant fait eu trois jours trente lieues depuis Houdain. Cette grande diligence surprit fort Chamilly, gouverneur de cette place pour le prince de Condé, qui se trouva dépourvu de tout, ne se doutant point de cette entreprise après une déroute comme celle de Valenciennes, et voyant l'éloignement de l'armée française. Le maréchal de Turenne fit faire bonne garde la nuit et le jour, jusqu'à l'arrivée de toute l'armée, qui fut le 21. Elle fut retranchée en deux jours ; et la nuit du 23 au 24, la tranchée fut ouverte par quatre endroits, à chaque bastion une attaque ; et le jour même deux batteries furent dressées. Le peu de monde qu'il y avoit dedans fut cause que la nuit suivante tous les dehors furent emportés ; et le 25 le mineur fut attaché au bastion. Le 26, la mine joua, et fit brèche raisonnable ; si bien que le gouverneur se rendit le soir même, et sortit le 27. Les comtes de La Suze et de Coligni s'étoient jetés dans des bois pour tâcher à mettre du secours dans la place, mais inutilement; seulement Chamilly le fils, avec une résolution et une hardiesse extrême, passa au travers de l'armée française avec soixante chevaux, et entra dans La Capelle pour secourir son père; mais il trouva les affaires en si mauvais état, que ce foible secours n'en put retarder la prise. Les Espagnols, sur la nouvelle de ce siége, levèrent celui de Saint-Guislain, et marchèrent droit à La Capelle; mais ils la trouvèrent rendue. Pour le maréchal de Turenne, il s'approcha de Guise pour rafraîchir son armée. Le Roi la vint visiter en ce lieu, et la voulut voir en bataille le 30. Elle rentra dans le Hainaut le premier d'octobre, le Roi étant à la tête, lequel fit jeter quantité de munitions de guerre et de bouche dans Saint-Guislain; et ensuite Sa Majesté reprit le chemin de Compiègne, d'où il arriva le 9 d'octobre à Paris. La campagne finit de cette sorte, et les deux armées se retirèrent pour se mettre dans leurs quartiers.

Nous avons vu comme M. le duc d'Orléans avoit reçu le neveu du cardinal Mazarin à Blois, et que Son Altesse Royale se disposoit à venir trouver le Roi, Sa Majesté étant à La Fère : c'est pourquoi Monsieur ne voulut point passer dans Paris, pour faire voir qu'il ne sortoit de sa maison que dans le dessein de rendre ses respects à Leurs Majestés; et pour cela il passa par Saint-Cloud, où toutes les personnes de qualité qui étoient dans Paris le vinrent saluer. Il fut de là à Compiègne, d'où il fut trouver le Roi à La Fère; lequel sachant sa venue, le vint rencontrer à une demi-lieue hors de la ville, où il lui fit toutes les démonstrations d'amitié qu'il put à une personne qui lui étoit si proche. De là il le fit monter dans son carrosse; et le mena au château, où il salua la Reine, qui le reçut avec grand témoignage d'affection et d'oubli de toutes les choses passées. Le cardinal Mazarin le traita le soir avec apparence d'une entière réconciliation; et, après avoir demeuré huit jours à la cour, il revint à Paris, où il n'avoit point été depuis la guerre civile. Il y reçut les marques du respect et du zèle que tous les bons Français avoient pour un si bon prince, qui n'auroit jamais eu que de bons sentimens pour la France, s'il en avoit bien su distinguer les intérêts. Il s'en retourna bientôt après à Blois, où il demeura le reste de ses jours, venant tous les ans une fois rendre ses devoirs à Leurs Majestés.

La reine de Suède s'ennuyant à Rome, pour satisfaire son esprit inconstant, en partit le 18 de juillet pour venir en France. Elle arriva le 29 à Marseille; où elle fut reçue au bruit des canons des châteaux, des vaisseaux et des galères du port. Elle y fit son entrée avec le même honneur qu'on eût rendu à la personne du Roi, selon l'ordre qu'on en avoit reçu de Sa Majesté. De là elle passa par Aix, Avignon, Valence, Vienne et Lyon, faisant des entrées dans toutes ces villes avec de grandes cérémonies. Elle s'embarqua sur la Saône à Lyon jusqu'à Châlons, où elle quitta le bateau; et ayant passé par Beaune, elle arriva le 27 d'août à Dijon, où le duc d'Epernon la reçut avec grand respect. Le duc de Guise l'étoit allée trouver à Lyon pour l'accompagner de la part du Roi, et lui faire rendre les honneurs qui lui étoient dus. Après avoir ouï la harangue du parlement en robes rouges, elle partit de Dijon; et, ayant passé à Auxerre et à Sens, elle fut coucher le 4 de septembre à Fontainebleau, et le 7 à Conflans à une lieue de Paris, où elle se reposa le 8, et se prépara jusqu'au soir à faire une triomphante entrée dans cette grande ville. Sur les quatre heures après midi, elle monta sur une haquenée blanche, couverte d'une selle et d'une housse en broderie d'or et d'argent fort riche, et entra dans Paris par la porte Saint-Antoine, avec la même pompe que les rois de France; et elle arriva dans le Louvre aux flambeaux, où elle fut logée, défrayée et servie par les officiers du Roi : elle y séjourna huit jours, durant lesquels elle se fut promener dans tous les lieux les plus considérables de cette ville; et le 15, elle prit le chemin de Chantilly, où le cardinal Mazarin se trouva pour lui faire la révérence. Le Roi et Monsieur y arrivèrent un peu après, et, après avoir demeuré une heure avec elle, ils retournèrent coucher à Compiègne. Le lendemain elle fut à Liancourt, où elle dîna, et le soir elle en partit pour aller à Compiègne : elle rencontra dans la forêt le Roi et la Reine sa mère, qui venoient au devant d'elle. On mit pied à terre de part et d'autre; et, après beaucoup de témoignages d'affection réciproque, ils se mirent tous dans un carrosse, et le soir ils arrivèrent à Compiègne, où Sa Majesté Suédoise demeura sept jours, régalée de tous les divertissemens de bonne chère, de musique, de chasse, de comédie, et autres dont on se put aviser. Le 23, elle en repartit, et fut conduite par Leurs Majestés jusqu'à la Croix Saint-Ouen, à une lieue de là : et après s'être dit adieu dans le milieu de la forêt, la reine de Suède fut coucher à Senlis; et de là, par Lagny, Melun, Montargis et Nevers, elle reprit le chemin de Lyon, et passa par Turin, où elle fut régalée magnifiquement par le duc et la duchesse de Savoie sa mère; et de là elle retourna à Rome, qu'elle avoit choisie pour sa demeure ordinaire.

Durant que le duc de Modène étoit à Paris,

il pressa le cardinal Mazarin de faire un grand effort du côté de l'Italie pour faire quelque entreprise considérable qui réparât l'affront reçu l'année passée devant Pavie. Ils tinrent ensemble de grands conseils pour cela, et on fit passer des troupes nouvelles en Piémont : on travailla aux recrues des autres ; et quand ce duc fut à Turin, il fit la même diligence pour fortifier l'armée de Savoie. Quand l'été fut venu, et que les herbes furent assez grandes pour faire subsister la cavalerie, le duc de Mercœur fut envoyé en Italie pour commander l'armée de France, à laquelle se devoit joindre celle de Savoie sous le marquis de Ville, et celle de Modène sous son duc, qui étoit généralissime de toutes les trois. Dès qu'elles furent en campagne, les ducs de Modène et de Mercœur s'assemblèrent à Fontancte, où ils résolurent le siége de Valence, et détachèrent le marquis de Ville et Valavoir pour l'investir, le premier deçà le Pô, et le dernier de l'autre côté de la rivière ; et toute l'armée suivit après, et arriva devant la place deux jours après, qui étoit le 27 de juin. Don Carlos del Tuffo, voulant se jeter dedans avec quatre cents mousquetaires, fut attaqué par le régiment de Navarre, qui le força de se sauver dans des bois, après avoir laissé quelques-uns des siens morts sur la place et prisonniers. On travailla tout-à-l'heure à la circonvallation et à la construction de deux ponts sur le Pô, l'un au dessus et l'autre au-dessous de la ville, pour la communication des quartiers. Le comte de Broglio visitant, le 2 de juillet, le lieu où on devoit faire l'ouverture de la tranchée, fut tué d'un coup de mousquet dans la tête. On fit deux attaques : l'une fut commencée par le régiment de Navarre la nuit du 4 au 5 de juillet, et l'autre par celui d'Auvergne : la première porta le nom de Modène, et la dernière de Mercœur. Elles étoient si proches l'une de l'autre, qu'une ligne les joignoit. Le 6, Valavoir prit avec deux pièces de canon la tour du port, de l'autre côté du Pô ; et les deux ducs firent dresser deux batteries, chacune dans leur tranchée, qui rompirent les parapets : et le duc de Mantoue, qui étoit à Casal, envoyoit des convois à l'armée, et n'oublioit rien de ce qui pouvoit contribuer à faire réussir le dessein de ce siége. Le 10, les assiégés firent une sortie, où ils surprirent et tuèrent la sentinelle de l'attaque de Modène, et envoyèrent de la cavalerie pour charger par la queue de la tranchée ; mais dès que les Français se furent reconnus, ils repoussèrent cette sortie, et avancèrent leurs travaux avec tant de diligence, que le 11 le régiment de Guise fit le logement sur la contrescarpe de la demi-lune, et la nuit on commença la sape pour percer le fossé. Le 12, le duc de Mantoue envoya de Casal des canons dont on fit une batterie nouvelle entre les deux attaques, et une autre delà le Pô pour ruiner les moulins. Le 13, les Espagnols firent une sortie qui fut promptement repoussée. Le 14, Saint-André-Montbrun amena un renfort dans le camp ; et le même jour l'armée espagnole passa le Tanaro, et s'approcha du quartier du marquis de Ville, faisant mine de l'attaquer, et se saisir des hauteurs voisines. Le 16 se passa à le canonner, et à escarmoucher de part et d'autre ; et sur la minuit deux mille Espagnols emportèrent un petit fort gardé par les Français sur une éminence proche des lignes. La nuit suivante, deux fourneaux jouèrent sous les demi-lunes des deux attaques, et elles furent toutes deux emportées. Le 18, les Espagnols prirent un fort sur une hauteur qui commandoit dans les lignes ; mais le régiment de Son Altesse Royale d'Orléans le rattacha tout à l'instant, et le reprit en plein midi. Le 19, on fit la descente dans le fossé, et on travailla depuis le 20 jusqu'au 27 à le percer par une sape, et durant ce temps-là ceux de dehors donnoient de continuelles alarmes ; mais ne voyant point d'apparence de donner aux lignes, ils se retirèrent sur le bord du Tanaro ; et le 30 ils passèrent le Pô, pour voir s'ils pourroient tenter un secours de l'autre côté de la rivière. Cependant les Français trouvaient grande difficulté à passer le fossé, à cause des flancs bas qui rompoient leurs galeries et leurs travaux : les assiégés disputèrent ce passage si vertement, que, depuis le premier d'août jusqu'au 15, tout ce qu'on pouvoit faire étoit d'avancer un pas en une nuit ; et la cavalerie espagnole de dehors, par ses alarmes, retardoit le travail, à cause qu'il falloit que les assiégeans fussent toujours sous les armes, ce qui les fatiguoit au dernier point. Le 12, don Galeazzo Trotti, avec sa cavalerie, s'approcha des lignes, et poussa la garde ; mais il fut chargé par deux escadrons français, qui l'obligèrent de se retirer. Le lendemain, il y en eut quatre qui parurent au quartier de Mercœur, qui furent repoussés par les régimens de cavalerie de l'Altesse, et d'infanterie d'Auvergne, de Folleville et de Montpezat. Le 16, la cavalerie espagnole voulut charger les fourrageurs des assiégeans, où il y eut une chaude escarmouche, et des gens tués de part et d'autre. La nuit du 18 au 19, les lignes furent attaquées par des troupes sorties d'Alexandrie au quartier de Mercœur ; et quelque résistance que fissent les Français, ils ne purent empêcher que cinq cents hommes n'entrassent dans la ville. Ce secours donna grand courage aux assiégés, qui firent une sortie, le jour même, de cent vingt chevaux et quatre cents hommes de pied, qui rompirent la galerie qu'on faisoit dans le fossé, et brûlèrent une batterie; mais le régiment de Navarre fut à eux, piques basses, qui les força de rentrer. Le 20, la galerie fut bien raccommodée; et le 21, le mineur fut attaché au bastion de l'attaque de Modène, et le 22, à celui de Mercœur. Le jour même, Saint-André-Montbrun chassa les assiégés d'une traverse qui incommodoit les travailleurs, et le 25 la mine joua à l'attaque de Modène; et les Espagnols se défendirent si bien sur la brèche, qu'on ne put se loger qu'au pied: si bien qu'il fallut faire une seconde mine, laquelle fit l'ouverture plus grande; et la résistance se trouva si forte, que tout ce que les Français purent faire fut de se loger à moitié de la brèche. Valavoir monta jusqu'au haut; mais ceux de la ville par leur grand feu, et à coups de piques et de hallebardes, renversoient les assiégeans, et les empêchoient de passer le cordon. Le 25, la mine de Mercœur joua, qui fit grande brèche: mais le logement ne fut fait qu'au pied. Le 27, les Français donnèrent un assaut à la brèche de Modène, et emportèrent le bastion; mais ils trouvèrent un retranchement dans la gorge qui les arrêta tout court, et les obligea de l'attaquer par les formes: les deux partis étoient si proches les uns des autres, qu'ils ne se battoient qu'à coups de pierres et de grenades. Le duc de Modène, voyant l'opiniâtreté des assiégés, fit monter par la brèche au haut du bastion deux pièces de canon de batterie, qui rompirent les défenses du retranchement: et comme ils étoient tout au haut, ils voyoient par dessus, et découvroient tout à clair les rues de la ville, dans lesquelles personne n'osoit paroître; et il n'y avoit plus de maisons à couvert du canon. Dans cette grande extrémité, les Espagnols, sachant qu'il venoit un grand convoi que le duc de Mantoue envoyoit de Casal dans l'armée française, marchèrent pour le prendre; mais le duc de Modène, qui n'avoit plus que pour deux jours de vivres, sortit des lignes dans le dessein de donner bataille, et alla au devant du convoi: sur quoi les Espagnols firent une contre-marche, et tournèrent tête droit aux lignes pour les forcer, durant qu'il y restoit peu de gens. Le duc de Modène en étant averti, alla droit à eux, et les obligea de se retirer à son approche après quelques escarmouches. Alors le duc rentra dans les lignes, et le 10 de septembre il attacha le mineur au retranchement de la gorge du bastion. Don Agostido Signado, gouverneur de Valence, voyant cela, ne voulant pas exposer la ville au pillage, ni courir le risque de se perdre lui et tous ses gens, demanda composition, qui lui fut accordée et signée le 13; ensuite de quoi il sortit le 16, et fut conduit dans Alexandrie, laissant Valence au pouvoir du duc de Modène, et remportant une grande gloire de la vigueur avec laquelle il avoit défendu cette place. Valavoir en eut le gouvernement; et cette prise donna autant de joie à la France que de tristesse à l'Espagne, principalement au comte de Fuensaldagne, lequel, s'étant brouillé en Flandre avec le prince de Condé, en étoit sorti pour cette raison, et avoit eu le gouvernement de Milan en la place du marquis de Caracène, qui alla prendre sa place en Flandre. Dès qu'il fut arrivé en Italie, le cardinal Trivulce, qui commandoit en son absence, mourut; et quand il eut pris possession de cet emploi, la première chose qui se présenta fut le siége de Valence, qu'il ne put secourir, et cela donna matière à ses ennemis de lui rendre de mauvais offices; mais il étoit si bien avec don Louis de Haro, favori et ministre principal du roi d'Espagne, qu'il se maintint malgré eux. La fin du siége de Valence fut celle de cette campagne en Italie.

En Catalogne il ne se passa rien de considérable cette année, à cause de la foiblesse des deux partis, qui avoient jeté toutes leurs forces en Italie. Le marquis de Mortare commandoit l'armée espagnole, et l'Estrade celle de France; jusqu'à l'arrivée du duc de Candale. Toute la guerre se passa entre eux en prises de quelques châteaux et en légères escarmouches. Le marquis de Lusignan, qui s'étoit mêlé de négocier avec les Espagnols durant les troubles passés, fut arrêté prisonnier revenant de Madrid continuer ses pratiques, pour lesquelles il eut la tête tranchée à Bordeaux.

Le cardinal de Retz partit de Rome cet été; et, n'osant revenir en France, il rôda par toute la chrétienté; travesti, sans être connu. On fit en France des défenses de le retirer, sur peine de la vie; car le cardinal Mazarin le craignoit tellement, que lui seul lui donnoit plus d'affaires que toutes celles de l'État. Sur la fin de cette année mourut à Paris la dame Mancini, sa sœur. Le Roi alla au collége des Jésuites voir son second fils, qui y étoit en pension: dont tous les courtisans furent fort surpris, car les rois de France n'avoient pas accoutumé de faire de telles visites; et cela tourna fort au blâme du cardinal Mazarin de l'avoir désiré, et augmenta la haine qu'on avoit contre lui.

VINGT-TROISIÈME CAMPAGNE.

[1657] Au commencement de l'hiver, le duc de Modène vint à la cour pour concerter avec le cardinal Mazarin des moyens de pousser les conquêtes du Roi dans le duché de Milan ; et comme la prise de Valence lui étoit attribuée, il en reçut des louanges de la bouche de Leurs Majestés, et de celle de tous les courtisans : même, pour le régaler davantage et lui témoigner la joie qu'on avoit de la gloire qu'il s'étoit acquise, on fit des bals en sa présence, des comédies et des ballets ; et entre autres on représenta en italien une grande comédie en musique, à machine, avec des changemens de théâtre, dont le sujet étoit *l'Amour malade* (1). Après avoir demeuré un mois à Paris, il en repartit pour retourner en Italie, et donner ordre à tenir tout prêt pour la campagne prochaine.

Ces divertissemens furent troublés par la mort de quantité de personnes considérables, de trois de la maison de Lorraine : savoir, la duchesse de Lorraine Nicole, femme du duc Charles, et souveraine de son chef, laquelle avoit demeuré à Paris depuis la prise de Nancy, et avoit été abandonnée de son mari, qui avoit épousé la comtesse de Cantecroix de son vivant, dont il avoit deux enfans, lesquels furent déclarés bâtards par le Pape, et le mariage nul, comme illicite. Le second fut le duc de Chevreuse, deuxième fils de ce grand duc de Guise le Balafré, qui fut tué à Blois sous Henri III ; et le dernier fut le duc d'Elbœuf, gouverneur de Picardie. Le maréchal de La Mothe-Houdancourt mourut aussi ; et le premier président de Bellièvre, homme d'un mérite extraordinaire, regretté universellement de toute la cour, excepté du cardinal Mazarin, qui le craignoit à cause de son humeur fière et trop généreuse, incapable de corruption. Mais ce cardinal fut fort touché de la perte qu'il fit en même temps de la duchesse de Mercœur sa nièce; et, pour adoucir en quelque façon sa douleur, il fit, peu de jours après, le mariage d'Olimpia Mancini son autre nièce, sœur de la défunte, avec le prince Eugène de Savoie, fils du prince Thomas. Elle prit le titre de comtesse de Soissons ; et cette alliance produisit à son mari le gouvernement de Bourbonnois, et la charge de colonel général des Suisses. On eut aussi nouvelles du trépas du roi de Portugal Jean IV, et de la proclamation de son fils aîné Alphonse VI, sous la régence de la Reine sa mère. Le Roi envoya Comminges, capitaine des gardes de la Reine, ambassadeur extraordinaire en Portugal, pour se condouloir de cette mort, et renouveler l'alliance avec le nouveau Roi. La Reine fut aussi avertie que l'empereur Ferdinand III étoit décédé à Vienne le 2 d'avril. Le roi en prit grand deuil, et nomma le maréchal de Gramont et Lyonne pour aller à Francfort assister à l'élection d'un autre empereur, à la diète qui s'y devoit tenir pour cela. On découvrit en même temps une intelligence qu'un conseiller du parlement de Paris, nommé Chenailles, avoit avec le prince de Condé, pour lui faire surprendre la ville de Saint-Quentin. Il fut aussitôt arrêté, et mis entre les mains du parlement pour lui faire son procès. On le convainquit par ses propres lettres, et il fut condamné à perdre sa charge, et à être banni. Le cardinal Mazarin fit ce qu'il put pour le faire mourir : mais la haine que le parlement avoit conservée contre lui, et l'indulgence qu'il voulut avoir pour un de son corps, lui sauva la vie ; dont le cardinal fut outré au dernier point.

Les Espagnols, après leur victoire de Valenciennes, n'ayant pu pousser leur fortune plus loin que la reprise de Condé, par le bon ordre et la conduite du maréchal de Turenne, prirent leur temps, dès le commencement du printemps, d'attaquer Saint-Guislain durant que les François étaient en quartier d'hiver, dans l'espérance de l'emporter avant qu'ils pussent être en état de le secourir : cette place tenant le passage de la Haine, faisoit contribuer tout le pays de delà, et causoit une si grande rumeur parmi les peuples, que don Juan résolut de tenter toutes sortes de voies pour la reprendre. Dans ce dessein, il assembla ses troupes au commencement de mars, et le 14 investit Saint-Guislain : le prince de Condé prit un quartier, don Juan un autre, et le

---

(1) Comédie-ballet, paroles de Benserade. Le roi dansa dans le ballet.

marquis de Caracène le troisième. Ils ne firent point de circonvallation, parce qu'ils espéroient de s'en rendre maîtres devant que les Français pussent être assemblés ; comme en effet, la nuit du 16 au 17, ils attaquèrent une redoute qu'ils emportèrent, et reperdirent deux heures après, par une sortie vigoureuse du comte de Schomberg, gouverneur de la ville : mais les Espagnols ayant rassemblé toute leur infanterie, la rattaquèrent en plein jour, et en rechassèrent les assiégés, qui se retirèrent dans le corps de la place. Le prince de Condé, don Juan et le marquis de Caracène ouvrirent la tranchée, chacun de leur côté, la nuit du 21 au 22, et firent trois attaques, faisant marcher cent grenadiers à la tête : et du côté du Marais il y avoit trente chaloupes chargées d'infanterie, qui donnèrent par un endroit le moins fortifié. Comme la place étoit mauvaise, le comte de Schomberg fut contraint de céder au grand nombre des assaillans ; et voyant tous les dehors pris, et le mineur attaché au corps de la place, il capitula le 22, et le lendemain il sortit, et fut conduit à Guise. Aussitôt les Espagnols remirent pour deux mois leurs troupes en garnison.

Le cardinal Mazarin voulant réparer la perte de l'année dernière, et remettre les forces du Roi en état d'entreprendre, fit si bien ménager par le président de Bordeaux le protecteur d'Angleterre Cromwell, qu'après l'alliance faite avec lui dès l'année dernière, il conclut au commencement de celle-ci une ligue offensive et défensive contre l'Espagne, à condition que le roi d'Angleterre et les deux ducs d'Yorck et de Glocester, qu'il appeloit Charles, Jacques et Henri Stuart, ne seroient plus reçus en France, ni tous les ennemis de la république, excepté la reine d'Angleterre, qui pourroit y demeurer comme fille de France et tante du Roi. Par ce traité, le Protecteur promettoit d'envoyer six mille hommes de pied au secours du Roi, pour le servir à prendre une place considérable, telle qu'il lui plairoit ; pourvu qu'ensuite on en prit une autre sur le bord de la mer pour les Anglais. Après cet accord, le duc d'Yorck, qui avoit toujours servi de lieutenant général des armées du Roi, prit congé de lui, et se retira en Flandre avec le duc de Glocester son frère, où ils se mirent au service des Espagnols. Le roi d'Angleterre ; sur le bruit de cette ligue, s'étoit retiré déjà devant, et avoit choisi Bruges pour sa demeure ; et même il leva des troupes pour les Espagnols qui portoient son nom, desquelles il donna le commandement à Marchin, qui avoit quitté le prince de Condé pour quelque mécontentement ; et Sa Majesté Britannique l'honora de l'ordre de la Jartière. Le Protecteur envoya en France le milord Lockart, son ambassadeur extraordinaire, et fit passer à Boulogne six mille Anglais sous le commandement du général Reinolds, et sous lui, du colonel Morgan. Le maréchal de Turenne les manda pour se joindre à son armée ; et le Roi étant parti de Paris le 7 de mai s'avança jusqu'à Montreuil pour les voir passer.

Devant son départ de Paris, il accommoda une grande querelle survenue entre les ducs de Vendôme et d'Épernon dans sa chambre au Louvre, pour laquelle il les envoya tous deux à la Bastille ; et le lendemain il les fit sortir pour accommoder leur différend. Après avoir vu les Anglais à Montreuil, le Roi revint à Amiens, puis le 5 de juin il coucha à Saint-Quentin, et fut à Fonsommes le 6 voir son armée, d'où il alla séjourner à La Fère. Le maréchal de Turenne apprit dans le même temps qu'il n'y avoit que trois cents hommes dans Cambray, et que s'il l'attaquoit il l'emporteroit assurément dans six jours : il ne voulut pas perdre une si belle occasion, et pour ne la pas laisser échapper il l'investit le 28 de mai, durant le voyage du Roi à Montreuil, et fit travailler diligemment à la circonvallation. Il manda aussitôt au maréchal de La Ferté de marcher promptement pour le joindre ; et en attendant il fit faire des gardes fort exactes, pour empêcher d'y entrer du secours. La nouvelle de ce voyage étonna fort les Espagnols, d'autant que la place étoit prise au dépourvu, parce qu'ils avoient tiré ce qui étoit dedans pour jeter dans Aire et Saint-Omer, vers lesquels les Français marchoient : mais le maréchal de Turenne rebroussa sur ses pas, et envoya devant Castelnau avec trois mille chevaux bloquer Cambray, où il arriva le lendemain. Dans cette surprise, ils tinrent de grands conseils avec leur lenteur ordinaire ; et devant qu'ils eussent rien conclu, la ville eût été perdue pour eux : mais le prince de Condé, actif et vigilant, et qui prenoit toujours son parti sur-le-champ, étant arrivé le soir de Mons à Valenciennes, apprit le siège de Cambray. Quoiqu'il fût fort fatigué, voyant la perte infaillible de cette importante place, dégarnie comme elle étoit, si si on n'y mettoit un ordre prompt, il monta sans délibérer à cheval ; et sachant qu'il y avoit de la cavalerie dans des quartiers assez proches, il les envoya rassembler en diligence ; et s'étant mis à la tête de quatre mille cinq cents chevaux, il marcha toute la nuit. De bonne fortune pour lui, ses guides le perdirent ; et au lieu de le faire passer par le lieu qu'il avoit ordonné, qui étoit bien gardé, ils le menèrent par un autre où il n'y avoit personne, parce que le tour de la ville étoit si grand, qu'il étoit impossible qu'il ne demeurât du vide entre les gardes. Il passa donc dans l'obscurité de la nuit sans rencontrer d'obstacles, excepté un escadron du régiment de Clérembault, qui sur le bruit cria : « Qui va là ? » Et aussitôt le prince, avec une présence d'esprit admirable, commanda qu'on le chargeât avec peu de gens, dans la croyance que tout fondroit dans le lieu où étoit le bruit, et qu'il passeroit durant ce temps-là. Il réussit comme il l'avoit prévu : car, sans s'arrêter, il arriva sur la contrescarpe de Cambray avec toute sa cavalerie. Les trente maîtres qu'il avoit laissés derrière pour amuser l'escadron de Clérembault le firent plier, puis ils rejoignirent le prince : mais Barbesire demeura prisonnier des Français, qui l'envoyèrent à Paris pour lui faire son procès. Le maréchal de Turenne, sur le bruit que le régiment de Clérembault étoit attaqué, ne manqua pas d'y courir ; mais il ne trouva plus rien, parce que le prince étoit passé : mais à la pointe du jour les canons de la citadelle tirèrent en signe de réjouissance ; et le grand jour étant venu, le maréchal apprit ce qui étoit arrivé, et vit lui-même toute cette cavalerie sur les contrescarpes. Alors il ne balança point ; et ne voyant plus d'apparence de continuer le siége, il le leva le dernier de mai, et fut camper à Vauchelles, et de là à Fonsommes, où le Roi se trouva. Cette action du prince de Condé fut estimée dans tous les deux partis, car l'extrême diligence avec laquelle il agit sauva Cambray ; et si peu qu'il eût tardé, les lignes étant avancées, la place sans garnison, et l'armée des Français se grossissant de tous côtés par l'arrivée du maréchal de La Ferté et des Anglais, cette ville eût été prise en peu de temps. Aussi sa réputation se confirma beaucoup par ce secours, et son crédit augmenta tellement dans les Pays-Bas, que les peuples le regardoient comme leur défenseur et leur libérateur. Cette disgrâce donna bien du chagrin au cardinal Mazarin, d'autant plus que la gloire du prince en augmentoit, lequel étoit son ennemi : mais l'armée française n'ayant rien perdu dans cette occasion, et étant en état d'entreprendre autant que jamais, le cardinal Mazarin, pour ôter aux Espagnols la connoissance du dessein qu'il avoit, envoya ordre au maréchal de La Ferté de ne pas avancer davantage, et d'envoyer promptement investir Montmédy, place forte, située sur un haut dans le Luxembourg. Ce maréchal étoit à Rosoy-en-Thiérache, quand il reçut ce commandement ; et aussitôt il marcha du côté de Rocroy pour donner jalousie, et détacha le comte de Grandpré avec deux mille chevaux, qui arriva le 11 de juin devant Montmédy. Toute l'armée le suivit, et prit ses quartiers séparés le 13 ; et le jour même la circonvallation fut commencée. Le 14, la ville basse, qui n'est point fortifiée, fut emportée d'emblée. Les Espagnols avoient garni toutes leurs places du côté où étoit le maréchal de Turenne, et ne prévoyant pas cette contre-marche, furent surpris de ce siége, auquel ils ne s'attendoient pas. Ils envoyèrent La Baume, capitaine de cavalerie, avec quatre cents chevaux, pour se jeter dedans ; mais le 17, le maréchal les ayant aperçus sortant d'un bois, les fit charger par les régiments de Brinon et de Fourilles, qui les défirent entièrement. On ouvrit la tranchée, la nuit du 21 au 22, par deux endroits. La première attaque fut commencée par Navailles, et la seconde par le marquis d'Huxelles. D'abord on avançoit fort le travail, et même on se logea, la nuit du 25 au 26, au pied du glacis de la contrescarpe ; mais on n'alla pas si vite depuis. Cependant le maréchal de Turenne côtoyoit l'armée des Espagnols ; et sur l'avis qu'il eut que le prince de Condé avoit marché devers Charlemont, et faisoit faire des ponts à Givet pour passer la Meuse, il laissa un corps au marquis de Castelnau devers Guise, pour couvrir cette frontière ; et lui marcha dans le Luxembourg pour empêcher le secours de Montmédy : et même il entra dans les lignes le 27 du mois, et en ressortit le 29 pour prendre le poste de Saint-Gobert, d'où il pouvoit aller partout où il seroit besoin. Durant ce temps-là les Espagnols ne se voyant pas en état de secourir Montmédy, et sachant que le comte de Charost, gouverneur de Calais, avoit envoyé une partie de sa garnison dans Ardres, qui étoit menacé de siége, formèrent une entreprise sur Calais même : et ayant fait un corps près de Gravelines, firent avancer quinze cents chevaux par le haut pays, qui se vinrent poster à la chaussée proche du fort de Nieullet, pendant que quatre mille hommes de pied s'approchoient de Calais du côté de Gravelines, et que douze cents chevaux, ayant chacun un mousquetaire en croupe, se plaçoient derrière les dunes pour attaquer le Courgain, qui est un bastion du côté de la mer. Sur les deux heures après minuit, huit cents hommes de pied donnèrent au pont Thierry près la basse ville ; et ayant rompu la barrière et forcé la garde, qui fut surprise, ils se saisirent de cette basse ville, et passèrent jusqu'à la barrière de derrière qui ferme la contrescarpe, et attaquèrent la palissade qui est à côté. Ce fut là où ils trouvèrent grande résistance ; car le comte de Charost, au premier bruit de l'alarme, fit prendre les armes à toute la garnison et à tous les bourgeois, qui firent si grand feu sur les assaillans qu'ils les repoussèrent, et les forcèrent de quitter leur entreprise et de se retirer, laissant leurs chariots chargés de pelles, de pics, et autres instrumens nécessaires à un tel dessein. Le prince de Ligne, don Gaspard Boniface, et don Antonio de La Cueva, commandoient ce corps; et le roi d'Angleterre, pour montrer le zèle qu'il avoit pour eux depuis la ligue signée des François avec Cromwell, voulut être de la partie, et s'y trouva comme volontaire. Le siége de Montmédy cependant continuoit toujours, et la nuit du 29 au 30 les assiégeans firent un logement sur la contrescarpe de la demi-lune; mais le lendemain les assiégés les en rechassèrent, et le gardèrent jusqu'au premier de juillet, auquel ils furent contraints de l'abandonner. Le 5 on les força de quitter deux traverses qui incommodoient le travail, et le 6 on descendit dans le chemin couvert de la demi-lune, à laquelle le 7 on attacha le mineur.

Durant ce temps le Roi, mu de curiosité de voir ce siége, partit de La Fère, et par Sissone et Rethel arriva le 8 de juillet à Sedan, où la Reine demeura : et le Roi fut coucher le 10 à Mouzon, pour aller au camp le lendemain, où les assiégés firent, le 9, une sortie à l'attaque d'Huxelles, qui fut bien repoussée; et le soir même ils en firent une plus grande à celle de Navailles, et sortirent avec des flambeaux à la main pour mettre le feu aux fascines des tranchées; mais ils furent reçus si vertement, qu'ils furent contraints de se retirer dans la ville. Le 11, le Roi arriva au camp, où il fit le tour des lignes. Le 13, les Espagnols sortirent sur l'attaque d'Huxelles, avec aussi peu de succès que devant. Le soir, la sape fut commencée pour percer le fossé de la demi-lune, qui fut fort difficile, à cause qu'il est taillé dans le roc : ce qui faisoit que le mineur n'avançoit guère sa besogne. Le 14, le Roi revint de Marville au siége, et le soir il fut coucher à Stenay. Le 18, la mine joua en présence du Roi, qui y passa la nuit; la brèche fut petite, et les régimens de Lorraine, Mazarin et Boulaimont se logèrent à la moitié, ne l'ayant pu en haut, à cause de la grande quantité de grenades que jetoient ceux de dedans. On poussa un second fourneau pour ouvrir davantage la demi-lune, qui étoit fort dure à entamer, étant toute de marbre, qui est fort commun en ce pays-là. La nuit du 21 au 22, il joua avec succès; et le régiment de Lorraine se logea au haut de la demi-lune, et en chassa les assiégés, hors une traverse qu'ils abandonnèrent le 24 au régiment de La Ferté. Le 25, les Gardes suisses et écossaises commencèrent une sape pour descendre dans le fossé de la place, et on fit une nouvelle batterie de quatre pièces sur la contrescarpe, pour rompre les flancs bas, qui empêchoient la construction d'une galerie pour aller au bastion. Le 30, le mineur fut attaché au corps de la place; et les assiégés jetoient une si grande quantité de grenades et de feux d'artifice dans le fossé, que la galerie fut difficile à faire. Ils descendirent un soir avec des cordes un bateau plein de bombes, grenades, goudron, poix résine, soufre, et autres feux d'artifice et matière combustible, qu'ils enflammèrent quand ils furent à hauteur d'homme; et alors tout crevant, cela fit un tel fracas, qu'il rompit la galerie et estropia beaucoup de gens. Comme la place est sur un haut, et qu'il y faut aller à pied, montant sur un terrain dur et plein de marbre, l'attaque d'Huxelles ne pouvoit avancer; et même elle fut jugée si difficile, qu'elle ne servoit plus qu'à faire diversion, et à diviser la défense des assiégés. Mais celle de Noailles étant plus aisée, fut poussée avec tant de vigueur, que les mines furent prêtes à jouer le 4 d'août. Le Roi en voulut voir l'effet; et le feu y ayant été mis, celle du bastion droit en emporta seulement la pointe, et celle du gauche fit une ouverture seulement capable de passer quatre hommes de front. Aussitôt les assiégés parurent l'épée à la main au haut de la brèche, qu'ils garnirent de chevaux-de-frise pour en boucher le passage : mais le feu des François, fait du logement qu'ils avoient sur le bord du fossé, et de leur batterie qui donnoit incessamment dans la brèche, les obligea de se mettre à couvert; et le gouverneur de la ville, brave gentilhomme, qui avoit été nourri page du roi d'Espagne, ayant été emporté d'une volée de canon, ôta une grande partie de la brave résolution des assiégés, lesquels ne purent empêcher que le logement ne fût fait au pied de la brèche gauche. Le 5, on poussa un fourneau sous ce bastion pour élargir la brèche, et les assiégés travaillèrent à se retrancher dans la gorge. La nuit du 5 au 6, les François emportèrent une casemate qui étoit au milieu de la brèche, où ils se logèrent; et la même nuit, un troisième mineur fut attaché à la courtine entre les deux bastions. Le 7, les mines étant en état, le maréchal de La Ferté fit mettre une partie de l'armée en bataille, pour donner un assaut général aux trois brèches dès que les mines auroient joué. Mais les assiégés ayant perdu leur gouverneur, qui étoit l'ame de leur défense, ne voulurent pas attendre une plus grande extrémité; et voyant le Roi entrer dans les lignes pour être témoin oculaire de la valeur de ses soldats, ils battirent la chamade, et firent sortir des officiers pour traiter, après avoir reçu des otages, ils furent menés au Roi, devant lequel ils se mirent à genoux ; et ayant proposé leurs demandes, elles leur furent refusées. Alors ils changèrent de façon de parler : car d'une grande humilité où ils étoient, ils passèrent à la fierté, et dirent au Roi qu'ils étoient trop honorés de rendre cette place entre les mains d'un si grand monarque ; mais qu'ils espéroient de Sa Majesté une bonne composition, digne de braves gens qui avoient bien fait leur devoir ; et que s'ils étoient si malheureux que de ne la pouvoir obtenir, ils aimoient mieux mourir sur la brèche. Ils disoient que leurs bastions étoient taillés dans le roc, si dur que les mines ne feroient peut-être pas d'effet ; et outre cela, qu'ils avoient de bons retranchemens où ils vendroient bien cher leurs vies, dans lequel temps ils pourroient être secourus. Enfin ils remontrèrent qu'il ne faisoit pas bon de désespérer des gens de cœur ; et qu'on les renvoyât dans la ville, ou qu'on les traitât en gens de guerre pleins d'honneur. Ayant ainsi mis le marché à la main, ils marchèrent pour se retirer : mais le cardinal Mazarin, étonné de leur résolution, et voulant assurer la prise de cette place, les renvoya au maréchal de La Ferté, avec ordre secret de leur accorder leurs demandes. Ainsi la capitulation fut signée, et ils sortirent tambour battant et enseignes déployées, et furent conduits à Arlon, après quarante-six jours de tranchée ouverte. Le Roi y entra le même jour 7 d'août ; et ayant donné le gouvernement à Vandy, il s'en retourna trouver la Reine sa mère à Sedan.

En y allant, il arriva une aventure digne d'être sue. La Reine, pleine de piété, avoit fait établir à Stenay un hôpital pour les soldats blessés à ce siége ; et pour en avoir plus de soin, elle avoit envoyé la nourrice du Roi pour y avoir l'œil, et faire que rien ne manquât. Après la prise de Montmédy, le Roi retournant à Sedan, sa nourrice se mit en carrosse pour aller retrouver la Reine, sous l'escorte de la cour. Quand on fut arrivé dans un fond au milieu des bois, entre Stenay et Mouzon, nommé le Trou de souris, trente soldats de la garnison du château d'Herbemont s'y étoient mis en embuscade pour attraper quelque chose ; et trois carrosses marchoient à la tête de toutes les troupes du Roi, dans l'un desquels étoit Le Passage, dans le second Montaigu, et dans l'autre la nourrice du Roi. Ces soldats espagnols, ne croyant pas qu'il y eût après si bonne compagnie, crurent avoir trouvé un butin assuré ; et sortant brusquement du bois, tirèrent sur le carrosse de Montaigu qui dormoit, et se jetèrent sur ses chevaux, dont ils coupèrent les traits pour les emmener. Montaigu se réveilla en sursaut ; et voyant son carrosse percé de coups de mousquet sans être blessé, se jeta à bas et mit l'épée à la main, comme fit aussi Le Passage, durant que la nourrice et ses femmes trembloient de peur. Ce bruit fit avancer la cavalerie qui suivoit ; et les soldats l'entendant venir, se rejetèrent dans le bois, et emmenèrent les chevaux. Mais le comte de Saint-Aignan, premier gentilhomme de la chambre du Roi, entra dans le bois, l'épée et le pistolet à la main, suivi de quelques volontaires qui retrouvèrent ces chevaux abandonnés, car les soldats ne songeoient plus qu'à se sauver, et on fit mettre cent mousquetaires du Roi à pied, qui firent un *trictrac* dans le bois pour les trouver. Il y en avoit de montés tout au haut des chênes, qu'on faisoit tomber à coups de fusil comme des oiseaux ; les autres furent pris. Il y en eut qui opinèrent à les faire pendre ; mais étant soldats avoués d'une garnison du roi d'Espagne, ils furent prisonniers de guerre, et menés à Sedan.

Depuis la guerre civile apaisée, Mademoiselle n'avoit bougé de Saint-Fargeau, par ordre de la cour ; et Monsieur, son père, s'étant réconcilié avec le cardinal et ayant vu le Roi, elle poursuivit avec instance de se raccommoder aussi. Elle l'obtint enfin avec grande peine ; car la Reine ne pouvoit oublier son voyage d'Orléans, ni ce qu'elle avoit fait au combat de Saint-Antoine. Enfin ayant fait trouver bon qu'elle allât à la cour, elle fut à Sedan, où elle trouva la Reine qui se promenoit dans la prairie, laquelle la reçut civilement : mais elle ne put s'empêcher de lui faire des reproches, qu'elle essuya le mieux qu'elle put, avec larmes ; et ayant demeuré quelques jours près de Sa Majesté, elle s'en retourna chez elle.

Dès que Montmédy fut rendu, le général Reinolds pressa le maréchal de Turenne d'exécuter le traité fait avec le Protecteur Cromwell, qui portoit qu'après qu'on auroit pris une place pour la France, on en prendroit une autre sur le bord de la mer pour l'Angleterre. A quoi voulant satisfaire, le maréchal, qui étoit campé proche de La Capelle, n'eut pas plus tôt avis de la prise de Montmédy, qu'il laissa tout son bagage, pour marcher avec plus de diligence ; et ayant passé sur des ponts de bateaux l'Escaut et la Scarpe, il traversa les plaines d'Artois, et arriva le 16 d'août devant Saint-Venant, qu'il investit. Il avoit laissé Siron derrière avec une escorte, pour amener après le bagage de l'armée : mais se voyant à deux lieues du camp devant Saint-Venant, il crut qu'il n'y avoit plus de péril ; et sur cette confiance, il laissa derrière filer les charrettes, et lui fut devant avec sa cavalerie joindre l'armée. Après qu'il fut parti, les Espagnols fondirent dessus avec deux mille chevaux, et se mirent à piller et à dételer les équipages et chariots. Sur cette alarme, la cavalerie de l'armée marcha de ce côté-là, et lors les Espagnols se retirèrent ; et on ne sauva que ce qu'ils ne purent emmener. Siron fut fort blâmé de cette imprudence, qui causa la perte de beaucoup de bagage, et donna grande incommodité dans le camp. La tranchée fut ouverte devant Saint-Venant le 24 du mois ; et les Espagnols voyant la circonvallation achevée, pour faire diversion allèrent mettre le siége devant Ardres, où la garnison étoit fort foible ; et en arrivant ils emportèrent d'insulte tous les dehors. Cette nouvelle obligea le maréchal de Turenne à presser plus vivement Saint-Venant, et manda au gouverneur d'Ardres qu'il tînt seulement deux jours, et qu'il seroit à lui. En effet, ayant ruiné à coups de canon les bastions qui n'étoient que gazonnés, il força les assiégés à sortir le 29, par composition. Durant qu'on faisoit la capitulation, l'avant-garde filoit toujours du côté d'Ardres ; et durant que les Espagnols sortoient, toute l'armée marchoit après, et quatre mille chevaux s'avancèrent en diligence, pour donner par leur prompte arrivée courage aux assiégés d'attendre le secours : mais dès que les assiégeans eurent nouvelle de cette marche, ils levèrent le siége, et se retirèrent devers Saint-Omer. Le Roi, pour s'approcher de cette armée, partit de Sedan, et par Mézières, Charleville et Rethel il fut à La Fère, où il demeura jusqu'au 29, qu'il fut coucher à Ham ; et le 30 à Péronne, où il eut nouvelle d'un grand combat de cavalerie fait entre le comte de Grandpré et Montal, où beaucoup de gens avoient été tués de part et d'autre, et entre autres le chevalier de Foix, du parti du prince de Condé. Le comte de Grandpré y eut l'avantage, et empêcha Montal de faire contribuer jusqu'aux portes de Reims. Après que Sa Majesté eut donné les ordres nécessaires sur la frontière de Picardie, il retourna à La Fère ; et de là, par Rethel et Verdun, il arriva le 18 de septembre à Metz, où il n'avoit point encore été. Durant son séjour en cette ville, son armée de Flandre mit le siége devant La Mothe-aux-Bois le 9 de septembre, et le battit si rudement de son artillerie, qu'il en fut maître le 12. Ce poste étant jugé inutile, fut rasé par ordre de la cour ; et le maréchal de Turenne y ayant reçu un renfort de quatre mille hommes, que le marquis d'Huxelles lui amena des troupes du maréchal de La Ferté, marcha vers les rivières d'Aa et de Colme, où il s'empara de plusieurs forts qui nuisoient à son passage, et de la ville de Bourbourg, où il laissa de l'infanterie pour relever les fortifications à demi ruinées. De là, il assiégea le fort de Mardick le 30 de septembre, où l'armée navale de la république d'Angleterre arriva, pour faciliter par mer sa prise. Le premier d'octobre se fit l'ouverture de la tranchée, et le 2 on fit une batterie de quatre pièces qui battit le fort de Bois avec une telle furie, que les fondemens en étant ébranlés, ceux de dedans se jetèrent dans des chaloupes, et se sauvèrent à Dunkerque. La prise de ce fort ôtant à ceux de Mardick toute communication avec la mer donna le moyen d'avancer le siége plus vite, et douze canons, battant incessamment la place, réduisirent les Espagnols qui la gardoient à se rendre prisonniers de guerre le 3, et le lendemain ils furent conduits à Calais. Ensuite les Français prirent le fort d'Hennuin, et se campèrent à Ruminguen. Durant qu'ils étoient en ce poste, le roi d'Angleterre vint joindre l'armée espagnole entre Dunkerque et Bergues ; et pressé d'un désir extrême de combattre les Anglais de l'armée de France, qu'il appeloit ses sujets rebelles, il persuada don Juan de faire une entreprise d'insulter Mardick, et de prendre la garnison anglaise qui étoit dedans, et le général Reinolds qui la commandoit. Dans ce dessein ils marchèrent le premier de novembre, et arrivèrent en bataille à la vue de Mardick à huit heures du soir, et aussitôt mirent quatre pièces de canon en batterie, à la faveur desquelles ils firent faire une attaque générale, et descendirent dans le fossé, soutenus du grand feu de ceux qui étoient rangés sur le bord, et plantèrent des échelles pour escalader le fort. Mais les Anglais se défendirent vaillamment, renversant ceux qui montoient à coups de hallebardes et de piques, et leur jetant quantité de grenades. Le bruit des canons ayant fait savoir au maréchal de Turenne qu'il y avoit quelque chose d'extraordinaire, il marcha en diligence, et arriva assez à temps pour les secourir. En effet le matin, deuxième du mois, il parut à la vue de Mardick, et en même temps les Espagnols sonnèrent la retraite, qu'ils firent avec tant de précipitation qu'une partie de leurs munitions demeurèrent sur le lieu ; et Dunkerque est si proche, qu'ils y furent plus tôt arrivés qu'on n'eut le loisir de les charger. La campagne finit par cet exploit, après lequel chacun se retira de son côté, et se mit en garnison. Le Roi, durant son séjour à Metz, envoya le marquis de Cœuvres se saisir des châteaux d'Herbemont et de La Tour, qu'il prit et fit raser ; puis Sa Majesté fut à Thionville et à Sirc, et quelque temps après il voulut voir Nancy, où il demeura un jour, et revint à Metz, d'où il partit le 28 d'octobre pour coucher à Malatour; et, par Verdun et Sainte-Menehould, il fut passer la Toussaint à Châlons; et ensuite, par Montmirel, La Ferté-sous-Jouarre et Meaux, il arriva le 5 de novembre à Paris.

Barbézières, qui avoit été pris au secours de Cambray, eut la tête tranchée par arrêt du parlement, pour avoir enlevé Girardin, homme fort riche, afin d'en tirer de l'argent. On le traita autrement que les autres prisonniers faits sur le prince de Condé, lesquels à la rigueur pouvoient être punis comme rebelles; mais la crainte des représailles faisoit qu'on les traitoit comme prisonniers de guerre. Celui-ci ne pouvoit être de ce nombre, parce qu'il demeuroit à Paris, étoit ami de Girardin, l'alloit voir souvent, et dînoit chez lui; et ayant découvert qu'il alloit se promener à la campagne, il l'attendit sur le chemin et l'enleva, puis l'emmena en Flandre, où il se déclara du parti du prince de Condé. Cette action fut blâmée de tous les gens d'honneur: aussi quand il fut pris il fut traité en criminel, et non en prisonnier de guerre, et en perdit la tête, sans que le parti contraire s'en pût formaliser, ni le tirer à conséquence.

La reine de Suède, selon l'inconstance de son esprit, s'ennuyant en Italie, demanda au Roi de venir demeurer en France: ce qui lui fut permis; et à cette seconde venue elle souhaita qu'on ne lui fît aucune cérémonie. Elle choisit Fontainebleau pour sa demeure, où le Roi la fut visiter, et elle le reçut avec ses manières extraordinaires; puis Sa Majesté revint coucher à Villeroy, et de là à Paris, où il passa l'hiver.

En Italie, les Espagnols voyant par la perte de Valence qu'ils couroient fortune tous les ans d'en perdre davantage, et d'être à la fin chassés du duché de Milan, représentèrent à l'Empereur l'intérêt qu'il avoit en cette affaire, d'autant que le Milanais avoit communication avec le Tyrol par la Valteline; et que si les Français étoient maîtres de l'État de Milan, le roi d'Espagne et lui ne pourroient plus se secourir l'un l'autre. L'Empereur goûta ces raisons: mais la crainte de rompre le traité de Munster, à la garantie duquel tous les princes et États de l'Empire étoient obligés, le tint quelque temps en suspens de ce qu'il avoit à faire, parce qu'il étoit stipulé dans ce traité qu'il ne pourroit secourir directement ni indirectement le roi d'Espagne tant qu'il auroit la guerre contre la France, et qu'il demeureroit neutre entre les deux rois: mais l'intérêt de la maison d'Autriche, dont ils étoient tous deux, les obligeant à demeurer unis et à ne se pas abandonner l'un l'autre, ils cherchèrent quelque explication au traité, par laquelle l'Empereur pût secourir les Espagnols sans rompre la paix d'Allemagne. Il prit donc pour prétexte que Milan étoit un fief de l'Empire, et qu'en cette qualité l'Empereur le devoit secourir; et que le roi de France étant obligé de ne rien entreprendre sur l'Empire, rompoit le premier sa parole en attaquant le Milanais: et sur cette raison il envoya le général Enkenfort avec six mille hommes en Italie au secours des Espagnols, et menaça le duc de Mantoue, son vassal, de le mettre au ban de l'Empire, s'il ne quittoit les intérêts de la France pour prendre les siens, comme il y étoit obligé. Ce duc avoit été gagné cet hiver par les menaces et promesses de la maison d'Autriche, et principalement par sa femme, qui en étoit. Il étoit doublement beau-frère de l'Empereur, lequel en secondes noces avoit épousé la sœur de la duchesse de Mantoue, et en troisièmes celles du duc. Ce prince avoit pris il y a deux ans le parti de la France, qu'il avoit fort bien servie l'année dernière au siège de Valence; mais comme il avoit un esprit inconstant, il se laissa séduire par sa femme. Tellement qu'au commencement du printemps il alla trouver le comte de Fuensaldagne à Milan, où il traita avec lui; et quittant le parti de France, il prit celui d'Espagne, et fut déclaré vicaire de l'Empire en Lombardie.

Dans ce temps l'Empereur mourut; et le maréchal de Gramont et Lyonne ayant été envoyés ambassadeurs extraordinaires de France à la diète convoquée à Francfort pour l'élection d'un empereur, eurent ordre de se plaindre à tous les États de l'Empire d'une si grande infraction de foi dont ils étoient garans. Nonobstant ces changemens, le cardinal Mazarin ne laissa pas de donner les ordres pour faire la guerre en Italie. Il choisit le prince de Conti pour commander l'armée, conjointement avec le duc de Modène; et ce prince passa au printemps en Piémont, où il fut reçu avec grand honneur par le duc de Savoie, qui lui donna la droite. Cependant le marquis de Ville, voulant traiter le duc de Mantoue comme ennemi, entra dans le Montferrat, où il prit quelques châteaux: et au commencement de juin les princes de Conti et duc de Modène étant arrivés à l'armée, firent entrer un grand convoi dans Valence; et puis ayant passé la Scrivia, ils marchèrent en deux corps différens toute la nuit du 16 au 17 de juillet, et le matin ils investirent Alexandrie. Le prince de Conti prit son quartier delà le Tanaro, le duc de Modène en deçà, et le marquis de Ville entre le Tanaro et la Bormida. On commença aussitôt la circonvallation, et la construction de deux ponts sur le Tanaro, au-dessus et au-dessous de la ville, dont les habitants n'épargnoient pas la poudre, car ils tiroient tous les jours plus de deux cents volées de canon. Le 19, ces princes firent travailler à détourner un bras de la Bormida, qui alloit dans les fossés de la ville. Le 21, la tranchée fut ouverte en deux attaques, nommées de Conti et de Modène. Les premiers jours, on faisoit trois cents pas de tranchée par nuit; mais quand on approcha de la contrescarpe, on alloit plus lentement. Le 23, les assiégés firent une grande sortie avec cavalerie et infanterie; et ayant fait plier la tête de la tranchée, ils forcèrent une redoute que les Français avoient faite: mais le duc de Modène, accompagné des princes de Modène et Almeric ses enfans, et du prince Borso d'Est son oncle, fut au secours avec des troupes de son quartier, regagna la redoute, et força les Espagnols de rentrer dans la ville. Le lendemain, après une grande pluie, ils refirent une autre sortie à l'attaque de Conti; mais les mousquets ne pouvant tirer parce que la poudre étoit mouillée, les soldats sortirent de la tranchée, et furent l'épée à la main aux assiégés, qu'ils rechassèrent dans la ville. Le 26, deux batteries saluèrent la place; et le comte de Fuensaldagne voulant faire un grand effort pour la secourir, passa le Tanaro avec son armée, et, la nuit du 3 au 4 d'août, se vint poster à demi-lieue des lignes. Le 5, il traversa la Bormida et l'Orba, et le 6 il vint en bataille attaquer les retranchemens. La circonvallation de ce côté-là étoit proche de la ville, en sorte que le canon de la ville et celui de l'armée espagnole se croisoient, et empêchant que personne pût demeurer entre deux, facilitoient la jonction de ceux de dehors avec ceux de dedans. Le duc de Modène, pour éviter cet inconvénient, fit retirer sa cavalerie pour la mettre à couvert; et lors les Espagnols, voyant le chemin libre, voulurent s'avancer pour entrer dans Alexandrie; mais le duc fit revenir ses troupes, qui les chargèrent l'épée à la main, ne craignant plus leur canon dès qu'on fut mêlé, parce qu'il eût été aussi dommageable aux uns qu'aux autres. La mêlée fut fort chaude; et ceux de la ville ayant fait une grande sortie, les Français se trouvèrent attaqués par devant et par derrière: mais les autres quartiers étant venus secourir celui-ci, arrivèrent assez à temps pour battre leurs ennemis, et les rechassèrent hors des lignes, et même au-delà de la rivière. Le 7, les assiégés sortirent avec des sacs pleins de poudre, qu'ils jetèrent dans un logement fort proche du glacis de la contrescarpe, et y ayant mis le feu, brûlèrent quantité de soldats, et firent quitter le logement: mais le 8 il fut repris, et la contrescarpe emportée; et la même nuit on se logea au pied de la demi-lune, où le marquis de Ville fut blessé d'une mousquetade dans la bouche, pour laquelle il fut contraint de quitter le camp, et de se faire porter à Ast. L'infanterie étoit tellement diminuée depuis le siége, tant par les combats que par la fatigue, qu'elle ne pouvoit plus fournir à faire les gardes de la tranchée et celles des lignes, qui étoient redoublées, à cause que depuis le combat les Espagnols s'étoient postés à la portée du canon du camp, dans lequel ils tiroient incessamment, et en étoient salués de même. La résistance des assiégés étoit aussi fort grande: tellement qu'on avançoit peu le travail. Les convois ne venoient plus, et on alloit difficilement au fourrage, à cause de la proximité de l'armée ennemie, laquelle tenoit les assiégeans en continuelle alarme, faisant toujours mine de les vouloir attaquer: dont les généraux français étoient en inquiétude, de crainte d'être emportés et forcés dans une seconde attaque. Ces considérations leur firent connoître l'impossibilité de prendre Alexandrie: c'est pourquoi ils levèrent le siége le 22 d'août, après avoir retiré le canon de leurs batteries; et ils marchèrent devers Moncalvo, dont ils s'emparèrent; puis ils passèrent la Sesia, où il y eut une escarmouche entre le comte de Vérue, qui étoit à l'avant-garde de Savoie, et les Espagnols qui vouloient s'opposer à son passage: ensuite les Français entrèrent dans la Lomeline, et y passèrent le mois de septembre. Le 2 d'octobre, le prince Maurice, ci-devant cardinal de Savoie, mourut d'apoplexie, laissant sa femme, qui étoit sa nièce, sans enfans. On rendit à sa mémoire tous les honneurs dus à une personne de sa qualité, et il fut mis dans le tombeau de ses ancêtres. Cependant l'armée, après avoir mangé le Novarrèze, repassa la Sesia et le Pô; et don Gabriel de Savoie l'ayant passé à Crescentin, marcha pour escorter un convoi pour Valence. Il eut nouvelle en chemin qu'il y avoit cinq cents chevaux du duc de Mantoue à Frassinet de Pô: il partit en même temps pour les combattre; et par le Val-de-Grana, dans les neiges et le mauvais temps, il arriva dans la plaine de Casal, et passa le ruisseau de la Gattola. Le marquis de Strigio, qui commandoit la cavalerie mantouane, ayant avis de cette marche, se voyant avec forces égales, alla au devant sans éviter le combat; et ayant rencontré don Gabriel dans la plaine, les deux corps se heurtèrent d'une grande furie, et, après avoir tiré leurs pistolets, ils se mêlèrent l'épée à la main. Le combat fut rude, mais don Gabriel eut l'avantage; et après avoir tiré le coup de pistolet contre le marquis de Strigio, il le fit son prisonnier, et les fuyards se sauvèrent dans Casal. Ensuite le duc de Modène mit une partie de ses troupes en quartier d'hiver dans le Montferrat pour manger le pays du duc de Mantoue, et mena le reste vers le Parmesan, à dessein de le faire hiverner dans le Mantouan même, comme on verra l'année prochaine. Le duc de Modène demeura là pour ce sujet, et le prince de Conti retourna passer l'hiver à Paris.

Du côté de l'Espagne, le roi Catholique fit un grand effort pour attaquer le Portugal; il donna le commandement de son armée au duc de Santo-Germano, qui mit le siége devant Olivença, proche de Badajoz : c'étoit la seule ville qui fût aux Portugais deçà la rivière de Guadina. Elle fut bien défendue; mais enfin elle se rendit aux Espagnols, lesquels par ce moyen furent maitres de tout ce qui étoit de leur côté de la Guadiana.

En Catalogne, le duc de Candale s'opposa aux desseins des Espagnols; et devant son arrivée Saint-Arbre et don Joseph Marguerit secoururent Urgel, qu'ils avoient assiégé : mais comme les plus grands efforts se faisoient en Italie, les armées étoient foibles de part et d'autre en Catalogne, et ne songeoient qu'à conserver ce qu'ils tenoient. Il arriva néanmoins que les Espagnols se retirèrent entre Ostalric et Ligoustre; leur arrière-garde fut malmenée, et contrainte de se retirer en désordre vers la fin de septembre. Et au mois de décembre le marquis de Mortare voulut surprendre Roses, et l'attaqua de nuit pour l'emporter d'insulte : mais le comte de Mérinville le reçut si vertement, qu'il le contraignit de se retirer plus vite qu'il n'étoit venu, après y avoir laissé quantité de morts et de blessés, et force échelles, pics, pelles et armes.

VINGT-QUATRIÈME CAMPAGNE.

[1658] Dans la grandeur de la fortune du cardinal Mazarin, il lui arriva un déplaisir qui le fâcha au dernier point, qui fut la mort d'Alphonse Mancini, cadet de ses neveux, que le Roi fit l'honneur de visiter un an devant sur la mort de sa mère : mais ce qui l'affligea le plus fut la façon dont il mourut; car se jouant avec d'autres écoliers au collége des Jésuites, ils prirent une couverture pour le berner, et l'ayant fait sauter en l'air, en retombant la couverture échappa des mains de ceux qui la tenoient, et il se cassa la tête contre le plancher de sa chambre, dont il mourut peu de temps après. Cela fut cause de beaucoup de railleries faites par les ennemis du cardinal, qui disoient que son neveu étoit mort dans une berne, qui étoit un pronostic que les Français, lassés de son administration, le traiteroient un jour ainsi : mais il se moquoit de tous ces discours, et ne se mettoit guère en peine de tout ce qu'on disoit de lui, pourvu qu'il fût toujours le maître comme il étoit. Il fut aussi fort touché du trépas du duc de Candale, qui, revenant de Catalogne, fut surpris d'une grande fièvre qui l'emporta en peu de jours à Lyon. Il lui destinoit une de ses nièces ; et en lui finit la race du duc d'Epernon son grand-père, qui avoit élevé sa maison de peu à une grande fortune, par la faveur de Henri III.

La reine de Suède, qui étoit à Fontainebleau, vint à Paris passer le carnaval, où elle alloit toutes les nuits en masque ; et, après avoir pris tous les divertissemens de la saison, elle retourna à Fontainebleau, où elle fit tuer de sang-froid, dans la galerie des Cerfs, un gentilhomme (1) qui étoit à elle, pour quelque jalousie. Cet acte, inusité en France, parut fort étrange à tout le monde ; mais la qualité dont elle étoit fut cause qu'on n'en fit aucune recherche, et bientôt après elle reprit le chemin d'Italie, pour retourner faire sa demeure à Rome.

Le duc de Wittemberg, qui commandoit ci-devant un corps pour le service du roi d'Espagne, quitta son parti, et prit celui de France : il vint l'hiver à Paris, où il fut fort bien reçu, et il y fit un traité avec le Roi, par lequel il s'obligea, moyennant une somme d'argent qu'on lui promit, d'amener d'Allemagne, l'été suivant, un corps considérable de cavalerie et d'infanterie pour joindre le maréchal de La Ferté. Bellebrune, gouverneur de Hesdin, mourut le 16 de février dans Paris. Le cardinal fit donner son gouvernement au comte de Moret, cadet de Vardes. Aussitôt Fargues, major de la place, lui fut rendre ses respects, croyant qu'il seroit bien aise de s'instruire de lui de l'état de la ville, et pour le prier de se servir de lui, et le continuer dans sa charge. Le comte de Moret le reçut fort froidement, et lui fit connoître par ses discours qu'il vouloit mettre dans Hesdin de ses créatures, et qu'il iroit bientôt prendre possession du gouvernement, où il lui feroit savoir les volontés du Roi. Fargues, mal satisfait de cette réponse, et encore plus de la petite espérance qu'il avoit d'être maintenu dans sa charge, fit résolution de s'y conserver par force, et, sachant que le maréchal d'Hocquincourt étoit retiré en sa maison en Picardie, mal satisfait de la cour, il passa chez lui en retournant à Hesdin, et lui ouvrit ses sentimens, et la pensée qu'il avoit de se saisir de la place et s'en rendre maître, pour traiter après de ses intérêts à loisir. Le maréchal le fortifia dans ce dessein, et l'assura qu'il seroit bientôt avec lui. Fargues, confirmé dans sa résolution, s'en alla droit à Hesdin, où il découvrit son projet à La Rivière, lieutenant de roi, son beau-frère, qu'il attira facilement de son côté, par la crainte qu'il lui donna de la perte de sa charge, et des discours du comte de Moret : ils en parlèrent en même temps aux officiers, qui étoient tous à eux, et leur promirent de grands avantages s'ils vouloient s'embarquer dans leurs intérêts. Ils les trouvèrent disposés à ce qu'ils désiroient, et ainsi étant assurés de toute la garnison. Le comte de Moret arriva bientôt après, pensant que tout seroit soumis à ses volontés ; mais il trouva les portes fermées. Il se nomma, et demanda à parler à La Rivière, lieutenant de roi, lequel ne voulut point l'aller trouver, et lui manda qu'il ne le pouvoit recevoir dans la ville, ni le reconnoître pour gouverneur, et qu'il le prioit de se

(1) Son grand-écuyer, le marquis Monaldeschi.

retirer. Il s'opiniâtra encore à la porte, et les menaça de les faire châtier, mais on lui cria qu'on alloit tirer sur lui, s'il ne s'en alloit. Tellement qu'il fut contraint d'aller coucher à Abbeville, d'où il fit savoir cette mauvaise nouvelle à la cour, qui en fut fort troublée ; et le cardinal envoya de sa part à Hesdin pour négocier, et offrir de grands avantages à Fargues et à La Rivière pour les tirer de là. Mais le maréchal d'Hocquincourt, qui arriva dans le même temps à Hesdin, rompit tout commerce avec le cardinal, duquel il se vouloit venger ; et fut cause qu'on envoya au prince de Condé pour traiter avec lui. Le prince reçut avec grande joie la proposition qui lui fut faite ; et il fit un traité avec eux, par lequel il promit de faire payer la garnison de Hesdin par le roi d'Espagne, laquelle ne pourroit être changée, ni augmentée ou diminuée, que du consentement de La Rivière et Fargues, qui demeureroient maîtres de la place, et promettroient de fidèlement servir le prince, et de ne se raccommoder jamais avec la cour que de concert avec lui ; et réciproquement il s'obligeoit de ne point faire de traité avec la France sans les y comprendre. Dès que ces articles furent signés, ils commencèrent à faire des courses devers Abbeville et Montreuil, et à établir des contributions en France. Pour le maréchal d'Hocquincourt, voyant qu'il ne pouvoit être maître de Hesdin, et, quoiqu'on l'y eût fort bien reçu, que Fargues, le plus fin et le plus habile des deux, tenoit le bon bout de son côté, et se conservoit toute l'autorité, il alla trouver le prince de Condé à Bruxelles ; et le cardinal Mazarin fit arrêter la femme de Fargues et ses enfans, pour servir d'otage de ses actions.

Quand le printemps fut venu, on tourna toutes les pensées du côté de la guerre ; et le maréchal d'Aumont ayant quelque intelligence dans Ostende en conféra avec le cardinal, qui résolut de tenter l'affaire, et pour cet effet fit commander des troupes pour s'embarquer. Jamais entreprise ne fut moins secrète ; car dans tout Paris on ne parloit que de cela, et on disoit dans toutes les compagnies que le maréchal d'Aumont devoit partir pour une intelligence qu'il avoit dans Ostende, et que dès qu'il paroîtroit on lui devoit mettre cette place entre les mains. Comme ce qui lui étoit nécessaire ne fut pas prêt à point nommé, on disoit dans les rues que son voyage étoit différé de quelques jours ; et qui vouloit savoir le secret de ce dessein n'avoit qu'à aller dans des boutiques chez des marchands, où on apprenoit tout le détail de l'entreprise : c'est ce qui faisoit croire aux gens bien sensés qu'il étoit malaisé que cette affaire pût réussir. Le maréchal d'Aumont vint s'embarquer à Calais le 28 d'avril ; et étant arrivé à la rade d'Ostende, il ne put mettre pied à terre à cause du vent contraire, qui le tint huit jours sans pouvoir descendre : mais enfin le beau temps étant revenu, il envoya une chaloupe avec des gens pour reconnoître l'état de la ville. Ils lui rapportèrent que ceux de son intelligence s'étoient saisis des portes et du gouverneur, et des principaux officiers espagnols, qu'ils avoient vus eux-mêmes en prison ; et qu'ils l'attendoient pour le recevoir dans la ville. Il descendit des vaisseaux sur cette nouvelle, et marcha droit à Ostende avec ses troupes ; mais quand il fut fort près, et qu'il ne vit personne venir au-devant de lui, il eut quelque soupçon, et avec raison : car aussitôt toute l'artillerie de la ville déchargea sur lui, et quantité de troupes sortirent, qui coupèrent le chemin qui étoit entre lui et la mer, pour l'empêcher de regagner ses vaisseaux. Se voyant ainsi investi de tous côtés, il n'eut point d'autre parti à prendre que de se rendre prisonnier de guerre avec ses troupes. Les Espagnols jouèrent bien leur personnage ; car ils firent voir effectivement aux Français qui allèrent reconnoître des officiers prisonniers qui s'y étoient mis exprès pour se moquer, et faire tomber le maréchal d'Aumont dans le piége, comme il fit.

Cette campagne avoit si mal débuté pour la France par la révolte de Hesdin et la prise du maréchal d'Aumont, qu'il sembloit que ce devoit être un mauvais augure de la suite ; mais l'événement fit voir tout le contraire, puisqu'elle a été la plus glorieuse pour elle qui eût été depuis le commencement de la guerre. Le Roi partit dès la fin d'avril de Paris, et s'avança jusqu'à Amiens, menant avec lui la femme de Fargues pour l'intimider, et lui faire craindre le mauvais traitement qu'elle pourroit recevoir s'il ne se remettoit dans son devoir. Elle demanda à parler au cardinal à Amiens ; et dans l'envie qu'elle avoit de sortir de prison, elle lui dit qu'elle étoit au désespoir de ce que faisoit son mari ; et que si elle avoit parlé à lui, elle l'empêcheroit de pousser cette affaire plus loin, et le ramèneroit à la raison. Elle fit si bien qu'elle le persuada ; et il l'envoya sur sa parole à Hesdin avec ses enfans, où dès qu'elle fut arrivée elle entra dans les sentimens de son mari, et ne fit point de réponse. Le cardinal se voyant attrapé s'imagina que la présence du Roi feroit quelque impression dans l'esprit des Français qui étoient en garnison dans cette ville, lesquels se révolteroient à sa vue contre leurs chefs, et les livreroient à Sa Majesté. Dans cette pensée, il fit partir le Roi d'Amiens pour aller à Abbeville, d'où le 19 de mai il fut coucher dans un château proche de Hesdin, qu'il envoya sommer; mais on ne lui répondit qu'à coups de canon : ce qui piqua tellement l'esprit du Roi, qu'il s'en ressouvint depuis; et cela coûta la vie huit ans après à Fargues, qui fut pendu à Abbeville pour un sujet qu'on chercha tout exprès.

Le Roi, voyant qu'il n'y avoit rien à espérer de ce côté-là, fut coucher le 20 à Montreuil, le 22 à Boulogne, et le lendemain à Calais, attendant des nouvelles du maréchal de Turenne, qui étoit parti le 18 d'Auchi-les-Moines avec l'armée, et avoit passé le 20 la Lys à Saint-Venant et à Merville, où il apprit qu'il y avoit cinq cents hommes dans Cassel, des régimens d'Yorck et de Munseri. Il y envoya le marquis de Créqui pour les attaquer : ce qu'il fit si vigoureusement qu'il emporta cette petite ville, et prit ce qui étoit dedans prisonnier de guerre. Ensuite il rejoignit l'armée à Haesbrouck, d'où le maréchal de Turenne s'approcha de Bergues-Saint-Vinox, qu'il alla reconnoître; et ayant aperçu que les écluses étoient levées par ceux de Dunkerque, et que le pays d'alentour étoit inondé, il prit un détour : et s'étant emparé d'une redoute sur la colline, il la passa, et arriva au fort de Mardick, d'où il investit Dunkerque le 25 de mai par terre, durant que la flotte anglaise le bouclait par mer. Dès que le Roi en eut nouvelle, il vint à Mardick avec le cardinal Mazarin pour voir le siége. Le 27, quatorze officiers espagnols, qui se vouloient jeter dans la place, furent pris, et envoyés à Calais, et dès que la circonvallation fut achevée, on ouvrit la tranchée la nuit du 4 au 6 juin par trois endroits, deux par les Français, et l'autre par les Anglais. A la pointe du jour, les assiégés firent une grande sortie avec cavalerie et infanterie, qui fut bien repoussée. Le 7, ils en firent une autre qui eut un pareil événement, dans laquelle le comte de Guiche eut la main droite percée d'un coup de mousquet. Don Juan d'Autriche, ne voulant pas laisser perdre cette place sans tenter de la secourir, tint le 3 de juin un grand conseil à Ypres, avec le prince de Condé et les principaux de l'armée espagnole, où il fut résolu de tout hasarder pour sauver Dunkerque. Suivant cette résolution, il passa le canal de Furnes, et se campa de l'autre côté, attendant que son canon fût venu. Ce fut contre l'avis du prince de Condé, qui eut dispute pour ce sujet contre don Juan, lui faisant voir qu'ils n'étoient pas en sûreté, n'ayant pas assez de terrain pour se mettre en bataille, et lui prédisant ce qui arriva depuis. Le maréchal d'Hocquincourt, avec cette valeur peu considérée qu'il a eue toute sa vie, s'avança le 12 de juin fort proche des lignes pour les reconnoître, où il fut salué d'une décharge de mousquets d'un corps de garde de Suisses, dont il fut tué. Le maréchal de Turenne voyant les Espagnols passés deçà le canal de Furnes, et qu'il n'y avoit rien entre eux et les lignes, appréhenda qu'ils ne se retranchassent proche de lui, et ne le tinssent continuellement en alarme, et qu'une nuit ils ne l'attaquassent à l'impourvu, et secourussent Dunkerque. Les exemples d'Arras et de Valenciennes lui revenoient dans la pensée ; et pour éviter un pareil inconvénient, il prit résolution de sortir des lignes, d'aller à eux, et de leur donner bataille avant que leur canon fût arrivé. Il voulut rendre la déférence à milord Lockart, qui commandoit les Anglais, de lui dire sa pensée et d'avoir son avis ; et lui manda qu'il le prioit de venir en son quartier, pour lui faire entendre la raison qu'il avoit de vouloir sortir des lignes et donner la bataille. Lockart lui fit savoir qu'il alloit faire sortir des lignes les Anglais, selon son ordre ; et que pour les raisons qu'il avoit de combattre, il les apprendroit quand la bataille seroit donnée. Le soir du 13, toute l'armée sortit de la circonvallation à l'entrée de la nuit, afin que les Espagnols n'en eussent point de connoissance ; et le maréchal de Turenne l'ayant fait mettre en bataille, marcha droit à eux. A la pointe du jour, ils virent les hauteurs des dunes couvertes de troupes ; et aussitôt ils se hâtèrent de se mettre en bataille. Les Français s'étoient mis en lieu avantageux ; mais les Espagnols se trouvèrent si serrés entre la mer et le marais, qu'ils ne purent bien se mettre en ordre. L'aile gauche des Français, qui étoit sur les dunes, étoit commandée par le marquis de Castelnau, où Varennes étoit à la première ligne, et le comte de Schomberg à la seconde. Le marquis de Créqui commandoit l'aile droite devers le marais et les canaux ; Bussy-Rabutin étoit à la tête de la cavalerie de la première ligne, avec le marquis d'Humières ; et Gadagne, de l'infanterie. Esquencourt commandoit la cavalerie de la seconde ligne, et Bellefond l'infanterie ; le marquis de Richelieu étoit au corps de réserve. Le prince de Condé étoit à l'aile gauche des Espagnols, don Juan à la droite, et le marquis de Caracène au milieu, avec les ducs d'Yorck et de Glocester, et le prince de Ligne. Le canon des Français commença à jouer tout seul, car les Espagnols n'en avoient point ; et ayant fait quelque ouverture dans leurs troupes, les Anglais en faisant de grands cris montèrent sur les dunes, et attaquèrent l'infanterie espagnole, dont ils défirent sept régimens. Le comte de Ligneville, avec les Lorrains qui les soutenoient, chargea la cavalerie espagnole de l'aile droite, et la renversa. Le marquis de Créqui donna dans l'infanterie du prince de Condé, et la mit en désordre. Dès qu'elle eut fait sa décharge, la cavalerie de ce prince se battit vaillamment; mais un bataillon de Suisses lui ayant fait une salve de fort près, elle fut ébranlée; et Gadagne avec l'infanterie, et Bussy avec la cavalerie, achevèrent de la mettre en désordre. Alors les Espagnols de tous côtés prirent la fuite, d'autant plus facilement qu'ils n'avoient point de bagage. Beaucoup se noyèrent dans le canal de Furnes, et la bataille fut pleinement gagnée par les Français, qui prirent prisonniers Boutteville, le prince de Robègue, Coligni, Romainville de Roche, et le comte de Meille, qui mourut de ses blessures. Durant le combat, les assiégés firent une grande sortie sur la tranchée, qui étoit demeurée bien garnie, et en état de les bien repousser.

Après la bataille, l'armée victorieuse revint dans les lignes prendre ses postes, et continua le siége. Le 17, le maréchal de Turenne voulut attaquer le fort de Léon, où le marquis de Castelnau fut blessé à mort. La nuit suivante, le régiment de Turenne fit le logement sur la contrescarpe. Le 18, le comte de Soissons, à la tête des Suisses, fit quitter aux assiégés une traverse qui incommodoit ce logement. La nuit du 20 au 21, la demi-lune fut emportée par les Gardes françaises; et le marquis de Leyde, gouverneur de Dunkerque, ayant été emporté d'une volée de canon, le reste de la garnison perdit courage, et fit battre la chamade le 23 pour se rendre. Le Roi arrivoit en même temps à Mardick, et vit faire la capitulation par laquelle les Espagnols sortirent le 25, et Sa Majesté y fit son entrée le jour même; et après y avoir fait chanter le *Te Deum*, il en ressortit, et remit la place et le fort de Mardick entre les mains de milord Lockart, nommé par le Protecteur Cromwell pour y commander, selon le traité fait avec lui. Les Anglais en ayant pris possession, avec parole de ne rien changer en la religion catholique, Sa Majesté retourna dans son camp. Durant ce siége, le Protecteur avoit envoyé le milord Falcombridge, son gendre, faire compliment à Leurs Majestés à Calais, qui les reçurent avec grand honneur, et dépêchèrent ensuite le duc de Créqui à Londres, pour lui rendre la même civilité de leur part. Le 27 de juin, l'armée décampa de Dunkerque, et repassa la colline; et le 28 elle mit le siège devant Bergues, qui fut battu si vivement que le premier de juillet les Espagnols se rendirent prisonniers de guerre, au nombre huit cents. Le marquis de Nangis, mestre de camp du régiment de Picardie, y fut tué: il étoit le troisième frère mort au service du Roi, laissant un fils au berceau, seul héritier de sa maison. Dès que Bergues fut pris, l'armée marcha droit à Furnes, qui se rendit à sa vue; et Dixmude imita son exemple. Ainsi tout cédoit au victorieux; mais la nouvelle de la maladie du Roi arrêta ses progrès pour quelque temps.

Sa Majesté ayant fatigué au siége de Dunkerque, étant à cheval tout le jour au grand soleil, les mauvaises eaux, et l'infection qui étoient dans le fort de Mardick où il logeoit, engendrèrent dans son corps une corruption d'humeurs qui lui causèrent une grande fièvre continue. Il se trouva mal dès le siége de Bergues: ce qui le fit retourner à Calais, où la fièvre augmenta le premier de juillet à un tel point, que les médecins désespéroient de sa vie. La Reine étoit dans une affliction extrême, et le cardinal Mazarin ne savoit où il en étoit; car il n'étoit pas assuré de gouverner l'esprit de M. le duc d'Anjou, qui devoit succéder à la couronne, avec la même facilité qu'il faisoit celui du Roi. Il y eut de grandes cabales à la cour sur ce sujet; et beaucoup de gens faisoient déjà la cour à Monsieur, pour gagner ses bonnes grâces. Le comte de Guiche étoit celui qui étoit lors le mieux avec lui, lequel étoit revenu de l'armée blessé, et gardoit le lit. Monsieur l'alloit voir tous les jours, où ils parloient tous deux à cœur ouvert. Madame de Fiennes s'y embrouilla plus que personne: elle s'appeloit autrefois mademoiselle de Fruges, qui avoit été nourrie fort petite à la cour, où étant devenue vieille fille, elle épousa par amour le fils de la nourrice de la reine d'Angleterre, nommé des Chapelles, sur la réputation qu'il avoit d'être pourvu de plus grandes vertus corporelles que de spirituelles, desquelles elle avoit déjà connoissance. Après son mariage, elle ne voulut pas prendre le nom de son mari, et prit celui de Fiennes, qui étoit celui de sa maison. Elle avoit toujours aimé l'intrigue, se mêlant de tout et se fourrant partout. Monsieur avoit grande croyance en elle, et l'entretenoit fort tous les jours. Elle ne put avoir assez de pouvoir sur elle pour dissimuler la joie qu'elle avoit de l'état où étoit le Roi, et de la grande fortune que couroit Monsieur, auquel elle donnoit des conseils contre le cardinal pour le changement du ministre. La Reine en fut fort piquée contre elle; de sorte que dès que le Roi fut guéri, elle fut chassée de la cour. Monsieur lui en usa fort sagement, témoigna grande affliction du mal du Roi, et grande joie de sa santé, qui arriva par du vin émétique, qui lui fit faire le 8 de juillet une si grande évacuation par haut et par bas, que la fièvre lui diminua, et s'en alla petit à petit.

Le maréchal de Turenne étoit à Dixmude, où il n'osoit rien entreprendre jusqu'à ce qu'il eût vu l'événement de la maladie du Roi. Il ne laissa pas, sur un avis qu'il eut que don Juan étoit à Bruges avec un corps, et force bagages qui étoient hors de la ville, d'y marcher toute la nuit, et de donner dedans si brusquement qu'il enleva le quartier, pilla les bagages, et fit beaucoup de prisonniers de ceux qui ne se purent sauver dans la ville. A la cour, les médecins, pour remettre la santé du Roi après une si grande maladie, vouloient le faire changer d'air, et conseilloient de le mener à Compiègne. On suivit leur avis; mais devant que de partir, le Roi envoya le bâton de maréchal de France au marquis de Castelnau-Mauvissière, qui étoit à Calais, fort blessé du siége de Dunkerque. Il étoit créature du cardinal, et entièrement dévoué à lui : néanmoins il ne lui procura cet honneur qu'à cause qu'il étoit assuré qu'il n'en pouvoit échapper. En effet, il ne jouit guère de cette dignité; car deux jours après il mourut. Le Roi partit le 22 de Calais, couché dans un lit entre deux draps faits exprès, dans un carrosse; il y avoit deux places près de son lit où étoient le maréchal de Villeroy, qui avoit été son gouverneur; et le duc de Mortemart, premier gentilhomme de sa chambre. Il fut coucher à Boulogne; puis par Montreuil, Abbeville, Amiens et Montdidier, il arriva le 28 de juillet à Compiègne, avec la Reine sa mère. Le cardinal ne le suivit pas, et demeura près de l'armée, pour donner les ordres nécessaires à pousser les conquêtes déjà si bien commencées.

Le maréchal de La Ferté étant parti de Lorraine avec son armée, avoit joint les troupes que le duc de Wittemberg avoit amenées d'Allemagne; et ayant marché continuellement, il arriva près de Mont-Cassel, où le cardinal se trouva. Ils tinrent grand conseil ensemble, où il fut résolu que le maréchal de Turenne prendroit un poste avantageux pour observer les Espagnols et les empêcher de troubler leurs desseins, durant que lui maréchal de La Ferté, qui avoit un armée fraîche, laquelle n'avoit encore rien fait, entreprendroit quelque chose de considérable, et assiégeroit une des plus fortes places des Pays-Bas. On n'avoit qu'à choisir; car les Espagnols étoient tellement abattus, qu'ils ne pouvoient plus tenir la campagne ni faire de corps d'armée. Après avoir bien consulté, il fut enfin conclu qu'on assiégeroit Gravelines, parce que c'est une très-forte place, située entre Dunkerque et Calais, qui empêchoit la communication de l'un avec l'autre, et dont la conquête assureroit la conservation des autres villes prises cette campagne dans ces quartiers-là. Selon ce projet, le maréchal de La Ferté tourna tête de ce côté-là, et envoya le 27 de juillet Bellefond pour l'investir. Le 30, il s'y rendit avec toute l'armée, et il s'empara d'abord des forts Philippe et de L'Ecluse, et fit travailler diligemment à la circonvallation. La nuit du 7 au 8 d'août, la tranchée fut ouverte par le régiment des Gardes à l'attaque de La Ferté, et par celui de Piémont à celle du marquis d'Huxelles, lequel faisant travailler dans sa tranchée, reçut, la nuit du 10 au 11, un coup de mousquet dont il fut dangereusement blessé, et pour lequel il fut contraint de quitter l'armée et se faire porter à Calais. Le logement fut tenté cette nuit sur la contrescarpe de la demi-lune, qui fut prise et regagnée par les assiégés, et remportée la nuit suivante par Nancré, capitaine aux gardes, qui en assura le logement. La nuit du 12 au 13, à la pointe du jour, le maréchal de La Ferté regardant le travail, un coup de canon renversa près de lui des sacs de terre, et tua Varennes, lieutenant général, créature du maréchal de Turenne, et le comte de Moret, auquel le gouvernement de Hesdin avoit été donné par la faveur du cardinal, duquel il étoit fort aimé, et ce bienfait lui ayant manqué par la révolte de cette place, celui de Gravelines lui étoit promis : mais la mort le priva de toutes ses espérances, et donna matière de faire voir aux hommes que tout ce qui dépendoit de la fortune de ce monde étoit peu de chose. La nuit du 15 au 16, Bellefond se logea sur la pointe d'un ouvrage à corne, après avoir passé le fossé avec toutes les formes ordinaires; et Le Coudray-Montpensier, à l'attaque d'Huxelles, fit le logement sur la contrescarpe, qui assura celui qu'on avoit fait sur la corne. Le 17 au soir, le comte de Schombert, avec les Ecossais sous Retorfort leur colonel, se logea sur le bord d'un canal qui entoure la ville, malgré les grenades et les feux d'artifice des assiégés. Le 18, le régiment de La Ferté commença le pont pour passer ce canal, et à la pointe du jour du 19 il le passa, et se logea de l'autre côté au pied du glacis. Le 20, on se rendit maître entièrement de l'ouvrage à corne, et le 21 les Suisses se logèrent sur la contrescarpe de la ville. Le 22, le maréchal de La Ferté fit dresser une batterie qui ruina une traverse, et donna facilité de s'en emparer et de se loger sur la demi-lune, comme on fit le 23. Le 24, on commença la sape pour percer le fossé, et on dressa une batterie sur le bord, pour rompre les flancs bas et les orillons. Le 25, Retorfort fit combler le fossé par les Ecossais avec des fascines, et le 26 les mineurs furent attachés aux bastions et à la courtine ; et aussitôt le maréchal de La Ferté envoya un trompette pour porter des lettres au marquis de Coislin qui étoit prisonnier dans Gravelines, et par même moyen ce trompette eut ordre d'avertir les Espagnols qu'il y avoit trois mines prêtes à jouer sous leurs remparts. Sur cette nouvelle, le gouverneur demanda trêve, et fit sortir un officier, qui disputa long-temps contre le maréchal de La Ferté ; mais enfin se voyant sans espérance de secours, il sortit avec la même composition que les Français eurent six ans devant, suivant laquelle il fut conduit le 30 d'août à Nieuport avec deux pièces de canon, et le marquis de Coislin fut délivré. Après la prise de Gravelines, le cardinal Mazarin s'en alla retrouver le Roi, qui étoit parti dès le 12 de Complègne pour retourner à Paris. Il avoit envoyé devant le bâton de maréchal de France à Mondejeu, gouverneur d'Arras, qui prit le nom de maréchal de Schulemberg ; et à Fabert, gouverneur de Sedan. Le marquis d'Huxelles espéroit le même honneur ; et comme il étoit fort blessé, sans espérance de guérison, il croyoit qu'on le traiteroit comme Castelnau, qui n'avoit pas mieux servi, et n'étoit pas de plus haute naissance que lui : mais n'étant pas fait de la main du cardinal comme l'autre, les instances de ses parens près de lui furent inutiles. Ce refus lui donna un extrême déplaisir, avec lequel il mourut à Calais, outré de dépit d'une distinction si injuste.

Le cardinal Mazarin ne trouva plus à Paris Leurs Majestés, qui étoient allées passer l'automne à Fontainebleau, où M. le duc d'Orléans se rendit de Blois, et y fut reçu avec beaucoup de démonstrations d'amitié, parce qu'il n'y devoit être que huit jours. Le maréchal de Turenne, fortifié d'une partie de l'armée du maréchal de La Ferté, décampa d'auprès de Dixmude le 5 de septembre, et marcha droit à Thiels, d'où il alla passer la Lys à Deinse ; et ayant séparé ses troupes en plusieurs corps, il se saisit du château de Gaure sur l'Escaut, et le 7 tout se rejoignit devant Oudenarde. Trois régimens de cavalerie s'y étant voulu jeter, furent défaits par le marquis d'Humières ; et ceux de la ville, se voyant abandonnés de tous côtés, se rendirent le 9, à condition que les gens de guerre demeureroient prisonniers. Il marcha tout aussitôt devers Menéene ; et ayant repassé la Lys, il sut que le prince de Ligne étoit avec quinze cents hommes de pied et cinq cents chevaux dans un village à deux lieues de lui. Incontinent l'avant-garde de l'armée tourna de ce côté-là, et les marquis d'Humières et de Gadagne le chargèrent brusquement ; et lui surpris, croyant que ce ne fût qu'un parti, se défendit vaillamment : mais, accablé de la multitude, il fut contraint de se sauver dans Ypres, et d'abandonner son infanterie et son bagage. Après ce combat, Menéene se rendit sans résistance, et aussitôt il envoya deux mille chevaux investir Ypres, où toute l'armée arriva le 13 de septembre ; et s'y étant retranchée, le maréchal de Turenne fit ouvrir la tranchée la nuit du 19 au 20 par les Gardes françaises, qui furent relevées par les Suisses, lesquels emportèrent la contrescarpe et la demi-lune. Le jour même, les assiégés firent une grande sortie de cavalerie, qui fut repoussée après un grand combat ; et comme ils furent suivis jusque sur le bord de leur fossé, le marquis de Charost y reçut un coup de mousquet très-périlleux au travers du corps. En même temps on battit rudement les murailles de la ville, et on combla le fossé : et dans la consternation où étoit tout le pays, les assiégés ne voulurent pas attendre l'extrémité, et se rendirent le 24, pour être conduits à Courtray. Le maréchal de Turenne y demeura quatre jours, et le 28 il fut attaquer le château de Comines, qu'il prit le lendemain. Il se campa ensuite près d'Oudernade, qu'il fit fortifier, et y séjourna une partie du mois d'octobre ; puis il passa l'Escaut, et s'empara le 23 de Ghéesbergue et de Niénoue, d'où il fit avec toute sa cavalerie à la vue de Bruxelles. Il y envoya un trompette dire aux magistrats que s'ils ne chassoient les Espagnols de leur ville, il saccageroit tous leurs faubourgs, et détruiroit toute la campagne. Mais n'en ayant point eu de réponse, il se retira ; et ayant séparé son armée, il la mit en garnison dans la Flandre, qui étoit remplie de terreur, et dont les grandes villes étoient prêtes à se révolter, si la guerre eût duré.

Cet été, il y eut un soulèvement en Normandie ; mais Montpezat y étant allé avec des troupes, fit mettre les armes bas à ces mutins, et les remit dans l'obéissance. En Sologne, des sabotiers se révoltèrent aussi, refusant de payer la taille, et faisant main-basse sur ceux qui la levoient. Piloy y fut envoyé avec quelques régimens : les ayant attaqués, il les défit. Il y en eut de pendus ; et un gentilhomme nommé Pomesson, qui favorisoit leur révolte, eut la tête tranchée.

L'année dernière, l'empereur Ferdinand III mourut ; et les électeurs s'étant assemblés à Francfort-sur-le-Mein pour en élire un autre, le maréchal de Gramont et Lyonne y furent envoyés de France comme ambassadeurs extraordinaires. Devant l'élection, la capitulation fut faite, où l'exécution du traité de Munster ne fut pas oubliée, et la ligue contre ceux qui y feroient infraction. Toutes ces conditions étant signées par les huit électeurs le 15 de juillet, l'élection se fit trois jours après ; et le 18 du mois, Léopold, premier du nom, roi de Hongrie et de Bohême, fils de Ferdinand III, fut déclaré empereur, et couronné quelques jours après. Les ambassadeurs de France demeurèrent à Francfort après le départ de l'Empereur, et firent signer une ligue pour maintenir la paix d'Allemagne, qui s'appela la ligue du Rhin. Les électeurs de Mayence, Cologne, et palatin; le roi de Suède comme duc de Poméranie, le duc de Neubourg, l'évêque de Munster, le landgrave de Hesse-Cassel, et les ducs de Brunswick et de Lunebourg, entrèrent dans cette association; laquelle étant achevée, le maréchal de Gramont et Lyonne partirent de Francfort, et retournèrent en France.

Quand la campagne de l'année dernière fut achevée, le duc de Modène se retira devers le Plaisantin avec ses troupes et une partie de celles de France, commandées par Foucault et Givry. Le duc de Parme leur fit fournir des étapes sur ses États, et régala en passant le duc de Modène, lequel avoit ordre du Roi Très-Chrétien de prendre ses quartiers d'hiver dans le Mantouan, pour se venger du duc de Mantoue, qui avoit quitté son parti pour prendre celui de la maison d'Autriche. En effet, après avoir passé le Pô à Bersello, il sépara son armée, et la mit dans des villages et des bourgs hiverner dans le duché de Mantoue, dont les principaux étoient Rivarolo, Caneto, Borgo-Forte, et Viadana. Ce duc, voyant son pays au pillage, envoya demander du secours au comte de Fuensaldagne, lequel s'approcha pour voir s'il ne pourroit point enlever un de ses quartiers : mais il trouva les Français si bien sur leurs gardes, qu'il ne put rien entreprendre sur eux. Si bien qu'ils y passèrent tout l'hiver; et le duc de Mantoue, pour sauver ses États d'une ruine certaine, envoya prier le duc de Modène d'obtenir pour lui la neutralité. On la lui accorda lorsqu'il fut temps de mettre en campagne; et dès qu'elle fut signée, les troupes sortirent de leurs garnisons, et entrèrent en corps dans le Milanais le 16 de juin, et pillèrent tout le Crémonais. L'armée partit le premier de juillet de Casalmaggiore pour aller à Cava, où le duc de Modène apprit que les Espagnols avoient jeté quantité de troupes dans Crémone, Sabionetta et Pizzighitone; et ne voyant point d'apparence d'attaquer pas une de ces places, il résolut de passer la rivière d'Adda, défendue par l'armée espagnole, campée à l'autre bord. Il détacha Bas pour s'emparer du poste de Castel-Léon, où il y avoit quatre cents hommes, qui se rendirent à composition : ensuite il fit pointer son canon contre les Espagnols retranchés de l'autre côté de l'eau, et envoya Givry pour tenter le passage de Cassano. Tous deux réussirent, et le comte de Fuensaldagne se retira devers Lodi. Le duc Modène ayant passé, marcha droit à Milan, où le duc de Navailles se présenta avec de la cavalerie : mais le comte de Fuensaldagne s'y étant jeté avec des troupes, empêcha le peuple de s'émouvoir, et rassura l'épouvante de cette grande ville. Le duc de Savoie sachant la marche de l'armée française, assembla la sienne pour l'aller joindre : mais devant il envoya le marquis de Ville pour exécuter une entreprise sur Trino, où il savoit qu'il n'y avoit peu de gens, fort étonnés de la marche du duc de Modène vers Milan. Ayant approché diligemment de cette place, il l'attaqua la nuit du 21 au 22 de juillet, et emporta d'insulte tous les dehors; dont le gouverneur fut si intimidé qu'il se rendit à composition, et fut conduit à Verceil. Le duc et la duchesse de Savoie y firent le lendemain leur entrée; et leur armée, après ce bel exploit, entra dans le Milanais sous la conduite du marquis de Ville, lequel ayant su que le duc de Modène marchoit pour passer le Tesin, prit la même route; et ils se trouvèrent en même temps sur les deux bords à deux lieues de Pavie, où ayant fait faire un pont à Sainte-Sophie, le duc passa la rivière, et joignit les troupes de Savoie. Aussitôt il donna ordre au marquis de Ville de partir avec de la cavalerie, pour investir Mortare du côté de Novarre; et au duc de Navailles d'en faire autant de celui de Vigevano. Cet ordre fut exécuté le 2 d'août, et le 5 toute l'armée arriva devant. La nuit du 6 au 7, le marquis de Duras ouvrit la tranchée d'un côté, et Folleville de l'autre, avec les régimens de Navarre et de Normandie. Le 10, le canon battit la ville par deux endroits si rudement, qu'à sa faveur la contrescarpe fut emportée le 12. Les assiégés la voulurent reprendre le lendemain, par une sortie qu'ils firent sur les Suisses; mais elle fut repoussée brusquement. Le 14, les Français donnèrent un assaut à la demi-lune de l'attaque de Novarre, où ils furent battus, et contraints de se retirer avec perte; mais le 16, un fourneau ayant joué avec grand effet, on fit le logement au pied, et on dressa une batterie sur le bord du fossé pour battre les flancs du bastion. Le 17, la demi-lune fut emportée par Valavoir, lequel y fut fort blessé d'un coup de mousquet; et le 19, un fourneau ayant fait sauter le retranchement, on en délogea les assiégés l'épée à la main, et en même temps on combla le fossé de fascines, pour faire passer le mineur : mais le mestre de camp Moroné ne voulant pas attendre que sa place fût ouverte, n'ayant pas assez de monde pour soutenir des assauts, demanda à traiter ; et des otages étant donnés de part et d'autre, Mortare fut rendu le 25 d'août, et les Espagnols conduits à Novarre. Le duc de Modène n'eut pas le loisir de jouir de sa conquête ; car peu de temps après il tomba malade d'une fièvre, qui l'obligea de quitter l'armée et se faire porter à Biéle, et puis à Saint-Ya, où son mal augmentant, il fut visité par le duc de Savoie : mais sa fièvre continua d'une telle violence, et empira si fort, qu'elle le fit mourir la nuit du 13 au 14 d'octobre. Le prince Almeric, son second fils, accompagna son corps à Modène, et le duc de Navailles eut le commandement de l'armée française, laquelle se sépara bientôt pour se mettre en garnison. Le comte de Fuensaldagne, durant la maladie du duc de Modène, voulut surprendre Valence d'insulte ; mais il trouva la garnison si bien préparée à le recevoir, que ses gens, après avoir planté leurs échelles, furent renversés de dessus à coups de piques, de hallebardes et de grenades : en sorte qu'il fut contraint de se retirer.

Depuis la mort du duc de Candale, Saint-Aunais commandoit en Catalogne, où le duc de Mercœur étoit nommé pour général ; mais, devant son arrivée, Saint-Aunais ayant mis ensemble le plus de troupes qu'il put, assiégea Campredon, et ouvrit la tranchée le 29 de juillet, dans l'espérance de l'emporter en huit jours : mais le marquis de Mortare ayant assemblé toutes les forces qu'il avoit en cette province, fondit sur lui brusquement, enleva un de ses quartiers, et secourut la place. Le duc de Mercœur arriva vers la fin d'août, où il rassembla le débris de ces troupes, et se posta en des lieux où il y avoit des rivières entre lui et les Espagnols : tellement qu'il ne se passa rien de considérable depuis de ce côté-là. Mais, sur la frontière de Portugal, Badajoz fut attaqué par les Portugais, et secouru par don Louis de Haro, favori, et premier ministre d'Espagne ; lequel, voulant profiter de cet avantage, fit semblant de vouloir assiéger Campo-Major ; et les Portugais ayant tiré d'Elvas beaucoup de monde pour jeter dedans, il tourna tout court contre Elvas même, et l'investit. Il n'y réussit pas mieux que les autres avoient fait dedans Badajoz, car il y fut battu, et contraint de lever le siège.

Les Espagnols, dans la décadence de leurs affaires, ne pouvant les relever par la force, cherchoient les moyens de le faire par artifice, en débauchant les alliés de la France. Ils firent de grandes offres à la duchesse de Savoie pour l'attirer dans leur parti, en lui représentant l'avantage qu'elle avoit de ce que les États de son fils étoient situés entre les terres des Français et des Espagnols, parce que dès qu'ils étoient menacés des uns, ils étoient protégés des autres : au lieu que si le Milanais tomboit en la puissance des Français, elle se trouveroit enfermée dans leurs terres, et seroit facile à opprimer au moindre démêlé qu'elle auroit avec eux, sans pouvoir être secourue de l'Espagne ; et ainsi qu'elle travailloit à sa propre ruine, en contribuant à chasser les Espagnols de Milan. La duchesse écoutoit ces propositions ; mais comme elle étoit fille de France, elle ne pouvoit se résoudre à tourner ses armes contre le Roi son neveu : seulement, étant lasse d'une si longue guerre, elle eût bien voulu prendre la neutralité, tant pour se soulager de la grande dépense que lui causoit la guerre, que pour donner du repos à ses peuples et à elle-même, recouvrer Verceil et empêcher les Français de prendre Milan, faute de passage pour y pouvoir aller. Le cardinal, qui eut le vent de cette négociation, fit tous ses efforts pour la rompre ; et plus la duchesse le voyoit alarmé de cette crainte, plus elle faisoit la froide et lui donnoit de l'ombrage. Mais étant pressée de tous côtés, elle se résolut à prendre ses avantages dans le choix qu'elle feroit, et de mettre à haut prix son alliance. Le Roi étoit en âge d'être marié : les Espagnols ne lui vouloient pas donner l'Infante, qui n'avoit qu'un frère. Tellement que la duchesse de Savoie prétendit de lui faire épouser la princesse Marguerite sa fille, et résolut de ne plus tenir le parti de la France, qu'à cette condition. Il y avoit quelques années qu'on lui faisoit espérer, et on en remettoit l'exécution de temps en temps, pour éluder la chose sous divers prétextes : mais après la grande maladie du Roi à Calais, on résolut tout de bon de le marier ; et la duchesse en ayant nouvelle, donna plus de soupçon d'elle que jamais, et fit mine de traiter avec les Espagnols, pour faire venir les affaires à son but. Le cardinal, qui voyoit la Flandre à demi conquise après la bataille de Dunkerque, et le Milanais fort ébranlé par les prises de Valence et de Mortare, ne vouloit pas demeurer en si beau chemin ; et ne pouvant pousser les conquêtes d'Italie sans le passage du Piémont et le secours du duc de Savoie, il voulut contenter la duchesse sa mère, qui étoit rebutée de tant de remises pour l'exécution de la parole qu'on lui avoit donnée. Il lui fit donc dire qu'on ne vouloit plus la payer en paroles, mais en effets ; et qu'il n'y avoit qu'une difficulté, qui étoit que le Roi désiroit voir la princesse avant que de l'épouser : et que si elle vouloit l'amener à Lyon,

Leurs Majestés s'y rendroient sur la fin de l'année, pour lui donner toute satisfaction. La duchesse, ravie d'un si beau commencement, accepta le parti, et, croyant élever sa fille à une si haute grandeur, promit de se rendre à Lyon dès que la Reine y seroit : et sur cette réponse la cour se prépara pour ce voyage.

Le Roi, devant que de partir, donna la charge de premier président du parlement de Paris à Lamoignon, maître des requêtes ; et le 26 d'octobre il fut coucher à Corbeil, puis par Sens il fut passer la Toussaint à Auxerre, dont il repartit le 2 de novembre, et arriva le 5 à Dijon, où il tint son lit de justice dans le parlement : et y ayant séjourné jusqu'au 19, il prit le chemin de Lyon par Beaune, Châlons et Mâcon, et fit son entrée dans cette puissante ville le 24 de novembre. La duchesse de Savoie, pour s'approcher, étoit venue à Chambéry ; et dès qu'elle eut nouvelle de Leurs Majestés, elle en partit pour se rendre à Lyon, où elle arriva le 28. Le Roi fut au devant d'elle une lieue hors de la ville ; et ayant mis pied à terre, il la salua au milieu de la campagne, puis la fit monter dans le carrosse de la Reine, où il se mit à la portière avec la princesse Marguerite : il l'entretint avec beaucoup de familiarité, et témoigna que sa personne lui étoit agréable ; même il la conduisit dans son logis, qui étoit à l'archevêché. Le Roi fut aussi au devant du duc de Savoie le premier jour de décembre, qui logea avec madame sa mère. Ils furent traités magnifiquement, et régalés de toutes sortes de divertissemens durant leur séjour à Lyon, où le duc de Savoie le porta d'une grande hauteur ; car il prétendit des choses auxquelles son père et son aïeul n'avoient jamais pensé. Il ne vit point Monsieur chez lui, parce qu'il vouloit qu'il lui donnât la droite, par une imagination chimérique qu'il avoit d'être roi de Chypre. Le cardinal le flattoit dans sa prétention, à cause qu'il s'étoit mis dans la tête de lui faire épouser une de ses nièces ; et pour ce sujet, sur ce que Mademoiselle ne vouloit pas donner la main chez elle aux princesses de Savoie, il lui fit commander par la Reine de la leur donner, sacrifiant ainsi l'honneur de la maison royale à ses prétentions et intérêts particuliers. Mademoiselle le fit avec grand chagrin, parce qu'elle n'avoit jamais rendu cet honneur à la duchesse de Lorraine ni à pas un souverain, qui étoient au-dessus de ces princesses. Monsieur en fit reproche au cardinal, lui disant qu'il soutenoit le duc de Savoie contre lui, quoique lui-même ne lui eût pas voulu donner la droite chez lui comme cardinal, et qu'ils ne se fussent point visités pour ce sujet, sur ce que les cardinaux ne la donnent à aucun prince souverain d'Italie ; et il disoit que les fils de France ne donnant pas la main chez eux aux cardinaux, la devoient encore moins aux souverains. Cependant le duc, sur cette prétention, ne visita point Monsieur ni le cardinal.

Le bruit du mariage du Roi et de la princesse de Savoie s'étoit répandu par toute l'Europe ; et le comte de Fuensaldagne en ayant eu le vent, dépêcha en Espagne Antonio Pimentel, pour faire connoître au roi d'Espagne le misérable état des affaires des Pays-Bas et de l'Italie, qui ne se pouvoient rétablir que par une paix, laquelle ne se feroit jamais sans le mariage du roi Très-Chrétien avec l'Infante. Il donnoit par même moyen avis à don Louis de Haro du voyage que le Roi devoit faire à Lyon pour le mariage de la princesse de Savoie, et lui représentoit que s'il venoit à s'effectuer, il ôteroit toute espérance de paix, qui étoit le seul salut de l'Espagne, parce que le Roi étant marié ne pourroit plus épouser l'Infante, qui en étoit le principal gage : outre que cette alliance causeroit une liaison plus étroite que jamais entre la France et la Savoie, laquelle entraîneroit la perte du duché de Milan. Don Louis, qui avoit grande croyance au comte de Fuensaldagne, pesa toutes ces raisons, et les fit goûter au roi d'Espagne ; et l'accouchement de la Reine sa femme, qui avoit mis un peu devant un second prince au monde, leva l'obstacle du mariage de l'Infante, et fit prendre résolution de la donner au roi de France. L'exemple de Lyonne couvroit la honte que le roi d'Espagne eût pu avoir de rechercher le premier la France, parce qu'à son retour de Rome, trois ans devant, ce ministre avoit passé en Espagne inconnu, et fut logé à Madrid au Buen-Retiro, où il négocia secrètement de la paix avec don Louis, et ne rompit que sur le rétablissement du prince de Condé. Or Lyonne ayant fait ce premier pas, il sembloit qu'il étoit de la bienséance de témoigner autant de désir de la paix qu'avoient fait les Français ; et sur ce fondement Pimentel fut renvoyé, avec ordre de rompre par toutes sortes de moyens le mariage du roi Très-Chrétien avec la princesse de Savoie, et de tâcher à l'embarquer à celui de l'Infante, en faisant la paix. Pimentel arriva aussitôt que le Roi à Lyon, où il demeura caché tant que la duchesse de Savoie y fut : mais, dans la crainte qu'il eut qu'on ne conclût quelque chose pour le mariage de Savoie, il fit savoir à la Reine et au cardinal qu'il étoit là, et qu'il souhaitoit de les voir en particulier pour leur communiquer une affaire de grande importance, laquelle pressoit. La Reine le fit venir chez elle sans être connu, et elle apprit de sa bouche la bonne disposition où étoit le Roi son frère pour la paix, et pour donner sa fille en mariage au Roi. La Reine, qui aimoit sa maison, et qui avoit une passion démesurée du mariage de son fils avec sa nièce, eut grande joie de cette ouverture, et dès l'heure ne songea plus qu'à se défaire de la duchesse de Savoie, et à rompre son mariage. Le cardinal y agit plus mûrement : il appréhenda que ce ne fût un artifice des Espagnols pour faire partir la cour de Savoie mécontente et offensée, afin qu'à son retour en Piémont elle fût disposée à traiter avec eux en abandonnant la France, pour se venger du mépris qu'elle en auroit reçu ; et qu'après ils ne voulussent plus donner l'infante au Roi, et ne fissent comme à Munster, où ils firent la proposition du même mariage à dessein de débaucher les Hollandais, et après y avoir réussi se moquèrent des Français. Mais la Reine ne put jamais entrer dans ces défiances ; et pour détourner le Roi de l'inclination qu'il avoit pour la princesse de Savoie, elle commença à lui faire la guerre de l'empressement qu'il avoit auprès d'elle, en lui marquant ses défauts ; et par des railleries elle l'en dégoûta si bien qu'il ne lui parla plus. Le duc de Savoie s'en aperçut ; et, prévoyant que l'alliance préméditée ne réussiroit pas, il ne voulut pas demeurer davantage à Lyon ; et, après avoir pris congé du Roi, il retourna le 4 de décembre dans son pays. La Reine ne voulut pas laisser partir la duchesse mal satisfaite, et pour cela elle s'ouvrit à elle, et lui dit ce que le roi d'Espagne lui avoit mandé, lui protesta qu'elle désiroit sincèrement son alliance, et le mariage du Roi avec sa fille ; mais qu'elle la croyoit trop généreuse pour désirer que cela s'accomplît au préjudice du bien général de la chrétienté, et pour empêcher une paix après laquelle toute l'Europe soupiroit il y a si long-temps. La duchesse reçut fort bien ce compliment, et dit à la Reine qu'elle étoit très-obligée de l'honneur qu'elle lui faisoit, et qu'elle n'étoit pas si attachée à ses intérêts qu'elle les voulût préférer au bonheur et au repos de tous les peuples ; demeurant d'accord que si le mariage du Roi et de l'Infante se faisoit avec la paix, on ne devoit pas songer à elle. Mais comme tout ce qu'on propose ne réussit pas toujours, elle exigea qu'on l'assurât qu'au cas que l'affaire d'Espagne manquât, on revînt au mariage de sa fille. La Reine en convint ; et le Roi signa de sa main une promesse par laquelle il s'obligeoit d'épouser la princesse de Savoie, en cas que dans un an il ne fût pas marié à l'Infante. La duchesse de Savoie se contenta de cela, et elle partit de Lyon avec ce papier le 8 de décembre. Quelques jours après, Antonio Pimentel, qui étoit caché dans Lyon, fit semblant d'arriver, et vit la Reine publiquement, et alla ensuite trouver à Milan le comte de Fuensaldagne, pour lui faire part de l'état de sa négociation. Le Roi passa le reste de l'année à Lyon, et se prépara pour retourner à Paris au commencement de la prochaine, où Pimentel se devoit rendre, avec plein pouvoir du roi d'Espagne pour traiter du mariage et de la paix.

TRÈVE GÉNÉRALE.

[1659] Cette année commença par le départ du Roi pour retourner à Paris. Il partit de Lyon le 13 de janvier, et alla coucher à Tarare ; puis par Moulins, Nevers et la Charité, il suivit le grand chemin, et arriva le 28 à Paris, où il trouva que le duc de Nemours étoit mort. Il étoit le dernier de trois frères, et en lui finit la branche de la maison de Savoie, qui avoit porté ce titre en France depuis cent quarante ans. Le 17 de février, mourut aussi Servien, surintendant des finances ; et par son décès Fouquet demeura seul surintendant. Quelque temps après, don Juan d'Autriche étant rappelé des Pays-Bas pour retourner en Espagne, envoya demander passe-port pour passer par la France : le Roi lui accorda aussitôt, et envoya le maréchal d'Aumont sur la frontière, pour le recevoir et l'amener à Paris le 9 de mars, incognito. Il fut logé au palais Mazarin, où il fut traité et servi par les officiers du Roi en viande, quoique ce fût en carême, lequel n'étoit observé par aucun Espagnol de sa suite. Il demeura trois jours à Paris sans vouloir être connu ; et on le mena promener dans tous les beaux lieux de la ville. La Reine eut grande curiosité de le voir ; et pour ce sujet elle s'enferma dans le Val-de-Grâce, où il fut la saluer, accompagné de deux personnes seulement. Sa Majesté avoit auprès d'elle Monsieur et Mademoiselle ; elle l'entretint fort longtemps, et lui témoigna qu'elle désiroit fort qu'il vît le Roi : ce qui fut remis au lendemain. On le fit entrer dans le Louvre le soir, sans cérémonie ; et il passa par une porte de derrière, où il ne fut vu de personne, et entra dans le cabinet de la Reine, où il y avoit peu de gens, et où le Roi vint incontinent après. Il salua Sa Majesté, la regarda fort, et admira sa belle taille et sa bonne mine. Le Roi ne se couvrit point, à cause que don Juan eût prétendu aussi de le faire, et eut toujours son chapeau sous son bras. La Reine lui fit voir les portraits de toute la maison d'Autriche, qui étoient d'un côté de son cabinet, parmi lesquels étoit celui de l'infante Marie-Thérèse : et puis elle lui montra de l'autre côté ceux de la maison de France, et une place vide auprès du Roi, qui étoit destinée pour celle qu'il épouseroit. Don Juan voyant cela dit galamment à la Reine que cette place étoit aisée à remplir, et qu'il n'y avoit qu'à y mettre le tableau de l'Infante, qui étoit de l'autre côté. Après avoir reçu un très-favorable accueil de Leurs Majestés, il sortit par la même porte par laquelle il étoit venu, sans rencontrer personne ; et le 12 il prit la route de Madrid.

Après l'arrivée du Roi à Paris, Pimentel le suivit bientôt après, et s'arrêta quelques jours à Montargis pour recevoir des nouvelles d'Espagne ; et puis il vint à Paris inconnu, où il voyoit secrètement Lyonne, et quelquefois le cardinal Mazarin. Dans ces entrevues ils ébauchèrent le traité de paix, et ils demeurèrent facilement d'accord de tous les points dont on étoit convenu à Madrid trois ans devant, lorsque Lyonne y fut. Mais les Espagnols s'opiniâtroient au rétablissement du prince de Condé en tous ses biens, honneurs, gouvernemens, charges et dignités ; et prenoient cette affaire tellement à cœur, croyant qu'il y alloit de l'honneur de leur roi de ne pas abandonner un prince qui l'avoit si bien servi, ni aucun de ceux qui l'avoient suivi, qu'ils protestoient aimer mieux hasarder une partie de leurs Etats, que de faire une si grande lâcheté. Le cardinal tint ferme au contraire, disant que son maître ne pouvoit avec honneur rendre au prince, ni à ceux de son parti qui étoient rebelles comme lui, leurs charges et gouvernemens ; et que tout ce qu'on pouvoit faire, en considération de la paix, étoit de leur donner abolition de leur crime, et de leur rendre simplement leurs biens. On disputa long-temps sur cet article, et on pensa là-dessus ; mais le comte de Fuensaldagne, qui étoit à Milan, pressoit tellement par ses lettres don Louis de ne pas prendre garde à peu de chose, et de faire la paix à quelque prix que ce fût, que ce ministre porta le Roi son maître à donner les mains à tout ce que la France voulut. Ce comte n'étoit pas propre pour la guerre, où il ne réussissoit pas bien, et avoit des talens tout contraires, plus convenables à la paix [ce qui l'obligeoit à l'appuyer si fortement] ; et la haine qu'il portoit au prince de Condé faisoit qu'il insistoit à le faire abandonner pour se venger de lui, sous prétexte du service de son maître, dont les affaires exigeoient qu'on fît la paix sans avoir égard aux particuliers. Don Louis de son côté, piqué de l'affront qu'il avoit reçu devant Elvas, désiroit la paix, tant par la nécessité des intérêts du Roi son maître, que pour réduire assurément le Portugal, dont il croyoit venir à bout dans six mois, quand toutes les forces d'Espagne seroient unies ensemble. Dans cette pensée, il manda à Pimentel de ne point rompre, et de ne se pas opiniâtrer pour les intérêts du prince de Condé ni de ceux de son parti, que le roi d'Espagne récompenseroit si hautement, qu'ils seroient dédommagés et au-delà de la perte de leurs charges : mais surtout il le chargea d'obtenir que la France abandonnât le Portugal, et ne le pût secourir directement ni indirectement. Pimentel, selon ses ordres, parla plus froidement des intérêts du prince, et pressa pour l'abandonnement du Portugal. On eut quelque différend là-dessus : mais enfin le cardinal accorda ce point, considérant qu'il n'y avoit aucun traité fait avec le Portugal, par lequel on ne pût s'accommoder l'un sans l'autre ; et que même on ne l'avoit jamais voulu faire, quelque instance qu'en fissent les Portugais, de peur de rendre la guerre éternelle et les deux couronnes irréconciliables. Il n'étoit pas content d'eux, en ce que durant la guerre civile ils n'avoient pas fait ce qu'ils avoient pu pour sauver la Catalogne, et pour assister la France dans ses malheurs. Il fut donc convenu entre Lyonne et Pimentel que toutes les places conquises par les Français dans les Pays-Bas leur demeureroient, excepté Ypres, Ménéene, Comines, Furnes, Dixmude et Oudenarde, qui seroient rendus aux Espagnols; que le Roussillon demeureroit à la France ; et le Port-Roses, Cap-de-Quiers et Puycerda seroient restitués aux Espagnols, avec tout ce que les Français tenoient delà les Pyrénées. En Italie, que Valence et Mortare leur seroient rendus, et Verceil au duc de Savoie. Que le duc de Lorraine sortiroit de prison, et qu'on lui rendroit son pays, en faisant raser Nancy : mais que le Roi garderoit le duché de Bar, Stenay, Jametz, Clermont, Dun, et un chemin de demi-lieue de large pour aller de Verdun à Metz, et de Metz en Alsace, avec une ville sur la rivière de Sarre. Que la France abandonneroit le Portugal, et pardonneroit au prince de Condé, et à tous ceux qui l'avoient suivi, lesquels pourroient revenir avec restitution de leurs biens, mais non de leurs charges et gouvernemens, qui seroient perdus pour eux ; que le prince remettroit Hesdin, le Catelet et Rocroy au pouvoir du Roi, et renonceroit à toute liaison et intelligence qu'il pourroit avoir contre son service. Ces articles étant accordés, on parla du mariage, où il y eut quelque difficulté sur ce que les Espagnols vouloient que l'Infante renonçât à toutes les successions qui lui pourroient arriver par la mort du Roi son père et de ses frères. Le cardinal demeuroit d'accord de la renonciation à l'Espagne et à l'Italie, mais non pas aux Pays-Bas ni à la Bourgogne : mais, sur la grande résistance des Espagnols, on leur accorda la renonciation entière. Le traité de Munster fut confirmé par celui-ci, et l'acquisition de Pignerol ; et pour ne point avoir de dispute pour les intérêts du duc de Modène, le cardinal lui écrivit de s'accommoder de son chef, et le comte de Fuensaldagne eut ordre de traiter avec lui. Cet accommodement fut fait au mois d'avril, par lequel le duc prit la neutralité entre les deux couronnes, et le roi d'Espagne s'engagea d'obtenir pour lui de l'Empereur l'investiture de Corregio. Cette affaire étant achevée, on résolut que dès que les articles accordés entre Lyonne et Pimentel auroient été ratifiés en Espagne, le cardinal Mazarin iroit à Saint-Jean-de-Luz, et don Louis à Fontarabie, pour s'aboucher, faire le contrat de mariage, et régler toutes les circonstances de la paix, sans rien changer de ce qu'avoit été conclu à Paris. Un courrier fut dépêché en Espagne pour ce sujet ; et lors Pimentel, qui vit qu'on alloit bientôt mettre en campagne, et que les succès qui arriveroient dans la guerre pourroient changer la face des affaires, demanda une suspension d'armes. Le cardinal eut grande peine à y consentir, de crainte que les Espagnols ne fissent semblant de vouloir faire la paix pour gagner cette campagne, et empêcher les avantages que les Français y pourroient remporter en attendant la flotte des Indes, qui leur devoit arriver au mois d'octobre : mais la Reine avoit une telle passion pour la conclusion de cette affaire, qu'elle fit tout accorder, et convint d'une trêve pour les mois de juin et juillet. Le cardinal en fut fort blâmé, car les armées eussent fait de fort grands progrès durant ces deux mois-là dans les Pays-Bas et en Italie, vu la faiblesse où étoient les Espagnols. Dès que cette suspension fut publiée, Pimentel, qui avoit toujours été caché, commença à se montrer, et même il se trouva dans la maison de Lyonne à Berny, un jour que Leurs Majestés y soupèrent. Le cardinal attendoit la ratification d'Espagne pour partir ; mais voyant qu'elle tardoit trop à venir, et que don Louis devoit bientôt être sur la frontière, la Reine le pressa de s'y en aller, de peur de le faire attendre ; et le 26 de juin il alla dîner à

22.

Vaux chez le surintendant Fouquet, et coucher à Fontainebleau, d'où il prit le chemin d'Orléans. Le 30, il alla saluer M. le duc d'Orléans à Chambord, et le premier de juillet il rendit ses respects à Madame à Blois, et coucha le jour même à Amboise. Il rencontra sur son chemin le courrier d'Espagne, qui apportoit la ratification de ce qui avoit été fait à Paris; et lors il continua son chemin avec plus d'assurance, car il étoit résolu de n'aller que jusqu'à Poitiers, et de ne point passer outre qu'elle ne fût arrivée : mais cet ombrage étant levé, il continua son chemin, et dépêcha de Poitiers un courrier au Roi, pour lui conseiller de prolonger la trève jusqu'à la fin de l'année : ce qui fut arrêté et publié de part et d'autre. De Poitiers, le cardinal prit la route de Guyenne, et par Châteauneuf et Libourne fut à Cadillac, où le duc d'Epernon le traita magnifiquement, comme fit ensuite le maréchal de Gramont à Bidache ; et le 24 il arriva à Bayonne. Pimentel avoit fait le voyage avec lui, et l'avoit quitté à Libourne, pour aller à Saint-Sébastien trouver don Louis, lequel le renvoya faire ses complimens au cardinal à Bayonne, et prendre avec lui les mesures de leur abouchement.

Le Roi et la Reine s'étoient avancés jusqu'à Fontainebleau pour attendre des nouvelles du cardinal; et, ayant su que la ratification du traité étoit venue, ils partirent le 28 de juillet, et par Gergeau et Cléry ils furent coucher le premier d'août à Chambord, où ils furent reçus par M. le duc d'Orléans, lequel les mena le lendemain à Blois, où il les régala avec une magnificence extraordinaire, et le jour même ils furent à Amboise. Le 5, ils arrivèrent à Poitiers, où ils séjournèrent jusqu'au 11, attendant des nouvelles d'Espagne; puis par Saint-Jean-d'Angely ils furent passer la Notre-Dame à Saintes, d'où ils couchèrent à Jonzac, et le 17 à Blaye. Ils s'y embarquèrent sur la Garonne, dans une galiote peinte de bleu semée de fleurs de lis d'or, et arrivèrent le 19 à Bordeaux, au bruit des canons des vaisseaux, et du château Trompette. Étant dans la ville, ils reçurent les respects des jurats, du parlement, et de tous les corps de la ville. Ils ne croyoient pas alors y demeurer long-temps, à cause qu'ils pensoient que, la paix étant arrêtée dès Paris, les deux premiers ministres achèveroient ce qu'il y avoit à faire dans huit jours, et que le roi d'Espagne partiroit aussitôt pour venir sur la frontière, où le Roi et la Reine se rendroient pour faire le mariage ; et qu'après les deux rois iroient passer l'hiver l'un à Madrid, et l'autre à Paris. Mais les choses n'allèrent pas si vite qu'ils s'étoient imaginé. Le cardinal étant tombé malade de la goutte, reçut de grands complimens par Pimentel de la part de don Louis, qui lui firent croire qu'il le viendroit trouver où il seroit : mais quand ce vint à l'exécution, il connut que la gravité espagnole ne s'abaissoit pas jusque là, et il fallut trouver d'autres expédiens. Le 28, le cardinal s'avança jusqu'à Saint-Jean-de-Luz, où Lyonne revint de Saint-Sébastien, fort satisfait de la réception que lui avoit faite don Louis, lequel se préparoit à venir à Fontarabie pour s'approcher du cardinal, et avoir plus souvent de ses nouvelles. Lyonne et Pimentel ne faisoient qu'aller et venir pour ajuster toutes choses; et, ayant visité les lieux, ils trouvèrent une île dans la rivière de Bidassoa, qui sépare la France de l'Espagne, laquelle se nommoit l'île des Faisans. Ils la jugèrent neutre, et n'appartenir à aucun des rois, puisqu'elle étoit au milieu de l'eau; et ainsi ce lieu fut choisi pour l'entrevue. Aussitôt on y mit des ouvriers des deux nations, qui travaillèrent à faire un bâtiment qui séparoit l'île en deux, un côté pour les Français et l'autre pour les Espagnols, égaux, et de même figure. Il y avoit au milieu une chambre qui avoit deux portes, dont l'une étoit chez les Espagnols, et l'autre chez les Français. Cette chambre étoit meublée, moitié par don Louis, et moitié par le cardinal ; et deux tapis la séparoient par le milieu, et sur le bord de la séparation il y avoit deux tables et deux chaires, une pour le cardinal, et l'autre pour don Louis, lesquelles se touchoient, et néanmoins l'une étoit sur la terre de France et l'autre sur celle d'Espagne. Les deux ministres devoient passer chacun par leur porte, qui étoient vis-à-vis l'une de l'autre ; puis s'avançant, ils pouvoient s'embrasser, s'asseoir, travailler et écrire sur leurs tables, même parler tout bas, sans sortir des terres de leurs maîtres. Quand ce bâtiment fut achevé, les deux ministres partirent le 13 d'août, l'un de Saint-Jean-de-Luz par terre, et l'autre de Fontarabie par eau, pour se rendre dans l'île des Faisans; et chacun, sur le pont fait de son côté, entra dans son logement. Leur garde étoit pareille, laquelle demeuroit sur le bord de la rivière ; et il ne devoit entrer que soixante personnes de chaque côté dans l'île. Le cardinal, connoissant l'humeur turbulente et moqueuse des Français, craignit qu'ils ne fissent quelque chose qui déplût aux Espagnols ; et pour ce sujet il leur ordonna de demeurer dans leur logement, et de ne point passer dans celui des autres. Le cardinal arriva le premier, avec trente carrosses, et ses gardes à pied et à cheval, qui se mirent en bataille au bout du pont, et peu de temps après on vit la rivière couverte de petites galiotes peintes et dorées, qui amenoient les Espagnols de Fontarabie, situé sur l'embouchure de cette rivière dans la mer. Les gardes de don Louis marchoient sur le bord, qui se mirent en ordre au bout du pont du côté d'Espagne; et ensuite ce ministre passa dessus avec soixante personnes, et entra dans son logement. Les Français n'osoient sortir du leur, à cause des défenses qu'on leur en avoit faites : mais les Espagnols, qu'on croyoit plus modérés et retenus, passèrent d'abord du côté des Français, et leur firent mille civilités. Les Français, à leur exemple, les furent visiter; et un moment après ils allèrent indifféremment les uns chez les autres, et furent tellement mêlés qu'on ne les distinguoit plus; vivant avec une telle union, que la mémoire de leur division passée parut entièrement éteinte, et on ne connoissoit en leur visage qu'une joie réciproque, après de si longues guerres, d'une sincère réconciliation. Ils se donnoient à collation les uns chez les autres, où l'on buvoit à haute voix aux santés de Leurs Majestés Très-Chrétienne et Catholique. Durant toutes ces réjouissances les deux ministres travailloient à consumer un ouvrage si bien commencé; et dès qu'ils furent entrés dans la chambre commune, ils s'embrassèrent et prirent chacun leur chaise, pour entrer en matière sur l'affaire dont il s'agissoit. Lyonne servoit de secrétaire d'un côté, et de l'autre don Carlos Coloma, quand ils étoient appelés ; car d'ordinaire les deux ministres étoient seuls. La première chose qui fut mise sur le tapis fut le rétablissement du prince de Condé dans ses biens, charges et dignités. Don Louis en fit si grande instance, et le cardinal s'en offensa, d'autant que c'étoit un article réglé dès Paris et ratifié à Madrid, duquel il ne falloit plus parler. Don Louis en convint; mais il dit qu'il avoit espéré que le roi Très-Chrétien accorderoit ce point au roi Catholique, en faveur du mariage qu'il avoit dessein de faire avec l'Infante sa fille. Sur le refus du cardinal, don Louis forma des difficultés sur les moindres petites bagatelles, et puis revenoit toujours sur l'affaire du prince; et lors le cardinal connut bien qu'il ne termineroit pas en huit jours comme il s'étoit imaginé, et la faute qu'il avoit faite d'avoir accordé la suspension d'armes : car si elle n'eût été que du côté des Pyrénées, où la conférence se devoit tenir, les Français, dans la foiblesse où étoient les Espagnols, eussent fait de grands progrès, que don Louis eût voulu arrêter par une prompte conclusion; et tous les courriers apportant des nouvelles de prises de villes et de gains de combats par les Français, don Louis eût été obligé de presser le cardinal d'achever promptement, en lui accordant tout et ne lui disputant rien, pour sauver les Pays-Bas et l'Italie; mais la trêve le rassuroit, et, voyant qu'il n'y avoit rien à craindre par la guerre pour le reste de l'année, il agit avec la lenteur ordinaire des Espagnols, faisant des difficultés sur les articles déjà accordés, pour lasser le cardinal, et emporter par opiniâtreté et retardement tout ce qu'il lui vouloit persuader par raison. Quand une conférence étoit faite, don Louis dépêchoit un courrier à Madrid pour donner avis au roi d'Espagne de ce qui s'étoit passé, et attendre son ordre et celui de son conseil : mais le cardinal n'étoit pas de même, car il avoit une telle autorité sur l'esprit de son maître, qu'il agissoit absolument, et étoit fort assuré d'être avoué de tout ce qu'il feroit. Entre chaque conférence, Lyonne alloit à Andaye, village de France qui n'est séparé de Fontarabie que par la rivière; et don Carlos Coloma et lui s'alloient voir alternativement pour mettre au net ce qui étoit réglé, et soulager les ministres. Dans ces intervalles, les Français et les Espagnols se donnoient à dîner les uns chez les autres; et les plus grands seigneurs qui étoient avec le cardinal furent traités splendidement par don Louis. Il y avoit d'ordinaire deux ou trois jours de distance entre les conférences, dans lesquelles on n'avançoit quasi rien, don Louis reculant toujours jusqu'à ce qu'il eût obtenu quelque chose pour le prince de Condé; et il fatigua tellement le cardinal par ses retardemens, qu'il chercha des expédiens nouveaux pour terminer cette affaire. Don Louis, dans le fort de la dispute, avoit dit au cardinal que puisqu'il étoit inexorable sur le chapitre du prince, le Roi son maître, pour le dédommager des pertes qu'il feroit, étoit résolu de lui donner Cambray et le Cambrésis en toute souveraineté. Cette proposition choqua le cardinal, parce qu'il ne pouvoit pas empêcher le roi d'Espagne de donner son bien à qui il lui plairoit; et qu'il craignoit que cette petite souveraineté ne fût un refuge de tous les mécontens de France, et une semence de guerre civile. Pour terminer tous ces différends, il prit résolution, puisque les Espagnols s'aheurtoient à cela, de leur accorder, en tirant ses avantages pour la France. Dans ce dessein, il fit plus que jamais le difficile; et insensiblement il fit connoître à don Louis que s'il offroit quelque avantage au roi Très-Chrétien, on pourroit, en considération de l'Infante, relâcher quelque chose pour les intérêts du prince. Don Louis attendit des nouvelles d'Espagne là-dessus; puis il convint avec le cardinal que le Roi Catholique donneroit aux Français la ville d'Avesnes en Hainaut, et rendroit Juliers au duc de Neubourg, à condition qu'on remettroit le prince de Condé dans son gouvernement du duché de Bourgogne, et que la charge de grand-maître seroit donnée au duc d'Enghien son fils. Cette difficulté étant levée, on suivit pour le reste le traité de Paris fait avec Pimentel; excepté qu'on fit quelques échanges, comme de Bergues et de La Bassée, qu'on rendit aux Espagnols, pour Philippeville et Mariembourg, qui furent cédés aux Français. Les bornes du Roussillon furent aussi réglées par les monts Pyrénées; en sorte que le Conflans demeura à la France, et une partie de la Sardaigne.

Le roi d'Angleterre, espérant profiter de cette paix pour son rétablissement dans son royaume, voulut venir sur cette frontière pour voir les deux ministres. Cromwell étoit mort dès la fin de l'année passée; et les affaires étoient tellement brouillées en Angleterre, que tout y étoit en armes, et en dispute à qui commanderoit: cela augmentoit l'espérance du roi d'Angleterre, lequel partit de Flandre, et traversa toute la France inconnu, et alla voir don Louis à Fontarabie, lequel le reçut avec autant d'honneur que si c'eût été le roi d'Espagne. Il lui donna de grandes espérances, mais après qu'il auroit rangé le duc de Bragance à la raison [ce qu'il ne comptoit pas pour une affaire après la paix]: mais il se trompoit dans son calcul, comme l'événement fera voir ci-après. Le cardinal ne voulut pas voir le roi d'Angleterre pour ne point donner de jalousie à la république, avec laquelle la France avoit de grandes liaisons; lui fit dire qu'il lui rendroit plus de service en ne le voyant pas, que s'il en usoit autrement. Sa Majesté Britannique voyant cela retourna en Flandre, repassant par la France. Il vit à Blois M. le duc d'Orléans son oncle; et il demeura quelques jours à Coulombe avec la Reine sa mère. Milord Lockart, ambassadeur de la république d'Angleterre, fut aussi sur la frontière. Le cardinal, pour ne pas manquer à l'alliance que la France avoit avec cette république, demanda au milord s'il vouloit qu'on la comprît dans la paix. Sur quoi il repartit que l'Angleterre étoit si puissante, qu'elle n'avoit pas besoin de l'assistance de personne pour faire la paix, et qu'elle la feroit bien de son chef quand elle le jugeroit à propos; que la France pouvoit traiter pour elle seule, et que les Espagnols pouvoient compter que l'Angleterre ne leur rendroit jamais Dunkerque. Comme Lambert et Monck étoient en armes à qui demeureroit le maître, on lui demanda de qui il étoit ambassadeur? Il répondit qu'il étoit serviteur très-humble des événemens, pour marquer qu'il seroit du plus fort.

Le duc de Lorraine, en exécution de ce qui avoit été arrêté à la conférence, fut mis en liberté à Tolède, et il passa proche de Madrid sans voir le roi d'Espagne. Il vit sur la frontière les deux ministres, auxquels il fit de grandes protestations contre tout ce qu'ils résoudroient à son égard, sur ce qu'étant souverain, il n'appartient pas aux deux rois de disposer de son bien. Et, voyant qu'on ne faisoit pas grand cas de tout ce qu'il disoit, il s'en alla trouver M. le duc d'Orléans et Madame, sa sœur, à Blois. Quand le cardinal vit que tous les obstacles de la paix étoient levés, il le fit savoir à la cour, et aussitôt le maréchal de Gramont fut nommé ambassadeur extraordinaire, pour aller à Madrid demander au roi d'Espagne l'Infante sa fille en mariage pour le Roi Très-Chrétien. Ce maréchal ayant reçu son ordre, fut visiter don Louis à Fontarabie pour conférer avec lui; puis il retourna prendre congé du cardinal; et, l'ayant accompagné à la conférence, il demeura au gîte à Iron, premier village d'Espagne, de l'autre côté de la rivière, d'où il continua son chemin. Il fut reçu dans toutes les villes avec de grands honneurs, entre autres à Bruges. Il alloit en poste, pour faire voir l'empressement qu'avoit le Roi de posséder l'Infante, vu que si ce maréchal se fût mis en équipage pour faire cette ambassade magnifiquement, il eût fallu beaucoup de temps: ce que l'impatience du Roi ne permettoit pas; et pour éviter cette longueur, il prit la poste, accompagné de quantité de noblesse française, et arriva le 16 d'octobre à demi-lieue de Madrid, où le lieutenant général des postes l'attendoit avec quarante chevaux superbement harnachés, qui furent distribués aux gentilshommes de sa suite. Il entra ainsi dans Madrid, où il parut une alégresse universelle parmi le peuple. Toutes les fenêtres étoient remplies de dames avec des tapis et des carreaux devant elles; et il y avoit dans les rues une si grande affluence de monde, qu'on avoit peine à passer. Il alla droit descendre au palais, où il trouva l'amirante de Castille pour le recevoir; puis étant monté en haut, il fut conduit dans une grande salle où étoit le Roi sous un dais, ayant autour de lui dix-huit grands d'Espagne. Il salua Sa Majesté, et lui présenta les lettres du Roi et de la Reine sa mère; et, ayant mis son chapeau ainsi que tous les grands, il entretint le Roi quelque temps, et Sa Majesté lui dit qu'il lui feroit réponse au premier jour. Ayant ensuite présenté la noblesse qui étoit avec lui, il se retira, et passa dans l'appartement de la Reine, laquelle étoit sur une estrade couverte d'un grand tapis, sous un dais, ayant à ses côtés les deux Infantes. Il lui fit les complimens de Leurs Majestés Très-

Chrétiennes, et salua l'Infante Thérèse avec grand respect, comme devant être sa reine; puis il fit la révérence à la petite Infante, qui fut depuis impératrice. Son audience finie, il fut conduit par l'amirante dans son logis superbement meublé, où il fut traité et servi par les officiers du Roi. Il fut visité de tous les grands; et le 20, don Fernando Ruis de Contrairas, premier secrétaire d'État, vint le trouver de la part du Roi, pour lui dire que Sa Majesté accordoit sa fille au Roi Très-Chrétien, et lui porta les lettres qu'il écrivoit à Leurs Majestés, et celles de la Reine et des Infantes pour la Reine mère de France. Il eut ensuite audience de congé; et, ayant reçu de la part du Roi un cordon de diamans de grand prix, il alla voir l'Escurial et Aranjuez, maisons de plaisance du Roi ; puis il partit fort satisfait pour retourner en France.

Les conférences continuoient durant ce voyage, et il y arriva deux choses qui eussent pu troubler la disposition qui étoit des deux côtés pour la paix, si l'extrême besoin que les Espagnols en avoient ne les eût fait passer par dessus toutes sortes de considérations. La première fut la mort du plus jeune prince d'Espagne, qui mourut aussitôt que le maréchal de Gramont fut parti ; et la seconde, le siége de Stettin par l'Empereur sur les Suédois, contre le traité de Munster. Le cardinal en parla à don Louis, et lui dit que si l'Empereur continuoit ce siége, on feroit entrer vingt-cinq mille hommes français en Allemagne pour le secours des Suédois ; et que cela pourroit altérer la bonne correspondance qu'ils vouloient établir entre Leurs Majestés Très-Chrétienne et Catholique. Don Louis exhorta le cardinal à ne pas laisser d'achever l'ouvrage qu'ils avoient si bien commencé, et lui promit que le Roi son maître feroit en sorte près de l'Empereur, qu'il abandonneroit son entreprise : ce qui réussit quelque temps après ; et pour la mort du jeune Infant, il l'assura qu'elle n'empêcheroit point l'exécution du mariage. Ils travaillèrent donc à l'ordinaire, et il y eut vingt-cinq conférences, depuis la première qui fut le 13 d'août, jusqu'à la dernière qui fut le 12 de novembre, dans laquelle les deux premiers ministres prirent congé les uns des autres pour retourner trouver leurs maîtres. Ils avoient signé la paix et le contrat de mariage le 7 de novembre, et ils se revirent une fois depuis pour se dire adieu ; et comme l'hiver approchoit, et que le roi d'Espagne, vieux et incommodé, ne pouvoit pas entreprendre un voyage dans cette saison, l'exécution en fut remise au printemps. Ainsi la paix et le mariage furent conclus sans la participation du Pape ; dont le cardinal fut fort aise, parce qu'il étoit mal avec lui : et cette paix fut la plus glorieuse qui eût été faite depuis Charlemagne, car le royaume de France fut agrandi, du côté des Pays-Bas, des villes de Gravelines, Bourbourg, Saint-Venant, Béthune, Hesdin, Arras, Bapaume, Lens, tout le comté de Saint-Paul, Pernes, Lillers, Le Quesnoy, Landrecies, Avesnes, Mariembourg, Philippeville, Montmédy, Yvois, les bailliages de Chevancy et de Marville, d'Anvillers, Thionville, et toutes leurs dépendances et juridictions; du côté d'Espagne, du Roussillon et Conflans, où il y a trois bonnes places, Perpignan, Salses et Collioure. En Italie, Pignerol fut assuré ; et en Allemagne le traité de Munster fut confirmé, par lequel les évêchés de Metz, Toul et Verdun furent séparés de l'Empire, et réunis en toute souveraineté à la couronne de France, avec la ville de Moyenvic. L'Alsace, les comtés de Ferrette et de Béfort lui furent aussi cédés, avec les fortes villes de Brisach et de Philisbourg. On rendit aux Espagnols Bergues, Furnes, Dixmude, Menéene, Comines, Ypres et Oudenarde, en Flandre. Dans la Franche-Comté, Bletterand, Saint-Amour et Joux. Le prince de Condé, rétabli dans ses biens, charges et gouvernemens, restitua au Roi Hesdin, Le Catelet, Rocroy et le château de Linchamp. En Italie, Valence et Mortare furent remis au pouvoir des Espagnols, et Verceil à celui du duc de Savoie. En Catalogne, le Port-Roses, Cap-de-Quiers, Puycerda et Urgel furent rendus au roi d'Espagne. Pour le duc de Lorraine, je n'en parle point, parce qu'il protesta contre ce que les ministres avoient réglé pour lui : ce qui sera expliqué en parlant du traité particulier qu'il fit après avec le Roi. Les Espagnols ne voulant pas que personne perdît pour les avoir servis, voyant qu'ils n'avoient pu rien obtenir pour le dédommagement du marquis de Persan, auquel on avoit ôté son régiment d'infanterie, ni du président Viole, qui étoit dépouillé de sa charge de président, leur payèrent de leur argent la valeur de leurs charges, et promirent aussi de grandes sommes au prince de Condé.

Quand le cardinal vit les principales difficultés levées, et que rien ne pouvoit plus empêcher la conclusion de la paix, il envoya le maréchal de Villeroy à Bordeaux pour rendre compte à Leurs Majestés de l'état où étoient les choses. La Reine avoit toujours espéré que le mariage se feroit cette année : mais voyant qu'il ne se pouvoit faire qu'au printemps, elle ne voulut pas aller à Paris passer l'hiver ; et, se trouvant toute portée sur les lieux où il eût fallu revenir à Pâques, elle résolut d'épargner ces grands voyages, et d'aller passer l'hiver en Languedoc, où le Roi n'avoit jamais été, espérant que sa présence feroit que les Etats, qui se devoient tenir à Toulouse, lui feroient un présent plus grand que s'il étoit absent. Dans cette pensée, après avoir demeuré six semaines à Bordeaux, Leurs Majestés en partirent le 6 d'octobre, et se mirent sur l'eau pour aller coucher à Cadillac, où le duc d'Epernon les reçut avec grande magnificence; puis par Bazas, Nérac, Lectoure, Mauvoisin et L'Isle-Jourdain, ils arrivèrent le 14 à Toulouse, où ils ne voulurent point d'entrée, et se contentèrent de recevoir les respects des capitouls et de tous les corps, chacun en particulier. Ils y attendirent les nouvelles de la signature de la paix, laquelle ne fut pas plus tôt faite, que le cardinal Mazarin partit pour aller coucher à Bayonne, d'où il s'achemina en diligence à Toulouse, pour informer Leurs Majestés de ce qui s'étoit passé à la conférence. Il y arriva le 22 de novembre, et le Roi fut au devant de lui deux lieues hors de la ville; et ayant tenu conseil sur ce qu'il y avoit à faire, on résolut de passer le reste de l'hiver à voir les provinces méridionales du royaume, attendant le printemps. Et pour montrer que le Roi ne vouloit rien faire sans la participation de M. le duc d'Orléans son oncle, il lui dépêcha le comte de Béthune pour lui faire part du traité, et lui porter copie du contrat de mariage et de la paix. Le Roi ensuite se disposa pour aller en Provence passer les mois de janvier et février, attendant avril, auquel le roi d'Espagne devoit partir de Madrid pour amener l'Infante. En effet, le 27 de décembre la cour fut de Toulouse coucher à Villefranche; puis par Castelnaudary à Carcassonne, d'où elle prit le chemin de Béziers et Montpellier, comme on verra l'année prochaine.

PAIX GÉNÉRALE.

[1660] Nous avons laissé, sur la fin de l'année dernière, la cour à Carcassonne : elle en partit le second jour de cette année, et par Béziers elle fut passer les Rois à Montpellier, où elle séjourna trois jours ; puis elle fut coucher à Lunel, et le 9 à Nîmes, d'où le Roi ayant été voir le pont du Gard et les Arènes, deux antiquités curieuses, il en repartit, et fut passer le Rhône à Beaucaire, et coucher à Tarascon. Le lendemain 13, il fit son entrée dans Arles, sans cérémonie ; et le 16 il prit le chemin d'Aix par Salon ; de là, à Crau. Il arriva le 17, et y reçut les respects du corps de ville et de la cour de parlement. Il attendit en ce lieu des nouvelles de Rome, où il avoit dépêché Bartet, secrétaire du cabinet de Nîmes, pour porter au Pape deux lettres, une de lui, et l'autre du roi d'Espagne, par lesquelles ils lui faisoient part de la paix qu'ils avoient faite entre eux, et lui demandoient dispense pour le mariage du roi Très-Chrétien avec l'infante Thérèse, sa cousine germaine. A son arrivée à Rome, il alla trouver le cardinal Antoine, lequel assembla tous les cardinaux de la faction françoise, et leur communiqua les ordres du Roi. Don Louis Ponce de Léon, ambassadeur d'Espagne, assembla aussi chez lui ceux de la faction espagnole ; puis les deux partis s'étant abouchés, ils envoyèrent demander audience au Pape, laquelle leur fut accordée. Ce jour-là, le cardinal Antoine partit de son palais avec les cardinaux du parti de France, et l'ambassadeur d'Espagne avec ceux de sa faction en fit de même [tous deux avec de grands cortéges de carrosses], et arrivèrent au palais du Pape, où ils lui présentèrent les lettres de Leurs Majestés. Sa Sainteté les reçut avec grande démonstration de joie ; et quoiqu'il fût un peu piqué de ce que cela s'étoit fait sans sa participation, il n'en témoigna rien ; et au contraire ayant accordé la dispense, il fut en procession avec tous les cardinaux à Sainte-Marie de la Paix, où il dit la grand'messe, pour remercier Dieu de la réconciliation des deux rois. Le cardinal Antoine, pour faire voir qu'elle étoit entière, fit un grand festin, où il convia le cardinal Chigi, neveu du pape, et ambassadeur d'Espagne, avec les cardinaux des deux factions, où on but à haute voix aux santés de Leurs Majestés Très-Chrétienne et Catholique, et à celles de leurs familles royales ; puis Bartet fut renvoyé avec la dispense.

Durant le séjour du Roi à Aix, le prince de Condé y arriva. Dès qu'il eut nouvelle de la conclusion de la paix, il se disposa pour revenir en France ; et ayant fait savoir son dessein au marquis de Caracène, gouverneur des Pays-Bas, il partit de Bruxelles accompagné de ce marquis, qui le fut conduire une lieue hors de la ville ; et ayant pris congé de lui, il continua son voyage avec la princesse sa femme et le duc d'Enghein son fils, regretté de tous les peuples des Pays-Bas, qui conservèrent pour lui une extrême vénération. Il ne voulut point passer à Paris, parce qu'il ne désira voir personne, qu'il n'eût auparavant salué le Roi ; et ayant pris le chemin de Soissons, il alla trouver le duc de Longueville son beau-frère à Coulommiers, où il se reposa quelques jours ; et de là il prit la route de Provence, ne voulant recevoir durant son chemin aucun compliment ni harangue dans les villes où il passa. Il arriva le 28 de janvier à Aix, où il fut descendre chez le cardinal Mazarin, avec grande mortification d'être obligé par nécessité de se soumettre à lui, après les choses qui s'étoient passées entre eux : mais il fallut que sa grande fierté et son courage hautain s'humiliât en cette occasion, et qu'il fléchît le genou devant l'idole que tout le monde adoroit en France. Le cardinal le mena chez la Reine, où étoit le Roi, devant lequel il mit un genou en terre, et lui demanda pardon de ce qu'il avoit fait contre son service. Le Roi se tint fort droit, et le reçut très-froidement, et la Reine aussi. Le lendemain, le cardinal lui donna à dîner ; puis ayant demeuré peu de jours à la cour, où il jouoit un assez méchant personnage, il en repartit pour aller à Paris, où il y avoit huit ans qu'il n'avoit été. En retournant, il reçut les complimens dans les villes, parce qu'il avoit vu le Roi ; et dès-lors il résolut de vivre comme un particulier, sans se mêler de rien, et d'avoir une souplesse et une complaisance entière pour la cour et les favoris.

Le duc de Mercœur ayant eu de grands démêlés avec la ville de Marseille pour l'élection des consuls, fut soutenu du Roi comme gouverneur de Provence, et encore plus comme ayant épousé la nièce du cardinal Mazarin. Ce duc avoit conservé une animosité contre cette ville, parce qu'elle avoit tenu le parti du comte d'Alais contre lui; et il poussa si loin son ressentiment, qu'ayant trouvé de la résistance au peuple pour faire les consuls, qu'il vouloit choisir à sa mode [ce que le peuple ne pouvoit souffrir, voulant se maintenir dans le droit d'une élection libre], il fit envoyer des troupes de la part du Roi, qui démolirent une des portes de la ville, sur laquelle il y avoit un éloge de Henri IV, à la fin duquel il y avoit ces mots: *Sub cujus imperio summa libertas*, lesquels on fit passer pour séditieux, quoique ce grand prince n'y eût jamais trouvé à redire. Ensuite on traça une citadelle à l'entrée du port sur une hauteur, de l'autre côté de la ville, pour la tenir en bride.

Le Roi ayant séjourné quinze jours à Aix fut coucher le 4 de février à Saint-Maximin; le 5, il fut visiter la Sainte-Baume, et recoucher au même lieu. Le 6, il logea dans le château de Soliers, et le 7 il arriva à Toulon, où il fut visiter le port et les galères, dans lesquelles il se fut promener, et y fit mettre en liberté tous les forçats espagnols, napolitains, siciliens et autres, sujets du roi d'Espagne. Il reçut en ce lieu la nouvelle de la mort de M. le duc d'Orléans son oncle, arrivée le 2 de février à Blois, après sept jours de fièvre continue. Son corps fut porté à Saint-Denis, et toute la cour en prit le grand deuil. Le 19, Leurs Majestés, après avoir visité la côte d'Hières, toute couverte d'orangers, furent coucher à Bavienci, le 20 à Brignoles; et le 23 elles retournèrent à Aix, d'où elles furent voir Marseille le 2 de mars, et y entrèrent par une brèche faite exprès. Les habitans les reçurent avec une grande consternation, étant abattus du traitement qu'ils recevoient. Le Roi fut voir la nouvelle citadelle et le port, puis le 8 il retourna coucher à Aix, d'où il envoya Bartet, nouvellement revenu de Rome, porter à Madrid la dispense du Pape pour le mariage du Roi avec l'Infante, afin qu'il n'y eût plus aucun empêchement pour achever ces noces, souhaitées de toute la chrétienté.

Après que le Roi eut visité les principales villes de Provence, il reçut nouvelle que le Roi d'Espagne devoit partir de Madrid au mois d'avril, pour amener l'Infante sur la frontière de France. Comme le printemps approchoit et qu'il n'y avoit point de temps à perdre, il partit d'Aix le 16 de mars, et arriva le 18 en Avignon, où il fut reçu avec de grands honneurs. Durant son séjour en cette ville, il envoya le maréchal Du Plessis avec des troupes pour investir Orange, place bien fortifiée, appartenant au prince d'Orange; il prit son prétexte sur le différend survenu entre les princesses, mère et grand'mère du prince mineur, pour sa tutelle dont Sa Majesté vouloit être l'arbitre, et pour ce sujet désiroit que la place fût remise entre ses mains. Il envoya sommer le comte d'Onau d'en sortir; et sur son refus il la fit attaquer. Ce gouverneur fit mine de se défendre: mais, ne voyant point d'espérance de secours, et surpris de la présence d'un roi puissant et victorieux, il lui rendit la ville et la citadelle. Alors le Roi fut médiateur sur le demêlé entre les deux princesses; et, ne voulant pas souffrir une fortification pareille dans le milieu de son royaume, il fit raser la citadelle et les bastions de la ville. Durant que les princes d'Orange étoient chefs des États de Hollande depuis leur révolte contre le roi d'Espagne, et qu'ils étoient nécessaires au service de la couronne de France, on leur avoit souffert de fortifier leur ville; mais les Hollandais ayant quitté les intérêts de la France, et le petit prince n'étant qu'un enfant, le Roi prit ce temps pour ruiner la force de cette place, laquelle dans un trouble eût pu lui apporter du dommage. Le Roi passa Pâques dans Avignon, et en partit le premier d'avril pour aller à Montpellier, où le maréchal de Turenne arriva, qui fit entre les mains du Roi le serment de maréchal de camp général des armées de Sa Majesté, pour lui témoigner la reconnoissance qu'il avoit de ses grands services. Le 7 d'avril, la nouvelle arriva de la mort de Charles, roi de Suède, et le même jour le Roi fut coucher à Pézenas, le 8 à Narbonne, le 9 à Sigean, et le 10 à Perpignan, où, après avoir vu la citadelle et considéré l'importance de cette place, acquise à sa couronne par le traité de paix, il donna les ordres nécessaires pour sa conservation, et en repartit pour retourner à Narbonne le 15; puis il reprit le chemin de Toulouse, où il arriva le 20, et le 23 fut à Auch, où il apprit la perte qu'il avoit faite du maréchal de L'Hôpital, l'un de ses plus fidèles serviteurs, et les plus attachés au bien de son État et de sa couronne. Il fut de là au Mont-de-Marsan, et logea le 29 à Tartas, et le 30 à Dax, d'où le premier de mai il fit son entrée dans Bayonne, et y séjourna huit jours; puis il en partit pour Saint-Jean-de-Luz, sur la nouvelle qu'il eut que le roi d'Espagne devoit arriver le 11 à Saint-Sébastien. Le comte de Fuensaldagne, qui avoit le plus contribué à cette paix, fut choisi par le roi d'Espagne pour assister à l'achèvement de ce grand œuvre, en qualité de son ambassadeur extraordinaire. Il partit pour ce sujet de Milan; et ayant passé par le Piémont, où il fut festoyé magnifiquement par le duc de Savoie, il traversa le Dauphiné, le Languedoc et la Guyenne, et arriva le 20 de mai à Saint-Jean-de-Luz; où il fut fort bien reçu de Leurs Majestés. Il fut ensuite à Saint-Sébastien prendre les ordres du Roi son maître; puis il revint à la cour de France. Mesdemoiselles d'Alençon et de Valois, filles de feu M. le duc d'Orléans, arrivèrent aussi en ce temps-là pour servir à la cérémonie du mariage; et les deux cours se trouvèrent tellement mêlées, qu'on ne voyoit que des Espagnols dans la cour de France, et des Français dans celle d'Espagne, vivant ensemble avec une si grande union, qu'on n'y apercevoit plus aucun reste de leur division passée. Le Roi envoya le comte de Saint-Agnan, premier gentilhomme de sa chambre, faire de sa part compliment au roi d'Espagne et à l'Infante; et quelques jours après il y renvoya le marquis de Saucourt, maître de sa garde-robe. Ils en revinrent tous deux fort satisfaits. Cependant le cardinal Mazarin et don Louis de Haro s'abouchèrent dans l'île de la Conférence, pour lever toutes les difficultés qui pourroient survenir à l'entrevue des deux rois; et n'ayant pu les régler la première fois, ils eurent jusqu'à quatre conférences sur ce sujet. Cette île avoit été fort augmentée en bâtimens et en meubles depuis l'année passée : on y avoit travaillé tout l'hiver, et il n'y manquoit rien pour recevoir les deux plus grands monarques de la chrétienté. Le 2 de juin, le roi d'Espagne fut de Saint-Sébastien à Fontarabie, et visita en passant le port du Passage. Tous les plus grands seigneurs français le furent voir dîner sans être connus : mais les grands d'Espagne, qui étoient neuf, avec Sa Majesté Catholique, n'en usèrent pas de même; car ils ne mirent pas le pied en France, et ne virent le roi Très-Chrétien qu'à la conférence. Le 3 de juin, se fit à Fontarabie la cérémonie des noces du Roi et de l'Infante, par le ministère de l'évêque de Pampelune. Elle fut épousée par don Louis de Haro; qui avoit pouvoir de Sa Majesté Très-Chrétienne; et aussitôt le Roi son père, qui étoit au-dessus d'elle, se mit au-dessous, et lui donna la main droite. Mademoiselle étoit inconnue dans l'église; et ensuite elle alla voir dîner le roi d'Espagne et puis la nouvelle reine de France, laquelle ne fit pas semblant de la connoître durant son dîner : mais après, en se retirant dans sa chambre, elle s'arrêta devant, et dit : « Qui est cette belle inconnue-ci? » Et la prenant par la main, elle la fit entrer avec elle dans son cabinet, où elle lui fit mille caresses. Le lendemain, le duc de Créqui fut lui porter le présent des noces, composé de pierreries et de quantité de bijoux de grand prix. Le jour même, 4 de juin, la Reine mère de France, qui désiroit voir le Roi son frère en son particulier, partit de Saint-Jean-de-Luz pour aller dans l'île de la Conférence; et le roi d'Espagne s'embarqua dans une galiote peinte, dorée et vitrée, suivie de quantité d'autres bien ajustées, et se rendit de Fontarabie dans l'île, sur les bords de laquelle il y avoit une affluence de peuple innombrable des deux nations. La Reine mère avoit avec elle Monsieur et le cardinal Mazarin : et le Roi d'Espagne, la Reine sa fille et don Louis de Haro. La Reine mère, qui étoit venue fort jeune en France, en avoit tellement pris les habitudes, qu'elle avoit entièrement oublié celles d'Espagne; et, ravie de voir son frère après quarante-cinq ans d'absence, elle ouvrit les bras à la française pour l'embrasser : mais il se tint droit, avec une gravité espagnole et une froideur extraordinaire dont la Reine fut fort surprise; et il la salua à la mode de son pays, sans la baiser, en lui serrant les deux bras avec les mains. Ils s'assirent ensuite, et furent deux heures en conversation, dans laquelle, sans sortir de son sérieux, il dit des paroles qui marquoient sa tendresse et son amitié pour elle. Quand ils furent prêts à se séparer, ils se présentèrent l'un à l'autre les principaux de leur suite; et parmi les Français le Roi le salua pêle-mêle avec les autres, sans être connu : mais quand ils furent tous sortis, le Roi demeura dans la chambre, le dos appuyé contre la porte. Cette liberté fit soupçonner au roi d'Espagne que c'étoit lui; et encore plus une question que fit la Reine à l'Infante sa belle-fille, lui demandant ce qu'elle pensoit de ce jeune gentilhomme qui étoit contre la porte. Sur quoi ne lui ayant répondu que par une rougeur qui lui vint au visage, le Roi son père repartit pour elle qu'elle en diroit son avis lorsqu'elle l'auroit passée, entendant la porte près de laquelle étoit ce jeune prince. Le soir, les deux cours se séparèrent; et le roi de France, à cheval, se mit sur le bord de l'eau pour voir passer le roi d'Espagne, lequel le reconnut, et lui ôta son chapeau fort bas, contre sa coutume; car il ne le levoit pour personne, et demeuroit tellement immobile dans sa gravité, qu'on l'eût plutôt pris pour une statue que pour un homme vivant. Le soir, les deux rois se retirèrent : l'un à Saint-Jean-de-Luz, l'autre à Fontarabie. Et le lendemain, Beringhen, premier écuyer de la petite écurie, fut savoir des nouvelles du roi Catholique et de l'Infante, de la part du roi Très-Chrétien. Le soir, Noailles y retourna; et le 6, dès le matin, Vardes y fut, pour faire voir l'impatience du Roi pour savoir l'état de la santé de sa nouvelle épouse. Le jour même, les deux rois revinrent dans l'île : celui de France ne se cacha plus, et y parut comme roi ; il embrassa celui d'Espagne, et ils se firent tous deux des protestations d'une union perpétuelle et amitié inviolable. Ils s'assirent après, et on lut le traité de paix, que les rois jurèrent, en présence l'un de l'autre, sur les saints évangiles. Ils firent ensuite entrer les grands seigneurs des deux cours ; et les rois se les présentèrent l'un à l'autre. Les Français étoient superbement vêtus, et les Espagnols fort simplement : mais ils étoient tout couverts de pierreries, et avoient quantité de livrées fort lestes. Ils disoient que la raison pour laquelle ils n'étoient pas brodés comme les Français étoit que c'étoit à l'amant à se parer pour aller voir sa maîtresse ; mais que le père de la mariée n'y étoit pas obligé, et devoit être habillé selon son âge. On remarqua que quand le maréchal de Turenne salua le roi d'Espagne, et que la Reine lui nomma sou nom, il lui dit : *Me a dado mai malas noxes* ; ce qui veut dire : « Il m'a donné de méchantes nuits. » Éloge glorieux pour ce maréchal, qu'un si grand monarque ait avoué de sa propre bouche qu'il lui avoit causé beaucoup d'inquiétudes. Le soir, le roi d'Espagne ramena la Reine sa fille à Fontarabie ; et le lendemain les deux cours se revirent au même lieu, où, après avoir été quatre heures, les deux rois se dirent adieu, et la Reine mère et le roi d'Espagne se promirent une union fort étroite. La jeune Reine, en quittant le Roi son père, fondoit en larmes ; dont il fut attendri, et il ne put s'empêcher d'en jeter de son côté : ce que voyant la Reine mère, elle se mit aussi à pleurer, et chacun témoigna une extrême douleur d'une si dure séparation ; mais il s'y fallut résoudre. Et le roi d'Espagne ayant donné sa bénédiction à sa fille, la mit entre les mains de la Reine mère sa sœur, et les deux cours se séparèrent. Le roi d'Espagne reprit le chemin de Madrid, et celui de France séjourna quelques jours à Saint-Jean-de-Luz pour faire la solennité de son mariage, encore qu'il eût déjà été célébré à Fontarabie. Le 9 de juin, il fut confirmé en présence des deux parties par l'évêque de Bayonne, diocésain du lieu. Mademoiselle porta l'offrande, et mesdemoiselles d'Alençon et de Valois, avec la princesse de Carignan, portèrent la queue de la Reine, qui étoit vêtue de toile d'argent, toute couverte de pierreries. Le soir, le mariage fut consommé ; dont on fit de grands feux de joie en France et en Espagne ; et ce fut la conclusion de cette grande négociation qui se traitoit depuis si long-temps, laquelle donnoit le repos à toute la chrétienté.

La Reine mère, comblée de joie de voir ses souhaits accomplis par la paix avec le Roi son frère, le mariage de son fils avec celle qu'elle avoit tant désirée, ne songeoit plus qu'à retourner à Paris pour y faire voir la nouvelle Reine, et pour goûter le repos qu'elle avoit procuré à tous les peuples. Elle en prit le chemin le 15 de juin, et alla coucher à Bayonne, où le Roi ne voulut pas qu'on lui fît aucun honneur, mais commanda que tout fût rendu à la Reine sa femme, et le fit observer ainsi dans toutes les villes de son passage. Il arriva le 23 à Bordeaux, et le 27 à Blaye, où il se sépara des reines pour aller voir Brouage et Oleron ; et il les rejoignit le premier de juillet à Saint-Jean-d'Angely, d'où ils arrivèrent le 4 à Poitiers, et le 5 à Richelieu. Le 8, ils couchèrent à Amboise, et le 9 à Chambord, maison qui leur étoit revenue par la mort de M. le duc d'Orléans, dont les apanages étoient retournés à la couronne, faute d'hoirs mâles.

Le 11, le Roi fut à Orléans ; le 12 à Pluviers, et le 13 à Fontainebleau, où il séjourna cinq jours, pour faire voir à la Reine cette belle maison. Le 19, il en partit pour Vincennes, où il demeura jusqu'à ce que les préparatifs de sa triomphante entrée dans Paris fussent en état. La reine d'Angleterre fut voir la Reine à Vincennes, où Sa Majesté lui témoigna la joie qu'elle avoit du rétablissement du Roi son fils dans son royaume, arrivé, lorsqu'on s'y attendoit le moins, par l'adresse et la bonne conduite du général Monck, lequel voyant la confusion qui étoit dans le pays depuis la mort de Cromwell, où chacun vouloit être maître, crut qu'il n'y avoit aucun moyen d'apaiser ces désordres, qu'en rendant l'autorité à celui auquel elle appartenoit légitimement. Le Roi séjourna cinq semaines dans le château de Vincennes ; où il reçut les complimens de tous les ambassadeurs, et des députés de toutes les villes du royaume, sur le sujet de son mariage. Le 26 d'août, jour destiné pour son entrée dans Paris, il partit de Vincennes avec la Reine ; et ils se mirent tous deux dans un trône au bout du faubourg Saint-Antoine, où ils reçurent les harangues de tous les corps de la ville, qui se mirent en marche chacun dans leur rang.

La noblesse de la cour y étoit, superbement couverte, entourée de quantité de livrées. Le Roi étoit à cheval, et la Reine dans un char de triomphe découvert, fort magnifique, tiré par six beaux chevaux isabelles ; le comte de Fuensaldagne étant à cheval à côté de son char, un peu en arrière, avec une fort bel suite. La Reine mère et celle d'Angleterre étoient sur un balcon dans la rue Saint-Antoine (1), pour voir cette

(1) A l'hôtel de Beauvais.

pompeuse entrée. Leurs Majestés ayant passé sous quantité d'arcs de triomphe faits exprès, furent descendre à Notre-Dame, où le *Te Deum* fut chanté, et de là ils furent au Louvre, où ils se retirèrent pour se délasser d'une si grande fatigue. Quelque temps après, le Roi envoya le comte de Soissons, ambassadeur extraordinaire en Angleterre, pour se réjouir avec Sa Majesté Britannique de son rétablissement; et la reine d'Angleterre partit avec la princesse sa fille sur la fin de l'année pour aller à Londres, à dessein de revenir bientôt en France, parce que le Roi son fils, par son retour en Angleterre, voulut faire voir son autorité : mais il n'étoit pas fâché qu'elle n'y fût pas long-temps, de peur que les religieux et prêtres qu'elle avoit avec elle n'excitassent quelque sédition, et ne causassent encore quelque trouble. Dans ce même temps, le grand duc de Florence envoya demander en mariage, pour le prince de Toscane son fils, mademoiselle d'Orléans, fille aînée du second lit de feu M. le duc d'Orléans. Sa demande lui fut accordée, et les noces ne se firent qu'au commencement de l'année prochaine.

[1661] La Reine mère, après avoir marié le Roi, avoit une extrême passion de trouver une femme pour Monsieur, son second fils; et voyant e roi d'Angleterre rétabli, elle jeta les yeux sur la princesse d'Angleterre, qu'elle connoissoit pour avoir demeuré en France dès le berceau. La politique étoit contraire à cette alliance, parce qu'un fils de France, dans un mécontentement, pouvoit se retirer en Angleterre, et recevoir de grands secours par mer de ce pays-là : mais l'inclination de la Reine mère l'emporta, et le cardinal Mazarin n'y fit aucun obstacle, par complaisance, à ce qu'il disoit, pour elle. La princesse fut donc demandée au roi d'Angleterre, et aussitôt accordée. La Reine sa mère étoit à Londres, et n'y séjourna qu'un mois, après lequel elle revint en France, et ramena la princesse sa fille, dont les noces se célébrèrent avec Monsieur dès qu'elle fut de retour.

Nous avons vu que le duc de Lorraine étant sorti de prison avoit protesté contre tout ce que les deux ministres avoient résolu pour son sujet, disant qu'étant prince souverain, il n'appartenoit pas aux deux rois de décider de ses intérêts. Après que la cour fut arrivée à Paris, il pressa fort le cardinal là-dessus, ne voulant point se tenir au traité des Pyrénées. Enfin après beaucoup de disputes sur ce sujet, on fit avec lui un nouveau traité, par lequel le Roi lui rendit le duché de Bar, en réservant l'hommage à la couronne de France; et en la place il céda le bailliage de Zirc à Sa Majesté, qui par cet accommodement étoit maître de la Moselle depuis Metz jusqu'à Trèves. Le reste fut conforme à la paix générale, par les articles de laquelle le Roi garda le pays d'Argonne, avec les villes de Stenay, Jametz, Dun, Marville, et un chemin de demi-lieue de large depuis Verdun à Metz, et de Metz en Alsace, avec un passage sur la Sarre. Moyennant cela, on lui rendit son pays, à condition que Nancy seroit rasé, et qu'il ne feroit rien qui pût déplaire au Roi, avec lequel il se comporteroit en bon voisin, et ne pourroit avoir de troupes qu'un certain nombre limité par cet accord. Ses États lui furent ainsi rendus, où il ne restoit plus qu'une place forte, qui étoit Marsal, laquelle fut remise entre ses mains; et sa personne demeura toute l'année à Paris, en attendant que Nancy fût démoli.

Le cardinal Mazarin, après avoir donné la paix à la chrétienté, sembloit devoir goûter le repos que sa haute fortune et la tranquillité publique lui devoient donner : mais comme l'homme n'a jamais de plaisir parfait en ce monde, alors qu'il devroit être le plus heureux, il se trouva persécuté de la goutte, qui dégénéra en hydropisie de poumon. Il fut tout l'hiver dans une perpétuelle langueur, et sur la fin de février il se sentit fort affoiblir. Comme ces espèces de maux ne sont pas violens, il ne laissoit pas de travailler aux affaires; et, pour voir si le changement d'air lui feroit du bien, il se fit porter au château de Vincennes, où, voyant sa fin approcher, il entretint long-temps le Roi sur l'état de ses affaires, et lui dit son sentiment sur l'ordre qu'il y devoit tenir. Il ne témoigna aucune crainte de la mort, mais un attachement incompréhensible pour l'argent jusqu'au dernier soupir. Il le témoigna bien par le choix qu'il fit du marquis de La Meilleraye pour le faire son héritier et lui faire porter son nom, en lui faisant épouser Hortensia Mancini sa nièce; car il ne le prit pas pour son grand mérite, qui étoit fort petit, mais pour son grand bien, qu'il vouloit joindre au sien, duquel il faisoit son souverain bien, et qu'il préféroit à tous les avantages du monde. Il disposa de toutes ses charges en sa faveur, excepté le gouvernement de Brouage, de La Rochelle et des îles, qu'il laissa à son neveu Mancini, qui se nomma le duc de Nevers, acquis sur la maison de Mantoue. Il disposa de tous ses bénéfices à ses parens, et le Roi confirma tout. Après avoir ainsi ordonné de toutes ses affaires, il mourut le 9 de mars 1661; et son corps fut mis en dépôt dans la Sainte-Chapelle de Vincennes, en attendant qu'il pût être porté aux Théatins, où il avoit élu sa sépulture, ayant laissé un fonds pour le bâtiment de leur église. Il fut regretté du Roi, qui s'étant reposé sur lui jusqu'à présent du gouvernement de son Etat, en avoit si peu de connoissance, qu'il appréhendoit l'embarras où il se trouveroit après cette mort : néanmoins il résolut d'en prendre lui-même le soin, et le déclara tout haut; et aussitôt il s'enferma dans son cabinet avec Fouquet, Le Tellier et Lyonne, et n'y appela point le maréchal de Villeroy; dont on fut fort surpris, parce qu'on croyoit qu'il auroit la principale place dans le ministère. Le Roi s'appliqua tellement à ses affaires, contre le sentiment de tout le monde, qu'ayant le sens fort bon et les lumières naturelles excellentes, il y réussit tellement bien, qu'on doit appeler ce temps-là le commencement du règne de Louis XIV. La Reine mère fut bientôt consolée de la perte du cardinal, duquel elle commençoit à se lasser. Elle s'étoit tellement, durant sa régence, soumise à toutes ses volontés, qu'elle n'avoit pas le crédit de faire donner à un des siens un bénéfice de cent écus de rente ; et elle étoit si fort préoccupée de lui, qu'elle hasarda sa personne, ses enfans et le royaume pour le maintenir. Quand la guerre civile fut finie, il se mit bien dans l'esprit du Roi, qui étoit majeur; et il y trouva grande disposition, en ce qu'on lui avoit persuadé que les princes avoient voulu lui ôter la couronne, et qu'ils n'avoient entrepris d'éloigner le cardinal qu'à cause qu'il s'opposoit à leurs desseins, et empêchoit lui seul l'exécution de leurs projets détestables. Il s'abandonna tellement à tout ce qu'il vouloit, qu'il ne se mêloit de rien du tout. Le cardinal ne venoit jamais chez lui ; mais il alloit plusieurs fois le jour chez le cardinal, auquel il faisoit la cour comme un simple courtisan, empêchant lui-même qu'on entrât, pas même ses principaux officiers, de crainte qu'on ne l'importunât. Il recevoit le Roi sans se contraindre : à peine il se levoit quand il entroit et sortoit, et jamais il ne le conduisoit hors de sa chambre, et ses officiers gardoient les portes en présence de Sa Majesté. Quand le Roi accordoit quelque grâce sans lui en parler, il le gourmandoit comme un écolier, et lui disoit qu'il ne s'entendoit pas à ces choses-là, et qu'il le laissât faire ; si bien que celui auquel le Roi l'avoit donnée n'avoit rien, et le cardinal la redonnoit à un autre, sans que le Roi osât gronder. Lorsqu'il étoit malade, la Reine l'alloit voir tous les jours dans son lit, et y demeuroit long-temps. Il la traitoit comme si elle eût été une chambrière ; et quand on lui venoit dire qu'elle montoit pour aller chez lui, il refrognoit les sourcils, et disoit en son jargon : « Ah ! cette femme me fera mourir, tant elle est importune. Ne me laissera-t-elle jamais en repos ? » Il ne se contentoit pas de la mépriser : il lui rendoit de mauvais offices auprès du Roi son fils, lui disant qu'elle gâteroit tout s'il lui donnoit de l'autorité; et ce fut une des dernières leçons qu'il lui fit avant que de mourir. Il poussa si avant son ingratitude et son peu de respect pour eux, qu'on en levoit les épaules, et qu'on disoit, en ces termes, qu'on n'avoit jamais vu faire litière de la royauté comme il faisoit. Et dans cette façon d'agir, personne n'osoit lui rendre de mauvais offices ; et il étoit tellement assuré de l'esprit de ses maîtres, qu'il n'avoit pas la moindre inquiétude du cabinet. La Reine, sur la fin, s'ennuyoit de ses manières de vivre, et le prit très-fort en haine; mais elle n'osoit le témoigner, et en son ame elle fut fort aise de sa mort. Jamais nouvelle ne fut reçue avec tant de joie par tout le royaume, car personne n'avoit jamais été haï si universellement que lui. Il ne pouvoit obliger de bonne grâce, et il offensoit en donnant. Il étoit si attaché à l'argent, qu'il en faisoit des bassesses indignes de son rang. Il vendoit tout, offices et bénéfices, et faisoit commerce de tout. Un peu devant sa mort, la charge de premier président de Bretagne vaqua : la Reine mère la demanda pour d'Argouges, intendant de sa maison; et le cardinal lui promit. D'Argouges étant allé chez lui pour le remercier, il lui dit qu'il étoit vrai qu'il avoit promis à la Reine cette charge pour lui ; mais qu'il ne le pouvoit faire, s'il ne lui donnoit cent mille écus. Sur quoi l'autre lui répondit qu'il n'étoit pas en état de cela, et on lui repartit qu'il n'auroit donc pas la charge. D'Argouges descendit chez la Reine, et lui rendit compte de ce qui venoit de se passer; dont, se trouvant surprise, elle dit : « Ne se lassera-t-il jamais de cette sordide avarice? sera-t-il toujours insatiable? et ne sera-t-il jamais soûl d'or et d'argent ? » Ce discours fut bientôt rapporté au cardinal par des gens de chez la Reine, qui lui étoient affidés ; et Sa Majesté étant bientôt après montée dans sa chambre pour le voir, il la reçut en lui disant : « De quoi vous avisez-vous, madame, de venir voir un insatiable, un homme plein d'une avarice sordide, et qui ne sera jamais soûl d'or et d'argent? La Reine se trouva fort embarrassée de ce qu'il savoit ce qu'elle avoit dit, et s'en excusa le mieux qu'elle put : mais lui ne fut point honteux de cela, et la conclusion fut qu'il lui déclara que son homme n'auroit point la charge s'il ne lui donnoit cent mille écus. D'Argouges n'en voulut point à ce prix ; et la semaine d'après le cardinal mourut, et il eut la charge pour rien. Parmi ces défauts, il avoit beaucoup d'esprit, et fort insinuant, il étoit extrêmement laborieux, il travailloit jour et nuit, et faisoit la charge de tout le monde. Il prenoit en partie la dépense de la maison du Roi, les munitions, l'artillerie, les vivres, la marine, et tout le reste, dans le dessein d'y gagner : et quand quelqu'un faisoit quelque profit, il croyoit qu'on lui voloit. Il étoit inabordable, et ne vouloit parler à personne ; et qui que ce soit n'entroit chez lui que les joueurs, car il étoit grand brelandier. Il étoit adroit aux jeux de main, à faire des tours de carte et de billard, à jouer à la bauchette, où il passoit des après-dînées entières. Il n'étoit point vindicatif ni sanguinaire, et oublioit aisément les injures et les bienfaits, et ne punissoit et ne récompensoit que par force ; car, dès qu'on lui faisoit peur, on avait de lui ce qu'on vouloit. C'est ce qui faisoit qu'il donnoit plus de grâces à ses ennemis qu'à ses amis. Il avoit tellement multiplié les dignités, qu'elles en étoient méprisées ; et c'est ce qui fit dire à une dame qui demandoit un duché pour son mari, qu'elle ne le demandoit pas pour l'honneur de l'être, mais pour éviter la honte de ne l'être pas : et la raison de cela étoit qu'il ne comptoit pour rien les grâces qui étoient en parchemin, et qu'il eût mieux aimé faire dix ducs et pairs que de donner cent écus ; et tout cela faute de connoître le dedans du royaume, et les lois sur lesquelles l'Etat est appuyé. On peut dire à sa louange qu'il usa d'une grande modération dans une occasion qui se présenta. Le Roi, jusqu'à l'âge de dix-huit ans, ne s'étoit point soucié de femmes, et n'avoit pas eu la moindre inclination ; dont tout le monde s'étonnoit, et on croyoit qu'il seroit de l'humeur du Roi son père. Mais enfin il regarda de bon œil une fille de la Reine sa mère, nommée La Mothe-Argencourt : il lui parloit fort souvent, et cet amour donna de la jalousie au cardinal, qui craignit que cette fille n'empiétât sur l'esprit du Roi à son préjudice. La soumission de Sa Majesté fut si grande pour lui, que dès qu'il aperçut que cela le choquoit, il ne parla plus à la demoiselle, et l'oublia entièrement ; et, pour faire sa cour au cardinal, il fit l'amoureux de la comtesse de Soissons sa nièce. Il alloit passer toutes les soirées chez elle ; et cela dura jusqu'aux couches de la comtesse, durant lesquelles le Roi s'en détacha. Et ne voulant pas sortir de la famille de peur de déplaire au cardinal, il devint amoureux de Marie Mancini, une autre de ses nièces. Cet amour alla si avant, que la Reine eut soupçon qu'il ne la voulût épouser, et que le cardinal, aveuglé de sa grandeur, n'eût assez d'insolence pour appuyer cette affaire. Elle lui en dit ses sentimens, et lui fit connoître que s'il souffroit que le Roi fît une si grande bassesse, au lieu de le maintenir cela le perdroit, par un mécontentement et murmure général de tous les ordres du royaume. Le cardinal lui promit d'y mettre remède ; et un matin il fit partir toutes ses nièces, et les envoya à La Rochelle dont il avoit le gouvernement, et ne les fit point revenir que pour marier celle-là au connétable Colonne. Quand elle fut prête à partir pour aller à Rome trouver son mari, le Roi, lui disant adieu, témoignoit un grand déplaisir de la quitter ; et elle pleurant, affligée de sortir de France, ne se put empêcher de dire au Roi : « Vous êtes fâché de mon départ, et moi de même ; vous êtes roi, et cependant je pars ! » pour lui faire connoître qu'il ne sentoit pas ses forces. Mais c'est assez parlé du cardinal ; il faut entrer dans un règne nouveau, dont nous allons traiter en abrégé.

Après la mort du cardinal, on crut qu'un autre prendroit sa place, qui gouverneroit avec pareille autorité, d'autant que le Roi n'ayant point d'expérience dans les affaires, et accoutumé à ne se mêler de rien, ne pourroit jamais se donner la peine de s'appliquer ; et ainsi qu'il abandonneroit son pouvoir à quelqu'un qui auroit en main la puissance souveraine, comme avoit eu le défunt. Tout le monde jetoit les yeux sur le maréchal de Villeroy, qui avoit été gouverneur de Sa Majesté, et qui avoit beaucoup de capacité et d'intelligence dans les affaires d'Etat : mais on fut fort étonné quand le Roi, s'étant enfermé dans son cabinet, ne l'appela point au conseil, et n'y fit entrer que Fouquet, Le Tellier et Lyonne. Le cardinal, devant que de mourir, s'étoit servi de cette voix publique qui le désignoit son successeur, pour lui nuire dans l'esprit du Roi, lui conseillant d'empêcher que personne ne prît sa place, mais de se rendre maître tout seul. Il se souvint si bien de cet avis, qu'il ordonna que chacun fît sa charge, et lui en rendît compte ; et fut tellement en garde contre ses trois ministres, de peur qu'ils ne voulussent empiéter l'autorité, que quelquefois il leur faisoit des rebuffades pour les humilier. Aussi ils alloient tout seuls peu accompagnés, afin que le Roi ne prît aucune jalousie d'eux, et toute la cour se rangeoit auprès de Sa Majesté : en sorte qu'à son lever on ne pouvoit aborder des portes, tant la foule y étoit grande. Dès que Pâques fut venu, on alla passer tout l'été à Fontainebleau. La première chose considérable qui y arriva fut ce qui survint en Angleterre entre l'Estrade, ambassadeur de France, et celui d'Espagne, qui étoit le baron de Vatteville. Un ambassadeur de Suède faisant son entrée dans Londres, tous les autres envoyèrent leurs carrosses au devant de lui ; et celui de L'Estrade y fut, avec ordre à ses gens de prendre la première place après celui qui devoit faire l'entrée. Mais quoique pour l'ordinaire celui d'Espagne n'ait pas accoutumé de s'y rencontrer, pour éviter la contestation, le baron de Vatteville, homme fier et haut à la main, voulut signaler son ambassade par quelque coup hardi pour le service de son maître, et donna si bon ordre pour venir à bout de son dessein, qu'il se trouva le plus fort et le premier posté quand les Français arrivèrent. Alors il y eut grande dispute; et les Espagnols ne voulant pas reculer, battirent bien les autres, et les contraignirent de se retirer, et puis entrèrent triomphans dans Londres. Quand ces nouvelles furent reçues à Fontainebleau, le Roi, plein de courage, témoigna sur-le-champ son ressentiment, disant tout haut qu'il en auroit raison; et que puisque les Espagnols donnoient lieu les premiers de rompre la paix, il le vouloit très-volontiers, et qu'ils y perdroient plus que lui, parce qu'ils se trouveroient bien empêchés quand il entreroit en personne dans les Pays-Bas d'un côté, le prince de Condé de l'autre, et le maréchal de Turenne par un troisième endroit, avec trois armées. A la cour on ne parloit que de guerre, au grand regret de la Reine mère, qui avoit fait la paix avec tant de peine; et encore plus de la jeune Reine, qui pleuroit continuellement, prévoyant la division qui se préparoit entre les rois ses père et mari. Pour la Reine mère, elle dissimula par politique, et feignit d'être aussi en colère que le Roi : même le comte de Fuensaldagne ayant reçu ordre du Roi de se retirer et de sortir de France, manda un soir à la Reine mère que puisqu'il y avoit défense d'aller à Fontainebleau, il supplioit très-humblement Sa Majesté de lui donner rendez-vous dans la forêt, ou en quelque autre lieu qu'il lui plairoit, où il se trouveroit incognito; et qu'après un quart-d'heure de conversation, il lui répondroit qu'ils accommoderoient l'affaire. La Reine mère répondit froidement qu'elle ne vouloit avoir aucun commerce avec lui; et qu'il partît au plus tôt, pour obéir au Roi. Il le fit tout-à-l'heure; et sitôt qu'il fut arrivé à Cambray, avec la commission du gouverneur des Pays-Bas, il y tomba malade, et y mourut quelques jours après. Mais devant que de mourir il avoit écrit ses sentimens en Espagne, par lesquels il faisoit voir qu'après une paix faite avec tant de difficulté, laquelle avoit sauvé les Pays-Bas, il en falloit empêcher la rupture à quelque prix que ce fût, les affaires du Roi son maître n'étant point en état de soutenir une nouvelle guerre. Ses raisons furent balancées dans le conseil d'Espagne, où il fut résolu qu'on désavoueroit le baron de Vatteville, qu'on le révoqueroit de son ambassade, et qu'on enverroit un ambassadeur en France pour en faire des excuses. Le Roi ne fut pas content de cette satisfaction, et exigea un aveu public du roi Catholique, par lequel il demeureroit d'accord de ne lui disputer aucune prééminence. Les Espagnols y consentirent; et le marquis de Las-Fuentès vint à Paris après que le Roi y fut retourné, et eut audience, en présence du nonce du Pape et des ambassadeurs de tous les rois et souverains de la chrétienté, devant lesquels il dit au Roi que le roi d'Espagne son maître étoit fâché de ce qui étoit arrivé; qu'il désavouoit son ambassadeur, et l'avoit révoqué pour ce sujet; et qu'il déclaroit qu'il ne prétendoit point que ses ambassadeurs concourussent avec ceux de France en aucune cour de l'Europe, et qu'il leur enverroit partout ses ordres pour les leur faire savoir. Le Roi ayant ouï son compliment, se tourna devers le nonce et les autres ambassadeurs, et leur dit : « Au moins, messieurs, vous êtes témoins que le roi d'Espagne déclare qu'il me cède le pas et le premier rang par tout le monde. » Sur quoi le marquis de Las-Fuentès ne repartit rien. Ainsi toutes choses furent accommodées, et le Roi sortit glorieusement de cette affaire, dans laquelle les Espagnols firent un pas qu'ils n'eussent jamais voulu faire dans une autre conjoncture.

La cour cependant se divertissoit à Fontainebleau, où on ne parloit que de promenades, de ballets dans les allées, de collations et de comédies. Ce fut là où commencèrent les amours du Roi et de mademoiselle de La Vallière, qui durèrent long-temps, et causèrent beaucoup d'intrigues qui se firent pour la ruiner, lesquelles attirèrent la disgrâce de Mademoiselle, quoique innocente; du duc et de la duchesse de Navailles : et quand la vérité fut reconnue, occasionnèrent l'éloignement du comte de Guiche, qui fut en Pologne à la guerre contre le Moscovite; celui de la comtesse de Soissons, et la prison et l'exil de Vardes. Mais il faut laisser parler de ces choses à ceux qui traiteront l'histoire amoureuse de la cour.

Parmi tous ces divertissemens, il y eut une grande fête à Vaux, où Fouquet, surintendant des finances, traita magnifiquement Leurs Majestés; il n'oublia rien de toutes les profusions qui se peuvent faire en des rencontres pareilles. Le Roi remarqua fort cette grande dépense, et les bâtimens et les eaux de cette maison, qui avoient coûté infiniment. Cela lui fit faire réflexion sur ce que le cardinal Mazarin lui avoit dit en mourant, que la principale affaire qu'il eût dans son royaume, maintenant qu'il avoit la paix, étoit le rétablissement de ses finances, qui étoient en mauvais état; et que Fouquet étoit un trop grand dissipateur, qui au lieu de les remettre les ruineroit encore davantage. Il se souvint de la louange qu'il donna aux soins que Colbert avoit de ses affaires, et au bon ordre qu'il y mettoit, disant que c'étoit le plus habile économe qu'il eût jamais vu, et qu'il étoit capable de rétablir les affaires du monde les plus ruinées. Ces discours lui étoient demeurés dans l'esprit; et même il avoit fait venir Colbert en cachette parler à lui, pour l'entretenir des remèdes dont il falloit se servir pour remettre ses finances en bon état, parce qu'on mangeoit trois ans par avance. Ce Colbert étoit d'une bonne famille de la ville de Reims, parent de Saint-Pouange, beau-frère du Tellier, auquel il le donna. Il y demeura durant quelques années en qualité de commis, et il fit paroître dans cet emploi beaucoup d'esprit et grande conduite dans les affaires, et principalement dans l'économie. Le cardinal parlant au Tellier du désir qu'il avoit de trouver un homme capable pour gouverner ses affaires, n'étant pas satisfait de ceux qui s'en mêloient, Le Tellier lui dit qu'il avoit son fait, et lui donna Colbert. Il n'eut pas été long-temps au service du cardinal, qu'il prit grande confiance en lui, parce qu'il le servoit selon son humeur avare, augmentant ses revenus, et faisant de l'argent de peu de chose. Cela le mit en grand crédit auprès de lui : tellement que durant sa maladie il en parla au Roi; et le louant de son expérience au maniement de ses biens, il lui conseilla de se servir de lui. Après la mort du cardinal, le Roi envoya quérir Colbert, et l'entretint en particulier des moyens de rétablir ses finances. Ses entretiens secrets recommençoient souvent, dans lesquels le Roi goûta son esprit, et résolut entièrement la perte de Fouquet. Ils prirent ensemble les mesures pour exécuter ce dessein; et pour empêcher que le parlement ne se mêlât de ses affaires, le Roi prit des prétextes spécieux pour l'obliger à se défaire de sa charge de procureur général du parlement de Paris entre les mains de Harlay, maître des requêtes, moyennant une grande somme d'argent. Le Roi découvrit son dessein à la Reine sa mère : et quand ils virent tous deux la profusion de l'argent qui se dépensa dans Vaux le jour qu'ils y furent traités, ils eurent envie de le faire arrêter dans sa maison propre; mais ils eurent des considérations qui les en empêchèrent. Le Roi craignit que Belle-Ile, que Fouquet avoit acheté du duc de Retz, ne tînt contre son service, parce que c'est une place forte au milieu de la mer; et pour s'en approcher et y mettre ordre, il se servit du conseil même de Fouquet, qui lui donnoit avis d'aller en Bretagne, pour obliger par sa présence les États de lui faire un présent plus considérable. Il résolut avec lui ce voyage, et partit de Fontainebleau au mois de septembre; et dès qu'il fut arrivé à Nantes, il mit ordre à la conservation de Belle-Ile, qui lui fut rendu au premier commandement; et il fit arrêter Fouquet par Artagnan, lieutenant de ses mousquetaires; et de Nantes il le renvoya sous bonne garde dans le château de Vincennes, d'où après il fut transféré à la Bastille. La Reine mère, qui savoit le secret et le jour qu'on le devoit prendre, étant demeurée à Fontainebleau, fit saisir toutes ses maisons, et sceller ses coffres et cabinets, qui furent après ouverts par des commissaires; et on trouva dedans force lettres d'amour des plus belles dames de la cour, desquelles il recevoit des faveurs pour de l'argent. On découvrit aussi une intelligence secrète avec quantité de gens considérables auxquels il donnoit des pensions à l'insu du Roi, avec des projets d'un parti qu'il vouloit former en cas qu'il tombât dans la disgrâce et qu'il pût échapper. Cela brouilla bien du monde à la cour; et chacun trembloit, de peur d'être trouvé dans ses mémoires. Dès que le Roi fut de retour à Fontainebleau, il envoya ordre à l'abbé Fouquet de se retirer dans ses abbayes. Il s'étoit plus mêlé d'intrigues que son frère, et avoit été en partie cause de sa perte par sa mauvaise conduite. L'archevêque de Narbonne et l'évêque d'Agde, ses frères, furent aussi chassés; et une chambre de justice fut créée pour rechercher les financiers, qui s'étoient tellement enrichis qu'ils faisoient des dépenses prodigieuses en tout, durant que le Roi manquoit de toutes choses, même des plus nécessaires. Leur orgueil fut bien rabattu, car beaucoup furent réduits à la besace; et au lieu qu'au commencement on eut grande joie de leur humiliation, à cause qu'ils se méconnoissoient, on poussa l'affaire si avant qu'ils firent pitié. Les charges de trésorier de l'épargne, des parties casuelles et autres des finances, furent supprimées, et données à exercer par commission; et Bartillat fut commis pour la recette générale des deniers du Roi, sous le nom de garde du trésor royal. Le Roi ne voulut plus de surintendant; mais depuis il signa lui-même les ordonnances, dont Colbert tenoit le registre; et il fit un conseil royal des finances, dont il fit chef le maréchal de Villeroy, et avec lui d'Aligre et de Sève, conseillers d'État, et Colbert, lequel, quoique assis le dernier, avoit seul toute l'autorité. On donna ce poste au maréchal de Villeroy pour le contenter, parce qu'il se trouvoit dans une place honorable sans aucun pouvoir. Il demeura toujours trois ministres auprès du Roi : Le Tellier, Lyonne et Colbert. Le premier étoit secrétaire d'État, et faisoit la guerre ; Lyonne le fut quelque temps après en la place du comte de Brienne de Loménie, et avoit les pays étrangers ; et Colbert se mêloit des finances : en sorte qu'on peut dire qu'il en étoit le maître. Il fut aussi secrétaire d'État au lieu du Plessis-Guénégaud, avec le département de la maison du Roi et de la marine. Ainsi le Roi travailla puissamment au rétablissement de ses affaires, qu'il mit dans un si haut point qu'il se rendit formidable à tous ses voisins, et l'arbitre de la chrétienté.

Le premier de novembre, jour de la Toussaint, la Reine accoucha d'un Dauphin, qui causa grande joie au Roi et à toute la France. Peu de jours auparavant, le prince d'Espagne étoit mort ; mais la douleur de sa perte fut réparée par la naissance d'un autre prince, qui vint au monde le même mois que M. le Dauphin.

Il y avoit vingt-neuf ans qu'on n'avoit fait de chevaliers du Saint-Esprit. Le cardinal Mazarin n'en vouloit point faire, à cause qu'il avoit promis cet honneur à trop de gens, auxquels il ne pouvoit tenir parole ; outre qu'il ne désiroit pas de l'avoir, de crainte que cette marque ne lui préjudiciât dans le dessein qu'il avoit de parvenir au pontificat à force d'argent. Sa mort ayant levé cet obstacle, le Roi assembla le chapitre de l'ordre à Fontainebleau, où la promotion des chevaliers fut résolue ; et il y fit proclamer ceux qu'il vouloit recevoir. Le lendemain, qui étoit le second de décembre, il retourna dans Paris, et marqua le premier jour de l'an pour faire la cérémonie.

[1662] Cette année commença par la réception de soixante-trois chevaliers d'épée, et huit d'église, qui étoient vacans depuis l'année 1633. Le Roi laissa trois places vides, dont il en donna une quelque temps après au duc de Mecklembourg, souverain d'Allemagne.

Durant cet hiver, le duc de Lorraine, qui étoit à Paris, voulut faire le mariage de son neveu le prince Charles de Lorraine avec Mademoiselle, fille aînée de feu M. le duc d'Orléans et de feu Madame, sa première femme, héritière de Montpensier. Ce prince Charles étoit fils du duc François, frère du duc de Lorraine et de la défunte princesse Claude, sœur de la duchesse Nicole, toutes deux filles du feu duc de Lorraine Henri, et par conséquent ses héritières. Le prince Charles étoit, par cette raison, véritable duc de Lorraine : mais, de concert dans sa famille, on vouloit établir la loi salique, par laquelle les femmes ne succèdent point, et ainsi on faisoit régner le duc ; et même cette prétendue loi fut reconnue dans le traité des Pyrénées, par lequel la Lorraine fut rendue au duc, et non à son neveu. Or, pour terminer tous ces différends, le duc offroit de se démettre présentement de la Lorraine en faveur de son neveu, en le mariant à Mademoiselle ; mais l'affaire n'ayant pu se conclure, madame la duchesse d'Orléans, la douairière, sœur du duc et tante du prince, voulut le marier à mademoiselle de Nemours l'aînée : on entra fort avant en matière pour faire ce mariage, et Madame et le duc François firent convenir le duc de Lorraine de reconnaître son neveu pour son seul et unique héritier. Et pour maintenir leur loi salique, le duc François consentit que son fils succédât à son préjudice, et lui remit son droit : mais comme il falloit qu'attendant la succession il eût de quoi vivre, le duc promit de lui donner, par contrat de mariage, un grand apanage avec beaucoup de revenu. Cette affaire étant conclue, il ne restoit plus qu'à passer le contrat : mais le duc de Lorraine, qui ne faisoit ces avantages à son neveu que par les persécutions de madame la douairière sa sœur, et du duc François son frère, reculoit toujours, et remettoit d'un jour à l'autre l'exécution de ses paroles. Ses remises étant sans fin, madame sa sœur le pressa vivement un jour là-dessus ; en sorte qu'ils en vinrent à des paroles aigres, et le duc sortit en colère du Luxembourg ; et dans ce mouvement de dépit il alla trouver Lyonne, et lui dit que si le Roi vouloit, il lui donneroit le duché de Lorraine après sa mort, pour faire enrager toute sa maison. Lyonne en avertit le Roi, qui prit le duc au mot ; et en ayant conféré avec lui, on dressa le contrat, par lequel le duc de Lorraine donna dès à présent son duché au Roi et à la couronne de France, à condition qu'il en jouiroit sa vie durant, et que le Roi donneroit deux cent mille livres de rentes au prince de Vaudemont son bâtard, avec une duché et pairie ; et au prince Charles son neveu, cinq cent mille livres de rentes, et le rang à tous ceux de sa maison immédiatement après les princes du sang, avec leurs mêmes prérogatives et honneurs ; et le droit de succéder à la couronne, en cas que la race royale manquât. Ce contrat fut signé par le Roi et par le duc ; et Sa Majesté fut tenir son lit de justice au parlement, où il fit vérifier une déclaration sur ce sujet. Par ce traité, le duc devoit mettre dès à présent Marsal entre les mains du Roi, qui étoit la seule place forte qu'il eût dans la Lorraine. Le Roi le pressa de la lui donner ; et le duc répondit qu'il étoit prêt de le faire, dès que Sa Majesté auroit donné le rang de prince du sang à ceux de sa maison. Le

Roi répondit qu'il falloit auparavant qu'ils signassent tous le traité, pour lever par ce consentement toutes les difficultés qui pourroient un jour arriver à l'union de la Lorraine à la couronne. Le duc soutint que cela n'étoit point porté par le traité, et qu'il avoit promis ce qui dépendoit de lui; mais qu'il n'étoit pas maître des volontés d'autrui, et qu'il feroit ce qu'il pourroit pour leur faire faire, sans en être garant. Tous les princes établis en France convenoient tous de le ratifier, étant ravis d'avoir un grand rang, et ne perdant pas beaucoup à la succession de la Lorraine, dont ils étoient fort éloignés; mais le duc François et son fils refusèrent absolument de le signer. Et le dernier, craignant qu'on ne le voulût forcer à le faire, dissimula son dessein; et après avoir dansé un ballet avec le Roi, au lieu de se coucher il monta sur des chevaux, et courut toujours jusqu'à ce qu'il fût hors de France. Il écrivit au Roi, de Besançon; puis il alla trouver l'Empereur, et se mit sous sa protection. Le Roi fut fort en colère de ce départ si subit, et en accusa le duc de Lorraine, qui s'en justifia fort; et cependant le traité demeura sans exécution, le Roi s'opiniâtrant d'avoir Marsal et la ratification; et le duc de ne le pas livrer que les princes de sa maison ne fussent en possession du rang qu'on leur avoit promis, et soutenant qu'il n'étoit point obligé à fournir de ratification, puisque cela n'avoit pas été stipulé, et n'étoit pas dans son pouvoir. Durant toutes ces disputes, le duc devint amoureux de la fille de l'apothicaire de Mademoiselle, nommée Marie-Anne Pajot, et ne pouvant en avoir aucune faveur, il la voulut épouser, et fit dresser un contrat de mariage par un notaire, lequel trouvant l'affaire de conséquence, le porta au Roi, qui le lut, et vit qu'il dérogeoit au traité qu'il avoit fait avec le duc, parce qu'il étoit porté dedans que les enfans qui naîtroient de ce mariage ne succéderoient point au duché, mais le prince Charles son neveu. Il fit arrêter cette fille, et l'envoya dans un couvent, avec ordre de ne la laisser voir ni parler à personne : dont le duc piqué se retira dans son pays, et y fit des protestations contre tout ce qu'il avoit traité avec le Roi.

La cour passa l'été à Saint-Germain, où on reçut nouvelle que le duc de Créqui, ambassadeur à Rome, avoit été maltraité par les Corses de la garde du Pape, lesquels étoient entrés dans son logis pour prendre des criminels réfugiés chez lui, contre le privilége des ambassadeurs, et avoient tué un page à la portière du carrosse de l'ambassadrice. Ce duc envoya faire ses plaintes à don Mario, frère du Pape, et au cardinal Imperiale, gouverneur de Rome, qui ne lui en firent aucune raison. Tellement qu'il se retira de Rome à Saint-Quirigo ; et le Roi, sur le refus que fit le nonce Picolomini de sortir de Paris et retourner en Italie, l'envoya prendre par un exempt de ses gardes, et le fit mettre dans un carrosse pour être conduit jusqu'en Savoie, sans parler à personne. Quand il fut hors des terres de France, on le laissa en pleine liberté. Le Roi fit de grandes plaintes à tous les ambassadeurs des princes de la chrétienté, du droit des gens violé en la personne du duc de Créqui; et sur ce que le Pape ne se mettoit pas en peine de le satisfaire, il se prépara dès l'heure même à lui faire la guerre.

[1663] Au commencement de cet hiver, le Roi acheta Dunkerque du roi d'Angleterre cinq millions de livres, et fut par une grande gelée en prendre possession ; et quand l'été fut venu, il marcha droit en Lorraine pour se rendre maître de Marsal, qu'on lui avoit promis par le traité de Paris. Quand il fut à Metz , le duc de Lorraine vint à Nomeny, d'où il fit dire au Roi qu'il ne falloit point employer la force contre lui, puisqu'il étoit prêt de faire ce qui lui plairoit. Là-dessus le Roi nomma le maréchal de Villeroy, Le Tellier, et d'autres commissaires, pour traiter avec lui, avec ordre de ne rien mettre dans le traité qui dérogeât à celui de Paris. Ainsi un nouveau traité se fit à Nomeny, dans lequel on ne faisoit nulle mention de l'autre ; mais aussi on n'y mit rien qui le contrariât. Le duc remit Marsal au pouvoir du Roi, qui retira toutes ses troupes de Lorraine, dont le duc demeura maître absolu ; et il eut liberté de faire faire à Nancy une simple muraille pour clore la ville sans aucun flanc. Il vint ensuite saluer Sa Majesté à Metz, d'où la cour revint au château de Vincennes, et y passa le reste de l'année jusqu'à l'hiver, qui la fit retourner à Paris. Le Roi voyant que le Pape ne se mettoit pas à la raison, se mit en état de lui faire la guerre, et attira dans son parti les ducs de Parme et de Modène, avec promesse de ne point faire de paix qu'il n'eût fait rendre au premier par le Pape le duché de Castro. En vertu de cet accord , il fit passer les monts à beaucoup de troupes, qui passèrent par le Milanais avec permission des Espagnols, et furent hiverner dans le Parmesan et le Modénois, sans être à charge au pays, où on payoit partout. Bellefond les commandoit comme lieutenant général, et La Feuillade sous lui comme maréchal de camp. Durant leur séjour en ce pays-là, le Roi envoya les provisions de la charge de son premier maître d'hôtel à Bellefond, qui étoit vacante par la mort du marquis de Vervins.

23.

[1664] Le maréchal Du Plessis-Praslin fut déclaré par le Roi général de son armée d'Italie ; et pour ce sujet il partit au commencement de cette année pour l'aller commander : mais il ne passa pas Lyon, parce qu'il y apprit le traité de Pise, fait entre le Pape et le Roi. Sa Sainteté voyant les grandes forces qui alloient fondre dans ses États, la foiblesse où il se trouvoit, et qu'il étoit abandonné de tous ses voisins, ne voulut pas pousser l'affaire plus avant, et fut contraint de se soumettre. Il envoya le seigneur Rasponi à Pise pour traiter, où il fut convenu que la compagnie des Corses seroit cassée, sans qu'elle pût être remise sur pied ; qu'un légat du Pape viendroit en France pour faire satisfaction au Roi ; que le cardinal Imperiale viendroit lui-même à la cour pour demander pardon à Sa Majesté ; qu'on rendroit le duché de Castro au duc de Parme, et qu'on érigeroit une pyramide à Rome, au lieu où on avoit manqué de respect à l'ambassadrice, pour monument à la postérité de la satisfaction qu'on faisoit au Roi. En exécution de ce traité, le cardinal Flavio Chigi, neveu du Pape, vint légat à Fontainebleau, où il fit ce qui avoit été résolu. Ensuite on le reçut à Paris avec grande cérémonie, et le cardinal Imperiale fut à Saint-Germain demander pardon au Roi ; et ainsi toute l'Italie fut pacifiée.

La même année, l'Empereur avoit la guerre contre le Turc, qui avoit pris sur lui Neusel ; et craignant qu'il ne fît plus de progrès, il envoya le comte de Strozzi à Paris demander secours au Roi, lequel lui accorda, et envoya le comte de Coligni avec six mille hommes pour le secourir. Le choix de ce général étonna tout le monde, parce qu'il n'avoit jamais servi le Roi, et avoit toujours été durant la guerre d'Espagne avec le prince de Condé ; et quoiqu'il fût fort brave homme, il sembloit qu'il y en avoit beaucoup d'autres en France qui, ayant toujours été dans le service du Roi, sembloient devoir être préférés. Mais la raison de cette élection étoit pour faire dépit au prince, que Coligni avoit quitté avec aigreur pour n'avoir pas été préféré au jeune Guitaut pour avoir le cordon bleu, dont le Roi avoit donné une place au prince. Quand ce secours fut arrivé en Hongrie, il se signala en deux occasions considérables où les Turcs furent battus, aux combats de Kermen et de Saint-Gothard, dont La Feuillade, maréchal de camp, s'attribua tout l'honneur : ce qui donna de la jalousie à Coligni. Les Turcs y furent si mal menés qu'ils demandèrent la paix, qui fut faite sur l'heure. Au retour des troupes françaises, La Feuillade rendit de si mauvais offices à Coligni, qu'au lieu que cet emploi devoit servir à son élévation, il fut cause de sa perte, quoiqu'il eût bien fait son devoir. L'Empereur envoya en France le comte de Dieterstein, pour remercier le Roi de ce secours.

Durant le calme qui étoit en France, Colbert voulant établir le commerce, qui étoit troublé en Levant par les corsaires de Tunis et d'Alger, persuada au Roi de s'établir sur la côte de Barbarie, et d'y fortifier quelque poste où on pût faire un port, pour tenir en bride tout le pays. Après avoir bien fait reconnoître toute la côte, on résolut de se saisir de Gigeri, petite ville sur le bord de la mer : et pour l'exécution de ce projet on fit embarquer quantité de troupes dans des vaisseaux et des galères, qui firent voile du côté d'Afrique. Les galères de Malte les joignirent, et ils débarquèrent à Gigeri, dont ils s'emparèrent sans résistance. Le duc de Beaufort aussitôt fit travailler à s'y fortifier, et quelque temps après il fut faire une course sur mer du côté de Tunis, et laissa le soin à Gadagne, lieutenant général, d'achever ce qu'il avoit commencé : mais les Maures s'étant assemblés, se saisirent des hauteurs qui commandent dans Gigeri, et incommodèrent fort le camp des Français, qui ne tiroient aucune subsistance du pays, et manquoient de tout. Gadagne connut alors que cette entreprise ne se pouvoit soutenir : tellement qu'il résolut la retraite. Le duc de Beaufort étoit absent ; mais il avoit laissé des vaisseaux à la rade pour secourir les Français en cas de besoin. Ne voyant donc plus d'apparence de pouvoir conserver ce poste, Gadagne fit plier bagage. On travailla toute la nuit, et le matin les troupes furent quasi toutes embarquées : mais dès qu'il fut jour, les Maures qui étoient sur les hauteurs, voyant le camp des Français abandonné, fondirent dessus, le pillèrent, et prirent quatre-vingts hommes sur le bord de la mer, qui n'étoient pas encore embarqués. Tout le reste étant en sûreté fit voile pour retourner en Provence, laissant au pouvoir des Maures trente-six pièces de canon, qu'ils conduisirent en triomphe dans Alger. Un vaisseau français, nommé *la Lune*, se fendit à la vue des côtes de France, et les dix premières compagnies du régiment de Picardie furent noyées avec La Guillottière, maréchal de camp : qui fut un surcroît de malheur.

Depuis la paix de Munster, la ville de Herfort, qui s'étoit mise en possession de liberté depuis quelque temps, et vivoit en manière de république, ne vouloit pas rendre à l'électeur de Mayence, son souverain, l'obéissance qu'elle lui devoit : ce qui avoit obligé cet électeur à mettre le siége devant, et à demander secours au Roi, qui lui envoya six mille hommes commandés par Pradelle, lequel écrivit aux habitans sitôt qu'il fut arrivé au siége, et leur fit connoître l'ordre qu'il avoit de les faire obéir à leur prince, et le péril où ils s'exposoient en le refusant. Cette lettre fit un tel effet qu'ils traitèrent en même temps, et ouvrirent leurs portes à l'électeur.

Durant cet hiver mourut Chrétienne de France, duchesse de Savoie, mère du duc : elle étoit fille du roi très-chrétien Henri IV, sœur de Louis XIII, et tante de Louis XIV. La duchesse de Savoie, femme de son fils, ne la survécut que d'un mois, après avoir été mariée seulement un an. Elle étoit fille de feu M. le duc d'Orléans, la troisième de son second lit : et devant son mariage on l'appeloit Mademoiselle de Valois.

[1665] Après que la paix des Pyrénées fut faite, les Hollandais firent une ligue défensive avec la France, s'obligeant réciproquement de se secourir en cas qu'un des deux fût attaqué. Quelques années après, les Anglais et eux se brouillèrent pour des îles delà l'équinoxial, et entrèrent en guerre pour ce sujet. Les Hollandais ne manquèrent pas de demander secours au Roi, comme il y étoit obligé : mais devant que de rompre avec l'Angleterre, il voulut s'entremettre pour les accommoder, et envoya le duc de Verneuil ambassadeur en Angleterre, qui fut reçu avec toute sorte d'honneurs. On joignit à son emploi Comminges, qui étoit déjà ambassadeur ordinaire ; et Courtin, maître des requêtes. Ils y demeurèrent un an ; et n'ayant pu rien conclure, ils retournèrent en France, et la guerre se fit, comme on verra, l'année prochaine.

Dès l'année passée, durant que la cour étoit à Fontainebleau, la Reine mère s'aperçut d'une tumeur qui lui venoit au sein : d'abord on crut que ce n'étoit rien, mais le mal augmentant, on connut que c'étoit un cancer. Si on n'y eût appliqué aucun remède, cela eût pu durer long-temps ; mais l'impatience qu'on eut pour la guérir hâta la fin de sa vie. Les médecins n'y connoissant rien, on la mit entre les mains de gens qui se vantoient d'avoir des remèdes extraordinaires pour ce mal-là, qui n'y réussissoient pas mieux que les autres. Elle fut à Saint-Germain par eau, où voyant que son mal empiroit toujours, on la ramena à Paris, où elle fut affligée de la nouvelle qu'elle reçut de la mort du roi d'Espagne Philippe IV, son frère. Ce prince avoit fait la paix avec la France, se consolant des provinces et des villes qu'il abandonnoit, par l'espérance qu'il avoit de reprendre en peu de temps le Portugal, qui étoit abandonné de la France. En effet, toute l'Europe étoit de cette opinion ; et on n'eût jamais cru qu'un petit pays comme celui-là, privé de tout secours, eût pu résister seulement trois mois à un si grand monarque, qui n'avoit plus que cette affaire à démêler : et cependant tout le monde y fut trompé ; car le roi d'Espagne ayant rassemblé toutes ses forces de Flandre, d'Italie et d'Espagne, attaqua le Portugal comme un État désespéré et sans ressource, et il fut toujours battu. Et durant cinq ans qu'a duré cette guerre, ses troupes ont toujours été défaites dans tous les combats qui se sont donnés. Ces revers de fortune affligeoient fort Sa Majesté Catholique, et il tomba dans un si grand chagrin, que l'automne de cette année il lui prit une fièvre avec un flux de ventre qui le mirent au tombeau, laissant un fils âgé de quatre ans successeur de ses grands États, qui fut nommé Charles II.

Dès que le roi Très-Chrétien sut cette mort, il songea à faire valoir les prétentions qu'il avoit du chef de la Reine sa femme. Il l'avoit épousée par la paix des Pyrénées, à condition de se contenter de cinq cent mille écus d'or ; et moyennant cette somme, de renoncer à toutes successions échues ou à échoir. Or les cinq cent mille écus d'or devoient être payés dans l'an, et ils ne l'étoient pas lorsque le roi Catholique mourut ; et ainsi le roi de France prétendoit sa renonciation nulle par défaut du paiement de l'argent promis, par la minorité de la Reine qui n'avoit pu renoncer, et en vertu de ce que tout père doit une dot à sa fille en la mariant, et que ce qu'on avoit donné à la Reine n'approchoit pas du bien qui étoit à elle par la reine Élisabeth de France sa mère, dont elle étoit fille unique ; outre que, par la coutume de Brabant et de Hainaut, les enfans du premier lit, soit mâle, soit femelle, excluent le second. Et par conséquent le Roi prétendoit que ces deux provinces lui appartenoient, au préjudice du jeune roi d'Espagne et de sa sœur, qui étoient du second lit. Le Roi avoit ces prétentions dans l'esprit ; mais il les dissimuloit durant la vie du Roi son beau-père, avec lequel il ne vouloit point se brouiller : mais après sa mort elles commencèrent à faire bruit. La Reine mère, qui étoit au lit malade, faisoit son possible pour maintenir la paix entre les rois ses fils et neveu ; et pour empêcher une rupture, elle voulut se rendre médiatrice, pour accommoder cette affaire avec douceur. Elle envoya quérir pour ce sujet le marquis de Las-Fuentès, ambassadeur d'Espagne, et lui dit la peine où elle étoit de voir toutes choses disposées à la guerre ; elle l'assura qu'elle adouciroit l'esprit du Roi son fils le plus qu'elle pourroit : mais aussi elle l'exhorta de porter par ses persuasions le conseil d'Espagne à lui donner quelque chose, lui promettant qu'il se contenteroit de la raison, et relâcheroit de ses intérêts pour l'amour d'elle. Ce marquis répondit qu'il en écriroit à la reine régente d'Espagne, mère du jeune Roi, et sœur de l'Empereur; et la Reine mère lui en écrivit aussi : mais la réponse fut fort fière, qui portoit que le Roi, ayant renoncé à tout, ne pouvoit rien prétendre, et qu'on ne lui donneroit pas seulement un château. Là-dessus on fit imprimer des livres pour justifier les droits du Roi sur le Brabant et le Hainaut, qu'on envoya par toute l'Europe.

[1666] Le 20 de janvier de cette année, mourut la reine mère Anne d'Espagne, dans le Louvre, regrettée universellement dans toute l'Europe, et principalement en France, où elle étoit aussi aimée qu'elle avoit été haïe durant sa régence, et qu'elle avoit été chérie durant la vie du feu Roi son mari. En effet, c'étoit une excellente princesse, qui avoit de grandes qualités, mais qui, ne se sentant pas capable de porter le fardeau du gouvernement, s'en reposa trop sur le cardinal Mazarin, lequel s'attira la haine de tous les peuples, et la rejeta sur elle : mais sa régence étant finie, et ne se mêlant plus de rien, sa bonté naturelle, qui l'avoit fait adorer du temps du feu Roi, se fit connoître de nouveau, et lui racquit l'amour de tous les ordres du royaume, qu'elle n'avoit plus durant sa régence. En effet, toute la cour fit une grande perte à sa mort, parce qu'elle rabattoit l'impétuosité de la jeunesse du Roi son fils, qui s'échappa depuis, et lâcha davantage la bride à ses plaisirs. Elle fut portée à Saint-Denis, vêtue en cordelière, sans aucune cérémonie, comme elle l'avoit ordonné par humilité. La cour perdit en elle son plus grand lustre, et diminua beaucoup de l'éclat où elle étoit auparavant. Dès qu'elle eut rendu le dernier soupir, le Roi monta en carrosse avec la Reine, et alla coucher à Saint-Cloud chez Monsieur, son frère, d'où il fut à Saint-Germain, et ne revint plus de deux ans à Paris. N'ayant plus la Reine sa mère pour modérer l'ardeur qu'il avoit à faire la guerre, il tourna toutes ses pensées de ce côté-là ; et comme il étoit ambitieux d'honneur, songeant que toutes les grandes actions qui s'étoient faites durant son règne ne lui étoient point attribuées à cause de son bas âge, il résolut de faire des conquêtes en personne, pour en avoir seul la gloire. La guerre qu'il avoit contre les Anglais lui rompoit ses mesures : il eût aussi bien désiré qu'elle eût été terminée. Mais devant que de parler de la guerre d'Espagne, il faut traiter succinctement de celle d'Angleterre et de Hollande.

Après que le duc de Verneuil eut travaillé un an durant, comme ambassadeur extraordinaire de France, à l'accommodement des Anglais et des Hollandais, il revint en France sans avoir pu rien conclure ; et le roi d'Angleterre déclara la guerre, et attira dans son parti l'évêque de Munster, qui se plaignoit que les Hollandais lui retenoient des terres. Cet évêque entra dans leur pays avec une armée, et prit Borkeloo, Loken, et quelques autres petites villes. Alors les Hollandais, se voyant attaqués par mer et par terre, pressèrent le Roi de les secourir ; et Sa Majesté leur envoya six mille hommes sous la conduite de Pradelle, qui arrêta le progrès de l'évêque, et reprit Loken. On se battoit durant ce temps-là sur mer ; et le duc de Beaufort, amiral de France, s'avança jusqu'à Brest avec l'armée navale, pour secourir les Hollandais. Il apprit en ce lieu qu'on avoit donné deux grands combats sur mer, dans le premier desquels les Hollandais avoient eu du pire, et dans le second ils avoient eu l'avantage. Le comte de Guiche, disgracié, et réfugié en Hollande, s'y trouva volontaire, et y signala son courage avec le prince de Monaco son beau-frère. Le duc de Beaufort avoit quarante grands vaisseaux ; mais il n'osoit entrer dans la Manche, de peur de rencontrer les Anglais, beaucoup plus forts que lui. Mais les Hollandais lui ayant mandé qu'ils alloient au-devant de lui pour le joindre, il s'avança jusqu'au Havre-de-Grâce, où le marquis de Créqui arriva pour lui donner avis que les Hollandais s'en étoient retournés en leur pays, et qu'il prît garde à lui. Ce marquis, disgracié depuis la prison de Fouquet, alla servir de volontaire avec les Hollandais, croyant faire quelque chose agréable à la cour ; et les, voyant rebrousser chemin, et connoissant le péril où ils exposoient le duc de Beaufort, il les quitta pour lui porter cette nouvelle en diligence. Ce duc, surpris de cet étrange procédé, ne perdit point de temps, et retourna en diligence à Brest, où il arriva sans mauvaise rencontre. Cependant les Suédois s'entremirent pour accorder ces différends, et leur médiation fut acceptée de part et d'autre ; et l'évêque de Munster voyant les Français déclarés contre lui, et le peu de diversion que faisoient les Anglais, fit sa paix particulière. Le roi Très-Chrétien, qui n'avoit aucun intérêt dans l'affaire qu'à cause de ses alliés, faisoit ce qu'il pouvoit pour hâter le traité, dans le désir qu'il avoit de tourner ses armes contre l'Espagne. En effet, tout réussit comme il le souhaitoit ; et la ville de Bréda fut choisie pour l'assemblée des députés des parties, et ceux des Suédois s'y trouvèrent comme médiateurs. La conférence commença dans ce lieu, et ne finit que l'année d'après.

[1667] Après la mort de la Reine mère, le reste de l'année 1666 se passa en libelles et manifestes pour appuyer les droits du Roi sur le Brabant; mais la conférence étant commencée à Bréda par l'entremise des Suédois, le Roi ne put avoir la patience qu'elle fût terminée ; et, ne voyant point d'obstacle qui pût empêcher cette paix, il tira un écrit du roi d'Angleterre, par lequel il promettoit de ne le point troubler dans ses desseins durant cette année. Dès que le printemps fut venu, il écrivit à la reine d'Espagne que puisqu'elle ne lui vouloit pas faire raison sur ses prétentions, il la prioit de ne pas trouver étrange s'il entroit dans les Pays-Bas avec soixante mille hommes, pour prendre les pays qui lui appartenoient. Il fit deux armées, dont il donna la grande au maréchal de Turenne, où il devoit être lui-même ; et la petite au maréchal d'Aumont. Il rappela le marquis de Créqui, exilé depuis quelque temps, et lui donna un petit corps dans le Luxembourg. Ce rappel fut fort glorieux pour lui, puisqu'il paroissoit qu'on ne pouvoit se passer de son service en temps de guerre. Le marquis de Castel-Rodrigo, gouverneur des Pays-Bas, voyant que Philippeville et Mariembourg, tenus par les Français, approchoient fort près de la Sambre, de laquelle il n'y a que huit lieues jusqu'à Bruxelles, fit fortifier un village nommé Charnoy, situé d'un côté sur la Sambre, et de l'autre sur le Piéton, et il y fit travailler avec telle assiduité qu'il n'en bougeoit lui-même ; et au lieu de Charnoy, il nomma cette forteresse Charleroy, du nom du roi d'Espagne son maître. La place étoit de six bastions et de six demi-lunes, qui étoient quasi achevées et revêtues ; et le marquis voyant l'orage qui alloit tomber sur sa tête, fit miner les bastions, et ordonna qu'à l'approche du Roi on les fît sauter. En effet, le maréchal de Turenne étant entré dans le pays par le Cambrésis, et s'étant avancé devers Charleroy, il trouva la place abandonnée et les bastions renversés. Les dehors étant demeurés tout entiers, l'armée y demeura trois semaines pour relever les brèches et remettre les bastions en défense : qui fut une très-grande faute, car la consternation et l'épouvante étoit si forte dans le pays, que si le Roi eût marché droit à Bruxelles, il s'en fût rendu maître ; et tous les conseils qui y sont étant séparés, le trouble eût été si grand qu'il eût entraîné la perte de tout le reste : mais le canon n'étant pas arrivé, le Roi durant ce séjour alla voir la Reine à Avesnes, laquelle y étoit venue exprès ; puis il retourna dans son armée. Durant qu'on rétablissoit Charleroy, le maréchal d'Aumont entra par le côté de Dunkerque, et mit le siége devant Bergue-Saint-Vinox, qu'il prit en deux jours, où il perdit Saint-Lieu, maréchal de camp. De là il fut assiéger Furnes, dont il se rendit maître en aussi peu de temps. Il reçut ensuite les soumissions de Dixmude, qui étoit démantelé ; et puis il marcha devers la Lys, où il se saisit d'Armentières, et reçut dans cette ville un ordre du Roi pour investir Tournay d'un côté de l'Escaut, durant qu'il le bloqueroit de l'autre. Il avoit, pour lieutenans généraux dans son armée Le Passage et La Feuillade, dont il en détacha un pour exécuter ce commandement : et le Roi au départ de Charleroy s'étant emparé de Binch et d'Ath, reçut Nivelle en neutralité, et arriva devant Tournay le même jour que les troupes du maréchal d'Aumont parurent de l'autre côté de l'Escaut. Cette ville est grande et peuplée, et avoit été de tout temps à la France, hors depuis le traité de Madrid, par lequel elle fut cédée à l'empereur Charles-Quint pour la rançon du roi François I : aussi les habitans n'étoient pas trop espagnols, et avoient assez d'inclination pour la France. En sorte que la tranchée ayant été ouverte le soir même, et les assiégeans s'étant logés sur le bord du fossé, le peuple se souleva contre le gouverneur, et l'obligea de capituler. Le lendemain, le Roi fit son entrée dans la ville, avant que le canon eût été mis en batterie. Sa Majesté ne perdit point de temps ; et dès qu'il fut maître de Tournay, il marcha pour attaquer Douay, duquel il eut aussi bon marché; car on ne fit que deux gardes à la tranchée, et le troisième jour l'épouvante se mit parmi le bourgeois, lequel ayant peu de garnison se rendit au Roi avec le fort de Scarpe. Cette conquête fut heureuse et grande ; car dans la dernière guerre on n'osa songer à l'assiéger, à cause des marais, qui obligent de séparer les quartiers sans se pouvoir secourir les uns les autres : mais la foiblesse des Espagnols étoit si grande, qu'ils n'avoient point d'armée en campagne pour y jeter du secours ; tellement que les Français pouvoient tout entreprendre sans rien craindre. Le Roi fut lui-même à la tranchée avec beaucoup de résolution ; et Monsieur, son frère, de même : et Sa Majesté alloit à la tête du travail et dans le péril, malgré les remontrances de ceux qui étoient près de sa personne. On perdit durant ce siége Le Broutay et le comte de Belin, qui furent tués chacun d'un coup de mousquet. Les grandes marches que l'armée avoit faites l'avoient tellement fatiguée, qu'on résolut de la laisser rafraîchir quelques jours ; et durant ce temps-là le Roi fit un tour à Compiègne pour voir la Reine, où il demeura huit jours ; et pour ne point perdre de temps, il envoya ordre au maréchal d'Aumont d'assiéger Courtray avec son armée toute fraîche. Sa Majesté, durant son séjour à Com piègne, reçut l'abbé Rospilliosi, neveu du nouveau pape Clément IX, qui venoit d'être élu en la place d'Alexandre VII. Cet abbé étoit internonce à Bruxelles, d'où il partit dès qu'il eut la nouvelle de l'exaltation de son oncle; et ayant salué le Roi à Compiègne, il continua son voyage en Italie, où il fut fait cardinal dès qu'il fut arrivé à Rome. Le maréchal d'Aumont, suivant les ordres du Roi, investit Courtray, où Puiguilin, maréchal de camp dans l'armée du Roi, le joignit avec un corps détaché pour faciliter le siége. La ville, pleine d'effroi de se voir abandonnée et sans garnison, se rendit le lendemain; et la citadelle étant attaquée vigoureusement, ne dura que trente heures. Menéenne, Comines, Deinse et Thiels ouvrirent les portes au victorieux, et tout fléchissoit sous les armes du Roi : mais il arriva un petit échec du côté de Charleroy; car Montal, qui commandoit dedans, ayant envoyé un parti de cinq cents chevaux à la guerre, rencontra le prince de Ligne avec deux mille, qui le défit entièrement. Le Roi, étant retourné dans son armée, fut persuadé par le maréchal de Turenne de tâcher de se rendre maitre de Dendermonde, qui est situé sur le grand Escaut, entre Gand et Anvers, où la rivière est fort grande, tant par les eaux de la Lys qui la joint, que par la mer, dont le reflux monte jusque-là. Cette ville est fort importante, car elle coupe Gand, Anvers, Bruxelles et Malines, et donne entrée au pays de Waès, qui est entre Anvers et Hulst, qui appartient aux Hollandais. L'armée tourna tête de ce côté-là; et l'ayant investie, on fit faire un pont pour mettre un quartier de l'autre côté de l'Escaut; et la cavalerie courut dans le pays de Waès, qui est fort gras et fort riche, où jamais la guerre n'avoit été. Ceux de Dendermonde se voyant assiégés levèrent les écluses et inondèrent tout le pays, en sorte qu'on ne pouvoit en approcher. Cela rendit le dessein du Roi impossible; et, sans s'y opiniâtrer davantage, on quitta cette entreprise, et on décampa pour investir Lille. Après le départ de l'armée; les Espagnols rompirent le pont fait sur l'Escaut; et les partis qui pilloient dans le pays de Waès, ne pouvant repasser, furent pris prisonniers. Le Roi étant arrivé devant Lille sépara ses quartiers, et fit faire une circonvallation et une contrevallation contre la ville, qui est une des plus grandes, plus riches et plus puissantes des Pays-Bas, et bien fortifiée. Cette entreprise paroissoit difficile; car le comte de Bruay commandoit dedans, qui étoit brave homme, avec deux mille hommes de garnison, et plus de vingt mille bourgeois portant les armes. La grandeur de la ville faisoit que les lignes avoient un grand circuit : tellement que les quartiers étant fort éloignés les uns des autres, il étoit à craindre que Marchin n'en forçât un, et ne secourût la ville. Cela étoit cause qu'on ne dormoit point dans le camp, et que toute l'armée étoit toute les nuits sous les armes. Le maréchal de Turenne étoit toujours à cheval, et le Roi lui-même passoit les nuits au bivouac. Quand les lignes furent achevées, la tranchée fut ouverte, et on dressa une batterie de vingt-quatre pièces de canon, qui fit un tel bruit et un si grand fracas dans les maisons, que les bourgeois commencèrent à s'épouvanter : la demi-lune fut emportée d'assaut, et une batterie de deux pièces fut mise sur le bord du fossé, laquelle acheva de donner de la terreur au peuple, qui s'assembla en tumulte, disant que la ville alloit être forcée, et qu'elle seroit saccagée à la merci du soldat. Les riches habitans regardoient avec horreur le sac de leur ville, et prévoyoient la perte de leurs biens, le violement de leurs femmes et filles; et chaque coup de canon de cette dernière batterie leur inspiroit une telle frayeur, qu'ils croyoient déjà voir leur ville désolée. Le comte de Bruay fit ce qu'il put pour apaiser ce tumulte, mais sans fruit; car le peuple mutiné se vouloit rendre, et se livrer au vainqueur. De sorte qu'il fut contraint de capituler, et de rendre cette opulente ville au Roi le neuvième jour de la tranchée ouverte. Le Roi vit sortir la garnison; le comte de Bruay lui fit la révérence, et ensuite Sa Majesté fit son entrée dans Lille, et fut descendre dans la grande église, où il fit chanter le *Te Deum*; et durant qu'on le chantoit, il eut nouvelle que Marchin avoit paru à la vue des lignes, et qu'il se retiroit voyant que la ville étoit rendue. Aussitôt le Roi monta à cheval, et commanda au marquis de Créqui de pousser les Espagnols, durant qu'il le soutiendroit avec reste de l'armée. Ce marquis étoit venu du Luxembourg, et depuis peu avoit joint le Roi. Il se mit aux trousses de Marchin, qui passa le canal de Bruges, et se posta de l'autre côté; mais le marquis ayant fait faire un pont dessus, le traversa, et chargea son arrière garde et la mit en désordre, prenant prisonniers le chevalier de Villeneuve, le rhingrave, et Grobendong, et poussa les fuyards jusqu'au fort de Philippine, qui est aux Hollandais. Marchin se sauva dans Bruges, laissant tout le pays en grande consternation; en sorte que toutes les villes branloient, et parloient de se rendre. Le Roi étoit demeuré avec le gros de l'armée à une portée de canon de Gand, où il coucha dans son carrosse. Cette grande ville fut tellement alarmée, qu'elle vouloit traiter; mais les Espagnols avoient bien fait fermer les portes, afin que personne n'en pût sortir. Le Roi fut conseillé de la faire sommer, et envoya pour cet effet Chamilly parler aux magistrats. Il fit sonner une chamade, et on le fit approcher et entrer entre deux portes, où il trouva un officier espagnol qui lui demanda ce qu'il désiroit. Il lui répondit qu'il vouloit parler aux magistrats ; mais l'autre lui dit qu'on ne leur pouvoit parler, et qu'il avoit ordre de recevoir toutes les paroles qu'on leur vouloit porter : ce que voyant Chamilly, il ne voulut rien dire, et se retira. Les Espagnols eurent grande raison d'en user ainsi ; car si Chamilly eût pu aborder les magistrats dans l'épouvante où ils étoient, la ville étoit rendue ; et si on l'eût attaquée, elle n'eût pas soutenu le siége, car il n'y avoit point de garnison. Mais le Roi, ne sachant pas ce qui se passoit dedans, se retira à Lille ; et l'armée étoit si fatiguée, qu'on résolut de ne plus rien faire de la campagne, quoiqu'on ne fût qu'au commencement de septembre, et qu'on eût pu encore prendre fort facilement Ypres. Le Roi avoit fait avancer la Reine jusqu'à Arras, d'où elle fut faire son entrée dans Douay et dans Tournay, pour se faire voir des peuples comme leur dame ; car c'étoit pour ses droits que la guerre se faisoit. Le Roi, devant que d'en partir, établit le marquis d'Humières pour commander dans Lille ; celui de Duras à Tournay, et Bellefond à Charleroy, où ayant eu nouvelle que le marquis de Conflans sortoit de Mons avec des troupes pour aller devers Bruxelles, il le suivit, et l'ayant joint au coin d'un bois, il le défit, et prit le marquis de Listenay prisonnier.

Ainsi finit cette campagne, glorieuse aux Français, dont les victoires pouvoient être poussées beaucoup plus avant si elles eussent été bien conduites dans la foiblesse où étoient les Espagnols, le désordre de leurs affaires, et la consternation de leurs peuples. Mais Dieu, qui met des bornes aux empires, ne leur permit pas de pousser leurs conquêtes plus loin ; et le Roi s'en contentant revint passer l'hiver à Paris, où il fut reçu de tous les corps avec une grande acclamation de ses triomphes. Après son départ de l'armée, le maréchal de Turenne, qui étoit entré dans Alost en allant à Dendermonde et l'avoit abandonné, ayant appris que les Espagnols y avoient mis garnison, remit le siége devant, et le prit. Après avoir perdu six cents hommes dans cette attaque, il le fit démanteler.

Les prospérités du Roi, et la prise de tant de villes en si peu de temps, donna une grande jalousie à ses voisins, envieux de sa grandeur, qui craignoient sa trop grande puissance, appréhendant qu'à la fin elle ne retombât sur eux. Les Hollandais principalement en prirent l'alarme, prévoyant que si le Roi se rendoit maître des Pays-Bas espagnols, il tourneroit après ses armes contre eux, sous prétexte des droits de la Reine. Ils attirèrent à leur parti le roi d'Angleterre, lequel fut persuadé fort aisément par son propre intérêt, qui le porta à s'opposer au trop grand agrandissement de la France, dont la puissance ne seroit plus balancée, quand elle tiendroit toute la côte de la mer depuis la pointe de Bretagne jusques en Hollande. Ils se servirent du mécontentement que les Suédois avoient alors de la France, pour n'avoir pas été payés des sommes qu'elle leur donnoit tous les ans par leurs anciens traités. Et en effet on les perdit pour peu de chose ; et la grande économie qui étoit en ce temps-là dans l'administration des finances causa ce changement, et obligea les Suédois de quitter la vieille alliance qu'ils avoient avec les Français, pour s'unir avec l'Angleterre et la Hollande, avec lesquelles ils firent une ligue pour faire la paix entre les deux couronnes, à dessein d'armer contre celle qui s'y opposeroit. Van-Buning fut envoyé en France par les Hollandais, pour faire savoir au Roi cette ligue, et l'exhorter à la paix. Sa Majesté lui répondit qu'il ne demandoit pas mieux, pourvu qu'on lui fît raison sur les droits de la Reine ; et Van-Buning lui assura que le dessein de ceux de la ligue étoit de lui faire avoir entière satisfaction, mais qu'il falloit qu'il donnât dès à présent une trêve d'un an, pour donner le loisir de traiter une bonne paix. Le Roi lui accorda la trêve jusqu'à Pâques, et ne la voulut pas donner plus longue : mais cette offre fut rejetée par le marquis de Castel-Rodrigo, gouverneur du Pays-Bas, qui dit qu'on se moquoit, et que la rigueur de la saison faisoit naturellement la trêve sans écriture ni traité, puisqu'on ne pouvoit faire la guerre en hiver. Le Pape pressoit fort le Roi aussi là-dessus : mais Sa Majesté tint ferme, et ne la voulut octroyer que pour six mois, et convint d'envoyer des députés avec pouvoir de conclure la paix, dans un lieu dont on conviendroit de part et d'autre ; et là-dessus il dit à Van-Buning que puisque les Hollandais vouloient se mettre du côté de celui qui accepteroit la paix, ils lui donnassent des assurances de cela, en cas que les Espagnols lui refusassent satisfaction. Van-Buning répondit qu'il étoit assuré que l'Espagne la lui donneroit tout entière : mais sur ce qu'il fut pressé par le Roi de se déclarer en cas de refus, il demanda du temps pour envoyer en Hollande ; et au retour du courrier il fit un traité avec le Roi, par lequel il promettoit au nom des États de prendre son parti en cas que les Espagnols ne se missent pas à la raison, à condition que Sa Majesté n'entreprendroit rien sur Ostende, sur le canal de Bruges, le grand Escaut et la Dyle, qu'on laisseroit conquérir aux Hollandais, lesquels ne vouloient pas permettre que le Roi approchât d'eux. On envoya en même temps en Espagne pour convenir du lieu de l'assemblée. Le Pape souhaitoit fort que ce fût à Rome; mais les médiateurs s'y opposèrent, à cause qu'ils étoient de la religion, et ne reconnoissoient pas le Saint-Siége : et ainsi on demeura d'accord de s'assembler à Aix-la-Chapelle, où Colbert, maître des requêtes, frère du ministre d'État, fut envoyé plénipotentiaire. Cependant il n'y avoit point de trêve; on faisoit la guerre de part et d'autre; et le Roi, piqué de ce que le marquis de Castel-Rodrigo avoit dit qu'il n'avoit que faire de trêve en hiver, parce qu'on ne pouvoit rien entreprendre durant cette saison, chercha le moyen de lui faire voir le contraire par quelque exploit signalé fait dans le milieu de l'hiver. L'année finit dans ce dessein, et on en verra l'exécution au commencement de l'autre.

[1668] Le Roi ayant dans la tête de faire une entreprise considérable dans l'hiver, jeta les yeux sur la Franche-Comté, qu'il savoit être dégarnie de toutes choses. Il se voulut servir dans ce dessein du prince de Condé, comme gouverneur du duché de Bourgogne, et très-capable d'une grande exécution. Le Roi avoit entrepris la guerre sans lui en parler; et depuis son retour en France il ne lui avoit communiqué aucune affaire, conservant en son ame un ressentiment de toutes les choses passées; et même, la campagne dernière, il demeura sans emploi, ayant passé son été à Chantilly sans se mêler de rien. Il avoit seulement envoyé le duc d'Enghien, son fils, servir à la tête de son régiment de cavalerie.

Le prince fut ravi que le Roi lui voulût donner cette commission, ne respirant autre chose que d'effacer par ses services la mémoire de sa rébellion passée. Pour tenir ce dessein secret, on fit semblant de renouveler la neutralité avec les Comtois; et le Roi leva quantité de troupes, sous prétexte d'opposer une armée au secours que l'Empereur pourroit envoyer, la campagne suivante, dans les Pays-Bas. Et pour couvrir les conférences du Roi et du prince de Condé, il le déclara général de cette armée, et l'envoya à Dijon, sous couleur de tenir les États de cette province. Il fit en même temps courir le bruit d'un voyage qu'il vouloit faire à Metz; et pour ce sujet il fit avancer force troupes dans la Champagne, et de l'artillerie; et, sous ombre de former un corps d'armée dans le Roussillon, il envoya du canon et dix régiments devers la Bourgogne, faisant semblant que c'étoit pour les embarquer sur la Saône pour descendre à Lyon, et de là par le Rhône dans le Languedoc. Ce voyage de Metz, et la marche des troupes, faisoient grand bruit : tellement que le nonce du Pape et Van-Buning reprochèrent au Roi que cela étoit étrange, qu'alors qu'on travailloit à faire la paix, il songeât dans l'hiver à faire des entreprises nouvelles qui changeroient la face des affaires, et rendroient l'accommodement plus difficile. Sur quoi le Roi leur répondit que, quelque conquête qu'il pût faire, il ne changeroit rien de ce qu'il avoit promis, et qu'il ne se prévaudroit point des avantages qu'il pourroit avoir dans ce voyage. Or il faut savoir qu'au retour de l'armée, il avoit dit aux ambassadeurs des médiateurs qu'il étoit content, qu'il avoit pris ce qu'il vouloit pour les prétentions de la Reine, et que si les Espagnols lui vouloient laisser ses conquêtes, qu'il n'en demandoit pas davantage. Le nonce et Van-Buning lui demandèrent par écrit ce qu'il disoit; et Sa Majesté écrivit de sa main au Pape et aux souverains qui composoient la ligue, leur confirmant la même chose, et les assurant que les conquêtes qu'il pourroit faire dans son voyage ne l'empêcheroient point de tenir ce qu'il avoit promis. Il pouvoit se passer d'écrire ces lettres, car elles furent cause de la restitution de la Franche-Comté. Le marquis d'Yenne, gouverneur de cette province, écrivit au marquis de Castel-Rodrigo dès qu'il vit la guerre déclarée, et lui représenta l'état misérable où il étoit; qu'il n'y avoit ni troupes ni argent dans le pays, et qu'il le supplioit d'y mettre ordre : mais il n'en reçut aucune réponse. Son pouvoir étoit limité, et il ne pouvoit rien faire que de concert avec le parlement de Dôle, qui étoit composé de gens de petite qualité, plus capables de juger des procès que de gouverner un État ou soutenir une guerre. Aussi ils rejetèrent tous les moyens de se fortifier, quelques remontrances que leur en fit le gouverneur, parce que cela eût coûté de l'argent, et qu'ils n'en vouloient pas donner du leur, ni se servir de celui du roi d'Espagne, provenant des salines; disant que quand il seroit dépensé, il n'y en auroit plus, et qu'il le falloit garder pour la nécessité. Ils se fixèrent à poursuivre la neutralité ancienne, et pour cet effet écrivirent à l'archevêque de Lyon, qui ne s'en voulut pas mêler; et on les renvoya à Molé, résident de France en Suisse, qui leur donna de bonnes espérances, et les amusa, les remettant de jour à autre jusqu'à l'arrivée du prince de Condé à Dijon, auquel ils députèrent. Le prince les reçut fort bien, et dit qu'il falloit savoir en quel état étoit leur négociation en Suisse;

et qu'il y enverroit. Il dépêcha Chamilly pour ce sujet avec de leurs députés, auxquels Molé dit que puisque le prince étoit à Dijon, il avoit ordre de la cour de ne s'en plus mêler. Ainsi ils retournèrent à Dijon, et en passant Chamilly remarqua fort l'état où étoit Besançon; et en repassant il prit le plan de Salins en présence de leurs députés, sans qu'ils s'en aperçussent. Étant de retour, le prince dit qu'il avoit écrit au Roi, et qu'il en attendoit réponse, leur conseillant de retourner à Dôle en attendant : ce qu'ils firent. Ils se laissèrent ainsi endormir; et le prince voyant ses troupes arrivées, et toutes choses prêtes à exécuter son dessein, entra dans le comté de Bourgogne le 2 de février, et se saisit des ponts de Rochefort et de Marnay-sur-l'Oignon. Il sépara son armée en deux, dont il en garda l'une, et donna l'autre à commander à Boutteville, nommé, à cause de sa femme, duc de Luxembourg, lequel alla investir Salins, et fit sommer les forts qui sont sur la hauteur et commandent dans la ville. D'abord ceux qui les gardoient firent les résolus : mais dès qu'ils virent les enfans perdus détachés pour les attaquer, ils se rendirent sans voir le canon, et tous les forts et la ville furent pris en même jour. Le prince de Condé se présenta devant Besançon dégarni de tout, et qui n'avoit que les bourgeois pour se défendre, lesquels craignant le pillage, se rendirent d'abord et reçurent le prince. Le Roi partit en même temps de Paris, et s'en alla à grandes journées droit à Dijon, où il apprit les prises de Besançon et de Salins. Le dessein étoit de s'emparer de toutes les petites villes du pays, et y laisser garnison, pour bloquer Dôle et Gray, seules places fortes qui fussent dans le pays, et les contraindre par succession de temps à se rendre par famine : mais le prince de Condé manda au Roi qu'il trouvoit le pays si épouvanté, et qu'il apprenoit que les villes étoient si effrayées et dépourvues de toutes choses, qu'il croyoit qu'il n'y avoit nul péril à les attaquer. Sa Majesté lui manda qu'il s'en remettoit à sa conduite, et qu'il en usât comme il le jugeroit à propos; et qu'il s'en alloit toujours attendre de ses nouvelles à Auxonne. Le prince ayant reçu ce pouvoir investit Dôle, et le Roi arriva le soir au camp. Ceux de la ville tirèrent à cet abord plus de quatre-vingts volées de canon, seule ressource de ceux qui ne savent se défendre; et le soir même le prince fit faire trois attaques de nuit par le régiment des Gardes et celui de Lyonnais. Ils emportèrent tous les dehors; et le marquis de Villeroy prit la demi-lune, et un drapeau qui étoit planté au milieu. Le prince de Condé suivoit ce marquis de si près, qu'il arriva quasi aussitôt que lui dans la demi-lune, au travers des mousquetades tirées des bastions et de la courtine, tenant le duc d'Enghien son fils par la main. Le jeune Fourille, capitaine au régiment des Gardes, fut tué dans cette attaque, après laquelle le prince fit travailler à la descente dans le fossé, et à attacher le mineur au bastion. La prise de tous ces dehors donna une si grande terreur dans la ville, que le parlement s'assembla sur l'heure; et les conseillers, peu accoutumés à telles rencontres, qui disoient avant l'arrivée de l'armée qu'il se falloit enterrer dans les ruines de leur ville plutôt que changer de maître, changèrent de discours; et, croyant entendre le mineur gratter sous leurs pieds, ils se voulurent rendre, malgré les remontrances du marquis de Saint-Martin, gouverneur de la ville, et du marquis de Maximieux qui s'étoit jeté dedans, et qui opiniâtroient à la défense. Mais la frayeur du parlement, qui s'imaginoit déjà de voir les bastions renversés et la ville forcée, l'emporta; et à l'heure même la capitulation fut signée, et le Roi entra dedans : et ayant fait chanter le *Te Deum* dans la grande église, et reçu le serment du parlement et des magistrats, il fit donner un arrêt, par lequel il étoit ordonné à toutes les villes et châteaux du pays d'ouvrir les portes au Roi, et de le reconnoître pour leur souverain. Le jour même, Sa Majesté partit de Dôle pour aller coucher à Pesmes, emmenant avec lui deux conseillers du parlement pour faire exécuter l'arrêt; et fit en même temps investir Gray, où beaucoup de noblesse s'étoit jetée, en résolution de se bien défendre. Il l'envoya sommer le lendemain, mais sans effet; et le prince de Condé se préparoit à faire attaquer tous les dehors la nuit suivante, qu'il prétendoit emporter fort facilement, parce qu'ils n'étoient gardés que par de méchantes milices qui n'avoient pas la mine de faire grande résistance : mais il y arriva une circonstance qui abrégea l'affaire. Le marquis d'Yenne, gouverneur de la province, voyant Besançon pris, et le peu de moyens qu'il avoit de se défendre, résolut de se retirer vers la frontière des Suisses pour tâcher à en tirer du secours. Il y avoit envoyé l'abbé de Vatteville pour leur représenter l'intérêt qu'ils avoient à la prise du comté, après laquelle ils seroient exposés à la merci du roi de France; et en attendant la réponse, il s'enferma dans le château de Joux, où il fut investi par Noisy-Maupeou, gouverneur de Salins, qui le fit sommer de se rendre : il apprit en même temps la prise de Dôle, et que le Roi étoit devant Gray. Tellement que voyant tout désespéré, et qu'il étoit sans ressource, la tête lui tourna, et il rendit le château de Joux, à condition qu'on lui donneroit un passeport pour se retirer en Flandre ; et sur cet accord il alla au camp devant Gray saluer le Roi avec l'abbé de Vatteville, revenu de Suisse : et le prince de Condé, sous lequel il avoit servi en Flandre, le cajola si bien, qu'il l'obligea d'entrer dans Gray, où il fit une assemblée générale, dans laquelle il représenta l'impossibilité de se défendre, et conseilla de sauver les biens du peuple par une bonne composition. Les habitans étoient au désespoir d'obéir aux Français, qu'ils haïssoient naturellement ; mais le péril présent et la peur l'emportèrent sur leur haine : si bien qu'ils capitulèrent, en conservant leurs priviléges ; et le Roi y entra le même jour, et ne fit que descendre dans l'église, où il fit chanter le *Te Deum*, et s'en alla coucher à Channite ; et le lendemain dîner à Langres, d'où il retourna fort diligemment à Paris.

C'est une chose surprenante que la Franche-Comté ait été entièrement conquise en douze jours sans canon : car, après la prise de Gray, les châteaux de Saint-Anne, de Saint-Laurent, de La Roche-Faucogné et autres, se rendirent sans résistance ; et tout le pays demeura aussi paisible sous la domination des Français, que si de tout temps ils en eussent été les maîtres. Et ce qui fut encore plus étonnant est que la noblesse du comté, qui avoit toujours été si espagnole et ennemie de la France, s'y accoutuma d'abord, et cherchoit protection dans la cour, pour avoir de l'emploi dans la guerre contre l'Espagne. Beaucoup de gentilshommes eurent des compagnies ; le comte de Roussillon, gouverneur de Besançon, eut un régiment : dont ils se repentirent depuis, et connurent avec le temps qu'ils avoient été trop vite. Le marquis d'Yenne, craignant d'aller en Flandre de peur d'y être arrêté, fit son traité, par lequel il prit des patentes de lieutenant général des armées du Roi, qui lui laissa son logement dans le château de Gray, et lui continua, sa vie durant, douze mille francs de pension qu'il avoit sur les salines. Gadagne demeura dans Dôle pour commander dans la province ; Bissy à Gray, et Villars dans Besançon ; et on sépara l'armée dans des quartiers par tout le pays. Le prince de Condé, par ce service important, regagna les bonnes grâces du Roi, qu'il avoit perdues ; et Sa Majesté, parlant au duc d'Enghien, lui dit qu'il avoit toujours estimé son père sans l'aimer ; mais que présentement il l'estimoit et l'aimoit avec confiance.

Après le retour du Roi dans Paris, le nonce et Van-Buning le pressèrent de s'expliquer pour la paix, l'assurant que la reine d'Espagne la souhaitoit, et se soumettoit au jugement des médiateurs. Sa Majesté les ayant assurés qu'il étoit dans une pareille disposition, ils lui proposèrent de se tenir à ses conquêtes, comme il l'avoit lui-même offert ; et en ce cas, de rendre la Franche-Comté selon la parole qu'il avoit donnée, même par écrit, de ne se prévaloir point des avantages qu'il auroit dans son voyage ; ou s'il la vouloit conserver, de restituer ce qu'il avoit pris dans les Pays-Bas l'année dernière : au lieu de quoi les Espagnols lui donneroient Cambray, Saint-Omer et Aire. Le Roi demeura d'accord de garder ses conquêtes de Flandre ; et de rendre le comté de Bourgogne pour tenir sa parole ; mais si on faisoit échange, outre Cambray, Saint-Omer et Aire qu'on lui offroit, il vouloit garder Douay, Bergues et Furnes. On disputa fort sur cet article, mais enfin les médiateurs y consentirent ; et le Roi remit le choix de l'alternative à la reine d'Espagne, à laquelle on dépêcha des courriers. Cependant sur l'incertitude de l'issue de cette négociation, le Roi se prépara à la guerre : il devoit commander en personne la grande armée, et le maréchal de Turenne sous lui. Monsieur étoit général de la seconde, qui s'assembloit devers la mer ; et le prince de Condé de la troisième, dans le Luxembourg. Van-Buning demandoit une trêve pour donner le loisir de s'assembler à Aix-la-Chapelle, et d'avoir réponse d'Espagne ; et Sa Majesté, qui ne vouloit pas perdre le bon temps de faire la guerre, l'accorda seulement jusqu'au premier de juin, promettant de ne point faire de siége devant ce temps-là, mais qu'on feroit toujours la guerre en campagne. Ainsi la trêve fut signée à cette condition. Et en effet Bellefond ayant surpris le château de Guénap, eut ordre de le rendre. Quand le mois de mai fut venu, les armées se mirent en campagne : celle de Monsieur, commandée par le marquis de Créqui, se campa sur le canal de Bruges ; celle du Roi, sous les ducs de Roquelaure et de La Feuillade, à la portée du canon de Bruxelles ; et celle du prince de Condé, dans le pays de Limbourg, sous le duc de Luxembourg. Les Hollandais cependant étoient en défiance ; et quelque traité qu'ils eussent fait avec le Roi, ils ne vouloient pas qu'il fît de progrès ; et ils avoient un corps sur leur frontière pour jeter dans Bruges, Gand ou Bruxelles, en cas qu'ils fussent attaqués. Et le Roi, qui se défioit d'eux et prévoyoit leur mauvaise volonté, dès qu'ils eussent fait la moindre démonstration de secourir les Espagnols, eût fait entrer le prince de Condé dans leur pays, qui eût attiré toutes leurs forces, et les eût empêchés de secourir les autres, durant que les armées du Roi et de Monsieur eussent emporté telles villes qu'ils eussent voulu, dans l'extrême foiblesse où étoient les Espagnols : car pour l'Empereur, il ne se mettoit en aucun devoir d'y prendre part, ou par impuissance, ou manque d'argent, quoiqu'il y eût plus d'intérêt qu'aucun, puisque le Roi se vouloit relever de la renonciation qu'il avoit faite à toutes successions, et que l'Impératrice étoit sœur puînée de la reine de France, et du second lit. Mais tous ces embarras d'affaires finirent par la paix, qui fut signée à Aix-la-Chapelle, par laquelle la reine régente d'Espagne choisit de laisser au Roi ce qu'il avoit conquis au Pays-Bas, en lui rendant la Franche-Comté. Dès que le Roi sut ces nouvelles, il envoya ordre à Gadagne de faire diligemment raser Dôle et Gray, et tous les châteaux du pays qui pouvoient tenir. On s'y employa avec un tel soin, que ces deux places furent si bien démolies, qu'on y entroit à cheval de tous côtés. Cet ouvrage étant achevé, les Français sortirent du pays ; et cette province si commode à la France fut rendue aux Espagnols, qui donnèrent le gouvernement au prince d'Aremberg, qui fit faire une citadelle à Besançon : et le marquis d'Yenne, n'y trouvant plus sa sûreté, se retira en France avec l'abbé de Vatteville. On remarqua que, par le traité de paix, les Espagnols n'avouèrent jamais qu'il fût rien dû à la Reine ; mais seulement qu'à la considération de notre saint père le Pape, et pour le bien universel de la chrétienté, ils consentoient que le Roi gardât tout ce qu'il avoit pris l'année passé, avec toutes les dépendances; à savoir, Lille, Douay, Tournay, Courtray, Armentières, Bergues, Furnes, Comines, Menéene, Deinse, Thiels, Mortagne, Orcies, Beinch, Ath et Charleroy. La paix fut ainsi conclue ; et on s'étonna que la reine d'Espagne eût fait ce choix, et souffrit que les Français dominassent dans le cœur de son pays. Beaucoup ont cru que ce qui la fit en user ainsi fut pour ne point avouer rien devoir aux Français : ce qui eût été si elle eût fait un échange ; mais consentant qu'on gardât ce qu'on tenoit, c'étoit dire tacitement que, n'étant pas la plus forte, elle quittoit ce qu'elle ne pouvoit reprendre, de peur d'en perdre davantage, sauf à y revenir un jour : et ainsi cette paix sera peut-être un jour une semence de guerre. Dès qu'elle fut publiée, les armées se retirèrent, et le commerce recommença comme auparavant : mais les Anglais, Suédois et Hollandais renouvelèrent leur ligue, et la nommèrent la triple alliance, à cause qu'elle étoit entre trois Etats ; et ils prirent pour sujet de leur confédération de maintenir la paix d'Aix-la-Chapelle, et d'être contre celui qui la romproit. Ce prétexte spécieux n'offensoit personne, et marquoit une grande neutralité entre les deux couronnes ; mais on remarquoit bien qu'elle étoit directement contre la France, parce que l'Espagne n'étoit pas en état de s'agrandir, ni de quereller personne : et il étoit aisé de voir que la France étant seule en pouvoir d'étendre ses limites, donnoit de l'ombrage à ses voisins, et principalement aux Hollandais, qui appréhendoient son voisinage, et, par une ingratitude extrême, vouloient soulever toute l'Europe contre elle.

Le Roi conserva aussi dans son cœur un grand désir de vengeance contre eux, qui éclatera quatre ans après, comme on verra par la suite : et, pour montrer le grand attachement qu'ils avoient à s'opposer à la grandeur du Roi, ils promirent aux Suédois de leur payer tous les ans les douze cent mille livres qu'ils tiroient de la France ; et les Espagnols leur promirent de les leur rendre par un traité secret. Tout le monde convient que si le Roi eût voulu faire encore cette campagne, il eût emporté une grande partie du reste des Pays-Bas, à cause que les princes de la triple alliance n'étoient pas encore préparés ; et devant qu'ils eussent été en état de rien faire, l'hiver fût venu, durant lequel le Roi eût toujours été reçu à faire la paix, en gardant la Franche-Comté : mais l'intérêt particulier des ministres contribua beaucoup à l'empêcher, parce qu'étant gens d'écritoire et de peu de naissance, ils craignoient que le prince de Condé et le maréchal de Turenne ne prissent l'ascendant sur l'esprit du Roi en temps de guerre : ce qu'ils vouloient empêcher. Le Roi s'y trouva aussi fort disposé, parce qu'il aimoit ses plaisirs, et qu'il étoit fatigué de la peine qu'il avoit éprouvée la campagne dernière, et qu'il auroit voulu continuer si la guerre eût duré, et étant plein d'honneur et de gloire. De quelque façon que ce soit, la paix fut publiée ; et le Roi, pour assurer ses conquêtes, fit travailler avec beaucoup de dépense à deux citadelles de cinq bastions chacune, à Tournay et à Lille ; et fit fortifier Ath, en faisant une place de huit bastions revêtus : et de cette façon la Flandre étoit partagée en deux, et les Espagnols ne pouvoient aller de leurs villes dans les autres sans passer sur les terres des Français : ce qui leur causoit grande incommodité. Mais, nonobstant ces inconvéniens, les choses demeurèrent ainsi ; et cette paix continuera tant que la triple alliance durera, laquelle tient la France en bride, qui est seule en état de la rompre, et d'avoir des desseins pour s'agrandir.

FIN DES MÉMOIRES DE MONTGLAT.

MÉMOIRES
DE
LA ROCHEFOUCAULD.

NOTICE
SUR LA ROCHEFOUCAULD,
ET
SUR SES MÉMOIRES.

Le célèbre auteur des *Maximes*, François, prince de Marsillac, baron de Verteuil, et duc de La Rochefoucauld, ne fit qu'imparfaitement ses études. Né le 15 décembre 1613, il avait à peine neuf ans lorsque son père fut créé duc et élevé à la pairie. Le nouveau duc, impatient d'attirer les honneurs sur son fils aîné, n'attendit pas que son éducation fût achevée pour le faire entrer dans la carrière des armes. Nous le voyons à seize ans devant Casal, mestre-de-camp du régiment d'Auvergne; à dix-sept, *la journée des dupes* exalta sa jeune imagination. Bientôt son père, compromis dans la folle entreprise de Gaston, fut exilé à Blois, pendant que le duc de Montmorency montait sur l'échafaud. Marsillac, resté à la cour, échappa aux soupçons de Richelieu; quoiqu'il se montrât très-dévoué à la reine Anne d'Autriche, que persécutait le cardinal, il eût pu jouir tranquillement près d'elle des plaisirs de son âge, s'il se fût abstenu de quelques propos contre l'administration : il n'eut pas cette prudence, et il se fit condamner à une espèce d'exil. Lors de la prise de Corbie par les Espagnols, il servit avec zèle et courage, mais après la campagne il n'en fut pas moins obligé de se retirer à Blois. Pendant le séjour qu'il y fit, il épousa mademoiselle de Vivonne; à peine marié, il contracta des liaisons intimes avec la duchesse de Chevreuse. De Tours où elle était reléguée, cette dame entretenait une correspondance secrète avec Anne d'Autriche et la cour d'Espagne; elle détermina facilement Marsillac à entrer dans cette intrigue, et prit sur lui un funeste ascendant.

Peu de temps après, Marsillac reçut la permission de reparaître à la cour. En récompense de son dévouement, la reine lui témoignait beaucoup de bontés, lorsque tout à coup, prisonnière en son appartement et traitée en criminelle d'état, elle eut à subir un interrogatoire : Richelieu avait eu avis de sa correspondance secrète. Si jamais idée extravagante troubla la tête d'un jeune homme, c'est bien celle qu'eut alors Marsillac. « J'étois, dit-il, dans un » âge où l'on aime à faire des choses extraordinaires » et éclatantes; et je ne trouvois pas que rien le fût » davantage que d'enlever en même temps la reine » au roi son mari et au cardinal, qui en étoit jaloux, » et d'ôter mademoiselle d'Hautefort au roi, qui en » étoit amoureux. » Conçoit-on que sous une administration aussi vigilante que celle de Richelieu, on ait songé à un pareil enlèvement? Cependant Marsillac en avait fait les préparatifs; heureusement ils furent inutiles. La reine fut si bien servie par les personnes en qui elle avait mis sa confiance, que le ministre ne put découvrir aucune preuve contre elle; le roi se contenta de lui faire jurer qu'elle cesserait toute correspondance avec la duchesse de Chevreuse. Mais la duchesse ignorait ce qui s'était passé; si on l'interrogeait, ses réponses pouvaient différer de celles que la reine avait faites, et la compromettre de nouveau : il était donc urgent d'informer madame de Chevreuse de plusieurs détails secrets. Marsillac accepta cette dangereuse commission. Sous prétexte d'aller voir sa femme, il se rendit à Blois, et trompant la surveillance dont il était l'objet, il réussit à faire parvenir à la duchesse un avis qui aurait dû la rassurer. Une méprise redoubla ses alarmes. Elle était convenue avec mademoiselle d'Hautefort qu'on lui enverrait un livre d'Heures dont la reliure serait rouge en cas de danger, et verte dans le cas contraire. Il y eut erreur dans l'envoi ; madame de Chevreuse, persuadée qu'on voulait l'arrêter, résolut de se réfugier en Espagne.

L'archevêque de Tours, vieillard de quatre-vingts ans, qu'elle avait séduit par le charme de ses entretiens, lui donna un itinéraire et des lettres de recommandation. Elle partit à cheval, habillée en homme et suivie de deux domestiques. En changeant de vêtements elle oublia les papiers qui lui avaient été remis ; quand elle s'en aperçut, elle était près de Verteuil, et ne sachant quelle route tenir, elle fit prévenir Marsillac de sa position. Il n'eut pas l'imprudence d'aller la voir, mais il lui donna des chevaux et des guides, et reçut en dépôt ses diamants estimés deux cent mille écus. Richelieu, informé de tous ces détails, fit faire une enquête sur les lieux; Marsillac fut interrogé, et peu de temps après il reçut ordre de se rendre à Paris. Le cardinal, qui l'interrogea lui-même de nouveau, ne pouvant tirer de lui aucun aveu, l'envoya à la Bastille.

Pendant les huit jours que dura sa captivité, il vit une multitude de prisonniers de toutes conditions. Ce qu'il apprit dans leur entretien augmenta sa haine contre le ministre, mais lui prouva qu'il était inutile de lutter contre un homme qui, après avoir concentré dans ses mains tous les pouvoirs de l'état, les exerçait avec tant de vigilance et de fermeté. Au sortir de la Bastille, il retourna dans son château de Verteuil, résolu d'y attendre tranquillement la mort du cardinal qui semblait imminente. Par suite de cette détermination, son humeur devint moins inquiète, il se montra plus sensible aux affections de famille. Après la prise d'Hesdin (30 juin 1639), Richelieu éleva La Meilleraye au grade de maréchal, et permit à Marsillac d'aller servir sous ses ordres; voyant qu'il s'était conduit en homme de cœur et de capacité, il lui offrit, pour se l'attacher, le grade de maréchal-de-camp; mais, dit-il, *la reine désira instamment que je ne reçusse point de grâce du cardinal, qui me pût ôter la liberté d'être contre lui, quand elle se trouveroit en état d'être ouvertement son ennemie.* Une insinuation aussi flatteuse était plus qu'un ordre pour un jeune homme doué d'une ardente imagination. Marsillac retourna donc à Verteuil, où les espérances dont il se berçait, le retinrent deux ans dans une inaction opposée à son caractère. Pendant la seconde année, Anne d'Autriche, d'accord avec Cinq-Mars, chargea de Thou de l'engager à se tenir prêt pour quelque événement; heureusement pour lui la conspiration fut découverte avant qu'il en eût eu connaissance; mais comme il favorisa la fuite de Montrésor, un des principaux complices, tant que vécut le cardinal, il ne fut pas exempt de crainte.

Nous ferons ici une remarque qui fait honneur à La Rochefoucauld. Par haine et pour sa sûreté, il avait désiré la mort de Richelieu ; quinze ans plus tard il écrivit les lignes suivantes, lui rendant une pleine justice. « Quelque joie que dussent recevoir ses en-
» nemis de se voir à couvert de tant de persécutions,
» la suite a fait connoître que cette perte fut très-
» préjudiciable à l'État, et que comme il en avoit
» changé la forme en tant de manières, lui seul la
» pouvoit maintenir utilement, si son administra-
» tion et sa vie eussent été de plus longue durée.
» Nul que lui n'avoit bien connu jusqu'alors toute
» la puissance du royaume, et ne l'avoit su remettre
» entière entre les mains du souverain. La sévérité
» de son ministère avoit répandu beaucoup de sang;
» les grands du royaume avoient été abaissés, les
» peuples avoient été chargés d'impositions : mais
» la prise de La Rochelle, la ruine du parti hugue-
» not, l'abaissement de la maison d'Autriche, tant
» de grandeur dans ses desseins, tant de hardiesse
» à les exécuter, doivent étouffer les ressentimens
» particuliers, et donner à sa mémoire les louanges
» qu'elle a justement méritées. »

Richelieu mort, Louis XIII sur le point de le suivre dans la tombe, Anne d'Autriche touchait à la régence ; que ne devait point espérer La Rochefoucauld après tant de promesses ! Il revint à la cour, rêvant un avenir de gloire et d'honneurs ; il n'obtint rien. Comme si l'âme de Richelieu eût encore animé le conseil, sa volonté régnait toujours ; le ministre par lui désigné était maître du pouvoir. Mazarin, il est vrai, avait ouvert les prisons d'état; mais rien n'était changé, si ce n'est que, substituant l'astuce à l'énergie, le nouveau ministre au lieu d'opprimer les mécontents cherchait à les diviser. La duchesse de Chevreuse, dont Marsillac avait obtenu le retour avec assez de peine, n'écouta point ses avis ; piquée de ce qu'elle n'avait plus la même influence sur Anne d'Autriche, elle s'en prit au cardinal, lequel, pour fonder sa puissance, détruisait dans l'esprit de la reine ses anciens partisans.

Lorsque l'aigreur et la division sont parvenues à ce point, elles éclatent au moindre prétexte. Les Mémoires de La Rochefoucauld peignent les mœurs et la politique du temps dans les détails qu'ils contiennent sur l'arrestation du duc de Beaufort et sur l'exil de madame de Chevreuse. A cause de ses liaisons avec cette dame, Marsillac se trouvait dans une position équivoque. La reine lui conseilla de rompre tout commerce avec elle et de se mettre bien avec Mazarin. De ces deux choses il ne voulut faire ni l'une ni l'autre. « Je ne trouvai, dit-il, dans
» la suite guère plus de reconnoissance de son côté,
» pour m'être perdu cette seconde fois afin de de-
» meurer son ami, que je venois d'en trouver dans
» la Reine; et madame de Chevreuse oublia dans
» son exil aussi facilement tout ce que j'avois fait
» pour elle, que la Reine avoit oublié mes services
» quand elle fut en état de les récompenser. »

Marsillac avait alors trente-deux ans; le mécontentement lui donna d'autres pensées, et lui fit chercher des voies périlleuses, pour témoigner son ressentiment à la reine et au cardinal Mazarin. *La beauté de madame de Longueville, son esprit et tous les charmes de sa personne*, attiraient près d'elle une cour d'autant plus nombreuse, que cette princesse était alors si unie avec son frère le duc d'Enghien, qu'il suffisait d'être bien vu d'elle pour être bien reçu du prince. *Beaucoup de gens tentèrent inutilement cette voie, et mêlèrent d'autres sentimens à ceux de l'ambition.* Marsillac fut plus heureux, si l'on peut appeler bonheur le succès d'une passion adultère qui l'entraîna dans tous les périls des factions et de la guerre civile. Peu de temps après cette funeste liaison, madame de Longueville partit pour Munster avec son mari qui allait traiter de la paix ; Marsillac, qui venait d'acheter le gouvernement de Poitou, suivit le duc d'Enghien à l'armée. A la prise de Mardick (1646), il reçut trois coups de feu et revint à Paris où, pendant sa longue convalescence, germèrent de nouveaux troubles.

L'administration du cardinal Mazarin avait excité un mécontentement général, la réduction des rentes de l'Hôtel-de-Ville y mit le comble. Le cardinal, en apprenant la victoire de Lens, crut que le moment était venu de sévir et de contenir par la crainte le peuple et le parlement; il fit arrêter Broussel et le président Blancménil. Cette entreprise n'eut pas le succès qu'en attendait la cour; elle céda, intimidée par le bruit des barricades, et rendit les prisonniers. Marsillac était alors dans son gouvernement, où sur de belles promesses il s'occupait à réprimer les désordres. On l'informa qu'il était joué par le ministre; en même temps il apprit par madame de Longueville les préparatifs de la guerre civile. Elle l'invitait à revenir en toute hâte; il revint et fut un des chefs les plus actifs de la Fronde. Ces chefs n'étaient guère d'accord entre eux. Condé, que sa sœur avait eu l'espoir d'engager, rompit avec elle; Conti, trop jeune et sans capacité, n'avait d'importance que par son nom; le duc de Longueville, puissant en Normandie, avait de la répugnance pour un parti où figurait sa femme; une inimitié très-prononcée existait entre le coadjuteur et Marsillac. Ce dernier, quand la cour se fut retirée à Saint-Germain dans l'intention de bloquer Paris, eut l'audace d'y aller, afin de ramener le prince de Conti qui n'avait pu se dispenser de la suivre, et le duc de Longueville qui s'y était rendu de Rouen. L'armée parisienne était plus nombreuse que l'armée royale, mais elle n'était point aguerrie. Ce désavantage exposait les chefs à de grands périls; Marsillac, dès la première sortie qu'il eut ordre de faire, mal soutenu et bientôt abandonné des siens, reçut une dangereuse blessure, dont il n'était pas encore remis, quand, le 11 mars, intervint une espèce de pacification.

Au tumulte des armes succéda l'agitation des intrigues; ces intrigues croisées et multipliées à l'infini paraîtraient maintenant imaginaires, si parmi ceux qui les ont conduites il ne s'était trouvé plusieurs écrivains qui nous en ont conservé tous les détails. Marsillac, Conti, M. et madame de Longueville, d'abord ligués avec le coadjuteur contre la cour et Condé, s'unirent ensuite avec Condé, et la cour avec le coadjuteur. Mazarin, poussé à bout par la hauteur et par les prétentions des princes, les fit arrêter au Palais-Royal et conduire à Vincennes. Marsillac et madame de Longueville s'échappèrent; ils essayèrent vainement de soulever la Normandie, puis le premier se réfugia dans son gouvernement, et la princesse s'embarqua pour la Hollande, d'où elle se rendit à Stenay, près du vicomte de Turenne. Le duc de Bouillon, frère de Turenne, et Marsillac fomentèrent de graves désordres dans les provinces du Midi, principalement à Bordeaux. Cette ville, où Condé comptait de nombreux partisans, n'attendait pour se déclarer en sa faveur que l'arrivée de la princesse et de son fils : ce jeune prince et sa mère étaient relégués à Chantilly. Pendant qu'on préparait leur évasion, Marsillac devint duc de La Rochefoucauld par la mort de son père, aux funérailles duquel il invita un grand nombre de gentilshommes; il les entraîna pour la plupart dans le parti des princes, et avec leur secours il essaya de surprendre Saumur. Le succès n'ayant pas répondu à son attente, il envoya cinq cents hommes occuper le château de Montrond, appartenant à la maison de Condé; ensuite, trop faible pour tenir la campagne, il congédia sa troupe et alla rejoindre le duc de Bouillon dans la petite ville de Turenne, en Limosin.

Ces deux chefs reprirent courage en apprenant qu'enfin la princesse avait réussi à s'échapper de Chantilly, et qu'elle leur amenait son fils, enfant dont le hochet servit de drapeau à la guerre civile. Bouillon et La Rochefoucauld lui donnèrent le titre de généralissime, se mirent en marche pour Bordeaux, battirent près de Monclar en Périgord le chevalier de La Valette, général des troupes royales, et le 31 mai 1650, la princesse entra dans la ville aux acclamations de la multitude. Cependant ce parti ne pouvait se soutenir par ses propres forces; l'Espagne, toujours prête à profiter des troubles de la France, lui offrit son appui par un agent avec lequel les ducs de La Rochefoucauld et de Bouillon entrèrent en négociation. Le parlement en fut choqué; il enjoignit par un arrêt à cet agent de sortir de Bordeaux. Une émeute excitée par les ducs força le parlement à révoquer son arrêt, et bientôt la Guyenne entière fut en insurrection. Pour empêcher que cette révolte ne prît une dangereuse consistance, Mazarin fit avancer le maréchal de La Meilleraie, et lui-même suivant l'armée avec la cour vint s'établir à Libourne, ensuite à Bourg. Bordeaux effrayé entama des négociations avec le ministre. Il est probable qu'une capitulation eût prévenu l'effusion du sang, si un acte de sévérité, au lieu d'intimider le peuple, ne l'eut mis en fureur. Le château de Vaire, près de Bordeaux, s'étant rendu aux troupes royales, le commandant fut mis à mort; par représailles, La Rochefoucauld et Bouillon firent exécuter le chevalier de Canole, un de leurs prisonniers. L'exaspération fut si vive alors dans la ville que les partisans de la paix perdirent toute espérance; de part et d'autre on eut recours aux armes. Le faubourg Saint-Surin, ouvert de tous côtés, gênait pour la défense; La Rochefoucauld voulait qu'on le détruisit; les habitants s'y opposèrent : il fut chargé de soutenir les attaques dont ce faubourg était menacé. Mazarin les fit pousser avec vigueur et sans relâche, et quand le duc abandonna cette mauvaise position, elle n'était plus qu'un monceau de ruines.

Pendant que ces événements se passaient dans la Guyenne, la cour recevait des nouvelles inquiétantes : à Paris, Gaston, dirigé par le coadjuteur, se montrait mécontent de la translation des princes à Marcoussis, et avait envoyé des députés à Bordeaux. Turenne, à la tête d'une armée espagnole, marchait rapidement vers la capitale pour délivrer Condé et les deux autres prisonniers. Mazarin se hâta de les faire conduire au Havre, et de pacifier la Guyenne en accordant une amnistie aux insurgés, lesquels ne pouvaient plus opposer une longue résistance. Turenne, voyant son but manqué, retourna à Stenay. Le ministre, rassuré par ces premiers succès, ne ménagea plus des ennemis qu'il croyait tout à fait abattus. Persuadé que les frondeurs, dont il machinait la ruine, étaient séparés du parti des princes par une haine implacable, il ne tint aucune des promesses qu'il leur avait faites. Contre son attente tous les personnages entre lesquels il avait semé la haine et

24.

la division s'unirent pour le perdre : La Rochefoucauld lui-même, qui était caché dans l'hôtel de la princesse palatine, âme de toutes ces intrigues, se rapprocha du coadjuteur.

Le soulèvement fut si général que Mazarin crut prudent de quitter Paris dans la soirée du 7 février. La régente devait le suivre avec la cour, mais elle se vit retenue dans le Palais-Royal; prisonnière en quelque sorte, privée de conseil et d'appui, elle était au pouvoir de Gaston. Elle ne pouvait plus refuser la délivrance des princes; d'ailleurs elle espérait par là mettre un terme à sa pénible position, car il n'était pas probable que Gaston et Condé fussent longtemps d'accord : elle chargea donc La Rochefoucauld de porter au Havre l'ordre d'ouvrir aux trois princes la porte de leur prison. Le duc, craignant qu'elle ne révoquât cet ordre si elle parvenait à sortir de la ville, partit en recommandant de veiller avec soin sur le Palais-Royal; mais Mazarin le devança, et, pour se faire un mérite de ce qu'il ne pouvait empêcher, il délivra lui-même les prisonniers avant de se réfugier à Brulh dans l'Électorat de Cologne.

Condé, rentré en triomphe à Paris, aurait pu se rendre à son tour maître des affaires; il tomba dans la même faute qu'il avait commise avant son arrestation : nulle mesure dans sa conduite, aucun plan arrêté. Sa sœur, la duchesse de Longueville, qui trouvait dans les troubles un prétexte pour vivre éloignée de son mari, l'entretenait dans ses hautains caprices, et le poussait aux partis les plus extrêmes. La Rochefoucauld prévoyait les suites de ce délire, mais, subjugué par l'amour, il fermait les yeux et se laissait aller. Le mécontentement contre Condé fut bientôt aussi général qu'il l'avait été contre Mazarin. La régente gagna le coadjuteur en lui offrant le chapeau de cardinal. La Rochefoucauld soupçonna qu'il se tramait un projet hostile; le prince, qu'il avertit, cessa d'aller à la cour; sur une fausse alarme, il se retira quelque temps à Saint-Maur. Jamais peut-être il n'y eut plus de confusion et d'anarchie; Condé ne se rendait aux assemblées du parlement qu'environné d'une multitude de gens armés; le coadjuteur se faisait suivre d'une bande de frondeurs soutenue par les gardes de la reine. A la séance du 21 août 1651, la grand'salle avait été de bonne heure envahie par les deux factions. Le coadjuteur répondit aux attaques du prince par de mordantes allusions contre sa conduite; aussitôt La Rochefoucauld poussa de vives clameurs; le président Mathieu Molé, craignant une sanglante collision, conjura le prince et le prélat de faire retirer leurs partisans. Condé dit à La Rochefoucauld de faire évacuer la grand'salle; le coadjuteur, pour donner lui-même cet ordre, devança le duc; mais quand il voulut rentrer, La Rochefoucauld, qui se trouvait près de la porte, la poussa violemment sur lui et lui tint la gorge serrée entre les deux battants.

Durant ces troubles, la majorité du roi approchait : mademoiselle de Longueville avait décidé son père à ne plus entrer dans aucune faction; le duc de Bouillon et le vicomte de Turenne, réconciliés avec la cour, avaient résisté aux séditieuses insinuations de La Rochefoucauld. Ce duc, plutôt que de se soustraire à l'empire des charmes de madame de Longueville, préféra courir encore une fois les chances de la guerre civile; il la rejoignit à Montrond, et delà partit avec Condé pour la Guyenne. Afin d'arrêter les progrès de cette insurrection, Anne d'Autriche conduisit le roi devant Bourges, qui se rendit sans résistance. Conti, qui commandait dans cette place, et la duchesse de Longueville, à l'approche des troupes royales, se réfugièrent à Bordeaux, et la cour alla s'établir à Poitiers afin d'être plus près du théâtre des événements. Condé n'ayant que des recrues inférieures en nombre, ne pouvait lutter avec avantage contre le comte d'Harcourt; mais La Rochefoucauld, au milieu des dangers qu'il bravait, était moins sensible au chagrin de voir son parti dans une position désespérée, qu'aux tourments de la jalousie. La duchesse de Longueville, pour laquelle il s'était sacrifié, semblait l'oublier auprès du jeune duc de Nemours; cette infidélité fit sur lui une impression, si vive et si profonde qu'à un âge avancé il en conservait encore un pénible souvenir.

Cependant Mazarin, craignant qu'une trop longue absence ne diminuât son pouvoir sur l'esprit de la reine, reparut à la cour, et par sa présence raviva l'animosité de l'ancienne Fronde. Gaston, dirigé par le chef de cette cabale, leva des troupes qu'il mit sous les ordres du duc de Beaufort; d'un autre côté, le duc de Nemours, qui avait été envoyé à Stenay pour prendre le commandement d'un petit corps d'armée à la solde de l'Espagne, s'était réuni à Beaufort. Ces deux généraux, qui occupaient les bords de la Loire, se compromettaient par leur discorde; sitôt que Condé en fut informé, il concerta avec La Rochefoucauld un projet d'une grande hardiesse : le prince et le duc avec huit personnes seulement partirent d'Agen le 24 mars; ils arrivèrent le 1er avril au camp des ducs de Nemours et de Beaufort; le 7, ils surprirent et mirent en déroute le maréchal d'Hocquincourt; sans Turenne, aux habiles manœuvres duquel La Rochefoucauld rend justice, cette audacieuse entreprise aurait pu avoir un résultat désastreux pour la cour. Après le combat de Bleneau, l'armée du roi se retira; Condé fit marcher la sienne d'abord sur Châtillon, puis sur Étampes, et enfin sur Saint-Cloud. Pendant ces mouvements, il y eut peu de faits d'armes, mais beaucoup de négociations; le prince s'était rendu à Paris, où, malgré les acclamations populaires, il s'aperçut que les habitants étaient fatigués des troubles. Les ennemis de Mazarin n'étaient unis qu'en apparence, ils traitaient tous secrètement avec la cour, chacun cherchant son avantage aux dépens des autres. La Rochefoucauld ne fut pas étranger à toutes ces intrigues, mais ce furent les dernières auxquelles il prit part : il touchait à la fin de son rôle politique. Les troupes royales, grossies par de nombreux renforts, menaçaient celles de Condé; ce prince pour aller prendre position de Saint-Cloud à Charenton ne put, à cause du duc d'Orléans, diriger sa marche comme il le voulait : on sait quelle fut l'issue du combat livré au faubourg Saint-Antoine.

La Rochefoucauld en défendant une barricade dont il s'était emparé reçut au visage un coup de feu qui lui ôta la vue; lorsqu'après de longues souffrances il la recouvra. Une amnistie avait rendu à la France la paix intérieure.

La Rochefoucauld, pendant sa convalescence, eut le temps de faire de sérieuses réflexions; son livre des *Maximes* nous semble en être le fruit. L'auteur n'a pu s'exprimer avec tant de concision et d'élégance, donner à sa pensée un tour si vif, que parce que ses Maximes, ou du moins la plupart, répondent à un sentiment éprouvé, à une illusion détruite; cet ouvrage eut un prodigieux succès : en peu d'années cinq ou six éditions furent épuisées. Madame de Sévigné, en envoyant à sa fille celle de 1672, lui écrivit : » Voilà les *Maximes* du duc de La Rochefoucauld, » revues, corrigées et augmentées; il y en a de di- » vines, et, à ma honte, il y en a que je n'entends » pas. Dieu sait comme vous les entendrez. »

L'amour, sa passion dominante, avait jeté le duc dans les factions; les infidélités de madame de Longueville rompirent le charme. Il trouva dans la société de madame de La Fayette et dans celle de la marquise de Sablé un plaisir qui lui était inconnu; il s'y livra tout entier jusqu'à sa mort. La première avait coutume de dire : *M. de La Rochefoucauld m'a donné de l'esprit, mais j'ai réformé son cœur.* C'est à elle que le duc fit allusion lorsqu'il écrivit : « Quand elles (les femmes) » ont l'esprit bien fait, j'aime mieux leur conver- » sation que celle des hommes : on y trouve une » certaine douceur qui ne se rencontre pas parmi » nous, et il me semble, outre cela, qu'elles s'expli- » quent avec plus de netteté, et qu'elles donnent un » tour plus agréable aux choses qu'elles disent. » On voit dans la correspondance encore inédite de madame de Sablé, que La Rochefoucauld la consultait sur ses écrits, et que souvent il déférait à ses avis. Il n'avait pas encore mis la dernière main à ses Mémoires, lorsqu'il en parut à Cologne, en 1662, une édition faite d'après une copie qui lui avait été dérobée. Cette édition, promptement épuisée, fut suivie de deux autres en 1663 et 1664. La Rochefoucauld les désavoua dans ces termes :

« Les deux tiers de l'écrit qu'on m'a montré, et » qu'on dit qui court sous mon nom, ne sont pas de » moi, et je n'y ai nulle part. L'autre tiers, qui est » vers la fin, est tellement changé et falsifié dans » toutes ses parties, et dans le sens, l'ordre et les » termes, qu'il n'y a presque rien qui soit conforme » à ce que j'ai écrit sur ce sujet-là : c'est pourquoi je » le désavoue, comme une chose qui a été supposée » par mes ennemis, ou par la friponnerie de ceux » qui vendent toutes sortes de manuscrits, sous » quelque nom que ce puisse être.

» Madame la marquise de Sablé, M. de Liancourt » et M. Esprit ont vu ce que j'ai écrit pour moi seul : » ils savent qu'il est entièrement différent de celui » qui a couru, et qu'il n'y a rien dedans qui ne soit » comme il doit être dans ce qui regarde M. le » prince. M. de Liancourt le lui a témoigné, et il en » a paru persuadé. Ainsi il n'est pas nécessaire d'en-

» trer davantage en matière; et je suis d'avis non- » seulement qu'on ne dise plus rien là-dessus, mais » qu'on ne réponde même autre chose que ce que je » viens de dire à quelque objection que l'on puisse » faire.

» Il faut aussi dire la même chose pour ce qui re- » garde madame de Longueville.

» Pour ce qui est de l'article qui parle de l'Hôtel- » de-Ville, il ne me paroît pas qu'il y ait rien dans ce » que j'ai vu qui puisse déplaire à M. le prince, puis- » qu'après avoir dit l'impression que cette affaire-là » fit dans le monde, on me fait dire ensuite que je » crois que M. d'Orléans et lui n'y eurent aucune » part. C'est en effet tout ce que je puis dire de cette » action, dont je n'ai jamais eu de connaissance bien » particulière, étant arrivée deux jours après celle » de Saint-Antoine, qui est un temps où je n'étois » pas en état de parler d'aucune affaire (1). »

Ce désaveu qu'on a retrouvé dans les papiers de la marquise de Sablé, conservés à la Bibliothèque royale, renferme trop d'inexactitudes pour qu'il ne s'élève pas quelque doute sur la sincérité de l'auteur. *Les deux tiers des Mémoires ne seraient pas de lui, et l'autre tiers qui est vers la fin serait changé et falsifié dans toutes ses parties, et dans le sens, l'ordre et les termes.* Cependant, en comparant les premières éditions aux manuscrits les plus authentiques, on aperçoit peu de différences. Que La Rochefoucauld ait été ou non étranger à la publication de ses Mémoires, il a dû être flatté de l'effet qu'ils produisirent : l'enthousiasme fut général. Un de nos plus grands critiques, Bayle, poussa si loin l'admiration, qu'il ne se contenta pas de les comparer aux *Commentaires de César*; il les mit au-dessus.

La Rochefoucauld, malgré les violents démêlés qu'il avait eus avec le coadjuteur, depuis cardinal de Retz, le revit sans peine, et fit de lui un portrait assez impartial. Revenu des passions exaltées qui avaient fait le tourment de son existence, il vivait tranquille au sein de sa famille. La société choisie dont il était l'âme fit tomber le langage sophistiqué de l'hôtel de Rambouillet. A ce langage succéda une manière de s'énoncer simple et naturelle, également avouée par le goût le plus pur et par l'esprit le plus délicat. C'est dans cette société que commencèrent ces spirituelles causeries, qui contribuèrent autant que les écrits à la perfection de notre langue. La Rochefoucauld, pour qui elles avaient beaucoup d'attraits, aurait été complétement heureux, si la goutte, par d'horribles souffrances, n'eût troublé sa félicité. « Je fus hier, dit madame de Sévigné, chez M. de La » Rochefoucauld : je le trouvai criant les hauts cris; » ses douleurs étoient à un tel point que toute sa con- » stance étoit vaincue, sans qu'il en restât un seul » brin; l'excès de ses douleurs l'agitoit de telle sorte, » qu'il étoit en l'air dans sa chaise avec une fièvre » violente. Il me fit une pitié extrême; je ne l'avois » jamais vu dans cet état. Il me pria de vous le man-

(1) On a vu que La Rochefoucauld avoit été grièvement blessé au combat du faubourg Saint Antoine.

» der, et de vous assurer que les rônés ne souffrent
» point en un moment ce qu'il souffre la moitié de
» sa vie ; et qu'ainsi il souhaite la mort, comme le
» coup de grâce. »

Voilà comme madame de Sévigné peint ses douleurs ; voici comme elle peint ses sentiments : « Il
» a perdu sa mère, dont il est véritablement af-
» fligé : je l'en ai vu pleurer avec une tendresse
» qui me le faisoit adorer. C'étoit une femme d'un
» extrême mérite ; et enfin, dit-il, c'étoit la seule
» qui n'a jamais cessé de m'aimer. Le cœur de M. de
» La Rochefoucauld pour sa famille est une chose
» admirable : il prétend que c'est une des chaînes
» qui nous attachent l'un à l'autre. »

Au passage du Rhin, l'un de ses fils, chevalier de
Malte, fut tué, son fils aîné grièvement blessé ; le jeune
duc de Longueville reçut un coup mortel. Ce prince
fut généralement regretté. Sa mère tomba dans la
désolation ; mais laissons encore parler madame de
Sévigné : « Il y a un homme (La Rochefoucauld)
» dans le monde qui n'est guère moins touché, j'ai
» dans la tête que s'ils s'étoient rencontrés tous deux
» dans ces premiers momens, et qu'il n'y eût eu per-
» sonne avec eux, tous les autres sentiments auroient
» fait place à des cris et à des larmes, que l'on au-
» roit redoublés de bon cœur. » Puis dans une lettre du 24 juin adressée à sa fille : « N'oubliez pas,
» dit-elle, d'écrire à M. de La Rochefoucauld sur la
» mort de son chevalier, et sur la blessure de M. de
» Marsillac. N'allez pas vous fourvoyer ; voilà ce
» qui l'afflige. Hélas ! je mens : entre nous, ma
» fille, il n'a pas senti la perte du chevalier, et il est
» inconsolable de celui que tout le monde regrette. »
Peut-on blâmer un ancien scandale avec plus de
grâce et de sentiment !

La Rochefoucauld fit un voyage à Verteuil ; bien
que ce voyage ait paru raffermir sa santé, chaque
année ses attaques de goutte devenaient plus violentes. En mars 1680, il était dans un état désespéré,
opposant à ses souffrances une fermeté inaltérable :
« Je crains bien, écrivait madame de Sévigné le
» 15 mars, que nous ne perdions M. de La Roche-
» foucauld : sa fièvre a continué ; il a reçu hier No-
» tre Seigneur, mais son état est une chose digne
» d'admiration. Il est fort bien disposé pour sa con-
» science, voilà qui est fait ; mais du reste, c'est la
» maladie et la mort de son voisin dont il est ques-
» tion : il n'en est pas effleuré, il n'en est pas trou-
» blé.... Croyez-moi, ma fille ; ce n'est pas inutile-
» ment qu'il a fait des réflexions toute sa vie : il s'est
» approché de telle sorte de ces derniers momens,
» qu'ils n'ont rien eu de nouveau ni d'étranger pour
» lui. »

Il expira dans les bras de Bossuet, le 17 mars
1680, à l'âge de soixante-sept ans. Sa mort inspira
de vifs regrets. Madame de Sévigné, annonçant cette
nouvelle à sa fille, lui disait : « *Tout se consolera
» hormis elle* (madame de La Fayette) : où retrou-
» vera-t-elle un tel ami, une telle société, une pareille
» douceur, un agrément, une confiance, une con-
» sidération pour elle et pour son fils ? Elle est in-
» firme, elle est toujours dans sa chambre, elle ne
» court point les rues. M. de La Rochefoucauld étoit
» sédentaire aussi : cet état les rendoit nécessaires
» l'un à l'autre, et rien ne pouvoit être comparé à la
» confiance et aux charmes de leur amitié. Songez-y,
» ma fille, vous trouverez qu'il est impossible de
» faire une perte plus considérable, et dont le temps
» puisse moins consoler. »

On conserve à la Bibliothèque royale huit manuscrits des Mémoires de La Rochefoucauld ; mais aucun n'est autographe. Celui qui porte le n° 352,
fonds de Harlay, est du temps de Louis XIV, et présente un grand nombre de corrections d'une écriture différente. M. Renouard a reproduit en 1804
ce manuscrit qui ne contient aucun passage inédit ;
mais en 1817 il a découvert et publié un autre texte
de la première partie, lequel était resté inconnu. La
Rochefoucauld, dans ce nouveau texte, en parlant
de lui, se sert de la première personne, et de la troisième dans le texte imprimé, excepté dans quelques
pages qui peuvent passer pour une introduction. De
ces deux manières, quelle est celle que l'auteur a
préférée ? Sur cette question, nous différons de
M. Petitot.

« Un amateur distingué, dit-il, M. Bourdillon,
» possesseur de plusieurs manuscrits précieux, a bien
» voulu nous communiquer celui des Mémoires de
» La Rochefoucauld, qui vient de la bibliothèque de
» Louis de Bouthillier de Pont-Chavigny. Il est pré-
» cédé de l'avis suivant : *Ces Mémoires sont les vé-*
» *ritables de M. D. L. R. F., et différens de ceux qui*
» *ont été imprimés en Hollande, soit pour la beauté*
» *du style, soit pour l'ordre des choses et la vérité de*
» *l'histoire. Les imprimés ont été compilés par Ce-*
» *rizay pendant qu'il étoit son domestique ; et par-*
» *tie de ces pièces, qui sont assez mal rassemblées*
» *ensemble, sont de M. de Vineuil, partie de M. de*
» *Saint-Évremont. Le reste a été pris dans les ma-*
» *nuscrits de M. D. L. R. F. ; mais ceux-ci sont en-*
» *tièrement de lui.* »

» Ce manuscrit, qui est complet, commence par
» la partie que M. Renouard a fait imprimer pour la
» première fois en 1817. La Rochefoucauld y ra-
» conte les aventures de sa première jeunesse, et
» s'étend beaucoup sur les intrigues auxquelles il
» prit part pendant les dernières années du ministère
» de Richelieu ; puis il finit par un tableau rapide de la
» régence d'Anne d'Autriche, et conduit son récit
» jusqu'à la fin de cette première guerre de la Fronde
» (mars 1649).

» Cette première partie est remplacée, dans toutes
» les éditions publiées jusqu'à ce jour, par une nar-
» ration qui se termine à peu près à la même épo-
» que, mais qui ne commence qu'au moment de la
» mort de Richelieu. Il est évident que cette narra-
» tion a été composée par La Rochefoucauld : le
» style, la manière d'envisager les choses, ne lais-
» sent aucun doute à cet égard. Elle est en général
» plus développée que la première partie du manu-
» scrit de Bouthillier ; mais si elle contient plus de
» détails sur les événements publics, elle en ren-
» ferme bien moins tant sur les intrigues secrètes de
» la cour que sur ce qui intéresse journellement

» l'auteur. Entre ces deux manières, tout porte à
» croire que La Rochefoucauld donnoit la pré-
» férence à celle qui se trouve dans notre manu-
» scrit. »

Par cette dernière phrase, M. Petitot désigne nécessairement la manière que nous a fait connaître M. Renouard. Pour soutenir cette opinion, il faudrait supposer, ou que La Rochefoucauld après son désaveu, afin de ne pas se donner à lui-même un démenti, a recommencé son travail sous une forme différente, et que la première partie seule a été retrouvée ; ou que le désaveu est sincère, et qu'en effet le premier éditeur a *changé* et *falsifié* toute la rédaction. Ces deux suppositions nous semblent inadmissibles. Les Mémoires de La Rochefoucauld se composent de deux parties, en comprenant la guerre de la Guyenne dans la seconde ; la première finit en 1649, la deuxième aux troubles de l'Hôtel-de-Ville, en 1652. Comme le désaveu fait mention de ces troubles, il est certain que les deux parties étaient terminées quand parut la première édition. Puisque cette édition est en général conforme à tous les manuscrits, même à celui de Bouthillier, nous en concluons que c'est la version définitivement adoptée par l'auteur ; nous pensons qu'il a abandonné l'autre manière après la rédaction de la première partie, qu'il a refait cette première partie d'après le plan suivi pour la seconde. Nous ne croyons pas que La Rochefoucauld ait recommencé son travail postérieurement au désaveu, parce qu'il n'est pas présumable qu'un écrivain qui possédait autant de goût et de jugement ait sacrifié le principal à l'accessoire, et substitué aux développements des faits certaines anecdotes, certains détails sur sa jeunesse. Quelque attrait que nous trouvions maintenant à ces particularités, il est bien plus probable qu'il les a élaguées pour faire ressortir des événements plus dignes de la gravité de l'histoire. Au reste, on pourra juger si nous nous trompons, puisque nous donnons la première partie rédigée de l'une et de l'autre manière.

A. B.

PORTRAIT

DU DUC DE LA ROCHEFOUCAULD,

FAIT PAR LUI-MÊME.

Je suis d'une taille médiocre, libre et bien proportionnée. J'ai le teint brun, mais assez uni ; le front élevé, et d'une raisonnable grandeur ; les yeux noirs, petits et enfoncés ; et les sourcils noirs et épais, mais bien tournés. Je serois fort empêché de dire de quelle sorte j'ai le nez fait ; car il n'est ni camus, ni aquilin, ni gros, ni pointu, au moins à ce que je crois : tout ce que je sais, c'est qu'il est plutôt grand que petit, et qu'il descend un peu trop bas. J'ai la bouche grande, et les lèvres assez rouges d'ordinaire, et ni bien ni mal taillées. J'ai les dents blanches et passablement bien rangées. On m'a dit autrefois que j'avois un peu trop de menton : je viens de me regarder dans le miroir pour savoir ce qui en est ; et je ne sais pas trop bien qu'en juger. Pour le tour du visage, je l'ai ou carré ou ovale ; lequel des deux, il me seroit difficile de le dire. J'ai les cheveux noirs, naturellement frisés, et avec cela assez épais et assez longs pour pouvoir prétendre à en belle tête.

J'ai quelque chose de chagrin et de fier dans la mine : cela fait croire à la plupart des gens que je suis méprisant, quoique je ne le sois point du tout. J'ai l'action fort aisée, et même un peu trop, et jusqu'à faire beaucoup de gestes en parlant. Voilà naïvement comment je pense que je suis fait au dehors ; et l'on trouvera, je crois, que ce que je pense de moi là-dessus n'est pas fort éloigné de ce qui en est. J'en userai avec la même fidélité dans ce qui me reste à faire de mon portrait ; car je me suis assez étudié pour me bien connoître, et je ne manquerai ni d'assurance pour dire librement ce que je puis avoir de bonnes qualités, ni de sincérité pour avouer franchement ce que j'ai de défauts.

Premièrement, pour parler de mon humeur, je suis mélancolique, et je le suis à un point que depuis trois ou quatre ans à peine m'a-t-on vu rire trois ou quatre fois. J'aurois pourtant, ce me semble, une mélancolie assez supportable et assez douce, si je n'en avois point d'autre que celle qui me vient de mon tempérament ; mais il m'en vient tant d'ailleurs, et ce qui m'en vient me remplit de telle sorte l'imagination et m'occupe si fort l'esprit, que la plupart du temps, ou je rêve sans dire mot, ou je n'ai presque point d'attache à ce que je dis. Je suis fort resserré avec ceux que je ne connois pas, et je ne suis pas même extrêmement ouvert avec la plupart de ceux que je connois. C'est un défaut, je le sais bien, et je ne négligerai rien pour m'en corriger : mais comme un certain air sombre que j'ai dans le visage contribue à me faire paroître encore plus réservé que je ne le suis, et qu'il n'est pas en notre pouvoir de nous défaire d'un méchant air qui nous vient de la disposition naturelle des traits, je pense qu'après m'être corrigé au dedans, il ne laissera pas de me demeurer toujours de mauvaises marques au dehors.

J'ai de l'esprit et je ne fais point difficulté de le dire ; car à quoi bon façonner là-dessus ? tant biaiser et tant apporter d'adoucissement pour dire les avantages que l'on a, c'est, ce me semble, cacher un peu de vanité sous une modestie apparente, et se servir d'une manière bien adroite pour faire croire de soi beaucoup plus de bien que l'on n'en dit. Pour moi, je suis content qu'on ne me croie ni plus beau que je me fais, ni de meilleur humeur que je me dépeins, ni plus spirituel et plus raisonnable que je le suis. J'ai donc de l'esprit encore une fois, mais un esprit que la mélancolie gâte ; car encore que je possède assez bien ma langue, que j'aie la mémoire heureuse, et que je ne pense pas les choses fort confusément, j'ai pourtant une si forte application à mon chagrin, que souvent j'exprime assez mal ce que je veux dire.

La conversation des honnêtes gens est un des plaisirs qui me touchent le plus. J'aime qu'elle soit sérieuse, et que la morale en fasse la plus grande partie. Cependant je sais la goûter aussi lorsqu'elle est enjouée, et si je ne dis pas beaucoup de petites choses pour rire, ce n'est pas du moins que je ne connoisse pas ce que valent les bagatelles bien dites, et que je ne trouve fort divertissante cette manière de badiner, où il y a certains esprits prompts et aisés qui réussissent si bien. J'écris bien en prose, je fais bien en vers ; et si j'étois sensible à la gloire qui vient de ce côté-là, je pense qu'avec peu de travail je pourrois m'acquérir assez de réputation.

J'aime la lecture en général : celle où il se trouve quelque chose qui peut façonner l'esprit et fortifier l'âme est celle que j'aime le plus. Surtout j'ai une extrême satisfaction à lire avec une personne d'esprit ; car de cette sorte on réfléchit à tout moment sur ce qu'on lit, et des réflexions que l'on fait il se forme une conversation la plus agréable du monde et la plus utile.

Je juge assez bien des ouvrages de vers et de prose que l'on me montre ; mais j'en dis peut-être mon sentiment avec un peu trop de liberté. Ce qu'il y a encore de mal en moi, c'est que j'ai quelquefois une délicatesse trop scrupuleuse et une critique trop sévère. Je ne hais pas entendre disputer, et souvent aussi je me mêle assez volontiers dans la dispute : mais je soutiens d'ordinaire mon opinion avec trop de chaleur ; et lorsqu'on défend un parti injuste contre moi, quelquefois, à force de me passionner pour la raison, je deviens moi-même fort peu raisonnable.

J'ai les sentiments vertueux, les inclinations belles, et une si forte envie d'être tout à fait honnête homme, que mes amis ne me sauroient faire un plus grand plaisir que de m'avertir sincèrement de mes défauts. Ceux qui me connoissent un peu particulièrement, et qui ont eu la bonté de me donner quelquefois des avis là-dessus, savent que je les ai toujours reçus avec toute la joie imaginable, et toute la soumission d'esprit que l'on sauroit désirer.

J'ai toutes les passions assez douces et assez réglées : on ne m'a presque jamais vu en colère, et je n'ai jamais eu de haine pour personne. Je ne suis pas pourtant incapable de me venger si l'on m'avoit offensé et qu'il y allât de mon honneur à me ressentir de l'injure qu'on m'auroit faite : au contraire je suis assuré que le devoir feroit si bien en moi l'office de la haine, que je poursuivrois ma vengeance avec encore plus de vigueur qu'un autre.

L'ambition ne me travaille point. Je ne crains guère de choses, et ne crains aucunement la mort. Je suis peu sensible à la pitié, et je voudrois ne l'y être point du tout. Cependant il n'est rien que je ne fisse pour le soulagement d'une personne affligée, et je crois effectivement que l'on doit tout faire, jusqu'à lui témoigner même beaucoup de compassion de son mal ; car les misérables sont si sots, que cela leur fait le plus grand bien du monde. Mais je tiens aussi qu'il faut se contenter d'en témoigner, et se garder soigneusement d'en avoir : c'est une passion qui n'est bonne à rien au dedans d'une âme bien faite, qui ne sert qu'à affoiblir le cœur, et qu'on doit laisser au peuple, qui, n'exécutant jamais rien par raison, a besoin de passions pour le porter à faire les choses.

J'aime mes amis ; et je les aime d'une façon que je ne balancerois pas un moment à sacrifier mes intérêts aux leurs. J'ai de la condescendance pour eux, je souffre patiemment leurs mauvaises humeurs : seulement je ne leur fais beaucoup de caresses, et je n'ai pas non plus de grandes inquiétudes en leur absence.

J'ai naturellement fort peu de curiosité pour la plus grande partie de ce tout qui en donne aux autres gens. Je suis fort secret, et j'ai moins de difficulté que personne à taire ce qu'on m'a dit en confidence. Je suis extrêmement régulier à ma parole ; je n'y manque jamais, de quelque conséquence que puisse être ce que j'ai promis ; et je m'en suis fait toute ma vie une loi indispensable. J'ai une civilité fort exacte parmi les femmes ; et je ne crois pas jamais avoir rien dit devant elles qui leur ait pu faire de la peine. Quand elles ont l'esprit bien fait, j'aime mieux leur conversation que celle des hommes : on y trouve une certaine douceur qui ne se rencontre point parmi nous ; et il me semble, outre cela, qu'elles s'expliquent avec plus de netteté, et qu'elles donnent un tour plus agréable aux choses qu'elles disent. Pour galant, je l'ai été un peu autrefois ; présentement je ne le suis plus, quelque jeune que je sois. J'ai renoncé aux fleurettes ; et je m'étonne seulement de ce qu'il y a encore tant d'honnêtes gens qui s'occupent à en débiter.

J'approuve extrêmement les belles passions ; elles marquent la grandeur de l'âme ; et quoique dans les inquiétudes qu'elles donnent il y ait quelque chose de contraire à la sévère sagesse, elles s'accommodent si bien d'ailleurs avec la plus austère vertu, que je crois qu'on ne les sauroit condamner avec justice. Moi, qui connois tout ce qu'il y a de délicat et de fort dans les grands sentiments de l'amour, si jamais je viens à aimer, ce sera assurément de cette sorte ; mais, de la façon dont je suis, je ne crois pas que cette connoissance que j'ai me passe jamais de l'esprit au cœur.

PORTRAIT

DU DUC DE LA ROCHEFOUCAULD,

PAR LE CARDINAL DE RETZ.

Il y a toujours eu du *je ne sais quoi* en M. de La Rochefoucauld. Il a voulu se mêler d'intrigues dès son enfance, et en un temps où il ne sentoit pas les petits intérêts, qui n'ont jamais été son foible, et où il ne connoissoit pas les grands, qui d'un autre sens n'ont pas été son fort. Il n'a jamais été capable d'aucunes affaires, et je ne sais pourquoi : car il avoit des qualités qui eussent suppléé en tout autre celles qu'il n'avoit pas. Sa vue n'étoit pas assez étendue, et il ne voyoit pas même tout ensemble ce qui étoit à sa portée : mais son bon sens, très-bon dans la spéculation, joint à sa douceur, à son insinuation, et à sa facilité de mœurs, qui est admirable, devoit récompenser plus qu'il n'a fait le défaut de sa pénétration. Il a toujours eu une irrésolution habituelle, mais je ne sais même à quoi attribuer cette irrésolution : elle n'a pu venir en lui de la fécondité de son imagination, qui n'est rien moins que vive. Je ne la puis donner à la stérilité de son jugement ; car quoiqu'il ne l'ait pas exquis dans l'action, il a un bon fonds de raison. Nous voyons les effets de cette irrésolution, quoique nous n'en connoissions pas la cause. Il n'a jamais été guerrier, quoiqu'il fût très-soldat ; il n'a jamais été par lui-même bon courtisan, quoiqu'il ait eu toujours bonne intention de l'être. Il n'a jamais été bon homme de parti, quoique toute sa vie il y ait été engagé. Cet air de honte et de timidité, que vous lui voyez dans la vie civile, s'étoit tourné dans les affaires en air d'apologie ; il croyoit toujours en avoir besoin : ce qui, joint à ses maximes, qui ne marquent pas assez de foi à la vertu, et à sa pratique, qui a toujours été à sortir des affaires avec autant d'impatience qu'il y étoit entré, me fait conclure qu'il eût beaucoup mieux fait de se connoître, et de se réduire à passer comme il eût pu pour le courtisan le plus poli et le plus honnête homme, à l'égard de la vie commune, qui eût paru dans son siècle.

MÉMOIRES
DE
LA ROCHEFOUCAULD.

PREMIÈRE PARTIE,
D'APRÈS LE TEXTE DÉCOUVERT EN 1817.

J'ai passé les dernières années du ministère du cardinal Mazarin dans l'oisiveté que laisse d'ordinaire la disgrâce. Pendant ces temps, j'ai écrit ce que j'ai vu des troubles de la régence. Bien que ma fortune soit changée, je ne jouis pas d'un moindre loisir. J'ai voulu l'employer à écrire des événemens plus éloignés, où le hasard m'a souvent donné quelque part.

[1630] J'entrai dans le monde quelque temps avant la disgrâce de la reine mère Marie de Médicis. Le roi Louis XIII, son fils, avoit une santé faible, que les fatigues de la chasse avoient usée avant l'âge.

Ses incommodités augmentoient aussi ses chagrins et les défauts de son humeur : il étoit sévère, défiant, haïssant le monde ; il vouloit être gouverné, et portoit quelquefois impatiemment de l'être. Il avoit un esprit de détail appliqué uniquement à de petites choses ; et ce qu'il savoit de la guerre convenoit plus à un simple officier qu'à un roi.

Le cardinal de Richelieu gouvernoit l'État, et il devoit toute son élévation à la Reine mère. Il avoit l'esprit vaste et pénétrant, l'humeur âpre et difficile ; il étoit libéral, hardi dans ses projets, et timide pour sa personne. Il voulut établir l'autorité du Roi et la sienne propre par la ruine des huguenots et des grandes maisons du royaume, pour attaquer ensuite la maison d'Autriche, et abaisser une puissance si redoutable à la France. Tout ce qui n'étoit pas dévoué à ses volontés étoit exposé à sa haine, et il ne gardoit point de bornes pour élever ses créatures ni pour perdre ses ennemis. La passion qu'il avoit eue long-temps pour la Reine s'étoit convertie en dépit : elle avoit de l'aversion pour lui, et il croyoit que d'autres attachemens ne lui étoient pas désagréables. Le Roi étoit naturellement jaloux ; et sa jalousie, fomentée par celle du cardinal de Richelieu, auroit suffi pour l'aigrir contre la Reine, quand même la stérilité de leur mariage et l'incompatibilité de leurs humeurs n'y auroient pas contribué. La Reine étoit aimable de sa personne ; elle avoit de la douceur, de la bonté et de la politesse ; elle n'avoit rien de faux dans l'humeur ni dans l'esprit ; et, avec beaucoup de vertu, elle ne s'offensoit pas d'être aimée. Madame de Chevreuse étoit attachée à elle depuis long-temps par tout ce qui lie deux personnes de même âge et de mêmes sentimens. Cette liaison a produit tant de choses extraordinaires, qu'il me paroît nécessaire de rapporter ici quelques-unes de celles qui s'étoient passées devant le temps dont je dois parler.

Madame de Chevreuse avoit beaucoup d'esprit, d'ambition et de beauté ; elle étoit galante, vive, hardie, entreprenante. Elle se servoit de tous ses charmes pour réussir dans ses desseins, et elle a presque toujours porté malheur aux personnes qu'elle y a engagées. Elle avoit été aimée du duc de Lorraine ; et personne n'ignoroit qu'elle n'eût été la première cause des malheurs que ce prince et ses États ont éprouvés si long-temps. Mais si l'amitié de madame de Chevreuse a été dangereuse à monsieur de Lorraine, elle ne le fut pas moins à la Reine dans la suite. La cour étoit à Nantes, et on étoit sur le point de conclure le mariage de Monsieur avec mademoiselle de Montpensier. Ce temps, qui sembloit être destiné à la joie, fut troublé par l'affaire de Chalais. Il avoit été nourri auprès du Roi, et étoit maître de la garde-robe; sa personne et son esprit étoient agréables, et il avoit un attachement extraordinaire pour madame de Chevreuse. Il fut accusé d'avoir eu dessein contre la vie du Roi, et d'avoir proposé à Monsieur de rompre son mariage, dans la vue d'épouser la Reine aussitôt qu'il seroit parvenu à la couronne. Bien que ce crime ne fût pas entièrement prouvé, Chalais eut la tête tranchée (1); et le cardinal, qui vouloit intimider la Reine, et lui faire sentir le besoin qu'elle avoit de ménager sa passion, n'eut pas de peine à persuader au Roi qu'elle et madame de Chevreuse n'avoient pas ignoré le dessein de Chalais; et il est certain que le Roi en est demeuré persuadé toute sa vie.

D'autres sujets animèrent encore le Roi et le cardinal contre la Reine et contre madame de Chevreuse : le comte de Holland vint en France, ambassadeur extraordinaire d'Angleterre, pour traiter le mariage du Roi son maître avec Madame, sœur du Roi. Il étoit jeune et bien fait, et il plut à madame de Chevreuse. Pour honorer leur passion, ils firent dessein de former une liaison d'intérêts et même de galanterie entre la Reine et le duc de Buckingham, bien qu'ils ne se fussent jamais vus. Les difficultés d'une telle entreprise n'étonnèrent point ceux qui y avoient le principal intérêt : la Reine étoit telle que je l'ai dépeinte, et le duc de Buckingham étoit favori du roi d'Angleterre, jeune, libéral, audacieux, et l'homme du monde le mieux fait. Madame de Chevreuse et le comte de Holland trouvèrent toutes les facilités qu'ils désiroient auprès de la Reine et auprès du duc de Buckingham. Il se fit choisir pour venir en France épouser Madame au nom du Roi son maître, et y arriva avec plus d'éclat, de grandeur et de magnificence que s'il eût été roi. La Reine lui parut encore plus aimable que son imagination ne lui avoit pu représenter; et il parut à la Reine l'homme du monde le plus digne de l'aimer. Ils employèrent la première audience de cérémonie à parler d'affaires qui les touchoient plus vivement que celles des deux couronnes, et ils ne furent occupés que des intérêts de leur passion. Ces heureux commencemens furent bientôt troublés : le duc de Montmorency et le duc de Bellegarde, qui étoient soufferts de la Reine, en furent méprisés; et quelque brillante que fût la cour de France, elle fut effacée en un moment par l'éclat du duc de Buckingham. L'orgueil et la jalousie du cardinal de Richelieu furent également blessés de cette conduite de la Reine, et il donna au Roi toutes les impressions qu'il étoit capable de recevoir contre elle. On ne songea plus qu'à conclure promptement le mariage, et à faire partir le duc de Buckingham. Lui, de son côté, retardoit le plus qu'il lui étoit possible, et se servoit de tous les avantages de sa qualité d'ambassadeur pour voir la Reine, sans ménager les chagrins du Roi; et même un soir que la cour étoit à Amiens, et que la Reine se promenoit assez seule dans un jardin, il y entra avec le comte de Holland, dans le temps que la Reine se reposoit dans un cabinet. Ils se trouvèrent seuls : le duc de Buckingham étoit hardi et entreprenant; l'occasion étoit favorable, et il essaya d'en profiter avec si peu de respect, que la Reine fut contrainte d'appeler ses femmes, et de leur laisser voir une partie du trouble et du désordre où elle étoit. Le duc de Buckingham partit bientôt après, passionnément amoureux de la Reine, et tendrement aimé d'elle. Il la laissa exposée à la haine du Roi et aux fureurs du cardinal de Richelieu, et il prévoyoit que leur séparation devoit être éternelle; il partit enfin sans avoir eu le temps de parler en particulier à la Reine; mais, par un emportement que l'amour seul peut rendre excusable, il revint à Amiens le lendemain de son départ, sans prétexte, et avec une diligence extrême. La Reine étoit au lit : il entra dans sa chambre, et se jetant à genoux devant elle et fondant en larmes, il lui tenoit les mains. La Reine n'étoit pas moins touchée, lorsque la comtesse de Lannoy, sa dame d'honneur, s'approcha du duc de Buckingham, et lui fit apporter un siége, en lui disant qu'on ne parloit point à genoux à la Reine. Elle fut témoin du reste de la conversation, qui fut courte. Le duc de Buckingham remonta à cheval en sortant de chez la Reine, et reprit le chemin d'Angleterre. On peut croire aisément ce qu'une conduite si extraordinaire fit dans la cour, et quels prétextes elle fournit au cardinal pour aigrir encore le Roi contre la Reine.

Les choses étoient en ces termes, quand la reine d'Angleterre partit pour aller trouver le Roi son mari. Elle fut menée par le duc et la duchesse de Chevreuse. Le duc de Buckingham eut dans cette réception toute l'occasion qu'il désiroit de faire paroître sa magnificence, et celle d'un royaume dont il étoit le maître; et il reçut madame de Chevreuse avec tous les honneurs

(1) En 1626.

qu'il auroit pu rendre à la Reine qu'il aimoit. Elle quitta bientôt la cour d'Angleterre, et revint en France avec le duc son mari. Elle fut reçue du cardinal comme une personne dévouée à la Reine et au duc de Buckingham : il essaya néanmoins de la gagner à le servir auprès de la Reine, il crut même quelque temps qu'elle lui étoit favorable ; mais il ne se fioit pas assez à ses promesses pour ne se pas assurer par d'autres précautions. Il voulut en prendre même du côté du duc de Buckingham; et sachant qu'il avoit eu en Angleterre un long attachement pour la comtesse de Carlisle, le cardinal sut ménager si adroitement l'esprit fier et jaloux de cette femme, par la conformité de leurs sentiments et de leurs intérêts, qu'elle devint le plus dangereux espion du duc de Buckingham. L'envie de se venger de son infidélité, et de se rendre nécessaire au cardinal, la portèrent à tenter toutes sortes de voies pour lui donner des preuves certaines de ce qu'il soupçonnoit de la Reine.

Le duc de Buckingham étoit, comme je l'ai dit, galant et magnifique : il prenoit beaucoup de soin de se parer aux assemblées. La comtesse de Carlisle, qui avoit tant d'intérêt de l'observer, s'aperçut bientôt qu'il affectoit de porter des ferrets de diamans qu'elle ne lui connoissoit pas : elle ne douta point que la reine de France ne les lui eût donnés ; mais, pour en être encore plus assurée, elle prit le temps à un bal d'entretenir en particulier le duc de Buckingham, et de lui couper les ferrets, dans le dessein de les envoyer au cardinal. Le duc de Buckingham s'aperçut le soir de ce qu'il avoit perdu, et jugeant d'abord que la comtesse de Carlisle avoit pris les ferrets, il appréhenda les effets de sa jalousie, et qu'elle ne fût capable de les remettre entre les mains du cardinal pour perdre la Reine. Dans cette extrémité, il dépêcha à l'instant même un ordre de fermer les ports d'Angleterre, et défendit que personne n'en sortît, sous quelque prétexte que ce pût être, devant un temps qu'il marqua. Cependant il fit refaire en diligence des ferrets semblables à ceux qu'on lui avoit pris, et les envoya à la Reine, en lui rendant compte de ce qui étoit arrivé. Cette précaution de fermer les ports retint la comtesse de Carlisle ; et elle vit bien que le duc de Buckingham avoit eu tout le temps dont il avoit besoin pour prévenir sa méchanceté. La Reine évita de cette sorte la vengeance de cette femme irritée, et le cardinal perdit un moyen assuré de convaincre la Reine et d'éclaircir le Roi de tous ses doutes, puisque les ferrets venoient de lui, et qu'il les avoit donnés à la Reine.

Le cardinal formoit alors le dessein de détruire le parti des huguenots et de faire le siége de La Rochelle. Cette guerre a été si amplement décrite, qu'il seroit inutile d'en dire ici les particularités. On sait assez que le duc de Buckingham vint avec une puissante flotte pour secourir La Rochelle ; qu'il attaqua l'île de Ré sans la prendre, et qu'il se retira avec un succès malheureux ; mais tout le monde ne sait pas que le cardinal accusa la Reine d'avoir concerté cette entreprise avec le duc de Buckingham pour faire la paix des huguenots, et pour lui donner un prétexte de revenir à la cour, et de revoir la Reine. Ces projets du duc de Buckingham furent inutiles : La Rochelle fut prise (1), et il fut assassiné peu de temps après son retour en Angleterre (2). Le cardinal triompha inhumainement de cette mort, dit des choses piquantes de la douleur de la Reine, et recommença d'espérer.

Après la prise de La Rochelle et la ruine des huguenots, le Roi alla à Lyon pour donner ordre aux affaires d'Italie et pour secourir Casal. J'entrai dans le monde dans ce temps-là, comme j'ai dit ; je revins à la cour, de l'armée d'Italie, où j'étois mestre-de-camp du régiment d'Auvergne, et je commençai à remarquer avec quelque attention ce que je voyois : la mésintelligence de la Reine mère et du cardinal de Richelieu paroissoit déjà, et l'on prévoyoit qu'elle devoit avoir de grandes suites ; mais il étoit malaisé d'en prévoir l'événement. La Reine mère avertit le Roi que le cardinal étoit amoureux de la Reine sa femme. Cet avis fit son effet, et le Roi en fut vivement touché ; il parut même être disposé à chasser le cardinal, et demanda à la Reine qui on pourroit mettre à sa place dans le ministère ; elle hésita, et ne lui osa nommer personne, soit qu'elle appréhendât que ses créatures ne lui fussent pas agréables, ou qu'elle n'eût pas pris ses mesures avec celui qu'elle y vouloit établir. Cette faute de la Reine mère causa sa perte, et sauva le cardinal. Le Roi, paresseux et timide, craignit le poids des affaires, et de manquer d'un homme capable de l'en soulager ; et le cardinal eut tout le temps et tous les moyens nécessaires pour dissiper la jalousie du Roi, et pour se garantir des mauvais offices de la Reine mère. Cependant il n'oublia rien pour la fléchir, ne se voyant pas encore en état de la détruire. Elle, de son côté, fit semblant de se réconcilier sincèrement avec lui ; mais la haine dura toujours entr'eux.

Le Roi tomba alors dans une dangereuse maladie, où tout le monde désespéra de sa santé.

(1) Le 28 octobre 1628.
(2) Le 2 septembre précédent.

La Reine mère le voyant dans cette extrémité, songea à prévenir le cardinal : elle résolut de le faire arrêter prisonnier au moment de la mort du Roi, et de le mettre à Pierre-Encise, sous la garde de M. d'Alincourt, gouverneur de Lyon. On a dit que le cardinal avoit su depuis, par le duc de Montmorency, le nom et les divers avis de tous ceux qui avoient assisté au conseil que la Reine avoit tenu contre lui, et que dans la suite il les avoit punis des mêmes peines qu'ils lui vouloient faire souffrir.

La cour étoit revenue à Paris, après la convalescence du Roi ; et la Reine mère, présumant trop de son pouvoir, éclata de nouveau contre le cardinal, à la *journée des dupes*. Cette journée fut nommée ainsi, par les révolutions qu'elle produisit dans le temps que l'autorité de la Reine paroissoit le plus établie, et que le Roi, pour être plus près d'elle et pour lui rendre plus de soins, s'étoit logé à l'hôtel des Ambassadeurs extraordinaires, auprès du Luxembourg. Un jour qu'il étoit enfermé seul avec la Reine, elle renouvela ses plaintes contre le cardinal, et déclara qu'elle ne pouvoit plus le souffrir dans les affaires. Pendant que le conversation s'échauffoit, le cardinal entra. La Reine en le voyant ne put retenir sa colère : elle lui reprocha son ingratitude et les trahisons qu'il lui avoit faites, et lui défendit de se présenter devant elle. Il se jeta à ses pieds, et essaya de la fléchir par ses soumissions et par ses larmes ; mais tout fut inutile, et e le demeura ferme dans sa résolution.

Le bruit de cette disgrâce du cardinal se répandit aussitôt ; personne presque ne douta qu'il ne fût entièrement perdu, et toute la cour en foule vint trouver la Reine mère pour prendre part à son triomphe imaginaire. On se repentit bientôt de cette déclaration, quand on sut que le Roi étoit allé le même jour à Versailles, et que le cardinal l'y avoit suivi. Il avoit balancé s'il y devoit aller ; mais le cardinal de La Valette le détermina à ne pas perdre le Roi de vue, et à tout hasarder pour se maintenir. On conseilla à la Reine d'y accompagner le Roi, et de ne le laisser pas exposé, dans une telle conjoncture, à ses propres incertitudes et aux artifices du cardinal ; mais la crainte de s'ennuyer à Versailles et d'y être mal logée lui parut une raison insurmontable, et lui fit rejeter un avis si salutaire. Le cardinal sut profiter habilement de cette occasion, et il s'empara de telle sorte de l'esprit du Roi, qu'il le fit consentir à la chute de la Reine mère. Elle fut arrêtée prisonnière bientôt après ; et ses malheurs ont duré autant que sa vie [1631]. On les sait assez, et qu'elle enveloppa dans sa perte un grand nombre de personnes de qualité.

Le grand prieur de Vendôme et le maréchal d'Ornano étoient morts en prison quelque temps auparavant ; le duc de Vendôme y étoit encore ; la princesse de Conti et le duc de Guise son frère furent chassés, le maréchal de Bassompierre fut mis à la Bastille, le maréchal de Marillac eut la tête tranchée ; on ôta les sceaux à son frère pour les donner à M. de Châteauneuf, qui avoit été nourri page du connétable de Montmorency. La révolte de Monsieur fit périr le duc de Montmorency sur un échafaud, et Châteauneuf fut contraint d'être son juge [1632]. Il fut arrêté prisonnier lui-même bientôt après, et madame de Chevreuse fut reléguée à Tours, n'ayant de crime l'un et l'autre que d'être attachés à la Reine, et d'avoir fait avec elle des railleries piquantes du cardinal. Le duc de Bellegarde, grand écuyer, avoit suivi Monsieur : mon père se trouva exposé, comme la plus grande partie de la cour, aux persécutions du cardinal ; il fut soupçonné d'être dans les intérêts de Monsieur, et il eut ordre d'aller dans une maison qu'il avoit auprès de Blois. Tant de sang répandu et de fortunes renversées avoient rendu odieux le ministère du cardinal de Richelieu ; la douceur de la régence de Marie de Médicis étoit encore présente, et tous les grands du royaume, qui se voyoient abattus, croyoient avoir passé de la liberté à la servitude. J'avois été nourri dans ces sentimens, et je m'y confirmai encore par ce que je viens de dire : la domination du cardinal de Richelieu me parut injuste, et je crus que le parti de la Reine étoit le seul qu'il fût honnête de suivre. Elle étoit malheureuse et persécutée, et le cardinal étoit plutôt son tyran que son amant ; elle me traitoit avec beaucoup de bonté et de marques d'estime et de confiance ; j'étois dans une grande liaison d'amitié avec mademoiselle d'Hautefort, qui étoit fort jeune et d'une beauté surprenante : elle avoit beaucoup de vertu et de fidélité pour ses amis ; elle étoit particulièrement attachée à la Reine, et ennemie du cardinal. Le Roi avoit paru amoureux d'elle presque aussitôt qu'elle étoit sortie de l'enfance ; mais comme cet amour ne ressembloit pas à celui des autres hommes, la vertu de cette jeune personne ne fut jamais attaquée : elle acquit plus de réputation que de bien dans le cours de cette galanterie, et le Roi lui témoignoit plus de passion par de longues et pénibles assiduités et par sa jalousie, que par les grâces qu'il lui faisoit. Elle me parloit de tous ses intérêts et de tous ses sentimens avec une confiance entière, bien que je fusse fort jeune : elle obligea la Reine à me dire toutes choses sans réserve. Mademoiselle de Chemerault, fille de la Reine, étoit fort jeune, et d'une beauté admirable ; les agrémens de son esprit ne plaisoient pas moins que sa beauté : elle étoit gaie, vive, moqueuse ; mais sa raillerie étoit toujours fine et délicate. La Reine l'aimoit ; elle étoit amie particulière de mademoiselle d'Hautefort et la mienne, et elle contribuoit encore à notre liaison. De moindres raisons auroient suffi pour éblouir un homme qui n'avoit jamais rien vu, et pour l'entraîner dans un chemin si opposé à sa fortune. Cette conduite m'attira bientôt l'aversion du Roi et du cardinal, et commença une longue suite de disgrâces dont ma vie a été agitée, et qui m'ont donné souvent plus de part qu'un particulier n'en devoit avoir à des événemens considérables. Mais comme je ne prétends pas écrire l'histoire, ni parler de moi dans ce qui a du rapport aux personnes avec qui j'ai été lié d'intérêt et d'amitié, je ne toucherai que les choses où j'ai été mêlé, puisque le reste est assez connu.

[1635] La guerre fut déclarée au roi d'Espagne en l'année 1635, et les maréchaux de Châtillon et de Brezé entrèrent en Flandre avec une armée de vingt mille hommes pour se joindre au prince d'Orange, qui commandoit celle de Hollande. Il étoit généralissime, et ces deux corps assemblés faisoient plus de quarante mille hommes. Devant cette jonction, l'armée du Roi avoit gagné la bataille d'Avein (1), et défait les troupes d'Espagne, commandées par le prince Thomas : plusieurs jeunes gens de qualité étoient volontaires en cette occasion ; j'étois du nombre. Une si heureuse victoire donna de la jalousie au prince d'Orange, et mit la division entre lui et les maréchaux de Châtillon et de Brezé : au lieu de tirer avantage d'un tel succès et de maintenir sa réputation, il fit piller et brûler Tirlemont pour décrier les armes du Roi, et les charger d'une violence si peu nécessaire ; il assiégea Louvain, sans avoir dessein de le prendre, et affoiblit tellement l'armée de France par les fatigues continuelles et par le manquement de toutes choses, qu'à la fin de la campagne elle ne fut plus en état de retourner seule par le chemin qu'elle avoit tenu, et elle fut contrainte de revenir par mer. Je revins avec ce qu'il y avoit de volontaires, et je leur portai malheur ; car nous fûmes tous chassés, sous prétexte qu'on parloit trop librement de ce qui s'étoit passé dans cette campagne ; mais la principale raison fut le plaisir que sentit le Roi de faire dépit à la Reine et à mademoiselle d'Hautefort, en m'éloignant de la cour.

[1636]. La seconde année de cette guerre donna beaucoup de prétextes aux ennemis du cardinal de Richelieu de condamner sa conduite. On avoit considéré la déclaration de la guerre, et le dessein qu'un si grand ministre avoit formé depuis si long-temps d'abattre la maison d'Autriche, comme une entreprise hardie et douteuse ; mais alors elle parut folle et téméraire : on voyoit que les Espagnols avoient pris sans résistance La Capelle, le Castelet et Corbie ; que les autres places frontières n'étoient ni mieux munies ni mieux fortifiées ; que les troupes étoient foibles et mal disciplinées ; qu'on manquoit de poudre et d'artillerie ; que les ennemis étoient entrés en Picardie, et pouvoient marcher à Paris. On s'étonnoit encore que le cardinal eût exposé si légèrement la réputation du Roi et la sûreté de l'État sans prévoir tant de malheurs, et qu'il n'eût d'autre ressource, dans la seconde année de la guerre, que de faire convoquer l'arrière-ban. Ces bruits, répandus dans tout le royaume, réveillèrent les cabales, et donnèrent lieu aux ennemis du cardinal de former des desseins contre son autorité et même contre sa vie.

Cependant le Roi marcha à Amiens avec ce qu'il put rassembler de troupes ; Monsieur étoit auprès de lui. Il donna le commandement de son armée au comte de Soissons, jeune prince bien fait de sa personne, d'un esprit médiocre et défiant, fier, sérieux, et ennemi du cardinal de Richelieu. Il avoit méprisé son alliance, et refusé d'épouser madame de Combalet sa nièce. Ce refus, plus que toutes les bonnes qualités du comte de Soissons, lui attiroit l'estime et l'amitié de tout ce qui n'étoit point dépendant du cardinal. Saint-Ibal, Varicarville, Campion et Bardouville, gens difficiles et factieux, affectant une vertu austère et peu sociable, s'étoient rendus maîtres de ce prince. Ils avoient fait une liaison étroite de Monsieur et de lui contre le cardinal par l'entremise du comte de Montrésor, qui suivoit en tout, par une imitation affectée, les manières et les sentimens de Saint-Ibal et de Varicarville. Quelque considérable que fût cette union de Monsieur et de M. le comte, elle étoit néanmoins trop foible pour ébranler la fortune du cardinal par des intrigues : on eut recours à d'autres voies ; et ils résolurent de le tuer quand ils pourroient le faire sûrement. L'occasion s'en présenta bientôt après. Un jour que le Roi tint conseil dans un petit château à une lieue d'Amiens, où M. le comte et le cardinal se trouvèrent, le Roi sortit le premier pour retourner à Amiens ; et quelques affaires ayant retenu plus d'une demi-heure le cardinal avec ces deux princes, ils furent pressés par Saint-Ibal, par Montrésor et Varicarville d'exécuter leur entreprise ; mais la timidité de Monsieur et la foiblesse de

(1) Le 20 mai.

M. le comte la rendirent vaine : le cardinal connut le péril où il étoit; le trouble parut sur son visage; il laissa Monsieur et M. le comte ensemble, et partit avec précipitation. Je m'étonnai que le cardinal, prévoyant et timide comme il étoit, se fût exposé à la merci de ses ennemis; et qu'eux aussi, qui avoient tant d'intérêt à sa perte, eussent laissé échapper une occasion si sûre, et si difficile à retrouver.

Les progrès des Espagnols furent bientôt arrêtés : le Roi reprit Corbie, et la campagne finit plus heureusement qu'elle n'avoit commencé. Il ne me fut pas permis de passer l'hiver à la cour; et je fus obligé d'aller trouver mon père, qui étoit dans ses maisons, et dont la disgrâce particulière n'étoit pas finie.

[1637] Madame de Chevreuse étoit alors reléguée à Tours, comme j'ai dit. La Reine lui avoit donné bonne opinion de moi; elle souhaita de me voir, et nous fûmes bientôt dans une très-grande liaison d'amitié. Cette liaison ne fut pas plus heureuse pour moi qu'elle l'avoit été pour tous ceux qui en avoient eu avec elle; et je me trouvai entre la Reine et madame de Chevreuse. On me permit d'aller à l'armée sans me permettre de demeurer à la cour; et en allant ou en revenant, j'étois souvent chargé, par l'une ou par l'autre, de commissions périlleuses.

La disgrâce de mon père cessa enfin, et je revins avec lui auprès du Roi, dans le temps qu'on accusoit la Reine d'avoir une intelligence avec le marquis de Mirabel, ministre d'Espagne. On en fit un crime d'État à la Reine, et elle se vit exposée à une sorte de persécution qu'elle n'avoit pas encore éprouvée : plusieurs de ses domestiques furent arrêtés, ses cassettes furent prises. M. le chancelier l'interrogea comme une criminelle; on proposa de la renfermer au Havre, de rompre son mariage, et de la répudier. Dans cette extrémité, abandonnée de tout le monde, manquant de toutes sortes de secours, et n'osant se confier qu'à mademoiselle d'Hautefort et à moi, elle me proposa de les enlever toutes deux, et de les emmener à Bruxelles. Quelque difficulté et quelque péril qui me parussent dans un tel projet, je puis dire qu'il me donna plus de joie que je n'en avois eu de ma vie. J'étois dans un âge où l'on aime à faire des choses extraordinaires et éclatantes, et je ne trouvois pas que rien le fût davantage que d'enlever en même temps la Reine au Roi son mari et au cardinal de Richelieu, qui en étoit jaloux, et d'ôter mademoiselle d'Hautefort au Roi, qui en étoit amoureux.

Heureusement les choses changèrent : la Reine ne se trouva pas coupable; l'interrogation du chancelier la justifia, et madame d'Aiguillon adoucit le cardinal de Richelieu : mais il étoit nécessaire de faire savoir promptement toutes ces choses à madame de Chevreuse pour l'empêcher de prendre l'alarme, et l'avertir de chercher à se mettre en sûreté. On avoit fait jurer la Reine de n'avoir aucun commerce avec elle; et il n'y avoit que moi qui la pût informer de tout ce qui s'étoit passé. La Reine me laissa ce soin; je pris prétexte de retourner chez mon père, où ma femme étoit malade, et je promis à la Reine de rassurer madame de Chevreuse, et de lui faire savoir ce dont elle me chargeoit. Dans le temps que je lui parlois, et qu'elle n'avoit pas achevé tout ce qu'elle avoit à me dire, madame de Senecey, qui étoit sa dame d'honneur, ma parente et de mes amies, étoit seule à la porte du cabinet pour nous empêcher d'être surpris. M. des Noyers entra, avec un papier qu'il devoit faire signer à la Reine, où les règles de sa conduite avec le Roi étoient amplement déduites. Je n'eus que le temps, voyant M. des Noyers, de prendre congé de la Reine; j'allai ensuite le prendre du Roi.

La cour étoit alors à Chantilly, et le cardinal à Royaumont; mon père étoit auprès du Roi : il pressoit mon départ, par la crainte qu'il avoit que l'attachement que j'avois avec la Reine ne nous attirât de nouveaux embarras. Lui et M. de Chavigny me menèrent à Royaumont : ils n'oublièrent rien l'un et l'autre pour me représenter les périls où ma conduite, qui étoit depuis longtemps désagréable au Roi et suspecte au cardinal, pouvoit jeter ma maison; et ils me dirent positivement que je ne reviendrois jamais à la cour si je passois à Tours, où étoit madame de Chevreuse, et si je ne rompois commerce avec elle. Cet ordre si précis me mit dans une peine extrême. Ils m'avertirent que j'étois observé, et qu'on seroit exactement averti de tout ce que je ferois. J'étois néanmoins chargé si expressément de la Reine de faire savoir à madame de Chevreuse ce qui s'étoit passé dans la déposition du chancelier, que je ne pouvois me dispenser de lui en donner avis. Je promis à mon père et à M. de Chavigny que je ne verrois point madame de Chevreuse. Je ne la vis pas en effet; mais je priai Craf, gentilhomme anglais, de ses amis et des miens, de l'avertir de ma part qu'on m'avoit défendu de la voir, et qu'il étoit nécessaire qu'elle envoyât un homme sûr, par qui je lui pusse mander ce que je n'osois lui aller dire à Tours. Elle fit ce que je désirois; et elle fut informée de tout ce que la Reine avoit dit au chancelier, et de la parole qu'il avoit donnée à la Reine qu'elle et madame de Chevreuse seroient désormais en repos, à condition de n'avoir plus aucun commerce ensemble.

Cette tranquillité ne leur dura pas long-temps, par une méprise bizarre qui replongea madame de Chevreuse dans des disgrâces qui l'ont accompagnée pendant dix ou douze ans, et qui ont causé les miennes particulières par un enchaînement d'accidens que je n'ai pu éviter. Pendant que le chancelier interrogeoit la Reine à Chantilly, et qu'elle craignoit le plus le succès de cette affaire, elle craignoit aussi que madame de Chevreuse ne s'y trouvât embarrassée; et mademoiselle d'Hautefort étoit convenue avec elle que quand elle lui enverroit des Heures reliées de vert, ce seroit une marque que les affaires de la Reine prendroient des voies de douceur et d'accommodement; mais que si elle lui envoyoit des Heures reliées de rouge, ce seroit avertir madame de Chevreuse de pourvoir à sa sûreté, et de sortir du royaume avec le plus de diligence qu'elle pourroit. Je ne sais laquelle des deux se méprit; mais au lieu d'envoyer à madame de Chevreuse des Heures qui devoient la rassurer, celles qu'elle reçut lui firent croire que la Reine et elle étoient perdues; de sorte que, sans consulter davantage, et sans se souvenir de ce que je lui avois mandé, elle résolut de se sauver en Espagne. Elle confia ce secret à l'archevêque de Tours, qui étoit un vieillard de quatre-vingts ans, plus zélé pour elle qu'il ne convenoit à un homme de son âge et de sa profession. Il étoit de Béarn, et avoit des parens sur la frontière d'Espagne : il donna à madame de Chevreuse une route et des lettres de créance qu'il crut lui être nécessaires. Elle se déguisa en homme, et partit à cheval, sans femme, et accompagnée de deux hommes seulement. La précipitation de son départ lui fit oublier, en changeant d'habits, d'emporter avec elle les lettres de créance et la route que l'archevêque de Tours lui avoit données, et elle ne s'en aperçut qu'après avoir fait cinq ou six lieues. Cet accident lui fit changer de dessein; et, ne sachant quel parti prendre, elle vint en un jour, sur les mêmes chevaux, à une lieue de Verteuil, où j'étois. Elle m'envoya un de ses gens me dire son dessein d'aller en Espagne; qu'elle avoit perdu sa route; qu'elle me prioit instamment de ne la point voir, de peur de la faire connoître; et de lui donner des gens fidèles et des chevaux. Je fis à l'instant même ce qu'elle désiroit, et j'allai seul la trouver sur son chemin, pour savoir plus précisément d'elle les raisons d'un départ si opposé à tout ce que je lui avois fait savoir : mais comme on avoit vu un homme parler à moi en particulier, sans avoir voulu dire son nom, on crut aussitôt que j'avois querelle, et il me fut impossible de me débarrasser de beaucoup de gentilshommes qui me vouloient suivre, et qui l'auroient peut-être reconnue. De sorte que je ne la vis point, et elle fut conduite sûrement en Espagne, après avoir évité mille périls, et après avoir fait paroître plus de pudeur et plus de cruauté à une dame chez qui elle logea en passant, que les hommes faits comme elle sembloit l'être n'ont accoutumé d'en avoir. Elle me renvoya de la frontière d'Espagne, par un de mes gens, pour deux cent mille écus de pierreries, me priant de les recevoir en don si elle mouroit, ou de les lui rendre si elle me les envoyoit demander.

Le lendemain que madame de Chevreuse fut partie, un courrier de monsieur son mari arriva à Tours pour lui confirmer ce que je lui avois mandé de l'accommodement de la Reine; il étoit même chargé pour elle de quelques complimens de la part du cardinal. Cet homme, étonné de ne la point trouver, s'adressa à l'archevêque de Tours, et lui dit qu'on se prendroit à lui de cette fuite. Ce bonhomme, épouvanté de ces menaces, et affligé de l'absence de madame de Chevreuse, dit tout ce qu'il savoit au courrier, et l'informa du chemin qu'elle devoit tenir; il dépêcha encore d'autres gens après elle, et lui écrivit tout ce qu'il crut capable de la faire revenir : mais ce voyage, qui avoit été entrepris par une fausse alarme, fut continué par la perte de cette route dont j'ai parlé. Son malheur et le mien lui firent quitter le chemin où l'on auroit sans doute retrouvée, et lui fit prendre celui de Verteuil, pour me charger si à contre-temps de son passage en Espagne. Cette affaire, si surprenante dans un temps où les affaires de la Reine s'étoient terminées avec beaucoup de douceur, renouvela les soupçons du Roi et du cardinal; et ils crurent avec apparence que madame de Chevreuse n'auroit pas pris un parti si extraordinaire, si la Reine ne l'avoit jugé nécessaire pour leur commune sûreté. Elle, de son côté, ne pouvoit deviner la cause de cette retraite; et plus on la pressoit d'en dire les raisons, et plus elle craignoit que le raccommodement ne fût pas sincère, et qu'on n'eût voulu s'assurer de madame de Chevreuse pour découvrir par sa déposition ce qu'on n'avoit pu apprendre par la sienne. Cependant on dépêcha le président Vignier pour informer de la fuite de madame de Chevreuse. Il alla à Tours, et suivit la route qu'elle avoit tenue, et vint à Verteuil, où j'étois, interroger mes domestiques et moi sur ce qu'on prétendoit que j'avois enlevé madame de Chevreuse, et que je l'avois fait conduire dans un royaume ennemi. Je répondis, conformément à la vérité, que je n'avois point vu madame de Chevreuse; que je n'étois point responsable d'un dessein qu'elle avoit pris sans ma participation, et que je n'avois pas dû refuser à une personne de cette qualité des gens et des chevaux qu'elle m'avoit envoyé demander. Mais toutes mes raisons n'empêchèrent pas qu'on ne m'envoyât un ordre d'aller à Paris pour rendre compte de mes actions. J'y obéis aussitôt, pour porter moi seul la peine de ce que j'avois fait, et pour n'exposer pas mon père à la partager avec moi si je n'obéissois pas.

Le maréchal de La Meilleraye et M. de Chavigny, qui étoient de mes amis, avoient un peu adouci le cardinal: ils m'avoient représenté, bien qu'il ne fût pas vrai, comme un jeune homme lié à madame de Chevreuse par un attachement plus fort et plus indispensable encore que celui de l'amitié, et donnèrent envie au cardinal de me parler lui-même, pour essayer de tirer de moi tout ce que je savois de cette affaire. Je le vis, et il me parla avec beaucoup de civilité, en exagérant néanmoins la grandeur de ma faute, et quelles en pouvoient être les suites, si je ne la réparois par l'aveu de tout ce que je savois. Je lui répondis dans le même sens de ma déposition; et comme je lui parus plus réservé et plus sec qu'on n'avoit accoutumé de l'être avec lui, il s'aigrit, et me dit assez brusquement que je n'avois donc qu'à aller à la Bastille. J'y fus mené le lendemain par le maréchal de La Meilleraye, qui me servit avec beaucoup de chaleur dans tout le cours de cette affaire, et qui tira parole du cardinal que je n'y serois que huit jours.

Ce peu de temps que j'y demeurai me représenta, plus vivement que tout ce que j'avois vu jusqu'alors, l'image de la vengeance (1).

J'y vis le maréchal de Bassompierre, dont le mérite et les agréables qualités étoient si connus; j'y vis le maréchal de Vitry, le comte de Cramail, le commandeur de Jars, Le Fargis, Le Coudray-Montpensier, Vautier, et un nombre infini de gens de toutes conditions et de tous sexes, malheureux et persécutés par une longue et cruelle prison. La vue de tant d'objets pitoyables augmenta encore la haine naturelle que j'avois pour l'administration du cardinal de Richelieu. Le maréchal de La Meilleraye me vint tirer de la Bastille huit jours après m'y avoir mené, et j'allai avec lui à Ruel remercier le cardinal de la liberté qui m'étoit rendue. Je le trouvai froid et sérieux, et je n'entrai point en justification sur ma conduite. Il me parut qu'il en étoit piqué, et je me trouvai bien heureux d'être sorti de prison dans un temps où personne n'en sortoit; et je retournai à Verteuil, sans qu'on eût été averti que j'étois chargé des pierreries de madame de Chevreuse.

La Reine me fit paroître avec tant de bonté qu'elle ressentoit vivement tout ce qui m'arrivoit pour son service, et mademoiselle d'Hautefort me donna tant de marques d'estime et d'amitié, que je trouvai mes disgrâces trop bien payées. Madame de Chevreuse, de son côté, ne me témoignoit pas une moindre reconnoissance; et elle avoit tellement exagéré ce que j'avois fait pour elle, que le roi d'Espagne l'alla voir sur la nouvelle de ma prison, et lui fit encore une seconde visite quand on apprit ma liberté. Les marques d'estime que je recevois des personnes à qui j'étois le plus attaché, et une certaine approbation que le monde donne assez facilement aux malheureux quand leur conduite n'est pas honteuse, me firent supporter avec quelque douceur un exil de deux ou trois années. J'étois jeune; la santé du Roi et celle du cardinal s'affoiblissoient, et je devois tout attendre d'un changement. J'étois heureux dans ma famille, j'avois à souhait tous les plaisirs de la campagne; les provinces voisines étoient remplies d'exilés, et le rapport de nos fortunes et de nos espérances rendoit notre commerce agréable [1639]. On me permit enfin d'aller à l'armée après la prise de Hesdin (1). Le reste de la campagne fut considérable par le combat de Saint-Nicolas, qui fut grand et opiniâtre, et par l'enlèvement de deux mille Cravates auprès de Saint-Venant, où vingt-cinq ou trente volontaires de qualité soutinrent seuls sur une digue tout l'effort des ennemis, et les repoussèrent quatre ou cinq fois à coups d'épée jusque dans les barrières de leur camp. Sur la fin de cette campagne, où l'on avoit dit du bien de moi au cardinal, sa haine commençoit à se ralentir; il voulut même m'attacher dans ses intérêts. Le maréchal de La Meilleraye m'offrit de sa part de me faire servir de maréchal de camp, et me fit voir de grandes espérances; mais la Reine m'empêcha d'accepter cet avantage, et elle désira instamment que je ne reçusse point de grâce du cardinal qui me pût ôter la liberté d'être contre lui quand elle se trouveroit en état de paroître ouvertement son ennemie. Cette marque de la confiance de la Reine me fit renoncer avec plaisir à tout ce que la fortune me présentoit. Je remerciai le maréchal de La Meilleraye avec tout le ressentiment que je devois à ses bons offices, et je retournai à Verteuil sans

---

(1) Dans l'édition de 1817, il y a *l'image de la cruauté de l'administration du cardinal*. Dans notre manuscrit, les mots *de la vengeance* sont écrits au crayon. (Note du précédent éditeur.)

(1) Le 30 juin 1639.

voir la cour; j'y demeurai un temps considérable dans une sorte de vie inutile, et que j'aurois trouvée trop languissante, si la Reine, de qui je dépendois, n'eût réglé elle-même cette conduite, et ne m'eût ordonné de la continuer, dans l'espérance d'un changement qu'elle prévoyoit.

[1642] Ce changement toutefois ne devoit être prévu que par la mauvaise santé du cardinal, puisque d'ailleurs son autorité dans le royaume, et son pouvoir sur l'esprit du Roi, augmentoit tous les jours; et même, dans le temps que le Roi partit pour aller faire le siége de Perpignan (1), il fut sur le point d'ôter ses enfans à la Reine pour les faire élever au bois de Vincennes, et il ordonna, s'il venoit à mourir dans le voyage, qu'on les remît entre les mains du cardinal.

Les malheurs de M. le Grand (2) fournirent alors une nouvelle scène. Sa faveur étoit devenue suspecte au cardinal de Richelieu, qui l'avoit commencée. Il connut bientôt la faute qu'il avoit faite de faire chasser mademoiselle d'Hautefort et mademoiselle de Chemerault, qui ne lui pouvoient nuire auprès du Roi, et d'y établir un jeune homme ambitieux, fier par sa fortune, plus fier encore par son élévation naturelle et par son esprit, mais peu capable d'être retenu par la reconnoissance des avantages que le maréchal d'Effiat son père, et lui, avoient reçus du cardinal de Richelieu. M. le Grand étoit extrêmement bien fait; il étoit étroitement engagé avec madame la princesse Marie, depuis reine de Pologne, qui étoit une des plus aimables personnes du monde. Dans le temps que sa vanité devoit être le plus flattée de plaire à cette princesse, elle, de son côté, souhaitoit ardemment de l'épouser; et dans ce temps, dis-je, où l'un et l'autre paroissoient entraînés par la violence de leur passion, le caprice, qui dispose presque toujours de la fidélité des amans, retenoit depuis long-temps la princesse Marie dans un attachement pour ****, et M. le Grand aimoit éperdument mademoiselle de Chemerault. Il lui persuadoit même qu'il avoit dessein de l'épouser, et il lui en donnoit des assurances par des lettres qui ont causé de grandes aigreurs après sa mort entre madame la princesse Marie et elle, dont j'ai été témoin.

Cependant l'éclat du crédit de M. le Grand réveilla les espérances des mécontents: la Reine et Monsieur s'unirent à lui; le duc de Bouillon et plusieurs personnes de qualité firent la même chose. Tant de prospérités pouvoient aisément éblouir un homme de vingt-deux ans; mais on ne doit pas pardonner à la Reine, à Monsieur, ni au duc de Bouillon, d'en avoir été assez éblouis eux-mêmes pour se laisser entraîner par M. le Grand à ce funeste traité d'Espagne dont on a tant parlé. La manière qui le fit découvrir est encore douteuse; et, sans m'arrêter aux divers soupçons qu'on a eus de la fidélité ou du secret de ceux qui le savoient, il vaut mieux s'attacher à une opinion innocente, et croire que ce traité fut trouvé dans la malle du courrier d'Espagne, que l'on ouvre presque toujours en passant à Paris. M. de Thou n'en avoit encore aucune connoissance lorsqu'il vint me trouver de la part de la Reine pour m'apprendre sa liaison avec M. le Grand, et qu'elle lui avoit promis que je serois de ses amis. M. de Thou me fit aussi beaucoup d'avances de M. le Grand, et je me trouvai dans ses intérêts sans l'avoir presque jamais vu. Je ne dirai point ici la suite malheureuse de leurs projets: on la sait assez.

La mort de M. le Grand et de M. de Thou (3) ne ralentit pas les poursuites du cardinal contre tous ceux qui avoient eu part au traité d'Espagne: le comte de Montrésor avoit été accusé par Monsieur de l'avoir su, et il se vit contraint de sortir du royaume. Il en chercha long-temps inutilement les moyens, et plusieurs de ses amis lui refusèrent les secours qu'il leur avoit demandés en cette rencontre. Nous étions dans une liaison d'amitié; mais comme j'avois été déjà mis en prison pour avoir fait passer madame de Chevreuse en Espagne, il étoit périlleux vers le cardinal de retomber dans une semblable faute, et même pour sauver un homme qui étoit déclaré criminel: je m'exposois par là, tout de nouveau, à de plus grands embarras encore que ceux dont je venois de sortir. Ces raisons néanmoins cédèrent à l'amitié que j'avois pour le comte de Montrésor, et je lui donnai une barque et des gens qui le menèrent sûrement en Angleterre. J'avois préparé une pareille assistance au comte de Béthune, qui n'étoit pas seulement mêlé, comme le comte de Momtrésor, dans l'affaire de M. le Grand, mais qui étoit même assez malheureux pour être accusé, bien que ce fût injustement, d'avoir révélé le traité d'Espagne. Il étoit près de suivre le comte de Montrésor en Angleterre, et je m'attendois à ressentir les effets de la haine du cardinal de Richelieu, que je ne m'attirois cependant par tant de rechutes que par la nécessité indispensable de faire mon devoir.

La conquête du Roussillon, la chute de M. le Grand et de tout son parti, la suite de tant

(1) Pris le 6 septembre 1642.
(2) Cinq-Mars, grand-écuyer de Louis XIII.
(3) Exécutés le 12 septembre 1642.

d'heureux succès, tant d'autorité et tant de vengeance, avoient rendu le cardinal de Richelieu également redoutable à la France et à l'Espagne. Il revenoit à Paris comme en triomphe; la Reine craignoit les effets de son ressentiment; le Roi même ne s'étoit pas assez réservé le pouvoir de protéger ses propres créatures : il ne lui restoit presque plus que Tréville et Tilladet en qui il eût confiance, et il fut contraint de les chasser pour satisfaire le cardinal. La santé du Roi s'affoiblissoit tous les jours; mais celle du cardinal étoit déplorée, et il mourut le 4 décembre 1642.

Quelque joie que dussent recevoir ses ennemis de se voir à couvert de tant de persécutions, la suite a fait connoître que cette perte fut très-préjudiciable à l'État, et que comme il en avoit osé changer la forme en tant de manières, lui seul la pouvoit maintenir utilement, si son administration et sa vie eussent été de plus longue durée. Nul que lui n'avoit bien connu jusqu'alors toute la puissance du royaume, et ne l'avoit su remettre entière entre les mains du souverain. La sévérité de son ministère avoit répandu beaucoup de sang; les grands du royaume avoient été abaissés, les peuples avoient été chargés d'impositions : mais la prise de La Rochelle, la ruine du parti huguenot, l'abaissement de la maison d'Autriche, tant de grandeur dans ses desseins, tant de hardiesse à les exécuter, doivent étouffer les ressentimens particuliers, et donner à sa mémoire les louanges qu'elle a justement méritées.

J'arrivai à Paris aussitôt après la mort du cardinal de Richelieu. La mauvaise santé du Roi, et le peu de disposition où il étoit de confier ses enfans et le gouvernement du royaume à la Reine, me firent espérer de trouver bientôt des occasions de la servir. Je trouvai la cour pleine d'agitations, étonnée de la mort du cardinal de Richelieu, et respectant encore son autorité. Ses parens et ses créatures y avoient toujours les mêmes avantages qu'il leur avoit procurés; et le Roi, qui le haïssoit, n'osoit cesser de suivre ses volontés. Il consentit que ce ministre disposât par son testament des principales charges et des plus importantes places du royaume, et qu'il établît le cardinal Mazarin chef du conseil et premier ministre.

[1643] Cependant la santé du Roi diminuoit tous les jours. On prévoyoit de grandes persécutions contre les parens et les créatures du cardinal de Richelieu, soit que la Reine eût seule la régence, ou que Monsieur la partageât avec elle. Le cardinal Mazarin, M. de Chavigny et M. des Noyers avoient alors toute la part aux affaires, et se trouvoient par cette raison exposés dans un changement. M. des Noyers avoit pensé le premier à se garantir; et il avoit donné des espérances à la Reine de disposer le Roi, par le moyen de son confesseur, à l'établir régente. Le cardinal Mazarin et M. de Chavigny, qui avoient pris d'autres mesures pour plaire au Roi, et dans la vue qu'il pourroit guérir, lui avoient proposé de donner une déclaration qui établît un conseil nécessaire à la Reine pour borner l'autorité de sa régence, et pour exclure des affaires toutes les personnes suspectes. Bien que cette proposition parût contraire aux intérêts de la Reine, et qu'elle fût faite sans sa participation, néanmoins le Roi ne pouvoit y consentir : il ne pouvoit se résoudre à la déclarer régente, et moins encore à partager l'autorité entre elle et Monsieur. Il l'avoit toujours soupçonnée d'avoir une liaison secrète avec les Espagnols, et il ne doutoit pas qu'elle ne fût encore fomentée par madame de Chevreuse, qui étoit passée alors d'Angleterre à Bruxelles. D'un autre côté, le pardon qu'il venoit d'accorder à Monsieur pour le traité d'Espagne, et l'aversion naturelle qu'il avoit toujours eue pour ce prince, le tenoient dans une irrésolution qu'il n'auroit peut-être pas surmontée, si les conditions que le cardinal Mazarin et M. de Chavigny lui proposèrent ne lui eussent fourni l'expédient qu'il désiroit pour restreindre la puissance de la Reine, et la rendre dépendante d'un conseil nécessaire.

Ce conseil devoit être composé de Monsieur, de M. le prince, du cardinal Mazarin, du chancelier, de M. des Noyers et de M. de Chavigny; et la déclaration portoit que la Reine ne pourroit rien résoudre sans leurs avis. Cependant le cardinal Mazarin et M. de Chavigny cachoient soigneusement ce projet à la Reine; mais l'ayant communiqué à M. des Noyers, il s'y opposa, et leur fit trop connoître qu'il ne pouvoit jamais y consentir. Cette sincérité causa sa perte bientôt après : ils ne doutèrent point qu'il ne voulût s'établir à leurs dépens auprès de la Reine, et qu'il ne lui rendit compte de ce qu'ils avoient proposé. Ils résolurent de l'éloigner des affaires, de peur qu'il ne se mît en état de les en éloigner eux-mêmes quand la Reine seroit régente. M. des Noyers apprit à la Reine, comme ils l'avoient prévu, le dessein de la déclaration, et ce qui se faisoit contre son service. Elle en fut vivement touchée : elle s'en plaignit à ses serviteurs particuliers, comme d'un outrage qu'elle ne pouvoit jamais pardonner; et ce fut lui faire sa cour que de n'aller plus chez le cardinal Mazarin et chez M. de Chavigny.

Les choses étoient en ces termes, lorsque

M. des Noyers, qui croyoit les avoir ruinés auprès de la Reine, se trouva ruiné lui-même auprès du Roi. Ces deux ministres lui persuadèrent que M. des Noyers prenoit des mesures avec la Reine, et qu'il n'étoit contraire à la déclaration que pour se rendre maître de son esprit quand toute l'autorité seroit entre ses mains. Ils lui firent remarquer que son confesseur (1), créature de M. des Noyers, agissoit en toutes choses de concert avec lui, et appuyoit les intérêts de la Reine. Ces apparences firent toute l'impression qu'ils désiroient sur l'esprit du Roi, naturellement soupçonneux, et affoibli encore par la longueur et par l'extrémité de sa maladie. Le confesseur fut chassé; et M. des Noyers, qui vit le changement du Roi, demanda à se retirer, et il eut ordre de traiter de sa charge de secrétaire d'État. M. Le Tellier en fut pourvu : le cardinal Mazarin, qui l'avoit connu en Piémont, où il servoit d'intendant, le proposa au Roi. Il a l'esprit net, facile, et capable d'affaires; personne n'a su avec plus d'adresse se maintenir dans les diverses agitations de la cour : sous des apparences de modération, il n'a jamais prétendu à la première place dans le ministère, pour occuper plus sûrement la seconde.

Il me parut que ce changement de M. des Noyers n'avoit rien diminué des espérances de la Reine, et qu'elle étoit moins aigrie contre les deux ministres qui restoient. Le cardinal Mazarin avoit eu le temps de se justifier auprès d'elle par ses amis, qui le servoient utilement, et par des conversations secrètes qu'il avoit avec elle, dont elle ne donnoit point de part à ses anciens serviteurs. Il justifia même en quelque sorte cette déclaration injurieuse dont je viens de parler; il la fit passer comme un service important qu'il rendoit à la Reine, et comme le seul moyen qui pouvoit faire consentir le Roi à lui donner la régence. Il lui fit voir qu'il lui importoit peu à quelles conditions elle la reçût, pourvu que ce fût du consentement du Roi; et qu'elle ne manqueroit pas de moyens dans la suite pour affermir son pouvoir et pour gouverner seule. Ces raisons, appuyées de quelques apparences et de toute l'industrie du cardinal, étoient reçues de la Reine avec d'autant plus de facilité, que celui qui les disoit commençoit à ne lui être pas désagréable; et M. de Chavigny lui parut même alors moins coupable, parce que le cardinal avoit part à sa faute. La Reine cachoit néanmoins ce sentiment avec beaucoup de soin.

La maladie du Roi augmenta cependant à un point qu'il ne lui resta plus d'apparence de guérison ; et le cardinal, rassuré par ces nouvelles espérances, proposa plus hardiment au Roi de donner cette déclaration dans les termes qui pourroient le plus assurer le repos de l'État. Le Roi s'y résolut enfin, et y fit ajouter un article particulier contre le retour de madame de Chevreuse.

La Reine et Monsieur, après avoir eu tant de marques de l'aversion du Roi, cherchoient, chacun de leur côté, toutes sortes de voies pour effacer les impressions qu'il avoit de leur conduite. J'ai su de M. de Chavigny même qu'étant allé trouver le Roi de la part de la Reine pour lui demander pardon de tout ce qui avoit pu lui déplaire, elle le chargea particulièrement de le supplier de ne point croire qu'elle fût entrée dans l'affaire de Chalais, ni qu'elle eût jamais trempé dans le dessein d'épouser Monsieur, après que Chalais auroit exécuté la conjuration qu'il avoit faite contre la personne du Roi. Il répondit à M. de Chavigny, sans s'émouvoir : « En l'état où je suis, je dois lui pardonner; mais je ne » suis pas obligé de la croire. » La Reine et Monsieur croyoient séparément avoir droit à la régence, à l'exclusion l'un de l'autre. Monsieur ne demeura pas long-temps dans cette pensée; mais il crut devoir au moins être déclaré régent avec la Reine.

Tous ceux qui avoient souffert sous le cardinal de Richelieu attendoient avec impatience un changement, dont chaque particulier espéroit de profiter. Les intérêts différens des principaux du royaume, et des plus considérables du parlement, les obligèrent bientôt à prendre parti entre la Reine et Monsieur; et si les brigues qu'on faisoit n'éclatoient pas davantage, c'est que la santé du Roi, qui sembloit quelquefois se rétablir, leur faisoit craindre qu'il ne fût averti de leurs pratiques, et qu'il ne fît passer pour un crime toutes les mesures que l'on prenoit sur sa mort.

Ce fut dans cette conjoncture que je crus qu'il étoit très-important à la Reine d'être assurée de M. le duc d'Enghien : elle me pressa avec instance d'en chercher les moyens. J'étois particulièrement ami de Coligny, en qui le duc d'Enghien avoit une entière confiance. Je lui représentai les avantages que M. le duc pourroit trouver dans cette union, et qu'outre l'intérêt que la maison de Condé avoit de s'opposer à l'autorité de Monsieur, celui de l'État l'y obligeoit encore. Cette proposition fut reçue de M. le duc d'Enghien comme je le désirois : il me témoigna une extrême reconnoissance de l'avoir imaginée, et me laissa le soin de la faire réussir. Mais comme le commerce que j'avois avec lui

---

(1) Le père Sirmond, jésuite.

eût pu aisément devenir suspect au Roi dans le temps qu'il venoit de lui donner le commandement de l'armée de Flandre, il désira que ce fût à Coligny seul à qui je rendisse les réponses de la Reine, et que lui et moi fussions uniquement témoins de leur intelligence. Il n'y eut aucune condition par écrit : nous fûmes dépositaires, Coligny et moi, de la parole que la Reine donna au duc d'Enghien de le préférer à Monsieur, non-seulement par des marques d'estime et de confiance, mais aussi par tous les emplois dont elle pourroit exclure Monsieur sans le porter à une rupture ouverte. Le duc d'Enghien promettoit, de son côté, d'être inséparablement attaché aux intérêts de la Reine, et de ne prétendre que par elle toutes les grâces qu'il désireroit de la cour. Il partit peu de temps après pour aller commander l'armée de Flandre, et donner commandement aux grandes choses qu'il a depuis si glorieusement exécutées.

Le Roi voulut donner dans la fin de sa vie quelques marques de clémence, par un sentiment de piété, ou pour témoigner que le cardinal de Richelieu avoit eu plus de part que lui aux violences qui s'étoient faites depuis l'éloignement de la Reine mère, et consentit de faire revenir à la cour le duc de Vendôme, ses deux fils, les ducs d'Elbœuf et de Bellegarde. Le maréchal de Bassompierre et le comte de Cramail, M. de Châteauneuf, le commandeur de Jars, Vautier, et plusieurs autres, furent mis en liberté. Les ministres voulurent se donner part à cette grâce pour se faire un mérite vers tant de personnes de qualité, et pour en être appuyés dans les changemens qu'on prévoyoit. La cour fut bientôt remplie de tout ce qui avoit souffert sous le cardinal de Richelieu. La plupart avoient pris des liaisons avec la Reine en diverses rencontres de leur fortune ; et chacun croyoit qu'elle conserveroit dans sa prospérité les mêmes sentimens qu'elle leur avoit témoignés dans ses malheurs.

Le duc de Beaufort étoit celui qui avoit conçu de plus grandes espérances ; il avoit été depuis long-temps particulièrement attaché à la Reine. Elle venoit de lui donner une marque publique de son estime, en lui confiant M. le Dauphin et M. le duc d'Anjou un jour que le Roi avoit reçu l'extrême-onction. Le duc de Beaufort, de son côté, se servoit utilement de cette distinction et de ses autres avantages pour rétablir sa faveur par l'opinion qu'il affectoit de donner qu'elle étoit déjà tout établie. Il a eu part à tant de choses, et la fortune l'a montré par des côtés si différens, que je ne puis m'empêcher de dire ici ce que j'ai connu de ses qualités, ayant été témoin des plus considérables actions de sa vie, souvent comme son ami, et souvent aussi comme son ennemi. Le duc de Beaufort étoit bien fait de sa personne, grand, adroit aux exercices, et infatigable ; il avoit de l'audace et de l'élévation, mais il étoit artificieux en tout, et peu véritable ; son esprit étoit pesant et mal poli ; il alloit néanmoins assez habilement à ses fins par des manières grossières ; il avoit beaucoup d'envie et de malignité ; sa valeur étoit grande, mais inégale ; il étoit toujours brave en public, et souvent il se ménageoit trop dans les occasions particulières ; nul que lui, avec si peu de qualités aimables, n'a jamais été si généralement aimé qu'il le fut dans le commencement de la régence, et depuis dans la première guerre de Paris. Il se lia particulièrement avec l'évêque de Beauvais (1), qui étoit le seul des serviteurs de la Reine qu'il n'avoit pas jugé digne d'en être éloigné. Sa longue assiduité auprès d'elle lui avoit acquis beaucoup de crédit, et lui avoit fait trouver des occasions de détruire presque tous ceux qu'elle avoit considérés. Il ne s'opposa point à la faveur du duc de Beaufort, dans la vue de ruiner de concert le cardinal Mazarin, qui faisoit beaucoup de progrès dans l'esprit de cette princesse. L'évêque de Beauvais crut réussir sans peine dans son dessein : il savoit avec quelle facilité il avoit fait changer de sentiment à la Reine pour ceux à qui il avoit voulu nuire ; il voyoit encore qu'elle avoit condamné trop publiquement la conduite du cardinal de Richelieu, pour conserver dans les affaires un homme qui y étoit mis de sa main, et qu'elle accusoit d'avoir porté le Roi à la déclaration dont j'ai parlé.

Cette confiance fit négliger au duc de Beaufort et à l'évêque de Beauvais beaucoup de précautions durant la vie du Roi qui leur eussent été utiles après sa mort ; et s'ils eussent fait alors tout ce qu'ils pouvoient faire contre le cardinal Mazarin, la Reine avoit été encore assez irrésolue pour recevoir les impressions qu'on eût pu lui donner. Elle me cachoit moins qu'aux autres l'état de son esprit, parce que n'ayant eu d'autres intérêts que les siens, elle ne doutoit pas que je ne suivisse ses sentimens ; elle souhaita même que je fusse ami du duc de Beaufort, et que je me déclarasse pour lui contre le maréchal de La Meilleraye, bien qu'il fût des amis de de mon père et le mien. Elle voulut aussi que je visse le cardinal Mazarin ; ce que j'avois évité de faire depuis la déclaration. Elle ne m'en pressoit d'abord que sous le prétexte de me faire

---

(1) Augustin Potier.

faire ma cour auprès du Roi, et pour l'empêcher de remarquer qu'elle défendoit à ses serviteurs de voir son premier ministre. Je devois soupçonner qu'elle ne me disoit pas les plus véritables raisons; mais peut-être aussi qu'elle ne les connoissoit pas assez elle-même pour me les pouvoir dire.

Cependant le cardinal Mazarin s'établissoit tous les jours auprès de la Reine, par sa propre industrie et par celle de ses amis. Ses bonnes et ses mauvaises qualités ont été assez connues et et assez publiées pendant qu'il a vécu et après sa mort, pour me dispenser de les écrire. Je ne parlerai que de celles que j'ai remarquées dans les occasions où j'ai eu quelque chose à traiter avec lui.

Son esprit étoit grand, laborieux, insinuant, et plein d'artifice; son humeur étoit souple [on peut dire même qu'il n'en avoit point, et que, selon son utilité, il savoit feindre toute sorte de personnages]; il savoit éluder les prétentions de ceux qui lui demandoient des grâces, en leur en faisant espérer de plus grandes; et il leur accordoit souvent par foiblesse ce qu'il n'avoit jamais eu intention de leur donner. Il avoit de petites vues, même dans ses plus grands projets; et au contraire du cardinal de Richelieu, qui avoit l'esprit hardi et le cœur timide, le cardinal Mazarin avoit plus de hardiesse dans le cœur que dans l'esprit; il cachoit son ambition et son avarice sous une modération affectée; il déclaroit qu'il ne vouloit rien pour lui, et que toute sa famille étant en Italie, il vouloit adopter pour ses parens tous les serviteurs de la Reine, et chercher également sa sûreté et sa grandeur à les combler de biens.

Je voyois diminuer la confiance que la Reine avoit eue pour le duc de Beaufort et pour l'évêque de Beauvais. Elle commençoit à craindre l'humeur rude et altière du duc de Beaufort : il ne se contentoit pas d'appuyer les prétentions du duc de Vendôme contre le maréchal de La Meilleraye pour le gouvernement de Bretagne ; il soutenoit encore les espérances, quelque mal fondées qu'elles pussent être, de tous ceux qui s'attachoient à lui; et il se vantoit même de son crédit aux dépens de la réputation de la Reine. Elle savoit cette conduite, et elle en étoit vivement aigrie; mais elle ménageoit encore le duc de Beaufort, et ne pouvoit se résoudre à l'abandonner si peu de temps après qu'elle lui avoit confié ses enfans. Le cardinal Mazarin profitoit habilement des fautes de ses ennemis. La Reine balançoit néanmoins, et ne pouvoit se déterminer encore à déclarer ses sentimens.

Le Roi vécut trois semaines après avoir reçu l'extrême-onction. Cette longue extrémité augmenta les cabales : sa mort les fit bientôt paroître. Elle arriva le 14 mai 1643, à pareil jour que, trente-trois ans auparavant, il étoit parvenu à la couronne. La Reine amena le lendemain le Roi son fils à Paris. Deux jours après elle fut déclarée régente au parlement, du consentement de Monsieur et de M. le prince ; et la déclaration du feu Roi y fut cassée. Le soir même, elle établit le cardinal Mazarin chef du conseil ; et le parti qui lui étoit opposé apprit cette nouvelle avec la surprise et l'étonnement qu'on peut aisément s'imaginer. Le premier soin du cardinal fut de sacrifier M. de Chavigny à la Reine, et de se décharger sur lui du crime de la déclaration, malgré leur ancienne liaison et l'amitié qu'ils s'étoient nouvellement jurée. On lui ordonna de se défaire de sa charge de secrétaire d'État entre les mains de M. de Brienne, et on ôta les finances à M. Bouthillier. Comme je ne prétends pas écrire particulièrement tout ce qui s'est passé dans ce temps si agité, je me contenterai seulement de rapporter ce qui me regarde, ou au moins ce dont j'ai été témoin.

La première grâce que je demandai à la Reine, et que j'obtins d'elle après la mort du Roi, ce fut le retour du comte de Miossens, et son abolition pour s'être battu en duel et avoir tué Villandry. La Reine me donnoit beaucoup de marques d'amitié et de confiance ; elle m'assura même plusieurs fois qu'il y alloit de son honneur que je fusse content d'elle, et qu'il n'y avoit rien d'assez grand dans le royaume pour me récompenser de ce que j'avois fait pour son service. Le duc de Beaufort se soutenoit par de vaines espérances de crédit, et plus encore par cette opinion générale et mal fondée de son mérite et de sa vertu. La plupart de ceux qui avoient été attachés à la Reine s'étoient joints à lui. J'étois de ses amis; mais je le connoissois trop pour l'être particulièrement. La cour étoit partagée, comme je viens de le dire, entre lui et le cardinal ; et on attendoit que le retour de madame de Chevreuse fît pencher la balance, par l'amitié que la Reine avoit toujours eue pour elle. Mais je ne jugeois pas de son crédit si favorablement que les autres : la Reine m'en parloit avec froideur, et je voyois bien qu'elle eût voulu que son retour en France eût été retardé. Elle me fit même beaucoup de difficultés de la laisser revenir à la cour, après l'expresse défense que le roi lui en avoit faite en mourant. Elle me dit qu'elle l'aimoit toujours, mais que, n'ayant plus de goût pour les amusemens qui avoient fait leur liaison dans leur jeunesse, elle craignoit de lui paroître changée; qu'elle savoit par sa propre expérience combien madame de Chevreuse étoit capable de troubler le repos de sa régence. La Reine ajouta encore qu'elle revenoit avec un esprit aigri de la confiance qu'elle prenoit au cardinal, et dans le dessein de lui nuire. Je lui parlai peut-être avec plus de liberté que je ne devois : je lui représentai quel trouble et quelle surprise un changement si imprévu alloit causer au public et à ses anciens serviteurs, quand on verroit tomber les premières marques de son pouvoir et de sa sévérité sur madame de Chevreuse. Je lui remis devant les yeux la fidélité de son attachement pour elle, ses longs services, et la dureté des malheurs qu'elle lui avoit attirés. Je la suppliai de considérer de quelle légèreté on la croiroit capable, et quelle interprétation l'on donneroit à cette légèreté, si elle préféroit le cardinal Mazarin à madame de Chevreuse. Cette conversation fut longue et agitée : je vis bien que je l'aigrissois quelquefois, mais comme il me restoit encore beaucoup de pouvoir sur son esprit, j'obtins ce que je désirois. Elle me chargea même d'aller au devant de madame de Chevreuse, qui revenoit de Flandre, pour lui faire prendre une conduite qui lui fût agréable.

On gardoit encore alors quelque sorte de hauteur avec le cardinal. Il se forma une cabale de ceux qui avoient été attachés à la Reine pendant la vie du feu Roi, qui fut nommée *des importans*. Bien qu'elle fût composée de personnes différentes d'intérêts, de qualités et de professions, tous convenoient d'être ennemis du cardinal Mazarin, de publier les vertus imaginaires du duc de Beaufort, et d'affecter un faux honneur dont Saint-Ibal, Montrésor, le comte de Béthune et quelques autres s'étoient érigés en dispensateurs; pour mon malheur, j'étois de de leurs amis sans approuver leur conduite. C'étoit un crime de voir le cardinal : cependant comme je dépendois entièrement de la Reine, elle m'avoit déjà ordonné une fois de le voir; elle voulut que je le visse encore : mais comme je voulois éviter la critique des *importans*, je la suppliai d'approuver que les civilités qu'elle m'ordonnoit de lui rendre fussent réglées, et que je pusse lui déclarer que je serois son serviteur et son ami tant qu'il seroit véritablement attaché au bien de l'État et au service de la Reine; mais que je cesserois de l'être s'il contrevenoit à ce que l'on doit attendre d'un homme de bien, et digne de l'emploi qu'elle lui avoit confié. Elle loua avec exagération ce que je lui disois; je le répétai mot à mot au cardinal, qui apparemment n'en fut pas si content qu'elle, et qui lui fit trouver mauvais ensuite que j'eusse mis tant de conditions à l'amitié que je lui promettois. La Reine ne m'en fit pourtant rien paroître alors, et elle me témoigna d'approuver ce que j'avois fait.

J'allai au devant de madame de Chevreuse, et je la trouvai à Roye; Montaigu, anglais, y étoit arrivé devant moi : il étoit chargé, de la part du cardinal, de toutes les avances qui la pouvoient engager dans son amitié et dans ses intérêts. Elle me pria de ne lui point parler devant Montaigu. Je l'informai le plus précisément qu'il me fut possible de l'état des choses; je lui dis la disposition où étoit la Reine pour le cardinal Mazarin et pour elle; je l'avertis de ne juger pas de la cour par ses propres connoissances, et de n'être pas surprise d'y trouver beaucoup de changemens. Je lui conseillai de suivre les goûts de la Reine, puisque apparemment elle ne les feroit pas changer. Je lui représentai que le cardinal n'étoit accusé d'aucun crime; qu'il n'avoit point eu de part aux violences du cardinal de Richelieu ; qu'il étoit presque le seul qui eût connoissance des affaires étrangères ; qu'il n'avoit point de parens en France; qu'il étoit trop bon courtisan pour ne pas faire vers elle toutes les avances qu'il devoit ; mais qu'en les faisant je croyois qu'elle devoit les recevoir pour le soutenir s'il faisoit son devoir, ou pour l'empêcher de manquer à le faire. J'ajoutai encore qu'il y avoit peu de sujets dont la probité et la capacité fussent assez connues pour les devoir préférer au cardinal Mazarin. Je l'exhortai sur toutes choses de ne laisser pas imaginer à la Reine qu'elle revînt dans le dessein de la gouverner, puisque c'étoit le prétexte dont ses ennemis se servoient le plus pour lui nuire; qu'elle devoit uniquement s'appliquer à reprendre dans son esprit et dans son cœur la même place qu'on avoit essayé de lui ôter, et se mettre en état de protéger ou de détruire le cardinal, selon que sa conservation ou sa ruine seroient utiles au public. Madame de Chevreuse me témoigna qu'elle vouloit suivre entièrement mes avis. Elle arriva à la cour dans cette résolution ; et bien qu'elle fût reçue de la Reine avec beaucoup de marques d'amitié, je n'eus pas grande peine à remarquer la différence de la joie que la Reine avoit de la revoir, à celle qu'elle avoit eue autrefois de m'en parler. Madame de Chevreuse ne remarqua pas néanmoins cette différence, et elle crut que sa présence détruiroit en un moment ce que ses ennemis avoient fait contre elle. Le duc de Beaufort et les *importans* la fortifièrent encore dans cette pensée, et ils crurent qu'étant unis, ils détruiroient facilement le cardinal Mazarin avant qu'il fût entièrement affermi. Cette liaison, et quelques marques de tendresse et de confiance que madame de Chevreuse reçut de la Reine, lui fit regarder toutes les avances que lui faisoit artificieusement le cardinal comme des preuves de sa foiblesse : elle crut que c'étoit assez y répondre que de ne se déclarer pas ouvertement contre lui, et qu'il suffisoit, pour le ruiner insensiblement, de faire revenir M. de Châteauneuf. Son bon sens et sa longue expérience dans les affaires étoient connus de la Reine : il avoit souffert une rigoureuse prison pour avoir été dans ses intérêts ; il étoit ferme, décisif ; il aimoit l'État, et il étoit plus capable que nul autre de rétablir l'ancienne forme du gouvernement que le cardinal de Richelieu avoit commencé de détruire. Il étoit, de plus, intimement attaché à madame de Chevreuse, et elle savoit assez les voies les plus certaines de le gouverner. Elle pressa donc son retour avec beaucoup d'instance ; elle en fit aussi pour rétablir le duc de Vendôme dans son gouvernement de Bretagne, ou pour l'en faire récompenser par l'amirauté. En ce même temps, pour s'acquitter vers moi de ce qu'elle croyoit me devoir, et pour donner dans le monde une opinion avantageuse de sa reconnoissance et de son crédit, elle proposa avec empressement à la Reine d'ôter le Havre des mains du duc de Richelieu pour me le donner ; et la Reine y avoit consenti. C'étoit en même temps me faire du bien par un établissement qui étoit utile à la Reine, et s'étoit aussi entamer la fortune des parens du cardinal de Richelieu. La Reine néanmoins n'étoit plus en état d'entreprendre une affaire de cette importance sans en parler au cardinal Mazarin. Il eut dessein de me nuire, et il le fit adroitement, en disant à la Reine qu'il suivroit toujours ses volontés avec soumission ; mais qu'il ne pouvoit s'empêcher de plaindre les parens du cardinal de Richelieu, et de sentir leur abaissement avec une extrême douleur ; que la Reine me devoit trop de reconnoissance pour ne pas faire des choses extraordinaires pour moi, et qu'il n'y avoit personne de qui il souhaitoit plus véritablement les avantages, tant que je n'en dépouillerois point la maison de Richelieu.

De moindres raisons eussent suffi pour arrêter la Reine. Cette affaire l'embarrassoit néanmoins : elle n'osoit faire voir à madame de Chevreuse qu'elle lui manquoit de parole, mais elle pouvoit encore moins se résoudre à ne suivre pas les volontés du cardinal Mazarin. Madame d'Aiguillon, soutenue du cardinal, n'oublia rien de son côté pour se garantir. Elle me fit offrir la charge de général des galères par mademoiselle de Rambouillet. Le cardinal, par un artifice qu'il a depuis mis en usage en tant d'occasions, voulut me donner d'autres vues en la place de celle que j'avois, et me faire abandonner le Havre, qu'on m'avoit promis, pour des espérances éloignées dont il auroit pu aisément empêcher le succès. Il savoit que j'avois répondu, sur les propositions de madame d'Aiguillon, que je ne demandois ni le Havre ni le généralat des galères ; que je croyois seulement que la Reine me destineroit à ce qui seroit le plus utile à son service, et que c'étoit ce que j'accepterois par préférence. La Reine témoigna ensuite de vouloir récompenser le maréchal de Gramont de la charge de mestre de camp des Gardes, pour me la donner. On proposa encore de faire rentrer le duc de Bellegarde dans sa charge de grand écuyer par des droits qu'il y avoit conservés, et de m'en faire avoir la survivance. Tant de diverses espérances qui m'étoient données presque en même temps, et qui étoient sitôt changées, m'attiroient beaucoup d'envie sans me procurer aucun établissement ; et je vis bien que la Reine entroit dans l'esprit du cardinal pour m'amuser. Elle ne me parloit plus d'affaires, mais elle s'efforçoit néanmoins de me donner toujours des assurances de son amitié. Elle me dit même une fois que si je ne lui donnois des avis, pour m'épargner la peine de lui demander, elle me donneroit par avance tous ceux qui me pourroient être utiles. Je ne profitai point de cette bonté, car il ne se présenta rien dont je pusse faire usage pendant deux mois que cette bonne volonté lui dura. Dans ce temps, Gassion, qui depuis a été maréchal de France, fut dangereusement blessé. Aussitôt la Reine me destina sa charge de mestre de camp de la cavalerie légère, en disant qu'elle ne me la donnoit pas comme une récompense, mais seulement pour me faire attendre plus agréablement ce qu'elle vouloit faire pour moi. Je sus que madame d'Hautefort prétendoit cette charge pour un de ses frères : je suppliai la Reine de la lui donner, et de ne m'établir que dans ce qui seroit utile à son service particulier.

Cependant madame de Chevreuse commençoit à s'impatienter : on ne faisoit rien pour elle ni pour ses amis ; le pouvoir du cardinal augmentoit tous les jours ; il l'amusoit par des paroles soumises et galantes, et il essayoit même quelquefois de lui faire croire qu'elle lui donnoit de l'amour. Il lui parut d'abord moins difficile sur le retour de M. de Châteauneuf, qu'elle désiroit ardemment. Cette facilité venoit sans doute de ce qu'il le croyoit ruiné dans l'esprit de la Reine, et que madame la princesse et la maison de Condé ne pourroient consentir à l'établissement d'un homme qu'ils accusoient de la mort du duc de Montmorency. Il croyoit encore qu'il suffisoit de laisser agir M. le chancelier, qui étoit assez obligé, pour sa propre conservation, d'exclure M. de Châteauneuf, puisqu'il ne pouvoit revenir à la cour sans lui ôter les sceaux. Le chancelier avoit pris toutes sortes de précautions auprès de la Reine pour éviter ce déplaisir, et il s'étoit servi utilement de l'amitié et de la confiance particulière qu'elle avoit pour une de ses sœurs, religieuse à Pontoise, et pour Montaigu, dont j'ai déjà parlé.

Cependant madame de Chevreuse considéroit tous ces retardemens comme autant d'artifices du cardinal Mazarin, qui accoutumoit insensiblement la Reine à ne lui pas accorder d'abord ce qu'elle désiroit, et qui diminuoit par cette conduite l'opinion qu'elle vouloit donner dans le monde de son crédit. Elle témoignoit souvent sa mauvaise satisfaction à la Reine; et, dans ses plaintes, elle mêloit toujours quelque chose de piquant et de moqueur contre les défauts personnels du cardinal. Elle ne pouvoit souffrir d'être obligée d'avoir recours à ce ministre pour obtenir ce qu'elle désiroit de la Reine, et elle aimoit mieux n'en recevoir point de grâces, que de les devoir au cardinal. Lui, au contraire, se servoit habilement de cette conduite de madame de Chevreuse pour persuader de plus en plus à la Reine qu'elle la vouloit gouverner : il lui disoit que madame de Chevreuse étant soutenue du duc de Beaufort et de la cabale des *importans*, dont l'ambition et le dérèglement étoient si connus, toute l'autorité de la régence passeroit en leurs mains, et que la Reine se verroit plus soumise et plus éloignée des affaires que du vivant du feu Roi. Il supposa en même temps des lettres et des avis des alliés, qui demandoient à qui il falloit s'adresser désormais pour savoir les intentions de la Reine, et qui menaçoient de se détacher des intérêts de l'État, si le duc de Beaufort et les *importans* en étoient les maîtres.

Monsieur entroit dans les sentimens du cardinal pour faire sa cour à la Reine. Il étoit foible, timide, léger, et tout ensemble familier et glorieux. Le cardinal fournissoit abondamment aux pertes excessives que ce prince faisoit dans le jeu. Il le tenoit encore par l'intérêt de l'abbé de La Rivière son favori, en lui faisant espérer qu'il auroit la nomination de France pour le chapeau de cardinal. Le prince de Condé, grand politique et bon courtisan, mais plus appliqué à ses affaires domestiques qu'à celles de l'État, bornoit toutes ses prétentions à s'enrichir. Le duc d'Enghien son fils, jeune, bien fait, d'un esprit grand, clair, pénétrant et capable, brilloit de toute la gloire que le gain de la bataille de Rocroy et la prise de Thionville pouvoient donner à un prince de vingt ans. Il revenoit avec tout l'éclat que méritoient de si grands commencemens, et il étoit avec la Reine dans la même liaison dont j'ai parlé, et que j'avois concertée. Madame la princesse sa mère suivoit ses engagemens : elle étoit attachée par elle-même à la Reine, qui lui avoit rendu Chantilly, et tout ce que le feu Roi avoit retenu de la confiscation du duc de Montmorency. Madame la duchesse de Longueville sa fille suivoit les intérêts de sa maison : elle étoit trop occupée des charmes de sa beauté et de l'impression que les grâces de son esprit faisoient sur tous ceux qui la voyoient, pour connoître encore l'ambition; et elle étoit bien éloignée de prévoir quelle part elle auroit à tout ce qui a troublé la fin de la régence, et les premières années de la majorité du Roi.

Les choses étoient en ces termes, et le cardinal Mazarin d'une part, et madame de Chevreuse et le duc de Beaufort de l'autre, songeoient avec beaucoup d'application à se détruire : la bonne fortune du cardinal et l'imprudence du duc de Beaufort et de madame de Montbazon, dont il étoit amoureux, fournirent bientôt une occasion dont le cardinal sut profiter pour venir à bout de son dessein. Un jour que madame de Montbazon gardoit la chambre, et que beaucoup de personnes de qualité l'allèrent voir, dont Coligny étoit du nombre, quelqu'un, sans y penser, laissa tomber deux lettres bien écrites, passionnées, et d'un beau caractère de femme. Madame de Montbazon, qui haïssoit madame de Longueville, se servit de cette occasion pour lui faire une méchanceté. Elle crut que le style et l'écriture pouvoient convenir à madame de Longueville, bien qu'il y eût peu de rapport, et qu'elle n'y eût aucune part. Elle prévint le duc de Beaufort, pour lui faire entrer dans ses sentimens; et tous deux de concert firent dessein de répandre dans le monde que Coligny avoit perdu des lettres de madame de Longueville qui prouvoient leur intelligence. Madame de Montbazon me conta cette histoire avant que le bruit en fût répandu. J'en vis d'abord toutes les conséquences et quel usage le cardinal Mazarin en pourroit faire contre le duc de Beaufort et contre tous ses amis. J'avois peu d'habitude alors avec madame de Longueville; mais j'étois particulièrement serviteur de M. le duc d'Enghien, et ami de Coligny. Je connoissois la malignité du duc de Beaufort et de madame de Montbazon, et je ne doutai point que ce ne fût une méchanceté qu'ils vouloient faire à madame de Longueville. Je fis tous mes efforts pour engager madame de Montbazon, par la crainte des suites, à brûler ces lettres devant moi, et à n'en parler jamais. Elle me l'avoit promis; mais le duc de Beaufort la fit changer. Elle se repentit bientôt de n'avoir pas suivi mon conseil. Cette affaire devint publique, et toute la maison de Condé s'y intéressa comme elle devoit. Cependant celui qui avoit véritablement perdu les lettres étoit de mes amis, et il aimoit la personne qui les avoit écrites. Il voyoit que les lettres seroient indubitablement reconnues, puisque M. le prince, madame la princesse et madame de Longueville vouloient les montrer publiquement, pour convaincre madame de Montbazon d'une noire supposition, par la différence de l'écriture. Dans cet embarras, celui qui avoit perdu les lettres souffrit tout ce qu'un honnête homme doit souffrir dans une telle rencontre. Il me parla de sa douleur, et me pria de tenter toutes choses pour le tirer de l'extrémité où il se trouvoit. Je le servis heureusement; je portai les lettres à la Reine, à M. le prince et à madame la princesse; je les fis voir à madame de Rambouillet, à madame de Sablé, et à quelques amies particulières de madame de Longueville; et aussitôt que la vérité fut pleinement connue, je les brûlai devant la Reine, et délivrai par là d'une mortelle inquiétude les deux personnes intéressées.

Bien que madame de Longueville fût entièrement justifiée dans le monde, madame de Montbazon ne lui avoit point encore fait les réparations publiques qu'elle lui devoit : les conditions en furent long-temps disputées, et tous ces retardemens augmentoient l'aigreur.

Le duc d'Enghien venoit de prendre Thionville : il étoit près de finir la campagne, et il revenoit outré de colère et d'indignation de l'injure que madame sa sœur avoit reçue. La crainte de son ressentiment, plus que toute autre raison, fit soumettre madame de Montbazon à tout ce qu'on voulut lui proposer. Elle alla à une heure marquée à l'hôtel de Condé trouver madame la princesse, qui n'avoit pas voulu que madame de Longueville y fût présente. Toutes les personnes de la plus grande qualité s'y étoient rendues pour être témoins du discours qu'on avoit prescrit à madame de Montbazon, et qu'elle fit pour excuser sa faute et pour en demander pardon. Cette satisfaction publique ne finit pas entièrement cette affaire : un jour que la Reine donnoit la collation à madame la princesse chez Renard, madame de Montbazon y vint sans avoir préparé madame la princesse à trouver bon qu'elle se présentât devant elle. Ce manque de précaution irrita madame la princesse : elle voulut que madame de Montbazon sortît, et sur le refus qu'elle en fit, la Reine lui ordonna de le faire, et lui envoya en même temps un ordre de sortir de la cour. Madame de Chevreuse, le duc de Beaufort et les *importans* crurent partager cette disgrâce, et que c'étoit une affaire de parti. Le cardinal Mazarin savoit trop bien mettre en usage de telles conjonctures, pour ne se pas servir de celle-ci dans ses desseins. Il vit qu'il étoit temps de les faire éclater, et que la Reine étoit capable de recevoir les impressions qu'il lui voudroit donner contre le duc de Beaufort. Il fut arrêté (1) prisonnier, et mené au bois de Vincennes. Je ne puis dire si le sujet de cette prison fut supposé ou véritable; mais le cardinal Mazarin répandit dans le monde qu'il avoit découvert une entreprise (2) du duc de Beaufort contre sa personne, et qu'on l'avoit attendu en divers lieux où il devoit passer pour le tuer. D'autres ont cru avec plus de vraisemblance que le duc de Beaufort, par une fausse finesse, lui fit prendre l'alarme exprès, croyant qu'il suffisoit de lui faire peur pour le chasser du royaume, et que ce fut dans cette vue qu'il fit des assemblées secrètes, et qu'il leur donna un air de conjuration. Mais quel que fût le dessein du duc de Beaufort, il en perdit la liberté. La Châtre, colonel général des Suisses, eut ordre de se défaire de sa charge; les *importans* furent dispersés, et madame de Chevreuse fut reléguée à Tours. Le cardinal se vit alors maître des affaires, et sa faveur ne fut plus douteuse. J'avois trop peu de liaison avec le duc de Beaufort pour avoir part à sa disgrâce; mais j'étois toujours également des amis de madame de Chevreuse : j'étois persuadé qu'elle ignoroit les desseins du duc de Beaufort, et qu'elle étoit injustement persécutée. La Reine conservoit encore de l'amitié pour moi, et le souvenir de mon attachement pour elle n'étoit pas entièrement effacé de sa mémoire; mais elle étoit trop puissamment entraînée par le cardinal pour conserver long-temps des sentimens qui ne lui fussent pas agréables.

La cour étoit soumise; le duc de Beaufort arrêté; madame de Chevreuse éloignée; le duc de Vendôme, le duc de Mercœur et l'évêque de Beauvais exilés; le président Barillon prisonnier à Pignerol; la cabale des *importans* détruite et méprisée : j'étois presque le seul des amis de madame de Chevreuse qui n'eût point encore éprouvé de disgrâce particulière. Le cardinal ne m'aimoit pas : il voulut me réduire à la nécessité de déplaire à la Reine ou d'abandonner madame de Chevreuse. Dans cette pensée, il obligea la Reine à me parler avec beaucoup de bonté, et

---

(1) Le 2 septembre 1643.
(2) La publication des Mémoires de Campion ne laisse aucun doute sur cette entreprise. On en trouve les détails dans le fragment qui suit les Mémoires de La Châtre,

à me dire qu'étant assurée de la fidélité et de l'amitié que j'avois toujours eues pour elle, je ne devois pas lui en refuser une marque qu'elle devoit attendre de moi comme mon amie, quand même je ne considérerois pas sa dignité et son pouvoir. Elle s'étendit sur l'ingratitude du duc de Beaufort et des *importans*; et, après m'avoir fait beaucoup de plaintes de madame de Chevreuse, elle me pressa de n'avoir plus commerce avec elle, et de cesser d'être intimement de ses amis; elle désira aussi que je le voulusse être du cardinal Mazarin. Je la remerciai avec respect de la confiance qu'elle avoit en ma fidélité; je l'assurai que je ne balancerois jamais entre ce que je lui devois et l'amitié de madame de Chevreuse; que je devois obéir exactement à la défense qu'elle me faisoit d'avoir à l'avenir aucun commerce avec elle; que je serois même son plus grand ennemi quand il me paroîtroit qu'elle eût véritablement manqué à son devoir : mais que je la suppliois de considérer qu'ayant été uni si long-temps avec madame de Chevreuse dans tout ce qui regardoit le service de la Reine, je ne pouvois avec justice cesser d'être son ami tant qu'elle n'auroit d'autre crime que celui de déplaire au cardinal; que je souhaitois d'être ami et serviteur de ce ministre tant qu'elle l'honoreroit de sa confiance; que je serois même dans ses intérêts en d'autres rencontres; mais que dans ce qui regardoit personnellement madame de Chevreuse et lui, je demandois en grâce qu'il me fût permis de suivre mes premiers engagemens. La Reine ne me parut pas blessée sur l'heure de cette réponse; mais comme le cardinal la trouva trop mesurée, il la lui fit désapprouver, et je connus, par une longue suite de mauvais traitemens, que ce que je lui avois dit m'avoit entièrement ruiné auprès d'elle : j'observai toutefois la conduite qu'elle m'avoit prescrite vers madame de Chevreuse, après lui en avoir rendu compte exactement. Je ne trouvai dans la suite guère plus de reconnoissance de son côté pour m'être perdu cette seconde fois afin de demeurer son ami, que je venois d'en trouver dans la Reine; et madame de Chevreuse oublia dans son exil aussi facilement tout ce que j'avois fait pour elle, que la Reine avoit oublié mes services quand elle fut en état de les récompenser.

Cependant le duc d'Enghien trouvant à son retour tout le changement que je viens de dire, et ne pouvant témoigner au duc de Beaufort, qui étoit en prison, le ressentiment qu'il avoit de ce qui s'étoit passé entre madame de Longueville et madame de Montbazon, il laissa à Coligny la liberté de se battre contre le duc de Guise, qui avoit été mêlé dans cette affaire. Coligny étoit foible et peu adroit, et il relevoit d'une longue maladie : il choisit d'Estrades, qui depuis a été maréchal de France, pour appeler le duc de Guise, qui se servit de Bridieu; et ils prirent leur rendez-vous à la place Royale. Le duc de Guise, en mettant l'épée à la main, dit à Coligny : « Nous allons décider les anciennes querelles de nos deux maisons, et on verra quelle différence on doit mettre entre le sang de Guise et celui de Coligny. » Le combat fut bientôt fini : Coligny tomba, et le duc de Guise, pour l'outrager, en lui ôtant son épée le frappa du plat de la sienne. D'Estrades et Bridieu se blessèrent dangereusement l'un et l'autre, et furent séparés par le duc de Guise. Coligny, accablé de douleur d'avoir si mal soutenu une si belle cause, mourut quatre ou cinq mois après, d'une maladie de langueur.

[1644] Je passai beaucoup de temps à la cour dans un état ennuyeux : mon père y avoit des prétentions par lui-même; on lui faisoit quelquefois de petites grâces, en lui disant qu'elles lui étoient faites uniquement à sa considération et que je n'y avois aucune part. L'amitié que j'avois pour le comte de Montrésor m'exposa encore à de nouveaux embarras. Il avoit quitté Monsieur par la haine qu'il portoit à l'abbé de La Rivière; et il s'étoit fait un honneur à sa mode, non-seulement de ne point saluer l'abbé de La Rivière, mais d'exiger de ses amis que pas un d'eux ne le saluât, quelques civilités et quelques avances qu'ils reçussent de lui. J'étois comme plusieurs autres dans cette ridicule servitude, et elle m'avoit attiré depuis long-temps la haine de Monsieur. Il se plaignit de moi avec aigreur à mon père, et il lui déclara enfin que puisque je lui manquois de considération dans une chose aussi indifférente, il se croyoit obligé de s'opposer directement à toutes mes prétentions et à tous mes intérêts; qu'il ne demandoit point que je cessasse d'être ami de Montrésor, ni que j'eusse aucune liaison avec l'abbé de La Rivière; mais qu'il recevroit désormais comme un manque de respect à sa propre personne si je continuois à traiter si indignement un homme qu'il aimoit. J'avois peu de bonnes raisons à opposer à celle de Monsieur. Je priai néanmoins mon père de lui faire approuver que je ne changeasse point de conduite jusqu'à ce que j'eusse écrit à Montrésor, et qu'il m'eût fait réponse. Il reçut ma lettre, et il parut aussi blessé de la permission que je lui demandois de saluer l'abbé de La Rivière, que si je lui eusse dû toutes choses, et qu'il ne m'eût point d'obligation. Je connus bientôt que sa reconnoissance seroit pareille à celle de la Reine et de madame de Chevreuse ; je demeurai toutefois dans les règles que je m'étois imposées, et je me contentai de rendre uniquement le salut à l'abbé de La Rivière, sans aucune autre sorte de commerce avec lui.

[1645] Le cardinal jouissoit tranquillement de sa puissance, et du plaisir de voir ses ennemis abattus ; ma fortune étoit désagréable, et je portois impatiemment la perte de tant d'espérances. J'avois voulu m'attacher à la guerre, et la Reine m'y avoit refusé les mêmes emplois que trois ou quatre ans auparavant elle m'avoit empêché de recevoir du cardinal de Richelieu. Tant d'inutilités et tant de dégoûts me donnèrent enfin d'autres pensées, et me firent chercher des voies périlleuses pour témoigner mon ressentiment à la Reine et au cardinal Mazarin. La beauté de madame de Longueville, son esprit et tous les charmes de sa personne, attachèrent à elle tout ce qui pouvoit espérer d'en être souffert. Beaucoup d'hommes et de femmes de qualité essayèrent de lui plaire ; et par-dessus les agrémens de cette cour, madame de Longueville étoit alors si unie avec toute sa maison, et si tendrement aimée du duc d'Enghien son frère, qu'on pouvoit se répondre de l'estime et de l'amitié de ce prince quand on étoit approuvé de madame sa sœur.

[1646] Beaucoup de gens tentèrent inutilement cette voie, et mêlèrent d'autres sentimens à ceux de l'ambition. Miossens, qui depuis a été maréchal de France, s'y opiniâtra le plus longtemps, et il eut un pareil succès. J'étois de ses amis particuliers, et il me disoit ses desseins. Ils se détruisirent bientôt d'eux-mêmes ; il le connut, et me dit plusieurs fois qu'il étoit résolu d'y renoncer ; mais la vanité, qui étoit la plus forte de ses passions, l'empêchoit souvent de me dire vrai, et il feignoit des espérances qu'il n'avoit pas, et que je savois bien qu'il ne devoit pas avoir. Quelque temps se passa de la sorte, et enfin j'eus sujet de croire que je pourrois faire un usage plus considérable que Miossens de l'amitié et de la confiance de madame de Longueville : je l'en fis convenir lui-même. Il savoit l'état où j'étois à la cour ; je lui dis mes vues, mais que sa considération me retiendroit toujours et que je n'essaierois point à prendre des liaisons avec madame de Longueville, s'il ne m'en laissoit la liberté. J'avoue même que je l'aigris exprès contre elle pour l'obtenir, sans lui rien dire toutefois qui ne fût vrai. Il me la donna tout entière ; mais il se repentit de me l'avoir donnée, **quand il vit les suites de cette liaison.** Il essaya inutilement bientôt après de la traverser par beaucoup de bruit et d'éclat, qui ne changèrent rien à mon dessein. Madame de Longueville partit peu de temps après pour aller à Munster, où le duc de Longueville son mari étoit allé traiter la paix.

Mon père obtint alors pour moi la permission d'acheter le gouvernement de Poitou. Je suivis M. le duc d'Enghien à l'armée qu'il commandoit sous Monsieur : on attaqua Courtray. Piccolomini et le marquis de Caracène se présentèrent aux lignes avec trente mille hommes ; mais au lieu d'entreprendre de les forcer, ils se retranchèrent de leur côté, et les deux camps ne furent éloignés que de la portée du mousquet. Les ennemis tentèrent inutilement de jeter quelques secours dans la ville, et ils se retirèrent enfin trois ou quatre jours avant qu'elle se rendît, pour n'être pas témoins de sa prise. On alla ensuite à Mardick. Ce siége fut difficile et périlleux, par le grand nombre d'hommes qui défendoient la place, et qui étoient relevés tous les jours par des troupes fraîches qui y arrivoient de Dunkerque ; leur défense fut célèbre encore par cette grande sortie dont on a tant parlé, où le duc d'Enghien, suivi de ce que le hasard avoit fait trouver auprès de lui d'officiers et de volontaires, arrêta sous tout le feu de la place l'effort de deux mille hommes qui venoient attaquer un logement sur la contrescarpe, et nettoyer la tranchée. On perdit beaucoup de gens de qualité : le comte de Fleix, le comte de La Rocheguyon et le chevalier de Fiesque y furent tués ; le duc de Nemours et plusieurs autres y furent blessés ; j'y reçus trois coups de mousquet, et je revins ensuite à Paris. Monsieur finit sa campagne par la prise de Mardick, et laissa le commandement de l'armée au duc d'Enghien, qui prit Dunkerque.

[1647] On commençoit à se lasser de la domination du cardinal Mazarin : sa mauvaise foi, sa foiblesse et ses artifices étoient connus ; il accabloit les provinces par des impôts, les villes par des taxes ; et il avoit réduit au désespoir les bourgeois de Paris, par la suppression des rentes de l'hôtel-de-ville. Le parlement portoit impatiemment ces désordres : il essaya d'abord d'y remédier par des remontrances à la Reine et par des voies respectueuses ; mais il se disposoit à en prendre d'autres, puisque celles de la douceur étoient inutiles. Le cardinal n'avoit pas ménagé le duc d'Enghien sur la charge d'amiral, vacante par la mort du duc de Brezé son beau-frère, qui avoit été tué (1). Le prince de Condé avoit fait paroître son mécontentement, et s'étoit

---

(1) Devant Orbitello, le 14 juin 1646.

retiré à Valery. Madame de Longueville, dont j'avois alors toute la confiance, sentoit aussi vivement que je le pouvois désirer la conduite du cardinal envers le duc d'Enghien pour les intérêts de sa maison. Ces commencemens d'aigreur furent quelque temps méprisés par le cardinal : il se fioit à ses artifices et à sa fortune, et plus encore à l'esprit de servitude de la nation.

Il haïssoit le parlement, qui s'opposoit aux édits par des assemblées et par des remontrances, et il attendoit une occasion de l'abaisser. Il donnoit cependant des espérances au duc d'Enghien pour l'adoucir; il ménageoit même un peu plus les particuliers; et bien qu'il fût également opposé à ma fortune, je ne lui voyois pas toujours la même dureté pour moi. Il étoit maître absolu de l'esprit de la Reine et de Monsieur; et plus sa puissance augmentoit dans le cabinet, et plus elle étoit odieuse dans le royaume. Il en abusoit dans la prospérité, et il paroissoit toujours foible et timide dans les mauvais succès. Ces défauts, joints à son manque de foi et à son avarice, le firent bientôt haïr et mépriser, et disposèrent tous les corps du royaume et la plus grande partie de la cour à désirer un changement.

[1648] Le duc d'Enghien, que je nommerai désormais le prince de Condé par la mort de son père (1), commandoit l'armée de Flandre, et venoit de gagner la bataille de Lens. Le cardinal, ébloui d'un si grand événement, songea moins à s'en servir contre les ennemis de l'État que contre l'État même; et, au lieu de profiter en Flandre de cette victoire, il tourna toutes ses pensées à se venger du parlement. Il crut devoir autoriser de la présence du Roi la violence qu'il avoit préméditée, et que la prospérité de ses armes retiendroit le peuple et le parlement dans la soumission et dans la crainte. Il choisit le jour que tous les corps étoient assemblés à Notre-Dame pour assister au *Te Deum*; et après que le Roi et la Reine en furent sortis, il fit arrêter le président de Blancménil, Broussel, et quelques autres, qui s'étoient opposés avec plus de chaleur aux nouveaux édits et à la misère publique. Cette entreprise du cardinal n'eut pas le succès qu'il en attendoit : le peuple prit les armes; le chancelier, pour éviter sa fureur, se sauva dans l'hôtel de Luynes. On le chercha dans la maison pour le mettre en pièces; et le maréchal de La Meilleraye y alla en diligence avec quelques compagnies du régiment des Gardes, pour le sauver. Il fut en péril lui-même : on tendit les chaînes des rues; on fit partout des barricades; et le Roi et la Reine se virent investis dans le Palais-Royal, et forcés de renvoyer les prisonniers que le parlement leur envoya demander. Dans ce trouble, le coadjuteur de Paris, qui jusques alors n'avoit point paru dans les affaires, et qui vouloit s'y donner part, prit cette occasion pour offrir son service à la Reine, et pour s'entremettre d'apaiser la sédition. Mais son zèle fut mal reçu, et on fit même des railleries de son empressement.

Je n'étois pas alors à Paris, et j'étois allé par ordre de la Reine à mon gouvernement. Ma présence même y fut nécessaire pour contenir le Poitou dans son devoir : cette province avoit commencé de se soulever, et on y avoit pillé quelques bureaux du Roi. Devant que de partir, il me paroissoit que le cardinal vouloit quelquefois me ménager, et qu'il feignoit de désirer mon amitié : il savoit que la Reine s'étoit engagée à moi, dans tous les temps, de donner à ma maison les mêmes avantages qu'on accordoit à celles de Rohan et de La Trémouille, et à quelques autres. Je me voyois si éloigné des grâces solides, que je m'étois arrêté à celle-là. J'en parlai au cardinal en partant : il me promit positivement de me l'accorder en peu de temps; mais qu'à mon retour j'aurois les premières lettres de duc qu'on accorderoit, afin que ma femme eût cependant le tabouret. J'allai en Poitou, comme j'ai dit, dans cette attente, et j'y pacifiai les désordres; mais j'appris que, bien loin de me tenir les paroles que le cardinal m'avoit données, il avoit accordé des lettres de duc à six personnes de qualité, sans se souvenir de moi. J'étois dans le premier mouvement qu'un traitement si extraordinaire me devoit causer, lorsque j'appris, par madame de Longueville, que tout le plan de la guerre civile s'étoit fait et résolu à Noisy entre le prince de Conti et le duc de Longueville, le coadjuteur de Paris et les plus considérables du parlement. Elle me mandoit encore qu'on espéroit d'y engager le prince de Condé; qu'elle ne savoit quelle conduite elle devoit tenir en cette rencontre, ne sachant pas mes sentimens; et qu'elle me prioit de venir en diligence à Paris, pour résoudre ensemble si elle devoit avancer ou retarder ce projet. Cette nouvelle me consola de mon chagrin, et je me vis en état de faire sentir à la Reine et au cardinal qu'il leur eût été utile de m'avoir ménagé. Je demandai mon congé : j'eus peine à l'obtenir, et on ne me l'accorda qu'à condition que je ne me plaindrois pas du traitement que j'avois reçu, et que je ne ferois point d'instances nouvelles sur mes prétentions. Je le promis facilement, et j'arrivai à Paris avec tout le ressentiment que je devois avoir. J'y trouvai les choses comme madame de

---

(1) Arrivée le 26 décembre 1646.

Longueville m'avoit mandé; mais j'y trouvai moins de chaleur, soit que le premier mouvement fût passé, ou que la diversité des intétêts et la grandeur du dessein eussent ralenti ceux qui l'avoient entrepris. Madame de Longueville même y avoit formé exprès des difficultés pour me donner le temps d'arriver, et me rendre plus maître de décider. Je ne balançai point à le faire, et je ressentis un grand plaisir de voir qu'en quelque état que la dureté de la Reine et la haine du cardinal eussent pu me réduire, il me restoit encore des moyens de me venger d'eux.

M. le prince de Conti entroit dans le monde : il vouloit réparer, par l'impression qu'il y donneroit de son esprit et de ses sentimens, les avantages que la nature avoit refusés à sa personne : il étoit foible et léger; mais il dépendoit entièrement de madame de Longueville, et elle me laissoit le soin de le conduire. Le duc de Longueville avoit de l'esprit et de l'expérience; il entroit facilement dans les partis opposés à la cour, et en sortoit encore avec plus de facilité. Il étoit foible, irrésolu et soupçonneux. Sa longue résidence en Normandie l'avoit rendu maître du parlement de Rouen, de la plus grande partie de la noblesse, et de plusieurs places de cette province.

Le coadjuteur de Paris, qui étoit uni à lui par la parenté et par un long attachement d'amitié, avoit beaucoup de crédit dans le peuple et dans le parlement de Paris par sa dignité de coadjuteur, et tous les curés exécutoient ses ordres. Il avoit des amis et des partisans à la cour, et il entraînoit dans ses intérêts Noirmoutier, Laigues, quelque reste de la cabale des *importans*, et d'autres personnes qui cherchoient à se rendre considérables dans le trouble. Il avoit de l'élévation et de l'esprit, son humeur étoit facile et désintéressée ; mais il cachoit souvent ses sentimens à ses amis, et savoit feindre les vertus qu'il n'avoit pas. Il avoit de l'orgueil et de la fierté ; les mépris que la Reine et le cardinal avoient faits de son entremise pour apaiser les désordres des barricades l'avoient mortellement irrité. Le parlement, irrité de l'injure qu'il croyoit avoir reçue en la personne du président de Blancménil et de Broussel, étoit devenu plus fier par leur liberté, que la Reine n'avoit osé refuser. Les plus puissans et les plus exposés de ce corps songeoient à se mettre à couvert du ressentiment du cardinal, et à prévenir sa vengeance.

Je trouvai les choses en cet état, et je m'appliquai uniquement à surmonter les craintes et les irrésolutions du prince de Conti et du duc de Longueville, qui devoient donner le branle à un si grand dessein.

Le prince de Condé avoit changé de sentiment, et avoit pris des mesures avec la cour. La liaison que j'avois avec M. le prince de Conti et avec madame de Longueville ne lui étoit pas agréable ; mais il ne m'en faisoit rien paroître. Les esprits s'aigrissoient de toutes parts ; et le cardinal de Mazarin, ne trouvant plus de sûreté dans Paris, résolut enfin d'en partir, et, de concert avec Monsieur et M. le prince, d'en former le siége, après avoir mené le Roi à Saint-Germain. Cette entreprise ne se pouvoit exécuter par les formes ordinaires : les conséquences en étoient trop périlleuses, et trop préjudiciables à l'État. Le Roi avoit peu de troupes ; mais on crut qu'il en avoit assez pour occuper les passages, et pour réduire cette grande ville par la faim. On croyoit qu'elle seroit divisée par les cabales, et que, manquant de chefs et de troupes réglées, et de toutes sortes de provisions, elle recevroit la loi qu'on lui voudroit imposer.

[1649] Dans cette espérance, le Roi, suivi de Monsieur, de la Reine, de M. le duc d'Orléans, de M. le prince, et du prince de Conti, partit secrètement de Paris à minuit, la veille des Rois de l'année 1649, et alla à Saint-Germain. Toute la cour suivit avec beaucoup de désordre. Madame la princesse voulut emmener madame de Longueville, qui étoit sur le point d'accoucher ; mais elle feignit de se trouver mal, et demeura à Paris.

Ce départ si précipité du Roi mit un trouble et une agitation dans l'esprit du peuple et du parlement qui ne se peut représenter. Ceux mêmes qui avoient pris le plus de mesures contre la cour furent ébranlés, et le moment de décider leur parut terrible. Le parlement et le corps de ville députèrent à Saint-Germain pour témoigner leur crainte et leur soumission. J'y allai le même jour que la cour y arriva : le duc de Longueville s'y rendit aussi. Je retournai à Paris une fois ou deux pour rassurer ceux du parti qui étoient chancelans, et pour concerter avec madame de Longueville, le coadjuteur, Longueil et Broussel, le jour que le prince de Conti et le duc de Longueville s'y devoient rendre. Le cardinal Mazarin sachant que je pouvois y aller et en sortir facilement, bien que les portes fussent soigneusement gardées, me pria de lui apporter de l'argent ; mais je refusai de m'en charger, ne voulant ni lui faire ce plaisir, ni mal user de sa confiance. Cependant toutes choses étant préparées à Paris, je retournai à Saint-Germain pour en faire partir M. le prince de Conti et le duc de Longueville. Ce dernier faisoit naître sans cesse des obstacles, et se repentoit de s'être engagé ;

j'appréhendai même qu'il ne passât plus loin, et qu'il ne découvrît à M. le prince ce qu'il savoit de l'entreprise. Dans ce doute, je renvoyai Gourville à Paris, pour dire à madame de Longueville et au coadjuteur le soupçon que l'on devoit avoir du duc de Longueville; je le chargeai de voir Longueil et Broussel, et de leur faire comprendre le péril qu'il y avoit au retardement. On doit trouver étrange que j'eusse confié une affaire d'un tel poids à Gourville, qui étoit alors fort jeune et peu connu; mais comme j'avois éprouvé sa fidélité en d'autres rencontres, qu'il avoit l'esprit avancé et hardi, tous ceux avec qui je traitois prirent créance en lui; et ce fut sur les paroles qu'il portoit des uns aux autres que l'on agit de concert. Il revint à Saint-Germain, nous presser d'aller promptement à Paris; mais le duc de Longueville ne s'y pouvoit résoudre, et nous fûmes contraints, le marquis de Noirmoutier et moi, de lui dire que nous allions emmener M. le prince de Conti, et que nous déclarerions dans le monde que lui seul manquoit de foi et de parole à ses amis, après les avoir engagés dans un parti qu'il abandonnoit. Il ne put soutenir ces reproches, et il se laissa entraîner à ce que nous voulûmes. Je me chargeai de leur faire tenir des chevaux à une heure après minuit dans la cour des cuisines; mais, sans m'avertir, ils en prirent d'autres, et s'en allèrent à Paris. Je les attendois cependant au lieu qu'ils m'avoient marqué, et j'y demeurai jusqu'à la pointe du jour : je ne pouvois rentrer dans le château pour savoir de leurs nouvelles, et je jugeois bien à quoi j'étois exposé si l'affaire étoit découverte, et si on me trouvoit leur gardant des chevaux à une heure si suspecte; mais j'aimois encore mieux me mettre dans ce hasard que de les y exposer par un contre-temps. Enfin je sus qu'ils étoient partis, et je me rendis à Paris long-temps après qu'ils y furent arrivés.

Le bruit de leur venue se répandit en peu de temps, et fit différens effets. Le peuple les reçut avec joie; mais ceux du parlement qui ignoroient le traité de Noisy, fomenté par les partisans de la cour, publioient que c'étoit un artifice, et que le prince de Conti et le duc de Longueville, liés au prince de Condé par tant de proximité et par tant d'intérêts, ne se mettoient à la tête d'un parti que pour le sacrifier à la vengeance du cardinal Mazarin. Cette impression, si aisée à recevoir par un peuple timide et par le parlement étonné, fit douter quelque temps de la sûreté de madame de Longueville, du prince de Conti, et de tout ce qui les avoit suivis. Le parlement rejeta d'abord leurs offres, et il ne les reçut qu'après qu'il fut instruit par le coadjuteur, Broussel, Longueil, et par ceux qui savoient le traité. M. le prince de Conti et madame de Longueville, pour donner plus de confiance, logèrent dans l'hôtel-de-ville, et se livrèrent entièrement entre les mains du peuple. La cour cependant avoit ressenti vivement la retraite du prince de Conti, du duc de Longueville et des autres. Le cardinal soupçonna qu'elle fût de concert avec M. le prince; et, se trouvant trop foible pour soutenir de si grandes affaires, il se préparoit à sortir du royaume : mais M. le prince le rassura bientôt, et l'aigreur qu'il fit paroître contre M. le prince de Conti, contre madame de Longueville et contre moi fut si grande, qu'elle ne laissa pas lieu au cardinal de douter qu'elle ne fût véritable. On prit de nouvelles mesures pour affamer Paris, et le prince de Condé se chargea de l'évènement d'une si grande entreprise. Le parti opposé ne négligeoit rien aussi pour sa sûreté. Le duc d'Elbœuf, gouverneur de Picardie, s'étoit offert le premier au parlement, et il croyoit trouver de grands avantages en se mettant à la tête du parti. Il avoit de l'esprit et de l'éloquence; mais il étoit vain, intéressé et peu sûr. L'arrivée du prince de Conti et du duc de Longueville lui donna de la jalousie. Il n'osa toutefois s'opposer ouvertement à la confiance qu'on devoit prendre en eux; mais il la traversoit avec beaucoup d'artifice. Le duc de Bouillon se joignit en même temps aux intérêts du parlement. J'ai parlé ailleurs de ses grandes qualités et de son mérite. Le vicomte de Turenne, son frère, étoit uni à lui, et il commandoit l'armée d'Allemagne. Les vertus de ce grand homme sont plus connues par ses actions que par ce que j'en pourrois dire ici; et ce qu'il a fait depuis pour la gloire du Roi et de l'État doit effacer la faute que l'intérêt du duc de Bouillon et de sa maison lui fit commettre en cette rencontre. Il entra dans les liaisons de son frère, et voulut employer l'armée qu'il commandoit pour soutenir le parti de Paris; mais ses troupes suivirent leur devoir, et il fut contraint, pour chercher sa sûreté, de se retirer en Hollande.

Le maréchal de La Mothe-Houdancourt étoit ennemi particulier du Tellier, et il cherchoit à se venger du traitement qu'il lui avoit procuré en le faisant arrêter prisonnier, après lui avoir ôté l'emploi de Catalogne. Il avoit de la valeur et de la capacité dans la guerre, un esprit médiocre, et du bon sens; et, par un sentiment ordinaire à ceux qui ont fait eux-mêmes leur fortune, il craignoit beaucoup de la hasarder. Il prit néanmoins le parti du parlement.

Le duc de Beaufort suivit bientôt cet exemple : il s'étoit sauvé du donjon de Vincennes avec beaucoup de hardiesse, d'industrie et de bonheur; et il fut reçu du peuple comme son libérateur. Tant de personnes considérables élevèrent les espérances du parti; on leva de grandes sommes d'argent, on fit des troupes; le parlement de Paris écrivit aux autres parlemens du royaume. On envoya des lettres circulaires dans les provinces; on distribua les charges de la guerre : les ducs de Beaufort, d'Elbœuf, de Bouillon, et le maréchal de La Mothe, furent généraux sous M. le prince de Conti. Le duc de Luynes, Noirmoutier et moi fûmes lieutenans généraux. Le duc de Longueville, pour éviter l'embarras que le rang qu'il prétendoit lui eût pu donner, alla en Normandie pour maintenir cette province dans ses intérêts. On accepta les offres considérables que l'archiduc fit d'hommes et d'argent; enfin on se préparoit à la guerre civile avec d'autant plus de chaleur que c'étoit une nouveauté; mais elle n'avoit pour fondement que la haine du cardinal Mazarin, qui étoit presque également odieux aux deux partis.

Le besoin qu'on eut à Paris de faire promptement des troupes en fit lever de mauvaises : on ne put choisir ni les officiers ni les soldats, et on fut contraint de recevoir indifféremment tout ce qui se présentoit. Cependant le cardinal mettoit tout en usage pour former des cabales dans le parlement, et pour diviser les généraux : la diversité de leurs sentimens et de leurs intérêts lui fournit bientôt toute la matière qu'il pouvoit désirer. Dans l'autre parti, l'armée du Roi se fortifioit tous les jours; et le prince de Condé, animé par son ressentiment particulier, faisoit sa propre cause de l'intérêt du cardinal. Il avoit occupé les passages les plus considérables, pour empêcher la communication de la campagne avec Paris; et il ne doutoit point que, manquant de secours et de vivres, cette ville ne fût bientôt réduite à la dernière extrémité. Charenton étoit retranché, et ceux de Paris qui s'en étoient emparés y avoient mis Clanleu avec deux mille hommes, pour conserver un poste sur les rivières de Seine et de Marne. Le prince de Condé l'y força, sans trouver presque de résistance. Cette action se fit en plein jour, à la vue de toutes les troupes du parti, et de plus de cinquante mille bourgeois sous les armes. Le duc de Châtillon, lieutenant général dans l'armée du Roi, y fut tué; de l'autre côté, Clanleu et toute sa garnison furent taillés en pièces. Ce désavantage mit une grande consternation à Paris : les vivres y enchérissoient, et on commençoit à craindre d'en manquer. Il y entroit néanmoins souvent des convois; et un jour qu'on en amenoit un considérable, les troupes du Roi, commandées par Nerlieu, se trouvèrent sur le chemin auprès de Villejuif. Il y eut un combat assez opiniâtre dans le village de Vitry, où Nerlieu fut tué. Le convoi passa; et comme cette action dura quelque temps, tout Paris en prit l'alarme, et plus de cent mille bourgeois sortirent pour nous recevoir. Ce succès, qui n'étoit d'aucune importance, fut reçu de ce peuple préoccupé comme une victoire signalée qu'il vouloit devoir à la seule valeur du duc de Beaufort; et il fut conduit comme en triomphe jusqu'à l'hôtel-de-ville, au milieu des acclamations d'une foule innombrable de monde.

Peu de temps après, le marquis de Noirmoutier sortit avec sept ou huit cents chevaux et quelque infanterie, pour escorter un grand convoi qui venoit du côté de la Brie. J'allai au devant de lui avec neuf cents chevaux, pour faciliter son passage, que le comte de Grancey vouloit empêcher avec pareil nombre de cavalerie et deux régimens d'infanterie. Nous étions à une demi-lieue l'un de l'autre, le marquis de Noirmoutier et moi; et nous étions convenus de nous secourir au cas que le comte de Grancey vînt attaquer l'un de nous. Il me manda de m'avancer, et qu'il alloit être chargé. Je fis ce qu'il désiroit de moi, mais le comte de Grancey, qui sut que j'avançois, quitta le dessein d'attaquer Noirmoutier, et vint au devant moi pour me combattre seul. Le marquis de Noirmoutier lui vit faire ce mouvement; mais au lieu de faire pour moi ce que j'avois fait pour lui, il continua son chemin avec le convoi, et se mit peu en peine d'un combat qu'il rendoit si inégal par sa retraite. Nous marchâmes l'un à l'autre, le comte de Grancey et moi, avec un pareil nombre de cavalerie, mais très-différent par la bonté des troupes. Il avoit de plus deux régimens d'infanterie, comme j'ai dit. Je fis ma première ligne de cinq escadrons, et la seconde de quatre, commandée par le comte de Rauzan, frère des maréchaux de Duras et de Lorges; mais comme le comte de Grancey étoit éloigné de mille pas de son infanterie, je fis toute la diligence qui me fut possible pour le charger avant qu'elle fût arrivée. Nous trouvâmes à vingt pas les uns des autres une espèce de ravine qui nous séparoit : nous la côtoyâmes deux cents pas pour en prendre la tête. Dans cet espace de temps, une partie de l'infanterie du comte de Grancey eut le loisir d'arriver; et à la première décharge, tout ce que j'avois de troupes s'enfuit, et mon cheval fut tué. Ceux du chevalier de La Rochefoucauld et de Gourville le furent aussi. Un gentilhomme qui étoit à moi mit pied à terre pour me donner le sien; mais je ne pus m'en servir, parce qu'un

26.

des escadrons qui poussoient les fuyards étoit trop près. Le comte d'Holach, qui étoit à la tête, et trois autres cavaliers, vinrent à moi, me criant : *Quartier!* J'allai à lui, résolu de ne pas l'accepter ; et croyant lui donner de l'épée dans le corps, je ne perçai que les deux épaules de son cheval, et mon épée s'arrêta toute faussée dans la selle. Il me tira aussi à bout touchant ; le coup fut si grand que je tombai à terre : tout son escadron, en passant presque sur moi, me tira encore. Six soldats arrivèrent ; et me voyant bien vêtu, ils disputèrent ma dépouille, et à qui me tueroit. Dans ce moment, le comte de Rauzan chargea les ennemis avec sa seconde ligne : le bruit de la décharge surprit ces six soldats, et, sans que j'en sache d'autres raisons, ils s'enfuirent. Quoique ma blessure fût grande, je me trouvai néanmoins assez de force pour me relever ; et voyant un cavalier auprès de moi qui vouloit remonter à cheval, je le lui ôtai, et son épée aussi. Je voulois rejoindre le comte de Rauzan ; mais en y allant, je vis ses troupes qui suivoient l'exemple des miennes sans qu'on les pût rallier. Il fut pris et blessé, et mourut bientôt après. Le marquis de Sillery fut pris aussi ; je joignis le comte de Matha, maréchal de camp, et nous arrivâmes ensemble à Paris. Je le priai de ne rien dire de ce qu'il avoit vu faire à Noirmoutier, et je ne fis aucune plainte contre lui : j'empêchai même qu'on ne punît la lâcheté des troupes qui m'avoient abandonné ; et qu'on ne les fît tirer au billet. Ma blessure, qui fut grande et dangereuse, m'ôta le moyen de voir par moi-même ce qui se passa dans le reste de cette guerre, dont les événemens furent peu dignes d'être écrits. Noirmoutier et Laigues allèrent en Flandre pour amener l'armée d'Espagne que l'archiduc devoit envoyer au secours de Paris ; mais les promesses des Espagnols et leur assistance furent inutiles. Le parlement et le peuple, épuisés de tant de dépenses mal employées, se défiant presque également de la capacité et de la bonne foi de la plupart des généraux, reçurent l'amnistie bientôt après (1).

(1) Le 11 mars 1649.

PREMIÈRE PARTIE,

D'APRÈS LE TEXTE IMPRIMÉ.

[1642] La persécution que j'avois soufferte durant l'autorité du cardinal de Richelieu étant finie avec sa vie, je crus devoir retourner à la cour. La mauvaise santé du Roi, et le peu de disposition où il étoit de confier ses enfans et son État à la Reine, me faisoient espérer de trouver bientôt des occasions considérables de la servir, et de lui donner, dans l'état présent des choses, les mêmes marques de fidélité qu'elle avoit reçues de moi dans toutes les rencontres où ses intérêts et ceux de madame de Chevreuse avoient été contraires à ceux du cardinal de Richelieu. J'arrivai à la cour, que je trouvai aussi soumise à ses volontés après sa mort qu'elle l'avoit été durant sa vie. Ses parens et ses créatures y avoient les mêmes avantages qu'il leur avoit procurés; et par un effet de sa fortune, dont on trouvera peu d'exemples, le Roi, qui le haïssoit, et qui souhaitoit sa perte, fut contraint non-seulement de dissimuler ses sentimens, mais même d'autoriser la disposition qu'il avoit faite par son testament des principales charges et des plus importantes places de son royaume. Richelieu avoit encore choisi le cardinal Mazarin pour lui succéder au gouvernement des affaires; et ainsi il fut assuré de régner bien plus absolument après sa mort, que le Roi son maître n'avoit pu faire depuis trente-trois ans qu'il étoit parvenu à la couronne. Néanmoins, comme la santé du Roi étoit déplorée, il y avoit apparence que les choses changeroient bientôt de face, et que la Reine ou Monsieur, venant à la régence, se vengeroient, sur les restes du cardinal de Richelieu, des outrages qu'ils avoient reçus de lui.

[1643] Le cardinal Mazarin, M. de Chavigny et M. des Noyers, qui avoient alors le plus de part aux affaires, voulurent prévenir ce mal-là, et se servir du pouvoir qu'ils avoient sur l'esprit du Roi pour l'obliger à déclarer la Reine régente, et pour se réconcilier avec elle par ce service, qui devoit paroître d'autant plus considérable à la Reine qu'elle croyoit le Roi très-éloigné de cette pensée, par le peu d'inclination qu'il avoit toujours eue pour elle, et par la liaison qu'il croyoit qu'elle avoit encore avec les Espagnols par le moyen de madame de Chevreuse, qui s'étoit réfugiée en Espagne, et qui étoit alors à Bruxelles.

M. des Noyers fut le premier qui donna des espérances à la Reine de pouvoir porter le Roi, par son confesseur (1), à l'établir régente, croyant par là faire une liaison étroite avec elle, à l'exclusion de M. de Chavigny, qu'elle avoit considéré davantage du vivant du cardinal de Richelieu. Mais M. des Noyers se trouva peu de temps après bien éloigné de ses desseins, car le confesseur eut ordre de se retirer, et lui-même fut chassé ensuite. Il me parut que ce changement-là n'avoit rien diminué des espérances de la Reine, et qu'elle attendoit du cardinal Mazarin et de M. de Chavigny le même service que M. des Noyers avoit eu dessein de lui rendre. Ils lui donnoient tous les jours l'un et l'autre toutes les assurances qu'elle pouvoit désirer de leur fidélité, et elle en attendoit des preuves, lorsque la maladie du Roi, augmentant à un point qu'il ne lui restoit aucune espérance de guérison, leur donna lieu de lui proposer de régler toutes choses, pendant que sa santé lui pouvoit permettre de choisir lui-même une forme de gouvernement qui pût exclure des affaires toutes les personnes qui lui étoient suspectes.

Cette proposition, quoiqu'elle fût apparemment contre les intérêts de la Reine, lui sembla néanmoins trop favorable pour elle : il ne pouvoit consentir à la déclarer régente, et ne se pouvoit aussi résoudre à partager l'autorité entre elle et Monsieur. Les intelligences dont il l'avoit soupçonnée, et le pardon qu'il venoit d'accorder à Monsieur pour le traité d'Espagne (2), le tenoient dans une irrésolution qu'il n'eût peut-

---

(1) Le père Sirmond, jésuite.
(2) Conclu le 13 mars 1642, par Fontrailles, agent de Gaston.

être pas surmontée, si les conditions de la déclaration que le cardinal Mazarin et M. de Chavigny lui proposèrent ne lui eussent fourni l'expédient qu'il souhaitoit pour diminuer la puissance de la Reine, et pour la rendre en quelque façon dépendante du conseil qu'il vouloit établir. Cependant la Reine et Monsieur, qui avoient eu trop de marques de l'aversion du Roi, et qui le soupçonnoient presque également de les vouloir exclure du maniement des affaires, cherchoient toutes sortes de voies pour y parvenir. J'ai su de M. de Chavigny même qu'étant allé trouver le Roi de la part de la Reine pour lui demander pardon de tout ce qu'elle avoit jamais fait, et même de ce qu'elle lui avoit déplu dans sa conduite, le suppliant particulièrement de ne point croire qu'elle eût eu aucune part dans l'affaire de Chalais (1), ni qu'elle eût trempé dans le dessein d'épouser Monsieur après que Chalais auroit fait mourir le Roi, il répondit sur cela à M. de Chavigny sans s'émouvoir : « En l'état où je suis, je lui dois pardonner, mais je ne la dois pas croire. » Chacun croyoit d'abord avoir droit de prétendre la régence à l'exclusion l'un de l'autre; et si Monsieur ne demeura pas longtemps dans cette pensée, pour le moins crut-il devoir être déclaré régent avec la Reine. Les espérances de la cour et de tout le royaume étoient trop différentes; et tout l'État, qui avoit presque également souffert durant la faveur du cardinal de Richelieu, attendoit un changement avec trop d'impatience, pour ne recevoir pas avec joie une nouveauté dont chaque particulier espéroit de profiter. Les intérêts différens des principaux du royaume et des plus considérables du parlement les obligèrent bientôt à prendre parti entre la Reine et Monsieur; et si les brigues qu'on faisoit pour eux n'éclatoient pas davantage, c'est que la santé du Roi, qui sembloit se rétablir, leur faisoit craindre qu'il ne fût averti de leurs pratiques, et qu'il ne fît passer pour un crime les précautions qu'ils prenoient d'établir leur autorité après sa mort. Ce fut dans cette conjecture-là que je crus qu'il importoit à la Reine d'être assurée du duc d'Enghien. Elle approuva la proposition que je lui fis de se l'acquérir; et m'étant rencontré dans une liaison très-particulière d'amitié avec Coligny (2), en qui le duc d'Enghien avoit toute confiance, je leur représentai à l'un et à l'autre les avantages que la Reine et le duc d'Enghien rencontreroient à être unis; et qu'outre l'intérêt particulier qu'ils avoient de s'opposer à l'autorité de Monsieur, celui de l'État les y obligeoit encore. Cette proposition étoit assez avantageuse au duc d'Enghien pour qu'il la reçût agréablement. Il m'ordonna donc de contribuer à la faire réussir; et comme le commerce que j'aurois eu avec lui eût peut-être été suspect au Roi ou à Monsieur, principalement dans un temps où l'on venoit de lui donner le commandement de l'armée, et qu'en toutes façons il importoit grandement de le tenir secret, il désira que ce fût à Coligny seul que je rendisse les réponses de la Reine, et que nous fussions les seuls témoins de leur intelligence. Il n'y eut aucune condition par écrit; et Coligny et moi fûmes dépositaires de la parole que la Reine donnoit au duc d'Enghien de le préférer à Monsieur, non-seulement par des marques de son estime et de sa confiance, mais aussi dans tous les emplois d'où elle pourroit exclure Monsieur par des biais dont ils conviendroient ensemble, et qui ne pourroient point porter Monsieur à une rupture ouverte avec la Reine. Le duc d'Enghien promettoit de son côté d'être inséparablement attaché aux intérêts de la Reine, et de ne prétendre que par elle toutes les grâces qu'il désireroit de la cour. Le duc d'Enghien partit peu de temps après pour aller commander l'armée en Flandre, et donner commencement aux grandes choses qu'il a depuis si glorieusement exécutées. Le Roi, de qui la maladie augmentoit tous les jours, voulant donner dans la fin de sa vie quelques marques de clémence, soit par dévotion, ou pour témoigner que le cardinal de Richelieu avoit eu plus de part que lui à toutes les violences qui s'étoient faites depuis la disgrâce de la Reine sa mère, consentit de faire revenir à la Cour les plus considérables de ceux qui avoient été persécutés; et il s'y disposa d'autant plus volontiers, que les ministres, prévoyant beaucoup de désordres, essayoient d'obliger des personnes de condition, pour s'assurer contre tout ce qui pouvoit arriver dans une révolution comme celle qui les menaçoit.

Presque tout ce qui avoit été banni revint; et comme il y en avoit beaucoup d'attachés à la Reine par des services qu'ils lui avoient rendus, ou par la liaison que la disgrâce fait d'ordinaire entre les personnes persécutées, il y en eut peu qui n'eussent pas assez bonne opinion de leurs services pour n'en attendre pas une récompense proportionnée à leur ambition; et beaucoup crurent que la Reine leur ayant promis toutes choses, conserveroit dans la souveraine autorité les mêmes sentimens qu'elle avoit eus dans sa disgrâce.

Le duc de Beaufort étoit celui qui avoit conçu

---

(1) Exécuté le 19 août 1626.
(2) Maurice, comte de Coligny.

les plus grandes espérances : il avoit été depuis très-long-temps particulièrement attaché à la Reine ; et elle lui avoit donné une preuve si publique de sa confiance, en le choisissant pour garder M. le Dauphin et M. d'Anjou un jour que l'on croyoit que le Roi alloit mourir, que ce ne fut pas sans fondement que l'on commença à considérer son crédit, et à trouver beaucoup d'apparence à l'opinion qu'il essayoit d'en donner.

L'évêque de Beauvais, qui étoit le seul des serviteurs de la Reine que le cardinal de Richelieu avoit trop peu considéré pour l'ôter d'auprès d'elle, et qui, par son assiduité, avoit trouvé occasion d'y détruire presque tous ceux qu'elle avoit considérés, crut ne se devoir point opposer à la faveur du duc de Beaufort, et souhaita de faire une liaison avec lui pour ruiner de concert le cardinal Mazarin, qui commençoit de s'établir. Ils crurent d'en venir facilement à bout, non-seulement par l'opinion qu'ils avoient de leur crédit, et par l'expérience que l'évêque de Beauvais avoit faite de la facilité avec laquelle il avoit ruiné des personnes qui devoient être plus considérables à la Reine par leurs services que le cardinal Mazarin, mais encore parce qu'étant créature du cardinal de Richelieu, ils croyoient que cette raison-là seule lui devoit donner l'exclusion, et que la Reine avoit condamné trop publiquement la conduite du cardinal de Richelieu, pour conserver dans les affaires une personne qui y étoit mise de sa main, et qui étoit auteur de la déclaration que le Roi venoit de faire, dont la Reine paroissoit aigrie au dernier point.

Cette confiance fit négliger au duc de Beaufort et à l'évêque de Beauvais beaucoup de précautions durant les derniers jours de la vie du Roi, qui leur eussent été bien nécessaires après sa mort ; et la Reine étoit encore assez irrésolue en ce temps-là pour recevoir les impressions que l'on eût voulu lui donner.

Elle me cachoit moins l'état de son esprit qu'aux autres, parce que n'ayant point eu d'autres intérêts que les siens, elle ne me soupçonnoit pas d'appuyer d'autre parti que celui qu'elle choisiroit.

C'étoit elle qui avoit voulu que je fusse ami du duc de Beaufort dans une querelle (1) qu'il eut contre le maréchal de La Meilleraye, et qui m'avoit ordonné de voir le cardinal Mazarin, afin d'éviter un sujet de plainte au Roi, qui étoit persuadé qu'elle empêchoit ses serviteurs de voir ceux en qui il avoit confiance ; de sorte que ne lui étant point suspect, je pouvois connoître plus facilement que personne l'impression que les raisons de l'un et de l'autre parti faisoient dans son esprit.

Elle commençoit à craindre l'humeur impétueuse et altière du duc de Beaufort, qui, ne se contentant pas d'appuyer les prétentions du duc de Vendôme son père sur le gouvernement de Bretagne, appuyoit encore celles de tous ceux qui avoient souffert sous l'autorité du cardinal de Richelieu, non-seulement pour attirer presque toutes les personnes de condition par leur intérêt particulier dans une cause qui leur paroissoit juste, mais encore pour avoir un prétexte de choquer par là le cardinal Mazarin, et, en remplissant les principales charges de l'État, se faire des créatures, et donner des marques si éclatantes de sa faveur, que l'on n'en pût attribuer la cause à tout ce qui eût été de plus capable de satisfaire son ambition et même sa vanité.

D'un autre côté la Reine considéroit qu'après avoir confié ses enfans au duc de Beaufort, ce seroit une légèreté que tout le monde condamneroit, que de la voir passer en si peu de temps d'une extrémité à l'autre sans aucun sujet apparent.

La fidélité du cardinal Mazarin et de M. de Chavigny ne lui étoient pas assez connues pour être assurée qu'ils n'eussent point de part à la déclaration ; et ainsi, trouvant des doutes de tous côtés, il lui étoit malaisé de prendre une résolution sans s'en repentir. La mort du Roi l'y obligea néanmoins, et on connut bientôt que les soins du cardinal Mazarin avoient eu le succès qu'il désiroit : car dans le temps que l'on croyoit que la Reine le considéroit comme l'auteur de la déclaration, toute l'aigreur en tomba sur M. de Chavigny ; et soit que le cardinal Mazarin fût innocent, ou qu'il se fût justifié aux dépens de son ami, qui apparemment n'étoit pas plus coupable que lui, enfin il demeura dans le conseil.

Or, comme je ne prétends pas écrire toutes les particularités de ce qui s'est passé en ce temps-là ; et que ce que j'en fais présentement est plutôt pour ne pas oublier quelques circonstances que j'ai vues, dont quelqu'un de mes amis a eu curiosité, que pour les faire voir, je me contenterai de rapporter seulement ce qui me regarde, ou au moins les choses dont j'ai été témoin.

Peu de temps après la mort du Roi, il me fut bien aisé de connoître l'augmentation du crédit du cardinal Mazarin, et la diminution de celui du duc de Beaufort ; l'un et l'autre paroissoient dans la confiance que la Reine témoignoit avoir pour le cardinal Mazarin, puisque ce dernier étant directement opposé au duc de Beaufort, la puissance de l'un étoit entièrement la ruine de l'autre.

---

(1) Au sujet du gouvernement de Bretagne.

La cour étoit néanmoins encore fort partagée, et on attendoit le retour de madame de Chevreuse comme la décision de toutes choses : on ne la considéroit pas comme une personne qui voulût se contenter d'appuyer l'un des deux partis, mais qui détruiroit certainement celui qui dépendroit le moins d'elle. J'avois moins de sujet que les autres de juger si avantageusement de son autorité.

La Reine, qui m'avoit toujours témoigné l'amitié qu'elle avoit pour elle, m'en avoit parlé depuis quelque temps avec assez de froideur ; et l'incertitude où je la vis si elle la feroit revenir à la cour me tira de celle où j'étois que les mauvais offices de l'évêque de Beauvais n'eussent point fait autant d'impression contre elle que contre tout le reste qu'il avoit essayé de détruire.

La Reine m'avoit déjà ordonné de voir le cardinal Mazarin ; et bien qu'elle eût approuvé la déclaration que je lui fis que je ne pouvois être son ami et son serviteur qu'autant que je le verrois attaché au service de Sa Majesté, et qu'il feroit dans les grandes et dans les petites choses ce que l'on devoit attendre d'un homme de bien et digne de l'emploi qu'il avoit, je sus toutefois qu'elle eût souhaité que je lui eusse parlé avec moins de réserve ; et qu'elle eût désiré que je lui eusse promis toutes choses aussi facilement que plusieurs autres personnes, qui s'y étoient engagées d'autant plus aisément qu'ils étoient résolus de n'en tenir aucune qu'en tant que leurs intérêts les y obligeroient. Elle me parut néanmoins satisfaite de ma visite, et ne me témoigna pas désirer rien de moi de plus que ce que j'avois fait.

On eut avis en ce temps-là que madame de Chevreuse revenoit en France ; et la Reine me parut plus irrésolue que jamais sur son retour à la cour, non pas, comme je crois, qu'elle en fût retenue par aucune difficulté qu'il y eût à lui accorder cette grâce, mais seulement afin que le cardinal Mazarin s'entremît pour la lui faire obtenir, et que madame de Chevreuse lui fût obligée de ce qu'il auroit porté la Reine à surmonter les raisons qui la retenoient, qui étoit une clause particulière de la déclaration, et une aversion étrange que le Roi avoit témoignée contre elle en mourant.

Je demandai permission à la Reine d'aller au devant de madame de Chevreuse ; et elle me l'accorda d'autant plus volontiers, qu'elle crut que je disposerois son esprit à souhaiter l'amitié du cardinal Mazarin, puisque je voyois bien que c'étoit une des choses que la Reine désiroit le plus.

Montaigu (1) avoit été envoyé vers elle pour lui faire des propositions qui étoient davantage dans les intérêts du cardinal Mazarin ; et c'étoit ensuite de quelques autres qu'on lui avoit fait faire en Flandre par le même homme, deux ou trois mois avant la mort du Roi.

Je rencontrai madame de Chevreuse à Roye ; et Montaigu, qui étoit arrivé quelque temps devant moi, avoit eu tout celui qu'il avoit désiré pour faire réussir ses projets. Elle me témoigna d'abord qu'il lui étoit suspect, soit que véritablement elle manquât de confiance pour lui, ou qu'elle crût que je ne serois pas bien aise de partager la sienne avec une personne que je ne connoissois point par moi, et que je n'avois pas grand sujet d'estimer sur le rapport des autres.

Elle désira donc que je ne lui parlasse point devant lui ; mais comme il lui importoit d'être informée de l'état de la cour et de l'esprit de la Reine, et que je vis bien qu'elle se méprendroit indubitablement à l'un et à l'autre si elle en jugeoit par ses propres connoissances, et par les sentimens que la Reine avoit eus autrefois pour elle, je crus être obligé de lui représenter les choses comme elles me paroissoient, et de l'assurer que les pensées de la Reine étant fort différentes de ce qu'elle les avoit vues, il étoit nécessaire de prendre d'autres précautions que celles dont elle s'étoit servie.

Que la Reine étoit certainement résolue de retenir auprès d'elle le cardinal Mazarin ; qu'il étoit malaisé de juger d'autre sorte que par les événemens si c'étoit là un bon ou un mauvais conseil, pour ce qu'étant créature du cardinal de Richelieu et uni avec ses parens, il étoit à craindre qu'il n'autorisât ses maximes ; mais aussi que n'ayant point eu de part à ses violences, et étant presque le seul qui eût connoissance des affaires étrangères, je doutois que dans le besoin où étoient la Reine et l'État d'un homme capable de les ménager, on pût facilement obtenir d'elle d'en exclure le cardinal Mazarin ; outre que je ne voyois personne dont la capacité ou la fidélité fussent assez connues pour souhaiter de l'établir dans un emploi aussi difficile et aussi important que celui-là.

Que ma pensée étoit donc de ne point témoigner à la Reine qu'elle revînt auprès d'elle avec dessein de la gouverner, puisque apparemment ses ennemis s'étoient servis de ce prétexte-là pour lui nuire.

Qu'il falloit, par ses soins et par sa complaisance, se remettre au même point où elle avoit

(1) Gentilhomme anglais, abbé de Saint-Martin de Pontoise.

été ; et qu'ainsi étant unie avec madame de Senecey, madame d'Hautefort, et le reste de ceux en qui la Reine se confioit, qui m'avoient tous donné parole d'être entièrement dans ses intérêts, elle seroit en état de détruire ou protéger le cardinal Mazarin, selon que sa conservation ou sa ruine seroient utiles au public.

Madame de Chevreuse me témoigna d'approuver mes pensées, et me promit affirmativement de les suivre : elle arriva auprès de la Reine dans cette résolution-là ; et quoiqu'elle en fût reçue avec beaucoup de marques d'amitié, je n'eus pas grande peine à remarquer la différence de la joie qu'elle avoit de la voir, à celle qu'elle avoit eue autrefois de m'en parler ; et je connus, par de certains défauts qu'elle remarqua en sa personne, que les mauvais offices qu'on lui avoit rendus avoient fait une assez grande impression sur son esprit.

Madame de Chevreuse les méprisa tous néanmoins, et crut que sa présence détruiroit en un moment tout ce que ses ennemis avoient fait contre elle pendant son absence.

Elle fut fortifiée dans cette opinion par le duc de Beaufort; et ils crurent l'un et l'autre qu'étant unis, ils pourroient facilement détruire le cardinal Mazarin devant qu'il eût eu le temps de s'établir.

Cette pensée fit recevoir à madame de Chevreuse toutes les avances du cardinal Mazarin comme des marques de sa foiblesse ; et elle crut que c'étoit assez y répondre que de ne pas se déclarer ouvertement de vouloir sa ruine, mais seulement de la procurer en établissant M. de Châteauneuf (1) dans les affaires.

Elle crut aussi être obligée d'appuyer mes intérêts ; et voyant la Reine dans le dessein de me donner quelque établissement considérable, elle insista fort pour me faire avoir le gouvernement du Havre-de-Grâce qui est entre les mains du duc de Richelieu, afin qu'en me procurant du bien elle pût commencer la persécution et la ruine de cette maison-là.

Cependant le cardinal Mazarin, voyant bien que la Reine n'étoit plus en état d'entreprendre une affaire de cette importance sans sa participation, crut que, pour l'empêcher, il suffisoit de dire qu'il approuveroit toujours avec beaucoup de soumission toutes les volontés de la Reine ; mais qu'il croyoit être obligé, non-seulement pour la reconnoissance qu'il lui devoit, mais aussi pour l'intérêt du service de la Reine, de lui représenter les raisons qu'elle avoit de maintenir la maison de Richelieu ; qu'il souhaiteroit toujours qu'elle les approuvât, mais qu'il ne croiroit point avoir sujet de se plaindre quand on ne suivroit point son avis.

Il ne se déclara pas si ouvertement sur le retour de M. de Châteauneuf, soit qu'il le crût si ruiné dans l'esprit de la Reine qu'il s'imaginât lui pouvoir donner cette marque de sa modération sans aucun péril, et qu'il étoit assez éloignée de le remettre dans les affaires par son propre sentiment, sans qu'il essayât de faire quelque effort pour cela : mais enfin il se contenta de laisser agir M. le chancelier, qui étant obligé pour sa propre conservation d'exclure M. de Châteauneuf, qui ne pouvoit revenir à la cour sans lui ôter les sceaux, avoit pris toutes les précautions imaginables auprès de la Reine par le moyen d'une de ses sœurs qui étoit religieuse à Pontoise, et de ce même Montaigu dont j'ai déjà parlé.

Cependant tous ces retardemens aigrissoient au dernier point madame de Chevreuse : elle les consideroit comme des artifices du cardinal Mazarin, qui non-seulement accoutumoient par là la Reine à ne lui accorder pas d'abord les choses qu'elle en désiroit, mais qui diminuoient beaucoup dans l'esprit du monde la bonne opinion qu'elle y vouloit donner de son crédit : elle témoignoit souvent sa mauvaise satisfaction à la Reine, et dans ses plaintes elle y mêloit toujours quelque chose de piquant contre le cardinal Mazarin ; elle ne pouvoit souffrir d'être obligée de lui parler de ce qu'elle désiroit de la Reine, et elle faisoit paroître qu'elle aimoit mieux n'en recevoir point de grâces, que d'en devoir une partie à l'entremise du cardinal. Lui, au contraire, qui voyoit que cette conduite de madame de Chevreuse persuadoit mieux à la Reine qu'elle avoit dessein de la gouverner que tout ce qu'il avoit employé jusque là pour le lui faire croire, prit des voies bien différentes pour la ruiner (2).

[1646] Il est presque impossible d'écrire une relation bien juste des mouvemens passés, parce que ceux qui les ont causés ayant agi par de mauvais principes, ont pris soin d'en dérober la connoissance, de peur que la postérité ne leur imputât d'avoir dévoué à leurs intérêts la félicité de leur patrie : outre cette raison, il est assez malaisé à celui qui écrit des affaires de son temps qu'il conserve ses passions si pures qu'il ne s'abandonne à la haine ou à la flatterie, qui sont les écueils ordinaires où la vérité fait naufrage. Quant à moi, je me propose de faire un récit

---

(1) Charles de L'Aubespine, marquis de Châteauneuf.
(2) Les pages qui précèdent sont une espèce d'introduction où l'auteur s'exprime à la première personne ; dans les suivantes, il prend le ton d'un historien.

désintéressé de ce qui s'est passé, pour laisser à ceux qui le liront la liberté entière du blâme ou de la louange.

La France avoit déclaré la guerre en l'année 1635 à la maison d'Autriche; et la fortune avoit favorisé une si haute entreprise par tant d'heureux succès, qu'elle étoit victorieuse par tous les endroits où elle portoit ses armes. Nous avions pénétré dans le cœur de la Flandre, ayant assujetti toute la rivière de la Lys: l'on avoit porté en Allemagne la victoire jusques au Danube, par la fameuse bataille de Nordlingen (1): le Milanais étoit le théâtre de la guerre d'Italie, et du côté d'Espagne nos conquêtes n'auroient pas été bornées par le Roussillon et la Catalogne, sans Lerida, qui en étoit le terme fatal.

Ces prospérités, qui avoient commencé du temps du feu Roi, avoient encore continué avec plus d'éclat pendant les trois premières années de la régence, qui s'étoient rendues fameuses par de si belles et célèbres victoires; non sans admiration que dans un temps de minorité, d'ordinaire exposé aux guerres civiles et domestiques, l'on eût remporté des avantages si considérables sur les étrangers.

Mais comme c'est l'étoile de notre nation de se lasser de son propre bonheur, et de se combattre elle-même quand elle ne trouve pas de résistance au dehors, ou bien que Dieu ait prescrit aux Empires de certaines limites de puissance et de durée qui sont hors de la juridiction des hommes, nous avons perdu dans une campagne, par nos divisions, la plupart des conquêtes que nous avions faites pendant le cours heureux de plusieurs années. Mais avant que d'entrer dans la narration de ces troubles, il est à propos de dire comme les choses se gouvernoient dans le cabinet.

Le conseil du Roi pendant la régence de la Reine étoit composé de M. le duc d'Orléans, de M. le prince, et du cardinal Mazarin. Les autres ministres, comme le chancelier, M. de Longueville, le surintendant Chavigny, et Servien, y avoient peu de considération.

Les principales affaires se régloient du conseil des princes et du cardinal, qui en avoit l'entière direction, par la confiance que la Reine prenoit en lui.

Les princes du sang étoient fort unis à la Reine, et cette union produisoit le bonheur public, d'autant que par là toutes les espérances des nouveautés étant ôtées, auxquelles notre nation a une pente naturelle, chacun aspiroit par des services légitimes à quelque accroissement en sa fortune.

Le cardinal Mazarin entretenoit cette bonne intelligence, avantageuse à sa conservation; et lorsque l'un des princes vouloit s'élever, il le modéroit par l'opposition de l'autre; et balançant leur puissance, la sienne étoit sans comparaison la plus respectée.

D'ailleurs il avoit procuré au duc d'Orléans le gouvernement du Languedoc, et s'étoit si fort rendu dépendant l'abbé de La Rivière son premier ministre, qu'il envisageoit toutes les voies hors des bonnes grâces du cardinal pour son élévation au cardinalat comme des précipices.

Pour le duc d'Enghien, le cardinal satisfaisoit à son ambition par le gouvernement de Champagne et de Stenay, et par le commandement des armées qu'il lui procuroit: joint que Mazarin étant étranger, sans parens, sans établissement, d'une nature assez douce, il étoit moins appréhendé; et les princes, moins appliqués aux affaires, s'en déchargeoient sans envie sur lui.

Or, comme il prévoyoit que la liaison des princes et de leur autorité affoibliroit celle de la Reine, il jetoit adroitement dans leurs esprits des soupçons de jalousie et de défiance l'un de l'autre, lesquels il dissipoit à propos, de crainte qu'ils ne vinssent à une rupture: ainsi étant l'auteur de leurs différends, il lui étoit aisé d'être l'arbitre de leur réconciliation, et même de s'en attirer le mérite. Pour les autres grands du royaume, comme ils étoient sans pouvoir, leur bonne ou mauvaise volonté n'étoit pas regardée.

Telle étoit l'assiette de la cour, lorsque des événemens rompant cette union si nécessaire à l'État lui causèrent des maux très-funestes.

[1647] Avant que de les dire, je remarquerai la mort du prince de Condé, arrivée (2) à la veille de ces mouvemens, d'autant plus considérable que l'opinion publique est que s'il eût vécu, il les auroit prévenus par sa prudence et son autorité, qui donnoit de la retenue aux ministres, et à laquelle le parlement auroit déféré.

L'union de ces puissances étoit un gage si solide de la tranquillité du royaume, qu'elle donnait trop de confiance aux ministres, et ne retenoit point Emery, surintendant des finances, de faire de grandes levées de deniers.

Or, comme cette conduite, quoique colorée de la guerre étrangère et de la défense de l'État, avoit été introduite durant le ministère du cardinal de Richelieu, et qu'elle n'en étoit qu'une suite, il ne sera pas inutile d'en parler.

Ce ministre, dont la politique absolue avoit violé les anciennes lois du royaume pour établir l'autorité immodérée de son maître, dont il étoit

---

(1) Gagnée par le duc d'Enghien le 5 août 1645.
(2) Le 26 décembre 1646.

le dispensateur, avoit considéré tous les règlemens de cet État comme des concessions forcées et des bornes imposées à la puissance des rois, plutôt que des fondemens solides pour bien régner; et comme son administration trop longue avoit été autorisée par de grands succès pendant la vie du feu Roi, il renversa toutes les formes de la justice et des finances, et introduisit, pour le souverain tribunal de la vie et des biens des hommes, la volonté royale.

Ce gouvernement si violent subsista jusqu'à sa mort; et le Roi ne lui ayant survécu que de peu de mois après, laissa à la Reine, avec la régence, l'établissement de ses ordres de finances, qui sembloient nécessaires pour subvenir aux dépenses de la guerre.

Sa Majesté, dans les premiers jours de sa régence, pressée de faire ses libéralités, épuisa l'épargne des plus clairs deniers; et par là Émery fut obligé de mettre en pratique tous les expédiens que son esprit lui fournissoit, sans être retenu ni par la justice, ni par la pitié, ni par le désespoir où il portoit le monde.

[1648] Pour cet effet, après avoir consommé la substance des peuples par des subsides nouveaux, il porte ses soins dans les villes, taxe les aisés et malaisés, fait de nouvelles créations d'offices, prend les gages des anciens officiers, saisit les rentes publiques, exige des emprunts, prépare encore de nouveaux édits; et, par cette inquisition rigoureuse sur les biens de toute nature, il poussa dans une révolte secrète les compagnies, les communautés et les corps de ville; enfin, toutes ressources étant épuisées, il veut prendre les gages des chambres des comptes, des cours des aides et grand conseil, qui firent leurs plaintes au parlement, qui donna ce célèbre arrêt d'union (1).

Cet arrêt fut un signal pour tous les mécontens, les rentiers, les trésoriers de France, les secrétaires du Roi, les élus, les officiers des tailles et des gabelles. Enfin les peuples de toutes les conditions se rallièrent, exposant leurs griefs au parlement, et en demandant la réparation.

Les noms des partisans et d'Émery tombèrent dans l'exécration publique : chacun déclame contre l'exaction violente des traitans, la puissance démesurée des intendans, la cruauté des fusiliers, les contraintes rigoureuses contre le pauvre peuple, par la vente de leurs biens, l'emprisonnement de leurs personnes, la solidité réelle des tailles; bref, cette oppression dernière, nuisible à la vie, à la liberté et aux biens de tous les sujets du Roi.

Le parlement, paroissant touché des misères publiques, reçoit les supplications des malheureux, offre de leur faire justice, et, par la part qu'il témoigne prendre aux souffrances des peuples, acquiert leur bienveillance en un point qu'ils sont respectés comme leurs dieux vengeurs et libérateurs.

Je ne prétends pas faire un récit des assemblées des chambres, des matières que l'on y a traitées, des avis et résultats, et des remontrances de la compagnie, portées par le premier président Molé à Leurs Majestés; assez de mémoires en sont remplis : il me suffit de dire qu'il y avoit trois sortes de partis dans le parlement.

Le premier étoit des frondeurs, nom donné par raillerie à ceux qui étoient contre les sentimens de la cour. Ces gens-là étant touchés du désir d'arrêter le cours des calamités présentes avoient le même objet, quoique par un différent motif que ceux qui étoient intéressés par leur fortune ou par leur haine particulière contre le principal ministre.

Le deuxième parti étoit des mazarins, qui étoient persuadés que l'on devoit une obéissance aveugle à la cour, les uns par conscience, pour entretenir le repos de l'État, les autres par les liaisons qu'ils avoient avec les ministres, ou par intérêt avec les gens d'affaires.

Et le dernier étoit de ceux qui blâmoient l'emportement des premiers, et n'approuvoient pas aussi la retenue des seconds, et qui se tenoient dans un parti mitoyen, pour agir dans les occasions ou selon leur intérêt, ou selon leur devoir.

C'étoit la disposition du parlement, dont la plupart, qui au commencement n'avoient point d'amour pour les nouveautés, parce que l'expérience des affaires du monde leur manquoit, étoient bien aises d'être commis pour régler des abus qui s'étoient glissés dans l'administration de l'État, et de se voir médiateurs entre la cour et le peuple.

On leur insinuoit que cet emploi donneroit de la considération et de l'éclat à leurs personnes; que la charité les obligeoit de secourir les malheureux dans leurs pressantes nécessités, et que le devoir de leurs charges, qui sont instituées pour modérer l'extrême puissance des rois et s'opposer à leurs dérèglemens, les y convioit; qu'ils devoient savoir que, depuis quelques années, les ministres de France sont persuadés que c'est régner précairement quand leur empire ne s'étend que sur les choses permises; que les lois sont étouffées par la crainte, et la justice par la force; que pour notre infortune nos derniers

(1) Cet arrêt est du 13 mai 1648, il fut suivi d'un autre le 15 juin.

rois leur ont si fort abandonné la conduite de l'État, qu'ils se sont rendus la proie de leurs passions ; que le temps est venu qu'il faut remettre les anciens ordres, et cette relation harmonique qui doit exister entre un commandement légitime et une obéissance raisonnable ; que pour cet effet les peuples réclamoient leur justice, comme le seul asile pour prévenir leur dernière oppression ; qu'une si sainte mission étant approuvée du Ciel et suivie des acclamations publiques, les mettroit à couvert de toute crainte : mais quand il y auroit du péril, que c'est le propre d'une rare vertu de se signaler plutôt dans la tempête que dans le calme ; et que la mort, qui est égale pour tous les hommes, n'est distinguée que par l'oubli ou par la gloire.

Ces discours empoisonnés firent d'autant plus d'impression sur leurs esprits, que les hommes ont une inclination naturelle à croire ce qui flatte leur grandeur ; si bien qu'ils se laissèrent charmer par ces douces voix de dieux tutélaires de la patrie, et de restaurateurs de la liberté publique.

Celui qui leur inspiroit ce venin avec plus d'artifice était Longueil, conseiller en la grand'chambre, lequel, poussé d'un esprit d'ambition de rendre sa fortune meilleure dans les divisions publiques, avoit depuis quelques années, en des assemblées secrètes, préparé plusieurs de ses confrères à combattre la domination des favoris, sous couleur du bien du royaume : de sorte que dans la naissance de ces mouvemens et dans leurs progrès, il étoit consulté comme l'oracle de la Fronde, tant qu'il a été constant dans son parti (1).

Cependant le parlement, paroissant appliqué à la réformation de l'État, s'assembloit tous les jours : il avoit déjà supprimé des édits et des droits nouveaux ; il avoit révoqué les intendants des provinces, et rétabli les trésoriers de France et les élus en la fonction de leurs charges ; il prétendoit encore faire rendre compte de l'emploi des deniers levés depuis la régence ; et insensiblement il attaquoit l'administration du cardinal.

D'ailleurs la cour n'oublioit aucun moyen qui servit à faire cesser les assemblées. M. le duc d'Orléans, le premier président et le président de Mesme en représentoient la conséquence préjudiciable à la paix générale ; que les ennemis s'en figuroient un triomphe qui les rétabliroit de leurs pertes passées : et néanmoins le Roi avoit autorisé tous les arrêts que la compagnie avoit donnés ; mais les voies de douceur étoient mal interprétées, et passoient pour des marques de foiblesse et de crainte, qui rendoient les ennemis du cardinal plus fiers, et plus actifs à le pousser.

En ce temps-là M. le prince commandoit l'armée du Roi en Flandre : il avoit pris Ypres ; mais durant ce siége les Espagnols avoient repris Courtray, et remporté d'autres petits avantages. Or, comme son génie est puissant et heureux à la guerre, il trouva l'armée d'Espagne le vingtième jour d'août dans les plaines d'Arras et de Lens, la combattit, et obtint une victoire célèbre.

Le duc de Châtillon, qui s'y étoit glorieusement signalé, vint de sa part en porter les nouvelles à la cour.

Le conseil du Roi regarda ce grand succès comme un coup du Ciel, dont il se falloit prévaloir pour arrêter le cours des désordres que le temps et la patience augmentoient, et résolut de s'assurer de ceux du parlement qui étoient les plus animés, principalement de Broussel, conseiller en la grand'chambre, personnage d'une ancienne probité, de médiocre suffisance, et qui avoit vieilli dans la haine des favoris.

Ce bonhomme, inspiré par ses propres sentimens, et par les persuasions de Longueil et d'autres qui avoient pris créance dans son esprit, ouvroit les avis les plus rigoureux, qui étoient suivis par la cabale des frondeurs : de sorte que son nom faisoit bruit dans les assemblées des chambres ; et il s'étoit rendu chef de ce parti dans le parlement, d'autant plus accrédité que son âge et sa pauvreté le mettoient hors des atteintes de l'envie.

Or comme le peuple, qui ne bougeoit du Palais, étoit informé qu'il s'intéressoit puissamment pour son soulagement, il le prit en affection, et lui donna ce beau titre de *son père*. L'arrêter étoit un coup bien hardi, et pouvoit être très-salutaire s'il eût réussi ; mais aussi il pouvoit avoir des suites dangereuses, comme nous verrons. Pourtant il fut heureusement exécuté par Comminges, le matin que l'on chanta le *Te Deum* (2) à Notre-Dame de la victoire de Lens, durant que les compagnies des Gardes étoient en haie dans les rues ; et il fut conduit en sûreté hors de la ville avec le président de Blancménil, pour être transféré à Sedan.

Deux heures après que le bruit de l'enlèvement de Broussel se fut répandu, les bourgeois du quartier Notre-Dame et des rues Saint-Denis, Saint-Martin et Saint-Honoré, et des autres endroits, fermèrent leurs boutiques, et prirent tu-

---

(1) Mazarin acheta Longueil cinquante mille écus, et en outre il donna la surintendance des finances à son frère, le président de Maisons.

(2) Le 26 août 1648.

multuairement les armes, chacun ressentant avec douleur ce qui étoit arrivé en la personne de Broussel, qu'ils réclamoient comme leur martyr. D'un autre côté, les grands, les ministres et toutes les personnes les plus qualifiées se rendirent au Palais-Royal, où l'on dissimuloit l'excès du désordre; et ceux qui avoient eu grande peur en y allant avoient la complaisance de dire à la Reine que ce n'étoit que quelques canailles que l'on mettroit bientôt à la raison.

Le coadjuteur de Paris, qui jusqu'alors n'avoit point paru sur le théâtre du monde, et s'étoit renfermé dans l'étendue de sa profession, fut offrir son service à la Reine, à qui il ne déguisa rien de ce qui se passoit : ses offres et ses avis furent également mal reçus. Il ne laissa pas apparemment d'employer la dignité de son caractère et ses persuasions pour calmer les orages, et puis vint rendre compte de la sédition au Palais-Royal, où n'ayant pas reçu la satisfaction qu'il prétendoit, il conçut du dépit contre le cardinal, qui fut la cause ou le prétexte qu'il prit pour, avec le refus qu'on lui avoit fait de traiter du gouvernement de Paris, s'intéresser si avant dans le parti opposé à la cour.

Cependant la Reine, naturellement incapable de peur, commanda aux maréchaux de La Meilleraye et de L'Hôpital de monter à cheval avec leurs amis, d'aller par les rues, et de contenir le peuple par quelque exemple de justice. Ils trouvèrent le mal tel, qu'ils ne purent exécuter cet ordre; si bien que l'on étoit réduit à espérer que le tumulte s'apaiseroit par la nuit, comme il arriva; mais un accident alluma le lendemain matin le feu qui s'alloit éteindre.

Le chancelier, s'en allant au Palais porter une déclaration du Roi qui défendoit les assemblées des chambres, fut aperçu par quelque reste de populace mutinée. Sa personne, odieuse au public, et sa mission, animèrent force gens à courir après son carrosse, qui le firent fuir jusqu'à l'hôtel de Luynes, où ils le cherchoient pour immoler, ce disoient-ils, cette âme vénale, ce protecteur des maltôtes, à tant de peuples ruinés par les édits qu'il avoit scellés.

L'avis de l'état auquel il étoit parvint au Palais-Royal, d'où le maréchal de La Meilleraye partit avec quelques compagnies des Gardes, qui firent une décharge sur ces séditieux, et délivrèrent le chancelier : mais ce fut un signal pour toute la ville de prendre les armes; car à même temps le peuple ferma les boutiques, tendit les chaînes par les rues, et fit des barricades jusque fort près du Palais-Royal.

Pendant cette émeute le parlement délibéroit sur la détention de leurs confrères, avec d'autant plus de courage qu'il voyoit le peuple se soulever en sa faveur. Sans doute que si le chancelier fût arrivé au Palais avec sa commission, on l'auroit retenu pour représaille.

Il fut arrêté d'un commun consentement que le parlement iroit en corps à l'heure même supplier Leurs Majestés de mettre en liberté leurs confrères. Ils trouvèrent le peuple par les rues sous les armes : les uns les menaçoient s'ils ne ramenoient Broussel, les autres les conjuroient de ne rien craindre, et qu'ils périroient pour leur conservation; et tous ensemble protestoient de ne point mettre les armes bas qu'ils n'eussent vu le père de la patrie.

Le parlement, après avoir été introduit dans le grand cabinet du Palais-Royal, où étoient Leurs Majestés, accompagnées de M. le duc d'Orléans, du prince de Conti, du cardinal Mazarin, des grands du royaume et des ministres d'Etat, le premier président représenta la douleur de la compagnie de la détention de leurs confrères, et exposa leurs très-humbles supplications pour leur liberté, qui étoient appuyées des vœux de cent mille hommes armés, qui demandoient M. de Broussel. La Reine répondit qu'elle s'étonnoit que l'on fît tant de bruit pour un simple conseiller, et que le parlement à la détention de feu M. le prince n'avoit rien dit. Le premier président et le président de Mesmes répliquèrent que, dans le point où les choses étoient venues, il n'y avoit plus lieu de délibérer; et que c'étoit une nécessité absolue de fléchir sous la volonté des peuples, qui n'écoutoient plus la voix du magistrat, et qui avoient perdu le respect et l'obéissance, enfin qui étoient les maîtres. La Reine dit qu'elle ne se relâcheroit point, et qu'ayant en main le sacré dépôt de l'autorité du Roi son fils, elle ne consentiroit jamais qu'on le violât, en cédant aux passions d'une multitude; que le parlement remontrât aux mutins leur devoir; que ceux qui avoient excité la sédition s'employassent à l'apaiser, et qu'un jour le Roi sauroit faire la différence des gens de bien d'avec les ennemis de sa couronne. Ces messieurs firent encore des instances, mais en vain, Sa Majesté demeurant toujours dans une négative absolue; si bien qu'ils s'en retournèrent au Palais pour opiner sur ce refus. Lorsqu'ils furent arrivés à la première barricade, le peuple leur demanda s'ils ont obtenu la liberté de M. de Broussel; et voyant à leur visage qu'ils ne l'avoient pas obtenue, les renvoie avec furie au Palais-Royal, menaçant que si dans deux heures on ne la leur accorde, deux cent mille hommes iront en armes en supplier la Reine, et qu'ils extermineront les ministres auteurs de la sédition. Ces messieurs retournent représenter ce qu'ils ont vu et ouï ; enfin ajoutent que puisqu'on ne peut vaincre leur désobéissance ni par la raison ni par la force, il faut recevoir la loi, si on ne veut mettre la couronne en péril. Là-dessus on tint conseil, où M. le duc d'Orléans et le cardinal furent d'avis, contre les sentimens de la Reine, d'accorder la liberté aux prisonniers : ce qui fut incontinent déclaré au parlement. On le fit savoir au peuple, lequel, nonobstant toutes les assurances qu'on lui en donna, soupçonnant que l'on ne l'exécuteroit pas de bonne foi, persista encore à demeurer sous les armes, attendant l'arrivée de Broussel, qui n'eut pas sitôt paru qu'il fut salué de toute la mousqueterie, et accompagné des acclamations publiques jusqu'au Palais, où lui et Blancménil reçurent les complimens de la compagnie ; et de là il fut conduit par le peuple jusqu'à son logis, avec des démonstrations de joie si grandes, qu'il sembloit qu'en la liberté de Broussel chacun eût remporté ce jour-là une grande victoire.

Voilà la fameuse journée des barricades, qui a été moins causée par l'affection que le public avoit pour Broussel, que par une haine démesurée dont il étoit prévenu depuis quelques années contre le ministère, telle qu'il n'attendoit qu'une occasion pour la manifester. Il est malaisé de décider si le conseil de rendre les prisonniers a été salutaire ; car, d'une part, qui considérera l'irrévérence des peuples, pour ne pas dire leur emportement, tel qu'il y avoit à craindre un attentat contre la majesté royale, il semblera que la prudence ne pouvoit conseiller un autre parti que celui de la douceur, puisque la force manquoit pour les réduire : d'autre part, c'étoit une plaie mortelle à l'autorité du prince, et un triomphe que l'on préparoit aux peuples sur la dignité souveraine, que d'acquiescer à leur fureur. Là-dessus quelques-uns disoient qu'il auroit mieux valu mener le Roi à Saint-Germain, y attendre toute sorte d'événemens, que de prostituer la dignité royale aux caprices d'une multitude, mais M. le duc d'Orléans et le cardinal, naturellement amis des conseils tempérés, ne pensoient qu'à se délivrer du péril présent. Quoi qu'il en soit, il est constant que depuis ce jour le parlement prit de nouvelles forces contre la cour ; et force gens de qualité ou par intérêt, ou par le désir des choses nouvelles, s'engagèrent sérieusement pour la perte du premier ministre.

Or, comme il a été pendant tous ces mouvemens l'objet de l'invective publique, et que les plumes et les langues se sont déchaînées dans la dernière licence, il est à propos de rapporter les accusations les mieux fondées, et aussi ses légitimes défenses. L'on disoit contre le cardinal Mazarin qu'il étoit inouï et honteux à la France qu'un étranger, encore sujet originaire d'Espagne, en fût le principal ministre, même avec un pouvoir si absolu, qu'il étoit l'arbitre de la guerre et de la paix ; que de son pur mouvement il distribuoit les honneurs, les offices, les bénéfices, enfin toutes les grâces, non pas au mérite, au service ni à la condition, mais à l'attachement que l'on avoit à sa personne, qui étoit le véritable titre pour les obtenir ; que pour son ambition il avoit porté les armes de la France dans la Toscane avec une extrême dépense et sans avantage, et qu'il n'avoit pas assisté le duc de Guise dans la révolte de Naples ; que par ses propres intérêts il n'avoit pas voulu accepter le traité de paix fait à Munster, et qu'il l'avoit éludé par le ministère de Servien, sa créature ; que par sa jalousie il vouloit perdre le maréchal de Gassion lors de sa mort, et même M. le prince en Catalogne, parce que sa naissance et sa réputation lui donnoient de l'ombrage, qu'il avoit épuisé la France d'argent par des édits, pour l'envoyer en Italie ; qu'il s'étoit attribué la même puissance sur mer que sur terre, après la mort du duc de Brezé ; qu'il ne savoit que les affaires étrangères [encore avoit-il perdu la confiance et l'opinion de la bonne foi parmi nos alliés, que le cardinal de Richelieu avoit établie pendant son ministère] ; et pour celles du dedans, qu'il n'en avoit aucune lumière [dont étoit une preuve certaine la confusion où elles étoient tombées, puisque d'un état tranquille il l'avoit rendu divisé et plein de révoltes] ; qu'il vouloit gouverner le royaume par des maximes étrangères, nullement propres à notre nation, et la cour par des adresses si fort reconnues, qu'elles lui tournoient à mépris : bref, qu'il n'étoit pas capable d'un si grand fardeau, et qu'il avoit perdu son crédit dans l'esprit des peuples.

A ces accusations on répondoit que ce n'est pas d'aujourd'hui que les étrangers ont part au gouvernement de l'État, témoin les cardinaux de Lorraine et de Birague, le duc de Nevers, le maréchal de Retz ; que le cardinal Mazarin a été nommé au cardinalat par la France, après des services considérables qu'il a rendus ; que le cardinal de Richelieu, qui connoissoit son intelligence, l'avoit destiné pour son successeur à son ministère, prévoyant les avantages que l'État en tireroit ; que le feu Roi, qui étoit juste estimateur du mérite des hommes, après la mort du cardinal l'avoit fait chef du conseil ; que la Reine venant à la régence par la seule nécessité des affaires, et conformément aux dernières volontés du feu Roi, l'y avoit laissé ; que ce choix avoit été approuvé par tous les gens sages du royaume, et même des princes alliés de la couronne ; qu'ayant répondu par ses services à l'attente que Sa Majesté en avoit conçue, elle ne le pouvoit abandonner sans manquer à l'État, et de reconnoissance envers un si utile serviteur ; de plus, que toutes les grâces se départoient du consentement des princes, et que bien loin de favoriser ceux qui étoient attachés aux intérêts de la cour, la plainte commune étoit que dans la distribution il considéroit préférablement les serviteurs de M. le duc d'Orléans et de M. le prince, et que toutes les affaires se proposent au conseil, et que les résolutions s'y prennent ; que l'accusation de s'être opposé à la conclusion de la paix est chimérique, puisque, outre l'intérêt général, le sien particulier l'obligeoit à couronner un ministère glorieux de tant de grands événemens, par un traité qui l'auroit éternisé dans les affections du public ; mais qu'en effet les Espagnols l'avoient toujours traversé, dont il prenoit à témoin M. le duc de Longueville, et même les princes ; que l'expédition d'Orbitello et de Porto-Longone étoit la plus avantageuse que la France pût faire, et qui auroit plutôt porté les ennemis à une prompte paix, parce que ces places tenoient en sujétion les États du roi d'Espagne qui sont en Italie ; que l'indépendance que le duc de Guise affectoit à Naples ne l'avoit pas sollicité à le secourir puissamment ; que le maréchal de Gassion vouloit s'établir un empire particulier en Flandre, et relever fort peu de la cour, et que M. le prince ne s'est jamais plaint qu'il ne l'ait assisté en Catalogne et en toutes ses campagnes autant qu'il a pu ; qu'il avoit été contraint de chercher des secours par des édits pour fournir aux dépenses de la guerre ; que pourtant on avoit diminué les tailles, et que le temps n'avoit que trop vérifié que ce transport d'argent en Italie étoit une invention fabuleuse pour le décréditer ; au reste, qu'il avoit manié avec assez de bonheur tous les intérêts des princes de l'Europe depuis vingt ans ; et que si la bonne intelligence entre la France et les Provinces-Unies avoit cessé, c'étoit par la corruption de quelques particuliers qui avoient été subornés par l'argent d'Espagne ; et quant à l'administration de l'État, il avoit suivi les maximes du cardinal de Richelieu, hors qu'il en avoit banni la cruauté des supplices ; et que s'il a été obligé de promettre plus qu'il n'a donné, c'est que le nombre de ceux qui servent en France est grand, et que celui des prétendans l'est encore davantage ; que l'État n'a jamais eu plus de prospérité que pendant son ministère, et que si dans les grandes expéditions la gloire de l'exécution est due aux généraux, celle du projet lui appartient ; que la France auroit conservé sa tranquillité si chacun y eût conspiré selon son devoir, si les peuples ne se fussent détachés de l'obéissance par la suggestion des gens malintentionnés, ou plutôt si le parlement, qui devoit être le modèle de l'obéissance, ne leur eût frayé et ouvert le chemin de la révolte ; que le poste où il est aujourd'hui a toujours été exposé aux atteintes de la haine et de l'envie dans tous les États, et que ce n'est pas une chose extraordinaire si l'on attaque tantôt son ambition, tantôt son insuffisance ; qu'au moins il est heureux que la calomnie, dans ses traits les plus envenimés, n'ait pas jeté le moindre soupçon sur sa fidélité.

Pendant le temps de cette émotion, trois choses arrivèrent qui eurent des suites assez fâcheuses : la première fut l'évasion du duc de Beaufort du donjon de Vincennes, où il étoit prisonnier depuis le commencement de la régence, pour des raisons qui sont hors de ce sujet ; mais comme il a tenu une place considérable dans ces guerres par les affections du peuple de Paris, il n'est pas hors de propos de la remarquer. La seconde fut que sur un démêlé qui arriva aux Feuillans entre les gardes du corps et les archers du grand prévôt, le marquis de Gêvres en usa d'une façon qui déplut au cardinal, qui lui fit donner ordre de se retirer, et à Charost et à Chandernier celui de prendre le bâton, qui s'en excusèrent. Sur ce refus on donna leurs charges à Jarzé et à Noailles, et par là on obligea les proches et les amis des disgraciés de se porter contre le cardinal, dans un temps où personne ne le ménageoit ni en effet ni par discours. La troisième fut l'emprisonnement de Chavigny, qui mérite un récit particulier.

Ce ministre, si considérable pendant le règne du feu Roi, s'étoit lié avec le cardinal Mazarin pour leurs intérêts communs, qui est la véritable liaison de la cour, et la règle la plus certaine de l'amitié. Après la mort du cardinal de Richelieu, Sa Majesté partagea ses affaires à eux deux et à des Noyers, qu'ils ruinèrent incontinent, et demeurèrent dans une étroite union jusqu'à la régence. La Reine, qui avoit été persécutée par le feu cardinal de Richelieu, prit en aversion Chavigny, et voulut sa perte ; le cardinal Mazarin, ou par une heureuse rencontre d'étoiles, ou par son adresse, ou plutôt par l'entremise du milord Montaigu et de Beringhen, fut non-seulement conservé auprès de Sa Majesté, mais elle lui donna l'entière direction des affaires : or, quoique Chavigny en attendît une grande protection dans sa chute, il ne s'employa qu'à l'adoucir et à le défendre de tomber dans le précipice, parce que la faveur aussi bien que l'amour ne se partage pas, et ne souffre aucun compétiteur. En effet, on dépouilla son père de la surintendance, et lui de la charge de secrétaire d'État; seulement on lui laissa ce vain titre de ministre, avec l'entrée dans le conseil d'en-haut, sans aucun emploi ni considération : voilà ce que le cardinal donna à l'ancienne amitié et aux étroites obligations, auxquelles on fait assez souvent banqueroute dans le monde. Chavigny, piqué de ce traitement qu'il dissimula pendant cinq ans avec beaucoup de prudence, conçut dessein de profiter des conjonctures présentes, et pour se venger, et pour s'élever sur les ruines du cardinal. Pour cela, jugeant que M. le prince, après la bataille de Lens, donneroit la loi à la cour, et seroit suivi de tout le monde, il s'ouvrit au duc de Châtillon, à son retour de l'armée, sur l'état présent des affaires, qu'il trouva disposé à l'écouter, par haine contre le cardinal, qui le faisoit languir dans l'attente du bâton de maréchal de France : mais comme la prudence se relâche d'ordinaire dans l'excès de nos désirs, il fit la même confidence à Perrault, en qui ne trouvant pas la correspondance qu'il désiroit, il s'en repentit, et éprouva que celui à qui vous dites votre secret devient maître de votre liberté. En effet, Perrault, redoutant avec raison le génie de Chavigny s'il approchoit M. le prince, ne déguisa rien de leur conversation au cardinal, qui le fit arrêter par Drouet dans le château de Vincennes, dont il étoit gouverneur. Cet emprisonnement donna matière au public, qui n'en savoit pas les causes secrètes, de blâmer l'ingratitude du cardinal ; et ses ennemis dans le parlement représentèrent cette action avec des couleurs très-noires.

En ce temps-là on ôta les finances à Émery : ce qui fut un remède innocent, parce que le mal avoit fait trop de progrès pour l'arrêter en sa personne, et le prétexte de la réformation de l'État étoit changé à un dessein formé de perdre le cardinal ; car comme l'autorité des princes et des ministres ne se maintient que par la crainte ou par l'admiration, sa foiblesse lui suscitoit des ennemis à vue d'œil qu'il n'avoit jamais offensés. En effet, Broussel, Charton et Viole, dans l'assemblée des chambres, le désignèrent, mais Blancménil et le président de Novion le nommèrent; et il y fut arrêté une députation solennelle vers M. le duc d'Orléans, M. le prince, et M. le prince de Conti, pour les supplier de se joindre à la compagnie, et d'apporter des remèdes effectifs aux maux qui menaçoient l'État.

La cour étoit à Ruel lors de cette déclaration contre le cardinal, qui en fut touché vivement, voyant qu'il étoit pressé de se jeter entre les bras de M. le prince, et d'assurer sa fortune ébranlée par son appui. Le prince n'ayant pu jouir du fruit de la victoire de la bataille de Lens, à cause du désordre de Paris, avoit été réduit à borner ses conquêtes à la prise de Furnes, où le bonheur le préserva d'une mousquetade qu'il reçut dans les tranchées, faisant qu'elle le toucha en un endroit des reins où il avoit son buffle plié en deux, qui amortit le coup de la balle. Incontinent après la prise, il eut ordre de venir à la cour. En ce temps-là il étoit regardé de tout le peuple avec admiration; car, outre que ce nouveau laurier qu'il avoit acquis par sa pure valeur lui donnoit un grand rayon de gloire, il n'avoit nulle part aux troubles présens, et les deux partis le considéroient comme le défenseur ou du moins comme l'arbitre de leurs différends. Il sembloit même que la fortune l'invitoit à concevoir des desseins plus ambitieux, parce que l'abaissement de la cour et l'admiration publique concouroient également à son élévation; mais comme il se bornoit à son devoir naturellement, il s'appliquoit peu à ménager la bienveillance générale. Il avoit admis à sa confiance deux personnes de qualité et de mérite qui avoient des sentimens bien opposés, savoir le duc de Châtillon et le maréchal de Gramont. Le premier, qui avoit d'étroites liaisons de maison et de sa personne avec M. le prince, lui inspiroit de se déclarer pour le parlement, ou du moins de se faire le médiateur des différends avec toute la neutralité possible ; l'autre, attaché par toutes sortes d'intérêts à la cour, employoit avec agrément ses persuasions pour lui faire prendre son parti. Il fit en ce rencontre violence sur son naturel, éloigné de ces voies tempérées, et écrivit avec M. le duc d'Orléans au parlement, pour l'exhorter d'envoyer des députés à Saint-Germain, afin de terminer ces divisions dans une conférence. Tant de relations apprennent ce qui s'y est passé, que ce seroit une redite superflue : il faut seulement remarquer que les députés ne voulurent pas consentir que le cardinal y assistât, et qu'à la première entrevue M. le prince témoigna de la chaleur contre Viole, qui avoit mis en avant la liberté de Chavigny, parce qu'il étoit d'avis qu'on vidât les matières contentieuses, et que l'on convînt des règlemens nécessaires dont on formeroit la déclaration du Roi, en vertu de laquelle Chavigny recouvreroit sa liberté, comme il arriva par cette déclaration authentique du 24 octobre.

Après cette déclaration, qui donna quelque trêve aux divisions publiques, il arriva une brouillerie de cour qui troubla durant quelques jours l'union qui étoit dans le conseil. Elle se passa ainsi. Dès le commencement de la régence, l'abbé de La Rivière, possédant absolument la faveur de M. le duc d'Orléans, avoit aspiré au cardinalat; et le cardinal Mazarin, pour le rendre plus attaché à ses intérêts, lui en avoit donné des espérances dont il éludoit l'exécution, ne jugeant pas qu'il lui convînt de souffrir dans le conseil du Roi une personne de même dignité que lui; mais de temps en temps il lui procuroit des bénéfices pour entretenir sa bonne volonté. Néanmoins, à la naissance de ces troubles, il ne put se défendre des vives instances de l'abbé de La Rivière pour lui donner la nomination de la France au chapeau, parce qu'il avoit besoin d'une entière protection de M. le duc d'Orléans; mais il crut ou que du côté de Rome il y trouveroit des obstacles qu'il fomenteroit sous main, ou même que le temps feroit naître des occasions à la cour qui en traverseroient l'effet. L'abbé envoie son agent à Sa Sainteté, qui lui donne assurance de sa promotion à la première qui se fera; et dans cette attente il porte son maître à préserver du naufrage sa fortune si fort agitée du cardinal. Comme il se croyoit au comble de ses désirs, le prince de Conti, qui ne s'étoit point encore déclaré pour le chapeau de cardinal, du moins que par une promotion extraordinaire plus honorable à sa naissance, demande, à la persuasion de la cour, la nomination du Roi pour la première promotion : on ne la lui peut refuser, et la concurrence de La Rivière est trop foible pour disputer cette préférence; si bien que ne pouvant s'en prendre au prince de Conti, il s'en prend au cardinal, déteste son ingratitude, et oblige M. le duc d'Orléans à ne plus parler à lui. Or, comme il ne pense qu'aux moyens de rompre la nomination du prince de Conti, il tente celui de M. le prince, et lui fait proposer par Vineuil qu'en cas qu'il ôte à monsieur son frère l'envie du chapeau, que Son Altesse Royale lui procurera tel gouvernement qu'il voudra. M. le prince répond à Vineuil qu'il a assez de bien et d'établissement pour se conserver par ses services et par sa fidélité; que s'il en avoit davantage, il deviendroit justement suspect au Roi, qui n'auroit point d'autre objet que de le détruire lorsqu'il seroit grand; et que sa fortune est dans un état qu'il n'a besoin que de la modération dans ses désirs. Ces paroles si vertueuses m'ont semblé dignes d'être rapportées, pour faire voir combien l'homme est différent de lui-même, et que son assiette est sujette au changement.

Durant cette division, le Roi vint de Saint-Germain à Paris, où M. le duc d'Orléans donnoit des marques continuelles de son aigreur contre le cardinal : il alloit fort peu au Palais-Royal; on ne prenoit aucune résolution au conseil : tous les mécontens se rallioient à lui; il écoutoit les frondeurs du parlement; enfin il falloit que ces brouilleries se terminassent par un dernier éclat, ou par un accommodement. Le maréchal d'Estrées et Senneterre, personnes de créance, se mêloient auprès des uns et des autres de l'accord; ils représentoient au duc d'Orléans que cette mésintelligence ne peut plus durer entre la Reine et lui sans perdre l'Etat; que la cause en est odieuse pour Son Altesse Royale; que M. le prince en tirera un notable avantage, parce qu'il sera porté, par l'honneur de sa maison et par sa propre grandeur, à prendre hautement la protection de la cour, et la Reine à recourir à lui comme à son seul asile; qu'il réduira les choses par l'impétuosité de sa nature aux dernières extrémités, et que déjà l'on parloit qu'il vînt forcer avec le régiment des Gardes le palais d'Orléans, pour mettre à la raison cette troupe de mutins qui environne sa personne. Ils remontroient à la Rivière s'il prétend pour son intérêt jeter la division dans la maison royale, et causer une guerre civile; s'il est raisonnable qu'il se scandalise de ce qu'on donne la préférence à un prince du sang; qu'il deviendra l'objet de la haine et de la vengeance de M. le prince et de toute sa maison; que le fardeau qu'il impose à son maître est trop pesant; qu'il s'en lassera bientôt, ou que s'il tombe dans la rupture, d'autres empiéteront sa faveur : quant au cardinalat, que le prince de Conti s'en déporteroit, ou que la cour demanderoit deux chapeaux pour la première promotion.

Ces deux émissaires de la cour trouvèrent dans l'esprit de M. le duc d'Orléans et de La Rivière une grande disposition pour bien concevoir leurs raisons; car le temps avoit fort travaillé pour l'accommodement, et ce ministre étoit déjà persuadé par sa propre crainte que les choses devoient retourner au même point de concorde qu'elles étoient auparavant, ainsi qu'il arriva en suite de cet accord. Il sembloit que la déclaration concertée entre le conseil du Roi et les députés des cours souveraines assuroit le repos de l'Etat, et devoit éteindre les moindres étincelles de feu qui l'avoient menacé; mais l'ambition de ceux qui haïssoient le gouvernement présent, et qui désiroient des nouveautés, avoit jeté de trop profondes racines dans les esprits pour en demeurer dans les termes de la douceur : ainsi l'on n'omettoit aucun soin ni aucune pratique pour inciter le parlement et les peuples à sa perte; on leur représentoit que cette grande journée des barricades, cette victoire des sujets sur leur souverain, cette diminution de l'autorité royale, les invectives publiques contre le cardinal, ne s'effaceroient jamais de sa mémoire; que sa foiblesse lui en faisoit à présent dissimuler avec prudence les ressentimens, mais qu'ils éclateroient avec d'autant plus de violence qu'il est inouï qu'on ait attaqué un ministre si puissant sans le ruiner de fond en comble; qu'il attendoit des occasions favorables, une division dans le parlement, une mutation dans les peuples, la majorité du Roi, bref le bénéfice du temps, qui ne peut manquer à celui qui dispose absolument de la puissance royale: partant, il falloit se prévaloir des conjonctures présentes pour se défaire d'un adversaire aussi dangereux; que M. le duc d'Orléans étoit modéré, et trop éclairé dans les affaires du monde pour s'opposer à un concours universel; que M. le prince fera réflexion que le véritable asile des princes du sang, de sa réputation contre la jalousie des favoris, doit être la bienveillance publique: si bien que tout au plus, pour complaire à la Reine, ils paroîtront le défendre, mais avec foiblesse et retenue; qu'enfin il faut considérer que la déclaration, qui n'a été extorquée que par l'impuissance de la cour, et qui n'aura lieu qu'autant que cette impuissance durera, n'est pas une amitié sincère dans le cœur de la Reine, mais une nécessité, attendant le moment de se venger.

Ceux qui répandoient ces discours dans le parlement, et les plus déclarés contre la cour, étoient, après Broussel et Longueil, le président de Novion et Blancménil, ennemis du cardinal, à cause de la disgrâce de l'évêque de Beauvais leur oncle, et pour le refus qu'on avoit fait de la coadjutorerie de cet évêché à leur cousin; et Viole, offensé du manquement à la parole qu'il avoit eue d'être chancelier de la Reine: mais le personnage en ce temps-là qui, par entremise de ses amis dans le parlement et de ses émissaires dans le peuple, travailloit avec plus de fruit pour former un parti de leur union, étoit le coadjuteur de Paris. Cet homme ayant joint à plusieurs belles qualités naturelles et acquises le défaut que la corruption des esprits fait passer pour vertu, étoit entaché d'une ambition extrême, et d'un désir déréglé d'accroître sa fortune et sa réputation par toute sorte de voies; si bien que la fermeté de son courage et son puissant génie trouvèrent un triste et malheureux objet, qui fut le trouble de l'État et la confusion de la ville capitale, dont il étoit archevêque. Or, comme il jugeoit que ce parti sans un chef ne pourroit pas subsister, il jeta les yeux sur M. le prince, qu'il tenta par de si fortes raisons, que l'on a dit qu'il en fut persuadé, ou qu'il fit semblant de l'être; même qu'il avoit donné sa parole à Broussel et à Longueil de se mettre à leur tête, soit que cette parole ne fût pas véritable, et que le duc de Châtillon, qui négocioit de sa part avec les frondeurs, l'eût avancée sans ordre par sa propre inclination, ou plutôt que M. le prince la donnât exprès, pour les empêcher de s'adresser à M. le duc d'Orléans durant son mécontentement: tant y a qu'il détrompa ceux qui le soupçonnoient de favoriser ces nouveautés.

Le coadjuteur, se voyant hors d'espérance d'avoir un chef de cette considération, tourna ses espérances vers le prince de Conti, dont la seule naissance a de grandes suites dans le royaume. Ce prince étoit mal satisfait de n'avoir pas place au conseil, et l'étoit encore davantage du peu de cas que M. le prince faisoit de lui; d'ailleurs, comme il étoit possédé entièrement par la duchesse de Longueville sa sœur, qui étoit piquée de l'indifférence que M. le prince avoit pour elle, il s'abandonnoit sans réserve à tous ses sentimens. Cette princesse, qui aura grande part à la suite de ces affaires, avoit tous les avantages de l'esprit et de la beauté en si haut point et avec tant d'agrément, qu'il sembloit que la nature avoit pris plaisir de former en sa personne un ouvrage parfait et achevé: mais ces belles qualités étoient moins brillantes à cause d'une tache qui ne s'est jamais vue en une princesse de ce mérite, qui est que bien loin de donner la loi à ceux qui avoient une particulière adoration pour elle, elle se transformoit si fort dans leurs sentimens, qu'elle ne reconnoissoit plus les siens propres.

En ce temps-là le prince de Marsillac avoit part dans son esprit; et comme il joignoit l'ambition à son amour, il lui inspira le désir des affaires, encore qu'elle y eût une aversion naturelle, et s'aida de la passion qu'elle avoit de se venger de M. le prince, en lui opposant le prince de Conti. Le coadjuteur fut heureux dans son projet par la disposition où il trouva le frère et la sœur, qui se lièrent avec les frondeurs par un traité dans lequel entra aussi le duc de Longueville, poussé par des espérances de faire réussir au parlement ses prétentions mal fondées de prince du sang.

La cour voyant que les menées de ses ennemis prévaloient à un point qu'on demandoit ouvertement la perte du cardinal, mit toute son espérance à M. le duc d'Orléans et à M. le prince, et crut que leur union à Leurs Majestés les mettroit à la raison: or, comme le mal avoit pénétré si avant qu'il falloit la force pour le déraciner, elle jugea que la nature tempérée de M. le duc d'Orléans y seroit moins propre que celle de M. le prince, incapable de toute modération ; joint à cela que sa réputation dans la guerre, l'éclat de ses victoires, le secours de ses troupes, donneroient de la terreur dans les esprits ; de sorte qu'on s'appliqua particulièrement à l'acquérir à une cause si juste. La Reine y employa des persuasions très-puissantes, à savoir des larmes et des paroles assez tendres, en lui disant qu'elle le tenoit pour son troisième fils. Le cardinal lui promit qu'il seroit toute sa vie dépendant de ses volontés ; le Roi même en l'embrassant lui recommanda le salut de son Etat et de sa personne : si bien que la cour le considéroit comme le principal défenseur de sa fortune ; mais ceux qui le déterminèrent furent le maréchal de Gramont et le Tellier, par de semblables persuasions : ils lui représentèrent que de degré en degré le parlement envahissoit toute l'autorité ; que, sans borner son ambition par la déclaration du 28 octobre, non-seulement il vouloit connoître des affaires de la guerre, mais encore se donner le pouvoir d'ôter les ministres, afin qu'en même temps il s'attribuât celui d'en établir de nouveaux à son choix ; et qu'encore que les mutations fréquentes soient pernicieuses aux Etats, voire même qu'il soit plus avantageux quelquefois d'en souffrir un mauvais que de le changer, qu'il y a péril que, si on souffre une usurpation jusques à présent inouïe, il n'attaque les personnes privilégiées, et qu'il y ait rien d'assez sacré qui ne soit violé par cette licence ; que la condition des conseillers seroit belle s'ils imposoient les lois aux rois, et celle des princes du sang misérable s'ils les recevoient ; que cette nouvelle pratique choque la monarchie, qui est absolue et indépendante, et est contraire aux constitutions de la France et même à l'institution du parlement ; que s'il y a des abus dans le royaume, ils doivent être réformés par les assemblées des Etats généraux, et non pas par des arrêts d'une compagnie dont les suffrages sont plutôt comptés que pesés ; que toutes les fois que le parlement avoit été au-delà de son devoir, il avoit reçu des corrections sévères, tantôt du feu Roi, tantôt de Henri IV et de Charles IX, et des autres rois leurs prédécesseurs, pour des sujets moins dangereux que celui-ci ; que les grands empires ne se maintiennent point par de lâches conseils ; qu'il faut faire épreuve de son courage et de ses forces, et que la justice des souverains consiste dans leur pouvoir ; que lui, M. le prince, est intéressé, en la personne du cardinal, de s'opposer à une entreprise qui tend à la destruction de la maison royale ; et que si M. le duc d'Orléans et Son Altesse ne veulent tenir ferme à ce pas, la Reine sera contrainte d'aller avec ses enfans implorer le secours des princes alliés de la couronne : outre que M. le prince croyoit que les innovations faites par le parlement à la déclaration blessoient l'établissement de la paix.

Ces discours, qui représentoient l'image de la chose assez vraisemblablement, firent tant d'impression sur son esprit, qu'il ferma les oreilles à toute neutralité, sans se soucier de perdre la bienveillance publique. Il est certain que les grands génies comme celui de M. le prince produisent de grandes vertus, mais qu'ils paroissent aussi avec de grands défauts, et que par une immodération invincible il a ruiné tous les avantages que la fortune et la nature avoient joint à l'envi en sa personne, qui étoient tels qu'ils auroient surpassé la gloire des plus grands hommes des siècles passés, si la piété, la justice et la solidité eussent répondu à cette valeur suprême, à cette fermeté incroyable dans les adversités, et à ces belles lumières d'esprit qui se faisoient remarquer en lui. M. le prince se seroit fait adorer de tout le monde s'il se fût ménagé dans le dessein de traiter les affaires avec douceur ; au lieu qu'il a été contraint, par sa conduite précipitée, de recourir à des moyens qui l'ont porté à des extrémités étranges. Il accompagna M. le duc d'Orléans au parlement ; et, poussé de sa mauvaise destinée, aussitôt que Viole eut invoqué le Saint-Esprit pour illuminer messieurs les princes sur la conduite du cardinal, M. le prince se lève, et lui impose silence. Cela excite inconsidérément le murmure des plus jeunes conseillers ; il s'enflamme par ce bruit, et les menaces de la main et de la parole. Dans ce moment il perd les affections de la compagnie, et lorsque cette action se fut répandue dans le monde, l'estime que l'on avoit conçue de lui par ses victoires se changea en crainte, et l'amitié dans une haine [pour ne pas dire exécration] contre sa personne, dont il n'est revenu que par des fortunes signalées.

Or, comme il étoit intéressé par sa propre querelle dans celle de la cour, il écoute toutes les propositions pour réduire le parlement ; on lui fait voir que le plus prompt et le plus sûr moyen est d'assiéger Paris ; que, saisissant toutes les avenues dans trois marchés, on met la corde au cou à la multitude, qui s'élèvera contre le parlement, et le rendra auteur de tous ses maux ; enfin que les Parisiens sont sans chef, sans troupes, et accoutumés aux délices. Il goûte ces raisons, qui lui semblent bonnes, parce qu'il est animé par sa colère, à qui rien n'est impossible ; de sorte qu'il se rend chef de l'entreprise,

27.

et résolut d'assiéger Paris sous les ordres de M. le duc d'Orléans, qui résiste d'abord à ce dessein : mais les instances de la Reine, les persuasions de l'abbé de La Rivière, et la résolution déterminée de M. le prince, l'emportèrent sur ses sentimens et les avis contraires de madame la duchesse d'Orléans. Cette résolution étant prise, M. le prince et le maréchal de La Meilleraye proposèrent, pour venir à bout plus promptement des Parisiens, de se saisir de l'île Saint-Louis, de la porte Saint-Antoine, de l'Arsenal et de la Bastille, et de mettre Leurs Majestés dans l'Arsenal ; mais, soit que cette proposition ne fût pas assez appuyée, ou que l'on craignît d'exposer la personne du Roi, l'on aima mieux abandonner Paris pour l'assiéger [1649]. En effet, après que Sa Majesté eut solennisé la veille des Rois chez le maréchal de Gramont, elle se retira au palais Cardinal, d'où elle partit le lendemain à trois heures du matin avec la Reine, le cardinal Mazarin et toute la maison royale, hors madame de Longueville, pour se rendre à Saint-Germain, où tous les grands et tous les ministres arrivèrent le même jour ; et aussitôt, dans le conseil qui fut tenu, le blocus de Paris fut publié et répandu dans toute la cour.

Cette sortie, ou pour mieux dire évasion, donna de la joie aux factieux, et ne fut pas approuvée des gens sages, qui l'estimoient indécente à la dignité souveraine, dont les princes doivent être jaloux, puisque la splendeur du nom royal reluit principalement dans la vénération des peuples. Celui de Paris ne fut pas si consterné qu'on pensoit ; au contraire, comme s'il eût pris vigueur de l'état où l'on vouloit le mettre, il témoigna être préparé à toutes les suites qui le menaçoient ; et la crainte ne le retint point de déclamer contre le cardinal, M. le prince, la Reine, et tous ceux qu'il croyoit avoir conseillé cette sortie, que l'on appeloit enlèvement du Roi. Le parlement parut moins ferme en cet accident, parce qu'il en prévoyoit mieux les conséquences ; et dès la première assemblée il députa les gens du Roi porter leurs soumissions et des offres très-avantageuses, qui furent renvoyés sans être ouïs ; tant une vaine espérance s'étoit emparée de toute la cour, qu'à la première alarme du siége les Parisiens obéiroient aveuglément. Ils en furent incontinent détrompés ; car dès le lendemain, qui étoit le 8 janvier, que les gens du Roi eurent fait leur rapport, que l'on ne put plus douter du dessein de la cour, le parlement déclara le cardinal ennemi de l'État (1) ; l'on délivra des commissions pour des levées de gens de guerre ; les compagnies se taxèrent volontairement ; l'on pourvut à l'abondance des vivres, et le peuple se porta avec beaucoup d'ardeur à la défense : tant il est vrai que la crainte produit assez souvent l'audace, et qu'il n'y a rien de plus puissant pour mettre les armes à la main que le désespoir.

Cependant M. le prince, avec six ou sept mille hommes qui étoient le débris de l'armée de la campagne dernière, bloqua Paris, se saisissant de Lagny, Corbeil, Saint-Cloud, Saint-Denis et Charenton. Chose incroyable à la postérité, qui l'admirera en même temps d'avoir, par sa conduite et par sa vigilance, assiégé la plus grande et la plus peuplée ville de l'Europe, où tant de princes et de seigneurs s'étoient renfermés avec une armée plus forte que la sienne. Or, comme la cour ne manque point de mal contens, le duc d'Elbœuf, ses trois fils, le duc de Brissac et le marquis de La Boulaye, s'offrirent les premiers au parlement, qui ne faisoit que d'installer le duc d'Elbœuf dans la charge de général de ses armes, lorsqu'il apprit que le prince de Conti et le duc de Longueville, accompagnés du prince de Marsillac et de Noirmoutier, étoient partis secrètement la nuit de Saint-Germain, et avoient mis pied à terre à l'hôtel de Longueville, lesquels venoient, selon l'engagement qu'ils y avoient pris avec le coadjuteur, se déclarer pour le parti de Paris. Cette nouvelle arrivée donna lieu à quelque contestation pour le commandement, laquelle fut terminée par la nomination que l'on fit du prince de Conti pour généralissime, et du duc d'Elbœuf pour général, auquel furent associés le duc de Bouillon et le maréchal de La Mothe, avec un pouvoir égal. M. de Longueville ne voulut prendre aucun emploi, hors d'assister de ses conseils le prince de Conti, s'estimant au-dessus des derniers, et ne pouvant être égal au premier. Le prince de Conti eut bien de la peine à justifier la sincérité de ses intentions, parce que le public, qui ignoroit sa mésintelligence avec M. le prince, qui étoit le véritable chef de l'entreprise contre Paris, ne s'en pouvoit assurer ; même Le Prevôt, conseiller de la grand'chambre, se donnant la liberté, comme si cette confédération mutuelle qu'ils prenoient contre leur devoir lui eût inspiré de la hardiesse, de manquer de respect à un prince du sang : encore fallut-il que madame de Longueville vînt demeurer dans l'Hôtel-de-Ville, pour servir de

(1) « Attendu, dit-on dans l'arrêt, que le cardinal Mazarin est notoirement l'auteur de tous les désordres de l'État, la cour l'a déclaré et déclare perturbateur du repos public, ennemi du Roi et de son État ; lui enjoint de se retirer de la cour dans ce jour, et dans la huitaine hors du royaume ; et ledit temps passé, enjoint à tous les sujets du Roi de lui courir sus. »

gage de la foi de son frère et de son mari auprès des peuples, qui se défient naturellement des grands, parce que d'ordinaire ils sont les victimes de leurs injures.

Ce départ de M. le prince de Conti et de M. de Longueville de Saint-Germain y causa bien de l'étonnement par leur propre poids; mais encore plus par le doute qu'il y mit que M. le prince ne fût de la partie, dont le cardinal et la Reine prirent des frayeurs extraordinaires, qui furent aussitôt dissipées par son retour de Charenton. Il fulmina contre eux, et fut animé avec plus d'ardeur en cette querelle pour se venger de ses proches, qu'il croyoit devoir dépendre absolument de ses volontés. On dit que dans ce temps le cardinal résolut de quitter la France, ne croyant pas se pouvoir conserver au milieu de toutes ces tempêtes, destitué de son appui; mais que M. le prince le rassura, et donna sa parole à la Reine de périr, ou qu'il le ramèneroit à Paris triomphant de tous ses ennemis. Cependant le parti de cette ville ne grossissoit pas peu, par la déclaration d'un prince du sang, dont la qualité a de grandes suites dans le royaume, et d'un autre prince quasi absolu dans son gouvernement de Normandie (1). Le maréchal de La Mothe s'étoit aussi rendu considérable dans les armées; mais le duc de Bouillon l'étoit sans comparaison quasi davantage par l'intelligence qu'il avoit des affaires du monde, et par l'étroite liaison avec son frère le maréchal de Turenne, lequel commandant en ce temps-là l'armée d'Allemagne, on pouvoit présumer qu'il sacrifieroit son devoir au rétablissement de sa maison, et à quelque mauvaise satisfaction qu'il avoit du cardinal. En effet, M. le prince, qui tenoit ses deux frères pour ses amis, écrivit au duc de Bouillon qu'il appréhendoit que la retraite du prince de Conti et de M. de Longueville ne passât dans son esprit pour avoir été concertée avec lui; mais qu'il avoit voulu l'en désabuser, et le conjuroit de revenir à Saint-Germain, où il lui procureroit toute satisfaction à ses intérêts. M. de Bouillon fit lire cette lettre au parlement; et les ministres étant informés de la mauvaise volonté de M. de Turenne, le Roi et M. le prince, qui avoient grande créance parmi les troupes allemandes, écrivirent aux colonels de ne le plus reconnoître, et de l'abandonner, ainsi qu'il arriva; ce qui fut le salut de la cour.

En ce temps même le duc de Beaufort arriva à Paris; il avoit erré dans les provinces delà la Loire depuis son évasion de Vincennes, et trouvoit cette occasion favorable pour se rétablir dans le monde. Il étoit venu offrir son service au parlement, qui le purgea de l'accusation d'avoir conspiré contre la vie du cardinal Mazarin, le reçut pair de France, et le fit un de ses généraux. Or, quoique son génie ne soit pas des plus relevés, sa présence, son langage et ses manières populaires, avec une conduite assez adroite, lui acquirent l'amour du peuple de Paris, d'autant plutôt qu'il le croyoit irréconciliable avec le cardinal par l'offense de sa prison, dont il ne déchut que lorsqu'il fut contraint par la révolution des affaires de s'accommoder avec lui. Cependant les troupes du Roi occupoient tous les postes des environs de Paris, et quoique le parlement en eût un plus grand nombre, ses généraux ne faisoient aucun effort pour ouvrir un passage; si bien que les vivres ne venoient qu'avec difficulté hors du côté de la Brie, parce que M. le prince n'avoit pu mettre garnison à Brie-Comte-Robert, pour ne point diviser ses forces, et même avoit abandonné Charenton, dont M. le prince de Conti s'étoit emparé, qui l'avoit fait fortifier, et y avoit mis trois mille hommes sous la charge de Chanleu.

Cela fit résoudre M. le prince d'attaquer ce poste, qui assuroit le convoi des Parisiens, et aussi pour donner de la terreur à ses armes. Y étant donc allé le huitième février avec M. le duc d'Orléans, avec tous les princes et seigneurs de la cour, il en commit l'attaque au duc de Châtillon, et se porta avec la cavalerie sur une éminence, pour empêcher le secours de Paris. Le duc exécuta ses ordres avec toute la valeur possible; mais à la dernière barricade il reçut un coup de mousquet au travers du corps, dont il mourut le lendemain en la fleur de son âge, regretté des deux partis pour ses belles qualités, et à la veille des dignités que ses services lui avoient acquises. Cette prise décrédita fort les généraux et les troupes du parlement, et passa pour miraculeuse en la personne de M. le prince, d'avoir emporté une place en la présence d'une armée et aux portes de Paris, dont il étoit sorti dix mille hommes en armes pour en être les témoins. Ce combat et ceux du bois de Vincennes, de Lagny et de Brie, tous désavantageux au parti de Paris, dans l'un desquels le jeune duc de Rohan (2), se montrant digne successeur de la vertu de son père, perdit la vie, inspirèrent quelque pensée de paix, à laquelle néanmoins il étoit malaisé de parvenir, pour la diversité d'intérêts qui y répugnoient dans le parlement. Le nombre des malintentionnés pour la paix,

(1) Le duc de Longueville, beau-frère du prince de Conti.
(2) Il s'agit de Tancrède, que la duchesse de Rohan reconnaissait pour son fils, et à qui le parlement avait refusé cette qualité.

quoique inférieur à l'autre, brilloit davantage, parce qu'il déguisoit sa haine et son ambition du nom du bien et de la sûreté publiques, que l'on ne pouvoit, disoit-on, trouver dans un accord avec le cardinal. Les plus sages n'osoient faire paroître leurs bonnes intentions, parce qu'outre le danger qu'il y avoit, elles auroient été éludées; et il falloit attendre que les esprits fussent lassés, et le parti plus affoibli d'effets et d'espérances, pour se déclarer. Parmi le peuple, les plus riches ne vouloient pas s'exposer à la multitude, laquelle ne souffrant pas beaucoup de nécessité, et étant animée par quelques gens de condition, étoit assez aise de cette image de la guerre, et crioit contre ceux qui vouloient la paix : tous les généraux, à la réserve de M. de Beaufort, qui se laissoit aller à la haine du cardinal et à l'amour du peuple, dont il prétendoit se prévaloir dans les suites du temps, méditoient leur accommodement particulier, et chacun avoit des liaisons secrètes à la cour, pour avoir ses conditions meilleures.

M. d'Elbœuf avoit son commerce dès le commencement avec l'abbé de La Rivière, M. de Bouillon avec M. le prince, et le maréchal de La Mothe étoit attaché avec M. de Longueville, lequel étoit retiré en Normandie, où il se fortifioit d'armes, de troupes et d'argent, pour faire son traité plus avantageux par l'entremise de M. le prince. Pour le prince de Conti, comme il n'étoit inspiré d'autre mouvement que de ceux de sa sœur, qui étoit cruellement outragée par des propos injurieux que M. le prince tenoit de sa conduite, il falloit que le temps adoucît ses aigreurs, et que la nécessité des affaires conviât cette maison à se réconcilier, comme il arriva bientôt. Il n'y avoit que le coadjuteur, qui avoit été le principal mobile de cette guerre, dans laquelle il n'avoit que trop profané son caractère parmi la sédition et les armes, qui bannissoit de son esprit toute pensée de paix, et en traversoit les pourparlers, parce qu'il ne trouvoit point lieu de satisfaire son ambition; d'autre part, la cour, enflée de ses bons succès, et par les belles actions militaires de M. le prince, en présumant encore de plus grands, vouloit imposer des conditions trop rigoureuses au parti contraire; si bien que la nécessité apparente fut une loi souveraine qui détermina les deux partis à un traité de paix : outre que la guerre civile étant contraire à tout le monde, chacun revenoit de ses erreurs et animosités; et aussi que c'est l'air de notre nation de rentrer dans son devoir avec la même légè-reté qu'elle en sort, et de passer en un moment de la rébellion à l'obéissance.

Voici donc le sujet présent qui parut. Le Roi envoya, le 12 février, un héraut vêtu de sa cotte d'armes, avec son bâton semé de fleurs de lis, accompagné de deux trompettes. Il arriva à la porte de Saint-Honoré, et dit qu'il avoit trois paquets de lettres à rendre au prince de Conti, au parlement et à la ville. Le parlement en étant averti délibéra de ne point recevoir ni entendre, mais envoyer les gens du Roi (1) vers la Reine, pour lui dire que ce refus étoit purement une marque d'obéissance et de respect, puisque les hérauts ne sont envoyés qu'à des princes souverains ou à des ennemis : le prince de Conti, le parlement, la ville n'étant ni l'un ni l'autre, ils supplioient Sa Majesté de lui faire savoir ses volontés de sa propre bouche. Les gens du roi furent fort bien reçus par la Reine, qui leur dit qu'elle étoit satisfaite de leurs excuses et soumissions, et que lorsque le parlement se mettroit en son devoir, il éprouveroit les effets de sa bienveillance, et que les personnes et les fortunes de tous les particuliers, sans en excepter un seul, y trouveroient leurs sûretés. M. d'Orléans et M. le prince leur donnèrent ces mêmes assurances. Ce radoucissement si prompt de la cour étoit causé par plusieurs raisons essentielles; car, outre la constance des Parisiens, la difficulté de faire des levées d'hommes et d'argent, la débauche de la Guyenne, de la Provence et de la Normandie, et de plusieurs villes qui suivoient le parlement, comme Poitiers, Tours, Angers et Le Mans, il y avoit encore un plus pressant motif qu'il faut savoir.

Le prince de Conti voyant que l'armée d'Allemagne s'étoit tournée au passage du Rhin pour venir en France contre M. de Turenne, et que son parti ne pourroit subsister sans un puissant secours étranger, avoit envoyé le marquis de Noirmoutier et Laigues vers l'archiduc, le convier de joindre ses forces au parti de Paris, pour contraindre les ministres à faire la paix générale. Les Espagnols n'avoient garde de manquer à une occasion si favorable pour fomenter nos divisions et en tirer avantage, ou par un traité, ou dans le progrès de la guerre. Pour cet effet, l'archiduc députa un homme au parlement, qui y fut ouï (2) après avoir donné sa lettre de créance (3), non sans quelque tache de ce corps, s'il n'étoit excusable sur la nécessité de sa défense. Il y exposa dans son audience la jonction du roi Catholique à cette compagnie pour la paix

---

(1) Talon, Mclian et Bignon.
(2) Le 19 février 1649.

(3) Datée du 10 du même mois, et signée Léopold-Guillaume.

générale, qui seroit le seul objet de l'entrée de ses forces en France, et non pas pour profiter de la foiblesse de la frontière ; et qu'il trouvoit plus de sûreté de la traiter avec le parlement qu'avec le cardinal, qui l'avoit rompue, et qui s'étoit rendu ennemi de l'Etat. En effet, Vautorte, envoyé par la cour vers les ministres d'Espagne en Flandre pour insinuer quelques propositions de paix, n'avoit pas été favorablement écouté, et penchoit du côté du parlement pour relever ce parti, qui alloit à son déclin ; si bien que les offres de l'archiduc au parti de Paris, lesquelles il exécutoit par son entrée effective en France, accompagné de deux agens du prince de Conti avec quinze ou seize mille hommes, donnant une juste appréhension à la cour, l'avoient fait tout d'un coup résoudre d'accommoder l'affaire de Paris. D'autre part les dispositions pour la paix n'étoient pas moins puissantes dans le parti contraire ; la nécessité des vivres augmentoit dans Paris ; les taxes étoient consommées, la difficulté d'avoir de l'argent étoit très-grande ; leurs troupes dépérissoient, ou par l'avarice des officiers, ou par le peu de subsistance, ou par le peu de satisfaction de leurs généraux ; leurs armes décréditées ; enfin le dégoût avoit saisi la plupart des esprits, ou par l'incommodité, ou parce que c'est le naturel des peuples de se lasser promptement des choses qu'ils ont entreprises avec plus de chaleur. Le premier président et le président de Mesmes, qui avoient agi secrètement de concert avec les ministres pendant tous ces mouvemens, se servoient avec adresse de ces dispositions pour mettre en avant un traité de paix ; et comme ils furent députés avec d'autres pour porter à la Reine la lettre de l'archiduc et la créance de son envoyé, et justifier la compagnie de l'avoir entendu, mais aussi qu'elle n'avoit pas voulu délibérer sur la réponse sans savoir ses volontés, ils avoient eu une conférence, à part des autres députés, avec M. le duc d'Orléans et M. le prince, dans laquelle, agissant pour la paix, ensemble eux insistant sur l'ouverture des passages, les princes leur avoient promis que l'on en déboucheroit un aussitôt que le parlement donneroit un plein pouvoir à ses députés pour traiter la paix. Or, quoique cette conférence secrète fît murmurer le parlement et les peuples, qui étoient aux portes de la grand'chambre, le premier président, qui n'a jamais manqué de fermeté dans les occasions, ni de zèle pour le bien public, ayant dit qu'elle n'avoit été que pour retirer la réponse de la Reine, qui étoit injurieuse à la compagnie à cause de la réception de l'envoyé d'Espagne, porta les esprits à donner un plein pouvoir, sans restriction de l'arrêt du 8 janvier contre le cardinal et les ministres étrangers, les chargeant des intérêts des généraux et des parlemens de Normandie et de Provence, qui s'étoient liés avec le parlement de Paris, auxquels se joignirent les autres députés des compagnies des comptes, des aides et de l'hôtel-de-ville.

Pendant que cette célèbre députation s'acheminoit vers Saint-Germain (1), Leurs Majestés et les deux princes avoient envoyé des personnes de qualité à la reine d'Angleterre, se condouloir de la mort funeste du Roi son mari. Flamarins, qui en étoit un, avoit visité, de la part de l'abbé de La Rivière, le prince de Marsillac, blessé d'un coup de mousquet qu'il avoit reçu dans le combat à Brie-Comte-Robert contre le comte de Grancey, et en cette visite avoit fait des ouvertures secrètes avantageuses au prince de Conti, lui offrant son entrée au conseil, et une place forte en Champagne, pourvu qu'il se portât à l'accommodement, et qu'il se désistât de sa nomination au cardinalat en faveur de cet abbé. Cette proposition, faite du su de M. le prince, qui vouloit réunir sa maison avec lui, fut approuvée de M. de Marsillac, et aussitôt de M. de Longueville et du prince de Conti. En ce même temps M. de Longueville fut persuadé par M. le prince de retarder son secours pour Paris, et de traiter avec la cour, sous la promesse, dont il fut garant, du gouvernement du Pont-de-l'Arche et d'une grande charge. M. de Bouillon eut aussi quelque assurance de M. le prince pour lui et pour M. de Turenne ; mais, soit qu'il ne s'y fiât pas beaucoup ou qu'il conçût d'autres espérances, il apporta tous les obstacles qu'il put à la conclusion de la paix. Ainsi la fidélité est rare dans les guerres civiles, pour les mutuelles liaisons et correspondances qui se trouvent entre les gens de différens partis ; et il y a toujours des traités particuliers qui précèdent le traité général. Par ces accords secrets, des chefs si considérables, ne conservant que de la bienséance pour leur parti, nécessitoient les plus zélés d'acquiescer à la paix, ou de témoigner une impuissance honteuse.

Cependant les conférences à Ruel se pensèrent rompre, sur la nomination que la Reine fit du cardinal pour député, conjointement avec les deux princes. Ceux du parlement ne le pouvant admettre puisqu'il avoit été condamné, on prit l'expédient de négocier par deux députés de chaque parti, qui furent le chancelier et Le Tellier pour la cour, et le président Le Coigneux et Viole pour le parlement ; enfin, après plusieurs débats et contestations, l'on demeura d'accord

(1) Le 4 mars 1649.

de la paix, dans laquelle, quoique le cardinal fût conservé, il ne laissa pas de se plaindre aux princes qu'il avoit été subhasté (1) [par un terme de l'ancienne Rome], et qu'il lui falloit restituer ses meubles et habits et ses livres, vendus par arrêt du parlement. Cette nécessité leur parut peu importante, à l'égard du danger où les mettoit l'approche de l'armée d'Espagne : les principaux articles étoient qu'on renverroit le député de l'archiduc sans réponse, une amnistie pour tout le parti, toutes les déclarations et arrêts révoqués et annulés depuis le 6 janvier, et les semestres des parlements de Normandie et de Provence supprimés à certaines conditions. Ceux qui étoient ennemis de cette paix prirent le prétexte de quelques articles pour la décrier, principalement le coadjuteur, irrité de ce qu'ayant excité la guerre, elle étoit terminée sans lui, et que, de tous les avantages que son ambition lui avoit figurés, il ne lui restoit que la honte d'avoir travaillé pour renverser l'État.

Il s'étoit étroitement associé à M. de Beaufort, du crédit duquel il se servoit dans toutes les occurences; et en celle-ci il n'oublia rien pour rendre le traité odieux envers les peuples, le parlement et les généraux ; il leur représentoit que cette guerre n'ayant été faite que pour éloigner le cardinal, il étoit conservé par cette paix, et même que l'arrêt du 8 janvier contre lui et les ministres étrangers avoit été révoqué. Où est donc le fruit de tant de peines et souffrances, et si le parlement ne tombera pas dans le mépris du peuple par une telle lâcheté ? et que même les généraux ont été abandonnés dans leurs intérêts, au préjudice de l'union. Mais ce qui aigrissoit le plus les esprits avec quelque sorte de raison étoit que le cardinal avoit signé le traité, la plupart disant qu'ayant signé il y avoit nullité, puisque la conférence étoit contre lui, et qu'il y avoit lieu de s'étonner que les députés eussent souffert un homme condamné, à conférer et signer avec eux. Lui et ses émissaires avoient provoqué par semblables discours le parlement et les peuples, qui menaçoient les députés des dernières extrémités. Aussi lorsque le premier président voulut faire la lecture du procès-verbal et des articles dans l'assemblée des chambres, il fut empêché par de grandes clameurs et murmures des conseillers, et par les plaintes des généraux ; mais soit que, balançant les incommodités de la guerre civile avec la dureté des articles, la plus saine partie du parlement jugeât la paix nécessaire,

(1) Dans l'ancienne Rome, les ventes à l'encan se faisaient *sub hasta*, d'où est venu le mot italien *subastare* et notre vieux mot *subhaster*, vendu à l'encan.

ou que l'on s'aperçût que c'étoit l'ambition du coadjuteur et de quelques particuliers qui leur inspiroit cette aliénation, la compagnie pensa à renvoyer les mêmes députés à Saint-Germain pour réformer trois articles, sans parler du cardinal, et pour traiter des intérêts des généraux, qui seroient insérés dans la même déclaration.

Cet avis assez doux fut ouvert par Broussel, et pour cela suivi des frondeurs et des mazarins, non sans quelque soupçon peut-être injuste que la promesse secrète qui lui avoit été faite du gouvernement de la Bastille avoit à ce coup ralenti ce bonhomme, tant il y a peu de gens qui se garantissent des charmes de l'intérêt. Comme le coadjuteur vit que le parlement, dans la réformation des articles, n'avoit point insisté contre le cardinal, il fit trouver bon au prince de Conti d'envoyer quelqu'un de sa part et des autres généraux à la conférence de Saint-Germain, qui se tenoit principalement pour l'intérêt des généraux, pour proposer qu'ils renonçoient à toutes leurs prétentions pourvu que le cardinal s'éloignât du ministère, et à même temps de supplier le parlement d'ordonner à ses députés d'insister conjointement avec eux. Le prince envoya le comte de Maure à Saint-Germain, et demanda l'union de la compagnie à cette fin : elle lui fut accordée ; mais comme on n'en avoit fait aucune mention dans le traité premier, que même le duc de Brissac, Barrière et Grecy, députés des généraux, avoient fait d'autres propositions pour leurs intérêts ; que déjà l'on avoit goûté les douceurs de la paix par le trafic rétabli et la cessation de tous actes d'hostilité, la Reine et les princes répondirent aux pressantes instances du comte de Maure qu'ils ne consentiroient jamais à l'éloignement du cardinal, et que pour les prétentions des généraux, elles étoient de grâce ou de justice : que celles de justice leur seroient conservées ; que pour celles de grâce, Sa Majesté les donneroit au mérite, et les feroit dépendre de sa pure volonté. Ainsi toutes leurs prétentions, la plupart mal fondées, s'évanouirent, et il n'y eut que le prince de Conti qui eut Damvilliers, M. de Longueville le Pont-de-l'Arche, et Broussel la Bastille ; ce qui ne fut exécuté que quelque temps après : il y eut aussi quelques arrérages de pensions distribuées à propos. Quant au parlement, il fut satisfait sur la réformation des trois articles pour lesquels ses députés avoient été envoyés. Sa Majesté le dispensa de venir à Saint-Germain, où elle devoit tenir son lit de justice, et on retrancha ce qui étoit relatif à la cessation de l'assemblée des chambres, et aux emprunts à faire par le Roi. Ainsi les principaux intéressés étant contens, les députés revinrent à Paris, où les chambres assemblées, la déclaration du Roi pour la paix fut vérifiée (1), et il fut ordonné que Leurs Majestés seroient remerciées de la paix qu'il leur avoit plu donner à leurs sujets.

Telle fut la fin de cette guerre, dans laquelle aucun des deux partis n'ayant surmonté l'autre, pas un n'obtint ce qu'il s'étoit proposé; car le parlement et le cardinal demeurèrent dans leur même splendeur, et l'état présent des choses ne changea point : partant, la paix, dans laquelle prirent fin toutes les horreurs de la guerre civile pour quelque temps, fut reçue avec une alégresse universelle, à la réserve de ceux dont la condition languit dans la tranquillité publique, qui ne se relèvent que par les factions, et qui établissent leur sûreté et leur bonheur dans le naufrage des autres. Mais le feu de la guerre civile n'étoit pas si éteint par cette paix du parlement qu'il ne se rallumât quelque temps après, pour se répandre avec plus de violence dans les principales provinces du royaume : et certes il étoit difficile que la Reine eût une reconnoissance proportionnée aux grands services que M. le prince lui avoit rendus, et aussi que M. le prince se contînt dans la modestie qu'il devoit, et après avoir si utilement servi ; car les dettes de cette nature ne se pouvant payer, produisent ordinairement de la haine dans l'esprit du souverain, et en même temps inspirent des pensées de domination aux sujets qui ne le peuvent souffrir. Or, comme le cardinal avoit principalement senti le fruit des assistances de M. le prince, il étoit aussi le plus exposé à ses plaintes, à ses demandes, à ses menaces et à sa mauvaise humeur.

Quelque temps devant les troubles, le cardinal, voulant établir le siége de sa fortune en France pour s'y appuyer par de grandes alliances, avoit jeté les yeux sur le duc de Mercœur, qu'il destinoit pour épouser une de ses nièces ; il lui avoit fait permettre qu'il vint à la cour, que le duc de Vendôme retournât dans l'une de ses terres, et il avoit cessé sa persécution contre le duc de Beaufort. Cela fit juger aux plus clairvoyans que le cardinal, qui prévoyoit combien la protection de M. le prince lui seroit onéreuse avec le temps, tentoit toutes les voies possibles pour s'en passer ; et qu'il espéroit qu'ayant apaisé les mécontens de la régence, et aussi par les nouveaux appuis qu'il prendroit, il réussiroit à se délivrer de sa dépendance. Ce projet fut interrompu par la guerre, et repris quelque temps après la paix, lorsque la cour étant à Compiègne, où le duc de Vendôme étoit, le cardinal n'omit aucun soin pour le faire réussir. La Reine en parla à M. le prince, qui n'osa contredire cette proposition, soit qu'il n'en prévît pas ou qu'il en méprisât la conséquence, ou plutôt qu'il craignit l'éclat qui résulteroit de ce refus : mais madame de Longueville qui s'étoit rétablie dans l'esprit de son frère avec plus de pouvoir qu'auparavant, poussée par des raisons qui regardoient ses plaisirs préférablement à l'avantage de M. le prince, lui fit pénétrer l'intention du cardinal, exagérant son ingratitude de s'allier avec la maison de Vendôme, ennemie de la sienne. En effet, M. le prince fut si fort touché de ces discours, que par une mauvaise politique il ne garda plus aucune mesure envers le cardinal, et n'épargna ni railleries ni invectives contre sa personne et ce prétendu mariage. Le cardinal, à qui ce procédé n'étoit pas inconnu, se plaignoit hautement de l'opposition que M. le prince faisoit au mariage de sa nièce avec le duc de Mercœur, puisqu'il ne s'étoit pas opposé à celui de mademoiselle d'Angoulême avec M. de Joyeuse, affectant par cette comparaison une égalité qui étoit alors à contre-temps; de sorte que leurs cœurs étant ulcérés, les soupçons, les méfiances, les rapports, dont les courtisans ne sont guère avares dans les brouilleries du cabinet, les animoient davantage, et leur faisoient naître des sentimens de se venger fort différens ; car M. le prince se satisfaisoit par des mépris, qui sont très-souvent impuissans ; le cardinal, avec un silence profond, faisoit les préparatifs et jetoit les fondemens de sa perte. Tous les deux pourtant conservoient les mêmes apparences avec un peu de froideur ; mais cette aliénation avoit encore pris son origine par une communication étroite et assidue qu'ils avoient eue ensemble pendant la guerre, où, comme c'est assez l'ordinaire, parce qu'on diminue d'estime dans la familiarité, qui nous fait voir tout entiers et sans réserve, principalement dans l'excès de la bonne ou mauvaise fortune, le prince avoit beaucoup perdu du respect qu'il avoit pour le cardinal ; et n'étant plus retenu par la crainte de la puissance ébranlée, il se réjouissoit de ses défauts avec M. le duc d'Orléans et les confidens du cardinal.

Ceux-ci, avec peu de fidélité pour tous les deux, après avoir fait leur cour à M. le prince, rendoient compte de ses railleries sanglantes à M. le cardinal, dont le souvenir donne de mortels aiguillons à la vengeance, et ne s'efface jamais de la mémoire. D'autre part, le cardinal avoit découvert qu'il ne pouvoit faire un fondement solide sur l'amitié de M. le prince, qui étoit plutôt gouverné par ses caprices que par la raison et par ses intérêts, et que cette humeur méprisante, au lieu de s'arrêter, s'augmenteroit

(1) Le 1ᵉʳ avril 1649.

avec le temps ; si bien que ne pouvant se l'acquérir, il méditoit de le perdre : ajoutez à cela que la concorde et la puissance étant incompatibles en un même lieu, le cardinal ne pouvoit souffrir à la cour un supérieur, ni M. le prince une personne qui lui fût égale. Mais ce qui acheva de ruiner entièrement leur liaison fut que le cardinal, étant assez justement persuadé qu'il ne pouvoit engager M. le prince à persévérer dans ses intérêts que par des apparences de nouveaux établissemens, ou il lui en proposoit, ou il lui en faisoit proposer par ses créatures, dont il l'entretenoit quelque temps, et les éludoit dans la suite. Le prince, assez éclairé de ses propres lumières, et peut-être de ceux mêmes qui se mêloient de ce commerce, s'aperçut du peu de sincérité du cardinal, dont il ne douta plus après une telle rencontre.

Le cardinal ayant exhorté M. le prince d'acquérir le Montbelliard, et ayant envoyé d'Hervart en apparence pour en faire le traité, avec ordre secret de ne rien conclure, d'Hervart en avertit M. le prince, qui ne le put dissimuler : et suivant le proverbe espagnol, *Despues que te erré, nunca bien te quise* (1), il n'est pas étrange si le cardinal, dans le soupçon qu'il avoit que M. le prince se vengeroit de ce manquement, le voulût prévenir, même aux dépens des obligations essentielles qu'il lui avoit, puisqu'en matière de politique tous les moyens qui vont à conserver l'autorité, pourvu qu'ils soient sûrs, sont réputés honnêtes et légitimes.

De ce discours, il est aisé de voir que le cardinal vouloit profiter de tous les événemens pour jeter M. le prince dans le précipice. Cela se passa ainsi : la paix n'étant pas publiée, l'on jugea qu'il n'étoit pas convenable au bien de l'État, tant pour les provinces que pour le dehors, que le Roi retournât en sa ville capitale : les ministres ne pouvoient prendre la résolution de se renfermer sitôt parmi une populace irritée qu'ils venoient d'assiéger ; et comme la campagne approchoit, c'étoit un prétexte pour s'en aller sur la frontière, se préparer à quelque considérable entreprise ; que cependant le temps calmeroit les esprits, et que le souvenir des choses passées s'y perdroit. En effet, Leurs Majestés et M. le duc d'Orléans, et leur conseil, allèrent à Compiègne ; mais M. le prince, pensant qu'il étoit de sa réputation de se faire voir à un peuple qui lui avoit donné tant d'imprécations, vint à Paris, et se montra par les rues seul dans son carrosse. Il y attira plutôt le respect et la crainte que le ressentiment, tant la valeur a d'attraits envers ceux mêmes qu'elle blesse : la plupart du parlement et les principaux du parti le visitèrent pendant cinq à six jours, après lesquels il revint à la cour, où la joie que le cardinal avoit qu'il lui eût ouvert le chemin de Paris étoit tempérée par la jalousie de ses moindres actions.

A son arrivée, le cardinal, voulant éloigner un compétiteur si dangereux, lui proposa le commandement de l'armée de Flandre, qu'il ne voulut pas accepter, par le goût qu'il avoit pris à régenter le cabinet : même il avoit dessein, s'en allant en son gouvernement de Bourgogne, de pacifier les mouvemens de Guyenne et de Provence, qui étoient en armes par la mauvaise intelligence des gouverneurs et des parlemens. Mais le cardinal et La Rivière, craignant de donner encore du surcroît à sa puissance, éludèrent son entremise, à l'autorité de laquelle les intéressés avoient remis leurs différends. Pendant son séjour à Compiègne, il rallia auprès de lui le prince de Conti, les ducs de Nemours et de Candale, M. le maréchal de Turenne, qu'il avoit raccommodé, et toutes les personnes de condition. Dans les sociétés de plaisir, il ne dissimula plus le mépris qu'il faisoit du cardinal et de M. de Vendôme, et l'aversion qu'il avoit pour le mariage du duc de Mercœur : il passoit plus avant : traitant de railleries l'autorité royale, dont il venoit d'être le plus ferme appui ; ce qu'il faisoit plutôt par la haine du ministre, que par un dessein formé d'élever la sienne sur ses ruines.

Cette conduite donna dès ce temps-là des pensées au cardinal contre sa liberté, s'il eût osé les exécuter ; mais entre plusieurs raisons qui le retenoient, celle de sa bonne intelligence avec M. le duc d'Orléans étoit un obstacle à ce dessein ; car M. le prince avoit agi avec Son Altesse Royale dans les affaires passées de telle manière qu'il avoit effacé l'envie que lui pouvoit donner sa haute réputation par des déférences et des respects particuliers, en lui laissant les marques extérieures du commandement : joint que l'abbé de La Rivière, à qui il avoit promis que le prince de Conti ne traverseroit point sa nomination, étoit un garant certain de l'esprit de son maître. M. le prince partit avec cette intelligence de Compiègne pour aller à son gouvernement ; le cardinal lui fut dire adieu, fort accompagné, comme s'il eût douté de confier sa vie à celui qui avoit hasardé la sienne pour sa conservation : ainsi les liaisons et les amitiés de la cour sont fragiles, et le moindre accident les expose à de grands changemens. En partant, il pria le commandeur de Souvré, Le Tellier, et d'autres confidens du

---

(1) Depuis que je vous ai trompé, je n'ai pour vous aucun attachement.

cardinal, et il chargea Marbille son domestique de lui dire qu'il ne pouvoit être de ses amis, s'il pensoit à ce mariage. Le cardinal, piqué de se voir contraint de manifester au monde une dépendance si soumise, que la volonté de M. le prince fût une règle à laquelle il dût conformer tous ses intérêts, s'en défendoit avec assez de véhémence; et alléguant qu'ayant donné part de cette alliance, approuvée de la Reine et de Son Altesse Royale, à Rome et à tous les princes d'Italie, il ne pouvoit s'en désister sans se couvrir de confusion; de sorte que, balançant entre l'honneur du monde et la crainte de M. le prince, il ne pouvoit se résoudre ni à rompre ni à conclure ce mariage; mais suivant le génie de sa nation qui domine beaucoup en lui, il attendoit le bénéfice du temps.

Il falloit cependant mettre en campagne pour effacer l'infamie de nos guerres civiles, et relever la réputation de nos affaires: l'on mit sur pied une puissante armée composée des troupes d'Allemagne, où la paix venoit d'être faite; le comte d'Harcourt en fut général, et il eut ordre d'assiéger Cambray. Ce succès, outre l'intérêt public, étoit avantageux au cardinal, qui prétendoit se rétablir dans son ancien lustre par une conquête glorieuse, qui le chatouilloit d'autant plus que M. le prince n'avoit nulle part ni au projet ni à l'exécution: même, pour s'en faire l'honneur entier, il alla d'Amiens, où étoit le Roi, au siége, plutôt par ostentation que par quelque autre bon effet, se contentant de distribuer des présens de peu de valeur, qui ne servirent qu'à le décréditer dans l'armée, et lui attirer la raillerie publique; mais sa fortune le regardoit de mauvais œil cette année-là: Cambray fut secouru, et cette entreprise tourna à sa confusion.

Cet événement réveilla le parti de Paris, et lui donna de nouvelles forces, quoiqu'il fût toujours porté de la même animosité contre le cardinal; car comme il ne s'étoit point appliqué à gagner le coadjuteur, le duc de Beaufort, Longueil et les plus accrédités, ceux-ci maintenoient, nonobstant la paix, la haine du peuple et du parlement aussi vive contre lui que durant la guerre, pour se rendre nécessaires au retour du Roi à Paris, et faire leur condition meilleure : même le prince de Conti, par le conseil du prince de Marsillac, encore qu'il eût l'exécution de ce qu'on avoit stipulé en sa faveur pour la paix, ne laissoit pas de se tenir à la tête de ce parti, et se montrer ennemi du cardinal pour se rendre plus considérable.

D'ailleurs, comme il étoit entièrement uni à toutes les volontés de M. le prince, qui lui avoit procuré par sa considération Damvilliers et l'entrée au conseil, il étoit de leur commun intérêt qu'il se conservât en crédit à Paris pendant tous les orages de la cour. De sorte qu'en ce temps-là l'autorité royale étoit aussi peu respectée qu'avant la guerre, parce que son maintien est la crainte ou l'admiration que l'on avoit perdue; et le public n'avoit pas moins d'ardeur contre le premier ministre, attendu qu'il avoit reconnu sa foiblesse, causée de la désunion d'avec M. le prince. Pourtant, comme il ne manquoit point de gens qui lui suggéroient de fausses flatteries, que le parti de Paris étoit abattu dans Paris même, et que le sien y prévaloit, il fit faire une tentative par Jarzé, qui en reçut de M. de Beaufort, au jardin de Renard, une insulte à laquelle le duc de Candale, Boutteville, et d'autres personnes de qualité étoient intéressées; elle fut suivie de plusieurs appels, qui ne passèrent pas outre, au désavantage de M. de Beaufort. Néanmoins ce rencontre réveilla toute la Fronde avec un soulèvement presque universel contre le cardinal et ses partisans. Alors le cardinal, détrompé de toutes les erreurs qu'on lui persuadoit, et prévoyant qu'il ne pouvoit différer encore long-temps le retour du Roi à Paris, quelque aversion qu'il en eût, dont il étoit pressé par les princes et par la nécessité des affaires, tourna toutes ses pensées à pratiquer ceux qui pourroient contribuer à sa sûreté à l'égard du prince de Conti et de M. de Longueville. Il s'engagea avec le prince de Marsillac de lui procurer les honneurs du Louvre, dont jouissent les principales maisons du royaume. Il n'oublia aucune promesse envers la duchesse de Montbazon, qui avoit une autorité entière et absolue sur le duc de Beaufort; il promit dès ce temps-là la surintendance au président de Maisons, frère de Longueil; et quant au coadjuteur, comme il étoit en liaison avec la duchesse de Chevreuse, qui dans la confusion des temps étoit revenue de son exil de Flandre à Paris avec les marquis de Noirmoutier et de Laigues, le cardinal étoit entré en quelque conférence avec elle sur son sujet; si bien que les supports de ce parti, refroidis par pourparlers, étoient encore assez aises de couvrir la foiblesse de leur crédit, qui auroit paru s'ils eussent tenté de s'opposer au concours du plus grand nombre, qui demandoit la présence du Roi à Paris.

Mais le cardinal, encore qu'il eût besoin de l'appui de M. le prince pour son rétablissement, soit qu'il crût qu'il s'en pourroit passer par le moyen de ces nouvelles pratiques; soit qu'effectivement il ne pouvoit plus respirer sous le joug de ses obligations, qui lui sembloit trop pesant, avoit entretenu avec lui pendant son éloignement un commerce seulement de bienséance, en le traitant comme un ami suspect. En effet, M. le prince sentoit avec peine les prospérités de la cour, pour lesquelles il s'étoit aveuglément passionné auparavant; il avoit eu inquiétude du siége de Cambray, et fut bien aise d'apprendre qu'il fût levé. Les troubles de Guyenne et de Provence, avec les difficultés du retour du Roi à Paris, lui plaisoient assez, d'autant qu'il avoit pénétré l'intérieur du cardinal, qui ne pensoit qu'à surmonter tous les embarras présens pour recouvrer une autorité absolue et indépendante : toutefois il ne fomentoit les mécontentements ni en secret ni en public; comme s'il eût voulu laisser dormir son ressentiment pour le faire éclater avec plus de violence; au contraire, à son retour de Bourgogne à Paris, sans encore avoir vu la cour, il sollicita puissamment ses amis pour recevoir le Roi avec le cardinal, et témoigna la même chaleur que pour ses propres intérêts : peut-être qu'il se piquoit d'achever un ouvrage aussi glorieux que celui de le rétablir, ou qu'il se flattoit vainement qu'un si grand service seroit toujours présent aux yeux de la Reine.

DEUXIÈME PARTIE.

Le Roi avait accordé la paix au parlement de Paris et à tous ceux qui avoient pris son parti en l'année 1649, et la plus grande part des peuples l'avoit reçue avec trop de joie pour laisser lieu d'appréhender qu'on les pût porter une seconde fois à la révolte. Le cardinal Mazarin, raffermi par la protection de M. le duc d'Orléans et de M. le prince, commençoit à ne plus craindre les effets de la haine publique ; et ces deux princes espéroient qu'il auroit une reconnoissance proportionnée à ses promesses et à ses obligations. M. le duc d'Orléans en attendoit les effets sans inquiétude ; et il étoit content de la part qu'il avoit aux affaires, et de l'espérance qu'on donnoit à l'abbé de La Rivière, son principal ministre, de le faire cardinal. Mais M. le prince n'étoit pas si aisé à satisfaire : ses services passés, et ceux qu'il venoit de rendre à la vue du Roi au siége de Paris, portoient bien loin ses prétentions, et elles commençoient à embarrasser le cardinal.

La cour étoit encore à Compiègne ; et quelques raisons qu'il y eût pour la ramener à Paris, le cardinal ne pouvoit se résoudre d'y retourner, et d'exposer sa personne à ce qui pouvoit rester d'animosité contre lui en un peuple qui venoit d'en témoigner une si extraordinaire. Il falloit néanmoins se déterminer ; et s'il lui paroissoit dangereux de se fier à ses ennemis, il ne l'étoit pas moins de témoigner de les craindre.

Dans cette irrésolution, où personne n'osoit lui donner de conseil, et où il n'en pouvoit prendre de lui-même, M. le prince crut que pour achever son ouvrage il devoit aller à Paris, afin que, selon la disposition où il trouveroit les esprits, il eût l'avantage d'y ramener la cour, ou de la porter à prendre d'autres mesures. En effet, il y fut reçu comme il avoit accoutumé de l'être au retour de ses plus glorieuses campagnes ; de sorte que cet exemple rassura le cardinal, et on ne balança plus pour retourner à Paris. M. le prince y accompagna le Roi ; et en arrivant au Palais-Royal, la Reine lui dit publiquement (1) qu'on ne pouvoit assez dignement reconnoître ses services, et qu'il s'étoit glorieusement acquitté de la parole qu'il lui avoit donnée de rétablir l'autorité du Roi et de maintenir M. le cardinal ; mais la fortune changea bientôt ces paroles en des effets tout contraires.

Cependant M. le prince étoit dans une liaison particulière avec M. le duc d'Orléans. Il avoit travaillé à l'établir par les extrêmes déférences qu'il avoit affecté de lui rendre durant la guerre, et il les continuoit avec soin. Il ne garda pas long-temps les mêmes mesures avec le cardinal Mazarin ; et bien qu'il n'eût pas encore résolu de rompre ouvertement avec lui, il témoigna par des railleries piquantes, et par une opposition continuelle à ses avis, qu'il le croyoit peu digne de la place qu'il occupoit, et qu'il se repentoit même de la lui avoir conservée.

On attribue cette conduite à des motifs bien différens ; mais il est certain que le premier sujet de leur mésintelligence avoit commencé durant la guerre de Paris, sur ce que M. le prince se persuada que le cardinal vouloit adroitement rejeter sur lui la haine des peuples, en le faisant passer pour l'auteur de tous les maux qu'ils avoient soufferts. Ainsi M. le prince crut en devoir user de la sorte envers le cardinal, pour regagner dans l'opinion du monde ce qu'il y avoit perdu, par la protection qu'il avoit donnée à un homme si généralement haï, en l'empêchant de sortir du royaume, et de céder à sa mauvaise fortune : outre que se souvenant des craintes et de l'abattement que le cardinal avoit témoignés pendant les derniers désordres, il étoit persuadé qu'il suffisoit de lui faire peur et de le mépriser pour lui attirer de nouveaux embarras, et l'obliger de recourir à lui avec la même dépendance

---

(1) On lit dans l'édition de 1723 : « M. le prince acheva » une si belle journée en disant à la Reine qu'il s'estimoit » très-heureux d'accomplir la parole qu'il lui avait donnée, et de ramener M. le cardinal à Paris. A quoi Sa » Majesté répondit : Monsieur, ce service que vous avez » rendu à l'État est si grand, que le Roi et moi serions » des ingrats si nous arrivoit de l'oublier jamais. Un » serviteur de M. le prince, qui avoit ouï ce discours, dit » qu'il trembloit pour lui, et qu'il craignoit que ce compliment ne passât un jour pour un reproche. M. le » prince repartit : Je n'en doute point, mais j'ai fait ce » que j'avois promis. »

qu'il avoit eue dans l'extrémité où il s'étoit vu. Il s'imagina peut-être aussi, par les choses obligeantes que la Reine lui avoit dites à Saint-Germain, et par la bonne chère qu'elle lui avoit faite, qu'il ne lui seroit pas impossible de lui faire remarquer les défauts du cardinal, et de s'établir auprès d'elle après qu'il l'auroit détruit. Enfin, quelles que fussent les véritables causes de ce changement, on ne s'aperçut que trop tôt de sa désunion avec le cardinal.

Dans ce dessein, M. le prince résolut de se réconcilier avec les frondeurs, croyant ne pouvoir mieux détruire les mauvaises impressions que l'on avoit de lui qu'en se liant avec des gens dont les peuples et la plus grande partie du parlement épousoient aveuglément les affections et les sentimens. Le nom de frondeur avoit été donné dès le commencement des désordres à ceux du parlement qui étoient opposés aux sentimens de la cour. Depuis, le duc de Beaufort, le coadjuteur de Paris, le marquis de Noirmoutier et Laigues s'étant joints à cette cabale, s'en rendirent les chefs. Madame de Chevreuse, M. de Châteauneuf et leurs amis s'y joignirent: ils demeurèrent tous unis sous le nom de frondeurs, et eurent une part très-considérable à toutes les affaires qui suivirent. Mais quelques avances que M. le prince fit vers eux, on a cru qu'il n'avoit jamais eu l'intention de se mettre à leur tête, et qu'il vouloit seulement, comme je l'ai dit, regagner l'esprit des peuples, se rendre par là redoutable au cardinal, et faire par là sa condition plus avantageuse.

Il avoit paru jusque là irréconciliable avec M. le prince de Conti son frère, et madame de Longueville leur sœur; et même, dans le traité de la paix de Paris, il s'emporta contre eux avec toute l'aigreur imaginable, soit pour faire sa cour, ou par un sentiment de vengeance, à cause qu'ils s'étoient séparés de lui. Cela alla même si avant, qu'il fut directement contraire au rétablissement de M. le prince de Conti et du duc de Longueville dans leurs gouvernemens, et que, par une fausse politique, il s'opposa à l'intention qu'on eut à la cour de donner le Mont-Olympe et Charleville à monsieur son frère, et le restreignit à accepter Damvilliers.

M. le prince de Conti et madame de Longueville trouvèrent ce procédé de M. le prince aussi surprenant et aussi rude qu'il l'étoit en effet; et dans cet embarras ils chargèrent le prince de Marsillac, fils aîné du duc de La Rochefoucauld, qui avoit alors toute leur confiance, d'écouter les propositions que l'abbé de La Rivière leur faisoit faire par le marquis de Flamarins. Elles étoient que M. le duc d'Orléans entreroit dans leurs intérêts contre M. le prince; que M. le prince de Conti auroit l'entrée au conseil, qu'on lui donneroit Damvilliers pour place de sûreté; et que lui et le duc de Longueville seroient rétablis dans les fonctions de leurs charges, pourvu que M. le prince de Conti renonçât en faveur de l'abbé de La Rivière au chapeau de cardinal, et qu'il écrivît à Rome. Cette affaire fut conclue à l'heure même par le prince de Marsillac, et il la trouva d'autant plus avantageuse à M. le prince de Conti, que ce prince étant déjà résolu de changer de condition, on ne lui faisoit rien perdre en lui conseillant de renoncer au cardinalat. On obtenoit aussi par cette voie tout ce que la cour refusoit à M. le prince de Conti et au duc de Longueville; et ce qui étoit encore plus considérable, c'est qu'en s'attachant l'abbé de La Rivière par un si grand intérêt, on engageoit M. le duc d'Orléans à soutenir en toutes rencontres M. le prince de Conti et madame de Longueville.

Ce traité fut ainsi conclu sans que M. le prince y eût d'autre part que celle que l'abbé de La Rivière lui en voulut donner. Et d'autant qu'il avoit senti le mal que sa division avec sa famille lui avoit causé, il souhaita de se réconcilier avec M. son frère, avec madame sa sœur, et même avec le prince de Marsillac.

Aussitôt après, M. le prince, pour témoigner qu'il entroit sincèrement dans les intérêts de ses proches, prit un prétexte d'éclater contre le cardinal, sur le refus qu'on fit au duc de Longueville du gouvernement du Pont-de-l'Arche, après lui en avoir donné parole; ce qui réjouit extrêmement les frondeurs. Mais soit que M. le prince ne pût se fier à eux, ou qu'il ne voulût pas demeurer long-temps mal à la cour, il crut bientôt en avoir fait assez pour le monde, et se raccommoda huit jours après avec le cardinal. Ainsi il perdit de nouveau les frondeurs, qui s'emportèrent contre lui, sans aucun égard de ce qu'ils devoient à son mérite et à sa qualité. Ils dirent hautement que ce qu'il venoit de faire étoit une suite des mêmes artifices dont il s'étoit servi pour les surprendre. Ils renouveloient l'affaire de Noisy près de Saint-Germain, où madame de Longueville avoit passé quelque temps, et où M. le prince de Conti et le duc de Longueville l'étant allés voir, le duc de Retz et le coadjuteur de Paris son frère s'y rendirent, sous prétexte de visiter aussi cette princesse, mais en effet pour les porter comme ils firent à se lier avec les frondeurs. Ils soutenoient que M. le prince avoit su tout ce traité; qu'il avoit pris avec eux les mêmes engagemens que ses proches: et ils ajoutoient que la suite avoit assez fait voir que M. le prince, bien loin de tenir cette parole, ne l'avoit donnée que pour les sacrifier plus aisément aux intérêts et à la haine du cardinal.

Ces bruits, semés dans le monde, y faisoient quelque impression, et le peuple recevoit sans les examiner toutes celles qui lui venoient des frondeurs; de sorte que M. le prince se vit abandonné en un instant de tout ce qui s'étoit joint à lui contre le cardinal, excepté de sa famille qui ne lui fut pas inutile, par la considération où madame de Longueville se trouvoit alors, à cause de l'impression qu'elle avoit donnée de son ambition, de sa fermeté, et plus encore de sa haine déclarée contre le cardinal, qui par ces considérations gardoit plus de mesures envers elle qu'envers messieurs ses frères.

Il arriva en même temps (1) une querelle particulière qui fut sur le point de renouveler la générale. M. de Beaufort croyant que le marquis de Jarzé et autres, dépendans du cardinal, avoient affecté de le morguer aux Tuileries, pour persuader que son crédit dans le peuple étoit fini avec la guerre, il se résolut de leur faire un affront public. Ainsi, lorsqu'ils étoient assemblés pour souper dans le jardin de Renard près les Tuileries, il y alla fort accompagné, chassa les violons, renversa la table; et la confusion et le désordre furent si grands, que le duc de Candale, Boutteville, Saint-Maigrin, et plusieurs autres qui étoient du souper, coururent fortune d'être tués, et que le marquis de Jarzé y fut blessé par des domestiques du duc de Beaufort. Cette affaire n'eut pas néanmoins les suites que vraisemblablement on devoit en attendre. Plusieurs de ceux qui avoient part à cette offense firent appeler le duc de Beaufort; mais il ne crut pas les devoir satisfaire dans cette conjoncture. M. le prince y prit les intérêts de la cour et ceux du cardinal avec la même chaleur qu'il avoit eue dans les autres temps.

Mais le cardinal, perdant aisément le souvenir des obligations qu'il avoit à M. le prince, conservoit celui des mécontentemens qu'il en avoit eus; et, sous prétexte d'un raccommodement sincère, il ne perdit point d'occasions de se prévaloir avec industrie de sa trop grande confiance. Ainsi ayant pénétré que les desseins de M. le prince n'alloient à rien de plus, comme je l'ai dit, qu'à lui faire peur, il crut le devoir entretenir dans cette pensée, en affectant par toutes sortes de voies de témoigner de le craindre, non-seulement pour l'empêcher par ce moyen d'en prendre de plus violentes contre lui, mais pour venir plus sûrement à bout et avec moins

(1) C'est-à-dire avant la rentrée de la cour à Paris.

de soupçon du projet qu'il faisoit contre sa liberté. Dans cette vue, tous ses discours et toutes ses actions faisoient paroître de l'abattement et de la crainte; il ne parloit que d'abandonner les affaires, et de sortir du royaume, il faisoit faire tous les jours quelque nouvelle proposition aux amis de M. le prince, pour lui offrir la carte blanche: et les choses passèrent si avant, qu'il convint que désormais on ne donneroit plus de gouvernement de provinces, de places considérables, de charges dans la maison du Roi, ni d'offices de la couronne, sans l'approbation de M. le prince, de M. le prince de Conti, et de M. et de madame de Longueville, et qu'on leur rendroit compte de l'administration des finances. Ces promesses si étendues, et données en termes généraux, faisoient tout l'effet que le cardinal pouvoit désirer: elles éblouissoient et rassuroient M. le prince et tous ses amis; elles confirmoient le monde dans l'opinion qu'on avoit conçue de l'étonnement du cardinal, et elles faisoient même désirer sa conservation à ses ennemis, dans la créance de trouver plus aisément leurs avantages dans la foiblesse de son ministère, que dans un gouvernement plus autorisé et plus ferme. Enfin il gagnoit avec beaucoup d'adresse le temps qui lui étoit nécessaire pour les desseins qu'il pourroit former contre M. le prince.

Les choses furent disposées de la sorte un temps assez considérable, pendant lequel le cardinal donnoit toutes les démonstrations publiques de vouloir non-seulement entrer dans les sentimens de M. le prince, mais encore dans tous les intérêts de ses amis, bien qu'en effet il y fût directement contraire, comme il le fit paroître dans une rencontre qui se présenta: car M. le prince ayant obtenu pour la maison de La Rochefoucauld les mêmes avantages de rang qui avoient été accordés à celles de Rohan, de Foix et de Luxembourg, le cardinal fit demander par M. le duc d'Orléans une pareille grâce pour celle d'Albret, et suscita en même temps une assemblée de noblesse pour s'y opposer. Ainsi, soit qu'il en craignît véritablement les suites ou qu'il feignît de les craindre, il aima mieux faire révoquer ce qu'on avoit déjà fait en faveur des autres maisons, que de maintenir ce que M. le prince avoit obtenu pour celle du prince de Marsillac.

Toutes ces choses aigrissoient M. le prince; mais elles ne lui faisoient rien soupçonner de ce qui étoit près d'éclater contre lui; et bien qu'il fût mal satisfait du cardinal, il ne prenoit toutefois aucune mesure pour le perdre, ni pour s'empêcher d'être perdu; et il est certain que, jusqu'à sa prison, jamais sujet ne fut plus soumis à l'autorité du Roi, ni plus dévoué aux intérêts de l'État : mais son malheur et celui de la France le contraignirent bientôt à changer de sentiment.

Le traité de mariage du duc de Mercœur, fils aîné du duc de Vendôme, avec une des nièces du cardinal Mazarin (1), en fut une des principales causes, et renouvela toute l'aigreur qui sembloit être assoupie entre ce ministre et M. le prince. Il y avoit donné les mains avant la guerre de Paris, soit qu'il n'en eût pas prévu les suites, ou que, par une trop grande déférence pour la cour, il n'eût osé témoigner à la Reine qu'il les prévoyoit. Mais enfin madame de Longueville, ennemie de la maison de Vendôme, et craignant que les prétentions de rang du duc de Longueville ne fussent troublées par l'élévation du duc de Mercœur, se servit des premiers momens de sa réconciliation avec M. le prince pour lui faire connoître que ce mariage se faisoit directement contre leurs communs intérêts, et que le cardinal, lassé de porter le joug qu'il venoit de s'imposer, vouloit prendre de nouveaux appuis pour ne dépendre plus de lui, et pouvoir manquer impunément à ses engagemens, et à la reconnoissance qu'il lui devoit. M. le prince fut facile à persuader, et encore plus à promettre à M. le prince de Conti et à madame de Longueville de se joindre à eux pour empêcher ce mariage, bien qu'il eût, comme je l'ai dit, donné parole à la Reine d'y consentir. Il balança néanmoins quelque temps à se déclarer : je ne sais si ce fut parce qu'il vouloit que les premières difficultés vinssent de son frère, ou pour retarder de quelques momens la peine qu'il avoit de s'opposer ouvertement aux sentimens de la Reine ; mais enfin on sut bientôt qu'il ne pouvoit approuver cette alliance, et dès-lors aussi le cardinal résolut de se venger de lui, et d'avancer le dessein de l'arrêter.

Il s'y rencontroit de grands obstacles, qu'il falloit nécessairement surmonter. La liaison particulière de M. le duc d'Orléans et de M. le prince, fomentée par tous les soins et par tous les intérêts de l'abbé de La Rivière, étoit un empêchement bien considérable : on ne pouvoit diviser ces deux princes si on ne ruinoit l'abbé de La Rivière auprès de M. le duc d'Orléans, et si on ne lui persuadoit en même temps que M. le prince avoit manqué envers lui en quelque chose d'assez important pour lui faire naître le désir de le perdre ; et ce crime imaginaire n'étoit pas facile à supposer. Il falloit encore se réconcilier avec les frondeurs, et que ce fût par un traité si secret, que M. le prince n'en pût avoir de soupçon. Le peuple et le parlement devoient également l'ignorer aussi ; car autrement les frondeurs se seroient rendus inutiles à la cour, et auroient perdu, dans l'esprit du parlement et du peuple, leur crédit, qui n'étoit fondé que sur la créance qu'ils étoient irréconciliables avec le cardinal. Je ne puis dire si ce fut son habileté qui lui fit inventer les moyens qu'on employa contre la liberté de M. le prince ; mais au moins puis-je assurer qu'il se servit adroitement de ceux que la fortune lui présenta pour vaincre les difficultés qui s'opposoient à un dessein si périlleux. Enfin un nommé Joly, créature du coadjuteur de Paris, fournit de matières au désordre, et de moyens au cardinal pour prendre des liaisons avec les frondeurs, comme on le verra ci-après.

Parmi les plaintes générales qui se faisoient publiquement contre le gouvernement, le corps des rentiers de l'hôtel-de-ville de Paris, à qui on avoit retranché beaucoup de leurs rentes, paroissoit le plus animé. On voyoit tous les jours un nombre considérable de bonnes familles, réduites à la dernière nécessité, suivre le Roi et la Reine dans les rues et dans les églises pour leur demander justice avec des cris et des larmes contre la dureté des surintendans, qui prenoient tout leur bien. Quelques-uns s'en plaignirent au parlement, et ce Joly entre autres y parla avec beaucoup de chaleur contre la mauvaise administration des finances. Le lendemain, lorsqu'il alloit au Palais, afin d'être à l'entrée des juges pour cette même affaire, on tira quelques coups de pistolet dans le carrosse où il étoit, sans que néanmoins il en fût blessé. On ne put découvrir l'auteur de cette action ; et il est difficile de juger, par les suites qu'elle a eues, si la cour la fit faire pour punir Joly (2), ou si les frondeurs la firent de sa participation, pour avoir un sujet d'émouvoir le peuple et d'exciter une sédition. D'autres ont cru que ce fut quelque ennemi particulier de Joly, qui avoit voulu lui faire plus de peur que de mal ; mais, quelque dessein qu'on ait eu dans cette rencontre, le bruit en fut aussitôt répandu dans Paris comme un effet de la cruauté du cardinal ; et La Boulaye, qui étoit attaché au duc de Beaufort, parut en même temps au Palais, demandant justice au parlement et au peuple de cet attentat contre la liberté publique. Peu de gens furent persuadés que son zèle fût aussi désintéressé qu'il vouloit le faire croire, et peu aussi se disposèrent à le suivre. Ainsi le tumulte ne fut pas violent, et ne dura

---

(1) Laure-Victoire Mancini, morte en 1657, âgée de vingt et un ans.

(2) Voyez ses Mémoires.

guère. La présence de La Boulaye fit croire, avec quelque vraisemblance, que ce qui s'étoit passé étoit un artifice des frondeurs pour intimider la cour, et s'y rendre nécessaire; mais j'ai su depuis, par un homme digne de foi à qui La Boulaye l'a dit, que les raisonnemens que l'on faisoit sur ce sujet étoient bien éloignés de la vérité, et que, dans le moment qu'on vit quelque apparence de sédition dans l'affaire de Joly, le cardinal donna à La Boulaye un ordre d'aller au Palais, d'y paroître emporté contre la cour, d'entrer dans les sentimens du peuple, de se joindre à tout ce qu'il voudroit entreprendre, et [ce qui est horrible seulement à penser] de tuer M. le prince, s'il paroissoit pour apaiser l'émotion : mais le désordre finit trop tôt pour donner lieu à La Boulaye d'exécuter un si infâme dessein, si ce qu'il a dit est vrai.

Cependant les esprits factieux d'entre le peuple ne furent pas entièrement apaisés; la crainte du châtiment les fit rassembler le soir même une seconde fois pour chercher les moyens de s'en garantir. Dans la vue qu'avoit le cardinal d'arrêter M. le prince, il voulut auparavant le rendre irréconciliable avec les frondeurs; et pour en venir plus aisément à bout, il crut se devoir hâter de les faire paroître coupables du crime dont je viens de parler. Il fit écrire à M. le prince, le soir même que le conseil particulier se tenoit au Palais-Royal, un billet par M. Servien, par lequel il lui donnoit avis que la sédition du matin avoit été suscitée par les frondeurs pour attenter à sa personne; qu'il y avoit encore une assemblée dans l'île du Palais, vis à-vis du cheval de bronze, pour le même dessein; et que s'il ne donnoit ordre à sa sûreté, il se trouveroit exposé à un très-grand péril.

M. le prince fit voir cet avis à la Reine, à M. le duc d'Orléans et à M. le cardinal, qui en parut encore plus surpris que les autres; et après qu'on eut balancé sur le doute que l'avis fût faux ou véritable, et sur ce qu'on devoit faire pour s'en éclaircir, il fut résolu que sans exposer la personne de M. le prince à aucun danger, on renverroit ses gens et son carrosse de la même sorte que s'il eût été dedans : et que comme leur chemin étoit de passer devant cette troupe assemblée, on verroit quelle seroit leur intention, et quel fondement on devroit faire sur l'avis de M. Servien.

La chose fut exécutée comme on l'avoit arrêtée; et il arriva aussi que des gens inconnus s'avancèrent vers le carrosse auprès du cheval de bronze; qu'ils y tirèrent quelques coups de mousqueton, et blessèrent un laquais du duc de Duras qui étoit derrière le carrosse. Cette nouvelle fut aussitôt portée au Palais-Royal, et M. le prince demanda justice au Roi et à la Reine du dessein que les frondeurs avoient eu de l'assassiner. Le cardinal se surpassa lui-même en cette occasion : il n'y agit pas seulement comme un ministre qui considéroit l'intérêt de l'État dans la conservation d'un prince qui lui étoit si nécessaire; mais son soin et son zèle semblèrent aller encore plus loin que ceux des plus proches parens et des plus passionnés amis de M. le prince; et celui-ci crut d'autant plus aisément que le cardinal prenoit ses intérêts avec chaleur, qu'il lui sembloit être de sa prudence de ne pas perdre une occasion si favorable de s'acquitter aux dépens de ses anciens ennemis de ce qu'il devoit à la protection qu'il venoit de recevoir de lui contre tout le royaume. Ainsi M. le prince, aidant lui-même à se tromper, recevoit l'empressement du cardinal comme une marque de son amitié et de sa reconnoissance, bien que ce ne fût qu'un effet de sa haine secrète, et du désir d'exécuter plus sûrement son entreprise.

Cependant les frondeurs voyant s'élever contre eux une si prompte et si dangereuse accusation, crurent d'abord que c'étoit un concert de M. le prince et du cardinal pour les opprimer. Ils témoignèrent de la fermeté dans cette rencontre; et bien que l'on fît courir dans le monde que M. le prince se porteroit contre eux à toutes sortes de violences, le duc de Beaufort, sans s'étonner de ce bruit, ne laissa pas d'aller chez le maréchal de Gramont, où M. le prince soupoit; et quelque surprise qu'on eût de son arrivée, il y passa le reste du soir, et parut le moins embarrassé de la compagnie. Le coadjuteur et lui employèrent toute sorte de moyens vers M. le prince et vers madame de Longueville pour les adoucir, et leur prouver leur innocence; et le marquis de Noirmoutier proposa même de leur part au prince de Marsillac de se lier de nouveau à toute la maison de Condé contre le cardinal. Mais M. le prince, qui n'étoit pas moins aigri par le peu de respect qu'ils lui avoient gardé dans ce qu'ils avoient publié à son désavantage de l'affaire de Noisy, que parce qu'ils avoient eu dessein d'entreprendre contre sa personne, ferma l'oreille à leurs justifications; et madame de Longueville fit la même chose, animée par l'intérêt de sa maison, et plus encore par son ressentiment contre le coadjuteur, des avis et des conseils qu'il avoit donnés au duc de Longueville contre son repos et sa sûreté.

Les choses ne pouvoient plus demeurer en ces termes : il falloit que M. le prince se fît justice lui-même du consentement de la cour ou qu'il la demandât au parlement. Le premier parti étoit trop violent, et ne convenoit pas au dessein caché du cardinal, et l'événement de l'autre étoit long et douteux. Néanmoins, comme l'intention du cabinet étoit de mettre cette affaire entre les mains du parlement, pour endormir et pour mortifier M. le prince par les retardemens, et par le déplaisir de se voir, de même que ses ennemis, aux pieds des juges dans la condition de suppliant, le cardinal ne manqua pas de prétextes apparens pour l'y conduire adroitement, et pour avoir tout le temps dont il avoit besoin pour exécuter son dessein. Il lui représenta que ce seroit renouveler la guerrre civile que d'attaquer les frondeurs par d'autres voies que celles de la justice, qui devoit être ouverte aux plus criminels; que l'affaire dont il s'agissoit étoit d'un trop grand poids pour être décidée ailleurs qu'au parlement, et que la conscience et la dignité du Roi ne lui permettoient pas d'employer d'autres moyens; que l'attentat étoit trop visible pour n'être pas facile à vérifier; qu'un tel crime méritoit un grand exemple; mais que, pour le donner sûrement, il falloit garder les apparences, et se servir des formes ordinaires de la justice.

M. le prince se disposa sans peine à suivre cet avis, tant parce qu'il le croyoit le meilleur, qu'à cause que son inclination est assez éloignée de se porter aux extrémités où il prévoyoit que cette affaire l'alloit jeter nécessairement. M. le duc d'Orléans le fortifioit encore dans cette pensée, par l'intérêt des prétentions du chapeau de l'abbé de La Rivière. De sorte que, se confiant en la justice de sa cause et plus encore en son crédit, il crut qu'en tout événement il se serviroit du dernier, si le succès de l'autre ne répondoit pas à son attente. Ainsi il consentit de faire sa plainte au Palais, selon les formes ordinaires; et, dans tout le cours de cette affaire, le cardinal eut le plaisir malicieux de le conduire lui-même dans tous les piéges qu'il lui tendoit.

Cependant le duc de Beaufort et le coadjuteur demandèrent d'être reçus à se justifier : ce qui leur ayant été accordé, les deux partis quittèrent pour un temps les autres voies, pour se servir seulement de celles du Palais. Mais M. le prince connut bientôt, par la manière dont les frondeurs soutenoient leur affaire, que leur crédit y pouvoit balancer le sien. Il ne pénétroit rien néanmoins dans la dissimulation du cardinal; et quoi que madame sa sœur et quelques-uns de ses amis lui pussent dire, il croyoit toujours que ce ministre agissoit de bonne foi.

Quelques jours se passèrent de la sorte, et l'aigreur augmentoit de tous les côtés. Les amis de M. le prince et ceux des frondeurs les accompagnoient tous les jours au Palais, et les choses se maintenoient avec plus d'égalité qu'on n'en devoit attendre entre deux partis dont les chefs étoient si inégaux. Mais enfin le cardinal espérant de recouvrer sa liberté en l'ôtant à M. le prince, jugea qu'il étoit temps de s'accommoder avec les frondeurs, et que, sans craindre de leur donner un moyen de se réconcilier avec M. le prince, il pouvoit en sûreté leur offrir la protection de la cour, et prendre ensemble des mesures contre lui : M. le prince en fournit même un prétexte assez plausible; car ayant su que depuis quelque temps madame de Longueville ménageoit secrètement, et au déçu de la cour, le mariage du duc de Richelieu et de madame de Pons, il les mena à Trie, voulut autoriser cette cérémonie par sa présence, et prit si hautement la protection des nouveaux mariés contre tous leurs proches, qui en paroissoient également irrités, et même contre la cour, qui en étoit offensée, que le cardinal n'eut pas peine de donner un sens criminel à cette conduite, et de persuader que les soins que M. le prince et madame de Longueville avoient pris pour ce mariage regardoient moins l'établissement de madame de Pons que le désir de s'assurer du Havre, dont son mari étoit gouverneur, sous l'administration de la duchesse d'Aiguillon sa tante.

Le cardinal tourna encore la chose en sorte dans l'esprit de M. le duc d'Orléans, qu'il lui persuada aisément d'avoir quelque sujet de se plaindre de M. le prince du secret qu'il lui avoit fait de ce mariage. Ainsi le cardinal voyant l'affaire assez acheminée pour pouvoir former le dessein de l'arrêter, il résolut de prendre des mesures avec madame de Chevreuse, qui, se servant habilement de l'occasion, entra encore plus avant avec lui, et lui proposa d'abord contre la liberté de M. le prince tout ce dont il n'osoit se découvrir le premier à elle. Ils en convinrent donc en général; mais les particularités de ce traité furent ménagées par Laigues, que M. le prince avoit désobligé sans sujet quelque temps auparavant, et qui en avoit toujours conservé un très-grand ressentiment. Ainsi il ne manqua pas de se servir d'une occasion si favorable de le faire paroître; et il eut l'avantage de régler les conditions de la prison de M. le prince, et de faire remarquer combien il importe aux personnes de cette qualité de ne réduire jamais des gens de cœur qui sont au-dessous d'eux à la nécessité de se venger.

Les choses se disposoient ainsi selon l'intention du cardinal; mais il restoit encore un obstacle qui lui paroissoit le plus difficile à surmonter; c'étoit de faire entrer M. le duc d'Orléans dans son dessein, et de le faire passer de l'amitié qu'il avoit pour M. le prince au désir de sa perte, et de détruire en un moment la confiance aveugle qu'il avoit depuis vingt ans aux conseils de l'abbé de La Rivière, qui avoit tant d'intérêt à la conservation de M. le prince. Madame de Chevreuse se chargea de cette dernière difficulté; et pour en venir à bout, elle se plaignit à M. le duc d'Orléans du peu de sûreté qu'il y avoit désormais à prendre des mesures avec lui; que toutes ses paroles et ses sentimens étoient rapportés par l'abbé de La Rivière à M. le prince et à madame de Longueville, et que s'étant livré à eux de crainte d'être troublé à Rome dans sa prétention du chapeau, il les avoit rendus arbitres du secret et de la conduite de son maître. Elle lui persuada même qu'il étoit entré avec eux dans la négociation du mariage de madame de Pons, et qu'ils agissoient tellement de concert, que madame la princesse mère n'avoit assisté mademoiselle de Saujon avec tant de chaleur dans le dessein d'être carmélite, que pour l'éloigner de la présence et de la confiance de Son Altesse Royale, et pour empêcher qu'elle ne lui fît remarquer la conduite de l'abbé de La Rivière, et sa dépendance aveugle de la maison de Condé. Enfin madame de Chevreuse sut si bien aigrir M. le duc d'Orléans contre son ministre et contre M. le prince, qu'elle le rendit dès-lors capable de toutes les impressions et de tous les sentimens qu'on lui voulut donner.

[1650] Le cardinal de son côté renouvela artificieusement au duc de Rohan la proposition qu'il lui avoit faite autrefois d'engager M. le prince à prétendre d'être connétable; à quoi il n'avoit jamais voulu entrer, pour éviter de donner jalousie à M. le duc d'Orléans: et en effet, bien que M. le prince la rejetât encore cette seconde fois par la même considération, le cardinal sut tellement se prévaloir des conférences particulières qu'il eut sur ce sujet avec le duc de Rohan, qu'il leur donna toutes les apparences d'une négociation secrète que M. le prince ménageoit avec lui sans la participation de M. le duc d'Orléans, et en quelque façon contre ses intérêts. De sorte que ce dernier ayant reçu ces impressions, et ce procédé de M. le prince lui paroissant tout ensemble peu sincère et peu respectueux, il se crut dégagé de tout ce qu'il lui avoit promis, et consentit sans balancer au dessein de le faire arrêter prisonnier.

Le jour qu'ils choisirent pour l'exécuter fut celui du premier conseil. Ils résolurent aussi de s'assurer de M. le prince de Conti et du duc de Longueville, croyant remédier par là à tous les désordres que pourroit produire une telle entreprise. Ces princes avoient depuis quelque temps évité, par les instances de madame de Longueville, de se trouver tous trois ensemble au Palais-Royal, et ils en usoient ainsi bien plus par complaisance pour elle que par la persuasion que cette conduite fût nécessaire à leur sûreté. Ce n'est pas qu'ils n'eussent reçu plusieurs avis de ce qui étoit prêt de leur arriver; mais M. le prince y faisoit trop peu de réflexion pour s'en servir. Il les recevoit même quelquefois avec une raillerie aigre, et évitoit d'entrer en matière, pour n'avouer pas qu'il avoit pris de fausses mesures avec la cour : de sorte que ses plus proches parens et ses amis craignoient de lui dire leurs sentimens sur ce sujet. Néanmoins le prince de Marsillac, remarquant les divers procédés de M. le duc d'Orléans envers M. le prince et envers les frondeurs, dit à M. le prince de Conti, le jour qu'il fût arrêté, que l'abbé de La Rivière étoit assurément gagné de la cour ou perdu auprès de son maître, et qu'ainsi il ne voyoit pas qu'il y eût un moment de sûreté pour M. le prince et pour lui. Le même prince de Marsillac avoit dit à La Moussaie, le jour précédent, que le capitaine de son quartier lui étoit venu dire qu'on l'avoit envoyé querir de la part du Roi et mené au Luxembourg; et qu'étant dans la galerie en présence de M. le duc d'Orléans, M. Le Tellier lui avoit demandé si le peuple n'approuveroit pas que le Roi fît quelque action éclatante pour remettre son autorité : à quoi il avoit répondu pourvu qu'on n'arrêtât point M. de Beaufort, il n'y avoit rien à quoi on ne consentît. Sur cela ce capitaine du quartier vint trouver le prince de Marsillac, et lui dit qu'on vouloit perdre M. le prince, et que de la façon qu'il voyoit les choses s'y disposer, ce devoit être dans très-peu de temps. La Moussaie promit de le dire, et néanmoins M. le prince a assuré depuis qu'il ne lui en avoit jamais parlé.

Cependant le cardinal, voulant ajouter la raillerie à tout ce qu'il préparoit contre M. le prince, lui dit qu'il vouloit ce jour-là même lui sacrifier les frondeurs, et qu'il avoit donné ses ordres pour arrêter des Coutures, qui étoit le principal auteur de la sédition de Joly, et qui commandoit ceux qui avoient attaqué ses gens et son carrosse sur le Pont-Neuf; mais que dans la crainte que les frondeurs, se voyant ainsi découverts, ne fissent quelque effort pour le retirer des mains de l'officier qui le devoit mener au bois de Vincennes, il falloit que M. le prince se donnât le soin d'ordonner les gendarmes et les chevau-légers du Roi pour les conduire sans désordre. M. le prince eut alors toute la confiance qu'il falloit pour être trompé. Il s'acquitta exactement de sa commission, et prit toutes les pré-

28.

cautions nécessaires pour se faire mener sûrement en prison.

Le duc de Longueville étoit à Chaillot; et le cardinal lui manda par Prioleau, son agent, qu'il parleroit le jour même au conseil de la survivance du Vieux Palais de Rouen en faveur du fils du marquis de Beuvron, dépendant de lui; et qu'il la lui remettroit entre les mains, afin que cette maison la tînt de lui. Le duc de Longueville se rendit aussitôt au Palais-Royal le soir du 18 janvier 1650 ; et M. le prince, M. le prince de Conti et lui étant entrés dans la galerie de l'appartement de la Reine, ils y furent arrêtés (1) par Guitaut, capitaine de ses gardes. Quelque temps après on les fit monter dans un carrosse du Roi, qui les attendoit à la petite porte du jardin. Leur escorte se trouva bien plus foible qu'on n'avoit cru : elle étoit commandée par le comte de Miossens, lieutenant des gendarmes ; et Comminges, lieutenant de Guitaut, son oncle, gardoit ces princes. Jamais des personnes de tant d'importance n'ont été conduites en prison par un si petit nombre de gens : il n'y avoit que seize hommes à cheval, et ce qui étoit en carrosse avec eux. L'obscurité et le mauvais chemin les firent verser, et ainsi donnèrent un temps considérable à ceux qui auroient voulu entreprendre de les délivrer : mais personne ne se mit en devoir de le faire.

On vouloit arrêter en même temps le prince de Marsillac et La Moussaie ; mais on ne les rencontra pas. On envoya M. de La Vrillière, secrétaire d'État, porter un ordre à madame de Longueville d'aller trouver la Reine au Palais-Royal, où on avoit dessein de la retenir. Au lieu d'obéir, elle résolut, par le conseil du prince de Marsillac, de partir à l'heure même pour aller en très-grande diligence en Normandie, afin d'engager cette province et le parlement de Rouen à prendre le parti des princes, et s'assurer de ses amis, des places du duc de Longueville et du Havre-de-Grâce. Mais comme il falloit, pour pouvoir sortir de Paris, qu'elle ne fût point connue, et comme elle vouloit emmener avec elle mademoiselle de Longueville, et que n'ayant ni son carrosse ni ses gens, elle étoit obligée de les attendre en un lieu où on ne pût la découvrir, elle se retira dans une maison particulière, d'où elle vit les feux de joie et les autres marques de la réjouissance publique pour la détention de messieurs ses frères et de son mari. Enfin, ayant les choses nécessaires pour sortir, le prince de Marsillac l'accompagna en ce voyage : mais après avoir essayé inutilement de gagner le parlement de Rouen, elle se retira à Dieppe, qui ne lui servit de retraite que jusqu'à la venue de la cour, qui fut si prompte et qui la pressa de telle sorte, que pour se garantir d'être arrêtée par les bourgeois de Dieppe, et par Le Plessis-Bellière, qui y étoit allé avec des troupes de la part du Roi, elle fut contrainte de s'embarquer avec beaucoup de péril, et de passer en Hollande pour gagner Stenay, où M. de Turenne s'étoit retiré dès la prison des princes.

Le prince de Marsillac partit de Dieppe quelque temps avant madame de Longueville, et s'en alla dans son gouvernement de Poitou, pour y disposer les choses à la guerre, et pour essayer avec les ducs de Bouillon, de Saint-Simon et de La Force, de renouveler les mécontentemens du parlement et de la ville de Bordeaux, afin de les obliger à prendre les intérêts de M. le prince comme y étant engagés, puisque les manifestes de la cour depuis sa prise ne lui imputoient point de plus grand crime que d'avoir protégé avec trop de chaleur les intérêts de leur ville (2).

L'autorité de la cour parut alors plus affermie que jamais par la prison des princes et par la réconciliation des frondeurs. La Normandie avoit reçu le Roi avec une entière soumission, et les places du duc de Longueville s'étoient rendues sans résistance. Le duc de Richelieu fut chassé du Havre. La Bourgogne imita la Normandie. Bellegarde fit une résistance honteuse. Le château de Dijon et Saint-Jean-de-Losne suivirent l'exemple des places de M. de Longueville. Le duc de Vendôme fut pourvu du gouvernement de Bourgogne ; le comte d'Harcourt de celui de Normandie ; le maréchal de L'Hôpital de ceux de Champagne et de Brie, et le comte de Saint-Aignan de celui de Berri. Montrond ne fut pas donné, parce qu'il n'y avoit point de garnison ; celles de Clermont et de Damvilliers se révoltèrent ; Marsin, qui commandoit l'armée

(1) Le 18 janvier 1650.
(2) On trouve en outre dans l'édition de 1725 : « Pour
» ce qui est des raisons qui ont obligé le cardinal à ar-
» rêter M. le prince, je suis persuadé qu'il n'y en avoit
» point de bonnes, et que toutes les règles de la politique
» étoient contre ce dessein-là, comme les événements
» l'ont fait voir : outre que jusque-là M. le prince n'avoit
» pas même été soupçonné de la moindre pensée contre
» l'État. Je crois donc que non seulement le cardinal a
» voulu être par là le maître de la cour, mais encore qu'il

» n'a pu souffrir la manière aigre et méprisante avec la-
» quelle le prince de Condé le traitoit en public, afin de
» regagner dans le monde ce que leur réconciliation lui
» avoit ôté. Il faisoit la même chose dans les conseils par-
» ticuliers pour le détruire dans l'esprit de la Reine, et
» prendre le poste qu'il occupoit. Enfin l'aigreur aug-
» mentant entre M. le prince et lui, il se hâta de le per-
» dre, pour ne lui pas donner le temps de se réconcilier
» avec les frondeurs. »

de Catalogne, fut arrêté prisonnier : on lui ôta Tortose, dont il étoit gouverneur; et du côté de Champagne il n'y eut que Stenay qui demeura dans le parti des princes; et presque tous leurs amis, voyant tant de malheurs arrivés en si peu de temps, se contentèrent de les plaindre, sans se mettre en devoir de les faire cesser.

Madame de Longueville et M. de Turenne s'étoient, comme je l'ai dit, retirés à Stenay; le duc de Bouillon à Turenne. Le prince de Marsillac, que l'on nommera désormais le duc de La Rochefoucauld par la mort de son père, arrivée en ce même temps, étoit dans ses maisons en Angoumois; le duc de Saint-Simon dans son gouvernement de Blaye, et le maréchal de La Force en Guyenne.

Ils témoignèrent d'abord un zèle égal pour M. le prince; et lorsque les ducs de Bouillon et de La Rochefoucauld eurent fait ensemble le projet de la guerre de Guyenne, le duc de Saint-Simon, à qui ils en donnèrent avis, offrit de recevoir M. le duc d'Enghien dans sa place; mais ce sentiment ne lui dura pas longtemps.

Cependant le duc de La Rochefoucauld, jugeant de quelle importance il étoit au parti de faire voir qu'on prenoit les armes, non-seulement pour la liberté de M. le prince, mais encore pour la conservation de celle de monsieur son fils, il envoya Gourville, de la participation du duc de Bouillon, à madame la princesse la mère [reléguée à Chantilly, et gardée par un exempt, aussi bien que madame la princesse sa belle-fille et M. le duc d'Enghien], avec charge de lui dire l'état des choses, et de lui faire comprendre que la personne de M. le duc d'Enghien étant exposée à toutes les rigueurs de la cour, il falloit tout à la fois l'en mettre à couvert, et le rendre l'un des principaux instrumens de la liberté de monsieur son père : qu'il étoit nécessaire pour ce dessein que lui et madame la princesse sa mère se rendissent secrètement en Anjou près de Brezé en Anjou près de Saumur, où le duc de La Rochefoucauld offroit de les aller prendre avec cinq cents gentilshommes, et de les conduire à Saumur, si le dessein qu'il avoit sur cette place réussissoit; ou, en tout cas, les mener à Turenne, où le duc de Bouillon se joindroit à eux pour les accompagner à Blaye, en attendant que lui et le duc de Saint-Simon eussent achevé de disposer le parlement et la ville de Bordeaux à les recevoir. Quelque avantageuse que fût cette proposition, il étoit difficile de prévoir si elle seroit suivie ou rejetée par madame la princesse douairière, dont l'humeur inégale, timide et avare, étoit peu propre à entreprendre et à soutenir un tel dessein.

Toutefois, bien que le duc de La Rochefoucauld fût incertain du parti qu'elle prendroit, il fut contraint cependant de se mettre en état d'exécuter ce qu'il lui avoit envoyé proposer, et d'assembler pour ce sujet ses amis sous un prétexte qui ne fît rien connoître de son intention, afin d'être prêt à partir dans le temps de l'arrivée de Gourville, qu'il attendoit à toute heure. Il crut n'en pouvoir prendre un plus spécieux que celui de l'enterrement de son père, dont la cérémonie se devoit faire à Verteuil, l'une de ses maisons. Il convia pour cet effet toute la noblesse des provinces voisines, et manda à tout ce qui pouvoit porter les armes dans ses terres de s'y trouver : de sorte qu'en très-peu de temps il assembla plus de deux mille chevaux et huit cents hommes de pied. Outre ce corps de noblesse et d'infanterie, Bins, colonel allemand, lui promit de se joindre à lui avec son régiment, pour servir M. le prince; et ainsi le duc de La Rochefoucauld se crut en état d'exécuter en même temps deux desseins considérables pour le parti qui se formoit : l'un étoit celui qui avoit envoyé proposer à madame la princesse douairière, et l'autre étoit de se saisir de Saumur.

Ce gouvernement avoit été donné à Guitaut après la mort du maréchal de Brezé, pour récompense d'avoir arrêté M. le prince. C'est une place qui se pouvoit rendre très-importante dans une guerre civile, étant située au milieu du royaume et sur la rivière de Loire, entre Tours et Angers; un gentilhomme nommé de Mons y commandoit sous le maréchal de Brezé; et sachant que Comminges, neveu de Guitaut, y alloit avec les ordres du Roi, et menoit deux mille hommes de pied pour l'assiéger s'il refusoit de sortir, il différa, sur quelque prétexte qu'il prit, de remettre la place entre les mains de Comminges, et manda au duc de La Rochefoucauld qu'il l'en rendroit maître et prendroit son parti, s'il vouloit y mener des troupes : le marquis de Jarzé lui offrit aussi de se jeter dans la place avec ses amis, et de la défendre, pourvu que le duc de La Rochefoucauld lui promît par écrit de le venir secourir dans le temps qu'il lui avoit marqué. Ces conditions furent d'autant plus volontiers acceptées et signées du duc de La Rochefoucauld, que les deux desseins dont je viens de parler convenoient ensemble, et se pouvoient exécuter en même temps.

Dans cette vue, le duc de La Rochefoucauld fit assembler toute la noblesse qui étoit chez lui pour les funérailles de son père, et leur dit qu'ayant évité d'être arrêté prisonnier à Paris avec M. le prince, il se trouvait peu en sûreté dans ses terres, qui étoient environnées de gens de guerre qu'on avoit affecté de disperser tout autour sous le prétexte du quartier d'hiver, mais en effet pour pouvoir le surprendre dans sa maison ; qu'on lui offroit une retraite assurée dans une place voisine, et qu'il demandoit à ses véritables amis de l'y vouloir accompagner, et laissoit la liberté aux autres de faire ce qu'ils voudroient. Plusieurs parurent embarrassés de cette proposition, et prirent divers prétextes pour se retirer. Le colonel Bins fut un des premiers qui lui manqua de parole ; mais il y eut sept cents gentilshommes qui lui promirent de le suivre. Avec ce nombre de cavalerie, et l'infanterie qu'il avoit tirée de ses terres, il prit le chemin de Saumur, qui était celui que Gourville devoit prendre pour le venir joindre : ce qu'il fit le même jour. Il lui rapporta que madame la princesse la mère avoit approuvé son conseil ; qu'elle se résolvoit de le suivre ; mais qu'étant obligée de garder bien des mesures pour la cour, il lui falloit du temps et beaucoup de précaution pour exécuter un dessein dont les suites devoient être si grandes ; qu'elle étoit peu en état d'y contribuer de son argent, et que tout ce qu'elle pouvoit faire alors étoit de lui envoyer vingt mille francs. Le duc de La Rochefoucauld, voyant son premier dessein retardé, se résolut de continuer celui de Saumur ; mais, bien qu'il y arrivât huit jours avant la fin du temps que le gouverneur lui avoit promis de tenir, il trouva la capitulation faite, et que le marquis de Jarzé n'avoit point exécuté ce dont il étoit convenu avec lui : de sorte qu'il fut obligé de retourner sur ses pas. Il défit dans sa marche quelques compagnies de cavalerie des troupes du Roi ; et étant arrivé chez lui, il congédia la noblesse qui l'avoit suivi, et en repartit bientôt après, parce que le maréchal de La Meilleraye marchant vers lui avec toutes ses troupes, il se trouvoit obligé de se retirer à Turenne chez le duc de Bouillon, après avoir jeté dans Montrond cinq cents hommes de pied, et cent chevaux qu'il avoit levés et armés avec une diligence extrême.

En arrivant à Turenne, le duc de Bouillon et lui eurent nouvelles que madame la princesse et M. le duc d'Enghien, ayant suivi leur conseil, étoient partis secrètement de Montrond, et s'en venoient à Turenne pour se mettre entre leurs mains. Mais ils apprirent en même temps que le duc de Saint-Simon ayant reçu des lettres de la cour et su la prise de Bellegarde, n'étoit plus dans les mêmes sentimens, et que son soudain changement avoit refroidi tous ses amis de Bordeaux, qui jusque-là paroissoient les plus zélés pour les intérêts de M. le prince. Néanmoins Langlade, dont le duc de Bouillon s'étoit servi dans toute cette négociation, et qui sait mieux que nul autre tout ce qui se passa dans cette guerre, les raffermit avec beaucoup de peine et d'adresse, et revint en donner avis au duc de Bouillon, qui assembla trois cents gentilshommes de ses amis pour aller recevoir madame la princesse et monsieur son fils. Le duc de La Rochefoucauld manda aussi ses amis, qui le vinrent joindre bientôt après, au nombre de trois cents gentilshommes conduits par le marquis de Sillery, bien que le maréchal de La Meilleraye les menaçât de les faire piller par ses troupes, s'ils retournoient le trouver.

Le duc de Bouillon, outre ses amis, leva douze cents hommes d'infanterie de ses terres ; et sans attendre les troupes du marquis de Sillery, ils marchèrent ainsi vers les montagnes d'Auvergne, par où madame la princesse et monsieur son fils devoient passer, étant conduits par Chavagnac. Les ducs de Bouillon et de La Rochefoucauld les attendirent deux jours, avec leurs troupes, dans un lieu nommé La Bomie, où madame la princesse et monsieur son fils étant enfin arrivés, avec des fatigues insupportables à des personnes d'un sexe et d'un âge si peu capables d'en souffrir, ils les conduisirent à Turenne, où s'étoient rendus en même temps les comtes de Meille, de Coligny, Guitaut, le marquis de Cessac, Beauvais, Chanterac, Briole, le chevalier de Rivière, et beaucoup de personnes de qualité et d'officiers des troupes de M. le prince, qui servirent durant cette guerre avec beaucoup de fidélité et de valeur. Madame la princesse demeura huit jours à Turenne, pendant lesquels on prit Brives-la-Gaillarde, et cent maîtres de la compagnie de gendarmes du prince Thomas, qui s'y étoient retirés.

Ce séjour fait à Turenne par nécessité, en attendant qu'on eût remis la plupart des esprits de Bordeaux, chancelans et découragés par la conduite du duc de Saint-Simon, et qu'on y pût aller en sûreté, donna loisir au général de La Valette, frère naturel du duc d'Épernon, qui commandoit l'armée du Roi, de se trouver sur le chemin de madame la princesse, pour lui empêcher le passage ; mais étant demeuré à une maison du duc de Bouillon nommée Rochefort, lui et le duc de La Rochefoucauld marchèrent au général de La Valette, et le joignirent à Monclar en Périgord, d'où ayant lâché le pied sans combattre, il se retira par des bois à Bergerac, après avoir perdu son bagage. Madame la princesse reprit ensuite le chemin de Bordeaux, sans rien trouver qui s'opposât à son passage. Il ne restoit plus qu'à surmonter les difficultés qui se rencontroient dans la ville. Elle étoit partagée en diverses cabales. Les créatures du duc d'Épernon, et ceux qui suivoient les nouveaux sentimens du duc de Saint-Simon, s'étoient joints avec ceux qui servoient la cour, et entre autres avec le sieur de Lavie, avocat général au parlement de Bordeaux, homme habile et ambitieux. Ils faisoient tous leurs efforts pour faire fermer les portes de la ville à madame la princesse. Néanmoins, dès qu'on sut à Bordeaux qu'elle et M. le duc d'Enghien devoient arriver à Lormont près de la ville, tout le monde donna des marques publiques de réjouissance; il en sortit un grand nombre au devant d'elle : on couvrit leur chemin de fleurs, et le bateau qui les conduisoit fut suivi de tous ceux qui étoient sur la rivière. Les vaisseaux du port les saluèrent de toute l'artillerie, et ils entrèrent ainsi à Bordeaux (1), nonobstant l'effort qu'on avoit fait sous main pour les en empêcher.

Cependant le parlement et les jurats, qui sont les échevins de Bordeaux, ne les visitèrent pas en corps; mais il n'y eut presque point de particulier qui ne leur donnât des assurances de service. Toutefois les cabales dont je viens de parler empêchèrent d'abord que les ducs de Bouillon et de La Rochefoucauld ne fussent reçus dans la ville : ils passèrent deux ou trois jours dans le faubourg des Chartreux, où tout le peuple alla en foule les voir, et leur offrir de les faire entrer par force. Ils n'acceptèrent pas ce parti, mais se contentèrent d'entrer le soir pour éviter le désordre.

Il n'y avoit alors dans la province de troupes du Roi assemblées que celles que commandoit le général de La Valette, qui étoit près de Libourne. Celles des ducs de Bouillon et de La Rochefoucauld consistoient, comme j'ai dit, en six cents gentilshommes de leurs amis, et l'infanterie sortie de Turenne : et ainsi n'étant point des troupes réglées, il étoit impossible de les retenir plus longtemps; de sorte qu'on jugea bien qu'il falloit se hâter de rencontrer le général de La Valette, et pour cet effet on marcha à lui vers Libourne. Mais en ayant eu avis il se retira, et évita une seconde fois le combat, jugeant bien que la noblesse étant sur le point de s'en retourner, il se rendroit, en ne combattant point, certainement maître de la campagne.

En ce même temps le maréchal de La Meilleraye eut ordre de marcher vers Bordeaux avec son armée par le pays d'entre deux mers, et le Roi s'avança vers Libourne. Ces nouvelles firent hâter le duc de Bouillon et le duc de La Rochefoucauld de faire leurs levées, malgré les empêchemens continuels qu'ils y rencontroient, tant

(1) Le 31 mai 1650.

par le manque d'argent que par le grand nombre des gens du parlement et de la ville qui traversoient sous main leurs desseins. On en vint même à une extrémité qui pensa causer de grands désordres; car un officier espagnol étant venu trouver madame la princesse de la part du roi d'Espagne, et ayant apporté vingt ou vingt-cinq mille écus pour pourvoir aux besoins les plus pressans, le parlement, qui jusques alors avoit toléré qu'on eût reçu madame la princesse et monsieur son fils, et qui ne s'étoit point encore, comme le peuple, expliqué en leur faveur, ni témoigné ses sentimens sur ce qui s'étoit passé entre les troupes du Roi et celles qui les avoient poussées, crut qu'il suffisoit de s'opposer à la réception de cet envoyé d'Espagne dans Bordeaux, pour justifier par une seule action toute sa conduite passée, et afin que, privant ainsi le parti du secours qu'il attendoit d'Espagne, il se réduisît à recevoir la loi qu'on lui voudroit imposer; de sorte que le parlement s'étant assemblé, ordonna que l'officier espagnol sortiroit de Bordeaux à l'heure même. Mais le peuple ayant connu quelles seroient les suites de cet arrêt, prit aussitôt les armes, investit le Palais, et menaça d'y mettre le feu, si le parlement ne révoquoit ce qu'il venoit de résoudre. D'abord on crut que l'on dissiperoit facilement cette émotion en faisant paroître les jurats; mais le trouble augmentant par le retardement qu'on apportoit à la révocation de l'arrêt, le parlement envoya donner avis aux ducs de Bouillon et de La Rochefoucauld de ce désordre, et les prier de les faire cesser. Ils ne furent pas fâchés qu'on eût besoin d'eux en cette rencontre; mais, outre qu'il leur importoit de tout que le peuple obtînt la cassation de l'arrêt avant que de laisser le Palais libre, ils craignoient encore que, paroissant régler les mouvemens de la sédition, on ne leur imputât de l'avoir causée. Ainsi ils résistèrent d'abord à faire ce que le parlement désiroit d'eux; mais enfin, voyant que les choses s'échauffoient à un point qu'il n'y avoit plus de temps à perdre, ils coururent au Palais, suivis de leurs gardes et de plusieurs de leurs amis. Ce grand nombre, qui étoit nécessaire pour leur sûreté, leur parut capable d'augmenter le désordre. Ils craignirent que tant de gens mêlés ensemble sans se connoître ne fissent naître des accidens qui pourroient porter les choses à la dernière extrémité, et même que le peuple ne s'imaginât, en les voyant arriver si bien accompagnés, qu'ils ne voulussent le faire retirer par la force, et prendre le parti du parlement. Dans cette pensée ils firent retirer tout ce qui les suivoit, et s'abandonnèrent seuls et sans aucune précaution à tous les périls qu'ils pouvoient rencontrer dans un tel tumulte. Leur présence fit l'effet qu'ils désiroient : elle arrêta la fureur du peuple dans le moment qu'il alloit mettre le feu au Palais. Ils se rendirent médiateurs entre le parlement et lui. L'envoyé d'Espagne eut dès-lors toute la sûreté qu'il désiroit, et l'arrêt d'union fut donné en la manière qu'on le demandoit.

Ensuite de ces choses, les ducs de Bouillon et de La Rochefoucauld jugèrent qu'il étoit nécessaire de faire une revue générale des bourgeois pour leur faire connoître leurs forces, et les disposer peu à peu à se résoudre de soutenir un siège. Ils voulurent eux-mêmes les mettre en bataille, bien qu'ils eussent reçu plusieurs avis qu'il y avoit des gens gagnés pour les assassiner. Néanmoins, parmi les salves continuelles qui leur furent faites par plus de douze mille hommes, il n'arriva aucun accident qui leur donnât lieu d'ajouter foi à cet avis. On fit après travailler à quelques dehors; mais comme il venoit peu d'argent d'Espagne, on ne put mettre aucun ouvrage en défense; car dans toute cette guerre on n'a touché des Espagnols que deux cent vingt mille livres : le reste fut pris sur le convoi de Bordeaux, ou sur le crédit de madame la princesse, des ducs de Bouillon et de La Rochefoucauld, et de M. Lenet. On leva néanmoins en très-peu de temps près de trois mille hommes de pied et sept ou huit cents chevaux. On prit Castelnau, distant de quatre lieues de Bordeaux; et on se seroit étendu davantage sans les nouvelles que l'on eut de l'approche du maréchal de La Meilleraye du côté d'entre deux mers, et de celle du duc d'Épernon, qui vint joindre le général de La Vallette. Sur cet avis, le marquis de Sillery fut dépêché en Espagne, pour dire l'état des affaires, et hâter le secours d'hommes, de vaisseaux et d'argent qu'on en attendoit.

Cependant on laissa garnison dans Castelnau, et on se retira avec le reste des troupes à Blanquefort, qui est à deux lieues de Bordeaux, où le duc d'Épernon vint attaquer le quartier. Les ducs de Bouillon et de La Rochefoucauld étoient retournés à Bordeaux; et Le Chambon, maréchal de camp, commandoit les troupes. Elles étoient de beaucoup plus faibles que celles du duc d'Épernon. Néanmoins, bien que Le Chambon ne pût défendre l'entrée de son quartier, les canaux et les marais qui en environnoient l'autre partie lui donnèrent moyen de se retirer sans être rompu, et de sauver les troupes et tout le bagage. Sur le bruit de ce combat les ducs de Bouillon et de La Rochefoucauld partirent de Bordeaux avec un grand nombre de bourgeois, et ayant oint leurs troupes, retournèrent vers le duc d'É-pernon, avec dessein de le combattre. Mais le pays étant tout coupé de canaux, ils ne purent en venir aux mains. On escarmoucha long-temps de part et d'autre : le duc d'Épernon y perdit quelques officiers et beaucoup de soldats. Il y en eut moins de tués du côté de Bordeaux : Guitaut et La Roussière y furent blessés.

Depuis cela les troupes du maréchal de La Meilleraye et celles du duc d'Epernon serrèrent Bordeaux de plus près. Ils reprirent même l'île de Saint-Georges, qui est dans la Garonne, à quatre lieues au-dessus de la ville, et où l'on avoit commencé quelques fortifications. Elle fut défendue durant trois ou quatre jours avec assez de vigueur, parce qu'à chaque marée on y envoyoit de Bordeaux un régiment frais qui en relevoit la garde. Le général de La Valette y fut blessé, et mourut peu de jours après. Mais enfin les bateaux qui y avoient amené des troupes, et qui devoient ramener celles qu'on relevoit, ayant été coulés à fond par une batterie que le maréchal de La Meilleraye avoit fait dresser sur le bord de la rivière, la frayeur prit de telle sorte aux soldats et même aux officiers, qu'ils se rendirent tous prisonniers de guerre. Ainsi ceux de Bordeaux perdirent tout à la fois cette île, qui leur étoit importante, et douze cents hommes de leur meilleure infanterie. Ce désordre, et l'arrivée du Roi à Libourne, qui fit aussitôt attaquer le château de Vaire, à deux lieues de Bordeaux, apportèrent une grande consternation dans la ville. Le parlement et le peuple se voyoient à la veille d'être assiégés par le Roi et manquoient de toutes les choses nécessaires pour se défendre : nul secours ne leur venoit d'Espagne, et la crainte avoit enfin réduit le parlement à s'assembler pour délibérer s'il n'enverroit des députés demander la paix aux conditions qu'il plairoit au Roi, lorsqu'on apprit que Vaire étoit pris; et que le gouverneur, nommé Richon, s'étant rendu à discrétion, avoit été pendu. Cette sévérité, par laquelle le cardinal croyoit jeter la terreur et la division dans Bordeaux, fit un effet tout contraire; car cette nouvelle étant venue dans un temps où les esprits étoient, comme je l'ai dit, étonnés et chancelans, les ducs de Bouillon et de La Rochefoucauld surent si bien se prévaloir d'une telle conjoncture, qu'ils remirent leurs affaires en meilleur état qu'elles n'avoient encore été, en faisant pendre en même temps le nommé Canole, qui commandoit dans l'île de Saint-Georges la première fois que ceux de Bordeaux s'en saisirent, et qui s'étoit aussi rendu à eux à discrétion. Mais afin que le parlement et le peuple partageassent avec les généraux une action qui n'étoit pas moins nécessaire qu'elle paroissoit hardie, ils firent juger Canole par un conseil de guerre où présidoit madame la princesse et M. le duc d'Enghien, et qui étoit aussi composé non-seulement des officiers des troupes, mais encore de deux députés du parlement, qui y assistoient toujours, et de trente-six capitaines de la ville. Tous condamnèrent d'une voix ce gentilhomme, qui n'avoit d'autre crime que son malheur; et le peuple animé lui donna à peine le temps d'être exécuté, qu'il voulut déchirer son corps en pièces. Cette action étonna la cour, et redonna une nouvelle vigueur aux Bordelais. Ils passèrent si promptement de la consternation au désir de se défendre, qu'ils se résolurent sans balancer à attendre le siége, se fiant en leurs propres forces et aux promesses des Espagnols, qui les assuroient d'un prompt et puissant secours.

Dans ce dessein, on se hâta de faire un fort de quatre petits bastions à la Bastide, vis-à-vis de Bordeaux, de l'autre côté de la rivière. On travailla aussi avec soin aux autres fortifications de la ville. Mais bien qu'on représentât aux bourgeois qui avoient des maisons dans le faubourg de Saint-Surin qu'il seroit attaqué le premier, et qu'il étoit capable de loger toute l'infanterie du Roi, ils ne voulurent jamais consentir qu'on en brûlât ou qu'on en fît raser aucune. Ainsi tout ce qu'on put faire fut d'en couper les avenues par des barricades, et d'en percer les maisons. On ne s'y résolut même que pour contenter le peuple, et non pas pour espérer de défendre un lieu de si grande garde avec des bourgeois et par le peu de troupes qui restoient, lesquelles ne montoient pas à sept ou huit cents hommes de pied et trois cents chevaux. Néanmoins, comme on dépendoit du peuple et du parlement, il fallut les satisfaire contre les règles de la guerre, et entreprendre de défendre le faubourg de Saint-Surin, bien qu'il fût ouvert de tous les côtés. La porte de la ville qui en est la plus proche est celle de Dijaux; elle fut trouvée si mauvaise, parce qu'elle n'est défendue de rien et qu'on y arrive de plain pied, qu'on jugea à propos de la couvrir d'une demi-lune. Mais comme il manquoit de tout, on fut contraint de se couvrir d'une petite hauteur de fumier qui étoit devant la porte, laquelle étant escarpée en forme d'ouvrage à cornes, sans parapet et sans fossé, se trouva néanmoins la plus grande défense de la ville.

Le Roi étant demeuré à Bourg, le cardinal vint à l'armée. Elle étoit de huit mille hommes de pied, et de près de trois mille chevaux. On y résolut d'autant plus tôt d'attaquer le faubourg de Saint-Surin, que n'y ayant que les avenues de gardées, on pouvoit sans péril gagner les maisons, entrer par là dans le faubourg, et couper même ceux qui défendoient les barricades et l'église, sans qu'ils pussent se retirer dans la ville : on croyoit de plus que la demi-lune ne pouvant être défendue, on se logeroit dès le premier jour à la porte de Dijaux. Pour cet effet, le maréchal de La Meilleraye fit attaquer en même temps les barricades et les maisons du faubourg, et Palluau avoit ordre d'y entrer par le palais Galien, et de couper entre le faubourg et la ville droit à la demi-lune; mais n'étant pas arrivé dans le temps que le maréchal de La Meilleraye fit donner, on trouva plus de résistance qu'on n'avoit cru. L'escarmouche avoit commencé dès que les troupes du Roi s'étoient avancées. Ceux de la ville avoient mis des mousquetaires dans des haies et dans des vignes qui couvroient le faubourg. Ils arrêtèrent d'abord les troupes du Roi avec une assez grande perte. Choupes, maréchal de camp, y fut blessé, et plusieurs officiers tués. Le duc de Bouillon étoit dans le cimetière de l'église de Saint-Surin, avec ce qu'il avoit pu faire sortir de bourgeois pour rafraîchir les postes. Le duc de La Rochefoucauld étoit à la barricade où se faisoit la principale attaque; et après qu'elle eut enfin été emportée, il alla joindre le duc de Bouillon. Beauvais, Chanterac et le chevalier Todias y furent faits prisonniers : le feu fut très-grand de part et d'autre; il y eut cent ou six vingts hommes de tués du côté des ducs, et près de cinq cents de celui du Roi. Le faubourg néanmoins fut emporté; mais on ne passa pas plus outre, et on se résolut d'ouvrir la tranchée pour prendre la demi-lune. On fit aussi une autre attaque par les allées de l'archevêché. J'ai déjà dit qu'il n'y avoit point de fossé à la demi-lune : de sorte que pouvant être emportée facilement, les bourgeois n'y voulurent point entrer en garde, et se contentèrent de tirer de derrière leurs murailles. Les assiégeans l'attaquèrent trois fois avec leurs meilleures troupes, et à la dernière ils entrèrent même dedans; mais ils en furent repoussés par le duc de La Rochefoucauld, qui y arriva avec ses gardes et ceux de M. le prince, dans le temps que ceux qui défendoient la demi-lune avoient plié, et en étoient sortis. Trois ou quatre officiers de Noailles furent pris dedans, et le reste fut tué ou chassé. Les assiégés firent trois grandes sorties, à chacune desquelles ils nettoyèrent la tranchée et brûlèrent le logement des assiégeans. La Chapelle-Biron, maréchal de camp des troupes du duc de Bouillon, fut tué à la dernière. Enfin, après treize jours de tranchée ouverte, le siége n'étoit pas plus avancé que le premier jour.

Mais comme il y avoit trop peu d'infanterie dans Bordeaux sans les bourgeois pour relever la garde des postes attaqués, et que ce qui n'avoit point été tué ou blessé étoit presque hors de combat à force de tirer, et par la fatigue de treize jours de garde, le duc de Bouillon les fit rafraîchir par la cavalerie, qui mit pied à terre; et lui et le duc de La Rochefoucauld y demeurèrent les quatre ou cinq derniers jours sans en partir, afin d'y retenir plus de gens par leur exemple.

Cependant M. le duc d'Orléans et les frondeurs voyant que non-seulement on transféroit les princes à Marcoussis, mais qu'on se disposoit à les mener au Havre, et craignant que la chute de Bordeaux ne rendît la puissance du cardinal plus formidable, ils ne voulurent point attendre l'événement du siége de Bordeaux, et firent partir des députés pour s'entremettre de la paix. Ces députés furent les sieurs Le Meunier et Bitaut, conduits par Le Coudray-Montpensier de la part de M. le duc d'Orléans. Ils arrivèrent à Bourg pour faire des propositions de paix au Roi : ils en donnèrent avis au parlement de Bordeaux, et l'on convint de part et d'autre de faire une trêve de quinze jours. Dès qu'elle fut résolue, Le Coudray-Montpensier et les deux députés de Paris entrèrent dans la ville pour y porter les choses au point qu'ils désiroient. La cour vouloit la paix, craignant l'événement du siége, et voyant les troupes rebutées par une résistance d'autant plus opiniâtre que les assiégés espéroient le secours d'Espagne et celui du maréchal de La Force qui étoit sur le point de se déclarer. D'autre part, le parlement de Bordeaux, ennuyé des longueurs et des périls du siége, se déclara pour la paix. Les cabales de la cour et celles du duc d'Épernon agissoient puissamment pour y disposer le reste de la ville ; l'infanterie étoit ruinée, et les secours d'Espagne avoient trop souvent manqué pour s'y pouvoir encore raisonnablement attendre. Toutes ces raisons firent résoudre le parlement de Bordeaux à envoyer des députés à Bourg, où étoit la cour. Il convia madame la princesse et les ducs de Bouillon et de La Rochefoucauld d'y envoyer aussi. Mais comme ils n'avoient d'autres intérêts que la liberté des princes, et qu'ils ne pouvoient désirer la paix sans cette condition, ils se contentèrent de ne s'y opposer point, puisque aussi bien ils ne la pouvoient empêcher. Ils refusèrent donc d'y envoyer de leur part, et prièrent seulement les députés de la ville de ménager la sûreté et la liberté de madame la princesse et de M. le duc d'Enghien, avec le rétablissement de tout ce qui avoit été dans leur parti. Les députés allèrent à Bourg, et y traitèrent et conclurent la paix avec le cardinal Mazarin, sans en communiquer les articles à madame la princesse, ni aux ducs de Bouillon et de La Rochefoucauld. Les conditions étoient que le Roi seroit reçu dans Bordeaux en la manière qu'il a accoutumé de l'être dans les autres villes de son royaume ; que les troupes qui avoient soutenu le siége en sortiroient et pourroient aller en sûreté joindre l'armée de M. de Turenne à Stenay ; que tous les priviléges de la ville et du parlement seroient maintenus ; que le château Trompette demeureroit démoli ; que madame la princesse et M. le duc d'Enghien pourroient se retirer à Montrond, où le Roi entretiendroit pour leur sûreté une très-petite garnison, qui seroit choisie de leur main ; que le duc de Bouillon pourroit aller à Turenne ; et le duc de La Rochefoucauld, qui étoit, comme je l'ai dit, gouverneur de Poitou, se devoit retirer chez lui sans faire les fonctions de sa charge, et sans avoir aucun dédommagement pour sa maison de Verteuil, que le Roi avoit fait raser.

Dans le temps que madame la princesse et monsieur son fils sortoient de Bordeaux par eau, accompagnés des ducs de Bouillon et de La Rochefoucauld, pour aller mettre pied à terre à L'Ormont et prendre le chemin de Coutras, ils rencontrèrent le maréchal de La Meilleraye, qui alloit en bateau à Bordeaux. Il se mit dans celui de madame la princesse, et lui proposa d'abord d'aller à Bourg voir le Roi et la Reine, lui faisant espérer qu'on accorderoit peut-être aux prières et aux larmes d'une femme ce qu'on avoit cru devoir refuser lorsqu'on l'avoit demandé les armes à la main. Quelque répugnance qu'eût madame la princesse à faire ce voyage, les ducs de Bouillon et de La Rochefoucauld lui conseillèrent de la surmonter, et de suivre l'avis du maréchal de La Meilleraye, afin qu'on ne pût lui reprocher d'avoir négligé aucune voie pour obtenir la liberté de monsieur son mari : outre qu'ils jugeoient bien qu'une entrevue comme celle-là, qui ne pouvoit avoir été concertée avec les frondeurs ni avec M. le duc d'Orléans, leur donnoit sans doute de l'inquiétude, et pourroit produire des effets considérables. Le maréchal de La Meilleray retourna à Bourg porter la nouvelle de l'acheminement de madame la princesse et de sa suite. Ce changement si soudain surprit Mademoiselle, et lui fit croire que l'on traitoit beaucoup de choses sans la participation de monsieur son père ; elle y fut encore confirmée par les longues et parti-

(1) Le 28 septembre 1650.

culières conférences que le duc de Bouillon et le duc de La Rochefoucauld eurent séparément avec le cardinal, dans le dessein de le faire résoudre de donner la liberté aux princes, ou au moins de le rendre suspect à M. le duc d'Orléans. Ils étoient convenus de parler au cardinal dans le même sens et de lui représenter que M. le prince lui seroit d'autant plus obligé de cette grâce, qu'il savoit bien qu'il n'y étoit pas contraint par la guerre; qu'il lui étoit glorieux de faire voir qu'il pouvoit le ruiner et le rétablir en un moment; que le procédé des frondeurs lui devoit faire connoître leur dessein d'avoir les princes en leur disposition, afin de les perdre s'il leur étoit utile de le faire, ou de le perdre lui-même avec plus de facilité en leur donnant la liberté, et en les engageant par ce moyen à travailler de concert à sa ruine et à celle de la Reine; que la guerre étoit finie en Guyenne, mais que le dessein de la recommencer dans tout le royaume ne finiroit jamais qu'avec la prison des princes; et qu'il devoit en être d'autant plus persuadé, qu'eux-mêmes ne craignoient pas de le lui dire lorsqu'ils étoient entre ses mains, et n'avoient autre sûreté que sa parole. Ils lui représentèrent encore que les cabales se renoueloient de toutes parts dans le parlement de Paris et dans les autres parlemens du royaume, pour procurer la liberté des princes, ou pour les ôter de ses mains : que pour eux ils lui déclaroient qu'ils favoriseroient tous les desseins qu'on feroit pour les tirer de prison, et que tout ce qu'ils pourroient faire pour lui étoit de souhaiter qu'ils lui en eussent l'obligation préférablement à tous autres. Ce fut à peu près le discours qu'ils tinrent au cardinal, et il eut une partie du succès qu'ils désiroient; car, outre qu'il en fut ébranlé, il donna de la jalousie à M. le duc d'Orléans et aux frondeurs : il leur ôta l'espérance d'avoir les princes entre leurs mains, et les fit enfin résoudre à se réunir avec eux, et à chercher de nouveau les moyens de perdre le cardinal, comme on le verra dans la suite.

Pendant que les choses se passoient ainsi, et que les soins de la cour étoient employés à pacifier les désordres de la Guyenne, M. de Turenne tiroit de grands avantages de l'éloignement du Roi. Il avoit obligé les Espagnols à lui donner le commandement d'une partie de leurs troupes et de celles de M. de Lorraine. Il avoit joint tout ce qu'il avoit pu conserver de celles de M. le prince; il étoit maître de Stenay, et n'avoit point d'ennemis qui lui fussent opposés. Ainsi rien ne l'empêchoit d'entrer en France et d'y faire des progrès considérables, que la répugnance que les Espagnols ont accoutumé d'avoir pour des desseins de cette nature, parce qu'ils craignent également de hasarder leurs troupes pour des avantages qui ne les regardent pas directement, et de se mettre en état qu'on leur puisse ôter la communication de leur pays : de sorte qu'ils crurent faire beaucoup d'assiéger Mouzon, qu'ils ne prirent qu'après un mois de tranchée ouverte. Néanmoins M. de Turenne surmonta toutes leurs difficultés, et les fit résoudre avec d'extrêmes peines de marcher droit à Paris, espérant que sa présence avec ses forces, et l'éloignement du Roi, y apporteroient assez de confusion et de trouble pour lui donner lieu d'entreprendre beaucoup de choses. Les amis de M. le prince commencèrent aussi alors à former des entreprises particulières pour le tirer de prison : le duc de Nemours s'étoit déclaré ouvertement pour ses intérêts; et enfin tout sembloit contribuer au dessein de M. de Turenne. Pour ne pas donc perdre des conjonctures si favorables, il entra en Champagne, et prit d'abord Château-Portien et Rethel, qui firent peu de résistance. Il s'avança ensuite jusqu'à la Ferté-Milon; mais y ayant su qu'on avoit transféré les princes au Havre-de-Grâce, les Espagnols ne voulurent pas passer plus outre, et il ne fut plus au pouvoir de M. de Turenne de s'empêcher de retourner à Stenay avec l'armée. Cependant il donna ses ordres pour fortifier Rethel, et y laissa Delli-Ponti avec une garnison espagnole, ne croyant pas pouvoir mieux choisir pour confier une place qui étoit devenue très-importante, que de la donner à un homme qui en avoit si glorieusement défendu trois ou quatre des plus considérables de Flandre.

Le bruit de ces choses fit hâter le retour de la cour; et les frondeurs, qui avoient été unis au cardinal tant que les princes étoient demeurés à Vincennes et à Marcoussis, dans l'espérance de les avoir en leur pouvoir, la perdirent entièrement lorsqu'ils les virent conduire au Havre. Ils cachèrent toutefois leur ressentiment contre lui sous les mêmes apparences dont ils s'étoient servis pour cacher leurs liaisons : car, bien que depuis la prison des princes ils eussent essayé de tirer sous main tous les avantages possibles de leur réconciliation avec le cardinal, ils affectoient toujours, néanmoins de son consentement, de faire croire qu'ils n'avoient point changé le dessein de le perdre, afin de conserver leur crédit parmi le peuple; de sorte que ce qu'ils faisoient dans le commencement, de concert avec le cardinal, leur servit contre lui-même dans le temps qu'ils désirèrent tout de bon de le ruiner. Leur haine s'augmenta encore par la hauteur avec laquelle le cardinal traita tout le monde à son retour. Il se persuada aisément qu'ayant fait conduire les princes au Havre et pacifié la Guyenne, il s'étoit mis au-dessus des cabales; de sorte qu'il négligea ceux dont il avoit le plus de besoin, et ne songea qu'à assembler un corps d'armée pour reprendre Rethel et Château-Portien. Il en donna le commandement au maréchal Du Plessis-Praslin; il le fit partir avec beaucoup de diligence pour investir Rethel, se résolvant de se rendre à l'armée dans la fin du siége pour en avoir toute la gloire.

Cependant M. de Turenne donna avis aux Espagnols du dessein du cardinal, et se prépara pour s'y opposer. Delli-Ponti avoit répondu de tenir un temps assez considérable, et M. de Turenne prit sur cela ses mesures avec les Espagnols pour le secourir. Son dessein étoit de marcher avec une extrême diligence à Rethel, et de faire de deux choses l'une, ou d'obliger le maréchal Du Plessis à lever le siége, ou de charger les quartiers de son armée séparés; mais la lâcheté ou l'infidélité de Delli-Ponti rendit non-seulement ses desseins inutiles, mais le contraignit de combattre avec désavantage, et lui fit perdre la bataille; car Delli-Ponti s'étant rendu six jours plus tôt qu'il n'avoit promis, le maréchal Du Plessis, fortifié de nouvelles troupes, marcha une journée au devant de M. de Turenne, qui, ne pouvant éviter un combat si inégal, le donna avec beaucoup de valeur, mais avec un fort malheureux succès (1). Il rallia ce qu'il put de ses troupes; et au lieu de se retirer à Stenay, où sa présence sembloit être nécessaire, principalement pour raffermir les esprits étonnés de la perte de la bataille, il en jugea bien mieux, et alla trouver le comte de Fuensaldagne, non-seulement pour prendre ensemble leurs mesures sur les affaires présentes avec toute la diligence possible, mais aussi pour ne laisser pas imaginer aux Espagnols que ce qui venoit de lui arriver fût capable de lui faire prendre aucun dessein sans leur participation.

[1651] Après cette victoire, le cardinal, qui s'étoit avancé jusqu'à Rethel, retourna à Paris comme en triomphe, et parut si enflé de cette prospérité, qu'il renouvela dans tous les esprits le dégoût et la crainte de sa domination.

On remarqua alors que la fortune disposa tellement de l'événement de cette bataille, que M. de Turenne, qui l'avoit perdue, devint par là nécessaire aux Espagnols, et eut le commandement entier de leur armée; et d'autre part le cardinal, qui s'attribuoit la gloire de cette action, réveilla contre lui, comme j'ai dit, l'envie et la haine publique. Les frondeurs jugèrent qu'il cesseroit de les considérer, parce qu'il cessoit d'en avoir besoin; et craignant qu'il ne les opprimât pour régner seul ou pour les sacrifier à M. le prince, ils entrèrent dès-lors en traité avec le président Viole, Arnauld et Montreuil, serviteurs particuliers de M. le prince, qui lui mandoient toutes choses, et recevoient ses réponses.

Ce commencement de négociation en produisit plusieurs particulières et secrètes, tantôt avec M. le duc d'Orléans, madame de Chevreuse, le coadjuteur et M. de Châteauneuf, et tantôt avec le duc de Beaufort et madame de Montbazon. D'autres traitèrent avec le cardinal directement; mais comme madame la princesse palatine avoit alors plus de part que personne à la confiance des princes et à celle de madame de Longueville, elle avoit commencé toutes les diverses négociations dont je viens de parler, et étoit dépositaire de tant d'engagemens et de tant de traités, quelque opposés qu'ils pussent être, que se voyant chargée tout à la fois d'un si grand nombre de choses contraires, et craignant de devenir suspecte aux uns et aux autres, elle manda au duc de La Rochefoucauld qu'il étoit nécessaire qu'il se rendît à Paris sans être connu, afin qu'elle lui dît l'état de tous les partis qui s'offroient, et prendre ensemble la résolution de conclure avec celui qui pouvoit le plus avancer la liberté des princes.

Le duc de La Rochefoucauld se rendit à Paris avec une extrême diligence, et demeura toujours caché chez la princesse palatine, pour examiner avec elle ce qu'on venoit de toutes parts lui proposer. L'intérêt général des frondeurs étoit l'éloignement et la ruine entière du cardinal, à quoi ils demandoient que les princes contribuassent avec eux de tout leur pouvoir. Madame de Chevreuse désiroit que M. le prince de Conti épousât sa fille; qu'après la chute du cardinal on mit M. de Châteauneuf dans la place de premier ministre, et que moyennant cela on donneroit à M. le prince le gouvernement de Guyenne avec la lieutenance générale de cette province, et Blaye pour celui de ses amis qu'il choisiroit, et le gouvernement de Provence pour M. le prince de Conti. Le duc de Beaufort et madame de Montbazon n'avoient aucune connoissance de ce projet, et faisoient aussi un traité particulier que les autres ignoroient, lequel consistoit seulement à donner de l'argent à madame de Montbazon, et à lui faire obtenir pour son fils la survivance ou la récompense de quelqu'une des charges de son père. Le coadjuteur paroissoit sans autre intérêt que ceux de ses amis; mais, outre qu'il croyoit rencontrer toute sa grandeur dans la perte du cardinal, il avoit

―――――
(1) Ce combat eut lieu le 15 décembre 1650.

une grande liaison avec madame de Chevreuse ; et on disoit que la beauté de mademoiselle sa fille avoit encore plus de pouvoir sur lui. M. de Châteauneuf ne voulut point paroître dans ce traité ; mais comme il avoit toujours été également attaché à madame de Chevreuse et devant et après sa prison, ç'a toujours été aussi conjointement qu'ils ont pris toutes leurs mesures, tantôt avec le cardinal, et après avec ses ennemis ; de sorte qu'on se contenta des paroles que madame de Chevreuse donna pour lui. Mais comme il étoit dans une étroite liaison avec les plus considérables personnes de la maison du Roi, et qu'il avoit dans le parlement beaucoup d'amis dont il pouvoit disposer, il consentit qu'ils vissent secrètement madame la princesse palatine, et qu'ils lui promissent d'entrer avec lui dans tous ses engagemens. Il pouvoit encore beaucoup sur l'esprit de M. le duc d'Orléans ; et le coadjuteur, madame de Chevreuse et lui l'avoient entièrement disposé à demander la liberté des princes.

Les choses étoient ainsi préparées, et M. le prince, qui en étoit exactement averti, sembloit pencher à conclure avec les frondeurs. Mais le duc de La Rochefoucauld, qui jusqu'alors avoit été ennemi du coadjuteur, de madame de Chevreuse, du duc de Beaufort et de madame de Montbazon, voyant les négociations également avancées de tous côtés, et jugeant que si on concluoit avec les frondeurs les princes ne pourroient sortir de prison sans une révolution entière, et qu'au contraire le cardinal, qui avoit les clefs du Havre, les pouvoit mettre en liberté en un moment, il empêcha madame la princesse palatine de faire ratifier à M. le prince le traité des frondeurs, pour donner temps au cardinal de se résoudre dans une affaire si importante, et de considérer le péril où il alloit se jeter.

Le duc de La Rochefoucauld vit le cardinal trois ou quatre fois avec beaucoup de secret et de mystère ; et ils le désirèrent tous deux ainsi, parce que le cardinal craignoit extrêmement que le duc d'Orléans et les frondeurs, découvrant cette négociation, n'en prissent un sujet de rompre leur liaison et d'éclater contre lui ; et le duc de La Rochefoucauld tenoit aussi ces entrevues d'autant plus secrètes, que les frondeurs demandoient comme une condition de leur traité qu'il fût signé de lui : ce qu'il ne vouloit ni ne devoit faire tant qu'il y auroit lieu d'espérer que le traité du cardinal pourroit être sincère de sa part et de celle des princes. Il reçut même alors un plein pouvoir de madame de Longueville pour réconcilier toute sa maison avec le cardinal, pourvu qu'il remît les princes en liberté.

D'autre part les frondeurs, qui avoient su que le duc de La Rochefoucauld étoit à Paris, pressèrent pour lui faire signer le traité avec M. le prince, et témoignèrent de l'inquiétude du retardement qu'il y apportoit ; de sorte que se voyant dans la nécessité de conclure promptement avec l'un ou l'autre parti, il voulut voir encore une fois le cardinal ; et alors, sans lui rien découvrir des traités particuliers qui se faisoient, il lui représenta seulement les mêmes choses qu'il lui avoit dites à Bourg, et le péril qu'il alloit courir par le soulèvement de ses ennemis déclarés, et par l'abandonnement général de ses créatures. Il ajouta que les choses étoient à tels termes, que s'il ne lui donnoit ce jour-là une parole précise et positive de la liberté des princes, il ne pouvoit plus traiter avec lui, ni différer de se joindre à tous ceux qui désiroient sa perte. Le cardinal voyoit beaucoup d'apparence à ces raisons, quoique le duc de La Rochefoucauld ne lui parlât que généralement des cabales qui s'élevoient contre lui, sans entrer dans le particulier d'aucune, et il le fit ainsi pour ne manquer pas au secret qu'on lui avoit confié, et pour ne rien dire qui pût nuire au parti qu'il falloit former pour la liberté des princes, si le cardinal la refusoit. Ainsi le cardinal, ne voyant rien de particulier, s'imagina que le duc de La Rochefoucauld lui grossissoit les objets afin de le faire conclure ; et il crut que ne lui nommant pas même ses propres ennemis, il n'avoit rien d'assuré à lui en dire.

Les choses étoient venues à un point que rien n'étoit capable de les empêcher d'éclater. M le duc d'Orléans, qui suivoit alors les avis et les sentimens de madame de Chevreuse, de M. de Châteauneuf et du coadjuteur, se déclara ouvertement de vouloir la liberté des princes ; et ceux-ci désirèrent qu'on conclût le traité avec les frondeurs, et obligèrent le duc de La Rochefoucauld à se réconcilier et à se joindre avec eux. Cette déclaration de M. le duc d'Orléans donna une nouvelle vigueur au parlement et au peuple, et mit le cardinal dans une entière consternation. Les bourgeois prirent les armes, on fit la garde aux portes ; et en moins de six heures il ne fut plus au pouvoir du Roi et de la Reine de sortir de Paris. La noblesse voulut avoir part à la liberté des princes, et s'assembla en ce même temps pour la demander. On ne se contentoit pas de faire sortir les princes, on vouloit avoir la vie du cardinal. M. de Châteauneuf voyoit aussi augmenter ses espérances : le maréchal de Villeroy et presque toute la maison du Roi les appuyoient sous main de tout leur pouvoir. Une partie des ministres, et plusieurs des plus particuliers amis et des créatures dépendantes du cardinal, faisoient aussi la même chose ; et enfin la cour dans aucune autre rencontre n'a jamais mieux paru ce qu'elle est.

Madame de Chevreuse et M. de Châteauneuf gardoient encore exactement les apparences, et rien ne les avoit rendus suspects au cardinal, tant sa fortune présente et la désertion de ses propres amis lui avoient ôté la connoissance de ce qui se passoit contre lui. De sorte qu'ignorant la proposition du mariage de M. le prince de Conti, et considérant seulement madame de Chevreuse comme la personne qui avoit le plus contribué à la prison des princes en disposant M. le duc d'Orléans à y consentir, et en ruinant ensuite l'abbé de La Rivière auprès de lui, il eut d'autant moins de défiance des conseils qu'elle lui donna, que son abattement et ses craintes ne lui permettoient pas d'en suivre d'autres que ceux qui alloient à pourvoir à sa sûreté. Il se représentoit sans cesse qu'étant au milieu de Paris, il devoit tout appréhender de la fureur d'un peuple qui avoit bien osé prendre les armes pour empêcher la sortie du Roi. Madame de Chevreuse se servit avec beaucoup d'adresse de la disposition où il étoit ; et, désirant en effet son éloignement pour établir M. de Châteauneuf et pour achever le mariage de sa fille, elle se ménagea si bien sur tout cela, qu'elle eut beaucoup de part à la résolution qu'il prit enfin de se retirer. Il sortit le soir de Paris (1), à cheval, sans trouver d'obstacle, et, suivi de quelques-uns des siens, s'en alla à Saint-Germain. Cette retraite n'adoucit point les esprits des Parisiens ni du parlement : on craignoit même qu'il ne fût allé au Havre pour enlever les princes, et que la Reine n'eût dessein en même temps d'emmener le Roi hors de Paris. Cette pensée fit prendre de nouvelles précautions : on redoubla toutes les gardes des portes et des rues proches du Palais-Royal ; et il y eut encore toutes les nuits non-seulement des partis de cavalerie par la ville pour s'opposer à la sortie du Roi, mais un soir que la Reine avoit effectivement dessein de l'emmener, un des principaux officiers de la maison en donna avis à M. le duc d'Orléans, et il envoya des Ouches à l'heure même supplier la Reine de ne persister pas davantage dans un dessein si périlleux, et que tout le monde étoit résolu d'empêcher. Mais quelques protestations que la Reine pût faire, on n'y voulut ajouter aucune foi : il fallut que des Ouches visitât le Palais-Royal pour voir si les choses paroissoient disposées à une sortie, et qu'il entrât même dans la chambre du Roi, afin de pouvoir rapporter qu'il l'avoit vu couché dans son lit.

Les choses étoient en ces termes, lorsque le parlement de son côté donnoit tous les jours des arrêts, et faisoit de nouvelles instances à la Reine pour la liberté des princes ; et ses réponses étant ambiguës aigrissoient les esprits au lieu des apaiser : elle avoit cru éblouir le monde en envoyant le maréchal de Gramont amuser les princes d'une fausse négociation, et lui-même l'avoit été des belles apparences de ce voyage. Mais comme elle ne devoit rien produire pour leur liberté, on vit bientôt que tout ce qu'elle avoit fait jusqu'alors n'étoit que pour gagner du temps. Enfin, voyant de toutes parts augmenter le mal, et ne sachant point encore certainement si le cardinal prendroit le parti de délivrer les princes ou de les emmener avec lui, craignant de plus que les esprits aigris de tant de remises ne se portassent à d'étranges extrémités, elle se résolut de promettre solennellement au parlement la liberté des princes sans plus différer. Le duc de La Rochefoucauld fut choisi pour aller porter au Havre au sieur de Bar, qui les gardoit, cet ordre si positif, et qui détruisoit tous ceux qu'il auroit pu avoir au contraire. M. de La Vrillière, secrétaire d'État, et Comminges, capitaine des gardes de la Reine, eurent charge de l'accompagner pour rendre la chose plus solennelle, et laisser moins de lieu de douter de la sincérité de la Reine. Mais tant de belles apparences n'éblouirent pas le duc de La Rochefoucauld, quoiqu'il reçût avec joie une si avantageuse commission. Il dit en partant à M. le duc d'Orléans que la sûreté de tant d'écrits et de tant de paroles si solennellement données dépendoit du soin qu'on apporteroit à garder le Palais-Royal ; et que la Reine se croiroit dégagée de tout, du moment qu'elle seroit hors de Paris. En effet, on a su depuis qu'elle envoya en diligence donner avis de ce voyage au cardinal, qui étoit près d'arriver au Havre ; et lui dire que sans avoir égard à ses promesses, et à l'écrit signé du Roi, d'elle et des secrétaires d'État, dont le duc de La Rochefoucauld et M. de La Vrillière étoient chargés, il pouvoit disposer à son gré de la destinée des princes, pendant qu'elle chercheroit toutes sortes de voies pour tirer le Roi hors de Paris.

Mais cet avis ne fit pas changer de dessein au cardinal : il se résolut au contraire de voir lui-même M. le prince, et de lui parler en présence de M. le prince de Conti, du duc de Longueville et du maréchal de Gramont. Il commença d'abord par justifier sa conduite sur les choses générales : il lui dit ensuite sans paroître embarrassé, et avec assez de fierté, les divers sujets

(1) Le 7 février 1651.

qu'il avoit eus de se plaindre de lui, et les raisons qui l'avoient porté à le faire arrêter. Il lui demanda néanmoins son amitié; mais il l'assura en même temps qu'il étoit libre de la lui accorder ou de la lui refuser, et que le parti qu'il prendroit n'empêcheroit pas qu'il ne pût sortir du Havre à l'heure même, pour aller où il lui plairoit. Apparemment M. le prince fut facile à promettre ce qu'on désiroit de lui. Ils dînèrent ensemble avec toutes les démonstrations d'une grande réconciliation ; et incontinent après le cardinal prit congé de lui, et le vit monter en carrosse avec le prince de Conti, le duc de Longueville et le maréchal de Gramont. Ils vinrent coucher à trois lieues du Havre, dans une maison nommée Grosménil, sur le chemin de Rouen, où le duc de La Rochefoucauld, M. de la Vrillière, Comminges et le président Viole, arrivèrent presque en même temps, et furent témoins des premiers momens de leur joie. Ils recouvrèrent ainsi leur liberté treize mois après l'avoir perdue. M. le prince avoit supporté cette disgrâce avec beaucoup de résolution et de constance, et ne perdit aucune occasion de travailler à faire cesser son malheur. Il fut abandonné de plusieurs de ses amis; mais on peut dire avec vérité que nul autre n'en a trouvé de plus fermes et de plus fidèles que ceux qui lui restèrent. Jamais personne de sa qualité n'a été accusé de moindres crimes, ni arrêté avec moins de sujet; mais sa naissance, son mérite et son innocence, qui devoient avec justice empêcher sa prison, étoient de grands sujets de la faire durer, si la crainte et l'irrésolution du cardinal, et tout ce qui s'éleva en même temps contre lui, ne lui eussent fait prendre de fausses mesures dans le commencement et dans la fin de cette affaire.

La prison de M. le prince avoit ajouté un nouveau lustre à sa gloire; et il arrivoit à Paris avec tout l'éclat qu'une liberté si avantageusement obtenue lui pouvoit donner. M. le duc d'Orléans et le parlement l'avoient arrachée des mains de la Reine; le cardinal étoit à peine échappé de celles du peuple, et sortoit du royaume, chargé de mépris et de haine. Enfin ce même peuple qui, un an auparavant, avoit fait des feux de joie de la prise de M. le prince, venoit de tenir la cour assiégée dans le Palais-Royal, pour procurer sa liberté. Sa disgrâce sembloit avoir changé en compassion l'aversion qu'on avoit eue pour son humeur et pour sa conduite; et tous espéroient également que son retour rétabliroit l'ordre et la tranquillité publique.

Les choses étoient disposées de la sorte, lorsque M. le prince arriva à Paris (1) avec M. le prince de Conti et le duc de Longueville. Une foule innombrable de peuple et de personnes de toutes qualités alla au devant de lui jusqu'à Pontoise. Il rencontra à la moitié du chemin M. le duc d'Orléans, que lui présenta le duc de Beaufort et le coadjuteur de Paris; et il fut conduit au Palais-Royal au milieu de ce triomphe et des acclamations publiques. Le Roi, la Reine et M. le duc d'Anjou y étoient demeurés avec les seuls officiers de leur maison; et M. le prince y fut reçu comme un homme qui étoit plus en état de faire grâce que de la demander.

Plusieurs ont cru que M. le duc d'Orléans et lui en firent une bien plus grande à la Reine de la laisser jouir plus long-temps de son autorité; car il étoit facile alors de la lui ôter. On pouvoit faire passer la régence à M. le duc d'Orléans par un arrêt du parlement, et remettre non-seulement entre ses mains la conduite de l'État, mais aussi la personne du Roi, qui manquoit seule pour rendre le parti des princes aussi légitime en apparence qu'il étoit puissant en effet. Tous les partis y eussent consenti, personne ne se trouvant en état ni même en volonté de s'y opposer, tant l'abattement et la fuite du cardinal avoient laissé de consternation à ses amis. Ce chemin si court et si aisé auroit sans doute empêché pour toujours le retour de ce ministre, et ôté à la Reine l'espérance de le rétablir. Mais M. le prince, qui revenoit comme en triomphe, étoit encore trop ébloui de l'éclat de sa liberté pour voir distinctement tout ce qu'il pouvoit entreprendre : peut-être aussi que la grandeur de l'entreprise l'empêcha d'en connoître la facilité. On peut croire même que la connoissant, il ne put se résoudre de laisser passer toute la puissance à M. le duc d'Orléans, qui étoit entre les mains des frondeurs, dont M. le prince ne vouloit pas dépendre. D'autres ont cru plus vraisemblablement qu'ils espéroient l'un et l'autre que quelques négociations commencées, et la foiblesse du gouvernement, établiroient leur autorité par des voies plus douces et plus légitimes. Enfin ils laissèrent à la Reine son titre et son pouvoir, sans rien faire de solide pour leurs avantages. Ceux qui considéroient leur conduite, et en jugeoient selon les vues ordinaires, remarquoient qu'il leur étoit arrivé ce qui arrive souvent en de semblables rencontres, même aux plus grands hommes qui ont fait la guerre à leurs souverains, qui est de n'avoir pas su se prévaloir de certains momens favorables, précieux et décisifs, dans lesquels ils les pouvoient entièrement opprimer. Ainsi le duc de Guise aux premières barricades de Paris laissa sortir le

(1) Le 18 février 1651.

Roi, après l'avoir tenu comme assiégé dans le Louvre tout un jour et une nuit. Et ainsi le peuple de Paris aux dernières barricades passa toute sa fougue à se faire accorder par force le retour de Broussel et du président de Blancménil, et ne songea point à se faire livrer le cardinal, qui les avoit fait enlever, et qu'il pouvoit sans peine arracher du Palais-Royal, qui étoit bloqué.

Enfin, quelles que fussent les raisons des princes, ils laissèrent échapper une conjoncture si importante, et cette entrevue se passa seulement en civilités ordinaires, sans témoigner d'aigreur de part ni d'autre, et sans parler d'affaires. Mais la Reine désiroit trop impatiemment le retour du cardinal pour ne tenter pas toute sorte de voie pour y disposer M. le prince. Elle lui fit offrir par madame la princesse palatine de faire une liaison étroite avec lui, et de lui procurer toute sorte d'avantages. Mais comme ces termes étoient généraux, il n'y répondit que par des civilités qui ne l'engageoient à rien : il crut même que c'étoit un artifice de la Reine pour renouveler contre lui l'aigreur générale, et en le rendant suspect à M. le duc d'Orléans, au parlement et au peuple par cette liaison secrète, l'exposer à retomber dans ses premiers malheurs. Il considéroit encore qu'il étoit sorti de prison par un traité signé avec madame de Chevreuse, par lequel M. le prince de Conti devoit épouser sa fille; que c'étoit principalement par cette alliance que les frondeurs et le coadjuteur de Paris prenoient confiance en lui, et qu'elle faisoit aussi le même effet envers le garde des sceaux M. de Châteauneuf, qui tenoit alors la première place dans le conseil, et qui étoit inséparablement attaché à madame de Chevreuse. D'ailleurs cette cabale subsistoit encore avec les mêmes apparences de force et de crédit, et elle lui offroit le choix des établissemens pour lui et pour monsieur son frère. M. de Châteauneuf venoit même de les rétablir tous deux, et le duc de Longueville aussi, dans les fonctions de leurs charges; et enfin M. le prince trouvoit du péril et de la honte de rompre avec des personnes dont il avoit reçu tant d'avantages, et qui avoient si puissamment contribué à sa liberté.

Si ces réflexions firent balancer M. le prince, elles ne ralentirent pas le dessein de la Reine. Elle désira toujours avec la même ardeur d'entrer en négociation avec lui, espérant ou de l'attacher véritablement à ses intérêts, et s'assurer par là du retour du cardinal, ou de le rendre de nouveau suspect à tous ses amis. Dans cette vue elle pressa madame la princesse palatine de faire expliquer M. le prince sur ce qu'il pouvoit désirer pour lui et pour ses amis; et elle lui donna tant d'espérance de l'obtenir, que cette princesse le fit enfin résoudre de traiter, et de voir secrètement chez elle messieurs Servien et de Lyonne. Il voulut que le duc de La Rochefoucauld s'y trouvât aussi; et il le fit de la participation de M. le prince de Conti et de madame de Longueville.

Le premier projet du traité qui avoit été proposé par madame la princesse palatine étoit qu'on donneroit la Guyenne à M. le prince, avec la lieutenance générale pour celui de ses amis qu'il voudroit; le gouvernement de Provence pour M. le prince de Conti; qu'on feroit des gratifications à ceux qui avoient suivi ses intérêts; qu'on n'exigeroit de lui que d'aller dans son gouvernement, avec ce qu'il choisiroit de ses troupes pour sa sûreté; qu'il y demeureroit sans contribuer au retour du cardinal Mazarin; mais qu'il ne s'opposeroit pas à ce que le Roi feroit pour le faire revenir; et que, quoi qu'il arrivât, M. le prince seroit libre d'être son ami ou son ennemi, selon que sa conduite lui donneroit sujet d'être l'un ou l'autre. Ces mêmes conditions furent non-seulement confirmées, mais encore augmentées, par messieurs Servien et de Lyonne; car sur ce que M. le prince vouloit faire joindre le gouvernement de Blaye à la lieutenance générale de Guyenne pour le duc de La Rochefoucauld; ils lui en donnèrent toutes les espérances qu'il pouvoit désirer. Il est vrai qu'ils demandèrent du temps pour traiter avec madame d'Angoulême du gouvernement de Provence, et pour achever de disposer la Reine à accorder Blaye; mais apparemment ce fut pour pouvoir rendre compte au cardinal de ce qui se passoit, et recevoir ses ordres. Ils s'expliquèrent aussi de la répugnance que la Reine avoit au mariage de M. le prince de Conti et de mademoiselle de Chevreuse; mais on ne leur donna pas lieu d'entrer plus avant en matière sur ce sujet, et l'on fit seulement connoître que l'engagement qu'on avoit pris avec madame de Chevreuse étoit trop grand pour chercher des expédiens de le rompre. Ils n'insistèrent pas sur cet article; et l'on se sépara de telle sorte qu'on pouvoit croire raisonnablement que la liaison de la Reine et de M. le prince étoit sur le point de se conclure.

L'un et l'autre avoient presque également intérêt que cette négociation fût secrète. La Reine devoit craindre d'augmenter les défiances de M. le duc d'Orléans et des frondeurs, et de contrevenir sitôt et sans prétexte aux déclarations qu'elle venoit de donner au parlement contre le retour du cardinal. M. le prince de son côté n'avoit pas moins de précautions à prendre, puisque le bruit de son traité faisant croire à ses amis qu'il l'avoit fait sans leur participation, fourniroit un juste prétexte au duc de Bouillon et à M. de Turenne de quitter ses intérêts, le rendroit encore irréconciliable avec les frondeurs et avec madame de Chevreuse, et renouvelleroit au parlement et au peuple l'image affreuse de la dernière guerre de Paris. Cette affaire demeura ainsi quelque temps sans éclater; mais celui qu'on avoit pris pour la conclure produisit bientôt des sujets de la rompre, et de porter les choses dans les extrémités où nous les avons vues depuis.

Cependant l'assemblée de la noblesse ne s'étoit pas séparée, bien que les princes fussent en liberté : elle continuoit toujours sous divers prétextes. Elle demanda d'abord le rétablissement de ses priviléges, et la réformation de plusieurs désordres particuliers ; mais son véritable dessein étoit d'obtenir les États-généraux (1), qui étoient en effet le plus assuré et le plus innocent remède qu'on pût apporter pour remettre l'État sur ses anciens fondemens, dont la puissance trop étendue des favoris semble l'avoir arraché depuis quelque temps. La suite n'a que trop fait voir combien ce projet de la noblesse eût été avantageux au royaume. Mais M. le duc d'Orléans et M. le prince ne connoissoient pas leurs véritables intérêts ; et, voulant se ménager vers la cour et vers le parlement, qui craignoient également l'autorité des États-généraux, au lieu d'appuyer les demandes de la noblesse, et de s'attirer par là le mérite d'avoir procuré le repos public, ils songèrent seulement aux moyens de dissiper l'assemblée, et crurent avoir satisfait à tous leurs devoirs en tirant parole de la cour de faire tenir les États six mois après la majorité du Roi. Ensuite d'une promesse si vaine l'assemblée se sépara, et les choses reprirent le chemin que je vais dire.

La cour étoit alors partagée en plusieurs cabales ; mais toutes s'accordoient à empêcher le retour du cardinal. Leur conduite néanmoins étoit différente : les frondeurs se déclaroient ouvertement contre lui ; mais le garde des sceaux de Châteauneuf se montroit en apparence attaché à la Reine, bien qu'il fût le plus dangereux ennemi du cardinal : il croyoit cette conduite d'autant plus sûr pour l'éloigner et pour occuper sa place, qu'il affectoit d'entrer dans tous les sentimens de la Reine pour hâter son retour. Elle rendoit compte de tout au cardinal dans sa retraite ; et son éloignement augmentoit encore son pouvoir. Mais comme ses ordres venoient lentement, et que l'un étoit souvent détruit par l'autre, cette diversité apportoit dans les affaires une confusion à laquelle on ne pouvoit remédier.

Cependant les frondeurs pressoient le mariage de M. le prince de Conti et de mademoiselle de Chevreuse : les moindres retardemens leur étoient suspects ; et ils soupçonnoient déjà madame de Longueville et le duc de La Rochefoucauld d'avoir dessein de le rompre, de peur que M. le prince de Conti ne sortit de leurs mains pour entrer dans celles de madame de Chevreuse et du coadjuteur de Paris. M. le prince augmentoit encore adroitement leurs soupçons contre madame sa sœur et contre le duc de La Rochefoucauld, croyant bien que tant qu'ils auroient cette pensée ils ne découvriroient jamais la véritable cause du retardement du mariage, qui étoit que M. le prince n'ayant encore ni conclu ni rompu son traité avec la Reine, et ayant eu avis que M. de Châteauneuf devoit être chassé, il vouloit attendre l'événement pour faire le mariage si le cardinal étoit ruiné par M. de Châteauneuf, ou le rompre et faire par là sa cour à la Reine, si M. de Châteauneuf étoit chassé par le cardinal.

Cependant on envoya à Rome pour avoir la dispense sur la parenté. Le prince de Conti l'attendoit avec impatience, tant parce que la personne de mademoiselle de Chevreuse lui plaisoit, que parce que le changement de condition avoit au moins la grâce de la nouveauté, qui est toujours aimable pour les gens de son âge. Il cachoit toutefois ce sentiment à ses amis avec tout l'artifice dont il étoit capable : mais il craignoit surtout que madame de Longueville ne s'en aperçût, de peur de ruiner les espérances vaines d'une passion extraordinaire dont il vouloit qu'on le crût touché. Dans cet embarras, il pria secrètement le président Viole, qui devoit dresser les articles de son mariage, d'accorder tous les points qu'on voudroit contester, et de surmonter toutes les difficultés.

Dans ce même temps on ôta les sceaux à M. de Châteauneuf, et on les donna au premier président Molé. Cette action surprit et irrita les frondeurs ; et le coadjuteur, ennemi particulier du premier président, alla avec précipitation au Luxembourg en avertir M. le duc d'Orléans et

---

(1) « Si quelque chose, dit l'éditeur de 1804, prouve la supériorité de ces Mémoires sur ceux qu'on avoit déjà mis au jour, c'est le soin avec lequel on avoit retranché tout ce qui pouvoit b'esser et offusquer la cour. Ici se trouve une page tout entière dont on n'avoit jamais eu connoissance : on y voit le jugement que portoit M. de La Rochefoucauld sur les États-généraux. » Erreur : cette page se trouve dans l'édition de 1690 et dans celle de 1723.

M. le prince qui étoient ensemble. Il exagéra devant eux la conduite de la cour avec toute l'aigreur possible, et la rendit si suspecte à M. le duc d'Orléans, que l'on tint sur l'heure un conseil, où se trouvèrent plusieurs personnes de qualité, pour délibérer si on iroit à l'instant même au Palais arracher les sceaux au premier président, et si on feroit émouvoir le peuple pour soutenir cette violence. Mais M. le prince y fut entièrement contraire, soit qu'il s'y opposât par raison ou par intérêt. Il y mêla même quelque raillerie, et dit qu'il n'étoit pas assez brave pour s'exposer à une guerre qui se feroit à coups de grès et de pots de chambre. Les frondeurs furent piqués de cette réponse, et se confirmèrent par là dans l'opinion qu'ils avoient que M. le prince prenoit des mesures secrètes avec la cour, et que l'éloignement de M. de Châteauneuf et le retour de M. de Chavigny, auparavant secrétaire d'État et ministre, qui avoit été rappelé en ce même temps, avoient été concertés avec lui, bien qu'en effet il n'y eût aucune part. Cependant la Reine rétablit aussitôt M. de Chavigny dans le conseil. Elle crut que, revenant sans la participation de personne, il lui auroit l'obligation tout entière de son retour. Et en effet tant que M. de Chavigny espéra de gagner créance sur l'esprit de la Reine, il parut éloigné de M. le prince et de tous ses principaux amis ; mais dès que les premiers jours lui eurent fait connoître que rien ne pouvoit faire changer l'esprit de la Reine pour le cardinal, il renoua secrètement avec M. le prince, et crut que cette liaison le porteroit à tout ce que son ambition démesurée lui faisoit désirer. Son premier pas fut d'obliger M. le prince à déclarer à M. le duc d'Orléans le traité qu'il faisoit avec la Reine, afin qu'il lui aidât à le rompre. Il exigea ensuite de M. le prince d'ôter à madame de Longueville et au duc de La Rochefoucauld la connoissance particulière et secrète de ses desseins, bien qu'il dût à tous deux la confiance que M. le prince prenoit en lui.

Durant que M. de Chavigny agissoit ainsi, l'éloignement de M. de Châteauneuf avoit augmenté les défiances de madame de Chevreuse touchant le mariage qu'elle souhaitoit ardemment. Elle ne se trouvoit plus en état de pouvoir procurer à M. le prince et à ses amis les établissemens auxquels elle s'étoit engagée ; et cependant madame de Rhodes étoit convenue par son ordre avec le duc de La Rochefoucauld que ces établissemens et le mariage s'exécuteroient en même temps, et seroient des marques réciproques de la bonne foi des deux partis. Mais si d'un côté elle voyoit diminuer ses espérances avec son crédit, elle les reprenoit par les témoignages de passion que M. le prince de Conti donnoit à mademoiselle sa fille. Il lui rendoit mille soins qu'il cachoit à ses amis, et particulièrement à madame sa sœur. Il avoit des conversations très-longues et très-particulières avec Laigues et Noirmoutier, amis intimes de mademoiselle de Chevreuse, dont, contre sa coutume, il ne rendoit plus de compte à personne. Enfin sa conduite parut si extraordinaire, que le président de Nesmond, serviteur particulier de M. le prince, se crut obligé de lui donner avis du dessein de monsieur son frère. Il lui dit qu'il alloit épouser mademoiselle de Chevreuse sans sa participation et sans dispenses ; qu'il se cachoit de tous ses amis pour traiter avec Laigues, et que s'il n'y remédioit promptement il verroit madame de Chevreuse lui ôter monsieur son frère, et achever ce mariage dans le temps qu'on croyoit qu'il avoit plus d'intérêt de l'empêcher.

Cet avis retira M. le prince de son incertitude ; et, sans concerter sa pensée avec personne, il alla chez M. le prince de Conti. Il commença d'abord la conversation par des railleries sur la grandeur de son amour, et la finit en disant de mademoiselle de Chevreuse, du coadjuteur, de Noirmoutier et de Caumartin, tout ce qu'il crut le plus capable de dégoûter un amant ou un mari. Il n'eut pas grande peine à réussir dans son dessein ; car, soit que M. le prince de Conti crût qu'il disoit vrai, ou qu'il ne voulût pas lui témoigner qu'il en doutoit, il le remercia d'un avis si salutaire, et résolut de ne point épouser mademoiselle de Chevreuse. Il se plaignit même de madame de Longueville et du duc de La Rochefoucauld, de ne l'avoir pas averti plus tôt de ce qui se disoit d'elle dans le monde. On chercha dès lors les moyens de rompre cette affaire sans aigreur ; mais les intérêts en étoient trop grands, et les circonstances trop piquantes, pour ne pas renouveler et accroître encore l'ancienne haine de madame de Chevreuse et des frondeurs contre M. le prince, et contre ceux qu'ils soupçonnoient d'avoir part à ce qu'il venoit de faire. Le président Viole fut chargé d'aller trouver madame de Chevreuse, pour dégager avec quelque bienséance M. le prince et monsieur son frère des paroles qu'ils avoient données pour le mariage. Ils devoient ensuite l'un et l'autre l'aller voir le lendemain ; mais, soit qu'ils eussent peine de voir une personne à qui ils faisoient un si sensible déplaisir, ou soit que les deux frères, qui s'aigrissoient tous les jours pour les moindres choses, se fussent aigris touchant la manière dont ils devoient rendre cette visite à madame de Chevreuse, ni eux ni le président Viole ne la virent point ; et l'affaire se rompit de leur côté, sans qu'ils essayassent de garder aucune mesure ni de sauver la moindre apparence.

Je ne puis dire si ce fut de la participation de M. de Chavigny que M. le prince accepta l'échange du gouvernement de Guyenne avec celui de Bourgogne pour le duc d'Épernon; mais enfin son traité fut conclu par lui, sans qu'il y fût parlé de ce qu'il avoit demandé pour monsieur son frère, pour le duc de La Rochefoucauld et pour tous ses autres amis. Cependant les conseils de M. de Chavigny avoient tout le succès qu'il désiroit : il avoit seul la confiance de M. le prince, et il l'avoit porté à rompre son traité avec la Reine, contre l'avis de madame de Longueville, de madame la princesse palatine, et des ducs de Bouillon et de La Rochefoucauld. Messieurs Servien et de Lyonne se trouvèrent brouillés des deux côtés pour cette négociation, et furent chassés ensuite. La Reine nioit d'avoir jamais écouté la proposition de Blaye, et accusoit M. Servien de l'avoir faite exprès pour rendre les demandes de M. le prince si hautes, qu'il lui fût impossible de les accorder. M. le prince, de son côté, se plaignoit de ce que M. Servien ou étoit entré en matière avec lui de la part de la Reine sur des conditions dont elle n'avoit point eu de connoissance, ou lui avoit fait tant de vaines propositions pour l'amuser, sous l'apparence d'un traité sincère, qui n'étoit en effet qu'un dessein prémédité de le ruiner. Enfin, bien que M. Servien fût soupçonné par les deux partis, cela ne diminua point l'aigreur qui commençoit à renaître entre la Reine et M. le prince.

Cette division étoit presque également fomentée par tous ceux qui les approchoient. On persuadoit à la Reine que la division de M. le prince et de madame de Chevreuse alloit réunir les frondeurs aux intérêts du cardinal, et que les choses se trouveroient bientôt aux mêmes termes où elles étoient lorsqu'on arrêta M. le prince. Lui, de son côté, étoit poussé de rompre avec la cour par divers intérêts. Il ne trouvoit plus de sûreté avec la Reine, et craignoit de retomber dans ses premières disgrâces. Madame de Longueville savoit que le coadjuteur l'avoit brouillée irréconciliablement avec son mari, et qu'après les impressions qu'il lui avoit données de sa conduite, elle ne pouvoit l'aller trouver en Normandie sans exposer au moins sa liberté. Cependant le duc de Longueville vouloit la retirer auprès de lui par toute sorte de voies; et elle n'avoit plus de prétexte d'éviter ce périlleux voyage qu'en portant monsieur son frère à se préparer à une guerre civile. M. le prince de Conti n'avoit point de but arrêté : il suivoit toutefois les sentiments de madame sa sœur sans les connoître, et vouloit la guerre parce qu'elle l'éloignoit de sa profession, qu'il n'aimoit pas. Le duc de Nemours la conseilloit aussi avec empressement; mais ce sentiment lui venoit moins de son ambition que de sa jalousie contre M. le prince. Il ne pouvoit souffrir qu'il vît et qu'il aimât madame de Châtillon ; et comme il ne pouvoit l'empêcher qu'en les séparant pour toujours, il crut que la guerre feroit seule cet effet; et c'étoit le seul motif qui la lui faisoit désirer. Les ducs de Bouillon et de La Rochefoucauld étoient bien éloignés de ce sentiment : ils venoient d'éprouver à combien de peines et de difficultés insurmontables on s'expose pour soutenir une guerre civile contre la personne du Roi ; ils savoient de quelle infidélité de ses amis on est menacé lorsque la cour y attache des récompenses, et qu'elle fournit le prétexte de rentrer dans son devoir ; ils connoissoient la foiblesse des Espagnols, combien vaines et trompeuses sont leurs promesses ; et que leur vrai intérêt n'étoit pas que M. le prince ou M. le cardinal se rendît maître des affaires, mais seulement de fomenter le désordre entre eux, pour se prévaloir de nos divisions. Le duc de Bouillon joignoit encore son intérêt particulier à celui du public, et espéroit être en quelque mérite vers la Reine, s'il contribuoit à retenir M. le prince dans son devoir. Le duc de La Rochefoucauld ne pouvoit pas témoigner si ouvertement sa répugnance pour cette guerre : il étoit obligé de suivre les sentiments de madame de Longueville ; et ce qu'il pouvoit faire alors étoit d'essayer de lui faire désirer la paix. Mais la conduite de la cour et celle de M. le prince fournirent bientôt des sujets de défiance de part et d'autre, dont la suite a été funeste à l'État et à tant d'illustres maisons du royaume, et à la plus grande et à la plus éclatante fortune qu'on eût jamais vue sur la tête d'un sujet.

Pendant que les choses se disposoient de tous côtés à une entière rupture, M. le prince avoit envoyé quelque temps auparavant le marquis de Sillery en Flandre, sous prétexte de dégager madame de Longueville et M. de Turenne des traités qu'ils avoient faits avec les Espagnols pour procurer leur liberté ; mais en effet il avoit ordre de prendre des mesures avec le comte de Fuensaldagne, et de pressentir quelle assistance il pourroit tirer du roi d'Espagne, s'il étoit obligé de faire la guerre. Fuensaldagne répondit selon la coutume ordinaire des Espagnols ; et, promettant en général beaucoup plus qu'on ne lui pouvoit raisonnablement demander, il n'oublia rien pour engager M. le prince à prendre les armes.

29.

D'un autre côté, la Reine avoit fait une nouvelle liaison avec le coadjuteur, dont le principal fondement étoit leur commune haine pour M. le prince. Ce traité devoit être secret par l'intérêt de la Reine et par celui des frondeurs, puisqu'elle n'en pouvoit attendre de service que par le crédit qu'ils avoient sur le peuple, lequel ils ne pouvoient conserver qu'autant qu'on les croyoit ennemis du cardinal. Les deux partis rencontroient également leur sûreté à perdre M. le prince : on offroit même à la Reine de le tuer, ou de l'arrêter prisonnier ; mais elle eut horreur de cette première proposition, et consentit volontiers à la seconde. Le coadjuteur et M. de Lyonne se trouvèrent chez le comte de Montrésor, pour convenir des moyens d'exécuter cette entreprise. Ils demeurèrent d'accord qu'il la falloit tenter, sans résoudre rien pour le temps ni pour la manière de l'exécuter. Mais, soit que M. de Lyonne en craignît les suites pour l'État, ou que, voulant empêcher, comme on l'en soupçonnoit, le retour du cardinal, il considérât la liberté de M. le prince comme le plus grand obstacle qu'on y pût apporter, enfin il découvrit au maréchal de Gramont qu'il croyoit son ami, tout ce qui avoit été résolu contre M. le prince chez le comte de Montrésor. Le maréchal de Gramont usa de ce secret comme avoit fait M. de Lyonne : il le dit à M. de Chavigny, après l'avoir engagé par toute sorte de sermens à ne le point révéler ; mais M. de Chavigny en avertit à l'heure même M. le prince. Il crut quelque temps qu'on faisoit courir le bruit de l'arrêter pour l'obliger à quitter Paris, et que ce seroit une foiblesse d'en prendre l'alarme, voyant avec quelle chaleur le peuple prenoit ses intérêts, et se trouvant continuellement accompagné d'un très-grand nombre d'officiers d'armée, de ceux de ses troupes, de ses domestiques, et de ses amis particuliers. Dans cette confiance, il ne changea rien à sa conduite, que de n'aller plus au Louvre ; mais cette précaution ne le put garantir de se livrer lui-même entre les mains du Roi ; car il se trouva par hasard au Cours dans le temps que le Roi y passoit en revenant de la chasse, suivi de ses gardes et de ses chevau-légers. Cette rencontre, qui devoit perdre M. le prince, ne produisit sur l'heure même aucun effet. Le Roi continua son chemin sans que pas un de ceux qui étoient auprès de lui osât lui donner de conseil ; et M. le prince sortit aussitôt du Cours, pour ne lui donner pas le temps de former un dessein. On peut croire qu'ils furent surpris également d'une aventure si inopinée, et qu'ils connurent bientôt ce qu'elle devoit produire. La Reine et les frondeurs se consolèrent aisément d'une si belle occasion perdue, par l'espérance de la recouvrer bientôt.

Cependant les avis continuels qu'on donnoit de toutes parts à M. le prince commencèrent à lui persuader qu'on songeait en effet à s'assurer de sa personne ; et dans cette vue il se réconcilia avec madame de Longueville et avec le duc de La Rochefoucauld. Il fut néanmoins quelque temps sans prendre de nouvelles précautions pour s'en garantir, quoi qu'on pût faire pour l'y résoudre. Enfin la fortune, qui mêle souvent ses jeux dans les aventures des princes, voulut qu'après avoir résisté à tant de conjectures apparentes et à tant d'avis certains, il fît sur une fausse nouvelle ce qu'il avoit refusé de faire par le véritable conseil de ses amis ; car venant de se coucher et causant encore avec Vineuil, celui-ci reçut un billet d'un gentilhomme nommé Le Bouchet, qui lui mandoit d'avertir M. le prince que deux compagnies de Gardes avoient pris les armes, et qu'elles alloient marcher vers le faubourg Saint-Germain. Cette nouvelle lui fit croire qu'elles devoient investir l'hôtel de Condé, au lieu qu'elles étoient seulement commandées pour faire payer les entrées aux portes de la ville. Il se crut obligé de monter à cheval à l'heure même ; et étant seulement suivi de six ou sept, il sortit par le faubourg Saint-Michel, et demeura quelque temps dans le grand chemin pour attendre des nouvelles de M. le prince de Conti, qu'il avoit envoyé avertir. Mais une seconde méprise, plus vaine que la première, l'obligea d'abandonner son poste. Il est vrai qu'il entendit un assez grand nombre de chevaux qui marchoient au trot vers lui ; et, croyant que c'étoit un escadron qui le cherchoit, il se retira vers Fleury, près de Meudon ; mais il se trouva que ce n'étoit que des coquetiers qui marchoient toute la nuit pour arriver à Paris. Dès que M. le prince de Conti sut que monsieur son frère étoit parti, il en donna avis au duc de La Rochefoucauld, qui alla joindre M. le prince pour le suivre ; mais il le pria de retourner à l'heure même à Paris pour rendre compte de sa part à M. le duc d'Orléans du sujet de sa sortie, et de sa retraite à Saint-Maur.

Ce départ de M. le prince produisit dans le monde ce que les grandes nouvelles ont accoutumé d'y produire ; et chacun faisoit différens projets. L'apparence d'un changement donna de la joie au peuple, et de la crainte à ceux qui étoient établis. Le coadjuteur, madame de Chevreuse et les frondeurs crurent que l'éloignement de M. le prince les unissoit avec la cour, et augmentoit leur considération par le besoin qu'on auroit d'eux. La Reine prévoyoit sans doute les malheurs qui menaçoient l'État ; mais elle ne pouvoit s'affliger de ce qui pouvoit avancer le retour du cardinal. M. le prince craignoit les suites d'une si grande affaire, et ne pouvoit se résoudre d'embrasser un dessein si vaste. Il se défioit de ceux qui le poussoient à la guerre; il en craignoit la légèreté, et il jugeoit bien qu'ils ne lui aideroient pas long-temps à en soutenir le poids.

Il voyoit d'autre part que le duc de Bouillon se détachoit sans éclat de ses intérêts; que M. de Turenne s'étoit déjà expliqué de n'y prendre désormais aucune part; que le duc de Longueville vouloit demeurer en repos, et étoit trop mal satisfait de madame sa femme pour contribuer à une guerre dont il la croyoit la principale cause. Le maréchal de La Mothe s'étoit dégagé de la parole qu'il avoit donnée de prendre les armes; et enfin tant de raisons et tant d'exemples auroient sans doute porté M. le prince à suivre l'inclination qu'il avoit de s'accommoder avec la cour, s'il eût pu prendre confiance aux paroles du cardinal ; mais l'horreur de la prison lui étoit encore trop présente pour s'y exposer sur la foi de ce ministre. D'ailleurs madame de Longueville, qui étoit tout de nouveau pressée par son mari de l'aller trouver en Normandie, ne pouvoit éviter ce voyage, si le traité de M. le prince étoit achevé.

Parmi tant de sentimens contraires, le duc de La Rochefoucauld vouloit tout à la fois garantir madame de Longueville d'aller à Rouen, et porter M. le prince à traiter avec la cour. Les choses étoient néanmoins bien éloignées de cette disposition. M. le prince, peu d'heures après son arrivée à Saint-Maur, avoit refusé de parler en particulier au maréchal de Gramont, qui étoit venu de la part du Roi lui demander le sujet de son éloignement, le convier de retourner à Paris, et lui promettre toute sûreté. Il lui répondit devant tout le monde que bien que le cardinal Mazarin fût éloigné de la cour, et que messieurs Servien, Le Tellier et de Lyonne se fussent retirés par ordre de la Reine, l'esprit et les maximes du cardinal y régnoient encore, et qu'ayant souffert une si rude et si injuste prison, il avoit éprouvé que son innocence ne suffisoit pas pour établir sa sûreté; qu'il espéroit de la trouver dans sa retraite, où il conserveroit les mêmes sentimens qu'il avoit fait paroître tant de fois pour le bien de l'État et pour la gloire du Roi. Le maréchal de Gramont fut surpris et piqué de ce discours : il avoit cru entrer en matière avec M. le prince, et commencer quelque négociation entre la cour et lui ; mais il ne pouvoit pas raisonnablement se plaindre que M. le prince refusât d'ajouter foi aux paroles qu'il lui venoit porter pour sa sûreté, puisque M. de Lyonne lui avoit confié la résolution qu'on avoit prise chez le comte de Montrésor de l'arrêter une seconde fois.

Madame la princesse, M. le prince de Conti et madame de Longueville se rendirent à Saint-Maur aussitôt que M. le prince; et dans les premiers jours cette cour ne fut pas moins grosse et moins remplie de personnes de qualité que celle du Roi. Tous les divertissemens même s'y rencontrèrent pour servir à la politique ; et les bals, les comédies, le jeu, la chasse et la bonne chère y attiroient un nombre infini de ces gens incertains qui s'offrent toujours au commencement des partis, et qui les trahissent ou les abandonnent d'ordinaire, selon leurs craintes ou leurs intérêts. On jugea néanmoins que leur nombre pouvoit rompre les mesures qu'on auroit pu prendre d'attaquer Saint-Maur, et que cette foule, inutile et incommode en toute autre rencontre, pouvoit servir en celle-ci, et donner quelque réputation aux affaires.

Jamais la cour n'avoit été partagée de tant de diverses intrigues. Les pensées de la Reine, comme je l'ai dit, se bornoient au retour du cardinal. Les frondeurs proposoient celui de M. de Châteauneuf, et il étoit nécessaire à bien des desseins ; car étant une fois rétabli, il pouvoit plus facilement traverser sous main ceux du cardinal, et, s'il venoit à tomber, occuper sa place. Le maréchal de Villeroy contribuoit autant qu'il lui étoit possible à y disposer la Reine ; mais cette affaire, comme toutes les autres, ne pouvoit se résoudre sans le consentement du cardinal.

Pendant qu'on attendoit ses ordres à la cour sur les choses présentes, M. le prince balançoit encore sur le parti qu'il devoit prendre, et ne pouvoit se déterminer ni à la paix ni à la guerre. Le duc de La Rochefoucauld, voyant tant d'incertitude, crut se devoir servir de cette conjoncture pour porter M. le prince à écouter avec plus de facilité des propositions d'accommodement dont il sembloit que madame de Longueville essayoit de le détourner. Il désiroit aussi la garantir d'aller en Normandie ; et rien ne convenoit mieux à ces deux desseins que de la disposer à s'en aller à Montrond. Dans cette pensée, il fit voir à madame de Longueville qu'il n'y avoit que son éloignement de Paris qui pût satisfaire son mari, et l'empêcher de faire le voyage qu'elle craignoit ; que M. le prince se pouvoit aisément lasser de la protection qu'il lui avoit donnée jusqu'alors, ayant un prétexte aussi spécieux que celui de réconcilier une femme avec son mari, et surtout s'il croyoit s'attacher par là M. le duc de Longueville. De plus, qu'on l'accusoit de fomenter elle seule le désordre ; qu'elle se trouveroit responsable en plusieurs façons, et envers monsieur son frère, et envers le monde, d'allumer dans le royaume une guerre dont les événemens seroient funestes à sa maison ou à l'État, et qu'elle avoit presque un égal intérêt à la conservation de l'un et de l'autre. Il lui représentoit encore que les excessives dépenses que M. le prince seroit obligé de soutenir ne lui laisseroient ni le pouvoir ni peut-être la volonté de fournir ce qui seroit nécessaire à la sienne, et que ne tirant rien de M. de Longueville, elle se trouveroit réduite à une insupportable nécessité. Qu'enfin, pour remédier à tant d'inconvéniens, il lui conseilloit de prier M. le prince de trouver bon que madame la princesse, M. le duc d'Enghien et elle se retirassent à Montrond, pour ne l'embarrasser point dans une marche précipitée s'il se trouvoit obligé de partir, et pour n'avoir pas aussi le scrupule de participer à la périlleuse résolution qu'il alloit prendre, ou de mettre le feu dans le royaume par une guerre civile, ou de confier sa vie, sa liberté et sa fortune sur la foi douteuse du cardinal Mazarin. Ce conseil fut approuvé de madame de Longueville, et M. le prince voulut qu'il fût suivi bientôt après.

Le duc de Nemours commençoit à revenir de son premier emportement ; et bien que ses passions subsistassent encore, il ne s'y laissoit pas emporter avec la même impétuosité qu'il avoit fait d'abord. Le duc de La Rochefoucauld se servit de cette occasion pour le faire entrer dans ses sentimens. Il lui fit connoître que leurs intérêts ne pouvoient jamais se rencontrer dans une guerre civile ; que M. le prince pouvoit bien détruire leur fortune par de mauvais succès, mais qu'ils ne pouvoient presque jamais se prévaloir des bons, puisque la diminution de l'État causeroit aussi nécessairement la leur ; que comme M. le prince avoit peine à se résoudre de prendre les armes, il en auroit encore plus à les quitter s'il les prenoit, qu'il ne trouveroit pas aisément sa sûreté à la cour après l'avoir offensée, puisqu'il ne l'y pouvoit rencontrer sans avoir encore rien fait contre elle ; qu'enfin, outre ce qu'il y avoit encore à ménager dans l'humeur difficile de M. le prince, il falloit considérer qu'en l'éloignant de Paris il s'en éloignoit aussi lui-même, et mettoit sa destinée entre les mains de son rival. Ces raisons trouvèrent le duc de Nemours disposé à les recevoir ; et soit qu'elles lui eussent donné des vues qu'il n'avoit pas, ou que, par une légèreté ordinaire aux personnes de son âge, il se portât à vouloir le contraire de ce qu'il avoit voulu, il se résolut de contribuer à la paix avec le même empressement qu'il avoit eu jusqu'alors pour la guerre, et prit des mesures avec le duc de La Rochefoucauld pour agir de concert dans ce dessein.

La Reine étoit alors de plus en plus animée contre M. le prince. Les frondeurs cherchoient à se venger de lui par toute sorte de moyens, et cependant perdoient leur crédit parmi le peuple, par l'opinion qu'on avoit de leur liaison avec la cour. La haine du coadjuteur éclatoit particulièrement contre le duc de La Rochefoucauld. Il lui attribuoit, comme j'ai dit, la rupture du mariage de mademoiselle de Chevreuse ; et, croyant toutes choses permises pour le perdre, il n'oublioit rien pour y engager ses ennemis par toute sorte de voies extraordinaires. Le carrosse du duc de La Rochefoucauld fut attaqué trois fois de nuit en ce temps-là, sans qu'on ait pu savoir quelles gens avoient part à de si fréquentes rencontres. Cette animosité n'empêcha pas néanmoins le duc de La Rochefoucauld de travailler pour la paix conjointement avec le duc de Nemours ; et madame de Longueville même y donna les mains, dès qu'elle fut assurée d'aller à Montrond. Mais les esprits étoient trop échauffés pour écouter la raison, et tous ont éprouvé à la fin que personne n'a bien connu ses véritables intérêts. La cour même, que la fortune a soutenue, a fait souvent des fautes considérables, et l'on a vu dans la suite que chaque parti s'est plus maintenu par les manquemens de celui qui lui étoit opposé, que par sa bonne conduite.

Cependant M. le prince employoit tous ses soins pour justifier ses sentimens envers le parlement et envers le peuple ; et, voyant que la guerre qu'il alloit entreprendre manquoit de prétexte, il essayoit d'en trouver dans le procédé de la Reine, qui avoit rappelé auprès d'elle messieurs Servien et Le Tellier, après les avoir éloignés en sa considération ; et il essayoit de persuader que leur retour étoit moins pour l'offenser que pour avancer celui du cardinal. Ces bruits, semés parmi le peuple, y faisoient quelque impression. Le parlement étoit plus partagé que jamais : le premier président étoit devenu ennemi de M. le prince, croyant qu'il avoit contribué à lui faire ôter les sceaux pour les donner à M. de Châteauneuf ; ceux qui étoient gagnés de la cour se joignoient à lui : mais la conduite des frondeurs étoit plus réservée ; ils n'osoient paroître bien intentionnés pour le cardinal, et toutefois ils le vouloient servir en effet.

Les choses étoient en ces termes, lorsque M. le prince quitta Saint-Maur pour retourner à Paris. Il crut être en état, par le nombre de ses amis et de ses créatures, de s'y maintenir contre la cour, et que cette conduite fière et hardie donneroit de la réputation à ses affaires. Il fit partir en même temps madame la princesse, M. le duc d'Enghien et madame de Longueville pour aller à Montrond, dans la résolution de les y aller joindre bientôt, et de passer en Guyenne, où l'on étoit disposé à le recevoir. Il avait envoyé le comte de Tavannes en Champagne pour y commander ses troupes qui servoient dans l'armée, avec ordre de les faire marcher en corps à Stenay aussitôt qu'il le lui demanderoit. Il avoit pourvu à ses autres places, et avoit deux cent mille écus d'argent comptant. Ainsi il se préparoit à la guerre, bien qu'il n'en eût pas encore entièrement formé le dessein. Il essayoit néanmoins dans cette vue d'engager des gens de qualité dans ses intérêts, et entre autres le duc de Bouillon et M. de Turenne.

Ils étoient l'un et l'autre particulièrement amis du duc de La Rochefoucauld, et il n'oublia rien pour leur faire prendre le même parti qu'il se voyoit obligé de suivre. Le duc de Bouillon lui parut irrésolu, désirant de trouver ses sûretés et ses avantages, se défiant presque également de la cour et de M. le prince, et voulant voir l'affaire engagée avant que de se déclarer. M. de Turenne, au contraire, lui parla toujours d'une même manière depuis son retour de Stenay. Il lui dit que M. le prince ne l'avoit ménagé sur rien après son retour à Paris; et que, bien loin de prendre ses mesures de concert avec lui, et de lui faire part de ses desseins, il s'en étoit non-seulement éloigné, mais avoit mieux aimé laisser périr les troupes de M. de Turenne, qui venoient de combattre pour lui, que de dire un mot pour leur faire donner des quartiers d'hiver. Il ajouta encore qu'il avoit affecté de ne se louer ni de se plaindre de M. le prince, pour ne pas donner lieu à des éclaircissemens dans lesquels il ne vouloit pas entrer; qu'il croyoit n'avoir rien oublié pour contribuer à sa liberté, mais qu'il prétendoit aussi que l'engagement qu'il avoit avec lui avoit dû finir avec sa prison, et qu'ainsi il pouvoit prendre des liaisons selon ses inclinations ou ses intérêts. Ce furent là les raisons par lesquelles M. de Turenne refusa de suivre une seconde fois la fortune de M. le prince.

Cependant le duc de Bouillon, qui vouloit éviter de s'expliquer avec lui, se trouvoit bien embarrassé pour s'empêcher de répondre précisément. M. le prince et lui avoient choisi pour médiateur entre eux le duc de La Rochefoucauld. Mais comme ce dernier jugeoit bien qu'un poste comme celui-là est toujours délicat parmi des gens qui doivent convenir sur tant d'importans et différens articles, il les engagea à se dire à eux-mêmes, en sa présence, leurs sentimens; et il arriva, contre l'ordinaire de semblables éclaircissemens, que la conversation finit sans aigreur, et qu'ils demeurèrent satisfaits l'un de l'autre sans être liés ni engagés à rien.

Il sembloit alors que le principal but de la cour et de M. le prince fût de se rendre le parlement favorable. Les frondeurs affectoient d'y paroître sans autre intérêt que celui du public: mais sous ce prétexte ils choquoient M. le prince en toutes choses, et s'opposoient directement à tous ses desseins. Dans les commencemens ils l'accusoient encore avec quelque retenue; mais se voyant ouvertement appuyé de la cour, le coadjuteur trouva de la vanité à paroître ennemi déclaré de M. le prince: et dès-lors, non seulement il s'opposa, sans garder de mesures, à tout ce qu'il proposoit, mais encore il n'alla plus au Palais sans être suivi de ses amis et d'un grand nombre de gens armés. Ce procédé trop fier déplut avec raison à M. le prince; et il ne trouvoit pas moins insupportable d'être obligé de se faire suivre au Palais pour disputer le pavé avec le coadjuteur, que d'y aller seul, et d'exposer ainsi sa vie et sa liberté entre les mains de son plus dangereux ennemi. Il crut néanmoins devoir préférer sa sûreté à tout le reste, et il résolut enfin de n'aller plus au parlement sans être accompagné de tout ce qui étoit dans ses intérêts.

On crut que la Reine fut bien aise de voir naître ce nouveau sujet de division entre deux personnes que, dans son cœur, elle haïssoit presque également; et, s'imaginant assez quelles en pourroient être les suites pour espérer d'être vengée de l'un par l'autre, ou de les voir périr tous deux, elle donnoit néanmoins toutes les apparences de sa protection au coadjuteur, et elle voulut qu'il fût escorté par une partie des gendarmes et des chevau-légers du Roi, et par des officiers et des soldats du régiment des Gardes. M. le prince étoit suivi d'un grand nombre de personnes de qualité, de plusieurs officiers d'armée, et d'une foule de gens de toute sorte de professions, qui ne le quittoient plus depuis son retour de Saint-Maur. Cette confusion de gens de différens partis se trouvant tous ensemble dans la grand'salle du Palais fit appréhender au parlement de voir arriver un désordre qui les pourroit tous envelopper dans un même péril, et que personne ne seroit capable d'apaiser. Le premier président, pour prévenir le mal, résolut de prier M. le prince de ne se faire plus accompagner au Palais.

Il arriva même un jour que M. le duc d'Orléans ne s'étoit point trouvé au Palais, et que

M. le prince et le coadjuteur s'y étoient rendus avec tous leurs amis. Leur nombre, et l'aigreur qui paroissoit dans les esprits, augmenta de beaucoup la crainte du premier président : M. le prince dit même quelques paroles piquantes qui s'adressoient au coadjuteur; mais il y répondit sans s'étonner, et osa dire publiquement que ses ennemis ne l'accuseroient pas au moins d'avoir manqué à ses promesses, et que peu de personnes se trouvoient aujourd'hui exemptes de ce reproche, voulant distinguer par là M. le prince, et lui reprocher tacitement la rupture du mariage de mademoiselle de Chevreuse, le traité de Noisy, et l'abandonnement des frondeurs quand il se réconcilia avec le cardinal.

Ces bruits, semés dans le monde par les partisans du coadjuteur, et renouvelés encore avec tant d'audace devant le parlement assemblé, et en présence de M. le prince même, le devoient trouver sans doute plus sensible à cette injure qu'il ne le parut alors. Il fut maître de son ressentiment, et ne répondit rien au discours du coadjuteur : mais en même temps on vint avertir le premier président que la grand'salle étoit remplie de gens armés, et qu'étant de partis si opposés, il n'étoit pas possible qu'il n'arrivât quelque grand malheur, si on n'y apportoit un prompt remède. Alors le premier président dit à M. le prince que la compagnie lui seroit obligée s'il lui plaisoit de faire retirer tous ceux qui l'avoient suivi; qu'on étoit assemblé pour remédier aux désordres de l'État, et non pour les augmenter; et que personne ne croiroit avoir la liberté entière d'opiner, tant qu'on verroit le Palais, qui devoit être l'asile de la justice, servir ainsi de place d'armes. M. le prince s'offrit sans hésiter de faire retirer ses amis, et pria le duc de La Rochefoucauld de les faire sortir sans désordre. Et en même temps le coadjuteur se leva; et, voulant que l'on crût qu'il le falloit traiter d'égal avec M. le prince en cette rencontre, il dit qu'il alloit donc faire faire la même chose à ses gens; et, sans attendre de réponse, il sortit de la grand'-chambre pour aller parler à ses amis. Le duc de La Rochefoucauld, aigri de ce procédé, marchoit huit ou dix pas derrière lui; et il étoit encore dans le parquet des huissiers, lorsque le coadjuteur étoit déjà arrivé dans la grand'salle. A sa vue, tout ce qui tenoit son parti mit l'épée à la main sans en savoir la raison; et les amis de M. le prince firent aussi la même chose. Chacun se rangea du côté qu'il servoit, et en un instant les deux troupes ne furent séparées que de la longueur de leurs épées, sans que parmi un si grand nombre de gens braves, et animés par tant de haines différentes et par tant d'intérêts contraires, il s'en trouvât aucun qui allongeât un coup d'épée, ou qui tirât un coup de pistolet. Le coadjuteur, voyant un si grand désordre, connut le péril où il étoit, et voulut, pour s'en tirer, retourner dans la grand'chambre. Mais en arrivant à la porte de la salle par où il étoit sorti, il trouva que le duc de La Rochefoucauld s'en étoit rendu le maître. Il essaya de l'ouvrir avec effort; mais comme elle ne s'ouvrit que par la moitié, et que le duc de La Rochefoucauld la tenoit, il la referma en sorte, dans le temps que le coadjuteur rentroit, qu'il l'arrêta, ayant la tête passée du côté du parquet des huissiers, et le corps dans la grand'salle. On pouvoit croire que cette occasion tenteroit le duc de La Rochefoucauld, après tout ce qui s'étoit passé entre eux, et que les raisons générales et particulières le pousseroient à perdre son plus cruel ennemi. Outre la satisfaction de s'en venger en vengeant M. le prince des paroles audacieuses qu'il venoit de dire contre lui, on pouvoit croire encore qu'il étoit juste que la vie du coadjuteur répondît de l'événement du désordre qu'il avoit ému, et duquel le succès pouvoit apparemment être terrible; mais le duc de La Rochefoucauld considérant qu'on ne se battoit point dans la salle, et que de ceux qui étoient amis du coadjuteur dans le parquet des huissiers, pas un ne mettoit l'épée à la main pour le défendre, il crut n'avoir pas le même prétexte de se venger de lui qu'il auroit eu si le combat eût été commencé en quelque endroit. Les gens mêmes de M. le prince qui étoient près du duc de La Rochefoucauld ne sentoient pas de quel poids étoit le service qu'ils pouvoient rendre à leur maître en cette rencontre. Et enfin l'un pour ne vouloir pas faire une action qui eût paru cruelle, et les autres pour être irrésolus dans une si grande affaire, donnèrent temps à Champlatreux, fils du premier président, d'arriver, avec ordre de la grand'chambre de dégager le coadjuteur : ce qu'il fit; et ainsi il le retira du plus grand péril où il se pût jamais trouver. Le duc de La Rochefoucauld, le voyant entre les mains de Champlatreux, retourna dans la grand'-chambre prendre sa place; et le coadjuteur y arriva dans le même temps, avec le trouble qu'un péril tel que celui qu'il venoit d'éviter lui devoit causer. Il commença par se plaindre à l'assemblée de la violence du duc de La Rochefoucauld. Il dit qu'il avoit été près d'être assassiné, et qu'on ne l'avoit tenu à la porte que pour l'exposer à tout ce que ses ennemis auroient voulu entreprendre contre sa personne. Le duc de La Rochefoucauld, se tournant vers le premier président, répondit qu'il falloit sans doute que la peur eût ôté au coadjuteur la liberté de juger de ce qui s'étoit passé dans cette rencontre; qu'autrement il auroit vu qu'il n'avoit pas eu dessein de le perdre, puisqu'il ne l'avoit pas fait, ayant eu longtemps sa vie entre ses mains. Qu'en effet il s'étoit rendu maître de la porte, et l'avoit empêché de rentrer; mais qu'il ne s'étoit pas cru obligé de remédier à sa peur, en exposant M. le prince et le parlement à une sédition que ceux de son parti avoient émue en le voyant arriver. Ce discours fut suivi de quelques paroles aigres et piquantes, qui obligèrent le duc de Brissac, beau-frère du duc de Retz, de répondre; et le duc de La Rochefoucauld et lui résolurent de se battre le jour même, sans seconds. Mais comme le sujet de leur querelle fut public, elle fut accordée au sortir du Palais par M. le duc d'Orléans.

Cette affaire, qui apparemment devoit avoir tant de suites, finit même ce qui pouvoit le plus contribuer au désordre, car le coadjuteur évita de retourner au Palais; et ainsi ne se trouvant plus où étoit M. le prince, il n'y eut plus lieu de craindre un accident pareil à celui qui avoit été si près d'arriver. Néanmoins, comme la fortune règle les événemens plus souvent que la conduite des hommes, elle fit rencontrer M. le prince et le coadjuteur dans le temps qu'ils se cherchoient le moins, mais dans un état à la vérité bien différent de celui où ils avoient été au Palais. Car un jour que M. le prince en sortoit avec le duc de La Rochefoucauld, dans son carrosse, et suivi d'une foule innombrable de peuple, il rencontra la procession de Notre-Dame, et le coadjuteur revêtu de ses habits pontificaux, marchant après plusieurs châsses et reliques qu'on portoit. D'abord M. le prince s'arrêta pour rendre un plus grand respect à l'Eglise; et le coadjuteur continuant son chemin sans s'émouvoir, lorsqu'il fut vis-à-vis de M. le prince, lui fit une profonde révérence, et lui donna sa bénédiction, et au duc de La Rochefoucauld aussi. Elle fut reçue de l'un et de l'autre avec toutes les apparences de respect, bien que nul des deux ne souhaitât qu'elle eût l'effet que le coadjuteur pouvoit désirer. En ce même temps le peuple, qui suivoit le carrosse de M. le prince, ému par une telle rencontre, cria mille injures au coadjuteur, et se préparoit à le mettre en pièces, si M. le prince n'eût fait descendre ses gens pour apaiser le tumulte, et remettre chacun en son devoir.

GUERRE DE GUYENNE [1].

Cependant toutes choses contribuoient à augmenter les défiances et les soupçons de M. le prince. Il voyoit que la majorité du Roi alloit rendre son autorité absolue; il connoissoit l'aigreur de la Reine contre lui, et voyoit bien que, le considérant comme le seul obstacle au retour du cardinal, elle n'oublieroit rien pour le perdre ou pour l'éloigner. L'amitié de M. le duc d'Orléans lui paroissoit un appui bien foible et bien douteux pour le soutenir dans des temps si difficiles; et il ne pouvoit croire qu'elle fût long-temps sincère, puisque le coadjuteur avoit toujours beaucoup de crédit auprès de lui. Tant de sujets de craindre pouvoient avec raison augmenter les défiances de M. le prince, et l'empêcher de se trouver au parlement le jour que le Roi y devoit être déclaré majeur. Mais tout cela n'auroit pas été capable de le porter encore à rompre avec la cour et à se retirer dans ses gouvernemens, si on eût laissé les choses dans les termes où elles étoient, et si on eût continué à l'amuser par l'espérance de quelque négociation.

M. le duc d'Orléans vouloit empêcher une rupture ouverte, croyant se rendre nécessaire aux deux partis, et voulant presque également éviter de se brouiller avec l'un ou avec l'autre. Mais la Reine étoit d'un sentiment bien contraire : nul retardement ne pouvoit satisfaire son esprit irrité, et elle recevoit toutes les propositions d'un traité comme autant d'artifices pour faire durer l'éloignement du cardinal. Dans cette vue elle proposa de rétablir M. de Châteauneuf dans les affaires; de redonner les sceaux au premier président Molé, et les finances à M. de La Vieuville. Elle crut avec raison que le choix de ces trois ministres, ennemis particuliers de M. le prince, achèveroit de lui ôter toute espérance d'accommodement. Ce dessein eut aussi bientôt le succès qu'elle avoit souhaité : il fit connoître à M. le prince qu'il n'avoit plus rien à ménager avec la cour, et avança ainsi en un moment toutes les résolutions qu'il n'auroit pas pas prises de lui-même.

En effet il alla à Trie chez le duc de Longueville, après avoir écrit au Roi les raisons qui l'empêchoient de se trouver auprès de sa personne le jour de sa majorité, et lui fit donner sa lettre par M. le prince de Conti, qu'il laissa à Paris pour assister à la cérémonie. Le duc de La Rochefoucauld y demeura aussi sous le même prétexte; mais c'étoit en effet pour essayer de conclure avec le duc de Bouillon sur de nouvelles propositions qu'il lui fit, par lesquelles il offrit de se déclarer pour M. le prince, et de joindre à ses intérêts M. de Turenne, le prince de Tarente et le marquis de La Force, aussitôt que M. le prince auroit été reçu dans Bordeaux, et que le parlement se seroit déclaré pour lui en donnant un arrêt d'union. Le duc de La Rochefoucauld lui promit pour M. le prince les conditions qui suivent :

De lui donner la place de Stenay avec son domaine, pour en jouir aux mêmes droits que M. le prince, jusqu'à ce qu'il lui eût fait rendre Sedan, ou qu'il l'eût mis en possession de la récompense que la cour lui avoit promise pour l'échange de cette place;

De lui céder ses prétentions sur le duché d'Albret;

De le faire recevoir dans Bellegarde avec le commandement de la place;

De lui fournir une somme d'argent dont ils conviendroient pour lever des troupes, et pour faire la guerre;

Et de ne point faire de traité sans y comprendre l'article du rang de sa maison.

Le duc de La Rochefoucauld lui proposoit encore d'envoyer M. de Turenne à Stenay, Clermont et Damvilliers, pour y commander les vieilles troupes de M. le prince, qui s'y devroient retirer; lesquelles, jointes à celles que les Espagnols y devoient envoyer de Flandre, feroient occuper le même poste à M. de Turenne que

---

[1] « Ici se trouvent, dit l'éditeur de 1804, dans le manuscrit trente-neuf pages in-folio de plus que dans les Mémoires imprimés, et ce ne sont point les détails les moins curieux. Ce n'est qu'à la 149ᵉ page du manuscrit qu'on trouve le commencement du chapitre intitulé, dans les Mémoires publiés, Guerre de Guyenne, et la dernière de Paris. » Autre erreur : les éditions de 1690 et de 1723 contiennent ce long passage.

madame de Longueville et lui y avoient tenu durant la prison des princes.

Il eut charge de M. le prince de lui dire ensuite que son dessein étoit de laisser M. le prince de Conti, mesdames de Longueville et M. de Nemours à Bourges et à Montrond pour y faire des levées, et se rendre maîtres du Berry, du Bourbonnais et d'une partie de l'Auvergne, cependant que M. le prince iroit à Bordeaux, où il étoit appelé par le parlement et par le peuple, et où les Espagnols lui fourniroient des troupes, de l'argent et des vaisseaux, suivant le traité du marquis de Sillery avec le comte de Fuensaldagne, pour faciliter la levée des troupes qu'il devoit aussi faire en Guyenne; que le comte Du Dognon entroit dans son parti avec les places de Brouage, de Ré, d'Oleron et de La Rochelle; que le duc de Richelieu feroit la même chose, et feroit ses levées en Saintonge et au pays d'Aunis; que le maréchal de La Force feroit les siennes en Guyenne; le duc de La Rochefoucauld en Poitou et en Angoumois; le marquis de Montespan en Gascogne; M. d'Arpajon en Rouergue; et que M. de Marsin, qui commandoit l'armée de Catalogne, ne manqueroit pas de reconnoissance.

Tant de belles apparences fortifièrent le duc de Bouillon dans le dessein de s'engager avec M. le prince, et il en donna encore sa parole au duc de La Rochefoucauld aux conditions que j'ai dites. Cependant M. le prince ne put engager si avant le duc de Longueville, ni en tirer aucune parole positive, quelque instance qu'il lui en pût faire, soit par irrésolution, soit parce qu'il ne vouloit pas appuyer un parti que madame sa femme avoit formé, ou soit qu'il crût qu'étant engagé avec M. le prince, il seroit entraîné plus loin qu'il n'avoit accoutumé d'aller.

M. le prince ne pouvant rien obtenir de lui, se rendit à Chantilly, où il apprit que de tous côtés on prenoit des mesures contre lui, et que, malgré les instances de M. le duc d'Orléans, la Reine n'avoit pas voulu retarder de vingt-quatre heures la nomination des trois ministres. Voyant donc les choses en ces termes, il crut ne devoir pas balancer à se retirer dans ses gouvernemens. Il en donna avis dès l'heure même à M. le duc d'Orléans, et manda à M. le prince de Conti et aux ducs de Nemours et de La Rochefoucauld de se rendre le lendemain à Essone pour prendre ensemble le chemin de Montrond. Ce départ, que tout le monde prévoyoit depuis si long-temps, que M. le prince jugeoit nécessaire à sa sûreté, et que la Reine avoit même toujours souhaité comme un acheminement au retour du cardinal, ne laissa pas d'étonner et les uns et les autres. Chacun se repentit d'avoir porté les choses au point où elles étoient, et la guerre civile leur parut alors avec tout ce que ses événemens ont d'incertain et d'horrible. Il fut même au pouvoir de M. le duc d'Orléans de se servir utilement de cette conjoncture; et M. le prince demeura un jour entier à Angerville chez le président Perrault, pour y attendre ce que Son Altesse Royale lui enverroit proposer. Mais comme les moindres circonstances ont d'ordinaire trop de part aux plus importantes affaires, il arriva en celle-ci que M. le duc d'Orléans ayant disposé la Reine à donner satisfaction à M. le prince sur l'établissement des trois ministres, il ne voulut pas prendre la peine de lui écrire de sa main à l'heure même, et différa d'un jour de lui en donner avis. Ainsi, au lieu que Croissy, qui lui devoit porter cette dépêche, l'eût pu joindre à Angerville, encore incertain du parti qu'il devoit prendre, et en état d'entendre à un accommodement, il le trouva arrivé à Bourges, où les applaudissemens des peuples et de la noblesse avoient tellement augmenté ses espérances, qu'il crut que tout le royaume alloit imiter cet exemple, et se déclarer pour lui.

Le voyage de Croissy étant donc devenu inutile, M. le prince continua le sien, et arriva à Montrond, où madame la princesse et madame de Longueville l'attendoient. Il y demeura un jour pour voir la place, qu'il trouva très-belle, et au meilleur état du monde. Enfin toutes choses y étoient disposées à fortifier ses espérances, et à flatter son nouveau dessein : de sorte qu'il ne balança plus à faire la guerre; et ce jour-là même il dressa une ample instruction pour traiter avec le Roi d'Espagne, où furent compris ses plus particuliers et ses plus considérables amis. M. Lenet fut choisi pour cette négociation : ensuite M. le prince donna de l'argent à monsieur son frère et à M. de Nemours pour faire leurs levées dans les provinces voisines; et les ayant laissés à Montrond avec madame de Longueville, il y laissa M. de Vineuil, intendant de la justice, pour commencer de lever la taille sur le Berri et le Bourbonnais, et lui recommanda particulièrement de ménager la ville de Bourges, afin de la maintenir dans la disposition où il l'avoit laissée. Après avoir donné ses ordres, il partit le lendemain de Montrond avec le duc de La Rochefoucauld, chez qui il passa, et où il trouva beaucoup de noblesse dont il fut suivi, et se rendit avec assez de diligence à Bordeaux, où madame la princesse et M. le duc d'Enghien arrivèrent bientôt après.

Il y fut reçu de tous les corps de la ville avec beaucoup de joie; et il est malaisé de dire si ces peuples bouillans et accoutumés à la révolte fu- plus touchés de l'éclat de sa naissance et de sa réputation, que de ce qu'ils le considéroient comme le plus puissant ennemi du duc d'Epernon. Il trouva dans la même disposition le parlement, qui donna en sa faveur tous les arrêts qu'il put désirer.

Les choses étant si avantageusement commencées, il crut n'avoir rien de si important ni de si pressé à faire que de prendre tous les revenus du Roi à Bordeaux, et de se servir de cet argent pour faire promptement ses levées, jugeant bien que la cour marcheroit à lui en diligence avec ce qu'elle auroit de troupes, pour ne lui donner pas le temps de mettre les siennes sur pied. Dans cette vue, il distribua son argent à tous ceux qui étoient engagés avec lui, et les pressa tellement d'avancer leurs levées, que cette précipitation leur fournit le prétexte d'en faire de mauvaises.

Peu de jours après son arrivée à Bordeaux, le comte Du Dognon le vint trouver, et se déclara ouvertement pour son parti. Le duc de Richelieu et le maréchal de La Force firent la même chose; et le prince de Tarente, qui s'étoit rendu à Taillebourg, lui manda qu'il entroit aussi dans ses intérêts. M. d'Arpageon fut plus difficile : il tint encore en cette occasion la même conduite dont il avoit déjà reçu des récompenses durant la prison des princes; car il demanda des conditions qu'on ne lui put accorder, et traita avec la cour quand il vit tomber les affaires de M. le prince.

Cependant le duc de La Rochefoucauld donna avis au duc de Bouillon de ce qui s'étoit passé au parlement de Bordeaux, et lui manda que les conditions qu'il avoit désirées étant accomplies, on attendoit qu'il effectueroit ce qu'il avoit promis. Le duc de Bouillon évita assez long-temps de répondre nettement là-dessus, voulant tout à la fois se ménager avec la cour, qui lui faisoit de grandes avances, et ne point rompre avec M. le prince, dont il pouvoit avoir besoin. Il voyoit aussi que M. de Turenne, qu'il croyoit inséparable de ses intérêts, lui refusoit de se joindre à ceux de M. le prince; que le prince de Tarente y étoit entré sans lui, et que le marquis de La Force demeuroit uni avec M. de Turenne : il jugeoit encore que n'étant pas suivi de son frère et des autres que j'ai nommés, dont il avoit répondu au duc de La Rochefoucauld, sa condition et sa sûreté seroient moindres dans le parti qu'il alloit prendre, et que M. le prince ne témoigneroit pas plus de reconnoissance pour ce que M. de Turenne et lui pourroient faire à l'avenir, qu'il n'en avoit témoigné de ce qu'ils avoient fait par le passé. Il voyoit de plus qu'il faudroit refaire un nouveau traité avec M. le prince, moins avantageux que celui dont ils étoient déjà convenus. Et enfin toutes ces raisons, jointes aux promesses de la cour, et appuyées par tout le crédit et par toute l'industrie de madame de Bouillon, qui avoit beaucoup de pouvoir sur son mari, l'empêchèrent de suivre son premier dessein, et de se déclarer pour M. le prince. Mais, pour sortir de cet embarras, il voulut se rendre médiateur de l'accommodement de M. le prince avec la cour; et après avoir eu sur ce sujet des conférences particulières avec la Reine, il renvoya Gourville, qui lui avoit été dépêché par le duc de La Rochefoucauld, offrir à M. le prince tout ce qu'il avoit demandé pour lui et pour ses amis, avec la disposition du gouvernement de Blaye, sans exiger de lui d'autres conditions que celles que messieurs Servien et de Lyonne lui avoient demandées dans le premier projet du traité qui se fit à Paris à la sortie de sa prison, et dont j'ai déjà parlé.

D'ailleurs M. de Châteauneuf faisoit faire d'autres propositions d'accommodement par le même Gourville; mais comme elles alloient à empêcher le retour du cardinal, il ne pouvoit pas balancer par ses offres celles que la Reine lui avoit fait faire par le duc de Bouillon. Il s'engageoit seulement à demeurer inséparablement uni à M. le prince après la chute du cardinal, et à lui donner dans les affaires toute la part qu'il pouvoit désirer. On lui offrit encore, de la part de la cour, de consentir à une entrevue de lui et de M. le duc d'Orléans à Richelieu, pour y examiner ensemble les conditions d'une paix sincère dans laquelle il sembloit que la cour vouloit agir de bonne foi. Mais, pour le malheur de la France et pour celui de M. le prince, il ferma l'oreille à tant de partis avantageux ; et quelque grandes et considérables que fussent les offres de la Reine, elles irritèrent M. le prince, parce qu'elles étoient faites par l'entremise du duc de Bouillon. Il s'étoit attendu que lui et M. de Turenne seroient d'un grand poids dans son parti, et que personne ne pouvoit soutenir comme eux les postes de Bellegarde et de Stenay : outre que ces vieilles troupes qu'il y avoit laissées pour être commandées par M. de Turenne devenoient par là inutiles, et couroient fortune de se dissiper ou d'être défaites. Il voyoit encore que les mesures qu'il avoit prises avec les Espagnols du côté de ses places de Champagne n'auroient aucun effet, et que ses troupes et les Espagnols même n'auroient, pour aucun autre chef qui pût remplir ce poste, la même confiance et la même estime qu'ils avoient pour M. de Turenne.

Toutes ces raisons touchoient sensiblement

M. le prince, bien qu'il essayât d'être maître de son ressentiment. Néanmoins il répondit assez sèchement à M. de Bouillon : il lui manda qu'il n'étoit pas temps d'écouter des propositions qu'on ne vouloit pas effectuer; qu'il se déclarât comme il l'avoit promis; que M. de Turenne se rendît à la tête de ses troupes qui avoient marché à Stenay; et qu'alors il seroit en état d'entendre les offres de la cour, et de faire un traité sûr et glorieux. Il chargea Gourville de cette réponse, et de rendre compte à M. le duc d'Orléans des raisons qui lui faisoient refuser l'entrevue de Richelieu. Les principales étoient que le but de cette conférence n'étoit point de faire la paix, mais seulement de l'empêcher de soutenir la guerre; que dans un temps où tous les corps de l'Etat étoient sur le point de se déclarer contre la cour, et que les Espagnols préparoient des secours considérables d'hommes, d'argent et de vaisseaux, on le vouloit engager à une négociation publique, dont le seul bruit empêcheroit ses levées et feroit changer de sentiment à tout ce qui étoit prêt à se joindre à son parti.

Outre ces raisons générales, il y en avoit encore de particulières qui ne permettoient pas à M. le prince de confier ses intérêts à M. le duc d'Orléans. C'étoit sa liaison étroite avec le coadjuteur de Paris, ennemi déclaré de M. le prince et de son parti, et lié tout de nouveau avec la cour par l'assurance du chapeau de cardinal. Cette dernière considération faisoit une extrême peine à M. le prince, et elle fut cause aussi que les commissions dont il chargea Gourville ne se bornèrent pas seulement à ce que je viens de dire, mais qu'il lui en donna une autre plus difficile et plus périlleuse; car voyant que le coadjuteur continuoit à ne garder aucune mesure vers lui, et que par intérêt et par vanité il affectoit de le traverser sans cesse en tout, il résolut de le faire enlever dans Paris, et de le faire conduire dans l'une de ses places. Quelque impossibilité qui parût en ce dessein, Gourville s'en chargea après en avoir reçu un ordre écrit, signé de M. le prince; et il l'auroit sans doute exécuté si le coadjuteur, un soir qu'il alla à l'hôtel de Chevreuse, en fût sorti dans le même carrosse qui l'y avoit mené; mais l'ayant renvoyé avec ses gens, il ne fut plus possible de savoir certainement dans quel autre il pouvoit être sorti. Ainsi l'entreprise fut retardée de quelques jours, et découverte ensuite, parce qu'il est presque impossible que ceux dont on est obligé de se servir en de telles occasions aient assez de discrétion pour se contenter de la connoissance qu'on leur veut donner, ou assez de fidélité et de secret pour l'exécuter sûrement.

Les choses se disposoient ainsi de tous côtés à commencer la guerre. M. de Châteauneuf, qui étoit alors chef du conseil, avoit fait marcher la cour à Bourges; et la présence du Roi avoit d'abord remis cette ville dans son obéissance. Au bruit de ces heureux commencemens, M. le prince de Conti, madame de Longueville et M. de Nemours furent obligés de partir de Montrond avec leurs troupes pour se retirer en Guyenne. Ils laissèrent le chevalier de La Rochefoucauld(1) à l'extrémité, et il mourut le même jour qu'ils partirent de Montrond. Il fut regretté avec quelque justice de ceux qui le connoissoient; car, outre qu'il avoit toutes les qualités nécessaires à un homme de sa condition, on verra peu de personnes de son âge qui aient donné autant de preuves que lui de conduite, de fidélité et de désintéressement dans des rencontres aussi importantes et aussi hasardeuses que celles où il s'est trouvé. Le marquis de Persan demeura pour commander dans la place. Elle étoit bloquée par un petit corps d'armée logé à Saint-Amand, dont Palluau étoit lieutenant général. La cour s'étoit ensuite avancée à Poitiers, et M. de Châteauneuf insistoit pour la faire marcher à Angoulême. Il jugeoit que la guerre civile n'ayant d'autre prétexte que le retour du cardinal, il falloit profiter de son absence, et qu'il suffisoit pour les intérêts de l'Etat, et encore plus pour les siens particuliers, de faire durer son éloignement. Il représentoit aussi avec raison que dans la naissance des désordres la présence du Roi est un puissant moyen pour retenir les peuples; que la Guyenne et le parlement de Bordeaux étoient encore mal assurés à M. le prince, et qu'en s'approchant de lui on dissiperoit facilement ses desseins, qui au contraire s'affermiroient par l'éloignement de la cour. Mais les conseils de M. de Châteauneuf étoient trop suspects au cardinal pour être suivis à Poitiers sans avoir été examinés à Cologne; et comme il falloit attendre ses ordres, leur retardement et leur diversité causèrent des irrésolutions continuelles, et tinrent la cour incertaine à Poitiers jusqu'à son retour, qui fut bientôt après.

D'autre part le baron de Batteville étoit arrivé dans la rivière de Bordeaux avec la flotte d'Espagne, composée de huit vaisseaux de guerre et de quelques brûlots. Il fortifioit Talmont, où il y avoit un corps d'infanterie de quinze cents hommes. La ville de Saintes s'étoit rendue sans résistance. Taillebourg, qui a un pont sur la Charente, étoit assez bien fortifié; et, excepté

(1) Charles-Hilaire, chevalier de Malte, frère de l'auteur.

Cognac, M. le prince étoit maître de la rivière jusques à Angoulême. Le comte de Jonzac, lieutenant du roi de Saintonge, et gouverneur particulier de Cognac, s'y étoit retiré, afin que cette place lui aidât à rendre sa condition meilleure dans le parti où il entreroit, ne sachant encore auquel il se devoit joindre. Dans cette incertitude il entra en commerce de lettres avec M. le prince, et lui écrivit d'une manière qui lui donnoit lieu de croire qu'il ne demandoit qu'à sauver les apparences, et qu'il remettroit la ville entre ses mains si on faisoit mine de l'assiéger. Cette espérance, plutôt que l'état des forces de M. le prince, qui étoient alors très-petites, lui fit prendre le dessein de marcher à Cognac. Il voyoit de quelle importance il lui étoit de donner réputation à ses armes; mais il savoit bien aussi que, manquant de troupes et de tout ce qui est nécessaire pour faire un siége, il n'y avoit que celui-là seul où il pût prétendre de réussir : de sorte que fondant toutes ses espérances sur le gouverneur, il fit partir le duc de La Rochefoucauld de Bordeaux pour assembler ce qui se trouveroit sur pied, qui n'étoit en tout que trois régimens d'infanterie et trois cents chevaux, et lui donna ordre d'aller investir Cognac, où le prince de Tarente se devoit rendre avec ce qu'il avoit de troupes.

Le bruit de leur marche s'étant répandu dans le pays, on retira en diligence à Cognac tout ce qui y put être transporté de la campagne. Beaucoup de noblesse s'y retira aussi pour témoigner son zèle au service du Roi, et plus apparemment encore pour garder eux-mêmes ce qu'ils y avoient fait porter. Ce nombre considérable de gentilshommes retint aisément les bourgeois, et les fit résoudre à fermer les portes de la ville, dans l'espérance d'être bientôt secourus par le comte d'Harcourt, général des troupes du Roi, qui s'avançoit vers eux : mais comme ils avoient peu de confiance au comte de Jonzac, et qu'ils le soupçonnoient presque également d'être foible et d'être gagné par M. le prince, ils l'observèrent, et lui firent connoître de telle sorte qu'il falloit nécessairement servir le Roi, qu'on peut dire qu'il se résolut enfin de défendre la place, parce qu'il n'eut pas le pouvoir de la rendre. Ce fut en cela seul que la noblesse témoigna quelque vigueur; car pour le reste, durant huit jours que ce peu de troupes de M. le prince, sans armes, sans munitions, sans officiers, et avec encore moins de discipline, demeura devant Cognac, et quoiqu'ils fussent fatigués par des pluies continuelles qui emportèrent le pont de bateaux qu'on avoit fait sur la Charente pour la communication des quartiers, jamais ceux de dedans ne se prévalurent de ces désordres, mais demeurèrent renfermés avec les bourgeois, se contentant de faire tirer de derrière les murailles. M. le prince étant averti que la ville étoit néanmoins sur le point de se rendre, partit de Bordeaux, et se rendit au camp avec le duc de Nemours. Le lendemain de son arrivée, le comte d'Harcourt, averti que le pont de bateaux étoit rompu, et que Nort, maréchal de camp, étoit retranché dans un faubourg, de l'autre côté de la rivière, avec cinq cents hommes, sans qu'il pût être secouru, il marcha à lui avec deux mille hommes de pied des Gardes françaises et suisses, les gendarmes et les chevau-légers du Roi, ses gardes, et de la noblesse. Il força Nort dans son quartier sans trouver presque de résistance, et secourut ainsi Cognac à la vue de M. le prince, qui étoit logé au-deçà de la rivière. Le comte d'Harcourt se contenta d'avoir sauvé cette place, et laissa retirer M. le prince sans le suivre.

Bien que ce succès fût de soi peu considérable, il augmenta néanmoins les espérances du comte d'Harcourt, et donna de la réputation à ses armes. Il se crut même en état de pouvoir faire des progrès; et sachant que le marquis d'Estissac avoit remis La Rochelle à l'obéissance du Roi, excepté les tours qui ferment le port, il fit dessein d'y aller avec ses troupes, s'assurant de la bonne volonté des habitans, qui pouvoient être bien disposés non-seulement par leur devoir, mais encore plus par la haine qu'ils portoient au comte Du Dognon, leur gouverneur. Il avoit fait fortifier les tours, et y tenoit une garnison suisse, se défiant presque de tout le monde, et croyant trouver plus de fidélité parmi cette nation que dans la sienne propre. Mais l'événement lui fit bientôt voir que ses mesures étoient fausses; car la peur et l'intérêt, qui rendent ces sortes de gens aussi infidèles que les autres, fournirent des prétextes aux Suisses de faire encore plus que ce qu'il avoit appréhendé des François. Il est certain que l'on peut dire que cette défiance et ces soupçons du comte Du Dognon furent la ruine du parti de M. le prince, puisque sans cela il auroit marché d'abord à La Rochelle avec toutes ses troupes, pour en rétablir les anciennes fortifications, et y faire le siége de la guerre avec tous les avantages et toute la commodité qu'une telle situation lui pouvoit apporter : au lieu que, pour ménager l'esprit jaloux et incertain de cet homme, il fut contraint de demeurer inutile à Tonnay-Charente, et de voir prendre La Rochelle sans oser même proposer de la secourir. Il est vrai aussi que le peu de résistance de la garnison des tours ne lui donna pas grand loisir d'en former le dessein; car le comte d'Harcourt étant arrivé avec ses troupes à La Rochelle, assisté du marquis d'Estissac, pourvu nouvellement par le Roi des gouvernemens du comte du Dognon, trouva les habitans disposés à lui donner toute l'assistance qu'il en pouvoit attendre. Cependant les tours étoient en état de l'arrêter quelque temps, si les Suisses eussent été aussi braves et aussi fidèles que le comte Du Dognon l'avoit cru. Mais, au lieu de répondre à ce qu'il en attendoit, ils crurent devoir se racheter par une trahison; et après avoir seulement résisté trois jours, le comte d'Harcourt leur ayant mandé qu'il ne leur feroit point de quartier s'ils ne poignardoient le commandant nommé Besse, ils n'eurent point d'horreur d'un tel ordre, et commencèrent à l'exécuter. Mais lui, croyant trouver plus de compassion près du comte d'Harcourt que parmi ses propres soldats, se jeta tout blessé qu'il étoit, du haut des tours dans le port, demandant la vie sans la pouvoir obtenir; car le comte d'Harcourt fit achever de le tuer en sa présence, sans pouvoir être fléchi ni par les prières de ses officiers, qui demandoient sa grâce, ni par un spectacle si pitoyable. La perte de cette place, qu'on n'avoit pas seulement essayé de secourir, nuisit à la réputation des armes de M. le prince; et on attribua au peu de confiance qu'il avoit en ses troupes ce qui n'étoit qu'un fâcheux égard qu'il avoit fallu avoir aux soupçons du comte Du Dognon. Il fut vivement touché de cette nouvelle; et le comte Du Dognon, s'imaginant que toutes ses autres places suivroient cet exemple, se retira à Brouage, et n'en sortit plus jusqu'à ce qu'il eût fait son traité avec la cour, dont apparemment il a eu sujet de se repentir.

Le comte d'Harcourt, encouragé par ces bons succès, et fortifié par des troupes qui avoient joint son armée, se résolut de marcher à M. le prince, qui étoit à Tonnay-Charente; mais lui, jugeant bien par le nombre et par le peu de discipline de ses troupes qu'il étoit de beaucoup inférieur à l'armée royale, il ne crut se devoir attendre dans ce poste; et, passant la rivière la nuit sur un pont de bateaux, il se retira à La Bergerie, qui n'est qu'à demi-lieue de Tonnay-Charente. Les troupes du Roi se contentèrent d'avoir poussé et défait deux escadrons le jour précédent, et lui donnèrent tout le temps nécessaire pour faire sauter la tour de Tonnay-Charente, et se retirer delà l'eau à La Bergerie sans être poussé. Le comte d'Harcourt perdit alors une belle occasion de le combattre dans sa retraite, et à demi passé: il en eut encore ce jour même une plus avantageuse dont il ne sut pas se prévaloir; car il arriva que M. le prince se reposa entièrement sur le soin d'un maréchal de camp à qui il avoit ordonné de brûler ou de rompre le pont de bateaux, en sorte qu'il ne pût être rétabli; et sur cette assurance il mit ses troupes dans des quartiers séparés, dont quelques-uns étoient éloignés du sien d'une lieue et demie, sans crainte qu'on pût aller à lui, la rivière étant entre deux: mais l'officier, au lieu de suivre exactement son ordre, se contenta de détacher les bateaux, et les laisser aller au cours de l'eau; de sorte que les gens du comte d'Harcourt les ayant repris refirent le pont dans une heure; et à l'instant même il fit passer trois cents chevaux et quelque infanterie pour garder la tête du pont. Cette nouvelle fut portée à M. le prince à La Bergerie; et il crut d'autant plus que le comte d'Harcourt marcheroit au milieu de ses quartiers pour les tailler en pièces l'un après l'autre, qu'il jugeoit que c'étoit le parti qu'il avoit à prendre. Cela l'obligea de mander à ses troupes de quitter leurs quartiers pour revenir en diligence à La Bergerie; et à l'instant même il marcha vers Tonnay-Charente avec les ducs de Nemours et de La Rochefoucauld, ses gardes, les leurs, et ce qui se trouva d'officiers et de volontaires auprès de lui, pour voir le dessein des ennemis, et essayer de les amuser pour donner temps à ce qui étoit le plus éloigné de le venir joindre. Il trouva que l'avis qu'on lui avoit donné étoit véritable, et que ces trois cents chevaux étoient en bataille dans la prairie qui borde la rivière; mais il vit que les ennemis n'avoient pas eu le dessein qu'il avoit appréhendé, ou qu'ils avoient perdu le temps de l'exécuter, puisque n'étant pas passés lorsqu'ils le pouvoient sans empêchement, il n'y avoit pas d'apparence qu'ils le fissent en sa présence, et ses troupes commençant déjà de le joindre. On escarmoucha quelque temps, sans perte considérable de part ni d'autre; et l'infanterie de M. le prince étant arrivée, il fit faire un long retranchement vis-à-vis du pont de bateaux, laissant la prairie et la rivière entre le comte d'Harcourt et lui. Les deux armées demeurèrent plus de trois semaines dans les mêmes logemens sans rien entreprendre, et se contentèrent l'une et l'autre de vivre dans un pays fertile, et où toutes choses étoient en abondance. Cependant les longueurs et la conduite du duc de Bouillon firent assez juger à M. le prince qu'il n'avoit plus rien à ménager avec lui, et qu'il essayoit de traiter avec la cour pour lui et pour M. de Turenne: de sorte que, perdant également l'espérance d'engager l'un et l'autre dans son parti, il s'emporta contre eux avec une pareille aigreur, quoique leurs engagemens eussent été différens; car il est vrai que le duc de Bouillon étoit convenu avec le duc de La Rochefoucauld, et ensuite avec M. Lenet, de toutes les conditions que j'ai dites, et qu'il crut s'en pouvoir dégager par les raisons dont j'ai parlé. M. de Turenne au contraire, qui s'étoit entièrement séparé des intérêts de M. le prince dès qu'il fut sorti de prison, ignoroit même, à ce qu'il a dit depuis, les traités et les engagemens du duc de Bouillon son frère.

[1652] M. le prince se voyant donc dans la nécessité d'envoyer promptement un chef pour soutenir le poste qu'il avoit destiné à M. de Turenne, jeta les yeux sur le duc de Nemours, dont la naissance et les agréables qualités de la personne, jointes à une extrême valeur, pouvoient suppléer en quelque sorte à la capacité de M. de Turenne. M. de Nemours partit avec toute la diligence possible pour aller en Flandre par mer; mais n'ayant pu en supporter les incommodités, il fut contraint d'aller par terre avec beaucoup de temps et de péril, à cause des troupes qui ramenoient le cardinal en France. M. le prince renvoya aussi le duc de La Rochefoucauld à Bordeaux, pour disposer M. de Conti à s'en aller à Agen affermir les esprits des peuples, qui commençoient à changer de sentiment sur les nouveaux progrès des armes du Roi. Il le chargea aussi de proposer au parlement de Bordeaux de consentir que le baron de Batteville et les Espagnols fussent mis en possession de la ville et du château de Bourg, qu'ils offroient de fortifier.

Durant ces choses, Fontrailles vint trouver M. le prince de la part de M. le duc d'Orléans, pour voir l'état de ses affaires, et pour l'informer aussi que le parlement de Paris étoit sur le point de se joindre à M. le duc d'Orléans pour chercher toute sorte de voies, afin d'empêcher le retour du cardinal Mazarin, et que M. le duc d'Orléans se disposoit à agir de concert avec M. le prince dans ce même dessein. Fontrailles lui proposa aussi une réconciliation avec le coadjuteur, et lui témoigna que M. le duc d'Orléans la désiroit ardemment. M. le prince ne répondit rien de positif à cet article, soit qu'il ne crût pas pouvoir prendre des mesures certaines avec le coadjuteur, ou soit qu'il crût que celles qu'il prendroit ne seroient pas approuvées de madame de Longueville et du duc de La Rochefoucauld, à qui il étoit engagé de ne se réconcilier point avec le coadjuteur sans leur participation et leur consentement. Il promit néanmoins à Fontrailles de suivre le sentiment de M. le duc d'Orléans quand les choses seroient plus avancées, et lorsque cette réconciliation pourroit être utile au bien commun du parti.

En ce même temps le comte de Marsin joignit M. le prince à La Bergerie, et lui amena mille hommes de pied et trois cents chevaux des meilleures troupes de l'armée de Catalogne, qu'il commandoit. Beaucoup de gens ont blâmé cette action, comme si c'eût été une trahison. Pour moi, je n'entreprendrai point ni de la condamner ni de la défendre: je dirai seulement, pour la vérité, que M. de Marsin s'étant attaché depuis long-temps à M. le prince, il avoit reçu de lui le gouvernement de Bellegarde, qui étoit une de ses places, et qu'ensuite il l'avoit non-seulement maintenu dans le service, mais qu'il avoit même par son crédit eu la charge de vice-roi de Catalogne, et le gouvernement de Tortose, où il servit le Roi avec beaucoup de fidélité et de bonheur. Cependant M. le prince fut arrêté prisonnier; et en ce même temps, sans que M. de Marsin fût chargé d'autre crime que d'être sa créature, on le fit arrêter aussi: on donna même son gouvernement de Tortose à Launay-Gringuenière, qui le laissa perdre bientôt après. La prison de M. de Marsin dura autant que celle de M. le prince; et lorsqu'il en fut sorti, il demeura sans charge et sans emploi. Depuis, les affaires de Catalogne dépérissant, et la cour étant incertaine du choix qu'elle feroit d'un homme capable de les soutenir, le comte de Marsin fut proposé une seconde fois par le même M. le prince; et le duc de La Rochefoucauld en fit l'ouverture de sa part à M. Le Tellier, sans que Marsin fît aucune diligence de son chef. Il ne lui fut pas possible de retarder son voyage de Catalogne, ni d'attendre l'événement des choses douteuses qui se passoient alors à la cour, et qui devoient plus apparemment se terminer pas un accommodement que par une guerre civile; de sorte qu'il partit pour son nouvel emploi, le devant tout entier à M. le prince, et étant encore plus étroitement lié à ses intérêts par le gouvernement de Stenay, qu'il lui avoit donné nouvellement après la mort de La Moussaie. Ainsi l'on peut dire que l'action du comte de Marsin peut avoir deux faces bien différentes. Ceux qui le regarderont comme abandonnant et exposant une province que le Roi lui avoit confiée le trouveront infidèle; ceux qui le considéreront comme courant à ses pressantes et presque indispensables obligations le trouveront un honnête homme. Peu de gens de bon sens oseront dire qu'il est coupable; peu de gens de bon sens oseront le déclarer innocent; et enfin ceux qui lui sont contraires et ceux qui lui sont favorables s'accorderont à le plaindre, les uns d'une faute qu'il a faite par une inévitable nécessité; les autres, de ce qu'il a dégagé ses grands devoirs par une faute.

La cour, comme je l'ai dit, étoit alors à Poitiers, et M. de Châteauneuf occupoit en apparence la première place dans les affaires, bien que le cardinal en fût toujours le maître en effet. Néanmoins la manière d'agir de ce vieillard, ferme, décisive, familière, et directement opposée à celle du cardinal, commençoit à faire approuver son ministère, et gagnoit même quelque créance dans l'esprit de la Reine. Le cardinal étoit trop bien averti de ces choses pour leur laisser prendre de profondes racines; et il y a grande apparence qu'il jugea que son retour étoit le seul remède au mal qu'il appréhendoit pour son particulier, puisque dans tout le reste il s'accordoit mal aux intérêts de l'État, et qu'en effet il acheva de fournir de prétexte à M. le duc d'Orléans et au parlement de Paris de se déclarer contre la cour.

Le maréchal d'Hocquincourt eut ordre d'aller recevoir le cardinal Mazarin sur la frontière de Luxembourg avec deux mille chevaux, et de l'escorter jusqu'où seroit le Roi. Il traversa le royaume sans trouver d'empêchement, et arriva à Poitiers aussi maître de la cour qu'il l'avoit jamais été. On affecta de donner peu de part de ce retour à M. de Châteauneuf, sans toutefois rien changer aux apparences dans tout le reste, ni lui donner de marque particulière de défaveur: le cardinal même lui fit quelques avances. Mais lui, craignant de se commettre, et jugeant bien qu'il ne pouvoit être ni sûr ni honnête à un homme de son âge et de son expérience de demeurer dans les affaires sous son ennemi, et qu'il seroit sans cesse exposé à tout ce qu'il lui voudroit faire souffrir de dégoût et de disgrâce, il prit prétexte de se retirer, sur ce que la résolution ayant été prise par son avis de faire marcher le Roi à Angoulême, on changea ce dessein sans le lui communiquer, et on prit en même temps celui d'aller faire le siége d'Angers, bien qu'il fût d'un sentiment contraire. De sorte qu'ayant pris congé du Roi, il se retira à Tours.

La cour partit bientôt après pour aller à Angers, où le duc de Rohan avoit fait soulever le peuple; et cette ville et la province s'étoient déclarées pour M. le prince, dans le même temps que M. le duc d'Orléans et le parlement de Paris se joignirent à lui contre les intérêts de la cour. Il sembloit que toute la France étoit en suspens pour attendre l'événement de ce siége, qui pouvoit avoir de grandes suites si sa défense eût été assez vigoureuse ou assez longue pour arrêter le Roi: car, outre que M. le prince eût pu s'assurer des meilleures places des provinces voisines, il est certain que l'exemple de M. le duc d'Orléans et du parlement auroit été suivi par les plus considérables corps du royaume; et si la cour eût été contrainte de lever ce siége, on peut dire qu'elle se seroit trouvée dans de grandes extrémités, et que la personne du Roi eût été bien exposée, si ce mauvais succès fût arrivé dans le temps que le duc de Nemours entra en France avec l'armée de Flandre et les vieilles troupes de M. le prince, sans trouver de résistance.

Cette armée passa la Seine à Mantes; le duc de Beaufort, avec les troupes de M. le duc d'Orléans, se joignit au duc de Nemours. Étant ensemble, ils marchèrent, avec un corps de sept mille hommes de pied et trois mille chevaux, vers la rivière de Loire, où ils étoient assurés des villes de Blois et d'Orléans; mais soit que, par la division des bourgeois, Angers ne fût pas en état de se défendre, ou que le duc de Rohan ne voulût pas hasarder sa vie et sa fortune sur la foi chancelante d'un peuple étonné, il remit la place entre les mains du Roi sans beaucoup de résistance, et eut permission de se retirer à Paris auprès de M. le duc d'Orléans.

Les choses étoient en ces termes, lorsque M. le prince partit de La Bergerie, après y avoir, comme je l'ai dit, demeuré plus de trois semaines sans que la comte d'Harcourt, qui étoit de l'autre côté de la rivière à Tonnay-Charente, et maître du pont de bateaux, entreprit rien contre lui: néanmoins, comme il étoit de beaucoup inférieur à l'armée du Roi en nombre et en bonté de troupes, il voulut éviter les occasions d'être contraint de venir à un combat si inégal. De sorte qu'il alla à Romette, éloigné de trois lieues des troupes du Roi, afin d'avoir plus de temps pour prendre son parti si elles marchoient à lui: il y demeura quelque temps, et dans des quartiers, près de là, sans qu'il se passât rien de considérable. Mais voyant que, bien loin de faire des progrès dans le pays où il étoit, il ne se trouvoit pas seulement en état d'y demeurer en présence du comte d'Harcourt, il tourna ses pensées à conserver la Guyenne, et à fortifier les villes qui tenoient son parti. Il résolut donc d'y marcher avec son armée, et crut pouvoir maintenir quelque temps la Saintonge, en laissant d'un côté le comte Du Dognon dans ses places, les Espagnols à Talmont, et le prince de Tarente dans Saintes et Taillebourg, pour les pourvoir et pour en hâter les fortifications. Ayant ainsi donné ses ordres, il fit marcher son infanterie et ses bagages à Talmont pour aller par mer à Bordeaux; et après avoir fait la première journée une fort grande traite avec toute sa cavalerie, il s'arrêta le second à Saint-Andras, à cinq lieues de Bordeaux, croyant être hors de la portée des ennemis; mais le comte d'Harcourt, qui l'avoit suivi avec une diligence extrême, arriva à la vue de son quartier lorsqu'il y songeoit le moins, et l'auroit forcé sans doute si les premières troupes eussent entré dedans sans marchander : au lieu qu'elles se mirent en bataille vis-à-vis de Saint-Andras, pendant que d'autres attaquèrent le quartier de Balthazar, qui les repoussa avec vigueur, et vint joindre M. le prince, qui étoit monté à cheval au premier bruit. Ils furent quelque temps en présence, mais la nuit étant obscure, il n'y eut point de combat ; et M. le prince se retira sans rien perdre, étant plus redevable de son salut à la trop grande précaution de ses ennemis qu'à la sienne propre.

Le comte d'Harcourt ne le suivit pas plus avant ; et M. le prince, continuant le dessein qu'il avoit d'aller à Bergerac et de le faire fortifier, passa à Libourne, dont le comte de Maure étoit gouverneur. Il lui laissa ses ordres pour y continuer quelques dehors. Le maréchal de La Force arriva en même temps que lui à Bergerac, avec son fils le marquis de Castelnau, qui commandoit dans la place ; et le duc de La Rochefoucauld, qui étoit venu de la haute Guyenne avec M. le prince de Conti, s'y rendit aussi.

Ce fut en ce même temps que commencèrent à paroître à Bordeaux les factions et les partialités qui ont ruiné le parti de M. le prince en Guyenne, divisé sa maison, séparé de ses intérêts les plus proches, et l'ont enfin réduit à chercher parmi les Espagnols une retraite dont il les paie tous les jours (1) par tant de grandes actions qui leur ont plus d'une fois sauvé la Flandre. Je me réserve de dire en son lieu, le plus brièvement que je pourrai, les causes d'un si grand changement, lorsque j'en rapporterai les effets ; et je passerai maintenant au récit de ce que M. le prince fit durant cet intervalle.

Son principal soin étoit de réparer promptement les places de Guyenne ; mais il s'attachoit particulièrement à mettre Bergerac en état de se défendre. Il y employa quelques jours avec beaucoup d'application, pendant lesquels il apprit que ses affaires dépérissoient en Saintonge ; que le comte Du Dognon étoit renfermé dans ses places, n'osant en sortir par ses défiances ordinaires ; que le prince de Tarente avoit reçu quelque désavantage dans un combat qui s'étoit donné auprès de Pons ; que Saintes, qu'il croyoit en état de soutenir un grand siège par les travaux qu'on y avoit faits et par une garnison de ses meilleures troupes, s'étoit rendue sans faire de résistance considérable ; et que Taillebourg, qui étoit assiégé, étoit près de suivre l'exemple de Saintes. M. le prince fut encore informé que le marquis de Saint-Luc assembloit un corps pour s'opposer à celui de M. le prince de Conti, qui avoit pris Caudecoste, et quelque autre petite ville peu importante. Cette dernière nouvelle étoit la seule où il pouvoit apporter quelque remède ; mais comme il savoit que le marquis de Saint-Luc étoit encore éloigné de M. le prince de Conti, il crut ne devoir pas passer dans la haute Guyenne sans être informé plus particulièrement de l'état des affaires de Bordeaux ; et, pour cet effet, il manda à madame la princesse et à madame de Longueville de se rendre à Libourne, où il arriva en même temps qu'elles. Il y demeura un jour seulement, et y donna les ordres qui dépendoient de lui pour empêcher le progrès du mal que la division commençoit de faire naître dans son parti et dans sa famille.

Il partit après ces choses avec le duc de La Rochefoucauld pour aller joindre le prince de Conti, qui étoit avec ses troupes en un lieu nommé Staffort, à quatre lieues au-dessus d'Agen. Mais ayant appris près de Libourne, par un courrier, que le marquis de Saint-Luc marchoit vers Staffort, il crut que sa présence seroit d'un grand secours, et fit toute la diligence possible pour joindre M. le prince de Conti avant que l'un ou l'autre eût rien entrepris. En effet, étant arrivé à Staffort, il trouva que M. le prince de Conti rassembloit ses quartiers, dans la créance que le marquis de Saint-Luc le devoit combattre. Il sut de plus qu'il étoit à Miradoux avec les régiments de Champagne et de Lorraine, et que sa cavalerie étoit logée séparément dans des fermes et dans des villages proches. Alors, prenant son parti avec sa diligence accoutumée, il résolut de marcher toute la nuit pour enlever les quartiers de cavalerie du marquis de Saint-Luc. Pour exécuter ce dessein, il prit celle qui se trouva à Staffort, où il laissa monsieur son frère, avec ordre de le suivre dès que le reste de ses troupes seroit arrivé. Il partit à l'heure même avec le duc de La Rochefoucauld ; et, bien que le chemin fût long et mauvais, il arriva devant le jour à un pont où les ennemis avoient un corps-de-garde de douze ou quinze maîtres. Il les fit pousser d'abord ; ceux qui se sauvèrent donnèrent l'alarme à toutes leurs troupes, et les firent monter à cheval. Quelques escadrons firent ferme près de Miradoux ; mais il les chargea et les rompit sans beaucoup de peine. Il y eut six régiments de défaits ; on prit beaucoup d'équipages et de prisonniers, et le reste se retira à Miradoux. Cette petite ville est située sur la hauteur d'une montagne, dont elle n'occupe que la moi-

---

(1) Ce passage donne à entendre que Condé commandoit les armées espagnoles, pendant que La Rochefou- cauld terminoit ses Mémoires ; ce qui fixe l'époque de leur rédaction entre 1653 et 1659.

tié ; elle n'a pour toutes fortifications qu'un méchant fossé et une simple muraille, où les maisons sont attachées. Dès que le jour fut venu, le marquis de Saint-Luc mit toutes ses troupes en bataille dans l'esplanade qui est devant la porte de la ville ; M. le prince attendit au bas de la montagne celles que M. le prince de Conti lui amenoit : elles arrivèrent bientôt après ; mais comme la montée est assez droite et fort longue, et que les terres y sont grasses en hiver, et divisées par des fossés et par des haies, M. le prince vit bien qu'il ne pouvoit aller en bataille aux ennemis sans se mettre en désordre, et sans se rompre lui-même avant que d'être arrivé à eux. Ainsi il se contenta de faire avancer son infanterie, et de chasser avec beaucoup de feu les ennemis de quelques postes qu'ils avoient occupés. Il y eut aussi deux ou trois escadrons qui combattirent ; et toute la journée se passa en de continuelles escarmouches, sans que le marquis de Saint-Luc quittât la hauteur, et sans que M. le prince entreprît de l'aller attaquer en un lieu si avantageux, n'ayant point de canon et n'en pouvant avoir. Le lendemain, il donna ses ordres pour en faire venir deux pièces ; et cependant jugeant bien que le bruit de son arrivée étonneroit plus ses ennemis que l'avantage qu'il avoit remporté sur eux, il donna la liberté à quelques prisonniers pour en porter la nouvelle au marquis de Saint-Luc. Elle fit bientôt l'effet qu'il avoit désiré, car les soldats en prirent l'épouvante ; et elle mit une si grande consternation parmi les officiers, qu'à peine attendirent-ils la nuit pour cacher leur retraite et se sauver à Lectoure. M. le prince, qui l'avoit prévu ; mit des corps-de-garde si près des ennemis, qu'il fut averti dans le moment qu'ils marchèrent ; et on peut dire que son extrême diligence l'empêcha de les défaire entièrement ; car, sans attendre que l'infanterie fût engagée dans le chemin où rien n'auroit pu l'empêcher d'être taillée en pièces, il la chargea sur le bord du fossé de Miradoux, et, entrant l'épée à la main dans les bataillons de Champagne et de Lorraine, il les renversa dans le fossé, demandant quartier et jetant leurs armes ; mais comme on ne pouvoit aller à cheval à eux, ils eurent la facilité de rentrer dans Miradoux, moins pour défendre la place que pour sauver leur vie. M. le prince de Conti combattit toujours auprès de monsieur son frère, qui suivit le marquis de Saint-Luc et le reste des fuyards jusqu'auprès de Lectoure, et revint investir Miradoux, où Morins, maréchal de camp, et Couvonges, mestre-de-camp de Lorraine, étoient entrés avec plusieurs officiers. M. le prince les fit sommer, croyant que des gens battus, qui étoient sans munitions de guerre et sans vivres, n'entreprendroient pas de défendre une si méchante place. En effet, ils offrirent d'abord de la rendre, et d'aller joindre le marquis de Saint-Luc. Mais M. le prince, qui ne vouloit pas laisser sauver de si bonne infanterie, et qui comptoit pour rien d'être maître d'un lieu de nulle considération, s'attacha à les vouloir prendre prisonniers de guerre, ou à les obliger de ne servir de six mois. Ces conditions leur parurent si rudes qu'ils aimèrent mieux se défendre, et réparer en quelque sorte la honte du jour précédent, que de l'augmenter par une telle capitulation. Ils trouvèrent que les habitans avoient des vivres ; et, jugeant bien que M. le prince n'étoit pas en état de faire des lignes, ils crurent qu'on pourroit aisément leur faire porter de la poudre, de la mèche et du plomb. En effet, le marquis de Saint-Luc y en fit entrer la nuit suivante, et continua toujours de les rafraîchir des choses nécessaires tant que le siége dura, quelque soin qu'on pût prendre pour l'empêcher. Cependant M. le prince renvoya monsieur son frère à Bordeaux, et connut bientôt qu'il eût mieux fait de recevoir Miradoux aux conditions qu'on lui avoit offertes, que de s'engager à un siége, manquant comme il faisoit de toutes choses, et n'étant pas même assuré d'avoir du canon. Néanmoins, comme on est souvent obligé à continuer de sang-froid ce qu'on a commencé en colère, il voulut soutenir son dessein jusqu'au bout, croyant étonner ses ennemis, et qu'il en feroit un exemple. Il tira donc d'Agen deux pièces, l'une de dix-huit livres et l'autre de douze, avec un très-petit nombre de boulets de calibre ; mais il crut qu'il y en auroit assez pour faire brèche et les emporter d'assaut, avant que le comte d'Harcourt, qui marchoit à lui, pût être arrivé. En effet, on prit des maisons assez près de la porte, où on mit les deux pièces en batterie. Elles firent d'abord beaucoup d'effet dans la muraille, mais les boulets manquèrent aussi bientôt ; de sorte qu'on étoit contraint de donner de l'argent à des soldats pour aller chercher dans le fossé les boulets qu'on avoit tirés. Les assiégés se défendoient assez bien, pour le peu de munitions qu'ils avoient ; et ils firent deux sorties avec beaucoup de vigueur. Enfin la brèche commençoit de paroître raisonnable, et la muraille étant tombée avec des maisons qui y tenoient, avoit fait une fort grande ouverture. Mais tout ce débris servit d'un nouveau retranchement aux assiégés ; car le toit de la maison où se fit la brèche étant tombé dans la cave, ils y mirent le feu, et se retranchèrent de l'autre côté : de sorte que cette cave ardente devint un fossé qui ne se pouvoit passer. Cet obstacle retint M. le prince; il ne voulut pas hasarder une attaque qui auroit sans doute rebuté ses troupes et augmenté le courage des ennemis. Il résolut de faire battre un autre endroit où les maisons n'avoient point de caves; et il y avoit un jour que l'on commençoit d'y tirer, lorsqu'il reçut avis que le comte d'Harcourt marchoit à lui, et qu'il arriveroit le lendemain à Miradoux. Leurs forces étaient trop inégales pour hasarder un combat. Ainsi il résolut de lever le siége et de se retirer à Staffort, où il arriva sans avoir été suivi de ses ennemis.

Cette ville n'est ni plus grande ni meilleure que Miradoux; mais comme le comte d'Harcourt étoit au-delà de la Garonne, et qu'il ne la pouvoit passer qu'à un lieu nommé Auvillars, M. le prince ayant l'autre côté du pays libre, sépara ses quartiers, dans la créance que c'étoit assez d'en mettre quelques-uns près d'Auvillars, et de commander qu'on détachât continuellement des partis de ce côté-là pour être averti de tout ce que les ennemis voudroient entreprendre: mais il ne prévit pas que de nouvelles troupes et de méchans officiers exécutent d'ordinaire ce qui leur est commandé d'une manière bien différente de ce qu'ont accoutumé de faire des gens éprouvés et aguerris; et cet ordre, qui auroit suffi pour mettre un camp en sûreté, pensa perdre M. le prince, et l'exposer à la honte d'être surpris et défait: car de tous les partis commandés pas un ne suivit son ordre; et au lieu d'apprendre des nouvelles du comte d'Harcourt, ils allèrent piller les villages voisins. Ainsi il passa la rivière, marcha en bataille au milieu des quartiers de M. le prince, et arriva à un quart de lieue de lui, sans que personne en prît l'alarme ni lui en vînt donner avis. Enfin des gens poussés lui ayant apporté cette nouvelle avec le trouble ordinaire en semblables occasions, il monta à cheval, suivi du duc de La Rochefoucauld, du comte de Marsin et du marquis de Montespan, pour voir le dessein des ennemis: mais il n'eut pas fait cinq cents pas qu'il vit leurs escadrons qui se détachoient pour aller attaquer ses quartiers; et même des gens s'ébranlèrent pour le pousser. Dans cette extrémité, il n'eut point d'autre parti à prendre que d'envoyer faire monter à cheval ses quartiers les plus éloignés, et de revenir joindre ce qu'il avoit d'infanterie campée sous Staffort, qu'il fit marcher à Boué pour y passer la Garonne en bateau, et se retirer à Agen. Il envoya tous les bagages au port Sainte-Marie, et laissa un capitaine à Staffort, et soixante mousquetaires avec une pièce de douze livres qu'il ne put emmener. Le comte d'Harcourt ne se servit pas mieux de cet avantage qu'il avoit fait de ceux qu'il pouvoit prendre à Tonnay-Charente et à Saint-Andras; car au lieu de suivre M. le prince et de le charger dans le désordre d'une retraite sans cavalerie, et contraint de passer la Garonne pour se mettre à couvert, il s'arrêta pour investir le quartier le plus proche de Staffort, nommé Le Pergan, où étoient logés trois ou quatre cents chevaux des gardes de M. le prince, et des généraux. Ainsi il lui donna douze ou treize heures, dont il passa la plus grande partie à Boué, à faire passer la rivière à ses troupes, avec un désordre et des difficultés incroyables, et toujours en état d'être taillé en pièces si on l'eût attaqué.

Quelque temps après que M. le prince fut arrivé à Agen avec toute son infanterie, on vit paroitre quelques escadrons de l'autre côté de la rivière, qui s'étoient avancés pour prendre des bagages qui étoient près de passer l'eau. Mais ils furent repoussés avec vigueur par soixante maîtres du régiment de Montespan, qui donnèrent tout le temps nécessaire à des bateaux chargés de mousquetaires d'arriver, et de faire retirer les ennemis. Ce jour même, M. le prince sut que sa cavalerie étoit arrivée à Sainte-Marie sans avoir combattu ni rien perdu de son équipage, et que ses gardes se défendoient encore dans Le Pergan, sans qu'il y eût toutefois apparence de les pouvoir secourir. En effet, ils se rendirent prisonniers de guerre le lendemain; et ce fut tout l'avantage que tira le comte d'Harcourt d'une occasion où sa fortune et la négligence des troupes de M. le prince lui avoient offert une entière victoire. Ces mauvais succès furent bientôt suivis de la sédition d'Agen, et obligèrent M. le prince à tourner ses principales espérances du côté de Paris, et d'y porter la guerre, comme je le dirai dans la suite.

M. le prince ayant donc été contraint de se retirer à Agen, il trouva que les cabales et les divisions de la ville lui faisoient assez connoître qu'elle ne demeureroit dans son parti qu'autant qu'elle y seroit retenue par sa présence ou par une forte garnison: ce fut pour s'en assurer par ce dernier moyen qu'il se résolut d'y faire entrer le régiment d'infanterie de Conti, et de le rendre maître d'une porte de la ville, pour ôter au peuple la liberté de refuser la garnison. Mais comme ce dessein ne fut pas secret, il fut bientôt répandu dans la ville. A l'heure même les bourgeois prirent les armes, et firent des barricades. M. le prince en étant averti, monta à cheval pour empêcher la sédition par sa présence et pour demeurer maître de la porte de Grave jusqu'à ce que le régiment de Conti s'en fût emparé, mais l'arrivée des troupes augmenta le désordre au lieu de l'apaiser. Elles entrèrent, et firent halte dans la première rue, et bien que M. le prince et M. le prince de Conti et tous les officiers généraux de l'armée voulussent apaiser le désordre, ils ne purent empêcher que toutes les rues ne fussent barricadées en un instant. Le peuple néanmoins conserva toujours du respect pour M. le prince et pour les officiers généraux; mais la rumeur augmentoit dans tous les lieux où ils n'étoient point. Les choses ne pouvoient plus demeurer en cet état. Les troupes, comme je l'ai dit, tenoient la porte de Grave, et la moitié de la rue qui y aboutit. Le peuple étoit sous les armes; toutes les rues barricadées, et des corps-de-garde partout. La nuit approchoit, qui eût augmenté le désordre, et M. le prince se voyoit réduit à sortir honteusement de la ville, ou à la faire piller ou brûler : l'un ou l'autre de ces partis ruinoit également le sien; car s'il quittoit Agen, les troupes du Roi y alloient être reçues; et s'il le brûloit, ce traitement soulevoit contre lui toute la province, dont les plus considérables villes tenoient encore son parti. Ces raisons le portèrent à désirer de trouver quelque accommodement qui sauvât son autorité en apparence, et qui lui servît de prétexte de pardonner au peuple. Le duc de La Rochefoucauld parla aux principaux bourgeois, et les disposa d'aller à l'hôtel-de-ville pour député quelqu'un d'entre eux vers M. le prince pour lui demander pardon, et le supplier de venir à l'assemblée leur prescrire les moyens de lui conserver Agen dans la soumission et la fidélité qu'ils lui avoient jurées. M. le prince y alla, et leur dit que son intention avoit toujours été de leur laisser la liberté tout entière, et que les troupes n'étoient entrées que pour soulager les bourgeois dans la garde de leur ville; mais que puisqu'ils ne le désiroient pas, il consentoit de les faire sortir, pourvu que la ville fît un régiment d'infanterie à ses dépens, dont il nommeroit les officiers. On accepta facilement ces conditions : on défit les barricades; les troupes sortirent, et la ville fut tranquille et soumise en apparence, comme auparavant la sédition. Quoique M. le prince ne pût se fier à une obéissance si suspecte, il fit néanmoins quelque séjour à Agen pour remettre la ville en son état ordinaire.

Ce fut en ce temps-là qu'il reçut nouvelle que l'armée de Flandre commandée par le duc de Nemours, et les troupes de M. le duc d'Orléans commandés par le duc de Beaufort, s'étoient jointes, et marchoient vers la rivière de Loire. Il eut la joie de voir, au milieu de la France, une armée d'Espagne qu'il avoit si long-temps attendue, et qui pouvoit secourir Montrond, ou venir le joindre en Guyenne. Cette joie fut néanmoins mêlée d'inquiétude; il sut que la division et l'aigreur des ducs de Nemours et de Beaufort étoient venues à une extrémité très-dangereuse. Ils ne pouvoient compatir ensemble; et leurs forces séparées n'étoient pas suffisantes pour tenir la campagne devant l'armée du Roi, commandée par M. de Turenne et le maréchal d'Hocquincourt, fortifiée des troupes que le cardinal avoit amenées d'Allemagne, et encore du voisinage de la cour.

Les ordres que M. le prince avoient donnés au duc de Nemours étoient de passer la rivière de Loire pour secourir Montroud, et de marcher aussitôt vers la Guyenne; et le duc de Beaufort en recevoit de tout contraires de M. le duc d'Orléans, qui ne pouvoit consentir que l'armée s'éloignât de Paris, et appréhendoit que les peuples ou le parlement changeassent de sentiment lorsqu'ils verroient l'armée de M. de Nemours passer en Guyenne, et celle du roi demeurer dans leur voisinage. Le coadjuteur de Paris, qui avoit alors plus de part qu'nul autre à la confiance de M. le duc d'Orléans, appuyoit ce conseil, et augmentoit encore ses craintes et ses irrésolutions. Cet avis de retenir l'armée au-deçà de la rivière de Loire la rendoit non-seulement inutile à M. le prince, de qui le coadjuteur étoit ennemi déclaré, mais le rendoit lui-même plus considérable à la cour, en y faisant voir qu'étant maître de la conduite de Monsieur, il pouvoit avancer ou retarder le progrès de l'armée; et il avançoit par ce moyen son dessein d'obtenir le chapeau de cardinal.

D'autre côté, M. de Chavigny écrivit plusieurs fois à M. le prince pour le presser de quitter la Guyenne. Il lui représentoit le besoin que l'armée avoit de sa présence; que se détruisant, toutes ses ressources étoient perdues; et que faisant des progrès dans le royaume à la vue du Roi, il rétabliroit en un moment non-seulement la Guyenne, mais tout le reste de son parti.

Ce n'étoient pas là les seules raisons de M. de Chavigny; il avoit des desseins bien plus relevés : il prétendoit gouverner Monsieur en lui faisant connoître qu'il gouvernoit M. le prince, et s'assuroit aussi de se rendre maître de la conduite de M. le prince en lui faisant voir qu'il l'étoit de celle de Monsieur. Ses projets ne s'arrêtoient pas encore là. Dès le commencement de la guerre il avoit pris des mesures pour être négociateur de la paix des princes, et s'étoit uni avec le duc de Rohan, croyant qu'il lui pouvoit être également utile vers Monsieur et vers M. le prince. Il croyoit aussi avoir pris toutes les précautions nécessaires vers le cardinal, par le moyen de M. de Fabert, gouverneur de Sedan; et comme il ne mettoit point de bornes à son ambition et à ses espérances, il ne douta point qu'en faisant la paix particulière il ne fût choisi pour aller avec le cardinal conclure la paix générale. Il crut aussi qu'en se servant de la considération que M. le prince lui pouvoit donner parmi les Espagnols, il auroit tout le mérite des bons succès, et que le cardinal au contraire seroit chargé de la honte et du blâme des mauvais événemens; et qu'ainsi il rentreroit dans les affaires, ou avec la gloire d'avoir fait la paix, ou avec l'avantage d'avoir fait connoître que le cardinal l'auroit rompue.

M. le prince se laissa persuader facilement à ce voyage par les raisons que lui avoit écrites M. de Chavigny; mais le principal motif qui l'y porta fut l'impatience de quitter la Guyenne dans un temps où le petit nombre et la foiblesse de ses troupes l'obligeoit sans cesse à lâcher le pied devant le comte d'Harcourt. En effet, la guerre se soutenoit alors dans la Guyenne par la seule vigilance et la réputation de M. le prince; et le comte d'Harcourt avoit déjà rétabli, par sa conduite et par sa fortune, tout le désavantage que la défaite du marquis de Saint-Luc à Miradoux avoit apporté aux armes du Roi. Le siège de Miradoux étoit levé; les gardes de M. le prince et trois ou quatre cents chevaux avoient été pris dans leurs quartiers au Pergan; et M. le prince lui-même, avec le reste de ses troupes, avoit été contraint de quitter Stafford, de repasser la Garonne à Boué, et de se retirer à Agen, comme j'ai dit. Ce fut en ce lieu-là qu'il communiqua le dessein du voyage de Paris au duc de La Rochefoucauld et au comte de Marsin. L'un et l'autre lui représentèrent également ce qu'il y avoit sujet d'en craindre et d'en espérer: pas un ne lui voulut donner de conseil, mais tous deux lui demandèrent instamment de le suivre. Il choisit le duc de La Rochefoucault pour l'accompagner, et laissa le comte de Marsin auprès du prince de Conti, se reposant entièrement sur lui du soin de maintenir son parti en Guyenne, et de conserver Bordeaux parmi les divisions qu'on avoit fomentées dans tous les ordres de la ville, où les affaires étoient en l'état que je vais dire.

Le peuple y étoit divisé en deux cabales: les riches bourgeois en composoient une, dont les sentimens étoient de maintenir l'autorité de leurs magistrats, et de se rendre si puissans et si nécessaires, que M. le prince les considérât comme ceux qui pouvoient le plus contribuer à sa conservation. L'autre cabale étoit formée par les moins riches et les plus séditieux, qui, s'étant assemblés plusieurs fois par hasard en un lieu proche le château du Ha, nommé l'*Ormée*, en retinrent depuis ce nom.

Le parlement, de son côté, n'étoit pas moins partagé que le peuple. Ceux de ce corps qui étoient contre la cour s'étoient aussi divisés en deux factions, l'une s'appeloit la grande Fronde, et l'autre la petite Fronde; et bien que tous deux s'accordassent à favoriser les intérêts de M. le prince, chacune cherchoit avec ardeur de s'établir près de lui à l'exclusion de l'autre. Au commencement, l'Ormée avoit été unie avec l'une et l'autre Fronde, et s'en étoit plusieurs fois séparée selon les divers intérêts qui ont accoutumé de faire agir les gens de cette sorte, lorsque M. le prince de Conti et madame de Longueville s'étant malheureusement divisés, augmentèrent à un tel point le crédit et l'insolence de cette faction pour se l'attacher, qu'ils avançoient la perte de leur parti en désespérant le parlement et la meilleure partie du peuple, et en donnant lieu à plusieurs conjurations, et à toutes les autres intelligences de la cour qui ont enfin soustrait Bordeaux au parti de M. le prince.

Je ne parlerai qu'en passant des sujets qui ont causé tant de désordres, et dirai seulement, sans entrer dans le particulier de beaucoup de choses qui ne se peuvent écrire, que M. le prince de Conti s'étant laissé persuader par ses gens, gagnés par le cardinal Mazarin, à rompre avec éclat avec madame de Longueville, sur des prétextes que la bienséance et l'intérêt du sang lui devoient faire cacher, ils fomentèrent en haine l'un de l'autre la fureur de l'Ormée, et sacrifièrent en tant de rencontres les plus grands avantages du parti à leurs passions et à leur aigreur particulière, qu'au lieu d'établir leur autorité, et de se rendre par là nécessaires à M. le prince, comme chacun d'eux en avoit le dessein, ils donnèrent cours aux désordres et aux séditions du peuple qui furent si près de les envelopper, et qui les réduisirent enfin à la nécessité d'abandonner M. le prince, et de subir toutes les conditions que le cardinal voulut leur imposer.

Le duc de La Rochefoucauld, qui étoit persuadé par plusieurs expériences que leur commune grandeur dépendoit de leur union, s'étoit trouvé plus en état que personne de la maintenir entre eux depuis la guerre de Paris. Mais alors madame de Longueville crut mieux trouver ses avantages en changeant le plan de ces choses; et il arriva néanmoins que les moyens dont elle se servit pour en venir à bout la brouillèrent avec messieurs ses frères.

M. le prince de Conti étoit porté à la paix par l'ennui et par la lassitude qu'il avoit d'une guerre où il ne s'étoit engagé que pour plaire à madame sa sœur, et dont il se repentit du moment qu'il fut mal avec elle. Il allégua depuis, pour se justifier, que monsieur son frère, après lui avoir donné un écrit par lequel il promettoit de ne point traiter sans lui faire avoir le gouvernement de Provence, s'étoit ordinairement relâché sur ses intérêts. Mais la véritable cause de son détachement fut cette animosité contre madame sa sœur, dont je viens de parler, et qui le jetoit dans un emportement de colère et de jalousie contre elle qui eût été plus supportable à un amant qu'à un frère.

D'autre côté, M. le prince, encore qu'il parlât moins que lui des sentiments de madame de Longueville et de sa conduite dans le parti, n'en étoit pas dans son cœur plus avantageusement persuadé. Il savoit la liaison qu'elle avoit faite avec le duc de Nemours, et ce qu'il avoit pensé produire contre ses vrais intérêts ; et il craignoit qu'elle ne fût capable d'en prendre qui pourroient peut-être causer encore de plus grands embarras.

Pour augmenter celui où se trouvoit alors madame de Longueville, il y avoit de plus qu'elle se croyoit irréconciliable avec son mari par les plus mauvais offices qu'on lui avoit rendus auprès de lui, et par l'impression qu'il avoit qu'elle n'eût trop de part à cette guerre. Elle avoit aussi tenté inutilement de se raccommoder à la cour par la princesse palatine ; de sorte que se voyant également ruinée de tous les côtés, elle avoit été contrainte de chercher, pour dernière ressource, l'appui de la faction de l'Ormée, et de s'efforcer de la rendre si puissante qu'elle pût la rétablir et lui donner une nouvelle considération envers M. le prince ou envers la cour.

Au contraire, M. le prince de Conti, pour satisfaire sa vengeance, ne songeoit qu'à ruiner le crédit de madame sa sœur parmi les plus considérables de cette même faction pour se les acquérir en leur permettant toute sorte d'excès, plutôt que de les laisser regagner par une personne contre laquelle il étoit si fort aigri ; de sorte que M. le prince, qui prévoyoit ce qu'une si grande opposition de sentiments alloit produire dans son parti, et qui jugeoit bien que l'aigreur et la division augmenteroient encore par son éloignement, laissa le comte de Marsin, comme nous venons de voir, pour remédier autant qu'il pourroit à de si grands désordes, et en tout événement pour empêcher que M. le prince de Conti et madame de Longueville n'entreprissent rien qui lui pût préjudicier durant son absence. Après donc avoir réglé avec le comte de Marsin et avec M. Lenet ce qui regardoit l'armée de Guyenne, les cabales de Bordeaux et celles de sa famille, il fit venir M. le prince de Conti à Agen, et en lui laissant le titre du commandement, le pria de suivre les avis du comte de Marsin et de M. Lenet. Il témoigna aussi en apparence beaucoup de confiance au président Viole ; mais en effet il ne croyoit laisser personne à Bordeaux qui fût véritablement dans ses intérêts, que les deux que je viens de nommer.

Les choses étant en cet état, il se prépara à partir d'Agen pour aller joindre l'armée de M. de Nemours. Ce voyage étoit fort long, et plein de tant de difficultés, qu'on ne pouvoit vraisemblablement se promettre de les surmonter. Le comte d'Harcourt étoit près d'Agen. Il y avoit dans la ville trop de gens gagnés de la cour pour ne donner pas avis du départ de M. le prince : ceux mêmes de son parti avoient soupçonné son voyage, et le bruit en avoit couru avant qu'il fût résolu. Le chemin étoit près de six-vingts lieues, qu'il falloit faire sur les mêmes chevaux. Le comte d'Harcourt pouvoit non-seulement le faire suivre par des partis, mais encore donner en poste avis à la cour de sa marche, et mander aux villes et aux garnisons de s'opposer à son passage. De plus, il ne pouvoit confier cette affaire à beaucoup de gens, et un petit nombre n'étoit pas capable de l'accompagner avec sûreté. Il falloit encore persuader à tout le monde qu'il alloit à Bordeaux, et empêcher les officiers de le suivre, sous des prétextes qui ne leur fissent rien imaginer de son dessein. Pour cet effet il laissa M. le prince de Conti à Agen ; et feignant de vouloir aller à Bordeaux pour deux ou trois jours seulement, il donna ordre à tous les officiers et à tous les volontaires de demeurer à Agen auprès de monsieur son frère.

M. le prince partit d'Agen le jour des Rameaux à midi, avec le duc de La Rochefoucauld, le prince de Marsillac son fils, Chavagnac, le comte de Guitaut, Gourville et un valet de chambre. Le marquis de Lévis l'attendoit avec des chevaux à Lanquais, maison du duc de Bouillon, où étoit Bercenet, capitaine des gardes du duc de La Rochefoucauld, qui fut aussi du voyage ; et comme le marquis de Lévis avoit un passe-port du comte d'Harcourt pour se retirer chez lui en Auvergne avec son train, M. le prince et ceux qui l'accompagnoient passèrent, à la suite du marquis de Lévis, pour les mêmes domestiques dont les noms étoient écrits dans son passe-port. Ce qu'il y eut de plus rude dans ce voyage fut l'extraordinaire diligence avec laquelle on marcha jour et nuit, presque toujours sur les mêmes chevaux, et sans demeurer jamais deux heures en même lieu. On logea chez deux ou trois gentilshommes, amis du marquis de Lévis, pour se reposer quelques heures et pour acheter des chevaux; mais ces hôtes soupçonnoient si peu M. le prince d'être ce qu'il étoit, que dans un de ces repas où l'on dit d'ordinaire ses sentimens avec plus de sincérité qu'ailleurs, il put apprendre des nouvelles de ses proches (1) qu'il avoit peut-être ignorées jusqu'alors. Enfin, après avoir pris son chemin par la vicomté de Turenne et par Charlus en Auvergne, il arriva, le samedi soir, au Bec-d'Allier, à deux lieues de La Charité, où il passa la rivière de Loire sans aucun empêchement, bien qu'il y eût deux compagnies de cavalerie dans La Charité, commandées par Bussy-Rabutin.

Il dépêcha, de La Charité, Gourville à Paris, pour avertir Son Altesse Royale et M. de Chavigny de sa marche. Il passa le jour de Pâques dans Cosne, où l'on faisoit garde; et comme la cour étoit alors à Gien, il dit partout qu'il alloit avec ses compagnons servir son quartier auprès du Roi. Néanmoins, jugeant bien qu'il ne pouvoit suivre long-temps le grand chemin de la cour sans être connu, il résolut de le quitter pour prendre celui de Châtillon-sur-Loing. Il pensa même avoir sujet de se repentir de ne l'avoir pas fait plus tôt, parce qu'ayant rencontré deux courriers qui venoient de la cour, il y en eut un qui reconnut le comte de Guitaut; et bien qu'il ne s'arrêtât pas pour lui parler, il parut assez d'émotion en son visage pour faire juger qu'il soupçonnoit que M. le prince fût là. Il s'en éclaircit bientôt après; car ayant rencontré le valet de chambre de M. le prince qui étoit demeuré mille pas derrière, il l'arrêta; et faisant semblant de le vouloir tuer, il apprit que son soupçon étoit bien fondé. Cet accident fit résoudre M. le prince non-seulement de quitter le grand chemin à l'heure même, mais encore de laisser Bercenet dans des masures proche d'un pont, sur le chemin que devoit tenir ce courrier pour retourner à la cour, afin de le tuer s'il y alloit; mais la fortune de cet homme lui fit prendre un autre chemin pour aller porter en diligence à Gien la nouvelle de ce qu'il avoit vu.

On dépêcha à l'heure même Sainte-Maure, avec vingt maîtres choisis, pour aller attendre M. le prince sur le chemin qui conduisoit de Châtillon à l'armée de M. de Nemours, avec ordre de le prendre mort ou vif. Mais comme il jugeoit bien que la rencontre que je viens de dire feroit indubitablement découvrir son passage, il marcha en diligence vers Châtillon; et parce qu'il lui falloit faire ce jour-là trente-cinq lieues sur les mêmes chevaux, la nécessité de repaître le fit retarder long-temps, et eût donné à Sainte-Maure celui qu'il lui falloit pour le joindre, s'il ne l'eût évité heureusement. Un autre accident pensa encore faire prendre M. le prince; car étant arrivé au canal de Briare, il rencontra les marechaux des logis de deux ou trois régimens de cavalerie qui venoient au logement en ce lieu-là; et comme les corps y arrivoient par différens côtés, il étoit encore plus difficile de prendre un chemin assuré. Chavagnac, qui connoissoit près de là un gentilhomme nommé La Brûlerie, le voulut aller chercher avec le comte de Guitaut pour prendre dans sa maison quelque chose à manger, et le porter à M. le prince, qui cependant n'avoit pu demeurer au lieu où il l'avoit laissé à cause de l'arrivée des troupes. Il avoit déjà envoyé son valet de chambre à Châtillon pour avertir le concierge de tenir la porte du parc ouverte; et ainsi il n'avoit avec lui que le duc de La Rochefoucauld et le prince de Marsillac. Ils prirent tous trois le chemin de Châtillon. Le prince de Marsillac marchoit cent pas devant M. le prince, et le duc de La Rochefoucauld alloit après lui à même distance, afin qu'étant averti par l'un des deux, il pût avoir quelque avantage pour se sauver. Ils n'eurent pas fait grand chemin en cet état, qu'ils entendirent des coups de pistolet du côté où étoit allé le valet de chambre vers Châtillon, et en même temps ils virent paroître quatre cavaliers sur leur main gauche qui marchoient au trot vers eux. Ils ne doutèrent point alors qu'ils ne fussent suivis; et prenant le parti de les charger, ils tournèrent à eux, dans le dessein de se faire tuer plutôt que d'être pris. Mais ils reconnurent que c'étoient le comte de Guitaut et Chavagnac, qui les cherchoient avec deux autres gentilshommes (1).

Ce voyage de M. le prince étoit plein sans

---

(1) Voyez à ce sujet les Mémoires de Gourville.

(2) A ces détails l'édition de 1725 ajoute les suivants:
« Comme cette journée-là étoit destinée aux aventures, » dans l'instant que Chavagnac sortoit de cette maison » (celle où il étoit allé demander des vivres pour le » prince) pour chercher le maître, et pour dire à Guitaut » d'y aller, un officier des régimens que j'ai dit y arriva; » et tout ce que put faire la maîtresse de la maison, dans » la crainte de voir arriver du désordre chez elle par la » rencontre de gens de différent parti, fut d'envoyer sa » fille au devant de Guitaut, pour l'avertir qu'il étoit en» tré chez elle un officier des troupes du Roi.

» Le prince de Condé apprit à Châtillon des nouvelles » de l'armée qu'il vouloit joindre, et sut qu'elle étoit vers » Lorris près de la forêt d'Orléans, à huit lieues de Châ» tillon. Il sut encore qu'il y avoit dix ou douze cheva» légers de la garde du Roi et quelques officiers logés » dans la ville de Châtillon, et cela l'obligea d'en partir » en diligence avec un guide pour Lorris. Ce guide pensa » être la cause de sa perte; car, après avoir long-temps doute d'aventures si périlleuses, que les moindres l'exposèrent à être pris par les troupes du Roi, ou à être tué; et ainsi il alla toujours de dangers en dangers jusques à Châtillon, où il apprit des nouvelles de l'armée qu'il vouloit joindre, et sut qu'elle étoit à huit lieues de là vers Lorris, près de la forêt d'Orléans. Ayant marché avec toute la diligence possible pour la joindre, il rencontra l'avant-garde de son armée (1), dont quelques cavaliers vinrent au qui-vive avec M. le prince; mais l'ayant reconnu, ce fut une surprise et une joie pour toute l'armée qui ne se peut exprimer. Jamais elle n'avoit eu tant de besoin de sa présence, et jamais elle ne l'avoit moins attendue. L'aigreur augmentoit tous les jours entre les ducs de Nemours et de Beaufort, et l'on voyoit périr avec certitude la seule ressource du parti par la division des chefs, lorsque la présence du Roi et celle de son armée les devoit le plus obliger à préférer l'intérêt public à leurs querelles particulières. Il étoit trop important à M. le prince de les terminer, pour n'y travailler pas avec tout l'empressement imaginable; et il lui fut d'autant plus facile d'en venir à bout, que son arrivée leur ôtant le commandement, leur ôtoit aussi la principale cause de leur jalousie et de leur haine. M. le prince fit marcher l'armée à Lorris, où elle se reposa un jour. Il s'en passa encore trois ou quatre, durant lesquels on alla à Montargis, qui se rendit sans résistance. On le quitta de bonne heure, parce qu'il étoit rempli de blé et de vin dont on se pouvoit servir au besoin, et aussi pour donner un exemple de douceur qui pût produire quelque effet avantageux pour le parti dans les autres ville. L'armée, partant de Montargis, alla à Château-Renard.

Gourville y arriva en même temps de Paris, pour rapporter à M. le prince les sentimens de ses amis sur sa conduite envers Monsieur et envers le parlement. Ces avis étoient bien différens; car les uns lui conseilloient de demeurer à l'armée, parce que les résolutions de Monsieur et du parlement dépendroient toujours des événemens de cette guerre, et que tant qu'il seroit à la tête d'une armée victorieuse, la puissance du parti résideroit en ses mains; au lieu qu'allant à Paris, il ôtoit à ses troupes la réputation que sa présence leur avoit donnée, et qu'il n'en pouvoit laisser le commandement qu'aux mêmes personnes dont la division et la jalousie avoient été sur le point de produire tant de désordres.

M. de Chavigny au contraire mandoit positivement à M. le prince que sa présence étoit nécessaire à Paris; que les cabales de la cour et du nouveau cardinal de Retz, auparavant coadjuteur de Paris, augmentoient tous les jours dans le parlement, et qu'enfin elles entraineroient sans doute M. le duc d'Orléans, si M. le prince ne venoit lui-même le retirer de la dépendance où il étoit, et mettre M. de Rohan et M. de Chavigny en la place du cardinal de Retz. La conclusion des avis des uns et des autres étoit qu'il falloit nécessairement entreprendre quelque chose de considérable sur l'armée du Roi; et qu'un événement heureux décideroit tout.

En ce même temps M. le prince apprit que le corps d'armée commandé par le maréchal d'Hocquincourt étoit encore dans des quartiers séparés assez proches de Château-Renard, et que le lendemain il se devoit joindre aux troupes de M. de Turenne. Cet avis le fit résoudre à marcher dès le soir même avec toute son armée droit aux troupes du maréchal d'Hocquincourt, pour ne point lui laisser le temps de les rassembler et de se retirer vers M. de Turenne. Le succès répondit à son attente : il entra d'abord dans deux quartiers, qui donnèrent l'alarme aux autres; mais cela n'empêcha pas qu'on n'en enlevât cinq tout de suite. Les quatre premiers ne firent presque point de résistance. Le maréchal d'Hocquincourt s'étant mis en bataille avec huit cents chevaux sur le bord d'un ruisseau qu'on ne pouvoit passer qu'à un sur une digue fort étroite et fort rompue, fit mine de vouloir disputer ce passage, au-delà duquel étoit le cinquième quartier qu'on alloit attaquer. Mais lorsque le duc de Nemours et trois ou quatre autres eurent passé le défilé, le maréchal, qui jugea bien que toute l'armée devoit être là, se retira derrière le quartier et le laissa piller, se contentant de se mettre en bataille pour essayer de prendre son temps de charger pendant le pillage. Ce quartier ne fit pas plus de résistance que les autres; mais comme les maisons étoient couvertes de chaume, et qu'on y mit le feu, il fut aisé au maréchal

---

» marché, il reconnut qu'il n'étoit qu'à une petite lieue
» de Gien; de sorte que, voulant quitter ce chemin-là
» pour prendre celui de Lorris, M. le prince passa à
» trente pas du lieu où Sainte-Maure l'attendoit; et soit
» que celui-ci ne le connût pas, ou qu'il n'osât le char-
» ger, rien ne s'opposa à son passage, et il arriva à Lor-
» ris, où il apprit des nouvelles certaines de son armée,
» qui n'étoit qu'à deux lieues de lui. Bien qu'il se cachât

» avec les mêmes précautions qu'il avoit fait ailleurs, il
» fut reconnu, et le duc de La Rochefoucauld aussi, par
» plusieurs habitans du lieu, desquels il y en avoit beau-
» coup qui étoient domestiques du Roi et de Monsieur :
» mais cela lui servit au lieu de lui nuire, car il y en eut
» quelques-uns qui montèrent à cheval avec lui, et l'ac-
» compagnèrent jusqu'à l'armée. »

(1) Le 1er avril 1652.

d'Hocquincourt de discerner à la clarté le nombre des troupes qui étoient passées ; et voyant qu'il n'y avoit pas plus de cent chevaux, il marcha pour les charger avec plus de huit cents. M. le prince, voyant fondre sur lui cette cavalerie, fit promptement un escadron de ce qu'il avoit avec lui, et marcha aux ennemis avec un nombre si inégal. Il sembloit que la fortune avoit fait trouver en ce lieu tout ce qu'il y avoit d'officiers généraux dans son armée, pour lui faire voir ce qu'un mauvais événement étoit capable de lui faire perdre d'un seul coup. Il avoit composé le premier rang, où il s'étoit mis, des ducs de Nemours, de Beaufort et de La Rochefoucauld, du prince de Marsillac, du marquis de Clinchant, qui commandoit les troupes d'Espagne ; du comte de Tavannes, lieutenant général ; du comte de Guitaut, de Gaucourt, et de quelques autres officiers. Les deux escadrons firent leur décharge d'assez près, sans que pas un pliât ; mais deux autres du maréchal ayant chargé aussitôt après celui de M. le prince, le duc de Nemours eut un coup de pistolet au travers du corps, et son cheval fut tué. L'escadron de M. le prince ne pouvant soutenir deux charges si près à près, se rompit, et se retira cent pas en désordre vers le quartier, qui étoit en feu. Mais M. le prince et les officiers généraux qui étoient avec lui ayant pris la tête de l'escadron, l'arrêtèrent ; les ennemis se contentèrent de l'avoir fait plier sans l'enfoncer, de crainte qu'il ne fût soutenu par l'infanterie, dont ils entendoient les tambours. Il y eut seulement quelques officiers et cavaliers qui avancèrent ; et le prince de Marsillac, qui se trouva douze ou quinze pas derrière l'escadron qui plioit, tourna un officier, et le tua d'un coup d'épée entre les deux escadrons. M. le prince, comme j'ai dit, arrêta le sien, et lui fit tourner tête aux ennemis. Cependant un autre escadron de trente maîtres passa le défilé : il se mit aussitôt à sa tête avec le duc de La Rochefoucauld, et attaquant le maréchal d'Hocquincourt par le flanc, le fit charger en tête par le premier escadron, où il avoit laissé le duc de Beaufort. Cela acheva de renverser les ennemis : une partie se jeta dans Blenenau (1), et on poussa le reste trois ou quatre lieues vers Auxerre, sans qu'ils essayassent de se rallier. Ils perdirent tout leur bagage, et on prit trois mille chevaux. Cette déroute eût été plus grande, si l'on n'eût donné avis à M. le prince que l'armée de M. de Turenne paroissoit. Cette nouvelle le fit retourner à son infanterie, qui s'étoit débandée pour piller ; et, après avoir rallié ses troupes, il marcha vers M. de Turenne, qui mit son armée en bataille dans de fort grandes plaines, et plus près que de la portée du mousquet d'un bois de très-grande étendue, par le milieu duquel l'armée de M. le prince devoit passer pour aller à lui. Ce passage étoit de soi assez large pour y pouvoir faire marcher deux escadrons de front ; mais comme il étoit fort marécageux, et qu'on y avoit fait plusieurs fossés pour le dessécher, on ne pouvoit arriver à la plaine qu'en défilant. M. le prince, la voyant occupée par les ennemis, jeta son infanterie à droite et à gauche dans le bois qui la bordoit, pour les en éloigner. Cela fit l'effet qu'il avoit désiré ; car M. de Turenne, craignant d'être incommodé par la mousqueterie, quitta son poste pour en aller prendre un qui étoit un peu plus éloigné, et plus élevé que celui de M. le prince. Ce mouvement fit croire à M. le prince qu'il se retiroit vers Gien, et qu'on le déferoit aisément, dans le désordre de sa retraite, avant qu'il pût y arriver. Pour cet effet il fit avancer sa cavalerie, et se hâta de faire passer le défilé à six escadrons pour entrer dans la plaine ; mais M. de Turenne, jugeant bien le désavantage que ce lui seroit de combattre dans la plaine M. le prince, dont les troupes étoient victorieuses et plus fortes que les siennes, prit le parti de retourner, l'épée à la main, sur les six escadrons, pour défaire ce qui seroit passé, et pour arrêter le reste des troupes au-delà du défilé. M. le prince, qui jugea de son intention, fit repasser sa cavalerie ; et ainsi le défilé les empêchant de pouvoir aller l'un à l'autre sans un très-grand désavantage, on se contenta de faire avancer l'artillerie des deux côtés, et de se canonner long-temps ; mais le succès ne fut pas égal : car outre que M. de Turenne en avoit plus que M. le prince, et qu'elle étoit mieux servie, elle avoit encore l'avantage de la hauteur sur les troupes de M. le prince, beaucoup trop serrées dans le passage qui séparoit le bois ; et elle ne tiroit presque point de coup inutile. Ainsi M. le prince y perdit plus de six vingts cavaliers et plusieurs officiers, entre lesquels fut Maré, frère du maréchal de Grancey. On passa en cet état le reste du jour, et au coucher du soleil M. de Turenne se retira vers Gien. Le maréchal d'Hocquincourt, qui l'avoit joint depuis sa défaite, demeura à l'arrière-garde ; et étant allé avec quelques officiers pour retirer l'escadron le plus près du défilé, il fut reconnu de M. le prince, qui lui envoya dire qu'il seroit bien aise de le voir, et qu'il pouvoit avancer sur sa parole. Il le fit ; et s'avançant avec quelques officiers, il trouva M. le

---

(1) Le combat de Bleneau commença dans la nuit du 7 au 8 avril.

prince avec les ducs de Beaufort et de La Rochefoucauld, et deux ou trois autres : la conversation se passa en civilités et en railleries du côté de M. le prince, et en justifications de celui du maréchal d'Hocquincourt sur ce qui lui venoit d'arriver, se plaignant de M. de Turenne, bien qu'on puisse dire avec vérité qu'il fit ce jour-là deux actions belles et hardies, dont le succès fut cause du salut de son armée et de celui de la cour ; car dès qu'il sut que les troupes du maréchal d'Hocquincourt, qui le devoient venir joindre le lendemain, étoient attaquées, il marcha avec très-peu de gens dans le lieu où on le trouva en bataille, et y attendit tout le jour le reste de ses troupes, s'exposant par là à être inévitablement défait si M. le prince eût été droit à lui, au lieu de suivre deux ou trois lieues comme il fit les troupes du maréchal d'Hocquincourt, qu'il avoit défaites la nuit, et il sauva encore ce même jour les restes de l'armée du Roi avec beaucoup de valeur et de conduite, lorsqu'il retourna sur les six escadrons de M. le prince qui avoient passé le défilé, et arrêta par cette action une armée qui sans doute l'auroit taillé en pièces, si elle avoit pu se mettre en bataille dans la même plaine où il étoit.

L'armée du Roi s'étant retirée, M. le prince fit prendre à la sienne le chemin de Châtillon, et alla cette nuit loger dans des quartiers sur le canal de Briare, près de La Brûlerie. Il se rendit le lendemain à Châtillon avec toutes ses troupes, dont il laissa deux jours après le commandement à Clinchant et au comte de Tavannes, pour aller à Paris avec les ducs de Beaufort et de La Rochefoucauld.

Ce voyage méritoit d'être plus considéré qu'il ne le fut. L'envie d'aller à Paris pour recevoir l'applaudissement général que méritoit le succès d'un si périlleux voyage, et de cette victoire, fit vraisemblablement approuver à M. le prince les raisons de M. de Chavigny, qui étoient toujours les mêmes, c'est-à-dire pour être appuyé de sa présence et de son autorité, afin d'occuper la place que le cardinal de Retz tenoit auprès de M. le duc d'Orléans, et pour profiter de la bonne disposition du parlement, qui avoit donné un arrêt qui mettoit à prix la tête du cardinal Mazarin.

Outre cela, M. de Chavigny espéroit de se rendre également considérable à ces deux princes, en persuadant à l'un et à l'autre qu'il étoit seul capable de maintenir leur union. Il se flattoit aussi de l'espérance de réussir dans le projet qu'il avoit fait avec Fabert. De quelque façon que M. le prince fût persuadé des avis qu'il lui avoit donnés, il ne laissa pas de les suivre, et il fut reçu à Paris avec tant de démonstrations d'une joie publique, qu'il ne crut pas avoir sujet de se repentir de son voyage.

Les affaires demeurèrent quelque temps en ces termes ; mais comme l'armée manquoit de fourrage vers Châtillon et Montargis, et qu'on n'osoit ni l'éloigner ni l'approcher de Paris, on la fit marcher à Étampes, où l'on crut qu'elle pourroit séjourner un temps considérable avec sûreté et abondance de toutes choses. Le duc de Nemours n'étoit pas encore guéri de sa blessure, lorsqu'on vint donner avis à M. le prince que quelques troupes du Roi, commandées par le comte de Miossens et le marquis de Saint-Mesgrin, lieutenans généraux, marchoient de Saint-Germain à Saint-Cloud avec du canon, à dessein de chasser cent hommes du régiment de Condé qui s'étoient retranchés sur le pont, et qui en avoient rompu une arche. Cette nouvelle fit aussitôt monter à cheval M. le prince avec ce qu'il rencontra auprès de lui ; mais le bruit s'en étant répandu par la ville, tout ce qu'il y avoit de personnes de qualité le vinrent trouver au bois de Boulogne, et furent suivis de huit ou dix mille bourgeois en armes. Les troupes du Roi se contentèrent de tirer quelques coups de canon, et se retirèrent sans avoir tenté de se rendre maîtres du pont. Mais M. le prince, pour profiter de la bonne disposition des bourgeois, leur donna des officiers, et les fit marcher vers Saint-Denis, où il avoit appris qu'il y avoit une garnison de deux cents Suisses. Ses troupes y arrivèrent à l'entrée de la nuit, et ceux de dedans en ayant pris l'alarme, on peut dire aussi qu'ils la donnèrent bien chaude aux assiégeans ; car M. le prince étant au milieu de trois cents chevaux, composés de tout ce qu'il y avoit de personnes de qualité dans le parti, s'en vit abandonné dès qu'on eut tiré trois mousquetades ; et il demeura lui septième, le reste s'étant renversé en désordre sur l'infanterie des bourgeois qui s'ébranla, et qui eût sans doute suivi cet exemple, si M. le prince et ce qui étoit demeuré auprès de lui ne les eussent arrêtés, et fait entrer dans Saint-Denis par de vieilles brèches qui n'étoient point défendues. Alors tout ce qui l'avoit abandonné le vint retrouver, chacun alléguant une raison particulière pour s'excuser, bien que la honte dût leur être commune. Les Suisses voulurent défendre quelques barricades dans la ville ; mais étant pressés, ils se retirèrent dans l'abbaye, où deux heures après ils se rendirent prisonniers de guerre. On ne fit aucun désordre aux habitans ni au couvent ; et M. le prince se retira à Paris, laissant Deslandes, capitaine de Condé, avec deux cents hommes dans Saint-Denis. La ville fut reprise dès le soir même par les troupes du Roi; mais Deslandes se retira dans l'église, où il tint trois jours. Quoique cette action ne fût considérable par aucune circonstance, elle ne laissa pas de disposer les bourgeois en faveur de M. le prince; et ils lui donnoient d'autant plus volontiers des louanges, que chacun le prenoit pour témoin de son courage, et du péril que personne n'avoit couru dans cette occasion.

Cependant le duc de Rohan et M. de Chavigny voulurent suivre leur premier dessein, et profiter d'une conjoncture si favorable pour faire des propositions d'accommodement. Ils croyoient que la cour accompliroit de bonne foi tout ce dont M. de Fabert ne leur avoit peut-être fait des ouvertures que pour les engager avec le cardinal, qui se vouloit servir d'eux pour entraîner M. le duc d'Orléans et M. le prince dans cet abîme de négociations dont on n'a jamais vu le fond, et qui a toujours été son salut, et la perte de ses ennemis. En effet, dès que les premiers jours de l'arrivée de M. le prince furent passés, les intrigues et les cabales se renouvelèrent de tous côtés; et soit qu'il fût las d'avoir soutenu une guerre si pénible, ou que le séjour de Paris lui donnât l'envie et l'espérance de la paix, il quitta enfin pour un temps toute autre pensée, pour chercher les moyens de la faire aussi avantageuse qu'il l'avoit projetée. M. de Rohan et M. de Chavigny lui en donnèrent de grandes espérances, pour l'obliger à se reposer sur eux du soin de cette négociation, et à les laisser aller seuls avec Goulas, secrétaire des commandemens de monseigneur le duc d'Orléans, à Saint-Germain, chargés des intérêts de ces deux princes. On proposa aussi d'y envoyer le duc de La Rochefoucauld, et M. le prince le souhaitoit pour beaucoup de raisons; mais il s'en excusa, croyant de deux choses l'une, ou que la paix étoit déjà conclue entre Monsieur et la cour par l'entremise secrète de M. de Chavigny, sans la participation de M. le prince, ou si cela n'étoit pas, qu'elle ne se concluroit point alors, non-seulement parce que les prétentions de M. le prince étoient trop grandes, mais encore parce que M. de Rohan et M. de Chavigny vouloient préférablement à tout assurer les leurs propres. Ainsi ces messieurs allèrent avec Goulas à Saint-Germain, avec charge expresse, en apparence, de ne point voir le cardinal Mazarin, et de ne rien traiter avec lui. Les demandes de Monsieur consistoient principalement en l'éloignement du cardinal; mais celles de M. le prince étoient plus étendues, parce qu'ayant engagé dans son parti la ville et le parlement de Bordeaux, et un grand nombre de personnes de qualité, il avoit fait des traités particuliers avec chacun d'eux, où il s'engageoit de n'en point faire avec la cour sans les y comprendre en la manière que je dirai ci-après. Peu de gens doutoient du succès du voyage de ces messieurs, parce qu'il n'y avoit point d'apparence qu'un homme habile comme M. de Chavigny, et qui connoissoit la cour et le cardinal Mazarin par tant d'expériences, se fût engagé à une négociation d'un tel poids après l'avoir ménagée trois mois, sans être assuré de l'événement. Cette opinion ne dura pas long-temps: on apprit, par le retour de ces députés, que non-seulement ils avoient traité avec le cardinal contre les ordres publics qu'ils en avoient, mais même qu'au lieu de demander pour M. le prince ce qui étoit porté dans leur instruction, ils n'avoient insisté principalement que sur l'établissement d'un conseil nécessaire, presque en la même forme de celui que le feu Roi avoit ordonné en mourant; moyennant quoi ils devoient porter M. le prince à consentir que le cardinal Mazarin, suivi de M. de Chavigny, allât traiter de la paix générale au lieu de M. le prince, et qu'il pût revenir en France après sa conclusion. Comme ces propositions étoient fort éloignées des intérêts et des sentimens de M. le prince, il les reçut avec aigreur contre M. de Chavigny, et se résolut de ne lui donner plus aucune connoissance de ce qu'il traiteroit secrètement avec la cour.

Pour cet effet, M. le prince chargea Gourville, qui étoit au duc de La Rochefoucauld, d'une instruction dressée en présence de madame la duchesse de Châtillon et des ducs de Nemours et de La Rochefoucauld, dont voici la copie:

Premièrement, qu'on ne veut plus de négociation passé aujourd'hui, et qu'on veut une réponse positive de oui ou de non sur tous les points, n'étant pas possible de se relâcher sur aucun: on veut agir sincèrement; et comme cela on ne veut promettre que ce qu'on veut exécuter, et aussi on veut être assuré des choses promises.

2. On souhaite que M. le cardinal Mazarin sorte présentement du royaume, et qu'il aille à Bouillon.

3. Qu'on donne pouvoir à Monsieur et à M. le prince de faire la paix générale, et qu'ils y puissent travailler présentement.

4. Qu'à cet effet on tombe d'accord des conditions justes et raisonnables de la paix, et que M. le prince puisse envoyer en Espagne pour les ajuster, et arrêter le lieu de la conférence.

5. Qu'on fasse un conseil composé de person-

nes qui ne seront pas suspectes, et dont on conviendra.

6. Qu'on ôte le surintendant, et qu'on règle semblablement les finances par un bon conseil.

7. Que tous ceux qui ont servi Monsieur ou messieurs les princes soient rétablis dans leurs biens et dans leurs charges et gouvernemens, pensions et assignations; et qu'ils soient réassignés sur de bons fonds, et messieurs les princes aussi.

8. Que Monsieur soit satisfait sur les choses qu'il peut désirer pour lui, et pour ses amis et serviteurs.

9. Que les troupes et les officiers qui ont suivi messieurs les princes seront traités comme elles l'étoient auparavant, et auront le même rang qu'elles avoient.

10. Qu'on accorde à messieurs de Bordeaux les choses qu'ils demandoient avant cette guerre, et pour lesquelles ils avoient des députés à la cour.

11. Qu'on accorde quelque décharge des tailles dans la Guyenne, selon qu'on conviendra de bonne foi.

12. Qu'on accorde à M. le prince de Conti la permission de traiter du gouvernement de Provence avec M. d'Angoulême, et de lui donner la Champagne en échange, ou de vendre ce gouvernement-là à qui il voudra pour en donner l'argent à M. d'Angoulême; et le surplus lui sera baillé par le Roi.

13. Qu'on donne à M. de Nemours le gouvernement d'Auvergne.

14. Qu'on donne à M. le président Viole la permission de traiter d'une charge de président à mortier, ou de secrétaire d'État, et parole que ce sera la première; et une somme d'argent dès cette heure pour lui en faciliter la récompense.

15. Qu'on accorde à M. de La Rochefoucauld et le brevet qu'il demande pareil à celui de messieurs de Bouillon et de Guémené pour le rang de leurs maisons, et six vingt mille écus pour traiter du gouvernement de Saintonge et d'Angoumois si on le veut vendre, ou de tel autre qu'il voudra.

16. Qu'on donnera à M. le prince de Tarente un brevet pour son rang pareil à celui de M. de Bouillon, duquel on le mettra en possession, et une somme de deniers pour le dédommagement des pertes qu'il a souffertes à la prise et rasement de Taillebourg, suivant le mémoire qu'il en donnera.

17. Qu'on fasse messieurs de Marsin et Du Dognon maréchaux de France.

18. Qu'on donne des lettres de duc à M. de Montespan.

19. Qu'on rétablisse M. de Rohan dans son gouvernement d'Angers, et qu'on lui donne le pont de Cé et le ressort de Saumur.

20. Qu'on donne à M. de La Force le gouvernement de Bergerac et Sainte-Foy, et la survivance à M. de Castelnau son fils.

21. Qu'on assure M. le marquis de Sillery de le faire chevalier de l'ordre à la première promotion, dont il lui sera donné un brevet.

Moyennant tout ce que dessus, on promet de poser les armes, et consentir de bonne foi à tous les avantages de M. le cardinal Mazarin, à tout ce qu'il pourra faire pour sa justification, et à son retour même dans trois mois, ou dans le temps que M. le prince, après avoir ajusté les points de la paix générale avec les Espagnols, sera arrivé au lieu de la conférence avec les ministres d'Espagne, et qu'il aura mandé que la paix sera près d'être signée, laquelle néanmoins il ne signera qu'après le retour de M. le cardinal Mazarin. Cependant que l'argent mentionné par le traité sera donné auparavant son retour.

Le cardinal écouta les propositions de Gourville, et y parut très-facile, soit qu'il eût véritablement l'intention de les accorder, ou qu'il voulût découvrir les sentimens du duc de Bouillon sur ce qu'on lui proposoit, particulièrement sur l'article de sa sortie hors du royaume, et juger par là si le duc de Bouillon essaieroit de se prévaloir de son absence, ou s'il demeureroit ferme dans ses intérêts : mais le duc de Bouillon, qui pénétra son intention, et qui craignoit de plus que la paix se fît sans qu'il eût pour lui le duché d'Albret, qu'on devoit retirer de M. le prince pour faire une partie de la récompense de Sedan, dit au cardinal que puisqu'il trouvoit juste de faire des grâces à tous les amis de M. le prince, qui étoient ses ennemis déclarés, il croyoit qu'il étoit encore plus raisonnable de faire justice à ses amis, qui l'avoient assisté et maintenu contre M. le prince ; qu'il ne trouvoit rien à dire à ce qu'on vouloit faire pour les ducs de Nemours et de La Rochefoucauld, Marsin et les autres ; mais qu'il pensoit aussi qu'ayant un intérêt aussi considérable que le duché d'Albret, on ne devoit rien conclure sans obliger M. le prince à le satisfaire là-dessus. De quelque esprit que partissent les raisons du duc de Bouillon, elles empêchèrent le cardinal de passer outre, et il renvoya Gourville vers M. le prince pour lever cette difficulté. Mais comme dans toutes les grandes affaires les retardemens sont d'ordinaire très-considérables, ils le devoient être particulièrement dans celle-ci, qui étoit composée non-seulement de tant d'intérêts différens, et regardée par tant de cabales opposées qui la vouloient rompre, mais encore qui étoit conduite par M. le prince d'une part, et par le cardinal Mazarin de l'autre, lesquels, pour avoir tant de qualités directement opposées, ne laissoient pas, dans la conjoncture présente, de convenir en quelque vue, et particulièrement en celle-là, de traiter les plus grandes affaires sans y avoir de prétention limitée : ce qui fait que lorsqu'on leur a accordé ce qu'ils demandent, ils croient toujours en pouvoir obtenir davantage, et se persuadent tellement que tout est dû à leur bonne fortune, que la balance ne peut jamais être assez égale, ni demeurer assez long-temps en cet état pour leur donner loisir de résoudre un traité et de le conclure.

D'autres obstacles se joignirent encore à ceux-ci. L'intérêt du cardinal de Retz étoit d'empêcher la paix, parce qu'étant faite sans sa participation, et M. le duc d'Orléans et M. le prince étant unis avec la cour, il demeuroit exposé et sans protection. D'ailleurs M. de Chavigny, ensuite du mauvais succès de sa négociation, et piqué contre la cour et contre M. le prince, aimoit mieux que la paix se rompît, que de la voir faire par d'autres voies que la sienne. Je ne puis dire si cette conformité d'intérêts qui se rencontra alors entre le cardinal de Retz et M. de Chavigny les fit agir de concert pour empêcher le traité de M. le prince, ou si l'un des deux fit agir M. le duc d'Orléans : mais j'ai su depuis, par une personne que je dois croire, que, dans le temps que Gourville étoit à Saint-Germain, Monsieur manda au cardinal Mazarin, par le duc de Damville, qu'il ne conclût rien avec M. le prince; que Monsieur vouloit avoir vers la cour le mérite de la paix, et qu'il étoit prêt à aller trouver le Roi, et à donner par là un exemple qui seroit suivi du peuple et du parlement de Paris. Il y avoit apparence qu'une proposition comme celle-là seroit écoutée préférablement à toutes les autres ; et, en effet, soit par cette raison, soit par celles que j'ai dites de la disposition où étoient M. le prince et M. le cardinal Mazarin, ou soit, comme j'ai toujours cru, que le cardinal n'ait jamais voulu cette paix, et qu'il s'est seulement servi des négociations comme d'un piége où il a cru surprendre ses ennemis, enfin les choses furent si brouillées et si éloignées en peu de temps, que le duc de La Rochefoucauld ne voulut plus que ses gens eussent part à des négociations qui ruinoient son parti, et ordonna à Gourville de tirer une réponse positive du cardinal, la seconde fois qu'il alla à Saint-Germain, sans y plus retourner.

Cependant, outre que l'esprit de M. le prince n'étoit pas toujours constamment arrêté à vouloir la paix, il étoit combattu sans cesse par les divers intérêts de ceux qui l'en vouloient détourner. Les ennemis du cardinal Mazarin ne se croyoient pas vengés s'il demeuroit en France, et le cardinal de Retz jugeoit bien que l'accommodement de M. le prince lui ôtoit toute sa considération, et l'exposoit à ses ennemis ; au lieu que la guerre ne pouvoit durer sans perdre ou sans éloigner M. le prince ; et qu'ainsi, demeurant seul auprès de M. le duc d'Orléans, il pourroit se rendre considérable à la cour pour en tirer ses avantages. D'autre part, les Espagnols offroient à M. le prince tout ce qui étoit le plus capable de le tenter, et mettoient tout en usage pour faire durer la guerre civile. Ses plus proches parens, ses amis et ses domestiques même appuyoient ce sentiment pour leur intérêt particulier. Enfin tout étoit partagé en cabales pour faire la paix ou pour continuer la guerre ; et tout ce qu'il y a de plus raffiné et de plus sérieux dans la politique étoit exposé aux yeux de M. le prince pour l'obliger à prendre l'un de ces deux partis, lorsque madame de Châtillon lui fit naître le désir de la paix par des moyens plus agréables. Elle crut qu'un si grand bien devoit être l'ouvrage de sa beauté ; et mêlant de l'ambition avec le dessein de faire une nouvelle conquête, elle voulut en même temps triompher du cœur de M. le prince, et tirer de la cour des avantages de la négociation. Ces raisons ne furent pas les seules qui lui donnèrent ces pensées : un intérêt de vanité et de vengeance y eut autant de part que le reste. L'émulation que la beauté et la galanterie produisent souvent parmi les dames avoit causé une aigreur extrême entre madame de Longueville et madame de Châtillon. Elles avoient long-temps caché leurs sentimens, mais enfin ils parurent avec éclat de part et d'autre ; et madame de Châtillon ne borna pas seulement sa victoire à obliger M. de Nemours de rompre la liaison qu'il avoit avec madame de Longueville, elle voulut ôter aussi à madame de Longueville la connoissance des affaires, et disposer seule de la conduite et des intérêts de M. le prince. Le duc de Nemours, qui avoit beaucoup d'engagement avec elle, approuva ce dessein. Il crut que pouvant régler la conduite de madame de Châtillon envers M. le prince, elle lui inspireroit les sentimens qu'il voudroit, et qu'ainsi il disposeroit de l'esprit de M. le prince par le pouvoir qu'il avoit sur celui de madame de Châtillon. Le duc de La Rochefoucauld, de son côté, avoit alors plus de part que nul autre à la confiance de M. le prince, et se trouvoit en même temps dans une liaison étroite avec le duc de Nemours et madame de Châtillon.

Il connoissoit l'irrésolution de M. le prince pour la paix ; et craignant [ce qui arriva depuis] que la cabale des Espagnols et celle de madame de Longueville ne se joignissent ensemble pour éloigner M. le prince de Paris, où il pouvoit traiter tous les jours sans leur participation, il crut que l'entremise de madame de Châtillon pouvoit lever tous les obstacles de la paix. Dans cette pensée, il porta M. le prince à s'engager avec elle et à lui donner la terre de Merlou en propre. Il disposa aussi madame de Châtillon à ménager M. le prince et M. de Nemours, en sorte qu'elle les conservât tous deux ; et il fit approuver à M. de Nemours cette liaison, qui ne lui devoit pas être suspecte puisqu'on lui en vouloit rendre compte, et ne s'en servir que pour lui donner la principale part aux affaires.

Cette machine étant conduite et réglée par le duc de La Rochefoucauld, lui donna la disposition presque entière de tout ce qui la composoit ; et ainsi ces quatre personnes y trouvant également leurs avantages, elle eût eu sans doute à la fin le succès qu'il s'étoit proposé, si la fortune ne s'y fût opposée par divers accidens qu'il fut impossible d'éviter. Cependant madame de Chatillon voulut paroître à la cour avec l'éclat que son nouveau crédit lui devoit donner. Elle y alla avec un pouvoir si général de disposer des intérêts de M. le prince, qu'on le prit plutôt pour un effet de sa complaisance envers elle, et une envie de flatter sa vanité, que pour une intention véritable de faire un accommodement. Elle revint à Paris avec de grandes espérances. Mais le cardinal tira des avantages solides de cette négociation : il gagnoit du temps, il augmentoit le soupçon des cabales opposées, et il amusoit M. le prince à Paris, sous l'espérance d'un traité, pendant qu'on lui ôtoit la Guyenne, qu'on prenoit ses places, que l'armée du Roi, commandée par messieurs de Turenne et d'Hocquincourt, tenoit la campagne, lorsque la sienne étoit retirée dans Etampes. Elle ne put même y demeurer long-temps sans recevoir une perte considérable ; car M. de Turenne ayant avis que Mademoiselle, revenant d'Orléans et passant par Etampes, avoit voulu voir l'armée en bataille, il fit marcher ses troupes, et arriva au faubourg d'Etampes avant que celles de l'armée des princes, qui y avoient leur quartier, y fussent rentrées, et en état de défendre ce même faubourg. Aussi fut-il forcé et pillé ; et M. de Turenne et le maréchal d'Hocquincourt se retirèrent en leur quartier, après avoir tué mille ou douze cents hommes des meilleures troupes de M. le prince, et emmené plusieurs prisonniers.

Ce succès augmenta les espérances de la cour, et fit naître le dessein d'assiéger dans Etampes toute l'armée des princes qui étoit enfermée dedans. Quelque difficile que parût cette entreprise, elle fut néanmoins résolue, sur l'espérance de trouver des troupes étonnées, des chefs divisés, une place ouverte en plusieurs endroits, fort mal munie, et hors d'état d'être secourue que par M. de Lorraine, avec lequel la cour croyoit avoir traité. Par dessus tout cela, il semble que l'on considéra moins l'événement du siège que la réputation qu'un si grand dessein devoit donner aux armes du Roi. En effet, quoiqu'on continuât avec empressement de négocier, et que M. le prince eût alors un extrême désir de la paix, on ne la pouvoit raisonnablement attendre, jusques à ce que le succès d'Etampes en eût réglé les conditions. Les partisans de la cour se servoient de cette conjoncture pour gagner le peuple, et pour faire des cabales dans le parlement ; et bien que M. d'Orléans parût très-uni avec M. le prince, il avoit tous les jours des conférences particulières avec le cardinal de Retz, qui s'attachoit principalement à détruire toutes les résolutions que M. le prince lui faisoit prendre.

Le siége d'Etampes continuoit toujours ; et quoique les progrès de l'armée du Roi ne fussent pas considérables, les bruits qui se répandoient dans le royaume lui étoient avantageux, et Paris attendoit le secours de M. de Lorraine comme le salut du parti. Il arriva enfin après tant de remises : et après avoir donné beaucoup de soupçons de son accommodement avec le Roi, sa présence dissipa pour un temps cette opinion, et on le reçut avec une extrême joie. Ses troupes campèrent près de Paris, et on en souffrit les désordres sans plaintes. Il y eut d'abord quelque froideur entre M. le prince et lui pour le rang ; mais voyant que M. le prince tenoit ferme, il relâcha de ses prétentions, d'autant plus facilement qu'il n'avoit fait ces difficultés que pour gagner le temps de faire un traité secret avec la cour pour la levée du siége d'Etampes sans hasarder un combat. Néanmoins, comme on n'est jamais si facile à être surpris que quand on songe trop à tromper les autres, M. de Lorraine, qui croyoit rencontrer tous ses avantages et toutes ses sûretés dans les négociations continuelles qu'il ménageoit avec la cour, avec beaucoup de mauvaise foi pour elle et pour le parti des princes, vit tout d'un coup marcher M. de Turenne à lui avec toute l'armée ; et il fut surpris lorsqu'il lui manda qu'il le chargeroit à l'heure même s'il ne décampoit, et ne se retiroit en Flandre. Les troupes de M. de Lorraine n'étoient pas inférieures à celles du Roi ; et un homme qui n'eût eu soin que de sa réputation eût pu raisonnablement hasarder un combat : mais quelles que fussent les raisons de M. de Lorraine, elles lui firent préférer le parti de se retirer avec honte, et de subir ainsi le joug que M. de Turenne lui voulut imposer. Il ne donna aucun avis de ce qui se passoit à M. le duc d'Orléans ni à M. le prince; et les premières nouvelles qu'ils en eurent leur apprirent confusément que leurs troupes étoient sorties d'Etampes, que l'armée du Roi s'en étoit éloignée, et que M. de Lorraine s'en retournoit en Flandre, prétendant avoir pleinement satisfait aux ordres des Espagnols, et à la parole qu'il avoit donnée à M. le duc d'Orléans de faire lever le siége d'Etampes. Cette nouvelle surprit tout le monde, et fit résoudre M. le prince d'aller joindre ses troupes, craignant que celles du Roi ne les chargeassent en chemin. Il sortit de Paris avec douze ou quinze chevaux; et s'exposant ainsi à être rencontré par les partis des ennemis, il joignit son armée à Linas, et l'amena loger vers Villejuif. Elle passa ensuite à Saint-Cloud, où elle fit un long séjour, pendant lequel non-seulement la moisson fut toute perdue, mais presque toutes les maisons de la campagne furent brûlées ou pillées : ce qui commença d'aigrir les Parisiens, dont M. le prince fut près de recevoir de funestes marques en la journée de Saint-Antoine, dont nous allons parler.

Cependant Gaucourt avoit des conférences secrètes avec le cardinal, qui lui témoignoit toujours de désirer la paix avec empressement. Il étoit convenu des principales conditions; mais plus il insistoit sur les moindres, et plus on devoit croire qu'il ne vouloit pas traiter. Ces irrésolutions donnoient de nouvelles forces à toutes les cabales, et de la vraisemblance à tous les divers bruits qu'on vouloit semer. Jamais Paris n'a été plus agité, et jamais l'esprit de M. le prince n'a été plus partagé pour se résoudre à la paix ou à la guerre. Les Espagnols le vouloient éloigner de Paris pour empêcher la paix; et les amis de madame de Longueville contribuoient à ce dessein pour l'éloigner aussi de madame de Châtillon. D'ailleurs Mademoiselle avoit tout ensemble le même dessein qu'avoient les Espagnols et celui qu'avoit madame de Longueville, car d'un côté elle vouloit la guerre comme les Espagnols, afin de se venger de la Reine et du cardinal, qui ne vouloient pas qu'elle épousât le Roi; et de l'autre elle désiroit, comme madame de Longueville, rompre la liaison de M. le prince avec madame de Châtillon, et avoir plus de part qu'elle à sa confiance et à son estime. Pour y parvenir par ce qui étoit le plus sensible à M. le prince, elle leva des troupes en son nom, et lui promit de fournir de l'argent pour en lever d'autres. Ces promesses, jointes à celles des Espagnols et aux artifices des amis de madame de Longueville, firent perdre à M. le prince les pensées qu'il avoit pour la paix. Ce qui les éloigna encore plus fut non-seulement le peu de confiance qu'il crut pouvoir prendre en la cour, [mais ce que je trouve de plus difficile à croire d'une personne de sa qualité et de son mérite] ce fut une vue démesurée qui lui vint d'imiter M. de Lorraine en plusieurs choses de sa façon de vie libre et indépendante, et particulièrement en la manière de traiter ses troupes : et il se persuada que si M. de Lorraine, dépouillé de ses États, et avec de bien moindres avantages que les siens, s'étoit rendu si considérable par son armée et par son argent, qu'ayant des qualités infiniment au-dessus de lui, il formeroit aussi à proportion un parti plus avantageux, et mèneroit cependant, pour y parvenir, une vie entièrement conforme à son humeur. C'est ce qu'on a cru être le véritable motif qui a entraîné M. le prince avec les Espagnols, et pour lequel il a bien voulu exposer tout ce que sa naissance et ses services lui avoient acquis dans le royaume.

Il cacha ce sentiment autant qu'il lui fut possible, et fit paroître le même désir de la paix, qu'on traitoit toujours inutilement. La cour étoit alors à Saint-Denis, et le maréchal de La Ferté avoit joint l'armée du Roi avec des troupes qu'il avoit amenées de Lorraine. Celles de M. le prince étoient plus foibles que le moindre de ces deux corps qui lui étoient opposés, et elles avoient tenu jusque là le poste de Saint-Cloud, afin de se servir du pont pour éviter un combat inégal. Mais l'arrivée du maréchal de La Ferté donnant moyen aux troupes du Roi de se séparer, et d'attaquer Saint-Cloud par les deux côtés en faisant un pont de bateaux vers Saint-Denis, fit résoudre M. le prince à partir de Saint-Cloud, dans le dessein de gagner Charenton, et de se poster dans cette langue de terre où se fait la jonction de la rivière de Marne avec la Seine. Il eût pris sans doute un autre parti s'il eût eu la liberté de choisir; et il lui eût été bien sûr et plus facile de laisser la rivière de Seine à sa main gauche, et d'aller par Meudon et par Vaugirard se poster sous le faubourg Saint-Germain, où on ne l'eût peut-être pas attaqué, de peur d'engager par les Parisiens à le défendre : mais M. le duc d'Orléans ne voulut point y consentir, par la crainte qu'on lui donna de l'événement d'un combat qu'il pouvoit voir des fenêtres du Luxembourg, et parce qu'on lui fit croire que l'artillerie du Roi feroit de continuelles décharges pour l'en chasser. Ainsi, par l'opinion d'un péril imaginaire, M. le duc d'Orléans exposa la vie et la fortune de M. le prince à l'un des plus grands dangers qu'il courut jamais.

Il fit donc marcher ses troupes à l'entrée de la nuit, le premier de juillet 1652, pour arriver à Charenton auparavant que celles du Roi le pussent joindre. Elles passèrent par le Cours de la Reine et par le dehors de Paris, depuis la porte Saint-Honoré jusqu'à celle de Saint-Antoine, pour prendre de là le chemin de Charenton. Il voulut éviter de demander passage dans la ville, craignant de ne le pas obtenir, et qu'un refus dans une telle conjoncture ne fît paroître le mauvais état de ses affaires. Il craignoit aussi que s'il l'obtenoit, ses troupes ne se dissipassent dans la ville, et qu'il ne pût les en faire sortir s'il en étoit besoin.

La cour fut aussitôt avertie de la marche de M. le prince, et M. de Turenne partit à l'heure même avec ce qu'il avoit de troupes pour le suivre, et l'arrêter, jusqu'à ce que le maréchal de La Ferté, qui avoit eu ordre de repasser le pont et de marcher avec les siennes, eût le temps de le joindre. On fit cependant aller le Roi à Charonne, afin d'y voir, comme de dessus un théâtre, une action qui, selon les apparences, devoit être la perte inévitable de M. le prince et la fin de la guerre civile, et qui fut en effet l'une des plus hardies et des plus périlleuses occasions de toute cette guerre, et celle où les grandes et extraordinaires qualités de M. le prince parurent avec le plus d'éclat. La fortune même sembla se réconcilier avec lui en cette rencontre, pour avoir part à un succès dont l'un et l'autre parti ont donné la gloire à sa valeur et à sa conduite : car il fut attaqué précisément dans le faubourg Saint-Antoine, où il eut moyen de se servir des retranchemens que les bourgeois y avoient faits quelques jours auparavant pour se garantir d'être pillés des troupes de M. de Lorraine ; et il n'y avoit que ce seul lieu dans toute la marche qu'il vouloit faire qui fût retranché, et où il pût s'empêcher d'être entièrement défait. Quelques escadrons même de son arrière-garde furent chargés dans le faubourg Saint-Martin par des gens que M. de Turenne avoit détachés pour l'amuser, et se retirèrent en désordre dans le retranchement du faubourg Saint-Antoine, où il s'étoit mis en bataille. Il n'eut que le temps qui lui étoit nécessaire pour cela, et pour garnir d'infanterie et de cavalerie tous les postes par lesquels il pouvoit être attaqué. Il fut contraint de mettre le bagage de son armée sur le bord du fossé de Saint-Antoine, parce qu'on avoit refusé de le laisser entrer dans Paris. On avoit même pillé quelques chariots, et les partisans de la cour avoient ménagé qu'on y verroit de là, comme d'un lieu neutre, l'événement de cette affaire.

M. le prince retint auprès de lui ce qui s'y trouva de ses domestiques, ou de personnes de qualité qui n'avoient point de commandement, et qui étoient au nombre de trente ou quarante.

M. de Turenne disposa de ses attaques avec une extrême diligence, et toute la confiance que peut avoir un homme qui se croit assuré de la victoire. Mais lorsque ses gens détachés furent à trente pas du retranchement, M. le prince sortit avec l'escadron que j'ai dit, et, se mêlant l'épée à la main, défit entièrement le bataillon qui étoit commandé, prit des officiers prisonniers, emporta les drapeaux, et se retira dans son retranchement. D'un autre côté, le marquis de Saint-Mesgrin attaqua le poste qui étoit défendu par le comte de Tavannes, lieutenant général, et par L'Enques, maréchal de camp. La résistance y fut si grande, que le marquis de Saint-Mesgrin voyant que toute son infanterie mollissoit, emporté de chaleur et de colère, avança avec la compagnie de chevau-légers du Roi dans une rue étroite, fermée d'une barricade, où il fut tué avec le marquis de Nantouillet, Le Fouilloux, et quelques autres. Mancini, neveu du cardinal Mazarin, y fut blessé, et mourut peu de jours après. On continuoit de toutes parts les attaques avec une extrême vigueur, et M. le prince chargea une seconde fois avec même succès qu'à la première. Il se trouvoit partout ; et dans le milieu du feu et du combat il donnoit les ordres avec une netteté d'esprit qui est si rare, et si nécessaire en ces rencontres. Enfin les troupes du Roi avoient forcé la dernière barricade de la rue qui va de celle du Cours à Charenton, et qui étoit quarante pas au-delà d'une fort grande place qui aboutit à cette même rue. Le marquis de Navailles s'en étoit rendu maître, et avoit, pour la mieux garder, fait percer les maisons proches, et mis des mousquetaires partout. M. le prince avoit dessein de les déloger avec de l'infanterie, et de faire percer d'autres maisons pour les chasser par un plus grand feu, comme c'étoit en effet le parti qu'on devoit prendre. Mais le duc de Beaufort, qui ne s'étoit pas rencontré auprès de M. le prince au commencement de l'attaque, et qui sentoit quelque dépit de ce que le duc de Nemours y avoit toujours été, pressa M. le prince de faire attaquer la barricade par l'infanterie ; et comme cette infanterie étoit déjà lassée et rebutée, au lieu d'aller aux ennemis, elle se mit en haie le long des maisons sans vouloir avancer. Dans ce temps, un escadron des troupes de Flandre, posté dans une rue qui aboutissoit au coin de cette place du côté des troupes du Roi, ne pouvant y demeurer davantage de peur d'être coupé quand on auroit gagné les maisons voisines, revint dans la place. Le duc de Beaufort, croyant que c'étoient les ennemis, proposa aux ducs de Nemours et de La Rochefoucauld, qui arrivoient en ce lieu-là, de les charger. Ainsi étant suivis de ce qu'il y avoit de gens de qualité et de volontaires ; on poussa à eux, et on s'exposa inutilement à tout le feu de la barricade et des maisons de la place, s'étant trouvé en abordant cet escadron qu'il étoit de même parti. Mais voyant en même temps quelque étonnement parmi ceux qui gardoient la barricade, les ducs de Nemours, de Beaufort, de La Rochefoucauld et le prince de Marsillac y poussèrent, et la firent quitter aux troupes du Roi. Ils mirent ensuite pied à terre, et la gardèrent eux seuls, sans que l'infanterie qui étoit commandée voulût les soutenir. M. le prince fit ferme dans la rue, avec ce qui s'étoit rallié auprès de lui de ceux qui les avoient suivis. Cependant les ennemis, qui tenoient toutes les maisons de la rue, voyant la barricade gardée seulement par quatre hommes, l'eussent sans doute reprise, si l'escadron de M. le prince ne les eût arrêtés. Mais n'y ayant point d'infanterie qui les empêchât de tirer par les fenêtres, ils recommencèrent à faire feu de tous côtés, et voyoient en revers depuis les pieds jusqu'à la tête ceux qui tenoient la barricade. Le duc de Nemours reçut treize coups sur lui ou dans ses armes, et le duc de La Rochefoucauld une mousquetade qui, lui perçant le visage au-dessous des yeux, lui fit à l'instant perdre la vue : ce qui obligea le duc de Beaufort et le prince de Marsillac à se retirer pour emmener les deux blessés. Les ennemis avancèrent pour les prendre ; mais M. le prince s'avança aussi pour les dégager, et leur donna le temps de monter à cheval : ainsi ils laissèrent aux ennemis le poste qu'ils venoient de leur faire quitter, et presque tout ce qui avoit été avec eux dans la place fut tué ou blessé. M. le prince perdit en cette journée les marquis de Flamarins et de La Roche-Giffart, le comte de Castres, le comte de Bossu, Desfourneaux, La Martinière, La Mothe-Guyonnet, Bercenet, capitaine des gardes du duc de La Rochefoucauld ; de L'Huillière, qui étoit aussi à lui, et beaucoup d'autres dont on ne peut mettre ici les noms. Enfin le nombre des officiers morts ou blessés fut si grand de part et d'autre, qu'il sembloit que chaque parti songeât plus à réparer ses pertes qu'à attaquer ses ennemis.

Cette sorte de trève étoit avantageuse aux troupes du Roi, rebutées de tant d'attaques où elles avoient été repoussées. Durant ce temps, le maréchal de La Ferté avoit marché en diligence, et il se préparoit à faire un nouvel effort avec son armée fraîche et entière, lorsque les Parisiens, qui jusque là avoient seulement été spectateurs d'une si grande action, se déclarèrent en faveur de M. le prince. Ils avoient été si prévenus des artifices de la cour et du cardinal de Retz, et on leur avoit tellement persuadé que la paix particulière de M. le prince étoit faite sans y comprendre leurs intérêts, qu'ils avoient considéré le commencement de ce combat comme une comédie qui se jouoit de concert avec le cardinal Mazarin. M. le duc d'Orléans même les confirma dans cette pensée, en ne donnant aucun ordre dans la ville pour secourir M. le prince ; et le cardinal de Retz, qui étoit auprès de lui, augmentoit encore l'irrésolution et le trouble de son esprit, en formant des difficultés sur tout ce qu'il proposoit. D'autre part, la porte Saint-Antoine étoit gardée par une colonelle de bourgeois, dont les officiers, qui étoient gagnés de la cour, empêchoient presque également de sortir de la ville et d'y entrer : enfin tout y étoit mal disposé pour y recevoir M. le prince et ses troupes, lorsque Mademoiselle faisant un effort sur l'esprit de Monsieur, son père, le tira de la léthargie où le tenoit le cardinal de Retz. Elle alla porter ses ordres à la maison-de-ville pour faire prendre les armes aux bourgeois. En même temps elle commanda au gouverneur de la Bastille de faire tirer le canon sur les troupes du Roi ; et, revenant à la porte Saint-Antoine, elle disposa tous les bourgeois non-seulement à recevoir M. le prince et son armée, mais même à sortir et à escarmoucher pendant que ses troupes rentreroient. Ce qui acheva encore d'émouvoir le peuple en faveur de M. le prince fut de voir remporter tant de gens de qualité, morts ou blessés. Le duc de La Rochefoucauld voulut profiter de cette conjoncture pour son parti ; et quoique sa blessure lui fit presque sortir les deux yeux hors de la tête, il alla à cheval du lieu où il fut blessé jusqu'à l'hôtel de Liancourt, au faubourg Saint-Germain, exhortant le peuple à secourir M. le prince, et à mieux connoître à l'avenir l'intention de ceux qui l'avoient accusé d'avoir traité avec la cour. Cela fit, pour un temps, l'effet qu'on désiroit ; et jamais Paris n'a été mieux intentionné pour M. le prince qu'il le fut alors. Cependant le bruit du canon de la Bastille produisit deux sentimens bien différens dans l'esprit du cardinal Mazarin : car d'abord il crut que Paris se déclaroit contre M. le prince, et qu'il alloit triompher de cette ville et de son ennemi ; mais voyant qu'au contraire on tiroit sur les troupes du Roi, il envoya des ordres aux maréchaux de France pour retirer l'armée et retourner à Saint-Denis. Cette journée peut passer pour l'une des plus glorieuses de la vie de M. le prince : jamais sa valeur et sa conduite n'ont eu plus de part à la victoire ; et l'on peut dire aussi que jamais tant de gens de qualité n'ont fait combattre un plus petit nombre de troupes. On fit porter les drapeaux des régimens des Gardes, de la marine et de Turenne à Notre-Dame, et on laissa aller sur leur parole tous les officiers prisonniers.

Néanmoins on continua les négociations. Chaque cabale vouloit faire la paix, ou empêcher que les autres ne la fissent ; et M. le prince et le cardinal étoient également résolus de ne la pas faire. M. de Chavigny s'étoit bien remis en apparence avec M. le prince ; et il seroit malaisé de dire dans quels sentimens il avoit été jusqu'alors, parce que sa légèreté naturelle lui en inspiroit sans cesse d'entièrement opposés. Il conseilloit de pousser les choses à l'extrémité toutes les fois qu'il espéroit de détruire le cardinal et de rentrer dans le ministère ; et il vouloit qu'on demandât la paix à genoux toutes les fois qu'il s'imaginoit qu'on pilleroit ses terres et qu'on raseroit ses maisons. Néanmoins dans cette rencontre il fut d'avis, comme tous les autres, de profiter de la bonne disposition du peuple, et de proposer une assemblée à l'hôtel-de-ville pour résoudre que Monsieur seroit reconnu lieutenant général de l'État et couronne de France ; qu'on s'uniroit inséparablement pour procurer l'éloignement du cardinal ; qu'on pourvoiroit le duc de Beaufort du gouvernement de Paris en la place du maréchal de L'Hôpital, et qu'on établiroit Broussel en la charge de prevôt des marchands, au lieu de Le Febure. Mais cette assemblée (1), où l'on croyoit trouver la sûreté du parti, fut une des principales causes de sa ruine, par une violence qui pensa faire périr tout ce qui se rencontra à l'hôtel-de-ville, et fit perdre à M. le prince tous les avantages que la journée de Saint-Antoine lui avoit apportés. Je ne puis dire qui fut l'auteur d'un si pernicieux dessein, car tous l'ont également désavoué ; mais enfin, lorsque l'assemblée se tenoit, on suscita des gens armés qui vinrent crier aux portes de la maison-de-ville qu'il falloit non-seulement que tout s'y passât selon l'intention de Monsieur et de M. le prince, mais qu'on livrât dès l'heure même tout ce qui étoit attaché au cardinal Mazarin. On crut d'abord que ce bruit n'étoit qu'un effet ordinaire de l'impatience du menu peuple ; mais voyant que la foule et le tumulte augmentoient, que les soldats et même les officiers avoient part à la sédition, et qu'en même temps on mit le feu aux portes et l'on tira aux fenêtres, alors tout ce qui étoit dans l'assemblée se crut perdu. Plusieurs, pour éviter le feu, s'exposèrent à la fureur du peuple. Il y eut beaucoup de gens tués, de toutes conditions et de tous les partis ; et on crut très-injustement que M. le prince avoit sacrifié ses amis, afin de n'être pas soupçonné d'avoir fait périr ses ennemis. On n'attribua rien de cette action à M. le duc d'Orléans : toute la haine en fut rejetée sur M. le prince. Pour moi, je pense que l'un et l'autre s'étoient servis de M. de Beaufort pour faire peur à ceux de l'assemblée qui n'étoient pas dans leurs intérêts, mais qu'en effet pas un d'eux n'eut dessein de faire mal à personne. Ils apaisèrent promptement le désordre, mais ils n'effacèrent pas l'impression qu'il avoit faite dans tous les esprits. On proposa ensuite de créer un conseil composé de Monsieur, de M. le prince, du chancelier de France, de princes, ducs et pairs, maréchaux de France et officiers généraux du parti qui se trouvoient à Paris : deux présidens à mortier devoient aussi y assister de la part du parlement, et le prevôt des marchands de la part de la ville, pour juger définitivement de tout ce qui concernoit la guerre et la police.

Ce conseil augmenta le désordre au lieu de le diminuer, à cause des prétentions du rang qu'on y devoit tenir ; et il eut, comme avoit eu l'assemblée de l'hôtel-de-ville, des suites funestes : car les ducs de Nemours et de Beaufort, aigris par leurs différends passés et par l'intérêt de quelques dames, se querellèrent pour la préséance au conseil, et se battirent ensuite à coups de pistolet ; et le duc de Nemours fut tué dans ce combat par le duc de Beaufort son beau-frère. Cette mort donna de la compassion et de la douleur à tous ceux qui connoissoient ce prince : le public même eut sujet de le regretter, car, outre ses belles et agréables qualités, il contribuoit à la paix de tout son pouvoir, et lui et le duc de La Rochefoucauld avoient, pour apporter plus de facilité à la conclure, renoncé aux avantages que M. le prince leur devoit faire obtenir par son traité. Mais la mort de l'un et la blessure de l'autre laissèrent aux Espagnols et aux amis de madame de Longueville toute la liberté qu'ils désiroient pour entraîner M. le prince. Ils n'appréhendèrent plus que les propositions de l'emmener en Flandre fussent contestées. Ils lui promirent tout ce qu'il désiroit ; et il sembla que madame de Châtillon même lui parût moins aimable depuis qu'il n'eut plus à combattre un rival digne de lui. Cependant il ne rejeta pas d'abord les propositions de paix ; mais voulant

---

(1) Tenue le 4 juillet 1652.

prendre aussi ses mesures pour faire la guerre, il offrit au duc de la Rochefoucauld le même emploi qu'avoit le duc de Nemours; et comme il ne le put accepter à cause de sa blessure, il le donna ensuite au prince de Tarente.

Paris étoit alors plus divisé que jamais : la cour gagnoit tous les jours quelqu'un dans le parlement et parmi le peuple ; le massacre de l'hôtel-de-ville avoit donné de l'horreur à tout le monde : l'armée des princes n'osoit tenir la campagne; son séjour à Paris augmentoit l'aigreur contre M. le prince ; et ses affaires étoient réduites en de plus mauvais termes qu'elles n'avoient encore été, lorsque les Espagnols, qui vouloient également empêcher la ruine et l'élévation de M. le prince afin de perpétuer la guerre, firent marcher une seconde fois M. de Lorraine à Paris, avec un corps assez considérable pour arrêter l'armée du Roi. Il la tint même investie à Villeneuve-Saint-Georges, et manda à Paris qu'il la contraindroit de donner bataille, ou de mourir de faim dans son camp. Cette espérance flatta même M. le prince ; et il crut tirer de grands avantages de l'événement de cette action, bien qu'il soit vrai que M. de Turenne ne manqua jamais de vivres, et qu'il eut toujours la liberté de se retirer à Melun sans hasarder un combat. Il le fit à la fin sans trouver de résistance, pendant que M. de Lorraine étoit venu à Paris, et que M. le prince étoit malade d'une fièvre continue.

Le corps que commandoit le comte de Palluau joignit ensuite l'armée du Roi, après avoir pris Montrond. Il y avoit bloqué, avec assez peu de troupes, le marquis de Persan dès le commencement de la guerre ; mais lorsque la garnison fut affoiblie par la faim et par les maladies, on l'attaqua de force, et on le prit avec moins de résistance qu'on n'en devoit attendre de si braves gens dans une des meilleures places du monde, si on n'y eût manqué de rien. Cette perte dut être d'autant plus sensible à M. le prince, qu'elle étoit arrivée en partie pour n'y avoir pas apporté les remèdes qui étoient en son pouvoir, puisque, dans le temps que l'armée du Roi étoit vers Compiègne, il lui fut souvent assez facile de secourir Montrond, au lieu que ses troupes, en ruinant les environs de Paris, augmentèrent la haine qu'on lui portoit.

Il ne fut pas plus heureux ni mieux servi en Guyenne. La division de M. le prince de Conti et de madame de Longueville, en faisant accroître les partialités dans Bordeaux, servit de prétexte à tout ce qui voulut quitter son parti. Plusieurs villes, à l'exemple d'Agen, avoient ouvert les portes aux troupes du Roi ; et le peuple de Périgueux avoit poignardé Chanlost son gouverneur, et chassé la garnison. Villeneuve-d'Agenois, où le marquis de Théobon s'étoit jeté, fut la seule qui résolut de se défendre ; et elle le fit avec tant de vigueur, que le comte d'Harcourt fut contraint d'en lever le siége. Il séjourna peu en Guyenne après cette petite disgrâce ; et soit qu'il eût de véritables défiances de la cour, ou qu'il crût que, se rendant maître de Brisach, de Philisbourg et de l'Alsace, il pourroit y jeter les fondemens d'un établissement assuré et indépendant, il partit de son armée comme un homme qui craignoit d'y être arrêté prisonnier, et se rendit à Philisbourg avec toute la diligence possible.

Cependant la maladie de M. le prince augmentoit, et bien qu'elle fût très-violente, elle ne lui fut pas si funeste qu'à M. de Chavigny ; car, dans un éclaircissement fort aigre qu'il eut avec M. le prince, il en sortit avec la fièvre qu'il prit de lui, et mourut peu de jours après. Son malheur ne finit pas avec sa vie ; et la mort, qui doit terminer toutes les haines, sembla avoir réveillé celle de ses ennemis. On lui imputa presque toute sorte de crimes ; et M. le prince, pour se justifier des soupçons que les Espagnols et les frondeurs conçurent d'un traité secret avec la cour par l'entremise de l'abbé Fouquet, accusa M. de Chavigny d'avoir écouté des propositions sans sa participation, et d'avoir promis de le faire relâcher sur des articles dont il ne se pouvoit départir. Il le crut ainsi peut-être sur ce qu'on fit courir des copies d'une lettre interceptée de l'abbé Fouquet, dont j'ai vu l'original, par laquelle il mandoit à la cour que Goulas porteroit M. le duc d'Orléans à se détacher de M. le prince, s'il n'acceptoit les conditions de paix qu'on lui offroit. Mais dans les copies qu'on en vit on avoit mis le nom de M. de Chavigny en la place de celui de Goulas, et ainsi on l'accusoit de trahir en même temps M. le prince, tant à l'égard de la cour qu'à l'égard de M. le duc d'Orléans. Quoiqu'il soit véritable que M. le prince traitoit lui-même avec l'abbé Fouquet, et qu'il en rendoit compte à M. de Chavigny : ce qui fait que je ne puis attribuer la cause de ce procédé qu'à d'autres mécontentemens particuliers que M. le prince avoit de M. de Chavigny, et à l'envie qu'il avoit alors de faire la guerre, qui, étant combattue par ses amis, lui fit changer de conduite avec eux et avec M. de Chavigny, et donner toute sa confiance aux Espagnols, auxquels il lui importoit de cacher ses conférences avec l'abbé Fouquet. Dans le même temps que M. de Chavigny mourut à Paris, le duc de Bouillon mourut à Pontoise. On peut dire que ce fut pour le malheur de la France, parce qu'apparamment il eût fait la paix; car M. le prince l'avoit demandé pour garant des conditions du traité que Langlade négocioit; et il n'y avoit que lui qui pût le rassurer contre la défiance qu'il avoit du cardinal. Cette mort du duc de Bouillon devroit seule guérir les hommes de l'ambition, et les dégoûter de tant de plans qu'ils font pour réussir dans leurs grands desseins, car l'ambition du duc de Bouillon étoit soutenue par toutes les qualités qui pouvoient la rendre heureuse. Il étoit vaillant et savoit parfaitement tous les ordres de la guerre. Il avoit une éloquence facile, naturelle et insinuante. Son esprit étoit net, fertile en expédiens, et capable de démêler les affaires les plus difficiles. Son sens étoit droit, son discernement admirable; et il écoutoit les conseils qu'on lui donnoit avec douceur, avec attention, et avec un certain égard obligeant dont il faisoit valoir les raisons des autres, et sembloit en tirer ses résolutions. Mais de si grands avantages lui furent presque inutiles par l'opiniâtreté de sa fortune, qui s'opposa toujours à sa prudence; et il mourut dans le temps que son mérite et le besoin que la cour avoit de lui auroient apparemment surmonté son malheur.

Les Espagnols se vengeoient par une longue et rude prison de l'entreprise que le duc de Guise avoit faite sur le royaume de Naples, et se montroient depuis long-temps inexorables à toutes les instances qu'on leur faisoit pour sa liberté. Ils l'accordèrent néanmoins à la première instance que leur en fit M. le prince, et renoncèrent en cette rencontre à l'une de leurs principales maximes, pour le lier encore plus étroitement à leur parti par une déférence qui leur est si peu ordinaire. Le duc de Guise se vit donc en liberté lorsqu'il l'espéroit le moins, et il sortit de prison, engagé par sa parole et par un bienfait si extraordinaire dans les intérêts de M. le prince. Il le vint trouver à Paris; et croyant peut-être s'être acquitté par quelques complimens et quelques visites de ce qu'il lui devoit, il s'en alla bientôt après au devant de la cour, pour offrir au Roi ce qu'une si grande obligation lui faisoit devoir à M. le prince.

Cependant M. le prince commença dès-lors à prendre toutes ses mesures pour partir avec M. de Lorraine; et il est vrai que l'état de ses affaires avoit rendu ce conseil si nécessaire, qu'il ne lui restoit plus de parti à prendre que celui-là, car la paix étoit trop généralement désirée à Paris pour y pouvoir demeurer en sûreté avec dessein de l'empêcher; et M. le duc d'Orléans qui l'avoit toujours désirée, et qui craignoit le mal que la présence de M. le prince lui pouvoit attirer, contribua d'autant plus volontiers à son éloignement, qu'il se voyoit par là en liberté de faire son traité particulier. Mais encore que les choses fussent en ces termes, la négociation ne laissoit pas de continuer: car dans le temps que le cardinal Mazarin sortit pour la seconde fois du royaume, afin de faire cesser le prétexte de la guerre civile, et faire connoître que M. le prince avoit d'autres intérêts que son éloignement, il envoya Langlade, secrétaire du cabinet, vers le duc de La Rochefoucauld, soit qu'il eût véritablement dessein de traiter pour faciliter son retour, ou qu'il prétendît tirer quelque avantage en faisant paroître qu'il désiroit la paix. Les conditions qu'apporta Langlade étoient beaucoup plus amples que toutes celles que l'on avoit proposées jusqu'alors, et conformes à ce que M. le prince avoit demandé. Mais elles ne laissèrent pas d'être refusées; et sa destinée, qui l'entraînoit en Flandre, ne lui a permis de connoître le précipice que lorsqu'il n'a plus été en son pouvoir de s'en retirer. Il partit donc enfin (1) avec M. de Lorraine, après avoir pris de vaines mesures avec M. le duc d'Orléans pour empêcher que le Roi ne fût reçu à Paris; mais le crédit de Son Altesse Royale n'étoit pas alors capable de balancer celui de la cour. Il eut ordre lui-même de sortir de Paris le jour que le Roi y devoit arriver (2); et il obéit aussitôt, pour n'être pas témoin de la joie publique et du triomphe de ses ennemis.

(1) Le 13 octobre 1652.
(2) La rentrée du Roi à Paris eut lieu le 21 octobre 1652.

FIN DES MÉMOIRES DE LA ROCHEFOUCAULD.

MÉMOIRES

DE

JEAN HÉRAULT DE GOURVILLE,

CONSEILLER D'ÉTAT,

CONCERNANT LES AFFAIRES AUXQUELLES IL A ÉTÉ EMPLOYÉ PAR LA COUR,
DEPUIS 1642 JUSQU'EN 1698.

NOTICE SUR JEAN HÉRAULT DE GOURVILLE,

ET SUR SES MÉMOIRES.

Les Mémoires de Gourville sont plutôt l'histoire de sa vie que celle des événements publics ; nous ne rappellerons donc pas ici des particularités auxquelles une analyse trop succincte ôterait toute espèce d'intérêt.

Jean Hérault prit le nom de Gourville d'une terre qu'il acheta vers 1656 ; il naquit à La Rochefoucauld, le 11 juillet 1625. Sa mère, restée veuve avec huit enfants et sans fortune, lui fit apprendre à lire et à écrire, et le mit à dix-sept ans chez un procureur d'Angoulême. Six mois après il passa au service de l'abbé de La Rochefoucauld comme valet-de-chambre. Ceux qui le virent dans cette humble position ne s'attendaient guère qu'un jour il aurait d'immenses richesses, vivrait familièrement avec les plus grands seigneurs, bien vu à la cour comme à la ville des personnes les plus distinguées ; qu'il s'assiérait à la table des princes, deviendrait plénipotentiaire de Louis XIV, et, ce qui était alors bien plus envié, aurait l'honneur de faire la partie du roi. Pour achever de peindre le bonheur dont il a joui constamment, nous ajouterons qu'après avoir assuré le bien-être de quatre-vingt-dix collatéraux, neveux, nièces et leurs descendants, donné une grande fortune à l'un d'entre eux, il mourut le 16 juin 1703, à l'âge de soixante-dix-huit ans, entouré de serviteurs qui avaient vieilli à son service.

« Ce qui le distingue, dit Anquetil, entre ceux » qui se sont élevés de l'état le plus bas à la faveur » des grands, c'est qu'il n'est parvenu ni par la flat» terie, ni par souplesse, ni par aucun service hon» teux, mais par beaucoup de ressources dans l'es» prit, d'activité, de hardiesse, de talent à se rendre » utile dans les circonstances importantes et péril» leuses. » Il n'y a qu'un mot à retrancher de cet éloge, car il est certain que Gourville avait beaucoup de souplesse ; on peut en croire madame de Motteville : « Il étoit né, dit-elle, pour les grandes choses, » avide d'emplois, touché du plaisir de plaire et de » bien faire ; il avoit beaucoup de cœur, de génie pour » l'intrigue ; il savoit marcher parfaitement par les » chemins raboteux et tortueux, comme par les » droits ; il persuadoit presque toujours ce qu'il vou» loit qu'on crût, et trouvoit les moyens de parve» nir à tout ce qu'il vouloit. » Lenet le représente comme un homme de tête et d'exécution, actif, infatigable, allant à ses fins par toutes les voies. Nous ajouterons qu'il était peu scrupuleux sur les moyens de se procurer de l'argent ; mais, contrairement aux habitudes de ceux que nous nommons *gens habiles*,

il était d'un commerce sûr, et se comportait d'une manière grande et généreuse. Comme à cette époque tout le monde pillait l'état, il suivit l'exemple. La recette générale des tailles de la Guienne ne lui suffisait pas, il puisait encore à une autre source de richesses. Le trésor public était souvent vide ; pour le remplir les édits bursaux se succédaient ; le parlement faisait des difficultés pour les enregistrer, cependant il fallait que les édits passassent : pour les faire passer, Gourville, devenu l'agent de Fouquet, recourut à un moyen qui n'est pas tombé en désuétude ; il établit le tarif de certaines consciences, et quoiqu'il ne le dise pas, il est présumable que sur les fonds secrets qu'il avait à distribuer, il prélevait un droit de commission. Son heureuse étoile, qui au jeu l'enrichit d'un million, ne l'abandonna point même à la disgrâce du surintendant.

Il avait prévu cette disgrâce, et peu auparavant il mit sa fortune à l'abri des recherches. Condamné à mort par le parlement, il trouva partout un bon accueil, en Belgique, en Hollande, en Angleterre, même en France quand il lui plut d'y faire un voyage. Partout il s'informait avec soin des formes du gouvernement, des ressources de l'état, du mode d'administration, du caractère, des dispositions des hommes haut placés. Il acquit ainsi des notions alors peu communes ; ces notions bien exploitées l'accréditèrent près des princes et des souverains, qui plus d'une fois agréèrent ses conseils. Sa réputation à l'étranger devint si grande, que les ambassadeurs de Louis XIV le traitèrent avec honneur malgré sa condamnation, et souvent prirent ses avis ; enfin ce monarque lui confia quelques missions qu'il remplit avec succès. En récompense il obtint des lettres d'abolition pleines et entières. Ce fut lui qui de Madrid suggéra l'idée de placer un Bourbon sur le trône d'Espagne. Voilà comment il parvint à s'assurer une immense fortune et une position heureuse et brillante.

Gourville, qui avait passé par la filière de toutes les intrigues, tantôt dans un parti, tantôt dans un autre, eut assez de discrétion pour n'en trahir aucun, et d'adresse pour ne se brouiller avec personne. Aussi rien ne lui était caché, et ce qu'il rapporte, il le savait de science certaine. Il ne parle que des événements auxquels il se trouva mêlé, usant amplement du privilége des auteurs de mémoires qui manquent rarement de se faire une large part ; mais à travers les louanges qu'il se donne perce une espèce de franchise qui les fait excuser. Quelquefois par un mot, par une simple réflexion, il fait mieux connaître l'époque que d'autres par une multitude de particularités. Après que le hasard lui eut fait manquer l'enlèvement du coadjuteur au milieu de Paris, comme on le traitait de fou, et qu'on lui disait que *du temps du cardinal de Richelieu il n'auroit pas été huit jours en vie :* « Aussi, répondit-il, de ce » temps-là je ne l'aurois pas entrepris. » ..... « Ceux » qui n'ont pas vu la foiblesse du gouvernement d'a- » lors, ne s'imagineront jamais tout ce qui se pas- » soit sans qu'on l'empêchât : ceux qui ont vu ces » choses sont morts, et les jeunes les prendroient » pour des rêveries. » Sous le rapport politique, ceci donne une pauvre idée de ce bon vieux temps si regretté des gens qui ne le connaissent pas, ou qui profitaient des abus ; mais sous le rapport financier, les Mémoires de Gourville nous forcent d'avouer que c'était vraiment le bon temps pour les receveurs des tailles et des gabelles. L'auteur a donné au récit de ses aventures un intérêt historique, en y semant des traits semblables à ceux que nous venons de rapporter, des anecdotes, des détails précieux sur les principaux personnages de l'Europe, et sur tous les ministres qui conduisirent les affaires pendant a dernière moitié du dix-septième siècle.

Malgré les sollicitations de ses amis, Gourville s'était toujours refusé à écrire des Mémoires ; « mais, dit-il (il allait entrer dans sa soixante-dix- » huitième année), cette idée m'est venue lorsque » j'y pensois le moins, sur des questions que m'a » faites un de mes amis au sujet des affaires du » temps passé. Ayant trouvé que ma mémoire » me fournissoit les choses comme si elles ne ve- » noient que d'arriver, le plaisir que j'ai senti » en cela me l'a fait entreprendre, estimant que je » m'amuserois fort, si j'y employois une partie du » temps que je passe à me faire lire. » Il commença son ouvrage le 15 juin 1702, et l'acheva en quatre mois et demi. Il ne faut pas y chercher un modèle du langage écrit, peut-être y trouverait-on un modèle du langage parlé ; Gourville n'en connaissait pas d'autre. N'ayant pas fait d'études, il s'était formé par un long usage du monde, et dicta ses Mémoires à son secrétaire, comme s'il eût causé avec quelque ami. Qu'il s'agisse de lui ou d'un autre, il dit ce qu'il sait, ne dissimulant rien, ni bien ni mal. Il avait communiqué son manuscrit ; rien n'étant plus précieux que les témoignages contemporains, nous rapporterons celui de madame de Coulanges ; voici ce qu'elle écrivit à madame de Grignan, le 7 juillet 1703, vingt-trois jours après la mort de l'auteur : « Les Mémoires de Gourville sont char- » mants ; ce sont deux assez gros manuscrits de » toutes les affaires de notre temps, qui sont écrits » non pas avec la dernière politesse, mais avec un » naturel admirable : vous voyez Gourville pendu » en effigie, et gouverner le monde. Tout ce qui » m'en a déplu (car je les ai entièrement lus), c'est » un portrait ou plutôt un caractère de madame de » La Fayette très-offensant, pour la tourner très-fi-
» nement en ridicule. Je l e trouvai quatre jours avant » sa mort avec la comtesse de Gramont : je l'assurai » que je passois toujours cet endroit de ses Mémoires. » Les caractères de tous les ministres y sont mer- » veilleux. Vous m'allez demander si on ne peut point » avoir un aussi aimable ouvrage. Non, madame, on » ne le verra plus, et en voici la raison : Gourville » y parle de sa naissance avec une sincérité parfaite ; » et son neveu n'est pas un assez grand homme pour » soutenir une chose aussi estimable, à mon gré. »

Nous avons dit que Gourville fut condamné à mort ; dans ses Mémoires il ne donne aucun détail sur le fond et sur l'instruction de cette affaire ; nous y suppléons en ajoutant ici l'extrait d'un réquisitoire imprimé dans le temps : « Le sieur Hérault de Gour- » ville est accusé par M. le procureur général d'abus, » malversations et vols par lui commis ès finances du » Roi. Il y a même de violentes présomptions du » crime de lèse-majesté en son affaire.

» Pour ce qui touche le fait des malversations dans » les finances, jamais homme n'en fut plus claire- » ment ni plus positivement convaincu. Tout con- » court à la preuve : la bassesse de l'extraction de » l'accusé, et les premiers emplois de sa vie dans la » servitude la plus abjecte, le changement de sa for- » tune si soudain, ses richesses immenses en moins » de trois années, et telles qu'en une seule séance la » chambre lui a retranché pour près de trois cent » mille livres de revenu par la suppression des offices » de commissaire des tailles ; les pensions qu'il a exi- » gées sur les fermiers généraux, les violences qu'il a » exercées sur les gens d'affaires, le ministère qu'il a » prêté aux dissipations de M. Fouquet, l'abus qu'il » a fait du crédit qu'il s'étoit acquis dans son esprit, » ses charges, ses profusions qui font encore tant » d'éclat, et qui lui ont acquis la protection déclarée » des grands du royaume ; et au milieu de tout cela » la fuite dont il a pris le parti, pressé par le seul té- » moignage de sa conscience, après avoir observé » que la chambre travaillant sans dissimulation, il » ne pouvoit manquer d'être un des premiers et des » principaux objets de sa recherche : toutes ces cir- » constances ramassées ne peuvent-elles pas passer » pour autant de preuves irréprochables de ses cri- » mes et de ses malversations ? Et, pour comble de » tous ses désordres, la participation qu'il a eue à cet » écrit fameux, qui contient un projet de moyens » pour rallumer la sédition dans le royaume, sont » des titres suffisans d'une condamnation bien as- » surée. »

La première édition des Mémoires de Gourville fut publiée en 1724, Paris, 2 vol. in-12. L'abbé Faucher, parent de l'auteur, en retouchant le texte, l'a gâté ; ce qui est pire, il y a laissé des lacunes, il a fait des transpositions qui dérangent l'ordre chronologique, et, sous prétexte de corriger des erreurs, il en a commis qui n'existaient pas. En 1782, d'après un manuscrit on en fit une autre édition bien préférable, Paris, 2 vol. in-12, chez Le Clerc et Barrois.

A. B.

MÉMOIRES

DE

JEAN HÉRAULT DE GOURVILLE.

J'ai composé ces mémoires dans l'oisiveté où je me suis trouvé réduit par un accident qui m'est survenu pour m'être frotté du talon gauche au-dessus de la cheville du pied droit ; j'en fus si incommodé, que la gangrène se mit à ma jambe : ce qui obligea les chirurgiens à me faire plusieurs incisions. Ils m'ordonnèrent de boire des eaux vulnéraires, qui m'avoient tellement échauffé qu'on ne croyoit pas que j'en pusse guérir ; et je fus réduit en si mauvais état vers la fin de l'année 1696, que je me souviens d'avoir entendu dire quelques mots pendant ma maladie qui me faisoient croire que chacun songeoit déjà à ce qu'il feroit après ma mort : mais les forces et le courage ne m'ayant pas manqué, je me trouvai en fort peu de temps en état d'espérer que ma vie seroit en sûreté pour cette fois.

Comme je fus long-temps privé de tout commerce, le bruit se répandit que mon esprit n'étoit plus comme auparavant, et peut-être sur quelque fondement. Mes amis, dont le nombre étoit grand, me vinrent voir une fois ou deux chacun ; mais jugeant que je ne pouvois plus être bon à rien, ils se contentèrent d'envoyer pendant quelque temps savoir de mes nouvelles : cependant un petit nombre de mes amis particuliers continuèrent à me voir. Enfin, après être guéri, mes jambes se trouvèrent si foibles que je n'ai pu marcher depuis ; outre que de temps en temps ma plaie, qui avoit été fort grande, se rouvroit. Avant cela, il y avoit près d'un an que j'avois beaucoup de peine à marcher ; sur la fin même il me falloit absolument quelqu'un pour me soutenir. Cela n'empêcha pas que je n'eusse toujours envie de me présenter devant le Roi. M'étant trouvé à son passage à Versailles, et Sa Majesté s'étant aperçue que j'étois soutenu par un homme, s'arrêta, et eut la bonté de me demander de mes nouvelles, et par quel accident j'étois en l'état où elle me voyoit : je répondis que c'étoit par une foiblesse qui m'étoit venue au genou, qui m'empêchoit de marcher. Je pris la liberté de lui dire, par une espèce de pressentiment, que comme je n'aurois peut-être plus l'honneur de la voir, je la suppliois de trouver bon que je la remerciasse non-seulement de toutes les bontés et de la bienveillance dont elle m'avoit honoré, mais encore de ce qu'en terminant en dernier lieu toutes les affaires que je pouvois avoir, elle m'avoit mis en état, quoi qu'il m'arrivât, de finir ma vie avec douceur et commodité. Elle eut la charité de m'entendre, et de me dire qu'elle l'avoit fait avec plaisir ; que si j'avois encore quelque chose à désirer, elle étoit disposée à le faire. Ce discours me toucha sensiblement, et j'en fus si attendri que je ne pus lui répondre que par une profonde inclination de tête. Je ferois connoître ce qui a donné occasion à la bonne volonté de Sa Majesté pour moi, si j'avois le temps d'achever les mémoires de tout ce qui s'est passé pendant le cours de ma vie [ce que je n'ose espérer] ; et on verroit que le Roi a eu des bontés pour moi au-delà de ce qu'on peut s'imaginer.

Je commence donc ces mémoires aujourd'hui 15 juin 1702, après l'avoir souvent refusé à la sollicitation de plusieurs personnes d'esprit qui s'offroient de les rectifier. Cette idée m'est venue lorsque j'y pensois le moins, sur des questions que m'a faites un de mes amis au sujet des affaires du temps passé. Ayant trouvé que ma mémoire me fournissoit les choses comme si elles ne venoient que d'arriver, le plaisir que j'ai senti en cela me l'a fait entreprendre, estimant que je m'amuserois fort si j'y employois une partie du temps que je passe à me faire lire.

Je commencerai donc par dire que je vais entrer dans ma soixante-dix-huitième année, et que je suis né à La Rochefoucauld, le 11 juillet 1625.

Après la mort de mon père, ma mère me fit apprendre à écrire. On me mit en pension à l'âge de dix-sept ans chez un procureur à Angoulême, où je demeurai au plus six mois, d'où étant revenu à La Rochefoucauld, M. l'abbé de La Rochefoucauld (1), depuis évêque de Lectoure, me prit pour son valet de chambre, mon frère aîné étant pour lors son maître d'hôtel ; et j'y fus installé au mois de juin 1642.

Vers le commencement de décembre de cette même année, le cardinal de Richelieu étant mort, les amis de messieurs de La Rochefoucauld leur mandèrent qu'ils feroient bien de venir à Paris, et ils prirent le parti de s'y rendre incontinent ; j'y vins avec eux, et y demeurai jusqu'au mois d'avril 1646. Je puis dire que M. l'abbé de La Rochefoucauld étoit fort content de moi, et qu'il m'accordoit sa confiance ; mais M. le prince de Marsillac, qui depuis a été M. le duc de La Rochefoucauld (2), voulant faire la campagne de 1646, pria monsieur son frère de lui accorder que je le suivisse pour le servir en qualité de maître d'hôtel. Mon frère parut y avoir quelque répugnance, parce qu'il craignoit que je ne fusse attaqué du poumon : en effet, de huit frères ou sœurs que nous étions, il en est mort sept, les uns plus âgés que les autres. Cela n'a pas empêché que je ne me sois trouvé l'année passée quatre-vingt-dix neveux ou nièces, arrière-neveux et nièces, d'un frère et de cinq sœurs, dont quatre étoient plus âgés que moi. La loterie de l'Hôpital général me fit venir la curiosité d'écrire de tous côtés qu'on m'envoyât la liste de chaque famille ; et je mis un louis d'or pour chacun à cette loterie.

Je reviens donc à la campagne de 1646. Malgré les répugnances de mon frère à me la laisser faire, l'envie de parvenir prévalut. Après la prise de Courtray, l'armée marcha au canal de Bruges, pour faire passer avec le maréchal de Gramont six mille hommes qui devoient joindre M. le prince d'Orange, père du dernier mort. Les ennemis, qui avoient avancé leurs lignes à la portée du pistolet des nôtres devant Courtray, ayant su qu'on capituloit, et peut-être qu'on avoit le dessein d'aller voir le canal de Bruges, prirent leur marche de ce côté-là. Comme personne ne doutoit que ce ne fût pour nous combattre à l'entrée de la plaine, à mesure que notre avant-garde y entroit on se rangeoit en bataille. M. le duc de Retz et M. le prince de Marsillac, qui étoient volontaires, se mirent dans le premier rang de l'escadron du régiment du Roi, que commandoit M. le comte de Montbas. Je fus mis avec leurs gentilshommes au second rang derrière eux ; mais les ennemis ne pensoient pas à nous attaquer. Ainsi, sur le soir, chacun commença à se poster, et chercha à se loger pour la nuit [tout le monde convient que ce jour fut le plus chaud qu'on ait jamais vu] ; comme il n'y avoit presque point de tentes, parce qu'on avoit laissé les gros bagages, j'allai couper du bois pour faire une baraque à M. le prince de Marsillac ; et sachant qu'il y avoit un petit ruisseau, je me servis d'un baril pour lui apporter de l'eau. A mon retour je fis faire cette baraque, où M. le prince de Marsillac coucha sur un matelas ; mais, comme homme peu expérimenté, je me couchai sur l'herbe auprès de lui, et me fis rafraîchir les bras et les jambes de cette eau que j'avois fait apporter.

On fit marcher de grand matin les troupes qui devoient passer le canal avec M. le maréchal de Gramont ; je voyois tout le monde monter à cheval, sans qu'il me fût possible de remuer bras ni jambes. Le soleil commençant à avoir de la force, j'espérois que cela me procureroit beaucoup de soulagement ; mais après être demeuré jusqu'à ce que l'on m'avertit que les troupes de l'arrière-garde marchoient, je montai à cheval, et, ayant trouvé un morceau d'une pique, je m'en fis un bâton, et allai joindre les chevaux de bagage de M. de Marsillac. Quelque temps après j'entendis crier derrière moi : *Gare, gare !* et me sentis donner un coup de canne sur la tête. Je me retournai brusquement, et déchargeai un coup de bâton sur le cou de celui qui m'avoit frappé, sans savoir qui il étoit. Aussitôt je me vis environné ; et le capitaine des Suisses de M. le duc d'Orléans m'ayant pris par les épaules pour me jeter à bas, je lui donnai un si grand coup de coude dans l'estomac, qu'il quitta prise. M. le marquis de Mosny, capitaine des gardes de Monsieur, qui étoit présent, m'ayant reconnu dans ce triste état, se mit en devoir de me secourir ; il me fit faire passage et me dit de fuir : ce que je fis avec toute la diligence possible. On parla fort de cela le soir, et on trouva extraordinaire d'avoir frappé un aide de camp de Monsieur, qui lui faisoit faire place. Je contai mes raisons, et dis que m'étant senti frappé [d'ailleurs j'ignorois que Monsieur fût présent], ayant un bâton à la main, j'avois rendu le coup à celui qui m'avoit frappé ; après quoi il fut arrêté qu'en présence du capitaine des gardes de M. de Marsillac, je demanderois pardon à genoux à M. le comte de Chaumont, qui étoit au lit : ce que je fis, et lui dis que j'étois au désespoir de l'avoir frappé, ne l'ayant pas connu. Il me pardonna, et me montra son cou et sa tête

(1) Louis de La Rochefoucauld, évêque de Lectoure, abbé de Saint-Jean-d'Angely.
(2) Auteur des Mémoires qui précèdent.

fort enveloppés, et dit à M. Bercenay, qui m'amenoit, qu'il alloit être saigné pour la troisième fois. Je l'ai rencontré depuis, et j'ai feint de ne le pas reconnoître.

L'on revint faire le siége de Mardick ; je pris mon temps pour aller seul à la tranchée, et voir à quel point j'aurois peur : ne m'en étant pas beaucoup senti, je me fis un plaisir d'être toujours auprès de M. le prince de Marsillac quand il y alloit la nuit, avec beaucoup d'autres, pour soutenir les travailleurs. Une nuit que je m'étois offert à porter ses armes, étant debout, et appuyé contre un terrain qui avoit été relevé pour couvrir ceux qui étoient dans la tranchée, un coup de canon donnant sur cet ouvrage me couvrit de terre : comme la nuit étoit assez claire, on crut que j'étois tué ; mais j'en fus quitte pour la peur.

Quelques jours après les ennemis firent une grande sortie, environ à l'heure de midi ; M. le prince de Marsillac y courut en toute diligence, et fut suivi de la plupart des gens de qualité, qui repoussèrent les ennemis. On y perdit beaucoup de monde, entre autres M. le comte de La Rocheguyon, qui ne laissa pour héritier de la maison Liancourt qu'une petite fille âgée d'un an et demi, qui épousa ensuite M. le prince de Marsillac (1) ; M. de La Feuillade et quelques autres personnes de remarque y furent aussi blessés à mort ; M. le prince de Marsillac y reçut un coup de mousquet au haut de l'épaule. Quelques jours après, il se fit porter à Paris dans un brancard ; M. l'abbé de La Rochefoucauld étant venu au devant de lui, M. le prince de Marsillac lui dit qu'il étoit content de moi, et des soins que je lui rendois ; qu'il lui feroit plaisir de me laisser à son service. Je fus bientôt dans sa confidence, et tout-à-fait dans ses bonnes grâces. Il acheta le gouvernement du Poitou ; l'y ayant suivi, il me fit son secrétaire ; et après avoir reçu quelque instruction de M. Cerizay, qui avoit beaucoup d'esprit et qui étoit secrétaire de M. de La Rochefoucauld le père, je m'acquittai assez bien de ma commission.

M. le prince de Marsillac étant revenu à Paris avec peu d'argent, parce que, outre que sa famille n'en avoit guère, on auroit fort souhaité qu'il n'y fût pas retourné, m'ordonna d'aller parler de quelques affaires à M. d'Émery, pour lors contrôleur général [j'avois ce jour-là une casaque rouge, avec quelques galons dessus]. Peu de jours après, M. le prince de Marsillac ayant envoyé son intendant lui parler, M. d'Émery, à la première rencontre de M. le prince de Marsillac, lui dit : « Quand vous aurez quelque chose « à me faire dire, envoyez-moi la casaque rouge « qui m'a déjà parlé une fois de votre part. » Cela m'en fit connoître, et me donna lieu de faire quelques affaires auprès de lui pour M. le prince de Marsillac, qui auroit été obligé de quitter Paris, si je ne m'étois avisé de demander à M. d'Émery un passeport pour faire sortir du Poitou huit cents tonneaux de blé. Je lui demandai en même temps s'il ne trouveroit pas mauvais d'en ajouter deux cents pour moi, afin que je pusse en avoir le profit. En souriant, il me dit qu'il le vouloit bien. Aussitôt que j'eus retiré mon passeport, je pris la poste pour aller à Niort, où je trouvai moyen de le trafiquer, et d'en tirer une lettre de change de dix mille livres. Je ne saurois exprimer la joie qu'eut M. le prince de Marsillac de se voir en état de continuer son séjour à Paris ; mais toute la famille en conçut beaucoup de chagrin contre moi. M. le prince de Marsillac me dit de prendre mes deux mille livres, et d'employer les huit autres pour son service ; mais avec le temps les dix y furent à peu près employées.

[1649] Le Roi étant sorti de Paris la nuit de la veille des Rois, 1649, se retira à Saint-Germain. M. le prince de Marsillac le suivit ; il me laissa à Paris, et me donna un billet pour M. l'abbé de Maisons, frère du président de Longueil qui étoit insigne frondeur, et du nombre des six qui avoient été arrêtés (2) par le parlement pour des affaires secrètes. Après la convention que M. le prince de Conti seroit élu généralissime s'il vouloit rentrer dans Paris, je trouvai moyen d'en sortir pour lui annoncer cette résolution. M'étant fait lieutenant d'une compagnie de bourgeois du faubourg Saint-Honoré, commandée par un charcutier qui demeuroit devant la porte du logement de M. le prince de Marsillac, et ayant monté la garde avec la compagnie, je fis tenir un cheval prêt, et m'en allai à Saint-Germain aussitôt. Ce jour-là il fut résolu que M. le prince de Conti partiroit le soir sur les onze heures, avec M. le prince de Marsillac et de Noirmoutier, et qu'on feroit tenir des chevaux prêts à l'abreuvoir. Cette résolution étant prise, M. le prince de Marsillac m'entretint longtemps, et m'instruisit de ce qu'il vouloit que je disse à Paris en cas qu'il fût fait prisonnier, ne doutant pas qu'on ne lui coupât le cou. Après m'avoir dit beaucoup de belles choses, je lui dis que s'il vouloit faire savoir sûrement les choses dont il me parloit à la personne qu'il m'indiquoit, il devoit lui écrire, étant bien

(1) Fils du duc de La Rochefoucauld, auteur des Mémoires.
(2) Choisis.

résolu de ne le point abandonner si nous étions pris, et que s'il avoit le cou coupé je serois pendu.

L'heure du départ de ces seigneurs approchant, M. de Marsillac s'imaginant que M. le prince de Conti auroit quelque peine d'aller à pied jusqu'à l'abreuvoir, chargea M. de Berquigny, son premier écuyer, d'aller prendre un cheval, de mener en main celui que M. le prince de Conti devoit monter, et de le venir joindre dans l'avant-cour, au-dessus de la grande porte qui entre dans le château. Étant donc revenu, M. le prince de Marsillac mit pied à terre; et s'approchant de cette porte pour voir quand M. le prince de Conti passeroit, ne l'ayant point averti de ce changement, le hasard fit que quelqu'un sortit avec un flambeau. Dans le temps qu'il voulut se mettre à l'écart pour n'être pas reconnu, M. le prince de Conti sortit, accompagné de M. de Noirmoutier, qui lui donna la main pour aller jusqu'à l'abreuvoir, parce qu'il avoit beaucoup de peine à marcher; enfin la porte du château étant fermée, M. le prince de Marsillac nous vint rejoindre M. de Berquigny et moi, croyant que M. le prince de Conti avoit été arrêté : il nous dit cependant qu'ayant été obligé de quitter cette porte à cause du flambeau, il étoit peut-être sorti dans ce moment. Nous résolûmes d'aller à l'abreuvoir pour nous en assurer; mais n'y ayant trouvé personne que l'écuyer de M. de Noirmoutier, duquel M. le prince de Conti avoit pris le cheval, et qui avoit eu ordre d'attendre M. le prince de Marsillac pour lui dire que Son Altesse étoit partie avec M. de Noirmoutier, nous prîmes le parti de marcher. Mais ayant représenté qu'il falloit passer trois ponts, et que ces messieurs pourroient avoir donné l'alarme en s'en allant, on convint que le plus sûr étoit d'aller par derrière Meudon prendre un chemin qui nous mèneroit du côté du faubourg Saint-Germain ; nous le connoissions pour l'avoir pratiqué souvent dans des parties de chasse. Nous allâmes tomber auprès d'une barrière où nous avions aperçu du feu. A mesure que nous en approchions, nous entendions souvent des *qui va là?* et crier que si nous voulions avancer, on tireroit sur nous. Je mis pied à terre, et m'approchai de la barrière; je dis que nous venions pour le secours de la ville de Paris. On me répondit que l'on ne pouvoit laisser entrer personne, sans l'ordre de M. le président Bocquemart; je l'allai trouver : il vint avec moi pour faire entrer M. le prince de Marsillac. M. le prince (1) fut fort en colère contre M. le prince de Conti, et encore plus contre M. de Marsillac.

On commença à lever des troupes, et de la part du Roi à bloquer Paris. Après qu'on eut fait quelque cavalerie, on songea à faire venir des convois; en ayant été disposé un considérable à Brie-Comte-Robert, M. de Noirmoutier fut chargé de l'amener une nuit. M. le prince de Marsillac sortit le soir avec quelques escadrons de cavalerie pour le favoriser, et s'avança vers Grosbois. La terre étant toute couverte de neige, les nouvelles troupes souffrirent beaucoup : le matin on eut l'alarme, tout le monde monta à cheval; M. le prince de Marsillac se mit à la tête de l'escadron de M. le marquis de Rauzan, frère de M. de Duras. Nos escadrons firent assez bonne mine en se mettant en ordre de bataille; mais aussitôt qu'on eut commencé à tirer le premier coup, tout se sauva en grand désordre, à la réserve de l'escadron de Rauzan, qui fit ferme pour quelque temps. M. le comte de Sillery, beau-frère de M. le prince de Marsillac, M. de Bercenay, son capitaine des gardes, et moi, étions auprès de lui : le cheval sur lequel j'étois fut blessé de trois coups, dont il mourut. Ces messieurs furent pris et moi aussi, et menés au château de Lissy. M. le prince de Marsillac fut extrêmement blessé, et son cheval tué ; il ne laissa pas de monter sur un autre qui se rencontra par hasard, et se rendit à Paris. Quelque temps après on parla de paix ; elle se fit.

[1650] M. le prince s'étant fort signalé pour favoriser M. le cardinal Mazarin, tout le monde disoit que c'étoit lui qui l'avoit maintenu : cela lui fit croire qu'il pouvoit lui demander tout ce qu'il jugeroit à propos, et qu'il n'oseroit lui refuser; en sorte qu'il avoit de grandes prétentions. M. le cardinal en étant fort embarrassé, résolut de le faire arrêter au Palais-Royal, avec M. le prince de Conti et M. de Longueville (2). L'ayant appris à la ville, je courus chez M. le prince de Marsillac, où j'appris que madame de Longueville devoit se retirer à Rouen, et que M. le prince de Marsillac l'accompagneroit. Elle fit tant de diligence, en prenant beaucoup de chevaux à la campagne et dans les villages pour atteler à son carrosse, qu'elle y arriva le lendemain : sur ce qu'on lui représenta qu'elle n'y pouvoit avoir aucune sûreté, nous allâmes le jour suivant à Dieppe, d'où madame de Longueville partit pour la Hollande, et se rendit de là à Stenay. M. le prince de Marsillac se retira en Angoumois, et M. le duc de Bouillon à Turenne; ils complotèrent ensemble de mener madame la princesse et M. le duc d'Enghien à Bordeaux, où ils savoient que régnoit un esprit de révolte.

(1) Le prince de Condé.
(2) Mazarin les fit arrêter le 18 janvier 1650.

Je fus envoyé à madame la princesse douairière à Chantilly, pour la disposer à envoyer madame la princesse et M. le duc d'Enghien à Mouzon : ce qu'elle fit. Ceux qui n'ont pas vu la foiblesse du gouvernement d'alors ne s'imagineront jamais comment tout se passoit, sans qu'on l'empêchât.

M. le prince de Marsillac, pour lors devenu M. de La Rochefoucauld par la mort de son père (1), décédé au château de La Rochefoucauld, sous prétexte de faire conduire son corps à Verteuil, où ils sont inhumés, assembla deux ou trois cents gentilshommes, avec les valets et autres gens de ses terres. Ayant fait jusqu'à six ou sept cents hommes de pied, ils accompagnèrent le corps à Verteuil. Alors M. de La Rochefoucauld proposa à ses amis d'aller avec lui à Saumur, où le gouverneur, qui étoit mis par M. le maréchal de Brezé, promettoit de le recevoir. Il marcha jusqu'à Lusignan; et m'ayant envoyé devant pour avertir le gouverneur de sa marche, j'appris en approchant son traité avec le Roi, et qu'il y avoit reçu ses troupes. Je revins aussitôt en porter la nouvelle à M. de La Rochefoucauld, qui arrivoit à Luisignan ; ce qui l'obligea à s'en retourner, et à congédier ses amis.

Messieurs de Bouillon et de La Rochefoucauld conduisirent madame la princesse et M. le duc à Bordeaux, où on les reçut; bientôt après, M. le maréchal de La Meilleraye y mena des troupes pour tâcher de les réduire. La vendange approchant, Bordeaux songea à faire la paix. Je fus envoyé à M. le cardinal, et ménageai une entrevue de M. de La Rochefoucauld et de M. de Bouillon avec lui, laquelle se fit en sortant de Bordeaux après l'amnistie.

L'aversion générale qu'on avoit pour M. le cardinal Mazarin, et les grandes actions de M. le prince, faisoient que presque tout le monde le plaignoit, et demandoit sa liberté. Je ne sais par quel hasard quelques-uns des sergens et caporaux des compagnies des gardes qui le gardoient à Vincennes raisonnèrent entre eux qu'ils feroient leur fortune s'ils pouvoient donner la liberté à M. le prince.

Un caporal qui avoit été de la conférence, nommé Francœur, de qui j'avois tenu un enfant, m'étant venu voir, et m'ayant rapporté ce qui s'étoit dit à Vincennes, il n'en fallut pas davantage pour me donner envie de suivre cette affaire, et de me signaler à quelque prix que ce fût. Je chargeai donc mon compère de mettre sur le tapis le discours qu'on avoit tenu pour la liberté de M. le prince, et de faire envisager à ses camarades que si on pouvoit la lui procurer, ce seroit le moyen de faire leur fortune, et à tous ceux qui entreroient dans ce dessein. Je lui dis de leur proposer de faire un régiment sous le nom de M. le duc d'Enghien, dont les sergens seroient les capitaines ; de distribuer les autres offices à ceux qui auroient le plus servi à la liberté de M. le prince, et une somme d'argent pour chaque soldat qui y seroit entré; mais surtout de ne me pas nommer. Quelques cinq jours après, il vint me dire qu'il ne doutoit pas que le projet ne pût réussir; et après avoir encore eu une conférence sans me nommer, il m'assigna un rendez-vous dans le mail de l'Arsenal, avec deux sergens qui auroient pouvoir de traiter. Je lui dis qu'avant de m'engager je voulois en faire part à madame la princesse douairière, pour m'assurer de l'exécution des promesses que je pourrois faire, et qu'ensuite nous conviendrions du jour que je pourrois me trouver au rendez-vous.

Aussitôt je me rendis chez cette princesse pour lui raconter tout ce qui se passoit : comme j'avois l'honneur d'être connu d'elle, je ne fus point embarrassé de lui dire que je n'attendois que ses ordres pour l'exécution du projet, et pour savoir jusqu'à quelle somme je pourrois m'engager. J'oserai presque dire qu'elle m'embrassa; du moins elle mit les deux mains sur mes bras, en me disant que je pouvois promettre tout ce que je voudrois, m'assurant qu'elle me le feroit délivrer : mais je pensai que je ferois mieux d'être certain d'une somme fixe. Je lui demandai si je pouvois promettre jusqu'à cent mille écus : elle me répondit oui ; même jusqu'à cinq cent mille livres s'il étoit nécessaire. Je lui parlai du régiment que j'avois proposé : elle me dit que cela étoit fort bien imaginé; qu'elle me conjuroit de suivre cette affaire avec grand soin, et qu'elle m'alloit faire donner une ordonnance de six mille livres sur son trésorier, en cas que je crusse devoir faire quelques avances à ceux avec qui j'avois fait l'entreprise. Elle fit appeler M. de La Tour son secrétaire, et signa l'ordonnance : je m'en revins aussitôt, et envoyai chercher mon compère Francœur, pour lui dire que j'étois prêt à me trouver au rendez-vous qu'il m'avoit proposé à l'Arsenal, qui fut assigné au lendemain, trois heures après midi.

Aussitôt qu'il fut sorti de ma chambre, plusieurs réflexions me vinrent en pensée : d'un côté j'examinois si l'entreprise n'étoit pas un cas pendable à mon égard, et l'impossibilité qu'il y avoit presque à la réussite ; de l'autre côté je regardois la gloire et l'avantage qui pouvoient m'en revenir. Enfin j'allai le lendemain à notre rendez-vous, où je trouvai Francœur et les deux sergens aux Gardes avec lui. Je commençai par

---

(1) Mort le 8 février 1650.

leur demander comment ils prétendoient faire pour mettre M. le prince hors des portes de Vincennes : ils me dirent qu'il n'y avoit presque point de sergens ni soldats qui ne parlassent souvent du chagrin qu'ils avoient de garder ce prince, qui avoit si souvent hasardé sa vie pour le service du Roi [comme quelques-uns disoient l'avoir vu en plusieurs occasions], pour maintenir un étranger qui l'avoit si injustement fait arrêter; et que Francœur, en qui j'avois confiance, pouvoit me dire que de huit sergens ou caporaux qui avoient entendu la proposition, il n'y en avoit pas un qui n'eût dit être tout prêt de perdre sa vie, ou du moins de la risquer, pour procurer la liberté à ce grand prince. Je leur parlai des grandes récompenses qu'ils pourroient avoir en faisant une si belle action. Francœur me répondit que ces messieurs voudroient bien savoir à quelle somme cela pourroit aller, afin de s'en servir à en engager d'autres dans l'entreprise. Je ne balançai pas à leur promettre deux cent mille livres, qu'ils toucheroient à Chantilly, à partager entre tous ceux qui voudroient l'y conduire, laissant à la générosité de M. le prince de gratifier encore ceux qui auroient le plus contribué à sa liberté. Je leur dis ensuite que Francœur devoit leur avoir communiqué la pensée que j'avois eue qu'on fît un régiment sous le nom de M. le duc d'Enghien ; et que si M. le cardinal apprenoit la liberté de M. le prince, il n'avoit point d'autre parti à prendre que de sortir du royaume. Quelle gloire auroient alors ceux qui l'y auroient forcé!

Les deux sergens et Francœur se séparèrent de moi pour un moment, et me rejoignirent pour me dire qu'ils espéroient pouvoir faire réussir l'affaire. Ils firent beaucoup de façons pour prendre vingt pistoles que je leur présentai, pour boire avec ceux qu'ils auroient dessein d'engager; et nous convinmes de ne nous plus assembler, et que Francœur porteroit les paroles de part et d'autre. Peu de jours après, il me vint trouver pour me dire la résolution qui avoit été prise de faire ledit coup un jour de dimanche, parce qu'alors M. de Bar, gouverneur de Vincennes, avoit coutume d'aller à vêpres, et que les officiers qui étoient à la garnison, à son exemple, y alloient aussi; qu'ils prétendoient faire faire des tire-fonds, dont l'anneau seroit assez large pour passer dedans des morceaux de bois qui iroient d'un jambage à l'autre ; qu'ils en mettroient aux portes de l'église, et qu'aussitôt qu'ils auroient crié : *Liberté des princes, et deux cent mille livres à distribuer à ceux qui la leur voudront procurer!* tout le monde se rangeroit de leur côté; enfin qu'ils me répondoient du succès. Je lui donnai dix pistoles pour faire ces petits frais'; ensuite j'allai trouver madame la princesse, qui étoit pour lors à Merlou ; elle m'embrassa tout de bon, après que je lui eus compté ce que je viens de dire. Elle me dit qu'elle avoit choisi quatre personnes, qui dévoient venir me trouver à Paris pour être présentes à l'entreprise; que M. Dalmas, son écuyer, s'y rendroit avec les autres, et un certain nombre de chevaux pour monter les princes · ce qui fut exécuté. Mais le vendredi, un des quatre ayant été saisi de peur, fit semblant, le même jour, d'aller à confesse à l'église. Notre-Dame, au pénitencier; et s'étant accusé d'un vol dont il vouloit faire la restitution, il lui donna un paquet où il avoit mis quelque argent, et lui dit qu'il y trouveroit le nom de la personne. Le pénitencier étant rentré chez lui, ouvrit le paquet, et y trouva écrit : *Dimanche à trois heures on doit mettre les princes en liberté*; *il y a une intelligence dans Vincennes pour cela.* Le pénitencier alla aussitôt porter le billet à M. le coadjuteur; et le samedi M. de Beaufort monta à cheval suivi d'un nombre de cavalerie, et alla dans les villages aux environs de Vincennes, pour voir s'il ne trouveroit point quelques personnes préparées pour soutenir l'entreprise. Cela s'étant répandu le même jour, je vis bien qu'il n'y avoit plus rien à faire, M. de Bar devant être informé de toutes choses. Je m'en allai passer chez Francœur pour lui donner avis de ce que j'avois appris : il me dit qu'il en avoit déjà entendu parler, et qu'il alloit à Vincennes pour avertir ses camarades. Sur-le-champ je montai à cheval, et m'en allai prendre la poste à Longjumeau ; je fis beaucoup de diligence pour arriver à La Rochefoucauld, où étant arrivé fort fatigué, je contai mon aventure à M. de Cerizay, dont j'ai déjà parlé. C'étoit un homme d'esprit, mais fort bouillant ; il se mit dans une grande colère, et me traita non-seulement de téméraire, mais de fou achevé, me disant que du temps du cardinal de Richelieu, je n'aurois pas été huit jours en vie. Je lui répondis que peut-être aussi dans ce temps-là je ne l'aurois pas entrepris, et qu'à bon compte je m'en allois chez mes amis, en attendant que je susse la suite de cette affaire, dont je viendrois quelquefois lui demander des nouvelles à la brune. Et soit que l'avis qui avoit été donné fût regardé comme une chose faite exprès et sans fondement, ou de quelque façon que ce fût, j'appris que cette découverte n'avoit produit que le changement des compagnies de gardes, pour en mettre d'autres.

[1651] Je fis ensuite deux voyages en poste à Stenay, le premier au commencement de janvier 1651. Les derniers chevaux que je pouvois prendre étoient à Sainte-Menehould. Les frontières étant presque désertes, et les chemins extrêmement mauvais, il y avoit beaucoup de bois à passer, et les paysans y étoient en petites troupes, et tuoient indifféremment tous les passagers. Je me trouvai vers le soir proche d'un endroit où mon postillon me dit qu'il y avoit ordinairement grand danger : pour l'éviter, il prit à côté du chemin ; quatre hommes sortirent de derrière une masure pour nous couper, quoiqu'il nous fût impossible de galoper, voyant néanmoins qu'ils ne pouvoient pas nous joindre, ils tirèrent trois coups de fusil ; j'en fus quitte pour la peur. Il faisoit un temps diabolique. La nuit étant venue, je souffris des peines qui ne peuvent s'exprimer : le postillon ayant voulu quitter le grand chemin prit sur la droite dans la campagne, croyant qu'il y faisoit meilleur ; mais mon cheval, qui étoit extrêmement las, enfonçoit : de sorte qu'il ne pouvoit plus marcher. J'avois mis mon manteau sur mes épaules, à cause qu'il tomboit de la neige fondue, qui le rendoit fort pesant. Je voulus mettre pied à terre pour soulager le cheval ; mais nous avions tant de peine tous deux, que nous faisions fort peu de chemin. Mon postillon avoit aussi mis pied à terre pour la même raison. Le vent qui nous donnoit dans le nez nous faisoit extrêmement souffrir. Je trouvai la souche d'un arbre, je m'assis dessus, tournant le visage du côté d'où je venois ; là, je fis réflexion que j'avois un frère et quatre sœurs qui étoient couchés bien différemment de moi, et qui, avec le temps, me feroient bien des neveux ; et que les uns et les autres, si la fortune m'étoit favorable, prétendroient que je leur en devrois faire bonne part, sans songer aux peines qu'elle m'auroit coûtées. Je m'entretins ensuite avec mon postillon de ce qu'il croyoit que nous pourrions faire : il me dit que nous ne pourrions arriver au lieu qu'il s'étoit proposé pour être en sûreté, mais qu'à un demi-quart de lieue il y avoit une espèce de cabaret dont il connoissoit l'hôte pour être honnête homme ; que cependant il y avoit souvent des canailles chez lui ; qu'il étoit à craindre que nous voyant dans ce lieu, ils ne sortissent avant nous pour tâcher de nous assommer : ce qui me fit peur. Je ne voyois cependant d'autre parti à prendre que celui d'en courir les risques ; et pour pouvoir m'y rendre, je donnai mon manteau, qui m'accabloit, au postillon, qui le mit sur son cheval, et nous fûmes plus d'une grosse demi-heure pour y arriver ; encore nous tint-on assez long-temps à la porte, n'osant pas nous ouvrir, parce que l'on ne savoit pas qui nous étions. Enfin ayant ouvert, il parut que je faisois pitié à ce pauvre cabaretier en l'état où il

me voyoit : après m'être séché et avoir mangé, je dormis sur de la paille ; nos chevaux ayant mangé, nous partîmes, et j'arrivai à midi à Stenay. Il s'est présenté bien des rencontres qui m'ont fait faire des réflexions sur le triste état où je m'étois trouvé sur la souche ; et, grâces à Dieu, ma famille a fort augmenté. Peu de jours après je retournai à Paris, sans avoir eu aucune aventure.

Au second voyage que je fus obligé de faire à Stenay, je fus arrêté par delà Grandpré par des cavaliers de la compagnie de M. le maréchal de L'Hôpital, qui me menèrent à M. le comte d'Aspremont qui en étoit lieutenant, lequel m'envoya à Sedan comme prison empruntée. En y arrivant, le geôlier, qui étoit un homme de très-méchante mine, prit plaisir à me faire voir comment on donnoit la question, en me disant que je l'aurois bientôt. Il me mit au cachot avec mon homme sur de la paille ; le lendemain au soir, sa femme, par pitié ou par curiosité, me vint voir ; le jour suivant elle en fit de même, et m'apprit que M. de Fabert ne vouloit point prendre connoissance de mon affaire ; ce qui me fit bien augurer de ma destinée. Elle me dit que son mari devoit me donner des draps et un matelas pour coucher, et que l'on me laisseroit sortir l'après-dînée dans la cour ; ce qui me fit un très-grand plaisir. Après quelques entretiens avec elle, la voyant disposée à me secourir, je la priai de me donner du papier et de l'encre : ce qu'elle fit, et porta ensuite ma lettre à la poste, sans que personne en sût rien. J'écrivis à Paris pour mander l'état où j'étois, et qu'il ne falloit pas faire autre démarche qu'envers M. le maréchal de L'Hôpital, de qui ma liberté dépendoit. Madame de Puisieux s'étant trouvée de ses amies, elle fit si bien qu'elle obtint une lettre de lui à M. d'Aspremont pour me faire mettre en liberté, mais comme celui-ci avoit écrit à M. le maréchal de L'Hôpital que s'il avoit envie de me faire sortir, il seroit bien aise de profiter de quelque chose sur les contributions que ses terres payoient à Stenay ; ayant envoyé proposer que si on vouloit lui donner six mille livres à déduire sur les contributions, il me feroit sortir, cela fut accordé. On m'envoya deux chevaux et un tambour pour me mener à Stenay, où je fus reçu avec grande joie.

Après quelque séjour dans cette ville, je m'en retournai à Paris ; et M. de La Rochefoucauld y étant revenu quelque temps avant la liberté de M. le prince, alla au devant de lui jusqu'à sept ou huit lieues du Havre (1). En revenant

(1) Les princes arrivèrent à Paris le 16 février 1651, onze mois après leur arrestation.

avec Son Altesse, nous trouvâmes deux endroits où on faisoit des feux de joie pour le retour de M. le prince; il y en avoit un entre autres sur lequel étoit une figure de paille couverte d'une vieille jupe rouge dessus, représentant le cardinal, que l'on brûloit. La ville de Paris témoigna autant de joie du retour de M. le prince qu'elle en avoit témoigné lorsqu'il fut arrêté.

Je commençai à me faire connoître dans cette occasion à Son Altesse; et quelque temps après ayant eu l'honneur de lui parler deux ou trois fois, il me donna des marques de sa bienveillance: entre autres, un soir que j'étois allé pour le voir souper à l'hôtel de Condé, il me commanda deux fois de me mettre à sa table; ce que je fis, et qui me fit grand honneur; et regarder avec un peu plus de distinction qu'on ne faisoit auparavant. Enfin étant entré de plus en plus dans sa confidence, il me parloit de toutes ses affaires secrètes, et de ce qui se négocioit à Bordeaux et à Madrid, étant dans la résolution de faire la guerre. Je tombai fort malade d'une fièvre double-tierce, dont je crus mourir; mais huit ou dix jours après étant un peu mieux, et même en convalescence, M. le prince qui étoit prêt à partir pour Bordeaux monta chez M. de La Rochefoucauld au troisième étage, où j'étois logé; et m'ayant raconté l'état de ses affaires, m'ordonna de l'aller trouver le plus tôt que je pourrois, et de voir M. de Chavigny, pour pouvoir lui rendre compte de tout ce qui se passeroit à son égard.

Sitôt que je crus pouvoir monter en carrosse, j'allai recevoir les ordres de M. de Chavigny, à qui M. le prince avoit dit de prendre une entière confiance en moi. Après un assez long entretien, il me chargea de dire à M. le prince que M. le coadjuteur de Paris, et depuis cardinal de Retz, étoit si fort le maître de l'esprit de M. le duc d'Orléans [ce qui étoit la grande affaire], qu'à moins qu'on ne le fît enlever et conduire en lieu de sûreté, il n'y avoit aucune espérance de faire rien de bon avec Monsieur; et qu'on pourroit le mener à Damvilliers. Je partis donc par le carrosse d'Orléans, n'osant pas me hasarder d'aller à cheval; à Orléans, je pris un bateau pour me conduire jusqu'à Amboise, où je pris la poste. Etant arrivé à Bordeaux, M. le prince passa une grande partie de la nuit à me faire rendre compte de tout ce que m'avoit dit M. de Chavigny; et convenant de sa proposition, il me dit de m'aller coucher, et qu'il songeroit à ce qu'il auroit à me dire le lendemain sur ce sujet.

Dans la seconde conversation, il me nomma trois ou quatre personnes, paroissant chercher quelqu'un qui fût capable d'exécuter ce dessein; mais aussitôt qu'il m'en avoit nommé un, il trouvoit des raisons qui devoient l'en empêcher. Enfin ayant jeté les yeux sur M. le marquis de Clérembault, qui étoit pour lors capitaine de cavalerie dans son régiment, et qu'il estimoit fort, il me fit croire qu'il en demeureroit là: cependant, après un peu de réflexion, il me dit que c'étoit un homme amoureux, et qu'il voudroit voir sa maîtresse à Paris; ce qui étoit une raison insurmontable. M'ayant remis sur une autre conversation, il me dit enfin qu'il ne voyoit que moi capable de l'exécuter, et que je lui ferois un extrême plaisir de vouloir bien l'entreprendre; que lui et M. de La Rochefoucauld me donneroient des ordres pour tirer le nombre d'hommes que je voudrois de la compagnie de cavalerie de Damvilliers; que l'officier qui mèneroit ceux que je voudrois faire venir à Paris auroit ordre de les payer.

Nous convînmes que je ferois avancer le reste quand je jugerois à propos, et où il le faudroit, pour favoriser la conduite. M. de La Rochefoucauld me dit que je pouvois passer en Angoumois; que j'y avois des amis et des parens à qui je pourrois me fier, et que j'en pouvois faire aller quelques-uns à Paris. M. le prince m'ayant donné trois cents pistoles et deux chevaux, me dit qu'il ne doutoit pas que je ne vinsse bien à bout du reste. Mais en chemin-faisant, voyant qu'il me falloit au moins prendre quinze hommes pour les faire venir à Paris; tant à pied qu'à cheval, je considérai la médiocrité de mes finances: je ne laissai pas de marcher avec confiance, espérant que la fortune m'assisteroit comme elle avoit fait en plusieurs autres desseins. Étant donc arrivé en Angoumois, je fis quelques tours aux environs de La Rochefoucauld, où j'avois des parens; j'en engageai quelques-uns à venir à Paris, et d'y joindre leurs amis avec d'autres qui étoient aussi de ma connoissance; je m'assurai encore de trois jeunes hommes qui avoient été laquais dans la maison de La Rochefoucauld, qui savoient bien les rues de Paris.

A mon arrivée à La Rochefoucauld, le sieur Mathier, frère de M. Tabouret, qui recevoit la taille de ces côtés-là, me vint voir: je lui demandai des nouvelles de la recette, et quand il portoit son argent à Angoulême; il me dit que lorsqu'il avoit sept ou huit mille livres, il y faisoit un tour. Je considérai que la fortune me présentoit cette occasion pour favoriser mes desseins, par le secours que je pourrois trouver en prenant bien mes mesures. L'ayant fait questionner sur l'argent qu'il pouvoit avoir, j'appris que cela pouvoit aller à plus de quatre mille livres, sans compter quatre ou cinq cents qu'il avoit reçues à La Rochefoucauld. Je me proposai de profiter de l'occasion que ma bonne fortune m'envoyoit ; et laissant passer quelques jours pour donner le temps à la recette d'augmenter, je fis observer sa marche. Ayant appris qu'il étoit dans une bourgade, et qu'il avoit envoyé dans les villages des environs pour faire venir en ce lieu-là les collecteurs du voisinage qui avoient de l'argent à lui remettre, je pris quatre hommes à cheval de ceux dont je m'étois déjà assuré, deux autres à pied avec chacun un fusil, et m'en allai dans la bourgade où il étoit. M'ayant été facile en arrivant d'apprendre le cabaret où il faisoit sa recette, je mis pied à terre avec deux de mes cavaliers ; j'entrai dans sa chambre le pistolet à la main, et lui demandai *Qui vive?* Ayant répondu *Vivent les princes!* je lui dis : *Vive le Roi!* Il s'écria : « Hé, monsieur, vous savez bien que c'est pour lui que je ramasse de l'argent. » Je lui dis alors : « Monsieur Mathier, j'ai besoin de celui que vous avez pour le service de messieurs les princes ; » et m'approchant d'une table où il comptoit de l'argent qu'un collecteur lui avoit apporté, je me saisis d'une grosse bourse qui étoit dessus, à laquelle il y en avoit trois ou quatre autres attachées, servant à mettre les différentes espèces d'or qui avoient cours dans ce temps-là. Ayant aperçu un sac plein d'argent dans un coffre qui étoit ouvert, je m'en emparai, et lui demandai quelle somme il pouvoit y avoir en tout cela : il me répondit qu'il y avoit plus de cinq mille livres ; je lui dis que comme j'avois besoin de ses chevaux, je lui donnerois une quittance de huit mille livres. En effet je l'écrivis et la signai, ayant expliqué qu'il lui seroit tenu compte de cette somme, comme l'ayant reçue de lui pour le service de messieurs les princes. Un de mes gens m'étant venu dire que l'on s'étoit saisi des trois chevaux, je voulus faire des honnêtetés à M. Mathier ; mais comme il me parut qu'il ne recevoit pas trop bien mon compliment, je lui donnai le bonsoir avec mes deux hommes montés, et un cheval en main.

Après avoir marché un quart de lieue, j'attendis deux hommes que j'avois laissés derrière pour observer si on ne me suivoit pas. Ayant su d'eux qu'ils n'avoient vu personne, je pris au travers des champs pour quitter le chemin ; je m'en allai chez un de mes parens du côté de Saint-Clos, avec deux cavaliers qui étoient avec moi ; je dis aux autres d'aller à un village à quelque distance de là, attendre de mes nouvelles. Je convins avec le sieur de La Plante [ce parent s'appeloit ainsi] qu'il feroit marcher les gens que nous avions choisis en différentes troupes ;

je lui laissai de l'argent pour donner grassement à ceux qui devoient faire le voyage de Paris, pour s'y rendre et pour s'en retourner chez eux, comme aussi le lieu où il auroit de mes nouvelles en arrivant à Paris ; je donnai la même adresse à ceux qui conduisoient les autres petites troupes, et pour lors je me fis appeler M. de La Motte, disant qu'il faudroit s'informer sous ce nom-là où j'étois, à l'adresse que j'avois donnée pour Paris. J'allai joindre mes autres gens au village que je leur avois marqué ; je laissai l'argent nécessaire à l'un d'eux pour les conduire à Paris à la même adresse, et leur dis de s'en aller par le grand chemin, mais doucement, afin de me donner le temps d'y arriver avant eux. Je m'y rendis, sans être entré dans le chemin d'Orléans.

Ayant vu à Paris des personnes à qui je pouvois me confier, j'appris que M. le coadjuteur alloit tous les soirs à l'hôtel de Chevreuse dans la rue Saint-Thomas-du-Louvre, d'où il ne sortoit point avant minuit. L'ayant fait observer, on me rapporta qu'il s'en retournoit toujours par le guichet, et le long du quai. A mesure que mes gens arrivoient d'Angoumois, je les logeois par petites troupes dans des cabarets ; et, peu de jours après, le courrier que j'avois envoyé à Damvilliers étant revenu, il me dit que j'aurois incessamment les cavaliers que j'avois demandés, dont deux savoient parfaitement bien les chemins qu'il falloit prendre, ainsi que j'avois paru le désirer ; et que le reste de la compagnie qui étoit entretenue à Damvilliers viendroit au voisinage de Reims, et y seroit positivement le jour que j'avois marqué. Il me nomma aussi les villages par où ils devoient passer pour y venir, en cas que je ne les trouvasse pas arrivés. Les dix cavaliers avec l'officier que j'avois demandés étant arrivés, je les fis loger dans les cabarets du côté du Roule. Je commençai pour lors à espérer du succès de mon entreprise ; et croyant qu'il falloit de la diligence, je disposai toutes mes affaires pour l'exécution. Je donnai par écrit à mes gens ce que chacun devoit faire ; et le soir de l'entreprise étant venu, j'en fis poster quinze ou seize [pour n'être pas découvert par les passans] dans un endroit où l'on descend sur le bord de la rivière, et où quelquefois on décharge des foins et autres choses. Ceux-là étoient destinés, deux pour se saisir des laquais qui portoient les flambeaux, et les éteindre ; deux pour arrêter les chevaux du carrosse ; deux pour monter sur le siége du cocher pour le tenir, et les autres pour empêcher les laquais de descendre de derrière le carrosse, de peur qu'ils n'avertissent de ce qui se passeroit : moi je devois me présenter à la portière avec un bâton d'exempt, deux hommes à mes

32.

côtés, deux à l'autre portière avec des armes, et j'aurois dit que j'arrêtois M. le coadjuteur de la part du Roi. Je l'aurois monté derrière un cavalier, ayant là un cheval tout prêt que mon valet m'y tenoit. J'avois fait venir des chevaux à l'autre guichet pour monter quatre cavaliers que j'avois amenés de La Rochefoucauld, et un cheval en main, avec des bottes, pour faire monter M. le coadjuteur quand je le jugerois à propos, avec le cavalier que j'avois destiné pour mettre derrière M. le coadjuteur, avec un bon coussinet et une sangle fort large, et assez grande pour les embrasser tous deux : je savois par un autre cavalier que les autres étoient au bout du Cours. Le tout étant disposé à onze heures, et ayant été averti par l'un des deux hommes que j'avois mis à la suite du coadjuteur, qu'il étoit entré dans l'hôtel de Chevreuse, et qu'il y étoit encore très-certainement, je comptois déjà mon coadjuteur à Damvilliers.

Environ à minuit, un de mes hommes vint me dire qu'il étoit sorti quatre ou cinq carrosses de l'hôtel de Chevreuse, mais qu'il n'avoit point vu celui de M. le coadjuteur : ce qui m'embarrassa un peu. Je pris le parti d'aller heurter à la porte de cet hôtel : quelque temps après, le suisse, à moitié déshabillé, m'ouvrit ; et lui ayant demandé si M. le coadjuteur n'étoit pas encore là, il me dit qu'il étoit sorti dans le carrosse de madame de Rhodes : ce qui me surprit, et me fâcha beaucoup. Je jugeai que ce qui avoit fait que mes gens ne l'avoient pas remarqué, c'est qu'il n'étoit pas dans son carrosse, et qu'on n'avoit point allumé de flambeaux devant. Je renvoyai tout mon monde, et me retirai fort déconcerté. Le lendemain ayant vu ceux qui étoient de la confidence, et leur ayant dit ce qui s'étoit passé, ils furent d'avis que je devois renvoyer mes gens et m'en retourner, de crainte que quelqu'un ne se fût aperçu de quelque chose qui auroit donné l'alarme ; mais l'extrême désir que j'avois de venir à bout de l'entreprise me fit souhaiter de faire encore une tentative le soir. Soit qu'on eût quelque connoissance de mon dessein, ou que le hasard le fît, M. le coadjuteur alla passer la soirée chez madame la présidente de Pommereuil. Je fis aussitôt partir les cavaliers pour retourner à Damvilliers, et les autres en Angoumois, à la réserve de trois, que je gardai avec moi pour m'en retourner à Bordeaux, où j'arrivai un peu confus ; mais après que j'eus rendu compte à M. le prince de toute la conduite que j'avois tenue dans cette affaire, il me donna beaucoup de louanges sur l'ordre de bataille que j'avois formé sur l'exécution, et sur l'entreprise que j'avois faite contre le receveur des tailles en Angoumois.

On ne peut pas mieux traiter une personne qu'il me traita pour lors et dans la suite ; il me faisoit souvent l'honneur de me parler de tout ce qui se passoit de plus considérable.

Bientôt après, je sus que deux gentilshommes, l'un de M. le prince de Conti, et l'autre de M. de La Rochefoucauld, étant à Damvilliers, et voulant s'en aller à Bordeaux, prirent l'occasion de se mettre avec les cavaliers qui venoient dans le voisinage de Reims, où ayant attendu pour voir par quelle raison on avoit fait marcher ces gens-là, ceux qui étoient venus à Paris les ayant joints pour leur dire de s'en retourner, ils surent de ceux-ci tout ce qui étoit venu à leur connoissance. Ces messieurs étant arrivés à Paris, ne purent s'empêcher de parler de ce qu'ils avoient ouï dire ; ils y mêlèrent mal à propos le nom de M. le coadjuteur ; ils furent arrêtés et menés à la Bastille. Étant interrogés, ils dirent ce qu'ils savoient, et peut-être plus. M. le coadjuteur, sur ces ouï-dire, me fit faire mon procès. Je conçois aisément que si quelqu'un voyoit ces Mémoires, il ne pourroit jamais les croire véritables : les vieux qui ont vu l'état où les choses étoient dans le royaume ne sont plus, et les jeunes n'en ayant eu connoissance que dans le temps que le Roi a rétabli son autorité prendroient ceci pour des rêveries, quoique ce soit assurément des vérités très-constantes. Je puis même avancer que M. Mathier, avec lequel j'ai fait quelques affaires depuis mon retour en France, m'a assuré en parlant de mon aventure, qu'on lui avoit tenu compte du billet que je lui avois donné.

M. le prince croyoit que M. le duc de Bouillon lui avoit promis de demeurer dans ses intérêts : peut-être ce dernier lui avoit-il parlé un peu ambigument, pour voir s'il pourroit faire un traité avantageux avec la cour. M. le prince reçut des lettres par lesquelles on lui mandoit que M. de Bouillon, surtout M. de Turenne, ne paroissoient point disposés à se déclarer comme il le souhaitoit. On disoit seulement que si Son Altesse vouloit bien envoyer un pouvoir au gouverneur de Stenay pour remettre la place entre les mains de M. de Turenne purement et simplement, cela les détermineroit tout-à-fait. M. le prince me proposa d'être porteur de cet ordre, pour qu'il sût une fois à quoi s'en tenir, me demandant si je croyois que ce qu'avoit fait M. le coadjuteur contre moi pût m'empêcher de l'entreprendre. Je voyois bien quelque péril à le faire ; mais l'envie que j'avois dans le fond du cœur de retourner à Paris l'emporta : j'espérois prendre si bien mes mesures quand j'y serois arrivé, que M. le coadjuteur n'en sauroit rien. J'allai rendre compte à M. de La Rochefoucauld de ce qui venoit de se passer avec M. le prince; il blâma fort ma témérité, et me dit cependant que puisque je m'étois engagé à faire ce voyage, il ne vouloit point s'y opposer. Le lendemain, M. le prince m'ayant donné un ordre pour le gouverneur de Stenay tel qu'on le souhaitoit, et de l'argent pour mon voyage, je ne songeai qu'à mettre mon billet en lieu où il ne fût pas trouvé, en cas que je fusse arrêté par les chemins; je l'enveloppai dans un parchemin, et le fourrai dans un panneau de ma selle. Étant parti en poste, j'appris par un gentilhomme de ma connaissance que je trouvai en mettant pied à terre à la porte de Villefagnan, et qui venoit d'Angoulême, que M. de Montausier étoit fort en colère contre moi de ce qu'on l'avoit assuré que j'avois voulu prendre des mesures pour le faire arrêter et mener à Bordeaux, lorsqu'il venoit dans son carrosse à Angoulême. Je continuai mon chemin, comptant d'arriver à Poitiers un peu de nuit; et après que j'y serois entré, de prendre sur la gauche, le long de la muraille, où il y a un chemin qui va rendre proche la porte de Châtelleraut, devant laquelle il y a quelques petites maisonnettes : mais voulant sortir de la poste de Chaunay, où j'avois pris des chevaux, je trouvai M. le marquis de Sainte-Maure, cousin germain de M. de Montausier, qui étoit entré, et qui avoit mis pied à terre avec six ou sept autres messieurs qui l'accompagnoient, dont je connoissois la plupart. Un d'entre eux, qui étoit de mes amis nommé M. de Guipe, crut aussi bien que les autres faire sa cour à mes dépens en me menant à M. de Montausier. Ils mangèrent un morceau, et montèrent à cheval dans ce dessein, en me disant que M. de Montausier auroit une grande joie de me voir. Je répondis que je savois bien qu'on m'avoit rendu de mauvais offices auprès de lui; mais que je connoissois son cœur, et que je n'aurois pas de peine à le désabuser; que je ne craignois que le retardement que cela apporteroit à mon voyage. J'étois pourtant bien fâché d'y aller.

Ces messieurs étant montés à cheval et moi aussi, prirent le chemin d'Angoulême : en marchant, je songeois à me dispenser de faire le voyage avec eux. Il me vint en pensée de hasarder de me faire mener chez M. de Châteauneuf, alors premier ministre, et duquel j'étois un peu connu; je savois qu'il craignoit autant le retour de M. le cardinal Mazarin que M. le prince. M'étant adressé au lieutenant colonel du régiment de Montausier, à qui depuis j'ai eu occasion de faire grand plaisir, je lui dis dans la conversation que j'avois peur que M. de Sainte-Maure, et eux aussi, ne fissent mal leur cour en me menant à Angoulême, parce que j'allois trouver M. de Châteauneuf pour des affaires d'une très-grande importance, et que je craignois aussi d'être blâmé de ne l'avoir pas dit. Celui-ci l'alla dire à M. de Sainte-Maure : cela s'étant répandu entre eux, ils crurent qu'il valoit mieux faire leur cour à M. de Châteauneuf qu'à M. de Montausier. M. de Sainte-Maure, pour lui en porter plus tôt la nouvelle, prit mon cheval de poste, et me donna le sien; mais, en marchant, je trouvai qu'après avoir perdu l'idée du premier abord que je craignois de la part de M. de Montausier, je commençois à douter si le parti que j'avois pris étoit le meilleur.

Enfin nous arrivâmes à Poitiers : le lendemain, M. de Sainte-Maure et les autres m'ayant mené chez M. de Châteauneuf dans le temps que l'on servoit sur la table, ce ministre sortant de son cabinet pour dîner, M. de Sainte-Maure lui dit : « Voilà Gourville, que je vous avois dit » que nous avions pris hier. » M. de Châteauneuf leur répondit : « Messieurs, le Roi vous » remercie; » et d'un air gracieux m'ordonna de dîner avec lui. Ces messieurs s'en retournèrent peu satisfaits, et moi je me mis à table fort content. Après que M. de Châteauneuf eut donné quelques audiences fort courtes, il me fit appeler dans son cabinet, et me garda une bonne heure et demie : la conversation roula principalement sur les raisons qui devoient obliger M. le prince de s'accommoder avec la cour, et que peut-être trouveroit-il plus grands les avantages qu'on lui feroit alors qu'il n'en pourroit obtenir dans la suite. Ayant repassé sur toutes les propositions qui avoient été faites à Paris, et entré dans le détail de ce qu'on pourroit faire présentement, je lui dis que je ne pouvois savoir ce que M. le prince penseroit là-dessus; mais que quand je serois de retour auprès de lui, je ne manquerois pas de lui rendre compte de tout ce qu'il m'avoit fait l'honneur de me dire. Il me fit connoître clairement ce que j'avois soupçonné, et s'ouvrit jusqu'à me dire que si M. le prince ne s'accommodoit pas, on presseroit la Reine pour le retour de M. le cardinal, à quoi elle avoit beaucoup de penchant; qu'il ne pouvoit pas s'empêcher de considérer que ce seroit un nouveau bouleversement dans le royaume; il entra même dans le détail qui le lui faisoit craindre : je n'eus pas de peine à entrer dans ses sentimens. Comme on le vint avertir d'aller chez la Reine, il me fit beaucoup d'honnêtetés, et me dit que je pouvois continuer mon voyage; que quand je serois retourné auprès de M. le prince, si je trouvois l'occasion de lui faire savoir quelque chose, je pouvois lui envoyer quelqu'un. Il sortit; et l'ayant suivi, je trouvai dans l'antichambre M. de Guipe mon ami, qui étoit venu pour savoir ma destinée. Je le priai de me mener où M. de Sainte-Maure étoit logé; il m'y mena, et me fit rendre ma selle. Je la fis porter à la poste, où il m'accompagna, et me vit monter à cheval; je le priai de faire mes complimens à M. de Sainte-Maure et à ces autres messieurs, et de dire à M. de Montausier que la première fois que je passerois dans le voisinage d'Angoulême, j'irois lui faire la révérence et le désabuser de ce qu'on lui avoit dit de moi. Je lui demandai en même temps de me faire savoir à Bordeaux la réponse qu'on lui feroit.

Je m'en allai le plus vite qu'il me fut possible jusqu'à Loches, où je me reposai. L'on me dit qu'il y avoit deux courriers qui marchoient devant moi; je craignis qu'il n'y en eût quelqu'un qui fût expédié pour donner avis à M. le coadjuteur que j'allois à Paris. Je partis de grand matin, pour tâcher d'attraper mes courriers et les passer: à deux heures après midi j'en passai un, pendant qu'il prenoit des chevaux de poste; et voyant que l'autre paroissoit aussi pressé que moi, je me fis une affaire de le devancer. Mon valet ayant toutes les peines du monde à me suivre, me dit à Etampes qu'il n'en pouvoit plus; je l'y fis rester, et lui dis de me venir joindre le lendemain à Paris. Je passai mon second courrier proche de Chastres. J'arrivai environ à dix heures et demie du soir; je payai mon postillon grassement, et fus descendre auprès du Cheval de bronze; je fis mettre ma selle à terre, et la portai de mon mieux chez un cordonnier auquel j'avois beaucoup de confiance, et qui logeoit près de là. Ayant frappé à sa porte, il demanda qui c'étoit; je lui dis: « Lyonnais » [qui étoit son nom], c'est votre compère. » Ayant reconnu ma voix, il m'ouvrit; aussitôt que je fus entré, il referma promptement sa porte, et me dit: Ah, monsieur, je suis au désespoir » de vous voir ici! M. le coadjuteur prend toutes » les mesures qu'il peut pour découvrir quand » vous viendrez à Paris: un de ses gens, qui sait » que je vous connois, dit dernièrement qu'il » me donneroit cinquante pistoles si je voulois » contribuer à vous faire arrêter. » Je répondis au compère que j'étois persuadé qu'il n'en feroit rien; je le priai de me donner des souliers, et de serrer mes bottes et ma selle, jusqu'à ce que je les envoyasse chercher. Je sortis, en lui disant que si on lui demandoit de mes nouvelles, il répondit, comme il avoit fait ci-devant, qu'il n'en savoit rien. Tout cela ne le rassura pas sur mon chapitre: il m'offrit de me conduire, ce que je refusai, et m'allai reposer en lieu de sûreté toute la nuit, et une bonne partie du lendemain.

Ayant envoyé savoir à quelle heure je pourrois avoir l'honneur de voir M. le duc de Bouillon, il me manda à onze heures et demie du soir. Après lui avoir fait des complimens de la part de M. de La Rochefoucauld, je lui dis que M. le prince m'avoit envoyé auprès de lui pour le prier de considérer que le délai qu'il prenoit pour se déclarer, aussi bien que M. de Turenne, faisoit grand tort à ses affaires: à quoi il me répondit qu'il n'avoit jamais donné de paroles positives à M. le prince d'entrer dans son parti; et que la manière dont il en avoit usé avec lui et M. de Turenne après sa liberté les mettoit en état de chercher leurs avantages: mais qu'il y avoit mieux à faire que cela, et qu'il étoit ravi d'apprendre que j'étois à Paris, parce qu'il ne savoit comment faire dire à M. le prince qu'il étoit chargé de lui proposer un accommodement qu'il croyoit lui être avantageux et à ses amis: c'étoit à peu près la même chose qui avoit été proposée avant son départ. Il me dit de presser M. de La Rochefoucauld de contribuer de toutes ses forces à porter M. le prince à un accommodement, puisqu'il avoit parole qu'on lui donneroit le gouvernement de Blaye et qu'on feroit messieurs de Marsin et du Dognon maréchaux de France, avec le gouvernement de Brouage pour le dernier, et encore quelques autres choses pour des particuliers attachés à M. le prince. Je lui dis que je rendrois compte exactement à Son Altesse de tout ce qu'il venoit de me dire, qui sembloit être bon et avantageux pour tout le monde; que je ne doutois pas que lui et M. de Turenne n'y trouvassent leurs avantages. Il l'avoua, et me dit qu'ils regarderoient cela comme une nouvelle obligation qu'ils auroient à M. le prince, si la chose pouvoit réussir. Il me chargea de m'en retourner le plus tôt qu'il me seroit possible, pour lui mander les intentions de M. le prince; qu'il feroit savoir à M. le cardinal qu'il m'avoit chargé de la proposition. Je persévérai toujours à lui dire que M. le prince m'avoit chargé de tirer une dernière résolution de lui et de M. de Turenne, afin que Son Altesse pût savoir à quoi s'en tenir; qu'on lui avoit mandé que l'affaire dépendoit de savoir s'il vouloit remettre Stenay à M. de Turenne pour en être absolument le maître; qu'il m'avoit donné un ordre pour M. Chamilly, gouverneur de Stenay, pour cela. Je voulus tirer cet ordre de ma poche pour le lui faire voir; mais il me répliqua qu'il n'en étoit pas question présentement, étant persuadé qu'après ce qu'il m'avoit dit, l'affaire s'accommoderoit au contentement de tout le monde. N'en pouvant tirer davantage, je pris congé de lui.

Le lendemain, un petit nombre des amis de M. le prince devoit s'assembler chez M. le président de Maisons; j'y fus invité pour rendre compte à M. le prince de l'état où les choses en étoient alors; je m'y rendis dans une chaise à porteurs. Après que l'assemblée fut finie, pensant qu'on pouvoit bien m'avoir observé, je priai M. de Flamarins de prendre ma chaise, et de me donner sa place dans la calèche de M. de Croissy-Fouquet. Apparemment que quelqu'un qui étoit pour m'épier alla rendre compte que j'y étois venu; la résolution fut prise de m'arrêter en sortant. En effet, M. de Flamarins n'eut pas fait la valeur de cent pas, que des gens armés firent mettre les porteurs bas; ayant ouvert la porte pour me prendre prisonnier, ils furent bien surpris d'entendre dire à celui qui étoit dedans : « Vous cherchez Gourville, et je suis » Flamarins, » lequel en ayant reconnu quelques-uns, fit des plaisanteries sur la méprise, et continua son chemin. Le lendemain au soir, M. de Flamarins vint me dire que j'aurois bien de la peine à sortir de Paris; qu'on avoit cherché des gens qui connussent mon visage; que même M. le coadjuteur avoit demandé dix à douze gardes de Monsieur, pour mettre sur toutes les routes par où l'on croiroit que je devrois passer. Je lui demandai s'il pouvoit bien me conduire une nuit, avec dix ou douze de ses amis, à deux ou trois lieues de Paris quand j'en voudrois partir. Il m'assura qu'il le feroit très-volontiers; car il étoit fort ami de M. de La Rochefoucauld, et avoit beaucoup de bonté pour moi.

Je crus que je devois laisser passer quelques jours pour amortir l'ardeur de ceux qu'on avoit mis pour me prendre. Après avoir bien examiné sur la carte par où je pouvois mieux m'en retourner à Bordeaux, et m'être assuré de trois chevaux de louage, je fis prier M. de Flamarins de venir me prendre avec ses amis devant le grand portail de Saint-Eustache, à dix heures et demie du soir. Y étant venu très-ponctuellement, il me trouva avec mon valet, et un homme pour ramener les chevaux de louage. Je le priai de me conduire jusque sur le pont de Charenton, où j'arrivai à minuit, et d'y demeurer une heure, afin d'empêcher que personne venant de Paris ne passât pendant ce temps : il me promit d'y demeurer davantage. Je pris mon chemin comme si je voulois aller à Melun. Le jour étant venu, après que j'eus passé à Lieursaint, quoique je fusse persuadé qu'on ne seroit pas allé là pour m'observer, je pris un chemin sur la droite pour passer la rivière, au-dessous de Pont-Thierry, et j'allai prendre des chevaux de poste à Auzonnette. Continuant mon chemin du côté de Milly, je me rendis à Gien, où je m'étois proposé d'aller m'embarquer : j'y arrivai devant la nuit. Ayant arrêté un petit bateau couvert de toile et deux bateliers, après y avoir fait mettre quelques provisions, je m'embarquai, quoique mes bateliers me remontrassent qu'ils n'avoient jamais vu les eaux si hautes. La lune, qui étoit fort claire, m'ayant manqué avant que je fusse au pont de Beaugency, mes bateliers ne voulurent jamais hasarder de le passer que le jour ne fût venu; et comme je m'étois levé sur le bout du bateau pour me jeter à la nage en cas de nécessité, je touchai le haut de l'arche en passant : j'allai si vite que j'arrivai le lendemain à Saumur, où je pris des chevaux, et m'en allai à Lusignan, d'où je me rendis fort heureusement à Bordeaux.

Après avoir rendu compte à M. le prince de ce dont m'avoit chargé M. le duc de Bouillon, il se mit si en colère contre lui, qu'il pensa plus à ne pas faire ce qu'il proposoit qu'à examiner si cela étoit avantageux à lui et à ses amis. Il me dit qu'il vouloit qu'il se déclarât avant que d'écouter ses propositions : je pris la liberté de lui dire que son traité étoit fait avec M. le cardinal, ou du moins bien avancé; mais cela ne le toucha pas plus que ce que M. de La Rochefoucauld lui put dire. Enfin M. le prince se mit en campagne : il défit M. de Saint-Luc proche de Miradoux. Le régiment de Champagne s'étant jeté dedans tout entier, Son Altesse voulut le prendre; mais quelque diligence qu'il eût faite, il ne put avoir qu'un canon. Ayant su que M. le comte d'Harcourt pouvoit lui tomber sur le corps, il se retira, et alla prendre quartier d'hiver pour ses troupes proche la rivière, vis-à-vis d'Agen. Il prit le sien à Roquefort.

Après avoir demeuré quelques jours en cet endroit, j'écrivis à Paris : et voulant faire une méchante plaisanterie, je priois qu'on me mandât où étoit M. le comte d'Harcourt, parce qu'effectivement il y avoit quelques jours qu'on n'en parloit point : mais dans cet instant on me dit que tout le monde montoit à cheval, parce que M. le comte d'Harcourt avoit enlevé les gardes de M. le prince; j'ajoutai à ma lettre : « N'en prenez pas la peine, parce qu'il a déjà enlevé quelques-uns de nos quartiers. » M. le prince, qui étoit à Pergau, se retira, et marcha avec le peu de troupes qu'il avoit au port de Boué, où il y avoit quelques bateaux; il y en arriva bientôt d'autres pour nous passer de l'autre côté : comme chacun étoit pressé de s'y embarquer, cela faisoit quelque désordre. Je me mis au lieu où arrivoient ces bateaux, avec une canne à la main : j'arrêtai cette précipitation, marquant ceux qui devoient entrer dans le bateau ; e assurément je n'y fus pas inutile. Heureusement M. le comte d'Harcourt et ses troupes avoient poussé ceux des autres quartiers qui cherchoient à se sauver vis-à-vis d'Agen, à un autre port au-dessous : ce qui nous donna le temps de passer tous. M. le prince ayant voulu entrer dans Agen par une porte où il y avoit de nos troupes, les habitans, s'étant révoltés, firent des barricades. M. le prince et M. de La Rochefoucauld s'étant avancés coururent assurément grand risque ; mais enfin ils en vinrent à bout par douceur, et firent ouvrir cette barricade ; et encore une autre qu'ils trouvèrent : après cela nos troupes s'avancèrent, et entrèrent toutes.

Quelques jours après M. le prince ayant eu des nouvelles que M. de Beaufort qui commandoit les troupes de Monsieur, et M. de Nemours qui commandoit les siennes, quoique beaux-frères, avoient de grands démêlés ensemble, jusque là qu'on craignoit qu'ils n'en vinssent aux mains, et que si M. le prince pouvoit se rendre à cette armée, cela pourroit obliger la cour à faire une paix qui lui seroit avantageuse ; M. le prince prit le parti de s'y rendre, avec un petit nombre de gens à sa suite, ayant concerté l'affaire avec M. de La Rochefoucauld, qui souhaita que M. le prince de Marsillac, quoique fort jeune, en fût aussi, M. le marquis de Levis, M. de Chavagnac, M. Guitaut, M. de Bercenay, capitaine des gardes de M. de La Rochefoucauld, moi et Rochefort, valet de chambre de Son Altesse Sérénissime.

[1652] Le jour qui fut choisi pour partir étoit le dimanche des Rameaux. Ils prirent tous des habits modestes, qui paroissoient plutôt habits de cavaliers que de seigneurs. Dès le matin M. le prince fit partir ses domestiques par eau, disant qu'il les iroit joindre à cheval à Marmande. Je fus chargé de m'en aller devant, avec un guide à cheval que j'avois trouvé, qui avoit derrière lui un porte-manteau dans lequel il avoit quatre mousquetons avec leurs bandoullières, mêlées avec de la paille, l'un pour M. le prince qui le donna à Rochefort à porter, l'autre pour M. de La Rochefoucauld, le troisième pour son capitaine des gardes, et l'autre pour moi, estimant que M. le prince de Marsillac auroit assez de peine à supporter la fatigue du voyage : en effet il donna bien de l'embarras, et à moi beaucoup de peine à cause de sa jeunesse. Ces messieurs s'étant pourvus d'armes chacun de leur côté, je m'en allai pour passer la rivière du Drot, lieu où M. le prince devoit congédier tous ceux qui l'avoient accompagné jusque là, et passa seulement avec ceux que je viens de nommer. M'étant mis à couvert d'une masure tout proche, j'en sortis d'abord que je vis ces messieurs ; et ayant le mémoire des lieux où nous devions passer, je pris le devant avec mon guide : en marchant on convint que chacun prendroit un nom de guerre, auquel on fut bientôt accoutumé : on arriva à la nuit fermée proche de....., dont M. de**** étoit gouverneur pour M. le prince, quoique nous eussions eu dessein de l'éviter. La sentinelle ayant pris l'alarme, s'écria et la donna aux autres ; je dis que nous étions des gens de M. le prince pour entrer dans la ville ; et en effet, quand nous fûmes vis-à-vis de la porte, ces messieurs marchant deux à deux, je leur dis de faire halte, et j'entrai seul. Ayant trouvé M. le gouverneur à table, je lui dis que M. le prince m'envoyoit avec quelques cavaliers pour avoir des nouvelles de M. de Biron ; je ressortis sur-le-champ, et me mis à la tête de ma petite troupe.

Nous nous trouvâmes le lundi matin sur les huit heures proche de Cahusac, qui étoit à M. de La Rochefoucauld. Un homme qui en sortoit m'ayant dit qu'il venoit d'y entrer une compagnie de cavalerie, je dis à ces messieurs de prendre un chemin sur la droite qui les mèneroit à une petite métairie, à cinq ou six cents pas de Cahusac ; ayant trouvé là des officiers de M. de La Rochefoucauld, je me fis connoître, et priai l'officier de vouloir bien s'en aller ailleurs : ce qu'il me promit, après qu'ils auroient mangé un morceau. Je fis mettre dans des paniers du pain, du vin, des œufs durs, des noix et du fromage, et les fis porter à la grange, où je trouvai la petite troupe endormie ; après avoir mangé, ils se reposèrent encore une heure. Les chevaux ayant mangé leur avoine, nous marchâmes bien avant dans la nuit, et entrâmes dans un village où il y avoit un cabaret : l'on y demeura trois ou quatre heures, et n'y ayant trouvé que des œufs, M. le prince se piqua de bien faire une omelette. L'hôtesse lui ayant dit qu'il falloit la tourner pour la mieux faire cuire, et enseigné à peu près comme il falloit faire, l'ayant voulu exécuter, il la jeta bravement du premier coup dans le feu ; je priai l'hôtesse d'en faire une autre, et de ne la pas confier à cet habile cuisinier. Nos gens ne faisant que dormir, j'étois obligé d'avoir soin des chevaux et de compter ; de sorte que je ne pouvois reposer un moment. Nous partîmes deux ou trois heures avant le jour, pour passer la Dordogne ; et comme l'on nous avoit dit qu'à ce port-là on faisoit difficulté de passer des gens qu'on ne connoissoit pas, surtout quand il y en avoit un certain nombre, je dis que j'allois avancer, et que le reste de la troupe me suivît de distance en distance, en ralentissant leur marche. En m'avançant, j'entendis des sonnettes de mulets qui étoient devant moi ; je mesurai ma marche pour arriver à peu près comme eux : le batelier les ayant entendus d'un peu loin, se trouva du côté où nous devions entrer dans son bateau. J'avois un sifflet d'argent dont je me faisois entendre de fort loin ; j'appelai celui qui étoit derrière moi, qui s'avança ; je m'approchai pour entrer, et priai le muletier d'attendre que nous fissions passés : ce que nous fîmes heureusement en deux voitures.

Le mercredi à trois heures du matin, marchant auprès de notre guide, que je questionnois de temps en temps, et voyant que nous approchions d'un lieu qui me parut assez gros, je lui demandai si nous devions passer dedans : il me dit que non, mais que la rivière en étoit si proche, qu'il n'y avoit que la largeur du chemin entre deux, et qu'on y faisoit une espèce de garde. Je me mis pour lors une écharpe blanche, dont je m'étois nanti : voyant quelques hommes devant la porte, je les priai de ne laisser entrer personne de ceux qui me suivoient ; je fus aussitôt obéi. Nous passâmes, et allâmes faire repaître nos chevaux dans un gros village, où un paysan dit à M. le prince qu'il le connoissoit bien, et en effet le nomma : l'ayant entendu, je me mis à rire ; et quelques autres s'approchant, je leur dis ce qui venoit d'arriver. Tous plaisantant sur cela, le pauvre homme ne savoit plus qu'en croire.

Quand nous voulûmes partir, M. le prince de Marsillac, qui n'avoit presque pas mangé et qui s'étoit endormi, après qu'on l'eut éveillé pour monter à cheval se trouva si assoupi, qu'il sembloit avoir perdu toute connoissance ; deux de ces messieurs l'ayant levé, aussitôt qu'on ne le soutenoit plus, ses genoux fléchissoient : je lui jetai beaucoup d'eau sur le visage, qui le fit revenir ; on le mit à cheval, ensuite on marcha. La plupart de nos chevaux étoient fort fatigués : passant auprès d'une gentilhommière qui paroissoit considérable, nous demandâmes le nom du maître ; M. de Chavagnac dit qu'il en étoit connu, et qu'il pourroit bien trouver chez lui des chevaux à acheter : effectivement il en acheta deux qu'il nous amena, dont nous en reconnûmes un qui avoit été de l'écurie de M. de La Rochefoucauld il n'y avoit pas bien longtemps ; et dans le lieu où nous fûmes dîner, nous trouvâmes un homme au cabaret qui en avoit deux, dont l'un paroissoit assez bon, que nous achetâmes encore. Nous hasardâmes de mettre à ceux que nous quittions la bride attachée sur le haut de la tête, et quelqu'un demeuroit derrière pour les suivre ; mais le lendemain, celui qu'avoit M. le prince de Marsillac étant accoutumé à suivre quand on le menoit au relais pour la chaise, nous nous aperçûmes que les autres suivoient avec lui, et que même quelquefois s'étant jetés dans les blés pour manger, ils venoient au grand trot nous joindre quand ils nous voyoient un peu éloignés. Nous allâmes coucher dans un château qui appartenoit à M. le marquis de Levis, où la plupart de ces messieurs, pour la première fois depuis le départ, se mirent entre deux draps. M. de La Rochefoucauld ayant eu une première atteinte de goutte qui le prit assez rudement, je lui fis faire toute la nuit un gros bas qui se boutonnoit par les côtés, dont il se trouva fort soulagé pendant le reste du voyage. Tous ces messieurs étoient tellement fatigués, à la réserve de M. le prince, qu'à peine pouvoient-ils se soutenir quand ils mettoient pied à terre.

Le lendemain matin, M. le prince de Marsillac ayant laissé aller son cheval, il passa dans l'eau, où il y avoit un terrain fort bourbeux, qu'on appelle terre bourbonnaise, tomba dedans, et, comme l'on dit, l'eau lui entra par le collet. Peu de temps après nous arrêtâmes chez un homme qui faisoit des sabots, où je le fis changer de linge, et sécher ses habits auprès d'un grand feu. Nous eûmes bientôt rejoint ces messieurs, qui n'alloient que le pas, pendant que nous allions toujours le trot. Le vendredi sur les quatre heures, nous arrivâmes dans un village sur le bord de la Loire, un peu plus bas que l'endroit où la rivière d'Allier tombe dans celle-ci, que l'on appelle le Bec d'Allier ; n'y ayant point trouvé de bateau, nous fûmes fort embarrassés. M. le marquis de Levis, qui étoit connu en ce pays, ayant appris qu'il y en avoit un au-dessus, envoya pour le faire amener ; et cependant tous nos gens se mirent à dormir. M. le prince examinant avec moi ce que nous pourrions faire, je lui proposai qu'aussitôt que nous aurions un bateau, nous fissions marché avec le maître pour nous mener à Orléans ; et que quand nous aurions passé Sully où étoit la cour, nous nous informerions, aux maisons que nous trouverions de l'autre côté de la rivière, où étoit l'armée que nous voulions joindre, et si nous pouvions nous y rendre en toute sûreté ; que nous pourrions laisser tous nos chevaux à M. le marquis de Levis, qui s'en retourneroit dans son château. M. le prince approuva la pensée ; mais son embarras étoit que nous ne savions pas à quelle distance de la rivière pourroit être l'armée.

Ayant eu avis que le bateau étoit arrivé, et que nous pouvions passer en deux fois avec nos chevaux, il préféra ce parti à l'autre. Nous nous embarquâmes et passâmes de l'autre côté : nous prîmes un guide qui devoit nous éloigner de La Charité; mais s'étant trompé, nous nous trouvâmes tout contre la porte; la sentinelle ayant demandé « Qui va là? » je m'avisai de répondre que c'étoit des officiers du Roi qui alloient à la cour, et qui désiroient d'entrer. M. le prince cria que l'on fît dire à M. de Bussy, qui en étoit gouverneur pour le Roi, qu'il le prioit de faire ouvrir; que c'étoit La Motheville [qui étoit le nom qu'il avoit pris, feignant d'y vouloir entrer]. Il parut d'autres soldats sur la porte, et un d'eux dit qu'il alloit avertir M. le gouverneur; un peu après je dis tout haut à M. le prince : « Vous avez du temps pour coucher ici; mais nous autres, dont le congé finit demain, sommes obligés de continuer notre route. » Et quelques-uns m'ayant suivi, disant à M. le prince : « Demeurez si vous voulez, » il se mit en marche, se plaignant que nous étions d'étranges gens; mais qu'il ne vouloit pas se séparer, et prioit que l'on fît ses complimens à M. le gouverneur. Nous fûmes bien aises que cela se fût terminé de cette façon. M. le prince m'ayant dit, avant de passer la rivière, qu'il falloit que je brûlasse la poste pour aller dire à M. de Chavigny qu'il espéroit joindre incessamment l'armée, il prit sur la droite pour aller passer la rivière à Châtillon avec ces messieurs. Je fis tant de diligence, nonobstant ma lassitude, que j'arrivai à Paris à l'hôtel de Chavigny à cinq heures du matin. M. de Chavigny en ayant été averti vint dans son cabinet en robe de chambre, me fit appeler, et me témoigna une grande joie d'aprendre ce que je lui disois, n'ayant eu aucunes nouvelles du départ de M. le prince.

Après m'avoir entretenu long-temps, et m'avoir fait raconter comment nous avions pu faire tant de chemin au travers de la France sans avoir trouvé aucun obstacle, il entra en matière de ce qu'il falloit faire quand M. le prince seroit arrivé, ne doutant pas qu'en l'état où étoient les affaires de la cour, il ne pût faire un traité très-avantageux pour lui et ses amis; et que pour y trouver de la sûreté à l'avenir, il faudroit demander un conseil de douze personnes, qu'on ne pouvoit choisir sans que le plus grand nombre se trouvât dans les intérêts de Son Altesse. Je vis bien que M. de Chavigny souhaitoit cela, espérant être le maître du conseil : je ne laissai pas d'approuver tout ce qu'il me disoit. Il m'ajouta que si M. le prince pouvoit donner quelque échec aux troupes du Roi avant de venir à Paris, il seroit reçu avec une grande joie, et que cela donneroit une grande disposition pour le bien de ses affaires. Il me dit ensuite qu'il iroit rendre compte à Monsieur de mon arrivée et de ce que je lui avois raconté, et que je ferois bien de lui aller faire la révérence après m'être reposé; qu'apparemment il seroit bien aise de me questionner sur ce voyage. Après dîner j'allai au Luxembourg, où je fus fort bien reçu de Monsieur, qui me fit plusieurs questions sur la route que nous avions tenue; et M. le coadjuteur y étant entré, je le saluai d'une inclination de tête, songeant que je n'avois plus rien à craindre de sa part. Quelque temps après je sortis de la chambre de Monsieur; je trouvai dans son antichambre quelques personnes de ma connoissance informées de l'arrivée de M. le prince, qui s'attroupèrent autour de moi pour m'entendre parler : mais je m'excusai sur ma lassitude, et sur ce que je n'avois presque pas dormi depuis le départ d'Agen. J'allai retrouver M. de Chavigny, qui m'apprit que M. le prince avoit joint ses troupes, et qu'il étoit à Château-Renard : nous étant entretenus à peu près des mêmes choses dont il avoit déjà été question, je pris congé de lui, pour partir le lendemain au matin. Étant arrivé auprès de Son Altesse, pendant que je lui rendois compte de tout ce que j'avois à lui dire de la part de M. de Chavigny, un officier lui amena deux paysans qui lui donnoient avis que M. d'Hocquincourt étoit logé à Bleneau avec ses troupes, à deux lieues de Château-Renard. M. le prince ordonna qu'on fît avertir tout le monde de monter à cheval, et de faire marcher ses troupes pour achever de donner ses ordres. Il me mit à une autre fois, et s'en alla.

Il fit marcher un escadron devant lui (1), et donna ordre qu'on fît avancer beaucoup de tambours, timbales et trompettes, qui firent un si grand bruit, que tout ce qui étoit dans le village ne songea qu'à s'enfuir, abandonnant tout ce qui leur restoit de bagage. M. le prince apprit aussitôt que M. d'Hocquincourt, sur la première alarme, s'étoit sauvé avec le peu de troupes qu'il avoit pu emmener; tout le bagage, dont une partie étoit déjà en chemin, fut pillé. Le prince ayant été averti qu'on avoit trouvé un gué, passa le canal; j'eus l'honneur de le suivre de bien près : ce qu'il y avoit de gens de considération auprès de sa personne passèrent avec lui. M. de Nemours fit mettre le feu à une maison, pour servir de signal à ceux qui venoient pour joindre. Quelques coureurs ayant rapporté qu'il y avoit trois escadrons sous une futaie tout proche de M. le prince, Son Altesse en forma un d'environ soixante ou quatre-vingts personnes,

(1) Le 6 avril 1652.

et voulut charger ces gens-là, qui ne voyant qu'un petit nombre firent ferme; mais une assez grande quantité de troupes ayant passé à la file et s'y joignant, ils s'enfuirent : on passa quasi toute la nuit à les poursuivre, et les autres troupes, qui se retiroient comme elles pouvoient. M. le prince ayant su que M. de Turenne étoit dans une plaine à quelque distance de là, marcha pour l'attaquer, avant que les troupes de M. d'Hocquincourt pussent l'avoir joint M. de Turenne ayant laissé son canon tout braqué sur un défilé qu'il falloit passer, les canonniers couchés auprès firent semblant de se retirer; et ayant aperçu qu'il y avoit déjà cinq ou six escadrons de passés, qui se mettoient en bataille à mesure qu'ils passoient ce défilé, M. de Turenne revint, et son canon tirant tout de ce côté-là fit assez de désordre. Après s'être bien canonné de part et d'autre, et la plupart des troupes de M. d'Hocquincourt ayant joint M. de Turenne, on cessa de tirer : alors plusieurs gens de qualité et officiers vinrent saluer M. le prince; les deux troupes furent long-temps mêlées; enfin chacun se retira.

Son Altesse étant venue à Paris avec tous ses amis, tout le monde témoigna une grande joie de le revoir ; et, si je ne me trompe, Monsieur sortit pour aller au devant de lui. Quelques jours après M. le prince voulant prendre Saint-Denis, fit sortir des compagnies de bourgeois, qui faisoient plus de deux à trois mille hommes. Ayant posté ses troupes à côté du grand chemin qui va à Saint-Denis, et les bourgeois de l'autre; lorsque la nuit fut venue, Son Altesse s'avança assez près du fossé; suivie d'un grand nombre de personnes de qualité et d'officiers.

Elle avoit envoyé M. de Gaucour pour demander aux Suisses, qui étoient dedans en petit nombre, s'ils vouloient se rendre prisonniers de guerre, sinon qu'on les alloit attaquer, et qu'ils ne pouvoient pas tenir. Ils le refusèrent ; et la plupart étant venus du côté qu'ils voyoient bien qu'on les vouloit forcer, tirèrent environ cinquante ou soixante coups de mousquet, sans tuer ni blesser personne : néanmoins l'épouvante fut si grande, peut-être parce qu'on ne s'y attendoit pas, que tous les gens de M. le prince, qui étoient en grand nombre, s'enfuirent; de sorte qu'il ne resta que M. de La Rochefoucauld, M. le prince de Marsillac, Guitaut, et, si j'ose le dire, moi. Ce prince dit que de sa vie il n'avoit rien vu de semblable ; il courut pour rassurer les bourgeois, qu'il ne douta pas de trouver ébranlés, entendant fuir tout le monde. Ensuite il alla à ses troupes, et leur commanda de passer le fossé et d'entrer dans la ville : ce qu'ils firent sans résistance. Les Suisses, après avoir tiré, se jetèrent dans l'église; et les bourgeois s'étant avancés du côté où j'étois demeuré, je leur dis qu'il n'y avoit qu'à descendre dans le fossé, et à monter de l'autre côté : les plus hardis descendirent et j'en poussai quelques-uns qui balançoient, pour les faire descendre. N'ayant trouvé que peu d'eau dans le fond, ils remontèrent de l'autre côté ; et pour lors ayant crié qu'il ne voyoient ni n'entendoient personne, tous ceux qui les entendirent voulurent se jeter tout à la fois dans le fossé. Ayant entendu dire qu'on avoit ouvert une porte qui étoit près de moi, je repris mon cheval que j'avois donné à tenir à un bourgeois, et j'entrai dans la ville, où je vis beaucoup de ceux que la terreur panique avoit fait fuir qui commençoient à en revenir. J'allai d'abord au couvent des Filles Sainte-Marie, qui avoient été recommandées à M. de La Rochefoucauld par madame la comtesse de Brionne. Après les avoir rassurées, je leur demandai du bois, et fis faire un grand feu devant la porte; j'y fis venir, pour se sécher, plusieurs de nos gens qui avoient eu les jambes mouillées, et qui contoient leurs prouesses. Mais ce qu'on auroit peine à croire est que je vis revenir deux personnes de qualité qui avoient de la réputation, et qui devoient avoir fui bien loin, puisqu'il y avoit du temps que l'on étoit entré ; ils me demandèrent avec empressement où étoit M. le prince.

Quelques jours après, les troupes du Roi reprirent cette ville ; et la cour étant revenue à Saint-Germain, M. de Chavigny trouva M. le prince fort disposé à se confier à lui. Il commença à négocier avec M. le cardinal ; mais après qu'il se fut passé quelque temps sans rien terminer, Son Altesse conçut quelque défiance de M. de Chavigny, et me chargea d'aller trouver M. le cardinal pour lui dire, une fois pour toutes, qu'il étoit bien aise de savoir si Son Eminence vouloit faire la paix, ou non. Je lui proposai les conditions dont j'avois été chargé ; mais comme c'étoit assez que l'un proposât quelque chose, pour que l'autre y apportât des difficultés [ce que j'ose dire avoir mieux connu que personne], toutes les négociations n'aboutirent à rien.

M. de Turenne marcha du côté de Vincennes pour venir attaquer le faubourg Saint-Antoine ; et M. le prince y ayant fait venir des troupes, qui firent le tour par le faubourg, on commença de rudes combats (1). M. de La Rochefoucauld l'ayant su, sur le point de monter à cheval, m'envoya au Luxembourg pour apprendre

(1) Le 2 juillet 1652.

la vérité de l'état des choses, et fit sortir ses chevaux, dont il y en avoit un destiné pour moi, quand je serois de retour. M. le marquis de Flamarins vint à cet instant pour voir M. de La Rochefoucauld, il lui dit que l'on étoit tout-à-fait aux mains : cela le fit partir sur-le-champ avec M. de Flamarins, qui prit mes bottes, et le cheval qu'on avoit amené pour moi. Il eut le malheur d'être tué presque en arrivant dans le faubourg ; M. de La Rochefoucauld y reçut un coup qui, sans un miracle, auroit dû lui faire perdre les deux yeux. Au sujet de cet accident, il fit graver un portrait de madame de Longueville, avec ces deux vers au bas :

Faisant la guerre au Roi, j'ai perdu les deux yeux ;
Mais, pour un tel objet, je l'aurois faite aux dieux (1).

Les Parisiens étant incertains de ce qu'ils devoient faire, Mademoiselle fit tirer le canon de La Bastille sur les troupes du Roi. M. de La Rochefoucauld se présentant à la porte tout couvert de sang, dit aux bourgeois le risque où se trouvoit M. le prince, et leur fit voir l'état dans lequel il étoit : tout cela ensemble fit que le Mazarin ne se rendit pas maître de Paris ; les portes furent ouvertes à M. le prince, et le furent depuis pour tous ses gens. Après que je fus revenu du Luxembourg, je demandai mon cheval ; mais on me dit que M. de Flamarins l'avoit pris avec mes bottes : il me fallut quelque temps pour en chercher un autre. Je montai à cheval pour aller joindre M. de La Rochefoucauld ; je le trouvai près des Jésuites, tout couvert de sang, sur son cheval, et soutenu par deux hommes : ce qui m'affligea cruellement. Deux jours après, étant logé à l'hôtel de Liancourt, on vint m'avertir que mon cheval, qui avoit servi à M. de Flamarins à l'affaire du faubourg Saint-Antoine, venoit d'arriver chez un maréchal qui étoit vis-à-vis ; je l'allai prendre et le fis mettre dans l'écurie, disant à celui qui l'avoit amené qu'il étoit permis de prendre son bien où on le trouvoit. Il s'en alla, et je n'en ai pas ouï parler depuis.

Dans ce temps-là M. de Lorraine, qui avoit pris de l'argent des Espagnols pour venir joindre les troupes de M. le prince, qui étoit pour lors à Villeneuve-Saint-Georges, ayant touché

(1) Parodie de deux vers de la tragédie d'*Alcyonée*.

Pour mériter son cœur, pour plaire à ses beaux yeux,
J'ai fait la guerre aux rois ; je l'aurois faite aux dieux.

La Rochefoucauld, après sa rupture avec madame de Longueville, les parodia une seconde fois :

Pour ce cœur inconstant qu'enfin je connois mieux,
J'ai fait la guerre au Roi ; j'en ai perdu les yeux.

de la cour une somme plus considérable, se retira avec ses troupes : ce qui obligea M. le prince de s'en aller à Stenay avec ce qu'il avoit de troupes.

Vers la fin de septembre M. de La Rochefoucauld s'en alla avec une partie de sa famille à Damvilliers, dont M. le marquis de Sillery étoit gouverneur. Peu après qu'il y fut arrivé, M. le prince me manda de l'aller trouver, et me dit qu'y ayant beaucoup de désordre à Bordeaux entre M. le prince de Conti et madame de Longueville, principaux amis, il désiroit fort retourner en cette ville. Il me proposa de l'y ramener, si je trouvois la chose possible ; je lui fis réponse que je n'y trouvois aucune difficulté, pourvu qu'il voulût faire ce voyage seul avec moi, pouvant se souvenir de la peine que nous avoient faite les seigneurs qui l'avoient accompagné d'Agen à Paris. Mais quelques jours après Son Altesse ayant eu des nouvelles de Bruxelles telles qu'elle pouvoit les désirer, prit bientôt le parti d'aller de ce côté-là.

Me trouvant à Damvilliers fort désœuvré, je fis réflexion que l'on pourroit bien prendre quelques personnes auprès de Paris, en les menant par le chemin où j'avois voulu conduire M. le coadjuteur : j'en fis la proposition à M. le marquis de Sillery, gouverneur, et à M. de La Mothe, lieutenant de roi de Damvilliers ; ce dernier, qui depuis fut fait lieutenant général, étoit homme fort entendu. Je leur dis que je croyois que l'on pourroit prendre M. Barin [contre lequel j'avois quelques rancunes], directeur des postes, homme fort riche, et surtout en argent comptant. Étant convenu que j'écrirois à Paris pour savoir s'il n'alloit pas toujours à sa maison de campagne, comme il avoit accoutumé de faire, on me manda qu'il y alloit encore souvent. M. de Sillery et M. de La Mothe jetèrent les yeux sur huit personnes pour faire ce coup, tant officiers que cavaliers, de ceux-là mêmes que j'avois fait venir de Paris pour l'affaire de M. le coadjuteur. On les fit partir, et ils réussirent si bien qu'ils amenèrent M. Barin à Damvilliers. Il y arriva extrêmement fatigué et désolé : je feignis de le consoler ; et ayant traité de sa liberté, je convins à quarante mille livres, à condition qu'il feroit venir cette somme à Verdun, et qu'après qu'on l'auroit apportée à Damvilliers il auroit sa liberté. L'argent étant venu quelque temps après, il s'en alla.

[1653] M. de La Rochefoucauld passa toute l'année 1653 à Damvilliers : tous ses amis lui conseilloient de se dégager absolument d'avec M. le prince, surtout pour assurer le mariage de M. le prince de Marsillac avec mademoiselle de

La Roche-Guyon (1), sa cousine germaine. Je fus chargé d'aller à Bruxelles pour le dégager d'avec Son Altesse ; je partis, accompagné d'un seul cavalier. Y étant arrivé, je reçus beaucoup de témoignages de bonté de la part de M. le prince ; et ayant exposé à Son Altesse que M. de La Rochefoucauld, pour des raisons de famille, étant obligé de retourner en France, je venois de sa part lui en demander l'agrément et la permission. M. le prince entra assez bien dans ses raisons, et me donna M. de Ricousse pour me mener chez M. de Fuensaldagne : je dégageai aussi M. de La Rochefoucauld d'avec les Espagnols. M. le prince m'ayant demandé avec assez d'instance que je le vinsse trouver à Bruxelles, lorsque M. de La Rochefoucauld auroit la permission de retourner en France, me dit qu'il auroit soin de ma fortune. Je le lui promis, et m'en retournai. Le voyage d'aller et de venir ne fut pas sans beaucoup de péril, parce que les troupes de M. le prince ayant pris par force des quartiers d'hiver en plusieurs lieux du pays de Liége, et aux environs du chemin que je devois tenir, les paysans enragés s'étoient jetés dans les bois, et ne faisoient quartier à personne ; mais ma bonne étoile m'ayant conduit, j'arrivai à Damvilliers. Il fut question d'envoyer quelqu'un à Paris aux amis de M. de La Rochefoucauld, pour dire qu'il étoit entièrement dégagé d'avec M. le prince et les Espagnols : on jeta pour cela les yeux sur un de mes parens que j'avois mis auprès de M. de la Rochefoucauld. Je ne fus pas choisi, parce qu'on avoit mandé à M. de La Rochefoucauld que M. le cardinal avoit montré beaucoup d'aigreur contre moi ; cependant à la fin on convint qu'il falloit que je hasardasse le voyage. Pour cette fois-là, c'étoit moins l'envie de retourner à Paris que l'utilité que M. de La Rochefoucauld pouvoit tirer de mon voyage qui me le faisoit entreprendre, puisqu'il s'agissoit de son retour en France.

Je me mis donc en chemin pour Paris, où étant arrivé, j'allai descendre chez mademoiselle de Lagny, dont le fils avoit été élevé auprès de moi, et à qui je donnois mes commissions pendant mon absence. En me voyant, elle se mit à pleurer d'une grande force, et me dit qu'on avoit mis prisonniers depuis peu de jours son fils, deux dames avec qui j'avois quelque commerce, et un valet que j'avois envoyé à Paris il y avoit trois semaines ; et que l'on disoit que M. le cardinal étoit fort en colère contre moi. Cela m'étonna assez ; mais ayant pensé à ce que j'avois à faire, je pris la résolution d'aller trouver M. de Liancourt, oncle de M. de La Rochefoucauld, pour lui dire le sujet de mon voyage, et le prier de parler à M. le cardinal ; mais il me dit qu'il étoit bien embarrassé, qu'il ne savoit comment s'y prendre, parce qu'il avoit ouï dire qu'on avoit fait entendre à M. le cardinal que j'avois été en commerce avec le frère de Ricousse, auquel il avoit fait faire le procès et exécuter. Je l'assurai bien positivement du contraire, et le priai de demander à M. le cardinal s'il vouloit bien m'entendre sur ce pied-là ; et qu'en quelque temps qu'il eût des preuves contraires, je consentois qu'il me fît mourir. Après cela, je le priai de dire à Son Éminence que ce seroit une chose qui tireroit à conséquence pour tous ceux qui étoient attachés à M. le prince, de voir qu'elle refusoit à M. de La Rochefoucauld de le laisser revenir en France, ne lui ayant voulu demander cette grâce qu'après avoir fait ce qu'un honnête homme devoit faire, qui étoit de s'être dégagé entièrement d'avec M. le prince et les Espagnols ; que cela pourroit même avoir sa conséquence à Bordeaux, parce que M. de La Rochefoucauld y avoit beaucoup d'amis, et que tous ses parens et amis se disposoient à lui venir demander cette grâce et à l'en presser, jusqu'à ce qu'ils l'eussent obtenue. M. de Liancourt me rapporta ensuite qu'aussitôt qu'il eut dit à M. le cardinal que j'étois arrivé à Paris, il lui répondit que je pourrois bien n'en pas sortir : mais après que M. de Liancourt lui eut avancé les protestations que je l'avois prié de lui faire, et que j'étois près d'aller me mettre à la Bastille, s'il le souhaitoit, pour me faire faire mon procès, il parut sur cela fort radouci, et écouta tout ce que M. de Liancourt voulut lui faire entendre. Après avoir dit qu'il me connoissoit avoir de l'esprit, et capable de servir le Roi, il chargea M. de Liancourt de me faire savoir que j'eusse à me trouver le lendemain à dix heures chez ce dernier, où il se rendroit pour me parler. En effet il n'y manqua pas. Je commençai par lui faire de nouvelles protestations, à peine de perdre la vie, que j'étois innocent du crime dont on m'avoit accusé vers lui, et lui répétai à peu près les mêmes choses que j'avois prié M. de Liancourt de lui dire. J'y ajoutai encore tout ce que je m'étois pu imaginer depuis pour tâcher de lui faire accorder le retour de M. de la Rochefoucauld ; ce qu'il fit sur-le-champ : et après avoir dit sur mon chapitre beaucoup de choses obligeantes, même bien au-delà de ce que j'osois espérer, il ajouta qu'il falloit que je m'attachasse au service du Roi et au sien particulier ; que c'étoit là le vrai moyen de faire ma fortune. Je l'en

---

(1) Jeanne-Charlotte Du Plessis-Liancourt, fille unique de Henri Du Plessis, comte de La Roche-Guyon.

remerciai fort, en le suppliant de trouver bon que j'écrivisse à M. Guitaut, pour le prier de dire à M. le prince de ne plus attendre aucun service de moi, ni mon retour auprès de Son Altesse comme je lui avois promis, m'étant engagé à servir le Roi et M. le cardinal, à l'occasion du retour de M. de La Rochefoucauld, que je lui étois venu demander. Il reçut fort bien tout cela. Ensuite je le priai de vouloir bien faire mettre en liberté les quatre personnes qu'il avoit fait mettre en prison à mon sujet. Il me répondit qu'il le vouloit bien, mais qu'il ne falloit pas que les femmes demeurassent à Paris. Je lui répliquai qu'il y en avoit une qui avoit une maison à Courbevoie, et lui demandai s'il vouloit bien leur permettre d'y aller demeurer. Il se mit à rire, et dit qu'il le vouloit bien, et que je n'avois qu'à aller chez M. Le Tellier prendre le passe-port de M. de La Rochefoucauld pour aller dans ses maisons en Angoumois, et l'ordre au gouverneur de la Bastille pour mettre en liberté les gens pour qui je lui avois parlé. M. de Liancourt, qui avoit été présent à tout cela, me donna beaucoup de louanges sur la conduite que j'avois tenue dans cette affaire, et sur le zèle que j'avois pour M. de La Rochefoucauld. Aussitôt après je m'en allai chez M. Le Tellier, qui fut non-seulement surpris de me voir, mais encore plus de ce que je lui venois dire de la part de M. le cardinal. Après m'avoir un peu entretenu, il me dit qu'il ne manqueroit pas sur le soir de voir Son Éminence et de prendre ses ordres; que je pouvois revenir le lendemain à neuf heures; qu'il me remettroit les ordres entre les mains. Les ayant reçus, je dépêchai un courrier à M. de La Rochefoucauld, et m'en allai à la Bastille avec un carrosse, d'où je tirai mes prisonniers, et menai les deux dames à Courbevoie.

Dans le séjour que je fis à Paris en attendant le retour de M de La Rochefoucauld, je vis deux ou trois fois M. le cardinal. Je jugeai bien qu'il avoit envie de m'envoyer à Bordeaux, sur ce qu'il me demanda si je n'étois pas bien dans l'esprit de M. le prince de Conti et de madame de Longueville. Je lui dis que j'avois l'honneur d'en être bien connu, et que M. de Marsin et M. Lenet étoient très-particulièrement de mes amis; que je ne doutois pas que, dans le temps que la vendange approcheroit, il n'y eût quelque nouveau mouvement à Bordeaux; et qu'il étoit important de tâcher de profiter des occasions qui pourroient se présenter. « Comment croyez-vous, « me dit-il, pouvoir entrer dans cette ville? » Je lui dis que lorsque je croirois l'occasion favorable, je pourrois y aller sous prétexte d'en faire sortir les meubles que M. de La Rochefoucauld y avoit laissés; et sur ce qu'il me demanda encore si j'étois connu de M. de Vendôme et de M. de Candale, je lui répondis que je l'étois très-peu du premier, et beaucoup du second; que j'osois même dire qu'il m'honoroit de sa bienveillance. Il me répliqua qu'il en étoit bien aise; que je pourrois m'adresser à lui et à M. d'Estrades. Il me sembla que tout cela lui faisoit plaisir; et il ajouta qu'il me donneroit des lettres de créance pour M. de Candale; qu'après cela il s'en remettoit à mon savoir-faire, dont il avoit bonne opinion; que je n'avois qu'à venir le lendemain matin prendre la lettre. Bernouin, son valet de chambre, me la remit, et me donna deux cents pistoles.

M. de La Rochefoucauld étant arrivé en Angoumois, je me rendis auprès de lui, et lui racontai tout ce qui m'étoit arrivé, dont il ne parut fort aise. Je m'acheminai ensuite pour joindre M. de Candale, qui étoit aux environs de Bordeaux. Je passai dans un endroit qu'on appeloit le fort César, que M. de Vendôme avoit fait faire sur le bord de la rivière : il y avoit beaucoup de canons, par le moyen desquels on prétendoit empêcher que la flotte d'Espagne, commandée par M. le marquis de Sainte-Croix, ne montât plus haut, où étoit l'armée navale de M. de Vendôme. Je trouvai M. de Chavagnac, qui avoit été du voyage d'Agen : il commandoit dans ce poste-là; il me fit conduire au camp de M. de Candale, qui témoigna une grande joie de me voir, laquelle s'augmenta encore de beaucoup quand je lui eus donné ma lettre de créance, parce qu'il espéroit que si je pouvois trouver l'occasion de faire quelque chose, il en auroit l'honneur. Ensuite nous parlâmes à M. d'Estrades, et j'appris d'eux que l'Ormée commençoit à perdre son crédit : c'étoit une cabale de séditieux que M. de Marsin et M. Lenet avoient formée pour le service de M. le prince, qui pendant quelque temps s'étoit maintenue avec beaucoup d'autorité. Le nommé Duretête en étoit comme le chef; et M. le prince de Conti, depuis peu de jours, étoit entré, par le moyen de M. Choupes, dans quelque négociation.

Je fus là quelques jours : nous avions très-souvent des nouvelles de ce qui se passoit dans la ville; nous apprîmes un jour qu'il se faisoit des assemblées de plusieurs personnes qui ne parloient que de paix. Je crus alors que la conjoncture étoit favorable; je dis donc à ces messieurs qu'il me paroissoit qu'il n'y avoit plus de temps à perdre : ils trouvèrent bon que j'écrivisse à M. Lenet, pour lui dire que je souhaitois bien aller à Bordeaux pour retirer les meubles de M. de La Rochefoucauld. Il me manda que je pouvois venir ; que M. de Marsin s'étoit chargé de dire à la porte qu'on me laissât entrer quand je voudrois ; et que l'un et l'autre auroient bien de la joie de me voir : ce qui me fit dire à M. de Candale et à M. d'Estrades que cela me paroissoit de bon augure. M'étant mis en chemin, j'arrivai après la nuit fermée, et m'en allai chez M. Lenet, qui ayant fait avertir M. de Marsin, nous passâmes une bonne partie de la nuit en conférence. Ils m'avouèrent bonnement l'embarras où ils étoient, qui étoit fort grand. « Je vois « bien, leur dis-je [parce que je savois déjà ce » qu'ils venoient de me dire], que la fortune m'a » amené ici bien à propos. » Je leur fis entendre que trouvant les choses bien disposées, comme elles me paroissoient, je croyois qu'il n'y avoit pas un moment à perdre pour entrer en quelque proposition. Enfin je m'ouvris à eux du commerce que j'avois eu avec M. le cardinal en le quittant ; et j'avançai que j'étois en état de faire un traité avec eux, que je ferois signer à M. de Candale, leur disant aussi ce qui s'étoit passé de lui à moi. Je m'aperçus qu'il falloit qu'ils se crussent bien pressés, par la joie qu'ils témoignèrent à mesure que je m'ouvrois ; cela alla jusqu'à entrer dans les conditions du traité. Je ne trouvai de difficultés dans ce qu'ils me proposoient, que de vouloir que les troupes qui étoient là au service de M. le prince pussent l'aller joindre à Stenay, et qu'on leur donnât l'étape sur toute la route où elles devroient passer. Je réduisis cela à quelques régiments d'infanterie, qui portoient le nom de M. le prince et de M. le duc d'Enghien ; et leur dis qu'en licenciant toutes les autres troupes, ils pourroient choisir les meilleurs hommes pour mettre dans leurs régiments, pourvu que cela ne passât pas le nombre de deux mille quatre à cinq cents hommes ; ayant jugé, par ce que M. le cardinal m'avoit témoigné, que la joie qu'il auroit de voir Bordeaux réduit lui feroit agréer le reste.

J'appris de M. de Marsin que lorsqu'on avoit dit chez M. le prince de Conti que j'avois demandé à venir pour retirer les meubles de M. de La Rochefoucaud, M. l'abbé de Conac, Sarrasin et Guilleragues, qui s'étoient emparés de l'esprit de ce prince, dirent qu'il me falloit jeter dans la rivière : mais je dis à messieurs de Marsin et Lenet que, connoissant bien M. le prince de Conti, et de quelle manière j'avois été avec lui, il n'étoit pas impossible que dans le soupçon qu'on lui avoit donné de mon arrivée, il ne voulût entrer en quelque conférence avec moi ; que je leur rendrois compte de ce qui se seroit passé, et que nous conviendrions de quelle manière ils pourroient lui parler, en cas que je me fusse trompé. Ayant su l'heure à peu près que M. le prince de Conti devoit aller à la messe, je me mis à portée de me présenter à lui quand il monteroit en carrosse. En effet m'ayant aperçu, il me dit d'un air goguenard : « Apparemment que vous venez » ici pour quelque bonne affaire ? » Je lui dis qu'elle n'étoit pas grande, puisque ce n'étoit que pour retirer les meubles de M. de La Rochefoucauld. Il monta en carrosse avec deux de ces messieurs : moi, sans m'étonner de rien, je suivis le carrosse jusqu'à l'église, où il étoit entré ; et l'ayant aperçu au côté droit du chœur, je m'allai mettre proche la balustrade du côté gauche afin qu'il me pût voir ; et, après l'élévation, s'étant tourné du côté où j'étois, comme j'avois toujours les yeux sur lui, je m'aperçus qu'il me faisoit signe de m'approcher. Je passai par dessus les balustrades pour aller à lui ; en passant par devant ces messieurs, qui étoient restés à la balustrade, je les saluai. Il commença à me dire que ce n'étoient pas les meubles de M. de La Rochefoucauld qui m'avoient amené ; et m'ajouta qu'il avoit su que j'avois couché chez M. Lenet, où j'avois vu M. de Marsin ; qu'apparemment nous n'y avions pas seulement parlé de meubles. Je lui répondis que si par hasard j'étois chargé de choses de plus grande conséquence, Son Altesse trouveroit bon que je ne m'en découvrisse point sitôt à elle. A la fin de la messe, il me dit de le suivre ; et étant dans son carrosse, il m'ordonna d'y monter avec ces messieurs que j'ai nommés.

Lorsqu'il fut arrivé chez lui, il se mit au lit comme il avoit accoutumé, et me fit dire d'entrer ; il fit de plus mettre une table auprès de son lit, et me commanda de dîner seul avec lui, au grand étonnement de tout le monde, surtout de ces messieurs, qui avoient proposé de me jeter dans la rivière. Après dîner, M. le prince de Conti me dit que si je ne voulois pas lui dire mon secret, dont je m'étois ouvert à MM. de Marsin et Lenet, du moins je lui disse si j'étois chargé de quelque chose qui le regardât. Je lui dis alors que puisqu'il me le commandoit, je pouvois lui dire qu'en l'état où étoient les affaires de Leurs Altesses, je me trouvois assez heureux d'avoir occasion de pouvoir leur rendre service, et à tout ce qui étoit du parti de M. le prince dans Bordeaux. Il me parut qu'il se savoit bon gré de m'en avoir fait tant avouer ; il me découvrit son inquiétude d'esprit que je n'eusse déjà arrêté quelque chose avec messieurs de Marsin et Lenet, et qu'ils ne fussent déjà entrés là-dessus en négociation avec madame de Longueville. Je lui dis qu'en tout cas, s'il vouloit bien m'honorer de sa confiance, je lui promettois de ne rien faire avec personne sans sa participation ; et que je m'en allois chez madame de Longueville, que je n'avois pas encore eu l'honneur de voir. Il me demanda donc en confidence quelle conduite il auroit à tenir. Sur cela je lui dis qu'assurément messieurs de Marsin et Lenet ne manqueroient pas de lui parler, pour voir avec madame de Longueville ce qu'ils auroient tous à faire dans une conjecture aussi fâcheuse que celle où ils se trouvoient; et que quand ils seroient ensemble, il falloit oublier toutes les petites divisions et partialités qu'il y avoit eu entre eux, et faire un traité le plus avantageux qu'ils pourroient pour tout ce qui pouvoit regarder les intérêts de M. le prince. Il m'en remercia, et me dit que je visse donc ces messieurs, pour les obliger à lui parler.

Je sortis de là avec espérance que je ne manquerois plus mon affaire. J'allai dire à messieurs de Marsin et Lenet ce qui venoit de se passer, dont ils furent fort aises; de là je m'en allai pour faire la révérence à madame de Longueville, à qui M. Lenet avoit déjà parlé. Elle me reçut assez froidement, parce qu'elle vouloit mettre la négociation entre les mains de M. Matha, pour aller traiter avec M. de Candale. Je convins avec messieurs de Marsin et Lenet qu'il falloit incessamment faire un traité particulier, selon le pouvoir que j'en avois, et que je le mettrois sous le nom de M. de Candale, afin de le lui faire signer; et qu'après cela ils pussent entrer en négociation avec messieurs de la ville pour faire un traité de concert avec eux, de crainte qu'ils n'en commençassent un sans leur participation, le peuple s'échauffant, et demandant la paix. M. le prince de Conti, madame de Longueville, messieurs de Marsin et Lenet, s'assemblèrent chez madame la princesse, où étoit M. le duc d'Enghien, fort jeune. M. le prince de Conti dit dans l'assemblée tout ce que je lui avois dit l'après-dînée; et tous ensemble résolurent de faire le lendemain un traité avec moi. Chacun exposa ce qu'il pouvoit souhaiter qui y fût employé; et messieurs de Marsin et Lenet insistèrent toujours pour que l'on tâchât que les troupes de M. le prince eussent l'étape par la France pour se rendre à Stenay. Messieurs de Marsin et Lenet, à onze heures du soir, me contèrent tout ce qui s'étoit passé, et que M. le prince de Conti avoit parlé à merveille. Nous remîmes au lendemain à faire un projet de traité : dès six heures du matin, j'envoyai mon valet à M. de Candale, pour lui dire que dans le jour j'espérois faire un traité en son nom, que je ferois signer, et lui en porterois un double afin qu'il le signât; que je n'étois embarrassé qu'au sujet des troupes que l'on vouloit faire passer à Stenay : et en ayant parlé à M. le comte d'Estrades, en présence de l'homme que j'y avois envoyé, ils me mandèrent de tâcher à les réduire au plus petit nombre que je pourrois; mais qu'après tout il falloit finir le traité; qu'il signeroit le double quand je le lui enverrois. Dès que mon homme fut revenu avec cette réponse, je proposai à ces messieurs de commencer à faire un mémoire de ce que nous avions à traiter; et, prenant la plume, je leur dis de me faire leurs propositions.

Le premier article fut que le Roi donneroit une amnistie générale pour tous ceux qui avoient suivi le parti de M. le prince.

2. Que les troupes qu'avoit M. le prince à Bordeaux seroient conduites par étapes à Stenay : sur quoi je leur répondis que cela étoit impossible; et, après quelque contestation, je leur dis qu'il falloit réduire cela aux régimens de M. le prince et de M. le duc d'Enghien; mais qu'ils pourroient choisir entre toutes les troupes les officiers et les soldats qu'ils voudroient, pourvu que cela ne passât pas le nombre de deux mille quatre à cinq cents hommes; et nous terminâmes sur ce pied-là le second article du traité.

3. Que M. le duc et madame la princesse auroient la liberté de s'en aller en Flandre trouver M. le prince avec tous leurs domestiques, messieurs de Marsin et Lenet avec les leurs, et un nombre d'officiers principaux qui pourroient s'embarquer aussi; que les autres officiers qui voudroient s'en aller par terre pourroient se mettre dans le régiment.

4. Que M. le prince de Conti auroit la liberté d'aller faire son séjour à Pézenas, et madame de Longueville à Montreuil-Bellay, en Anjou : et moi, je leur demandai une lettre signée de tous pour M. de Sainte-Croix, commandant l'armée navale des Espagnols, laquelle étoit dans la Garonne, portant qu'ayant été obligés de signer un traité avec M. de Candale, qui avoit pouvoir du Roi, ils le prioient de s'en retourner et qu'en cas que la ville de Bordeaux n'eût pas fait sa paix dans un mois, ils promettoient d'en sortir avec leurs troupes.

Dans le temps que ces messieurs s'en allèrent chez madame la princesse, où l'on devoit signer le traité, et d'où ils me devoient mander quand je m'y rendrois, je dressai les deux traités de ma main, et les portai lorsqu'ils m'eurent envoyé chercher. Ces messieurs ayant rendu compte à l'assemblée de ce que nous avions arrêté ensemble, le traité fut bientôt signé; et l'ayant porté sur-le-champ à M. de Candale, il le signa avec bien de la joie, et, si je l'ose dire, il me donna beaucoup de louanges sur la manière dont j'avois conduit le tout. Je lui répondis que le principal gré en étoit dû à ceux qui en avoient fait naître l'occasion, et m'en retournai aussitôt.

M. de Candale s'étant approché beaucoup de Bordeaux, messieurs de Marsin et Lenet, qui avoient déjà commencé à parler à ceux de la ville pour faire un traité avec M. de Vendôme, conduisirent les choses au point que l'on convint du château de Lormont pour traiter de la paix. Cependant j'allois et venois à Bordeaux, et au camp de M. de Candale. Le jour que l'on devoit s'assembler étant arrivé, je me rendis à Lormont, comme un curieux, dans le temps que l'on étoit presque convenu des demandes que faisoit la ville de Bordeaux, qui alloient à peu de choses après l'amnistie. Les députés de la ville, qui étoient chargés de ce qui regardoit messieurs les princes, firent leur proposition pour les troupes de la manière que M. de Marsin me l'avoit expliqué : ces messieurs parurent faire sur cela beaucoup d'instance; et messieurs de Candale et d'Estrades, sachant de quoi j'étois convenu, le proposèrent comme un expédient pour terminer l'affaire, et il passa. M. d'Estrades sortit à l'instant, vint dans la chambre prochaine, où j'étois avec beaucoup d'autres gens; et m'ayant tiré à part, il me dit que l'affaire des troupes étant accordée, le reste des autres conditions passeroit sans beaucoup de peine ni de difficultés. Ainsi la paix fut signée sur les dix heures du soir.

J'étois convenu avec M. de Candale et M. d'Estrades que je partirois dans le moment pour en porter les premières nouvelles à M. le cardinal. M. de Candale m'avoit donné dès la veille une lettre de créance à M. le cardinal, et y avoit ajouté beaucoup de choses obligeantes pour moi : mais en sortant il me dit que M. de Vendôme avoit chargé M. de Montesson d'en porter la nouvelle à la cour ; cependant que si je pouvois partir sur l'heure, assurément je serois rendu le premier. Comme j'avois gardé ma chaloupe, je m'embarquai aussitôt, et me fis mener à l'endroit où l'on avoit mis des chevaux de poste pour moi, afin d'aller regagner la grande route. Je montai à cheval, ne doutant plus que je ne portasse la première nouvelle, me proposant bien de faire une extrême diligence. En passant la poste de Villefagnan, j'écrivis à M. de La Rochefoucauld, qui étoit à Verteuil, pour lui donner avis que la paix étoit faite, et que je continuois ma route. Je fis si bien, que j'arrivai le surlendemain au Louvre comme on sortoit de la comédie. M. le cardinal, m'ayant aperçu, s'approcha de moi ; je lui dis que la paix de Bordeaux étoit signée ; et, sans vouloir en apprendre davantage, il me dit de m'en aller à sa chambre, et porta la nouvelle au Roi et à la Reine. Il vint aussitôt à son appartement, et me demanda les conditions tout au long. A l'article des troupes de M. le prince qui devoient aller à Stenay, il me dit que si on avoit pu éviter cette condition, cela auroit été mieux; mais lorsque je lui eus rendu compte en détail de la manière dont cela s'étoit passé, et que je ne l'avois fait que de concert avec M. de Candale et M. d'Estrades, l'ayant prié de se souvenir que lorsque j'avois reçu ses derniers ordres pour aller à Bordeaux, je lui avois exposé que l'on pourroit faire instance sur ce chapitre, et qu'il m'avoit dit seulement : « Ayons Bordeaux; » lors, dis-je, que je lui eus représenté toutes ces choses, il ne fit plus aucune difficulté là-dessus. Après avoir lu la lettre de M. de Candale, et le petit traité particulier écrit de ma main, il me parut fort content, et me dit de le venir trouver le lendemain au matin. Aussitôt qu'on lui eut annoncé que j'étois là, il me fit entrer; et, repassant sur toute l'affaire, il me dit que ces messieurs auroient bien dû excepter de l'amnistie Duretête, et quatre ou cinq des principaux séditieux avec lui. J'avouai bonnement que je n'en avois pas entendu parler; mais que quand cela n'y seroit pas, on pourroit peut-être encore y remédier : et m'ayant demandé comment je l'entendois, je lui dis que je croyois qu'on pouvoit faire deux amnisties, l'une conforme au traité, et l'autre pour en exclure Duretête, et quatre autres que je lui nommai ; que s'il vouloit me renvoyer avec les deux amnisties, je ne doutois pas que je ne vinsse à bout de faire accepter celle de l'exclusion de ces séditieux : ce qui me parut lui faire un fort grand plaisir. Il me dit de revenir le lendemain, et qu'il vouloit encore m'entretenir là-dessus, ne doutant pas qu'alors M. de Montesson ne fût arrivé avec le traité ; et en effet il arriva le soir, mais plus de vingt-quatre heures après moi.

Le lendemain Son Éminence ayant vu le traité, me dit d'aller voir M. de La Vrillière pour lui faire entendre mon expédient. J'y fus ; et lui ayant proposé la chose, il me dit qu'il étoit bien vieux, mais qu'il n'avoit jamais vu ni entendu dire qu'on eût donné deux amnisties pour la même affaire : et sur ce je lui représentai que l'intention de M. le cardinal étoit que l'on présentât celle de l'exclusion de Duretête et des autres : la première pour tâcher de la faire recevoir, et qu'en cas d'impossibilité on donneroit l'autre ; mais que j'étois fort persuadé que la ville de Bordeaux ayant déjà joui du plaisir de savoir la paix faite, et voulant éloigner les troupes, ne feroit pas de difficulté de recevoir l'amnistie telle qu'on la présenteroit, avec les réserves; que du moins c'étoit mon opinion. Il me dit qu'il s'en alloit prendre les ordres de M. le cardinal sur cela. Les deux amnisties ayant été mises en la meilleure forme, Son Éminence me les remit, et me fit donner deux mille écus. Je lui parlai du passage des troupes de M. le prince : elle me dit qu'elle alloit envoyer M. de Villautrais, l'un des gentilshommes du Roi, pour donner les ordres et faire fournir l'étape ; qu'elle le feroit partir incessamment. Il m'ajouta que je ferois un bon service au Roi, si l'amnistie avec les réserves pouvoit être acceptée ; et, après m'avoir fait beaucoup d'honnêtetés, elle m'assura qu'elle auroit soin de ma fortune.

Je partis, et m'en retournai à Bordeaux, où l'affaire se passa comme je l'avois espéré. Duretête fut arrêté peu après, roué et mis en quartiers sur les portes de la ville. On peut dire que cet homme avoit maîtrisé Bordeaux, et pendant un temps maintenu le parti des princes. On fit sauver deux des autres, à qui M. le prince de Conti, après son mariage, fit donner des lettres de grâce. Je portai en même temps une lettre de M. le cardinal à M. de Candale, laquelle lui fit grand plaisir. M. le prince de Conti me reçut fort bien. M. l'abbé de Conac et les autres ne purent s'empêcher de se divertir un peu avec moi de l'aventure de la messe, et nous fûmes tous bons amis. Chacun prit sa route conformément au traité : M. le prince de Conti s'en alla à Pézenas, et ces messieurs emmenèrent avec eux une dame de Calvimont, dont le prince étoit amoureux. Pour moi, en m'en retournant à Paris, je passai à Verteuil, où étoit M. de La Rochefoucauld, qui fut fort réjoui de me voir. Pendant deux jours que j'y restai, je lui rendis compte de mon bonheur et de mes aventures. M. de Vendôme ayant su comme les choses s'étoient passées, ne me l'a jamais pardonné.

Je fus parfaitement bien reçu de M. le cardinal, qui, peu de temps après, me fit donner deux mille écus de pension sur des bénéfices. Dans ce temps-là M. l'abbé de Conac et ces autres messieurs songèrent à faire le mariage de M. le prince de Conti avec mademoiselle de Martinozzi, nièce de M. le cardinal. M. l'abbé de Conac eut, peu de jours après ce mariage, l'évêché de Valence ; et présentement il a l'archevêché d'Aix.

[1654] Après avoir demeuré pendant quelque temps à Paris, je fis un tour à la cour. Le siége d'Arras étant fort avancé, M. le cardinal me dit qu'il voudroit bien que je pusse parler à M. le prince, et lui donner idée d'une souveraineté par où il croyoit pouvoir le tenter ; mais je lui représentai que M. le prince n'étoit nullement capable d'entendre aucune proposition de cette nature dans l'état où étoient les choses. Il me dit que son dessein étoit que quand même Arras seroit pris, M. le prince pût prendre des vues pour un accommodement général, où il trouveroit bien son compte : ce qui me fit penser, pour la seconde fois, que M. le cardinal envisageoit dans ce temps que la paix générale étoit nécessaire ; et il conclut qu'il étoit toujours d'avis que j'allasse sans escorte au camp de M. de Turenne, dans la pensée que je pourrois être pris prisonnier et mené à M. le prince, comme il l'auroit désiré : mais par hasard j'y arrivai avec mon valet sans aucune aventure ; et étant fort connu de M. le marquis d'Humières, depuis maréchal de France, j'allai à son quartier. Il me témoigna beaucoup de joie de me voir, et me donna une petite chambre dans le logis qu'il occupoit. Je fus bien surpris le soir, quand on lui servit à souper, de voir que c'étoit avec la même propreté et la même délicatesse qu'il auroit pu être servi à Paris. Jusque là personne n'avoit porté sa vaisselle d'argent à l'armée, et ne s'étoit avisé de donner de l'entremets et un fruit régulier : mais ce mauvais exemple en gâta bientôt d'autres ; et cela s'est poussé si loin jusqu'à présent, qu'il n'y a aucuns officiers généraux, colonels ni mestres de camp qui n'aient de la vaisselle d'argent, et qui ne se croient obligés de faire, autant qu'ils peuvent, comme les autres. Aussitôt qu'on eut soupé, M. le marquis d'Humières me mena dans sa chambre, où, après m'avoir entretenu quelque temps sur ce qui se passoit à la cour, je lui demandai quelle opinion il avoit sur le secours d'Arras. Il me répondit qu'on avoit de grandes espérances de forcer les lignes ; mais qu'il étoit persuadé que les officiers généraux n'en seroient pas mieux traités.

Le lendemain j'allai voir M. de Turenne, et j'eus l'honneur de dîner avec lui : il n'avoit que de la vaisselle de fer-blanc, avec une grande table servie de toutes sortes de grosses viandes en grande abondance : il y avoit plus de vingt officiers à la grande table, et encore quelques autres petites ; il y avoit des jambons, des langues de bœuf, des cervelas et du vin en quantité. M. de Turenne, en quelque occasion où j'eus l'honneur d'être seul avec lui, me dit qu'il espéroit de pouvoir forcer les lignes ; mais qu'il doutoit fort que quand même il en viendroit à bout, il en fût pour cela mieux dans ses affaires. Il y avoit une assez grande gaieté parmi les officiers, et je leur entendis souvent dire : « Nous secour-» rons Arras, et nous en aurons de plus méchans » quartiers d'hiver. ».

Le lendemain M. le marquis d'Humières étant de garde me demanda si je voulois aller avec lui : je lui répondis que j'en serois fort aise. Après dîné, les ennemis sortirent en très-grand nombre. M. de Turenne accourut, après avoir donné ses ordres pour être suivi de beaucoup de troupes. Il y eut quelques décharges de part et d'autre : M. le duc de Joyeuse, de la maison de Lorraine, y reçut une blessure au bras, dont il mourut peu de temps après. Sur le soir, M. de Turenne ayant appris que M. le prince avoit marché, et se trouvant six ou sept mille hommes qui étoient sortis avec lui à cette alarme, marcha pour tâcher de les rencontrer, et même assez avant dans la nuit ; mais n'en ayant aucunes nouvelles, il voulut s'en retourner.

Un officier de cavalerie qui servoit de guide [je crois que c'étoit M. d'Espagnet], ne sachant pas bien où il étoit, aperçut quelque feu ; et croyant que ce fût dans notre camp, alla assez près d'une barrière des Espagnols, d'où ayant été crié *Qui vive ?* le guide répondit : *C'est M. de Turenne.* Les autres, croyant qu'il avoit dit *Lorraine,* firent répéter une seconde fois *Qui va là ?* Et celui-ci ayant encore répondu : *M. de Turenne,* ils firent une décharge de quelque mousqueterie, et tirèrent un coup de canon. La surprise fut si grande, que tout le monde s'enfuit dans le plus grand désordre du monde ; enfin le guide reprit ses esprits, et trouva notre camp. Il y a peut-être des officiers qui ont fait vingt campagnes, sans avoir vu deux fois des terreurs paniques comme celle-ci et celle que j'avois vue à Saint-Denis.

Deux ou trois jours après je m'en retournai à la cour, et rendis compte à M. le cardinal de tout ce que j'avois fait pour tâcher de me faire prendre ; mais que j'avois joué de malheur. Cela le fit rire ; et il me dit qu'il étoit bien vrai, puisque souvent il entendoit parler de gens qui étoient pris en allant de la cour à l'armée, et de l'armée à la cour. Alors la nouvelle vint que les lignes avoient été forcées, et Arras secouru (1). L'archiduc, qui commandoit l'armée d'Espagne, et les autres officiers, se retirèrent de bonne heure en grand désordre ; et sans la fermeté et l'expérience de M. le prince, cette armée auroit été entièrement défaite : mais il fit une si belle retraite, qu'elle fut admirée en France ; et elle lui donna une si grande réputation en Espagne qu'il en fut traité de mieux en mieux.

L'année d'après (2), M. le prince de Conti fut fait général des armées du Roi en Catalogne. Il écrivit à M. de La Rochefoucauld la lettre dont voici la copie, qui m'a été remise, il y a environ trois mois, par une personne des amis de mademoiselle de La Rochefoucauld, qui l'avoit trouvée parmi des lettres que son père avoit mises à part.

Copie de la lettre écrite par M. le prince de Conti à M. le duc de La Rochefoucauld, au camp de Saint-Jordy, le 17 septembre 1654.

« Quoique j'eusse résolu de faire réponse à
» votre lettre et de vous rendre grâce de votre
» souvenir, j'ai présentement la tête si pleine de
» Gourville, que je ne puis vous parler d'autre
» chose. Comment, ce diable-là a été à l'attaque
» des lignes d'Arras ! La destinée veut qu'il ne
» se passe rien de considérable dans le monde
» qu'il ne s'y trouve ; et toute la fortune du
» royaume et de M. le cardinal n'est pas assez
» grande pour nous faire battre les ennemis, s'il
» n'y joint la sienne. Cela nous épouvante si fort,
» M. de Candale et moi, que nous sommes muets
» sur cette matière-là : sérieusement je vous
» supplie de me l'envoyer bien vite en Cata-
» logne ; car comme j'ai fort peu d'infanterie,
» et que sans infanterie ou sans Gourville on ne
» sauroit faire de progrès en ce pays-ci, je vous
» aurai une extrême obligation de me donner
» lieu, en le faisant partir promptement, de faire
» quelque chose d'utile au service du Roi. Si je
» manque de cavalerie la campagne qui vient,
» je vous prierai de me l'envoyer encore ; car,
» sur ma parole, la présence de Gourville rem-
» place tout ce dont on manque. Il est en toutes
» choses ce que les quinola sont à la petite prime ;
» et quand j'aurai besoin de canon, je vous de-
» manderai encore Gourville. Au reste, je vous
» garde un commentaire assez curieux que j'ai
» fait sur des lettres que madame de Longue-
» ville a écrites à madame de Châtillon ; je pré-
» tends vous le dédier ; et ainsi, avant de le faire
» imprimer, je veux qu'il ait votre approbation :
» ce sera à notre première vue. En attendant,
» je vous supplie d'être persuadé que je suis
» pour vous, comme je le dois, dans les termes
» de notre traité.

» ARMAND DE BOURBON. »

« *P. S.* Nous marchons après-demain pour
» aller attaquer une place en Cerdagne, appelée
» Puycerda : j'attends Gourville pour en faire la
» capitulation (3). »

Quoique la lettre de M. le prince de Conti parût fort pressante pour me faire aller en Catalogne, je craignois de n'y point avoir de satisfaction, par la cabale qui étoit si animée contre moi ; de plus, je me trouvois bien à Paris. Ainsi

(1) Le 25 août.
(2) Erreur de date ; il faut lire la même année, 1654.
(3) Puycerda se rendit le 17 octobre 1654.

je pris le parti d'y passer l'hiver. Néanmoins au printemps je me résolus de faire ce voyage; et auparavant j'allai prendre congé de M. le cardinal. Je lui dis que M. le prince de Conti avoit témoigné qu'il seroit bien aise que j'allasse le trouver; il me fit l'honneur de me dire que quand j'y serois, s'il se présentoit quelque chose à lui mander qui en valût la peine, je pourrois lui écrire.

Quelqu'un manda à ces messieurs qui étoient auprès de Son Altesse qu'ils n'avoient qu'à se bien tenir, et que j'allois partir pour la Catalogne. Quoiqu'ils se crussent maîtres de l'esprit de M. le prince de Conti, ayant mis dans leur cabale M. le marquis de Villars, qui avoit été fait premier gentilhomme de sa chambre, ils ne laissèrent pas, à ce que j'ai su depuis, d'être fort embarrassés à mon arrivée, se souvenant de ce qui s'étoit passé à Bordeaux. Je ne sais comment ils avoient fait; mais je fus surpris d'être reçu de M. le prince de Conti avec un peu de froideur; et ces messieurs me regardant fort de côté, à proprement parler, personne n'osoit m'approcher ni me parler. La nuit étant venue et ne sachant où la passer, l'aumônier de M. le prince de Conti, à qui j'ai eu depuis occasion de faire plaisir, me donna la moitié de son matelas. Le lendemain M. le prince de Conti, qui faisoit le siége de Castillon, devant aller à la tranchée, je montai sur mon cheval de poste, et allai l'y attendre. M'étant approché de lui quand il mit pied à terre, il s'appuya sur mon bras pour lui aider à marcher; il me demanda comment j'étois avec M. le cardinal. Je lui dis que depuis la paix de Bordeaux j'en avois toujours reçu de bons traitemens, et qu'en prenant congé de lui pour venir trouver Son Altesse, il m'avoit chargé de lui écrire, quand je serois auprès d'elle, s'il y avoit quelque chose qui en valût la peine. Il s'assit dans la tranchée, et causa quelque temps avec moi; il me demanda des nouvelles de M. de La Rochefoucauld. Après lui avoir fait des complimens de sa part, je lui dis que c'étoit M. de La Rochefoucauld qui m'avoit conseillé de venir auprès de Son Altesse, sur une lettre qu'elle lui avoit écrite il y avoit quelque temps, paroissant le désirer ainsi: il me dit qu'on lui avoit donné de l'ombrage de mon arrivée, mais qu'il étoit très-persuadé de mon affection. Quand il fut question de se mettre à table, il m'ordonna de m'y mettre, au grand étonnement de la compagnie; et le soir j'eus un lit par son ordre. M. le prince de Conti avoit autant d'esprit qu'un homme puisse en avoir, même de la science; agréable dans la conversation, du cœur, et d'autres bonnes qualités: mais, avec tout cela, il avoit toujours quelqu'un à qui il donnoit grand pouvoir sur son esprit.

La première occasion qu'il y eut d'envoyer à la cour, M. le prince de Conti m'en chargea: j'allai pour lors trouver la cour en Picardie; on me donna mille écus pour mon voyage. En repassant par Paris pour m'en retourner, je trouvai fortuitement un nommé M. Rose qui avoit acheté une charge d'intendant des vivres des armées, avec pouvoir de commettre quelqu'un dans chacune. Il me donna une commission pour en faire les fonctions en Catalogne, où j'appris que M. de Bezons, intendant, s'en étoit allé à Pézenas où étoit madame la princesse de Conti, et ensuite à Paris, à cause de quelque petite sédition qu'il y avoit eu dans les troupes contre lui. Je m'installai dans ma commission d'intendant des vivres, et m'en trouvai parfaitement bien.

A la fin de la campagne, M. Jaquier, qui avoit les vivres, ayant eu besoin de moi pour beaucoup de signatures, afin de mettre son compte en état d'être rendu, me fit présent de quinze mille livres.

Je m'en retournai auprès de M. le prince de Conti; et M. le marquis de Villars vivant fort bien avec moi, les autres prirent le parti de garder la bienséance, mais non pas sans chagrin de me voir aller et venir, et toujours bien avec M. le prince de Conti. La campagne finie, il s'en retourna à Pézenas: comme gouverneur de Languedoc, il étoit chargé de la part du Roi de prendre des mesures pour la tenue des Etats. Sa Majesté souhaitoit qu'on lui donnât un million cinq cent mille livres; et messieurs les évêques, avec de grandes remontrances, prétendoient que la province ne pouvoit pas passer un million, le pays étant fort ruiné. Je m'avisai d'écrire à M. le cardinal que pour avoir un million cinq cent mille livres des Etats, et peut-être plus, et lever toutes les difficultés, il n'y avoit qu'à expédier des quartiers d'hiver pour toutes les troupes de Catalogne dans le Languedoc; et que j'étois bien persuadé qu'aussitôt que cela seroit su, l'on feroit de grandes instances auprès de M. le prince de Conti pour recevoir un million cinq cent mille livres; qu'il falloit en même temps envoyer les expéditions pour les quartiers d'hiver en Guyenne, et charger le courrier de rendre à M. le prince de Conti celles qui regarderoient le Languedoc, et me faire remettre entre les mains le paquet qui regarderoit la Guyenne: ce que M. le cardinal goûta fort, et ordonna que cela fût exécuté. Ainsi il me fit réponse qu'il avoit si approuvé ma pensée, qu'il mandoit à M. le prince de Conti de prendre confiance en moi pour tout ce qui regardoit la tenue des Etats.

Le paquet étant venu à M. le prince de Conti, cela fit une grande rumeur parmi ceux qui étoient déjà à Pézenas, où l'on devoit faire l'assemblée. Messieurs les évêques d'Aleth et de Comminges, qui étoient les plus fermes pour ne donner qu'un million, furent les premiers à venir prier M. le prince de Conti d'avoir pitié de cette pauvre province qui alloit être ruinée, et le supplièrent de la vouloir garantir de ce naufrage. Je convins avec M. le prince de Conti qu'il leur diroit qu'il ne pouvoit pas s'en mêler, à moins qu'on ne donnât un million huit cent mille livres qu'on avoit demandées; et comme les troupes marchoient et s'approchoient, M. de Comminges, que je connoissois fort, m'ayant parlé de cette affaire, je lui dis que je croyois qu'ils feroient bien d'offrir vitement un million six cent mille livres à M. le prince de Conti, puisque cela ôteroit à la province sa ruine totale [qui étoit le langage qu'il me tenoit]; et m'ayant demandé comment cela se pouvoit faire, je lui dis que je croyois qu'à cette condition M. le prince de Conti pourroit faire passer les troupes en Guyenne.

Cela fut convenu bientôt après, parce que l'affaire pressoit beaucoup; et les paroles étant données, toutes les troupes allèrent prendre leurs quartiers en Guyenne. M. le prince de Conti fut fort aise de recevoir une lettre de M. le cardinal, qui lui marquoit que le Roi étoit fort content de sa conduite, et de ce qu'il avoit obtenu de la province. Cela augmenta de beaucoup la confiance qu'il avoit en moi; et je puis dire que, particulièrement pour tout ce qui regardoit la cour, j'étois le seul à qui il parloit.

N'ayant plus rien à faire dans ce pays-là, je m'en revins à Paris, et louai un appartement assez honnête dans le petit hôtel de Bourbon. J'achetai un carrosse et des chevaux, entretenant toujours un commerce de lettres avec M. le prince de Conti. Quelque temps après, madame la princesse de Conti étant revenue à Paris, je lui faisois régulièrement ma cour; et peu après la reine de Suède y étant arrivée, M. le cardinal, qui en sortoit avec le Roi pour quelque temps, m'ordonna de prendre garde qu'elle traitât madame la princesse de Conti comme elle feroit Mademoiselle. J'avois même dit à la reine de Suède, avant que Mademoiselle l'eût été voir, qu'elle devoit faire le même traitement à madame la princesse de Conti qu'elle feroit à Mademoiselle; que cela se pratiquoit ainsi. Je ne sais si quelqu'un lui avoit dit qu'elle y devoit mettre quelque différence. Quoi qu'il en soit, elle donna un fauteuil à Mademoiselle; et quand madame la princesse de Conti y alla, elle fit ôter les fauteuils qui étoient dans sa chambre, et n'y laissa que des siéges pliants, croyant bien que l'on n'auroit pas sujet de se plaindre, si on ne lui donnoit que des siéges dont elle se servoit elle-même. En écrivant à M. le cardinal la chose comme elle s'étoit passée, je lui mandai que je ne m'amuserois pas à lui témoigner le chagrin que j'en avois; mais que j'allois donner toute mon application à faire que la reine de Suède réparât ce qu'elle avoit fait. J'en avois été un peu connu dès le jour de son arrivée; je l'allai donc trouver, pour lui dire que j'étois au désespoir de la différence que Sa Majesté avoit mise entre Mademoiselle et madame la princesse de Conti; que c'étoit une nouveauté en ce pays-ci; et que si quelqu'un lui avoit dit le contraire, ce ne pouvoit être que dans la vue de donner cette mortification à M. le cardinal, qui s'en prendroit à moi de ce que je ne l'en avois pas averti, quoique pourtant elle savoit bien que j'avois pris cette liberté, et que je croyois que cela le fâcheroit fort. J'ajoutai tout ce que je crus qui lui pourroit faire prendre le parti de réparer ce qui s'étoit passé, et, entre autres, que je serois ravi de pouvoir mander à M. le cardinal qu'elle lui avoit fait le même traitement qu'à Mademoiselle, aussitôt qu'il auroit appris la différence qu'elle y avoit mise. Elle s'y résolut sur-le-champ, et me marqua une heure pour le lendemain que madame la princesse de Conti pourroit venir. En effet, elle lui donna un fauteuil comme elle avoit fait à Mademoiselle; et je l'écrivis aussitôt à M. le cardinal.

Quelque temps après je fus connu de M. Fouquet, qui me goûta d'abord assez. En me parlant un jour de la peine qu'il y avoit à faire vérifier des édits au parlement, je lui dis que dans toutes les chambres il y avoit des conseillers qui entraînoient la plupart des autres; que je croyois qu'on pouvoit leur faire parler par des gens de leur connoissance, leur donner à chacun cinq cents écus de gratification, et leur en faire espérer autant dans la suite aux étrennes. J'en fis une liste particulière, et je fus chargé d'en voir une partie que je connoissois. On en fit de même pour d'autres. M. Fouquet me parla de M. le président Le Coigneux comme d'une personne qu'il falloit tâcher de voir : je lui dis que j'allois quelquefois à la chasse avec lui, et que je verrois de quelle manière je pourrois m'y prendre. Un jour, me parlant des ajustemens qu'il faisoit faire à sa maison de campagne, je lui dis qu'il falloit essayer de faire en sorte que M. le surintendant aidât à achever une terrasse qu'il avoit commencée. Deux jours après j'eus ordre de lui porter deux mille écus, et de lui faire espérer que cela pourroit avoir de la suite. Quelque temps après, il se présenta une occasion au parlement où M. Fouquet jugea bien que ce qu'il avoit fait avoit utilement réussi. Il me chargea encore de quelques autres affaires; et étant fort content de moi, cela me fit espérer que je pourrois faire quelque chose par ce chemin-là.

En ce temps, M. le cardinal se trouvoit assez souvent fatigué des demandes que faisoit M. le prince de Conti pour lui et quelquefois pour ses amis, qui étoient appuyées par madame la princesse de Conti. Un de ces messieurs de la cabale contre moi, qui étoit auprès de Son Altesse, et qui ne m'aimoit pas, étant venu à Paris, et M. le cardinal s'en étant plaint devant lui, il lui dit que c'étoit par mes conseils, et que j'avois beaucoup empiété sur l'esprit de madame la princesse de Conti; que si Son Eminence me faisoit mettre à la Bastille, et faisoit venir M. le prince de Conti, elle verroit qu'il ne lui feroit pas la moindre peine.

[1656] M. le cardinal, au commencement d'avril 1656, donna ordre à M. de Bachelière, gouverneur de la Bastille, de m'y mener. Il vint le lendemain pour cela à mon appartement, accompagné de quelques gens; et ayant trouvé mon laquais à la porte de ma chambre, il lui demanda si j'étois là, et ce que je faisois: ce laquais lui répondit que j'étois avec mon maître à danser. M'ayant trouvé que je répétois une courante, il me dit en riant qu'il falloit remettre la danse à un autre jour; qu'il avoit ordre de M. le cardinal de me mener à la Bastille. Il m'y conduisit dans son carrosse; et comme il n'y avoit aucunes personnes de considération, il me mit dans une chambre au premier, qui étoit la plus commode de toutes. J'y fus enfermé avec mon valet pendant huit jours, sans voir personne que celui qui m'apportoit à manger; mais M. le gouverneur m'étant venu voir, me dit que M. le surintendant l'avoit prié de me faire les petits plaisirs qui pourroient dépendre de lui; que je pouvois communiquer avec les autres prisonniers, mais qu'il ne falloit pas qu'aucun de mes amis demandât à me voir. Cela me fit un grand plaisir, m'étant déjà ennuyé au-delà de tout ce qu'on peut s'imaginer. Peu de temps après, un jour maigre, ayant fait venir un brochet fort raisonnable, je priai M. le gouverneur d'en vouloir bien manger sa part: ce qu'il m'accorda. Nous passâmes une partie de l'après-dînée à jouer au trictrac, et j'en fus dans la suite traité avec beaucoup d'amitié. J'avois la liberté d'écrire et de recevoir des lettres tant que je voulois, et quelquefois une personne de mes amis venoit demander à voir d'autres prisonniers qui étoient proche de ma chambre. Ainsi j'avois l'occasion de lui pouvoir parler; mais cela n'empêchoit pas que je ne m'ennuyasse extrêmement, surtout depuis les neuf heures du soir que l'on fermoit ma porte, jusqu'à huit heures du matin. Je m'avisai, pour m'amuser, de me faire apporter des fèves que je fis mettre dans des papiers séparés par nombre; je me promenois dans ma chambre, qui avoit onze pas entre les encoignures des fenêtres; et chaque tour que je faisois, mon valet tiroit une fève du papier, et la mettoit sur la table: comme le nombre étoit fixe, quand j'avois achevé, j'avois fait deux mille pas.

Je fis venir des livres; mais en voulant lire, mon esprit étoit aussitôt aux moyens que je pourrois trouver pour me tirer de là: de sorte que je n'avois presque aucune application à ce que je lisois; et mes amis ne voyoient point de jour à m'en tirer. Cependant y ayant entre autres six prisonniers raisonnables, je pensai que si j'avois les clefs de leur chambre et de la mienne, je pourrois faire cacher mon valet un soir avant qu'on fermât ma porte, et lui donner ma clef pour l'ouvrir; qu'ensuite j'irois faire sortir les autres, et que nous pourrions descendre dans le fossé par un endroit que j'avois remarqué, et remonter par l'autre. Pour y parvenir, étant tous six logés dans deux degrés, je trouvai moyen de gagner celui qui avoit soin d'ouvrir nos portes; je pris les mesures de chaque clef avec de la cire, et je les envoyai dans une boîte à La Rochefoucauld pour en faire faire de pareilles par un serrurier habile qui y demeuroit. Mais, vers le mois de septembre, sachant que M. l'abbé Fouquet étoit fort employé par M. le cardinal pour faire mettre des gens à la Bastille, et qu'il en faisoit aussi beaucoup sortir, je tournai toutes mes pensées de ce côté-là. A ce propos, je me souviens d'un procureur homme d'esprit et grand railleur, qu'il y avoit fait mettre. Comme nous nous promenions un jour ensemble, il entra un homme dans la cour, qui y trouvant un levrier en fut surpris, et demanda pourquoi il étoit là. Le procureur répondit avec son air goguenard: « Mon» sieur, dit-il, c'est qu'il a mordu le chien de » M. l'abbé Fouquet. »

Je fis proposer à mes amis de parler à M. le surintendant, et de voir avec monsieur son frère si, en parlant de temps en temps à M. le cardinal, comme il avoit coutume, des autres prisonniers, il ne pourroit pas trouver moyen de me faire sortir. Cela réussit si bien, que M. le cardinal devant partir, deux ou trois jours après, pour aller à la Fère, M. l'abbé Fouquet lui porta la liste de tous les prisonniers de la Bastille, comme il faisoit de temps en temps ; il ordonna la sortie de trois, dont j'en fus un. Ayant reçu l'ordre, je sortis aussitôt. Dès le soir, étant allé dans l'antichambre de M. le cardinal pour l'en remercier, M. Rose, son secrétaire, me félicita en passant de mon heureuse sortie. Je le priai de dire, en entrant, que j'étois là. M. le cardinal répondit : « Je sais bien que je l'ai fait sortir ; » mais je ne sais pas trop qu'en faire ; qu'il » vienne à La Fère, je le verrai là. »

M'y étant rendu, je me présentai le soir à lui, comme il sortoit de chez le Roi. Je lui fis une révérence, en lui disant que j'avois bien des remercîmens à faire à Son Éminence, qui, en me faisant mettre à la Bastille, m'avoit donné lieu de faire réflexion sur ma mauvaise conduite. Il se mit à rire, et me dit de le venir trouver le lendemain, à sept heures du matin. Dès que je parus, un valet de chambre lui alla dire que j'étois là ; il me fit entrer, et congédia M. Vallot, premier médecin, qui étoit avec lui. Le voyant sortir, je dis à M. le cardinal qu'il s'en falloit bien que ni M. Vallot ni tous les autres médecins connussent aussi bien que Son Éminence les remèdes propres à un chacun, puisque, par ma propre expérience, je m'étois trouvé avec une maladie presque incurable ; qu'un seul remède qu'elle m'avoit fait donner à propos m'avoit si bien guéri, que ceux qui auroient cru me connoître ci-devant ne me reconnoîtroient plus, tant j'avois profité du temps que Son Éminence m'avoit donné pour faire des réflexions qui me seroient d'une grande utilité pour le reste de mes jours ; que j'avois bien compris qu'au lieu que je voulois mener les autres à mon point, je ne devois songer qu'à entrer dans l'esprit de ceux dont j'avois affaire.

Après m'avoir écouté patiemment en souriant, il me fit juger que mon discours ne lui avoit pas déplu ; il me dit : « Vous vous êtes donc un peu » ennuyé à la Bastille ? » Je lui répondis : « Beau- » coup, Dieu merci ; et j'ai bien résolu d'éviter » tout ce qui pourroit m'y faire remettre. » J'ajoutai que si Son Éminence vouloit me faire l'honneur de m'employer à quelque chose, elle verroit combien son remède m'avoit été salutaire. Il me dit qu'il y avoit long-temps qu'il s'étoit senti de la bonne volonté pour moi ; qu'il étoit encore dans les mêmes sentimens, et qu'il songeoit à me faire secrétaire de l'ambassade de Portugal, où alloit M. le comte de Comminges ; et que le Roi me donneroit de bons appointemens. Je lui répondis que j'étois bien obligé à Son Éminence de vouloir couvrir d'un prétexte honnête l'exil où elle vouloit m'envoyer ; que je la suppliois très-instamment d'avoir la charité de me donner du temps pour connoître la vérité de ce que je lui avois avancé ; et qu'elle m'avoit fait assez de bien par les pensions qu'elle m'avoit données sur des bénéfices, quoique j'en eusse amorti une partie pour vivre doucement. Il me dit qu'il le voyoit bien ; mais que je prisse garde de me mettre dans un bon chemin, parce que si je ne tournois pas mon esprit tout-à-fait au bien, il se tourneroit au mal. Je lui dis en souriant que je pouvois avoir été comme cela ; mais qu'il m'avoit bien donné occasion de changer, comme j'avois fait. Je me sentis bien content du tour que j'avois donné à mon discours, ayant lieu d'espérer qu'il avoit fait impression.

Deux jours après, la nouvelle vint que M. le prince avoit secouru Valenciennes, et que M. le maréchal de La Ferté y avoit été fait prisonnier. M. le cardinal me parla fort de cette affaire, et m'envoya à Paris avec une instruction sur la manière dont il falloit que j'en rendisse compte à M. le chancelier et à M. le premier président, et que je débitasse dans le monde, en gardant la vraisemblance, parce qu'il craignoit que cette nouvelle ne fit beaucoup de bruit à Paris.

Je crois que dans ce temps-là M. le coadjuteur s'étoit sauvé du château de Nantes. Étant revenu, et ayant rendu compte à Son Éminence de la manière dont je m'étois conduit, il me parut fort content, et me dit ce jour-là que je ferois bien de tâcher d'entrer dans quelque affaire de finance ; qu'il voyoit tant de gens qui y faisoient leur fortune, qu'il ne croyoit pas que je pusse mieux faire que de me tourner de ce côté-là. Je lui répondis que je m'en allois donc faire ma cour le mieux que je pourrois à M. le surintendant.

M. de Langlade, pendant ma prison, continua à me donner des marques de son amitié ; mais dans la suite elle me causa bien des peines. Je trouvai que son commerce avoit continué de la même façon avec madame de Saint-Loup ; et ma mémoire me fournit une historiette que je trouve assez singulière pour être rapportée. Si d'un côté madame de Saint-Loup craignoit le diable, de l'autre elle trouvoit tant de commodités à l'empire qu'elle avoit sur M. de Langlade, qu'elle ne pouvoit se résoudre à le perdre. Apparemment elle songea aux moyens d'accommoder tout cela ensemble ; et pour y parvenir elle en choisit un qui lui réussit extrêmement bien, et qui l'auroit brouillée et fait mépriser par tout autre.

Pour en commencer la scène, elle choisit un jour que je devois partir fort matin en poste pour faire un voyage en Guyenne. Elle m'envoya prier, à deux heures après minuit, de ne pas

Partir sans la voir ; et y étant allé sur-le-champ pour savoir ce que ce pouvoit être, je la trouvai au coin de son feu, appuyée sur une table, avec un air triste et dolent. Après avoir gardé le silence, je sentis quelque effroi, ne voyant pas à quoi cela pouvoit aboutir; enfin elle me dit qu'elle n'avoit pas voulu me laisser partir sans m'avoir conté ce qui lui étoit arrivé, qui me surprendroit fort. Elle me dit qu'après s'être couchée et avoir fait sa prière, commençant à s'assoupir, elle avoit entendu tirer son rideau ; qu'ayant sorti sa main dessus sa couverture, elle avoit senti quelque chose à cette main ; et s'étant fait apporter de la lumière, elle y avoit trouvé une croix qu'elle me montra, parfaitement bien faite. Je n'ai jamais pu savoir si elle s'étoit servi pour cela d'un fer chaud ou de quelque eau brûlante. La première chose qui me vint dans l'esprit, c'est que le miracle auroit pu se faire les rideaux fermés ; en un mot, je ne la crus nullement. Mais après qu'elle m'eut prié d'aller dire cette nouvelle à M. de Langlade, je sentis bien qu'il falloit au moins en faire semblant. Elle me dit ensuite qu'elle croyoit que ce miracle ne s'étoit pas fait pour elle seule. Je lui dis qu'à mon égard j'attendrois à mon retour, pour voir le changement que cela apporteroit en elle ; et je m'en allai, dans un grand embarras, conter l'aventure à M. de Langlade. S'étant aussitôt levé, nous y fûmes ensemble : ce furent de grands cris et beaucoup de larmes de leur part ; elle répéta à M. de Langlade que ce miracle n'avoit pas été fait pour elle seule. Il dit que son cœur le lui marquoit bien, puisqu'il se trouvoit déjà tout changé. Et comme je ne savois que penser ni que dire à tout cela, je m'en allai monter à cheval pour faire mon voyage, y pensant fort, et ayant de la peine à croire ce que je venois de voir et d'entendre.

A mon retour de Guyenne, j'allai voir madame de Saint-Loup : je trouvai sa tapisserie couverte de petits cadres où il y avoit des sentences et des dictums pleins de dévotion, avec un assez gros chapelet qui pendoit sur son écran. Elle me dit qu'elle avoit bien prié Dieu pour moi, et qu'elle souhaitoit fort que je fisse mon profit de ce qui lui étoit arrivé, comme avoit fait M. de Langlade : je la remerciai de ses vœux et de ses prières, ne me trouvant pas encore touché ; mais quand l'heure du dîné fut venue, je le fus encore moins, quand je vis servir deux potages, l'un à la viande pour eux, et un maigre pour moi, me disant qu'ils avoient été bien fâchés de rompre le carême à cause de leurs indispositions. On ôta les potages, et on servit une poularde devant eux, avec un petit morceau de morue pour moi. Madame de Saint-Loup voyant que je la regardois, me dit qu'elle auroit mieux aimé manger ma morue que sa poularde ; M. de Langlade citoit à tout propos saint Augustin : elle le faisoit souvenir des passages de ce saint, et tous deux me jetoient de temps en temps quelques propos de dévotion. J'avoue que je ne me suis jamais trouvé dans un embarras pareil à celui où j'étois ; et n'y pouvant plus tenir, aussitôt après dîné je sortis sous prétexte de quelques affaires, et m'en allai chez M. de La Rochefoucauld lui raconter mon aventure, en lui disant que je ne pouvois pas m'empêcher d'ouvrir les yeux à M. de Langlade : mais il me dit qu'il falloit bien s'en garder ; qu'il avoit fait ce qu'il avoit pu pour tâcher d'entrer avec lui en matière sur ce sujet ; mais qu'il étoit de toute impossibilité de lui faire entendre raison. Il convint avec moi que cela lui donnoit un grand ridicule, et que force gens étoient curieux d'aller voir cette croix. Souvent madame de Saint-Loup la montrant, leur demandoit quelque chose pour les pauvres. M. de La Rochefoucauld me recommanda encore fortement de ne point entrer en discours sur cette matière avec M. de Langlade, parce qu'assurément je me brouillerois irréconciliablement avec lui. Le temps qui s'étoit écoulé avait effacé la croix ; mais ce qu'on aura peine à croire, c'est qu'elle supposa que, par un autre miracle, la croix avoit été renouvelée. Elle disoit qu'étant aux Pères de l'Oratoire fort attentive comme on levoit le saint-sacrement, elle avoit encore senti à sa main qui étoit gantée la même chose que la première fois ; et qu'ayant ôté son gant, elle avoit trouvé la croix très-bien refaite. Mon étonnement augmenta beaucoup ; mais M. de Langlade parut si persuadé de ce second miracle, qu'il l'attestoit avec des sermens effroyables. Cela n'empêcha pas que quelque temps après il ne songeât à se marier, apparemment suivant les règles de saint Paul, et qu'il ne se mît en tête d'aller en Périgord pour épouser mademoiselle de Campagnac, fille de qualité, sans aucun bien, qu'il avoit connue fort jeune. Je me souviens qu'un soir, après avoir soupé avec lui à Saint-Mandé, nous partîmes à pied en causant : faisant suivre notre carrosse, nous continuâmes notre chemin sans y monter jusqu'à la porte Saint-Antoine, où j'avois une petite maison. Je n'oubliai rien de tout ce qui pouvoit me venir dans la pensée pour tâcher de le dissuader de son mariage : entre autres, que du moins il devoit rompre avec madame de Saint-Loup ; que quoique je crusse que leur commerce étoit innocent, cependant il étoit difficile de s'imaginer que la femme qu'il épouseroit s'accommodât de la société qu'il auroit avec cette dame, si son intention étoit de la continuer. Il me dit que n'étant point amoureux, il pouvoit bien se marier, et vivre honnêtement avec madame de Saint-Loup; et que la demoiselle à qui il pensoit étant dans une extrême nécessité, consentiroit aisément à tout ce qui pourroit lui plaire. Tout ce que je pus lui dire ne changea en rien la résolution qu'il avoit prise de s'aller marier; et ce qu'il y a encore de singulier et de très-véritable, c'est qu'il m'écrivit, deux jours avant d'arriver chez mademoiselle de Campagnac, qu'il me prioit de faire dire des messes à son intention, afin que Dieu lui envoyât des inspirations sur ce qu'il avoit à faire. Mais j'appris bientôt qu'il avoit terminé son mariage sans attendre l'effet des prières qu'il avoit demandées. Il me marqua qu'il alloit amener sa femme à Paris; et ma condescendance pour lui alla encore jusqu'à louer une maison proche la mienne pour les nouveaux mariés. Je leur fis faire un lit fort propre de damas jaune, et deux tapisseries fort raisonnables que je fis tendre dans son appartement. Je m'aperçus que madame de Langlade ne s'accommodoit pas du commerce de son mari avec madame de Saint-Loup, comme il se l'étoit imaginé. En effet il causa beaucoup de brouilleries; mais comme il se flattoit que cela ne venoit que de la forte amitié qu'elles avoient toutes deux pour lui, il s'en consoloit. Je n'ai pas su s'il avoit été désabusé des miracles de madame de Saint-Loup, ni que jamais personne eût osé lui en parler. Pour elle, l'ayant mis quelque temps après sur ce chapitre, elle me les abandonna volontiers; mais elle se savoit bon gré de la conduite qu'elle avoit tenue depuis qu'elle croyoit fortement avoir effacé le passé. Madame de Liancourt étant venue à mourir, elle s'étoit persuadée que M. de Liancourt ne pouvoit jamais mieux faire que de l'épouser, et elle le disoit à bien des gens; mais n'ayant pas trouvé jour à pouvoir réussir, elle me parla fort souvent, et croyoit me dire de fort bonnes raisons pour me prouver que je serois trop heureux en l'épousant. Si j'avois eu foi aux sortiléges, j'aurois craint que par là elle ne fût venue à bout de son dessein, tant elle en avoit envie, autant pour mon bonheur, me disoit-elle, que pour le sien. Elle me fit présent un jour d'un sac de senteur pour mettre sur mon lit, qui me donna si fort dans la tête, que je m'en réveillai la nuit tout troublé. Mon premier mouvement alla à penser si ce n'étoit point quelque secret pour me porter au mariage. Après tout, il faut convenir qu'elle avoit l'esprit fort amusant dans la conversation, et qu'elle a eu toujours beaucoup d'amis; elle n'ignoroit rien de tout ce que savoit M. de Langlade, et je lui dois cette justice que je n'ai jamais appris qu'elle eût parlé de ce qu'on lui avoit confié. Il n'en étoit pas de même de M. de Gondrin, archevêque de Sens, qui la venoit voir fort souvent: il avoit beaucoup d'esprit, et parloit extrêmement bien, mais, à mon avis, un peu trop. Il auroit fort souhaité d'entrer en quelques affaires, comme c'étoit assez la mode en ce temps-là, tout étant en cabale. Je fus fort d'avis que l'on ne s'ouvrît pas beaucoup avec lui, parce que je trouvois que sa vanité le portoit à aimer mieux le bruit d'une affaire que la réussite: au surplus, il étoit de très-bon commerce.

Étant revenu à Paris, je m'attachai fortement à faire ma cour à M. le surintendant: il me parloit de beaucoup de choses, et m'employa même dans une affaire fort délicate, dont je m'acquittai bien. Le bruit ayant couru qu'il avoit de la bonne volonté pour moi, quelques personnes me chargèrent de quelques propositions: il me dit que je n'entendois pas assez cette matière; et M. Girardin ayant été enlevé proche de Paris par M. de Barbezières, il vint dans l'esprit de M. le surintendant de faire contribuer tous les gens d'affaires à m'acheter la charge de prevôt de l'île, pour les garantir de pareilles aventures. Le Roi fit mettre M. le comte de Chemerault, frère de M. de Barbezières, à la Bastille, dans une chambre, sans en sortir. M. le cardinal me chargea de le voir pour tâcher de traiter de la liberté de M. Girardin, et il me dit de promettre pour cela jusqu'à cinquante mille livres; mais que je fisse en sorte de ménager quelque chose dessus, si cela étoit possible. M. de Chemerault me dit bonnement que, n'ayant point de pouvoir sur son frère, il ne savoit pas ce que nous pourrions faire. Je lui dis que je croyois que nous pourrions fixer une somme qui le pût mettre en état de servir honorablement M. le prince. Ayant compté à peu près ce qu'il lui en coûteroit pour lever un régiment de cavalerie, nous trouvâmes que cela ne pourroit aller au-dessus de vingt-cinq à trente mille livres; mais qu'il falloit encore ajouter pour le mettre en équipage: sur quoi m'ayant dit de faire ce que je jugerois à propos, il m'assura qu'il écriroit à son frère tout de son mieux. Je conclus donc qu'il falloit lui faire donner quarante-cinq mille livres. Il me pria de lui dicter la lettre que je pensois qu'il devoit écrire. Nous commençâmes par dire qu'il avoit bien souffert dans une chambre pendant quelques jours, sans presque voir de lumière; que j'avois eu ordre de M. le cardinal de lui venir parler de la liberté de M. Girardin, et que nous avions estimé que cela devoit aller à quarante-cinq mille livres, en y ajoutant les raisonnemens que je viens de dire ; que je l'avois fait mettre en liberté à la Bastille pour quinze jours, pour lui donner le temps d'avoir sa réponse, et qu'il seroit renfermé de nouveau s'il n'acceptoit pas ses offres ; que ce n'étoit pas là seulement ce qui devoit l'y obliger, mais encore la considération que si le chagrin prenoit à M. Girardin dans sa prison, et qu'il vînt à mourir, ils seroient tous deux dans une méchante posture. M. le cardinal, à qui je rendis compte de tout cela, m'en parut content, et me dit que si l'affaire s'accommodoit, il étoit d'avis que je prise des lettres de crédit sur Anvers, et que, sous prétexte d'y aller faire compter de l'argent et ramener M. Girardin, j'aurois occasion de voir M. le prince, que l'on disoit en ce temps-là n'être pas trop bien traité des Espagnols ; et que s'il se trouvoit quelque disposition en lui pour son retour en France, je pourrois l'assurer des bonnes grâces du Roi et d'une amitié très-sincère de la part de Son Éminence, et qu'on le rétabliroit dans tous ses biens et dans toutes ses charges. Mais comme je représentai que M. le prince auroit peine à manquer aux Espagnols, il me dit que je pourrois encore lui proposer de chercher des moyens pour pouvoir se dégager d'eux avec bienséance. Je poussai déjà mes espérances jusqu'à croire que cela pourroit bien produire la paix entre les deux couronnes, sachant que les uns et les autres étoient bien las de la situation où ils se trouvoient. En attendant la réponse de M. de Barbezières à son frère, on apprit la mort de M. Girardin ; M. le cardinal me dit qu'il étoit bien fâché que je n'eusse pas eu ce prétexte pour voir M. le prince, sachant bien certainement qu'il n'étoit pas content de la manière dont M. de Fuensaldagne vivoit avec lui.

[1657] L'année suivante 1657, M. de Turenne mit le siége devant Cambray ; et M. le prince, qui étoit avec ses troupes du côté de Valenciennes, en ayant eu avis, vouloit joindre les troupes d'Espagne aux siennes pour tâcher de le secourir ; mais il se résolut sur-le-champ d'en aller faire la tentative, et mena M. le marquis d'Yenne, gouverneur de Franche-Comté, qui étoit le seul des troupes espagnoles qui se trouvât avec lui, pour être témoin de sa bonne volonté, sachant bien qu'il alloit exposer ses troupes, qui étoient ce qu'il avoit de plus précieux. Il marcha le long du chemin ; et s'étant avancé sur une hauteur assez près de Cambray, il remarqua lui-même la situation du camp, et envoya faire une fausse attaque à main gauche, à environ un bon quart de lieue de là. Toutes ses troupes avoient ordre de ne point combattre, de ne songer qu'à passer avec la plus grande diligence, et de se suivre de fort près. Il passa ainsi sur le ventre aux troupes que M. de Turenne avoit postées de côté-là, sans tirer un seul coup, et secourut par ce moyen la place : ce qui accrut grandement sa considération parmi les Espagnols. On ne fit que trois prisonniers des gens de M. le prince, et le pauvre M. de Barbezières fut assez malheureux pour être du nombre. On lui fit faire son procès pour avoir enlevé mademoiselle de Basinières, qu'il avoit amenée à Stenay, où je l'avois vue à un voyage que j'y fis ; et il me parut qu'ils vivoient bien ensemble, après avoir fait le mariage. Il fut condamné d'avoir la tête tranchée, et exécuté.

Environ ce temps-là, le Roi étant à Metz, M. le surintendant m'envoya à M. le cardinal pour lui proposer de récompenser celui qui avoit la charge de contrôleur général, qui ne la faisoit point ; et qu'en la partageant entre messieurs de Breteville et Herval, il en reviendroit dans les coffres du Roi de grosses sommes. En même temps il fut d'avis que je lui parlasse de la pensée qu'il avoit eue de me faire acheter, par les gens d'affaires, la charge de prevôt de l'île. M. le cardinal accepta volontiers le secours que je lui proposois de la charge de contrôleur général, mais il parut fort éloigné que j'eusse celle de prevôt de l'île, prenant pour prétexte qu'il faudroit faire une taxe sur les gens d'affaires ; qu'il ne le jugeoit pas à propos : et je ne sais ce qui lui passa dans l'esprit, mais il rebuta fort la proposition. Le lendemain, en prenant congé de M. le cardinal, il me dit qu'il m'avoit déjà parlé autrefois de me mettre tout-à-fait dans les finances ; et ayant fait réflexion qu'on donneroit au moins quatre sous pour livres à ceux qui se chargeroient du recouvrement des tailles de Guyenne, qui alloient à de grosses sommes, il me dit qu'en me chargeant d'en faire la recette pour le compte du Roi, on me donneroit dix à douze mille écus par an d'appointemens, et que je ne laisserois pas de lui rendre service en cela. Quoique cela me parût fort beau, je ne pus m'empêcher de lui représenter que je n'entendois pas assez tout ce grimoire-là pour m'en charger, et que j'avois peur de ne pouvoir pas faire ce qu'il attendoit de moi. Il me répondit qu'il avoit une parfaite connoissance de la plupart de ceux qui passoient pour habiles en ces matières, et qu'il ne croyoit pas qu'ils eussent autant d'esprit et d'industrie qu'il m'en connoissoit. Après l'avoir remercié de la bonne opinion qu'il avoit de moi, je lui fis la révérence, et m'en allai. Quand je fus de retour à Paris, je rendis compte à M. le surintendant de tout ce qui s'étoit passé à mon voyage ; et je lui trouvai autant de répugnance à me charger de l'affaire de Guyenne dont M. le cardinal m'avoit parlé, que Son Éminence en avoit eu pour la charge de prevôt de l'île. Je me remis dans mon train ordinaire.

Le Roi étant revenu à Paris, M. le cardinal se ressouvint de ce qu'il m'avoit proposé pour la Guyenne, et parla à M. le surintendant, qui lui représenta que cela paroissoit impossible, parce que ceux qui faisoient ces traités étoient obligés de faire de grosses avances; qu'ils se mettoient plusieurs ensemble, tous gens ayant du crédit, qui trouvoient de l'argent pour l'épargne; que je n'avois ni l'un ni l'autre. M. le cardinal lui répondit qu'il lui étoit dû deux millions sept cent mille livres des avances qu'il avoit faites pour le service du Roi, dont M. Fouquet devoit lui donner des assignations; qu'il se contenteroit volontiers qu'il lui en donnât sur le traité que je ferois. M. Fouquet lui dit qu'il m'en parleroit, pour voir si je trouverois des associés qui entrassent avec moi, et qui voulussent faire les avances. Me l'ayant dit aussitôt, je le priai de considérer que cela pourroit faire ma fortune; et que, pour peu qu'il voulût paroître seconder les bonnes intentions de M. le cardinal, je ne doutois point que je ne trouvasse des associés. J'ajoutai que j'avois déjà pensé que ceux qui avoient fait des traités pour les généralités de Guyenne les années passées, et qui étoient dans de grandes avances, voyant que je cherchois des associés avec lesquels je serois le maître, se trouveroient bien heureux de me mettre dans leur société pour une portion, et de faire les avances pour moi, surtout me sachant sous sa protection. Je ne me trompai pas dans ce que j'avois pensé, puisque en peu de jours je fus assuré de faire réussir mon projet. M. Fouquet considérant que si M. le cardinal n'avoit pas ses assignations, il en demanderoit sur d'autres fonds, et surtout à cause de la bonne volonté que M. le cardinal paroissoit avoir pour moi, m'aida beaucoup en tout cela, et me dit que je n'avois qu'à prendre mes mesures avec M. le cardinal.

J'allai sur-le-champ me présenter à Son Éminence pour lui dire que je croyois être en état de faire le traité de Guyenne, ayant trouvé des associés, et que je pouvois l'assurer qu'il seroit payé très-ponctuellement. Il me parut que cela lui fît plaisir; il me dit qu'il chargeroit M. de Villacerf, qui tenoit ses registres pour les finances, de convenir avec moi. Ayant donc conféré ensemble, je lui fis un billet portant promesse de payer à l'ordre de Son Éminence deux millions sept cent mille livres en quinze paiements égaux, de mois en mois, le premier commençant au mois d'octobre prochain; et après l'avoir daté et signé, M. de Villacerf le porta à M. le cardinal, qui l'ayant vu s'écria, regardant M. de Villacerf : « Ah! *bestia*, *bestia!* » M. de Villacerf étonné lui demandant ce que c'étoit, M. le cardinal lui répondit : « Gourville n'a pas mis dans » son billet *valeur reçue*. — Il n'en seroit guère » meilleur, lui dit M. de Villacerf : cependant » je lui en ferai faire un autre. » Me l'étant venu dire, il me conta comme la chose s'étoit passée [il m'en parla encore depuis et à d'autres gens, parce qu'il avoit trouvé la chose fort singulière]. J'en refis un autre où je mis *valeur reçue*, et le priai de dire à M. le cardinal que je n'y avois point entendu finesse; mais que comme c'étoit le premier billet que j'eusse jamais fait, je pouvois bien n'y avoir pas observé toutes les formalités. Je fus assez heureux pour faire payer tous les mois à l'échéance le contenu de mon billet à M. Colbert, qui étoit pour lors intendant de M. le cardinal; il me donnoit des décharges que je remettois ensuite à mes associés. Ma faveur fit tant de bruit parmi les gens d'affaires, que la plupart de ceux qui avoient quelque chose à proposer à M. le surintendant s'adressoient à moi. M. Fouquet trouva que je m'étois bientôt stylé; et il étoit bien aise que je lui fisse venir de l'argent.

M. Fouquet ayant laissé aller son autorité à M. de Lorme son premier commis, au point de ne regarder presque plus ce qu'il lui faisoit signer, le rendit par là maître des gens d'affaires. L'abbé Fouquet, qui n'étoit pas bien avec son frère, et qui trouvoit plus de facilité avec le commis pour avoir de l'argent, se mit en tête de faire tomber monsieur son frère, faute de crédit. M. Fouquet m'ayant parlé de cela, me dit qu'il falloit nécessairement qu'il perdît M. de Lorme. Je le priai de trouver bon que je parlasse à celui-ci avant de se déterminer tout-à-fait. Je l'allai trouver, et lui dis que comme il m'avoit fait plaisir, j'étois bien aise de lui dire que je croyois être obligé de lui rendre; et tout de suite je lui exposai les motifs qu'avoit M. Fouquet d'être mal satisfait de lui, étant persuadé qu'il étoit soutenu de monsieur l'abbé son frère; qu'il m'avoit permis néanmoins de lui parler avant de prendre ses dernières résolutions, et que je venois l'exhorter de tout mon pouvoir à se réconcilier de bonne foi avec M. le surintendant, et à faire tout de son mieux, comme il avoit fait par le passé. Mais M. de Lorme, qui de son naturel étoit fort orgueilleux et présomptueux, ne parut pas faire grand cas de tout ce que je lui disois: ce qui m'obligea de lui dire, en le quittant, que j'aurois voulu m'acquitter de l'obligation que je lui avois; que peut-être s'apercevroit-il dans la suite que lui et M. l'abbé Fouquet n'en étoient pas où ils pensoient. M. Fouquet se trouvant fort en peine quand je lui eus rapporté ce qui s'étoit passé, me demanda ce que je pensois qu'il pût faire: je lui dis que j'estimois qu'il falloit commencer à chercher du crédit d'une somme un peu considérable ailleurs que chez les gens d'affaires, et qu'après cela nous pourrions bien les mettre à la raison; que je ne voyois personne plus propre à cela que M. d'Herval, qui avoit un grand crédit. En étant convenu, j'allai trouver M. Pellissari, qui étoit un galant homme, fort de mes amis, comme aussi lui et son frère l'étoient de longue main de M. d'Herval. Après avoir confié à M. Pellissari toute l'affaire et ce que j'avois pensé, je le priai d'en jeter quelques propos à M. d'Herval, en lui faisant voir de quelle utilité cela lui seroit. M. d'Herval, accoutumé à fourrager dans les finances, avoit trouvé quelquefois M. de Lorme dans son chemin: ce qui fit espérer à M. Pellissari et à moi que nous pourrions bien venir à bout de notre dessein. Pour y parvenir, il résolut de nous donner à dîner le lendemain, où se trouvèrent M. Stoupe et M. de Saint-Maurice, tous deux de la faction de M. d'Herval. Avant de nous séparer, M. d'Herval me donna sa parole de prêter deux millions dans le temps que nous convînmes, en lui donnant les assignations dont il me parla, avec de gros intérêts. Il avançoit quatre cent mille livres comptant, et dans quelques jours encore autant. Je donnai une grande joie dès le soir à M. Fouquet, en lui portant cette nouvelle; je lui dis qu'il falloit qu'il marquât son mécontentement contre M. de Lorme, particulièrement à quelques-uns de ceux que nous croyions être plus particulièrement attachés à lui, sans pourtant leur demander aucun secours. Le bruit s'étant répandu du mécontentement de M. Fouquet, chacun commença à se détacher de M. de Lorme. Comme j'avois mis un homme à sa porte pour examiner tous les gens d'affaires qui y seroient entrés, dès le lendemain M. Fouquet ou moi leur en parlions; et avant qu'il fût trois semaines, le crédit de M. Fouquet se rétablit sur tous ceux qui étoient les plus puissans. Les amis de M. de Lorme proposoient d'eux-mêmes de faire des avances: les choses vinrent bientôt en tel état, que M. d'Herval étoit en peine de savoir si on exécuteroit ce qui avoit été arrêté avec lui, par les avantages qu'il y trouvoit. Ainsi les affaires reprirent leur train ordinaire, et M. de Lorme fut disgracié.

Le désordre étoit grand dans les finances: la banqueroute générale qui se fit lorsque M. le maréchal de La Meilleraye fut surintendant des finances remplit tout Paris de billets de l'épargne, que chacun avoit pour l'argent qui lui étoit dû; et en faisant des affaires avec le Roi, on mettoit dans les conventions que M. Fouquet renouvelleroit de ces billets pour une certaine somme: on les achetoit communément au denier dix; mais après que M. le surintendant les avoit assignés sur d'autres fonds, ils étoient bons pour la somme entière. Messieurs les trésoriers de l'épargne s'avisèrent de faire si bien par leurs manigances, qu'ils ôtoient la connoissance de ce que cela étoit devenu. M. Fouquet en rétablissant toujours de nouveaux, ces messieurs s'accommodoient avec ceux qui en avoient entre les mains, et les passoient dans leurs affaires. Cela fit beaucoup de personnes extrêmement riches: cependant, parmi ce grand désordre, le Roi ne manquoit point d'argent; et ayant tous ces exemples devant moi, j'en profitai beaucoup.

Je reviens à M. l'abbé Fouquet, qui fut outré de voir chasser M. de Lorme; et croyant bien que c'avoit été par mon savoir-faire, il jura ma perte d'une façon ou d'autre: ce qui fit peur à beaucoup de mes amis, parce qu'il entretenoit à ses dépens cinquante ou soixante personnes, la plupart gens de sac et de corde, qui lui servoient d'espions et le faisoient craindre; mais je me mis en tête de n'avoir point de peur. Il n'oublia rien alors pour se raccommoder avec monsieur son frère à toutes conditions, pensant par là me faire plus de mal qu'il n'avoit pu me faire peur. Il s'efforça de donner de la jalousie à M. Fouquet sur mon chapitre en toutes façons; je m'aperçois que cela faisoit quelquefois impression: mais, sans s'arrêter à beaucoup de particularités, je veux rapporter ici un tour de son métier.

Il machina toute une histoire: pour y faire donner plus de croyance, il la fit tenir à M. le surintendant comme une révélation d'un confesseur, consentie néanmoins par le pénitent. Ayant fait choix pour cela d'un jésuite qu'il crût être bien aise de faire sa cour, il envoya une de ces bonnes gens qui feignit de se confesser à lui, et qui à la fin de sa prétendue confession le pria de vouloir bien l'éclaircir sur un cas de conscience. Il lui dit qu'étant venu un jour pour me parler, et étant entré dans ma chambre comme je venois de sortir, il eut peur, m'ayant entendu revenir, que je ne fusse fâché de le trouver là, et qu'étant près d'une alcôve, il s'étoit caché derrière le rideau; qu'étant entré avec moi un autre homme, cet homme avoit dit qu'il seroit bien aise de me parler en secret, et que je fermasse ma porte; qu'il avoit débuté par me dire qu'il y avoit une grande cabale qui avoit juré la perte de M. Fouquet d'une façon ou d'autre, et qu'il étoit chargé de s'informer si je voulois y entrer sachant que depuis quelque temps M. Fouquet n'avoit plus la même confiance en moi, et qu'ayant baissé sa voix, il m'avoit parlé quelque temps, sans qu'il eût été possible à cette bonne ame d'entendre que quelques mots entrecoupés, dont il n'avoit pu tirer autre chose, sinon qu'il falloit que ce fût quelque affaire bien considérable; qu'il lui avoit paru cependant que je n'y étois point entré. Le bon jésuite, après l'avoir entendu et questionné, lui dit qu'il croyoit qu'en conscience il étoit obligé de faire savoir à M. Fouquet le péril où il étoit, et celui-ci, qui s'y étoit bien attendu, lui répondit qu'il ne savoit comment s'y prendre, et qu'il le prioit de vouloir bien s'en charger. Il lui déclara sa demeure, au cas qu'on eût besoin de lui pour quelque éclaircissement. Le père ne perdit pas de temps à faire savoir à M. Fouquet ce qu'il avoit appris; et ayant su par lui la demeure du pénitent, il le pria de l'aller trouver, et de l'amener chez lui pour l'interroger en sa présence, lui marquant une certaine heure pour cela. Le drôle s'étant bien souvenu de ce qu'il avoit dit au jésuite, parut le conter très-naïvement à M. le surintendant, qui lui demanda s'il avoit vu cet homme-là. Il lui dit qu'il n'avoit pu le voir que fort peu, mais que s'il se présentoit devant lui il pourroit le reconnoître. M. le surintendant aussitôt fit appeler Vatel, son maître d'hôtel, homme de confiance, pour lui dire ce qui venoit d'arriver, et pour voir avec cet homme comment on pourroit faire pour connoître la personne dont il étoit question. Apparemment qu'ayant rendu compte de tout cela à son bon abbé, celui-ci dit qu'il falloit aller avec le maître d'hôtel au Louvre, pour voir les gens comme ils y arrivoient. L'ayant donc donné au sieur Vatel pour le mener avec lui et voir s'il le pourroit connoître, ils y allèrent trois jours de suite; et ayant vu M. de La Rochefoucauld, qui avoit un bâton à la main, il lui dit que c'étoit l'homme qu'il avoit vu avec moi dans ma maison, qu'il se souvenoit qu'en me parlant il avoit laissé tomber son bâton, que je lui avois ramassé : ce que le maître d'hôtel rapporta à M. Fouquet. Il ajouta que quoiqu'il ne pût point deviner ce que ce pouvoit être, il trouvoit étrange que je ne l'eusse point averti de ce que j'avois su. J'appris tout cela long-temps après du sieur Vatel, que je trouvai en Angleterre pendant qu'on instruisoit le procès de M. Fouquet : et m'étant fait dire dans quel temps cela étoit arrivé, je rappelai dans ma mémoire qu'à peu près au temps qu'il me citoit, M. Fouquet m'avoit paru plus réservé; et que lui ayant parlé d'une affaire de M. de La Rochefoucauld, il me rebuta fort, en me disant qu'il savoit bien que M. de La Rochefoucauld n'étoit pas de ses amis. Mais il ne voulut jamais s'ouvrir à moi davantage sur cela.

Aussitôt que je me trouvai en argent comptant, je songeai à traiter des anciennes dettes de la maison de La Rochefoucauld. J'obtenois des remises que je mettois au profit de M. de La Rochefoucauld. Enfin m'étant trouvé assez bien dans mes affaires quand M. Châtelain voulut vendre sa charge de secrétaire du conseil, j'en fis le prix à onze cent mille livres; et en très-peu de jours, il m'est permis de le dire, il se trouva des gens en grand nombre qui s'offrirent à me prêter, pour en faire le paiement, jusqu'à sept cent et tant de mille livres. Avant de conclure, j'allai en demander la permission à M. le cardinal : il me témoigna qu'il en avoit de la joie; qu'il se savoit bon gré de m'avoir mis en si bon chemin; qu'il voyoit avec plaisir que j'en avois profité. Il me demanda en riant jusqu'où je poussois mon ambition. Je lui dis que, sous son bon plaisir, s'il se trouvoit quelque charge de trésorier de l'épargne à vendre, ce seroit là que je voudrois me borner. Il me dit que je ne pensois pas trop mal, et que si l'occasion s'en présentoit, il m'y serviroit volontiers.

[1659] Le Roi étant allé en Provence, et M. le cardinal étant à Saint-Jean-de-Luz, où il avoit bien avancé le traité de paix, M. Fouquet se mit en chemin pour aller joindre la cour; et comme j'étois alors assez bien avec lui, il désira que je l'accompagnasse. Le lendemain que nous fûmes arrivés à Bordeaux, il m'envoya chercher en toute diligence pour me montrer un grand projet que M. Colbert envoyoit à M. le cardinal pour le rétablissement des finances, qui étoient en grand désordre. Il projetoit une chambre de justice, et par conséquent la perte de M. Fouquet. Cette chambre devoit être composée des membres de tous les parlemens; il en faisoit M. Talon procureur général, enfin de la manière qu'elle fut établie quand M. Fouquet fut arrêté. Après me l'avoir lu, il me dit qu'il falloit qu'il remît incessamment ce papier entre les mains de celui qui l'avoit apporté, et qu'il vouloit cependant en garder une copie. Il le mit entre lui et moi; nous le copiâmes, lui une page et moi l'autre, ainsi jusqu'à la fin.

Je ne saurois m'empêcher de faire ici une petite digression, pour marquer que cette copie, après que M. Fouquet fut fait prisonnier, ayant été trouvée parmi ses papiers, lui sauva la vie, parce qu'aussitôt qu'il fut arrivé à Nantes on nomma douze commissaires pour lui faire son procès, tous, ce me semble, maîtres des requêtes, avec M. le chancelier. Messieurs Pussort,

Hottman et Pelot, tous trois parens et dans une dépendance absolue de M. Colbert, étoient du nombre; la plupart des autres étoient intendans de provinces, ou aspiroient à le devenir. Le projet qui s'étoit trouvé derrière un miroir dans un cabinet, et qui fit tant de bruit alors, que l'on disoit que son intention avoit été d'exciter une guerre civile; tout cela, joint à la connoissance que tout le monde avoit de l'extrême dissipation des finances, faisoit juger par avance que M. Fouquet seroit condamné. L'enlèvement de ses papiers sans aucune formalité, qui depuis fut d'un grand poids en sa faveur, n'auroit peut-être pas été relevé devant les commissaires : mais la copie dont je viens de parler ayant été trouvée dans ce même cabinet, M. Colbert voulut faire connoître au Roi qu'il avoit pensé au remède qu'on auroit dû apporter, il y avoit déjà du temps, à cette grande dissipation des finances; mais que c'étoit la faute de M. le cardinal de n'avoir pas écouté son projet. Il fit faire une nouvelle commission entièrement conforme à ce qu'il avoit pensé alors, et en composa la chambre de justice, comme elle fut établie. Un de ceux qui avoient été nommés pour commissaires, et que je puis dire homme d'honneur, aussitôt qu'il eut su qu'il ne seroit point des juges de M. Fouquet, me témoigna une extrême joie de ce changement, et me dit en ces propres termes : « Vous savez » mieux que personne les obligations que je lui » ai ; mais je craignois extrêmement de ne pou- » voir pas opiner en sa faveur. »

Je reviens à la peine que ce projet avoit faite à M. Fouquet. Après qu'il m'en eut parlé, je convins que c'étoit une chose fâcheuse; mais qu'il me passoit dans l'esprit qu'on s'en pourroit servir, en le faisant regarder à M. le cardinal comme un effet de l'ambition de M. Colbert. Je lui proposai de trouver un prétexte pour m'envoyer à Saint-Jean-de-Luz ; que je ne désespérois pas de me servir de la connoissance que j'avois de ce mémoire, pour lui rendre de bons offices auprès de Son Eminence. En effet j'y allai, et je fus encore plus heureux que je n'avois osé l'espérer. Dans une seconde conversation que j'eus avec M. le cardinal, je lui dis qu'il couroit des bruits dans Paris qu'il se faisoit une furieuse cabale contre M. le surintendant; que cela étoit capable de le décréditer ; et j'ajoutai que je n'étois pas surpris qu'on cherchât à le ruiner, son poste étant si fort à désirer, que pour peu que quelqu'un se flattât de l'espérance d'y parvenir, il n'y avoit point de démarches auxquelles il ne se portât pour y réussir. Cette pensée m'étoit venue par les chemins, en réfléchissant sur tout ce que je pourrois dire à M. le cardinal : elle me plut si fort, que je la mis par écrit pour m'en mieux ressouvenir, trouvant que par là je désignois bien M. Colbert sans le nommer. J'ajoutai qu'il étoit à craindre que les bruits qui s'en répandoient n'empêchassent M. Fouquet de trouver de l'argent, dont on avoit grand besoin ; que s'il jugeoit à propos de lui faire un bon accueil quand il le verroit, cela feroit un bon effet. Il ne s'ouvrit de rien à moi ; mais il me parut que ce que je lui avois dit lui avoit fait quelque impression.

M. le cardinal étant venu avec le Roi à Toulouse, où étoit M. Fouquet, il le reçut assez bien d'abord; mais soit qu'il eût goûté la proposition qu'on lui avoit faite, ou qu'on eût encore écrit quelque chose dans ce même dessein, M. Fouquet étant sur le point de retourner à Paris, il lui ordonna de ne faire aucune ferme ni traité, sans lui en mander les conditions par un courrier, pour voir s'il les agréeroit. M. Fouquet, se souvenant de ce qu'il avoit vu à Bordeaux, se trouva dans un si grand étonnement, que cette fois-là il se crut perdu. Il m'envoya chercher en toute diligence ; et, l'ayant trouvé se promenant à grands pas dans une chambre où il étoit avec M. de Brancas, qui étoit dans la confidence par l'amitié qu'il avoit avec madame Du Plessis-Bellière, il me conta le discours que lui avoit fait M. le cardinal, ajoutant qu'il voyoit bien à cette fois qu'il n'y avoit plus de ressources pour lui, et qu'il ne doutoit pas que M. de Villacerf, dont Son Éminence se servoit pour tout ce qui regardoit les affaires des finances, proche parent de M. Le Tellier et de M. Colbert, ne fût celui qu'ils employoient pour l'aigrir contre lui. Et M. de Brancas m'ayant dit tristement : « Voilà qui est bien mauvais, » aussitôt que j'eus fait un moment de réflexion, je dis : « Il me semble » que M. le cardinal se met par là dans un » étrange embarras : je m'en vais hasarder de » lui parler. » Étant donc allé à son logis, après avoir été introduit dans sa chambre, je le priai de me pardonner la liberté que j'allois prendre de ne pas regarder si ce pouvoit être dans la vue de faire plaisir à M. le surintendant; mais de considérer si ce que je vouloit lui dire pouvoit lui être bon, et au service du Roi ; et qu'après qu'il auroit eu la bonté d'écouter ce que j'avois pensé lui devoir dire, je n'attendois aucune réponse de sa part, me remettant aux réflexions que je croyois qu'il jugeroit à propos d'y faire.

Je commençai mon discours par lui représenter que M. Fouquet m'avoit conté ce que Son Éminence venoit de lui dire, et qu'il m'avoit paru dans une grande désolation ; qu'après avoir fait réflexion sur les ordres qu'elle lui avoit donnés, j'avois pensé que, dans quelques sentimens que fût Son Éminence sur son chapitre, je croyois qu'il y avoit toute autre chose à faire, parce que, dans l'affliction où étoit M. Fouquet, le nombre de ses amis à qui il conteroit sa disgrâce en feroit assez courir le bruit, qui, le devançant à Paris, le mettroit hors d'état, à son arrivée, de trouver aucun des secours dont Son Éminence savoit bien que le Roi avoit besoin; que je croyois qu'un parti tout contraire devoit plutôt être du goût de Son Éminence, quand même elle seroit prévenue contre M. le surintendant [ce que je n'osois approfondir]; que si elle vouloit le bien traiter publiquement, et le renvoyer à Paris avec l'espérance d'un plus grand crédit qu'il n'avoit eu jusqu'à présent, il trouveroit tout l'argent qu'il voudroit; qu'il me sembloit que les dépenses de la guerre et toutes celles que je croyois que Son Éminence voudroit mettre sous sa disposition se montoient à vingt-huit millions, comme elle m'avoit fait l'honneur de me dire en quelque autre occasion; qu'elle en pourroit demander trente, convenir du temps du paiement, et lui laisser à payer les charges ordinaires et les autres dépenses qui pourroient survenir. « Je » suis persuadé, lui dis-je, que quand Votre » Éminence arrivera à Paris, elle trouvera que » l'argent sera commun à l'épargne, et qu'elle » sera en état de disposer librement des fonds » qu'elle aura réservés à sa disposition; que si » elle s'en trouve bien, en ce cas-là elle laissera » subsister M. le surintendant, en l'accréditant » toujours de plus en plus, jusqu'au jour qu'elle » en voudra mettre un autre. Et soit que, devant » ou après l'avoir ôté, elle voulût faire une » chambre de justice, Son Éminence y trouvera » beaucoup de facilité, puisque la plupart des » gens d'affaires se trouvant en avance pour » moins d'autant qu'ils ont de bien, ils seront à » la discrétion de Votre Éminence pour ne leur » en laisser que ce qu'elle jugera à propos. » Et je finis là mon discours.

De la manière dont Son Eminence m'avoit entendu parler sans m'interrompre, je ne doutai pas que ce que je lui avois dit ne lui eût fait impression : j'y ajoutai que M. de Villacerf, à cause de l'alliance qu'il avoit avec M. Le Tellier, n'étoit pas des amis de M. Fouquet; que si le poste qu'il occupoit auprès de Son Eminence étoit donné à quelque autre à son choix, cela pourroit encore faire un bon effet pour l'augmentation du crédit de M. Fouquet. Aussitôt je songeai à entretenir Son Eminence de quelque autre chose. J'avois alors un champ libre sur le retour de M. le prince, parce que M. le cardinal m'en parloit fort souvent, et surtout dans le voyage que j'avois fait à Saint-Jean-de-Luz, lorsqu'on étoit sur le point de conclure la paix.

Après cela je fus rendre compte à M. Fouquet de ce que j'avois cru devoir dire, dans la conjoncture présente, à M. le cardinal, et que j'osois me flatter que les raisons que je lui avois données étoient si bonnes, que je ne doutois pas que le lendemain il ne le trouvât extrêmement changé; que si par hasard il convenoit de déplacer M. de Villacerf, je tâcherois de m'introduire dans ce poste, s'il l'avoit agréable. Je ne sais ce qui lui passa pour lors dans l'esprit; car il me dit que si cela arrivoit, il voudroit pouvoir y placer L'Epine, qui étoit un homme que lui avoit donné M. Chanut, et qui véritablement étoit un bon garçon. Je lui répondis ingénument que je croyois qu'il feroit bien : ce qui surprit grandement M. de Brancas, qui étoit encore là.

M. Fouquet étant sorti pour un moment, M. de Brancas me dit qu'il ne croyoit pas qu'il y eût personne au monde capable de faire et de dire ce qu'il venoit d'entendre : je lui dis que je ne doutois point que le service que je venois de rendre à M. Fouquet ne me fit tort auprès de lui dans la suite. Un petit moment de colère causé par la réponse qu'il m'avoit faite m'y fit ajouter que si cela étoit, ce pourroit être tant pis pour lui. M. de Brancas étoit assez de mes amis, parce que de temps en temps je lui donnois de l'argent de la part de M. Fouquet, et à bien d'autres aussi. Le lendemain M. Fouquet ayant été voir M. le cardinal, Son Eminence lui dit qu'elle avoit fait réflexion sur ce qui s'étoit passé la veille; qu'elle étoit résolue de prendre encore une véritable confiance en lui; qu'il falloit qu'il s'en retournât à Paris, et que quand elle y seroit de retour, ils verroient ensemble les fonds qui demeureroient à sa disposition; qu'il lui feroit fournir des charges à mesure qu'il les feroit recevoir : cependant qu'il pourroit faire à Paris tout ce qu'il jugeroit à propos pour le service du Roi.

M. l'abbé Fouquet étant pour lors à Toulouse, et s'étant mis un peu mieux avec son frère, le pria de nous mettre tous deux en bonne intelligence. M. Fouquet me l'ayant dit, je le fus trouver aussitôt, et lui dis que tout ce qui s'étoit passé entre nous dans ces derniers temps ne m'avoit pas fait oublier le plaisir qu'il m'avoit fait, en contribuant à me faire sortir de la Bastille, quoique c'eût été à la prière de monsieur son frère; que j'avois reçu avec joie l'ordre qu'il m'avoit donné de le voir; que je ferois tout ce qui dépendroit de moi pour mériter ses bonnes grâces et son amitié. Cela m'attira beaucoup de protestations de sa part : ce qui fit que depuis nous nous vîmes souvent, et parûmes en bonne intelligence; dont on fut assez surpris dans le monde. Un courrier qui s'en alloit en poste ayant attrapé M. Fouquet, lui dit que nous paroissions de bonne intelligence, et qu'on nous voyoit souvent ensemble: il m'envoya un homme sur-le-champ, par lequel il me manda ce qu'il avoit appris, me priant de ne me pas trop ouvrir à son frère. Je ne lui témoignai rien de ce nouvel ordre, devant partir bientôt pour aller à Paris, où j'arrivai peu de temps après. M. le surintendant, qui me marqua beaucoup d'amitié et de confiance, me chargea de grosses affaires sous le nom de gens que je nommois, pour avoir lieu de distribuer beaucoup d'argent de sa part, sans que personne en eût connoissance. J'allai loger dans une maison que madame Du Plessis-Guénégaud m'avoit fait bâtir dans une place appartedant à M. Du Plessis, tout devant l'hôtel de Nevers, qui leur appartenoit aussi alors: elle me la fit meubler. C'est aujourd'hui l'hôtel de Sillery.

[1660] Le peu de séjour que je fis à Paris ne laissa pas de m'être d'une grande utilité. M. Fouquet me dépêcha pour aller rendre compte à M. le cardinal de tout ce qui s'étoit passé. Je m'embarquai sur le Rhône à Lyon; étant abordé à Thein, village de Dauphiné, à trois lieues de Valence, j'appris que M. le prince y dînoit, revenant de la cour pour la première fois depuis son retour en France. Je mis pied à terre pour avoir l'honneur de lui faire la révérence: il me témoigna une grande joie de me voir; et ayant fait sortir ceux qui étoient avec lui, il me remercia d'un plaisir que j'avois fait à M. de Fontenay, sur un billet qu'il m'avoit écrit en sa faveur. Il se mit à me conter tout ce qui s'étoit passé pendant le petit séjour qu'il avoit fait auprès du Roi, et surtout entre lui et M. le cardinal. La conversation fut rompue par M. de Polastron, que M. le maréchal de La Ferté envoyoit à la cour, sur la mort de M. le duc d'Orléans (1). Cette nouvelle l'ayant surpris, il s'informa de beaucoup de particularités; mais ayant été averti que ses chevaux étoient au carrosse pour aller coucher à Vienne, il me dit que je lui ferois un grand plaisir si je pouvois l'y suivre: ce que je fis. Après m'avoir beaucoup parlé de tout ce qui le regardoit, il me dit qu'il me découvriroit ses sentimens comme à un homme auquel il se confioit entièrement, ainsi qu'il avoit fait autrefois. Après l'en avoir remercié et assuré que je lui serois aussi fidèle que je l'avois été, il me demanda si je croyois que je pusse entrer en conversation avec M. le cardinal sur cette rencontre: je lui répondis qu'il suffiroit de lui faire dire par quelqu'un que j'avois eu l'honneur de voir Son Altesse pour lui donner la curiosité de m'entendre. Il me demanda en riant: « Eh bien, que » lui direz-vous? » Je lui répliquai: « Ce que » Votre Altesse m'a dit qui pourra lui faire plai- » sir, et tout ce qu'elle auroit pu me dire si elle » avoit eu du temps pour y réfléchir, comme j'en » ai jusqu'à mon arrivée à Toulon, pour cimen- » ter l'amitié qu'il me disoit être commencée en- » tre lui et M. le cardinal. » Il m'embrassa fort, et me dit que je lui avois fait un grand plaisir de l'avoir recherché comme j'avois fait.

M'étant embarqué, je me rendis à la cour, où je dis à M. le maréchal de Gramont le bonheur que j'avois eu de faire la révérence à M. le prince, et l'honneur qu'il m'avoit fait de me parler avec la même confiance qu'il avoit eue autrefois. M. le cardinal se disposa à m'en parler, et à me faire conter tout ce que M. le prince m'avoit dit. En effet, il ne manqua pas de m'en faire la question. Je lui répondis que M. le prince avoit commencé par me faire souvenir de la répugnance qu'il avoit eue à se séparer de la cour; qu'il avoit su bien mauvais gré depuis à tous ceux qui l'avoient poussé à entrer dans le méchant parti qu'il avoit pris; qu'il se proposoit deux choses qui feroient toute son application à l'avenir: la première, de n'oublier rien pour obliger M. le cardinal à être de ses amis, comme il lui avoit promis; la seconde, qu'il se donneroit pour exemple à M. le duc d'Enghien, pour lui faire comprendre que les personnes de leur naissance ne devoient jamais se séparer des intérêts du Roi; qu'il tâcheroit de lui ôter l'impression que lui auroit pu faire sa conduite passée, et que souvent il lui parleroit de ce qu'il avoit souffert avec les Espagnols, et de la misère où il avoit été quelquefois; qu'il se sentoit fort obligé à Son Eminence du bon traitement qu'il avoit reçu du Roi après tout ce qui s'étoit passé, et des assurances qu'il lui avoit données de son amitié. De temps en temps je tenois d'autres petits discours qui tendoient à fomenter leur bonne intelligence. Je me persuadai que cela lui avoit fait quelque impression. En effet, j'appris par M. le maréchal de Gramont qu'il avoit été fort content de la conversation qu'il avoit eue avec moi, lui en ayant dit même une partie. Il en parla aussi à M. le maréchal de Villeroy dans le même sens; et ajouta qu'après ce que je lui avois rapporté, il ne doutoit pas que l'amitié que M. le prince et lui s'étoient promise ne fût de longue durée. M. le cardinal me parut aussi très-content de ce que je lui avois rapporté de la con-

---

(1) Il mourut à Blois le 2 février 1660.

duite de M. Fouquet. Peu de temps après je retournai à Paris, où M. le prince me fit l'honneur de me dire que M. le maréchal de Gramont lui avoit mandé que M. le cardinal s'étoit fort réjoui de tout ce que je lui avois dit de ma conversation avec Son Altesse, dont il me remercia fort. Il prenoit plaisir à m'en faire conter tout le détail.

Le Roi étant revenu à Paris, j'allois faire ma cour de temps en temps à Son Eminence. Tout le monde s'apercevoit qu'elle me regardoit de bon œil. On jouoit alors un jeu prodigieux ordinairement au trente et quarante. M. de Vardes s'avisa un jour de me venir prier de lui prêter quatre cents pistoles. Après lui avoir dit que je le voulois de tout mon cœur, je chargeai un de mes gens de les aller prendre d'un commis pour les lui porter. Il me dit que c'étoit comme si je les lui avois données; qu'il me demandoit de lui donner à dîner, s'il y avoit moyen, avec messieurs d'Herval et de La Basinière, avec lesquels il avoit grande envie de jouer, à condition que je jouerois avec eux cette somme, au hasard de la perdre. Le jour étant venu, l'après-dînée je proposai à ces messieurs de jouer au trente et quarante; que n'y ayant jamais joué, je serois bien aise de l'apprendre: je gagnai pour la première fois sept à huit cents pistoles. Peu de temps après, M. le surintendant étant à Saint-Mandé, proposa à M. d'Herval et à d'autres gens de jouer. M. d'Herval ayant dit à M. Fouquet que j'étois joueur, et qu'il avoit joué avec moi, il me dit qu'il falloit que je fusse de la partie: je gagnai dix-sept cents pistoles; j'en donnai cent aux cartes, ne sachant pas trop bien comment il en falloit user en ces occasions. On jouoit presque tous les jours chez madame Fouquet assez gros jeu: madame de Launay-Grancé, depuis marquise de Piennes, y jouoit ordinairement avec d'autres dames, et quelquefois aussi des messieurs: j'étois de ces jeux toutes les fois que je m'y rencontrois. M. le comte d'Avaux s'y étant trouvé une fois, se mit au jeu; et comme je me sentois heureux, je jouois un gros jeu, surtout quand je gagnois. M. d'Avaux, à la fin de la séance, me devoit dix-huit mille livres. Ces jeux-là se jouoient sans avoir de l'argent sur table; mais à la fin du jeu on apportoit une écritoire, chacun écrivoit sur une carte ce qu'il devoit à l'autre, et en envoyant cette carte on apportoit l'argent. M. d'Avaux me donna sa carte, et me vint prier le lendemain de vouloir bien faire une constitution de la somme qu'il me devoit: ce que je fis volontiers. On jouoit aussi fort souvent des bijoux de conséquence, des points de Venise de grand prix; et, autant que je m'en puis souvenir, on jouoit aussi des rabats pour soixante-dix ou quatre-vingts pistoles chacun.

Un jour M. Fouquet voulant faire une partie de grands joueurs, pria M. Ricouart de lui donner à dîner dans une maison qu'il avoit près de Paris. M. d'Herval étoit toujours le premier prié aux parties du jeu: c'étoit l'homme du monde le plus malheureux au jeu. M. de La Basinière, attaqué à peu près de la même maladie, y étoit aussi. Je ne me souviens pas bien des autres acteurs, si ce n'est de M. le maréchal de Clérembault, qui cherchoit souvent l'occasion de jouer avec ces messieurs. Toute la compagnie étant arrivée un peu avant l'heure du dîner, on fit apporter des cartes, et je gagnai environ quatre à cinq cents pistoles avant que l'on servît sur table. Après dîner, M. Fouquet se piqua beaucoup contre moi, et me jouoit de si grosses sommes à la fois quand j'avois la main, que ses marques, qui étoient sur une carte coupée, valoient souvent cent pistoles pièce: cela me fâchoit extraordinairement, et la compagnie étoit étonnée de tout ce qu'il disoit; mais voyant que le temps de s'en retourner approchoit, il me fit un si gros *va* des marques qui étoient sur ses cartes, que lui ayant donné trente-et-un et à moi quarante, il se racquitta par ce seul coup de plus de soixante mille livres qu'il me devoit. La gaieté le prit; et je fus fort raillé par ces messieurs de n'avoir pas su me retirer avec la meilleure partie du grand profit que j'avois fait. Je leur dis en riant qu'en mon pays la bienséance étoit que celui qui gagnoit ne quittoit point le jeu. Tout le monde se leva pour partir; et M. d'Herval ayant ramassé des cartes à terre, où il y en avoit un très-grand nombre, s'adressa à moi pour lui faire une masse de quelque chose; je lui en fis une de cinq cents pistoles, qui étoit tout ce que je m'étois proposé de perdre: l'ayant gagné, je pris les cartes; il poussa si fort deux ou trois fois de suite, qu'en très-peu de temps il me dut cinq mille pistoles. Pour lors je jetai les cartes, et lui dis que je ne voulois plus jouer à la mode de mon pays: cela fit rire toute la compagnie, et chacun monta en carrosse pour s'en aller. Il me souvient encore qu'un jour que l'on devoit faire des feux d'artifice sur la rivière, M. de La Basinière pria à souper M. le surintendant et son épouse, et beaucoup d'autres personnes dont je fus, sa maison étant vis-à-vis du lieu où l'on devoit tirer le feu. M. le duc de Richelieu, qui étoit là, me dit qu'il avoit ouï dire que j'étois grand et beau joueur, et prit un jeu de cartes qui étoit sur la table, les autres pour lors ne songeant point à jouer; en moins d'un demi quart-d'heure je lui gagnai cinquante-cinq mille livres. Mais le feu commençant à paroître, je me souvins de la leçon qu'on m'avoit donnée, et lui fis une grande révérence, dont il fut surpris et un peu fâché. Cela n'empêcha pas que je n'en fusse payé par une terre qu'il avoit en Saintonge, qu'il vendit à M. le maréchal d'Albret. Mes grands profits venoient toujours lorsque je tenois les cartes, et que les autres se piquoient pour se racquitter de ce qu'ils avoient perdu. Quand les autres les tenoient, je ne jouois jamais gros jeu; je m'étois fait une loi de ne jamais perdre de mon argent au-dessus de mille pistoles. Une seule fois en ma vie, m'étant piqué à mon tour, je perdis vingt mille livres.

A peu près dans ce temps-là, M. Fouquet s'avisa de me lire dans la galerie de Saint-Mandé un projet qu'il avoit fait quelques années auparavant pour se maintenir, au cas que M. le cardinal le voulût pousser, comme il y avoit des temps où il le craignoit. Ce projet (1) étoit rempli de tout ce que ses amis devoient faire en ce cas-là. Il comptoit, parmi ses amis qui devoient faire un soulèvement, un nombre de gens auxquels il avoit fait donner de l'argent de pure grâce, et un nombre d'autres qui avoient des prétextes pour en demander. Je ne pus l'entendre, sans être fort surpris que cela lui fût venu dans l'esprit comme quelque chose de bon; enfin, je lui dis qu'il mettoit là M. le maréchal de la Meilleraye; que je le prioiis de considérer quel établissement avoit ce maréchal, et s'il pouvoit s'imaginer qu'ayant un fils et de grands biens, il voulût hasarder sa fortune pour l'amour de lui. Il m'avoit aussi nommé M. de Bar, gouverneur

---

(1) Ce projet, qui tend à renouveler les désordres de la Fronde, se trouve, n° 384, dans une collection de manuscrits conservée à la bibliothèque royale, et cotée sous le n° 494. Ce qu'en dit Gourville prouve qu'il avoit plus de jugement que Fouquet, ou que l'ambition l'aveugloit moins sur l'état des choses. Le surintendant, dans un long préambule, expose ses craintes, développe les motifs sur lesquels il se fonde pour résister à une disgrâce, et prescrit dans le cas où on l'arrêteroit les dispositions suivantes :

1° Sa famille et ses amis doivent unir leurs démarches pour qu'il puisse avoir un domestique fidèle, un cuisinier, un médecin, des livres et la permission de s'occuper de ses affaires personnelles;

2° On lui procurera l'autorisation de voir les autres prisonniers, et, s'il le faut, on gagnera les gardes à prix d'argent;

3° Pendant trois mois, on ne fera aucun acte, aucun mouvement hostile. « Madame Du Plessis-Bellière, dit-il, à qui je me fie de tout, et pour qui je n'ai aucune » réserve, seroit celle qu'il faudroit consulter sur toutes » choses, si elle étoit en liberté; même la prier de se » mettre en lieu sûr. Elle connoît mes véritables amis; » et peut-être qu'il y en auroit qui auroient honte de » manquer aux choses qui seroient proposées pour moi » de sa part. »

4° Après trois mois, son gendre le comte de Charost s'emparera de Calais dont il est gouverneur, et mettra garnison dans cette place. MM. de Bar, de Créqui et de Feuquières se rendront maîtres dans leurs gouvernement. Fabert agira près de Mazarin pour la liberté de Fouquet. M. de Brancas occupera la forteresse de Belle-Ile.

5° On ne confiera aucun papier à la poste, on correspondra par des exprès. Madame de Bellière aura pour principaux agent Langlade et Gourville.

6° « J'ai beaucoup de confiance, dit Fouquet, en M. de » La Rochefoucauld et en sa capacité. Il m'a donné des » paroles si précises d'être dans mes intérêts, bonne ou » mauvaise fortune, envers et contre tous, que comme » il est homme d'honneur, et reconnoissant de la manière » que j'ai tenue avec lui, et des services que j'ai eu inten- » tion de lui rendre, je suis assuré que lui et M. de Mar- » sillac ne me manqueront pas. »

7° Fouquet compte sur l'appui de M. de Bournonville à la cour et au parlement. Il regarde M. de Harlay comme un de ses plus fidèles amis.

8° Langlade et Gourville ne doivent pas rester à Paris, mais il faut qu'ils y choisissent des gens déterminés sur lesquels on puisse compter pour un coup de main.

9° Comme l'argent est indispensable : « Je laisserai, » dit Fouquet, ordre au commandant de Belle-Ile d'en » donner autant qu'il pourra, sur les ordres de madame » Du Plessis, de M. de Brancas et Gourville. »

10° « M. d'Andilly est de mes amis, et l'on pourroit » savoir de lui en quoi il peut servir. En tout cas, il » échauffera M. de Feuquières, qui sans doute agira » bien. »

Voilà ce que Fouquet recommande de faire à sa famille et à ses amis, dans le cas où l'on se contenterait de le détenir. « Mais si l'on passoit outre, dit-il, et que l'on » voulût me faire mon procès, il faudroit prendre une » autre démarche; et après que tous les gouverneurs au- » roient écrit à Son Éminence pour demander ma liberté » avec des termes pressans comme mes amis, s'ils n'ob- » tenoient promptement l'effet de leur demande, et que » l'on continuât à faire la même procédure, il faudroit » en ce cas montrer leur bonne volonté, et commencer » tout d'un coup, sous divers prétextes de ce qui leur se- » roit dû, arrêter tous les deniers des recettes, non-seu- » lement de leurs places, mais des lieux où leur garnison » pourroit courre; faire faire nouveau serment aux offi- » ciers et soldats, et publier un manifeste contre l'oppres- » sion et la violence du gouvernement. »

11° Il veut qu'on arme à Belle-Ile des corsaires.

12° « Une chose qu'il ne faudroit pas manquer de ten- » ter, dit-il, seroit d'enlever les plus considérables du » conseil au moment de la rupture, comme M. Le Tel- » lier et quelques autres de nos ennemis les plus redou- » tables. »

13° « M. Pellisson est un homme d'esprit et de fidélité » auquel on pourroit prendre créance, et qui pourroit » servir utilement à composer les manifestes et autres » ouvrages dont l'on auroit besoin, et porter des paroles » secrètes aux uns et aux autres. »

14° « Il faudroit, sous mille noms différens et divers » intérêts, recommencer à faire des imprimés de toute » sorte dans les grandes villes du royaume, et en envoyer » par les portes et semer par les maisons; pour cet effet, » mettre des imprimeries en lieu sûr. Il y en aura une » dans Belle-Ile. »

d'Amiens, comme un de ceux qui devoient faire merveille : il fondoit ses espérances sur ce qu'il l'avoit fait payer de quarante mille livres de mauvaises drogues. Il m'avoit aussi nommé pour avoir un emploi ambulatoire vers ses amis. Là-dessus je pris la liberté de lui dire que je pensois si peu comme lui, que si dans mon prétendu emploi j'eusse été obligé de passer auprès d'Amiens pour son service, et qu'on l'eût rapporté à M. de Bar, il auroit pu me faire arrêter, au lieu que, en faisant semblant de ne pas entendre, il m'eût laissé passer à sa considération, je croirois qu'il auroit bien reconnu le plaisir qu'il lui avoit fait du paiement de ces quarante mille livres. Je ne devois pas faire ma cour en parlant ainsi : néanmoins cela lui fit une si grande impression, qu'il me dit : « Il n'y a donc autre « chose à faire qu'à brûler ce projet. » En effet il appela un valet de chambre, et lui dit d'apporter une bougie allumée dans un cabinet où il alloit par un souterrain qui traversoit la rue, et répondoit par une sortie dans le parc de Vincennes. Il m'assura qu'il alloit le brûler ; mais dans la suite il me fit savoir tout le contraire par les avocats qu'on lui avoit donnés pour conseils : car m'ayant fait prier en ce temps-là de venir à Paris pour concerter avec eux toutes les choses dont il pourroit se décharger, par mon moyen, sur ce que je les priai de savoir de lui comment cet écrit s'étoit trouvé, puisque j'avois raison de croire qu'il étoit brûlé, il me fit faire réponse qu'ayant trouvé une personne qui étoit entrée par ce côté de Vincennes comme elle avoit accoutumé, au lieu de brûler ce papier, qui étoit un assez gros volume, il l'avoit mis derrière son miroir, et s'en étoit si peu souvenu depuis, qu'on le trouva à la même place après qu'il eut été arrêté. On voulut même en faire un principal chef de son accusation. Il acheta la terre de Belle-Ile, dans le dessein de faire fortifier le château. En effet il y envoya le sieur Getard, très-bon architecte, qui y fit travailler assez long-temps. Il y avoit aussi envoyé un parent de M. de Charce, qui avoit servi dans les troupes, pour commander dans cette place : ce qui excita même beaucoup de bruit dans ce temps-là.

Pendant le reste de l'année 1660, je fis de grands profits au jeu. M. Fouquet étant un jour à Vaux avec M. le maréchal de Clérembault, m'écrivit de leur amener M. d'Herval. Ayant su qu'il étoit à une maison qu'avoit M. de Pelissari, à peu près sur le chemin de Vaux, je partis sur-le-champ pour y aller coucher. M. d'Herval me proposa alors de jouer aux dés, parce que j'étois trop heureux au trente et quarante, et qu'il n'y joueroit jamais que je n'eusse joué aux dés avec lui : mais comme je n'y entendois rien, je le priai de jouer pour nous deux; et après que j'eus perdu sept à huit mille livres, je lui dis que je ne joue-rois pas davantage que je n'eusse appris le jeu. Il en fut très-content, et nous jouâmes ensuite au trente et quarante : à quoi je lui gagnai jusqu'à douze à treize mille livres. Nous convînmes de partir le lendemain pour aller à Vaux ; mais comme on mettoit les chevaux au carrosse, il me dit qu'il vouloit s'acquitter de quatre ou cinq mille livres que je lui avois gagnées le soir précédent ; et nous étant remis au jeu de trente et quarante, je lui gagnai jusqu'à soixante-quatorze mille livres : lui ayant dit que c'en étoit assez et qu'il falloit partir pour Vaux, il me déclara qu'il n'iroit point à ce château jusqu'à ce qu'il se fût racquitté : alors je me déterminai d'y aller seul. Ces messieurs, qui attendoient la proie avec impatience, dès que j'arrivai sortirent sur le perron pour voir mettre pied à terre à M. d'Herval ; mais me voyant sortir seul du carrosse, M. le maréchal de Clérembault dit à M. Fouquet : « Ah! monsieur, faites-lui faire son procès ; car « assurément il a pillé la voiture. » Je contai en riant à ces messieurs comment l'affaire s'étoit passée chez M. de Pellissari ; mais il me parut qu'ils ne trouvaient pas cela aussi plaisant que moi. Nous nous mîmes au jeu tous trois : M. Fouquet auroit bien voulu me gagner au moins ce qu'il pouvoit perdre, pour ne lui avoir pas amené M. d'Herval ; et se piquant extrêmement quand j'avois la main, il m'y jouoit des poignées de cartes coupées qui valoient dix et vingt pistoles chacune : j'en mis pour mille pistoles à part devant moi, ayant presque autant d'envie que lui qu'il se racquittât du surplus ; ce qui arriva. Il ne fut pas content néanmoins de voir que je quittois le jeu. Tout cela se répandit dans le monde ; on y parloit fort de ma bonne fortune ; et ceux qui comptoient ce que je gagnois au plus bas disoient que mon gain alloit à plus d'un million.

Au mois de décembre, je trouvai moyen d'obtenir des lettres de conseiller d'État, dont je prêtai le serment devant le chancelier Seguier. Cela n'étoit pas alors de beaucoup de considération, et ne l'est devenu que quelque temps après, parce qu'on en fit un nombre pour entrer dans les conseils. Tous les conseillers d'État qui avoient été faits auparavant n'y avoient point d'entrée, et cette qualité n'étoit utile qu'à ceux qui avoient assez de crédit pour se faire payer des appointemens qui y étoient attachés.

[1661] Vers le commencement de 1661, je ne sais par quel bonheur je me trouvai à l'appartement de madame la comtesse de Soissons, où le Roi étant venu pour jouer à la petite prime, et n'ayant trouvé que madame la maréchale de La Ferté, qui avoit accoutumé de jouer avec lui, et une autre dame, Sa Majesté me commanda d'être de la partie. Je crus devoir l'honneur qu'on me fît à madame la comtesse de Soissons, qui étoit des amies de M. de Vardes, lequel étoit des miens. Cela fut cause d'une conversation que M. le prince eut avec M. le cardinal, qui tourna fort à mon avantage, étant convenus ensemble que lorsque j'avois été dans les intérêts de l'un d'eux, j'étois toujours demeuré fidèle au parti que je tenois. M. de Nogent étant entré dans la chambre de M. le cardinal, Son Éminence lui demanda ce que faisoit le Roi : il lui répondit que Sa Majesté jouoit chez madame la comtesse de Soissons avec des dames, et que je faisois le cinquième. Quelques jours après, M. le cardinal dit tout haut que la fortune se jouoit bien des hommes, et qu'elle en alloit chercher quelquefois dans l'obscurité pour les mettre au grand jour. Après que le Roi eut quitté le jeu, Sa Majesté montant chez M. le cardinal, je trouvai M. le commandeur de Jars qui en sortoit ; il m'arrêta pour me dire qu'il falloit que je fusse un des plus heureux des hommes du monde, après ce qu'il venoit d'entendre dire à M. le prince et à M. le cardinal sur mon sujet ; il m'ajouta qu'il n'étoit pas impossible que quand M. le cardinal avoit parlé de mon étoile fortunée, il n'eût fait réflexion à la sienne. Je descendis avec M. le commandeur pour apprendre en détail ce qu'il m'avoit dit en gros, par le plaisir que j'en ressentois. Dans la suite il m'arriva que ne m'étant pas trouvé pour jouer avec le Roi, Sa Majesté me demanda, quelques jours après, pourquoi j'avois manqué : je répondis que M. le surintendant m'avoit mené à Saint-Mandé. Elle fit dire ensuite à M. Fouquet qu'elle seroit bien aise qu'il m'expédiât à Paris quand il auroit quelque chose à lui faire savoir.

Au mois de mars, M. le cardinal tomba malade ; en la dernière fois que j'eus l'honneur de le voir, ce fut par rencontre cinq ou six jours avant sa mort. Comme il se promenoit sous les pins proche Vincennes pour y prendre l'air, je l'aperçus par hasard tout seul avec son lieutenant des gardes, qui suivoit sa chaise. Je voulus l'éviter : s'en étant aperçu, il me fit appeler ; et ayant fait arrêter ses porteurs, il s'amusa un moment à me parler, et me dit qu'il se croyoit à la fin de sa vie ; dont je fus fort touché. En effet, je remarquai sur son visage le mauvais état où il étoit. Sa mort étant arrivé (1), le conseil du Roi fut composé seulement de messieurs Le Tellier, Fouquet et de Lyonne.

M. de La Rochefoucauld n'étant pas trop bien dans ses affaires, me demanda de vouloir bien lui faire le plaisir de recevoir les revenus de ses terres, et de lui faire donner tous les mois quarante pistoles pour ses habits et ses menus plaisirs : ce qui a duré jusqu'à sa mort. Non-seulement j'avois soin de faire payer les arrérages, mais encore d'éteindre beaucoup de petites dettes de sa maison, tant à Paris qu'en Angoumois : ce qui lui faisoit un plaisir si sensible, qu'il en parloit souvent pour mieux le témoigner. M. le prince de Marsillac voulant aller à l'armée, se trouva sans argent ni équipage ; et désirant d'y porter un service de vaisselle d'argent, sa famille jugea qu'il lui falloit jusqu'à soixante mille livres : je les prêtai, et elle m'en fit une constitution. Il m'emprunta encore de temps en temps jusqu'à cinquante mille livres ; et ayant encore eu besoin de vingt mille livres, je me disposai à les lui prêter. M. de Liancourt, qui sut jusqu'où ces emprunts alloient, et qu'ils n'étoient pas trop assurés, dit qu'il s'en rendoit caution, pour que je ne pusse y perdre.

Dans ce temps-là il se trouva des gens qui n'oublièrent rien pour me rendre de mauvais services auprès de M. le surintendant ; et m'en ayant témoigné quelque chose, je lui dis tout ce que je pus imaginer pour effacer cette impression de son esprit. Il espéroit dès lors de gagner les bonnes grâces du Roi. La cour alloit cette année à Fontainebleau beaucoup plus tôt qu'elle n'avoit accoutumé : elle y passa tout l'été. M. Fouquet, je pense, songea à vendre sa charge de procureur général, dans le dessein de mettre l'argent qu'il en retireroit dans le château de Vincennes, et à la seule disposition du Roi, pensant par là faire voir à Sa Majesté combien il prenoit de confiance en ses bonnes grâces. Il me dit un jour l'envie qu'il avoit d'en traiter, sans pourtant me dire ce qu'il vouloit faire de l'argent. Je lui donnai avis que M. de Fieubet pourroit bien l'acheter, parce qu'ayant eu dessein d'en avoir une de secrétaire d'État ou de président à mortier, dont il avoit voulu payer jusqu'à seize cent mille livres, il n'avoit pu y parvenir ; et que s'il vouloit m'en fixer le prix, peut-être pourrois-je bien lui faire son affaire. Il me dit de l'aller trouver, et que s'il en vouloit donner treize cent mille livres, je pourrois conclure avec lui ; mais que s'il n'en offroit que douze cent mille livres, je vinsse lui en rendre compte. J'allai donc trouver M. de Fieubet à sa maison de campagne : il étoit pour lors bien de mes amis, et nous vivions dans une grande confiance. Je lui exposai la

(1) Le 9 mars 1661.

chose telle que je viens de la dire ; je lui conseillai en même temps d'en donner plutôt quatorze cent mille livres, que de laisser perdre cette occasion, qu'il ne trouveroit peut-être plus, puisque quand M. Fouquet auroit déclaré vouloir la vendre, il viendroit peut-être des gens à la traverse, qui feroient des offres plus considérables. Il me dit qu'il goûtoit fort mes raisons, et qu'il vouloit bien tout ce que je lui proposois. Alors les paroles étant données, je crus avoir bien fait ma cour à M. le surintendant ; mais le lendemain, étant venu coucher à Paris dans le dessein de m'en retourner à Fontainebleau, on vint m'éveiller à environ une heure après minuit, pour me dire que madame Du Plessis-Bellière me prioit d'être à six heures du matin chez elle. Je repassai dans mon esprit ce que ce pouvoit être : il me vint en pensée que cela pourroit regarder quelque changement sur les ordres que M. Fouquet m'avoit donnés pour la vente de sa charge ; et je me résolus de lui dire en entrant dans sa chambre, comme je fis avant qu'elle m'eût parlé : « Madame, si ce que vous voulez » me dire regarde la charge de procureur général, je dois vous dire par avance qu'elle est » vendue cent mille livres de plus que ce que » M. Fouquet m'avoit permis de la vendre. » Elle s'écria : « Ah ! mon Dieu, voilà un grand malheur. » Ayant voulu lui raconter de quelle manière M. Fouquet m'avoit donné ses ordres, elle me dit qu'elle le savoit bien ; mais que, peu après mon départ, M. de Boislève l'étant venu voir à Fontainebleau, et lui ayant parlé du dessein qu'il avoit de vendre sa charge, il lui en avoit offert jusqu'à dix-huit cent mille livres pour M. le président Barentin son gendre. Je lui répliquai que j'en étois très-fâché, mais que je ne pouvois pas empêcher que cela ne fût fait. Elle m'avoua que dans le fond elle voyoit bien que je n'avois pas tort, mais que cela n'empêcheroit pas que M. Fouquet n'en eût bien du chagrin. Elle m'ajouta qu'elle alloit partir avec le même relais qui l'avoit amenée, et que comme je savois qu'elle étoit bien de mes amies, elle feroit tout de son mieux. Elle me conseilla de n'arriver à Fontainebleau qu'après elle. Jugeant qu'elle pouvoit être arrivée de bonne heure, je pris mon temps pour n'y être que sur le soir ; et l'ayant trouvée avec M. le surintendant, je commençai à lui dire que j'étois au désespoir d'avoir si promptement exécuté ses ordres. Il convint qu'il me les avoit donnés, mais il dit qu'il en étoit d'autant plus fâché, sans cependant m'expliquer aucunement le parti qu'il vouloit prendre : je pris celui de me retirer. Cette affaire fit grand bruit ; les ennemis de M. Fouquet prirent ce prétexte pour lui rendre de mauvais offices auprès de la Reine mère, dont M. Fieubet étoit chancelier. Cela obligea M. Fouquet à me dire qu'il ne voyoit pas comment se tirer du méchant pas dans lequel je l'avois jeté, qu'en voulant bien prendre l'affaire sur mon compte, et dire que j'avois outre-passé ses ordres. Je lui répondis que je savois ce que je lui devois ; que j'étois capable de prendre tel autre parti qu'il voudroit, mais non pas celui-là ; que s'il lui convenoit que je sortisse du royaume pour n'y rentrer que quand il voudroit, j'étois prêt à partir ; qu'après cela il pourroit dire tout ce qui lui plairoit, qu'assurément on ne me trouveroit plus pour dire le contraire : mais cela ne le contenta pas. Enfin il se tira de là par déclarer qu'il ne pouvoit pas s'empêcher de donner la préférence de sa charge à M. de Harlay, son parent et son grand ami. En effet il traita avec lui pour les quatorze cent mille livres qu'en avoit voulu donner M. Fieubet : ce qui fit dire à bien des gens que cela m'avoit brouillé avec lui. Néanmoins je continuai à faire comme auparavant.

M. Fouquet étoit si persuadé que sa faveur auprès du Roi augmentoit de jour en jour, qu'il négligea bien des gens avec lesquels il gardoit beaucoup de mesures auparavant. Madame de Chevreuse se joignit pour lors à la Reine mère pour perdre M. Fouquet, et mettre M. de Villeroy en sa place. M. de Laigues, qui étoit tout-à-fait des amis de madame de Chevreuse, me dit un jour que l'on publioit dans le monde que je n'étois pas bien avec M. Fouquet ; et qu'il étoit bien aise de savoir si, en cas que l'on mît un autre surintendant à sa place, je voudrois bien entrer avec lui. Je lui répondis que je n'étois pas tout-à-fait bien assuré dans quels sentimens M. Fouquet étoit pour moi ; mais que s'il lui arrivoit une disgrâce avant qu'il m'eût donné sujet de le quitter, et de déclarer que je n'étois plus dans ses intérêts, je courrois sa fortune.

Le bruit du voyage de Nantes s'étant répandu, un autre de mes amis me dit qu'il comparoit déjà M. Fouquet au favori d'un empereur, qui avoit fait naître une occasion de mener son maître dans un pays éloigné de sa résidence ordinaire, dans la seule pensée de pouvoir manger des figues qu'il avoit dans son jardin ; que M. Fouquet n'avoit pensé, en proposant au Roi de faire le voyage de Nantes, qu'à aller voir Belle-Ile. Je repassois tout cela dans mon esprit, pour délibérer comment j'en pourrois faire un bon usage envers M. Fouquet sans commettre mes amis. Le temps du départ s'approchant, M. Fouquet me demanda ce qu'on disoit à son sujet, et comment on le croyoit avec le Roi. Je lui répondis que les uns disoient qu'il alloit être déclaré premier ministre, et les autres qu'il y avoit une grande cabale contre lui pour le perdre ; que ces derniers se croyoient si assurés de faire réussir leur projet, qu'un de mes amis, qui étoit dans la confidence, m'avoit demandé si je voulois bien entrer auprès de son successeur : et cela sur le bruit qui avoit couru que M. de Fieubet m'avoit entièrement brouillé avec lui, mais que j'avois répondu comme je devois : qu'un autre m'avois fait la comparaison sur le voyage de Nantes avec le favori d'un empereur, comme je viens de le dire ; et qu'il savoit bien que je n'avois pas deviné cette comparaison, dans la profonde ignorance où j'étois de toutes sortes d'histoires. Il me dit qu'il seroit bien nécessaire que je lui nommasse les gens qui m'avoient parlé, pour en mieux tirer la conséquence : je m'en excusai fort, en lui disant que je serois bien aise que ce que je lui disois lui donnât lieu d'examiner s'il y avoit quelque apparence aux discours que l'on m'avoit faits, ou non ; mais que je ne pouvois ni ne devois nommer les gens qui m'avoient fait une aussi grande confidence, dans la seule vue de me faire plaisir. Je voulus prendre la liberté d'y ajouter que plusieurs gens se plaignoient de ce qu'il n'avoit plus les mêmes égards pour eux : me coupant court, il me dit qu'il croyoit être par delà tous ces raisonnemens. En me retirant, je ne pus m'empêcher de faire beaucoup de réflexions sur tout ce que je venois d'entendre, et je conclus en moi-même que la trop grande confiance que je voyois en M. Fouquet pouvoit bien venir de trop de présomption ; que je ferois bien de prendre mes mesures sur ce pied-là, et faire un tour à Paris pour mettre ordre à mes affaires, en cas qu'il se trompât ; parce que si au contraire les choses étoient comme il le pensoit, il ne pourroit m'arriver aucun mal de la résolution que je voulois prendre. Aussitôt après dîné je retournai chez lui, sous prétexte de quelques affaires ; mais c'étoit seulement pour lui demander s'il n'avoit rien à m'ordonner pour Paris, où j'allois faire un petit tour. Quoique j'y fusse arrivé fort tard, je passai une partie de la nuit à mettre tout ce que j'avois de papiers de conséquence à part, et les fis porter chez madame Du Plessis-Guénégaud, avec presque tout l'argent qui étoit chez moi.

Le départ du Roi étant fixé pour aller à Nantes, M. Fouquet prit le devant avec madame son épouse, pour arriver en même temps que Sa Majesté. Je partis un jour ou deux après pour m'aller embarquer à Orléans, afin de m'y rendre quelques jours après. Je me souviens que m'étant trouvé avec M. de Turenne et M. le maréchal de Clérembault dans le château de Nantes, un homme s'avança vers nous pour dire à ces messieurs que M. Fouquet venoit d'être arrêté (1) en sortant du conseil par M. d'Artagnan, qui l'alloit conduire au château d'Angers : je crus voir, à la contenance de M. de Turenne, qu'il avoit su quelque chose du dessein qu'on avoit pris d'arrêter M. le surintendant. M. le prince de Marsillac, qui m'aperçut, étant venu à moi pour m'apprendre la même nouvelle, je le priai sur-le-champ d'aller à mon logis, et de vouloir bien faire apporter chez lui une cassette que mes gens lui donneroient : ce qu'il eut la bonté de faire. Je m'en allai dans le moment chez M. Fouquet, où je trouvai qu'on mettoit le scellé, et qu'on avoit envoyé un ordre à madame Fouquet de partir incessamment pour s'en aller à Limoges. Je la trouvai dans une grande désolation, et fondant en larmes : elle me dit qu'elle n'avoit pour tout argent dans sa bourse que quinze louis d'or ; qu'elle ne savoit comment faire. Je l'assurai qu'elle pouvoit compter sur moi, et sur tout ce que je pourrois dans le malheur qui lui étoit arrivé ; qu'elle n'avoit qu'à faire mettre ses chevaux au carrosse ; que j'allois chercher un gentilhomme de mes amis pour l'accompagner jusqu'à Limoges, et de l'argent pour l'y conduire : et, prenant congé d'elle, je m'en retournai chez moi, où je n'appris rien de nouveau. Mais bientôt après un de mes amis me vint avertir qu'on avoit arrêté deux des principaux commis qui étoient attachés à M. Fouquet, dont je crois que M. Pellisson étoit un. Après avoir balancé quelque temps sur le parti que j'avois à prendre, je compris qu'il n'y avoit point eu d'ordre pour moi : je me résolus d'aller chez M. Le Tellier. Ayant voulu entrer, son suisse me dit qu'on ne le voyoit point ; mais par hasard M. Le Tellier ayant mis la tête à la fenêtre pour appeler quelqu'un de ses gens, m'aperçut, et cria au suisse de me laisser entrer. Je dis en l'abordant qu'ayant appris qu'on avoit arrêté des gens attachés à M. Fouquet, je venois savoir ma destinée. Il me répondit qu'il n'avoit aucun ordre qui me regardât, et que pourvu que je voulusse lui promettre de suivre la cour jusqu'à Paris, je le pouvois faire en toute sûreté. Voyant l'honnêteté avec laquelle il me traitoit, je l'en remerciai. Je le priai en même temps d'agréer que je lui représentasse que M. Fouquet avoit été incommodé, comme il le savoit ; qu'il étoit de sa bonté et de sa générosité de lui faire donner son médecin, au lieu d'un valet de chambre, qu'on ne pourroit guère lui

(1) Le 5 septembre 1661.

refuser. M. le Tellier me dit qu'il en parleroit au Roi. Sachant mieux que personne la manière extraordinaire dont M. Fouquet l'avoit traité, je louai infiniment sa générosité, et pris congé de lui.

M. Le Tellier, et encore plus M. Colbert, blâmoient fort la conduite de M. Fouquet en général, et surtout en particulier, d'avoir fait le mariage de sa fille avec M. le comte de Charost, celui de son frère avec mademoiselle d'Aumont, comme aussi d'avoir acheté la maison de M. d'Émery, qui à la vérité étoit fort belle : ils disoient qu'il falloit que sur tout cela il se fût bien oublié.

La cour devant partir le lendemain, j'allai chez M. de Lyonne, que je trouvai fort étonné de ce qui venoit d'arriver. Je lui racontai ce que j'avois appris de M. Le Tellier sur ma destinée. Il me dit que si je voulois m'en aller à Paris avec lui, il m'y mèneroit volontiers. De là je m'en allai chercher M. Pignay, médecin de M. Fouquet, pour le disposer à s'aller enfermer avec lui, M. Le Tellier m'ayant fait espérer qu'il en auroit la permission. En effet il l'obtint. Je lui donnai un mémoire de tout ce qui s'étoit passé, et des bruits qui couroient sur sa détention : je le priai de le mettre en lieu où on ne le pût trouver si on le visitoit. Il l'alla trouver au château d'Angers, où il étoit encore.

Le lendemain je partis avec M. de Lyonne : dans le chemin nous parlâmes souvent de ce qui pouvoit le regarder, étant persuadé qu'on l'avoit cru des amis de M. Fouquet. Je lui dis qu'il pouvoit prendre ses mesures sur ce que tout l'argent que je lui avois donné par son ordre depuis deux ans, qui étoit très-considérable, ne seroit jamais su; dont il me remercia fort. Il a toujours depuis conservé beaucoup d'amitié pour moi ; et même quand j'étois dans le pays étranger, il assuroit mes amis qu'il me rendroit tous les services qu'il pourroit. Étant arrivé le lendemain à Orléans, qui étoit un jour de fête, j'allai entendre la messe avec lui. M. Le Tellier, qui sortoit de l'église, me dit qu'il avoit mandé à M. le chancelier de faire mettre le scellé chez madame Du Plessis-Bellière; qu'il l'avoit fait aussi mettre chez moi : cela ne me fit pas grand'peine, par la précaution que j'avois prise avant de partir.

Nous arrivâmes à Fontainebleau, où étoit la cour. Quelques jours après, M. Colbert y ayant fait apporter les coffres qu'on avoit scellés chez moi, les fit ouvrir ; et ne trouvant des papiers d'aucune conséquence dans le premier, il fit tirer ceux du second l'un après l'autre, pour voir ce que c'étoit. Je lui dis qu'il pouvoit bien s'en dispenser, et qu'assurément il ne trouveroit rien de ce qu'il pouvoit chercher, parce que, sur le départ de M. Fouquet et sur la trop grande opinion qu'il m'avoit fait voir de sa faveur, et aussi sur le discours d'un de mes amis, de ce qui étoit à craindre pour lui, j'avois pris à tout hasard le parti de mettre ordre à mes affaires. Il me permit d'emporter les coffres chez moi.

Le bruit du beau projet qu'on avoit trouvé derrière le miroir fit un grand vacarme ; et quand on consideroit les commissaires qu'on lui avoit donnés, on le regardoit comme un homme perdu dans peu de temps. La copie du projet de chambre de justice dont j'ai parlé, que M. Colbert avoit envoyé à M. le cardinal, s'étant aussi trouvée, M. Colbert dit qu'il y en avoit une partie écrite de ma main. Il me pria de lui dire qui l'avoit envoyé à M. Fouquet : il me nomma deux ou trois personnes, me disant qu'il falloit que ce fût un de ces trois-là ; mais je l'assurai que je n'en savois rien, quoique je le susse fort bien. M. Le Tellier me fit dire, un jour que je m'étois retiré deux fois chez moi à une heure après minuit, que cela faisoit soupçonner que je me donnois quelque mouvement avec les amis de M. Fouquet. Je lui répondis que s'il vouloit prendre la peine de s'en informer, il trouveroit que j'avois joué ces deux fois-là avec le Roi ; mais puisqu'on m'observoit, que je le supplois de me dire si je ne ferois pas bien de m'en aller hors de la cour jusqu'à ce que le procès de M. Fouquet fût fini. Il me répliqua qu'il avoit eu envie de me le conseiller, et que M. de Langlade, qui étoit de mes amis, feroit bien de prendre le même parti. Je le remerciai, et m'en allai chez M. Colbert, qui d'abord me demanda si je n'avois point vu M. Le Tellier. Je lui répondis que je l'avois si bien vu, que je venois prendre congé de lui pour m'en aller en Angoumois. Il me dit que je lui ferois un grand plaisir si je voulois auparavant porter à l'épargne quatre ou cinq cent mille livres, que je pourrois reprendre ensuite en Guyenne.

Comme je voyois bien qu'il prenoit le timon des affaires, quoique M. de Villeroy eût été fait chef des finances, et voulant lui faire ma cour, je lui promis de porter, avant la fin du jour, cinq cent mille livres de billets qu'il pourroit faire recevoir par le trésorier de l'épargne, faisant mon compte de les retirer de la Guyenne, et peut-être quelque chose de plus. Il me témoigna m'en savoir bon gré ; mais cela me réussit fort mal, parce que bientôt après on donna un arrêt qui m'empêcha de retirer ce que j'avois avancé. Le soir, M. Le Tellier m'envoya dire qu'il voudroit bien me parler. En y allant, je ne laissai pas de sentir quelque petite émotion, ne sachant pas ce que ce pouvoit être ; mais je trouvai que c'étoit pour me prier d'aller à Paris demander à M. le prince quelque chose dont on avoit besoin pour des octrois que M. le marquis de Villequier son gendre avoit à Mâcon. Je lui dis que je ne doutois pas que je ne le pusse en toute sûreté, et que j'espérois qu'il ne m'arriveroit rien de ce retardement : il m'en assura. Trois jours après, je lui apportai ce qu'il avoit souhaité de M. le prince. Je pris de nouveau congé de lui, en lui disant que je m'en allois auprès de M. de La Rochefoucauld. C'étoit vers la fin d'octobre 1661. Il me chargea de lui dire qu'il étoit sur la liste de ceux qui devoient être faits chevaliers de l'ordre. La cérémonie devoit se faire le premier jour de l'an. Je m'en vins coucher à Paris, et partis le lendemain dans un carrosse pour aller à La Rochefoucauld avec tous mes domestiques, qui étoient composés d'un cuisinier, d'un maître d'hôtel qui jouoit de la basse, d'un officier qui me servoit aussi de valet de chambre, et de deux laquais : ils jouoient tous trois du violon, car c'en étoit la mode alors. J'envoyai en même temps un service de vaisselle d'argent que j'avois.

J'arrivai à La Rochefoucauld, où je fus très-bien reçu. Deux jours après j'allai à Limoges voir madame Fouquet ; je lui portai de l'argent, dont je savois qu'elle avoit grand besoin. Étant revenu, je trouvai M. de La Rochefoucauld qui se disposoit à aller à Paris, sur l'avis que je lui avois donné, de la part de M. Le Tellier, de sa promotion à l'ordre du Saint-Esprit. Comme il mettoit en délibération s'il se déferoit de son équipage de chasse, qui étoit fort bon, je lui dis que comme apparemment il seroit bien aise de le retrouver à son retour, s'il vouloit, je m'accommoderois avec celui qui en avoit soin, et lui paierois moitié de la dépense : ce qui fit grand plaisir à celui-ci, parce que je lui payois ma portion par mois et par avance. J'étois bien aise de me donner cette occupation, parce que j'aurois eu bien de la peine à passer ma vie sans avoir quelque chose à faire.

[1662] M'étant ainsi établi, je passois les jours assez doucement : je mangeois ordinairement à la table de M. de La Rochefoucauld, avec madame la princesse de Marsillac et mesdemoiselles de La Rochefoucauld ; je leur donnois souvent des repas ; nous faisions de petites parties de promenade ou de chasse.

Quelque temps après que M. de La Rochefoucauld fut arrivé à la cour, il me manda que les choses s'aigrissoient contre les gens qui avoient été attachés à M. Fouquet, parce que l'on commençoit à s'apercevoir que son procès ne finiroit pas sitôt que l'on avoit cru. J'avois eu la précaution, en donnant à M. Colbert les cinq cent mille livres qu'il m'avoit demandées, de faire partir un courrier pour la Guyenne, avec ordre aux commis de me faire voiturer à La Rochefoucauld l'argent qu'ils auroient en caisse, espérant par là remplacer ce que j'avois avancé en partant de la cour. Effectivement je reçus bientôt cent mille livres ; mais il me fut impossible d'en tirer davantage, parce qu'on donna un arrêt qui défendoit à ceux qui faisoient les recettes en Guyenne de payer à d'autres qu'au sieur Tabouret de La Buissière, sous le nom duquel j'avois mis le traité de Guyenne, et dans lequel je lui avois donné une fort petite part. Ainsi je n'en reçus pas davantage de ce côté-là : mais j'avois envoyé en Dauphiné un homme qui m'en apporta autant ; de sorte que cela, joint à la petite provision que j'avois faite avant que M. Fouquet fût arrêté, composoit une somme assez considérable.

J'appris en ce temps-là que M. Berrier, qui étoit tout-à-fait en faveur, avoit une commission pour faire ma charge : ce qui me déplut grandement. Comme je le connoissois fort, je crus bien qu'il feroit son possible pour en jouir le plus qu'il pourroit. J'appris bientôt aussi qu'on avoit arrêté celui sous le nom duquel je faisois mes affaires, entre autres les traités de la généralité de Guyenne de 1660, et toutes les décharges pour retirer les promesses qu'il avoit mises à l'épargne : ce qui paroissoit par le procès-verbal qui en avoit été fait, mais qui ne se sont pas trouvées depuis. J'appris encore qu'on faisoit beaucoup de diligence pour découvrir les effets que je pouvois avoir. On mit ensuite un exempt du prevôt de l'île en garnison dans ma maison. On me manda qu'il buvoit et faisoit boire quatre pièces de vin choisi de l'Ermitage, que j'avois fait mettre dans ma cave : ce qui ne me fit pas de plaisir. Lorsque les courriers arrivoient, j'avois toujours de mauvaises nouvelles ; je me levois fort matin, et faisois mes réponses après : cependant on ne s'apercevoit point que cela eût fait aucune impression sur moi. Effectivement je me représentois ce que j'étois avant ma fortune, et l'état où je me voyois encore. Je trouvois de si grandes ressources en moi-même pour me consoler, que tous ceux qui me connoissoient en étoient surpris. Madame la marquise de Sillery étant venue à La Rochefoucauld avec mesdemoiselles ses filles, la bonne compagnie fut de beaucoup augmentée : tous les soirs nous dansions au son de mes violons. A la vérité je ne me souvenois pas trop bien de la courante que j'apprenois quand on vint me prendre pour me conduire à la Bastille, outre que je n'avois pas grande disposition à la danse, étant devenu fort gros depuis ce temps-là; mais je prenois un grand plaisir à la chasse du cerf, que je courois assez souvent, aussi bien qu'à celle du lièvre, où les dames venoient dans deux carrosses.

Vers le mois de juin, M. le marquis de Vardes me pria de faire un tour à Paris, souhaitant extrêmement de me parler: je m'y rendis aussitôt. Il me mit en la garde d'un vieux philosophe nommé Neuré, sans lui dire qui j'étois. Cet homme avoit pris une petite ferme en deçà de Sèvres, où M. de Vardes me vint voir aussitôt que je fus arrivé. Il me conta la liaison d'amitié qu'il avoit faite avec M. le comte de Guiche, la belle lettre qu'ils avoient écrite, et fait porter par un de mes gens [comme s'il arrivoit d'Espagne] à la signora Molina, première femme de chambre de la Reine, et qui avoit beaucoup de crédit sur son esprit; mais que celle-ci l'avoit donnée au Roi: ce qui faisoit un grand vacarme. Je lui dis qu'il m'auroit fait plaisir de me faire venir avant d'écrire cette lettre, parce que je l'en aurois bien empêché. Il avoit beaucoup d'esprit et d'imagination, mais il avoit besoin d'être conduit. Le bonhomme Neuré, fort chagrin, comme le sont ordinairement les philosophes, contre les gens d'affaires, à cause de leurs grands biens, louoit fort la chambre de justice; et parmi ceux qui lui blessoient l'imagination, il me nommoit souvent, surtout parce qu'il avoit vu chez M. de La Rochefoucauld une pendule de grand prix qui alloit six mois, laquelle m'appartenoit: par conséquent il ne m'épargnoit pas dans ses discours. Je ne manquois pas à l'applaudir, et à renchérir sur tout ce qu'il disoit, et même contre moi en particulier. Il me conta un jour qu'un homme d'affaires, qui l'avoit cautionné pour la ferme qu'il tenoit de cinq cents livres seulement, avoit fait saisir son troupeau, qui étoit ce qu'il avoit de plus cher au monde. Je lui demandai si cet homme n'avoit point été contraint de payer pour lui le prix de sa ferme: il en convint, et n'en blâmoit pas moins l'homme d'affaires. Comme je n'avois pas envie de le contredire en rien, je demeurai d'accord qu'il avoit grande raison.

Je retournai peu de jours après en Angoumois, où je recommençai la même vie que j'y avois menée: je prenois autant de plaisir à la chasse que si je n'avois fait autre chose pendant toute ma vie. M. de La Rochefoucauld étant revenu en Angoumois, me dit que je ferois le salut de sa maison si je voulois acheter sa terre de Cahusac, qui valoit dix mille et quelques livres de rente, me proposant d'en jouir sous son nom, et de la prendre pour trois cent mille livres, parce que dans ce temps-là les terres se vendoient au der-

nier trente. Il m'ajouta qu'il prendroit en paiement cent cinquante mille livres que je lui avois prêtées pour payer ses dettes à Paris; qu'il souhaitoit extrêmement d'en acquitter une qu'il devoit à M. de Roussy, avec lequel il étoit brouillé; que du surplus il retireroit la terre de Saint-Clos, dépendante de son duché, qu'il avoit été obligé de vendre moyennant soixante-dix mille livres il y avoit quelques années. J'étois toujours si disposé à faire ce qu'il souhaitoit, qu'il n'eut pas de peine à me faire consentir à sa proposition.

Dans ce temps-là M. de Langlade, qui étoit alors tout-à-fait de mes amis, ayant un billet de moi de la somme de cent mille livres pour des affaires que je ne puis dire, et que je lui avois fait auprès de M. Fouquet pendant qu'il étoit en place, acheta une terre en Poitou, que je payai en retirant mon billet. Ainsi en peu de jours mes grands fonds se trouvèrent presque évanouis: et par dessus cela madame Fouquet, qui avoit été transférée à Saintes, m'envoya un homme avec une lettre, par laquelle elle me prioit de lui envoyer quinze mille livres, dont elle avoit un extrême besoin pour payer les dettes qu'elle avoit contractées en cette ville, et être en état de se rendre à Paris, suivant la permission qu'elle en avoit eue, pour solliciter le jugement du procès de son mari. Je passai le reste de l'année en Angoumois, de la même manière que j'ai dit ci-devant.

[1663] Au commencement de l'année suivante, qui étoit 1663, encore que l'autorité du Roi fût beaucoup rétablie, M. Colbert voyant qu'il y avoit de la difficulté à condamner M. Fouquet sur le péculat, résolut de faire quelques exemples. M. Berrier me choisit parmi tous les gens d'affaires pour commencer le premier à en servir, parce qu'il trouvoit beaucoup de plaisir et d'utilité à faire les fonctions de ma charge avec la sienne. Ayant donc été averti par un prevôt du voisinage de La Rochefoucauld qu'on lui avoit fait des propositions pour me prendre de la part de M. Berrier, je pris la résolution de partir; mais ce ne fut pas sans beaucoup de chagrin, parce que je menois une vie assez douce, et que je ne savois dans quel pays aller pour ne m'y pas ennuyer. Mes amis m'avoient mandé que la chambre de justice finiroit bientôt: et comme on m'écrivoit encore la même chose sans aucune certitude, je fis courir le bruit que j'allois en Espagne, et un beau jour, sur le midi, je partis avec un de mes beaux-frères nommé de La Mothe, un homme qui avoit soin de mes chevaux, un cuisinier et un valet de chambre. Je feignis de prendre le chemin de

Bordeaux : mais comme il falloit passer par la forêt de Bracogne, après y être entré je tournai court pour aller coucher chez un autre M. de La Mothe qui étoit fort de mes amis, et qui a été depuis lieutenant général. Le matin, comme je voulois partir, je le trouvai botté; il me dit qu'il vouloit me conduire jusqu'à la dînée, et mena son valet avec lui. Il m'assura bientôt après qu'il ne me quitteroit point que je ne fusse en lieu de sûreté. Je lui fis bien des complimens à cette occasion, en l'exhortant de ne pas s'en donner la peine : mais comme c'étoit un homme d'esprit et fort entendu, je me persuadai que son amitié pour moi lui avoit fait prendre ce parti. Je le remerciai de bon cœur de son attention. Nous prîmes notre chemin pour aller droit en Franche-Comté : il me mena chez un nommé M. Dumont, qui étoit à M. le prince, et qui avoit sa maison à trois lieues de Dôle. Il nous reçut avec beaucoup de témoignages d'amitié. Après y avoir demeuré quelques jours, je fis savoir à M. de Guitaut que j'étois dans cette maison; ce dernier l'alla dire à M. le prince, qui étoit à Dijon pour la tenue des États, qu devoient finir incessamment : Son Altesse lui ordonna aussitôt de m'envoyer un homme pour me dire de le venir voir. J'y fus sept à huit jours, sans que cela fût su que de très-peu de gens. Je reçus mille témoignages de sa bonté : je lui confiai le dessein que j'avois de faire un tour à Paris, où j'avois quelques affaires qui m'étoient de grande conséquence. Il commença par me dire qu'en l'état où étoit mon procès, qui devoit bientôt finir, il craignoit que je ne m'exposasse; mais qu'il pouvoit m'assurer que s'il m'arrivoit quelque fâcheuse rencontre, je pouvois compter qu'il n'y avoit rien qu'il ne fît pour me secourir. Je me mis donc en chemin le jour qu'il partit de Dijon, avec les deux messieurs de La Mothe et mon valet de chambre, les autres étant restés à La Perrière chez M. Dumont, qui s'en retourna après m'avoir accompagné à Dijon.

En arrivant à Paris à une heure de nuit, la première chose que j'appris fut que l'on y avoit exposé mon portrait proche le mai du Palais. Un homme à M. de La Rochefoucauld, en qui j'avois toute confiance, s'offrit de l'aller détacher sur-le-champ. En effet, en moins d'une heure il l'apporta où j'étois, et je trouvai que le peintre ne s'étoit pas beaucoup attaché à la ressemblance. Je suis bien aise de me souvenir ici qu'à mon retour d'Espagne, où j'avois été pour les affaires de M. le prince, étant à Chantilly après avoir obtenu des lettres d'abolition, M. le premier président et M. de Harlay, qui l'est aujourd'hui, pour lors procureur général, les firent entériner au parlement, à la sollicitation de quelques-uns de mes amis. Cela fut fait sans aucune autre formalité, ce qui ne s'est peut-être jamais vu et ne se verra plus. Je crois qu'ils se fondèrent sur ce que depuis la condamnation j'avois été employé avec les patentes du Roi, qui me déclaroit son plénipotentiaire auprès de M. de Brunswick. Le lendemain, lorsque la nuit fut venue, je fis avertir M. et madame du Plessis de me faire tenir ouverte une porte de derrière dans la rue Guénégaud, qui entroit dans leur jardin; et les priai qu'il n'y eût personne chez eux, parce que je voulois leur rendre visite. Je mis dans ma poche une obligation en original que j'avois d'eux, de la somme de cent cinquante mille livres; et, étant entré dans l'appartement qui est sur le jardin, je la tirai, en leur disant que s'ils étoient interrogés, ils pouvoient jurer en toute sûreté de conscience qu'ils ne me devoient rien, puisque je la leur donnois de tout mon cœur : ensuite je la brûlai, après leur avoir fait reconnoître leur signature. Il y eut une assez longue conversation entre nous, et beaucoup de protestations d'amitié. Le lendemain dans la journée, je donnai quelques autres petits ordres, et je repartis sur le soir avec les trois personnes qui étoient venues avec moi. Nous marchâmes toute la nuit; et trois ou quatre jours après nous arrivâmes à Gray, où nous trouvâmes M. le marquis d'Yenne, gouverneur de la Franche-Comté, qui étoit fort de la connoissance de M. de La Mothe, pour l'avoir souvent vu à Bruxelles quand M. le prince y étoit. Nous en reçûmes mille honnêtetés, et nous demeurâmes environ trois semaines ou un mois en ce pays-là.

Étant allé à Besançon pour voir le saint-suaire, j'y rencontrai M. le prince d'Aremberg, avec lequel je fis un peu connoissance : ce qui me fit plaisir, parce que j'avois formé le dessein d'aller à Bruxelles. En effet je partis aussitôt après, et nous allâmes à Bâle en Suisse. M. de La Mothe donna un petit mémoire de la route qu'il falloit tenir à celui qui avoit soin de mes chevaux, pour aller nous attendre à Vaure proche Bruxelles. Notre intention étant de nous embarquer sur le Rhin, on nous dit qu'il falloit prendre deux petits bateaux fort longs et fort étroits, qui sont attachés ensemble. Nous nous embarquâmes le matin à six heures, et nous arrivâmes de bonne heure à Strasbourg. La plus grande peine que me fit M. de La Mothe, qui ne m'avoit pas voulu quitter, quoique je fusse en toute sûreté, étoit de ne vouloir jamais me dire en quels endroits il aimoit le mieux séjourner, et de quelle longueur nous devions faire nos séjours, s'en remettant toujours à ce que je voudrois ; mais à la fin j'eus contentement à Bacharach, où nous mîmes pied à terre à la dînée, à cause de la réputation du bon vin, qu'en effet nous trouvâmes excellent. Nous avions fait notre compte d'y coucher seulement une nuit; mais notre hôte nous ayant dit sur le soir que si nous y voulions dîner le lendemain, il nous donneroit une belle carpe, M. de La Mothe pour cette fois opina le premier à demeurer; et le lendemain, en la mangeant, nous la trouvâmes si belle et si bonne, que nous louâmes fort notre hôte : ce qu'entendant, il nous dit que si nous voulions dîner le lendemain, il nous en donneroit une encore plus belle. M. de La Mothe me regarda pour savoir ce que je voudrois; je lui déclarai qu'il y avoit assez long-temps que je parlois le premier, et que j'étois résolu qu'il eût son tour pendant le reste du voyage. Il me dit que puisque je le voulois ainsi, il étoit d'avis de manger la seconde carpe : ce que nous fîmes. Nous avions séjourné un jour à Strasbourg; vous vîmes toutes les villes qui étoient sur le Rhin; nous séjournâmes encore un jour à Mayence et deux à Cologne. Enfin nous allâmes à Utrecht, étant entrés du Rhin dans le canal qui nous y conduisoit. En faisant tous ces séjours, nous disions qu'apparemment nous apprendrions en arrivant à Amsterdam que le procès de M. Fouquet avoit été jugé, parce que nos dernières lettres nous marquoient que dans ce temps-là cette affaire devoit être finie; mais par les lettres que j'y reçus on me mandoit qu'il falloit encore plus de six semaines, à ce que l'on disoit. J'y appris par des lettres d'Angoulême que madame la princesse de Marsillac depuis mon départ étoit accouchée d'un fils, qui est aujourd'hui M. de La Roche-Guyon. Mes amis m'écrivoient surtout que je me gardasse d'aller à Bruxelles, de crainte que cela ne donnât des soupçons qui pourroient empêcher mon retour, et me conseilloient d'attendre à Amsterdam l'événement de l'affaire de M. Fouquet : nous y demeurâmes huit jours, où nous nous ennuyâmes fort. Nous fîmes peu de séjour à La Haye. Nonobstant toutes les remontrances que l'on m'avoit faites, nous allâmes à Anvers toujours par eau, et de là je me résolus d'aller à Bruxelles, parce que, suivant ce que l'on m'écrivoit, on me remettoit encore à six semaines, pour voir le jugement du procès, qui ne finissoit point; et qu'ainsi j'irois faire un tour en Angleterre, de peur que l'on ne pût m'imputer le séjour de Bruxelles. Pour savoir de vive voix des nouvelles de Paris, je donnai rendez-vous à Cambray à une personne de mes amis. Enfin M. de La Mothe ayant appris là que quelques

affaires l'obligeoient de s'en retourner, prit le parti d'aller à Paris. Dans ce temps-là j'eus avis que quand même le procès de M. Fouquet seroit jugé, on ne sauroit pas trop comment on pourroit faire pour parler de mon retour; et qu'apparemment M. Colbert voudroit une grosse somme d'argent. Je m'en retournai à Bruxelles, où je trouvai M. de La Ferté, qui y étoit très-bien établi parmi ce qu'il y avoit de plus honnêtes gens. Il me présenta à ceux qu'il connoissoit plus particulièrement. M. le prince d'Aremberg, que j'avois vu à Besançon, me fit toutes sortes de protestations d'amitié, et me mena chez M. le duc d'Arschot, où j'en reçus encore beaucoup. Cela me fit prendre la résolution d'y faire mon séjour pendant tout le temps que je ne pouvois retourner en France : néanmoins j'affectai de ne point faire la révérence à M. le marquis de Caracène, qui étoit pour lors gouverneur des Pays-Bas, quoique j'y eusse été invité par quelques-uns de ceux que j'avois vus, afin de pouvoir écrire à mes amis que j'avois en quelque façon profité de leurs remontrances. Je leur mandois en même temps que je partois pour l'Angleterre, et que si je croyois pouvoir y être aussi bien qu'à Bruxelles, je prendrois le parti d'y demeurer, croyant qu'ils y trouveroient moins d'inconvénient.

Voulant partir pour l'Angleterre, j'allai m'embarquer à Ostende. Don Pedro Savale, qui en étoit gouverneur, s'étoit trouvé à Bruxelles pendant mon petit séjour, et avoit vu les caresses qu'on m'y avoit faites : il me reçut parfaitement bien, et n'oublia rien pour me marquer qu'il avoit quelque considération pour moi. Je me mis dans le paquebot pour aller à Douvres; à deux ou trois lieues au large, il nous prit un grand calme : comme je souffrois beaucoup, j'obligeai les matelots à jeter en mer un petit esquif qui n'avoit pas dix pieds de long; et s'en étant embarqué deux dedans avec des rames, j'eus assez de peine à m'y placer; mais avant que j'eusse fait deux lieues, il s'éleva un vent que je vis bien inquiéter mes deux matelots, à cause des vagues qui commençoient à grossir : ce qui me fit assez de peur pour me faire repentir de mon entreprise. J'arrivai à terre cependant, où je trouvai M. de Saint-Evremont, à qui j'avois écrit pour le prier de m'amener un carrosse. Je n'eus pas sitôt bu un verre de vin de Canarie, que je me trouvai guéri. M. de Saint-Evremont commença par me remercier de lui avoir sauvé la Bastille. En effet, après qu'on eut mis le scellé chez madame Du Plessis-Bellière, on y trouva une cassette que Saint-Evremont lui avoit donnée à garder, dans laquelle il y avoit une copie de la lettre qu'il avoit faite en plaisantant sur l'entrevue de M. le cardinal et de don Louis de Haro. Il faisoit entendre par sa lettre que don Louis de Haro faisoit convenir le cardinal de tout ce qu'il vouloit; et que lorsque M. le cardinal vouloit s'en plaindre, comme il arrivoit quelquefois, don Louis de Haro lui disoit : *Calla, calla, signor ; es por su bien* [taisez, taisez-vous, seigneur; c'est pour votre bien]. Ayant su qu'on avoit donné ordre pour l'arrêter, je lui envoyai un homme en poste pour l'avertir, sachant qu'il venoit dans le carrosse de M. le maréchal de Clérambault. Mon homme l'ayant joint dans la forêt d'Orléans, il mit pied à terre; et s'en étant allé faire un tour en Normandie, d'où il étoit, il passa aussitôt en Angleterre, où il s'étoit assez bien accoutumé. Étant arrivé à Londres, il me mena loger chez le nommé Giraud, qui avoit été cordelier en France, d'où il étoit venu avec une religieuse, et qui tenoit un fort bon cabaret, bien propre, qui avoit de toutes sortes de bons vins, et des poulets, ce me sembloit, beaucoup meilleurs que ceux que j'avois encore mangés. M. de Saint-Évremont commença par me mener chez le milord Germain, à qui j'avois eu occasion de faire plaisir à Paris, ayant été chargé de lui donner de l'argent de la part de M. Fouquet pour la Reine mère, dont il conduisoit la maison. Le milord me mena faire la révérence au Roi, à qui mon visage n'étoit pas inconnu, ayant eu l'honneur de voir quelquefois Sa Majesté en France : elle me fit conter le sujet de ma disgrâce, et me témoigna beaucoup d'amitié ; je reçus le même traitement du duc d'Yorck. Je trouvai aussi en ce pays-là le milord Craff, qui avoit été fort des amis de M. de La Rochefoucauld à Paris, et à qui j'avois même prêté quelque argent, qu'il m'avoit rendu depuis le rétablissement du Roi. Je fis connoissance avec milord Buckingham, qui depuis s'adressa à moi à Paris pour des propositions qu'il venoit faire au Roi pour faire des cabales dans le parlement d'Angleterre, ce qui fut fort goûté ; et pendant un espace de temps il reçut beaucoup d'argent que je lui donnai à Paris, dans deux voyages qu'il y fit incognito ; je lui en envoyai même à Londres, que M. Colbert me faisoit mettre entre les mains. Ces messieurs que j'ai nommés prenoient plaisir à me faire le meilleur traitement qu'ils pouvoient : ils nous donnoient souvent à manger, à M. de Saint-Évremont et à moi. Milord Bennet, depuis milord Harlington, que j'avois vu aussi en France, fut de ceux qui cherchoient à me faire plaisir. Le milord Craff nous mena à une très-jolie maison de campagne qu'il avoit à dix milles de Londres, sur le bord de la Tamise [autrefois c'étoit une chartreuse]. Pendant tout ce temps-là je prenois grand soin de m'informer du gouvernement d'Angleterre, ce que c'étoit que son parlement, et généralement de tout ce que je croyois m'être utile à quelque chose. J'allois souvent faire ma cour au Roi dans le parc de Saint-James, où il faisoit de grandes promenades, et où il avoit la bonté de me parler assez long-temps. Sa Majesté me fit l'honneur de me dire qu'elle seroit bien aise si je vouloit établir mon séjour à Londres, jusqu'à ce que je pusse retourner en France ; tous ces messieurs m'en parlèrent aussi : mais comme je me défiois de pouvoir apprendre la langue, et encore plus d'y trouver la douceur que j'avois goûtée à Bruxelles pendant le petit séjour que j'y avois fait, parce que les manières approchent tellement de celles de Paris, que je n'y voyois presque pas d'autre différence que celle des visages; d'ailleurs la facilité que j'avois eue d'y faire des amis, me fit prendre le parti d'y retourner, toutefois après avoir fait des mémoires sur tout ce qui avoit pu venir à ma connoissance en Angleterre, où je séjournai environ six semaines. J'y trouvai aussi M. de Lépine qui avoit été à M. Fouquet, et le sieur Vatel, son maître d'hôtel, qui prirent alors le parti de quitter Londres pour venir faire leur séjour à Bruxelles.

Je pris la poste pour m'en venir à Douvres, où je m'embarquai dans le paquebot pour m'en retourner à Ostende. Le vent ayant été fort contraire, je me trouvai encore plus mal que je ne l'avois été la première fois, et j'en fus malade pendant trois semaines. J'eus le temps de faire réflexion que rien ne m'obligeoit à faire un si grand trajet de mer. Étant de retour à Bruxelles, je me remis dans l'hôtellerie où j'avois déjà logé, et l'on me donnoit à manger à table d'hôte, de même qu'à ceux qui étoient avec moi. J'appris, par des gens de Paris qui m'étoient venus voir, que plusieurs de mes amis me blâmoient fort du parti que j'avois pris de m'établir à Bruxelles, malgré les avis que l'on m'avoit donnés sur cela. Sous ce prétexte, ils blâmoient encore d'autres choses dans ma conduite : ce qui m'obligea d'écrire à madame Du Plessis pour la prier de dire à la troupe, quand elle seroit assemblée, que je lui avois mandé que je priois Dieu qu'il me gardât de mes amis, parce qu'à l'égard de mes ennemis, j'espérois que je m'en garantirois bien. M. de La Ferté continuoit à me donner beaucoup de marques d'amitié ; je fus bientôt dans le commerce de tout ce qu'il y avoit de gens de qualité : cependant je me proposai d'être un temps sans faire de liaisons particulières, jusqu'à ce que j'eusse bien connu les personnes avec lesquelles je voulois me lier d'amitié, pour n'être pas obligé dans la suite de les quitter. Je priai M. d'Aremberg de me présenter à M. le marquis de Caracène, qui me fit assez d'honnêtetés. Mais peu de jours après, ayant su que je venois d'Angleterre, il me fit entrer dans son cabinet, après avoir donné ses audiences comme il avoit accoutumé. Il me questionna beaucoup sur l'état où j'avois trouvé ce royaume, et sur la manière du gouvernement. Alors les Espagnols n'avoient point d'envoyé à cette cour, à cause de la disette d'argent où ils étoient aux Pays-Bas, qui étoit si grande que je ne saurois la décrire. J'allois tous les jours à onze heures, comme les autres, faire ma cour, où j'étois très-bien reçu ; mais quelques jours après M. de Caracène ayant reçu une lettre de M. le prince qui me recommandoit à lui, il me traita avec distinction et confiance. Les deux maisons que je fréquentois par préférence, pour m'attacher d'une liaison particulière, furent celles de M. le prince d'Aremberg et de M. le comte d'Havré, qui avoient épousé des femmes d'un grand mérite ; et je puis dire que l'amitié que nous contractâmes ensemble dura jusqu'à la mort. M. le duc d'Arschot, frère de M. le prince d'Aremberg, eut aussi toujours beaucoup de bontés pour moi. Je ne me donnois à eux tous que pour ce que j'étois ; et, dans les occasions, je parlois de la médiocrité de ma condition, comme j'ai fait depuis dans tous les pays où j'ai été, et je m'en suis bien trouvé. Je fus en très-peu de temps aussi bien accoutumé à Bruxelles, que si j'y avois demeuré toute ma vie.

J'allai faire un tour à Anvers, où je trouvai M. de La Faye, qui étoit attaché à M. le prince, et qui avoit une femme fort raisonnable. Ils me donnèrent un logement chez eux ; et, dans l'espace de sept à huit jours que j'y demeurai, ils me firent faire connoissance avec tout ce qu'il y avoit de gens distingués dans la ville, qui sont la plupart banquiers ; et entre autres avec M. de Palavicine, génois, qui étoit d'une richesse immense, et qui vivoit très-frugalement.

[1664] Je passai tout mon hiver à Bruxelles dans la même maison. Au printemps, M. le duc d'Hanovre, depuis duc de Zell (1), y vint loger. Il avoit à sa suite deux Français, dont l'un, qui avoit été à M. le cardinal de Retz, s'appeloit M. de Villiers, et l'autre M. de Beauregard, qui étoit de Montpellier, beau-frère de M. Balthazar. Ils étoient tous deux fort honnêtes gens, et me firent bientôt connoître de M. le duc de Zell. Je fus assez heureux pour acquérir son amitié, si je l'ose dire, et même un peu sa confiance. M. le marquis de Castel-Rodrigo devant venir en qualité de gouverneur des Pays-Bas, M. de Caracène alla du côté de Louvain au devant de lui, avec toute la noblesse. M. le duc d'Arschot me donna une place dans son carrosse avec M. le prince d'Aremberg et M. le comte de Furstemberg, qui étoit de leurs amis et des miens. Les deux carrosses s'étant rencontrés dans une pleine campagne, M. le marquis de Caracène mit pied à terre, et, suivi de tous ceux qui l'avoient accompagné en très-grand nombre, il les présenta à M. le marquis de Castel-Rodrigo, en les lui nommant tous : et quand ce fut à mon tour, il lui dit que j'étois un homme pour qui il falloit avoir beaucoup de ménagement.

Peu de temps après, M. le duc d'Hanovre m'écrivit pour me prier d'aller à La Haye. Ces messieurs, qui étoient auprès de lui, m'avoient déjà instruit à Bruxelles de la grandeur des États de ce prince, et de la considération qu'il se pourroit donner s'il vouloit se tourner du côté de l'ambition. Il avoit jusque là accoutumé d'aller tous les ans à Venise pour se divertir ; et il y faisoit une très-grande dépense, qui alloit fort à la ruine de son pays. Ils lui conseillèrent d'entrer avec moi en pourparler sur ce qu'il y auroit à faire pour se mettre sur un autre pied qu'il n'avoit été jusqu'à présent. En effet il me parla, et me dit qu'il avoit une grande confiance en moi. Je n'eus pas de peine à lui faire comprendre que s'il avoit mené une certaine vie pendant sa jeunesse, il étoit de la bienséance qu'il changeât, et qu'il se donnât une grande considération, comme il lui étoit aisé de faire. Depuis ce moment il m'a toujours honoré de sa bonté, et d'une véritable confiance. Étant encore retourné à Bruxelles pour quelque temps, il m'envoya un courrier pour me dire de venir le rejoindre. C'étoit pour m'apprendre la mort de monsieur son frère aîné (1), et que, suivant le pacte de sa famille, l'État qu'il avoit possédé devoit passer à M. le duc Jean-Frédéric, son puiné. M'ayant exposé qu'il valoit cent mille écus plus que celui d'Hanovre, nous convînmes des mesures qu'il falloit prendre pour s'en rendre maître, et pour lever des troupes qu'il falloit entretenir. L'affaire réussit, et fut suivie d'un accommodement. Ainsi l'État de Zell lui tomba en partage, en donnant quelque supplément à M. le duc Jean-Frédéric, qui eut celui d'Hanovre.

Je m'en retournai à Bruxelles vers la fin de l'année 1664. Il y avoit déjà long-temps que j'avois loué une maison près de la cour, dont je payois mille livres : il y avoit un joli jardin, la

---

(1) Georges-Guillaume.

(1) Christian-Louis.

maison étoit fort commode, et raisonnablement grande; je l'avois ornée de meubles que j'avois fait venir de Paris, avec un service de vaisselle d'argent; j'y donnois souvent à manger. Je n'avois pour lors qu'un carrosse et deux chevaux, que j'avois achetés de M. de La Ferté quand il quitta Bruxelles, avec un seul laquais; mais j'avois quatre ou cinq chevaux de selle. J'allois très-souvent à la chasse du cerf avec M. le duc d'Arschot, et à celle du chevreuil avec M. le prince d'Aremberg, qui avoit une meute, et quelquefois avec celui qui en avoit une entretenue par le Roi.

[1665] Vers le commencement de l'année 1665 j'allai à La Haye, où je fis quelque séjour. M. de Montbas, qui étoit assez de la cour de M. le prince d'Orange (1), me présenta à lui, et j'eus l'honneur de lui faire la révérence pour la première fois. Depuis, je me trouvai souvent avec lui et les dames de La Haye. Mais comme c'est la coutume en ce pays-là que les femmes se retirent à huit heures, M. le prince d'Orange prit le parti d'aller les soirs chez messieurs de Montbas et de Dodick, et encore dans d'autres maisons, pour jouer jusqu'à neuf heures et demie. Il me faisoit toujours l'honneur de me mettre de ses parties.

Étant retourné à Bruxelles, où je me trouvois plus agréablement qu'ailleurs, M. le marquis de Sillery eut la bonté de me venir voir; et m'ayant dit qu'il seroit bien aise d'aller à Anvers, je l'y accompagnai. Je le menai voir, comme une personne rare, M. de Palavacine, un des hommes du monde le plus riche, et qui n'en étoit pas persuadé. Je lui dis qu'il falloit qu'il se mît dans la dépense, comme j'avois fait autrefois avec les dames d'Anvers; qu'il nous donnât quelques repas; et qu'il devoit au moins avoir un carrosse et six chevaux pour nous promener. Il entreprit de faire connoître à M. de Sillery qu'il n'étoit pas si riche qu'on le croyoit: et en nous montrant un cabinet à côté de sa chambre, il nous fit entendre qu'il avoit là pour cinq cent mille livres de barres d'argent qui ne lui rendoient pas un sou de revenu; qu'il avoit cent mille écus à la banque de Venise qui ne lui donnoient que trois pour cent; qu'il avoit à Gênes, d'où il étoit, quatre cent mille livres dont il ne tiroit guère plus d'intérêt; et bien d'autres énumérations qu'il nous fit pour des sommes considérables, finissant toujours par dire que cela ne lui rendoit pas grand'chose. M. le marquis de Sillery, après que nous fûmes sortis, me dit qu'il étoit prêt à croire qu'il avoit rêvé ce qu'il

(1) Guillaume, depuis roi d'Angleterre.

venoit d'entendre; et quelquefois depuis, étant revenu à Paris, il me répéta qu'il étoit fâché de n'avoir pas donné cette scène à Molière pour la mettre dans la comédie de *l'Avare*.

Quelque temps après, M. de Salcède, capitaine d'une compagnie de M. Castel-Rodrigo, ayant fait voler quelques Français qui alloient en Hollande, fâché des reproches que je lui en fis, et que je lui avois attirés de beaucoup de d'honnêtes gens, ce méchant pendard, qui avoit bien de l'esprit, dit beaucoup de choses M. de Castel-Rodrigo pour lui faire craindre la durée de mon séjour à Bruxelles; il lui fit encore parler par d'autres gens pour augmenter ses soupçons. Un jour que j'étois allé faire ma cour comme les autres, M. de Castel-Rodrigo me fit entrer dans son cabinet pour me dire qu'il avoit reçu des lettres de Madrid, par lesquelles on lui mandoit que le Roi Très-Chrétien faisoit des instances auprès du roi d'Espagne pour obtenir un ordre de me faire arrêter à Bruxelles, et qu'il seroit au désespoir s'il venoit à le recevoir. Je lui répondis que je n'étois pas un homme assez important pour que la cour de France fît de pareilles sollicitations contre moi; mais que s'il me donnoit cet avis pour me faire prendre la résolution de sortir de son pays, j'étois prêt à le satisfaire; que cependant s'il avoit la bonté de s'informer, de tous les gens de qualité que j'avois l'honneur de voir tous les jours, quelle étoit ma conduite, je me persuadois qu'il seroit bientôt désabusé. Et lui ayant marqué que je soupçonnois M. de Salcède de m'avoir rendu ce mauvais service, par les raisons que je viens de dire, il me l'avoua; et je puis dire que depuis ce jour-là il me témoigna beaucoup d'amitié et de confiance.

M. le duc de Veraguas, qui étoit pour lors mestre de camp général, et par conséquent la seconde personne, avoit aussi tant de confiance en moi, qu'il venoit prendre mon avis sur toutes les affaires dont la direction pouvoit lui appartenir: enfin jamais homme hors de son pays ne s'est trouvé dans la considération où j'étois à Bruxelles. M. le comte de Marsin, qui étoit de mes anciens amis, y étant venu prendre la place de M. de Veraguas, contribua encore à l'augmenter. Je ne laissois pas d'aller de temps en temps à La Haye, où je recevois toutes sortes de politesses de M. le comte d'Estrades, pour lors ambassadeur de France, aussi bien que de ceux d'Espagne et de Portugal. Je faisois très-régulièrement ma cour à M. le prince d'Orange, qui m'y obligeoit fort par ses bons traitemens. J'avois un cuisinier de grande réputation. M. le prince d'Orange et messieurs les ambassadeurs m'ayant dit qu'ils voudroient bien l'éprouver, nous convînmes que je leur donnerois à dîner à la maison de campagne d'un de mes amis, et qu'en y entrant chacun seroit dépouillé de son caractère et de sa qualité; ce qui fut fort bien observé. Je leur fis préparer un grand dîner, auquel j'invitai aussi M. le comte de Montbas, et quatre ou cinq personnes de La Haye. Quand il fut question de se mettre à table, je pris par la main la marquise de Meslin, fille de don Estevan de Gamara, ambassadeur d'Espagne, et la fis asseoir auprès de moi à la première place : chacun prit la sienne sans songer à aucune cérémonie. M. d'Estrades m'avoit mené chez M. de Witt, qui pour lors gouvernoit la Hollande; mais comme j'avois été un peu gâté du traitement que j'avois reçu à Londres et à Bruxelles, je ne fus pas trop satisfait de ma visite; de sorte que je me contentai de l'avoir vu cette fois seulement : mais je recevois beaucoup d'honnêtetés de tous les gens de qualité de Hollande. Tout cela n'empêcha pas que je ne retournasse avec beaucoup de plaisir à Bruxelles. M. le marquis de Castel-Rodrigo me traitoit si bien, et avoit de si fréquentes et si longues conférences avec moi, pendant qu'il avoit de la peine à en donner aux autres, que M. de Bournonville, qui, avec beaucoup d'esprit, étoit un peu railleur, me dit un jour, me voyant sortir d'avec lui : « Vous venez » donc de donner audience au marquis? » Ce qui fit fort rire messieurs le duc d'Arschot et le prince d'Aremberg ses frères, qui étoient avec lui.

M. de Castel-Rodrigo, un soir, m'entretint assurément plus de deux heures et demie. Il avoit une grande facilité à parler, et raisonnoit très-bien sur toutes les matières qu'il traitoit. Il m'avoit fait le plus beau projet de conduite ; et, étant fort las de m'être promené pendant tout ce temps-là avec lui dans une galerie, je le quittai, en lui disant : « Si vous pouvez, monsieur, » trouver un homme comme ce que vous dites, » vous serez assurément les deux plus grands » personnages qu'il y ait au monde. » Il parloit bien et beaucoup, mais faisoit peu. Il me proposoit souvent de m'attacher au Roi son maître. Je répondois que je lui serois toujours fort fidèle tant que je demeurerois à Bruxelles ; mais que j'espérois de retourner un jour dans ma patrie.

En ce temps-là M. le marquis de Castel-Rodrigo entreprit de faire bâtir Charleroy. Lui étant venu des sommes considérables d'argent, et m'ayant parlé de la dépense, je lui représentai que je doutois fort qu'il eût le temps de l'achever ; et que peut-être vaudroit-il mieux distribuer une partie de cet argent à ses troupes,
qui étoient dans la plus grande désolation du monde, ne vivant pour ainsi dire que d'aumônes. Les soldats alloient par petites bandes, demandant la charité à ceux qui passoient dans les grands chemins ; et les abbayes des environs où ils étoient en nourrissoient une bonne partie. Tout ce que je lui avois dit n'empêcha pas qu'il ne me menât avec lui à Charleroy, quand il y alla en grande cérémonie mettre la première pierre.

[1666] Au commencement de l'année 1666, je fis un voyage à Paris, où j'eus l'honneur de voir M. le prince ; et j'y appris qu'on y parloit fort de guerre, du moins pour l'année prochaine.

Bientôt après étant retourné à Bruxelles, j'y reçus une lettre de M. Courtin, qui me marquoit le jour qu'il devoit passer à deux lieues de Bruxelles, pour se trouver de la part du Roi à l'assemblée qui se devoit faire à Bréda. Il me donna un rendez-vous pour le voir. En ayant parlé à M. de Castel-Rodrigo, je lui demandai si je pouvois l'inviter à venir loger chez moi. Il me dit que je le pouvois ; et ayant envoyé au-devant de M. Courtin, il vint me trouver droit à Bruxelles. M. de Castel-Rodrigo ayant su qu'il étoit arrivé, m'envoya cent bouteilles de toutes sortes de vins exquis, et me fit dire que c'étoit pour m'aider à bien traiter mes hôtes. M. Courtin m'ayant confirmé que nous ne serions pas long-temps sans avoir la guerre, je priai bientôt après M. le marquis de Castel-Rodrigo de trouver bon que je m'en allasse à l'assemblée de Bréda. L'ayant agréé, je m'y rendis ; et j'y restai pendant tout le temps que l'assemblée dura.

M. Courtin avoit toujours de la joie, et l'inspiroit aux autres. Il me paroissoit que dans l'assemblée où l'on traitoit la paix il étoit l'âme de toutes les délibérations qui se prenoient, étant regardé comme un homme de très-bon esprit et de longue expérience. Il avoit amené avec lui M. Pelletier de Souzy, qui s'est fait connoître pour avoir beaucoup d'esprit et des talens extraordinaires, lequel ayant été connu du Roi, fut honoré depuis par Sa Majesté de deux beaux emplois. Il avoit aussi amené M. l'abbé de Villiers, qui étoit ce qu'on appelle un bon compère. M. le comte de Guiche et M. de Saint-Évremont s'y rendirent. On songeoit qu'à se divertir.

[1667] Le sujet de l'assemblée étoit pour faire la paix entre l'Angleterre et la Hollande, qui non-seulement se faisoient la guerre, mais encore avec une très-grande aigreur de part et d'autre. Le jeune de Witt, commandant la flotte des États, avoit été jusqu'à Chatam, où il avoit brûlé une bonne partie de celle d'Angleterre. Tous les jours c'étoit de grands repas chez les ambassadeurs; M. le marquis d'Hauterive, gouverneur de Bréda, qui étoit fort de mes amis, tenoit aussi une bonne table. Milord Hollis, chef de l'ambassade d'Angleterre, me fit beaucoup d'amitié de la part du roi son maître Charles II, et me parloit beaucoup de ce qui se passoit.

Lorsque la paix fut sur le point de se faire, nos entretiens rouloient principalement sur ce que le roi d'Angleterre pourroit faire pour se venger de M. de Witt, pensionnaire de Hollande, et le détacher d'avec la cour de France, d'où il tiroit sa principale considération. Il me dit qu'il convenoit de ce principe; mais que la difficulté étoit de savoir par où y parvenir. Je lui demandai s'il croyoit que le roi d'Angleterre fût bien capable de dissimulation, et de garder, entre Sa Majesté seule et lui milord Hollis, un grand secret avec tout le reste. Il me dit qu'il croyoit le Roi son maître capable de tout, s'il pouvoit trouver le moyen d'abaisser l'orgueil de M. de Witt. Je lui répliquai que cela étant ainsi, il falloit, après la paix faite, feindre par beaucoup de démonstrations de vouloir oublier tout ce qui s'étoit passé entre lui et M. de Witt, et lier une étroite amitié pour l'intérêt des deux nations; surtout lui donner des louanges en quantité, en lui disant que le roi d'Angleterre le prioit de lui donner ses avis dans les occasions, sans attendre qu'il les lui demandât; fonder cette grande liaison sur la puissance de la France et l'ambition démesurée de son roi. J'ajoutai que s'il croyoit le Roi son maître capable de faire ce que je disois, je lui ferois aisément voir que cela conduiroit M. de Witt à sa perte; que j'étois fort persuadé que la grande préférence que ce dernier avoit pour le conseil de France étoit fondée principalement sur l'opinion dans laquelle il étoit d'être irréconciliable avec le roi d'Angleterre; mais qu'assurément si ce que je proposois étoit bien conduit, M. de Witt ne seroit pas long-temps sans croire qu'il pourroit bien n'être plus dans une si grande dépendance du conseil de France; que dès les premières démarches qu'il feroit dans cette vue, le roi de France et son conseil le trouveroient fort mauvais; que, sans vouloir pénétrer plus loin dans l'avenir, je me flattois que le roi d'Angleterre seroit content de l'avis que je prenois la liberté de lui donner, parce que s'il étoit satisfait de la disposition où cela mettroit les choses, il n'auroit qu'à s'y tenir; que je n'avois eu l'avantage de voir M. de Witt qu'une fois en ma vie; mais que le connoissant comme je faisois, par le grand soin que j'avois pris de l'étudier, j'étois persuadé que, se croyant fort assuré du roi d'Angleterre, il penseroit être en état de donner des mortifications à la France. Je savois qu'il parloit souvent des avantages qu'il avoit remportés sur l'Angleterre, et qu'il avoit nécessité la Suède et le Danemarck à se tenir en paix, après les avoir obligés de la faire; que par conséquent il ne manqueroit pas d'envisager que ce seroit un beau fleuron à sa couronne s'il pouvoit se trouver en état de dire qu'il avoit forcé les François de faire quelque chose qu'ils n'auroient pas voulu. Le milord Hollis ayant écrit au roi d'Angleterre tout ce que sa mémoire lui put fournir de ce que je lui avois dit, reçut ordre de me bien remercier, et de me prier de vouloir bien qu'il en dressât un mémoire de concert avec moi : ce qui fut fait. J'y ajoutai qu'aussitôt que la paix seroit signée, il seroit bon que cet ambassadeur eût ordre de commencer à parler à M. de Witt, suivant le dessein et dans le sens dont nous étions convenus, mais pourtant sans trop d'empressement. Le milord Hollis ayant eu réponse du Roi après qu'il eut reçu le mémoire que nous avions fait, fut encore chargé de me bien remercier. L'assemblée de Bréda finie, je m'en allai à La Haye, où je reçus beaucoup d'honnêtetés du prince d'Orange.

En ce temps-là je reçus une lettre de M. le duc de Zell qui m'invitoit de l'aller voir, comme je lui avois promis. Il me prioit de m'informer, autant que je pourrois, comment M. de Witt regardoit les levées que faisoient les Suédois en Poméranie; que cela pouvoit menacer la ville de Brême, qui étoit sous la protection de sa maison; que lui et M. l'évêque d'Osnabruck avoient levé chacun un régiment d'infanterie; qu'il ne doutoit pas que quand les Hollandais seroient persuadés de ce dessein, ils ne voulussent bien faire quelque effort pour l'empêcher, de concert avec eux : et comme je savois que M. de Montbas étoit très-étroitement uni avec M. de Witt, je le priai d'entrer sur cela en conversation avec lui. J'appris qu'effectivement ces levées donnoient de la jalousie aux Hollandais : j'espérai que cela pourroit tourner favorablement pour M. le duc de Zell et M. l'évêque d'Osnabruck. Je priai M. de Montbas de faire ce qui pourroit dépendre de lui pour fomenter une liaison entre les États-Généraux et ces messieurs.

Je m'en allai à Lunebourg, où étoient M. le duc de Zell et M. l'évêque d'Osnabruck (1) : j'eus l'honneur de voir ce dernier pour la première fois, et j'en reçus bientôt des marques de bonté, et de la même confiance que monsieur son frère avoit en moi. Je fus d'avis que, pour obliger les Hollandais d'avoir plus de confiance à ces princes, il falloit faire un effort, et em-

(1) Ernest-Auguste, évêque d'Osnabruck.

prunter plutôt une somme considérable pour lever encore quelques troupes, afin de faire connoître qu'ils avoient abandonné les plaisirs où ils avoient été jusqu'alors, pour se donner de la considération. Les Suédois continuant à faire des levées, et M. de Witt considérant l'intérêt que la Hollande avoit qu'ils ne s'agrandissent de ce côté-là, et que d'ailleurs la maison de Brunswick se mettoit, autant qu'il lui étoit possible, en état de l'empêcher, prit la résolution de faire un traité avec elle, par lequel les Hollandais promettoient jusqu'à un million huit cent mille livres payables dans des temps assurés, à mesure que messieurs de Brunswick lèveroient des troupes, jusqu'au nombre de dix mille hommes de pied et quatre mille chevaux : ce qui se fit avec tant de diligence, que ces troupes furent bientôt sur pied, et fort belles. Le bruit s'étant répandu partout du bon état dans lequel étoient ces princes, obligea le Roi de leur envoyer M. Balthazar, parce qu'il avoit épousé la sœur de ce M. de Beauregard que j'ai déjà nommé. On lui donna une personne pour l'aider qui avoit de l'esprit. Messieurs les princes m'ayant fait l'honneur de me demander mon avis sur ce qu'on auroit à répondre, je leur conseillai de remercier le Roi de l'honneur qu'il leur faisoit en leur envoyant un homme du mérite de M. Balthazar, et d'assurer Sa Majesté de leur profond respect; mais que pour lors ils ne pouvoient avoir d'autres vues que de tâcher à bien exécuter le traité qu'ils avoient fait avec les Hollandais.

M. Balthazar et son confident, étant retournés à Paris, parlèrent fort de la considération que ces princes avoient pour moi. M. de Lyonne pria, de la part du Roi, M. le prince de m'écrire, pour me représenter l'intérêt que j'avois de rendre quelque service à Sa Majesté qui pût me procurer mon retour. Aussitôt que j'eus reçu cette lettre, j'en rendis compte à messieurs les ducs de Zell et d'Osnabruck, et leur dis que je ferois la réponse qu'ils jugeroient à propos. Tous deux avec empressement me dirent qu'il falloit que je profitasse de cette occasion pour me procurer mon rétablissement en France; et moi je leur dis qu'il falloit premièrement regarder ce qui leur étoit bon. Après une longue conversation qui roula particulièrement sur ce qu'on parloit d'une triple alliance de l'Angleterre, la Suède et les États-Généraux, pour faire faire la paix entre la France et l'Espagne, qui avoit été rompue par l'entrée du Roi en Flandre et la prise de Lille; que les Hollandois ne voudroient plus leur donner des subsides; qu'il étoit bon d'écouter des propositions, si dans la suite la France en vouloit faire; que cela ne feroit qu'augmenter leur considération; enfin il fut résolu que je ferois savoir à M. le prince que je m'estimerois bien heureux si je pouvois avoir occasion de rendre quelque service qui fût agréable à Sa Majesté. Bientôt après je reçus une lettre de M. de Lyonne sur le même sujet, par laquelle il m'exhortoit de rendre service au Roi auprès de messieurs les princes de Brunswick, comme un chemin qui pourroit me faire avoir ma grâce, et mon retour en France.

Dans le même paquet étoit une lettre de cérémonie, dont je rapporte ici la copie. Il y avoit en haut *Monsieur*, avec un peu de distance entre la première ligne, et au bas : *Votre très-humble et très-obéissant serviteur.* Le hasard fit que dans ce temps-là on m'envoya la copie d'une lettre que M. de Lyonne avoit écrite à l'envoyé de Vienne : je pris plaisir à vérifier qu'il ne lui faisoit pas plus de cérémonie qu'à moi.

Copie de la lettre que M. de Lyonne écrivit à M. de Gourville, de Paris, le 23 décembre 1667.

« Monsieur,

» Je vous écrivis il y a huit jours aux termes
» que vous avez vus; et à toutes fins je ferai
» mettre dans ce papier un duplicata de ma
» lettre. Depuis cela, monseigneur le duc m'a
» envoyé de Chantilly une lettre que vous
» avez écrite le 26 de l'autre mois à M. de Guitaut, laquelle monseigneur le prince avoit
» adressée à Dijon à monsieur son fils. J'ai vu
» par ladite lettre l'ardent désir que vous témoignez de pouvoir rendre quelque service au
» Roi dans la cour où vous êtes; que vous y
» voyez même les choses bien disposées pour
» lui. Cela m'a fait juger que vous n'y seriez
» pas inutile au bien des affaires de Sa Majesté,
» pourvu qu'on voulût vous en fournir la matière. Sur quoi, après m'être conjoui avec
» vous de vous voir dans de si bons sentimens,
» eu égard même à vos intérêts particuliers, qui
» certainement n'empireront pas par le chemin
» que vous prenez, je vous dirai qu'il y a environ deux mois, plus ou moins, que je priai
» M. le baron de Plato d'écrire à messieurs les
» princes, ses maîtres, la singulière estime que
» Sa Majesté faisoit de leurs personnes et de leur
» maison, la disposition où elle étoit de leur procurer tous les avantages qui seroient en son
» pouvoir; que la conjoncture étoit belle et favorable; que M. l'évêque d'Osnabruck, après la

» paix de Munster, avoit fait paroître beaucoup
» d'inclination d'acquérir de la gloire par les ar-
» mes, et de se mettre à la tête d'un corps de
» douze mille hommes que sa maison avoit, pour
» venir servir Sa Majesté de sa personne et des-
» dites troupes; qu'alors le Roi n'avoit pu en-
» tendre à la proposition, parce que Sa Majesté
» espéroit toujours que les Espagnols voudroient
» bien lui faire raison à l'amiable sur les droits
» échus à la Reine : mais si ce brave prince étoit
» encore aujourd'hui dans la même disposition,
» Sadite Majesté n'en auroit pas moins d'accep-
» ter sa proposition avec grande joie; que les
» Pays-Bas étoient grands, et pouvoient facile-
» ment donner le moyen au Roi de récompenser
» avantageusement ses amis qui auroient pris
» part à ses intérêts, et l'auroient assisté à tirer
» raison des Espagnols, ou à se la faire elle-
» même; et qu'on pourroit aisément convenir
» d'ailleurs des conditions du paiement de la
» subsistance dudit corps, et autres choses sem-
» blables, toutes fort obligeantes. La réponse
» que ledit baron de Plato reçut à cette dépêche
» fut que messieurs de Brunswick estimoient
» beaucoup ces démonstrations de l'estime et de
» la bonne volonté de Sa Majesté ; mais que les
» choses ayant beaucoup changé de face depuis
» la paix de Munster, par diverses nouvelles
» alliances que leur maison avoit contractées
» avec d'autres princes, ils n'étoient plus en état
» d'entendre à ces sortes d'ouvertures. Voilà
» donc déjà une matière que je vous fournis de
» servir le Roi, en cas que vous y trouviez quel-
» que plus grande disposition de la part desdits
» sieurs princes qu'il n'en a paru par la réponse
» qu'ils ont faite audit baron de Plato ; et s'ils
» veulent bien aujourd'hui y entendre, vous
» n'aurez qu'à me le faire savoir, et me marquer
» en même temps ce qu'il pourroit désirer en
» échange de Sa Majesté, soit pour quelque por-
» tion des conquêtes des Pays-Bas. S'ils ne ju-
» gent pas à propos d'entrer en de si grands en-
» gagemens, qu'ils veuillent seulement se tenir
» dans une exacte neutralité, promettre à Sa
» Majesté de ne s'engager avec aucun poten-
» tat ou prince contre ses intérêts, refuser
» toutes sortes de levées et de passages dans
» leurs États aux troupes qui voudroient venir
» assister les Espagnols aux Pays-Bas, joindre
» même leurs troupes aux autres princes qui,
» pour le bien et la tranquillité de l'Empire, ont
» fait une liaison entre eux pour s'opposer aux-
» dits passages, et enfin renouveler l'alliance du
» Rhin. En ce cas-là donc Sa Majesté se con-
» tentera, et sera même fort satisfaite. Vous
» saurez de Leurs Altesses ce qu'elles auroient
» à désirer en échange de Sa Majesté, pour avoir
» plus de moyens de continuer à entretenir
» leursdites troupes pendant tous ces mouve-
» mens de guerre ; et me le faisant savoir, je
» vous informerai bientôt des dernières inten-
» tions de Sa Majesté. Cependant je demeure,
» monsieur, votre très-humble et très-obéissant
» serviteur,

» DE LYONNE. »

Mais après que je fus fait homme du Roi, il commença à me diminuer mes honneurs : cela même alla assez vite, et je l'en fis rire quelque temps après que je fus revenu. Aussitôt que ce ministre eut reçu ma réponse, je me trouvai revêtu du caractère d'envoyé du Roi, avec une instruction de ce que j'avois à faire, et un plein pouvoir de traiter avec messieurs de la maison de Brunswick. Me voilà donc mon procès fait et parfait à Paris, et plénipotentiaire du Roi en Allemagne [1668]. M. le comte de Waldeck étoit fort attaché à ces princes ; jusque-là j'avois vécu avec lui en fort bonne intelligence ; mais désirant fort de pouvoir obliger l'empereur à le faire prince de l'Empire, joint aux liaisons qu'il avoit avec les États de Hollande, où étoit son principal bien, faisoit que nous avions souvent des contestations devant les princes. Je lui dis un jour que si ces messieurs n'avoient point d'autres intérêts que de le faire prince de l'Empire, ils ne pouvoient mieux faire que de suivre ses conseils : mais que j'estimois qu'ils en pouvoient avoir d'autres ; qu'ils étoient obligés de garder des mesures d'honnêteté avec toutes les puissances, particulièrement avec la France, étant possible qu'il y auroit des temps où il leur conviendroit d'en profiter. Cela fit une espèce de guerre entre lui et moi, gardant toujours néanmoins la bienséance.

En ce temps-là M. Jean-Frédéric, lors duc d'Hanovre, me fit demander si je voudrois me charger d'écrire en France le dessein qu'il avoit d'épouser la troisième fille de madame la princesse palatine, qui étoit sœur de madame la duchesse. Avant de faire réponse, je demandai à messieurs les ducs de Zell et l'évêque d'Osnabruck s'ils trouveroient bon que je me chargeasse de quelques propositions que M. le duc d'Hanovre me vouloit faire, celui-ci ayant stipulé avec moi que je ne la leur communiquerois pas. Ils me dirent que si je ne m'en chargeois, M. le duc d'Hanovre prendroit d'autres mesures pour faire réussir le dessein qu'il avoit ; et qu'ainsi je pouvois écouter ses propositions, en lui promettant de ne leur en pas parler : ce que je fis. Aussitôt je mandai à M. le prince la proposition de M. le duc d'Hanovre; et avec sa réponse j'eus un ordre du Roi d'entrer dans les conditions de ce mariage, et nous en convînmes.

Je crois devoir dire ici que messieurs les ducs de Zell et l'évêque d'Osnabruck étoient des princes aussi généreux qu'il y en eût au monde, pleins de bonté et de libéralité. Leur cour étoit remplie, particulièrement celle de M. de Zell, de Français, à qui ils donnoient une subsistance proportionnée aux emplois qu'ils avoient dans leur maison. Ces messieurs vivoient tous avec moi avec beaucoup plus de déférence que je ne pouvois désirer. M. le comte de Waldeck voyoit tout cela fort impatiemment, surtout à mon égard. M. de Lyonne me chargeoit toujours de faire des propositions à ces deux princes, mais toujours conditionnées, pour n'en point venir à la conclusion. Je crois que M. le comte de Waldeck ayant donné avis de cela à M. de Witt, l'exhorta de leur faire d'autres propositions de la part des États; et pour m'ôter la connoissance de ce qui se passoit de ce côté, engagea M. l'évêque d'Osnabruck de faire un tour à La Haye : et moi, cherchant l'occasion de faire ce voyage, je m'avisai de le proposer à madame la duchesse d'Osnabruck comme une partie de plaisir, et de prendre pour prétexte quelque incommodité des deux aînés de messieurs ses enfans, avec qui elle iroit dans une calèche, et moi dans une autre avec une demoiselle de Poitou, nommée La Marseillère, qui étoit belle, et fort au gré de M. de Waldeck; que nous partirions un jour après monsieur son mari, pour nous servir des relais qu'il avoit disposés pour son voyage, quelques-uns des gens de M. le comte de Waldeck ayant aussi des calèches. M. l'évêque d'Osnabruck consentit d'autant plus à ce voyage, que M. le duc de Zell et lui convinrent avec moi d'un traité qui pouvoit convenir au Roi et à ces princes, sans toutefois m'engager à autre chose qu'à en faire la proposition; de quoi je donnai aussitôt avis à M. de Lyonne, avec une adresse pour me faire réponse, qui pouvoit arriver en Hollande à peu près en même temps que moi.

Le jour du départ étant venu, M. d'Osnabruck partit avec M. de Waldeck. Le surlendemain, à la pointe du jour, la princesse partit aussi en l'équipage que j'ai marqué, avec un petit chariot qui portoit les matelas, et quelques hardes pour elle. Ses deux enfans et sa dame d'honneur étoient dans sa calèche, et moi tête à tête avec ma Poitevine. Cela m'attira quelques railleries de M. de Lyonne, à qui j'avois mandé la manière dont je faisois mon voyage. Nous arrivâmes deux jours après à La Haye, où le prince étoit arrivé deux jours auparavant. Le lendemain matin je reçus une lettre de M. de Lyonne, qui me mandoit que le Roi étoit très-content de la manière dont je m'étois conduit; mais qu'ayant appris que la triple alliance entre l'Angleterre, la Suède et la Hollande étoit signée pour faire la paix, il me chargeoit de faire bien des honnêtetés à ces princes de la part de Sa Majesté, et de leur dire qu'elle les prioit de vouloir bien lui conserver leurs bonnes volontés pour les occasions qui se pourroient présenter. J'en informai aussitôt M. l'évêque d'Osnabruck, et lui conseillai d'accepter les propositions des Hollandais, quoique peu avantageuses : ce qu'il fit. Nous nous en retournâmes comme nous étions venus; et voyant que je n'étois d'aucune utilité pour le service du Roi en Allemagne, j'écrivis à M. de Lyonne que je le priois d'obtenir pour moi la permission d'aller à Paris.

M. le prince me manda à peu près dans ce temps-là qu'il souhaiteroit fort que j'allasse à Hambourg y attendre M. Chauvau son secrétaire, qui venoit de Pologne, d'où il rapportoit beaucoup de pierreries de la succession de la reine de Pologne pour madame la princesse palatine et madame la duchesse, afin d'empêcher que les troupes, nombreuses en ce pays-là, ne lui fissent un méchant parti. Quelque temps avant notre voyage de Hollande, la reine de Suède, qui étoit pour lors à Hambourg, m'avoit fait dire que je lui ferois plaisir si je pouvois lui envoyer la troupe française de comédiens qu'avoit M. le duc de Zell. Après en avoir obtenu la permission de Son Altesse, je les fis partir, et je m'y rendis aussitôt. Comme j'avois eu l'honneur de voir cette princesse en France, j'en reçus beaucoup d'honnêtetés, aussi bien que de M. de Wrangel, personnage considérable. Nous nous trouvions tous les soirs chez la Reine, où il y avoit grand nombre de femmes de Suède, et de deux jours l'un comédie. Le bruit courut alors que le roi de Suède étoit fort mal; ce qui fit que cette grande princesse, qui auroit bien voulu trouver moyen de se rétablir en Suède, me mit dans sa confidence; mais on apprit bientôt l'entière guérison du Roi.

Après avoir resté à Hambourg environ trois semaines, le sieur Chauveau, secrétaire de M. le prince, y étant arrivé, je le menai à Lunebourg, où étoit M. le duc de Zell; et j'y reçus encore une lettre de M. de Lyonne, dont voici la copie, où il se voit que M. de Lyonne ne me fait pas le même traitement que dans la première qu'il m'avoit écrite.

35.

Copie de la lettre de M. de Lyonne, écrite à M. de Gourville, de Saint-Germain, le 16 mars 1668.

« Monsieur,

» J'ai lu au Roi, d'un bout à l'autre, votre dernière lettre; mais Sa Majesté, dans les derniers endroits où vous parlez d'une course à Paris, ne s'est expliquée de rien : il faut que l'affaire ne soit pas encore assez mûre. Quant au mot que vous y avez coulé touchant l'expiration de votre contumace au commencement d'avril, quelqu'un, qui entend mieux que moi ces sortes d'affaires, a dit que vous ne deviez pas en être plus en peine que si elle devoit durer encore deux ans, parce qu'en cas que le Roi voulût vous faire les grâces que vous pouvez désirer, il lui étoit aussi facile de le faire après qu'avant le temps de la contumace.

» Pour ce qui est de continuer à voir don Estevan de Gamara et madame sa fille, Sa Majesté s'est expliquée que vous pourrez le faire sans scrupule. Sur ce je demeure, monsieur, votre très-humble et très-affectionné serviteur,

» de Lyonne. »

Après avoir fait réflexion, je pris le parti, nonobstant cela, de hasarder de faire un voyage à Paris. Je communiquai mon dessein à M. le duc de Zell et à M. le duc d'Osnabruck, qui me témoignèrent avec leurs bontés ordinaires qu'ils souhaiteroient fort qu'on me reçût en France en sorte que j'y fusse content ; mais que si cela n'étoit pas, ils me prioient de revenir auprès d'eux ; et que si je voulois, ils me régleroient une somme pour subsister dans une maison particulière avec tout le monde qui étoit auprès de moi, dont je les remerciai fort. Je partis comme si je devois faire mon séjour à Bruxelles. Je reçus aussi bien des témoignages de bonté et d'amitié de mesdames les duchesses de Zell et d'Osnabruck, qui avoient toutes deux beaucoup de mérite. M. le duc de Zell me donna un attelage de six jumens noires très-belles, les pieds et le chanfrein blancs ; et M. le duc d'Osnabruck, six chevaux de selle, dont je m'étois servi quelquefois pour aller à la chasse. Je m'en allai à La Haye, emmenant avec moi M. Chauveau ; j'y fus très-agréablement reçu de M. le prince d'Orange, qui commença par me parler d'affaires, et, ce me semble, avec beaucoup de bon sens. Un jour étant avec lui au bout de sa galerie, la conversation roulant sur M. de Witt, je lui dis que tout le monde étoit persuadé que ce dernier étoit fort en garde pour l'empêcher de s'établir dans l'autorité qu'avoient eue ses pères, et qu'à la fin ils auroient bien de la peine à compatir ensemble. Dans ce moment on l'avertit que M. de Witt et M. de Gent, qui avoit été son gouverneur, venoient pour le voir : lui allant pour les joindre, je le suivis ; et comme il commença par faire de grandes amitiés à M. de Witt, en m'en allant je le regardai fixement, les autres ne pouvant me voir. Il me dit après qu'il avoit bien aperçu ce que j'avois voulu lui faire entendre. Nous convînmes qu'il falloit qu'il en usât ainsi, jusqu'à ce qu'il vînt un temps qui lui donnât lieu d'en user autrement. Je lui dis en riant qu'il en savoit beaucoup pour son âge (1).

Voulant continuer mon chemin pour Paris, je m'en allai à Bruxelles, où je reçus beaucoup d'amitié et d'honnêteté de M. de Castel-Rodrigo, qui, se souvenant qu'il ne m'avoit pas voulu me croire quand je lui avois dit qu'on auroit bientôt la guerre [ce que d'autres gens lui avoient aussi confirmé], commença par vouloir se justifier là-dessus, en me disant que lorsque j'étois parti de Bruxelles il ne doutoit point de la guerre, quoiqu'il fît semblant du contraire, parce que n'ayant point d'argent à donner à ceux qui lui en demandoient sous ce prétexte, les uns pour réparer leurs places, qui en effet étoient dans un grand désordre, les autres pour acheter des munitions, dont presque tous les gouverneurs manquoient ; que n'ayant ni munition ni argent, et ne voulant pas faire voir son impuissance, il avoit pris le parti de leur dire qu'ils demeurassent en repos, et qu'il n'y auroit point de guerre. Je convins qu'en ce cas il ne pouvoit mieux faire qu'en soutenant qu'il ne la croyoit point.

Tous mes amis de Bruxelles me témoignèrent beaucoup de joie de me revoir : mais comme je n'y voulois pas séjourner, je leur dis que j'allois faire un tour à Cambray, où j'avois donné rendez-vous à quelques-uns de mes amis ; qu'après cela je reviendrois les voir, afin qu'on ne pût mander à Paris que j'étois parti pour y aller. J'étois assez embarrassé de la manière dont je devois y arriver, chacun pour lors craignant fort de faire quelque chose dont il pût être repris. Je pris donc mon parti, étant à Cambray, de dire à M. Chauveau de s'en aller devant à Chantilly, où il arriveroit le lundi, et de prier M. le prince de me faire trouver un homme de ses livrées le mardi à la brune sur le pont de Creil, pour me mener au lieu qu'il auroit destiné

(1) Il entroit dans sa dix-huitième année.

pour me loger secrètement ; ayant jugé d'en user ainsi, de crainte que si j'avois demandé permission, cela n'eût davantage embarrassé M. le prince.

Je trouvai l'homme de livrée sur le pont de Creil, comme je l'avois désiré : il me mena avec mon seul valet de chambre mettre pied à terre chez le sieur de La Rue, capitaine des chasses de Chantilly, ayant laissé mon carrosse et mes autres domestiques à Cambray. Le sieur de La Rue étant allé dire à M. le prince que je venois d'arriver, il me témoigna que Son Altesse avoit une grande envie de m'entretenir, et qu'il avoit ordre de me mener chez elle après minuit, afin que personne ne pût s'en apercevoir. En attendant il me fit grande chère ; et aussitôt que minuit fut sonné, il me conduisit par les jardins à l'appartement de M. le prince, qui me retint auprès de lui pendant deux heures et demie, m'ayant témoigné la joie qu'il avoit de me voir et l'envie de me servir. Nous entrâmes en matière ; et après avoir résolu qu'il iroit trouver M. Colbert pour tâcher d'obtenir que du moins il voulût m'entendre, il me fit une infinité de questions sur les remarques que j'avois faites dans mes voyages, mais entre autres quelle opinion j'avois de M. le prince d'Orange, qui n'avoit que dix-huit ans. Je lui en dis tout le bien que j'en avois connu et lui contai le trait de politique que je lui avois vu faire dans sa galerie, au sujet de la visite de M. de Witt. M. le prince obtint avec assez de peine, de M. Colbert, qu'il me verroit, à condition de m'en retourner aussitôt, si je ne voulois pas faire ce qu'il souhaitoit. Je me rendis auprès de Son Altesse pour savoir comment la chose s'étoit passée. J'appris que M. Colbert ne s'étoit rendu qu'aux très-instantes prières de Son Altesse, et qu'elle étoit obligée de me dire qu'il lui avoit paru que ce ministre n'avoit aucune bonne volonté pour moi, ni envie de me faire plaisir.

Le lendemain je me rendis à l'heure qui m'étoit indiquée dans une maison rue Vivienne, appartenant à M. Colbert, laquelle répondoit à sa galerie. Je le vis venir avec une mine grave et sérieuse, qui auroit peut-être déconcerté un autre : je lui fis ma révérence avec un visage assez ouvert. Aussitôt il me dit que j'avois obligation à M. le prince d'avoir obtenu la permission de venir à Paris, et que j'eusse à voir ce que j'avois à lui proposer. Je commençai par le faire souvenir qu'en partant de la cour je lui avois donné cinq cent mille livres qu'il m'avoit demandées, pour les reprendre sur la recette générale des finances de Guyenne ; mais qu'aussitôt j'avois eu les mains fermées, par la suppression des commissaires des tailles ; que j'avois donné cinq cent mille livres à M. Coquille, qui avoit fait le traité général pour les généralités de Bordeaux et Montauban ; et voulant lui dire d'autres pertes que j'avois faites, il m'interrompit, pour me dire qu'il falloit par dessus tout cela que je donnasse huit cent mille livres au Roi. Je lui répondis que si je les avois, je pouvois l'assurer que cela étoit venu des profits que j'avois faits au jeu : et s'étant fort accoutumé à décider, il me déclara que si je ne donnois pas six cent mille livres, je n'avois qu'à m'en retourner d'où je venois, et qu'il ne me donnoit que trois jours pour lui faire savoir ma réponse. Il s'en alla ; et j'en fis de même, peu satisfait de mon entrevue. A peine, suivant cela, pouvois-je trouver le temps de voir un moment chacun de mes amis. Tous ceux que j'avois me témoignèrent beaucoup de joie, et en même temps bien du chagrin de ce que, selon toutes les apparences, cela ne dureroit guère.

M. le duc, aujourd'hui M. le prince, voulant donner à souper, dans sa petite maison de la rue Saint-Thomas du Louvre, à M. le comte de Saint-Paul, que j'avois eu l'honneur de loger chez moi passant à Bruxelles au retour d'un grand voyage, à M. le commandeur de Souvré, à M. de Lyonne, et, ce me semble encore, à quelques autres messieurs, m'ordonna d'être de cette partie. Il y fit trouver une musique admirable, entre autres mademoiselle Hilaire et mademoiselle Raymond. Je fus si charmé de cet honneur et du plaisir que je sentois, que j'avouai à cette bonne compagnie qu'il n'y avoit que l'impossibilité qui m'empêchât de donner à M. Colbert ce qu'il me demandoit, par l'espérance que j'aurois de goûter encore une pareille félicité. M. Hotman, pour lors intendant des finances, me fit dire que M. Colbert lui avoit ordonné de savoir ma dernière résolution ; l'ayant été voir, il me fit beaucoup d'amitié. Je l'avois connu fort particulièrement dans le temps qu'il avoit été intendant des généralités de Bordeaux et de Montauban ; je n'avois rien oublié pour lui faire connoître par de bons effets combien son amitié m'étoit chère : il ne manqua pas de vouloir me donner des preuves de sa reconnoissance, en m'exhortant de contenter M. Colbert ; et toutes les remontrances que je lui pouvois faire n'aboutirent qu'à me conseiller fortement de donner six cent mille livres, dont ce ministre vouloit bien se contenter, parce qu'il avoit ordre de m'ajouter, en cas de refus, qu'il falloit que je sortisse du royaume. Il me témoigna le chagrin qu'il en avoit : je le priai de dire à M. Colbert que j'obéirois, et que dans trois jours je ne serois plus à Paris.

En effet, après avoir eu l'honneur de prendre congé de M. le prince, qui me dit qu'il s'en alloit à Chantilly, puisqu'il n'y avoit plus d'espérance de pouvoir rien faire pour moi, je remerciai M. le duc de toutes les marques de bonté qu'il m'avoit fait la grâce de me donner; et après avoir fait mes adieux à mes amis les plus particuliers, je partis le troisième jour comme je l'avois promis, et m'en allai coucher à Liancourt, où M. et madame de Liancourt s'efforcèrent de me témoigner la joie qu'ils avoient de me revoir, et en même temps combien ils étoient fâchés de me voir si pressé de partir pour quitter le royaume. Mais comme ils m'avoient obligé de rester auprès d'eux pendant quelques jours, j'y reçus des nouvelles de Paris, par lesquelles j'appris que M. le duc d'Hanovre devoit bientôt arriver à la cour pour faire la révérence au Roi, et y assurer son mariage. J'écrivis à M. le prince à Chantilly, pour savoir ce qui en étoit, et pour le prier de trouver bon que j'eusse l'honneur de lui communiquer une pensée qui m'étoit venue, au cas que la nouvelle fût vraie. Il se donna la peine de me la confirmer, et me manda qu'il seroit bien aise de savoir ce que j'aurois imaginé. Je me rendis donc auprès de Son Altesse, et lui communiquai le dessein que j'avois de faire une nouvelle tentative, avec le secours de sa protection, pour obtenir encore quelque temps. Il l'approuva fort; et dans le moment il écrivit à monsieur le duc son fils de représenter à M. Colbert que M. d'Hanovre devoit bientôt arriver, et que comme j'avois eu l'honneur de conclure son mariage par ordre du Roi, il estimoit qu'il seroit nécessaire que je fusse à Paris à son arrivée, parce qu'il pourroit y avoir encore quelques petites choses à régler, que personne ne pouvoit aussi bien faire que moi : lui ajoutant qu'il feroit en cela un grand plaisir à M. le prince et à lui, qui souhaitoient entièrement de voir ce mariage accompli; enfin qu'il le prioit de trouver bon qu'il en parlât au Roi dans ces termes; que ce ne seroit qu'une prolongation de mon séjour à Paris d'environ trois semaines ou un mois. M. Colbert ne voulut point refuser ce petit délai, et dit à M. le duc qu'il étoit le maître d'en parler au Roi; et même que de sa part il y contribueroit volontiers, se chargeant d'en parler le premier à Sa Majesté. M. le duc manda, en réponse à M. le prince, que je pouvois demeurer à Chantilly le temps qu'il jugeroit à propos; même revenir à Paris en toute sûreté. Ce que je fis après l'arrivée de M. le duc d'Hanovre; et ayant été faire la révérence à ce prince, il chargea son ministre de régler avec moi pour quelque argent qu'il falloit donner, et des pierreries. Le prince s'en retourna bientôt, et laissa une procuration à M. Groot pour épouser en son nom la princesse Bénédicte. Quelques jours après, M. le prince et M. le duc nous firent mettre M. Groot et moi dans leurs carrosses pour aller à Anières, où étoit madame la princesse palatine, y faire la cérémonie du mariage.

Pendant tout ceci, M. le prince et M. le duc, qui avoient assez pris de goût pour moi, et qui voyoient bien que j'avois aussi peu envie de sortir du royaume que de donner six cent mille livres, souhaitèrent fort de pouvoir m'attacher à leur service, leur maison étant dans un extrême désordre. Ils pensèrent que si j'allois en Espagne, ayant fait des connoissances à Bruxelles avec des personnes de considération qui étoient pour lors à Madrid, je pourrois obtenir quelque chose à compte des grandes prétentions de M. le prince sur le roi d'Espagne. M. de Lyonne, à qui j'avois communiqué cette pensée, s'offrit volontiers d'en faire l'ouverture au Roi quand je seroit dans son conseil : ce qu'il fit, en disant que non-seulement je pourrois agir pour les affaires de M. le prince, mais que je pourrois aussi être utile au service du Roi, qui n'avoit alors personne à Madrid; et que don Juan, qui étoit pour lors à Sarragosse, avoit bien envie de faire quelque remuement. M. de Turenne, qui étoit alors dans le conseil, appuya ce que M. de Lyonne avoit proposé. M. Colbert dit seulement en peu de paroles que ce voyage coûteroit donc cinq à six cent mille livres au Roi. Ainsi il ne fut rien résolu pour lors.

[1669] Au mois de mars 1669, M. le prince et M. le duc me firent l'honneur de me parler de l'état de leurs affaires, trouvant qu'ils auroient de la peine à soutenir leurs dépenses, la pension étant mangée par une vieille introduction faite du temps de M. le président Perrault, à qui on étoit convenu de donner vingt-cinq mille livres sur les cinquante mille écus de pension, pour faire l'avance du reste. Celui-ci ayant remis la direction de la maison de M. le prince à M. Chanlost, qui avoit très-bien et fidèlement servi Son Altesse en qualité de secrétaire, mais qui étoit un fort mauvais intendant, il convenoit ne savoir plus comment s'y prendre pour soutenir la dépense de cette maison. M. le prince, M. le duc et madame la princesse palatine résolurent enfin de faire tous leurs efforts pour obtenir que j'eusse la liberté d'entrer à leur service. Plusieurs amis de M. de Colbert, qui surent ce dessein, lui remontrèrent si bien qu'il ne devoit pas se charger de l'aversion de ces princes pour une affaire qui ne le regardoit pas directement, qu'il se rendît traitable à Leurs Altesses, qui lui firent entendre qu'elles vouloient seulement me charger du soin de leurs affaires, sans lui rien demander sur ce qui me regardoit avec le Roi. Ces princes se proposèrent donc de me faire partir pour l'Espagne le plus tôt qu'il leur seroit possible; mais auparavant il étoit question de chercher des fonds pour faire subsister leur maison pendant mon absence. Je trouvai moyen d'emprunter avec M. le prince quarante mille écus de messieurs de La Sablière et Goisnel, ce dernier ayant déjà quelques fermes de M. le duc. Je priai pour lors M. le prince d'avoir égard qu'en me faisant l'honneur de me charger des affaires de sa maison, M. de Chanlost alloit tout-à-fait déchoir de la considération qu'il avoit; et que je savois que faisant très-mal les affaires de Son Altesse, il n'avoit guère mieux conduit les siennes, et n'avoit presque point de bien par rapport à ses dettes; qu'ainsi je la suppliois très-humblement de vouloir bien lui donner une pension de deux mille écus sa vie durant. J'eus beaucoup de plaisir de ce qu'elle eut la bonté de l'accorder. Je m'attachai pour lors à faire des mémoires, pour connoître la dépense de la maison pour une année. Ayant trouvé que les quarante mille écus empruntés, joints à pareille somme que M. le duc donnoit tous les ans pour sa dépense, celle de madame la duchesse et tout leur train, avec ce qui proviendroit des autres revenus qui n'avoient pu être saisis, pourroient à peu près suffire jusqu'à mon retour, je donnai ordre que tous les quinze jours on m'envoyât la recette et la dépense qui se feroient, afin que si je m'apercevois qu'on eût besoin d'argent, je pusse en fournir sur mon crédit.

M. de Lyonne m'ayant témoigné beaucoup de joie de la manière dont les choses s'étoient passées, me dit qu'il me donneroit une instruction, et qu'on n'étoit point informé de l'état des affaires d'Espagne, après la paix qui venoit de se faire avec le Portugal; qu'il falloit tâcher à pénétrer autant que je pourrois des revenus de cette monarchie, et l'informer par un courrier exprès de tout ce qui auroit pu venir à ma connoissance. Je me souviens qu'étant à Suresne, où il avoit une maison, me promenant avec lui dans une allée sur le bord de la rivière, il me fit une infinité de questions, entre autres sur ce qui regardoit la Hollande : et m'ayant demandé pourquoi les Hollandais étoient si riches, je lui dis que cela venoit de leur commerce, et encore plus de leur économie. Je lui contai que dans les bonnes maisons on n'y mangeoit presque point de viande, où tout au plus du bœuf séché à la cheminée, que l'on râpoit pour en mettre sur du beurre assez légèrement étendu sur du pain, que l'on appeloit tartine; et tous ne buvoient ordinairement que de la bière. Ensuite il me demanda : « Qu'imaginez-vous qu'on pourroit » faire pour ôter le commerce aux Hollandais? » Je lui répondis : « C'est de prendre la Hollande; » et M. le prince, que j'ai entretenu là-dessus, » ne le croit pas impossible. Si vous regardez » combien les États paient de troupes, vous » trouverez qu'ils en ont beaucoup; si vous at- » tendez que je vous explique ce que j'en sais, » vous trouverez qu'il ne les faut guère compter.

» Voici comment cela est venu à ma connois- » sance : je faisois souvent des promenades; » mais j'étois partout fort curieux de savoir com- » ment les choses se passoient. Étant à Berg-op- » Zoom, je me trouvai logé chez le maréchal des » logis d'une des deux compagnies de cavalerie » qui étoient en garnison, lequel tenoit cabaret. » Le bruit étant qu'elle devoit aller ailleurs, je » m'avisai de lui dire qu'il falloit donc qu'il lais- » sât le soin de sa maison à sa femme pendant le » temps qu'il seroit absent. Il me répondit que » cela ne se faisoit pas comme je le pensois, et » qu'il ne quitteroit point son logis; mais qu'à » la vérité il lui en coûteroit quatre ou cinq cents » livres pour donner au capitaine qui alloit venir, » et que moyennant cette somme il étoit dis- » pensé du service. Je lui demandai s'il en étoit » ainsi des cavaliers : il me dit que c'étoit la » même chose; et qu'à la réserve de quelques- » uns qui étoient regardés comme domestiques » du capitaine, chacun savoit ce qu'il devoit » donner par mois, et qu'il n'y en avoit point » qui ne payât au moins douze ou quinze pistoles » au capitaine; et qu'ainsi on pouvoit dire que » le maréchal des logis, non plus que les cava- » liers, ne changeoient jamais de place. Je fus » bien étonné d'entendre parler d'une cavalerie » composée de bourgeois qui ne sortoient jamais » de leurs maisons; et jugeant que cela valoit » bien la peine de m'en assurer, je lui demandai » encore s'il croyoit que le même usage fût établi » dans les lieux où il y avoit de la cavalerie en » garnison : il m'assura que c'étoit la même » chose. Je lui demandai aussi si le capitaine » profiteroit de tout cela : il me dit qu'il savoit » ce qu'il en devoit rendre aux autres officiers. » J'en parlai sans marquer mon dessein à M. de » Montbas, qui me dit que cela se pratiquoit » ainsi. Je lui dis que son régiment d'infanterie » devoit lui valoir beaucoup : il me répliqua qu'il » n'en étoit pas tout-à-fait de même dans l'in- » fanterie, mais qu'il y avoit toujours quelque re- » venant-bon de ce côté-là. » M. de Lyonne me parut tout étonné, et me demanda si j'avois informé M. le prince de tout ce que je disois : je lui répondis que j'en avois informé Son Altesse avec encore plus de détail, surtout au sujet de l'infanterie, dont tous les officiers n'avoient presque point servi ; que c'étoit par cette voie que M. de Witt se concilioit les cœurs de la plupart des bourgmestres de chaque province, en leur faisant donner des charges pour leurs enfans. La dernière question fut si je ne savois pas comment s'étoit formée la bonne intelligence qui paroissoit de M. de Witt avec le roi d'Angleterre, après l'aigreur que tout le monde savoit qu'il y avoit eu entre eux. Je l'assurai qu'il ne pouvoit s'adresser à personne qui fût en état de lui en rendre un meilleur compte, puisque j'avois moi-même fait cette bonne intelligence ; de quoi il se mit fort à rire, et pensa me tourner le dos. Je le priai de m'écouter, et lui racontai tout ce qui s'étoit passé à Bréda entre le milord Hollis et moi, lui disant qu'à mon avis il pourroit se servir de cette connoissance, et que peut-être arriveroit-il qu'il trouveroit jour à faire entrer le roi d'Angleterre contre la Hollande. Il me loua fort, et me dit qu'il prendroit son temps pour faire ma cour au Roi de tout ce que je venois de lui dire, dans les occasions qui pourroient s'en présenter.

Quelque temps après, étant disposé pour le voyage de Madrid, il fut résolu que M. le duc me meneroit prendre congé de M. Colbert, en le priant de vouloir se réduire à une somme honnête, afin que, la pouvant donner, je puisse finir entièrement mes affaires. Il me dit qu'il vouloit bien se contenter de cent mille écus, sans que j'eusse espérance d'en pouvoir diminuer un sou. Je lui offris cent mille livres comptant, et pareille somme à mon retour d'Espagne. M. Colbert représenta à M. le duc qu'il ne pouvoit point accepter mes offres, ayant diminué de cent mille écus de la dernière proposition qu'il en avoit fait faire. M. le duc, ainsi que nous étions convenus avec M. le prince, le remercia fort, et le pria de conserver sa bonne volonté jusqu'après mon retour d'Espagne ; que pour lors on verroit ce qui se pourroit faire. Après quoi je fis ma révérence. M. de Lyonne me donna ses instructions, avec beaucoup de nouvelles marques de son amitié. M. le prince me remit tous ses papiers pour les créances de Madrid, et me donna M. Chauveau, qui avoit déjà été dans ce pays-là, et qui étoit fort de mes amis.

Je partis le.... octobre 1669, et m'en allai à Verteuil, où je portai la nouvelle de la mort de madame la princesse de Marsillac. Je trouvai que M. de La Rochefoucauld ne marchoit plus ; les eaux de Baréges l'avoient mis en cet état. Toute sa maison témoigna beaucoup de joie de me revoir ; et il me dit qu'ayant su que je devois venir, il avoit fait publier la ferme de ses terres, et qu'il me prioit de lui donner un jour ou deux pour en faire le bail : ce que je fis, et trouvai moyen de l'augmenter, dont il fut fort satisfait. Je repris mon chemin pour Bayonne, où ayant été averti de la mauvaise route, surtout pour le pain, jusqu'à Madrid, je fis provision de biscuit ; et j'y arrivai le.... novembre 1669.

Je mis pied à terre dans une maison que M. de La Nogerette, que j'avois envoyé devant, m'avoit fait meubler assez proprement, et qui étoit assez grande pour y pouvoir loger M. le comte de Sagonne, fils de M. de Hauterive, qui étoit fort de mes amis ; M. de Saint-Loup, fils aîné de M. de Bayers ; M. de Chanie, fils de M. de Puyrobert, et M. Chauveau, secrétaire de M. le prince, avec mes domestiques. Ces quatre messieurs étoient mes camarades, suivant la façon de parler d'Espagne. J'avois mené de bons officiers ; j'y établis mon ordinaire d'un grand potage, quatre entrées, un grand plat de rôti, deux salades, deux plats d'entremets, avec du fruit aussi propre et aussi bon qu'on en peut avoir en ce pays-là, où il est rare. Les melons s'y sèment dans les champs comme le blé : il n'y en avoit presque point de mauvais ; cependant je n'en ai point trouvé d'aussi bons que j'en ai mangé quelquefois à Paris.

Tout ce qu'il y avoit de François établis à Madrid me vinrent voir ; et parmi ceux-là j'en choisis deux, après les avoir tous entretenus, pour m'aider à m'instruire. J'appris qu'il y avoit une prophétie qui prédisoit la mort du roi d'Espagne dans le mois de mai prochain : l'on ne peut s'imaginer à quel point cette sottise faisoit impression à Madrid. J'avois mené un carrosse, et M. de La Nogerette m'avoit acheté quatre mules. Ainsi je commençai dès le lendemain à faire mes premières visites à M. le marquis de Castel-Rodrigo, à M. le duc de Veraguas, à M. le comte de Molina, et à don Augustin de Spinola ; ces deux derniers ayant été véadors à Bruxelles, qui est proprement intendant. Je fus très-bien reçu de tous. Je m'adressai à don Emmanuel Delriza, pour lors introducteur des ambassadeurs, qui, quelques jours après, me marqua le jour et l'heure que j'aurois audience de la Reine. J'y allai avec mes camarades, messieurs de La Mothe et de La Nogerette pour mon petit cortége. Aussitôt après, ayant pris la liste de tous les messieurs de la junte, je les visitai tous. M. le marquis d'Ayetonne, qui étoit majordome de la Reine, étoit en quelque façon regardé comme le premier ministre ; je m'y attachai fort, et dans la suite il me témoigna beaucoup d'amitié et de confiance. M. le cardinal d'Arragon, archevêque de Tolède, aussi du conseil de la junte, me reçut très-bien, et a toujours cherché à me faire plaisir, à la recommandation de madame la marquise de Caracène sa sœur, à laquelle j'avois eu occasion de prêter de l'argent à son départ de Bruxelles. M. le marquis de Fuentès, qui avoit été ambassadeur en France, fut nommé pour mon commissaire. M. de Pigneranda, ministre de haute réputation, me parla fort des grands services que M. le prince avoit rendus à Sa Majesté Catholique. M. de Gonzague, qui étoit de la junte, me témoigna beaucoup de bontés : il étoit allié de madame la princesse palatine. Voilà ceux à qui je m'attachai le plus, du nombre des douze conseillers de la junte. M. le duc de Veraguas et M. le comte de Molina étant venus pour dîner chez moi, m'amenèrent M. le duc d'Albe, qui étoit déjà vieux, mais de très-bonne humeur : il me disoit souvent qu'il n'avoit jamais voulu se mêler d'affaires. Je leur fis fort bonne chère, et ils s'en accommodèrent si bien, qu'ils y venoient souvent avec leurs amis, quoique cela fût tout-à-fait contraire à l'usage de ce pays-là.

Après avoir fait toutes mes visites d'affaires et de cérémonies, j'appris que l'argent étoit extrêmement rare en Espagne, et que, pour soutenir la guerre qu'on avoit commencée contre le Portugal, on avoit fabriqué de la monnoie de cuivre pour six ou sept millions ; qu'on lui avoit donné un prix de quatre ou cinq fois au-dessus de sa valeur, et qu'ainsi on y avoit trouvé un profit de vingt-quatre à vingt-cinq millions ; que les gens de la nation et des environs, et surtout les Hollandais, y en avoient apporté une grande quantité ; et avoient tiré la plus grande partie de leurs pistoles ; en sorte que dans toute l'Espagne on ne voyoit que de cette monnoie, qu'on appeloit des maravédis, à la réserve de la province de Catalogne qui ne leur avoit voulu donner aucun cours. On peut dire que cela avoit jeté l'Espagne dans un très-grand désordre, qu'ils ont réparé peu à peu en diminuant le prix de cette monnoie ; de telle sorte qu'il n'y avoit plus de profit aux étrangers d'en apporter.

M'étant informé de quelle manière s'imposoient les taxes pour le Roi, je trouvai qu'il ne s'y faisoit point d'imposition personnelle, mais seulement sur la consommation de tout ce qui sert à la nourriture sans exception, et sur les entrées de Madrid, où il n'étoit pas trop malhonnête de faire entrer en fraude ; ce qui les diminuoit beaucoup. La marque du papier, qui étoit introduite, pouvoit rapporter deux millions. La dispense de manger les pieds et les têtes des animaux les jours maigres, que les papes ont accordée aux rois d'Espagne au commencement, sous prétexte de la guerre qu'ils étoient obligés de soutenir contre les Infidèles, et dans la suite sous celui de la rareté du poisson, ne valoit pas deux millions. Je connoissois cet impôt par expérience ; car je fus obligé en arrivant d'acheter une bulle pour toute ma maison, à raison d'un écu par tête. On estimoit alors qu'il ne pouvoit venir des Indes tous les ans qu'environ soixante millions pour le compte particulier du Roi, à cause des fraudes et des malversations qui se commettent, quand les galions viennent de ce pays, sur les droits qu'ils doivent payer à Sa Majesté Catholique. Il y a une infinité de particuliers qui en tirent en droiture pour leur compte, ce qui rend l'argent un peu plus commun.

Je n'eus pas de peine à découvrir l'extrême paresse et en même temps la vanité de ces peuples. Il y a des ouvriers pour faire des couteaux, mais il n'y en auroit point pour les aiguiser, si une infinité de Français, que nous appelons *gagne-petit*, ne se répandoient par toute l'Espagne : il en est de même des savetiers et porteurs d'eau de Madrid. La Guyenne et d'autres provinces de France fournissent un très-grand nombre d'hommes pour couper leur blé et le battre. Les Espagnols appellent ces gens-là *gavaches*, et les méprisent extrêmement ; ils emportent néanmoins la meilleure partie de leur argent en France : il est vrai que souvent ils sont volés en chemin lorsqu'ils s'en retournent, s'ils ne prennent de grandes précautions. Cela fit qu'à mon départ d'Espagne il y avoit cinquante ou soixante gagne-petit qui avoient donné à garder leur argent à ceux qui étoient auprès de moi, jusqu'à ce que nous fussions arrivés en France. L'Espagne en général est fort dépeuplée, non-seulement par ceux qui vont aux Indes, mais encore par les levées qui se font pour envoyer des troupes à Milan, Naples, Sicile et Pays-Bas, où la plupart de ceux qui y vont se marient ou y meurent ; et l'Espagne se peuple de Français qui y vont, qui s'y marient et y demeurent. Aussi disoit-on dans ce temps-là qu'il y avoit deux cent mille Français répandus dans toute l'Espagne, dont au moins vingt mille dans la seule ville de Madrid.

J'ai toujours cru que la raison qui avoit empêché de faire des taxes personnelles en ce pays-là étoit que les habitans n'y ont aucuns meubles de considération, et qu'ainsi on n'auroit pu les contraindre à payer. Chacun n'y travaille que pour attraper de quoi vivre, et il leur faut peu de chose : l'été, ils mangent la plupart des légumes sans vinaigre et sans sel, parce que cela paie des droits. J'ai observé pendant tout mon voyage que, dans tous les villages et bourgs où nous avons entendu la messe, les habitans y ont des souliers la plupart faits de corde : je crois qu'ils les façonnent eux-mêmes. Tous ont une épée attachée au côté avec une grosse garde, même quand ils vont au travail. Quand un cordonnier à Madrid apporte à quelqu'un une paire de souliers, après avoir fait la révérence, il met son épée contre la muraille, et vient le chausser. J'ai remarqué aussi que dans les beaux jours de l'hiver, dans bien des endroits, ils se mettent un nombre le long d'une muraille à couvert du vent : ce qu'ils appellent *tomar el sol* [prendre le soleil]. On dit que là ils parlent fort de politique. Les hommes et les femmes ne sont pas grands, mais ils paroissent tous avec un air délibéré. Il n'y a point dans toute l'Espagne ce qu'on appelle les lieux communs : ils se servent pour cet usage de grands pots de terre élevés qu'ils portent la nuit dans les greniers, et jettent ce qu'ils contiennent dans la rue, où le soleil consume tout en peu de temps. J'ai souvent pensé que s'il n'y avoit point de lieux, c'est qu'il n'y avoit personne pour les nettoyer.

Dans toute l'Espagne, la terre en général est assez bonne : la plus grande partie est un gros sable noir qui se laboure si aisément, qu'il y a très-peu de fer à leurs charrues. Le froment y vient parfaitement beau ; les vins blancs y sont aussi forts abondans, et ont une force extraordinaire : ils se charrient tous dans des peaux de bouc sur des mulets, les autres voitures y étant peu en usage.

Après m'être informé, et, si je l'ose dire, avoir pris une grande connoissance de tous les revenus du Roi en détail, je trouvai qu'ils ne passoient pas vingt-huit ou vingt-neuf millions tout compris, et que les charges ordinaires se montoient à beaucoup davantage ; de sorte qu'il y avoit toujours une grande nécessité. On étoit obligé de faire des emprunts sur tous les revenus, et même sur ce qui venoit tous les ans des Indes, quoique la somme fût incertaine : ce qui faisoit qu'il n'y avoit point d'argent dans le trésor, et qu'une partie se consumoit en intérêts. Les rentes qu'ils avoient créées autrefois n'étoient payées que par faveur, ou par des ajustemens qui en emportoient plus de la moitié pour ceux qui faisoient payer. Je fus confirmé par M. le comte Eznard Nuguez, qui fut bientôt de mes amis, qui se piquoit d'avoir les manières françaises, et qui étoit neveu de don Martin de Los-Rios, président des finances, que la dépense excédoit toujours de beaucoup la recette : ce qui ne me donnoit guère d'espérance d'avoir aucune satisfaction en ce pays-là.

[1670] Je fis un mémoire fort étendu de ce qu'il y avoit de plus important, et en chargeai M. de La Mothe mon beau-frère, pour le porter en poste à M. de Lyonne. Je lui marquois combien j'avois été surpris de trouver tant de misère, et si peu d'ordre dans les affaires en général, sans que j'eusse pu envisager jusque-là aucune ressource pour y remédier, non pas même de bonne volonté dans les ministres pour les chercher. La réponse de M. de Lyonne fut qu'il étoit aussi étonné que moi, et qu'il n'avoit connu l'Espagne que par la relation que je lui en avois envoyée ; qu'il croyoit que le Roi sauroit bien se prévaloir de ses connoissances ; qu'il louoit fort mon zèle, et l'application que j'avois eue de m'instruire.

Cela ne m'empêchoit pas de faire des sollicitations pour les affaires de M. le prince ; et je commençois à être assez avant dans les bonnes grâces de M. le marquis d'Ayetonne, qui me faisoit prendre de temps en temps du chocolat, me disant quelquefois que je pouvois le prendre en toute sûreté, et que c'étoit madame sa femme qui avoit soin de le faire. Me voyant bien avec lui, et, si j'ose le dire, dans sa familiarité, j'entrai en conversation sur les sommes immenses que les Pays-Bas avoient coûté à l'Espagne, et je lui dis que, par la supputation qui en avoit été faite en 1663, elle s'étoit trouvée monter à dix-huit cent soixante-et-treize millions d'argent venu d'Espagne, sans compter les revenus du pays : ce qui le surprit fort. Je lui dis que s'il vouloit écrire au véador qui étoit en ce temps-là à Bruxelles, il en auroit bientôt la preuve, parce qu'il trouveroit ce calcul mis en règle par les officiers de finance, M. de Castel-Rodrigo l'ayant fait faire à ma sollicitation pendant que j'étois en ce pays-là ; que n'étant plus en état d'y envoyer de l'argent, ils ne pouvoient les soutenir, et que la France s'en empareroit peu à peu : de quoi il ne pouvoit disconvenir, parce que dans nos entretiens je lui donnois à connoître quelquefois que j'étois un peu instruit pour le détail des revenus de Sa Majesté Catholique, et du désordre de ses finances ; que les dépenses nécessaires montoient infiniment au-delà de la recette ; que les Espagnols pourroient, par un échange, avoir le Roussillon, qui donnoit entrée dans le Languedoc, au lieu qu'il nous donnoit entrée dans la Catalogne, qui étoit fort susceptible de révolte ; et que présentement le roi de France mettoit un grand ordre dans ses affaires ; qu'ils avoient beaucoup à craindre de tous côtés, et que si avec le Roussillon on leur donnoit une grosse somme d'argent, ils pourroient non-seulement rétablir leurs affaires en Espagne, mais encore s'en servir pour retirer les terres qu'ils avoient engagées au royaume de Naples pour la moitié de ce qu'elles valoient. Il me demanda un jour si je croyois qu'on voulût leur donner Bayonne et Perpignan, en diminuant la somme dont je parlois; mais je lui remontrai que ce seroit leur donner deux entrées en France, qui lui seroient plus nuisibles qu'elle ne retireroit d'avantages par la jonction des Pays-Bas. Il m'alléguoit souvent aussi que ce n'étoit que ces Pays-Bas qui les pouvoient tenir en quelque considération vers l'Empereur, l'Angleterre et la Hollande. Enfin, après avoir souvent rebattu cette matière, je n'eus pas de peine à convenir avec lui qu'il étoit impossible de traiter cette affaire dans une minorité, avec une junte composée de douze personnes, la plupart désunies entre elles.

Au mois de mars, M. l'archevêque de Toulouse, depuis cardinal de Bonzy, arriva à Madrid en qualité d'ambassadeur. Il me fut d'un grand secours et d'un grand agrément par l'amitié qu'il me témoigna d'abord, et qu'il me continua dans la suite. Cela causa aussi une grande joie à mes camarades, qui commençoient fort à s'ennuyer de la vie de Madrid : ils trouvèrent de quoi s'amuser par les honnêtetés de M. l'ambassadeur et de ceux qu'il avoit amenés avec lui. Pour moi, je fus si touché de ses bonnes manières, que je pris la résolution de ne plus rien faire ou dire, non-seulement dans les affaires du Roi, mais encore dans celles de M. le prince, sans lui en communiquer, ou, pour mieux dire, sans ses ordres. Je lui rendis un compte général de tout ce qui étoit venu à ma connoissance, et par conséquent je lui parlai de la prophétie, dont nous nous moquâmes fort dans ce temps-là; mais par la suite elle nous causa bien du mouvement.

M. de Salcède, que j'avois fort connu à Bruxelles et assez pour ne l'estimer guère, s'adonna à venir manger quelquefois chez moi les jours que je le traitois pas ces messieurs; mais il avoit si fort la mine d'un homme qui étoit gâté, et nous lui en fîmes tellement la guerre, qu'il résolut de se faire traiter, et pria M. Martin, apothicaire de M. le prince, que j'avois mené pour mon médecin, de vouloir lui faire cette opération. Celui-ci m'ayant demandé si je le trouverois bon, je lui dis que oui; mais qu'il n'y avoit pas de mal de le faire cracher un peu plus qu'à l'ordinaire, pour me venger du tour qu'il m'avoit fait en Flandre. J'en tirois assez de lumières, et lui faisois volontiers de petits présens, qui ne laissoient pas de lui faire plaisir.

Un jour que quatre ou cinq grands d'Espagne devoient dîner avec moi, je convins avec M. l'ambassadeur qu'il viendroit un peu avant qu'on se mît à table, et que je le prierois, par la permission de ces messieurs, de vouloir bien dîner avec eux sans aucune cérémonie. Cela se passa fort bien. Ces messieurs, qui mangeoient seuls chez eux, et par conséquent tenoient un très-petit ordinaire, comme c'étoit la coutume, prenoient un grand plaisir de dîner chez moi, et surtout de manger des ragoûts et des entremets, qu'ils ne connoissoient presque point. Ces jours-là j'augmentois mon ordinaire, et leur donnois de grands pâtés de perdrix rouges, qui sont très-bonnes en ce pays-là, mais un peu sèches. Mes gens me disoient qu'elles étoient à bon marché, parce que l'opinion générale à Madrid vouloit qu'elles fussent malsaines cette année-là, à cause qu'elles mangeoient de la langouste, qui est une espèce de grosse sauterelle qui vole souvent en l'air en si grande quantité qu'elles paroissent comme des nuées, et font un très-grand tort dans les endroits où elles tombent. Ces messieurs disoient souvent qu'ils étoient honteux de manger toujours chez moi, et qu'ils vouloient me traiter à leur tour; mais qu'ils ne le pouvoient faire si je ne leur prêtois mes officiers, leur usage n'étant point de manger les uns chez les autres. Après dîné, ils prenoient des eaux glacées, et passoient chez moi une grande partie du jour. Je leur donnois quelquefois une petite musique à bon marché, de deux voix seulement, dont l'une étoit celle d'une grande fille bien faite, qui chantoit assez bien, et la seule blonde que j'aie jamais vue en Espagne, avec un homme qui chantoit assez bien, et se disoit son oncle.

Le jour que devoit arriver l'accomplissement de la prophétie approchoit : cela faisoit qu'on en parloit davantage, et qu'on y ajoutoit moins de foi; mais tout d'un coup la nouvelle vint que le Roi avoit la fièvre double-tierce, et qu'on y soupçonnoit du pourpre. Cela fit une grande rumeur, et chacun disoit que la prophétie alloit s'accomplir. Aussitôt il se fit des assemblées des grands et des plus considérables : et comme je savois qu'ils haïssoient fort la nation allemande, je leur proposai de faire roi d'Espagne M. le duc d'Anjou, qui étoit alors et qui avec justice en devoit être héritier; que le faisant venir à Madrid, ils l'éleveroient à leur mode, et s'assureroient par là de n'avoir plus de guerre avec la France, ce qui les consommoit de temps en temps; et que ce seroit le moyen de sauver les Pays-Bas. Cela ne fut pas sitôt proposé qu'il fut accepté, chacun regardant cette affaire comme le salut de son pays, et le sien particulier. M. Eznard Nugnez se signala de son côté en cette occasion; il étoit fort

familier avec ces messieurs : mais, par dessus tous, messieurs les ducs d'Albe et de Veraguas donnèrent le grand branle. Je ne manquai pas de rendre compte à M. l'ambassadeur de ces bonnes dispositions : il me chargea de suivre cette affaire ; et le quatrième jour de la maladie du Roi, qui augmentoit de plus en plus, sortant d'une assemblée de cinq ou six de ces seigneurs qui me portoient parole pour les autres, j'allai trouver M. l'ambassadeur, qui travailloit à sa dépêche pour l'ordinaire. Après l'avoir entretenu, il ajouta au bas de sa lettre : « Gour-
» ville vient de m'assurer que tous les grands
» d'Espagne vouloient reconnoître M. le duc
» d'Anjou pour leur roi. » Et après avoir un peu détaillé comment cela s'étoit passé, il dépêcha sur-le-champ un courrier à M. de Lyonne. M. le duc de Veraguas, alors gouverneur de Cadix, où la flotte des Indes venoit d'arriver fort richement chargée, envoya par mon avis un courrier en ce port pour s'en assurer, en cas que le Roi vînt à mourir. Je vis beaucoup de ces messieurs, qui se savoient bon gré d'avoir si promptement choisi le seul bon parti qu'il y avoit à prendre. L'affaire demeura encore deux jours dans l'incertitude ; mais après on commença à espérer de la guérison du Roi, qui donna lieu à M. l'ambassadeur de dépêcher un autre courrier ; et M. de Lyonne lui manda qu'encore que la chose n'eût pas réussi, il n'y avoit personne, et même jusqu'à M. Colbert, qui n'eût fort loué mon zèle.

Je voyois avec regret six mois passées sans être plus avancé dans les affaires de M. le prince que le premier jour : ce qui me fit prendre le parti de parler un peu librement à la junte, dont la division étoit cause qu'aucune affaire ne pouvoit réussir. Je fis semer quelques bruits que j'avois ordre d'aller faire visite à don Juan, qui étoit à Sarragosse ; par d'autres, que je discourois fort sur le misérable état de l'Espagne. La plupart des grands prenoient ce prétexte-là pour crier contre la junte, peut-être parce qu'ils n'en étoient pas. Enfin j'appris par M. le marquis d'Ayetonne et M. de Castel-Rodrigo que l'on commençoit à dire qu'il seroit à propos de me faire sortir de Madrid ; et qu'on avoit proposé de me donner quelque chose sur la flotte qui devoit arriver à la fin du mois de septembre.

Il y avoit à Madrid une petite marchande française qui avoit bien de l'esprit. Elle vendoit toutes sortes de marchandises venant de Paris, ce qui étoit fort au gré des dames espagnoles. Il me vint en pensée de la charger de dire à la femme d'un ministre que si elle pouvoit apprendre quelque chose de particulier sur ce qui se passoit touchant les affaires de M. le prince pour me le faire savoir, elle lui feroit volontiers des présens de tout ce qu'elle estimeroit le plus de sa boutique ; et que ce seroit même servir l'Espagne, que de contribuer à faire faire quelque justice à M. le prince, qui l'avoit si bien servie. Le ministre étoit vieux ; et la femme, qui étoit jeune, paroissoit d'assez bonne volonté pour vouloir rendre service à M. le prince. Elle reçut quelques petits présens de ma part qui lui firent plaisir. Je la fis instruire par la petite marchande qu'il falloit quelquefois, quand je la ferois avertir, et que le bonhomme lui voudroit parler, faire la rêveuse, et le prier de lui apprendre quelque chose des affaires de M. le prince de Condé, parce qu'elle entendoit dire tous les jours à des dames de sa connoissance qu'il avoit parfaitement bien servi le Roi ; et qu'après qu'il lui auroit répondu sur cela, elle parût avoir une conversation plus enjouée avec le vieillard. J'appris bientôt que l'on parloit de me donner quelque chose ; et comme je rendois compte de tout ce je faisois à M. l'ambassadeur, il me dit que la voie que j'avois prise étoit très-bonne, et qu'après que j'aurois fini mes affaires il pourroit bien se servir de cette ouverture dans quelque occasion pour celles dont il étoit chargé.

Je passois mon temps avec M. l'ambassadeur, mes camarades et ses domestiques, dans les promenades ordinaires ; et souvent après souper nous montions à cheval pour aller dans les champs y goûter le bon air, que nous sentions d'une fraîcheur à faire plaisir. Je m'étois avisé d'acheter quatre chevaux isabelle, assez forts pour être mis au carrosse, cependant un peu vieux et dociles, dont le plus cher ne me coûtoit que cent écus. J'étois le seul particulier à Madrid qui eût des chevaux à son carrosse, le Roi n'en ayant qu'un seul attelage. Aussitôt M. le comte Eznard Nugnez en fit acheter quatre à son oncle, mais comme on les avoit choisis plus jeunes, on avoit beaucoup de peine à s'en servir, parce que les chevaux de devant, qui sont fort loin de ceux de derrière, s'entrelaçoient dans des cordes qui les tiennent. C'est la manière du pays : aussi ne va-t-on jamais que le pas. Le cocher est sur le cheval de derrière, comme l'on voit ici à nos coches. Les carrosses du Roi étoient encore construits de la même façon. Il y avoit cependant quelques carrosses à Madrid appartenant à des gouverneurs de provinces, qui en avoient amené en revenant, mais en petit nombre. J'ai ouï dire dans les derniers temps qu'il y avoit plus de chevaux à Madrid que de mules. Nous allions donc souvent aux promenades publiques, qui se font tantôt d'un côté, tantôt d'un autre : pour cela les jours et le temps sont marqués. L'usage est que quand on se trouve vis-à-vis d'un carrosse où il n'y a que des femmes, il faut leur dire quelque chose ; et ce langage est ordinairement gaillard, et un peu plus qu'à double entente. Elles répondent avec beaucoup de vivacité ; mais quand il y a un homme avec des femmes, que vous n'aviez pas aperçu, elles vous disent de vous taire, parce qu'elles sont accompagnées ; et en ce cas on se tait dans le moment. Pendant la canicule les promenades se font toutes dans la rivière, dont le lit est fort large : il y a au plus un pied et demi ou deux pieds d'eau. Cela n'empêche pas qu'il n'y ait un pont d'une extrême longueur et très-beau, pour passer quand il y a beaucoup d'eau : ce qui arrive quelquefois, parce que c'est la décharge d'un torrent. Cette rivière s'appelle le Mançanarès. Il y a beaucoup de maisons de jeu, où l'on va assez : les spectateurs se croient obligés d'empêcher qu'on ne se trompe ; et, sans qu'on le leur demande, ils disent tout ce dont ils s'aperçoivent. Tout cela se fait sans que dans les assemblées il y ait jamais aucune femme. On compte toujours qu'on y joue un gros jeu, mais je ne l'ai jamais vu une seule fios : aussi n'y ai-je guère été, parce que nous jouions toujours chez M. l'ambassadeur, et quelquefois chez moi.

Je ne laissai pas pendant tout ce temps-là de faire tout ce que je pouvois m'imaginer pour l'avancement de mes affaires. Soit chagrin, soit politique, je m'émancipois un peu sur le gouvernement ; et, soit mes importunités ou mes ménagemens, j'appris de M. le marquis d'Ayetonne que l'on étoit résolu de mettre une fin à mes affaires, et qu'il espéroit que ce seroit bientôt. Il y avoit un nombre de ceux de la junte qui étoient toujours de son avis, d'autres étoient de celui de M. le comte de Pigneranda, et de ceux-ci étoit le bon cardinal d'Arragon. M. de Castel-Rodrigo fut toujours avec les meilleures intentions du monde pour servir M. le prince. Il étoit de ceux qui se rangeoient avec M. le marquis d'Ayetonne, qui n'oublioit rien pour faire réussir mes affaires ; mais par malheur ce dernier tomba malade vers la fin de juillet, et mourut le six ou septième jour : ce qui me fâcha extrêmement, mais non pas jusqu'à me faire perdre courage. En écrivant cette mort à M. le prince, je lui mandai que je remettois, quand j'aurois l'honneur de le voir, à lui conter le chagrin qu'elle m'avoit causé ; mais que, bien loin de me rebuter, j'allois renouveler mon attention pour voir quelles nouvelles batteries je pourrois dresser.

J'appris par ma petite marchande que le mari de la dame avec qui elle avoit commerce étoit bien disposé, mais que M. de Pigneranda l'étoit mal. J'en parlai à M. le cardinal d'Arragon, qui avoit la meilleure volonté du monde, mais qui m'avoua franchement que, ne se trouvant pas assez de lumières pour se déterminer par lui-même, il suivoit toujours l'avis de M. le comte de Pigneranda, qu'il croyoit avoir plus de lumières et de connoissances que pas un des autres ; et qu'ainsi, par un scrupule, il étoit toujours de son avis. Dans une conversation que j'eus avec ce cardinal, je lui représentai qu'au commencement il m'avoit paru plus persuadé que pas un des autres messieurs de ce conseil des grands services que M. le prince avoit rendus à la couronne d'Espagne. Il me dit qu'il se pouvoit bien faire que les soins que j'avois pris de ménager messieurs les marquis d'Ayetonne et de Castel-Rodrigo avoient un peu éloigné M. de Pigneranda, qui eût peut-être été bien aise qu'on lui eût plus d'obligation qu'aux autres. Je lui répondis, après avoir loué ses bonnes intentions, qu'il ne s'agissoit dans l'affaire dont j'étois chargé que de faire justice à quelqu'une des parties, comme cela pouvoit se rencontrer quelquefois ; mais qu'il savoit certainement, par ce que lui en avoit dit M. de Caracène son beau-frère, combien M. le prince avoit servi et gardé religieusement les engagemens qu'il avoit pris avec Sa Majesté Catholique ; qu'il n'étoit question que d'entrer en accommodement sur de grosses sommes légitimement dues, et même fixées par un compte général. Il en demeura d'accord avec moi ; mais il m'opposa aussitôt la difficulté de l'argent comptant ; que cependant il parleroit de son mieux à M. de Pigneranda, étant persuadé qu'il y avoit raison de faire justice à M. le prince autant qu'on le pouvoit.

Je m'avisai, pour ramener M. le comte de Pigneranda, de prier M. de Castel-Rodrigo, à qui j'avois confié ce que j'avois su de M. le cardinal d'Arragon, de marquer quelque indifférence sur les affaires de M. le prince, et de se contenter de suivre les mouvemens de M. de Pigneranda, pour peu qu'il parût de meilleure volonté qu'il n'avoit été jusque-là ; qu'au reste, j'aurois soin d'informer Son Altesse que ce seroit à M. de Castel-Rodrigo à qui elle auroit la principale obligation. Il m'assura fort, après avoir approuvé le tour que je voulois donner à mon affaire, qu'il feroit tout son possible pour faire croire à M. de Pigneranda que depuis la mort de M. d'Ayetonne il ne paroissoit plus si favorable à M. le prince : m'ajoutant qu'il seroit charmé que je pusse être content, de quelque manière que les choses tournassent, et qu'il croyoit que mon projet étoit bon ; que quand M. de Pigneranda paroîtroit être favorable, il se contenteroit de suivre les avis de ceux qui étoient de sa cabale, autant par son silence que par ses discours. Je tournai donc mes pensées du côté de M. le comte de Pigneranda. Je commençai par dire à M. le cardinal d'Arragon que la mort de M. le marquis d'Ayetonne m'avoit si fort désorienté, que je ne savois plus de quel côté me tourner ; que lorsque j'arrivai à Madrid, il m'avoit paru mieux persuadé que personne des importans services que M. le prince avoit rendus à Sa Majesté Catholique : cependant qu'étant question présentement de lui donner quelque satisfaction sur des sommes considérables si légitimement dues et convenues, je voyois bien qu'il n'y avoit que M. de Pigneranda capable de terminer ce qu'il y auroit à faire pour rendre justice à M. le prince ; que ce qui ne se pourroit faire en argent pouvoit s'arranger par d'autres moyens, en le satisfaisant du côté de la Flandre, soit par quelques terres ou des bois, dont l'Espagne ne tiroit aucun secours. Pendant tout ce discours, M. le cardinal paroissoit si persuadé de mes raisons, qu'il me promit de n'oublier rien pour tâcher de porter M. de Pigneranda à entrer dans les moyens qu'on pourroit trouver pour me satisfaire ; et m'ayant demandé deux ou trois jours pour me faire savoir la disposition où il auroit trouvé M. de Pigneranda, j'appris qu'il avoit paru touché de ce qu'il lui avoit dit, et qu'il étoit persuadé qu'il seroit d'avis qu'on entrât tout-à-fait en conférence avec moi pour entendre mes propositions, et examiner ce qu'il y auroit à faire.

Aussitôt je fus voir M. de Pigneranda : je n'oubliai rien pour lui faire connoître que j'attendois tout de ses suffrages, et que M. le prince lui seroit obligé de la justice qu'on voudroit lui faire. Il me dit qu'il falloit que je continuasse à faire mes diligences, et surtout auprès de M. le marquis de Fuentès, qui avoit été nommé pour mon commissaire ; que je pouvois assurer M. le prince qu'il feroit ce qui dépendroit de lui pour sa satisfaction. Sur cela j'entrai en quelque espérance, sachant bien que M. le marquis de Castel-Rodrigo et ses amis ne me manqueroient pas au besoin. J'appris bientôt par lui que M. de Pigneranda paroissoit mieux disposé qu'auparavant ; et que quand il seroit embarqué à bien faire, M. de Castel-Rodrigo et deux ou trois de ses amis suivoient ses mouvemens, sans faire paroître cependant trop d'empressement. Je n'ai point encore parlé de don Fernandez del Campo, qui étoit le secrétaire qu'ils appellent universel, qui seul à genoux dépêche tout ce que Sa Majesté doit signer, et ne laisse pas d'avoir sa considération dans la junte. Encore que je l'eusse vu fort souvent, ç'avoit été sans avoir pu pénétrer en aucune façon ses sentimens. C'étoit un petit vieillard qui avoit beaucoup d'esprit, et savoit bien parler sans découvrir ses intentions. Il m'avoit entretenu des services de M. le prince ; mais il ajoutoit aussi qu'on avoit besoin d'argent pour des affaires très-pressées, et d'une grande conséquence. Je redoublai mes sollicitations en général ; et je fis un mémoire de ce que je pourrois demander, espérant à la fin qu'on en viendroit à écouter mes propositions.

Peu de jours après, j'appris de la petite marchande qu'on devoit me demander un mémoire ; et ayant été voir M. le marquis de Fuentès, il me dit de lui en remettre un de mes prétentions ; mais qu'il doutoit fort qu'on pût me donner de l'argent sur la flotte qu'on attendoit, parce que tout ce qui en devoit revenir étoit consommé par avance. Je lui dis que j'en savois assez pour oser me flatter qu'il ne tiendroit qu'à ces messieurs de la junte de m'en faire toucher une partie, en l'assignant à ceux pour qui elle étoit destinée sur la petite flotte qu'on disoit venir au mois d'avril. Je donnai donc un mémoire, dans lequel je commençai à établir la dette, qui montoit environ à six millions. Je demandois cinquante mille pistoles comptant, le Charolais pour cinquante mille écus, quatre cent cinquante mille livres de bois à prendre en la forêt de Nieppes, la prevôté de Binch, sur le pied du denier trente de ce qu'elle valoit de revenu, et le surplus payable dans quatre années, soit en argent, terres ou en bois aux Pays-Bas. Lorsque M. le marquis de Fuentès eut vu mon mémoire, il se récria fort sur la grandeur de mes prétentions ; mais il ne laissa pas de s'en charger, me répétant encore qu'on auroit de la peine à me donner de l'argent : et moi je lui dis que je ne pouvois me résoudre à m'en retourner, si je n'avois pas une somme considérable. Quelques jours après, je commençai mes sollicitations, et je trouvai un même air dans les visages que je n'y avois pas encore vu. Il n'y eut pas jusqu'à don Pedro Fernandez del Campo qui me dit qu'on feroit en sorte de me donner un million à prendre sur les Pays-Bas, en terres ou en bois, ainsi que j'en conviendrois avec M. le comte de Monterey, qui en étoit pour lors gouverneur ; mais que pour de l'argent, il étoit impossible de m'en donner. Je lui répondis que si cela étoit ainsi, je ne pouvois me contenter du reste. Je crus donc, après que ces autres messieurs m'eurent confirmé la même chose, devoir bien remercier M. le comte de Pigneranda, en lui remontrant que ce que l'on m'offroit étoit peu à l'égard de la dette ; et que comme je le croyois auteur du changement qui étoit arrivé, je le suppliois d'y ajouter, pour donner quelque satisfaction à M. le prince, qu'on me donnât au moins cinquante mille pistoles. Il me dit qu'il ne croyoit pas que cela se pût faire; mais que pour ce qui regardoit l'argent comptant, je ne devois en espérer que de la facilité que je pourrois trouver avec don Martin de Los-Rios, premier président des finances. M. le marquis de Castel-Rodrigo me conseilla de porter toutes mes vues de ce côté-là, m'assurant que l'amitié que j'avois faite avec M. le comte Eznard Nugnez son neveu ne m'y seroit pas inutile. En effet, par ce chemin je trouvai le moyen d'avoir trente mille pistoles d'argent comptant. M. l'ambassadeur me dit qu'il falloit s'en contenter. Je ne parlai plus que d'une prompte expédition, et ne songeai qu'à convenir de ce qu'on vouloit me donner en Flandre. Il fut arrêté qu'on donneroit à M. le prince le comté de Charolais pour cinq cent mille livres, et deux cent cinquante mille livres sur les bois de Nieppes; qu'on lui donneroit la prevôté de Binch, dont on feroit l'évaluation sur le pied du revenu au denier trente; que pour cet effet on enverroit des ordres à M. le comte de Monterey. Ayant paru content, cela m'attira beaucoup de visites; et, si j'ose dire, des amitiés de tous ceux avec qui j'avois eu l'honneur de faire connoissance. Mais plusieurs doutoient encore qu'on pût me donner de l'argent. Lorsque j'eus commencé d'en toucher, ne doutant plus qu'on ne me satisfît entièrement, je songeai à faire mes adieux et mes remercimens à tous ces messieurs de la junte. Pendant ce temps-là j'achevai de recevoir mes trente mille pistoles : ce qui donna une grande joie à mes camarades, qui avoient cru ne pouvoir jamais sortir de Madrid.

La seule peine qui me restoit étoit de quitter M. l'ambassadeur, de qui j'avois reçu tant de marques d'amitié et de bons conseils dans mes affaires. Il avoit autant d'esprit et aussi souple qu'on en peut avoir; agréable dans le commerce, et fort libéral. Il n'avoit jamais de volonté, que de pénétrer celle des autres pour s'y accommoder. Je donnai le carrosse que j'avois amené de Paris à un ami de M. le duc de Veraguas, et une belle montre d'or à celui que la Reine avoit chargé de m'amener un très-beau cheval de sa part. Je me mis en chemin avec M. le marquis d'Estrées, qui étoit venu de la part du Roi faire compliment à Sa Majesté Catholique, dans un carrosse que nous prêta M. l'ambassadeur. Nous prîmes la route de Pampelune, ayant préféré de prendre notre chemin de ce côté, dans l'intention d'en reconnoître le terrain et le pays, qui me parut plus beau que la route de Vittoria, et les cabarets un peu mieux fournis; mais on ne sauroit exprimer combien les chemins sont mauvais et affreux pour venir de Pampelune à Bayonne, où je trouvai une chaise roulante qui me mena jusqu'à Paris.

Quelque temps après mon retour, M. de Louvois m'ayant témoigné qu'il seroit bien aise que je lui fisse part de mes pensées sur le royaume d'Espagne, je lui racontai que j'étois revenu de Madrid par la Navarre, avec intention de connoître le pays de ce côté-là; et que depuis Madrid jusqu'à Pampelune il n'y avoit aucune ville fermée, ni aucune rivière à passer jusqu'à celle d'Èbre; que le pays qui étoit entre cette rivière et Pampelune étant d'environ quinze ou seize lieues, les villages sont aussi près les uns des autres qu'ils peuvent être aux environs de Paris, et la terre fort fertile; que Pampelune ne valoit rien du tout; que la citadelle qu'on y avoit faite, et la seule forteresse que j'eusse trouvée, étoit bâtie sur le modèle de celle d'Anvers; et que de Pampelune à Saint-Jean-Pied-de-Port il y avoit encore deux lieues de plaine; que hors cela c'étoient des montagnes et des chemins fort difficiles. Il m'assura depuis qu'on y avoit travaillé, et qu'on les avoit rendus assez praticables.

Quand on fut dans le fort de la guerre, je proposai à M. de Louvois, comme le plus sûr moyen de faire la paix, que le Roi donnât à M. le prince une armée de dix-huit mille hommes de pied et six mille chevaux pour aller faire le siége de Pampelune; qu'aussitôt que cette ville seroit prise, et qu'on se seroit posté dans Calahora, qui étoit une ville sans fortifications, on se trouveroit dans le cœur de l'Espagne, et en état d'en pouvoir faire contribuer une bonne partie; et qu'avec trois ou quatre mille chevaux on pourroit aller jusqu'à Madrid, n'y ayant pour lors dans toute l'Espagne que deux ou trois mille hommes sur pied, encore étoient-il dans la Catalogne; mais que si on pouvoit obliger le roi de Portugal à faire la moindre démonstration de guerre sur ses frontières, les Espagnols seroient obligés d'y envoyer le peu de troupes qu'ils avoient; et qu'ainsi il n'y en auroit point pour s'opposer à M. le prince, puisqu'elles se trouveroient à cent cinquante lieues des entreprises qu'il pourroit faire. Après l'avoir examiné sur une carte, il ne me proposa aucune difficulté, me louant même de ce que dans tous les endroits que j'avois parcourus j'y avois porté une grande curiosité de m'instruire; mais après cela il laissa tomber la proposition, et me parla d'autre chose. Je n'ai jamais pu pénétrer ce qui l'avoit empêché d'y entrer, quoique je m'aperçusse qu'elle lui avoit paru fort juste. Je soupçonnai que peut-être n'étoit-il pas bien aise que la paix se fît par les progrès que M. le prince pourroit faire en Espagne.

M. le prince et M. le duc me reçurent, à mon retour d'Espagne, avec beaucoup de témoignages de bonté, et de satisfaction de la conduite et du bon succès que j'avois eu dans leurs affaires, qui étoit beaucoup au-delà de leurs espérances. Ils souhaitèrent que j'allasse à Bruxelles pour voir ce que je pourrois faire avec M. de Monterey, qui en étoit gouverneur, qui m'avoit témoigné une amitié toute particulière dans le temps que j'étois en ce pays-là. M. de Lyonne fut fort aise de me voir, et de me faire discourir sur les affaires d'Espagne, sur tout ce que j'avois voulu faire pour M. le duc d'Anjou en cas que le roi d'Espagne fût mort, et sur la bonne intelligence que j'avois gardée avec M. l'ambassadeur du Roi. M. Le Tellier m'en parla aussi, louant fort mon zèle. M. Colbert, après m'avoir retenu plus d'une heure et demie, me témoigna pareillement être bien content de ma conduite à Madrid : il me fit plus de questions que tous les autres ensemble. Ils convenoient n'avoir connu l'Espagne que par la relation que je leur en faisois. Aussi avois-je pris grand soin de leur faire voir ce pays-là sans aucunes ressources pour les affaires générales, et que je n'avois connu sur les lieux personne capable de travailler à les rétablir, encore moins la junte, en général plus propre par sa division à gâter les affaires qu'à les accommoder.

Après m'être un peu fait rendre compte de la recette et de la dépense qui avoient été faites par les trésoriers de M. le prince, je me disposai pour aller à Bruxelles, où je trouvai M. le comte de Monterey rempli d'honnêtetés à mon égard, mais peu disposé à vouloir exécuter ce qu'on m'avoit promis à Madrid. Il me dit qu'on lui avoit mandé de ce pays-là de ne rien statuer sans nouveaux ordres surtout depuis qu'on avoit appris que le Roi étoit armé, et avoit commencé une affaire pour le siége de Marsal ; que l'on parloit fort de l'ambition de Sa Majesté, et du désir qu'elle avoit de se signaler. Dans la conversation, il m'avoua qu'on lui avoit écrit qu'on avoit eu beaucoup plus de facilité à me promettre ce que j'avois pu souhaiter, dans le dessein de me faire sortir de Madrid, que dans celui d'exécuter les promesses qu'on m'avoit faites : néanmoins, si on voyoit que le Roi n'eût pas envie de faire la guerre, qu'il écriroit volontiers à Madrid, dans l'intention de faire plaisir à M. le prince ; qu'à l'égard du Charolais, il pourroit bien faire ce qu'on désiroit là-dessus.

Étant de retour à Paris, je donnai toute mon application à pénétrer le fond des affaires de M. le prince. Je me donnai beaucoup de peine pour en dresser les mémoires. Enfin je trouvai que M. le prince les croyoit en si méchant état, qu'il n'avoit pas jugé à propos d'employer l'argent qui étoit venu à madame la duchesse par la succession de la reine de Pologne, au paiement des dettes de sa maison ; en préférant l'acquisition de Senonches, qu'il avoit porté beaucoup au-dessus de sa valeur. Madame la princesse palatine me dit qu'elle avoit aussi préféré de faire des acquisitions qui lui étoient à charge, n'ayant point cru non plus qu'il y eût de sûreté à payer les dettes de M. le prince. Elle avoit acheté Raincy cinq cent cinquante mille livres, dont le revenu à peine suffisoit pour les charges et entretiens. Il a été vendu, après sa mort, cent soixante mille livres seulement, et quarante mille livres de pot de vin, qui étoit beaucoup plus qu'il ne valoit. Mais depuis ils reconnurent qu'ils avoient été mal conseillés de faire cette acquisition. Il est vrai que l'état des dettes, comme elles paroissoient alors, montoit à plus de huit millions. Il étoit dû à une partie des domestiques de M. le prince cinq et six années de gages, le surplus ayant été touché par les remises qu'ils faisoient ; et M. de Cinq-Mars, premier gentilhomme de Son Altesse, qui étoit la plus grosse partie, n'ayant jamais voulu remettre aucune chose, avoit été neuf ans sans rien recevoir. M. le prince étoit accablé d'un grand nombre de créanciers, qui se trouvoient souvent dans son antichambre quand il vouloit sortir. Ordinairement il s'appuyoit sur deux personnes, ne pouvant marcher ; et passant aussi vite qu'il lui étoit possible, il leur disoit qu'il donneroit ordre qu'on les satisfît. Il m'a fait l'honneur de me dire depuis que ç'avoit été une des choses du monde qui lui avoit fait plus de plaisir, lorsqu'il s'aperçut, quelque temps après que je fus en possession de ses affaires, qu'il ne voyoit plus de créanciers.

Je me proposai de traiter avec tous les marchands, qui la plupart, étant las de ne rien toucher, quoiqu'ils eussent fait des saisies, entrèrent volontiers avec moi en composition, en leur donnant un peu d'argent comptant ; et convenant avec eux de termes pour leur payer le surplus ; nous faisions un écrit, par lequel je consentois que, faute de paiement, quinze jours après les termes, ils pourroient saisir de nouveau. Je leur donnois des assignations, en leur disant de venir à moi à chaque échéance, et que je les ferois payer par le trésorier de Son Altesse. Les fermiers de l'étang de Montmorency devoient cent cinquante mille livres pour trois années, qu'ils n'avoient pu payer à cause des saisies : je priai M. Ravière, avocat de Son Altesse, qui étoit très-riche, de vouloir être caution pour payer dans trois mois cette somme sur l'indemnité que je lui donnai; moyennant quoi j'eus les mainlevées, et fis toucher cette somme au trésorier de M. le prince. Les saisies faites sur cet article étoient au nombre de soixante-seize.

Le premier terme de ceux avec qui j'avois commencé à traiter étant échu, je les fis payer précisément à l'échéance; ce qui me donna beaucoup de crédit et d'aisance avec les autres. Ainsi j'eus bientôt dégagé les terres de Chantilly, de Dammartin et de Montmorency, sur lesquelles il y avoit aussi des saisies pour des sommes immenses, à cause de la proximité de Paris.

[1671] Le mois d'avril étant venu, et le Roi devant aller sur les fontières, promit à M. le prince de venir coucher à Chantilly, et d'y venir séjourner un jour. Je n'avois point songé jusque là qu'il étoit nécessaire de prendre des lettres d'abolition; mais les ayant fait dresser, je les obtins aussitôt; et ayant seulement vu M. le premier président de Lamoignon, et M. de Harlay, procureur général, je m'en allai à Chantilly. M. le prince me présenta à Sa Majesté; et six jours après j'eus nouvelle que mes lettres avoient été vérifiées au parlement, sans que je me fusse présenté, ni que le parlement eût fait aucune cérémonie à mon égard; et l'on disoit qu'il n'y avoit point d'exemple de pareille chose. M. le duc, qui avoit plus d'esprit et plus d'imagination que personne au monde, avoit ordonné et en même temps m'avoit chargé de l'exécution de ce qu'il y avoit à faire à Chantilly, où le Roi et toute la cour devoient être nourris, et tous les équipages défrayés. Pour cela j'avois envoyé des gens dans différens villages circonvoisins, avec des provisions pour les hommes et pour les chevaux; de sorte qu'à mesure qu'ils arrivoient à Chantilly, on leur donnoit un billet pour le village où ils devoient être logés. On avoit fait mettre quantité de tentes sur la pelouse de Chantilly, où on servit toutes les tables qui avoient accoutumé de se servir chez le Roi, et dans d'autres endroits; et encore plusieurs tables que l'on faisoit servir à mesure qu'il y avoit des gens pour les remplir, y ayant du monde destiné dans chaque tente pour y porter les viandes et y donner à boire. La plupart étoient des Suisses qu'on avoit demandés pour cela.

Vatel, qui étoit contrôleur chez M. le prince, homme très-expérimenté, qui devoit avoir la principale application à ces sortes de choses-là, voyant le lendemain, à la pointe du jour, qui étoit un jour maigre, que la marée n'arrivoit point comme il se l'étoit imaginé, s'en alla dans sa chambre, ferma sa porte par derrière, y mit son épée contre la muraille, et se tua tout roide. Après qu'on eut enfoncé la porte, on me vint avertir dans la canardière, où je dormois sur la paille, de ce qui venoit d'arriver : la première chose que je dis fut qu'on le mît sur une charrette, et qu'on le menât à la paroisse à une demi-lieue de là pour le faire enterrer. Je trouvai que la marée commençoit à arriver. M. le duc ayant fait venir des officiers qui suivoient le Roi au voyage, je priai ces messieurs de vouloir bien faire la distribution, non-seulement de ce qu'il falloit pour la table du Roi, mais encore pour toutes les autres; et j'eus soin d'envoyer dans les villages pour les gens des équipages. M. le duc s'étant levé aussitôt qu'on lui eut appris que Vatel étoit mort, donna de si bons ordres partout, que l'on ne s'aperçut pas que cet homme eût été chargé de rien. On avoit fait venir de Paris tout ce qu'il y avoit de musique, de violons et de joueurs d'instrumens : les carrosses qui les avoient amenés de Paris leur servoient pour aller dans les endroits où étoient leurs logemens, et où ils étoient fort bien servis. La cour y fit quatre repas, et s'en alla le samedi coucher à Compiègne. Toute cette dépense ayant été arrêtée par ordre, se trouva monter à cent quatre-vingt et tant de mille livres.

Le Roi s'en alla ensuite à Dunkerque, qu'il faisoit fortifier avec toute la diligence possible : ce qui donna lieu d'appeler ce voyage *la campagne des brouettes*. Le Roi y fit assez de séjour. Ce fut là que l'on commença à se disposer pour la guerre de Hollande. On y fit venir M. de Croissy, qui étoit ambassadeur à Londres, et M. de Pomponne, qui l'étoit à La Haye. M. de Louvois commença là à vouloir dire son avis sur les affaires étrangères : cela donna lieu à M. de Lyonne de demander par ordre du Roi à messieurs de Croissy et de Pomponne des mémoires. Il me fit l'honneur de m'en demander un aussi, pour savoir particulièrement s'il étoit à propos de faire alliance avec quelques princes étrangers pour avoir de leurs troupes, ou si l'on prendroit ses mesures pour n'avoir que des Suisses avec ce que l'on pourroit lever de Français, comme le proposoit M. de Louvois. Il fut bien question de ce que je prétendois avoir découvert, que toute la cavalerie de Hollande n'étoit composée que de bourgeois de chaque ville, qui achetoient les places quand les officiers avoient permission de changer de garnison; et de la manière que les officiers d'infanterie étoient établis par faveur, comme je l'ai dit ailleurs. M. Colbert n'étoit point encore à Dunkerque, parce qu'il avoit fait quelque voyage du côté de La Rochelle, et qu'il étoit tombé malade par les chemins. A son arrivée, M. Roze, qui m'avoit vu dans quelque mouvement, et entendu dire du bien de moi à M. de Lyonne avec qui il étoit familier, se proposa, pour me faire tout le mal qu'il pourroit, de dire à M. Colbert que, sur le bruit de sa maladie, on avoit songé à me faire avoir sa place; et que M. Le Tellier et M. de Louvois y seroient entrés s'il en avoit été besoin. Il dit en même temps à M. de Louvois que M. le marquis de Sillery et moi faisions une liaison étroite de M. le prince et de M. de Turenne, pour qu'ils fussent d'un même avis dans les conseils où il se parloit des affaires de la guerre : ce que M. de Louvois auroit fort craint. Cette méchante volonté de M. Roze contre moi venoit de ce que M. le prince voulant faire des routes dans la forêt de Chantilly, il étoit nécessaire de traverser un petit bois situé au bout de la forêt, lequel appartenoit à M. Roze, et faisoit partie de sa terre de Coye, qui étoit située au bout de la forêt. Je fus chargé de l'engager à vendre à M. le prince l'espace que tiendroit cette route dans ses bois, et de lui payer deux fois plus qu'il ne seroit estimé. Il me pria de me servir de l'envie que M. le prince avoit de faire cette route dans ses bois pour lui faire acheter sa terre, qui d'ailleurs étoit encore à sa bienséance, disoit-il; mais il la vouloit vendre deux fois plus qu'elle lui avoit coûté, disant que Son Altesse ne pouvoit trop l'acheter, tant elle lui convenoit et lui étoit nécessaire. M. le prince voulant faire sa route, et ne pas acheter sa terre si cher, me permit de lui proposer trois fois la valeur de la terre qu'on emploieroit pour la route, ou le double de ce que valoit son petit bois, après l'avoir fait estimer : mais comme tout cela ne venoit pas à la fin qu'il s'étoit proposée, il refusa toutes les offres, en disant qu'il savoit bien le respect qu'il devoit à M. le prince; mais qu'en France chacun étoit maître de son bien, pour en disposer à sa fantaisie, M. le prince s'étoit contenté de faire suivre sa route jusqu'aux deux bouts du bois de M. Roze, voyant qu'il ne pourroit convenir de rien avec lui, il ordonna que l'on continuât la route au travers des bois de M. Roze; dont il fut au désespoir. Il parla même de M. le prince beaucoup plus librement qu'il n'auroit dû. Cela fit un démêlé qui a duré plus de trente ans jusqu'à sa mort, que M. le prince a acheté cette terre de ses héritiers, de gré à gré, pour sa juste valeur. Pendant un assez long temps cela donna lieu à des plaisanteries sur le compte de M. Roze, qui le fâchoient fort. Un jour que les gardes de M. le prince avoient pris à un homme de M. Roze des faisans qu'il lui apportoit de sa terre [ce qui arrivoit assez souvent], M. de Louvois l'ayant su, lui dit à la première vue : « Monsieur Roze, » est-il vrai que le convoi de Coye a été battu? » Celui-ci se mit dans une grande colère, et se plaignit fort du peu de justice que le Roi lui faisoit sur tout ce qui se passoit entre M. le prince et lui. Il avoit tourné toute sa fureur contre moi, et n'avoit pas mal pris son temps pour se venger.

Bientôt après M. de Louvois voulut bien me mettre dans sa confidence, et, si je l'ose dire, dans son amitié, autant qu'il en étoit capable : ce qui alla même plus loin que M. Le Tellier ne le souhaitoit, et donna lieu à M. de Louvois de s'éclaircir avec moi sur ce qu'on lui avoit dit, dont il ne voyoit aucune apparence de vérité. Je le priai de me nommer son auteur, parce qu'apparemment je connoîtrois d'où cela partoit : il m'avoua que c'étoit M. de Firon, maréchal de camp, et me conta comment il s'y étoit pris. Je l'assurai aussitôt que cela venoit de M. Roze : il me dit qu'il en étoit persuadé, parce qu'ils étoient bons amis. Je lui détaillai les raisons de la mauvaise volonté de M. Roze pour moi : j'en parlai aussi à M. de Lyonne, pour qu'il lui en fît des reproches. Il n'eut pas de peine à l'en faire convenir : il avoua même ce qu'il avoit fait auprès de M. Colbert pour me nuire, disant qu'il attendoit quelque occasion plus favorable pour se venger des injustices qu'on lui faisoit. Mais après que j'eus raconté à M. de Lyonne les offres que je lui avois faites avant que la route eût été pratiquée dans son bois, il les trouva si raisonnables, qu'il ne douta point de pouvoir nous accommoder. Il reconnut facilement l'injustice des prétentions de M. Roze, et son extrême emportement. Cependant, comme il ne fut pas possible de le mettre à la raison, nous en demeurâmes là. Néanmoins nous nous sommes toujours parlé, et souvent même d'accommodement, sans avoir pu jamais en venir à bout.

Je revins à Paris, où je m'appliquai le plus fortement qu'il me fut possible à donner une forme aux affaires de M. le prince. Pour y parvenir, je m'avisai de faire des mémoires particuliers de chaque espèce de dettes, et des prétentions d'un chacun. Le premier concernoit les dettes incontestables, pour en faire payer ponctuellement les arrérages passés et actuels : ce que je mis si bien en règle, que je faisois toujours payer une année avant qu'il y en eût deux échues. Le second mémoire concernoit les dettes contractées avant la disgrâce de M. le prince, avec les intérêts qui en avoient couru par les condamnations obtenues, dont la plupart des parties n'étoient pas arrêtées, mais seulement certifiées. Je me proposai d'accommoder celles-ci de mon mieux. Entre autres il étoit dû au sieur Tabouret, tailleur d'habits, pour des façons d'habits et quelques fournitures, tant pour M. le prince que pour M. le duc de Brezé, une somme de trois cent mille livres, les intérêts compris. Je me souviens qu'il y avoit six cents livres portées sur cette partie pour la façon d'un habit de M. le prince. Celui qui s'en trouvoit héritier pour lors, et qui servoit actuellement auprès de la personne du Roi, me pria de vouloir prendre des arrangemens sur cela tels que je jugerois à propos, et me remit toutes les parties qu'il avoit entre les mains. Après les avoir examinées, je trouvai que la plupart n'avoient pas été arrêtées, et toutes ensemble dans une grande confusion. Nous convînmes à quatre-vingt mille livres pour le tout, payables vingt-cinq mille livres comptant, et le surplus dans des termes avec l'intérêt; dont il me remercia fort. J'accommodai toutes les autres de cette classe, partie comptant, et partie avec des termes pour le surplus. Il y avoit parmi ces créanciers deux hommes qui prétendoient qu'il leur étoit dû six à sept cent mille livres pour des fournitures de vivres faites aux armées de M. le prince, tant en Guyenne qu'à Paris; mais comme il y avoit beaucoup de choses à discuter sur ces fournitures, la plus grande partie des mémoires n'étant arrêtés de personne, j'accommodai les deux affaires, l'une à quatre-vingt mille livres, et l'autre à soixante mille livres, toujours partie comptant, et avec des termes pour le surplus. J'avois la satisfaction d'être toujours fort remercié par les gens avec qui j'avois à traiter. La nature des dettes, ou, pour mieux dire, les prétentions les plus embarrassantes furent les obligations que M. Lenet avoit passées en vertu d'une prétendue procuration de M. le prince, qui se montoient à plus d'un million, à cause qu'il y avoit stipulé les intérêts au denier quinze, suivant la coutume de Bordeaux : ce qu'il disoit avoir fait en partie par politique à plusieurs officiers de guerre, qui prétendoient qu'il leur étoit dû pour des levées et des quartiers d'hiver, dans la vue, m'a-t-il dit depuis, de les conserver en cas que M. le prince se fût trouvé dans une autre guerre. Toutes ces obligations se trouvoient datées de trois ou quatre jours avant l'amnistie de Bordeaux, M. le prince de Conti ayant un secrétaire qui les arrêtoit par ordre de M. Lenet, moyennant, à ce que j'ai ouï dire, quelques petits présens. Il y en avoit une de quatre-vingt-dix mille livres à M. Balthazar, qui avoit fait condamner M. le prince, aux requêtes de l'hôtel, au paiement de cette somme; mais ayant remarqué que la procuration de M. le prince au sieur Lenet n'étoit que pour l'acquisition de Brouage, j'appelai de cette sentence au parlement, où je la fis casser.

Après cela j'envoyai M. de La Mothe à Bordeaux, pour faire des mémoires de tout ce qui étoit dû en cette ville desdites obligations; entre autres un mémoire des fournitures qui avoient été faites pour la maison de M. le prince, surtout en vivres ou marchandises, pour pouvoir convenir avec les créanciers des temps du paiement, soit de deux, trois ou quatre termes, selon les sommes dues, et à tous un peu d'argent comptant. Je demandai aussi un autre mémoire de toutes les obligations faites par M. Lenet, spécifiant la nature de chaque dette, parce qu'il pouvoit y en avoir de plus privilégiées les unes que les autres; et je puis dire que c'est cette affaire qui m'a donné le plus de peine : mais enfin j'en vins à bout avec le temps, en faisant des accommodemens avec la plupart, selon le mérite de leurs prétentions. En ce temps-là M. le prince me fit l'honneur de me dire qu'il n'auroit pu s'imaginer que j'eusse mis si bon ordre dans ses affaires; et qu'il m'avouoit que quand j'avois entrepris de les arranger au commencement, il avoit été sur le point de perdre la bonne opinion qu'il avoit de moi, trouvant qu'il y avoit trop de témérité à mon entreprise. Mais il accompagnoit ce discours de tant de témoignages de bonté pour moi, que cela me dédommageoit bien de toutes mes peines.

M. le duc m'ayant vu agir quelque temps dans les affaires de M. le prince, et voyant qu'elles prenoient un bon chemin, me chargea aussi des siennes; et je fus assez heureux d'augmenter les seuls revenus du Clermontois, dont il jouissoit, de plus de quatre-vingt mille livres. M. d'Autun, qui vouloit toujours être regardé comme celui qui avoit le plus de crédit sur l'esprit de M. le prince et de M. le duc, ne crut rien de plus propre à diminuer la confiance qu'ils avoient en moi, que d'insinuer à Leurs Altesses, et même leur faire revenir par d'autres personnes, qu'on disoit dans le monde que je les gouvernois absolument. M. le prince me fit l'honneur de me dire qu'il avoit répondu, à la deuxième ou troisième fois qu'on lui en avoit parlé, qu'il ne se soucioit pas qu'on crût que je le gouvernasse, parce qu'il trouvoit en ce cas que je le gouvernois fort bien, sentant avec plaisir la différence de l'état présent de ses affaires, à celui dans lequel il les avoit vues ci-devant. M. le prince et M. le duc connoissoient bien M. l'évêque d'Autun et ses menées; ils faisoient même quelquefois des plaisanteries sur ce sujet : mais cela ne le rebutoit point.

Je ne vendis ma charge de secrétaire du conseil que quatre cent cinquante mille livres, qui m'avoit coûté un million du premier achat (1), et cinq cent mille livres que M. Fouquet avoit empruntées de chacun de nous, et assigné sur une affaire des quatriennaux, dont messieurs de Béchamel et Berrier furent entièrement remboursés. Cette somme m'est demeurée en pure perte.

M. le prince, après m'avoir chargé de ses affaires, me dit qu'il voudroit bien que je lui fisse un fonds particulier de vingt-cinq mille livres tous les ans pour continuer le canal qu'il avoit commencé à Chantilly, qui servoit beaucoup à l'amuser : mais à mon retour d'Espagne je trouvai que cette dépense avoit été à plus de trente-six mille livres, et il me dit que l'année suivante il voudroit bien y dépenser quarante mille livres par chaque année : ce qui fut bien augmenté dans la suite. M. le duc, qui a plus d'imagination que personne du monde, proposoit toujours des choses nouvelles ; et M. le prince, quoi qu'elles dussent coûter, les faisoit exécuter. Enfin cette dépense alla si loin, qu'elle se monta à environ deux cent mille livres chaque année pendant un temps considérable : cependant les deux dernières années de sa vie cela diminua beaucoup, lui ayant représenté, aussi fortement que je l'avois osé, que s'il n'avoit la bonté de se modérer sur ses dépenses, sa maison retomberoit dans le désordre dont je pouvois dire que je l'avois tirée. Je prenois quelquefois la liberté de dire à M. le duc que, par l'application qu'il avoit à proposer de nouvelles dépenses pour Chantilly, dont je marquois avoir quelque répugnance, il faisoit comme s'il avoit cru que ce fût mon argent qu'on y dépensoit.

Depuis que M. de Louvois m'eut admis à son commerce, il m'honora toujours de son amitié et de sa confiance même ; et, si j'ose le dire, beaucoup de croyance sur tout ce que je lui disois : cela a duré jusqu'à sa mort. Un jour, m'entretenant dans son jardin, à Saint-Germain, du choix qu'il pourroit faire pour marier sa fille aînée, peut-être pour voir si je ne nommerois pas M. de La Roche-Guyon (2), je lui proposai naturellement ce mariage, croyant l'affaire également bonne pour M. de La Rochefoucauld et pour lui. Je me souviens que dans cette même promenade il me dit qu'il lui sembloit que le Roi avoit du goût pour moi, et qu'il croyoit que si je voulois me détacher de M. le prince et de M. le duc, je pourrois trouver à m'avancer avec le Roi, selon les occasions qui se présenteroient. Je le remerciai fort de sa bonne volonté, et je lui répondis que j'avois borné mon ambition au service et à l'attachement que j'avois pour ces princes. M. Colbert, depuis mon retour d'Espagne, avoit toujours bien fait avec moi, et même peu à peu m'avoit témoigné beaucoup de confiance. Je vivois dans sa maison avec lui dans une aisance très-agréable, et me suis dans la suite toujours parfaitement bien conduit avec ce ministre et avec M. de Louvois, quoiqu'il y eût beaucoup de jalousie et d'antipathie entre eux, sans que jamais ni l'un ni l'autre aient témoigné aucune défiance de la familiarité avec laquelle tous deux vivoient avec moi : ce qui m'a toujours paru une chose fort rare, par l'humeur de ces deux ministres. Tout le monde étoit surpris de me voir également bien venu à Meudon et à Sceaux.

M. le duc, après m'avoir remis la conduite de ses affaires, m'ordonna néanmoins de faire tenir deux registres séparés de celles de monsieur son père et des siennes ; mais voyant que M. le duc de Bourbon commençoit à faire de la dépense qui couroit encore sur M. le prince, il m'ordonna de confondre entièrement ses revenus avec ceux de M. le prince son père, me disant qu'il vouloit seulement se réserver cent mille livres pour ses habits et pour ses menus plaisirs : ce qui a duré jusqu'à la mort de M. le prince.

Comme je ne pouvois empêcher les dépenses, je cherchois toutes sortes de moyens pour augmenter la recette, soit par des ventes de bois en Bretagne ou en Berri, ou enfin par tout ce qui pouvoit venir à ma connoissance. Je m'avisai de proposer la suppression des trois baillages du Clermontois, et d'en établir un à Varennes, avec le nombre de conseillers et d'officiers nécessaires qui ressortiroient au parlement de Paris, en remboursant ceux qu'on supprimoit : ce qui n'alloit qu'à très-peu de chose. Après en avoir fait la déclaration, quand M. Colbert en parla au Roi, Sa Majesté dit qu'elle ne voyoit pas à quoi cela étoit nécessaire ; et qu'apparemment c'étoit une de mes imaginations pour faire venir de l'argent à M. le duc. M. de Louvois dit qu'il n'en doutoit pas ; mais que la chose n'étoit d'aucune conséquence pour Sa Majesté. L'affaire étant passée, M. le duc en tira environ soixante-quinze mille livres de profit. M. Colbert me disoit quelquefois, de bonne amitié, que je ferois bien de me résoudre à donner quelques

---

(1) Plus haut Gourville a dit qu'il a payé cette charge onze cent mille livres.

(2) François, duc de La Rochefoucauld, petit-fils du duc de La Rochefoucauld, auteur des Mémoires.

sommes au Roi, pour lui fournir un prétexte d'obtenir de Sa Majesté un arrêt qui me déchargeât de toutes les affaires que j'avois eues ; mais il ne trouvoit pas mauvais que je ne le fisse pas.

Quelque temps après mon retour d'Espagne, madame Du Plessis-Guénégaud, désirant d'obtenir quelque chose de M. Colbert, me chargea de lui en parler. Je le trouvai très-mal disposé ; et prenant occasion de me parler de M. et madame Du Plessis comme de gens de qui il avoit méchante opinion, je pris la liberté de lui dire qu'il ne les avoit connus que par ce qui s'étoit passé à l'occasion de la charge de secrétaire d'État, qu'il avoit voulu avoir ; que M. Du Plessis avoit eu tort de ne s'en pas prévaloir pour ses affaires particulières ; mais que je pouvois l'assurer que dans le fond ils étoient gens de bien. Et pour lui en donner un exemple, je lui citai ce qui s'étoit passé d'eux à moi ; qu'il pouvoit se souvenir qu'au commencement de la chambre de justice on avoit voulu obliger tous ceux qui devoient de l'argent aux gens d'affaires de venir à révélation ; qu'alors j'avois une obligation d'eux de cent soixante mille livres (1) ; qu'étant venu à Paris, je la leur portai en original, que je brûlai en leur présence, leur faisant don de cette somme, et leur disant qu'ils pouvoient en toute sûreté de conscience jurer qu'ils ne me devoient rien ; et qu'après mon retour ils avoient voulu me payer les intérêts, et que n'ayant pas voulu les recevoir, ils m'avoient comme forcé à prendre des pierreries pour la somme à laquelle ils pouvoient monter ; qu'à son égard je trouvois qu'il étoit fort naturel qu'il eût voulu avoir une charge qui pût demeurer dans sa famille ; mais que l'ayant, il devoit donner toute la consolation qu'il pourroit à cette famille dans les occasions qui se présenteroient. Ainsi il accorda ce que madame Du Plessis demandoit de lui : il trouva même fort bon tout ce que je lui avois dit sur cela.

Madame Du Plessis ayant perdu son mari me chargea en mourant de l'exécution de son testament. Ses deux fils aînés étoient morts l'un après l'autre ; et celui qui venoit après étoit M. Du Plancy. Parmi les effets que le Roi avoit pris sur M. Du Plessis, il y avoit une rente de quatorze mille livres sur la Bretagne. Ayant rendu compte à M. Colbert du mauvais état des affaires de cette maison, je le priai de faire avoir à M. Du Plancy ladite rente, qu'on avoit prise à son père. Il la demanda au Roi en pur don, comme pour lui : elle fut mise sous mon nom, et je la remis à

(1) Plus haut Gourville dit cent cinquante mille livres.

M. Du Plancy quand il le jugea à propos. Les créanciers ayant fait décréter la maison qui est aujourd'hui l'hôtel de Créqui, et une autre maison que madame Du Plessis avoit fait bâtir derrière l'hôtel de Conti, on me vint dire à Saint-Maur qu'elles avoient été adjugées à Priou, procureur, pour quarante mille écus. J'envoyai dans le moment faire une enchère de cinquante mille livres, et par-là je sauvai ces deux effets. Peu de temps après, je convins avec M. le duc de Créqui qu'il prendroit son hôtel à cent cinquante mille livres, à condition que je demeurerois garant des délégations portées par le contrat : et ensuite M. le prince de Conti acheta l'autre quatre-vingt-dix mille livres. Apparemment que M. Du Plancy m'a cru mort il y a long-temps, n'ayant pas entendu parler de lui depuis dix-neuf ans.

[1672] Le Roi étant parti pour la guerre de Hollande, tout ce que j'avois rapporté du mauvais état de leurs troupes se trouva très-véritable. L'épouvante fut si grande, que les juifs d'Amsterdam me firent dire qu'ils donneroient deux millions à M. le prince s'il vouloit sauver leur quartier ; mais M. le prince ayant été blessé au passage de Tolhuis [bien des gens ont prétendu que cet accident fut en partie cause de ce que l'on n'acheva pas la conquête], se fit porter à Arnheim. Je partis aussitôt pour me rendre auprès de lui, et m'en allai passer à Aubocq, maison de M. le comte d'Ursé, où il étoit avec sa famille, à côté du chemin de Bruxelles à Anvers : de là, j'envoyai à M. de Marsin demander un passeport pour aller à Bruxelles, et continuer mon chemin en Hollande, parce que je voulois aller voir M. le prince. Il me fit réponse que M. le comte de Monterey, quoiqu'il eût été bien aise de me voir et lui aussi, étoit d'avis que je prisse mon chemin par Anvers ; et qu'il m'envoyoit deux gardes pour me conduire jusqu'où je jugerois à propos.

Je trouvai à Aubocq milord Harlington, depuis long-temps secrétaire du roi d'Angleterre Charles II, que j'avois un peu connu à Paris, et fort vu à Londres. En nous en allant seuls dans un carrosse à Anvers, il me demanda si le roi d'Angleterre ne s'étoit pas bien comporté, pour profiter des avis que je lui avois fait donner par milord Hollis sur ce qui regardoit M. de Witt. Il ajouta qu'il n'y avoit pas long-temps que Sa Majesté leur disoit encore qu'elle croyoit que c'étoit la source de tout ce qui étoit arrivé à la Hollande. Je lui répondis que j'étois bien obligé au Roi de la bonne opinion et de l'estime qu'il avoit pour moi. Il me témoigna que je lui ferois plaisir si j'avois occasion d'aller faire un tour en Angleterre. Je crus m'apercevoir que les Anglais trou voient que nous avancions bien nos affaires en Hollande, et que cela leur donnoit de la jalousie. En nous faisant des questions l'un à l'autre, je lui dis qu'il me sembloit que le roi d'Angleterre avoit autant d'esprit qu'on en pouvoit avoir; mais que je ne savois pas bien sa portée sur les affaires. Il me dit que quand on lui en proposoit quelqu'une, il voyoit tout d'un coup ce qu'il y avoit à faire, et appuyoit son avis de très-bonnes et solides raisons; mais que quand on lui faisoit quelques difficultés, il ne se donnoit pas la peine de les approfondir; et souvent, quand on lui en parloit une seconde fois, aisément il se laissoit aller à l'avis d'autrui.

Ayant pris mon chemin pour me rendre à Boxtel, où devoit être le Roi, en sortant d'un bois, je me trouvai tout proche des troupes qui escortoient Sa Majesté. Je montai vitement à cheval. M. l'archevêque de Reims, qui me reconnut, me dit que c'étoit le Roi qui s'en retournoit à Paris. Sa Majesté ayant entendu mon nom, tourna la tête et s'arrêta un moment, jusqu'à ce que je l'eusse joint. Elle me demanda si j'avois passé à Bruxelles: je lui répondis que les gens qui étoient en mauvais état n'aimoient point à être vus de près, et j'eus l'honneur de lui dire la réponse de M. de Marsin; mais que je n'en savois pas moins le pitoyable état où étoient les Pays-Bas; qu'en ne laissant que fort peu de troupes dans les places, ils n'avoient pu mettre que six mille hommes en campagne. Le Roi ayant cessé de me faire des questions, je repris mon chemin pour aller à Boxtel, où je trouvai M. de Turenne. En arrivant à Arnheim auprès de M. le prince, j'appris que sa blessure étoit en assez bon état: ce qui me donna beaucoup de joie. Je n'en eus pas moins à lui entendre dire que je lui avois fait grand plaisir d'entreprendre ce voyage. Trois ou quatre jours après, on vint m'avertir que M. le comte de Montbas demandoit à me voir: j'en fus fort surpris, parce qu'on m'avoit dit qu'il avoit été arrêté prisonnier en Hollande. Il me conta comment il s'étoit sauvé, ayant appris que M. le prince d'Orange vouloit lui faire son procès. M. le prince en ayant rendu compte à la cour, on lui manda qu'il pourroit demeurer en France tant qu'il voudroit.

Son Altesse passant à Louvain, j'y trouvai M. de Marsin, qui avoit toujours été fort de mes amis: j'eus avec lui de grandes conférences, dans lesquelles il me témoigna qu'il n'étoit pas content. Je lui dis que les Espagnols étoient d'étranges gens, et que je savois la peine qu'il avoit eue avec le marquis de Castel-Rodrigo. Il est vrai que celui-ci ne le faisant pas payer de ses appointemens, il lui parla un jour un peu fortement à ce sujet; et M. de Castel-Rodrigo lui ayant dit qu'il savoit bien qu'on avoit de la peine à trouver de l'argent pour payer les soldats, M. de Marsin fut très-mécontent de cette réponse; ils en vinrent aux grosses paroles, et se séparèrent en gens brouillés. Aussitôt ce dernier me vint voir, et me conta ce qui venoit de se passer. Je lui dis bonnement qu'il me paroissoit avoir été un peu brusque; qu'ils avoient tous deux tort, et que je croyois qu'il étoit bon qu'on ne sût point ce qui leur étoit arrivé. Il me dit de faire ce que je voudrois sur cela, et qu'il s'en rapportoit entièrement à moi. J'allai à l'instant trouver M. le marquis de Castel-Rodrigo: je commençai par lui dire que M. de Marsin m'ayant raconté ce qui s'étoit passé entre eux, je l'avois prié instamment de n'en parler à personne, et que je venois lui faire la même prière; que M. de Marsin étoit bien fâché, et m'avoit chargé de lui faire des excuses s'il lui avoit parlé avec un peu de chaleur; que c'étoit la nécessité dans laquelle il étoit qui avoit pu l'échauffer. Je trouvai M. de Castel-Rodrigo persuadé qu'il étoit bon que personne ne sût leur démêlé: et comme je connoissois bien les besoins de M. de Marsin, je le priai de lui faire payer vingt mille florins; ce qu'il m'accorda. Après quoi je lui dis que M. de Marsin viendroit le remercier, et que j'estimois qu'il ne falloit point du tout qu'ils se parlassent de ce qui leur étoit arrivé; dont il convint. Je n'eus pas de peine à juger par tout ce que disoit M. de Marsin, qu'il auroit souhaité être hors de ce pays-là, et s'en retirer honnêtement.

Cela me donna occasion de lui représenter que s'il venoit à mourir, son fils seroit bien à plaindre; et insensiblement nous parlâmes des conditions auxquelles il voudroit bien être sorti d'où il étoit. Je lui proposai d'en rendre compte à la cour aussitôt que j'y serois arrivé: mais j'ajoutai qu'il falloit que ces sortes d'affaires se terminassent tout d'un coup sans négociation, et que je le priois de me dire ses intentions. M'ayant répondu qu'il s'en remettoit à moi, je lui dis que je tâcherois de lui faire donner au moins cent mille livres d'argent comptant, et un établissement pour son fils. Nous convînmes que ce pouvoit être une compagnie de gendarmes, qu'on appelleroit les *gendarmes de Flandre*, qui seroit sur le même pied qu'étoient les autres; que si je pouvois obtenir cela, je le lui ferois savoir par un homme exprès; et qu'aussitôt il s'en iroit chez lui à Modave, et enverroit un gentilhomme à Madrid pour le dégager le mieux qu'il se pourroit d'avec les Espagnols.

Aussitôt que j'en eus fait la première proposition à M. de Louvois et à M. Colbert, ils m'en parurent tous deux fort contens, et ne doutèrent pas que le Roi ne fût bien aise d'avoir M. de Marsin, qui étoit regardé comme un très-bon général d'armée, et le seul que pourroient avoir les Espagnols. Le Roi étant parti deux jours après pour aller à Compiègne, il me souvient que Sa Majesté devant dîner au Bourget, et ayant mis pied à terre, entra dans une écurie pour y faire de l'eau : m'ayant aperçu en sortant, elle me fit signe de m'approcher, et me dit qu'elle seroit fort aise que M. de Marsin se dégageât entièrement d'avec les Espagnols. Elle me demanda à quelles conditions cela se pourroit faire : je lui répondis que je pensois que si Sa Majesté avoit pour agréable de lui donner quarante mille écus, et à son fils une compagnie de gendarmes, qu'on pourroit appeler *gendarmes de Flandre,* avec la disposition des bas-officiers, il en seroit content. Le Roi me dit qu'il le vouloit bien ; que je n'avois qu'à le lui faire savoir, et que l'affaire étoit faite s'il le vouloit à ces conditions. La chose eut toute son exécution.

Je demandai à M. le prince la capitainerie de Saint-Maur, où il n'alloit jamais pour lors : il me l'accorda sans aucune condition, avec la jouissance du peu de meubles qui y étoient. Madame de La Fayette, après avoir été s'y promener, me demanda d'y aller passer quelques jours pour prendre l'air : elle se logea dans le seul appartement qu'il y avoit alors, et s'y trouva si à son aise, qu'elle se proposoit déjà d'en faire sa maison de campagne. De l'autre côté de la maison il y avoit deux ou trois chambres que je fis abattre dans la suite : elle trouva que j'en avois assez d'une quand j'y voudrois aller, et destina, comme de raison, la plus propre pour M. de La Rochefoucauld, qu'elle souhaitoit qui y allât souvent.

Ayant demandé au concierge de lui faire voir le peu de meubles qu'il y avoit dans une chambre haute qui servoit de garde-meuble, elle y trouva une grande armoire en forme de cabinet, qui avoit été autrefois à la mode et d'un grand prix, avec quelques vieilleries qui la pouvoient accommoder. Etant venu faire un tour à Paris, elle pria M. le duc de lui permettre de les faire descendre dans son appartement : ce qu'il n'eut pas de peine à lui accorder. Ayant découvert une très-belle promenade sur le bord de l'eau qui avoit de l'autre côté un bois, elle en fut si charmée qu'elle y menoit tous ceux qui l'alloient voir. Il y avoit aussi de belles promenades dans le parc, qui lui faisoient chérir l'établissement qu'elle s'étoit fait. Elle avoit inventé pour les promenades du parc, qu'elle faisoit souvent avec quelques-uns de ses amis, une chose qui réussissoit assez bien pour prendre mieux l'air : c'étoit de faire abattre les vitres du devant du carrosse, et allonger les guides des chevaux ; en sorte que le cocher étant monté derrière, les guidoit à son gré dans une grande pelouse où étoit la promenade.

Sur ce que je dis à quelqu'un que je trouvois son séjour bien long à Saint-Maur, elle m'en fit des reproches, prétendant que cela ne pouvoit qu'être commode pour moi, puisque quand je voudrois y aller, je serois assuré d'y trouver compagnie. Finalement, pour pouvoir jouir de Saint-Maur, je fus obligé de faire un traité par écrit avec M. le prince, par lequel il m'en donnoit la jouissance ma vie durant avec douze mille livres de rente, à condition que j'y emploierois jusqu'à deux cent quarante mille livres, entre autres pour achever un côté du château où il y avoit seulement des murailles élevées jusqu'au second étage. Le long de la maison étoit une carrière d'où on avoit tiré beaucoup de pierres, et l'on descendoit par là pour aller dans la prairie.

En trois ou quatre années j'eus mis Saint-Maur en l'état où il est présentement, à la réserve que M. le duc, depuis que je le lui ai remis, a fait agrandir le parterre du côté de la plaine. J'avois fait bâtir un grand moulin exprès pour élever des eaux, qui m'en donnoit perpétuellement cinquante pouces qui tomboient dans un réservoir du côté de la capitainerie; il faisoit aller quatre fontaines de ce côté-là, et deux dans le parterre du côté de la rivière : devant la face du logis, une fontaine qui venoit du grand réservoir, pour en faire aller une autre au milieu du pré en bas, laquelle est environnée d'arbres, et jetoit si haut et si gros, qu'on n'en avoit point encore vu de plus belle. Mais je tombai dans l'inconvénient de tous ceux qui veulent accommoder les maisons: j'y fis presque pour quatre cent mille livres de dépense, au lieu de deux cent quarante mille livres à quoi je m'étois obligé.

Pour revenir à madame de La Fayette, elle vit bien qu'il n'y avoit pas moyen de conserver plus long-temps sa conquête : elle l'abandonna, mais elle ne me l'a jamais pardonné, et ne manqua pas de faire trouver cela mauvais à M. de La Rochefoucauld. Mais comme il lui convenoit que nous ne parussions pas brouillés ensemble, elle étoit bien aise que j'allasse presque tous les jours passer la soirée chez elle avec M. de La Rochefoucauld. Cela n'empêcha pas néanmoins qu'ayant trouvé une occasion où elle croyoit me faire beaucoup de dépit, elle ne la voulut pas manquer.

M. de Langlade, qui avoit été connu de M. Fouquet avant moi, et qui, dans la vérité, m'avoit mené pour lui faire ma première révérence, avoit de l'esprit, mais beaucoup plus de présomption et d'envie. Quoique je lui eusse fait faire pour plus de cinquante mille écus de bonnes affaires, il pensoit que je lui en devois toujours beaucoup de reste, et qu'il étoit la cause de toute ma fortune; en sorte que tant qu'il a vécu, il a toujours conservé une jalousie extraordinaire contre moi.

Il m'avoit proposé d'épouser sa sœur, et de bonne foi j'avois envie de lui faire ce plaisir. En allant en Guyenne, j'avois passé en Périgord chez son père, qui demeuroit dans le château de Limeuil, qui appartient à M. de Bouillon; mais comme le château étoit ruiné, la demoiselle logeoit dans un endroit qui avoit autrefois servi d'office. On me la fit voir dans son lit, parée autant qu'on l'avoit pu; mais entre autres choses elle avoit deux pendans d'oreille de crin rouge, quasi gros comme le poing, qui ne faisoient pas un trop bon effet avec son visage, qui étoit pâle, et fort brun. Ce spectacle me fit voir que je m'étois engagé un peu légèrement de l'épouser, et me fit résoudre à chercher les moyens de ne le pas faire; et pour ne pas trop choquer mon ami, je résolus de dire à M. de Langlade, à mon retour, que, ne me sentant aucune inclination pour le mariage, je donnerois trois mille pistoles pour marier sa sœur : ce qu'il reçut tant bien que mal. Mais enfin il crut qu'il étoit toujours bon de prendre les trois mille pistoles, avec quoi elle fut mariée à un gentilhomme du Poitou, et mourut quelque temps après.

J'ai toujours vécu avec lui avec beaucoup de déférence, nous étant connus aux guerres de Bordeaux, où il étoit secrétaire de M. de Bouillon; mais quoi que j'aie fait pour reconnoître son amitié, tout ce qui me donnoit quelque distinction dans le monde lui faisoit beaucoup de peine, ne pouvant comprendre qu'ayant un mérite bien au-dessus du mien, la fortune me fût plus favorable qu'à lui. Il souffroit impatiemment de n'avoir quasi du bien que celui que je lui avois procuré. Tant qu'il a cru être regardé dans le monde comme supérieur à moi, notre amitié a été sincère, et l'auroit toujours été, si notre fortune l'avoit mis en état de me faire une partie des plaisirs qu'il étoit obligé de recevoir de moi; mais il ne put jamais s'accoutumer à voir que le monde fit pour le moins autant de cas de moi que de lui.

Par bonté de cœur, ou pour mieux dire par sottise ou simplicité, je demeurai toujours dans une grande dépendance, sans même qu'elle me fît autant de peine qu'elle en auroit fait à tout autre. Il étoit fort des amis de madame de La Fayette, qui croyoit d'un autre côté que l'attachement que M. de La Rochefoucauld avoit pour elle, à cause de la grande commodité dont elle lui étoit, m'en devoit rendre beaucoup dépendant, par celui que j'ai toujours conservé pour M. de La Rochefoucauld. M. de Langlade et elle complotèrent ensemble de me faire un méchant tour. Comme M. de Langlade satisfaisoit sa vanité, et que madame de La Fayette y trouvoit un intérêt considérable, cela eut des suites que je suis bien aise d'oublier.

Madame de La Fayette présumoit extrêmement de son esprit, et s'étoit proposé de remplir la place de madame la marquise de Sablé, à laquelle tous les jeunes gens avoient accoutumé de rendre de grands devoirs, parce qu'après les avoir un peu façonnés, ce leur étoit un titre pour entrer dans le monde : mais cela ne réussit pas, parce que madame de La Fayette ne voulut pas donner son temps à une chose si peu utile. Son inclination naturelle l'emportoit sur tout le reste. Elle passoit ordinairement deux heures de la matinée à entretenir commerce avec tous ceux qui pouvoient lui être bons à quelque chose, et à faire des reproches à ceux qui ne la voyoient pas aussi souvent qu'elle le désiroit, pour les tenir tous sous sa main, pour voir à quel usage elle les pouvoit mettre chaque jour.

Elle eut une recrue à faire pour son fils, et en parla à plusieurs personnes pour lui trouver des hommes, et surtout à bon marché. Elle me conta un jour qu'ayant employé un maître des comptes à cet usage, il lui avoit effectivement amené quinze bons hommes, dont il lui fit présent : ce qui me fit fort rire. Avec tout cela elle me paroissoit avoir beaucoup de vanité ; mais, sans mépriser les petits profits, elle avoit trouvé moyen de s'attirer quelques gens qui avoient des affaires chez M. le prince. Elle m'en fit faire deux qui purent lui valoir quelque petite chose; mais je la priai de n'en plus écouter, et l'assurai que je n'en ferois pas davantage.

M. de Langlade s'étant trouvé à la maison qu'il avoit achetée en Poitou, et ayant appris que M. de Louvois devoit passer tout contre en revenant d'un voyage qu'il avoit fait en Guyenne, pour faire connoître sa faveur à ses voisins, les avoit avertis que M. de Louvois passoit chez lui, où il lui avoit préparé de quoi faire bonne chère : il alla dans une chaise à une poste de son voisinage pour l'entretenir un peu, et l'inviter à passer à sa maison. Mais celui-ci l'ayant remercié un peu brusquement, ne songeant qu'à la diligence qu'il avoit à faire, M. de Langlade le voulut suivre encore une poste : ayant trouvé M. de

Louvois déjà monté dans sa chaise, il lui fit signe de son chapeau et lui dit adieu.

M. de Langlade fut si touché de n'avoir pas mieux réussi, qu'il en tomba malade, et mourut peu de jours après. Cela donna lieu à M. de Reuville de dire un bon mot là-dessus, disant que M. de La Rochefoucauld et M. de Langlade s'étoient tués d'un coup fourré, parce qu'à la mort de M. de La Rochefoucauld on avoit dit qu'il avoit été fort touché de s'être aperçu que M. de Langlade, aidé de madame de La Fayette, l'avoit obligé d'entrer dans la mortification qu'on m'avoit voulu donner sur le mariage de M. de La Roche-Guyon avec mademoiselle de Louvois (1).

M. Fouquet, quelque temps après, ayant été mis en liberté (2), sut la manière dont j'en avois usé avec madame sa femme, à qui j'avois prêté plus de cent mille livres pour sa subsistance, son procès, et même pour gagner quelques juges, comme on lui avoit fait espérer. Après m'avoir écrit pour m'en remercier, il manda à M. le président de Maupeou, qui étoit de ses parens et de mes amis, de me proposer, en cas que mes affaires fussent aussi bonnes qu'on lui avoit dit, de vouloir bien faire don à M. de Vaux, son fils, de cent et tant de mille livres qui pourroient m'être dues : ce que je fis très-volontiers, et en passai un acte en arrivant.

[1673] En arrivant à La Fère environ la fin de septembre 1673, M. de Louvois me chargea d'aller trouver M. le prince et M. le duc à Tournay, pour leur demander de la part du Roi leur avis sur la nécessité où Sa Majesté croyoit être d'abandonner toutes les places que l'on tenoit en Hollande. Il me demanda ce que j'en pensois, et fort brusquement je lui dis que je croyois qu'il en falloit faire sauter toutes les fortifications, et les mettre en état qu'elles ne puissent être rétablies de long-temps, et sans une grande dépense : ce qui mettroit les Hollandais hors d'état de secourir les Pays-Bas, si le Roi jugeoit à propos de les attaquer et de les prendre, comme il me sembloit qu'il étoit fort facile, puisqu'ils n'avoient presque point de troupes. En arrivant à Tournay, je ne fus pas trop bien reçu de M. le prince et de M. le duc, parce que M. de Louvois leur avoit mandé qu'il les prieroit au premier jour de prendre un rendez-vous où il les pût entretenir de la part de Sa Majesté : ce qu'ils auroient mieux aimé que de m'y voir de la sienne. M. le duc fut d'avis de me garder, parce que la saison étoit bien avancée, et qu'il s'en retourneroit bientôt à Paris. J'y fus assez malade; mais cela ne dura pas.

[1674] Environ le mois de juin 1674, M. le prince me manda de l'aller trouver au Piéton, proche Charleroy. Quelques jours après mon arrivée, on apprit que M. le prince d'Orange marchoit avec une armée nombreuse, de plus d'un tiers que celle de M. le prince. Elle étoit composée d'un grand corps d'Allemands commandé par M. de Souches, de l'armée de Flandre, sous le commandement de M. de Monterey, et de celle des Hollandais, qui avoit à sa tête M. le comte de Waldeck. M. le prince se résolut de les attendre dans son camp, persuadé qu'ils n'oseroient l'attaquer. En effet, ils vinrent se poster à deux petites lieues. Le lendemain, à la pointe du jour, M. le prince monta à cheval, et s'en alla sur une hauteur pour observer leur décampement : ce qu'ayant su, je me levai aussitôt pour l'aller joindre. En arrivant, il me dit qu'il jugeoit par la marche que les ennemis commençoient à fuir ; qu'il battroit au moins leur arrière-garde ; qu'il avoit envoyé ordre à l'armée de marcher.

Je m'amusai à regarder nombre de femmes qui se mettoient dans dix ou douze carrosses qui étoient en bas. Il y avoit aussi une hauteur assez proche, où les ennemis avoient porté des mousquetaires pour tirer à l'endroit où étoit M. le prince ; une balle perça ma culotte : ce qui me fit prendre le parti de m'en aller me mettre à couvert d'une grange qui étoit là auprès. J'y trouvai deux jeunes hommes très-bra-

---

(1) Gourville anticipe sur l'ordre des événements. Il ne parle qu'une fois, et en passant, de la mort du duc de La Rochefoucauld, qui arriva en 1680 ; cependant ce n'est pas par ingratitude, puisqu'on lit dans une lettre de madame de Sévigné : « Gourville a couronné ses fidèles » services dans cette occasion (la mort de La Rochefou- » cauld). Il est estimable et adorable, par ce côté de son » cœur, au-delà de tout ce que j'ai vu. Il faut m'en » croire. »

(2) C'est sans doute par anticipation que Gourville parle de la liberté de Fouquet. Il s'énonce d'une manière si positive, qu'il ne devrait point y avoir de doute à ce sujet. Suivant Voltaire, ce fait lui a été confirmé par madame la comtesse de Vaux, belle-fille du prisonnier. Cependant tous les auteurs du temps prétendent que Fouquet mourut au château de Pignerol. Madame de Sévigné, dans une lettre à sa fille, du 3 avril 1680, contredit Gourville d'une manière également positive : « Si j'étois, dit-elle, » membre du conseil de la famille de M. Fouquet, je me » garderois bien de faire voyager son pauvre corps, comme » on dit qu'ils vont faire ; je le ferois enterrer là ; il serait » à Pignerol ; et, après dix-neuf ans, ce ne seroit pas de » cette sorte que je voudrois le faire sortir de prison. » Des témoignages si opposés sont difficiles à concilier : de toutes les opinions émises à ce sujet, la plus probable est que Fouquet, après avoir obtenu sa liberté, mourut avant d'avoir eu le temps de sortir du château.

ves et de bonne réputation, qui en sortirent aussitôt qu'ils me virent, pour s'avancer d'où je venois; et moi je demeurai un moment.

M. le prince, ayant considéré long-temps la marche des ennemis, résolut de les attaquer. Il y avoit un bois près du lieu par où il vouloit commencer; et considérant que s'il y avoit des troupes derrière ce bois, elles pouvoient le charger en flanc, il prit le parti de s'en éclaircir. Je me souviens que messieurs de Noailles, de Luxembourg, de Rochefort, ses lieutenans généraux, étoient auprès de lui, et qu'il leur donnoit ses ordres avec un peu de chaleur : mais quand il fut à portée de s'éclaircir s'il y avoit quelques troupes derrière le bois, il dit à ces messieurs qu'il s'y en alloit pour s'en éclaircir. Tous s'offrirent d'y aller pour lui en rendre compte : il se mit un peu en colère, et les pria de le laisser faire. Chacun s'arrêta : il y alla seul au petit galop, laissant ce bois à deux ou trois cents pas à gauche; et lors qu'il fut par delà, et qu'il fut assuré qu'il n'y avoit aucunes troupes, il s'en vint plus vite qu'il n'étoit allé. En approchant de ces messieurs, il poussa encore son chemin, et leur dit en riant : « Il n'y a qu'à les » charger pour les battre; » se souvenant sans doute qu'il s'étoit un peu mis en colère, et peut-être un peu hors de propos. Il acheva de leur donner ses ordres avec beaucoup de douceur.

Il alla se mettre à la tête du régiment de la Reine; et donnant l'ordre de charger, il tira son épée du fourreau, et passa dans son bras le ruban qui y étoit attaché. J'eus peur qu'elle ne le blessât, parce qu'il n'avoit que des bas de soie. Dans ce moment on commença à charger les ennemis : je vis aussitôt revenir M. le comte de Rochefort, qui étoit blessé; et en avançant je vis qu'on portoit M. de Montal, qui avoit reçu un coup de mousquet à la jambe; beaucoup d'autres officiers qui étoient déjà hors de combat, et un très-grand nombre de morts et de mourans. Je fis réflexion que s'il m'arrivoit quelque accident, cela ne m'attireroit que des railleries.

Le régiment de Nassau, qui avoit été forcé là, se jetoit dans l'église de Senef. M. de La Cordonnière, avec une troupe de gardes, ayant fait ouvrir la porte de l'église, leur promit qu'ils auroient bon quartier. Il me demanda si je voulois qu'il me laissât vingt gardes pour les conduire au camp, voulant aller rejoindre M. le prince avec sa troupe. Je pris cela pour un commandement, et je me chargeai volontiers des prisonniers au nombre de deux ou trois cents, où étoit un prince de Nassau fort blessé, et quatre ou cinq officiers, que les soldats mirent sur des échelles pour les emporter. Je me mis en marche pour les mener au château de Trésigny. Deux de ces pauvres officiers, à ce que me dirent les soldats, étoient morts, et furent laissés à côté du chemin sur les échelles.

J'entendois des décharges si furieuses, que cela me fit frémir, et me persuada que j'avois pris le bon parti. Je menai mes prisonniers, et les mis dans une grange. De temps en temps il passoit des gens blessés, qui s'en retournoient au camp. M. le marquis de Villeroy, depuis maréchal de France, qui avoit été blessé, me dit qu'il eût été à désirer que M. le prince se fût contenté d'avoir battu l'arrière-garde. Sur le soir, M. le chevalier de Fourille me dit qu'il se croyoit blessé mortellement, mais qu'il étoit ravi de s'être trouvé une fois avec M. le prince; et en jurant m'exagéroit sa valeur, et me dit que s'il n'étoit tué, il achèveroit de défaire entièrement les ennemis. Beaucoup de gens qui passoient me parloient également de la valeur de M. le prince; et à mesure qu'on faisoit des prisonniers, on me les amenoit. Un officier françois demanda à me parler, et me pria de le faire sortir, parce qu'il avoit été condamné à mort à Paris pour l'enlèvement d'une fille. Je le menai à la porte, et lui dis de se sauver comme il pourroit.

Parmi les prisonniers qu'on m'amenoit, j'en trouvois de ma connoissance, et beaucoup de gens de qualité qui avoient été pris, que je mis dans une chambre à part. De ceux-ci étoient M. le prince de Salm, beau-frère de M. le duc de Holstein, lieutenant général de la cavalerie des Pays-Bas, et M. le comte de Solm, parent de M. le prince d'Orange.

J'étois dans une grande inquiétude : enfin, ne pouvant dormir, je montai à cheval une heure avant le jour, résolu de rejoindre M. le prince. Je le trouvai à une lieue du camp, qui s'en revenoit dans sa calèche : à peine pouvoit-il parler. Il ne laissa pas de me dire que si les Suisses avoient voulu marcher en avant, il auroit achevé de défaire toute l'armée des ennemis. Aussitôt qu'il fut arrivé, il dépêcha M. le comte de Briord, qui avoit vu toute l'affaire, pour en rendre compte au Roi (1).

M. Le prince avoit très-souvent trouvé bon que, quelque temps après qu'il s'étoit fâché, je lui parlasse des petits mouvemens de colère qu'il avoit eus. Le lendemain, le voulant faire ressouvenir de ce qui s'étoit passé, il me dit qu'il étoit vrai qu'il s'étoit un peu échauffé contre ces messieurs; mais que quand il s'agissoit de s'éclaircir d'une chose d'aussi grande importance que pou-

---

(1) Condé gagna la bataille de Senef le 11 août 1674.

voit être celle-là, il ne s'en vouloit fier à personne. Je crois pourtant que c'étoit une raison qu'il se donnoit à lui-même pour excuser son petit mouvement de colère. Il savoit bien qu'il y étoit sujet ; mais comme dans le moment il eût bien voulu que cela n'eût pas été, ceux qui ne s'en scandalisoient pas lui faisoient un grand plaisir.

J'ai ouï dire à M. de Palluau, depuis maréchal de Clérembault, qu'un jour M. le prince lui avoit parlé avec beaucoup de colère ; et qu'étant prêt de monter à cheval, on avoit donné une casaque à M. le prince, qui s'approcha de M. de Palluau, et lui dit : « Je te prie de me boutonner » ma casaque ; » celui-ci répondit : « Je vois bien » que vous avez envie de vous raccommoder avec » moi : allons, j'y consens ; soyons bons amis ; » que M. le prince en avoit fort ri, et que cela lui avoit fait grand plaisir. Il se trouva qu'il y avoit plus de trois mille prisonniers, et cent ou cent vingt drapeaux ou étendards, que M. le prince fit mettre dans des paniers, et ordonna de les mettre derrière mon carrosse pour les présenter à Sa Majesté.

Dix ou douze des prisonniers, tant princes qu'officiers, voulurent venir avec moi : j'en mis trois dans mon carrosse, et les autres sur des chevaux. Lorsque nous fûmes arrivés à Reims, M. le duc d'Holstein me dit que M. le comte de Waldeck, en lui parlant des progrès qu'alloit faire cette grande armée, lui avoit promis qu'il lui feroit boire du vin de Champagne ; mais qu'apparemment il n'avoit pas entendu que ce seroit de la façon qu'il en buvoit. M. de Louvois envoya au-devant de moi pour me dire d'aller tout droit au Roi. Sa Majesté me fit une infinité de questions pendant plus d'une heure. Tous les étendards et drapeaux furent placés dans Notre-Dame le jour du *Te Deum*.

[1675] Au mois de juillet 1675, M. de Turenne ayant été tué en Allemagne, le Roi donna ordre à M. le prince de s'y rendre. Il laissa le commandement de l'armée de Flandre à M. de Luxembourg ; et je reçus ordre de Son Altesse de me trouver à Châlons à son passage : il étoit accompagné de M. de La Feuillade, et de quelques autres officiers. Il y reçut la nouvelle que M. le maréchal de Créqui, qui commandoit une armée du côté de Trèves, avoit perdu une bataille contre messieurs les ducs de Zell et d'Hanovre, et que son armée avoit été mise entièrement en déroute. Cela donna une grande alarme que les troupes de ces princes n'allassent en Allemagne joindre M. de Montecuculli. Je dis à Son Altesse, avec quelque sorte d'assurance, que cela ne seroit point, parce que ces messieurs ayant fait un traité pour essayer de prendre la ville de Trèves, il en faudroit un autre pour les faire aller sur le Rhin ; de plus, que j'étois persuadé qu'ils ne voudroient pas obéir à M. de Montecuculli, ni lui envoyer leurs troupes, sans un nouveau traité. Cela soulagea un peu l'inquiétude de M. le prince, trouvant quelque raison à ce que je disois.

M. le maréchal de Créqui ne sachant quel parti prendre, se détermina de s'aller jeter dans Trèves, où il fut pris avec la ville. Messieurs de Brunswich lui permirent de venir en France pour quelques mois, à la charge de se rendre auprès d'eux quand le temps seroit expiré. M. le maréchal de Créqui ne pouvoit s'y résoudre : il avoit obtenu de Madame une lettre pour madame la duchesse d'Hanovre, par laquelle il demandoit à convenir de sa rançon : ces messieurs firent répondre par madame d'Hanovre qu'ils supplioient Madame de trouver bon qu'ils ne fissent aucunes conventions avec le maréchal de Créqui, qu'il n'eût auparavant exécuté les assurances qu'il leur avoit données de se rendre auprès d'eux. M. le maréchal de Créqui, pour tâcher de l'éviter, pria ou fit prier madame Du Plessis-Guénégaud de faire en sorte que je voulusse bien me mêler de cette affaire. Il y avoit quelques années que j'avois cessé de le voir, à cause d'un procès pour l'argent que je lui avois prêté avant que M. Fouquet fût arrêté, et que M. d'Ormesson, que nous avions pris pour arbitre, avoit jugé fort extraordinairement, à mon avis. Madame du Plessis m'en ayant parlé, et dit ce qui pouvoit raisonnablement me faire entrer dans cette affaire, j'écrivis à messieurs les ducs de Zell et d'Hanovre que je les supplois de vouloir bien se contenter de cinquante mille livres pour la rançon. Aussitôt après, ils m'envoyèrent un ordre pour le mettre en liberté ; et M. le maréchal de Créqui ayant payé cette somme, se trouva libre ; dont il me fit de grands remerciments. Il m'a toujours depuis témoigné beaucoup d'amitié ; et il se sentit d'autant plus obligé, que M. le maréchal de La Ferté avoit payé cent mille livres pour sa rançon quand il fut pris au secours de Valenciennes.

[1676] Au commencement de septembre 1676, je fis un voyage en Angoumois avec M. de La Rochefoucauld, M. le marquis de Sillery et M. l'abbé de Quincé. Comme il y avoit longtemps que M. de La Rochefoucauld n'avoit été dans ce pays-là, il fut visité d'un grand nombre de noblesse des provinces voisines ; et après avoir resté quelques jours à Verteuil, il alla faire une pêche dans la Charente de Montignac, où l'on prit plus de cinquante belles carpes, dont la moindre avoit plus de deux pieds. J'en fis porter une bonne partie à La Rochefoucauld, où ces messieurs allèrent coucher; et comme j'en étois encore capitaine, je me chargeai d'en faire les honneurs. On servit quatre tables pour le souper; mais le lendemain il en fallut bien davantage pour ceux qui venoient faire leur cour à M. de La Rochefoucauld. J'y avois fait faire de grandes provisions, et surtout d'aussi bons vins qu'il s'en pouvoit trouver. On n'y séjourna qu'un jour. Je ne sais pas si on m'avoit grossi le mémoire; mais je sais bien qu'il se montoit à plus de huit cents livres.

En retournant à Paris, M. de La Rochefoucauld et ces messieurs allèrent à Basville. M. le premier président de Lamoignon, un des premiers hommes du monde, outre ses grandes et merveilleuses qualités, avoit celle d'être aisé à vivre, et d'un gracieux commerce. Messieurs de Lamoignon et de Basville, ses fils, étoient de mes amis intimes: je les priai de me chercher une maison que je pusse acheter dans le voisinage; mais, après l'ouverture du parlement, M. le premier président mourut, dont je sentis une cruelle affliction. M. de Basville avoit envie de bâtir une maison à Courson, proche Basville; et après en avoir fait faire le devis, il se trouva qu'il falloit plus de quarante mille livres, et qu'il n'étoit pas en état d'y faire travailler. Cela me donna occasion de lui proposer qu'au lieu d'acheter une maison dans le voisinage, comme j'en avois le dessein, il me fît faire un beau logement dans celle qu'il vouloit faire construire; et que j'avancerois les quarante mille livres dont il avoit besoin pour bâtir, à condition que, du jour que la maison seroit achevée, lui et madame de Basville s'obligeroient à me donner tous les ans, pendant vingt ans, deux mille livres à la fin de chaque année; et qu'au bout des vingt ans qu'il m'en auroit payé pour ainsi dire la rente, le principal leur demeureroit. La maison fut bâtie: j'y logeai deux fois, et trouvai que j'avois un beau et commode appartement. Je fus payé avec une grande exactitude, suivant nos conventions, et je leur remis l'obligation.

Quelque temps avant la mort de M. de Lyonne, M. Colbert me dit qu'il avoit pensé à faire en sorte d'unir, à sa charge de secrétaire d'État de la maison du Roi, la marine, qui jusque là avoit été du département des affaires étrangères, qu'avoit M. de Lyonne. Il me pria de lui en parler, ce que je fis; et ayant trouvé jour à faire entendre la proposition à M. de Lyonne, il convint à deux cent mille livres. C'est depuis ce temps-là que notre marine a été bien augmentée. M. Colbert fit l'établissement de Rochefort, qui coûta beaucoup d'argent; et ayant jugé qu'il étoit avantageux au Roi d'avoir quantité de vaisseaux, il en fit acheter et construire un grand nombre.

[1681] Au mois de mars 1681, Sa Majesté trouva à propos de m'envoyer en Allemagne auprès de messieurs les ducs de Zell et d'Hanovre, pour tâcher de rompre une assemblée qui devoit se faire à Humelingen, dans le pays de Munster, où M. le prince d'Orange devoit se trouver, que l'on disoit devoir durer un mois; et en cas qu'elle se fît, d'y aller avec M. de Brunswick pour rendre compte à Sa Majesté de ce qui s'y feroit, et en même temps trouver moyen d'entrer avec M. le prince d'Orange, s'il étoit possible, en conférence sur la situation des affaires présentes. Comme j'étois bien aise en passant de voir M. le prince d'Aremberg, pour lors gouverneur de Mons, je lui fis savoir le jour que je pourrois y arriver: je trouvai quatre de ses gardes, qui avoient fait abattre des fossés pour me faire passer au travers de la campagne, et m'éviter les mauvais chemins. J'y restai un jour, et j'eus un grand plaisir de le voir, aussi bien que madame d'Aremberg, dame d'un grand mérite. Il m'offrit son carrosse pour me mener à Brène, où j'en trouvai un autre de M. le comte d'Ursé, qui me mena à Bruxelles; mais comme je n'avois pas le temps de faire des visites, quelques personnes de mes amis me donnèrent rendez-vous à la promenade de Notre-Dame-du-Lac, où je trouvai une bonne partie de ce qu'il y avoit de gens considérables à Bruxelles. Je puis dire qu'on me témoigna beaucoup de joie de me revoir: j'y vis bien des femmes que j'avois laissées petites filles. M. le prince de Parme, qui étoit alors gouverneur de France, m'envoya chercher avec deux carrosses; et M. d'Agovirto, depuis de Castanaga, pour lors mestre de camp général, et ensuite gouverneur, ne m'abandonna pas pendant mon petit séjour. Je l'avois fort régalé lorsqu'il vint conduire jusqu'à Paris M. le comte de Monterey, qui retournoit en Espagne.

J'avois fait venir un petit yacht à Anvers, pour m'y embarquer avec tout mon monde. Le lendemain de notre départ, il fit une si grande tempête, que vraisemblement nous serions péris, si le pilote ne s'étoit trouvé heureusement auprès d'un canal qui conduit à Willemstadt, où nous fûmes entièrement à couvert. Je fus obligé d'y demeurer un jour: c'est une petite place où il y a garnison hollandaise. Ayant quitté mon yacht à Roterdam, j'y appris que M. le prince d'Orange étoit allé faire un tour à la campagne, et devoit être le lendemain de retour à La Haye. Y étant arrivé le soir assez tard, M. le comte d'Avaux, pour lors ambassadeur du Roi, me fit l'honneur de me loger chez lui. J'y reçus une infinité de visites, surtout de plusieurs principaux serviteurs du prince d'Orange, qui depuis long-temps n'avoient mis le pied chez monsieur l'ambassadeur. M. le prince d'Orange devoit arriver le soir; le lendemain à midi j'allai chez lui, et le trouvai dans sa salle, où étoit M. le prince d'Auvergne à côté de lui, avec un grand nombre de personnes. Je me mis de l'autre côté : il me fit un accueil si gracieux, que tout le monde en fut surpris; puis s'étant approché de mon oreille, il me dit tout bas : « On me méprise bien dans votre pays; » et moi, prenant la liberté de m'approcher de la sienne, je lui dis; « Pardonnez-moi; on vous fait » bien plus d'honneur, car on vous craint bien » fort. » Il ne put s'empêcher de faire un petit sourire : ce qui ayant fait juger à la compagnie qu'il seroit bien aise de me parler, ou parce qu'il étoit temps de dîner, chacun se retira; et m'ayant retenu, il me fit mettre à table auprès de lui, me conta que le soir aussitôt après son arrivée M. Diksveldt lui étoit venu dire que j'étois arrivé à La Haye pour aller à l'assemblée d'Humelingen, et qu'il lui en avoit parlé comme d'une chose qui pourroit bien lui faire de la peine; mais qu'il lui avoit répondu : « Je serai fort aise » de le voir, il est de mes amis; et assurément » nous nous réjouirons bien à l'assemblée. » Je crois que, pour bien me remettre ce qui se passa à cette entrevue, je ne saurois mieux faire que copier la lettre que je me donnai l'honneur d'écrire au Roi, de La Haye, le 18 mars 1681.

Copie de la lettre que M. de Gourville écrivit au Roi de La Haye, le 18 mars 1681.

(Elle fut envoyée à M. de Croissy par la poste, le 20 mars 1681.)

« Sire,

» Les grands vents qu'il fait en ce pays ont » retardé mon voyage de deux ou trois jours : » j'arrivai ici avant-hier au soir fort tard. J'appris hier matin que M. le prince d'Orange devoit arriver le soir; et deux ou trois personnes » de sa maison, qui se disoient de mes amis, » m'assurèrent qu'il seroit bien aise de me voir : » quelques-uns de ceux qui le virent en arrivant » m'ont confirmé la même chose. J'ai été chez » lui à midi avec M. de Montpouillant; je le » trouvai dans sa salle avec beaucoup de gens » qui faisoient leur cour; M. le comte d'Auvergne y étoit aussi : il me reçut si gracieusement, » que tout le monde en parut surpris. Après que » M. le comte d'Auvergne fut sorti, il me dit » qu'il auroit trouvé fort mauvais que je fusse » parti sans le voir; mais qu'il ne croyoit devoir

» ma visite qu'au vent contraire que j'avois eu. » En effet, j'en avois parlé ainsi en arrivant; et » m'ayant ajouté que quoi qu'on lui eût pu » écrire et dire sur mon voyage, il étoit fort aise » de me voir; et que le soir précédent M. Diksveldt, qui est fort bien avec lui, ayant représenté qu'il devoit faire en sorte que je ne me » trouvasse point à Humelingen, il avoit répondu » que j'étois de ses amis, et qu'il étoit assuré que » je ne lui empêcherois pas de prendre son cerf » quand il iroit à la chasse, mais que je pourrois » bien donner à souper au retour; et tout cela » d'un air gai. Je répondis du mieux qu'il me » fut possible : après quoi il me demanda s'il » étoit vrai, comme on lui disoit, que Votre » Majesté eût de l'aversion pour lui. Je fis réponse que je croyois en savoir assez pour le » pouvoir assurer que Votre Majesté avoit de » l'estime pour sa personne, et que c'étoit à lui à » savoir s'il avoit fait des démarches qui eussent » pu déplaire à Votre Majesté. Il me dit en souriant qu'il croyoit n'avoir rien fait qui méritât » ni l'estime de Votre Majesté, ni son aversion; » mais qu'il avoit souhaité toujours très-fortement de la pouvoir persuader qu'il désiroit » l'honneur de ses bonnes grâces. On l'avertit » qu'on avoit servi; et m'ayant demandé si je » ne voulois pas bien dîner avec lui, il passa dans » le lieu où il devoit manger, me fit asseoir auprès de lui, et me parla presque toujours de » choses générales : il me fit encore des reproches à table de ce que je ne l'avois vu que » par hasard. Après dîner, il s'en alla dans sa » chambre : m'ayant demandé si je ne voulois » pas y entrer un moment, je le suivis. Il commença à me dire que je saurois de M. le duc » d'Hanovre qu'il avoit souhaité de me trouver » chez lui lorsqu'il y étoit allé; et quoique je » l'eusse laissé assez jeune, il avoit toujours conservé de l'amitié pour moi; qu'il seroit bien » aise que je voulusse être pour lui comme j'étois pour messieurs de Brunswick, qui s'étoient » fort loués de la manière dont j'en avois usé » avec eux. Je lui répondis en riant que je ne savois pas si je le connoissois aussi bien que ces » princes, et je lui demandai la liberté de lui » dire que l'on me l'avoit dépeint comme un » homme fort réservé dans ses manières, qui tâchoit de tirer avantage de tout; que, cela présupposé, je ne pouvois avoir trop peu de commerce avec lui; mais que je verrois, pendant » le séjour qu'il feroit à Humelingen, si je pourrois connoître Son Altesse Sérénissime par » moi-même; que j'en avois déjà conçu, dans sa » jeunesse, une grande idée. Il se mit à rire, et » me dit qu'il étoit vrai qu'il ne s'ouvriroit pas à

» tout le monde ; mais qu'il me parleroit d'une
» manière qui me feroit voir qu'il me distinguoit
» du général ; qu'il étoit bien fâché des mauvais
» offices qu'on lui avoit rendus auprès de Votre
» Majesté, qui pouvoient lui avoir attiré son
» aversion. Je l'assurai que Votre Majesté n'étoit
» aucunement dans cet esprit. Il me dit qu'il
» vouloit croire que cela étoit comme je lui di-
» sois, quoiqu'il ne le vît presque point ; que je
» lui ferois même plaisir de dire à Votre Ma-
» jesté, et d'être persuadé que, de bonne foi,
» il souhaitoit ardemment de pouvoir plaire à
» Votre Majesté. Je lui répondis que si messieurs
» les princes de Brunswick me parloient comme
» il faisoit, je saurois bien ce que j'aurois à leur
» répondre. Il me pressa de lui parler comme je
» ferois à messieurs de Brunswick. Je lui dis que
» je ne manquerois pas de leur faire connoître,
» en pareille occasion, qu'il étoit impossible de
» pouvoir persuader Votre Majesté par des dis-
» cours quand on avoit une conduite contraire ;
» et que je prendrois la liberté de leur conseiller
» de ne jamais tenir un pareil langage, quand ils
» seroient dans la volonté de prendre la querelle
» de toute l'Europe contre Votre Majesté ; que je
» lui demandois pardon de la liberté avec la-
» quelle je lui parlois ; mais qu'il se souvînt qu'il
» m'y avoit forcé. Il me dit qu'au contraire il
» m'étoit obligé de la manière dont je commen-
» çois d'en user avec lui ; mais que les choses
» n'étoient point comme je le disois ; qu'il étoit
» vrai qu'il ne pouvoit pas s'empêcher de s'inté-
» resser dans tout ce qui regardoit la conserva-
» tion des États. Je lui répondis brusquement
» qu'il n'avoit qu'à ajouter qu'il étoit de l'intérêt
» des États de s'opposer toujours à toutes les vo-
» lontés de Votre Majesté ; et que je prenois en-
» core la liberté de lui dire que quand ce seroit
» son avis, ce ne seroit peut-être pas toujours
» celui des États. Il se jeta sur les desseins qu'on
» dit qu'a Votre Majesté pour la monarchie uni-
» verselle. Je lui dis que quand un homme comme
» lui me parloit du dessein de la monarchie uni-
» verselle, je n'avois qu'à lui faire la révérence ;
» et tout cela d'un air fort libre, qui, à ce que je
» voyois bien, ne lui déplaisoit pas ; que, de la
» manière dont Votre Majesté avoit fait la paix,
» ou, pour mieux dire, l'avoit donnée à toute
» l'Europe, il ne falloit plus parler du dessein de
» la monarchie universelle. Il me répondit qu'il
» étoit fort persuadé que Votre Majesté faisoit
» toujours ce qui étoit le plus avantageux ; et
» que c'étoit la règle de toutes ses actions ; qu'elle
» avoit cru, en faisant la paix, qu'il étoit bon
» de désunir tant de puissances qui étoient contre
» elle, pour, à loisir, en gagner une partie ; et

» que je devois lui confesser que j'étois en cam-
» pagne pour l'exécution d'une partie de ce des-
» sein. Je lui répondis que je ne marchois que
» pour tâcher de traverser les siens, qui ten-
» doient à réunir et engager tout le monde pour
» faire la guerre à Votre Majesté. Il me dit qu'il
» prenoit cela comme une plaisanterie, et que
» si c'étoit tout de bon, il ne croiroit pas que je
» lui parlasse aussi bonnement que je lui avois
» promis ; qu'il ne songeoit au monde qu'à la
» continuation de la paix, comme le plus grand
» bien qui pouvoit arriver aux États et à toute
» l'Europe ; qu'il auroit bien de la joie que cela
» pût contenter Votre Majesté ; mais qu'il vou-
» loit bien me dire naturellement qu'il paroissoit
» que cela n'étoit pas trop le dessein de Votre
» Majesté, par les réunions qui s'étoient faites
» par les chambres de Metz et d'Alsace. Ma ré-
» ponse fut que je voyois bien qu'il avoit trop
» d'esprit pour moi, et que je m'apercevois trop
» tard que j'étois entré trop bonnement en ma-
» tière avec lui, pour un homme qui n'avoit eu
» qu'une simple permission de le voir, par l'en-
» vie que j'avois de pouvoir l'assurer de mes
» respects ; et que je me trouvois déjà bien em-
» pêché à pouvoir m'excuser vers Votre Majesté
» de m'être si fort ouvert avec Son Altesse Séré-
» nissime, et que je le supplois de trouver bon
» que je ne parlasse pas davantage, pour m'é-
» pargner un plus grand embarras. Il me dit
» qu'il voyoit bien que je lui disois cela pour ne
» lui pas répondre sur ces réunions. Je lui répli-
» quai qu'il me pressoit fort, et que croyois que
» je ferois mieux de me taire. Cette fin fut plus
» sérieuse que n'avoit été tout le reste de la con-
» versation ; et je vis bien qu'il s'en étoit aperçu.
» Il me dit en riant qu'il me prioit encore de lui
» dire ce que je croyois qu'il pût faire pour jus-
» tifier tout ce qu'il m'avoit dit de l'envie qu'il
» avoit d'être bien avec Votre Majesté. Je lui dis
» du même air que je croyois qu'il n'avoit qu'à
» faire à peu près le contraire de ce qu'il avoit
» fait jusqu'à présent ; et que, puisqu'il me l'or-
» donnoit, je lui dirois, pour finir la conversa-
» tion, qu'il étoit jeune, rempli de belles et
» bonnes qualités, dans un beau poste, et dans
» l'espérance de la couronne d'Angleterre, où il
» étoit peut-être assez estimé pour trouver de
» grands obstacles à ses desseins ; et que s'il
» vouloit prendre quelque confiance en ce que je
» lui dirois, je ne pouvois pas m'empêcher de
» lui faire connoître que personne du monde n'a-
» voit tant besoin de l'amitié de Votre Majesté
» que lui ; et que je supplois encore Son Altesse
» d'être bien persuadée qu'il ne pouvoit pas se
» l'acquérir par des paroles, mais qu'il falloit au

» moins ajouter en quoi elle le vouloit témoigner
» à Votre Majesté; que je lui donnois tout le
» temps qu'il voudroit pour faire réflexion sur
» ce qu'il m'avoit forcé de lui dire. Il me remer-
» cia, et me dit qu'il étoit persuadé de ce que je
» lui disois, et qu'il penseroit à ce qu'il pourroit
» faire pour plaire à Votre Majesté; qu'il me
» prioit de mon côté de songer aussi à lui donner
» quelques ouvertures de ce que je croirois qu'il
» pourroit faire. Je lui dis que la première qui
» se présentoit à mon idée étoit de se mettre dans
» l'esprit que les Espagnols étoient bien heu-
» reux, en l'état qu'ils sont, que Votre Majesté
» voulût se contenter de prendre quelques villa-
» ges qui lui appartenoient de droit, sans vou-
» loir entrer dans la question; que le grand
» intérêt des Hollandais étant que le pays des
» Espagnols leur servît de barrière, ils devoient
» partager le bonheur que les Espagnols tenoient
» de la modération de Votre Majesté : et cela
» d'un air comme si je voulois faire finir la con-
» versation. Il me dit que du moins il voudroit
» être assuré que Votre Majesté n'en voulût pas
» davantage; qu'elle avoit lieu d'être contente
» de ce qu'elle avoit fait pour sa gloire et pour
» son intérêt; qu'en ce cas il étoit prêt de s'en-
» gager avec les États et la maison de Brunswick
» de la maintenir dans tout ce qu'elle possède,
» supposé que qui que ce soit, sans exception,
» la voulût attaquer. Cela étant, ajouta-t-il, vous
» pouvez vous assurer que nous conviendrons, à
» l'assemblée de Humeligen, des conditions que
» vous trouverez raisonnables. Après quoi il me
» fit encore des honnêtetés. Si j'ai été assez mal-
» heureux pour avoir dit quelque chose qui ne
» soit pas du goût de Votre Majesté, je lui en
» demande très-humblement pardon; et en écri-
» vant je ne pense qu'à lui rendre compte autant
» qu'il m'est possible, mot à mot, de tout ce qui
» s'est dit, étant persuadé que par ses lumières
» elle pourra connoître mieux que je ne saurois
» faire les vues et les desseins que peut avoir eus
» M. le prince d'Orange dans tout ce qu'il m'a
» dit. Si elle souhaite que j'entre encore avec lui
» en conversation à Humelingen, je supplie très-
» humblement Votre Majesté de me donner une
» instruction bien ample, afin que je tâche de
» me conformer précisément à ses intentions. Je
» suis, sire, de Votre Majesté, le très-humble
» et très-obéissant serviteur et sujet,

» Gourville. »

Après que la conservation dont je rendis compte à Sa Majesté fut finie, lorsque je voulus prendre congé de M. le prince d'Orange, il me demanda si je n'irois pas à la comédie, et que là il me diroit adieu. Quand il y arriva, il demanda si je n'étois pas là : il me fit avertir de m'approcher de lui; et étant derrière ceux qui vouloient entendre la comédie, où il y avoit un espace assez grand, il me dit qu'il aimoit mieux m'entretenir en se promenant, que d'entendre les comédiens : il m'exhorta encore de parler avec toute sorte de franchise. Je commençai par le faire souvenir de ce que je lui avois dit, que difficilement M. de Witt pourroit compatir avec lui; mais qu'il devoit prendre patience, et avoir en vue de profiter des occasions qui se pourroient présenter; et que le bruit du monde étoit qu'en ayant trouvé une, il s'en étoit servi. Il me répondit qu'il pouvoit m'assurer en toute vérité qu'il n'avoit donné aucun ordre pour le faire tuer; mais qu'à l'occasion de la rumeur de la populace, qui s'étoit émue lorsque M. de Witt étoit allé à la prison où étoit son frère, plusieurs de ses amis se présentant chez lui, il les y envoyoit tous pour voir ce que c'étoit; et qu'ayant appris sa mort sans y avoir contribué, il n'avoit pas laissé de s'en sentir un peu soulagé. Ensuite je lui dis que j'avois été bien surpris de ce qu'il avoit songé à se faire souverain de Gueldre, par le traité qu'il avoit projeté avec les Espagnols; et qu'il me sembloit que cela auroit pu lui nuire avec les Hollandais, qui auroient eu lieu de craindre qu'il n'eût voulu étendre sa souveraineté. Il me répondit qu'il n'avoit pas été long-temps sans s'en apercevoir; mais qu'il n'étoit pas extraordinaire qu'à son âge il n'eût de fausses vues et qu'il n'avoit personne avec lui qui pût rectifier ses pensées. Je lui dis qu'il avoit répondu avec tant de bonté à ce que je lui avois demandé, qu'il me paroissoit que cela ne lui avoit pas déplu, et me donnoit la liberté de lui dire qu'il me sembloit qu'il s'étoit fort hasardé de s'être mis près de Valenciennes, à la portée de donner une bataille au Roi, qui avoit une armée plus forte que la sienne, et beaucoup plus aguerrie; et que, si je l'osois dire, il avoit encore beaucoup hasardé à la bataille de Mont-Cassel. Il me répondit avec beaucoup de douceur que tout cela pouvoit être comme je lui disois; mais que je considérasse aussi que n'ayant point d'expérience, ni personne avec qui il pût apprendre l'art de la guerre, il avoit pensé qu'en risquant quelques batailles, au hasard de les perdre, il pouvoit se rendre capable d'en gagner d'autres; qu'il avoit souvent souhaité de donner une partie de son bien, pour pouvoir servir quelques campagnes sous M. le prince. Je lui dis ensuite que le bruit avoit fort couru à Paris que Son Altesse avoit la paix dans sa poche quand elle avoit attaqué le poste de Saint-Denis : elle me répondit qu'elle ne l'avoit reçue que le lendemain; qu'à la vérité elle savoit qu'elle étoit faite, et qu'elle avoit cru que ce pouvoit être une raison pour que M. de Luxembourg ne fût plus sur ses gardes; mais qu'au moins il prendroit une leçon qui pourroit lui servir une autre fois; et qu'il avoit considéré que s'il perdoit quelque monde, cela ne seroit d'aucune conséquence, puisqu'aussi bien il falloit en réformer.

M. Dodick, que j'avois autrefois connu à La Haye, et beaucoup pratiqué à Paris dans l'ambassade qu'il y avoit faite après la paix de Nimègue avec M. Dyksveldt, tous deux créatures de M. le prince d'Orange, me dit qu'ayant appris que je devois passer à La Haye, il avoit avancé son départ de Zélande, et précipité sa marche pour m'y trouver. Il me pria de vouloir bien séjourner le lendemain, afin qu'il pût me donner à dîner avec Son Altesse; qu'il aimoit mieux me prêter des relais pour me faire regagner le jour que j'aurois perdu par complaisance pour lui. Je lui répondis en riant qu'il savoit bien que je le connoissois assez pour croire qu'il auroit plus de facilité à promettre qu'à tenir. M. le prince d'Orange dit : « Non-seulement je suis sa » caution, mais je vous promets d'ordonner » qu'on vous fasse mener deux relais de car- » rosse pour faire diligence le lendemain. » M. Dodick donna un grand dîner à Son Altesse, et à dix ou douze autres personnes, dont je fus du nombre. Ce prince me fit encore l'honneur de me faire asseoir auprès de lui, et après dîner on me proposa un jeu qui dura long-temps. M. le prince d'Orange me dit encore que je me préparasse à lui donner souvent à manger avec messieurs les princes de Brunswick, au retour de la chasse; et qu'il me donneroit, et à ceux qui seroient avec moi, autant de chevaux que je voudrois pour courir. J'avoue que je fus si touché de ses manières, et de toutes les bonnes qualités que j'avois trouvées en lui, que je ne pouvois pas m'empêcher d'en dire beaucoup de bien au Roi et aux ministres. Je pense que M. de Louvois et M. de Croissy ne m'en crurent pas tout-à-fait, estimant que le bon traitement que j'en avois reçu avoit contribué à me faire grossir les objets. M. de Louvois m'en ayant parlé depuis dans le même esprit, je lui dis que je souhaitois qu'il ne s'aperçût pas trop tard que j'avois exposé la vérité.

Ensuite je me rendis auprès de M. le duc d'Hanovre, qui se trouva sur ma route avant d'aller à Zell. Il voulut me loger dans sa maison; et trois jours après, étant à Zell, j'allai mettre pied à terre chez M. le marquis d'Arques, qui étoit envoyé de Sa Majesté, et qui m'avoit fait préparer un appartement chez lui. M. le duc de Zell l'ayant appris, envoya son principal ministre, et un carrosse, priant M. d'Arques de trouver bon que je vinsse loger dans son château; il me reçut, de même que madame la duchesse de Zell, avec beaucoup de témoignages de bonté, et, si j'ose dire, d'amitié. Ils s'ouvrirent bientôt après à moi du dessein qu'ils avoient de faire le mariage de leur fille avec le fils aîné de M. le duc d'Hanovre, afin que les deux États pussent être réunis dans sa famille; et qu'outre le plaisir qu'ils avoient de me voir, ils avoient pensé que j'étois plus propre que personne à faire réussir ce mariage. Je répondis que je m'en chargerois très-volontiers, étant persuadé que cela étoit très-avantageux pour toute la maison : et étant retourné à Hanovre, je trouvai assez de disposition auprès de M. le duc et de madame la duchesse pour la conclusion de ce mariage; ce qui fut bientôt fait. Après quoi j'avois bien ordre de proposer à ces princes quelques traités; mais ma principale mission étoit de tâcher de désunir en quelque façon l'assemblée qui se devoit faire; ou qu'en cas qu'elle se tînt, j'y allasse pour rendre compte au Roi de ce qui s'y passeroit. Je fus beaucoup plus heureux que je n'avois osé l'espérer, M. le duc d'Hanovre ayant pris le parti d'aller avec madame la duchesse prendre les eaux à Wisbaden proche Mayence. M. le prince d'Orange, qui en fut averti, envoya en poste M. de Benthem, depuis milord Portland, qui arriva la veille du départ, et fit de grandes instances à M. le duc d'Hanovre pour tâcher de l'engager à ne pas faire ce voyage, et à tenir la partie qu'il avoit faite pour aller à Humelingen; et à moi il me dit que M. le prince d'Orange l'avoit chargé de me faire bien des reproches de ce que je rompois cette partie, et que ce n'étoit pas le moyen de lui donner à manger au retour des chasses, comme je lui avois promis. Je lui répondis que j'avois connu M. le prince d'Orange si raisonnable, que j'espérois qu'il ne trouveroit pas mauvais qu'ayant été envoyé auprès de M. le duc d'Hanovre, je le suivisse à Wisbaden, comme j'aurois fait à Humelingen avec plaisir, s'il y avoit été.

Après que M. le duc eut marché trois jours, on me réveilla le matin entre deux et trois heures, pour me dire que M. le prince de Waldeck demandoit à me parler. J'avois eu de grands démêlés avec lui et à Zell et à Hanovre; je lui avois même reproché que son grand zèle pour l'Empereur venoit de l'extrême envie qu'il avoit d'être fait prince de l'Empire. Comme il venoit de l'être, je lui fis beaucoup de plaisanteries sur cela. Tous nos démêlés n'avoient jamais empêché que nous ne vécussions ensemble avec toute sorte de bienséance ; et à nous voir on auroit cru que nous étions les meilleurs amis du monde. M'étant levé en robe de chambre, il me fit de grands reproches de ce que j'emmenois M. le duc d'Hanovre pour rompre l'assemblée de Humelingen. Je lui dis que je ne faisois que le suivre à Wisbaden, quelques indispositions l'ayant obligé d'aller y prendre les eaux : cela ne le contenta pas, et l'obligea à me dire beaucoup de choses, étant beau et grand parleur. Ensuite il me dit qu'il alloit voir M. le duc d'Hanovre, sans pourtant espérer de le détourner du voyage qu'il avoit entrepris.

Wisbaden est un lieu rempli d'une infinité de sources d'eaux chaudes qu'on fait couler dans plusieurs maisons pour faire des bains, qu'on dit être fort salutaires : j'en avois deux dans celle où l'on m'avoit logé. M. le duc d'Hanovre y prit des eaux de Sultzbach, qu'il envoyoit chercher toutes les nuits pour en boire le matin : c'est une eau un peu aigrette, qui donne un bon goût au vin du Rhin quand on y en met. J'eus raison de croire, par les lettres que je reçus en cet endroit, que le Roi étoit content de ce que j'avois fait; mais on ne me parut pas pressé de faire un traité avec M. le duc d'Hanovre. Ainsi je pris congé de Leurs Altesses pour m'en revenir à Paris.

Le jour qu'elles partirent pour s'en retourner à Hanovre, elles avoient donné ordre qu'on portât chez moi une machine d'or qui avoit été faite à Francfort, propre à mettre sur la table pour rafraîchir du vin à la glace, qu'on pouvoit tirer pour le boire sans aide de personne. Cette machine étoit semblable à une de verre que madame la duchesse d'Hanovre m'avoit fait voir auparavant, et que j'avois trouvée d'une jolie invention. Madame de Montespan l'ayant vue, me témoigna qu'elle seroit bien aise de l'avoir, elle m'en donna neuf mille livres.

A mon retour, Sa Majesté parut être contente de moi ; et j'appris qu'ayant été question de faire une ordonnance pour mon voyage, M. de Croissy proposa de la faire de six mille livres. M. de Louvois dit qu'il croyoit que Sa Majesté pouvoit aller jusqu'à huit, et le Roi finit en disant : « Et moi je suis d'avis qu'on la fasse de dix. » En remerciant Sa Majesté à Saint-Germain, je lui dis que je ne m'en vanterois pas, crainte de la jalousie qu'en pourroient avoir ses ambassadeurs, qui n'étoient pas payés sur ce pied-là, mon voyage n'ayant pas été de trois mois ; mais que j'emploierois cet argent à faire une belle fontaine à Saint-Maur.

Le Roi continua de me donner des marques d'une bienveillance au-dessus de tout ce que j'aurois pu espérer. Toutes les fois que j'étois à Versailles [ce qui arrivoit assez souvent], je ne manquois pas de me trouver au lever : les huissiers étant assez accoutumés à me voir, me faisoient entrer des premiers, après les privilégiés. M. de La Chaise, capitaine des gardes de la porte, qui avoit les entrées, me donnoit sa place aussitôt que je pouvois me ranger auprès de lui ; et ainsi je me trouvois toujours en vue et assez près du Roi, qui, par sa singulière bonté, le plus souvent me faisoit l'honneur de me dire quelque chose : ce qui étoit remarqué de tout le monde, entre autres de M. le duc de Lauzun, que je rencontrois assez souvent auprès de M. de La Chaise, parce qu'ils avoient les mêmes entrées. Il me dit un jour qu'il avoit remarqué que presque toujours, quand le Roi avoit jeté les yeux sur moi, Sa Majesté songeoit à me dire quelque chose.

J'étois bien avec M. de La Feuillade ; j'avois avec lui un commerce très-particulier et fort agréable. Il avoit l'esprit vif, écrivoit et parloit fort souvent en particulier au Roi ; et je le trouvois instruit des premiers de tout ce qu'il y avoit de nouveau. Les courtisans trouvoient fort à redire à sa conduite ; mais avec tout cela il n'y en avoit point qui n'enviât son savoir-faire, et la liberté qu'il s'étoit acquise avec le Roi. Ils répandoient fort, pour lui faire de la peine, qu'il parloit souvent à Sa Majesté contre les ministres ; mais cela ne produisit d'autres effets que d'engager ces messieurs à avoir plus d'égards pour lui. Quand il y avoit quelque chose de nouveau, il m'envoyoit chercher ; s'il y avoit du monde avec lui, il me menoit dans un petit entresol pour m'y entretenir. Je trouvois qu'il alloit fort bien à ses fins : il faisoit beaucoup de dépense, mais il ne laissoit pas que d'avoir quelque ordre, et trouvoit moyen de la soutenir. Il s'embarqua dans une grande entreprise pour faire faire dans sa maison la figure du Roi, qui est à présent à la place des Victoires, mais qui lui réussit fort bien. Il avoit reçu beaucoup de grâces de la libéralité du Roi, surtout le gouvernement de Dauphiné, la charge de colonel du régiment des Gardes, dont il trouvoit moyen, surtout pendant la guerre, de tirer beaucoup de profit. Il obtint du Roi, par forme d'échange, des domaines considérables pour joindre aux terres de sa maison. S'il avoit vécu, je crois que monsieur son fils eût épousé mademoiselle de Clérembault, à cause de l'union étroite et l'amitié qui paroissoient être entre ces deux messieurs.

Je me remis dans mon train ordinaire, et me trouvai plus agréablement que jamais avec messieurs de Louvois et Colbert : j'ose même dire que j'étois dans leur confidence ; il m'étoit permis de leur parler plus librement que personne. Je pensai alors que je devois faire mes efforts pour tâcher d'obtenir un arrêt qui pût assurer mon repos, que j'avois un peu trop négligé ; et, à l'aide de ma bonne fortune, je m'avisai, deux ou trois jours avant que le Roi partît pour Fontainebleau, de demander à M. Colbert s'il trouveroit bon et à propos que je priasse M. le prince de donner un placet au Roi, pour obtenir un arrêt et des lettres patentes qui me missent en sûreté à l'avenir. Il me répondit qu'il me le conseilloit, et que je devois même l'avoir fait plus tôt. M. le prince le présenta au Roi, qui le remit à M. Colbert, lequel me dit que je pouvois faire dresser l'arrêt comme je le jugerois à propos. Sa Majesté ayant trouvé bon de me l'accorder, je donnai toute mon application à le dresser ; je le portai à Fontainebleau à M. Colbert, qui affecta de le lire tout du long au Roi dans son conseil des finances. M. Poncet qui en étoit, après que le Roi l'eut accordé, dit qu'il croyoit que je n'y avois rien oublié. Aussitôt que M. Colbert me l'eut délivré, il s'en alla à Paris, où il fut quelque temps malade, et y mourut.

M. de Louvois me demanda si je ne pensois pas à prendre des mesures pour me faire contrôleur général. Je lui dis qu'il pouvoit bien croire que non, puisque je ne le prioîs pas de m'y rendre service : cela n'empêcha pas que, le jour que Sa Majesté avoit déterminé pour en nommer un, il ne me proposât. Le Roi avoit mis en délibération de mettre en cette place M. de Harlay, procureur général ; et M. Le Tellier avoit nommé M. Le Pelletier. Il étoit donc question que Sa Majesté fît un choix parmi nous trois. M. Le Tellier opina en disant qu'il ne connoissoit point M. le procureur général, parce qu'il ne se montroit pas ; qu'il convenoit que j'avois de l'esprit, et entendois bien les finances. Sur ce discours, le Roi dit qu'il falloit donc en demeurer là : ce qui ayant été entendu par M. le duc de Créqui, qui avoit grand attention pour savoir ce qui se passoit, et qui écoutoit à la porte, il courut vitement pour en faire en secret la confidence à M. le prince. Aussitôt il descendit dans la cour, et m'y ayant trouvé, me tira à part pour me dire que j'étois contrôleur général des finances ; qu'il l'avoit entendu de ses oreilles, et qu'il me prioit de faire quelques plaisirs à Boxtel, qui étoit de ses amis. Je le remerciai, et me mis aussitôt dans ma chaise pour m'en aller en mon logis.

Je balançai quelque temps en moi-même pour savoir comment je devois regarder cela : j'étois flatté d'un côté, mais de l'autre je trouvois qu'à mon âge c'étoit un grand poids ; qu'ayant bien des amis, la plupart croiroient bientôt qu'ils auroient sujet de se plaindre de moi, si je ne faisois pas ce qu'ils pourroient souhaiter ; que d'ailleurs j'avois une nombreuse famille ; que chacun me donneroit bien des malédictions si je ne l'avançois pas selon son caprice. J'étois encore fort en peine de ce qu'il falloit souvent lire au Roi en plein conseil les papiers dont on lui devoit rendre compte, et que ne le pouvant bien faire, je serois obligé de les donner à un autre pour les lire ; et par dessus tout cela je considérois que j'étois fort agréablement avec M. le prince ; que j'avois suffisamment de bien, non-seulement pour vivre honorablement, mais encore pour assister mes parents, selon leur condition, et non pas selon l'état où j'étois, à cause du grand nombre ; que je n'avois plus à craindre sur mes affaires passées, après l'arrêt et les lettres patentes que le Roi venoit d'avoir la bonté de me donner. Enfin je décidois en moi-même que je serois bien plus heureux, si quelque autre étoit nommé au lieu de moi. En ce moment on vint tout en courant m'apporter la nouvelle que M. Le Pelletier étoit contrôleur général. Je puis dire très-sincèrement que je m'en trouvai soulagé. Bientôt après je sus ce qui s'étoit passé depuis ce que M. de Créqui avoit entendu, qui étoit que M. Le Tellier, après avoit dit son avis sur M. le procureur général, avoit ajouté au bien qu'il avoit dit de moi, que je m'étois mêlé de beaucoup d'affaires ; que j'étois actuellement attaché à M. le prince et à M. le duc ; et que parlant de M. Le Pelletier, il avouoit qu'il avoit beaucoup d'esprit ; qu'il pouvoit dire que c'étoit comme de la cire molle, capable de prendre telle impression qu'il plairoit à Sa Majesté de lui donner ; et qu'ainsi il pourroit en faire un habile financier : ce qui détermina le Roi à le nommer.

Je ne fus pas long-temps sans m'apercevoir que je m'étois bien trompé dans mon raisonnement, lorsque je croyois avoir assez de bien pour moi et pour en faire part à ma famille, puisque, sans l'extrême bonté du Roi, et, si j'ose me servir de ce terme, sans son opiniâtreté à vouloir me sauver, j'étois un homme ruiné. M. Le Tellier avoit souffert impatiemment que M. Colbert se fût pour le moins égalé à lui : ce qui avoit nourri entre eux une haine implacable. Dès que M. Colbert fut mort, il ne songea qu'à blâmer sa mémoire : par malheur pour moi, il voulut se servir de l'arrêt et des lettres patentes que M. Colbert avoit donnés gratuitement en ma faveur [dont, disoit-il, il auroit pu tirer pour le Roi des sommes considérables], pour faire sa cour à M. le prince, et parce que j'étois devenu de ses amis. Du moins j'appris qu'il avoit tenu ce langage en quelques occasions : et après l'avoir concerté avec M. Le Pelletier, ils firent dire sous main à M. le président de la chambre des comptes d'empêcher la vérification des lettres patentes que j'avois obtenues ; ce qu'il fit en parlant secrètement au maître des comptes qui en étoit chargé, sans dire qu'il en eût ordre. Je soupçonnai que cette difficulté pouvoit venir de M. Nicolaï, parce que M. le prince prétendoit qu'une petite capitainerie, que ce président s'étoit érigée, étoit dépendante de celle de Hallatte ; mais je sus bientôt, sous grande promesse de n'en point parler, d'où cet empêchement étoit venu. Je pris le parti de l'ignorer, et néanmoins de faire des instances pour parvenir à une vérification : j'en parlai à M. Le Pelletier, qui me donnoit des excuses qui me faisoient assez connoître la volonté qu'on avoit de traverser mon affaire. Je suppliai M. le prince de me mener chez M. Le Tellier à Châville pour lui en parler, et le prier de vouloir achever une affaire que Son Altesse avoit si fort à cœur, et qui étoit si avancée ; mais M. Le Tellier s'en excusa, disant qu'il n'entendoit pas les formalités de la chambre des comptes. J'avoue que cette réponse, à laquelle j'avois été bien éloigné de m'attendre, me démonta si fort, que je dis impertinemment tout haut à M. le prince : « Je crois que Votre Altesse peut aller prendre » son lait [c'étoit son repas], puisque M. le chan» celier n'entend pas les formalités de la cham» bre des comptes. » La compagnie fut un peu embarrassée de ma réponse ; mais l'affaire en demeura là. M. le prince avoit la bonté d'être bien fâché, et moi bien davantage, de n'avoir pas porté mes lettres à la chambre des comptes aussitôt que je les avois eues, puisqu'elles auroient été vérifiées. Parlant de mon affaire à M. de Louvois, pour le prier d'en dire quelque chose à M. le chancelier et à M. Le Pelletier, il me répondit que les difficultés que je rencontrois ne venoient point de mauvaise volonté qu'on eût contre moi. Je lui répliquai que si je n'en étois pas la cause, j'étois bien malheureux, puisque j'en sentois rudement l'effet.

M. de La Bussière, sous le nom duquel j'avois fait le prêt de Guyenne en l'année 1661, m'étant venu trouver à Bruxelles, me dit qu'il avoit mis en dépôt chez un notaire toutes les décharges nécessaires pour retirer les promesses qu'il avoit mises à l'épargne, et une somme de cent treize mille livres qui me devoit revenir ; mais étant mort bientôt après, M. Tabouret son frère, qui avoit été fort riche et qui ne l'étoit plus, s'étant accommodé avec le notaire qui avoit le dépôt, prit l'argent qui m'étoit destiné, et tous les billets de l'épargne qui devoient servir à retirer les promesses de l'argent. Il en acheta de M. le prince de Conti la terre de Venisy, sous le nom de M. de Chemerault son gendre, pour joindre à celle de Turny, qui lui appartenoit. Il disposa de tous les billets pour s'acquitter de quelques sommes qu'il devoit à des particuliers ; il les donnoit à fort bon marché : entre autres il en avoit mis pour six ou sept cent mille livres entre les mains de M. Valentine, qui m'a souvent offert de me les remettre pour ce que je voudrois. Mais je m'étois contenté de faire prendre un extrait sur les registres de l'épargne de tous les billets qui avoient été tirés sur la Guyenne pour l'année 1661, montant à beaucoup plus que les promesses que M. de La Bussière avoit mises à l'épargne. J'avois joint à ce mémoire une copie du procès-verbal du sieur commissaire Manchon, pour prouver qu'il avoit enlevé les décharges qui devoient servir à retirer aussi les promesses de l'Ermitage pour l'année 1660 ; et ce fut sur ce fondement que l'arrêt que j'avois obtenu portoit que ces promesses demeureroient nulles : mais j'avoue que quoique ce fut une injustice, c'étoit néanmoins une grande grâce, et un prétexte à M. Le Pelletier de le faire valoir pour beaucoup. La première fois que je fus éclarci qu'on en avoit le dessein fut à l'occasion d'une quittance de dix-huit mille livres pour des augmentations de gages, dont le Roi avoit ordonné le remboursement en faveur de M. le président Molé, pour pareille somme que je lui avois prêtée dans une affaire pressante, dont il me sut tant de gré qu'il m'en a gardé le souvenir, et m'a fait plaisir en tout ce qui lui a été possible jusqu'aujourd'hui.

M. Le Pelletier ne jugeant pas à propos de m'en faire le remboursement, après bien du temps je fus contraint d'en parler au Roi ; et Sa Majesté ayant eu la bonté de lui ordonner de me rembourser, il représenta au Roi que je devois de grandes sommes à Sa Majesté : mais elle ordonna derechef de me les faire payer ; ce qu'il fit. Tout cela n'empêcha pas qu'il ne me donnât un accès fort libre dans sa maison ; il sembloit même que je lui faisois plaisir d'aller souvent dîner avec lui : son cabinet m'étoit toujours ouvert. J'y allois ordinairement aux heures où il ne donnoit point audience ; et souvent il commençoit par me dire : « Parlons un peu de nos affaires. » J'ai cru avoir remarqué qu'il trouvoit souvent dans le grimoire des finances de quoi lui faire naître des scrupules. En effet, aussitôt que, par les libéralités du Roi et les occasions heureuses qui se présentèrent, il eut établi sa famille, il ne songea plus qu'à mettre M. de Pontchartrain en sa place. Quand on lui avoit proposé quelques avis, il me demandoit volontiers mon sentiment; mais en ce temps-là il ne s'en présentoit pas, comme il arriva quelque temps après sous M. de Pontchartrain.

Je ne sais par quel hasard on trouva un état des restes de la Guyenne fait par M. Pelot, pour de grosses sommes que M. Le Pelletier jugea devoir être dues par M. Bouin, qui étoit déjà rudement attaqué sur d'autres affaires : ce qui alla jusqu'à l'obliger de vendre sa charge de maître de la chambre aux deniers, dont on fit porter le prix au trésor royal. Celui-ci avoit toujours avec raison gardé beaucoup de mesures avec moi; je lui avois pour ainsi dire mis les armes à la main, lui ayant donné, à la prière de M. de Béchamel, un contrôle en Guyenne, et deux cents écus d'appointement, d'où il étoit parvenu par son savoir-faire à une très-grande fortune après ma disgrâce, sans s'être mêlé que des affaires de cette province; mais se trouvant fort surchargé, il crut devoir tâcher de se soulager à mes dépens : cela nous jeta dans un grand procès. Enfin M. Le Pelletier ayant été extrêmement prié par M. le marquis de Châteauneuf de protéger M. Bouin, qu'il disoit être dans son alliance, parla dans la suite d'une façon qui augmentoit mes chagrins et mes peines de beaucoup; mais la bonté que le Roi avoit pour moi étoit si grande, que quoique, par le rapport qui lui fut fait de cette affaire, on lui fit entendre que je devois être tenu d'une partie de l'état en question, à la décharge de M. Bouin, Sa Majesté ne laissa pas d'ordonner que l'on déchargeât M. Bouin des sommes qu'on croyoit être dues par moi : ce qui fut fait. Pendant tout ce temps-là je n'avois pas moins l'accès libre chez M. Le Pelletier, et je paroissois aussi bien traité de lui qu'on le pouvoit être.

[1686] Vers la fin de l'année 1686, M. le prince reçut la nouvelle à Chantilly que madame la duchesse avoit la petite vérole à Fontainebleau; il partit pour s'y rendre, et ne s'arrêta point qu'il ne fût arrivé. On me vint dire à Saint-Maur qu'en passant par Paris il avoit témoigné du chagrin de ce que je n'y étois pas pour aller avec lui : je m'y rendis aussitôt. Le Roi étoit revenu à Versailles; et M. le prince ayant resté malade à Fontainebleau, y fut assez long-temps : mais enfin son mal augmentant, cela me mit fort en peine. Il avoit une grande envie de revenir à Paris; j'avois même pris des mesures pour l'y faire porter en chaise : mais son mal étant augmenté, les médecins jugèrent qu'il n'en pouvoit pas échapper; et lui-même se sentant bien, ne songea plus qu'à ce qu'il avoit de plus pressé. Il m'ordonna d'envoyer un courrier à Paris pour faire venir en diligence le père Deschamps, jésuite, et de faire partir pour cela des relais. Il fit aussitôt écrire au Roi une lettre fort touchante en faveur de M. le prince de Conti, qui étoit encore disgracié; ensuite il m'ordonna de faire dresser un testament, par lequel il vouloit donner cinquante mille écus pour être distribués dans les lieux où il avoit causé les plus grands désordres pendant la guerre civile, pour entretenir des pauvres malades dont il m'avoit parlé la veille : et en peu de paroles il me déclara ce qu'il vouloit faire pour ses domestiques et pour moi, à qui il vouloit donner cinquante mille écus, ajoutant obligeamment qu'il ne pouvoit jamais reconnoître assez les services que je lui avois rendus. Je ne lui répondis rien, et m'en allai faire dresser ce testament par son secrétaire, et sans notaire, avec toute la diligence possible. Son Altesse se l'étant fait lire, et n'y ayant pas trouvé mon nom, elle me jeta un regard de ses yeux étincelans, comme en colère; et elle me dit de faire ajouter les cinquante mille écus pour moi dont elle m'avoit parlé : mais je la remerciai très-humblement, lui représentant qu'il n'y avoit pas de temps à perdre, et que je la priois de le signer : ce qu'elle fit. Le père Deschamps, qu'il demandoit souvent, arriva peu après : M. le duc, à qui on avoit envoyé un courrier, arriva presque en même temps. Son Altesse Sérénissime eut encore quelques heures pour l'entretenir après qu'il se fut confessé; ensuite il mourut.

M. le duc m'ayant chargé de faire préparer toutes choses, le grand-maître des cérémonies, et les autres officiers qui devoient accompagner son corps à Saint-Valery, étant arrivés, il y fut conduit, et mis dans une cave où étoient quelques-uns de ses ancêtres, avec toute la pompe et la cérémonie dues au premier prince du sang.

Madame d'Hamilton, depuis duchesse de Tyrconel, devant partir pour aller à Londres, me dit que Sa Majesté Britannique ne manqueroit pas de lui demander ce que je disois des grands projets qu'il faisoit pour le rétablissement de la religion catholique en Angleterre. Je la priai de lui dire, en ce cas-là, que si j'étois pape, il seroit déjà excommunié, parce qu'il alloit perdre tous les catholiques d'Angleterre; que je ne doutois pas que ce ne fût l'exemple de ce qu'il avoit vu faire en France qui lui servoit de modèle, mais que cela étoit bien différent; qu'à mon avis il auroit dû se contenter de favoriser les catholiques en toutes rencontres, pour en augmenter le nombre, et laisser à ses successeurs le soin de remettre peu à peu l'Angleterre tout-à-fait sous l'obéissance du Pape.

[1687] J'entretenois toujours quelque commerce avec messieurs les princes de Brunswick, dont je rendois compte à messieurs les ministres. M. le duc d'Hanovre m'envoya un courrier exprès vers le mois d'avril 1687, pour me dire que si je voulois aller à Aix-la-Chapelle, il auroit du plaisir à me voir, et qu'il étoit dans l'intention de faire quelque chose qui fût agréable au Roi. Sa Majesté m'ordonna d'y aller pour le porter à faire un traité avec elle. M. l'abbé de Marsillac, qui cherchoit toujours à soulager l'état où il étoit, pensant que les eaux de ces lieux-là lui seroient peut-être favorables, se proposa ce voyage; et mesdemoiselles de La Rochefoucauld, qui ne pouvoient pas se résoudre à le laisser partir sans l'accompagner, en voulurent être aussi. Ils se firent un plaisir de voir en allant et revenant madame l'abbesse de Soissons leur tante, qu'ils aimoient beaucoup. Nous passâmes aussi à Sillery, et allâmes prendre des bateaux à Charleville pour nous mener à Liége, où nous trouvâmes madame la comtesse de La Marck et madame la princesse de Furstemberg: M. l'évêque de Strasbourg y étoit aussi. Nous y séjournâmes un jour, et arrivâmes à Aix-la-Chapelle, où M. le duc et madame la duchesse d'Hanovre étoient déjà: ils m'avoient fait louer une des plus belles maisons de la ville. M. l'abbé de Marsillac en prit une autre tout contre, et nous y séjournâmes autant de temps que ce prince y demeura. M. le duc d'Hanovre seroit assez volontiers convenu de ce que j'avois pouvoir de faire avec lui, si ce n'eût été qu'on demandoit une étroite liaison avec le roi de Danemarck: mais comme ce roi a toujours des prétentions sur la ville d'Hambourg, et qu'elle est sous la protection de Brunswick, dans ces dernières années que le roi de Danemarck a voulu faire des tentatives, cette maison s'y est toujours opposée, et en a garanti cette ville: outre que M. le duc d'Hanovre craignoit que cela ne l'engageât à quelque chose qui déplût à la Suède, avec laquelle la maison de Brunswick est étroitement liée. Ayant envoyé à la cour mon neveu de Gourville pour rendre compte de ce qui s'étoit passé à Aix-la-Chapelle, le Roi lui fit l'honneur de lui ordonner d'aller continuer cette négociation à Hanovre, et de faire en sorte que M. le duc de Zell entrât avec son frère dans le traité.

Mon imagination faisant toujours beaucoup de chemin, je me fis un projet de proposer à M. le duc d'Hanovre de se faire catholique avec toute sa famille; que par ce moyen il pourroit devenir électeur, et un de ses enfans évêque d'Osnabruck après lui, puisque ce seroit au chapitre à nommer un catholique. Ayant dit ma pensée à M. le prince de Fuestemberg, depuis cardinal, qui se trouvoit dans le voisinage, je lui demandai si M. l'Electeur de Cologne voudroit bien faire coadjuteur d'Hildesheim celui que M. le duc d'Hanovre destinoit pour l'évêché d'Osnabruck: il m'assura qu'il n'en doutoit pas: ce qui auroit donné une grande considération à cette maison, et faisoit un bel établissement pour un de ses enfans. Mais comme je prévoyois bien que raisonnablement on pouvoit craindre qu'un jour cela n'occasionnât le démembrement des biens de l'Église, qui sont réunis au duché, et qui en font la principale partie des revenus, j'ajoutai que ce changement de religion seroit regardé d'une si grande conséquence pour la religion romaine, que je ne doutois pas que le Pape ne fît tout ce qu'on pourroit souhaiter pour assurer que tous ces bénéfices demeureroient pour toujours réunis à ce duché. Ce qui me donnoit quelque espérance pour ce changement est que j'avois souvent entendu dire à M. le duc d'Hanovre que Jésus-Christ avoit dit, en communiant, à ses apôtres : CECI EST MON CORPS; mais que l'on ne savoit pas bien comment il l'avoit entendu, et qu'ainsi il croyoit que l'on pouvoit se sauver dans toutes les religions chrétiennes. Il étoit luthérien, madame la duchesse d'Hanovre étoit calviniste; et chacun d'eux avoit son sermon séparé dans la même salle.

Je demandai un jour à madame la duchesse de quelle religion étoit la princesse sa fille, qui pouvoit avoir treize ans, et qui étoit fort bien faite. Elle me répondit qu'elle n'en avoit point encore; qu'on vouloit savoir de quelle religion seroit le prince qui l'épouseroit, afin de l'instruire dans la religion de son mari, soit protestant ou catholique. M. le duc d'Hanovre, après avoir entendu toute ma proposition, me dit que ce seroit une chose très-avantageuse pour sa maison; mais qu'il étoit trop vieux pour changer de religion. Je ne laissai pas de ménager une entrevue de M. le prince de Furstemberg avec lui, sous prétexte de l'entretenir sur les affaires du temps; mais à la fin M. le prince de Furstemberg lui parla non-seulement de la coadjutorerie d'Hildesheim, mais encore vouloit lui faire envisager qu'ayant un grand nombre d'enfans, il les pourroit mettre dans les chapitres, et raisonnablement espérer qu'il y en auroit qui parviendroient à avoir des évêchés. Il convint que la proposition lui paroissoit belle et bonne; mais qu'il la regardoit seulement comme une marque de l'affection et de l'amitié que j'avois pour lui, parce qu'il vouloit mourir dans sa religion, étant trop vieux pour en changer. Madame la duchesse, qui le sut, me fit des complimens et des amitiés sur la bonne volonté que j'avois, d'une manière qui me fit juger qu'elle auroit volontiers consenti à la proposition, si son mari y étoit entré. Cette princesse avoit infiniment d'esprit, et une si grande gaieté qu'elle l'inspiroit à tous ceux qui l'approchoient; mais il me semble qu'elle avoit une pente naturelle à chercher souvent à dire quelque chose sur son prochain en sa présence : il est vrai qu'elle le disoit de manière que celui à qui elle s'adressoit ne pouvoit s'empêcher d'en rire le premier.

Le jour du départ étant arrivé, j'allai accompagner Leurs Altesses à Althenoue; et le soir, madame la duchesse d'Hanovre me dit qu'on lui vouloit vendre deux diamans de douze ou quinze mille livres chacun : elle me les montra, en me priant de vouloir bien lui donner mon conseil pour le choix; ce que je fis fort ingénument : et m'en étant allé dans le logis qu'on m'avoit marqué, M. le baron de Platen, premier ministre du prince, m'apporta celui que j'avois en quelque façon estimé le plus; mais il ne fut jamais en son pouvoir de me le faire accepter. Quelque temps après, M. le duc d'Hanovre m'envoya huit chevaux des plus beaux qu'on puisse voir, de la race d'Oldenbourg : aussitôt que je les eus, je me proposai de supplier le Roi de vouloir bien qu'on les mît dans ses écuries. Sa Majesté voulut bien les accepter, ce qui me fit un très-grand plaisir.

Après que la guerre fut déclarée, on parla fort de la négociation qui se faisoit avec M. de Savoie. On prétendoit mettre une garnison dans la citadelle de Turin : M. de Savoie ne s'y pouvant résoudre, offrit ses troupes au Roi, et de recevoir garnison française dans deux de ses places, qui, à la vérité, n'étoient pas de grande conséquence. La résolution fut enfin prise de lui déclarer la guerre, en cas qu'il ne voulût pas recevoir garnison française dans la citadelle de Turin. L'ayant appris, je fus trouver M. de Louvois pour lui représenter combien cette guerre coûteroit à la France, par la nécessité où l'on se trouveroit de faire voiturer par des mulets seulement tout ce qui seroit nécessaire pour la subsistance de l'armée; que le Roi ayant déjà tant d'ennemis sur les bras, il me sembloit qu'on auroit dû éviter d'en augmenter le nombre; s'il ne seroit pas plus avantageux que l'on fît passer ses troupes dans l'armée du Roi, et que l'on mît garnison dans les deux petites places qu'il offroit; que cela l'empêcheroit peut-être d'achever le traité que l'on disoit qu'il avoit commencé, ou du moins pourroit le suspendre pour quelque temps; que j'avois toujours entendu dire que les guerres d'Italie avoient été ruineuses, et fatales aux Français; que la frontière de France, du côté du Piémont, étoit la seule où l'on n'avoit jamais rien fait pour la mettre en bon état; qu'il ne falloit pas s'étonner si M. de Savoie ne vouloit pas recevoir de garnison dans sa citadelle de Turin, puisque ce seroit se soumettre, et tout son pays, à la volonté de la France; et qu'assurément cela devoit le précipiter d'entrer dans la ligue avec les ennemis à toutes conditions. Mais soit que M. de Louvois fît peu de réflexion sur tout ce que je lui disois, ou qu'il fût importuné de mon discours, il me répondit, même assez brusquement, que la résolution avoit été prise en plein conseil, et dit, comme il avoit fait à l'occasion de la sortie des ministres, que le Roi n'aimoit pas qu'on lui parlât en particulier contre ce qui avoit été résolu en présence de tous. Je pensai, comme j'avois fait autrefois, que c'étoit lui qui avoit ouvert et apparemment soutenu l'avis qui avoit été pris.

[1690] Dans l'année 1690, M. Le Pelletier me dit un jour qu'on proposoit de faire quelque affaire sur l'or et sur l'argent : je lui répondis que j'avois toujours ouï dire que c'étoit une matière bien délicate. Il me demanda si je croyois bien qu'il y eût deux cents millions en monnoie dans le royaume, ainsi qu'il en avoit fait l'estimation dans le conseil royal. Je lui dis qu'il falloit qu'il y en eût beaucoup plus, parce que j'avois souvent observé que le commerce de Paris, qui est grand, se faisoit avec beaucoup d'argent. Il me dit qu'on proposoit de marquer les espèces comme on avoit marqué les sols, et de prendre une somme pour la marque. Je lui dis que quelque marque que l'on pût faire, il y auroit une infinité de gens qui s'efforceroient d'en marquer; et que les peuples n'étoient pas capables de connoître la différence de la marque du Roi d'avec celle des faux marqueurs. Ensuite étant allé voir M. de Louvois, il m'en parla aussi : je lui fis d'abord la même réponse; mais m'ayant dit qu'on étoit dans la nécessité de faire quelque chose d'extraordinaire, par le grand besoin qu'on avoit d'argent, je lui dis que si on étoit résolu absolument de faire l'opération sur la monnoie, je trouvois les mêmes inconvéniens que j'avois expliqués à M. Le Pelletier; et qu'on seroit donc obligé de la refondre, et la marquer avec quelque différence, afin qu'on pût distinguer la nouvelle monnoie d'avec la vieille. Il me dit qu'il savoit bien qu'on en avoit parlé, mais qu'on avoit trouvé que cela feroit de trop grands frais. Il me vint dans la pensée que le remède à tout cela seroit si on pouvoit remarquer toutes les espèces sans les fondre. Il me demanda aussi s'il y avoit bien deux cents millions de monnoie, comme on le disoit. Je lui répondis que je savois, à n'en pouvoir douter, qu'il y en avoit plus de quatre; qu'après que M. Le Pelletier m'en eut parlé, je m'étois souvenu qu'à Bruxelles un nommé Manis, de Lyon, qui avoit conduit M. Le Tellier quand il abandonna les consignations, m'avoit dit qu'il avoit été principal commis dans les fermes qui avoient été faites du temps de Varin; que je lui avois fait plusieurs questions, entre autres combien il estimoit qu'il y eût de monnoie d'or et d'argent en France dans ce temps-là; qu'il m'avoit assuré, comme en ayant tenu le registre, que cela étoit monté à plus de quatre cents millions; et comme il venoit assurément plus d'or et d'argent en France par Saint-Malo qu'il ne s'en étoit pu consommer par les dorures et par la vaisselle d'argent, qui étoit devenue si fort à la mode, j'étois persuadé que présentement il devoit y avoir plus de cinq cents millions. M. de Louvois me dit aussi qu'on avoit parlé de fondre toute la vaisselle d'argent, afin d'en faire de la monnoie; et me demanda ce que j'estimois qu'il y en eût dans le royaume. Je lui répondis que pour cet article je n'en savois rien; mais que je m'appliquerois volontiers à connoitre à peu près où cela pouvoit aller. Il me dit que je lui ferois un grand plaisir de l'informer de ce que j'aurois trouvé là-dessus.

Étant venu à Paris, j'envoyai chercher un nommé Masselin, chaudronnier de son métier, qui avoit fait de la batterie de cuisine pour l'hôtel de Condé : je ne sais à quelle occasion je l'avois connu pour homme d'esprit et inventif. Je lui demandai s'il croyoit qu'on pût trouver une invention pour remarquer la monnoie sans la refondre. Il me dit qu'il n'en doutoit point, et me parla comme un homme si savant dans la façon de remarquer l'or et l'argent, qu'il me fit soupçonner qu'il y avoit quelquefois travaillé : et revenant toujours à vouloir me bien assurer si on pourroit remarquer sans fondre, il ajouta que l'essai pouvoit être de quelque dépense. Je l'assurai que je la paierois volontiers, et même que je lui ferois donner quelque gratification. Aussitôt ayant aperçu des jetons sur ma table, il m'en demanda six pour faire l'essai, et me promit de ne perdre aucun temps pour voir s'il y pourroit parvenir : ensuite il me rapporta ces jetons, dont il y en avoit trois marqués d'une autre marque; ce qui me fit un grand plaisir, et j'assurai mon homme d'une bonne récompense. J'allai trouver M. de Louvois pour lui faire voir ces jetons contremarqués : ce qui lui plut beaucoup. Il en rendit compte au Roi dans l'instant, en faisant fort valoir le service que je lui rendois : ce qui m'étant revenu, je sentis une joie inexprimable de ce que ma fortune m'avoit assez favorisé pour pouvoir donner quelque petite marque de ma reconnoissance des bontés que Sa Majesté me témoignoit dans toutes les occasions. M. Le Pelletier me dit, quelques jours après, que le Roi avoit parlé obligeamment de cette affaire pour moi. Je lui demandai bonnement s'il ne jugeoit point que ce fût une occasion pour obtenir du Roi un nouvel arrêt et de nouvelles lettres patentes pour me mettre tout-à-fait en repos, et terminer toutes mes craintes sur les changemens qui pourroient arriver; mais je ne trouvai pas que cela tombât dans son sens. Et comme je pensois que l'occasion étoit très-favorable, quoique M. Le Pelletier refusât d'y entrer, je m'efforçai de nouveau à pénétrer d'où cela pouvoit venir. Enfin de toutes les pensées qui me vinrent, je m'arrêtai à croire que M. Le Pelletier, à l'instigation de M. Le Tellier, avoit si fortement parlé au Roi contre M. Colbert, pour m'avoir procuré ma décharge, qu'il ne crut pas pouvoir proposer à Sa Majesté une chose qu'il avoit si fort blâmée en M. Colbert.

J'employai pendant quelques jours assez de temps pour faire des mémoires, par estimation, de ce qu'il pourroit y avoir d'argenterie dans Paris, en y comprenant messieurs les évêques, les grands du royaume, et chacune des conditions particulières [mais tout cela pour tâcher d'approcher seulement un peu de la vérité]; et je portai mon estimation en gros à environ cent millions : et après y avoir fait réflexion, je crus que cela pourroit bien aller à une pareille somme pour le reste du royaume. Poussant ma spéculation, je me déterminai de croire qu'il devoit y avoir un tiers de cent millions en flambeaux, cuillers, fourchettes et couteaux. Ayant remarqué depuis quelques années, dans mes voyages, que tous les cabaretiers des routes passagères avoient des cuillers et fourchettes d'argent, et quelques-uns un bassin avec une aiguière; que, dans les plus petites villes, le grand nombre des bourgeois avoient des cuillers et des fourchettes; et m'appliquant à examiner de quelle utilité pouvoit être au Roi la fonte de la vaisselle, je ne trouvai pas que cela pût être considérable. Premièrement, parce que je ne croyois pas que l'on pût faire refondre ce tiers, que j'ai marqué être, par estimation, en flambeaux, cuillers et fourchettes d'argent; que du surplus il n'y avoit pas d'appparence que le Roi y pût trouver d'autres avantages que celui de la fabrique de la monnoie, qui ne pouvoit être fort considérable; que ce seroit entièrement ruiner le corps de tous les orfévres, qui ne laissoit pas d'être assez nombreux, en y comprenant les apprentis et les garçons. Enfin je me réduisis à croire que l'on pouvoit seulement fondre les chenets, les brasiers, et toutes ces autres choses qui ne servent qu'au luxe, sans toucher à la vaisselle. Je rendis compte à M. de Louvois de tout ce que j'avois imaginé sur cela, et j'en entretins M. de Pontchartrain, à qui j'avois dit l'ordre que M. de Louvois m'avoit donné.

M. de Pontchartrain fut fait contrôleur général en 1689, lorsque M. Le Pelletier, qui y contribua autant qu'il lui fut possible, voulut quitter cette place. Dès que ce premier eut celle d'intendant des finances, je commençai d'en être connu; et peu à peu ayant eu quelque commerce avec lui, il m'honora de quelques marques d'estime et d'amitié. J'eus alors l'espérance de voir la fin de tous mes travaux, ne doutant plus que M. de Pontchartrain ne se trouvât disposé à seconder les bonnes intentions du Roi : cela parut si bien dans la suite, que ce ministre ayant mis toutes mes affaires entre les mains de M. Du Buisson, apparemment en lui faisant connoître le dessein qu'il avoit de m'obliger, j'en reçus mille honnêtetés; et les choses se trouvèrent bientôt en état d'être rapportées devant le Roi, par l'application et l'envie que M. Du Buisson montra de me faire plaisir. Aussitôt je me présentai à Sa Majesté avec un mémoire à la main, comme elle sortoit pour aller au conseil; je la suppliai très-humblement de se souvenir qu'elle avoit eu la bonté de me dire qu'elle vouloit me sortir d'affaire, et me procurer la fin de toutes celles qui m'avoient fait tant de peine, lorsque je lui remis une lettre que M. le prince lui avoit écrite quelques années avant sa mort, pour ne lui être rendue qu'après, par laquelle il lui recommandoit en général sa famille, la supplioit de faire quelque chose après sa mort qui regardoit madame la princesse, et aussi de vouloir bien se souvenir des grâces qu'il avoit eu la bonté de lui accorder pour moi, à la très-humble supplication qu'il lui en avoit faite. Sa Majesté m'interrompit d'abord, et me dit qu'elle se souvenoit bien de ce qu'elle m'avoit promis; je lui dis d'un air assez gai qu'il étoit donc inutile de lui donner mon mémoire, et le mis dans ma poche : cela le fit sourire en me quittant. Ayant su avec combien de bonté il m'avoit accordé tout ce que j'avois souhaité, je me trouvai à la même place à l'entrée de son cabinet pour le remercier; il me répondit d'un air gracieux et en riant : « Eh bien, Gourville, ne suis-je pas un homme de parole ? » et passa. M. de Pontchartrain me témoigna une grande joie du succès de ses soins, et de la façon avec laquelle le Roi m'avoit accordé tout ce que je pouvois désirer; il me dit en même temps que je n'aurois plus qu'à voir M. Du Buisson, pour le prier de dresser l'arrêt et les nouvelles lettres patentes que le Roi avoit agréées; et que de sa part il les signeroit avec plaisir lorsqu'elles lui seroient présentées. J'allai trouver M. Du Buisson, et lui rendis compte de ce que m'avoit dit M. de Pontchartrain : aussitôt M. Du Buisson dressa l'arrêt et les lettres avec toute la diligence possible; et, après me les avoir lues, il les porta à M. de Pontchartrain, qui les signa sur-le-champ, et me les remit entre les mains. Alors, me souvenant de ce qui m'étoit arrivé, je les portai aussitôt à M. le chancelier, qui, après m'avoir donné beaucoup de témoignages de sa bonté, me les scella sur-le-champ extraordinairement; et, sans perdre aucun temps, je les portai à M. de Nicolaï, qui avoit eu la charge de son père, et avoit commencé à me donner plusieurs marques de son estime. Il me les rendit pour les porter à M. le procureur général pour avoir ses conclusions, lequel me dit que M. de Pomponne l'avoit fort prié de me faire plaisir en tout ce qui dépendroit de lui; mais qu'il étoit obligé de me dire avec toute sincérité que la grâce que j'avois obtenue du Roi étoit si extraordinaire, et si éloignée de toutes sortes d'exemples, qu'il ne savoit comment donner ses conclusions favorables, comme je pouvois le désirer. Le hasard ayant fait trouver là M. l'abbé de Pomponne, qui lui fit encore des instances en ma faveur, il me dit qu'à son tour il me prioit, pour l'honneur de la chambre et pour le sien particulier, de demander des lettres de jussion, que je n'aurois point de peine à obtenir, après la manière dont le Roi m'avoit accordé les lettres patentes et l'envie que M. de Pontchartrain avoit de me faire plaisir. Effectivement je les obtins aussitôt que je les eus demandées, et je me mis en marche pour voir messieurs de la chambre chez eux, ayant été averti que cela étoit nécessaire. M. Pajot, maître des comptes, que j'avois fort connu lorsqu'il étoit premier commis de M. de Pomponne, les ayant présentées à la chambre, elles furent vérifiées tout d'une voix.

Lorsque j'ai commencé à faire écrire tout ce qui m'étoit arrivé de tant soit peu de considération, je n'espérois pas vivre assez pour en venir à bout, parce qu'il n'est peut-être jamais arrivé qu'aucun homme à soixante-dix-huit ans ait entrepris rien de semblable; mais le plaisir que j'ai eu a beaucoup aidé à me rendre ce dessein plus facile que je n'avois espéré. A présent que je l'ai achevé sans autre secours que celui de ma mémoire, il me vint en pensée de chercher la cause de l'état où je me trouve depuis six années, sans pouvoir me servir de mes jambes : le mal que j'ai eu à une jambe, quoique très-grand, ne doit pas avoir produit cet effet sur l'autre. Il me souvient qu'il y a environ vingt ans j'eus la goutte à diverses fois, non pas bien forte à la vérité ; et que huit ou dix ans après je commençai à ne plus sentir de douleur, mais seulement quelques foiblesses à mes genoux qui ont augmenté peu à peu, assez pour que je ne pusse marcher sans m'appuyer sur quelqu'un. L'accident qui m'arriva, comme je l'ai dit en commençant ces Mémoires, m'ayant empêché pendant quelque temps de m'appuyer en quelque façon sur cette jambe, on me dit que je devois essayer de me servir de béquille, de crainte qu'avec le temps je ne me trouvasse hors d'état de jamais marcher. J'essayai donc de m'en servir, mais inutilement; et enfin peu à peu j'ai pris mon parti. Je regarde comme un effet de ma bonne fortune de n'être pas aussi touché de ce malheur, comme je l'aurois peut-être été s'il m'étoit arrivé tout d'un coup. Pendant un certain temps, ceux qui étoient auprès de moi s'apercevoient que mon esprit n'étoit pas aussi libre qu'il avoit accoutumé; je sentois bien aussi en moi-même qu'il y avoit de la différence, surtout quand je voulois écrire quelques lettres, parce qu'après les avoir commencées j'avois besoin de quelqu'un pour m'aider à les achever. Cela faisoit que je n'en écrivois plus.

[1697] La paix étant faite en 1697, M. le duc de Zell envoya au Roi M. le comte de Schulembourg, qui me vint dire que Son Altesse l'avoit chargé de me faire bien des amitiés de sa part et de celle de madame la duchesse : cela me donna beaucoup de joie. Je me tirai de cette conversation le mieux qu'il me fut possible, en le chargeant de beaucoup de remerciemens envers Leurs Altesses. Lorsque j'étois dans cet état, milord Portland étant venu à Paris, ambassadeur du roi d'Angleterre, m'envoya un homme de sa connoissance et de la mienne, pour me dire qu'il avoit ordre du Roi son maître de me voir, et de faire savoir de mes nouvelles à Sa Majesté Britannique. Je fis réflexion sur l'embarras où je me trouverois ; mais cela n'empêcha pas que je ne répondisse qu'il me feroit honneur: et m'ayant demandé une heure, je lui dis que ce seroit quand il lui plairoit; mais que s'il vouloit bien, ce seroit le lendemain à trois heures. Je me fis porter dans mon appartement en haut, qui étoit fort propre [ce fut la première fois que je sortis de ma chambre depuis six ans]. Le plaisir que je recevois de cette visite, et l'honneur qu'elle me faisoit, rappela assez mes esprits pour me bien tirer de cette conversation : non-seulement je le remerciai des honnêtetés qu'il me fit de la part du Roi son maître, et de toutes les bontés de Sa Majesté, mais encore des obligations que je lui avois de ce qu'elle s'étoit bien fait connoître telle que je l'avois représentée en France. Après quelques questions de part et d'autre, il me dit qu'il avoit ordre du Roi de me demander mon avis sur ce qu'il y auroit à faire pour empêcher la guerre, en cas que le roi d'Espagne vînt à mourir, y ayant beaucoup d'apparence que cela n'iroit pas loin. Parce que je savois que depuis long-temps il n'avoit eu de desseins que pour la paix, je lui répondis que j'estimois que de tous côtés on devoit songer à faire le fils de M. l'électeur de Bavière roi d'Espagne : il m'avoua que c'étoit la pensée de son maître, qui lui avoit défendu de me la dire, avant de m'en avoir fait la question. Nous nous étendîmes sur toutes les raisons qui appuyoient cette pensée ; je me sus bon gré de m'être si bien tiré d'affaire. Ayant eu réponse du roi d'Angleterre après cette entrevue, il me vint voir sans façon pour me faire encore des amitiés de la part de Sa Majesté. J'appris que quelqu'un ayant conté à une dame de mérite qui a beaucoup d'esprit la première réponse que j'avois faite au milord Portland, elle répondit : « On disoit que « Gourville avoit perdu son esprit ; mais il me « semble qu'il faut qu'il en ait encore pour avoir « parlé comme il l'a fait. » J'ai lieu de croire que l'honneur et le plaisir que me fit cette visite ranima mes esprits, et Dieu m'a fait la grâce de revenir dans mon naturel ; mais je ne m'en suis pas tout-à-fait bien aperçu que dans une rencontre que je dirai dans la suite, après laquelle je me trouvai comme je pouvois souhaiter d'être. J'ai repris mon train et mes manières ordinaires, ayant réglé ce que je dois dépenser pour vivre honorablement selon mon revenu, et recommencé à voir tous les matins par détail la dépense que j'avois faite le jour auparavant : ce que j'ai toujours pratiqué depuis que j'ai été en état de le faire.

Il y a deux ans et demi ou environ que, ne pouvant avoir aucune raison ni justice de quelques personnes à qui j'avois fait plaisir, je me trouvai obligé, après une longue patience, d'intenter un procès ; et comme je ne m'étois nullement attendu au procédé que l'on avoit avec moi, j'en fus si scandalisé et si fâché, qu'étant nécessaire de faire un mémoire pour instruire mon avocat, je me trouvai dans une émotion extraordinaire qui me fit entreprendre de le dresser. Je le fis écrire avec assez de précipitation, et je l'achevai sans l'aide de personne. Cela me fit présumer que mon esprit étoit encore plus revenu que je ne pensois ; et même ceux qui étoient témoins de ce que je venois de faire en furent surpris aussi bien que moi. Après cela, il ne se passoit presque point d'heures dans la journée que je ne remerciasse Dieu de la grâce qu'il m'avoit accordée, en me faisant connoître le bon état où j'étois. Les visites et les conversations que j'avois eues, et que j'ai marquées ci-devant, avoient beaucoup contribué, par la joie que j'en avois ressentie et l'honneur qu'elles m'avoient fait dans le monde, à me rendre ma gaieté et mon esprit; car il est constant qu'après cela je me retrouvai dans mon naturel, et, si je l'ose dire, aussi bien et peut-être mieux que je n'ai jamais pensé.

Je suis bien aise de dire ici que lorsqu'on résolut d'abattre les prêches qui étoient dans le royaume, le Roi m'accorda celui de La Rochefoucauld pour y établir une Charité. J'y ai fait faire une muraille dans le milieu pour faire deux salles, l'une pour les hommes, l'autre pour les femmes; et au bout je fis bâtir une chapelle où l'on dit la messe tous les jours pour les pauvres malades, qui peuvent l'entendre de leurs lits. J'avois envoyé tous les ornemens nécessaires. Il y a douze filles établies, d'une piété exemplaire, qui ont fait des vœux de servir les pauvres malades; elles occupent les logemens des ministres. Après que je leur eus fait présent d'une lampe et d'un encensoir d'argent, elles me mandèrent que la maison joignant la leur, et qui en avoit été autrefois séparée, étoit à vendre pour environ deux mille livres : aussitôt je donnai des ordres d'entrer en proposition pour l'acheter; mais comme elle appartenoit à un huguenot, et qu'il en restoit encore beaucoup en ce lieu-là, après qu'on eut fait le marché pour moi, ils se rallièrent tous pour me traverser; et un d'entre eux en fit l'échange pour des biens qu'il avoit auprès de La Rochefoucauld. J'avois déjà fait mon projet pour l'allongement des deux salles, qui, par le moyen de cette acquisition, pourroient tenir vingt-quatre lits, et faire le fonds nécessaires pour la nourriture et entretien de vingt-quatre pauvres des deux sexes. Je me trouvai encore si fort scandalisé du tour qu'on m'avoit joué, que je dressai un placet au Roi avec une grande facilité, où j'exposai ce que je viens de dire. Après qu'il eut été communiqué à M. l'intendant de la généralité de Limoges, Sa Majesté eut la bonté ne m'accorder un arrêt pour me mettre au lieu et place de celui qui avoit fait l'échange; et j'ai eu la consolation de voir la perfection de cet ouvrage, et même d'avoir augmenté la fondation de quelque chose de plus, pour que l'on donnât quelques vêtemens ou linge aux convalescens quand ils sortiroient.

J'ai ordonné par mon testament que mon cœur fût porté dans la chapelle de cette Charité, au lieu que j'ai marqué; j'ai fait graver mon épitaphe sur un marbre, laissant seulement à ajouter le jour, le mois et l'année qu'il plaira à Dieu de me retirer de ce monde. Je l'envoyai à ces bonnes sœurs, avec un drap mortuaire et tous les ornemens nécessaires pour faire le service que j'ai ordonné être fait tous les ans à pareil jour que celui de ma mort.

C'est après avoir ainsi disposé toutes mes affaires, qu'un de mes amis m'ayant fait des questions sur des choses arrivées il y a fort longtemps, je les lui racontai comme si elles s'étoient passées la veille : ce qui me donna lieu de former le dessein d'écrire ce qui m'est arrivé de tant soit peu considérable. J'ai eu un si grand plaisir de voir que mon esprit et ma mémoire étoient revenus au point que je n'aurois jamais osé l'espérer, que j'ai fait ces Mémoires en quatre mois et demi; ce que je n'aurois pas cru pouvoir faire en deux ou trois ans. Depuis toutes ces grâces et bénédictions que Dieu m'a faites, je me suis trouvé tout accoutumé à mes incommodités, qui sont encore assez grandes, et qui n'ont rien diminué de ma gaieté ordinaire. Je ne souffre plus de peines de ce que je ne puis marcher; enfin je ne sais s'il y a quelqu'un qui soit plus heureux que je me trouve l'être, et toujours par les bontés et les grâces que j'ai reçues du Roi. J'ai de quoi faire la dépense que je puis désirer : j'ai fait part de mes biens à une partie de ma famille, selon la fortune que Dieu m'a donnée; j'en ai fait assez aux autres, quoique présentement au nombre de quatre-vingt-treize neveux ou nièces, pour qu'aucun ne soit en nécessité, eu égard à la condition dans laquelle ils sont nés. Mon étoile fortunée m'a si bien conduit, que je suis dans l'abondance, sans avoir ni terres ni maisons qui pourroient me causer quelques petites peines dans la jouissance, et ayant gratifié mon neveu de Gourville, en lui faisant d'autres avantages. Quelques-uns de mes amis, qui me sont venus voir par une espèce de curiosité, ont été surpris de me trouver comme je viens de me peindre; beaucoup d'autres dans certaines rencontres me font dire qu'ils veulent me venir voir; mais la plupart trouvent toujours quelque chose à faire de plus pressé. Je vois avec joie ceux qui viennent me visiter, et me console aisément de ne pas voir les autres. Je m'amuse avec mes domestiques; au commencement je les fatiguois fort par mes doléances, et présentement pour l'ordinaire je fais des plaisanteries avec eux.

Le plus ancien de mes domestiques se nomme Belleville, et est avec moi depuis trente-deux ans, il avoit le soin de ma petite écurie quand j'ai eu des chevaux. Il est devenu fameux nouvelliste, fort accrédité dans l'assemblée du Luxembourg; au retour de là il ne sort guère de ma chambre, et m'entretient quand je n'ai pas autre chose à faire.

Mignot, qui a vingt-cinq ans de date, est chef de mon conseil, dont il n'abuse pas, et est mon valet de chambre.

Le troisième s'appelle Rose : il est avec moi depuis dix-sept ans en qualité d'officier et présentement il occupe plusieurs charges; il seroit maître d'hôtel si j'en devois avoir un : mais quoi qu'il en soit, il a soin de la pitance, et s'en acquitte fort bien.

Le quatrième, Le Clerc, en date de quinze ans, fait parfaitement bien les messages; je n'oserois lui donner d'autre qualité, pour ne pas doubler les offices auprès de moi.

Le cinquième est un jeune drôle qui se nomme Gibé, et a de l'esprit; il est né pour l'écriture, et ne sauroit s'empêcher d'avoir toujours la plume à la main quand il a cessé de me lire quelques livres : ce qui fait qu'il ne sort point de ma chambre.

J'ai une grande curiosité pour les nouvelles : je suis des premiers averti de tout ce qui se passe; j'en fais des relations pour mes amis de la province, qui leur font grand plaisir; enfin le jour se passe doucement. Le soir je fais jouer à l'impériale, et conseille celui qui est à mon côté. Depuis quelques années je compte de ne pouvoir pas vivre long-temps; au commencement de chacune je souhaite de pouvoir manger des fraises; quand elles sont passées, j'aspire aux pêches; et cela durera autant qu'il plaira à Dieu.

Je me suis fort pressé d'écrire mes aventures et les agitations de ma vie pour arriver au temps où j'ai commencé à goûter dans le port, pour ainsi dire, le repos dont je jouis présentement, par l'excessive bonté du Roi; mais si j'ai dicté avec précipitation ce que ma mémoire me fournissoit sur-le-champ, ça toujours été dans la vue de revoir les Mémoires que j'ai faits, afin d'y ajouter beaucoup de choses qui me sont échappées, ou que j'ai laissées volontairement, pour aller au but que je m'étois proposé. L'état où je me suis trouvé depuis près de dix ans augmente de beaucoup mes sentimens de reconnoissance, puisque si j'avois eu peu de bien, comme j'ai été sur le point de m'y voir exposé, j'ai tout lieu de croire que je n'aurois pas tant vécu, et que j'aurois tristement langui le reste de mes jours dans la solitude où je me serois trouvé; ce qui m'auroit causé des chagrins qui m'auroient accablé.

Le grand nombre de mes amis m'a perdu de vue, dès que j'ai été regardé comme ne pouvant être utile à personne. L'état où j'étois au commencement de mon incommodité y a beaucoup contribué, par le bruit qui couroit que j'étois presque hors d'état d'entretenir aucun commerce : la plupart aimèrent mieux se laisser aller à le croire, que de se donner la peine de venir s'en informer. C'est ainsi que le monde est fait; ce qui m'a moins surpris qu'un autre, par le commerce que j'en avois. Ne pouvant plus sortir de ma chambre, je me suis défait de mon carrosse; et n'ayant point de laquais, je me suis réservé cinq personnes, dont quatre ne sortent presque jamais de ma chambre, et trois savent bien lire et écrire [ce qui m'a été d'un grand secours]; la plupart vieux domestiques de quinze, vingt et trente ans, tous fort affectionnés par reconnoissance du passé : mais comme ce sont des hommes, j'ai cru qu'il falloit les maintenir dans leurs bonnes intentions par quelque bienfait présent, et par l'espérance de l'avenir. Depuis que je me suis avisé du plaisir de faire mettre par écrit tout ce qui m'est arrivé d'un peu considérable pendant ma vie, j'ai presque abandonné la lecture; et comme il paroît, par tout ce que j'ai rapporté ci-devant, que j'ai toujours été honoré de la bienveillance de messieurs les ministres, je me propose d'ajouter ici, non pas leurs portraits, m'estimant un très-méchant peintre, mais de les représenter tels qu'ils m'ont paru par le commerce que j'ai eu avec eux.

M. le cardinal Mazarin avoit beaucoup d'esprit dans la conversation, et étoit naturellement éloigné de toutes sortes de violences. Les guerres civiles, dont la minorité du Roi avoit été la cause, finirent entièrement sans que l'on fît mourir un seul homme, encore que presque la moitié de la France l'eût mérité. Il savoit bien qu'on le blâmoit de beaucoup promettre et de ne rien tenir; mais il s'en excusoit sur la nécessité de ménager tout le monde, à cause de la facilité qu'on avoit dans ce temps-là à se séparer des intérêts du Roi : et il se pouvoit bien faire que s'il n'avoit promis qu'à ceux à qui il auroit cru pouvoir tenir sa parole, cela eût peut-être causé un plus grand bouleversement dans l'État. Ce n'est pas pour cela que je veuille croire que ce soit la raison ni son habileté qui l'aient porté à cette conduite, plutôt que son penchant naturel. Il se plaisoit quelquefois à parler de l'opinion qu'avoit eue M. le cardinal de Richelieu pour les miracles, peut-être parce qu'il n'y croyoit guère. Après sa mort on blâma fort sa mémoire, à cause des grands biens dont s'étoit trouvé revêtu. Ceux qui le vouloient excuser disoient qu'au temps de sa disgrâce s'étant vu presque sans argent, cela lui fît naître l'envie d'en avoir beaucoup quand il fût à portée d'en amasser. Pour moi, je veux croire que le peu de bien qu'il s'étoit trouvé venoit de la difficulté d'en pouvoir acquérir, encore qu'il fût le maitre, à cause du désordre des affaires de ce temps-là, qui étoit si grand qu'à peine pouvoit-on faire subsister la maison du Roi, dont j'ai vu quelquefois tous les officiers prêts d'abandonner leurs charges. Il y avoit même des temps où ils ne donnoient à manger au Roi que sur leur crédit. Mais après que M. le cardinal eut rétabli l'autorité du Roi et pacifié toutes choses, il trouva bien les moyens de devenir riche. Les surintendans, pour avoir la liberté de prendre de leur côté pour leurs immenses et prodigieuses dépenses, surtout en bâtimens, le forçoient pour ainsi dire à prendre la meilleure partie pour lui : à quoi je pense qu'il n'avoit pas de peine à consentir, par l'envie qu'il avoit naturellement de s'enrichir. Le désordre du gouvernement des finances jusqu'alors en donnoit toutes les facilités ; et ceux qui ont vu tout cela de près conviennent qu'il n'y avoit que M. Colbert capable par son génie, son extrême application et sa fermeté, d'y mettre un aussi grand ordre qu'il a fait : ce qui a donné lieu au Roi de le maintenir, Sa Majesté se faisant rendre compte, et signant même toutes les ordonnances pour la dépense. Mais si ceux qui ont gouverné les finances n'ont pas eu la liberté de prendre, le Roi, qui, par son extrême exactitude, a reconnu qu'ils ne le pouvoient pas, a contenté l'envie qu'ils pouvoient avoir de s'enrichir en les comblant de ses bienfaits, et par ce moyen a satisfait leur ambition.

M. Fouquet avoit beaucoup d'esprit et de manége, et une grande fertilité d'expédiens : c'est pour cela que, n'étant qu'en second avec M. Servien, il étoit quasi le maître des finances, dont il usa dans la suite fort librement. Il étoit entreprenant jusqu'à la témérité ; il aimoit fort les louanges, et n'y étoit pas même délicat. Un jour, partant de Vaux pour aller à Fontainebleau, et m'ayant fait mettre dans son carrosse avec madame Du Plessis-Bellière, M. le comte de Brancas et M. de Grave, ses plus grands louangeurs, il leur contoit comment il s'étoit tiré d'affaire avec M. le cardinal sur un petit démêlé qu'il avoit eu avec lui, dont il étoit fort applaudi ; et je me souviens que précisément en montant la montagne dans la forêt, je lui dis qu'il étoit à craindre que la facilité qu'il trouvoit à réparer les fautes qu'il pouvoit faire ne lui donnât lieu d'en hasarder de nouvelles : ce qui pourroit peut-être un jour lui attirer quelques disgrâces avec M. le cardinal. Je m'aperçus que cela causa un petit moment de silence, et que madame Du Plessis changea de propos ; ce qui fit peut-être que personne ne répondit rien à ce que je venois de dire. Après la mort de M. le cardinal, suivant toujours son même caractère, il eut peine à se tenir dans les bornes où il falloit être avec le Roi, et c'est sur cela que M. Le Tellier me fit une fois ses plaintes ; mais enfin il avoit fait son projet de s'acquérir par distinction les bonnes grâces du Roi, ce qui lui attira sa perte, et qui, à mon avis, a donné lieu aux autres de faire des réflexions sur cet exemple. J'ai cru avoir remarqué qu'aussitôt que le Roi eut pris les rênes du gouvernement, il ne voulut point souffrir qu'aucun de ses ministres sortît des bornes de sa commission pour empiéter sur celle des autres.. Je me souviens qu'étant à La Haye en 1665, M. d'Estrades me fit voir entre autres deux lettres, par lesquelles M. Colbert lui mandoit de faire faire telles ou telles choses, et que par le premier courrier il lui enverroit les ordres du Roi : sur quoi M. d'Estrades me dit que cela visoit fort à faire le premier ministre. Je lui répondis que je croyois connoître assez le Roi pour me persuader qu'il ne le souffriroit jamais. En effet, il m'a toujours paru que son intention étoit que chacun ne se mêlât en particulier que des affaires de sa charge. Il permettoit à tous dans son conseil de dire leur avis sur l'affaire dont il étoit question ; mais après la résolution prise, il ne leur étoit guère permis, quand ils avoient eu quelque pensée nouvelle, de la rapporter en particulier à Sa Majesté, ni de proposer de revenir contre ce qui avoit été arrêté. J'en ai quelquefois vu des preuves, par la liberté que j'avois de parler de toutes choses à M. de Louvois, et la confiance avec laquelle il m'y répondoit, entre autres à l'occasion de la résolution qui fut prise de faire sortir du royaume tous les ministres avec leurs familles. Aussitôt que je le sus, j'allai trouver M. de Louvois, pour lui dire qu'au lieu de cet ordre que l'on vouloit donner aux ministres pour sortir de France, je ne savois s'il ne conviendroit pas mieux de les envoyer par vingtaines aux châteaux où il y avoit des mortes-paies, en leur laissant la liberté de commercer avec leurs femmes et leurs amis ; que la plupart n'avoient de revenus que ce qu'ils tiroient de leurs emplois ; que bientôt leurs femmes auroient peine à faire subsister leurs familles, et seroient dans peu réduites à la dernière extrémité ; et qu'ainsi, se trouvant tous dans le même cas, il leur pourroit bien venir en pensée de convenir entre eux que l'on pourroit se sauver dans les deux religions, ce n'étant pas même une chose nouvelle, surtout si les gouverneurs leur insinuoient que l'on ne pouvoit pas juger du temps que finiroit leur détention; et d'ailleurs que le zèle du Roi le porteroit volontiers à donner des pensions proportionnées à ce qu'ils tiroient de leurs emplois, à ceux auxquels Dieu inspireroit de bonne heure la connoissance de la bonne religion; qu'on augmenteroit le bien qu'on leur voudroit faire, à proportion de celui qu'ils feroient quand ils seroient retournés chez eux, et du nombre des conversions qu'ils feroient de ceux sur qui ils auroient de l'autorité spirituelle. L'attention qu'il donna à tout mon discours, sans m'avoir aucunement interrompu, me fit croire qu'il avoit trouvé mon raisonnement meilleur que ce qui avoit été résolu, et même il en convint, mais en même temps il ajouta qu'il ne pouvoit pas en parler au Roi, qui n'aimoit pas qu'on lui dit rien contre ce qui avoit été résolu en son conseil; et moi, qui croyois que Sa Majesté en tout temps prendroit de bonnes vues qui lui seroient présentées pour en tirer le bien qui en pourroit venir, je pensai qu'apparemment c'étoit M. de Louvois qui avoit fait l'ouverture de l'avis, et qu'il ne lui convenoit pas d'en aller proposer un contraire.

M. Le Tellier, très-grand ministre, a toujours eu une conduite fort réglée : il avoit beaucoup de douceur quand il donnoit audience, une ambition modérée, et n'auroit pas, je crois, voulu jouer le rôle de premier ministre quand il l'auroit pu, par la crainte d'être chargé des mauvais événemens : en un mot, il étoit né sage à l'excès, mais avec un peu de penchant à la rancune; ce qu'il marqua assez à l'occasion de M. Desmarets, neveu de M. Colbert. Je me souviens qu'un jour à Fontainebleau, me parlant de l'acquisition que M. de Louvois avoit faite de Meudon, il m'exhorta de lui insinuer, autant que je pourrois, de vendre le château à quelque communauté religieuse, craignant peut-être la grande dépense qu'il y pourroit faire pour l'embellir; et que cela ne convenoit point, surtout à cause du voisinage de Versailles : sur quoi il me cita ce qu'il avoit fait à Châville. Je lui répondis que sa modération et sa sagesse ne pouvoient pas servir d'exemple, parce qu'il faudroit être né comme lui naturellement sage, dont il n'étoit particulièrement redevable qu'à Dieu, parce que je ne croyois pas que l'expérience et les réflexions pussent jamais faire un homme aussi sage qu'il l'avoit toujours été; et que par dessus cela j'étois persuadé qu'il y avoit toujours des temps où il y courroit des maladies d'esprit comme de corps, par les folies que j'avois vu faire à beaucoup de gens dans les bâtimens et les jardinages; que je m'en étois moi-même senti si frappé, que j'avois entrepris de faire de Saint-Maur une maison agréable ; et que j'avois commencé des terrasses et un jardin dans un endroit où il y avoit de vilaines carrières, d'où on avoit même tiré de la pierre pour bâtir la maison ; mais que, pour couvrir ma folie, je disois que cela ne m'incommoderoit pas, puisque, par le traité que j'avois fait avec M. le prince, je trouverois, ma vie durant, l'argent que j'y emploierois. M. Le Tellier me croyoit si bien dans les bonnes grâces de M. de Louvois, que ce n'est pas pour une seule fois qu'il a jeté les yeux sur moi pour lui insinuer des choses qu'il ne vouloit pas ou n'osoit lui dire, M. de Louvois ayant obtenu du Roi la survivance de sa charge pour M. le marquis de Courtenvaux son fils aîné, qui paroissoit avoir le mérite de monsieur son père, mais qui me sembloit n'être pas tout-à-fait tourné à la destination qu'il en faisoit ; et m'étant persuadé, par tout ce qui m'étoit revenu des dispositions de M. de Barbezieux, que ce dernier y auroit été plus propre, M. le chancelier le sut; et ayant fait ses réflexions là-dessus avec M. l'archevêque de Reims, ces messieurs me prièrent d'en vouloir parler de leur part à M. de Louvois, selon ma pensée ; et étant venus à ma maison pour m'y engager, je m'en excusai, en les priant de considérer que comme c'étoit une affaire purement de famille, la bienséance vouloit plutôt que ce fût M. le chancelier ou lui qui en fit l'ouverture : mais m'ayant répliqué qu'ils auroient bien souhaité que ce fût moi, je leur dis que s'ils vouloient dire à M. de Louvois que c'avoit été ma pensée, et que cela lui donnât occasion de m'en parler, je répondrois volontiers comme ils le pourroient attendre de mon zèle. Quelques jours après, M. de Louvois me dit qu'il avoit sujet de se plaindre de moi de n'avoir pas voulu l'avertir d'une chose que j'avois pensée, et qui étoit d'une grande conséquence pour sa famille, puisqu'il avoit résolu avec M. le chancelier et M. l'archevêque de Reims de suivre mon avis. Je lui répondis que je n'avois pas cru en devoir faire davantage, puisque M. le chancelier et M. l'archevêque de Reims étoient entrés dans ma pensée; qu'il leur convenoit mieux de lui en parler qu'à moi. Il me dit qu'il ne laissoit pas de m'en avoir obligation; mais qu'il exigeoit de moi de lui parler à l'avenir ouvertement sur tout ce qui pouvoit le regarder sans exception. Je lui promis de n'y pas manquer, en le remerciant de l'honneur qu'il me faisoit. M. le chancelier étant tombé dans un état qui ne lui permettoit pas de croire qu'il eût encore long-temps à vivre, et désirant que M. Le Pelletier pût être chancelier, en fit l'ouverture à M. de Louvois, qui, ayant toujours plus d'envie que moi de me faire contrôleur général des finances, proposa qu'en ce cas il me falloit faire avoir cette charge, si on pouvoit venir à bout du reste. J'appris cela par M. de Tilladet, qui avoit été présent à la conférence qu'on avoit tenue là-dessus. Pour cette fois je n'eus pas peur de me trouver exposé à être accablé sous le poids de cet emploi; m'étant persuadé sur-le-champ que le Roi ne leur laisseroit pas la disposition de l'un ni de l'autre. En effet, M. le chancelier étant mort, le Roi donna aussitôt sa charge à M. Boucherat. Je me rendis à Saint-Gervais le jour que l'on devoit y apporter le corps de M. Le Tellier; et m'étant approché de M. Le Pelletier, qui en faisoit les honneurs, il me dit : « Voilà le corps de l'homme de France » qui vous estimoit le plus. » Je lui répondis naïvement qu'il eût été plus avantageux pour moi qu'il m'eût moins estimé, et qu'il m'eût aimé davantage.

Si j'ai bien connu M. Le Pelletier, je crois que ses talens lui auroient donné plus de facilité à la chancellerie qu'au maniement des finances. Comme les embarras qui me sont venus pendant son ministère m'ont souvent appliqué à connoître son caractère, j'ai cru que ce qui dominoit principalement en lui étoit un grand désir de faire son salut; et j'ai attribué à cela la résolution qu'il avoit prise de se démettre de son emploi, après avoir été raisonnablement enrichi par les libéralités du Roi, et avoir fait son fils président à mortier, qui est l'ambition de tous les gens de robe. Il voyoit que les dépenses que le Roi étoit obligé de faire augmentoient de jour en jour, et il ne se sentoit peut-être pas l'esprit aussi fertile en expédiens qu'il auroit désiré. Il étoit néanmoins bien aise de demeurer en état de pouvoir faire plaisir quand il lui conviendroit. C'est ce qui lui fit désirer d'obtenir du Roi le contrôle général en faveur de M. de Pont-Chartrain, qu'il avoit tiré de la première présidence de Bretagne pour le faire intendant des finances, et qu'il logeoit dans sa maison à Versailles. Sa Majesté lui ayant conservé la qualité de ministre d'État, il se trouva toujours agréablement auprès d'elle.

M. de Lyonne avoit beaucoup d'esprit, et étoit consommé dans les affaires; il avoit passé une bonne partie de sa vie dans les ambassades, et séjourné long-temps à Rome, où l'on dit que se pratique la plus fine politique. Il étoit laborieux, et écrivoit toutes ses dépêches de sa main; agréable et commode dans le commerce ordinaire, ayant toujours eu jusqu'à sa fin quelques maîtresses obscures. Il n'a pas été heureux dans la famille qu'il a laissée, quoiqu'il lui eût procuré de grands établissemens.

M. Colbert avoit long-temps travaillé sous M. Le Tellier, et dès ce temps-là il paroissoit fort laborieux et intelligent. M. le cardinal ayant demandé à M. Le Tellier un homme pour en faire son intendant M. Le Tellier lui nomma M. Colbert, comme étant pour cet emploi le plus propre de tous ceux qu'il connoissoit. En effet, M. le cardinal s'en trouva parfaitement bien : il étoit né pour le travail au-dessus de tout ce qu'on peut imaginer, et fort exact. Je crois que son ambition étoit plus grande que le monde n'en jugeoit, et peut-être plus qu'il ne croyoit lui-même. Je ne dirai pas de lui ce que j'ai pensé de M. Le Tellier, qu'il n'auroit pas voulu être en place de pouvoir gouverner, dans la crainte de se trouver chargé des événemens; mais quand il a voulu faire quelques démarches pour excéder sa place, il a bientôt jugé que le Roi ne s'en accommoderoit pas. J'ai toujours pensé qu'il n'y avoit que lui au monde qui eût pu mettre un si grand ordre dans le gouvernement des finances en si peu de temps. Il l'avoit poussé si loin, et si bien fait connoître au Roi les moyens d'en empêcher la dissipation, qu'il ne lui eût peut-être pas été facile d'en tirer de grandes utilités; mais il trouva dans la bonté et la justice du Roi de quoi être enrichi au-delà de ses espérances. Outre le temps qu'il employoit aux affaires de Sa Majesté, il en prenoit encore pour apprendre le latin, et se fit recevoir avocat à Orléans, dans la vue et l'espérance de devenir chancelier. Il présumoit si fort du bon état où il avoit mis les affaires du Roi, dont il avoit rendu le revenu certain au-dessus de cent millions, qu'il le croyoit suffisant pour faire la guerre. Ayant supputé qu'il y avoit un fonds plus grand que la dépense n'avoit encore été, il fit rendre un arrêt [je ne sais pourquoi], par lequel il étoit défendu aux gens d'affaires de prêter au Roi, sous peine de la vie : et s'étant trouvé ensuite dans la nécessité de faire des emprunts, il s'en ouvrit à moi, et me demanda si je croyois qu'il fallût donner un arrêt contraire au premier. Je lui dis que je pensois qu'il n'y avoit qu'à oublier qu'il eût été donné, et emprunter comme on auroit pu faire auparavant.

Il m'a souvent passé par l'esprit que les hommes ont leurs propriétés à peu près comme les herbes, et que leur bonheur consiste d'avoir été destinés ou de s'être destinés eux-mêmes aux choses pour lesquelles ils étoient nés : c'est pour cela que j'ai pensé que le bonheur de M. de

Pontchartrain l'ayant conduit dans les finances, il y a si bien réussi, que je ne crois pas que jamais homme ait eu plus de talens et de meilleures dispositions que lui pour le maniment des affaires des finances. J'eus le bonheur d'en être connu aussitôt qu'il commença de s'en mêler ; et j'oserois quasi croire que j'étois né avec la propriété de me faire aimer des gens à qui j'ai eu affaire, et que c'est cela proprement qui m'a fait jouer un assez beau rôle avec tous ceux à qui j'avois besoin de plaire : mais je me suis proposé de faire, en quelque façon, le portrait de M. de Pontchartrain, et non pas le mien. Il me sembla qu'il avoit bientôt pris des notions dans les finances qui ne seroient venues qu'avec peine à un autre. Il savoit distinguer ceux qu'il croyoit plus habiles que lui, et je m'apercevois bientôt qu'il en savoit autant et plus qu'eux ; mais cela n'a pas empêché qu'il n'en ait toujours eu un petit nombre avec qui il étoit bien aise de s'entretenir. Il les invitoit à lui parler de tout ce qui leur venoit dans l'esprit sur le fait des affaires dont il étoit chargé. Il donnoit tout le temps nécessaire au travail ; mais après cela, dans la conversation, il conservoit une grande gaieté, et à mon avis avoit peu de souci. Je ne crois pas devoir m'étendre davantage sur ses bonnes qualités, me souvenant de l'incrédulité qu'eurent M. de Louvois et M. de Croissy lorsque je leur racontai toutes celles que je croyois avoir trouvées en la personne de M. le prince d'Orange : ils s'imaginèrent que le bon traitement que j'en avois reçu m'avoit grossi les objets au-delà de ce qui étoit en effet ; mais ici je n'ai qu'à me confirmer dans mes pensées, par les marques que M. de Pontchartrain a reçues des bontés du Roi pour son élévation.

J'ai fort connu M. de Pomponne à l'hôtel de Nevers, même avant qu'il fût à la cour ; il étoit regardé, par un certain nombre d'honnêtes gens et d'esprit qui faisoient leurs délices de cette maison, comme un homme de bien et d'un bon esprit. Il réussit si bien dans ses ambassades, et le Roi prit tant de goût pour lui par le bon style de ses lettres, que M. de Lyonne étant venu à mourir, le Roi, sans aucune insinuation et sans que personne en sût rien, lui envoya un de ses gentilshommes à Stockholm, où il étoit pour lors ambassadeur, qui le surprit extrêmement, en lui apprenant que Sa Majesté l'avoit fait secrétaire d'État, et lui mandoit de venir incessamment en prendre possession. Ce ne fut qu'au retour de ce courrier que l'on sut ce que le Roi avoit fait là-dessus : ce qui fit que ceux qui le connoissoient donnèrent de grandes louanges à Sa Majesté du bon choix qu'elle avoit fait. Il s'acquitta fort bien de son devoir ; mais cela n'empêcha pas que M. de Louvois ne prît occasion, quand il la pouvoit trouver, de faire voir au Roi qu'il en savoit plus que les autres. En effet, M. de Pomponne ayant oublié de mettre dans une dépêche tout ce qui avoit été résolu, et n'ayant pas nommé quelques paroisses de Flandre au sujet des limites, M. de Louvois ne manqua pas de le relever fortement en présence de Sa Majesté ; et, si je ne me trompe, cela fut cause que le Roi établit de faire lire dans son conseil les dépêches concernant ce qui avoit été résolu dans le conseil précédent. Je ne sais pas même si Sa Majesté n'a pas continué de le faire toujours ; et le Roi ayant trouvé le remède pour l'avenir, ne parut point être mécontent de M. de Pomponne, qui seroit mort dans sa charge s'il n'avoit pas lui seul donné lieu à sa disgrâce, qui arriva à l'occasion du mariage de madame la Dauphine. M. de Croissy, qui étoit alors à Munich, ayant envoyé un courrier qui rendit sa dépêche à M. de Pomponne, dans le temps malheureusement que M. de Châteauneuf et un nombre de dames qui étoient chez lui montoient en carrosse pour aller à Pomponne, il ne fit pas réflexion que le Roi étoit dans l'impatience de savoir les nouvelles qu'apportoit le courrier ; et il en fit encore moins sur ce que c'étoit le frère de M. Colbert qui l'envoyoit : il se contenta de lui dire de ne se pas montrer pendant deux ou trois jours qu'il devoit être avec sa compagnie à Pomponne. Le courrier, en sortant de chez lui, s'en alla chez M. Colbert porter une lettre de M. de Croissy, qui renvoyoit monsieur son frère au détail de ce qu'il écrivoit à Sa Majesté, néanmoins avec quelques petites circonstances qui ne firent qu'augmenter la curiosité du Roi. Quand M. Colbert les eut dites à Sa Majesté, à mon avis sans aucune vue de nuire à M. de Pomponne, ne sachant pas ce qui étoit arrivé [un autre, plus soupçonneux que je ne suis, pourroit peut-être bien penser que le courrier lui avoit dit l'ordre qu'il avoit reçu de M. de Pomponne de ne se montrer qu'après son retour], le Roi, par sa bonté ordinaire, eut patience jusqu'au lendemain matin, quoiqu'il eût fort envie de savoir ce que portoit la dépêche, qui devoit être la décision du mariage de Monseigneur. Le soir, l'impatience de Sa Majesté augmentant, il envoya chez M. de Pomponne savoir si les commis n'auroient point cette dépêche : il n'y a peut-être que le Roi qui, en pareille occasion, eût donné une si grande marque de patience. Il se peut bien faire que M. Colbert ne se soit pas mis beaucoup en peine d'excuser M. de Pomponne, cela n'étant guère d'usage entre les ministres ; car, entre amis particuliers, M. Colbert auroit envoyé un cavalier à M. de Pomponne pour l'avertir de la peine où étoit le Roi, et il ne falloit pas plus de trois heures pour cela. Enfin M. Colbert voyant la résolution que Sa Majesté avoit prise d'ôter la charge à M. de Pomponne, proposa au Roi de la donner à M. de Croissy, et l'obtint. M. de Pomponne ayant été averti du malheur qui lui étoit arrivé, prit le parti de se retirer dans sa maison, et de faire dire par son portier qu'on ne le voyoit point; mais cependant que si je me présentois, il me fît entrer. Dès que j'eus appris cette nouvelle, je ne manquai pas d'y aller; et d'abord qu'il m'aperçut dans sa galerie, où j'étois entré pour aller à son cabinet, il sortit, et me dit en m'embrassant qu'il étoit persuadé de la part que je prenois au malheur qui lui étoit arrivé, et qu'il croyoit que M. de Louvois étoit cause de sa perte. Je savois assez les dispositions de celui-ci sur son sujet pour lui dire que je n'en croyois rien : j'ajoutai qu'il étoit bien malheureux de n'avoir point connu la bonté du Roi, et l'aisance avec laquelle Sa Majesté vivoit avec ceux qui avoient l'honneur de le servir; que j'étois persuadé que si, au lieu de dire au courrier de ne se pas montrer, il avoit donné ce paquet à un de ses commis pour le porter à Versailles, le déchiffrer, et en rendre compte au Roi, en s'excusant de ce qu'il ne l'avoit reçu qu'en montant en carrosse avec une nombreuse compagnie qu'il menoit à Pomponne, et lui demandant pardon de n'être pas venu lui-même, espérant que Sa Majesté ne le trouveroit pas mauvais, sa faute n'auroit eu aucune suite. Il me dit qu'il en étoit persuadé comme moi, mais que cela ne servoit qu'à augmenter sa douleur. Il me fit voir la lettre qu'il écrivoit à Sa Majesté, et trouva bon que je lui disse ce qui me venoit dans la pensée qui pourroit y être mis; il me pria de vouloir bien attendre qu'il l'eût envoyée, afin que nous pussions un peu nous entretenir. Après que cela fut fait, il me parut qu'il lui restoit encore quelque doute que sa disgrâce ne lui eût été attirée par M. de Louvois; mais je lui dis encore, comme j'avois déjà fait, que je ne le croyois pas, parce que M. de Louvois, en l'ôtant de là, ne devoit pas espérer d'en mettre un autre en sa place, et même pouvoit craindre que celui sur qui le Roi jetteroit les yeux ne lui fît peut-être plus de peine que lui. Me trouvant embarqué à soutenir ce que j'avois avancé, je fus comme obligé de lui faire entendre, sans le lui dire positivement, qu'il ne faisoit aucun ombrage à M. de Louvois; mais bientôt après il apprit la vérité de ce que je lui avois avancé. Il supporta sa disgrâce avec beaucoup de patience et de modération, par la retraite qu'il fit à Pomponne, se tournant tout-à-fait du côté de Dieu. Je m'en allai aussitôt à Versailles, où je trouvai M. de Louvois précisément dans les mêmes sentiments que j'avois dit à M. de Pomponne; et il m'ajouta que s'il se présentoit quelque occasion de lui faire plaisir, il le feroit volontiers. En effet, M. de Pomponne m'a dit souvent depuis que messieurs ses enfans ayant pris le parti de la guerre, M. de Louvois les avoit aidés en tout ce qu'il avoit pu. Quelque temps après, j'appris que quand il y avoit eu occasion de nommer le nom de M. de Pomponne, il avoit semblé à M. de Louvois que le Roi auroit voulu avoir encore poussé la patience plus loin qu'il n'avoit fait : ce qui se justifia quelques années après, le Roi l'ayant remis dans le ministère, et lui ayant donné de si grands appointemens, qu'il me passa par l'esprit alors que Sa Majesté s'étoit imposé cette pénitence pour lui faire oublier la peine qu'elle lui avoit causée. Peu de jours avant la mort de M. de Pomponne, il eut la bonté de me venir voir : ayant aperçu que j'entendois une messe du coin de ma chambre, où l'on me menoit dans ma chaise roulante, il me dit qu'il me trouvoit bien heureux, dans l'état où j'étois, d'avoir cette consolation. Je m'efforçai de lui marquer combien je lui étois obligé de l'honneur qu'il me faisoit : il me témoigna qu'il s'étoit fait un grand plaisir de me voir, et que sa joie redoubloit de me trouver en meilleur état qu'on ne lui avoit dit, le bruit ayant couru que mon esprit et mon corps étoient fort diminués, et qu'il s'en falloit bien que ce ne fût au point où on lui avoit dit.

Comme j'ai commencé de rappeler autant que j'ai pu dans mon esprit les idées que j'avois eues du caractère de messieurs les ministres, après avoir eu plus d'occasions que personne de connoître M. de Louvois, je confesse ingénument que je n'ai point vu homme qui eût généralement un esprit si étendu pour toutes choses, une compréhension si vive, ni une si grande application à remplir parfaitement tous ses devoirs, et qui eût une aussi grande prévoyance. Il me paroissoit que la grande quantité d'affaires dont il étoit occupé ne lui permettoit point de donner tout le temps qui eût été nécessaire pour entendre les officiers qui venoient lui parler; mais il avoit une grande facilité à démêler ce qu'il y avoit de bon dans ce qu'on lui disoit. Il m'a paru qu'il étoit bien aise de s'entretenir avec un petit nombre de gens sur les affaires présentes; et je ne me présentois jamais à la porte de son cabinet, soit à Versailles, soit à Paris, qu'il ne me fît entrer, ou ne me fît dire d'attendre un peu de temps pour finir l'affaire qui l'occupoit. Je ne sais si le plaisir que j'avois, ou l'honneur que cela me faisoit dans le monde, ne pouvoit point avoir un peu favorablement augmenté les idées que j'avois de lui.

Après avoir perdu M. de Pomponne dans la place où il étoit, je retrouvai dans la personne de M. de Croissy plus de bonté, et j'ose dire d'amitié, que je n'aurois jamais dû espérer. Je lui remarquai beaucoup d'esprit et d'entendement, et assez de talent pour la charge où son bonheur et ses longs services l'avoient élevé. Je crois que personne ne pouvoit mieux faire des instructions pour les ambassadeurs que lui : il a eu la bonté de m'en lire souvent, lorsqu'il n'étoit plus question de secret. Il n'y avoit point de maison où je fusse si à mon aise que dans la sienne, par les témoignages de bonté que je recevois de lui et de madame de Croissy. M. le marquis de Torcy leur fils, commençant à être fort raisonnable, et dans un âge à pouvoir distinguer le bien et le mal, j'eus quelque commerce avec lui, pour faire plaisir au père et à la mère; et je leur dis à quelque temps de là que je ne lui trouvois qu'un seul défaut, qui étoit d'être trop sage pour un homme de son âge, parce que j'avois remarqué qu'avec beaucoup d'esprit, il raisonnoit bien mieux sur toutes choses que l'on n'auroit dû l'attendre : ce que j'ai vu de lui par quelques écrits qui sont donnés au public, et par tout ce que j'entends dire, m'en informant fort souvent, me fait juger qu'avec le temps il se trouvera comme M. Le Tellier, c'est-à-dire un aussi grand ministre, parce qu'il est né sage comme lui.

Je ne doute pas que si quelqu'un voyoit tout ce que j'ai écrit jusqu'à présent, il ne pût dire que je me suis un peu trop loué, en faisant voir que j'ai toujours été bien avec messieurs les ministres; mais y ayant beaucoup réfléchi, j'ai trouvé que je n'avois rien dit qui ne fût véritable, quoique fort à mon honneur. C'est peut-être un effet de la vanité et de l'amour-propre qui me fait décider aussi hardiment des gens dont je prends la liberté de parler; mais comme je n'écris que pour ma satisfaction particulière et pour mon plaisir, je sens bien que je ne dis les choses que comme je les crois, et les ai pensées dans le temps où j'ai été en état de m'en instruire.

FIN DES MÉMOIRES DE GOURVILLE.

www.ingramcontent.com/pod-product-compliance
Lightning Source LLC
Chambersburg PA
CBHW070358230426
43665CB00012B/1165